Retailing Management
9th Edition

零售管理

（原书第 9 版）

迈克尔·利维（Michael Levy）
[美] 巴顿 A. 韦茨（Barton A. Weitz） 著
杜鲁弗·格雷瓦尔（Dhruv Grewal）

刘亚平 译

图书在版编目（CIP）数据

零售管理（原书第9版）/（美）迈克尔·利维（Michael Levy），（美）巴顿A.韦茨（Barton A. Weitz），（美）杜鲁弗·格雷瓦尔（Dhruv Grewal）著；刘亚平译．—北京：机械工业出版社，2018.1（2025.5重印）

（营销教材译丛）

书名原文：Retailing Management

ISBN 978-7-111-58584-8

I. 零… II. ① 迈… ② 巴… ③ 杜… ④ 刘… III. 零售商店-商业管理-教材 IV. F713.32

中国版本图书馆CIP数据核字（2017）第290683号

北京市版权局著作权合同登记　图字：01-2017-4831号。

Michael Levy, Barton A.Weitz, Dhruv Grewal.
Retailing Management, 9th Edition.
ISBN 978-0-078 02899-1
Original edition copyright © 2014 by McGraw-Hill Education. All rights reserved.
Simple Chinese translation edition copyright © 2018 by China Machine Press. All rights reserved.

本书封面贴有McGraw Hill公司防伪标签，无标签者不得销售。

本书以战略视角、最前沿的评介和百科全书式的框架结构为特色，侧重于各种关键的战略性问题，对新兴的电子零售业态、零售的全球化趋势，以及在零售实践中日益重要的财务分析、运营和店面管理等方面均给予了全面、详细的论述。此外，本书每章设置了一个富有特色的小栏目——"零售视角"，将概念与零售商的活动与决策联系起来，以易于读者理解。

本书适用于营销专业本科生、研究生，同时可作为营销学教师、国际营销从业人员和企业高级经理人的参考用书。

出版发行：机械工业出版社（北京市西城区百万庄大街22号　邮政编码：100037）	
责任编辑：董凤凤	责任校对：李秋荣
印　　刷：北京建宏印刷有限公司	版　次：2025年5月第1版第6次印刷
开　　本：185mm×260mm　1/16	印　张：41
书　　号：ISBN 978-7-111-58584-8	定　价：109.00元

客服电话：(010) 88361066　68326294

版权所有·侵权必究
封底无防伪标均为盗版

作者简介
About the Authors

迈克尔·利维

迈克尔·利维（Michael Levy）博士（俄亥俄州立大学），是百森商学院 Charles Clarke Reynolds 市场营销学教授和该院零售供应链研究所所长。他从俄亥俄州立大学获得商业管理博士学位，并在科罗拉多大学博尔德分校（University of Colorado at Boulder）获得商业管理学士和硕士学位。迈克尔·利维博士早先执教于南卫斯理大学（Southern Methodist University），之后成为迈阿密大学的教授并担任市场营销系主任一职。

2011年，利维教授因其25年来在《零售》杂志编辑评审委员会的竭诚服务而获得表彰。他也因与格雷瓦尔合著的《市场营销》一书的精彩内容及分析，而获得了2010年麦格劳–希尔公司成就奖；他还获得2010年麦格劳–希尔欧文《市场营销》（第2版）一书的修订权；获得2009年百森商学院奖学金；获得2009年美国管理协会（AMA）《零售》（冬季版）期刊杰出服务奖。在1997年《市场营销学教育家》（夏季版）公布的一项调查中，他被评为市场营销学领域中最杰出的研究者之一。

迈克尔·利维教授在零售、商业物流、金融零售策略、定价和销售管理等领域中不断进行深入研究，在市场营销和物流管理的主流期刊，包括《零售》《市场营销》《营销科学学报》以及《市场营销调研》上发表了50余篇论文。目前他担任《国际物流管理》《欧洲商业评论》的编委以及《国际零售与营销评论》《欧洲零售研究》的顾问编委。与麦格劳–希尔公司合作，他与别人合著出版了《营销学》（第4版）（2014年）和《移动营销》（第3版）（2013年）。2001~2007年，利维教授担任《零售》杂志联合主编长达7年之久。他还合作主持了1993年的营销科学学会和2006年的夏季AMA会议。

在整个职业生涯中，利维教授一直都在从事零售及相关学科的研究。在从事学术工作之前，他为多家零售商工作过，并曾是科罗拉多州一家家庭用品的经销商。他曾与多家零售商和零售技术公司开展合作调研项目。这些公司包括埃森哲、联邦百货、Khimetrics（SAP）、摩雯思（Meroyn's）、内曼·马库斯、ProfitLogic（甲骨文）、Zale公司和数家律师事务所。

巴顿 A. 韦茨

巴顿 A. 韦茨（Barton A. Weitz）博士获得麻省理工学院电气工程学学士学位，并获得斯坦福大学工商管理硕士学位和商业管理博士学位。他曾任教于加州大学洛杉矶分校商学院和宾夕法尼亚大学沃顿商学院，目前在佛罗里达大学沃灵顿工商管理学院任彭尼百货特聘零售管理退休杰出学者一职。

韦茨教授是 David F. Miller 中心的创始人。该中心主要为佛罗里达大学进行零售教育和研究而设立（www.cba.ufl.edu/mkt/retailcenter）。该中心举行的各种活动得到了 35 个零售商和零售支持性公司的支持，这些公司包括彭尼百货、梅西百货、沃尔玛、欧迪办公、沃尔格林、家得宝、塔吉特、布朗鞋业公司以及国际购物中心协会。该中心每年为 250 多名大学生提供零售公司暑期带薪实习及管理培训生职位，并提供资金支持研究各种零售问题。

韦茨教授曾获得教学卓越奖，并多次向业界和学术团体做演讲。他在主流学术期刊上发表了 50 余篇论文，论述渠道关系、电子零售、店面设计、销售人员的有效性以及销售队伍和人力资源管理。韦茨教授曾两次获得路易斯·斯特恩奖（Louis Stern Awards），以表彰他对渠道管理研究的贡献；他还获得《市场营销》杂志的保罗·鲁特奖（Paul Root Award），以表彰他对营销实践做出的巨大贡献。目前，他担任《零售》《市场营销》《国际营销研究》和《市场营销研究》杂志的编委。他也是《市场营销研究》杂志的前编辑。

韦茨教授是美国市场营销协会的主席和美国零售联合会、全美零售业基金会及美国市场营销协会的理事。1989 年，为表彰他对市场营销学科所做的贡献，韦茨教授被授予市场营销协会/欧文年度杰出教育家奖。2005 年，他被选为美国零售联合会零售教育家，并被美国市场营销协会零售、销售和组织间特殊兴趣小组授予终身成就奖。

杜鲁弗·格雷瓦尔博士

杜鲁弗·格雷瓦尔（Dhruv Grewal）博士（弗吉尼亚理工大学）是百森商学院商务与电子商业的丰田主席（Toyota Chair）、市场营销学教授和零售供应链研究所的联合所长。他的研究和教学兴趣集中在零售、定价、服务、全球营销、电子商务和基于价值的营销战略上。他在《市场营销》《消费者研究》《市场营销研究》《零售》《市场营销科学》和其他期刊上发表了 115 篇论文。2013 年，他被授予弗吉尼亚理工大学杰出研究生校友会奖；2012 年被美国市场营销学会零售与定价特别兴趣小组授予定价终身成就奖；2010 年被美国市场营销学会零售特别兴趣小组授予零售终身成就奖；2005 年获得行为定价终身成就奖；2010 年 5 月获得市场营销科学 Cutco/Vector 杰出教育家奖。他也是市场营销科学研究院的杰出成员。

格雷瓦尔教授在 2001～2007 年任《零售》杂志的联合主编。他与别人合著出版了《市场营销研究》（Houghton）以及《营销与营销系列丛书：市场营销》（麦格劳－希尔）。他在教学上获得了多项殊荣：由美国营销促进会颁发的 2005 年 Sherwin-Williams 杰出教学奖；由美国市场营销协会颁发的 2003 年市场营销教育创新卓越奖；由营销科学院颁发的 1999 年杰出教师奖；1998 年 EMBA 杰出教学奖；1993 年和 1999 年的商学院教学卓越奖；1989 年弗吉尼亚理工大学的杰出教学认证证书。他在学术研究方面也获奖颇丰：2010 年和 2012 年获得威廉 R. 戴维森最佳论文奖；2011 年获得路易斯·斯特恩奖；2010

年和2011年获得威廉R.戴维森受人尊敬提名奖；2010年获得百森商学院学院奖学金；1991年、1995年、1996年和1998年获得了迈阿密大学的商业研究优秀奖以及2002年服务特别兴趣小组的最佳服务论文奖。他还获得了2008年《零售》杂志最佳评论奖和2009年《零售》杂志杰出服务奖。

他讲授有关管理人员研讨会/相关课程，并与众多公司在各种研究项目上开展合作，这些公司包括戴尔、埃克森美孚、IRI、TJX、美国无线电器材公司（Radio Shack）、贝尔通信研究所（现为Telcordia）、Khimetrics、Profit-Logic、孟山都公司（Monsanto Company）、麦肯锡、爱立信、大都会（Met-Life）、美国电话电报公司（AT&T）、摩托罗拉、纳克斯泰尔（Nextel）、FP&L、朗讯（Lucent）、Sabre、固特异轮胎橡胶公司（Goodyear Tire & Rubber Company）、Williams、埃索国际（Esso International）、新加坡朝日化学及锡焊工业有限公司（ASAHI）以及数家律师事务所。他一直在美国、欧洲和亚洲举办各种研讨会。

前言

本书出版的首要目的是让读者了解零售行业令人兴奋的新发展。零售业已演变成一个高科技、全球性增长的行业。像沃尔玛、家得宝、亚马逊、星巴克和克罗格这样的零售商都是世界上最受尊敬和极为复杂的企业。该行业的发展为那些对零售职业及IBM、宝洁和谷歌等零售支持性公司感兴趣的学生提供了挑战与回报并存的各种机遇。

我们很高兴邀请到杜鲁弗·格雷瓦尔教授（百森商学院商务与电子商业的丰田主席及市场营销学教授）加入本书的作者队伍中来。杜鲁弗教授为该项目带来了他多年的学术经验，这可以从他与别人合作的几十篇与零售相关的文章中得到证明。从2001～2007年，他还与迈克尔·利维（这位合作时间超过20年的亲密同事）共同编辑《零售》杂志。

本书的新特点

在写作这一版时，我们着重于以下5个方面的重要发展：①使用大数据和分析方法进行决策；②应用社交媒体和智能手机与消费者进行沟通，并优化消费者购物的体验；③与使用移动渠道和为消费者提供无缝隙多渠道体验相关的问题；④致力于各种企业社会责任活动，也就是说，在制定业务决策时需要将社会因素考虑在内；⑤全球化对零售行业的影响。

大数据和分析方法在零售业中的应用

大数据是指收集和分析的数据集合如此庞大及复杂，以致不能使用传统的数据处理技术的数据。零售商处于大数据的前端。例如，沃尔玛每小时通过其在世界各地商店的销售点终端处理超过1亿笔交易。其客户数据库中包含超过2.5KMB的数据，该信息量相当于美国国会图书馆中所有图书数据容量的约170倍。在本版第11章中，我们通过加入分析大数据以提高决策这一新的部分将讨论延伸到零售商如何使用常客计划收集客户数据。在新版中讨论的一些使用分析方法的示例包括：

- 应用市场购物篮分析来改进店面设计和推广策划（第11、15和17章）。
- 存货单位（SKU）合理化的两种途径（第11、12章）。
- 降价决定的时间和幅度优化（第14章）。

- 针对性促销活动以提高效率（第 11、15 章）。
- 动态定价（第 14 章）。
- 确定各商品品类在商店和网站应放置于何处（第 17 章）。
- 制订商店员工调度表，以确保每天的不同时间以及每周的不同天数都有适当数量的销售人员（第 15 章）。

我们还增加了多个新示例（"零售视角"），如 CVS 和克罗格等零售商如何使用这些零售分析数据来获取竞争优势。第 11 章的主管简介则描述了一位企业家如何通过制定和实施基于大数据的零售分析建立起一种成功的咨询业务模式。

社交媒体

过去 5 年，人们对社交媒体的使用处于爆炸式的增长中。如今，Facebook、Twitter、Pinterest 和 Instagram 已经成为每个人生活的一部分。第 15 章修订的重点是零售商如何利用社交媒体提供关于其供应物的更多信息，并与客户建立各种关系。本版中社交媒体的其他应用如下：

- 社交媒体和多渠道供应对消费者购买过程的影响（第 3、4 章）。
- 讨论如何使用社交媒体建立一个零售社区（第 5 章）。
- 一份主管简介，讨论某时尚服装零售连锁店年轻的社交媒体经理如何与时尚博主建立关系（第 15 章）。
- 使用社会媒体开发整合营销传播方案（第 15 章）。
- 讨论 REI（第 15 章）、熊宝宝工作坊（第 3 章）和美国女孩（第 11 章）如何使用社交媒体在其消费者心目中打造品牌社区与客户忠诚度的示例。
- 突出社交媒体"图钉"和"点赞"元素的新零售视角（第 4 章）。

作为多渠道供应一部分的移动渠道

我们的教科书对互联网在零售业中所起的先进作用一直都有述及。大多数零售商现在都采用多渠道方式，因为他们已将互联网渠道加入实体商店和产品目录渠道供应中。过去我们专门有一章讨论多渠道零售商所面临的各种机会和问题。在本版中，我们将在第 3 章中扩展对移动渠道的讨论并使其贯穿整本书。例如：

- 回顾移动渠道相比于其他渠道的优点及其局限性（第 3 章）。
- 概述移动终端对购物行为的影响，如先逛店后网购以及零售商如何处理消费者在获取价格信息方面正在变得越来越容易这一问题（第 3、14 章）。
- 讨论移动渠道在为客户提供无缝隙、全方位渠道互动中所起的作用（第 3 章）。
- 描述移动渠道在提供优惠券和店内促销中所起的作用（第 15 章）。
- 增加有关史泰博公司移动策略及其如何通过智能手机接触消费者的新零售视角（第 15 章）。

零售商的社会责任

零售行业对一些重要的社会问题有着重大的影响，比如全球变暖、移民、健康护理和欠发达国家的工作条件等。本版中的一些新示例如下：

- 新零售视角：沃尔玛建立更"绿色"的供应链（第10章）。
- 新零售视角：在亚马逊自营网站上进行绿色购买（第13章）。
- 新零售视角：打通先逛店后网购（第14章）。
- 收集客户数据所引起的隐私问题的延伸讨论（第11章）。
- 全球商品采购中的伦理问题（第13章）。
- 新零售视角：墨西哥电器集团改善拉美穷困劳工的生活方式（第1章）。
- 新零售视角：一双换一双：汤姆斯鞋业公司的社会目标（第6章）。
- 店面运营（第16章）和设计（第17章）中的可持续性问题。
- 零售业在提高金字塔底部人们福祉中所起的作用（第1章）。

零售行业的全球化

零售业是一个全球性的行业。随着各零售商日益将经营重点放在自有品牌商品上，他们正在与世界各地的制造商通力合作以获取商品。除此之外，零售商正在不断开拓国际市场以获得增长机会。例如，法国连锁大卖场及世界第二大零售商家乐福就将其投资重点放在25个国家，而非其总部所在地——法国。

教学方面的改进

我们对本书的格式做了一些修改，以提升学生的学习体验。首先，在每一章中，我们确定了4～6个学习目标，并围绕这些目标组织章节的学习。每章有3～6个"零售视角"描述零售商如何处理这一章中提出的问题。我们对每一个"零售视角"都增加了"问题讨论"，以便读者对文中概念的应用有一个更好的理解。超过50%的"零售视角"是全新的，其余的也已经更新。本版中"零售视角"的一些示例如下：

- 雅芳在巴西的直销渠道（第3章）。
- 性别在何处重要，在何处又不重要（第4章）。
- 私募股权公司投资于零售商（第6章）。
- 来自小城镇的大回报（第8章）。
- 星巴克的就业品牌化（第9章）。
- 一个充满实用型产品的享乐迷宫（第17章）。
- 扎珀斯用一个声音说话（第18章）。

11个新的案例

本版有11个全新的案例，包括蓝色番茄：一个多渠道零售商的国际化（奥地利）；史泰博股份有限公司；巴黎法式糕点——"MaisonLadurée"走向全球（法国）；星巴克进军中国；沃尔玛：供应链管理的先驱者；蒂芙尼公司和TJX：比较财务业绩；丝芙兰的忠诚度计划：法国和美国的对比；新管理层下的梅尔百货商店；克罗格和弗雷德·梅尔：在全球市场上采购产品；塔古特及其新一代的合作伙伴关系；Zipcar：只给你想要的那么多的驾驶服务。这些案例中有5个是关于全球性问题的。本书中的所有38个案例要么是全新案例，要么是最近已经进行信息更新的案例。

基本理念

本书建立在以往8个版本的基本理念基础之上。我们继续侧重于各种关键的战略性问题，重点则放在各种财务问题以及贯穿商品和店面管理的执行问题上。对这些战略和战术问题的讨论涉及各种各样的零售商，包括大型和小型零售商、国内和国际零售商、销售商品和销售服务的零售商。

战略重点

本书围绕第1章图1-2所示的一个战略决策模型进行组织。每一篇和每一章都和这个总体战略框架相联系。此外，本书第二篇专门讨论了关键的战略决策，比如目标市场的选择、开发可持续竞争优势、建立一个支持某战略方向的组织结构和信息与分销系统、建立客户忠诚度及客户关系管理。本书深入探讨了零售商用于开发可持续竞争优势的各种资源，比如：

- 选择店址（第7、8章）。
- 开发和维护人力资源（第9章）。
- 管理信息系统和供应链（第10章）。
- 客户关系管理、收集和分析大数据以便做出更好的决策（第11章）。
- 开发独特的自有标签商品（第13章）。
- 提供卓越的客户服务（第18章）。

财务分析

和任何其他的商业模式一样，任何零售商的成功都取决于其盈利能力、能够为所有者提供足够的回报及其财务状况的稳定。一些知名零售公司（如电路城、锋利图像以及K-B玩具）所经历的财务问题突出说明了各种战略零售决策都需要对财务状况进行彻底的了解。我们选择了部分章节重点介绍财务分析，如第6章是关于利用战略利润模型的公司总体战略以及使用现金流和比率分析的零售商财务优势，第11章是关于消费者终身价值的评估，第12章则是关于零售采购系统。另外，财务问题也体现在谈判租约、与供货商讨价还价、商品的定价、开发传播预算以及为销售人员提供薪酬等章节中。

零售战略的实施

虽然制定某种零售战略对长期财务绩效的实现至关重要，但战略的执行与战略的制定同等重要。传统意义上，零售商一直极为重视"商业王子"，即那些了解热销商品的买手。

我们在对商品管理问题进行全面回顾的同时，将零售的重点从商品管理转到为顾客提供优质服务和令人兴奋的购物体验上。由于店面管理的此种转变，大多数准备从事零售工作的学生将进入分销和店面管理领域，而不再是商品采购领域。因此，本书专门用一章详述信息系统与供应链管理，并专门用整整一篇详述店面管理。

最新信息

零售业是一个充满活力的行业，各种新想法和业态层出不穷，传统零售商要么通过不断调整适应变化的环境，要么就得遭受财务损失。本书中提到的大多数案例均发生在过去的两年内。

平衡的方法

第 9 版继续提供一种平衡的方法来讲授一门基础零售课程，通过极具可读性的方式，将描述性、操作性和概念性信息介绍给读者。

描述性信息

学生可以从本书中学习与零售相关的词汇与实际做法。这些材料的例子有：

- 美国国内和国际上领先的零售商（第 1 章）。
- 零售商所做的各种管理决策（第 1 章）。
- 基于店铺与无店铺零售商的类型（第 2、3 章）。
- 进入国际市场的方式（第 5 章）。
- 区位的选择（第 7 章）。
- 租约条款（第 8 章）。
- 典型零售商的组织结构（第 9 章）。
- 信息流和商品流（第 10 章）。
- 品牌战略（第 13 章）。
- 与顾客沟通的各种方法（第 15 章）。
- 店面布局的各种选择和商品展示技术（第 17 章）。
- 职业机会（第 1 章附录 1A）。

操作性信息

除描述性信息以外，本书还阐述了不同规模的零售商如何做决策以及为何做此决策。以下示例是做下列决策时所遵循的程序：

- 多渠道运营的管理（第 3 章）。
- 审视环境并制定零售战略（第 5 章）。
- 分析零售战略的财务影响（第 6 章）。
- 评估选址决策（第 8 章）。

- 制订商品分类和预算计划（第12章）。
- 与供货商谈判（第13章）。
- 商品的定价（第14章）。
- 销售员工的招聘、甄选、培训、评估及薪酬提供（第16章）。
- 店面布局的设计（第17章）。
- 提供卓越的客户服务（第18章）。

概念性信息

本书还包括一些概念性的信息，以帮助读者更好地理解为什么做决策要像书中所描述的那样。正如马克·吐温所言："没什么比一个好理论更实际的了。"学生需要懂得这些基本概念，这样他们才能在新的环境中做出有效的决策。本书中有关这类概念性信息的示例如下：

- 消费者的决策过程（第4章）。
- 评估财务业绩的战略利润模型和方法（第6章）。
- 价格理论和边际分析（第14、15章）。
- 员工的动力（第16章）。
- 店内的购物行为（第17章）。
- 服务质量管理的差距模型（第18章）。

学生友好型教科书

在第9版中，我们让本书成为学生的一个"好的读本"来创建兴趣点，并使学生置身于该课程及行业中。我们使用一些"实例"（有关零售的事实）、零售视角及在每章开头的主管简介来让学生投入其中。

零售视角

每章还包含了一些全新或经过更新的小短文（"零售视角"），将各种概念与零售商的活动和决策联系起来。在第9版中，有超过50%的"零售视角"是全新的，其余的也已经更新。这些小短文以主要的零售商为关注对象，如沃尔玛、沃尔格林、塔吉特、科尔士百货、内曼·马库斯以及梅西百货。这些公司在大学校园进行面试，招聘管理培训职位。"零售视角"还讨论一些具有创新性的零售商，像REI、星巴克、扎拉、芒果、亚马逊、货柜商店（The Container Store）、丝芙兰、永远21、奇可思女装店和巴斯体育用品店。最后，也有一些"零售视角"关注的是那些能够和全国性连锁企业进行有效竞争的创业型零售商。

零售主管简介

为了分析零售业中的挑战和机会，第9版的每一章开头都会有一个经理人或业内专家的简介。在这份简介中,他们用自己的语言介绍了自己的工作和专长,而这些工作和专长都跟该章所探讨的内容有关。这些人物介绍包括罗恩·乔恩冲浪用品商店的总裁戴比·哈维和富乐客有限公司董事长肯·希克斯以及在零售业的某个特殊领域中具有丰富经验的人,比如家得宝的人力资源副总裁提姆·胡里根以及迪克体育用品公司规划部的高级副总裁穆萨·库利巴利。这些人物介绍既能说明高级主管对零售行业的看法,同时也能指明大学毕业生的职业机会。他们还为大学生提供第一手信息,告诉他们零售行业从业者的主要工作、获得的回报以及这份工作带来的各种挑战。

补充材料

为了加强学生的学习体验,第9版提供了一些新的案例,以说明最新的零售实践。

小试身手! 在每章末尾都附有练习。这些练习给出了一些项目建议,学生可前往当地的零售商店,或者通过上网来完成。项目中有持续的作业练习,使学生在整个课程中参与到同一个零售商的项目中。这些项目的设计旨在为学生提供动手一试的学习体验。

致谢

在本书的成书过程中,几位杰出人士一直参与其中并做出了重大贡献。首先,我们要致谢 Scott Motyka(百森商学院)和 Elisabeth Nevins Caswell 给予的重要协助。他们为本书做调研,撰写案例,并准备出版手稿。我们也非常感谢 Bober Corrigan(马里兰州洛约拉学院)的宝贵贡献。我们还要感谢波特兰州立大学的 Lauren Skinner Beitelspacher 给予的帮助。我们真诚地感谢 Christian Tassin(佛罗里达大学)准备了附录 A "开创自己的零售业务"部分。我们感谢 Margaret Jones(佛罗里达大学的戴维·米勒零售教育与研究中心)为本书做出的突出贡献。

我们非常感谢高级开发编辑 Kelly Delso 的支持、专业知识和"偶尔的强迫"。我们要致谢麦格劳–希尔教育出版社的编辑和制作人员,他们是 Sankha Basu、Donielle Xu、Christine Vaughan、Jana Singer、Debra Sylvester、Brent Dela Cruz 以及 Joanne Mennemeier。如果没有他们,这本书绝不可能完成。

本书同样极大地得益于很多居引领地位的高级管理人员和学者在零售业与相关领域中的贡献。我们要感谢:

Bill Brand	**Helena Faulkes**	**Ken Hicks**
HSN	*CVS*	*Foot Locker Inc.*
Brenden O'Brien	**Debbie Ferree**	**Fredrik Holmvik**
Walgreens	*DSW*	*ICA Sweden*
Myles Bristowe	**Tom Gallagher**	**Karen Houget**
CommCreative	*BJs*	*Macy's*
Cameron Burnham	**Glenn Gaudet**	**Marlin Hutchens**
Twitter	*GaggleAMP*	*Walgreens*

Chet Cadieux *Quick Trip*	**Steve Germain** *BJs*	**Tom Jacobson** *Accenture*
Tara Carroll *Kohl's*	**Krista Gibson** *Chili's Grill & Bar*	**Michael Kercheval** *International Council of Shopping Centers*
George Coleman *Accenture*	**Shira Goodman** *Staples*	
Kelly Cook *DSW*	**Tom Gormley** *Dunnhumby*	**Steve Knopik** *Beall's, Inc.*
Bill Dankworth *Kroger*	**Mike Gottfried** *Google*	**Doug Koch** *Brown Shoe Company*
Ellen Davis *National Retail Federation*	**Jeff Greenfield** *C3 Metrics*	**Don Leblank** *Staples*
Katrina Davis *Body Central*	**Julie Greiner** *Macy's*	**Mike MacDonald** *DSW*
Kenneth Dickman *Accenture*	**Mindy Grossman** *HSN*	**Jose Martinez** *Zara*
David Dillon *Kroger*	**Bari Harlam** *CVS*	**Carrie McDermott** *DSW*
Jevin Eagle *Staples*	**Debbie Harvey** *Ron Jon Surf Shop*	**Don McGeorge** *Kroger*
Jesus Echevarria *Zara*	**Simon Hay** *Dunnhumby*	**Jon McGinley** *Radian6*
Mike Ewing *HubSpot*	**Elizabeth Hebeler** *Wyndham Worldwide*	**Mike Miles** *Staples*
Ramesh Murthy *CVS*	**Rob Price** *CVS*	**Linda Severin** *Kroger*
Harris Mustafa *DSW*	**Doug Probst** *DSW*	**Larry Sinowitz** *Brandsmart*
Christine Neppl *BJs*	**Don Ralph** *Staples*	**Ron Solomon** *HSN*
Mike Nicholson *Ann Taylor*	**Donna Rosenberg** *Staples*	**Julie Sommers** *BJs*
Dennis Palmer *CVS*	**Ron Sargent** *Staples*	**Luiza Helena Trajano** *Magazine Luiza*
Demos Parneros *Staples*	**Ted Sarosy** *Kroger*	**Don Unser** *The NPD Group, Inc.*
Keith Paul *EMC*	**Judy Scheling** *HSN*	**Andrew Voelker** *Accenture*
Anabela Perozek *Staples*	**Audrey Schwarz** *Chico's Brand*	
Marnette Perry *Kroger*	**Laura Sen** *BJs*	

我们要感谢对本书进行审阅的所有教授。他们不仅对全书进行了审阅，还对相关辅助材料进行了审阅。

我们还要对下列教授表达感谢。他们对早先几个版本的《零售管理》提供了周到的考虑，他们的贡献使本书受益良多。他们是：

Mark Abel
Kirkwood Community College

Nancy Abram
University of Iowa

Stephen J. Anderson
Austin Peay State University

Jill Attaway
Illinois State University

Sally Baalbaki
University of North Texas

Mary Barry
Auburn University

Lance A. Bettencourt
Indiana University

David Blanchette
Rhode Island College

Jeff Blodgett
University of Mississippi

M. Bonavia
UMD

George W. Boulware
Lipscomb University

Samuel Bradley
Philadelphia University

Willard Broucek
Northern State University

Leroy M. Buckner
Florida Atlantic University

David J. Burns
Purdue University

Tom Gross
University of Wisconsin

Sejin Ha
Purdue University

Debra A. Haley
Southeastern, Oklahoma State University

Sally Harmon
Purdue University

Susan Harmon
Middle Tennessee State University

Michael D. Hartline
Louisiana State University

Tony L. Henthorne
University of Southern Mississippi

Lon Camomile
Colorado State University

William J. Carner
University of Missouri–Columbia

Donald W. Caudill
Bluefield State College

James Clark
Northeastern State University

Sylvia Clark
St. John's University

Brad Cox
Midlands Technical College

Nicole Cox
University of Arkansas

J. Joseph Cronin, Jr.
Florida State University

Angela D'Auria
Stanton Radford University

Sandy Dawson
Oregon State University

Irene J. Dickey
University of Dayton

Dina Dingman
Indiana University

Dawn DiStefano
Nassau Community College

Patricia Doyle
University of Cincinnati

Ann DuPont
University of Texas

Elizabeth Mariotz
Philadelphia College of Textiles and Science

Tony Mayo
George Mason University

Harold McCoy
Virginia Commonwealth University

Michael McGinnis
University of South Alabama

Phyliss McGinnis
Boston University

Kim McKeage
University of Maine

Barbara Mihm
University of Wisconsin–Stevens Point

Chloe I. Elmgren
Mankato State University

Richard L. Entrikin
George Mason University

David Erickson
Angelo University

Kenneth R. Evans
University of Missouri–Columbia

Richard Feinberg
Purdue University

Kevin Fertig
University of Illinois

Deborah Fowler
Texas Tech University

Drew Ehrlich Fulton
Montgomery Community College

Rama Ganesan
University of Arizona

Stefanie Mayfield Garcia
University of Central Florida

Javier Garza
Cerritos College

David M. Georgoff
Florida Atlantic University

Peter Gordon
Southeast Missouri State University

Larry Gresham
Texas A&M University

Rick Shannon
Western Kentucky University

Rob Simon
University of Nebraska–Lincoln

Rodger Singley
Illinois State University

Chuck Smith
Horry-Georgetown Technical College

Herschel Smith
College of DuPage

Jeffery C. Smith
Owens Community College

Steve Solesbee
Aiken Technical College

McLennan Community College
Cathleen Hohner
College of DuPage
Joshua Holt
Brigham Young University
Donna Hope
Nassau Community College
David Horne
California State University–Long Beach
Gary L. Hunter
Illinois State University
Fred Hurvitz
Pennsylvania State University
Brenda Jones
Northwest Missouri State University
Michael Jones
Auburn University
Eugene J. Kangas
Winona State University
Herbert Katzenstein
St. John's University
Minjeong Kim
Oregon State University
Natalia Kolyesnikova
Texas Tech University
Terrence Kroeten
North Dakota State University
Dolly Loyd
University of Southern Mississippi
Ann Lucht
Milwaukee Area Technical College

Robert Miller
Central Michigan University
Mary Anne Milward
University of Arizona
Nancy Murray
University of Wisconsin–Stout
Cheryl O'Hara
Kings College
Dorothy M. Oppenheim
Bridgewater State University
Michael M. Pearson
Loyola University, New Orleans
Janis Petronis
Tarleton State University
Linda Pettijohn
Southern Missouri State University
Lucille Pointer
University of Houston–Downtown
John J. Porter
West Virginia University
Sue Riha
University of Texas–Austin
Rodney Runyan
University of Tennessee
Joan Ryan
Clackamas Community College
Nick Saratakes
Austin Community College
Ian J. Scharf
University of Miami
Laura Scroggins
California State University–Chico

Roxanne Stell
Northern Arizona University
Shirley M. Stretch
California State University–LA
William R. Swinyard
Brigham Young University
Shelley R. Tapp
Wayland Baptist University
Amy Tomas
University of Vermont
Kathy Wachter
University of Mississippi
Janet Wagner
University of Maryland
Gary Walk
Lima Technical College
Anna Walz
Grand Valley State University
Mary Weber
University of New Mexico
Sandy White
Greenville Tech College
Fred T. Whitman
Mary Washington College
Kathleen Debevic Witz
University of Massachusetts
Merv Yeagle
University of Maryland
Ron Zallocco
University of Toledo

我们收到了来自世界各地的教授所撰写的案例。尽管我们希望在教材中使用更多的案例，但是篇幅有限，未能全部采用。我们感谢所有的案例贡献者，特别要感谢下列被《零售管理》采用的案例作者：

Marion Brandstaetter
Karl-Franzens-University Graz, Austria
Guy Cheston
Director of Advertising Sales and Sponsorship, Harrods

Beth Gallant
Lehigh University
Alex Gibelalde
Google
Joseph P. Grunewald
Clarion University of

Todd Nicolini
Loyola College
Steven Keith Platt
Platt Retail Institute
James Pope
Loyola College

Hope Bober Corrigan
Loyola College

Laurie Covens
Babson College

Brienne Curley
Loyola College

David Ehrlich
Marymount University

Sunil Erevelles
University of North Carolina, Charlotte

Ann Fairhurst
Indiana University

Meghan O'Farrell
Google

Linda F. Felicetti
Clarion University of Pennsylvania

Carla Ferraro
Monash University, Australia

Thomas Foscht
Karl-Franzens-University Graz, Austria

Nancy France
Babson College

Pennsylvania

Britt Hackmann
Nubry.com

Lexi Hutto
The Metropolitan State College of Denver

Kirthi Kalyanam
Retail Management Institute, Santa Clara University

Samantha Leib
Loyola University

Alicia Lueddemann
Management Mind Group

Mary Manning
Portland State University

Scott Motyka
Babson College

Jeanne L. Munger
University of Southern Maine

Jamie Murphy
Murdoch Business School, Australia

Nancy J. Murray
University of Wisconsin–Stout

Edward Rhee
Stonehill College

Dan Rice
University of Florida

Sean Sands
Monash University, Australia

Cecelia Schulz
University of Florida

Sandrine Heitz-Spahn
Universite De Lorraine

Virginia Weiler
University of Southern Indiana

Elizabeth J. Wilson
Suffolk University

Bethany Wise
Loyola University

Kate Woodworth
Babson College

简明目录
Brief Contents

作者简介
前言

第一篇　零售的世界

第1章　零售世界简介	2
第2章　零售商的类型	30
第3章　多渠道零售	58
第4章　消费者购买行为	79

第二篇　零售战略

第5章　零售市场战略	112
第6章　财务战略	142
第7章　零售区位	171
第8章　零售选址	194
第9章　人力资源管理	220
第10章　信息系统与供应链管理	247
第11章　客户关系管理	271

第三篇　商品管理

第12章　商品规划过程管理	294
第13章　商品采购	332
第14章　零售定价	359
第15章　零售传播组合	388

第四篇　店面管理

第16章　管理店面 ··· 418
第17章　店面布局、设计及视觉营销 ··· 446
第18章　顾客服务 ··· 476
附录A　开创自己的零售业务 ··· 498

第五篇　案例

案例1　拖拉机供应公司：瞄准兼职的牧场主 ····································· 509
案例2　熊宝宝工作坊：在这里结交最好的朋友 ·································· 510
案例3　蓝色番茄：一个多渠道零售商的国际化 ·································· 512
案例4　史泰博股份有限公司 ·· 516
案例5　购买自行车的决策过程 ··· 518
案例6　巴黎法式糕点——"Maison Ladurée"走向全球 ······················· 520
案例7　零售业在印度：大卖场的影响 ·· 522
案例8　从矿山到市场的钻石 ·· 524
案例9　星巴克进军中国 ··· 526
案例10　沃尔玛：供应链管理的先驱者 ·· 530
案例11　蒂芙尼公司和TJX：比较财务业绩 ··· 532
案例12　为一家精品店选址 ·· 534
案例13　哈奇：新店选址 ··· 536
案例14　雅芳拥抱多元化 ··· 542
案例15　丝芙兰的忠诚度计划：法国和美国的对比 ···························· 544
案例16　吸引Y一代参与零售职业 ·· 546
案例17　Active Endeavors：分析顾客数据 ·· 548
案例18　新管理层下的梅尔百货商店 ··· 549
案例19　为休斯制订一个分类计划 ··· 551
案例20　准备一项商品预算计划 ··· 553
案例21　克罗格和弗雷德·梅尔：在全球市场上采购产品 ··················· 555
案例22　塔吉特及其新一代的合作伙伴关系 ······································· 558
案例23　美国家具仓储城进行全球采购 ·· 560
案例24　顾客对彭尼百货的减价促销上瘾吗 ······································· 562
案例25　怡人清香，价值几多 ·· 565

案例 26	一次促销活动	566
案例 27	利用谷歌 AdWords 瞄准目标市场	567
案例 28	Enterprise 汽车租赁公司以人为本	570
案例 29	如何让"宝石"绽放光彩	571
案例 30	迪斯马特的一次商品脱销	573
案例 31	诺德斯特龙的顾客服务和关系管理	574
案例 32	Zipcar：只给你想要的那么多的驾驶服务	577
案例 33	建立苹果专卖店	579
案例 34	伦敦哈罗德百货商店：来自数字显示屏网络的广告收入	581
案例 35	扬基蜡烛：新产品开发	583
案例 36	宠物大卖场：宠物们的大家庭	586
案例 37	林迪新娘用品商店	589
案例 38	管理培训生职位面试	592

术语表 597

参考文献⊖

⊖ 请参见华章网站：http://www.hzbook.com。注册后搜索书名即可下载。

目录

作者简介
前言

第一篇 零售的世界

第1章 零售世界简介 ············ 2

1.1 什么是零售 ················ 4
　1.1.1 零售商在供应链中的作用 ···· 4
　1.1.2 零售商创造价值 ·········· 5
　1.1.3 渠道活动成本 ············ 6
　1.1.4 零售商从事批发和
　　　　生产活动 ··············· 6
　1.1.5 世界各国分销渠道的差异 ···· 7
1.2 零售业的社会和经济意义 ······ 8
　1.2.1 在发达经济体中的作用 ····· 8
　1.2.2 企业社会责任 ············ 8
　1.2.3 在发展中经济体中的作用
　　　　——金字塔底层 ··········· 9
零售视角1-1 墨西哥电器集团改善
拉美穷困劳工的生活方式 ········· 10
1.3 零售业及零售商日益增长的
　　重要性 ······················ 11
　1.3.1 零售业的演进 ············ 11
　1.3.2 信息系统的作用 ·········· 12

1.4 管理机遇及企业家机遇 ········· 13
　1.4.1 管理机遇 ················ 13
　1.4.2 企业家机遇 ·············· 13
零售视角1-2 沃尔玛的创始人
山姆·沃尔顿（1918—1992）······ 14
1.5 零售管理决策过程 ············ 16
　1.5.1 了解零售的世界——
　　　　第一篇 ·················· 16
　1.5.2 制定零售战略——
　　　　第二篇 ·················· 17
　1.5.3 实施零售战略——
　　　　第三篇和第四篇 ·········· 19
零售视角1-3 全食：有机超市的
诞生 ··························· 19
　1.5.4 全食超市——一家有机及
　　　　天然食品连锁超市 ········ 20
　1.5.5 伦理和法律考量 ·········· 22
本章小结 ······················· 23
小试身手 ······················· 24
讨论问题 ······················· 25
推荐读物 ······················· 26
附录1A 零售行业中的职业 ········ 26

第2章 零售商的类型 ············ 30

2.1 零售商的特征 ··············· 31

2.1.1 商品类型 …………… 32
2.1.2 种类与分类 …………… 33
零售视角 2-1 亚马逊：样样都行的零售贸易万能博士 …………… 34
2.1.3 所提供的服务 …………… 34
2.1.4 所提供商品和服务的广度及深度的价格与成本 …………… 35
2.2 食品零售商 …………… 35
2.2.1 超市 …………… 36
2.2.2 超级购物中心 …………… 39
2.2.3 仓储式会员店 …………… 39
2.2.4 便利店 …………… 40
零售视角 2-2 与众不同的日本便利店 …………… 41
2.3 日常用品零售商 …………… 42
2.3.1 百货商店 …………… 42
零售视角 2-3 到消费者那里去 …………… 43
2.3.2 全线折扣商店 …………… 44
2.3.3 品类专门店 …………… 45
2.3.4 专卖店 …………… 46
2.3.5 药店 …………… 47
2.3.6 特价零售商 …………… 48
2.3.7 低价零售商 …………… 48
2.4 服务零售 …………… 49
服务零售商和商品零售商的区别 …………… 51
2.5 所有权类型 …………… 53
2.5.1 独立的单一店面零售商 …………… 53
2.5.2 公司零售连锁 …………… 53
2.5.3 特许经营 …………… 54
零售视角 2-4 果馅冷冻酸奶：甜食的特许经营 …………… 54
本章小结 …………… 55
小试身手 …………… 55

讨论问题 …………… 57
推荐读物 …………… 57

第 3 章 多渠道零售 …………… 58

3.1 几种主要的零售渠道 …………… 59
3.1.1 非店面零售渠道 …………… 59
3.1.2 互联网零售渠道——电子和移动零售 …………… 60
3.1.3 产品目录渠道 …………… 61
3.1.4 电视直销渠道 …………… 61
3.1.5 电视家庭购物渠道 …………… 61
3.1.6 直销渠道 …………… 62
零售视角 3-1 雅芳在巴西的直销渠道 …………… 62
3.1.7 自动零售（售货机）渠道 …………… 63
3.2 零售渠道的相对利益 …………… 64
3.2.1 店面渠道 …………… 64
零售视角 3-2 巴斯体育用品店让购物变得妙趣横生 …………… 65
3.2.2 产品目录渠道 …………… 66
3.2.3 互联网渠道 …………… 66
零售视角 3-3 帮助新婚夫妇准备大喜的日子 …………… 67
3.2.4 电子及移动电话互联网渠道的对比 …………… 70
3.3 多渠道零售商面临的挑战 …………… 71
3.3.1 多渠道供应链和信息系统 …………… 72
3.3.2 集中化和分散化的多渠道零售 …………… 72
3.3.3 多渠道间一致的品牌形象 …………… 72
零售视角 3-4 熊宝宝工作坊利用多渠道强化其形象 …………… 73
3.3.4 商品分类 …………… 73

3.3.5 定价 ………………………… 74
3.3.6 减少渠道迁移 ……………… 74
3.4 未来的多渠道购物 …………… 74
　3.4.1 购物体验情境 ……………… 74
　3.4.2 对购物体验的支持 ………… 76
本章小结 ……………………………… 76
小试身手 ……………………………… 77
讨论问题 ……………………………… 77
推荐读物 ……………………………… 78

第4章 消费者购买行为 ………… 79

4.1 购买过程 ……………………… 80
　4.1.1 需要认知 …………………… 82
　4.1.2 信息搜寻 …………………… 83
零售视角4-1 互联网改变了汽车购买过程 ……………………… 84
　4.1.3 评估备选方案：多属性态度模型 ……………………… 86
零售视角4-2 劳氏：自己动手，其乐无穷 ……………………… 89
　4.1.4 购买商品或服务 …………… 90
　4.1.5 购后评价 …………………… 91
4.2 购买决策的类型 ……………… 91
　4.2.1 广泛型问题解决 …………… 92
　4.2.2 有限型问题解决 …………… 92
　4.2.3 习惯性决策 ………………… 93
4.3 影响购买过程的社会因素 …… 93
　4.3.1 经济 ………………………… 94
　4.3.2 家庭 ………………………… 94
　4.3.3 参考群体 …………………… 95
零售视角4-3 将消费选择归因于网上的参考群体 ………………… 95
　4.3.4 文化 ………………………… 96

4.4 市场细分 ……………………… 97
　4.4.1 评估市场细分的标准 ……… 97
　4.4.2 市场细分的方法 …………… 99
零售视角4-4 性别在何处重要，在何处又不重要 ………………… 100
　4.4.3 综合细分方法 ……………… 104
本章小结 ……………………………… 105
小试身手 ……………………………… 105
讨论问题 ……………………………… 106
推荐读物 ……………………………… 107
附录4A 消费者购买行为和时尚 …… 107

第二篇　零售战略

第5章 零售市场战略 ……………… 112

5.1 什么是零售战略 ……………… 113
　零售市场战略的定义 …………… 113
5.2 零售市场战略中的几个核心概念 ……………………… 114
　5.2.1 目标市场与零售业态 ……… 115
　5.2.2 建立可持续竞争优势 ……… 116
　5.2.3 与顾客的关系——顾客忠诚度 ………………… 116
零售视角5-1 宜家方式 ……………… 118
　5.2.4 与供货商的关系 …………… 120
　5.2.5 内部运营的效率 …………… 121
　5.2.6 区位 ………………………… 121
　5.2.7 优势的多种来源 …………… 122
零售视角5-2 货柜商店通过出售让生活变得更简单的产品来建立竞争优势 ………………………… 122
5.3 增长战略 ……………………… 123

5.3.1 增长机会 …………………… 123
5.3.2 增长机会和竞争优势 ……… 125
5.4 全球性增长机会 …………………… 125
零售视角 5-3 上海的菜市场 ………… 125
5.4.1 国际市场的吸引力 ………… 126
5.4.2 全球零售成功的关键 ……… 128
零售视角 5-4 7-Eleven：小聚消遣的时尚之地（印度尼西亚）………… 129
5.4.3 进入战略 …………………… 131
5.5 战略性零售规划过程 ……………… 132
5.5.1 第1步：定义业务使命 …… 133
5.5.2 第2步：进行SWOT分析 …………………………… 133
零售视角 5-5 热点话题彰显其独立音乐优势 ……………………… 136
5.5.3 第3步：识别战略机会 …… 137
5.5.4 第4步：评估战略机会 …… 137
5.5.5 第5步：确立具体目标，进行资源配置 ……………… 138
5.5.6 第6步：制定零售组合以实施战略 ………………… 138
5.5.7 第7步：业绩评估及调整 …………………………… 138
5.5.8 现实世界中的战略规划 …… 138
本章小结 ………………………………… 138
小试身手 ………………………………… 139
讨论问题 ………………………………… 140
推荐读物 ………………………………… 141

第6章 财务战略 ……………………… 142

6.1 目标和目的 ………………………… 143
6.1.1 财务目标 …………………… 143
6.1.2 社会目标 …………………… 144
零售视角 6-1 一双换一双：汤姆斯鞋业公司的社会目标 ……… 144
6.1.3 个人目标 …………………… 145
6.2 战略利润模型 ……………………… 145
零售视角 6-2 梅西和好市多：采用不同零售战略的成功零售商 ……… 146
6.2.1 利润管理路径 ……………… 148
零售视角 6-3 好市多削减成本 ……… 151
6.2.2 资产管理路径 ……………… 152
零售视角 6-4 私募股权公司投资于零售商 ……………………………… 155
6.2.3 利润和资产结合的管理路径 ………………………… 156
6.2.4 提高财务绩效的几点启示 ………………………… 157
6.3 评估增长机会 ……………………… 158
6.3.1 利润管理路径 ……………… 158
6.3.2 资产周转管理路径 ………… 159
6.3.3 利用战略利润模型分析其他决策 ……………………… 161
6.4 财务风险分析 ……………………… 161
6.4.1 现金流分析 ………………… 162
6.4.2 资产负债率 ………………… 162
6.4.3 流动比率 …………………… 162
6.4.4 速动比率 …………………… 162
6.5 设定和测量绩效目标 ……………… 163
6.5.1 自上而下和自下而上的流程 ………………………… 163
6.5.2 谁对绩效负责 ……………… 164
6.5.3 绩效目标和测量指标 ……… 164
6.5.4 测量的种类 ………………… 165
6.5.5 评估绩效：标杆的作用 …… 166
本章小结 ………………………………… 168

小试身手 …………………………… 169
　　讨论问题 …………………………… 169
　　推荐读物 …………………………… 170

第7章　零售区位 …………………… 171

7.1　零售区位的类型 ………………… 172
7.2　无规划零售区位 ………………… 174
　　7.2.1　独立式地点区位 …………… 174
　　7.2.2　城市区位 …………………… 174
　　零售视角 7-1　魔术师约翰逊把
　　　零售带到内城区 ………………… 175
　　7.2.3　小镇大街区位 ……………… 177
7.3　购物中心和规划的零售区位 …… 177
　　零售视角 7-2　西蒙物业：世界上
　　　最大的购物中心管理公司 ……… 178
　　7.3.1　便利、邻里和社区购物
　　　　　　中心 ……………………… 179
　　7.3.2　实力购物中心 ……………… 179
　　7.3.3　封闭式购物摩尔 …………… 180
　　7.3.4　生活方式中心 ……………… 181
　　7.3.5　综合用途开发中心 ………… 182
　　7.3.6　奥特莱斯中心 ……………… 182
　　零售视角 7-3　中国高端时尚消费者：
　　　坐动车去"意大利" ……………… 183
　　7.3.7　主题/节日中心 …………… 183
　　7.3.8　大型多业态开发
　　　　　　——全方位中心 ………… 184
7.4　非传统区位 ……………………… 184
　　零售视角 7-4　开在教堂的赛百味
　　　餐厅 ……………………………… 184
　　7.4.1　快闪店和其他临时性区位 … 185
　　7.4.2　店中店 ……………………… 185
　　7.4.3　商品信息亭 ………………… 186

　　7.4.4　飞机场 ……………………… 186
7.5　区位和零售战略 ………………… 187
　　7.5.1　零售商目标市场的消费者
　　　　　　购买行为 ………………… 187
　　7.5.2　目标市场密度 ……………… 188
　　7.5.3　零售供应物的独特性 ……… 188
7.6　社会和法律考量 ………………… 188
　　7.6.1　城市扩张 …………………… 189
　　7.6.2　反对大盒子店零售商 ……… 189
　　7.6.3　区域划分 …………………… 189
　　7.6.4　建筑法规 …………………… 190
　　本章小结 …………………………… 191
　　小试身手 …………………………… 191
　　讨论问题 …………………………… 192
　　推荐读物 …………………………… 193

第8章　零售选址 …………………… 194

8.1　评估选址区域并确定一个
　　　地区的商店数量 ………………… 195
　　8.1.1　都市统计区 ………………… 195
　　8.1.2　评估店址时的考虑因素 …… 196
　　零售视角 8-1　来自小城镇的
　　　大回报 …………………………… 197
　　8.1.3　一个区域的商店数量 ……… 198
8.2　评估店址时的考虑因素 ………… 199
　　8.2.1　地点特征 …………………… 200
　　零售视角 8-2　在公路右侧开商店
　　　需要付费 ………………………… 200
　　8.2.2　购物中心内的店址 ………… 203
8.3　商圈的特点 ……………………… 203
　　8.3.1　商圈的定义 ………………… 203
　　8.3.2　影响商圈大小的因素 ……… 204
　　8.3.3　测量某一零售地点的商圈 … 205

8.3.4 商圈的信息来源 ·············· 205
8.3.5 商圈内的竞争 ·············· 208
8.4 为某一店址预测潜在销售额 ····· 208
  8.4.1 赫夫引力模型 ·············· 209
  8.4.2 回归分析 ·················· 210
  8.4.3 类比法 ···················· 211
8.5 选址实例：爱德华·贝勒高级
   眼镜店 ·························· 211
  8.5.1 第一步：进行竞争力分析 ··· 212
  8.5.2 第二步：界定现有商圈 ····· 212
  8.5.3 第三步：分析商圈特征 ····· 213
  8.5.4 第四步：匹配现有商圈
       特征和潜在店址 ············· 213
8.6 租约谈判 ······················· 214
  8.6.1 租约类型 ·················· 214
  8.6.2 租约条款 ·················· 215
本章小结 ····························· 216
小试身手 ····························· 217
讨论问题 ····························· 218
推荐读物 ····························· 219

第9章 人力资源管理 ············· 220
9.1 人力资源管理的目标 ··········· 222
   人力资源管理绩效指标 ········· 222
9.2 人力资源管理中的挑战 ········· 223
  9.2.1 平衡人力资源三元组 ······· 223
  9.2.2 费用控制 ··················· 224
  9.2.3 兼职员工 ··················· 224
  9.2.4 利用多样性的员工队伍 ···· 224
  9.2.5 国际人力资源问题 ········· 225
9.3 为零售企业设计组织结构 ······ 225
  9.3.1 单一店面零售商组织 ······· 227
  9.3.2 全国性零售连锁店组织 ···· 227

9.3.3 集权与协调 ················ 230
零售视角 9-1 梅西百货：融合
集权和分权的好处 ················· 231
9.4 赢得员工人才战 ················ 232
  9.4.1 就业的品牌化 ·············· 233
零售视角 9-2 星巴克的就业
品牌化 ······························· 233
  9.4.2 开发人才：甄选和培训 ···· 234
零售视角 9-3 Pret A Manger 不是
你的典型快餐店 ···················· 235
  9.4.3 激励人才：使目标一致 ···· 236
零售视角 9-4 REI 员工的篝火
见面沟通会 ·························· 240
  9.4.4 管理多样性 ················ 240
9.5 人力资源管理中的法律问题 ···· 242
  9.5.1 平等的雇用机会 ············ 242
  9.5.2 薪酬 ······················· 242
  9.5.3 劳资关系 ··················· 243
  9.5.4 员工安全和健康 ············ 243
  9.5.5 性骚扰 ····················· 243
  9.5.6 员工隐私 ··················· 243
  9.5.7 制定政策 ··················· 243
本章小结 ····························· 244
小试身手 ····························· 244
讨论问题 ····························· 246
推荐读物 ····························· 246

第10章 信息系统与供应链
       管理 ························· 247
10.1 通过供应管理和信息系统
    创造战略优势 ················· 248
零售视角 10-1 沃尔玛建立更
"绿色"的供应链 ··················· 249

10.1.1　战略优势 ………………… 250
10.1.2　提高产品的可获得性 …… 251
10.1.3　提高资产回报率 ………… 251
零售视角 10-2　扎拉传递快速时尚 … 252
10.2　供应链中的信息流和商品流 … 253
10.2.1　信息流 …………………… 253
10.2.2　商品的物理流动：物流 … 255
10.3　配送中心 …………………… 256
10.3.1　入站运输管理 …………… 256
10.3.2　收货和验货 ……………… 256
10.3.3　存货和交叉转运 ………… 257
10.3.4　准备商品上架 …………… 257
10.3.5　准备将商品运至商店 …… 258
10.3.6　出站运输管理 …………… 258
10.4　系统设计问题 ……………… 259
10.4.1　外包物流 ………………… 259
10.4.2　拉动式和推动式供应链 … 259
10.4.3　配送中心与店铺直送之比较 …………………… 260
10.4.4　逆向物流 ………………… 260
10.4.5　代发货 …………………… 261
10.4.6　履行目录和互联网订单的供应链 ………………… 262
10.5　供应链管理中零售商与供货商的协作 …………………… 263
10.5.1　协作的好处 ……………… 263
10.5.2　使用电子数据交换（EDI） ……………………… 264
10.5.3　信息共享 ………………… 264
10.5.4　供货商—管理存货 ……… 264
10.5.5　协作性规划、预测与补货 …………………… 265
零售视角 10-3　西部海洋公司与其供货商的合作 ……………… 265

10.6　无线射频识别装置 …………… 266
　　RFID 的好处 ………………… 266
零售视角 10-4　罗德与泰勒百货的无线射频识别装置 ……… 267
本章小结 …………………………… 268
小试身手 …………………………… 269
讨论问题 …………………………… 269
推荐读物 …………………………… 270

第 11 章　客户关系管理 ………… 271

11.1　CRM 流程 …………………… 272
　　CRM 流程概述 ……………… 273
11.2　收集客户数据 ………………… 273
11.2.1　客户数据库 ……………… 274
零售视角 11-1　克罗格对顾客数据的使用 …………………… 274
11.2.2　识别信息 ………………… 275
11.2.3　隐私和 CRM 计划 ……… 276
11.3　分析客户数据及识别目标客户 ……………………… 278
11.3.1　识别最佳客户 …………… 278
零售视角 11-2　RFM 分析示例 …… 279
11.3.2　零售分析 ………………… 280
零售视角 11-3　CVS Caremark 通过客户数据获得深刻洞察 ………… 281
11.4　通过常客计划开发 CRM …… 282
11.4.1　常客计划的有效性 ……… 283
11.4.2　让常客计划更有效 ……… 283
零售视角 11-4　通过 InCircle 计划建立内曼·马库斯的钱包份额 … 285
11.5　执行 CRM 计划 ……………… 285
11.5.1　客户金字塔 ……………… 286
11.5.2　客户保留 ………………… 287

11.5.3 客户转换：把优质客户变成最佳客户 ………… 288
零售视角 11-5 "美国女孩"激励顾客购买洋娃娃附加组件 ………… 289
11.5.4 处理无利润客户 ………… 290
本章小结 ………… 290
小试身手 ………… 291
讨论问题 ………… 292
推荐读物 ………… 292

第三篇　商品管理

第 12 章　商品规划过程管理 …… 294

12.1 商品管理过程一览 ………… 296
　12.1.1 采购组织 ………… 296
　12.1.2 商品品类——规划单位 … 297
　12.1.3 评估商品管理绩效 ……… 298
　12.1.4 提高 GMROI ………… 300
12.2 商品规划过程 ………… 301
　12.2.1 商品管理规划过程的类型 ………… 302
零售视角 12-1 芒果公司的快速时尚 ………… 302
12.3 预测商品品类的销售额 … 304
　12.3.1 必需品品类的预测 ……… 304
零售视角 12-2 天气对零售销售额的影响 ………… 304
　12.3.2 流行性商品品类的预测 … 305
　12.3.3 服务零售商的销售额预测 ………… 307
12.4 制订分类计划 ………… 307
　12.4.1 品类的种类和分类 ……… 308

12.4.2 确定种类和分类 ………… 308
零售视角 12-3 好市多和沃尔玛：理顺存货单位的两种方法 ………… 310
12.5 设定存货和商品的可获得性水平 ………… 311
　12.5.1 标准存货计划 ………… 311
　12.5.2 产品可获得性 ………… 311
12.6 建立存货管理控制系统 … 312
　12.6.1 必需品存货管理的控制系统 ………… 312
　12.6.2 流行性商品存货管理的控制系统 ………… 315
12.7 分配商品至各商店 ……… 316
　12.7.1 商品分配的数量 ………… 317
　12.7.2 商品分配的类型 ………… 317
零售视角 12-4 萨克斯第五大道以顾客为中心的商品分配 ………… 318
　12.7.3 商品分配的时机 ………… 319
12.8 分析商品管理绩效 ……… 319
　12.8.1 售出分析法：评估商品计划 ………… 320
　12.8.2 评估分类计划和供货商 … 320
本章小结 ………… 322
小试身手 ………… 323
讨论问题 ………… 324
推荐读物 ………… 325
附录 12A 流行性商品品类的商品预算报告和采购限额系统 ………… 325

第 13 章　商品采购 …… 332

13.1 品牌的选择 ………… 333
　13.1.1 全国性品牌 ………… 333

13.1.2　商店品牌 …………… 334
　　13.1.3　一般性品牌 …………… 336
　　13.1.4　全国性品牌还是商店
　　　　　品牌 …………………… 336
零售视角 13-1　包罗万象的克罗格
　商店品牌 …………………………… 336
13.2　采购全国性品牌商品 …………… 338
　　13.2.1　与全国性品牌供货商
　　　　　会面 …………………… 338
　　13.2.2　全国性品牌采购过程 … 339
13.3　开发和采购商店品牌商品 ……… 340
　　13.3.1　开发商店品牌 ………… 340
零售视角 13-2　中国政府建立
　专门的服装城 ……………………… 340
　　13.3.2　采购商店品牌商品 …… 341
零售视角 13-3　向沃尔玛供货并不
　容易 ………………………………… 342
13.4　与供货商谈判 …………………… 343
　　13.4.1　知识就是力量 ………… 343
　　13.4.2　谈判问题 ……………… 344
　　13.4.3　进行有效谈判的技巧 … 346
13.5　战略关系 ………………………… 348
　　13.5.1　定义战略关系 ………… 348
零售视角 13-4　美捷步重视与供货商
　（产品专家）的关系 ………………… 349
　　13.5.2　建立伙伴关系 ………… 350
　　13.5.3　维持战略关系 ………… 350
13.6　商品采购的法律、道德及社会
　　　责任问题 ……………………… 351
　　13.6.1　法律和道德问题 ……… 351
　　13.6.2　企业社会责任 ………… 354
零售视角 13-5　在亚马逊自营网站上
　进行绿色购买 ……………………… 355

本章小结 ………………………………… 356
小试身手 ………………………………… 357
讨论问题 ………………………………… 357
推荐读物 ………………………………… 358

第 14 章　零售定价 …………… 359

14.1　定价策略 ………………………… 361
　　14.1.1　高/低定价 ……………… 361
　　14.1.2　每日低价 ……………… 361
零售视角 14-1　每个人都喜欢每日
　低价吗 ……………………………… 361
　　14.1.3　两种定价策略的优点 … 362
14.2　制定零售价格时应该考虑的
　　　因素 …………………………… 363
　　14.2.1　消费者的价格敏感度和
　　　　　成本 …………………… 363
零售视角 14-2　打通先逛店后网购 … 364
　　14.2.2　竞争 …………………… 366
零售视角 14-3　大型折扣店的纯
　价格竞争 …………………………… 366
　　14.2.3　服务零售商的定价战略 … 367
14.3　制定零售价格 …………………… 368
　　14.3.1　基于成本制定价格 …… 369
　　14.3.2　定价优化软件 ………… 370
　　14.3.3　制定零售价格的利润影响：
　　　　　盈亏平衡分析的运用 … 371
14.4　降价 ……………………………… 372
　　降价的原因 …………………… 372
14.5　增加销售和利润的定价技巧 …… 375
　　14.5.1　可变定价与价格歧视 … 375
零售视角 14-4　是什么让动态定价
　如此有吸引力 ……………………… 376
零售视角 14-5　超越极端优惠促销 … 377

14.5.2 先导定价 ⋯⋯⋯⋯⋯⋯⋯ 379
14.5.3 产品线定价 ⋯⋯⋯⋯⋯⋯ 379
14.5.4 尾数定价 ⋯⋯⋯⋯⋯⋯⋯ 380
14.5.5 利用互联网、社交媒体及移动渠道制定定价决策 ⋯ 381
14.6 定价中的法律和道德问题 ⋯⋯⋯ 382
14.6.1 掠夺性定价 ⋯⋯⋯⋯⋯⋯ 382
14.6.2 转售价格维持 ⋯⋯⋯⋯⋯ 382
14.6.3 横向定价 ⋯⋯⋯⋯⋯⋯⋯ 382
14.6.4 诱售法 ⋯⋯⋯⋯⋯⋯⋯⋯ 382
14.6.5 扫描价格与标码价格的对比 ⋯⋯⋯⋯⋯⋯⋯⋯⋯ 383
14.6.6 欺骗性的参考价格 ⋯⋯⋯ 383
零售视角 14-6 真的打五五折？⋯⋯ 383
本章小结 ⋯⋯⋯⋯⋯⋯⋯⋯⋯⋯⋯⋯ 384
小试身手 ⋯⋯⋯⋯⋯⋯⋯⋯⋯⋯⋯⋯ 385
讨论问题 ⋯⋯⋯⋯⋯⋯⋯⋯⋯⋯⋯⋯ 386
推荐读物 ⋯⋯⋯⋯⋯⋯⋯⋯⋯⋯⋯⋯ 387

第 15 章 零售传播组合 ⋯⋯⋯⋯ 388

15.1 传统媒体元素 ⋯⋯⋯⋯⋯⋯⋯⋯ 390
15.1.1 大众媒体广告 ⋯⋯⋯⋯⋯ 390
15.1.2 销售促进 ⋯⋯⋯⋯⋯⋯⋯ 392
15.1.3 店内营销/设计要素 ⋯⋯⋯ 393
15.1.4 个人推销 ⋯⋯⋯⋯⋯⋯⋯ 394
15.1.5 公共关系 ⋯⋯⋯⋯⋯⋯⋯ 394
15.2 新媒体元素 ⋯⋯⋯⋯⋯⋯⋯⋯⋯ 395
15.2.1 线上媒体 ⋯⋯⋯⋯⋯⋯⋯ 395
零售视角 15-1 史泰博的移动战略：通过智能手机与消费者建立联系 ⋯ 397
15.2.2 社会化媒体 ⋯⋯⋯⋯⋯⋯ 397
零售视角 15-2 驾驭社交媒体以使顾客愉悦 ⋯⋯⋯⋯⋯⋯⋯⋯⋯⋯ 398
零售视角 15-3 YouTube 和 HSN ⋯⋯ 399

15.3 传播方案建立品牌形象及客户忠诚度 ⋯⋯⋯⋯⋯⋯⋯ 401
15.3.1 品牌 ⋯⋯⋯⋯⋯⋯⋯⋯⋯ 401
15.3.2 品牌形象价值 ⋯⋯⋯⋯⋯ 401
零售视角 15-4 建立 J.Crew 品牌 ⋯⋯ 402
15.3.3 建立品牌资产 ⋯⋯⋯⋯⋯ 403
15.4 规划零售传播方案 ⋯⋯⋯⋯⋯⋯ 404
15.4.1 设定目标 ⋯⋯⋯⋯⋯⋯⋯ 405
15.4.2 确定预算 ⋯⋯⋯⋯⋯⋯⋯ 406
15.4.3 分配预算 ⋯⋯⋯⋯⋯⋯⋯ 409
15.4.4 实施与评估计划——三个示例 ⋯⋯⋯⋯⋯⋯ 410
本章小结 ⋯⋯⋯⋯⋯⋯⋯⋯⋯⋯⋯⋯ 413
小试身手 ⋯⋯⋯⋯⋯⋯⋯⋯⋯⋯⋯⋯ 413
讨论问题 ⋯⋯⋯⋯⋯⋯⋯⋯⋯⋯⋯⋯ 414
推荐读物 ⋯⋯⋯⋯⋯⋯⋯⋯⋯⋯⋯⋯ 415

第四篇 店面管理

第 16 章 管理店面 ⋯⋯⋯⋯⋯⋯ 418

16.1 招募、社会化和培训商店员工 ⋯⋯⋯⋯⋯⋯⋯⋯⋯⋯ 420
16.1.1 招募员工 ⋯⋯⋯⋯⋯⋯⋯ 420
零售视角 16-1 家得宝集中化的招募过程 ⋯⋯⋯⋯⋯⋯⋯⋯⋯⋯ 421
16.1.2 商店新入职员工的社会化 ⋯⋯⋯⋯⋯⋯⋯⋯⋯ 424
零售视角 16-2 由学生到管理培训生的转变 ⋯⋯⋯⋯⋯⋯⋯⋯ 424
16.1.3 培训商店员工 ⋯⋯⋯⋯⋯ 425
16.2 激励、评价、奖励及向商店员工提供薪酬 ⋯⋯⋯⋯⋯⋯⋯ 427

16.2.1　设定目标激励员工………427
　　16.2.2　评估店内员工并提供
　　　　　　反馈………………………428
　　16.2.3　奖励商店员工……………430
　　16.2.4　薪酬计划…………………432
　　16.2.5　法定薪酬问题……………434
16.3　领导力……………………………434
　　16.3.1　领导者行为的类型………434
　　16.3.2　领导者决策风格…………435
　　16.3.3　保持士气…………………435
　　16.3.4　性骚扰……………………435
16.4　成本控制…………………………436
零售视角 16-3　希茨公司提高运营
　　效率…………………………………436
　　16.4.1　劳动安排…………………437
　　16.4.2　店面维护…………………437
　　16.4.3　存货损耗…………………438
　　16.4.4　商店盗窃…………………438
零售视角 16-4　利用技术偷窃商品…440
本章小结…………………………………442
小试身手…………………………………443
讨论问题…………………………………444
推荐读物…………………………………445

第 17 章　店面布局、设计及视觉营销………………………446

17.1　店面设计的目标…………………447
　　17.1.1　实施零售战略……………447
零售视角 17-1　天才创新者为天才
　　设计的空间…………………………447
　　17.1.2　建立忠诚度………………448
　　17.1.3　提高光顾销售额…………449
　　17.1.4　控制成本，增加利润……449

零售视角 17-2　沃尔玛走向绿色
　　环保并降低能源成本………………449
　　17.1.5　法律考量——《美国
　　　　　　残疾人法案》………………451
　　17.1.6　设计时的权衡……………451
17.2　店面设计的各种要素……………452
　　17.2.1　布局………………………452
零售视角 17-3　一个充满实用型
　　产品的享乐迷宫……………………454
　　17.2.2　标识和图示………………457
　　17.2.3　特色区域…………………458
17.3　空间管理…………………………460
　　17.3.1　分配到商品品类上的
　　　　　　空间………………………460
　　17.3.2　商品品类的摆放和设计
　　　　　　元素………………………461
零售视角 17-4　玛莎利用货架图
　　实现自动化…………………………464
　　17.3.3　确定店面大小……………466
17.4　视觉营销…………………………466
　　17.4.1　固定设施…………………467
　　17.4.2　商品的展示技巧…………468
17.5　制造有吸引力的商店氛围………469
　　17.5.1　照明………………………469
　　17.5.2　颜色………………………470
　　17.5.3　音乐………………………470
　　17.5.4　气味………………………471
　　17.5.5　味道………………………471
　　17.5.6　商店应该带来多大的
　　　　　　兴奋感……………………471
本章小结…………………………………472
小试身手…………………………………473
讨论问题…………………………………474

推荐读物 ·········· 475

第18章 顾客服务 ·········· 476

18.1 通过顾客服务建立战略优势 ···· 477
顾客服务的方法 ·········· 479
零售视角18-1 自助服务化妆品柜台：为那些想自己动手的顾客而设 ···· 480
18.2 顾客对服务质量的评估 ········ 481
 18.2.1 感知的服务 ·········· 482
 18.2.2 期望的作用 ·········· 483
18.3 提高零售顾客服务质量的差距模型 ················ 484
 18.3.1 知道顾客想要什么：认知差距 ············ 485
 18.3.2 制定服务标准：标准差距 ··············· 487
零售视角18-2 扎珀斯用一个声音说话 ·················· 488
零售视角18-3 等待的游戏 ········ 489
 18.3.3 达到并超越服务标准：传递差距 ············ 490
 18.3.4 服务承诺的沟通：传播差距 ··············· 493
18.4 服务补救 ·················· 494
 18.4.1 倾听顾客的声音 ········ 494
 18.4.2 提供公平的解决办法 ···· 494
 18.4.3 迅速解决问题 ·········· 495
本章小结 ······················ 495
小试身手 ······················ 495
讨论问题 ······················ 496
推荐读物 ······················ 497

附录A 开创自己的零售业务 ···· 498

第五篇 案例

案例1 拖拉机供应公司：瞄准兼职的牧场主 ·········· 509
案例2 熊宝宝工作坊：在这里结交最好的朋友 ········ 510
案例3 蓝色番茄：一个多渠道零售商的国际化 ········ 512
案例4 史泰博股份有限公司 ······ 516
案例5 购买自行车的决策过程 ···· 518
案例6 巴黎法式糕点——"Maison Ladurée"走向全球 ·········· 520
案例7 零售业在印度：大卖场的影响 ·········· 522
案例8 从矿山到市场的钻石 ······ 524
案例9 星巴克进军中国 ·········· 526
案例10 沃尔玛：供应链管理的先驱者 ·············· 530
案例11 蒂芙尼公司和TJX：比较财务业绩 ·········· 532
案例12 为一家精品店选址 ······ 534
案例13 哈奇：新店选址 ········ 536
案例14 雅芳拥抱多元化 ········ 542
案例15 丝芙兰的忠诚度计划：法国和美国的对比 ······ 544
案例16 吸引Y一代参与零售职业 ················ 546
案例17 Active Endeavors：分析顾客数据 ·········· 548

案例 18	新管理层下的梅尔百货商店 …………… 549	案例 29	如何让"宝石"绽放光彩 …………… 571
案例 19	为休斯制订一个分类计划 …………… 551	案例 30	迪斯马特的一次商品脱销 …………… 573
案例 20	准备一项商品预算计划 …………… 553	案例 31	诺德斯特龙的顾客服务和关系管理 …………… 574
案例 21	克罗格和弗雷德·梅尔：在全球市场上采购产品 …………… 555	案例 32	Zipcar：只给你想要的那么多的驾驶服务 …… 577
案例 22	塔吉特及其新一代的合作伙伴关系 …………… 558	案例 33	建立苹果专卖店 ………… 579
案例 23	美国家具仓储城进行全球采购 …………… 560	案例 34	伦敦哈罗德百货商店：来自数字显示屏网络的广告收入 …………… 581
案例 24	顾客对彭尼百货的减价促销上瘾吗 …………… 562	案例 35	扬基蜡烛：新产品开发 …………… 583
案例 25	怡人清香，价值几多 …… 565	案例 36	宠物大卖场：宠物们的大家庭 …………… 586
案例 26	一次促销活动 …………… 566	案例 37	林迪新娘用品商店 ……… 589
案例 27	利用谷歌 AdWords 瞄准目标市场 …………… 567	案例 38	管理培训生职位面试 …… 592
案例 28	Enterprise 汽车租赁公司以人为本 …………… 570	术语表	…………… 597
		参考文献⊖	

⊖ 请参见华章网站：http://www.hzbook.com。注册后搜索书名即可下载。

PART 1

第一篇
零售的世界

第一篇将提供有关各种零售商类型、它们所使用的不同渠道、它们的消费者和竞争者,及其用来有效制定并实施零售战略所需信息的背景知识。

- 第 1 章将介绍零售业对美国经济以至更普遍范围的整个社会的重要性,以及本书围绕零售商为满足消费者需要所做决策的组织编排。
- 第 2 章将描述各种不同类型的食品、货品、服务零售商及其所有权结构。
- 第 3 章将阐释零售商是如何为满足消费者需要而运用多种渠道以及在协调这些渠道——店面、互联网、产品目录及移动终端(与顾客互动时)中面临的挑战。
- 第 4 章将讨论消费者选择零售店和各种渠道购买商品的过程以及零售商如何能够影响该购买过程。

第二篇各章将集中论述零售商为建立其战略资产而采取的各种决策;战略资产是指能够使零售商建立可持续竞争优势的资产。

第三篇和第四篇则将探讨涉及商品和店面管理的更多战术执行层面的决策。

第1章

零售世界简介

- **主管简介**

  明迪·格罗斯曼，首席执行官

  美国居家购物网（HSN）股份有限公司

当我还是一个大学高年级学生时，我曾经获得一次关于生活和人生方向的心灵启示。就在那一刻，我打电话给父母，告诉他们我不打算嫁给我的高中男友，也不打算就读我曾计划就读的法学院。我将追随我的激情，前往纽约进入时尚行业。不用说，他们很惊讶。

当我在26岁第一次当上副总裁的时候，我的父母终于停止问我什么时候回去拿我的法律学位了。从那时起，我一直行走在令人兴奋的一段旅程中，并始终足够幸运地在大公司令人尊敬的职位中占有一席之地，如沃纳科（Warnaco）公司男装部的商店高级副总裁、保罗·拉尔夫·劳伦（Polo Ralph Lauren）新业务开发部的副总裁、拉尔夫·劳伦旗下Chaps品牌的总裁、保罗牛仔公司总裁兼首席执行官以及耐克全球副总裁。

后来有一天我接到电话，要去会见IAC公司主席巴里·迪勒，那时候HSN还在IAC的旗下。在和他讨论我的想法后，我发现自己有能力对该公司产生影响并将HSN转变为一个生活方式网络。当我宣布自己要离开耐克去HSN时，我的朋友和同事无不感到震惊。10年中，HSN换了8位首席执行官，而我将是这家公司的第一位女性首席执行官。我看到了这家公司（HSN）的潜力，并兴奋地接受了挑战。

在过去的7年中，我们将HSN转变为了一家充满活力、积极互动、多渠道的零售商。无论我们的客户身处何地，想要何时购买，我们都会从顶级生活方式品牌中精心为他们准备独一无二的产品种类。事实上，HSN接近40%的销售额来自我们的数字平台——在线、平板电脑、手机和社交媒体。

我们提供的产品多样化，在79 000种独特产品中有70%属于HSN的专有产品。广受尊敬的社会名流、设计师以及一些知名品牌，如拉蒂法女皇、印度希克斯、巴吉雷·米斯卡（Badgley Mischka）、纳伊·姆汗（Naeem Khan）以及纽约的时尚偶像艾丽斯·阿普费尔（Iris Apfel），都曾来到我们位于佛罗里达州圣彼得斯堡的校园推广、宣传自己的产品。玛丽·布莱姬、玛丽亚·凯莉和吹牛老爹（P. Diddy）也曾在HSN出售香水。

和仅仅销售一件产品相比，我们富于娱乐和激发灵感的能力才真正揭示了零售行业的演变。我们的战略伙伴遍布电影、音乐等娱乐圈，通过与他们合作，我们将内容、社区和商务带进人们的生活中。我们是环球影业推出《白雪公主与猎人》时的合作伙伴，而我们24小时活动精选的特色是25位设计师和品牌所创建的220件独特产品，这些产品的灵感就来自该电影，其中包括获得奥斯卡奖的服装设计师科琳·阿特伍德的第一件客户收藏作品。我们的HSN现场演唱会系列为客户提供现场音乐的体验，有时我们会邀请音乐界一些最耀眼的明星。莱昂纳尔·里奇就是在 HSN 的工作室揭开其塔斯基吉演唱会序幕的，这是他在 25 年中的第一张最畅销专辑。能够出现在 HSN，其力量是无与伦比的。

当我与嘎嘎小姐（Lady Gaga）碰面，就其在 HSN 开发一条潜在产品线展开讨论时，她说："你有一份最酷的工作。"想想她的职业生涯里所有那些了不起的事情，而就在这里她却告诉我自己有一份很酷的工作。你知道吗？她说得绝对没错。

□ 学习目标

- 识别零售活动。
- 认识零售在美国及全球经济中的重要性。
- 分析变化中的零售行业。
- 为你自己识别零售行业中的机会。
- 理解战略零售管理决策的过程。

零售在我们的日常生活中如此司空见惯，以至于人们常常对其熟视无睹。对于大部分人来说，零售简单到只是一个购买东西的场所。在很小的时候，孩子就知道什么样的商店里有他们想要的东西，并且期待在光顾一家商店或上网时就能找到他们需要的产品。有时候消费者走进一家商店并和销售人员交谈，有时候他们与之互动的唯一销售人员是他们在交付货款时负责收钱的收银员。有些大学生为零售商做兼职工作或者打假期工，因此对关于零售商都做些什么有一些更深入的认识，但这都只是零售偶露峥嵘，也是零售世界的冰山一角。在这些店面、互联网、销售人员以及收银员的背后藏着零售经理的"军队"，负责确保人们在想要的时间、地点以合理的价格买到他们需要的产品和服务。表 1-1 的小测试能够测出你对于零售行业及其提供工作机会的看法，该小测试的答案在本章最后。

表 1-1 小测试：关于零售你知道些什么

1. 下列哪些公司不是零售商？ 　a. 麦当劳 　b. 假日酒店 　c. 梅西百货 　d. eBay 　e. 以上都是	4. 从员工人数上来说，世界上最大的公司是下面哪家？ 　a. 沃尔玛 　b. 通用汽车 　c. IBM 　d. 埃克森美孚 　e. 三菱
2. 沃尔玛超级购物中心 30 岁左右的店长的年薪（工资加分红）通常是多少？ 　a. 低于 49 999 美元 　b. 50 000 ~ 89 999 美元 　c. 90 000 ~ 149 999 美元 　d. 超过 150 000 美元	5. 下列哪个零售商总部不在美国？ 　a. 雄狮食品 　b. 本杰瑞冰激凌公司 　c. 7-Eleven 　d. A & P 超市 　e. 以上零售商总部均不在美国
3. 下列哪些产品/概念是由零售商的买手提出或开发出来的？ 　a. 袋泡茶 　b. 连裤袜 　c. 红鼻子驯鹿鲁道夫 　d. 确定 11 月第三个星期四为感恩日 　e. 上述所有产品/概念都是由零售商开发或提出来的	6. 哪个国家的零售业结构最有效（将货物从制造商工厂运送到零售商店的成本最低）？ 　a. 日本 　b. 美国 　c. 韩国 　d. 法国 　e. 德国

7. 在美国，有多少比例的零售额是在互联网上产生的？	8. 美国有多少劳动力是由零售商或向零售商出售产品或服务的公司雇用的？
a. 30%	a. 10%
b. 20%	b. 17%
c. 14%	c. 25%
d. 8%	d. 43%
e. 3%	e. 62%

为了揭示这座冰山一角的下面有些什么，不妨想一下梅西百货（Macy's）。梅西百货储存和销售超过 100 000 种不同尺寸、不同颜色、不同品牌的产品。梅西百货的经理需要从能够销售的数百万件潜在产品中为这 100 000 种产品的子集产品给出建议。其后，他们要与超过 3 000 家供货商就产品和服务的支付价格及其准备向消费者收取的价格展开谈判。经理要决定在这 100 000 种产品中，有哪些将在 840 余家梅西百货的商店中进行销售以及如何对其进行陈列。经理还需要甄选、培训和激励 150 000 名商店员工，确保商品展示富有吸引力以及顾客能够得到他们期待的服务。此外，也许也是最重要的一点，梅西百货的经理需要建立引导这些决策的战略，以期在面临激烈的竞争时能够为各利益相关者提供高回报。

在竞争如此激烈、情况瞬息万变的零售环境中工作，既富有挑战性又令人激动，还会获得巨大的财务回报。本书描述零售世界，并提出在这种激烈竞争的环境中有效经营业务的若干重要原理。零售原理和实践知识能够帮助你在各种商业环境下发展管理技巧。例如，对于大多数像宝洁和惠普这样的 B2C 公司来说，零售商就是其客户。因此，B2C 公司的品牌经理就必须对零售商的经营方式和盈利模式有一个全面的了解，这样他们才能与零售商一起向消费者销售商品。金融和医疗机构利用零售原理来开发服务种类，提升服务质量，使顾客更方便、更易于得到服务。所以，任何对专业性的 B2C 推销、营销管理或金融感兴趣的学生会发现本书非常有用。

1.1 什么是零售

零售（retailing）是一系列的商业活动，通过向消费者出售供个人或家庭使用的产品和服务来增加价值。人们通常认为零售只是在商店里售出商品，但事实上零售也包括提供服务，如在汽车旅馆过夜、医生所做的体检、一次理发或者外卖比萨等。并非所有的零售活动都在店面进行。无店面零售的例子包括在自己的手机应用程序上下单订购一件 T 恤，直接从雅芳（Avon）的销售人员那里购买化妆品，从里昂比恩（L. L. Bean）产品目录商那里订购徒步旅行靴以及从红盒子（Redbox）商品信息亭租一张蓝光光碟。

1.1.1 零售商在供应链中的作用

零售商（retailer）是向消费者出售商品和服务以供个人或家庭使用的企业。在连接从制造商到消费者的供应链中，零售商是一个重要的组成部分。**供应链**（supply chain）是由一系列公司组成的，这些公司进行商品和服务的生产并交付给消费者。图 1-1 表明了零售商在供应链中的位置。

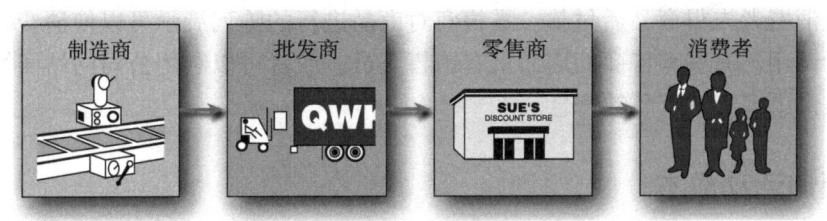

图 1-1　供应链示例

零售商通常从批发商和/或制造商那里购买产品并转销给最终消费者。为什么需要零售商呢？对消费者而言，如果绕开中间商而直接从制造商那里购买不是更便利、更便宜吗？一般来说，答案并非如此。因为零售商为此过程增加了价值，并且比制造商或批发商更有效地增加了这一价值。

1.1.2　零售商创造价值

零售商执行的价值创造活动包括：①提供多种多样的商品和服务；②拆售；③持有存货；④提供服务。

1. 提供多种多样的商品和服务

传统的超市一般经营由 500 余家公司制造的大约 30 000 种商品，提供一系列种类，使顾客在同一个地点，在各种产品、品牌、款式和价格之间进行宽泛的选择。制造商是专门生产某一类特定产品的，例如菲多利（Frito-Lay）制作快餐，优诺（Yoplait）专制酸奶，四季宝（Skippy）专制花生酱，而亨氏（Heins）则专制番茄酱。如果这几个制造商的任何一个都拥有自己的商店，只出售自己的产品，那么消费者仅仅为了做顿饭需要购买食品，就不得不跑到好多家商店。

2. 拆售

为减少运输成本，制造商和批发商通常将成箱的冷冻食品或纸板箱包装的服装运送给零售商。零售商再根据消费者个人或家庭的消费方式，按头制帽，将小批量商品出售给他们，这就是**拆售**（breaking bulk）。拆售对制造商和消费者都很重要，它能够使制造商一次性有效地大批量生产并运送商品，也能够使消费者购买较小数量却更实用的产品。

3. 持有存货

零售商从事的一项重要的价值提供活动是**持有存货**（holding inventory），以使消费者需要商品时随时可以买得到。这样，消费者在家中只需放置较少的存货，因为他们知道如果需要更多的商品，可以随时在零售商那里买到。这项活动对于存储空间有限的消费者尤其重要，例如那些居住在小公寓的家庭。

4. 提供服务

零售商提供服务使顾客购买和使用产品变得更加便利。举例来说，零售商提供的信贷服务可以使消费者先得商品后付款。零售商对商品进行的陈列展示可以使消费者在购买前目睹并进行试用。有些零售商的店面里有销售人员，或者可以利用公司网站回答消费者的疑问，以提供更多有关产品的信息。

1.1.3 渠道活动成本

渠道成员通过价值创造活动为消费者提供利益的同时，也增加了产品和服务的成本。表 1-2 给出了一件 T 恤从制造商到消费者的供应链成本。在这个例子中，T 恤制造商为了生产和销售这件 T 恤花费了 10 美元，这些费用包括设计、原材料、劳动力、生产设备以及将其运送到批发商的运输费用等。制造商以 11 美元的价格将这件 T 恤销售给批发商并获利 1 美元。批发商自己承担 2 美元来处理及储存这件 T 恤，然后将其发给零售商。批发商是以每件 14 美元的价格出售给零售商的，他因此而获利 1 美元。零售商再自行承担费用将 T 恤折叠起来，贴好标签，做好储存，雇用销售人员，在店内布置采光和空调等。零售商以 19.95 美元的价格将这件 T 恤出售给消费者并获利 1.95 美元。

表 1-2 一件 T 恤在分销渠道中因承担价值增值活动而产生的成本

渠道成员			利润的百分比
制造商	成本	10 美元	
	利润	1 美元	9.10%
	卖给批发商的价格	11 美元	
批发商	付给制造商的价格	11 美元	
	增值的成本	2 美元	8.00%
	利润	1 美元	
	卖给零售商的价格	14 美元	
零售商	付给分销商的价格	14 美元	
	增值的成本	4 美元	9.77%
	利润	1.95 美元	
	卖给消费者的价格	19.95 美元	

值得注意的是，供应链环节产生的 8.95 美元（=19.95 美元－11 美元）成本基本与制造这件 T 恤的成本相当。这些成本之所以产生是由于批发商和零售商在为消费者提供商品的过程中创造了可观的价值。通过提供商品种类、对商品进行拆售、存货以及为消费者提供服务，零售商增加了消费者能够从商品和服务中获得的利益。

想想一家位于艾奥瓦州制造商仓库的板条箱里面放着的一件 T 恤。对于一个学生来说，如果他需要一件用于参加当晚篮球比赛的衣服的话，这件 T 恤可能满足不了他的需要。而如果这件 T 恤能够在附近的百货商店（这家商店同时也销售裤子、皮带及其他与 T 恤搭配的货品）买得到，同时还有销售人员帮助该学生找到他所需要的商品，那么这个学生可能会觉得这件 T 恤更有价值并乐于购买。如果零售商不能提供这些服务，那么批发商和制造商就不得不去提供，而通常他们在提供这些好处方面并不能做得像零售商那样有效。

1.1.4 零售商从事批发和生产活动

批发商（wholesaler）从制造商那里大量买进并储存商品，并将产品转售（通常以小批量）给零售商。如果制造商（如苹果和耐克）直接向消费者出售商品，那他们从事的就是生产、批发及零售业务活动。某些大型的零售商，例如好市多和家得宝，同时兼具批发商和零售商的功能：当其直接出售商品给消费者时就是在从事零售活动，而当其向餐馆和建筑分包商这样的业务单位出售商品时，从事的则是批发活动。

在有些供应链环节中，生产、批发和零售活动是由各个独立的公司完成的。但是绝大多数供应链环节都有一定程度的纵向一体化。**纵向一体化**（vertical integration）意味着一家公司在渠道中参与多项活动。例如，零售商通过经营自己的配送中心给自己的商店供货时，就在从事批发活动。**后向一体化**（backward integration）来自零售商同时兼顾的一些分销和制造活动，比如仓库运营和设计自有品牌商品。**前向一体化**（forward integration）发生在制造商承担一些零售活动时，例如拉尔夫·劳伦也开设自己的零售商店。

大多数零售巨头，例如西夫韦、沃尔玛和劳氏（Lowe's），都在经营自己的配送中心，从事原本属于批发商的活动。它们直接从制造商那里采购，再将商品运至仓库，然后将商品配送至各商店。其他零售商（例如 J. Crew 和维多利亚的秘密等）的纵向一体化程度更深，它们参与产品设计，然后与制造商签订独家生产合同。

1.1.5 世界各国分销渠道的差异

美国、欧洲、中国和印度的零售及分销系统差异显著，表 1-3 对这些差异进行了总结。如表 1-3 所示的那样，美国分销系统零售密度（人均商铺数量）最大，大公司集中度高。美国的房价相对比较低，大部分消费者都有车。因此，零售商通常在人口较稀的区域开设大型商店。美国很多零售商的商店都超过了 20 000 万平方英尺⊖。由于体量巨大，使得他们具有足够的规模经济去经营自己的仓库，故而省去了对批发商的需要。在美国，这种大型零售店和大型公司的组合，促进了高效分销系统的产生。

表 1-3 世界各国零售和分销渠道的比较

	美国	北欧	印度	中国
集中度（大型零售商的销售额百分比）	最高	最高	最低	低
零售密度（人均零售面积，以平方英尺为单位）	最高	中等	最低	低
平均店铺规模	最高	中等	最低	中等
批发商角色	最小	中等	广泛	广泛
支持有效供应链的基础设施	最好	好	最差	差
对零售区位、店铺规模以及所有权的限制	最小	广泛	广泛	中等

相反，印度分销系统的特点是小公司经营小店面，外加相对独立的大型批发行业。为了确保商品每日及时有效地送达小零售商，在制造商和零售商之间就必须有各种不同的分销商。除此之外，印度国内支持现代零售业的基础设施，但是其交通和通信系统不如发达经济体国家。此方面效率的差异意味着相比于美国，印度多数劳动力受雇于分销和零售渠道，而且印度的供应链成本也要更高。

和印度的零售业一样，中国的零售行业也是高度分散的。它是由很多小中型公司组成

⊖ 1 平方英尺 =0.092 9 平方米。——译者注

的。全国性甚至地区性的连锁店数量都很有限。然而，中国的零售分销体系经历了一个快速发展期。这一发展受到政府关注转变的刺激。在中国，政府取消了大部分对外直接投资的限制，全球零售商都涌向这一巨大而不断发展的市场。如今，沃尔玛在中国经营着370家商店；家乐福（全球第二大零售商），经营着204家商店。但是，分销系统在一线、东部沿海城市（北京、上海、广州）和西部小城市之间的差异巨大。一线城市的零售供应品与美国都市如纽约、芝加哥的非常相似。相比之下，西部小城市的零售则与印度的零售更相似。

欧洲的分销系统在效率和规模方面介于美国与印度之间。在北欧，零售业与美国最为相似，一些全国性市场的零售业集中度很高。在诸如食品和家居装饰这样的行业中，销售额的80%甚至更多都来自少数四五家公司。南欧的零售则在各部门之间都较为分散，例如传统的零售菜市场在某些部门仍然很重要，这些部门在那些大型零售商店旁进行经营。

社会和政治目标造成了这些国家分销系统的不同。印度和欧洲的一项经济优先政策是通过保护像独立的街区零售商这样的小企业以减少失业率。有些国家颁布了禁止大店法和严格的分区法，以期保留绿色空间、保护市镇中心及抑制郊区大型零售的发展。最后，当国家限制店面的运营时间时，其零售生产率也被降低。例如，在法国，平时很多商店在下午7点就打烊了。法国和欧洲其他国家的工会都反对美国式的24/7购物，因为这会给店面雇员带来压力。

1.2 零售业的社会和经济意义

1.2.1 在发达经济体中的作用

2011年美国的零售额为4.3万亿美元（不包括汽车及汽车零部件的销售额）。美国国内生产总值的8%以上来自零售业，基本和整个美国制造业的贡献相当。但是这个数字还是低估了零售业对美国经济的影响力，因为这还不包括许多公司提供的比如娱乐、家装修理、健康护理等面向消费者的服务的销售以及就业。

消费支出在美国及其他发达经济体中起着十分重要的作用。当消费者花费更多金钱从零售商那里购买产品和服务时，一国经济就会繁荣。商品从货架上被售出，零售商则补充订货，制造商雇用更多员工、购买原材料及生产更多商品。但是，当消费者对其财务未来感到不确定时，就会决定暂时搁置购买新冰箱或牛仔裤，经济也会随之衰落。

零售业之所以在发达经济体中具有如此重要的作用不仅在于消费需求反映了财务体系的变化，也在于零售商是大型雇主。2012年，有1 400万人受雇于零售行业，大约相当于美国劳动力人口的11%。另有15%为提供服务或者销售商品的零售商工作。

1.2.2 企业社会责任

除了前面列出的为消费者提供利益和为各利益相关者提供合理回报外，很多零售商还从事各种社会责任活动。**企业社会责任**（corporate social responsibility，CSR）涉及一家公司自愿从事的能够达到或超过其利益相关者（公司员工、消费者、社区及范围更广的社会）的道德和法律层面期望的各种商业实践。

许多零售商现在都通过额外的努力以支持其社区、环境及社会事业。此方面的例子包括：减少能源的使用，支持当地的学校，以及与全国性组织如美国红十字会及仁爱之家（Habitat for Humanity）携手合作。这些企业社会责任活动有助于其向消费者展示积极的形象，提升员工的士气，并节省开支，对于公司及其利益相关者来说是一种双赢的局面。

例如，社区慈善事业是塔吉特社会责任活动的基石。店面经理有一个该店面可以为当地活动中进行捐款的预算。自 1946 年以来，塔吉特已将 5% 的收入进行捐赠以支持其商店所在地的活动，比如公司赞助的青年联盟或当地动物园进行的一次特殊展览。塔吉特在使用社交媒体支持其企业社会责任项目方面一直具有创新性。塔吉特的"靶心馈赠"（Bullseye Give）计划要求其数以百万计的 Facebook 粉丝就公司如何将 300 万美元分配给 10 个非营利项目进行投票。

很多零售商正在构建美国能源与环境设计（LEED）认证商店。LEED 认证中的领导力以商店对人类和环境健康、可持续店址开发、节水、能源效率、材料选择以及室内环境质量影响的评估为基础。获得 LEED 认证的麦当劳餐厅所具有的一些典型特性包括：用来清洁雨水的透水性路面；餐馆后面预埋水箱收集雨水并用来为美化景观的盆植浇水；与餐厅隔离的屋顶花园；使用更低毒性的清洁剂和不散发化学气味的颜料和树脂；安装节水厕所和使用比标准水量更小的便池。沃尔玛的新店使用燃料电池供应一半的电力。屋顶上打的孔满足了 70% 的商店日间照明需求。为了将灼热的阳光挡出去并使建筑自然冷却，屋顶都被漆成了白色。

服装的生产会对环境产生不利的影响，因为它涉及使用染料、溶剂以及大量水和石油的运输。一个被称为可持续发展服装联盟的行业集团制定了一套指数来评价服装的相对可持续性。联盟的一些成员包括：沃尔玛、塔吉特、科尔士、诺德斯特龙（Nordstrom）百货及巴塔哥尼亚（Patagonia）。环境学家预计消费者在选择产品以及零售买手在选择产品种类时都会使用该指数。这个指数对某产品从原材料到被处理的整个生命周期都进行考虑。通过要求消费者用冷水而不是热水清洗物品的品牌可以获得更高的分数。有些买手会由于设计高指数产品而获奖励。一种新的被美国、肯尼亚及其他马拉松选手在伦敦奥运会上跑至磨损的耐克"Flyknit"跑鞋就是基于这一指数设计的，这种鞋是由涤纶编织的，消除了采用纺织品切割制鞋造成的浪费。

公司在完全将企业社会责任纳入其战略之前通常会经过几个阶段。在第一阶段中，公司只从事法律要求的企业社会责任活动。在这个阶段中，公司实际上并不完全认同从事企业社会责任行动的重要性。在第二阶段中，企业超越法律要求从事企业社会责任活动，这些活动还提供了一个短期的公司财务收益。例如，一个零售商可能会减少其商店的能源消耗，只是因为这样做降低了成本。在第三阶段中，公司以负责任的方式经营，因为它们相信这是"正确的事情"。在第四、五阶段中的公司从事对社会和环境负责的行动，因为它们相信这些活动牵涉每个人的"福祉"，必须展开。这些公司真正将企业社会责任的理念纳入其企业战略。

1.2.3 在发展中经济体中的作用——金字塔底层

零售商还需要把目光投向收入分配最末端的 40 亿人口（世界人口的 25%），通过满足他们的需要来发现可以利用的机会。服务这部分消费者也会提供一项重要的社会利益——减少世界范围的贫困。这一低收入消费者细分市场被称为金字塔基础或**金字塔底层**（base of the pyramid or bottom of the pyramid，BoP），有超过 5 万亿美元的潜在消费力。BoP 市场的绝对规模和增长，尤其在诸如中国、印度以及巴西这样的发展中国家，加上发达国家出现消费品及零售市场的饱和，越来越多的企业正在进入 BoP 市场。

在 BoP 市场开展零售活动很具挑战性。与 BoP 市场中的人们进行沟通和交易比较困难，因为和富裕市场相比，他们不大可能接触到大众媒体、互联网、移动电话或者信用卡。BoP 市场中的大部分人生活在农村地区，这些地区距离遥远，没有宽广的道路与外界相连接。有限的当地需求加上来往村子高额的运输成本，导致消费品成本和价格高企。因此，投身 BoP 市场需要创新做生意的方式，仅仅对在发达国家使用的业务模式进行改造是行不通的。零售视角 1-1 描述了墨西哥电器集团（Grupo Elektra）是如何提高拉丁美洲贫困工作者的生活方式的。

零售视角 1-1

墨西哥电器集团改善拉美穷困劳工的生活方式

墨西哥电器集团总部坐落于墨西哥城，拥有并运营超过 2 600 家专卖店。这些专卖店主要分布在墨西哥、巴西、阿根廷、危地马拉、萨尔瓦多、洪都拉斯、巴拿马和秘鲁。这些商店主要向拉丁美洲的穷困劳工销售电子产品以及相关设备。向这些月均收入不足 400 美元的家庭售卖耐用消费品着实是一项挑战，尤其是这部分人群收入的 90% 被花费在基本的生活必需品上，比如食物与衣服。另外，这些金字塔底层的消费者通常也没有正式的工作或银行账户。然而，墨西哥电器集团及其附属银行——阿兹台克银行（Banco Azteca），却在经济衰退至最糟糕之际通过服务这些低收入消费者而提高了销售额和利润。在过去的五年中，其收入和经营利润均以两位数的速度增长。

与坐等这些低收入人群开通银行账户继而再去消费的观念不同，墨西哥电器集团在其独特的零售专卖店网络中推出了自己的银行。这些银行向墨西哥电器集团的消费者提供小微贷款，以使他们可以负担得起其电子器具产品。这一点决定了其新客户真正需要并且偿还得起的贷款数额。银行利用其分行信贷执行官提供的信息，在 24 小时内做出批准或者拒绝贷款申请人的决定。这些信贷执行官会相应地考察消费者的住房情况以决定他们的收入和支出，然后根据每个客户的借贷能力规划出每周的分期付款情况。5 000 多个信贷执行官骑着摩托车前往申请者家中去评估他们的信用情况，如果必要，也会接收消费者的还款。然而，在墨西哥电器集团商店内一周通常需要进行一次现金支付。

这种方法使得那些低收入消费者有能力消费那些耐用消费品，这些消费品对他们而言一直是遥不可及的，因为他们没有使用信用卡的机会。从传统意义上讲，这些低收入人群，如出租车司机、芒果商贩以及拉丁美洲的清洁女工，会把自己的钱放到饼干罐或床垫底下。而现在，他们可以建立一个只需最低存入 5 美元的银行账户就可获得一张借记卡。

资料来源：Erin Carlyle, "Billionaire Ricardo Salinas: Mexico's Credit Card," *Forbes*, May 7, 2012, p.100; Erin Carlyle, "Mexican Billionaire Buys Advance America, Largest Payday Lender In U.S.," *Forbes*, April

23, 2012, p. 102; and "Grupo Elektra: Will Selling in Brazil Prove to Be the Retailer's Next Growth Moment?" *Knowledge @ Wharton*, April 07, 2010.

问题讨论：墨西哥电器集团通常提供的利率是 50%，该利率在美国大多数州都是非法的。该集团是为消费者提供利益，还是利用消费者缺乏这些财务合同知识来占他们的便宜呢？

1.3 零售业及零售商日益增长的重要性

1.3.1 零售业的演进

从消费者的角度看，零售商做的是本地生意。虽然很多消费者通过网络或移动电话收集信息并进行购买，但是 90% 以上的零售额都是在店面内产生的，这些店面距离消费者的居住或者工作地点的车程通常都在 15 分钟以内。因此，零售商店主要是与临近的商店展开竞争。

过去 50 年，零售行业的结构发生了翻天覆地的变化。50 年前，西尔斯百货和彭尼百货是全美拥有连锁店面的两家零售企业。零售行业是由那些小型、独立、本土并在同一社区与其他小型、独立的零售企业进行竞争的零售商构成的。那时候还没有沃尔玛、家得宝、史泰博（Staples）以及百思买（Best Buy），即使有也仅仅是拥有寥寥几个店面的小公司。如今的零售行业则由大型、全国性甚至是国际化零售企业所支配。在美国有 100 多万家零售商，但是，美国零售销售额的 40% 来自那些雇员超过 10 000 人的公司。零售业集中度最高的当属家居提升中心，该行业中最大的四家公司贡献了 92.7% 的年销售额。最大的四家百货连锁店贡献了行业 73.2% 的年销售额。最大的四家药品连锁店则贡献了行业 63.0% 的年销售额。另外，集中度最低的部门是食物零售和饮料，只有 5.8% 的销售额来自行业中最大的四家公司，家具行业中则只有 13.9% 的销售额来自行业中最大的四家公司。

表 1-4 列出了全球最大的 20 家零售商。其中 9 家公司总部在美国；5 家总部在德国。在这最大的 20 家零售商中，总部在美国的大型零售商和总部不在美国的零售商相比，其全球业务要少得多。总部在美国的零售商开展全球运营的国别平均数是 5 个，相比较总部不在美国的零售商，这个平均数字是 16。总部在美国的 5 家最大的零售商只在一两个国家从事运营。在 11 家总部不在美国的零售商中，只有 4 家在美国这个世界上最大的零售市场中经营商店。

表 1-4 全球最大的 20 家零售商

排名	名称	总部所在地	遍布国家数	美国商店	销售额（100 万美元）	主要业态
1	沃尔玛	美国	16	有	418 993	超级购物中心
2	家乐福	法国	33	无	119 652	超级购物中心
3	乐购	英国	13	有	92 171	超级购物中心
4	麦德龙	德国	33	无	86 931	仓储式会员部
5	克罗格	美国	1	有	82 189	超市

(续)

排名	名称	总部所在地	遍布国家数	美国商店	销售额（100万美元）	主要业态
6	Schwarz Unternatments Trahard	德国	26	无	79 119	折扣店
7	好市多	美国	9	有	76 225	仓储式会员部
8	家得宝	美国	5	有	67 997	家居中心
9	沃尔格林	美国	2	有	67 420	药店
10	阿尔迪	德国	18	有	67 112	折扣店
11	塔吉特	美国	1	有	65 786	折扣店
12	瑞威	德国	13	无	61 134	超市
13	西维士	美国	2	有	57 345	药店
14	七喜控股	日本	18	有	57 055	便利店
15	欧尚集团	法国	13	无	55 212	超级购物中心
16	爱德卡	德国	1	无	54 074	超市
17	永旺	日本	8	无	53 458	超级购物中心
18	伍尔沃斯	澳大利亚	2	无	51 171	超市
19	百思买	美国	15	有	50 272	电子品类专门店
20	劳氏	美国	3	有	48 815	家居中心

信息系统的开发是加速大型零售企业成长的力量之一——由小型本土零售商占主导地位的行业转为由大型跨国连锁店占主导。在这些系统被开发之前，对于本地以外的零售商店经理而言，想要跟踪商店内的商品销售情况（是比计划卖得好需要续下订单，还是不如计划卖得好需要降价）是很难的。从数个不同的商店收集信息，调整计划以使买手得以与供货商签订大订单从而获得价格折扣也是很难的。因此，在现代信息系统具有可用性之前，零售商通过规模经济降低成本很难，大型零售商相对于小型本地或区域性零售商的优势也有限。

大多数在当地商店购物的顾客都没有意识到如今零售商在管理这些大型、复杂的供应链时所使用的复杂的信息系统。为了说明零售商所使用的复杂技术，我们可以想想下面这个例子。你去百思买找到了想要购买的平板电脑。当你决定在商店购买时，即时销售（the point-of-sale，POS）终端会将此次交易的数据发往零售商配送中心，然后再发往制造商。当店内存货水平下降到事先预定的水平时，电子通知就会被自动发送出去，并授权将更多存货运送到零售商配送中心再运到商店。零售买手或者计算机程序会通过分析这些销售数据来决定零售商店内平板电脑存货的数量、种类及定价。

更加复杂的是，大多数大型零售商都会与世界各地的工厂签订商品制造协议。以塔吉特为例，有近1 500名员工在质量控制和全方位服务采购中心工作，帮助塔吉特确保在世界范围内以塔吉特名义生产的产品在没有违反伦理劳动标准的条件下都能满足塔吉特自己的标准。

1.3.2 信息系统的作用

现在，零售商被每天发生的成千上万的交易数据淹没了。零售商面临的挑战是将这些原始数据转换成管理者可以使用的信息以做出更好的决策。零售商正在利用其掌握的消费者数据去识别最好的消费者，并且围绕消费者对产品进行定制化促销；把产品放在彼此接近的地方，因为他们发现很多消费者都在同一时间购买相同的产品，同时他们在每家商店对产品品种进行量体裁衣式的调整以使其更好地满足本地市场的需求。

除了在一般意义上对社会所起的重要作用外，零售业也为个人提供了能够置身于令人激动、充满挑战的环境中工作或创业的机会。对于这些机会，我们将在后面的部分中进行讨论。

1.4 管理机遇及企业家机遇

1.4.1 管理机遇

为了利用这些新的技术和系统，并在竞争激烈和充满挑战性的环境中获得优势，零售商需要聘用并提拔最好和最聪明的人才。原梅西百货人才开发部副总裁谢里·哈洛克（Sherry Hollack）就强调了这一点："梅西和大多数其他零售连锁店面临的一个最大的挑战，是雇用和留住经理带领我们公司在未来几年向前走。不断变化的人口统计数据正在对我们产生不利的影响。在接下来的10年里，我们的很多高级管理人员（也就是那些婴儿潮一代的成员），即将退休。所以，我们将与其他零售商及其他行业中的公司为争夺一个较小人才池里可用的婴儿潮后一代管理人员而竞争。此外，零售业正在变得更加复杂。我们的管理人员需要适应新的技术、信息和供应链管理系统以及国际业务，并且需要管理一支多元化的员工队伍，以及进行商品采购。"

学生往往将零售视为营销的一部分，因为管理分销（地点）是4P中的一个P。但是零售商像制造商一样经营业务，从事各种传统的商务活动。他们从金融机构筹措资本，购买商品和服务，开发会计及管理信息系统对运营进行控制，管理仓库和分销系统，设计并开发新产品，从事营销活动，如广告、促销、销售管理、市场研究。因此，零售商需要雇用在财务、会计、人力资源管理、供应链管理和计算机系统以及企业管理、市场营销等领域有专门知识和兴趣的各类人才。

零售经理往往在他们职业生涯的早期就承担相当大的责任。同时，从事零售管理的财务回报也很丰厚。刚刚进入管理培训生职位的大学毕业生的年薪通常在35 000～65 000美元。在接受管理培训之后的3～5年，如果表现出色，零售经理的工资会比刚工作时高一倍。高级买手、其他更高的管理职位以及店面经理的年薪在120 000～300 000美元（见附录1A）。

1.4.2 企业家机遇

零售业也为那些希望自己创业的人提供了机会。一些世界上最成功的人都是零售企业家。他们中的一些人因为其名字出现在店面门口而被众所周知，而对于其他人，你可能不认识。零售视角1-2讲述了世界上最伟大的企业家之一山姆·沃尔顿的人生。其他具有创新精神的零售企业家包括杰夫·贝佐斯、张东文（Do Won）和张金淑（Jin Sook Chang）、英格瓦·坎普拉德以及霍华德·舒尔茨。这些企业家出身卑微但改变了零售业的经营方式。

零售视角 1-2

沃尔玛的创始人山姆·沃尔顿（1918—1992）

就像亨利·福特和他的 T 型车一样，山姆·沃尔顿彻底革新了零售行业。1940 年，沃尔顿从密苏里大学毕业，开始了他在艾奥瓦州得梅因市彭尼百货店的工作。他在第二次世界大战期间曾服过兵役，后来购买了位于阿肯色州新港市的一家本·富兰克林特许加盟店。他通过寻找那些愿意提供低于他从本·富兰克林所进货物的成本价格的供货商，来大幅度地提高销售额。

1950 年，沃尔顿因房东拒绝续租而失去了自己的店面。之后他搬到了阿肯色州的本顿维尔市并在那里和弟弟加盟了另一家本·富兰克林商店。沃尔顿采用了他在明尼苏达州两家本杰明·富兰克林商店发现的一种新自助服务系统。他将收银台和店员放到店门口的区域，而不是将其分散在商店各处。到 1960 年，沃尔顿已经在阿肯色州和密苏里州拥有了 15 家商店，这为后来的沃尔玛奠定了基础。

到了 19 世纪 60 年代初，一些东部大城市的零售商已经开发了折扣店的概念，随之而来的是自助服务、浅而宽的产品分类、更低的管理费用以及大型的停车场。1962 年，沃尔顿把这个模式带到了南方的一个小镇，在阿肯色州的罗杰斯市开设了他的第一个沃尔玛折扣商城。

沃尔顿经常会到自己的商店进行巡视，不经通知就去检查商品展示或财务业绩，并与他的"同事"交谈。他自豪于自己的利润共享计划与友好、开放、支持性的氛围，这个氛围是他在彭尼百货工作时学习到的商业实践。他经常带领工人在沃尔玛欢呼："来一个 W！来一个 A！来一个 L！我们一起扭一扭！（此时每个人基本上都会去扭一扭。1998 年，作为沃尔玛形象现代化活动的一部分，其去除了商标中的波浪形状。）来一个 M！来一个 A！来一个 R！来一个 T！拼起来是什么？沃尔玛！拼起来是什么？沃尔玛！谁是第一位？顾客！"

对于一家大公司应该如何运作，沃尔顿提出了自己的模式："一次只考虑一家商店。这听起来很容易，但需要我们一直把它保持到最好。沟通，沟通，沟通：在你没有告诉大家你公司的产品时，如何找到一种更好的方式来出售海滩毛巾？保持与外界的联系：电脑永远替代不了你了解商店外的东西和学习外界发生的一切。"

1991 年，由于其理念和管理实践的成功，沃尔顿成为美国最富有的人，但是，他依旧保持着简单、谦逊的生活方式。每当他出差，他都会租用相同的紧凑型经济轿车，并与他的员工一样住便宜的酒店。他于 1992 年死于白血病。沃尔玛是现在世界上最大的公司。

资料来源：Michael Bergdahl, *The Retail Revolution: How Wal-Mart Created a Brave New World of Business* (New York: Metropolitan Books, 2009); and Michael Bergdahl, *The 10 Rules of Sam Walton: Success Secrets for Remarkable Results* (Hoboken, NJ: Wiley, 2006).

问题讨论： 哪些关键因素促进沃尔玛实现了惊人的增长并确立了其在零售行业中的主导地位？

1. 杰夫·贝佐斯（亚马逊）

通过调查，杰夫·贝佐斯发现1994年互联网使用量的年增长率为2 300%。这位30岁的古巴难民的儿子辞去了他在华尔街的工作，拿着巨额奖金开创了自己的互联网业务。就在妻子麦肯齐驾驶着他们的爱车穿越全国时，杰夫在车上用笔记本电脑完成了他的商业计划书。当他们到达西雅图的时候，他已经为启动第一家互联网图书零售商建立了投资资本。公司的名字"亚马逊"来自世界上最大的河流亚马孙河，象征着贝佐斯预期实现最大的互联网销售数量的目标。在他的领导下，亚马逊开发了各种技术，通过提供个性化的建议和主页使网上购物比在商店购物变得更快、更容易和更具个性化。亚马逊已经变得不仅仅是一家书店，它现在是最大的网络零售商，年销售额超过480亿美元。亚马逊还为许多其他零售商提供虚拟商店和服务。

2. 张东文和张金淑（永远21）

张东文和张金淑是白手起家的亿万富翁。1984年，他们共同创建了"快速时尚"零售连锁店——永远21。这对夫妇是1981年从韩国移民并成为归化的美国公民的。他们在1984年开设了第一家商店，专注于时尚、令人兴奋的服装选择。这一年，其销售额从35 000美元增长到700 000美元。永远21继续体验爆炸式增长，最近的新店开张就证明了这一点。例如，位于拉斯维加斯的一家很有吸引力的旗舰店，其面积达127 000平方英尺；位于洛杉矶的一家面积达45 000平方英尺的大型商店以及位于纽约的面积分别为86 000平方英尺和91 000平方英尺的两家大卖场。今天，它在全球拥有超过500家商店，员工超过35 000人，销售额超过35亿美元。永远21属于家族经营，掌舵人是张东文，张金淑负责采购，大女儿琳达跑市场，另一个女儿埃丝特则管理视觉营销。

3. 英格瓦·坎普拉德（宜家）

英格瓦·坎普拉德，这位根基在瑞典的家居零售商——宜家的创始人自始至终都是一个企业家。他的第一笔生意是骑在自行车上向邻居卖火柴。他发现通过以较低的价格购买整批的火柴，然后分开出售，所赚利润不菲。之后，他将生意扩展到卖鱼、圣诞树装饰物、种子、圆珠笔和铅笔。在他17岁的时候，他就因在学校获得成功而得到奖励。他的父亲给了他一笔钱来建立现在的宜家。像沃尔玛的创始人山姆·沃尔顿一样，坎普拉德因其节俭而知名。他驾驶着一辆旧的沃尔沃，乘飞机时坐经济舱，并鼓励宜家员工在纸张的两面写东西。这种节俭已经转化为贯穿整个宜家削减成本的公司理念，使该连锁店以富于创新的设计以及低价格提供高质量的家具产品。根据《福布斯》杂志的排名，坎普拉德是欧洲最富有的人以及世界第四富有的人，其个人净资产预计为330亿美元左右。

4. 霍华德·舒尔茨（星巴克）

1982年，一个塑料制造商的销售员霍华德·舒尔茨，被聘为星巴克营销部门新的主管，那时候星巴克拥有六家烘焙咖啡馆。被聘用后不久，他去了意大利的维罗纳参加一个国际家庭用品展。他在维罗纳喝了自己的第一杯拿铁咖啡，但同时他也看到了比咖啡更重要的东西。来咖啡厅的顾客一边啜饮着咖啡，一边在优雅的环境中享受着自己的生活。他心里有了一个重建意大利咖啡酒吧背后的旧世界魔术和浪漫的愿景。星巴克的店主想把重点放在出售烤全豆的计划上，但最终舒尔茨收购了星巴克，并开始了该公司在世界各地的扩张之旅。舒尔茨的父亲在一份低收入的工作中挣扎，去世时也没存下多少钱。"他被击败了，没受到尊重，"舒尔茨说，"他没有健康保险，当他在工作中受到伤害时，他没有得到工作人员应得的补偿。"所以，舒尔茨想把星巴克建设成为某种他父亲从来没有机会去工作并且在其中人们能受到尊重的公司。由于这种童年经历，舒尔茨开始在星巴克实施在现在看来仍属罕见的零售实践，比如为所有每周工作至少20个小时的员工提供全面的健康护理，包括支付未婚配偶的保险范围，并提供员工股票期权计划。2012年，星巴克的销售额超过了110亿美元，其17 000家门店遍布40多个国家。

在下一节中，我们将讨论零售商设计和实施其零售战略的决策。本书的内容就是围绕这一战略决策过程进行组织的。

1.5 零售管理决策过程

本书是围绕零售商的管理决策进行组织的。零售商的管理决策是为了向顾客提供价值，并且建立比竞争对手更好的优势。图1-2列出的是与每种决策类型相关的本书各章内容。

1.5.1 了解零售的世界——第一篇

如图1-2所示，零售管理决策过程的第一步是了解零售世界。零售经理在制定和实施有效的战略之前必须深入了解自己所处的环境。本书第一篇将提供零售业及其消费者的总体概况。

零售世界中的关键环境因素包括：①宏观环境；②微观环境。宏观环境包括技术、社会以及伦理道德、法律、政策等，其对零售的影响将在整本书中加以讨论，比如第3章将着重讨论科技对于多渠道零售兴起的影响，第10章将讨论信息技术的应用和供应链技术，第11章将讨论客户关系管理系统，第15章将讨论新传播技术。

1. 竞争者

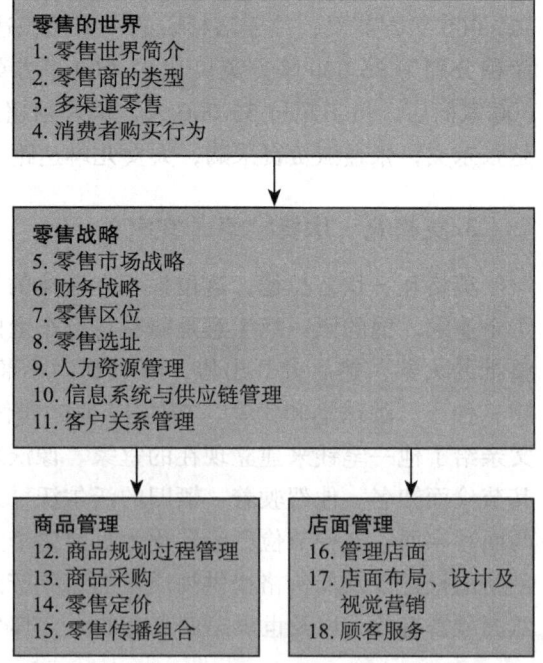

图1-2 零售管理决策过程

零售商的微观环境聚焦于它的竞争对手和消费者。从表面上看，确认竞争对手似乎很容易，零售商的主要竞争对手是那些有同类经营业态的其他零售商。于是百货商店之间互相竞争，超市之间互相竞争。这种有相同业态的零售商之间的竞争被称为**同类竞争**

（intratype competition）。

为了吸引更多的消费者，许多零售商不断增加商品的种类。零售店通过在一个店中经营多种商品，能够在很大程度上满足其目标消费者一站式购物的需求。例如，沃尔格林在其已经非常广泛的健康和美容类产品上又添加了饰品、配件、服装，以满足其消费者生活方式的需要。亚马逊看上去似乎在提供任何你想买或租借的产品。当零售商经营的商品和商店的类型不密切相关时，比如药店里的服装，这种现象就被称为**混合销售**（scrambled merchandising）。混合销售加剧了**异类竞争**（intertype competition），即利用不同业态经销类似商品的零售商之间的竞争，例如折扣商店与百货商店之间的竞争。

异类竞争不断增强，使零售商很难识别和监控他们面临的竞争。从某种意义上讲，所有的零售商都在相互争夺消费者花在商品和服务上的金钱。但是，提供类似商品的零售商之间的竞争尤为激烈。

管理层对竞争的看法可能不同，这取决于管理者在零售公司中的职位。例如，位于新泽西州伯根县的萨克斯第五大道（Saks Fifth Avenue）公司妇女运动服装部的经理认为，主要的竞争来自河滨广场（Riverside Square）购物中心内的妇女运动服装专业商店。而萨克斯第五大道服装店的经理则会把位于邻近商业区的布鲁明戴尔（Bloomingdale）商店认为是其最强劲的竞争对手。这些看法上的差异是由于部门销售经理主要关心某种商品的顾客源，而店面经理考虑的则是顾客对一家百货商店所提供的所有产品及服务的选择。相比之下，零售连锁店的首席执行官（CEO）会从一个更宏观的角度来看待竞争。例如，诺德斯特龙百货可能会将萨克斯第五大道、内曼·马库斯、布鲁明戴尔，甚至Bluefly.com确定为其强大的竞争对手。

本书第2章将讨论各种类型的零售商及其竞争战略，第3章则将集中描述零售商所采取的各种用来完成与其客户交易的不同的渠道类型。

2. 消费者

第二个微观环境要素是消费者。零售商必须对社会的人口特征及生活方式的广泛趋势做出快速反应，例如美国老龄人口和少数族裔人口不断增多，或购物便利对日趋增多的双职工家庭的重要性增加等。为了制定并实施一项有效的零售战略，零售商需要了解第4章涉及的内容，即消费者为何购买，他们如何选择商店，以及在商店里如何选择商品等信息。

1.5.2 制定零售战略——第二篇

零售管理决策过程的下一步是制定并实施零售战略，它建立在第一篇所谈到的微观和宏观环境之上。第二篇集中阐述制定某项零售战略时要做的决策，而第三篇和第四篇则讨论围绕实施该战略的决策以及建立长期的竞争优势。第三篇和第四篇讨论的决策更具战术性。

1. 零售战略

零售战略（retail strategy）可以确定：①目标市场或零售商将努力针对的市场；②零

售商为满足目标市场需求而提供的商品和服务的性质；③零售商将如何开发独特的资产，使其能够取得优于竞争对手的长期优势。

通过比较沃尔玛和玩具反斗城（Toys R Us）的战略，就可以看出零售战略的特性。沃尔玛最初把目标市场定在阿肯色州、得克萨斯州和俄克拉何马州中那些人口不超过3.5万人的小城镇。它提供价位较低的从洗衣粉到少女服装的种类繁多的品牌商品，但是对于每一个品类所供应的商品有限。如今，尽管沃尔玛在世界范围内进行扩张，但其每一个品类中的选择仍然有限。沃尔玛可能只有3种型号的平板电视机，而像百思买这样的电子品类专门店则可能有30种型号。

与沃尔玛不同，玩具反斗城将其主要的目标消费人群确定为那些在大城市郊区生活的消费者。其并不提供多种多样的产品种类，而是集中经营玩具和儿童服装，并且市面上的大部分型号和品牌都可以在这里找到。沃尔玛强调自助式服务：消费者自选商品，拿到付款台付款，然后自己拿到车上，但玩具反斗城提供更多的客户服务。对于某些类型的商品，其销售人员会向消费者提供帮助。顾客甚至要自己在家动手将产品组装起来。

由于沃尔玛和玩具反斗城都强调竞争性低定价，所以它们的战略就是挖掘成本优势以胜过竞争对手。两家零售公司都使用复杂的分销和管理信息系统来管理存货。它们与各自的供货商关系牢靠，因而能以低价进货。

2. 战略决策领域

零售商的主要战略决策是定义其目标市场和财务目标。第5章将讲述在环境分析及公司优劣势分析的基础上如何制定零售战略。当主要环境要素发生变化时，现有的战略及其制定基础要重新评估。零售商需要决定改变哪些战略以利用环境中新出现的机会或避免新的威胁。零售商的市场战略必须与公司的财务目标一致。第6章将讲述如何利用财务变量如资产回报率、存货周转率以及利润等来评估并实施市场战略。

其他系列的战略决策涉及那些能够使零售商建立战略优势的关键资产的开发。这些关键资产包括选址、人力资源、信息及供应链系统、供应链组织与顾客忠诚度。

选址战略的决策（见第7章和第8章）因消费者和商店竞争力而变得至关重要。首先，店址是消费者选择商店时首先要考虑的因素。一般来说，消费者会在最近的加油站购买汽油，光顾离住宅或办公室最方便的购物中心。其次，店址提供了赢得长期竞争优势的机会。当某一零售商选择了最佳地段开店时，其竞争对手就只好退而求其次了。

零售业是一个劳动密集度高的产业。当消费者光顾某零售商并寻求服务时，员工将发挥关键的作用。第9章将概述零售商在实施零售战略的过程中如何协调买手、店面经理以及销售人员的种种活动。

零售信息与供应链管理系统也可以给零售商提供巨大的机会以获取战略优势。第10章将深入探讨零售商如何开发复杂的计算机和分销技术，以便监控从供货商到零售配送中心再到零售商店的信息流和商品流。这些技术是总的存货管理系统的一部分，使零售商可以：①确保在消费者想要的时候有货供应；②减少零售商的存货投资。

像大多数企业一样，零售商希望最优客户重复购买并保持忠诚度。第11章将探讨零售商用来识别最优客户、为其设计方案、增加其钱包份额、为其提供更多价值并建立忠诚度的过程。接下来的两篇将讨论战略实施决策。

1.5.3 实施零售战略——第三篇和第四篇

为了实施零售战略，零售商需要制定一套能比竞争对手更好地满足目标市场需求的零售组合。**零售组合**（retail mix）是零售商为满足顾客需要并影响其购买决定而做出的一系列决策。零售组合的要素包括商品管理、定价、广告与促销计划、店面设计及展示、顾客服务以及区位（见图1-3）。第三篇考察由买手制定的决策的实施，第四篇则聚焦于店面经理做出的各种决策。

商品管理部的经理决定进货的数量和种类（第12章）、从哪些供货商进货及如何与其互动（第13章）、确定零售价格（第14章）以及如何做广告和促销商品（第15章）。店面经理必须决定如何招聘、甄选及激励销售人员（第16章），在何处及如何展示商品（第17章），以及为顾客提供的各种服务的实质（第18章）。全食超市（Whole Foods Market）是一家增长最为迅速、盈利性最好的超市连锁店之一。在接下来的部分中，我们将阐释全食超市做出的以及还在继续做以获取并保持其成功的战略及战术决策。零售视角1-3则介绍其创始人及CEO约翰·麦基（John Mackey）的背景。

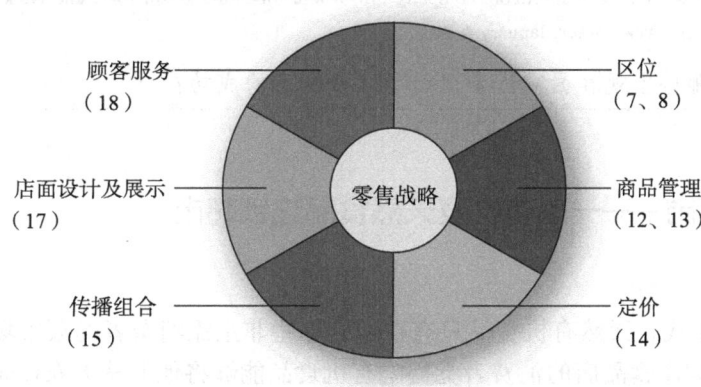

图1-3 零售组合

零售视角 1-3

全食：有机超市的诞生

约翰·麦基是在郊区一个比较传统的中产阶级家庭长大的。时值20世纪70年代，因此麦基从大学退学，开始了另一种生活（例如，蓄长胡子，头发蓬乱）。他曾在素食集体组织工作过一段时间，后来他向家人和朋友筹集了一部分钱，并在1978年建立了一个新形式的合作社——有机食品商店。这家店开在老维多利亚宅子酒店的一楼，这个酒店的二楼是餐厅，顶楼则是生活区。

几年后，麦基在一个占地10 000平方英尺的地方（曾经是一家夜总会）开了第一家全食食品商店。为了保持它的历史,麦基保证他的天然食品店不会是一处只有格兰诺拉麦片的无聊地方。他在店内储备了肉类和酒类,而且他说:"我喜欢这里,喜欢零售,喜欢被食物包围。我喜欢天然食品,喜欢有机食品,喜欢关于它的全部主意,并且有一个想法开始占据我的大脑,我知道自己可以把它做成什么样。"

但是开一家食品杂货店的想法并没有受到家人的完全欢迎。他的母亲(曾是一位教师)强烈地劝他放弃对全食的兴趣。根据麦基的回忆,1987年在临终前,他的母亲要求他承诺回到学校去攻读大学学位;当他提出异议时,她说道:"我希望你会放弃那个愚蠢的健康食品店的想法。我和你父亲给了你一个美好的心灵,而你却把它浪费在一个杂货店上面。"

然而,他从来也未曾放弃过他的"愚蠢"商店。相反,由于这个概念传播到了全美各地,因此为了适应当地口味,麦基也接受和调整着自己的想法。通过分散化的决策单元,全食食品超市可以针对当地市场的偏好选择特定的存货项目,像缅因州波特兰市的活龙虾或加利福尼亚州威尼斯市的康普茶吧。通过各种收购,全食食品也获得了更多的知识。比如,对韦尔斯普林杂货(Wellspring Grocery)的收购令其学会了要积累自有品牌。对Mrs. Gooch's公司的收购为全食食品提供了节食补充剂的新视角。而在收购了Bread & Circus后,它则获得了这家波士顿连锁店久负盛名的海鲜采购的专有知识。

资料来源:www.wholefoodsmarket.com/company-info/whole-foods-market-history; and Nick Paumgarten, "Food Fighter," *New Yorker*, January 4, 2010.

问题讨论:哪些宏观和微观因素成就了全食食品的成功?

1.5.4　全食超市——一家有机及天然食品连锁超市

1. 零售战略

20世纪60年代,天然有机食品只有在迎合那些非主流消费者的菜市场或小型专卖店有售。光顾这些健康食品店的消费者觉得吃有机食品能够将他们从大农业企业和食品加工中解放出来,因为它们使用破坏土地的化学农药,虐待移民农场工人并且怂恿人们消费不健康的加工食品。全食超市的战略是通过使用现代超市(而不是小型食品专卖店)这一业态,以那些具有健康意识和环保意识的中产阶级消费者作为其目标消费人群。它的使命是通过为所有的人提供最优质、最健康的食物来促进每个人的活力,提升其幸福感。

2. 战略优势

经过多年发展,全食超市已建立起一些提供长期优势的战略资产:用来建立客户忠诚度的强大的品牌形象;致力于提供优质客户服务的员工;与有机食品供货商建立的良好关系,这些供货商确保有机食品的供应,即使在有机食品的需求增长大于供应的时候;一个连接当地种植者和全国门店网络的高效供应链;有关消费者的广泛信息以用来进行产品分类和进行针对性促销。

3. 商品管理

从商品方面来看，全食超市商店提供的食品品类系列通常在超市也能够找到。然而，其产品品类强调的是新鲜、营养、食用安全的有机和天然产品。产品不添加人工防腐剂、颜料、香料和甜味剂，以及氢化脂肪和其他不可接受的成分。此外，全食超市寻求和支持那些水果与蔬菜符合其标准的当地制造商，特别是那些实行有机耕作并致力于发展环境友好及可持续农业的制造商。

全食超市提供七条自有品牌产品线。商品买手与工匠式食品生产者及有机农场主一起合作使产品得以在超级优质的正宗食品工匠（Authentic Food Artisan）品牌下出售。其核心自有品牌被称为"全品牌"（Whole Brands，部门特定的产品）、"全食品"（Whole Foods，高级产品）以及"全儿童有机"（Whole Kids Organic，针对儿童的有机产品）。"365天日常价值"和"365天有机日常价值"产品线以物有所值的价格提供天然产品。

全食超市通过网站和社交媒体传达了它所提供的产品的优势。它的网站有丰富的关于天然和有机食品的信息。它的iPhone应用程序提供的不仅仅是关于最临近的全食超市的位置信息（通过邮编），还提供大约2 000种食谱。使用这种应用程序，消费者可以根据不同的标准进行搜索，包括饮食限制、材料、预算或对家庭的吸引力。"动手"选项允许用户输入他们储藏室货架上的物品，然后就会收到一些膳食选择的建议。此外，该应用程序还为每家商店提供特殊的优惠，在地图的旁边显示消费者如何到达那里。

全食超市也广泛使用社交媒体。其在每一家商店都分配了一个全球经理和社区经理来负责消费者的参与问题。一个单独的全球在线社区经理运行公司的中心推特链接——@Whole Foods。这个领域的大多数推文来自个别客户的问题、投诉或建议。经理要做到立即回应，以确保顾客不会觉得全食超市对他们反应的问题不感兴趣或是被忽视。然后，在每个社区有另一位经理负责当地的需求，包括特殊的销售宣传、慈善以及即将发生的事件。位于第三大街的洛杉矶店拥有推特账号——@ WholeFoods3rdSt；巴尔的摩附近的一家芒特华盛顿店则从账号 @WholeFoodsMTW 发送推文。

4. 店面管理

所有的全食超市员工被组织成自我管理的团队，定期开会讨论问题和解决问题。几乎所有的团队成员都有公司的股票期权。他们也会收到商店8折的优惠。他们的个人健康账户帮助他们支付医疗费用，无论是对他们自己还是他们的国内合作伙伴。为了对"福利计划"进行选择，整个公司每三年会进行一次投票表决。全食超市已连续13年位列《财富》杂志"100家最适宜工作的公司"名单中。

全食超市对于视觉陈列和店面设计的决策强化了其战略。其商店的设计让购买食物变得有趣：将超市转变为交互式剧场，公司工作人员在其中担任制作人，而门店管理人员则担任导演。新开的连锁店大都按照曲线向内的独立架构进行设计，创造出一种亲密的感觉以鼓励购物者多做逗留；商店的温暖感被仿木材料而不是塑料制作的环保迹象进一步增强；美术馆式的照明则将注意力集中在农副产品上。

最后，全食超市的管理提供了卓越的客户服务。对展示盒内一只鸡的生活感到好奇吗？那么看看一起放在盒子里的长达16页的小册子和一张访问该公司宾夕法尼亚农场的邀请。想知道种植那些有机西红柿的农民的名字吗？这些信息以及一些个人的细节都是可以获得的。好奇你在免费剔骨站正在进行剔骨处理的鱼的被捕经历吗？员工不仅可以给你提供烹饪这条鱼的点子，而且还可以提供全食食品渔船以及抓住这条鱼的船长的身份等相关信息。

1.5.5 伦理和法律考量

在制定前面述及的战略和战术决策时，经理不仅需要考虑自己所做决策对满足公司利润和消费者需求的作用效果，还要考虑这些决策在伦理和法律层面的影响。**伦理**（ethics）是指约束公司和个人行为的原则，帮助其建立正确的行为方式并辨别是非。定义这个概念很容易，但是决定这些原则就不那么简单了。一个人认为是符合道德的事，到了另外一个人那里可能未必符合道德。

什么才是符合伦理的呢？对此，不同国家、不同行业看法不尽相同。例如，利用贿赂消除政府部门设置的一些官僚阻碍，这种行为在中东国家是可以接受的。但是，在美国，这种行为被认为是不道德甚至是违法的。伦理原则也会随着时间变化而变化。例如多年前，医生和律师为自己提供的服务做广告的行为会被认为是不道德的，如今，这已成为一种普遍的做法。

零售经理会面临的困境部分如下：

- 零售商是否应该出售怀疑使用童工制造的商品？
- 零售商是否可以在广告上宣称自己商品的价格是市场同类商品中最低的，即使有些商品并不是这样？
- 零售买手是否可以接受供货商赠予的贵重礼物？
- 当某个新产品进入商店时，零售商是否应该向供货商收取费用？
- 当知道自己的商品并不是最适合顾客需要的商品时，零售商销售员是否应该使用高压销售战略？
- 零售商是否该发布能够影响消费者买或不买决定的产品信息？
- 零售商是否该打出"降价处理"字样的促销商品，即使该商品从未以更高价出售过？
- 在那些低收入消费者占绝大多数光顾者的商店中，零售商是否应该以较高利率提供信用或以较高价格销售商品？

法律规定了哪些是违法的错误行为，如果发生了这些行为，零售商及其雇员将受到联邦或州法律的制裁。然而大多数商业决策都没有受到法律的规定。零售经理通常都是依靠其公司、行业或者他们自己的道德规范来决定哪些事情是正确的，是可以去做的。

很多公司有职业守则，为其员工做出正确的伦理决策提供指导。这些守则明确给出对错的评判标准，这样公司和消费者在出现问题的时候，就可以依赖公司员工做出判断。然而，在很多情况下，零售经理需要依赖自己的道德准则，也就是依赖他们自己个人的对策准则行事。

表1-5列出了一些问题，即在你考虑一种行为或活动是否符合道德的时候，可以问问

自己这些问题。这些问题表明，一种行为是否道德是由社会广泛接受的观点决定的。因此，你应该只选择参与那些令你可以自豪地告诉家人、朋友、雇员和消费者的活动。如果对表1-5中这些问题的任何一个的答案是肯定的，那么这将就有可能是不道德的，你就不应该去做。

表 1-5 制定伦理决策的检查清单

1. 如果顾客发现此行为时，我是否会感到尴尬
2. 我的主管是否会反对此行为
3. 大部分同事是否都会觉得此行为不正常
4. 我是否觉得可以侥幸逃脱，所以才这样做
5. 如果有公司这样对我，我是否会感到不安
6. 如果我告诉家人和朋友我从事此项活动，他们是否会因此而看轻我
7. 我是否考虑到此事可能的后果
8. 如果这个行为或活动见诸报端，我是否会感到尴尬
9. 如果每个人都从事这样的行为或活动，社会是否会因此而世风日下

你供职的公司可以强烈影响你做出道德的选择。当你认为公司的政策或者要求不合适时，你有如下三个选择：

（1）忽略自己的价值选择，公司让你怎么做你就怎么做。当你为了讨好雇主，不得不对自己的原则做出妥协，自我的尊严将受到重创。如果选择这条路，从长远来看，你有可能产生罪恶感，或者对这份工作不满意。

（2）亮出自己的立场，并且告诉雇主你的看法。试着影响你供职的公司和主管的决策。

（3）拒绝做出妥协。选择这条路意味着你会被开除或被迫放弃工作。

如果一家公司的商品、政策或行为规范跟你的标准相左，你就不要为其工作了。受雇于人之前先调查一下公司的工作程序和销售方法，看看是否跟自己的道德标准相冲突。贯穿整本教材，我们将突出强调与经理人员所做的零售决策相关的法律和道德问题。

本章小结

（1）识别零售活动。

零售是一系列的商业活动，通过向消费者出售供个人或家庭使用的产品和服务来增加价值。这些增值活动包括提供分类、拆售、持有存货并提供服务。

（2）认识零售在美国及全球经济中的重要性。

零售业在美国经济中扮演着重要的角色。在美国，四个工人中就有一个为零售商或者在向零售商销售产品的公司工作；零售业占美国GDP的百分比和整个制造业所占的百分比一样多。零售业在发展中国家也扮演着重要的角色。一些商业学者认为有必要使用现代零售方法服务位于金字塔底层的消费者。

（3）分析变化中的零售行业。

过去50年，零售业发生了巨大的变化。许多全国及国际知名零售商在50年前都是小型初创公司。如今的零售行业则由大公司主导。信息系统的开发是促进大型零售商成长的力量之一。在尚未获得现代信息系统之前，零售商很难通过规模经济降低成本，较大的零售商相比于小型本土或区域零售商所具有的经营优势也有限。而有了这些信息系统，零售商就可以对全球范围内成千上万的商店和供货商数以百万计的客户交易进行高效且富有成效的管理。

（4）为自己识别零售行业中的机会。

不管是在零售公司工作或自己创业，零售业都提供了令人兴奋且具挑战性的事业机会。附录1A中讨论了零售职业的方方面面。本书末附录A给出了关于自己创业的建议。

（5）理解战略零售管理决策的过程。

零售管理决策过程包括为建立市场竞争优势而制定战略，然后开发零售组合来实施这一战略。在本书的第一篇讨论到的战略决策包括选择目标市场；确定零售商供应物的性质；通过区位、人力资源管理、信息和供应链管理系统及客户关系管理项目建立竞争优势。

为了实施战略就需要进行商品和店面管理决策，本教材的下半部分对此进行了讨论，包括选择商品品类、商品采购、制定价格、与客户沟通、管理店面、在商店展示商品及提供客户服务。大型零售连锁店使用复杂的信息系统来分析商业机会并做出如何在多个国家开展其业务的决策。

表1-1 测试题答案：

1. d　3. e　5. e　7. d
2. d　4. a　6. b　8. b

➡ 小试身手

1. 持续案例任务　在本书大多数章节后面，都有一个"小试身手"的栏目，这个栏目使你有机会研究某个零售商的战略和战术。你的第一项作业是选择一个零售商，做一份关于该零售商历史的报告，包括其何时成立、如何发展演变等信息。为了确保你能够持续从该案例中得到信息，你选择的这个零售商必须满足以下条件：

- 是上市公司，这样你就可以得到其财务报表和年度财务报告。不要选择为另一家公司所有的零售商，例如Bath & Body Works是Limited Brands旗下所有的，因此你只可以得到有关控股公司Limited Brands的财务信息，而不是其旗下的个别公司，例如维多利亚的秘密和White Barn Candle。
- 专注一种零售类型。例如，阿贝克隆比&费奇（Abercrombie & Fitch）只经营一种专卖店，因此是一个好的选择，而沃尔玛既经营折扣店、仓储式会员店，还经营超级购物中心，因此就不是一个好的选择。
- 选一个你可以经常进行实地考察并收集信息的商店。有些零售商或者店面经理可能不允许对他们的店面进行采访、拍照，与店员交谈或分析店内货物分类等。想办法选择一个可以帮助你完成任务的零售商和店面经理。

一些满足前两个条件的零售商有：全食超市、Dress Barn、伯林顿成衣工厂（Burlington Coat Factory）、Ross Stores、Ann Taylor、Cato、Finish Line、富乐客（Foot Locker）、Brookstone、

Claire's、沃尔格林、史泰博、美鹰傲飞服饰、Pacific Sunwear、阿贝克隆比 & 费奇、蒂凡尼（Tiffany & Co）、扎莱什（Zales）、汽车地带（Autozone）、Pep Boys、Hot Topic、Wet Seal、百思买、家多乐（Family Dollar）、多来店（Dollar General）、迈克尔斯（Michaels）、宠物大卖场（PetSmart）、迪拉德（Dillard's）、Pier 1 Imports、家得宝、劳氏、Bed Bath & Beyond、男仕服饰公司（Men's Wearhouse）、克罗格（Kroger）、科尔士、美国无线电器材公司、西夫韦（Safeway）和塔吉特。

2. **购物**　拜访一家当地的零售商店，并描述其零售组合中的每一个要素。

3. **网上练习**　关于美国零售额的数据可以从美国统计局的网站上获得，其网址为www.census.gov/retail/#ecommerce。按照零售商类型查看最近一年的月零售额和餐饮服务零售额数据。哪个季度零售额最高？哪些类型的零售商月零售额波动最大？列出能够帮助你解释的理由。

4. **网上练习**　登录梅西百货、塔吉特、沃尔玛、玩具反斗城以及全美零售联合会零售职业中心（www.nrf.com/RetailCareers/）的主页，找到这些组织零售职位的信息，浏览其所描述的不同职位的信息。其中有你感兴趣的职位吗？哪些职位是你不感兴趣的？哪些雇主会使你产生兴趣？为什么？

5. **网上练习**　选择一个排名前20的零售商（见表1-4）。登录该公司的网站，找出该公司是如何成立的以及它是如何随着时间而演变发展的。

6. **网上练习**　上网查找零售商承担企业社会责任的一个例子。用简短的篇幅描述这个零售商是如何采取措施促进社会或道德事业的。

讨论问题

1. 零售商是如何为消费者购买的产品增加价值的？

2. 你对哪个零售商感兴趣？你为什么喜欢这个零售商？作为其对手，其他零售商要怎样做才能得到你的赞同？

3. 你认为直接从制造商而不是从零售商那里购买家庭娱乐系统有何利弊？

4. 对于像7-Eleven这样的便利店来说，哪些零售商可以构成同类竞争者，哪些又是异类竞争者？

5. 沃尔玛对于其店面所在的社区是有益还是有害？

6. 同样品牌、同样风格的男装以不同的价格在百货商店（如梅西百货）和专卖店（如男仕服饰公司）出售，为什么消费者会选择从这家商店购买而不是另一家商店？

7. 比较和对比百货公司与全线折扣店的零售组合，使用要点符号或图表列出其相似性和差异性。

8. 一位企业家就如何向消费者推销其新钢笔与你接触。该钢笔有一个独特的好处，即它比传统的钢笔使用起来更舒服。这位企业家关注的零售商想以每支10美元从她那里购买钢笔，然后以18美元出售给其商店的消费者。这位企业家对零售商获得的额外的8美元感到沮丧，并决定以10美元一支的价格直接向消费者出售该产品。她想知道你的意见，你是怎么想的？为什么？

9. 就你个人来讲，考虑从事零售与其他行业时，你对它们怎么进行评价比较？为什么？

10. 本章描述了零售商从事的一些社会责任活动（对其中一家公司采用某个利益相关者的视角），这些活动会对其股票价值产生什么样的影响？为什么这些活动会有一个积极或消极的影响？

推荐读物

"2012 Global Retail Industry Trends." *Stores Magazine*, January 2012.

Ferrell, O.C., John Fraedrich, and Linda Ferrell. *Business Ethics: Ethical Decision Making & Cases*, 9th ed., Impendence, KY: Southwestern, 2012.

Fisher, Marshall L., and Ananth Raman. *The New Science of Retailing: How Analytics Are Improving Performance*. Boston: Harvard Business Press, 2010.

"Global Powers of Retailing Top 250." *Stores Magazine*, January 2012.

Lee, Min-young, Ann Fairhurst, and Scarlett Wesley. "Corporate Social Responsibility: A Review of the Top 100 US Retailers." *Corporate Reputation Review* (London) 12 (Summer 2009), pp. 140–159.

Mantrala, Murali K., and Manfred Kraftt (Eds). *Retailing in the 21st Century: Current and Future Trends*, 2nd ed. Berlin: Springer, 2010.

Ortinau, David J., Barry J. Babin, and Jean-Charles Chebat, "Retailing Evolution Research: Introduction to the Special Section on Retailing Research," *Journal of Business Research*, 64, no. 6 (June 2011), pp. 541–542.

Plunkett, Jack (Ed). *Plunkett's Retail Industry Almanac 2012*. Houston: Plunkett Research, 2012.

Roberts, Bryan. *Walmart: Key Insights and Practical Lessons from the World's Largest Retailer*. Philadelphia: Kogan Page, 2012.

附录 1A 零售行业中的职业

零售行业提供了激动人心、富有挑战性的职业机会。几乎没有别的行业能够赋予年轻的经理如此重大的职责。有个大学生曾问欧迪办公的前首席执行官戴夫·富恩特（Dave Fuent）：要想某天当上首席执行官，必须具备哪些条件？他回答说："一是要承担起盈亏责任；二是在从业之初就要获得人员管理经验。"零售业的入门工作，就为大学毕业生提供了这两个条件。大部分大学生从商店助理、商品规划师或部门经理开始干起。在这些职位上，他们可能会负责某一条商品线或某一区域的某个商店以及管理他们手下的工作人员。

即使你在一家大公司工作，零售也会为你做自己的事提供机会，你也会因此得到回报。你可能会想到一个点子，几乎马上将之付诸行动，并可以在一天结束时通过浏览销售数据来获悉这个点子运行的情况。

零售业为你提供各种职业路径，例如采购、店面管理、促销与广告、人事、运营/配送、房地产、防损以及财务等。除此之外，零售业还为富有才华的人提供机会，使他们能被较快地提升到重要的管理职位上。从业时的工资也很有竞争力，而且高级管理人员的报酬与其他行业相比名列前茅。

1A.1 职业机会

在各种零售企业中，职位机会存在于销售/采购、店面管理和公司行政职能等领域中。公司的职位涉及会计、财务、房地产、促销与广告、计算机和分销系统以及人力资源等部门。

进入零售业的最初机会，是从事商品采购和门店管理。采购的职位更多是数字导向的，而门店管理职位则更多是人员导向的。公司员工的入门职位是有限的。零售商希望所有员工都了解他们的顾客和商品。因此，大部分高管和公司的管理人员都是从门店管理或商店采购开始其职业生涯的。

1A.1.1 店面管理

成功的店面经理必须具备领导和激励员工的能力。他们还必须对顾客的需要保持敏感，确保物品充足，摆放有序。

门店管理涉及企业成功经营的方方面面：制订销售计划，注重商店整体形象及商品陈列，控制预算与开支，监督顾客服务与销售，进行人事管理与开发以及公共关系等。

由于店面经理直接在店内工作，离总公司距离较远，这就意味着他们受到的直接监控和管理比较少。经理的工作时间就是商店营业时间，往往需要在周末和夜晚工作。另外，在非营业时间，他们需要花时间负责管理商店的行政工作。

百货商店中的职业发展道路一般从部门经理开始，负责商店某一区域的商品陈列、顾客服务和存货管理。下一步他就可以升任某一区域或小组经理，负责执行几个区域的销售计划，实现销售目标以及监督、培训和培养部门经理。除了这些职位，还可以升任店面经理，然后升任负责好几个门店的地区经理，再到负责很多地区的大区经理。

1A.1.2 商品管理

商品管理吸引具有以下才能的人士：分析能力强，能够预测什么样的商品会对目标市场产生吸引力，并且具有与供货商谈判的技能以及与门店管理层进行沟通将事情做好的技巧。许多零售商把商品管理活动分为两个不同而又平行的职业：采购和商品规划。

零售买手类似于金融投资组合经理。他们投资于商品组合，监控商品的表现（销售额），并且在销售额的基础上决定是购买更多销售表现良好的商品，还是将销售不佳的商品进行下架处理或者打折销售。买手负责挑选采购商品的种类和数量，与供货商协商批发价格和支付条款，设置起始零售价格，以及对零售价格进行适当调整。因此，买手要有出色的财务计划能力，了解顾客的需要，了解竞争对手的活动，并能够与供货商建立良好的工作关系。为了更好地了解顾客，买手要拜访商店，要与销售人员及经理谈话，并监控商品管理系统中的销售数据，以便与商店保持联系。

跟买手相比，规划师承担更多的分析工作。他们的主要任务是将运往各个商店的货物进行分类，决定为每个商店分别购进哪些款式、颜色、型号和种类的货品。规划师还负责将商品分配到各商店。一旦商品入店，规划师要密切监控其销售情况，并与采购员共同决定在商品畅销时应再进多少货，或当商品销售未达到预期要求时何时进行降价处理。

大学毕业生感兴趣的商品管理初级职位有：某一种类商品（例如男子运动鞋或者家用电器配件等）的助理买手或者助理规划师。此职位的任务就是做销售分析，帮助你协助的买手或者规划师做出决策。从这个初级职位还有机会升迁至买手，然后再升职至分部商品经理，负责多个商品种类。大多数零售商都认为，商品管理的技能不仅限于一个商品种类。因此，如果能在采购组织中得到提升，就意味着你可以从事多种商品品类的管理。

1A.1.3 公司行政职员

零售公司的行政职员所涉及的活动，需要的技能、知识和能力与非零售公司的相同岗位类似。因此，这些职位的很多管理者更加认同自己的职位角色，而不是零售行业。例如，零售公司的会计认为自己是会计，而不是零售商。

1. 管理信息系统（MIS）

这一领域的员工负责收集数据，开发并保持存货，以及设计存储系统，例如POS终端、自动付费系统和店内商品信息亭等。

2. 运营 / 配送

在这一领域工作的人员要负责操作和维护店里的硬件设备，提供各种顾客服务，监督商店存货的接收、票据、储存和配送，还负责采购、维护商店物资和运营设备。在运营和管理信息系统就职的人员通常来自制造、运营和计算机信息系统专业。

3. 促销 / 广告

促销有很多方面，包括公共关系、广告、视觉推销和特殊事件。此部门致力于建立零售企业的品牌形象并鼓励消费者访问零售商的店面或网址。这一领域的经理一般来自市场营销或者大众传播专业。

4. 防损

防损员工负责保护零售商的资产。他们开发系统和程序将员工盗窃及入店行窃事件减到最低。虽然这一领域的经理通常来自社会学或犯罪学专业，但是正如我们在第9章和第16章中讨论的，防损现在被更多地视为人力资源管理方面的问题。

5. 财务 / 会计

很多零售商都属于结构复杂的大公司。大多数零售商所获利润也有限。鉴于成功与失败只是一线之差，使得零售商持续地需要高级财务专家。金融/财务部门负责公司的财务状况。此部门员工制作有关业务各方面的财务报表，包括长期预测与规划、经济趋势分析与预算、缺货控制与内部审计、毛利润和净利润、向供货商的应付账款以及向顾客的应收账款。此外，他们还负责管理零售商与金融机构的关系，对此有兴趣的学生多为金融或会计专业。

6. 房地产

在房地产部门工作的人员负责挑选店址、租赁谈判与土地购买，以及管理租赁成本。进入此领域的学生一般主修房地产或金融专业。

7. 商店设计

在这一领域工作的员工负责商店设计、店内商品展示和设施摆放。攻读商科、建筑、艺术及其他相关专业的有才华、富于创造力的学生，在零售商店设计领域有发挥其才干的无尽机会。

8. 人力资源管理

人力资源管理部门负责有效地甄选、培训、分派、促进员工发展并为其提供福利。由于零售商有高峰期（例如圣诞节的时候商店必须雇用额外人员），因此人力资源部的工作人员必须具备灵活、高效的素质。

1A.2 零售职业的吸引力

立即负责

零售管理实训生比其他行业的相应职员需要承担更多的责任。买手负责在每个季节选择、推广、定价、配送并销售价值数百万美元的商品。部门经理（一般是一个培训项目后的首个职位）通常负责一个或多个部门的商品销售，以及管理20个或更多的全职和兼职销售人员。

许多学生和家长认为在零售行业工作的人都是销售员和收银员。他们之所以持有这种观点是因为，作为零售商店的消费者，他们通常只与销售人员而不是与其经理进行互动。但是，正如我们在本章中讨论的，零售企业是大型、复杂的公司，需要聘请具备各种知识、技能及能力的管理人员。对于大学毕业生来说，入门的职位通常是采购或商店组织方面的管理实训岗，而不是销售岗。

虽然有些员工是在他们具有零售经验的基础上被提拔的，但是大多数零售管理职位（从店面经理到首席执行官）都需要大学文凭。在美国有超过150所学院和大学提供零售研究项目以及零售学位或专业。

1A.2.1 财务回报

拥有大学学历的管理实训生的起始工资为一年30 000～60 000美元，最高管理职位的薪酬在各行业中属于最高的。例如，只有几年经验的店面经理的年薪可高达10万美元或更多，这取决于他们的绩效奖金。百货公司的高级买手年薪在50 000～90 000美元；大卖场的经理一年可以挣50 000～150 000美元；折扣店经理的年薪为70 000～100 000美元；专业店经理的年薪为35 000～60 000美元。

薪酬根据承担职责不同而变化。专业店经理一般比百货公司经理收入少，这是因为他们的年销售额较低，但是在这一领域中的晋升可以很快。有进取心的专业店经理往往在几年内就被提拔为地区经理，管理8～15家门店，所以他们很快就能跻身高收入者的行列。

由于信息系统使零售商可以评估每个经理甚至每位销售人员的销售额和业绩表现，因此，零售经理的薪酬与对其业绩的客观衡量紧密挂钩。除了工资外，零售经理一般还可以得到在其创造的销售额基础上的丰厚物质激励。

薪酬总额不仅仅包括工资。在零售行业中，"福利包"往往是实质性的，包括利润分享计划、储蓄计划、股票期权、医疗和牙科保险、人寿保险、长期伤残保障和收入保障计划以及带薪休假与假期。零售业还有两个额外的好处：大多数零售商为自己的员工在购买商品时提供更多有价值的折扣；一些采购职位往往会有很多昂贵的国外旅行机会。

1A.2.2 发展机会

虽然零售业的增长速度与整体经济的增长速度保持一致，但由于零售业规模庞大，因此该行业提供了许多快速发展的机会。在数目如此众多的零售公司中，总有一大批企业正在经历高速增长，不断开设新门店，因此需要更多的店面经理和支持性的行政人员。

第2章

零售商的类型

- **主管简介**

黛比·费里，副总裁及首席商人

DSW 股份有限公司

数学一直是我在学校最喜欢的科目，而且它对我来说好像是天生就会的东西，因此，我进入大学的目标是成为一名大学数学教授。然而，对时尚的激情以及对商业和零售的热爱使我改变了自己的职业抱负，并转到了商学院。

在加入 DSW（Designer Shoe Warehouse）之前，我曾在各种各样的零售商店担任高级管理者，这使我在不同分销渠道和商业模式中积累了广泛的经验：五月公司（May Company）和伯丁斯/联邦百货商店（Burdines/Federated Department Stores）——百货商店；罗斯服饰（Ross Dress for Less）——折扣店；哈里斯公司（Harris Company）——专卖店零售。

1997 年，我加入了 DSW。DSW 是一家真正的低价零售商，其以极低的折扣价格在销售季末向消费者提供花色齐全的清仓商品。百货商店的场景发生着迅速而显著的变化，服务点的打折促销成为惯常做法，而顾客对他们为产品所支付的价格感到困惑。这为 DSW 创造了构建一种新的"混合"商业模式的机会，这个机会将为客户提供一种非同寻常的购物体验，提供来自博览会的各种各样知名全国性品牌下的最新、流行、应季、时尚商品，使其享受一种公开销售的、赏心悦目环境下的"每日价值"（everyday value，EDV）。这些都为零售业未来的发展指明了新的方向。2004 年，我被提升为 DSW 总裁兼首席营销官；2005 年，我们将该公司运作上市。

为了实现这一新的概念，我们与领先的鞋类设计师品牌建立了战略伙伴关系。这些供货商过去一直将重点放在通过百货公司渠道销售其品牌上，所以他们一开始对我们提出的新的商业模式持怀疑态度。这一新模式具有许多优点和财务效益：当供货商把鞋子卖给 DSW 后，就不再有如广告津贴或供货商退货津贴这样的额外收费，也无须在销售季末重新商谈价格或进行退货。通过合作和制定支持双方互惠增长的金融及战略计划，我们在一项计划上达成了一致。如今，这一计划带来的是超过 20 亿美元的销售收入（超过 375 家商店及一项电子商务业务），并提供了一个持续增长的长期计划。

我们成功的支柱是：拥有各种花色、品种的流行商品，简单的便利性，以及难以抗拒的价值。我们利用社交媒体为爱鞋人士创造了一个社区，他们忠于我们的产品，并定期向其朋友介绍我们新增加的花色及其在我们商店和网站的购物体验。我们的粉丝页面是一个鞋类爱好者可以去谈论鞋子的地方。我们刺激 200 多万名追随者进行互动，展示他们认为的新风格；我们感谢他们的建议，及时回答他们的问题，并以免费的鞋子作为奖品举行各种有趣的竞赛。

DSW 的志向是成为"美国人最喜欢购鞋的地方"和"美国人最喜欢工作的地方"。我们有一种强大的文化，这一文化将我们的核心价值观——谦卑、责任、合作和激情融合在一起，并将其投入到一个有趣的环境中，这个环境广纳人才，支持个人发展，并提供有回报的职业经历！

□ 学习目标

- 列出界定零售商的不同特征。
- 对不同的食品零售商进行分类。
- 识别日常用品零售商的类型。
- 解释服务和货品零售商的区别。
- 阐明零售企业所有权的类型。

清晨你想喝一杯香浓的非速溶咖啡，但是你又不想费事磨咖啡豆、烧开水、把磨碎的咖啡粉倒进过滤器，然后等待。想想那些可以帮助你满足这个需要的不同零售商。你可以在当地星巴克的外卖窗口买一杯已经泡好的咖啡，或者可以买一台带定时功能的自动咖啡机，这样当你早晨起床的时候咖啡就好了。你可以在类似沃尔玛或者塔吉特这样的折扣商店购买咖啡机，也可以去像梅西这样的百货商店，像 CVS 这样的药店，或者像百思买这样的品类专卖店购买。如果你不愿意花时间去光顾某家商店，你可以登录 www.thefind.com 进行网上浏览，搜索"咖啡和意式浓咖啡机"，然后可以浏览由 5 485 家零售商销售的从 Bed Bath & Beyong、Sur La Table 到 Newegg 多达 83 392 个型号的咖啡机。

所有这些零售商之间互相竞争，争相为你提供一杯惬意、香浓的咖啡。虽然很多零售商都出售相同的品牌，但是他们提供的服务、价格、气氛和方便程度有所不同。例如，如果你想买一款低价位只具有基本功能的咖啡机，你可以去折扣商店。但是如果你对具备更多功能的咖啡机感兴趣，并且需要有人把这些不同特点解释给你听，你就需要去百货商店或者品类专卖店了。

为了制定和实施某个零售战略，零售商需要了解零售市场中竞争的性质。本章描述了不同类型的零售商及其如何通过给予消费者不同的利益而进行相互竞争。这些利益表现在零售商为了满足顾客需要而使用的零售组合的性质上：所提供商品和服务的种类，他们在多大程度上强调提供给顾客的是服务而不仅仅是商品及其定价。

2.1 零售商的特征

美国有 110 万家零售商，从街头叫卖热狗的小贩到在实体商店销售并通过其目录和互联网渠道提供成千上万种产品的多渠道零售商。不同类型的零售商为消费者提供其独特的服务。消费者选择光顾哪家零售商取决于该消费者所追寻的利益。例如，若你打算为居住在另一个城市的朋友选购一件礼品，那你可能更看重网上购物的便利性，这样你就可以从一家零售商的网上渠道购买一件衬衫以使零售商将其发送给你这位朋友。当需要给自己购买东西时，你可以选择当地的商店，因为这样你可以试穿。你还可以选择去折扣商店买一件便宜的衬衫在野营时穿，或者去体育用品专卖店买一件印有自己喜欢的足球队标识的衬衫。

所有这些零售商之所以生存下来并实现了发展是因为他们比竞争对手更有效地满足了

一群消费者的需求。因此,当消费者有不同需要时会选择光顾不同类型的零售商。当消费者需求和竞争条件发生变化时,新的零售方式又会应运而生,并且不断演进完善。

很多零售商同时也在拓宽其产品品类,这就意味着他们提供的产品有交叉重复现象,竞争也会相应加剧。例如,在 eBay Motors,消费者可以从成千个卖家或已有的经销商那里购买汽车或摩托车。eBay 卖家与传统的汽车及摩托车经销商(通过传统经销权售卖汽车和摩托车)开展竞争。另一个例子是办公用品商店与仓储式会员店、超级购物中心、超市及便利店之间的竞争,因为这些店也出售大部分相同的办公用品。

用来描述不同零售商类型的最基本的特征是零售组合,或者说零售商用来满足其顾客需要的元素。零售组合的四个要素在区分零售商类型时特别有用:商品或服务的类型、商品的种类与分类、顾客服务水平以及商品的价格。

2.1.1 商品类型

美国、加拿大和墨西哥开发了一种分类系统,叫作**北美工业分类系统**(North American Industry Classification System,NAICS),用来收集每个国家的商业活动数据。根据所出售的商品和服务的种类,每一项业务都被分配一个六位数分级编码。该编码前两位数字表示该公司业务所属的行业,剩下的四位数字代表不同的界别分组。

出售商品的零售商大部分根据其所出售的商品类型进行分类(见图 2-1)。商品零售商属于行业 44 和 45,后面紧挨的三个数字则进一步区分商品零售商。例如,销售服装和配饰的零售商属于分类 448,服装店为 4481,男士服装店为 44811。第六位数字(图 2-1 中没有显示)用来区分北美三个国家不同的分类系统。

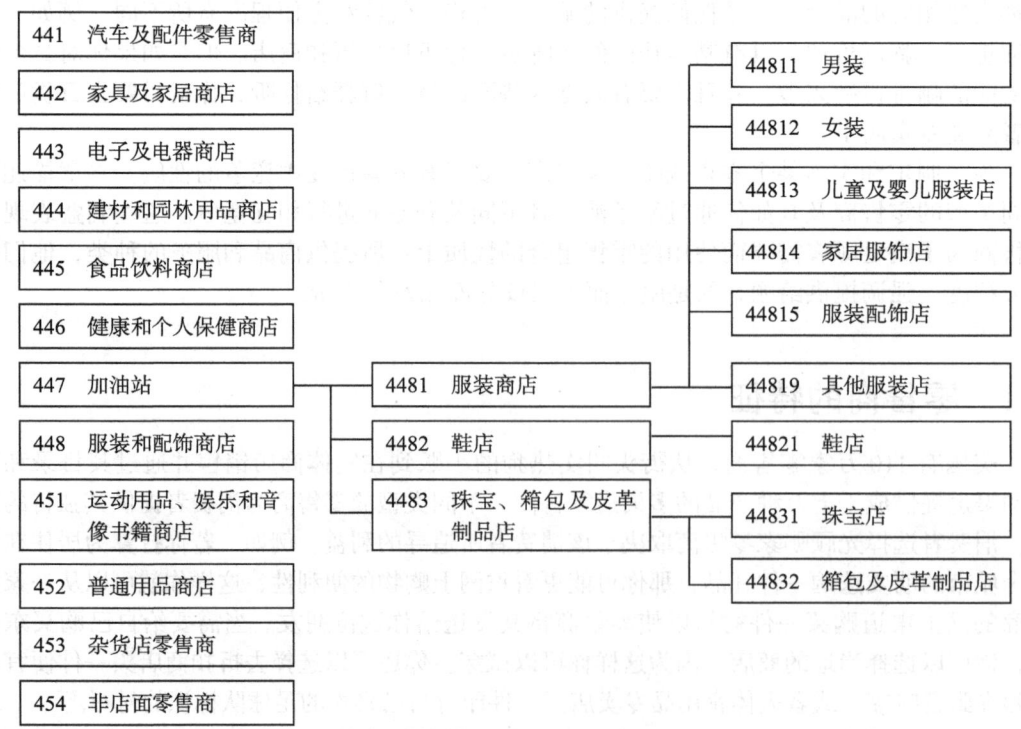

图 2-1 NAICS 零售商分类编码

大多数服务零售商都属于行业 71（艺术、娱乐和休闲）和行业 72（住宿和餐饮）。例如，提供餐饮服务和饮品服务的场所属于行业 722，而且可以进一步细分为提供全面服务的餐馆（7221）和像快餐店那样提供有限服务的饮食场所（7222）。

2.1.2 种类与分类

零售商可以提供种类与分类不同的相同商品。**种类**（variety）是指零售商提供不同商品品类的数量。**分类**（assortment）是指某一品类的商品不同品种的数量。种类通常指**商品广度**（breadth of merchandise），分类则是指**商品深度**（depth of merchandise）。商品的每个不同品种为一个**存货单位**（stock-keeping unit，SKU）。例如，一盒原味、33 盎司⊖、有漂白作用的汰渍洗涤剂，或者一件蓝色、长袖、扣到领口、中号的拉尔夫·劳伦衬衫都是一个存货单位的例子。

虽然仓储式会员店、折扣商店和玩具店都销售玩具，但是仓储式会员店和折扣商店除了玩具以外还销售很多其他种类的产品（也就是说它们的种类更加丰富）。专营玩具的商店出售的玩具种类更多（即存货单位更多），因此也提供了远远超过折扣商店或仓储式会员商店的更多的分类（以型号、规格和品牌形式展现的更大的产品深度）。

种类与分类也可以应用到具体的产品品类而非整家店。表 2-1 展示了三家不同自行车商店所经营的自行车的广度和深度、价格点以及品牌：Wheelworks（位于马萨诸塞州贝尔蒙特的自行车专卖店）、玩具反斗城（大型品类杀手）及沃尔玛（全线折扣店）。玩具反斗城除了自行车外还有各种种类的商品，但其自行车分类很窄。Wheelworks 的商品种类最少，只有自行车及配件，但是它的分类最深。沃尔玛则试图以适度的种类和分类满足其宽泛的目标市场。

表 2-1 不同零售商店中自行车的种类和分类

	成人车	成人组装车	山地车	童车
Wheelworks	Bianci、Colnago、Peter Mooney、Serotta、Trek 150 SKU 419.99～7 999.99 美元	Bianchi、Specialized、Trek 96 SKU 349.99～1 899.99 美元	Salsa、Santa Cruz、Specialized、Trek 122 SKU 299.99～1 899.99 美元	Electra、Gary Fisher、Haro、Kettler、Trek 56 SKU 159.99～429.99 美元
玩具反斗城	Mobo Triton Pro 3 SKU 299.99～359.99 美元	—	Cycle Force、Huffy、Schwinn 4 SKU 79.98～135.99 美元	Avigo、Cycle Force、Huffy、Mongoose、Pacific Cycle 228 SKU 45.99～499.99 美元
沃尔玛	Cycle Force、Genesis、Kent、Mongoose 26 SKU 99.97～499.00 美元	Cycle Force、Genesis、Schwinn、Tour de France 9 SKU 179.00～349.00 美元	Havoc、Genesis、Schwinn、NEXT、Roadmaster 63 SKU 88.00～379.00 美元	Huffy、Koxx、Micargi、Schwinn、Tour De France 195 SKU 28.13～675.00 美元

最有趣的销售一系列令人不可思议的产品种类和分类的零售商之一是亚马逊。我们将在零售视角 2-1 中对其着重说明。

⊖ 1 盎司 =28.350 克。——译者注

> **零售视角 2-1**
>
> ### 亚马逊：样样都行的零售贸易万能博士
>
> 　　1994年亚马逊刚刚成立时，它只是做出比其他竞争者提供更多书籍的简单承诺。仅仅几年以后，这个线上零售商就变得足够强大，以至于对下列大名鼎鼎的书店产生了威胁：博德斯书店（Borders）、巴诺书店（Barnes & Noble）等。但时至今日，它极具竞争力的威胁已经远远超出书店这一领域，其触角实际上已经延伸到任何你可以发现的零售形式。
>
> 　　例如，有关数据显示，沃尔玛在销售上正在逐渐输给亚马逊。现在亚马逊储存了很多货品，比如婴儿配方奶粉、服装及电子产品，价格却常常比那些低价高手还低，还无须为了交通和寻找停车场而烦恼，因此人们找不到理由不去光顾这个世界上最大的零售商。相反，他们坐在家里等待物品的到来。送货上门的时候你不在家？没有问题，亚马逊正在测试一个选择项目——将快递包裹交付给当地的7-Eleven便利店，然后将用于识别顾客的条形码电邮给客户，把包裹留给便利店店员。
>
> 　　正如我们所知道的，零售不仅仅关乎实体物品，还包括服务。在这方面，亚马逊也招来了越来越多的竞争对手。通过Kindle产品，它向大学生提供教科书租赁服务。Kindle的借阅图书馆允许亚马逊超级会员每个月领取免费书籍。它为作者提供了一种很容易的方式以便于自己出版作品。它的云计算服务第一年是免费的，为平台上每个人存储82本书提供了足够的存储空间。凭借亚马逊的流驱动程序，购物者在商店可以通过扫描条形码立即知晓亚马逊的价格（通常是有竞争力的价格）。当然，对于主要客户，亚马逊总是提供免费送货。
>
> 　　然而，它的影响并不全是威胁。对于小企业主而言，通过亚马逊出售的机会为他们提供了无与伦比的曝光率。亚马逊在积极寻找一些拥有有趣产品但自身并没有足够的资源来广泛地对其进行分销的小型零售商。对这些小企业主来说，亚马逊的威胁性更少，更多则是一种黄金机会。
>
> 资料来源：Chantal Tode, "Amazon Makes Play for Greater Influence Over In-Store Shoppers," *Mobile Commerce Daily*, July 3, 2012; Brad Tuttle, "Today's Value Shopper Heads to Amazon, Not Walmart," *Time*, April 10, 2012; Greg Bensinger, "Amazon's Tough Call," *The Wall Street Journal*, July 11, 2012; Molly McHugh, "Saving Cash on College Textbooks," *Digital Trends*, July 18, 2011; Maggie Shader, "Amazon Tests After-Hours Package Pickup at 7-Eleven Locations," *Consumer Reports*, September 8, 2011; James Kendrick, "Amazon Debits Kindle Owner Lending Library," *ZDNet*, November 3, 2011; Vanchi Govind, "Amazon.com Offers Cloud Computing Services for Free," InfoTech, November 3, 2010; Jeffrey A. Trachtenberg, "Secret of Self-Publishing: Success," *The Wall Street Journal*, October 31, 2011; and Zoe Fox, "How Amazon Became the World's Largest Retailer," *Mashable*, November 17, 2011.
>
> **问题讨论**：亚马逊在哪些产品品类上进行竞争？哪些零售商是它的竞争对手？

2.1.3 所提供的服务

　　不同的零售商提供给顾客的服务也不同。顾客期待几乎所有的零售商都可以提供以下服务：展示商品、接受信用卡、提供泊车服务、营业时间便于购物等。有些零售商对于其他服务如送货上门、礼品包装等实行单独收费,但是各种零售商提供的其他服务可能不同。例如,Wheelworks 会协助消费者挑选自行车,以及提供修理服务,沃尔玛则不会提供这些服务。

2.1.4 所提供商品和服务的广度及深度的价格与成本

能够像 Wheelworks 销售自行车那样对如此深度和广度的产品分类保持存货,对顾客来说具有很大的吸引力,但对零售商来说花费不菲。如果零售商向顾客提供大量存货单位,其存货投资势必就会增加,因为零售商要给每一种存货单位备货。

相似地,零售商的诸多服务也会吸引消费者,但其提供成本也很高。这就需要在销售人员身上花费更多以使他们为顾客提供信息和帮助、调换商品以满足顾客需要、展示商品等。儿童保育设施、休息室、更衣室、衣帽间等,占用了本来可以用作储存和展示商品的宝贵空间。为顾客提供延时付款、信用服务或分期付款等需要很多财务投资,而这些钱本来可以用来采购更多的商品。

为了盈利,那些提供种类更宽、分类更深或服务更多的零售商需要收取更高的费用。例如,百货商店的商品之所以卖得比折扣店贵,部分原因是它们成本更高。百货商店需要备存大量的时尚商品,当对流行风格的预测发生偏差时就需要对商品进行降价。百货商店也提供更多个性化的销售服务,而且商店选址地段的地价也更高昂。相反,折扣商店主要针对的是那些寻找优惠价格的人,这些人对百货商店提供的高价服务并不感兴趣。因此,一个关键的零售决策涉及成本和利润之间的权衡,往往需要考虑是维持多余存货还是提供额外服务。第 6 章和第 12 章将讲述进行此权衡时需要考虑的各种因素。在下一节中,我们将讨论不同种类的食品和日常用品零售商。

2.2 食品零售商

食品零售领域正在发生巨大的变化。20 年前,顾客一般在传统的超市购买食物,如今传统超市只占食品销售额的 60% 略多(不包括餐馆)。不仅像沃尔玛和塔吉特这样的全线折扣店在其超市中提供全品类日杂食品,而且传统的超市也在销售越来越多的非食品类商品。还有很多超市提供药品、相片处理、健康保健诊所、银行和咖啡馆等相关服务。表 2-2 包含了这些零售部门的 2013 年预计销售额和销售额增长率的信息。

表 2-2 零售部门销售额和增长率

	2013 年预计销售额(100 万美元)	2008 ~ 2013 年预计销售额增长(%)
食品零售商		
传统超市	622 896	3.3
超级购物中心	354 905	7.1
仓储式会员店	159 075	6.7
便利店	748 186	3.0
日常用品零售商		
百货商店	73 291	-0.9

（续）

	2013年预计销售额（100万美元）	2008~2013年预计销售额增长（%）
服装及配饰专卖店	210 236	4.5
珠宝店	36 848	3.4
鞋店	29 606	1.8
家具店	66 262	2.2
家居用品店	59 465	2.8
办公用品商店	26 404	2.2
运动用品商店	49 717	5.3
书店	19 101	2.1
建材、硬件及园艺用品商店	393 254	3.6
消费电子及电器商店	141 800	4.4
药店	250 172	4.2
全线折扣商店	126 385	0.0
特价商店	52 454	3.1
非店面零售商		
非店面零售	340 421	9.0
电子商务	282 055	15.0

沃尔玛是全球最大的食品零售商，其超市类商品销售额达到了4 430亿美元。在这个指标上，紧随其后的是家乐福（Carrefour，总部在法国）、乐购（Tesco，英国）、麦德龙集团（Metro Group，德国）、施瓦茨集团（Schwartz Group，德国）以及克罗格（美国）。在北美，最大的超市连锁店依次是沃尔玛、克罗格、好市多、塔吉特、西夫韦、Supervalu、Loblaw、Publix以及阿霍德美国（Ahold US）。

尽管这些零售商的规模都非常巨大，但是沃尔玛的绝大多数食品销售额都是通过超级购物中心这一业态实现的，而家乐福绝大多数的销售额都是通过其自创的大卖场这种业态实现的。其余的大型食品零售商主要是通过传统超市的业态完成销售的，表2-3展示了不同类型的食品零售商各自的零售组合。

表2-3 食品零售商的特征

	传统超市	有限分类超市	超级购物中心	仓储式会员店	便利店
食物占比	70%~80%	80%~90%	30%~40%	60%	90%
规模（1 000平方英尺）	35~40	7~10	160~200	100~150	3~5
存货单位（1 000）	30~40	1~1.5	100~150	20	2~3
种类	一般	窄	宽	宽	窄
分类	一般	浅	深	浅	浅
气氛	令人愉悦	最少	一般	最少	一般
服务	中等	有限	有限	有限	有限
价格	一般	最低	低	低	高
毛利润率	20%~22%	10%~12%	15%~18%	12%~15%	25%~30%

2.2.1 超市

传统超市（conventional supermarket）是大型、自助服务的零售食品商店，出售日常杂货、肉类和农副产品，以及一些非食品品类，例如保健和美容护理产品以及日常用品等。易腐食品，包括肉类、农副产品、烘焙食品以及乳制品占超级市场销售额的30%，这些产品一般比包装类食品获利更多。

传统超市经营30 000个存货单位，而**有限分类超市**（limited-assortment supermarkets），或者**特价食品零售商**（extreme-value food retailers），只备存约1 500种存货单位。美国最大的两家有限分类商品超市连锁店是Save-a-lot和奥乐齐（ALDI）。

有限分类超市一般不会动辄提供20个品牌的衣物清洁剂，而只提供一两种品牌和型号，其中有一个还是商店的自有品牌。商店的设计是为了效率最大化及减少成本。例如，商品用硬纸盒运送，硬纸盒可同时用于展览，这样就省去了装卸费用。商店也不提供客户已经习惯但成本很高的服务，比如免费购物袋和信用卡付款。商店通常位于第二或第三层的购物中心，租金相对较低。通过削减成本，有限分类超市提供的商品比传统超市价格低40%。这些特性极大地支持了此类零售商的发展，强烈地吸引了那些对全国性品牌没有忠诚度、更愿意去试试某种商店品牌的消费者（尤其在此举意味着他们可以花费更少的时候）。

1. 超市零售的趋势

虽然目前绝大多数食品仍然是通过传统超市销售的，但传统超市面临着来自多方面的巨大压力：从超级购物中心、仓储式会员店、特价零售商、便利店甚至到药店。这些各类型的零售商都在增加用于出售消费品的空间。家多乐原本只销售打折的商店品牌，现在也将其产品分类提高了20%，提供像百事这样的全国性品牌。

由于消费者通常一周会出去三次购买食物，而很少去购买非食物用品，因此这些相互竞争的零售商通常会提供食品来吸引客流并增加盈利性更高的非食品的销售。他们还凭借很高的运营效率及与供货商讨价还价的能力来降低成本及提供低价商品。这些相互竞争的零售商还花重金投资于最先进的供应链、分类规划、定价体系，这些措施在降低存货的同时提高了销售额和利润。这些活动将在第10章和第12章中进行更详细的讨论。

为了成功应对来自其他食品零售业态的竞争，传统超市通过以下方式使自己提供的产品具有差异化：①强调提供新鲜的易腐食品；②瞄准绿色和少数族裔消费者；③利用自有品牌商品提供更高的价值；④提供更佳的购物体验。

2. 新鲜商品

新鲜商品品类位于超市外墙周围的区域，也被称为**势力范围**（power perimeter），包括乳制品、面包、肉类、花卉、农副产品、熟食和咖啡吧。这些都是客流量大、利润高的柜台。传统超市正是利用了它们在这些品类上的优势，为这些领域开辟了更大的空间并给予更多的关注。这些柜台通过烹饪展示和现场制作，如现做寿司、现场烧烤等来促进新鲜商品的销售。为了应对消费者对于更多、更新鲜商品的需要，像Fresh Fare（克罗格）和Fresh Market这样的食品零售商正在开设专注于"势力范围"商品的食品店。

另一个在"新鲜"二字上做文章的实例是为赶时间的顾客提供餐食方案。最近的一项调查发现，64%的成人消费者在过去的一个月从杂货店购买过"直接吃"或"热一下再吃"的食品。这些商店店内的选择和商店本身的种类一样多。Market District提供冰沙；

Buehler's Fresh Food 在其轮流出现的"二人套餐"菜单上出售蟹黄蛋糕和勃艮第牛肉；西夫韦的生活方式店设置了三明治和寿司餐台。佛罗里达 Publix 店的"现成吃"餐食占地空间 4 500 平方英尺，提供包括 80 种以上的主菜，例如杉木板鲑鱼和宫保扇贝。

3. 绿色商品

传统的超市正在为越来越多具有健康和环保意识的消费者提供更多的具有公平贸易、天然、有机和本地采购特点的食品。**公平贸易**（fair trade）是指从那些支付给工人的生活工资大大超过当时的最低工资并提供其他福利（如现场医疗）的工厂那里进行采购的做法。有机食品采购最近几年呈现跳跃式增长，其年销售额增长率达到近 20%。消费者也在购买范围更广的有机产品，包括生活必需品，如牛奶、鸡蛋和蔬菜，以及有更多乐趣选择的产品，如冰激凌和护发产品。

传统的连锁超市也开设如 GreenWise Market（Publix）这样的小型业态商店，瞄准那些具有健康意识、光顾全食超市的消费者。在相关食品的零售趋势下，它们提供本地种植的产品———一种出于对环境和长距离运输食品造成不断增加的财务成本（比如燃料）进行关注而带来的趋势。**本地膳食主义者运动**（locavore movement）的重点是减少世界各地的粮食运输所造成的碳排放量。食物距离的计算使用的是食物从农场到餐盘的距离。许多美国人赞赏支持当地企业的想法，但他们也需要各种每天都能在杂货店找到的产品。在本地购买和维持如此丰富的种类之间保持平衡是很难的。

4. 民族商品

占美国人口 15% 的西班牙裔具有和一般人群明显不同的购物与饮食习惯。他们更有可能从零开始准备膳食，花更多的钱在杂货上，喜欢提供双语工作人员及有标志的商店，并且看重新鲜食品。除了在传统的超市增加更多的民族商品，零售商正在开设专门针对西班牙裔消费者的超市。

例如，加利福尼亚的北门市场只迎合西班牙裔消费者。其 36 家门店，每家店的面积大约都在 50 000 平方英尺，既有国内的，又有进口的拉丁美洲杂货商品。此外，它们包含一个专用的 Tortilleria 制成品食品部，以及一个备货充足、人员齐备的肉食部。

5. 自有品牌商品

传统的超市连锁店正在利用它们良好的信誉提供更多的自有品牌商品。自有品牌（将在第 13 章中讨论）能够使消费者和零售商同时获益。自有品牌对消费者的好处包括：让消费者有更多的选择，可以以较低的价格买到成分、质量跟全国性品牌没有差别的产品，或者以差不多的价格买到质量更好的产品。自有品牌对零售商的好处包括：消费者对零售商的忠诚度会增加，能够使其在竞争中独树一帜，具有更低的促销成本，与全国性品牌相比毛利润更高。

6. 提升购物体验

通过更好的店面环境和客户服务来创造愉快的购物体验是连锁超市使用的另一种手段，

以使自己和那些低成本、低价格的竞争对手区分开来。超市正不断融入"食物剧场"的概念，如店内餐厅、露天市场设计、烹饪与营养课、演示、婴儿看护服务以及食物和葡萄酒品尝。其他超市则提供既有趣又方便的自助服务亭来吸引那些行色匆匆的消费者。传统超市和有限分类商店还提供诸如硬币之星（一种找零计数机）、红盒子（电影租赁亭）以及星巴克亭——出售星巴克新鲜研磨和冲酿的子品牌"西雅图最好的咖啡"（Seattle's Best Coffee）。

2.2.2 超级购物中心

超级购物中心（supercenters）是把超市和全线折扣店合并起来的大型商店，面积在160 000～200 000平方英尺。沃尔玛在美国运营3 000多家超级购物中心，其主要的竞争对手有梅杰（Meijer）、超级塔吉特（塔吉特）、Fred Meyer（克罗格）和超级凯马特中心（西尔斯控股）。通过提供分类很广的食品和日常用品，超级购物中心提供一站式的购物体验。

消费者光顾超级购物中心主要是买杂货，而其购买日常用品（非食品）往往是一时冲动而为。日常用品更高的利润率使得超级购物中心往往将食品价格定得很低。然而，由于购物中心非常大，有些消费者发现要花很长时间才能找到想要的东西，因此不是很方便。

大卖场（hypermarket）是面积在160 000～200 000平方英尺，经营食品和日常用品的大型综合商场。其中食品经营占60%～70%，日常用品占30%～40%。世界第二大零售商家乐福就经营大卖场。一般来说，大卖场的存货单位比超级购物中心少，大致在40 000～60 000个，种类从杂货、硬件、运动器材到家具、器具、电脑和电子产品等。

大卖场在第二次世界大战以后诞生于法国。法国的零售商把商店建在闹市区的外围，吸引消费者的同时还不会违反该国严格的土地使用法规。后来这种业态很快风靡欧洲，并且在南美洲的一些国家，例如阿根廷和巴西等都受到极大的欢迎。

虽然大卖场和超级购物中心非常类似，但大卖场在美国并不常见。超级购物中心和大卖场都是大规模的商场，经营杂货和日常用品，提供自助服务，建筑物都是仓库式的构造，而且有大片的停车场。但不同的是，大卖场中的食品比例较高，而且更多的是经营易腐食品，例如农副产品、肉类、鱼类以及面包等。相反，超级购物中心则经营更多的非食品类商品，而且主要经营干货而非新鲜商品，例如早餐麦片和罐装食品等。

超级购物中心和大卖场在寻找新的**大盒子店**（big-box stores，大型、有限服务）区位方面都遇到了困难。虽然巴西和中国都是有潜力的发展中市场，但是其他国家的市场都在萎缩。在欧洲和日本，用于建造大型商店的土地有限且非常昂贵。在那里建造超级购物中心和大卖场时，就不得不盖成多层建筑，这无疑会增加运营成本并且降低消费者购物的便利性。另外，一些国家对于建立新的零售商店的规模进行了限制。美国就曾经有过针对大型零售店，特别是沃尔玛的集体抵制。这些反对的情绪源自本位观点，这些观点认为大盒子店将会把本地零售商挤出市场，提供的报酬低，员工的工作不被工会认可，具有不符合劳工法的做法，进口的外国商品不仅对美国工人构成了威胁，还会加重交通负担。

2.2.3 仓储式会员店

仓储式会员店（warehouse clubs）是提供有限、非常规分类的食品和日用品的零售商，服务少、价格低，主要针对最终消费者和小企业。最大的仓储式会员连锁店有好市多、山姆会员店（沃尔玛旗下企业）和 BJ 仓储会员店（只在美国东海岸运营）。消费者之所以被吸引到这些店是因为他们可以囤积大量的基础用品（如纸巾）、大型包装食品（如一夸脱番茄酱）、畅销书和 CD、新鲜肉类和农副产品以及不可预测的各种低价、高档商品和服务。例如，你可以在好市多以 99 999.99 美元买到估值 153 450 美元的 5 克拉钻戒。大量的食品采样增强了购物体验。山姆会员部更多地关注小企业，除产品外，还提供诸如团体健康保险等服务。BJ 仓储会员店则在近几年加强了其鲜肉和农副产品分类。虽然比传统的食品杂货店的包装尺寸大，BJ 仓储会员店提供的方便的单独包装是其特别吸引高档客户的一个特点。

仓储会员店的规模至少在 100 000 ～ 150 000 平方英尺，通常位于租金便宜的地段，店里一般只有简单的内饰和水泥地板。过道很宽，这样叉车就能够拖着商品货板，然后放在两边的货架上出售。商店几乎不提供服务。仓储会员店之所以可以提供较低的价格，是因为地段便宜，店面设计简单，提供的顾客服务少，只经营周转速度快、分类少的商品，因而降低了存货成本。另外，仓储会员店还会投机性进货。例如，如果惠普公司正推出新款打印机，仓储会员店就会以超低的价格买进旧款打印机的存货，然后搞促销，直至清仓出货。

绝大多数仓储式会员店都有两种形式的会员：一种是拥有自己小生意的批发会员，另一种是为自己使用而购买商品的个人会员。例如，很多小餐馆就是批发会员，它们没有选择食品分销商，而是直接来此采购原料、食品配料和甜点。为了迎合这些企业客户，仓储会员店出售大容器或大包装的食品，这也大受很多大家庭的喜爱。通常会员每年支付大约 50 美元的会员费，这笔费用为连锁会员店贡献了额外的可观收入。

2.2.4 便利店

便利店（convenience stores）所提供商品的种类和分类很有限，地理位置方便，面积在 3 000 ～ 5 000 平方英尺，结账快速。便利店可以使顾客快速购物，而无须在众多商品中搜寻自己所需和排长队付款。在这里买到的商品有超过半数在半个小时之内就会被消费掉。

对于相似产品，便利店卖得比超市贵，比如牛奶、鸡蛋和面包。这些产品曾一度贡献了便利店的大部分销售额。如今，便利店出售的大部分产品是诸如汽油和香烟这样的低盈利商品，利润有限。

便利店也面临越来越多来自其他零售业态的激烈竞争。为了吸引顾客进店，超级购物中心和连锁超市也销售汽油，还把汽油销售与针对常客开展的活动进行绑定。例如，任何在 Get Go、Market District、Giant Eagle 或 Giant Eagle Express 所在地购物满 50 美元、刷巨鹰优势卡（Giant Eagle Advantage Card）的消费者在其下次加油时都会收到每加仑 10 美分的折扣。药店和全线折扣商店也在店里开辟出容易进入的区域来经营便利店商品。

为了应对这些激烈的竞争，便利店正在采取措施减少其对汽油销售的依赖，因地制宜调整商品分类，提供更多新的选择，并且设法使在店中购物更加方便。例如，为了吸引汽油购买者在店中购买更多其他的商品和服务，便利店推出了更多食品以吸引那些行色匆匆的消费者，特别是妇女和青年人。最后，便利店还在增加新的服务，例如可供顾客兑现支票，进行缴费，购买付费电话卡、电影票以及礼物卡的金融服务亭。

为了提高便利性，便利店在顾客工作和购物的地方附近开设更小规模的店面。例如，7-Eleven 在机场、办公楼和学校都设有店面。方便入内、店前有停车服务、进出迅速是便利店最主要的优点。便利店也在探索用高科技提高便利程度。比如，总部在宾夕法尼亚的连锁便利店 Sheetz，在汽油泵旁边设置了触摸式"Made-to-Order"自助点餐亭，顾客可以在等待加油的时候点一个定制的熟食三明治、卷类产品、沙拉、总汇三明治和玉米脆饼，等加好油再回店里拿做好的三明治。零售视角 2-2 描述了美国和日本便利店的不同之处。

零售视角 2-2

与众不同的日本便利店

日本企业可能拥有几家美国的便利连锁店（如 7-Eleven、Circle K），但日本的便利店（konbinis）和美国的便利店并没有太多相同之处。美国的消费者在很大程度上依赖于汽车，而大多数日本消费者则使用公共交通工具，而且出行所用时间较长。出于便利考虑，便利店一般都设在中心商业区或火车站、地铁站附近。除了可供选择的各种食物，日本的便利店并不销售汽油产品，而是提供各种各样类型的服务，包括出售音乐会和游乐园的门票。购物者可以在这里进行缴费或者复印，或者拿取一些时髦的衣服。日本消费者在便利店的食品支出大约占到他们食物总支出的 30%，而在美国，便利店在这个市场仅占到 5%~10%。

日本便利店食品支出占较高份额的部分原因是其食品的质量。美国人可能把可微波加热的卷饼作为夜宵，但日本便利店经常提供面食、新鲜蔬菜、水果，并准备餐厅品质的食物。虽然它在传统上意义上迎合的是男性顾客，但越来越多的日本女性工作者一直引导着便利店对其产品分类相应地进行调整。这样一来，那些传统的含有水稻烤鱼或脂肪的肉食便当盒就不再吸引女性顾客。相反，今天的连锁店准备了更健康的食品，包装也更好了，如 Pho 越南风味面条、碗装汤品以及精心制作的优质甜点。

日本便利店空间相对较小，在 300~600 平方英尺，存储空间也相对有限，故需要一流的信息和供应链管理能力才能成功。也就是说，它们必须精确地将商店的具体需求与即时供给匹配起来。最成功的商店经营者收集每一次付款时的客户信息：应用某个系统来确定具体的购买时间、产品条形码和价格，而且当收银员注意到顾客的近似年龄和性别时会手动记录下来。一个高效的数据分析系统可以决定何时、如何以及发送什么来为每一家日本便利店进行补货。有些商店甚至每天可能收到高达七日的存货。

资料来源：Kazuaki Nagata, "Convenience Store Chains Go With Flow, Grow," *The Japan Times,* May 8, 2012; and Stephanie Strom, "7-Eleven Shifts Focus to Healthier Food Options," *The New York Times,* December, 2012, p. B.1.

问题讨论：日本式的便利店在美国能成功吗？为什么？

2.3 日常用品零售商

日常用品零售商的主要类型有百货商店、全线折扣商店、品类专门店、专卖店、家居中心、药店、低价零售商、特价零售商和奥特莱斯商店。表 2-4 总结了日常用品零售商的特征。

表 2-4 日常用品零售商的特征

类型	商品宽度	商品深度	服务	价格	规模（1 000平方英尺）	存货单位（1 000）	区位
百货商店	宽	深到一般	一般到高	一般到高	100～200	100	地区性购物中心
全线折扣商店	宽	一般到浅	低	低	60～80	30	独立、实力条状购物中心
品类专门店	窄	很深	低到高	低	50～100	20～40	独立、实力条状购物中心
专卖店	窄	深	高	高	4～12	5	地区性购物中心
家居中心	窄	很深	低到高	低	80～120	20～40	独立、实力条状购物中心
药店	窄	很深	一般	一般到高	3～15	10～20	独立、条状购物中心
低价零售商	一般	深但有变化	低	低	20～30	50	奥特莱斯店
特价零售商	一般	一般且有变化	低	低	7～15	3～4	城中心、条状

2.3.1 百货商店

百货商店（department stores）商品的种类多、品类齐全，提供顾客服务，而且商店用明显不同的柜台来陈列商品。美国最大的百货连锁商店有西尔斯、梅西百货、科尔士百货、彭尼百货、诺德斯特龙百货和迪拉德百货。

传统上，百货商店因其购物环境好、提供贴心的服务、商品种类齐全而深受消费者喜爱。百货商店既出售**软商品**（soft goods，指生命周期较短的非耐用品或快消品，如化妆品、衣服及床上用品），也出售**硬商品** [hard goods，也被称为**耐用商品**（durable goods），指预期能使用好几年的制造类商品，例如器具、家具和家用电子产品]。但如今，绝大多数百货商店几乎都专营软商品。百货商店中的主要部门有女士、男士及儿童服装部，家具部，化妆品部，厨房用品及小家电部。每个部门都有特定的销售区域，还有销售人员帮助顾客。百货商店就像是一些专卖店的组合体。

百货公司连锁店可以划分为三个层次。第一层次销售高端、排他性设计的高级时装连锁商品，提供极佳的客户服务，代表公司有内曼·马库斯、布鲁明戴尔（梅西公司的一部分）、诺德斯特龙以及萨克斯第五大道（萨克斯公司的一部分）；梅西百货和迪拉德百货则属于第二层次，属于传统百货商店，销售的产品价格相对合理，客户服务也相对较少；第三层次是价值导向的公司，代表有西尔斯、彭尼百货和科尔士百货，这些公司主要迎合那些具有较强价格意识的消费者。

百货商店依然保留了一些最值得珍惜的零售传统——一些特殊活动和游行，例如纽约市梅西百货的感恩节游行、圣诞老人花车表演及节目装饰。但是很多消费者开始质疑在百货商店购物的好处和成本。百货商店位于大型的地区性购物中心内，因此不如塔吉特这样位于社区的折扣店方便。彭尼百货和西尔斯因此遵循科尔士百货的做法，把店址选择在非购物中心区位。第二层次和第三层次的商店由于想通过削减人力成本增加利润，因此顾客服务也在缩水。

面对日益减少的市场占有率，百货商店采取了以下措施：①增加排他性商品的销售数量；②增加使用自有品牌商品；③扩展其多渠道存在。

- 增加排他性商品。为了区分商品供应以及强化自身形象，百货公司都竞相从全国性品牌供货商那里争取在别处买不到的**排他性品牌**（exclusive brand）。比如，詹妮弗·洛佩兹在科尔士百货有一条服装产品线。拉尔夫·劳伦为彭尼公司独家设计了一条称为"美国生活"的休闲服装产品线。此外，服装并不是唯一具有排他性的产品线品类：那些寻找专属餐具收藏品的消费者可以去梅西百货购买蕾切尔·比尔森（Rachel Bilson）产品线或者在西尔斯找到 Kardashian Kollection 产品线。
- 增加自有品牌商品。百货公司越来越重视开发**自有品牌**（private-label brands）或**商店品牌**（store brands）。这些商品由零售商自己开发并只在他们自己的商店中销售。梅西百货在建立强势自有品牌形象方面是非常成功的。包括 Alfani（女装）、酒店系列（高档面料）和 Tools of the Trade（家用器皿）都是梅西旗下的自有品牌。
- 扩大多渠道及社交媒体存在。最后，像大多数零售商一样，大多数百货公司已成为多渠道零售的积极参与者。在梅西和诺德斯特龙，消费者可以在网上购买产品或将产品保存起来，然后再去实体商店提货。消费者也可以将在网上购买的商品退还至商店。在梅西和彭尼，销售人员可以通过其即时销售（POS）终端在网上订购脱销商品，然后将其直接派送给消费者。正如零售视角 2-3 描述的那样，诺德斯特龙可能是世界上联系最广泛的公司之一。

零售视角 2-3

到消费者那里去

对诺德斯特龙百货来说，像 Facebook 或者允许消费者线上订购、实体店取货这样的电子供应物都属于过时的消息了。其前卫性及在社交和移动端零售的进取方式已使诺德斯特龙获得了广泛的认可，并且在零售持续走向虚拟化的过程中也保持了强有力的竞争优势。

回溯到 2010 年，诺德斯特龙百货在商店中引入了免费 Wi-Fi。这项举动体现了其对现代消费者购物的卓越认知。实体店内几乎所有商品都可以在其网站上获得。此外，销售人员都配备了 iPod Touch 和 iPad 设备，以使他们帮助消费者进行即时结账、跟踪存货水平，或者得到各部门的建议。公司也鼓励员工在公司要求的准则内积极通过社交媒体与消费者互动。种种这些努力都反映了公司期望在顾客服务上实现无缝整合，无论是在线、通过移动设备抑或在实体商店内。

延续其最先进的方法，诺德斯特龙的社交媒体宣传远远超过 Facebook、推特和 YouTube 的基础功能。它也让自己出现在在线公告板 Pinterest、Facebook 的照片共享网站 Instagram，以及时尚会场 Polyvore 上。就像诺德斯特龙的一个销售代表言之凿凿的那样：

"一些人认为,'如果你有一个 Facebook 的账号,那么你就有了一个社交媒体战略。'我认为这种看法是短视的。"

为了扩大其在线接触,诺德斯特龙开始转向收购战略,即购买像 HauteLook 这样的限时抢购网站、儿童服装零售商 Peek、Sole Society 鞋子俱乐部,以及增长迅速的 Bonobos 男装网站的股票。它还购买了客户接触广泛的广告空间,比如广受欢迎的 Words with Friends 游戏应用。

诺德斯特龙的努力已经得到了回报,不仅体现在其作为一个有联系的零售商的形象方面,而且体现在财务底线上。其在推特上已经吸引了超过 100 万名粉丝。2011 年,该零售商的互联网销售增长了 30%。这一结果促使它更多地投资于电子商务,2012 年它用在这方面的资金高达 1.4 亿美元。

资料来源:David Hatch, "Nordstrom in Fashion with Social Media, Mobile Tech," *U.S. News and World Report*, May 15, 2012; Rimma Kats, "Nordstrom Put Focus on Social with New Media Initiative," *Mobile Marketer*, June 11, 2012; Sherilynn Macale, "This Retailer's Social-Powered Santa Claus Puts the Christmas Spirit Back in Gift Giving," *The Next Web*, November 25, 2011; and "Social Networking Guidelines," http://shop.nordstrom.com/c/social-networking-guidelines。

问题讨论: 社交媒体是如何帮助诺德斯特龙百货与其客户群保持联系的?

2.3.2 全线折扣商店

全线折扣商店(full-line discount stores)是提供种类丰富、有限服务及低价格商品的零售商。折扣商店同时出售自有品牌和全国性品牌的商品。最大的全线折扣商店是沃尔玛、塔吉特和凯马特(西尔斯控股),但是这些全线折扣店面临着来自品类专门店的激烈竞争,后者专攻单一品类的商品,例如史泰博、百思买、Bed Bath & Beyond、运动权威公司(Sports Authority)和劳氏(Lowe's)。

对此,沃尔玛已经采取了几个途径来应对。首先,它把许多折扣店转变成超级购物中心,因为超级购物中心提供的食品带来的高客流量使其具有了规模经济,因此比传统折扣店的运营效率高。其次,沃尔玛不断到更多的城市地区扩展,利用现有建筑较小的店面,吸引价格导向的细分市场。

在过去的 10 年中,塔吉特实现了可观的增长,因为该店提供的商品时尚、价格低、购物环境舒适。它建立了一种"便宜时尚"(cheap chic)的形象,不断提供限量版的独家服装和化妆品产品线。在其开展的"走向国际化"(Go International)的活动中,塔吉特与米索尼、格温·史蒂芬妮、艾伯塔斯·斯瓦内普尔和乔西·纳托瑞等这样的知名设计师组成了合作团队。

相比之下,西尔斯及旗下品牌凯马特最近几年却处在挣扎状态,因此它们正在尝试创新以及寻找不寻常的解决方案。它们将店内零售空间租赁给独立的商户。例如,加利福尼亚一家名为 Western Athletic 的巨型西尔斯商店就将商店约 1/4 的空间租给了一家健康俱乐部。

2.3.3 品类专门店

品类专门店（category specialists）是提供种类窄而分类深的商品的大型商店。表2-5列举了美国一些最大的品类专门店。

表2-5 品类专门店

服装/鞋/配饰类	家具类	运动用品类	办公用品类
Mens Warehouse	宜家	巴斯体育用品店	欧迪办公
DSW	Pier 1	户外世界	史泰博
书籍类	**家居用品类**	坎贝拉	Office Max
巴诺书店	Bed Bath & Beyond	迪克体育用品店	**宠物用品类**
消费电子类	货柜商店	里昂比恩	宠物大卖场
百思买	World Market	Golfsmith	PETCO
		REI	
工艺品类	**家居类**	体育权威	**乐器类**
迈克尔斯	家得宝	**玩具类**	吉他中心
	劳氏	玩具反斗城	

大部分品类专门店采用自助式服务，但是在店内某些区域也为消费者提供帮助。例如，史泰博商店就像大仓库，成箱的复印纸堆在托盘上，货架上堆满了设备箱。但是在有些部门（如电脑和其他高技术产品）则在陈列区配备了销售人员，他们回答消费者的问题并提供参考意见。巴斯体育用品店户外世界（Bass Pro Shops Outdoor World）是一个专业提供户外休闲活动商品的品类专门店。该商店提供满足个人狩猎和捕鱼需要的一切产品，从售价27美分的塑料诱饵到耗资45 000美元的船只和娱乐设施。销售人员具有丰富的户外知识。每个人都受雇于一个与其专业知识相匹配的特定部门。所有的自有品牌产品都经过巴斯体育用品店（Bass Pro Shops）专业团队的实地测试。

通过以低价提供包括全部分类的某类商品，品类专门店可以把经营此类商品的零售商"斩尽杀绝"，因此品类专门店常常被称作**品类杀手**（category killer）。由于品类专门店主导支配某类商品，所以可以利用强大的采购能力通过谈判获得较低的价格，并在商品稀缺时保证对其的供应。位于品类专门店附近的百货商店和全线折扣店经常不得不减少品类专门店供应的同类商品，因为消费者都被吸引到具有低价位和多种选择的品类杀手那里去了。

虽然品类专门店与其他类型的零售商开展竞争，但是它们彼此之间的竞争也是异常激烈的。相互竞争的品类专门店如劳氏和家得宝，或者史泰博和欧迪办公，很难区分其零售组合的大部分元素。它们都提供类似的花色品种，因为它们有相同的全国性品牌途径，提供相似水平的服务。它们主要是在价格和区位上展开竞争。某些品类专门店也在遭受来自仓储式会员店（像山姆俱乐部）和好市多的激烈竞争。

因此，大部分品类专门店试图通过客户服务突出自己。例如，家得宝和劳氏聘请经验丰富的建造商作为销售人员，帮助客户使用电机和维修管道。它们也为业主提供培训，教他们铺砖、刷漆和其他技巧，增强顾客自己动手解决一些小问题的信心。家得宝提供了一个集成的玛莎·斯图尔特（Martha Stewart）品牌产品线，不同的主题用独特的图标标记，这样，通过简单地选择与之匹配的图标，消费者就可以创建一个具有专业外观的装饰空间。除了加强对销售人员进行培训以帮助客户购买高科技产品，如电脑和打印机产品，史泰博在其商店中开展了"简单科技"（Easy Tech）活动，帮助人们处理计算机及相关问题，并开设了史泰博复印和打印商店与联邦办公（FedEx Office）进行竞争。

2.3.4 专卖店

专卖店（specialty store）主营有限数量品类的互补性商品，并且提供高水平的服务。表2-6列出了一些最大的连锁专卖店。

表 2-6　专卖店零售商

服装类	电子/软件类	珠宝类	GNC
阿贝克隆比 & 费奇	Ascend Acoustics	Blue Nile	Kiehl's
Brooks Brothers	苹果	蒂凡尼	M.A.C.
The Buckle	Brookstone	扎莱什	MakeupMania.com
永远21	Crutchfield	**眼镜类**	Sephora
盖璞	GameStop	1-800 Contacts	**鞋类**
H&M	Newegg	LensCrafters	ALDO
Indochino.com	美国无线电器材公司	Pearle Vision	Allen Edmonds
Ralph Lauren	Tiger Direct	Sunglass Hut	富乐客
J. Crew	**家居用品类**	**保健/美容类**	Nine West
Threadless	Crate & Barrel	Health/Beauty	Steve Madden
Urban Outfitters	陶瓷谷仓	Aveda	The Walking Company
维多利亚的秘密	Sur la Table	Bath & Body Works	美捷步
扎拉	Williams Sonoma	美体小铺	

专卖店提供深而窄的商品分类和销售人员所需的专业知识，面对特定的细分市场采取针对性零售战略。维多利亚的秘密是美国领先的内衣和美容产品专卖零售商。公司采用多管齐下的区位战略，包括建立购物中心、生活方式中心和中心商业区，使用超级名模和闻名世界的时装秀来传达其信息。

法国领先的香水和化妆品零售商丝芙兰，是奢侈品巨头酩悦轩尼诗－路易威登（Louis Vuitton-Moet Hennessy，LVMH）旗下的另一个创新型专卖店的例子。丝芙兰是一家化妆品和香水专卖店，以自助服务的业态形式提供很深的产品分类。丝芙兰在彭尼百货也有单独的店中店。大约15 000个存货单位和200种品牌（包括自有品牌）被按照产品品类进行分组，而不是像百货商店那样按照品牌分组。品牌按照字母顺序排列，便于顾客查找。顾客可以自由购物和试用。丝芙兰鼓励顾客试用样品。知识丰富的销售人员在现场为顾客提供帮助。低调的气氛使顾客愿意在店里花更多的时间购物。

专卖零售店巨大的吸引力使其位于世界上最赚钱和增长最快的公司之列。苹果商店每平方英尺的平均销售额达到惊人的5 647美元，2011年其股票价格暴涨25%多。露露柠檬（Lululemon）专卖店虽然技术含量低，经营瑜伽服装和配件，但是它以惊人的速度每月开设好几家专卖店。这些商店每平方英尺平均获利1 800美元。

Charming Charlie商店虽然不太像前面介绍的品牌那样出名，但这家小公司的成功证实了专卖零售商的吸引力。在短短的7年中，该配饰和珠宝连锁店已发展到178家门店，遍布全美33个州。其快速增长很好地匹配了它的影响：它是第一家按照颜色，而不是按照品类组织商品的零售商之一。此外，其一直努力保持消费者负担得起的价格：从不到 5 美元到不超过 50 美元。也就是说，这家专卖店致力于专门帮助客户更新自己的衣柜，而不是强迫他们再次从头开始。

此外，许多制造商也开设了他们自己的专卖店。例如，李维斯（牛仔裤和休闲服装）、歌帝梵（Godiva，巧克力）、Cole Haan（鞋和配件）、鳄鱼（Lacoste，服装）、蔻驰（Coach，钱包和皮饰品）、Tumi（箱包）、Wolford（贴身服饰）、Lucky brand（牛仔裤和休闲服装）、新秀丽（Samsonite，箱包）和保罗·拉尔夫·劳伦（服装和家居）。厌倦了在零售商的摆布下购买和销售其产品，这些制造商和专卖零售商可以通过经营自己的商店来掌控自己的命运。

另一个成长中的专卖店部门是转售商店（resale store）。转售商店是出售二手商品或已用商品的零售商。一种特殊类型的转售商店是**廉价商店**（thrift store），那里的商品由捐赠得来，之后进入慈善程序。另一种类型的转售店是**代销店**（consignment shop），即接收二手商品并在将其出售后再行支付的商店。转售商店在全国的收入超过 130 亿美元。在过去的几年转售商保持了两位数的增长率。虽然转售商店的气氛通常相比其他衣物或家居用品零售商比较缺乏吸引力，但是它为二手商品提供的惊人价格依然对消费者具有吸引力。

今天，许多转售商店也通过提供更舒适的购物空间和不断提升的服务水平增加其价值。凭借其较低的费用（对已使用过的服装支付折扣价格），转售商店正在进入被传统零售商抛弃的更高端位置的店面。

也许最知名并进行大范围扩张的廉价店是友善商店（Goodwill Stores）。除了其零售网点，友善商店是广泛的就业培训和安置部门，在这些商店购物的消费者由于知道其购买行为能帮助别人而会心生温暖。不同于大多数其他的转售商店，友善商店接受所有的商品。老旧的友善商店已经改变了其杂乱、黑暗、散发怪味的刻板印象。该公司已经对其全国的门店进行了改造和更新。当地的商店寻求满足当地的需要，这样，新英格兰地区的友善商店举办年度新娘服饰销售，而佛罗里达州的阳光海岸部门则保持其餐饮部。

2.3.5 药店

药店（drugstores）是专门出售健康和美容护理（HBC）产品的地方。许多药店都稳步增加了售卖与美容相关的药品的空间。处方药往往代表约 65% 的药店销售额。

美国最大的药品连锁店是沃尔格林、CVS 和来爱德（Rite Aid），它们在美国一共有 36 000 家店，或者说占美国药店总数的 60%。药店的扩张大多是通过并购（mergers and acquisitions）完成的。例如，CVS 购买了 Longs、Sav-On 以及 Osco（还有 Caremark，管理许多保险计划中的处方药方面）；来爱德则购买了 Brooks 和 Eckerd。

药店面临着来自折扣商店药品的竞争以及削减健康护理成本的巨大压力。为了应对这种情况，主要的连锁药店正在提供分类更多的商品和快消食品，并增加新的服务，比如设立方便汽车驶入拿取处方药的窗口、店内医疗诊所，甚至还提供化妆和理疗。

在华尔街上靠近纽约证券交易所的 Duane Reade 店内，顾客可以找到罗列广泛的各种商品。在典型的药店产品旁边，有标价 10 美元的美甲、配备了美容顾问的发廊、果汁吧、寿司主厨等。医疗问题可以由在店内工作的医生来解答。在这家店里，现在最畅销的商品是寿司、新鲜果汁和香蕉——虽然消费者并未完全改变，但是之前畅销品前五位剩下的两位是咖啡和万宝路香烟。

沃尔格林在其芝加哥旗舰店开设了咖啡厅，那些等待拿取处方药的消费者可以在这里享受新鲜咖啡、面包、油酥点心，尽情享用寿司和三明治，也可以在果汁吧来杯健康的冰沙或者充满思乡情调的巧克力麦芽奶昔。如果在当天晚些时候去这家店，购物者可能更愿意浏览一下该店储存的 700 种上好葡萄酒、手工制作的奶酪以及精美的巧克力。

虽然药店因此具有很多优点（尤其就便利性而言），药店的杂货类商品却要承受比较价格带来的痛苦。最近的一项研究表明，超市标价 75.60 美元的同种系列商品，在附近的药店却要向消费者收取 102.94 美元。

2.3.6 特价零售商

特价零售商（extreme-value retailers），也叫**一元店**（dollar stores），是小型的全线折扣商店，提供种类多但分类浅的家居用品、健康美容（HBC）产品和杂货类商品。最大的特价零售商是多来店和家多乐。正如在食品零售趋势中讨论的那样，这些商店已经将其产品分类扩展到包括更多自有品牌商品、食物、烟草以及冲动型购买的糖果、杂志及礼品卡。有些特价零售商，如多来店正在加入冷藏制冷剂并扩大食品供给，使其能够以提供更多种类家用必需品的最佳目的商店而为人所知。这一零售模式的结果是对消费者产生持续的吸引力，使光顾该店的消费者人数大幅增加。

特价零售商主要瞄准低收入消费者。这些消费者想要购买知名的全国性品牌，但他们买不起全线折扣店和仓储式会员店提供的大包装商品。像宝洁这样的供货商会专门为特价零售商设计生产小包装商品。由于特价零售商旨在吸引低收入消费者、店址位于消费者的生活所在地，并且在保持低单价的同时扩大了其商品分类，因此他们已经进入了其他类型零售商的业务领域，包括沃尔玛。而时刻做好竞争准备的沃尔玛也在市区开立称为沃尔玛快车（Walmart Express）的小型店，通过提供更小的包装、更低的价格来更好地开展竞争。

尽管这些连锁店的名字里都带有"一美元"字样，但很少有零售商只卖一美元的商品。最大的两家特价零售商——多来店和家多乐，并不受严格的一美元限制。它们出售的商品价格有时候可以达到 20 美元。它们的名字意味着很好的价值，但并没有将消费者限制在任意美元的价格点上。美元树（Dollar Tree）曾经尝试出售价格超过一美元的商品，但最后又回到纯粹的一美元商品上。

2.3.7 低价零售商

低价零售商（off-price retailers）以大大低于制造商建议的零售价格（manufacturers' suggested retail price，MSRP）出售各种不同品牌的断码商品。美国最大的低价零售连锁店有：TJX 公司（经营 T.J. Maxx、Marshalls、Winners、HomeGoods、TKMaxx、AJWright 和 HomeSense）、罗斯商店（Ross Stores）、伯灵顿大衣工厂和 Big Lots。Overstock.com 和 Bluefly.com 则是最大的互联网低价零售商。

由于其独特的采购及销售实践，低价零售商能够以低于厂商建议零售价20%～60%的价格出售名牌商品甚至设计师品牌商品。大部分商品属于投机性购买：厂商超支产品、取消的订单、错误预测导致的存货过剩、清仓以及残次品。他们还从其他零售商那里购买多余的存货。**清仓**（closeouts）指对于换季商品，将不会在接下来的季节使用。**残次品**（irregulars）是生产中出现小错误的商品。低价零售商能够以低廉的价格购买是因为他们不要求供货商提供广告津贴、退货优先权、降价调整或者延迟支付（这些商品采购的条款和条件将在第13章中进行详细的介绍）。

由于采购具有投机性，消费者不能确保每次光顾购买同种类型的商品时店内还有存货，因此每次购买得到的优惠也不同。对于许多低价购买者来说，断码正是他们喜欢去那里的原因。他们喜欢寻找隐藏的宝藏。为了提高产品尺码的连续性，一些低价零售商会以正常的批发价购买货物以补充其投机性购买的商品。虽然低价零售商不为人知（因为他们很少做广告），但是正如TJX的CEO所声称的其店内绝大多数商品是从制造商那里直接购买的同一季商品，她还声称TJX商店的残次品只有不到5%。

低价零售的一种在线变体形式是限时抢购网站，如Gilt Groupe、Rue La La和HauteLook。它们之所以被称为"**限时抢购**"（flash sales），是因为会员会在每天同一时间收到一封宣布可以交易的电子邮件，每次交易持续特定的有限时间，先到先得。如果有谁错过了一笔好交易，很有可能会在下一轮时间抢到。这些网站经常需要会员注册。

一种特殊类型的低价零售商是奥特莱斯商店。**奥特莱斯商店**（outlet store）是由制造商或零售商拥有的低价零售商。那些由制造商所有的商店也被称为**厂家直销店**（factory outlets），制造商将奥特莱斯商店视为从残次品、生产超支商品及零售商退货中提高收入的一个机会。其他各厂商则将其简单视为出售商品的另一个渠道。具有强势品牌名称的零售商如萨克斯第五大道的和威廉姆斯-索诺玛（Williams-Sonoma）也经营奥特莱斯店。通过在奥特莱斯店出售多余的商品而不是在其主店减价销售，这些百货商店和连锁专卖店就可以以全系价格维持其提供理想商品的零售商形象。对某些零售商来说，他们的奥特莱斯店就是未来的浪潮。诺德斯特龙百货预计，在不久的将来，它的诺德斯特龙Rack店将超过普通的诺德斯特龙百货商店。

但是，奥特莱斯商店可能会对利润产生不利影响，因为它们将销售从全价零售商转移到较低的价位。此外，奥特莱斯商店正在开展更多的促销活动与同处一个商场的其他奥特莱斯店开展竞争，与此同时还要与传统的低价商店进行竞争。

2.4 服务零售

前面章节介绍了零售公司向消费者出售商品，然而零售业的另外一大部分——主要提供服务而非商品的**服务零售商**（service retailer）或者说服务公司正在不断发展壮大。设想一下在某个寻常的星期六：你在附近的Einstein Bros. Bagels吃完百吉饼、喝完咖啡后，去洗衣店清洗并烘干衣物，再去干洗店放下一套套装，把你的电脑放在百思买的Geek Squad服务部门，然后一路去Jiffy Lube给汽车换油。因为赶时间，加完油后你径直开车去了塔可钟（Taco Bell）快餐店，快速吃完午餐以便能赶上下午一点预约好的理发。到了下午，你已经做好准备去健身俱乐部锻炼。然后你回到家中，换了衣服出去吃晚餐、看电影，最后在俱乐部和某个朋友碰面。一天结束了，在这一天中你与10个不同的服务零售商有过接触。

几大趋势表明未来服务零售业发展空间巨大。例如，人口老龄化使医疗保健服务的需求增加；年轻一代在健康和健身方面花费的时间与金钱也在不断增长；双职工家庭忙碌的父母则甘愿花钱请人来做家务，如打扫房屋、修剪草坪、洗熨衣物、做饭等，以便使自己有更多的时间跟家人一起度过。

表2-7显示了各种服务以及提供这些服务的全国性公司。这些公司属于零售商，因为它们销售商品和服务给消费者。不过它们中有的不仅仅是零售商，如航空、银行、旅馆、保险及快递公司等，因为它们不但为消费者提供服务，而且也为企业提供服务。

表2-7 服务零售商

服务的类型	服务零售公司
航班	美国航空、西南航空、英国航空、捷蓝航空
汽车维护及修理	Jiffy Lube、Midas、AAMCO
汽车租赁	赫兹、安飞士、Budget、Enterprise
银行	花旗银行、美联银行、美国银行
儿童保健中心	宝宝大学、金宝贝
干洗店	Zoots
教育	巴布森学院、佛罗里达大学、普林斯顿评论
娱乐	迪士尼、世界、六旗、Chuck E. Cheese、Dave & Busters
包裹快递	联邦快递、UPS、美国邮政
快餐	温迪、麦当劳、星巴克
金融服务	美林证券、摩根士丹利、美国运通、签证
健康	Jazzercise、Bally、Gold's Gym
卫生保健	Humana、HCA、凯撒
家具维护	Chemlawn、Mini Maid、Roto Rooter
旅馆及汽车旅馆	凯悦酒店、喜来登、万豪酒店
所得税准备	H & R Block
保险	好事达、国营农场、Geico
互联网接入/电子信息	谷歌、Internet Explorer、Firefox、Safari
电影院	AMC、Odeon/Cineplex
QSR	Panera Bread、Red Mango、Pinkberry
房地产	Century 21、Coldwell Banker
餐厅	Applebees's、Cheesecake Factory
货车出租	U-Haul、Ryder
减肥	Weight Watchers、Jenny Craig、Curves
视频租赁	Blockbuster
视觉中心	LensCrafters、Pearle

许多组织如银行、医院、健康水疗馆、律师事务所、娱乐公司以及大学，它们虽然为消费者提供服务，但不认为自己是传统意义上的服务零售商。由于竞争日益激烈，这些组织也正在采用零售战略来吸引顾客以满足他们的需要。例如，Zoots是波士顿地区的一家连锁干洗店，由史泰博一位前任主管创立，其采取了很多好的零售做法：地点便利、提供衣物取送服务。Zoots延长了工作时间，周末照常营业，并且为那些不能在营业时间来洗衣店的顾客提供放置服务。Zoots店面整洁明亮。消费者可以查看自己的订单状态，安排

收件时间，通过在线"MY ZOOTS"服务发出特殊指令。店内服务生受到教导要热诚欢迎消费者，并且要照顾每一位排队等候的顾客。

大部分零售商都向顾客提供商品和服务。但是零售业态不同，对商品或者服务的侧重程度也不尽相同，如图2-2所示。图左边为仓储式会员店及超市，这种零售业态由自助式商店组成，除了兑换支票及在收银处协助顾客等服务之外，一般不提供服务。

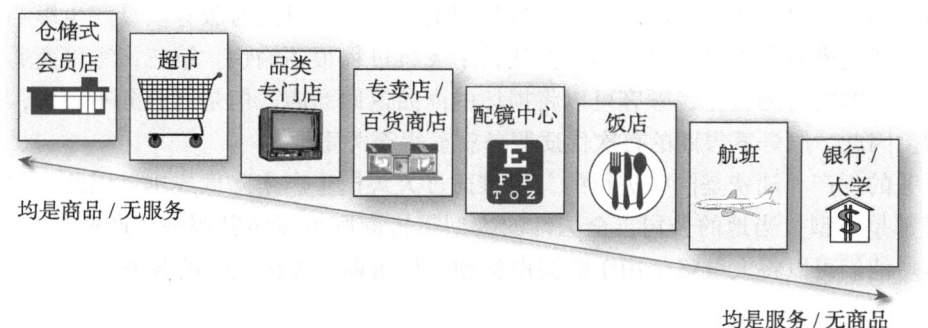

图 2-2　商品和服务零售商连续带

从左向右，专卖店/百货商店提供更高水平的服务。除了店员提供帮助外，这些商店还提供诸如礼品包装、婚礼仪式登记与换货服务等。配镜中心和饭店则位于从商品到服务的中间过渡地带，除了售卖镜架、镜片及隐形眼镜外，配镜中心还提供其他重要的服务，如视力检查和镜片矫正等。与此相似，饭店除提供食物外，还提供进餐场所、背景音乐、愉悦的环境及上菜服务。

图最右端的零售商主要提供服务。不过，这些零售商也要提供与服务相关的产品，比如飞机上的用餐或银行提供的支票簿等。

服务零售商和商品零售商的区别

服务零售商与商品零售商提供的服务或产品的性质，有以下四个重要的不同之处：①无形性；②生产与消费的同步性；③易逝性；④异质性。

1. 无形性

服务是无形的，顾客既看不见，也摸不着。服务是表现或行为，而非物体。例如，病人并不能看到或者摸到保健服务。无形性给服务零售商带来了很多挑战：顾客无法触摸或者感觉到服务，因此在购买服务之前甚至购买、消费服务之后，都很难对其进行评估。由于提供的服务具有无形性，服务零售商通常借助有形的符号来告知顾客其服务质量是可以保证的，比如律师往往坐在装修优雅、铺着地毯、配上昂贵古式家具的办公室中。服务零售商自己也难以评估其所提供服务的质量。律师事务所也很难评估律师的工作业绩。为解决这一问题，服务商零售通常会收集顾客的评价和投诉。此外，在线评价系统如Angie's List和Yelp对来自其他消费者的评价进行编译。总结性评价有一定道理，其根据已经购买了此种服务的人来评价服务提供商的表现。

2. 生产与消费的同步性

产品通常是在工厂制造、由零售商储存和销售，然后供消费者在家中使用的，但是服务制造商是在顾客消费服务的同时制造并传递的，例如餐馆里饭菜的制作和消费几乎是同时的。生产和消费的同步性给服务零售商带来一些特殊难题。第一，提供服务时消费者是在场的，甚至有机会亲眼见到生产过程，有时甚至可以参与制作，比如消费者在熊宝宝工作坊自己制作一只泰迪熊。第二，其他参与消费的顾客，可能对服务质量产生影响，比如飞机上你旁边坐着令人讨厌的顾客，会使整个飞行过程很不愉快。第三，零售商通常只有一次满足顾客需要的机会，顾客可以将损坏的商品返回商店，但是对服务不满意，很难将其退回。因此，服务零售商的首次优质服务就显得至关重要。

服务的生产和消费是同时进行的，很难通过大规模生产来降低成本。因此，很多服务零售商都是小型、当地的公司，全国性的大型零售商则可以将其服务"产业化"，从而降低成本。他们可以将大量资金用于购买设备和人员培训以提供统一的服务。

3. 易逝性

服务是易消失的。它不能被储存起来再次销售。飞机一旦起飞，上面的空位就永远消失了。相反，商品可以存放起来直到顾客准备好购买它。由于服务具有易逝性，服务零售必须做到供求平衡。很多服务零售商的能力有限，并且不容易改变。例如，饭店里的餐桌数量是一定的，教室里的课桌数量是一定的，医院里的床位数是一定的，发电厂所发的电量也是一定的。为了提高服务能力，服务零售商需要大量投资，比如购买更多的飞机，提供更多的座位，或者另建一座新楼来扩大医院或者饭店的经营面积。此外，消费者对服务的需求也随时间不同而表现出极大的不同。例如，消费者更多时候是在假日或者夏季乘坐飞机，中午和晚上在餐馆就餐，通常是在晚上而非凌晨用电。

服务零售商会用很多办法来平衡供需。例如，航空公司和旅店会在周末降低价格，因为这个时间商务人士大多不会出差，所以他们有多余的服务能力。为了使其服务能力更具灵活性，诊所可以在流感高发期延长门诊服务时间。纳税筹划服务在 3 月和 4 月的周末照常进行。饭店可以在周末增加工作人员，只在晚餐时间开放，或者采用预订系统以确保在特定时间提供服务。服务零售商也在尽力使顾客在等待消费的时间里能过得更加有趣。例如，在迪士尼主题公园里等候的人们可以看录像或者与公园里的工作人员互动、玩耍。

4. 异质性

商品一般由机器生产，有严格的质量控制，这使顾客有理由相信每盒切里奥斯（Cheerios）巧克力都是一样的，但是由于服务是由人（工作人员和消费者）创造的某种行为，所以没有哪两种服务是一模一样的。例如，税务会计在准备退税方面所具有的知识和技能各不相同；橄榄花园（Olive Garden）的服务生可能因为心情不好而使你的晚餐经历糟糕透顶。因此，服务零售商面临的一个重要挑战是如何提供始终如一的高质量服务。影响服务质量的很多因素都是零售商无法控制的，但服务零售商可以在挑选、培训、管理及激励服务人员方面投入更多的时间和精力。

2.5 所有权类型

本章前面章节讨论了零售商就其零售组合及所售产品或服务而言方面的分类。另一种对零售商进行分类的方式是以其所有权类型为依据进行分类。零售所有权的主要类别有：①独立的单一店面；②公司连锁；③特许经营。

2.5.1 独立的单一店面零售商

零售业在很多国家是为数不多的企业家活动较广的部门之一。很多零售业开始时都是由业主经营，这意味着商店的管理者能够与顾客进行直接接触，对顾客的需要能够迅速做出反应。小型零售商同样也非常灵活，对市场变化和顾客需要能及时做出反应，他们并不受大型零售组织内部固有官僚作风的束缚。

例如，经过10多年在英国几家时装公司工作积累经验后，德里恩·托德下决心开了自己的店——The Dressing Room，而且自此之后规模扩大了数倍。The Dressing Room 取得成功的秘密在于托德强烈关注顾客所需并准确向其提供能够满足他们需要的产品。尽管每天工作的时间很长，而且每周实行七天工作制，托德表示她之所以热爱自己的工作就是因为它给了自己各种选择。托德自己雇用员工，以自己的方式对他们进行培训，确定商店的布局以及设计网站。

单一店面零售商能够及时调整自身来满足顾客需要，而公司连锁则可凭借其较大的规模有效地降低商品或广告价格。公司连锁能够也确实投资于复杂的分析系统以帮助其进行商品采购和定价。此外，公司连锁管理基础广泛，有专业人员从事各种零售活动。单一店面通常需要依赖店主（也是经营者）的能力来做出各种必要的零售决策。

为了更好地与公司连锁竞争，一些独立零售商加入了**批发商自愿合作组织**（wholesale-sponsored voluntary cooperative group），即在自愿基础上，由各批发商运作，向小型独立批发商提供商品的组织。独立零售商联盟（Independent Grocers Alliance，IGA）、Tru Serv 和 Ace Hardware 都属于批发商自愿合作组织。除了采购、仓储和配送，这些组织还为内部成员在商店设计和布局、店址选择、簿记与存货管理系统以及员工培训项目等方面提供建议咨询服务。

2.5.2 公司零售连锁

零售连锁企业（retail chain）是在共同所有权下经营多个零售单元，通常集中制定和执行其零售战略的公司。零售连锁的规模有很大的不同。可以是两家连锁的药店，也可以是上千家店面的零售连锁，如克罗格、沃尔玛、百思买以及梅西百货。很多零售连锁是大公司或控股公司的子公司。例如，威廉姆斯-索诺玛公司实际上是由四个品牌，即威廉姆斯-索诺玛、陶瓷谷仓、West Elm 及 Rejuvenation 组成的。此外，其陶瓷谷仓分部还有特色陶瓷谷仓青少年和陶瓷谷仓孩童产品线。皇家阿霍德（Royal Ahold）拥有14家零售连锁店，包括在美国的 Stop & Shop、巨人（Giant）和豆荚（Peapod）以及在欧洲的 ICA 和 Albert Heijh。

2.5.3 特许经营

特许经营（franchising）是特许人（franchisor）与受许人（franchisee）之间签订合作协议，准许受许人使用其业务商标、服务标志、商号或该公司其他商业标志的权利。受许人需一次性支付加盟费及持续支付特许权使用费（通常以每月毛销售额的百分比来表示）。美国超过40%的零售商都是特许经营商。这类零售所有权在世界各地正在不断增多。

当考虑选择特许经营时，潜在的加盟商必须了解购买特许经营权与白手起家从零开始零售业务的优缺点。选择特许经营所有权有很多原因，包括成功率（部分源于特许人提供并经过证实的商业模式）。成功也来自特许人和受许人之间独特的关系，双方都从加盟商的成功中受益。为了说服加盟商选择特许经营而不是自己从头开始，大多数特许人会提供场外和现场培训、店址分析帮助、广告，有时是一个受保护的领域（即第一家店一定范围内不会有其他特许经营店）。一些特许人甚至提供融资或第三方融资机会。

特许经营所有权也有几个缺点。除了必须付费给特许人，受许人需要对启动成本进行融资，包括租赁或购买办公/零售空间、根据特许人的指导对空间进行改造（例如油漆颜色、铺设地面、照明、布局）、标志、期初存货以及设备。除了承担资本成本，受许人必须遵守特许人的规则和操作指南。在许多情况下，受许人要求只能从特许人那里购买经营物资，尤其是品牌成功依靠标准化产品的快餐连锁店。特许人也可能要求受许人为了提供新品购买设备，如麦当劳的煎锅或假日酒店的床品。营业时间和一年中的关门天数也由特许人说了算。

零售视角2-4介绍了冷冻酸奶特许经营的酸甜世界。

零售视角 2-4

果馅冷冻酸奶：甜食的特许经营

冷冻酸奶特许经营店——粉樱桃（Pinkberry）和红芒果（Red Mango）均成立于21世纪中期；它们与常见老店——TCBY以及一些小型的地区连锁店进行竞争。粉樱桃和红芒果之所以吸引客户不仅仅是因为冷冻酸奶的低脂肪，还因为其具有提高免疫系统以及促进钙的吸收的能力。果馅冷冻酸奶是浓稠状活性的益生菌培养体。这些健康优势，辅之以极佳的口感，改变了消费者对冷冻酸奶的看法。消费者每周都会多次购买这种酸奶，而不是仅仅作为偶尔为之的非常规需要。

粉樱桃和红芒果都提供一系列高端的浇料，除了几种有限的异国风味——椰子、荔枝和芒果之外，很多浇料都来自时鲜水果。口味选择上的极简主义是两家公司品牌形象的一部分，这体现在它们的店面布局上。也就是说，这些颇受欢迎的新型连锁店在产品和商店形象上，乃至在其向顾客提供非同寻常的酸奶口味和有趣浇料时所承诺的健康、低脂肪、无激素上，保持了一致性。

星巴克总裁霍华德·舒尔茨通过自己的风险投资公司对粉樱桃注资2 750万美元，似乎想将其变成冷冻酸奶星巴克连锁店。各种期望都很高，包括一个在全国每建10个星巴克就设立1个粉樱桃店的增长计划。红芒果想在美国建立500家分店，但是正在通过仔细选择加盟方和监测其绩效来控制其增长。许多特许经营变得非常流行，但很多分支在5年内由于增长过快、规模过大而最终以失败告终。为了通过降低风险来吸引加盟商，红芒果建立了一项有趣的激励计划——对店面进行回购，如果加盟商在加盟后的前6个月感到不满意，公司将回购该加盟店。

如果冷冻酸奶市场也变得像优质咖啡市场那么有竞争力，那么TCBY将有可能成为酸奶加盟方面的唐恩都乐（Dunkin'Donuts），而红芒果和粉樱桃则有可能成为下一个星巴克。

资料来源：Jaime Levy Pessin, "Yogurt Chains Give Power to the People," *The Wall Street Journal*, August 22, 2011; Yolanda Santosa, "The Making of Pinkberry," *Brand Packaging*, November 2, 2011; Blair Chancey, "Red Mango Revolution," *QSR Magazine*, October 1, 2009; and Kelly Bayliss, "Free Fro-Yo Today," *NBC Philadelphia*, September 23, 2009.

本章小结

（1）列出界定零售商的不同特征。

为了收集零售业的统计数据，联邦政府根据零售商所售商品和服务的种类对其进行了分类，但这种分类方法在确定一个零售商的主要竞争对手时可能是无用的。了解零售市场更有用的方法是在零售组合、商品种类和分类、服务、区位、定价以及吸引消费者的促销决策的基础上对零售商进行分类。

（2）对不同的食品零售商进行分类。

食品零售业经历了实质性的扩张。超市曾经一度是食品购物者几乎唯一的去处，但今天他们可以在诸如传统超市、大卖场或超级商店、有限分类市场、仓储式会员店和便利店中选择购买。

（3）识别各种日常用品零售商的类型。

日常用品零售商有各种不同的形式，每一种都有其自己的供应物、好处和局限性。这些业态包括：百货公司、全线折扣店、专卖店、药店、品类专门店、特价零售商、低价零售商和奥特莱斯店。

（4）解释服务和商品零售商之间的差别。

服务和商品的内在差异性导致服务零售商强调员工培训，而商品零售商则强调存货管理问题。零售机构在应对不断变化的市场中发生了改变，使得这些类型的零售商之间具有明显的交叉重合。

（5）阐明零售企业所有权的类型。

小型独立的零售商通常由一个创始人拥有和管理。相比之下，公司制零售连锁店涉及大量的组织，经营多家商店。另一个允许个体企业家享受公司连锁安全性的选择是特许经营——一种成长型的零售组织。

小试身手

1. 持续案例任务：购物 本作业的目的在于从零售商角度思考你所挑选的零售商及其他零售商可能使用的战略，以及这些战略产生了怎样的零售组合。本作业在于将两家零售商销售的某一特定商品品类进行对比，如便携式摄像机、男士套装、乡村或西部CD、女士运动鞋或家用油漆等。所选取的另外一家零售商可以是同种业态的直接竞争对手，也可以是业态不同但销售类似商品的零售商。

你所做的对比应包括以下几点：

- 两家零售商所采取的战略——每家零售商的目标市场，以及其满足目标市场需要的一般方法。
- 两家零售商所采用的零售组合，如商店区位、商品、定价、广告与促销、各类商品在店里的位置、店面设计和顾客服务等。
- 商品分类方面，详细比较商品种类和分类的深度。在比较商品供给物时，使用类似于表2-1的表。

为了做好对比，你需要访问商店，观察其采用的零售组合，扮演消费者去观察它们各自的服务过程。

2. 购物　去一家像富乐客那样的运动鞋专卖店、一家百货商店以及一家折扣店，分析其运动鞋的种类和分类，并制作一个类似于表2-1的表。

3. 购物　记录近两周内你去过哪里购物、买过什么东西以及花了多少钱。邀请你的父母也一起来记录，然后按照零售类型制作一张图表。你的购物习惯和你父母的差别很大吗？你和你父母的购物习惯与本章讨论的趋势有相同之处吗？为什么？

4. 购物　描述你去购物的超市如何执行有机、当地种植、民族和自有品牌商品策略。如果找不到这些商品中的任何一类，解释对该超市而言你是否认为这可能是一个潜在的增长机会，然后描述任何你认为提供了比竞争对手更好的购物体验的战略或活动。如果你认为竞争商店比你去的商店提供了更好的购物体验，解释它们正在做什么，并评估这些活动是否会令你所去的超市受益。

5. 网上练习　你可以在美国普查局网站上：www.census.gov/retail/ 找到美国零售商的资料。看一下北美工业分类系统内修订的每月销售额。哪种零售商在第四季度（假日季度）的销售额所占百分比最大。你觉得你的发现有道理吗？为什么？

6. 网上练习　美国三大零售商协会为全国零售联盟（www.nrf.com）、食品营销协会（www.fmi.org）以及全国便利石油店协会（www.nacsonline.com）。访问这些网站，并报告零售业最新进展及该行业面临的主要问题。

7. 网上练习　访问《企业家杂志》的特许经营区网页：www.entrepreneur.com/franchise 500，并看一看去年特许经营行业的前500强。排在前10位中的哪几家店是你曾以消费者的身份光顾过的呢？它们是以特许经营的方式运作的吗？观察前几年的排名并找出不同之处。最后，何种性质的业务更倾向于特许经营？

8. Bed Bath & Beyond 是一家品类专门店，在整个美国和加拿大的安大略省约有1 000家商店。该店出售国货（床上织品、浴室和厨房用品）、家居用品（炊具和餐具、小家电、相框和日用必需品）。这家零售商使用的SIC和NAICS代码是什么？其他与Bed Bath & Beyond竞争的零售商有哪些？每一个竞争对手都用什么业态？

讨论问题

1. 区分商品种类和分类。为什么这些是零售市场结构的重要要素？
2. 传统杂货店面临着什么样的竞争压力？这些商店有哪些选择来缓解这些压力？
3. 低价零售商未来需要怎样做以与其他业态进行竞争？
4. 比较便利店、传统超市、超级购物中心及仓储式商店的零售组合。从长远来说，这些食品零售机构都能够成功吗？如何才能成功？为什么？
5. 为什么世界上最大的零售商沃尔玛面临着比过去更缓慢的增长？沃尔玛能做什么来加快其增长？
6. 为什么在有限分类超市和特价折扣店行业的零售商增长得如此迅速？它们从哪些零售商那里得到这些额外的销售？
7. 同种品牌、同种型号的平板电脑可以通过电脑专卖店、折扣店、品类专门店、网上零售商及仓储式商店出售。消费者为何会选择此种零售业态而不是别的？
8. 选择一种你和你的父母都购买的产品品类（例如职业装、休闲装、音乐、电子设备、洗发水）。你通常在哪种类型的商店购买这一商品？你的父母呢？解释一下为什么你和你父母在商店选择上意见相同或者不同。
9. 在许多眼镜店里，你可以检查视力、购买眼镜或隐形眼镜。与产品相比，这种购物体验有什么不同？设计一种吸引消费者既购买服务又购买产品的战略。与此同时，描述应采取哪些具体的行动来获取消费者并留住他们？
10. 在购买或租用一辆汽车时往往会涉及服务和产品。在这两种情况下，消费者都是开走了一辆车，但购买一辆车更侧重于产品，而租用则涉及服务。解释汽车租赁公司涉及的营销不同于汽车经销商的四种方式。

推荐读物

Borghini, Stefania, Nina Diamond, Roberts Kozinets, Mary Ann McGrath, Albert M. Muñiz Jr., and John F. Sherry Jr. "Why Are Themed Brandstores So Powerful? Retail Brand Ideology at *American Girl Place*." *Journal of Retailing* 85, no. 3 (2009).

Cuthbertson, Christine. *Retail Strategy: The View From the Bridge*, Oxford: Elsevier, 2012.

Enrique, Badia. *Zara and Her Sisters: The Story of the World's Largest Clothing Retailer*. New York: Palgrave Macmillan, 2009.

Fishman, Charles. *The Wal-Mart Effect*. New York: Penguin, 2007.

Grewal, Dhruv, Gopalkrishnan Iyer, Rajshekhar G. Javalgi, and Lori Radulovich. "Franchise Partnership and International Expansion: A Conceptual Framework and Research Propositions." *Entrepreneurial Theory & Practice*, May 2011, pp. 533–557.

Hammond, Richard. *Smart Retail: Practical Winning Ideas and Strategies from the Most Successful Retailers in the World*, New Jersey: FT Press, 2012.

Mitchell, Stacy. *Big-Box Swindle: The True Cost of Mega-Retailers and the Fight for America's Independent Businesses*. Boston: Beacon Press, 2006.

Roberts, Bryan, and Natalie Berg. *Walmart: Key Insights and Practical Lessons from the World's Largest Retailer*. Philadelphia: Koran Page, 2012.

Spector, Robert, and Patrick McCarthy. *The Nordstrom Way to Customer Service Excellence: The Handbook For Becoming the "Nordstrom" of Your Industry*. New Jersey: John Wiley & Sons, 2012.

Spector, Robert. *The Mom & Pop Store: True Stories from the Heart of America*. New York: Walker & Company, 2009.

Thain, Greg, and John Bradley. *Store Wards: The Worldwide Battle for Mindspace and Shelfspace, Online and In-Store*. West Sussex, UK: John Wiley & Sons, 2012.

Whitaker, Jan. *Service and Style: How the American Department Store Fashioned the Middle Class*. New York: St. Martin's Press, 2006.

第3章

多渠道零售

- **主管简介**

路易莎·海伦娜·特拉雅诺，总裁

路易莎杂志公司

我来自弗兰卡，一个位于巴西圣保罗州的小城市。孩童年代我就喜欢给朋友和亲戚送礼物。在我12岁的时候，妈妈告诉我，我得通过赚钱来继续我的送礼"爱好"。所以，我开始在放假期间去佩莱格里内蒂叔叔和路易莎婶婶的商店打工，后来也一直在那儿工作。晚上我去弗兰卡的大学上课，白天就在那家商店工作。1991年，我被选为该公司的首席执行官。

该公司早期的成长来自对圣保罗州那些小城镇零售商的并购。我们迎合了社会各阶层消费者的需求。较低收入的消费者收入有限，但他们希望得到和高收入消费者一样的尊重。我们的商店为他们提供了尊敬和信用。2012年，我们公司实现了40亿美元的年销售额，现在在巴西有超过800家商店，销售家具、电器、电子消费产品和家用产品。虽然我们现在在巴西的主要城市地区，但是我们一直努力保留公司文化，这一文化以尊重客户和员工为特征，并且不断创新。这些元素根植于我们的DNA中。我们设计的透明管理系统使所有同事感到自己是公司的一部分，而且我们与所有员工分享公司的利润。

1992年（在电子商务被引入巴西的将近10年前），我们采用多渠道的方案。我们的销售人员协助顾客在商店电脑上下订单，并将产品送至他们的家中。

2012年，我们应邀出席在纽约举办的全国零售联合会，在会上展示了我们富有创意和非常成功的"杂志的声音"（或"你的路易莎店"）系统。这个系统允许我们的"代理"在Facebook上以20种产品创建自己的虚拟路易莎店，并将这些产品销售给他们的朋友。我们现在有10 000多个附属于我们公司的代理。

3年前，我们聘请了一位新的首席执行官，而我也不再参与公司的日常运作，但我通过与公司新开门店的员工开会来保持我们的公司文化。我也直接监督客户关系部。这赋予我机会把我们的价值观传递给新的员工，向他们及我们的客户展示尊重，并且还向全公司强调我们服务客户的激情。我仍然喜欢送礼物。

☐ **学习目标**

- 理解零售商提供的无店面渠道。
- 比较下列四种主要零售渠道提供的利益：店面、互联网、移动终端以及产品目录。
- 分析多渠道零售商面临的挑战。
- 思考未来的多渠道零售体验。

零售渠道（retail channel）是零售商向消费者销售、交付商品及提供服务的方式。零售商使用的最常见的渠道是商店。零售商还利用各种无店面渠道，包括互联网、产品目录、电视直销、电视家庭购物以及自动零售（自动售货机）向消费者进行销售。这个定义将渠道与电视广告这样的媒介区别开来。渠道涉及完成一次交易的机会——出售和交付商品，而媒介则主要用于向消费者传达信息。零售商通过渠道传播信息及完成交易，但是，渠道的主要目标是完成交易。

多渠道零售（multichannel retailing）是指使用一个以上的渠道向消费者销售、交付商品及提供服务。请注意讨论多渠道零售时会经常用到一个术语——**全方位零售**（omniretailing），它是指协调多渠道零售供应物，并在所有的购物渠道上向消费者提供无缝的购物体验。

多渠道零售的诞生可以追溯到1925年西尔斯开设第一家店时，也即在其面向美国大众市场推出之前没有的产品目录33年以后。现在，几乎所有经营商店的大型零售商都是多渠道零售商。他们大都增加了互联网渠道，使消费者除了光顾实体商店购买商品或服务外，还有机会通过访问网站进行购买。

许多小型、基于商店的零售商也使用多个渠道。例如，在其位于迈阿密小河区8 000平方英尺的零售商店内，哈利上尉的渔具（Capt. Harry's Fishing Supply's）提供超过20 000种产品，包括鱼竿和卷轴。为了吸引鱼上钩，还设计了每种颜色至少1 000种的鱼饵。最大的鱼饵有近两英尺⊖长，而最小的还不到一英寸⊜。有带香味的鱼饵、镜像鱼饵、全息特征鱼饵，该公司还设计了像受惊吓的鱼一样移动的鱼饵。20世纪80年代初期，公司总裁小哈利·弗农（Harry Vernon Jr.）注意到客流量的40%是国外客户。于是，他推出了产品目录渠道，并最终建立了零售互联网。现在，公司仓库二楼的拣选机要处理来自美国的几乎每一个州以及来自120个国家的订单。

在本章中，我们从战略的角度来研究四种主要渠道，零售商通过它们向消费者销售商品和服务。我们首先简要地描述所有的非商店零售渠道；零售商通常在商店渠道上加入无店面渠道进而演变为多渠道零售商。之后，我们回顾每种渠道提供给消费者的独特好处，并概述零售商提供多渠道的好处。接下来，我们描述多渠道零售商在协同使用这些渠道时面临的挑战及他们如何为客户提供无缝产品。在本章的最后，我们说明整合这些渠道以及新技术的采用将如何在未来创造引人入胜的购物体验。

3.1 几种主要的零售渠道

3.1.1 非店面零售渠道

图3-1显示了用百分比表示的通过每种渠道销售的年零售总额（不包括汽车和餐饮服务的年销售额）。绝大多数销售都是通过商店渠道进行的，但是互联网和产品目录渠道销售的销量也很显著，移动终端渠道则具有最高的增长率。

⊖ 1英尺=0.304 8米。——译者注

⊜ 1英寸=0.025 4米。——译者注

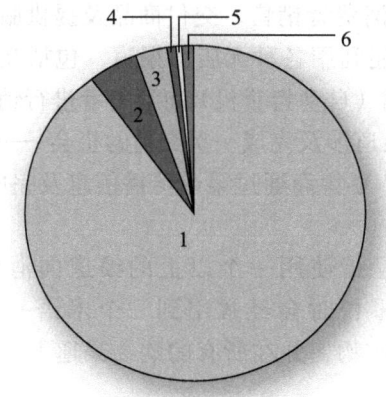

图 3-1　美国不同渠道零售销售额百分比

注：此处不包括机动车辆、餐饮服务以及旅行类，由于四舍五入的原因，加总不一定为100%。

资料来源：U.S. Census Bureau, "Estimates of Monthly Retail and Food Services Sales by Kind of Business: 2009," www.census.gov/retail/mrts/www/data/excel/mrtssales92-09.xls; personal communication with the Direct Selling Association, Direct Marketing Association, and National Automatic Merchandising Association.

3.1.2　互联网零售渠道——电子和移动零售

互联网零售（internet retailing）是增长最快的渠道。它涉及零售商通过互联网与消费者进行互动，无论他们使用传统电脑、笔记本电脑抑或各种尺寸的平板电脑或智能手机。我们将通过传统计算机访问互联网的渠道叫作电子渠道，而**移动渠道** [也叫**移动零售**（mobile retailing）、移动商务或 m- 商务]，包括使用智能手机访问互联网。从零售业的角度来看，智能手机不同于传统的电脑，它们更多的是便携式的，有一个较小的显示器，可以感知地理位置，使用不同的触摸屏技术接入互联网，并因此产生一个不同的用户体验界面。平板电脑则保留了使用传统计算机与手机购物的一些优缺点。

20年前，专家认为，今天这个时代每个人都会在互联网上购物。这些专家预测，高科技与互联网精英企业家相结合将会主导零售行业。实体商店由于缺乏客流将关闭，纸质目录也将过时。然而，这些关于互联网零售业转型的预测实际上并没有发生。尽管之前曾有过这样的预测：预计美国互联网渠道的销售大约会以每年10%的速度增长，是实体商店增长速度的3倍以上，到2015年互联网的销售额预计仅占零售总额（不包括汽车和餐饮服务）的11%，其中移动渠道占互联网零售额的9%。

因此，互联网对于大多数零售行业部门来说，是一项促进技术而不是转型技术。几乎所有的以传统商店为基础的零售商都利用互联网渠道为顾客提供更好的购物体验，而且这些渠道已经占据了主导地位。美国近75%的消费者在去实体商店购买鞋子、玩具和健康美容用品东西之前都会使用互联网来搜索信息。83%的人在购买电子产品、电脑、书籍、音乐和电影前会上网。而实体店中持有手机的成年人中有一半以上会用它来获得产品评价或价格信息，这一过程被称为"先逛店后网购"（showrooming）。

3.1.3 产品目录渠道

产品目录渠道（catalog channel）是一种非店面零售渠道，零售产品的信息是通过给客户邮寄产品目录传达的。美国每年大约有一半的消费者是通过产品目录购物的。通过产品目录销售最多的商品品类是：药品、美容产品、电脑、软件、服装、配饰、家具及家庭用品。产品目录的使用遭到了一些消费者的攻击，他们认为目录是对自然资源的不必要的浪费。在美国，产品目录占了约 8 000 万吨纸制品年使用量的 3%。这比任何杂志或书的使用量都多。此外，相对于互联网，产品目录的销售份额一直是下降的，但它是不会消失的。其角色正在从主要为了刺激销售转变为建立品牌形象以及为互联网和实体店带来客流。

3.1.4 电视直销渠道

电视直销（direct-response TV，DRTV）渠道是指消费者看到一则展示商品的电视广告，然后订购该商品的零售渠道。消费者要么打电话给运营商的手机银行，要么访问公司互联网网站而完成订购。**电视直销**广告有两种类型：一种是被称为**专题广告片**（infomercials）的长广告，通常长达 30～60 分钟，这种广告结合了娱乐与产品展示；另一种是电视上只持续一两分钟的短广告。电视直销频道每年大约产生 1.5 亿美元的零售额。

不像大多数电视广告，一则电视直销广告的影响是可以被精准测量的。在 24 小时内，使用此渠道的零售商可以确定广告每播出一次有多少客户响应。这一结果经过分析可以确定位置、每周、每天以及不同的脚本和创造性反应的影响效果。

3.1.5 电视家庭购物渠道

电视家庭购物（television home shopping）是一种客户通过收看进行商品展示的电视网络节目，并订购商品（通常通过打电话或互联网）的零售渠道。美国每年通过电视购物网络产生的销售额约为 200 亿美元。两家最大的使用这一渠道的零售商是 HSN 和 QVC 公司，其次是 ShopNBC 和珠宝电视（Jewelry Television）。虽然大多数接入有线或卫星电视的消费者可以光顾电视购物频道，但定期收看的人相对较少。此外，大部分购买来自相对小众的观众。和产品目录渠道一样，电视家庭购物网也已经接入了互联网来接受客户的订单，虽然仍然可以通过电话和/或邮件进行订购。

电视家庭购物的主要优点是客户可以在其电视屏幕上或通过互联网的流媒体视频看到商品展示。为了应对烹饪、装饰、DIY 和其他生活方式的日益兴起，家庭购物零售商已经将更多的商品展示融入这些计划中，以尝试给他们的潜力客户相关指导。

电视家庭购物零售商也在积极拥抱社交媒体。今天的消费者正在与多个屏幕上的电视家庭购物频道进行互动。在他们浏览电视网络节目时，手边就有智能手机、笔记本电脑或平板电脑。这些熟悉社交媒体的消费者将推文发送到网络上即时滚动，添加用户对各种产品的意见，并带来访客。与此同时，在 HSN 的 Facebook 网页上，他们可以提问题并就刚推出的项目进行即时互动聊天；然后，真正有趣的意见和问题会由客户喜爱的主持人进行播报。

3.1.6 直销渠道

直销（direct selling）是销售人员在一个方便的地点（无论是在客户的家中或在工作地）与客户进行互动的一种零售渠道。直销人员展示商品的好处或解释某种服务，接受订单，并交付商品。直销是一个高度互动的零售渠道，大量的信息通过面对面的讨论和展示传达给消费者。然而，提供这种高层次的个性化信息（包括深入的商品展示）的代价是非常昂贵的。

美国每年通过直销渠道产生的销售额约为 300 亿美元；在全球范围内的销售额则超过 1 000 亿美元。通过直销渠道销售的产品 60% 以上是居家/家庭保健/家庭耐用消费品（清洁用品、炊具、餐具等）、健康用品（减肥产品、维生素等）和个人护理用品（化妆品、珠宝、护肤品等）。

美国几乎所有的 1 500 万名工作在直销行业的销售人员都是独立的代理人。他们并不受雇于直销公司，而是作为独立分销商从企业购买商品，然后卖给消费者。在大多数情况下，销售人员可以直接出售自己的商品给任何人，但有些公司，如雅芳则会为直销人员划定区域以经常联系这一区域的家庭。零售视角 3-1 介绍了直销渠道如何在欠发达国家中尤为有效。

零售视角 3-1

雅芳在巴西的直销渠道

Baixada Fluminense 可能是里约热内卢最艰难的社区，但这并不意味着那里的居民不关注口红的颜色，她们甚至可能更关注。于是，Almada Contreira 会定期访问 80 个左右的客户。她每周通过销售雅芳产品获得的销售额大约为 930 美元。对低收入消费者来说，花费 50 个雷亚尔（27 美元）买化妆品貌似很贵，但是，Almada Contreira 认为："对她们来说，这是必要的，因为巴西女人不化妆就不能出门。"

虽然她的这一印象可能属于道听途说，但统计数据印证了这一说法。巴西是世界上第三大美容护理产品市场，仅次于美国和日本。凭借其广阔的海岸线和温暖的气候，巴西的居民全年都可以去海滩游玩。随着夏天的到来，成千上万的女人开始追求美食与美丽，这会使得她们活得很洒脱——在海滩上度过一个可以不用穿长袍的夏季。这种炎热的天气更适宜于海滩度假，但同时也意味着人们往往需要多次淋浴。因此，巴西人与其他国家的居民相比，洗发水、护发素和肥皂的使用量都要多一倍，同时女人每天都需要化两次妆！

对 Almada Contreira 和她的 110 万个销售同事来说，化妆品和美容产品的持续需求是没有问题的。雅芳的巴西销售人员多是上门推销，无论他们的顾客生活在城市贫民窟里、亚马孙雨林抑或偏远的乡镇。虽然这种形式的直销很长时间以来是美国人生活模式的一个重要部分，但是像雅芳、康宝莱和安利这样的公司越来越多地采用这一渠道向不发达国家的消费者推销商品。在这些地区，直销可能是特别有效的，因为这一渠道不需要复杂或昂贵的基础设施。相反，销售人员可以自己处理分销。这些独立的代理商不仅向他们的客户售卖和分销产品，而且还负责订购商品、补充存货。为了将商品送达亚马孙地区的客户，雅芳销售人员可能需要租一艘小船或一架飞机，产品交付也可能会延迟一个星期或更久，但对于那些等待将适合的颜色涂到脸颊的消费者来说，一个星期的等待并不漫长。

资料来源：Christina Passariello and Emily Glazer, "Coty Knocks on Brazil's Door; Part of Avon's Allure to Fragrance Maker Is Its Sales Network in South America," *The Wall Street Journal* (Online), April 5, 2012; Jenney Barchfield, "In Beauty-Obsessed Brazil, Clinics Offer Free Plastic Surgery to Poor," Los Angeles *Times*, March 25 2012, A.4; and Jonathan Wheatley, "Beauty Business Turns Heads in Brazil," Investor's Choice, January 19, 2010.

问题讨论：为什么直销渠道在巴西比在美国更受欢迎、更有效？

聚会计划体系和多层级体系是两种特殊类型的直销。大概有 1/4 的直销都源于**聚会计划体系**（party plan system）。销售人员鼓励客户作为主人邀请朋友或同事参加某个"聚会"，主持人或女主人会收到安排聚会的礼物或佣金。在聚会上，商品被现场展示，而到会者会就此下订单。

在一个**多层级体系**（multilevel system）中，独立的生意人作为主经销商，招募其他人成为他们的网络分销商。主分销商要么从公司购买商品并转售给其经销商，要么对其网络分销商购买的所有商品收取佣金。除了销售商品本身以外，主经销商还需要参与招募和培训其他的经销商。

一些多层级直销公司在进行非法传销。**传销**（pyramid scheme）是指某公司及其设计的计划是出售商品和服务给其他分销商，而不是面向最终用户。传销的创始人和最初的经销商从后加入者的购买存货中获利，但很少有商品出售给真正使用它的消费者。

3.1.7 自动零售（售货机）渠道

自动零售（automated retailing）是一种将商品或服务备存在一台机器上，当消费者放入现金或使用信用卡支付时将其分配给消费者的零售渠道。自动零售机也被称为**自动售货机**（vending machine），通常放置在方便、客流大的位置。约 80% 的自动零售渠道的销售额来自冷饮、加工食品服务、糖果及小吃食。这一渠道每年在美国的销售额是 400 亿美元，但是 2007～2010 年，销售额下降了 11% 以上。

销售额的下降导致自动售货机从商店和人行道上消失了。一些企业家不愿意放弃这个渠道，于是他们再次构想自动售货机的使用。他们转向能够提供先进服务的高科技。由位于明尼苏达的 InstyMeds 公司进行维护的机器开始逐渐出现在健康诊所分发处方药。为了防止欺骗，机器和医生的计算机系统保持着一条电子连接，这使他们能够通过使用由医生分配给每一个病人的独特代码确认每一个病人的身份和处方。

另一个有趣的自动化零售应用是 DVD 租赁业务。红盒子在 22 000 多个地点以每天 1 美元的价格出租 DVD，这些地点包括麦当劳、沃尔玛、沃尔格林、艾柏森（Albertsons）、7-Eleven 和 Circle-K。该零售商每周电影的出租额超过 750 万美元，接近其邮购对手

Netflix 报道的销售额。红盒子的成功（也是其挑战）在于不断提供新的 DVD 并且当客户想租的时候有可用存货。客户可以查询某一特定机器的存货并且在红盒子的互联网网站收藏一部任何名字的电影。

3.2 零售渠道的相对利益

在这一节中，我们将讨论四种主要零售渠道的相对优势和局限性：店面、产品目录、互联网及电子和移动电话渠道。图 3-2 总结了这些独特的好处。在下面的部分中，我们将讨论零售商如何通过整合这些渠道成为一个真正的多渠道零售商，以便为客户提供更好的购物体验。

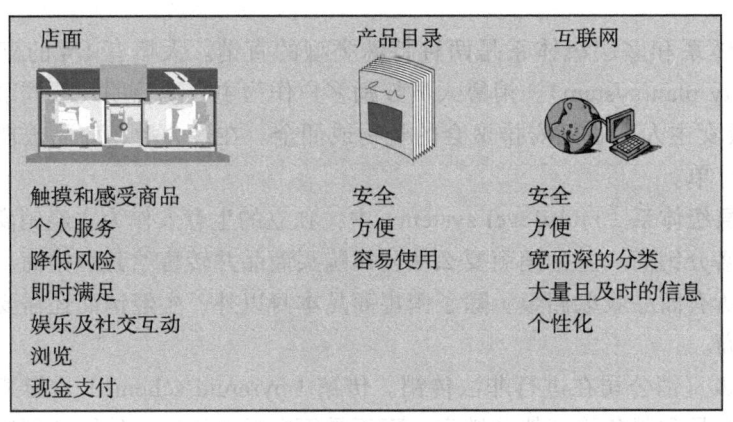

图 3-2　不同渠道提供的利益

3.2.1 店面渠道

店面为消费者提供的下列几个好处是他们无法通过无店面渠道如手机、电子或产品目录能够得到的。

1. 触摸和感受产品

商店给顾客带来的最大好处可能就是它允许客户在检查和评估产品时使用所有五种感官——触觉、嗅觉、味觉、视觉和听觉。尽管新技术（如三维和 360 度投影）可以强化产品在计算机或手机屏幕上的展示效果，但这些视觉的改进也不能够与真正试穿泳衣或闻到香味蜡烛的实际感受同日而语。

2. 个人服务

虽然消费者往往对在商店得到的个人服务很挑剔，但是销售人员仍然有独特的能力为其提供有意义的、个性化的信息。他们会告诉消费者一套套装在他们身上看起来是不是很好，建议搭配一条与衬衫相配的领带，或回答客户可能会问的问题，比如在一个商务休闲活动中穿什么合适。

3. 降低风险

在商店购物，其本身的实体存在就能降低感知风险，并增加客户的信心，让他们觉得在商品购买中产生的任何问题都能得到解决。消费者可以方便地来到该商店找人解决有瑕疵或不合适的商品的相关问题，或者能得到如何使用一个产品的额外信息。

4. 即时满足

顾客可以在商店购买商品后立即使用该商品。因此，在消费者发烧或需要最后一分钟礼物时，他们就不必花一两天等待从 drugstore.com 寄来处方药或从 Amazon.com 寄来礼物。

5. 娱乐及社交互动

在商店购物对一些人来说可以是一种很刺激的经历，能够打破他们的日常生活轨迹，使他们与朋友互动交流。所有的无店面零售业态在满足娱乐及社交这两种需要时都存在一定程度的局限。零售视角 3-2 介绍了巴斯体育用品店如何为其客户提供令人兴奋和具有回报的购物体验。

零售视角 3-2

巴斯体育用品店让购物变得妙趣横生

你喜欢怎样度过假期？激光游戏、攀岩、在手枪射击范围内进行打靶练习，抑或试试你的射箭技巧？如果你觉得这些活动听上去很棒，你可能会成为那些为了参观巴斯体育用品店而驱车好几个小时的成千上万人中的一分子。该店看上去就像狩猎场所，店里还有大量的产品展示，并有专业的销售人员（他们自己在其户外生活方式中也使用所有这些产品）在现场提供帮助。在其纵深产品分类的背后，该店铺的装饰形象由巨大的室内瀑布、水族馆和野生动物标本而得以强化。

但是仅有一个酷的外观并不能展示巴斯体育用品店的全部。购物者在店内还可以享受各种免费的活动，像攀岩或在游戏厅里与朋友进行激光枪战。如果他们喜欢弓箭，他们可以在四周装有防碎玻璃的隔音房间内扮演肮脏的哈利（Harry）或凯特尼斯·伊夫狄恩（Katniss Everdeen）。对于那些没有经验的人，专家会手把手教你进行枪支瞄准或拉开弓箭。

你也许会很惊奇地看到巴斯体育用品店的顾客大多是男士，尽管他们常常宣称自己有多么讨厌购物。即使一个像其妻子描述的那样，在他们 35 年的婚姻里只跟她有过两次购物经历的男子，在巴斯体育用品店里也得到了其想要的，就像他自己形容的，"在这里就像糖果店里的孩子"。

虽然这些顾客可能需要驱车数百英里来到这里，但这些店确实反映了其独特的环境。位于亚拉巴马州中部偏北的利兹店（the Leeds store）绵延 120 英亩⊖，包括周围自然公园的一英里长的入口、三座桥梁和一个四英亩的湖泊。但是，在这个热爱鱼的地区仅有一个湖泊是不够的，所以店内放置了一个注满了 18 500 加仑水的水族馆，里面展现着原产于亚拉巴马州的鱼群，还有一个 3 500 加仑的鳟鱼池，让消费者可以在商店里测试捕鱼设

⊖ 1 英亩 = 4 046.86 平方米。——译者注

备。钓鱼太平淡了吗？那么去追踪附近塔拉迪加赛道的纳斯卡模拟器怎么样？它就在商店外面。

资料来源：www.bassproshop.com; Tom Bailey Jr., "Bass Pro to Open 'Newest Generation' Megastore in Little Rock," *McClatchy–Tribune Business News*, June, 15, 2012; "Outdoors Lovers Find Their 'Disneyland' in Stores Such as Bass Pro Shops," Sacramento Bee, September 23, 2009; "Retailer Scores by Luring Men Who Hate to Shop," *The Wall Street Journal*, December 17, 2002.

问题讨论：从消费者的角度来看，巴斯体育用品店令人激动的商店环境有什么利弊？从商店的角度来看呢？

6. 浏览

购物者对他们想要什么通常只有一个粗略的概念（例如一件毛衣、一顿午餐、一件礼物），但不知道他们具体想要什么，所以他们会去商店看看有什么，然后再决定买什么。虽然很多消费者可以浏览网页或通过产品目录寻找，但大多数消费者仍然更倾向于到店里看看。

7. 现金支付

商店是唯一接受现金支付的销售渠道。一些消费者更喜欢用现金支付，原因是它更快捷，完成交易更迅速，而且不会导致潜在的利息款项或过度负债。另一些消费者则关注安全性和身份被盗问题，因此他们倾向于亲自使用信用卡或借记卡而不是通过互联网发送电子支付信息。

3.2.2　产品目录渠道

产品目录渠道像所有的无店面渠道一样，为消费者提供安全和方便的好处。产品目录具有一些独特的优势使其持续超过其他无店面业态。首先，消费者几乎可以在任何地方、任何时间查看商品并下订单，而不一定需要一台电脑、移动设备或连接互联网。其次，消费者随时可以简单地从咖啡桌上捡起一本产品目录参考其中的信息。最后，产品目录比网页更易于浏览。

宜家2013年的产品目录显示零售商可以利用网站以增强其产品目录渠道。宜家对分发广泛的家居用品目录加入"增强现实"部分，从而大幅改善了目录内容和用户体验。在其2013的产品目录中，购物者可以将其智能手机置于选定的网页以从零售商网站获得额外的内容，如图像画廊和视频。在下载一个应用程序后，消费者可以与产品目录中的一系列图标进行交互，以查看更多有关选定产品的信息，包括"如何做"视频以及显示存储系统内部的"X射线"照片。房间分别按照带有和没有室内纺织品进行展示，让用户自己建立装饰元素和探索颜色选项。

3.2.3　互联网渠道

前面我们从消费者的视角详细介绍了店面的相对利益。在这一部分中，我们将探讨互联网渠道被加入传统商店和产品目录后是如何提高其服务客户的能力，并在以下几个方面建立起竞争优势的：

（1）互联网渠道的加入提供了一个潜在的、更大的产品选择范围；

（2）使零售商能够提供更多的信息；

（3）使零售商能够为消费者提供更多关于产品和服务的个性化信息；

（4）为卖家提供了收集消费者购物信息的独特机会；

（5）互联网渠道为零售商提供了一个以经济的方式进入新市场的机会；

（6）互联网渠道提供的可用信息可以使他们提高消费者在所有渠道的购物体验。

虽然互联网渠道为消费者提供了许多好处，但是它们也增加了消费者的诸多风险，这些将在本节结束时进行讨论。

1. 选择范围更深、更宽

加入互联网渠道的好处之一是零售商无须多占拥挤的过道或增加店铺面积就可以为消费者提供大量的选择。商店和产品目录都会受到规模大小的限制，但是通过在互联网上购物，消费者就可以轻松地"访问"更多零售商并选择商品。每一个零售商的网站往往能够提供比商店或产品目录渠道更深的商品分类（更多的颜色、品牌和型号），也使其能够满足对那些不流行（款式、颜色或大小）商品有需求的消费者。许多零售商还在他们的网站上提供了一个更广泛的分类（更多品类）。例如，Staples.com 就提供在商店里买不到的软饮料和清洁用品以使其企业客户将其视为一个一站式商店。

2. 商品评价信息更多

零售商的一项重要服务是向消费者提供信息，帮助他们做出更好的购买决策。就消费者可以获得多少信息方面来说，不同的零售渠道提供的信息量是不同的。通过商店渠道提供的信息量受到销售人员数量及其培训情况以及说明性标志分配空间的限制。同样，通过产品目录渠道销售可用的信息受到目录页数的限制。相反，通过互联网渠道提供的信息却是不受限制的。

通过从这些渠道获得的大量信息，消费者就能够凭借这个渠道解决自己的问题，而不是仅仅获得某种特定产品的信息。零售视角3-3描述了一个互联网网站，这个网站提供的产品以及信息（其中一些来自消费者）可以帮助客户解决其婚礼策划的相关问题。

零售视角 3-3

帮助新婚夫妇准备大喜的日子

现如今，一场典型的订婚、结婚仪式不仅准备时间漫长（14个月），并且花费不菲（25 000美元），这通常需要新娘、新郎及其家人做出艰难的、通常情绪化的决定。例如，应该邀请谁来参加婚礼？喜帖看上去应该是什么样子的？之前是否应该先发一张预定日期的卡片呢？待客的时候播放什么样的音乐？待客应该在哪里举行？一对夫妇需要花费多少钱来做准备以使他们看上去不至于太过小气？

尽管，曾经有一段时间，新娘和她的家庭负责大部分的婚礼策划，但现代的趋势，包括夫妻延迟结婚、双收入家庭、定居在离父母较远的地方，意味着许多传统规矩都已被打破。为了帮助这些新人做好婚礼筹划，包括如何花好这笔钱，一些互联网婚礼网站，比如 The Knot（www.theknot.com）和 WeddingChannel（www.weddingchannel.com）就为婚礼提供某种预算工具。新娘只需输入她们想要为婚礼花费的钱数（例如 9 000 美元）和宾客数量（例如 30 位）即可。这个网站按照全国的平均支出水平帮助新婚夫妻计算花费在每一个环节上的钱：新娘装 540 美元，新娘花束 68 美元。随着筹划的展开，客户输入他们花费的数字，该工具则重新计算用于其他花费的金额。

除了可以获得财务方面的对策，顾客还可以到网站上与其他夫妇、礼仪专家进行交流，获得关于诸如如何处理爱管事的婆婆或如何安排离异父母座位的意见。从其他消费者那里得来的建议似乎没那么偏颇，因此比零售商或制造商提供的信息更具吸引力。于是，顾客一旦碰到产品或服务方面的问题，就会求助于那些网站帖子上的评论。

另一个策划工具是提醒顾客那些关键的日期，比如需要定下跟乐队进行再次确认的时间或待客大厅预留的截止日期。这些网站还从各种零售商那里收集登记信息，可供顾客再次查找。各个乐队甚至会上传其表演的音频剪辑，帮助新婚夫妇选择他们的第一支舞蹈的配乐。等到待客大厅和所有的酒店都选择好了，该网站还会提供到达该位置的最佳路线，以及网上酒店的预订服务。当一切都准备妥当后，已婚夫妇可以维持一个个人网页以备回忆与发布婚礼照片。

资料来源：www.weddingchannel.com and www.theknot.com。

问题讨论：你会利用这些网站来计划自己的婚礼吗？为什么？

3. 个性化

由于互联网的互动性质，互联网渠道最显著的潜在好处是零售商能够很经济地为每一位消费者提供个性化的商品和信息。消费者可以通过向下滚动网页控制这种个性化，直到获得足够的信息做出购买决定。此外，在使用互联网渠道时，消费者可以对信息进行格式化处理，以便在比较替代品时有效地对其加以使用。例如，欧迪办公以并排比较的格式提供关于客户所选方案的信息。相比之下，商店里的消费者通常要在一个时间检查每一种品牌和每一件产品，然后记住各产品不同的属性来进行比较。

零售商可以通过互联网渠道在商品和信息的个性化上发挥更积极的作用。例如，许多零售商提供**实时聊天**（live chat）：用户可以在任意时间点击按钮获得一封即时消息电子邮件或与客户服务代表进行语音对话。这项技术也使零售商能够主动向在线客户发送聊天邀请。发送邀请的时机可以基于访问者在网站上停留的时间长短，或其正在查看的特定页面，或其点击的某一产品。例如，Bluefly.com 了解到，如果在很短的时间内针对某几款产品已经有好几个评论，那就意味着访客对其不只是一时的兴趣。因此，该网站会显示一个带有笑脸的弹出窗口以提供帮助。

互联网的互动性质也为零售商提供了一个机会，使他们能为每一位客户提供个性化的产品。例如，Amazon.com 就为客户提供了个性化的登录页面，根据客户的购买历史和网站搜索行为列出了有关书籍和其他引起客户兴趣的产品。亚马逊还给那些有兴趣的客户发送定制的电子邮件，通知他们其最喜欢的作家出版了一本新书，或者最喜欢的录音艺术家发布了一个新的光盘。亚马逊进一步使客户的购物体验个性化，为其推荐互补性商品。正如一个训练有素的销售人员会在结账前向客户提出建议那样，一个互动的网页可以向顾客提出他们可能会考虑的附加产品的建议。

一些多渠道零售商能够基于与顾客绑定的几个当前或以前的 web 属性（例如一天的某个时间、通过计算机互联网地址确定的时区以及设定的性别）来个性化其促销和互联网主页。然而，一些消费者担心其收集购买历史、个人信息以及互联网上的搜索行为的能力。这些信息未来将如何被使用？会把它出售给其他公司吗？或者消费者会收到不想要的在线或邮件促销材料吗？

4. 扩大市场存在

在商店购物的消费者通常局限于那些住在商店附近的消费者。产品目录市场受到昂贵的印刷和邮寄成本以及消费者对环境友好措施日益感兴趣的限制。通过加入互联网渠道，零售商不必建立新的商店或承担增加目录的高成本就可以扩大其市场。加入互联网渠道对那些拥有强大的品牌名称但受限于店址和分销能力的零售商尤其具有吸引力，例如像内曼·马库斯、REI、宜家和里昂比恩这样众所周知提供独特、高品质商品的零售商。如果这些零售商只有一家商店，消费者将不得不长途跋涉去购买其商品。

5. 提供信息以提升各渠道的购物体验

对很多以店面为基础的零售商来说，想要深入发掘客户的购买历史是很难的，因为零售商无法将每笔交易与那些进行现金支付或使用第三方信用卡支付的客户联系起来。相比之下，所有通过互联网进行的交易都有交付货物时需要的消费者身份信息及其搜索行为信息。这些信息可用来对消费者如何购物、为什么购物以及对购物经历不满意或满意提供宝贵的见解。

收集有关客户如何浏览一个网站的数据是很容易的。通过在客户的硬盘驱动器中放置一个 cookie（一个小的计算机程序，用来收集有关计算机使用的信息），零售商就可以监视每个鼠标点击。点击流数据提供了客户考虑哪些产品的特征和哪些产品客户只是看看却不购买方面的深刻见解。从商店购物者那里收集此类信息会很困难，需要有人在商店周围跟着他们。

这个信息在以下几个方面对零售商是有用的。首先，它可以帮助他们设计商店或网站。例如，通过了解人们如何购物，零售商可以确定是否应该通过品牌、规格、颜色或价格点对商店或网站进行布局。其次，它可以帮助零售商对客户可能感兴趣的产品提供购买建议。例如，当某个客户购买了一本书后，亚马逊会基于其他购买此书的顾客行为，为该客户推荐其可能感兴趣的其他书籍。最后，基于客户点击或他们过去的购买，零售商可以为每个客户提供独特的促销活动。

6. 互联网购物的感知风险

一些消费者对通过网络渠道购买产品心存疑虑。具体来说，有些人认为网上信用卡交易的安全性问题比在商店更大，存在潜在的隐私权被侵犯问题。

虽然许多消费者都担心网上信用卡交易的安全性，但是实际使用中发生的安全问题很少。几乎所有的零售商都使用复杂的技术对沟通信息进行加密。同时，所有主要的信用卡公司都为零售业务提供一定的消费者保护。通常情况下，只要及时报告，未经授权的信用卡使用客户需要承担的金额不会超过 50 美元。安全漏洞的后果对于该卡号码被盗的零售商来说可能更糟糕。安全漏洞可以毁掉一个零售商的声誉并有可能被告上法庭。

消费者也担心零售商收集其购物记录、个人信息以及在他们不知情的情况下收集其网购行为的能力。他们担心的是这些信息未来将如何被使用？会把它出售给其他公司吗？或者消费者会收到不想要的在线或邮件促销材料吗？对于涉及隐私的这些问题，将在第 11 章和第 15 章中详细讨论。

3.2.4　电子及移动电话互联网渠道的对比

由于通过手持设备（如平板电脑和手机）接入国内和国际宽带的快速增长，零售商非常有兴趣开发这一渠道的潜力。移动互联网渠道在保持了以计算机为基础的电子互联网渠道的优势的同时，还有自己的优势及局限性。特别地，消费者可以非常容易地在其钱包或口袋里携带这样一台设备，并可以从任何他们所在的地方访问零售商的网站，只要有一个可用的移动电话连接即可。

移动渠道的另一个优点是消费者—零售商的相互作用可以是位置敏感的。例如，零售商可以确定某个客户所在的位置并发送相关信息（如促销活动）给客户，鼓励他到附近商店或到另一个地区的商店购买其他产品。

相比于以计算机为基础的互联网渠道，移动渠道的一个主要缺点是移动设备的屏幕比较小，下载速度比较慢。为了适应较小的屏幕，与移动设备和计算机交互的软件接口是不同的。当使用移动渠道时，客户通常使用一个侧面滚动的触摸屏导航，而当客户使用电子渠道时，则会使用鼠标。较小的屏幕尺寸和触摸屏导航意味着消费者使用移动渠道浏览或试图定位信息时必须划过更多的屏幕。

1. 应用程序

当消费者使用移动渠道时，为了给他们提供更好的购物体验，许多零售商开发出了移动购物应用程序。**应用程序**（App）是针对使用智能手机或平板电脑的消费者设计出来的，旨在提高其购物体验的软件应用程序。由零售商开发的应用程序通常可以用来方便地执行零售商网站上一些特定的功能，但不是所有的功能。亚马逊移动应用程序提供了成千上万的零售商用以比较产品的价格。它的 Snap It 特色功能可以让消费者把某个产品拍成照片来进行搜索，并可以在亚马逊进行一键采购。塔吉特的 Shop Target 很容易就可以让消费者扫描条形码并发现每日和每周的交易。用户还可以检查产品是否有存货，搜索附近的商店，并为折扣信息设置文本通知。

使用平板电脑可以在移动电话的可移动性和计算机访问网站的导航易用性之间提供一个最佳平衡。当某个消费者访问互联网渠道时，大多数零售商都服务于公司的网站，而不是一个特别设计的移动网站。但现在，一些零售商正在设计用于平板电脑的网站和应用程序。例如在 Anthropologie 的应用程序上，消费者不仅可以浏览产品，也可以剪辑最有吸引力产品的图片，将其添加到他们的社交网络上，同时还检查详细的、带有缩略图的产品。拼搭选项则允许把全套行头放在一起（包括配饰和珠宝）进行成套购买。自引入该应用程序以来，顾客通过平板电脑访问 Anthropologie 网站的比例增长了 3 倍，达到 6%；该零售商预计这一数字一年内将跃至 20%。

3.3 多渠道零售商面临的挑战

在上一节中，我们概述了不同的零售渠道所带来的好处。本节我们将描述零售商如何使用多种渠道为消费者提供产品并建立竞争优势。向多渠道零售商演进的典型例子往往发生在以商店为基础的零售商和产品目录商增加互联网渠道时。此外，专注于直销和电视家庭购物渠道的零售商也增加了互联网渠道。亚马逊，一个仅使用互联网单一渠道的零售商，甚至在考虑通过为消费者提供储物柜来建立一个实体存在，这样用户可以在储物柜中收取其从在线或实体店购买的商品以克服互联网渠道的一些限制。

无论消费者是如何找到一个多渠道零售商的，他们都希望拥有一种无缝的购物经历：不管他们是寻求销售人员的帮助，寻找一个在店内的商品信息亭，打电话给电话服务中心，还是登录网站的时候，他们都喜欢被辨认出。而一旦被识别，他们就需要零售商提供方便以帮助他们找到和拿走购买的商品（甚至在当他们想在线购买而在商店中取货时，或反之亦然，都需要零售商提供方便）。此外，各种渠道提供的信息应当是一致的。

零售商也受益于多渠道的协同效应。多渠道零售商可以使用一种渠道来促销其他渠道所提供的服务。例如，一个商店的网站 URL 可以在店内标识、购物袋、信用卡账单、即时销售（POS）收据以及用于推广店面的印刷品或广播中做广告。实体商店和产品目录也可以为零售商的其他渠道做广告。而零售商其他渠道也可以通过宣传特别的商店活动和促销，刺激消费者对商店的光顾访问。

多渠道零售商可以利用其商店来降低履行订单和处理退货商品的成本。他们可以将商店视为"仓库"来取货并供应给消费者。消费者也会获得无须支付运费、在零售商店面取货或退货的机会。当消费者在网上或通过产品目录下订单而置身于实体店时，许多零售商都实行免费邮寄。

然而，正如表 3-1 所示，大多数多渠道零售商还没有提供这些面向客户的无缝流程。这一明显的进展缺乏不应被解释为兴趣的缺乏。最近一项调查的结果表明，跨渠道协调对零售商而言是非常重要的，即使其潜力还没完全释放出来。

表 3-1　多渠道零售商跨渠道活动完成率（%）

跨渠道实践活动	表现好的零售商	其他
在线购买，实体店退货	70	59
实体店购买，网上完成	70	41
网上购买，实体店取货	50	52
通过移动设备购买	35	48
通过社交媒体资源购买	30	11
网上购买，任意商铺完成	30	30

资料来源：*Omni-Channel* 2012: *Cross-Channel Comes of Age*, 2012 Benchmark, RSR, June 2012.

在下一节中，我们将讨论多渠道零售商面临的一些挑战和权衡决策，包括多渠道供应链和信息系统的问题、集中化和分散化的多渠道零售、多渠道间一致的品牌形象、商品分类、定价以及围绕渠道迁移和"先逛店后网购"的挑战。

3.3.1　多渠道供应链和信息系统

多渠道零售商在提供一体化的购物体验上仍显得步履维艰，因为不同的渠道需要不同的技能以及独特的资源。当零售配送中心支持商店渠道时，它们将装在纸箱内的商品搬出供货商的卡车，运进配送中心存货，然后装上运往各零售商店的新卡车。当零售商变得足够有效率时，商品在配送中心只是做简单停留（往往不到一天），但是为产品目录和互联网渠道提供货品的零售配送中心还需要履行其他职责：接收纸箱包装的商品，将单个产品分离出来，然后再重新包装并运到各个终端客户。处理个别产品（而不是纸箱）并运输到个人消费者（而不是零售商）需要独特的包装、不同的运输系统和新的中介。

由于这些操作上的差异性，许多基于商店的零售商都有一个单独的组织来管理其互联网和产品目录业务。但随着多渠道运营的成熟，零售商倾向于在一个组织下整合所有的操作。沃尔玛和彭尼百货最初都有独立的互联网渠道组织，但随后又整合了商店和产品目录渠道。

3.3.2　集中化和分散化的多渠道零售

由于每一种渠道都提供了一套独特的利益，零售商对使用不同渠道客户的档案配置是不一样的。因此，多渠道零售商面临的一个关键决策是在一定程度上整合各个渠道的业务还是为每一个不同的渠道配备不同的组织机构。一种极端情形是进行完全整合，通过相同的分销系统在所有渠道以相同的价格销售相同的产品，另一种极端情形是采用不同的组织管理每个渠道，以便使各渠道针对不同的目标市场。然而，很少有零售商采取极端路线去寻求一种战略。

3.3.3　多渠道间一致的品牌形象

不管对自身还是对其自有品牌商品，零售商都需要在各个渠道上提供一致的品牌形象。例如，巴塔哥尼亚同时在其商店、产品目录和网站上强化其销售高质量、环境友好型体育器材的形象。在巴塔哥尼亚的产品描述中，每一种渠道都强调功能而不是时尚。巴塔哥尼亚对环境的担忧是通过商店节约照明用电和在许多衣服中使用再生聚酯，以及只使用有机而不是农药密集的棉花传达出来的。其博客 www.thecleanestline.com 致力于用短文及其他特色传达环境保护、创新设计及体育理念。零售视角 3-4 介绍了熊宝宝工作坊是如何使用多个渠道建立与强化其形象的。

零售视角 3-4

熊宝宝工作坊利用多渠道强化其形象

在 Bearville.com 网站上，各个年龄段、各种背景的毛绒动物玩具迷都可以参加熊宝宝工作坊提供的娱乐活动。这些活动包括在线游戏，获得乐趣奖励"证书"、感谢卡，以及组织一次聚会。该网站因此与熊宝宝工作坊实体商店及该公司的移动应用程序紧密结合，当然，还提供各种可爱的产品。

就像年轻消费者给他们毛茸茸的朋友起名字一样，线上 Bearville 游戏的玩家可以个性化自己的角色并为这些角色购买虚拟装备，然后与全球的客户一起参与游戏。这些顾客花在其网站提供的免费网络游戏上的时间大约为 2 500 万个小时。借由这个互联网渠道，熊宝宝工作坊不仅希望能够提高其品牌形象，并且也希望使儿童保持兴趣以及与零售商进行互动，从而使其父母再次带他们去光顾本地商店。

熊宝宝工作坊也承诺提供一个安全、有益的网站。"发现熊"（Find-A-Bear）识别程序能够帮助用户找到丢失的小熊。在孩子注册的时候，该公司会给他们的父母发送一封电子邮件和一个链接，使他们能够确定公司针对他们的孩子发起的活动的沟通水平，而这取决于他们孩子的年龄、成熟程度和所能感受到的舒适度水平。此外，熊宝宝工作坊也会监测站点，以确保其所有的社会化是适宜的，正如该公司的创始人说的那样："例如，我们一直关注网络欺凌的问题"。

资料来源： www.bearville.com, accessed September 1, 2012; "Build-a-Bear Workshop: The Bear Necessities," *Retail Week*, January 13, 2012; and "Build-A-Bear Workshop Creates Entertainment Destination," Internet Wire, February 9, 2011.

问题讨论： 这些互联网渠道的各种活动与商店品牌一致吗？

3.3.4 商品分类

通常情况下，对每一种渠道进行不同的商品分类往往是适当的。例如，多渠道的零售商通过其互联网渠道可以比商店渠道提供种类更广泛和分类更深入的商品。由于互联网渠道的产品分类较多，因此它可以满足更多客户群体的需求。例如，多渠道服装零售商可以在其互联网渠道提供"边缘尺寸"（如一些特大码的衣服），但如果是商店渠道，这样做的代价过于高昂并会受到空间的限制。

渠道就其为不同类型的商品产生的销售额来说是不同的，也就是说渠道的效率不同。例如，商店渠道更适合销售具有"摸一摸，感觉一下"这种重要属性的商品，如衬衫的合身度、冰激凌的味道或者香水的气味。另外，对于具有"看一看，瞧一瞧"这一重要属性的商品，互联网渠道的销售可能和商店渠道的销售一样有效，如食用油的价格、颜色和克数，这是因为评估这些产品不需要视觉以外的感觉。由于"摸一摸，感觉一下"体验所限，通过零售商互联网渠道购买的服装退货率超过20%，但在商店购买的服装退货率只有5%。

3.3.5 定价

定价代表着多渠道零售商面对的另一个艰难决定。许多顾客希望各个渠道之间的定价是相同的（在不包括运费的情况下）。然而在某些情况下，零售商需要根据不同的渠道面临的不同竞争来调整自己的定价战略。例如，巴诺书店通过互联网渠道（BarnesandNoble.com）提供比商店渠道更低的价格，以有效应对来自亚马逊的竞争。

在多个市场运营的零售商经常对相同商品设置不同的价格，以应对当地的竞争差异性。他们之所以能够这样做是因为大多数顾客并不知道这种价格的区别，他们只能看到当地市场的价格。然而，当顾客可以在网上很方便地查到商品定价时，多渠道零售商可能就很难维持这种区域间的价格差异了。

3.3.6 减少渠道迁移

互联网渠道可以帮助顾客搜索产品和价格信息。最常见的多渠道使用首先是初步的在线搜索，其次是在商店购买。美国大约78%的消费者都采用这种消费模式，只有8%的消费者会先浏览商店，然后通过互联网完成购买。只要商店和互联网渠道代表着同一家零售商，该公司（零售商）当然是高兴的。但是，如果客户从一个渠道收集信息，然后从一个竞争对手打理的渠道进行购买，那么该零售商就要苦于**渠道迁移**（channel migration）这一令人沮丧的问题了。现代技术，包括那些使顾客通过在线或移动设备收集信息和完成购买的技术，使得渠道迁移变得简单。因此，留住顾客仍然是多渠道零售商持续面临的挑战。

正如在本章前面提到的，一种渠道迁移的特别形式叫作**先逛店后网购**。先逛店后网购发生在消费者进入商店了解不同品牌及产品，然后在互联网上搜索以较低的价格出售的相同的产品。多渠道零售商可以使用三种方法减少先逛店后网购的情形：①提供更好的客户服务；②在零售商收集的消费者专有数据的基础上提供独特的相关信息；③促进自有品牌商品的发展，使消费者只能从该零售商处购买。这些方法将在第5章中进行更详细的讨论。

3.4 未来的多渠道购物

下面的一段假设场景描述了未来顾客可能会经历的跨渠道的技术和无缝界面。

3.4.1 购物体验情境

一个星期二的早晨，朱迪·贾米森（Judy Jamison）正在吃早餐，同时心里盘算着要买一件新衣服，因为她将在星期五晚上在市中心的新俱乐部参加一个聚会。她给朋友发了一条推文，告诉他们自己今天下班后的购物计划，还让朋友给她一些建议应该光顾哪些零售商。她从朋友那里得到一些建议，然后决定在互联网上做一些研究。她打开自己的平板电脑以访问个人购物计划[称为弗莱德（FRED）]，并有以下的互动对话：

- **弗莱德**：你是想浏览、去某家具体的商店，还是想购买一个特定的产品？
- **朱迪**：特定的产品。
- **弗莱德**：这个产品是什么？[菜单出现，朱迪选择。]
- **朱迪**：衣服。
- **弗莱德**：场合？[菜单出现，朱迪选择。]
- **朱迪**：鸡尾酒。
- **弗莱德**：价格范围？[菜单出现。]
- **朱迪**：175～200美元。
- [现在弗莱德在全世界进行电子采购，访问欧洲、亚洲、非洲、澳大利亚以及美国北部和南部那些销售鸡尾酒礼服公司的服务器。]
- **弗莱德**：已经确定了1 231件产品。你想看多少？[菜单出现。]
- **朱迪**：7件就够了。
- [弗莱德基于朱迪的风格偏好选择了7件最佳服装替代品。7件鸡尾酒礼服出现在屏幕上，每件礼服下方都显示了价格、品牌名称及零售商。朱迪依次点击每件衣服以得到更多相关信息。她又点击了一次，看到一个类似于朱迪衣服造型的女人全动作视频。她选择了几件看起来最吸引她的礼服。]

然而，朱迪决定不买这件衣服，因为她不知道衣服送达时是否合适，她也没有时间把它退回去并更换另一个型号。她喜欢弗莱德为她找到的罗伯特·罗德里格兹（Robert Rodriguez）的风格，所以又去浏览brandhabit.com，在上面键入这位设计师的名字及自己的邮政编码，找到最近的有该设计师作品并且有自己型号的商店。该网站指引她登录这家商店的网站以查看更多的服装。最后，她决定下班后去光顾这家商店。

朱迪走进这家商店后不久，她的信用卡芯片就向负责首选客户销售人员的移动设备发出信号，显示她作为一个常客的到来和所处的位置。有关朱迪可能感兴趣的产品（包括她在网站上通过弗莱德浏览的产品）信息，从商店服务器同时下载到朱迪和销售人员的设备上。

一位销售人员接近朱迪并向她打招呼："您好，贾米森女士。我叫琼·布拉福德（Joan Bradford）。有什么可以帮您的吗？"朱迪告诉她，她需要为聚会买一件衣服。她在商店的网站上看到了一些衣服，还想在他们的商店里看看。销售人员随即把朱迪带到一个虚拟更衣室。

在这间更衣室里，朱迪坐在一张舒适的椅子上，并观看按照她的形象（通过身体扫描存储在朱迪的客户文件中）展示的衣服，而这些衣服是按照朱迪最近访问该零售商网站的信息以及她过去的购买历史信息选择出来的。

朱迪通过手机把这些个性化图像传送给在加利福尼亚工作的朋友观看。他们就哪件衣服穿在朱迪身上最好看展开了讨论。除此之外，朱迪还可以用手机找到更多关于服装的信息，例如面料、清洗说明等。最后，她选择了一件最感兴趣的衣服并试着穿上它。当她试穿的时候，房间里的摄像机使她能够看到自己各个角度的样子。她注意到，从某种角度看，这件衣服并不完全合身。销售人员建议这个问题可以通过一个小小的改变加以克服，并向朱迪展现改变后的穿着效果。利用其移动设备上显示的信息，销售人员琼向朱迪推荐了一个手提包和一条围巾，并将这些配饰添加到朱迪之前的电子形象上。朱迪决定购买那条围巾，但没要手提包。朱迪获知当衣服改好后她将在手机上收到一条消息，然后再指明是希望把衣服送到家里还是自己去商店取。

朱迪穿过化妆品部走向车库的时候看到一款新口红很吸引人。她买了这款口红和一瓶她最喜欢的香水（3盎司），然后走出了商店。商店系统检测到她的离开，并利用无线射频识别技术（FRID）对她选择的商品应支付的费用在其账户上进行了自动扣除。

3.4.2 对购物体验的支持

以上情境演示了各个渠道和整合系统共享顾客信息的优势。销售人员和商店系统可以从数据库获得朱迪的身体扫描电子形象、其与零售商网站的互动及其过往的购买信息和偏好，并在此基础上为她提供极佳的客户服务。该技术还支持零售商的商业模式，并决定如何为客户提供具有最佳购物体验的产品和服务。

在朱迪走进商店之前，她利用搜索引擎查找在哪里可以找到自己想要的某种品牌和产品。然后，她上网查看有哪些商品可选，检查她的更改状态，并决定是否要求送货上门。这些场景中的一些新技术如无线射频识别技术、自助结账及个性化虚拟现实展示，都可能在未来的商店里得到应用。

➡ 本章小结

（1）理解零售商提供的无店面渠道。

零售渠道是零售商向消费者出售并交付商品和服务的方式。零售商最常使用的渠道是店面。零售商还利用各种无店面渠道，包括互联网、移动电话、产品目录、直销、电视家庭购物、电视直销以及自动零售（自动售货机）向客户进行销售。多渠道零售包括使用多个渠道来加强客户满意度体验以及发掘各渠道之间的协同效应。多渠道零售商面临的一些挑战在于其管理多种信息和供应链系统、渠道运营、定价、品牌化及产品种类时固有的业务和组织差异性。

（2）比较下列四种主要零售渠道提供的好处：店面、互联网、移动终端以及产品目录。

店面为消费者提供无法通过无店面渠道（如互联网或产品目录）得到的一些好处。这些好处包括触摸和感觉商品、个性化服务、提升了的客户服务、降低风险、需求被即时满足、现金支付、娱乐以及社交体验。

像所有无店面渠道一样，产品目录为消费者提供安全和便利的好处。首先，通过使用产品目录这一渠道，消费者在没有电脑、移动设备或互联网连接的情况下，也可以几乎随时随地浏览并订购商品。其次，消费者可以随时从咖啡桌上捡起一本产品目录参考其中的信息。最后，产品目录比网站更易于浏览。

互联网渠道具有五大优势：第一，互联网渠道的加入可以提供更多的产品选择；第二，互联网渠道允许零售商提供更多的信息；第三，互联网渠道使零售商能够为消费者提供更多关于产品和服务的个性化信息；第四，互联网渠道给卖方提供了收集消费者购物信息的独特机会；第五，互联网渠道为零售商提供了以更经济的方式进入新市场的机会。此外，零售商在各渠道之间提供可用的信息以提升购物经验。一些消费者在通过互联网渠道购买产品方面心存顾虑。

（3）分析多渠道零售商面临的挑战。

由于需要独特的技能和资源来管理每个渠道，多渠道零售商在跨渠道提供整合性购物体验的道路上仍然步履蹒跚。多渠道零售商面对的一个关键决策是他们需要在多大程度上整合渠道业务或针对每个渠道使用不同的组织机构。每种渠道都提供了一系列独特的好处，并且使用不同渠道零售商的消费者的特点也是不同的。对于自身以及自有品牌商品，零售商都需要跨渠道提供一致的品牌形象。定价也是多渠道零售商面临的一个棘手的决策。另外，互联网渠道的可用性使客户能够轻松地搜索产品和价格信息。

（4）思考未来的多渠道购物的体验。

这一情境用以说明未来人们是从一体化的多渠道零售商那里购物的。

小试身手

1. 持续案例任务：购物　假设你要在互联网上购买一件与第2章"小试身手"练习1中同一种类的商品。登录该零售商的网站，把网上的商品分类、商品价格和店里的做比较，再比较网上购物体验和店面购物体验。要找到你想要的商品有多难？其商品分类和定价如何？如何结账？你喜欢和不喜欢的网站特色分别有哪些（例如其外观、给人的感觉、导航和其他特点）？

2. 网上练习　登录J. Crew（www.jcrew.com）、彭尼百货（www.jcpenney.com）和美鹰傲飞服饰（www.ae.com）的网站并购买卡其布的裤子。评估你在每一个网站的购物体验。比较和对比这些网站以及那些你认为对消费者而言最重要的特点。

3. 网上练习　假设你要结婚了，正在筹备婚礼。比较这两家网站：www.theknot.com和www.weddingchannel.com在筹办婚礼方面的实用性。这两个网站的哪些特点是你喜欢的？列出其提供的你有可能使用的特定服务。

4. 网上练习和购物　选择一种商品品类，如微波炉、电钻、数码相机、搅拌机或咖啡壶。比较零售商在当地商店和在其互联网网站上的产品。通过其商店和互联网渠道提供的产品品类有什么不同？其价格是否相同？零售商做了哪些工作来利用渠道之间的协同效应？

5. 网上练习和购物　分别使用移动电话和电脑访问家得宝与梅西百货的网站。当用这两种方法浏览商品展示时其导航的便利性差异体现在哪里？

讨论问题

1. 为什么实体零售商积极利用互联网渠道进行销售？

2. 从顾客的角度看，店面的优势和局限性是什么？产品目录呢？零售网站呢？
3. 你会在定制化虚拟模型展现方式的基础上购买衣服吗？为什么？
4. 为什么电子渠道和产品目录渠道经常会有礼品赠送？
5. 多渠道零售商是否应该在其网站上提供与店面相同的商品分类和商品价格？为什么？
6. 你认为下面哪些商品种类可能在网上很畅销：珠宝、电视、电脑软件、时尚服饰、药品、健康护理用品（如牙膏、洗发水及感冒药）？为什么？
7. 假设你想投资虚拟社区，目标客户是那些户外休闲运动的爱好者，比如徒步旅行、攀岩或划皮艇爱好者，你会在网站上提供什么商品和信息？哪种类型的实体单位运行这个网站最有效率？是知名的户外运动爱好者、针对户外运动的杂志，还是户外运动商品零售商？为什么？
8. 消费者通过移动设备或计算机上网浏览网站时各有什么好处？当他们想了解特别的促销活动时呢？
9. 当你在网上购物时，你花多少时间进行浏览与购买？当你在一家商店购物的时候，你又花多少时间浏览与购买？

推荐读物

Avery, Jill, Thomas J. Steenburgh, John Deighton, and Mary Caravella, "Adding Bricks to Clicks: Predicting the Patterns of Cross-Channel Elasticities Over Time," *Journal of Marketing* 76 (May 2012), 7, pp. 96–111.

Brynjolfsson, Erik, Hu, Yu (Jeffrey), Rahmanand Mohammad S., "Battle of the Retail Channels: How Product Selection and Geography Drive Cross-Channel Competition," *Management Science*, November 2009, Vol. 55 Issue 11, pp. 1755–1765.

Hsiao, Cheng-Chieh; Yen, Ju Rebecca Hsiu, and Eldon Y. Li, "Exploring Consumer Value of Multi-Channel Shopping: A Perspective of Means-End Theory," *Internet Research*, 22: 3, 2012, pp. 318–339.

Lee, Hyun-Hwa and Jihyun Kim (2010), "Investigating Dimensionality of Multichannel Retailer's Cross-Channel Integration Practices and Effectiveness: Shopping Orientation and Loyalty Intention," *Journal of Marketing Channels*, 17:4, 2010, pp. 281–312.

Neslin, S.A. and V. Shankar (2009), "Keys Issues in Multichannel Customer Management: Current Knowledge and Future Directions," *Journal of Interactive Marketing*, 23: 1, pp. 70–81.

Poloian, Lynda Gamans. *Retailing Principles: Global, Multichannel, and Management Viewpoints, 2nd Ed.* Fairchild Publication: New York, 2012.

Schramm-Klein, Hanna, Gerhard Wagner, Sascha Steinmann and Dirk Morschett, "Cross-Channel Integration—Is It Valued By Customers?," *The International Review of Retail, Distribution and Consumer Research*, 21: 5, 2011, pp. 501–511.

Weitz, Barton A. "Electronic Retailing," in Retailing in the 21st Century—Current and Future Trends, 2nd ed., eds. Manfred Kraft and Murali Mantrala. Berlin: Springer, 2010, pp. 309–323.

Zhang, Jie, Paul W. Farris, John W. Irvin, Tarun Kushwaha, Thomas J. Steenburgh, Barton A. Weitz, Crafting Integrated Multichannel Retailing Strategies," *Journal of Interactive Marketing*, Volume 24, Issue 2, May 2010, pp. 168–180.

第4章

消费者购买行为

- **主管简介**

唐·云塞尔，零售业务集团总裁

NPD集团有限公司

NPD集团提供消费者购买行为的信息，这些信息有助于我们的客户（既有零售商，也有供货商）做出更好的、基于事实的决策。我们的系统所提供的报告有两个数据来源：销售点（POS）数据和消费者的面板数据。

POS数据是由遍布全球的900多个零售客户提供给我们的，这些数据对150 000多家商店的销售情况进行了详细说明。该数据库的产品及价格信息贯穿整个日用品品类，由一系列跨部门的零售商（包括百货商店、折扣店以及专卖店）提供。零售商跟我们分享这些销售数据，以换取我们向其提供经由分析得来的结论。

在线消费小组是由200多万同意参与调查并提供其购买行为信息的人组成的。除了零售商提供的销售数据，该数据库还包括小组成员的人口统计特征和其他信息，其中包括具体购买场合的客户满意度评估。这个数据库允许按人口统计进行跨所有渠道的销售数据跟踪。我们的技术能够确保调查样本代表总人口或某个客户特定的目标受众。

我们设计的系统使零售商很容易获得数据，并利用这些数据帮助他们分析市场表现及做出基于事实的决定。我们提供利用两种数据库得来的各种各样的报告。例如，一个汽车零部件零售商浏览了一份公平份额报告，这份报告在每一个商品品类上将其市场份额与其整体的市场份额进行对比，发现了一些其没有得到公平份额的领域，比如在一个品类上它只有8%的市场份额，而其整体市场份额为11%。通过深入研究数据，该商品品类的购买方调整了其分类计划，改变了特定品牌和存货单位（SKU）的重点。结果是其年销售额增加了300万美元，而且购买方还获得了一次促销活动。

鉴于我们所收集和分析数据的广度与深度，我们能够确定关键的消费者趋势和商业机会。那些20多岁、被称为"Y一代"或"千禧一代"的消费者对于食物和进餐的选择不同于其他一代。我们发现，这个细分市场的消费者对自己的判断有高度的信心，关注的东西变化很快，并且高度看重准备时间少这个因素。他们更有可能比其他年龄组的消费者使用冷冻和其他快速准备食品。这些年轻人一直是经济衰退中最受打击的一群人，也是对于低价零售商光顾最多的消费者。1/3的"千禧一代"年轻人选择在沃尔玛和其他大型零售商那里购物。对于食品零售商和餐馆而言，一个重要的机会（也是挑战）存在于学习如何能有效地与这个"连接起来"的一代进行沟通，以及提供符合其自发的、有预算意识生活方式的产品和进餐/零食解决方案。

□ **学习目标**

- 描述消费者光顾商店和购买商品所经历的决策过程。
- 识别不同类型的购买过程。
- 总结影响消费者购买决策的经济和社会因素。
- 确定为什么以及如何将消费者分成不同的细分市场。

正如在第1章中讨论的那样,一个有效的零售战略能够比竞争对手的战略更好地满足消费者的需要。成功的零售商是以消费者为中心的,他们的战略和战术都是围绕其现有的与潜在的顾客而做出的。因此,了解消费者的需求及购买行为是有效制定和实施零售战略的关键。

本章重点介绍消费者在光顾哪家商店、选择什么渠道、购买何种产品和服务等方面如何处理信息及做出决定,具体描述消费者购买商品所经历的各个步骤以及影响其购买过程的因素。通常情况下,由于零售商为单个消费者开发独特的产品是不符合成本效益的,因此,零售商往往会选择具有类似需求和购买过程的消费者群体(市场细分)作为其目标市场并向其提供产品。本章将继续讨论细分市场是如何形成的。我们利用购买过程中的信息讨论零售商如何识别其细分市场,并把这个市场作为零售战略的目标。附录4A则讨论了销售时尚类商品的零售商所关注的消费者购买行为的几个特殊方面的表现。

4.1 购买过程

下面的场景说明了消费者在购买商品时所经历的几个步骤。伊娃·门多萨(Eva Mendoza)是华盛顿大学的一名学生,开始为找工作接受面试。伊娃本打算穿几年前父母给她买的那套蓝色套装去参加面试。但打量之下,她觉得这套套装不是那么时尚,而且上衣也有穿过的痕迹。伊娃决定购买一套新套装以使自己在面试中给人留下好的第一印象。

伊娃上网查看有关面试着装的提示,也浏览了一些产品目录,了解里面提供的各种款式和价格。她还登录时尚博客如Nubry以及Facebook,看看朋友都是如何穿着的,并且检查他们"喜欢"什么以及把什么"钉"在Pinterest上。然后,她登录零售商的网站来检查和比较其所有的套装。之后,她决定去一家商店上身试穿一下,必要的话还可以对衣服做一些修改。她喜欢美鹰傲飞服饰和香蕉王国店(Banana Republic),但这两家店都不卖套装。在去西雅图的北门商场(Northgate Mall)之前,她对自己的Facebook页面进行了状态更新,宣布她打算去这家购物中心并邀请好友一起去。好友布里特在她的Facebook上进行了发帖回应,他们决定在商场门口见面。贝齐也做了回应,但她感冒了,要休息。

伊娃和布里特先去了梅西百货,一位职业女装部的售货员走近她们,问伊娃需要什么类型的套装及型号大小,然后向她们展示了三套套装。伊娃和布里特交谈对套装的看法,并决定再听听贝齐的意见。伊娃用手机拍下了套装照片并将它们发送给待在公寓的贝齐。贝齐三套都喜欢,所以伊娃一一进行试穿。

当伊娃走出更衣室,她还是不确定到底该选择哪套套装。她又给贝齐发送了更多的照片。最后,她、布里特和销售人员一致认为第二套套装最有吸引力,也最适合面试。伊娃很喜欢这套套装的颜色、裁剪、质地以及尺寸,但她担心这套衣服需要干洗。还有一点,购置这套套装的费用超过了她先前的花费预算。伊娃最后决定购买这套衣服，因为该店另一位顾客说伊娃穿第二套衣服显得很职业化。

当布里特和伊娃朝大门走去时，她们经过鞋类专柜。布里特告诉伊娃"你需要买双鞋子去搭配这套衣服。"伊娃发现了一双堪称完美的史蒂夫·马登（Steve Madden）轻便鞋。她试穿了几双以找到合适的尺寸，但是布里特告诉她这家店的价格过高。伊娃使用她的手机购物程序扫描鞋子的 UPC 代码，发现美捷步卖的鞋都在 20 美元以下，而且没有销售税。伊娃从美捷步下单订购了这双鞋，并期待次日送达她住的公寓。

当我们描述消费者的购买过程时，可以回想并参考伊娃的购物之旅。**购买过程**（buying process）是指消费者购买某件产品或服务所经历的若干步骤。此过程开始于消费者意识到自己未被满足的需要。消费者接着会寻求如何满足需要的信息，如哪家零售商、什么渠道、何种产品或服务可能满足他们的需要。然后，消费者会对可选方案进行评估，并选择是否光顾一家实体商店、互联网网站或者浏览产品目录。与零售商的接触会提供更多的信息，并可能提醒消费者额外的需求。对零售商的产品进行评估之后，消费者可能购买或去另一家零售商收集更多的信息。最终，消费者购买某一产品，使用该产品，并在顾客购买过程的购后评价阶段对零售商、渠道和产品是否满足了自己的需要做出判断。

图 4-1 概述了购买过程，即消费者选择零售商和零售渠道并购买某一特定产品所经历的步骤。该图表明，购买过程是线性的（图 4-1 中的实线）。消费者首先选择渠道和零售商，然后再选择具体的产品。对于每一个决定，消费者都要经历六个步骤，从需要认知开始到忠诚度结束。当我们讨论购买过程中的这些步骤时，应该认识到消费者可能不会经历所有的阶段或者可能不会按照图 4-1 所示的顺序依次经历这些步骤。例如，伊娃在选择零售商之前可能已经选好了套装的品牌，她也有可能搜集了在梅西百货出售的套装信息，然后在这些信息的基础上去另一家商店或使用另外一种渠道（如互联网）购买套装。

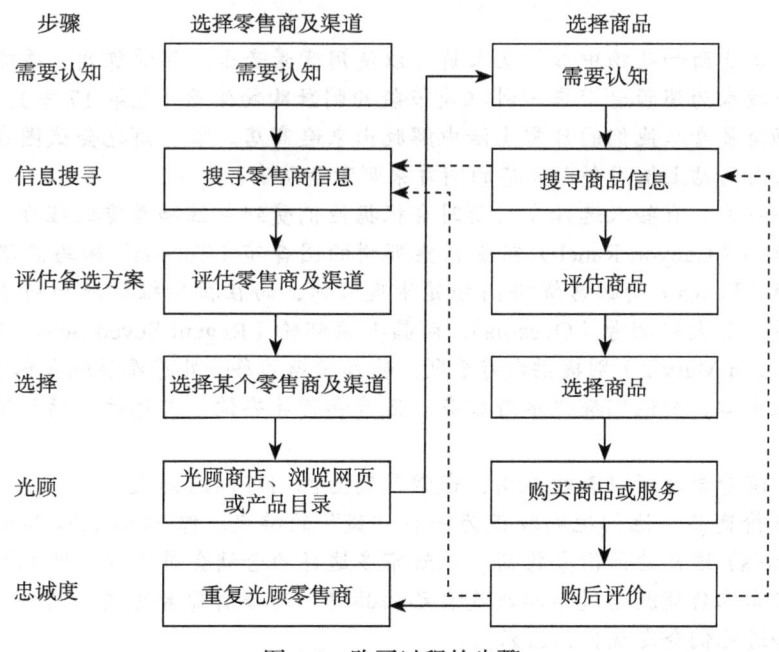

图 4-1 购买过程的步骤

零售商试图对消费者的购买过程加以影响以鼓励消费者购买自己的商品和服务。以下部分详细讨论了购买过程中的每一个步骤。

4.1.1 需要认知

当消费者认识到他们有某种未满足的需要时，购买过程就会被触发。而某种**未满足的需要**（unsatisfied need）产生于消费者欲求的满意度水平与其现阶段满意度水平的差异。例如，当伊娃面临穿着蓝色套装去面试工作的前景时，她认识到了自己的一个需要。她需要一套能给别人留下好印象的套装，而她现有的这套蓝色套装陈旧过时了，满足不了她的这一需要。需要认知可以简单、直接，就像意识到自己该理发了，或者期末考试后需要一种彻底放松的那种感觉，或者需要收到关于朋友所买东西的一条信息。

1. 需要的类型

刺激消费者去购物的需要可以被归类为实用性或享乐性。当消费者购物是为了完成一项特定的任务时，比如伊娃为了工作面试买套装，他们寻求的是满足**实用需要**（utilitarian needs）。如果消费者购物是为了乐趣，寻求的则是满足自己的**享乐需要**（hedonic needs），即他们对娱乐、情感和休闲体验的需要。因此，从消费者的角度来看，实用需要和工作有关，而享乐需要则关乎快乐。

成功的零售商会试图努力满足消费者的实用需要和享乐需要。被实用需要驱动的消费者，其购物通常经过深思熟虑，购物方式也更有效。因此，针对有实用需要的购物者，零售商要为他们提供足够的信息以及轻松的购物体验。另外，有享乐需要的消费者渴望兴奋、刺激、地位与权力、娱乐以及冒险。零售商可以提供如下方面来满足享乐需要：

- 刺激。零售商和购物中心管理人员可以使用背景音乐、视觉陈列、香味以及商场演出等手段来为消费者带来一种狂欢节般的刺激购物体验（见第17章）。这样的环境会鼓励消费者从他们的日常生活中解脱出来逛商店。零售商也会试图在其产品目录和互联网网站上使用令人兴奋的图片来刺激消费者。
- 地位与权力。有些人选择零售商时会根据他们受到关注和尊重的程度。例如，美国峡谷牧场（Canyon Ranch）在亚利桑那州的图森市（Tucson）和马萨诸塞州的莱诺克斯市（Lenox）向顾客提供高档健康度假村，而在拉斯维加斯和内华达州及在各大邮轮，如大洋洲号（Oceania）、丽晶七海邮轮（Regent Seven Seas）和玛丽皇后2号（Queen Mary 2）则提供水疗会所。峡谷牧场的每一处疗养胜地和水疗馆都以顾客为关注中心，为他们提供水疗服务、医疗和营养咨询、工作坊、精神追求以及健康美食。
- 冒险。消费者之所以喜欢逛街，通常是因为他们可以淘到便宜货，能碰到特卖打折品或低价商品。他们把购物视为一种"赢"的游戏。像Marshalls和综合折扣店乔氏（Joe's）这样的低价零售商、像好市多这样的仓储会员部以及像扎拉这样的快速时尚专卖零售商就通过不断改变自己的品种去迎合消费者的这种需要，使消费者永远不知道他们会发现什么宝藏。

2. 需要冲突

大多数消费者有多重需要，而且这些需要经常相互矛盾。例如，伊娃·门多萨想穿一套唐娜·凯伦（DKNY）套装，这会提升她的自我形象，赢得大学朋友的尊敬，也很适合将来的工作面试场合，但是这种享乐需要同她的预算开支及找到一份工作的实用需要相冲突。如果她穿着一身昂贵的套装去应聘一个初级职位，雇主会认为她不是一个能够担负起责任的人。本章后面将讨论消费者如何在相互冲突的需要之间进行权衡的一个模型。

消费者的购买行为可能并不会始终如一，而是取决于具体情况。例如，滑雪者可能会购买昂贵的 Spyder 护目镜，但会穿便宜的从塔吉特购买的滑雪装。某个杂货店购物者可能买很便宜的商店品牌的卫生纸，但会买很贵的全国性品牌的橙汁。这种既购买昂贵产品，又购买廉价产品，或者既光顾以身份为导向的高档零售商，又光顾以价格为导向的零售商的行为被称为**交叉购物**（cross-shopping）。

3. 刺激需要认知

客户必须首先认识到自己未被满足的需求，才有动机去光顾某个商店或去网上购买商品。有时候这些需要是由生活中发生的某件事情引发的，如伊娃即将到来的面试。零售商利用各种手段促使消费者认识到未被满足的需要。广告、电子邮件、直邮、宣传以及特别事件用来提供关于新商品或特价的信息。对 SeenOn（www.seenon.com）网站的访问可以通过展示名人或电视人物所穿戴的产品来刺激需要认知。在一个社交媒体活动中，梅尔罗斯珠宝商（Melrose Jewelers）通过给人们做一项性格测试来鼓励其 Facebook 网页的游客购买一款手表，这项测试给出何种性格的人最适合佩戴何种风格手表的建议。在商店里，商品的陈列和销售人员也可以刺激消费者对自己某些需要的认知。例如，鞋的展示就刺激了伊娃买双新鞋以搭配新衣服的需要。

4.1.2 信息搜寻

一旦消费者确定了某个需要，他们通常会寻求有关零售商、渠道或产品的信息，以帮助他们满足这一需要。伊娃的信息搜索开始于互联网，然后根据朋友的意见，她的搜寻范围最后缩小到梅西百货的销售人员向她展示的那三套套装上。在其他情况下，伊娃可能通过访问好几家零售商或在互联网上花更多的时间从诸如 College Fashion、Refinery29 和 FabSugar 等时尚博客来收集更多的信息。

1. 信息来源

消费者有两个信息来源：内部来源和外部来源。**内部来源**（internal sources）是指存储在消费者记忆中的信息，如名字、形象及其过去在不同商店购物的经历。内部信息的主要来源是消费者过去的购物体验。即使消费者只记得所接触信息中很小的一部分，当决定去哪家商店购物和买什么商品时，他们头脑中也会有一个储存广泛的内部信息库供其选择。

外部来源（external sources）包括由一堆来源提供的信息。人们使用搜索引擎（如谷歌)搜索产品和信息,访问那些由制造商和零售商维护的网站,从传统媒体(如广告)获取信息,阅读博客,在 YouTube 上观看产品演示,亲自或通过社交媒体向朋友征求意见。

当消费者感觉其内部信息不够时,他们就会转而寻求外部的信息来源。例如,伊娃问她的朋友贝齐和布里特,请她们帮助自己做出购买决定。为了弄清楚她喜欢的鞋子价格是否合理,她转向了一个卖鞋的电商。这样的外部信息来源对于是否会接受时尚类商品起着重要的作用,附录 4A 将对此进行讨论。

2. 搜寻的信息量

一般情况下,**信息搜寻**(information search)的数量取决于消费者认为从搜索中获得的价值与搜索成本的比较。搜寻的价值源于额外信息能够在多大程度上提高消费者的购买决策。这一搜寻能帮助消费者找到一个价格更低或性能更佳的产品吗?搜寻的成本包括消费者所花的时间和财力。从一家商店到另一家商店会花去汽油费和停车费,但发生的主要成本还是消费者的时间。

技术大大降低了信息搜寻的成本。例如,世界上大量的商品出售信息只需一部智能手机就能搜索到。零售视角 4-1 描述了随时可用的网络信息如何影响汽车的购买过程。

影响信息搜寻量的因素有:①消费者的个人特征;②购买时的市场状况及购买情境。有些人可以比别人搜寻到更多的信息。追求享乐的顾客通常会花费更多的时间来收集信息和购物,因为他们享受这个过程。曾经购买和使用过某种产品或服务的消费者往往对于此种产品或服务搜索的信息较少。

影响信息搜寻的市场及购物情境因素有两个方面:①竞争品牌和零售网点的数量;②购买时间的紧迫程度。当竞争激烈并且消费者有更多的选择时,消费者的信息搜寻量会增加。然而,当时间紧迫时,搜寻的信息量则会减少。

零售视角 4-1

互联网改变了汽车购买过程

10 年前,如果消费者想买一辆车,他们会访问几个不同的经销商,看看不同的车型,试驾每家经销商销售的汽车,然后再协商价格并与经销商完成交易。许多消费者将这一传统的买车过程视作类似于愉快地访问牙医的过程,但是现在的互联网已经改变了这种体验以及汽车零售的本质。

互联网赋予消费者在汽车购买过程中的更多控制权。消费者可以登录访问诸如下列网站:www.autobytel.com、www.cars.com 或 www.edmunds.com,获取丰富的信息,包括经销商的汽车成本和各种车型选择;通过并排图表比较车辆的价格、功能、马力、里程、车座前腿部的伸缩空间和其他选择,了解对众多车型的评论,甚至拍出 360 度的汽车内饰照片,让消费者从驾驶员座位的角度了解此款车的样子。

通过这些网站与汽车经销商的关系,消费者可以从其所在地区的经销商那里询问汽车的价格。如果他们打算使用信贷买车的话,这些网站上方便的计算器工具还会告诉顾客每月需要支付多少钱。网站提供的计算器还会帮助汽车买家弄清楚:他们在一辆车上可以负担得起多少钱,他们应该买一辆新车还是二手车,是租赁还是购买。这一信息保证了消费者在去经销商实体商店时已经获得和他们的销售人员一样多的信息，甚至可能更多。

在 TrueCar 的网站上，消费者能够找到他们所在地区最近的购买信息。因此，对于一个特定的汽车或模型，他们会看到一个钟形曲线分布，这个曲线显示什么样的价格最超值，什么样的价格是合理的，什么样的价格过高以至于人们不愿支付。该网站还提供当地经销商的最低交易价格，这样汽车买家就知道可以在哪里开始搜索了。

CarFax（www.carfax.com）（CarFax 是美国一家领先的车辆历史信息提供商）使客户能够通过输入车辆识别码（VIN）访问车辆的历史报告。这份历史报告会描述该车辆的曾发生事故、其过去的所有权、里程表的造假情况，以及可能与车辆有关的任何其他信息。CarFax 提供的服务可以使客户更有信心去选择二手车。

资料来源：Edward Niedermeyer, "TrueCar Versus Honda: Online Car Buying Challenges Hit Home," *The Truth About Cars*, December 21, 2011; Geoffrey A. Fowler, John D. Stoll, and Scott Morrison, "GM, eBay Will Let Car Buyers Dicker Online," *The Wall Street Journal*, August 11, 2009, p. B1; Thomas Pack, "Kicking the Virtual Tires: Car Research on the Web," *Information Today*, January 2009, pp. 44–45; www.cars.com; and www.carfax.com.

问题讨论：你是如何使用互联网购买你的上一辆车的？你购车的方式与你父母购车的方式有什么不同？

3. 减少信息搜寻

在消费者的信息搜寻阶段，零售商的目标是将消费者的搜寻范围限制在自己的商店或网站。在这一目标上对零售商业绩进行考核的衡量指标是**转换率**（conversion rate），即进入某家商店或访问某一网站，然后从该商店或网站购买产品的消费者比例。

零售组合中的每一个元素都可以用来增加零售商的转换率。像百思买这样的品类专门店提供非常深的商品分类，消费者可以找到自己想要的一切，因此能够收集到所有的信息并对在其商店内或网站上的产品做出必要的比较。

在老海军（Old Navy）店内，改造后的商店布局呈现出赛道式的特点，通过能使顾客更好地了解大量可选商品来降低信息搜索量。其在付款区域也展示了更多的商品。

零售商提供的服务也可以将搜索限制在零售商的位置范围。通过提供信贷和配备熟悉情况的销售人员，零售商就可以说服消费者不需要再从其他零售商那里收集更多的信息。劳氏为其工作人员配备了 iPhone，让他们当场就可以为顾客检查存货水平。与此相似，太平洋阳光服装（Pacific Sunwear）为其销售人员发放了 iPad，帮助他们创建虚拟的服装向顾客进行展示。富乐客则依靠老式的培训，这样可以让员工觉得能够更好地跟顾客打交道并鼓励在其店内购买产品。

沃尔玛采用**每日低价**（everyday low pricing，EDLP）策略强调零售价格的连续性，将其维持在常规不打折价格和竞争对手深度折扣售价之间。这一战略有助于向消费者保证他们下次购买这些产品时，在别的店家不会找到比之更低的价格。此外，如果竞争对手以更低的价格提供相同的商品，大多数每日低价的商家会提供退款保证。这些定价政策往往会将消费者的信息搜索行为限制到该零售商提供的产品上。

4. 互联网、移动电话、信息搜寻和价格竞争

互联网和智能手机对消费者收集外部信息的能力产生了深远的影响。除了在自己的网站和智能手机应用程序中置放信息，零售商还鼓励消费者发布如产品评价、评级这样的信息，在某些情况下，还有照片和视频。消费者评价正在成为其购买过程中收集信息的主要来源。互联网和新的移动应用程序鼓励消费者实现"先逛店后网购"，即访问某家商店收集有关该产品的信息，然后在网上购买。这一实践使消费者能够快速找到任何产品的最佳价格。

零售商和制造商的担心是互联网使得收集价格信息变得容易，这会加剧价格竞争。传统上，那些提供相同商品、基于店面的零售商经历的价格竞争很有限，因为它们在地理位置上是相互分离的，而互联网则意味着消费者比较价格的能力不再受物理距离的限制。此外，消费者寻找价格信息还因为 mysimon.com 的促进而变得容易。消费者也可以使用许多手机应用程序来了解价格并查询在附近的商店是否可以买到商品等信息。

互联网不仅有助于网上消费者收集价格信息，而且还以很低的搜索成本为他们提供所有关于产品质量和性能的信息。有了更多关于产品质量的信息，消费者就可能愿意为高品质的产品支付更多的金钱，从而弱化价格的重要性。最后，使用互联网渠道的零售商可以通过提供更好的服务和信息来清楚地对其产品进行差异化。

4.1.3 评估备选方案：多属性态度模型

多属性态度模型为我们提供了一种总结消费者如何利用其收集的信息来评价和选择零售商、渠道和产品的有效方式。我们将对这个模型加以详细讨论，因为它提供了制定零售战略的框架。

多属性态度模型（multiattribute attitude model）是指消费者将某零售商、产品或渠道看作属性或特征的一个集合。设计该模型是为了预测消费者对某种产品、某家零售商或某种渠道的评价，它建立在两个基础上：①相关特性的表现；②这些特性对消费者的重要性。

1. 对零售商表现的看法

为了说明这个模型，我们来看一下密尔沃基一位年轻单身职业女性购买食品的情况。她选择了 3 家商店进行考虑：①临近郊区的超级购物中心；②当地的超市；③只以互联网渠道运作的食品零售商，如 Fresh Direct。她对这些零售商所提供的产品的看法如表 4-1 所示。

表 4-1 食品零售商的特征

A. 经营食品杂货的商店信息			
商店特征	超级购物中心	超市	网上食品杂货店
食品价格	低于均价 20%	平均价	高于均价 10%
送货成本（美元）	0	0	10
总路程时间（分钟）	30	15	0
通常结账时间（分钟）	10	5	2
产品数量、品牌和规格	40 000	30 000	40 000
新鲜农副产品	有	有	有
鲜鱼	有	有	无

(续)

A. 经营食品杂货的商店信息			
商店特征	超级购物中心	超市	网上食品杂货店
找到商品的难易程度	难	易	易
收集产品营养信息的难易程度	难	难	易
B. 对商店表现利益的看法①			
表现利益	超级购物中心	超市	网上食品杂货店
经济性	10	8	6
便利性	3	5	10
商品分类	9	7	5
商品信息的可获得性	4	4	8

① 10=优,1=差。

这位消费者先在心中就每一家食品零售商在表 4-1 中 A 部分的"客观"信息进行搜寻,然后对其提供的每一个优势形成一个印象。表 4-1 中 B 部分表明她对这些优势的看法(注意某些优势结合了好几个客观特征)。例如,便利性包括了商店路程的远近、结账耗费的时间以及发现商品的难易程度等特性。食品价格和送货成本会影响她对在不同零售店购物经济性的考量。

每个零售商提供的每一个表现利益的程度用 10 分量表来表达:10 分意味着零售商在为消费者提供利益上表现优异;1 分意味着它表现得很差。在这个具体的例子中,3 家零售商没有一家能够在各个方面提供优异的表现。超级购物中心在经济性和商品种类方面表现良好,但便利性较差。网上食品店提供最佳便利性,但价格偏高,商品种类较少。

2. 重要性权衡

在上述例子中,该年轻女性消费者根据商店各自的优缺点形成了对各商店的看法。她对各商店每个优势的重视程度也可以用 10 分量表来表示:10 分表示该优势非常重要;1 分表示非常不重要。利用这个分量表,我们来对比该年轻女性与一个有 4 个孩子的母亲对商店各优势的重视程度,如表 4-2 所示。注意,该单身女性更重视便利性及商品信息的可获得性,对于是否实惠和商品的种类则不太看重,而母亲则很重视经济性,商品的种类对她而言也比较重要,但便利性和商品信息则不太重要。

表 4-2 对零售商的评估

	重要性权重①		对零售商表现的看法①		
特征	年轻单身女性	4 个孩子的母亲	超级购物中心	超市	网上食品杂货店
经济性	4	10	10	8	6
便利性	10	4	3	5	10
商品分类	5	8	9	7	5
商品信息的可获得性	9	2	4	4	8
总体评价					
年轻单身女性			151	153	221
4 个孩子的母亲			192	164	156

① 10=非常重要,1=非常不重要。

零售商所提供利益的重要性因人而异，也因每次购物而异。例如，4个孩子的母亲在每次大宗购物时可能会重视经济性，但是对日常的小宗购买则会看重便利性。

在表4-2中，单身女性和母亲对每家商店表现的看法是一样的，但她们对商店所提供的优势的看中点不同。总的来说，消费者对商店表现的评价和对其各自优势的看中点都不一样。

3. 评估零售商

研究表明，消费者对可选择方案（在本例中，指3家零售商）的全面评估同对零售商表现的看法与权重重要性相乘后的积密切相关。因此，我们将单身女性对超级购物中心的全面评价（或打分）计算如下：

$$
\begin{aligned}
4 \times 10 &= 40 \\
10 \times 3 &= 30 \\
5 \times 9 &= 45 \\
9 \times 4 &= \underline{36} \\
&\ 151
\end{aligned}
$$

表4-2利用单身女性和母亲给出的关于重要性的不同权重来全面评估3家商店。对单身女性来说，网上食品零售店的得分最高——221分，评价也是最高的。因此，她很有可能选择从网上购买大部分食品。然而，对于母亲来说，超级购物中心得分最高——192分，因此她可能会在超级购物中心进行家庭的每周采购。

当消费者选择零售商时，他们不会真的一项项列出商店的特点，然后评估其在每个特性上的表现，决定每个特性的重要性，计算每家商店的总得分，然后选择在得分最高的零售商那里购物。这个多属性态度模型并不反映消费者实际的决策过程，但是使用它确实可以预测他们对备选方案的评估及其选择。此外，该模型也为设计零售组合提供了有用的信息。例如，如果超市能够将商品种类的等级由7分增加到10分（也许可以增加面包和更多熟食），像例子中那位母亲那样的消费者就很有可能去超市而不去超级购物中心购物了。

表4-2应用多属性态度模型来分析消费者评估并选择零售店的情况。该模型也可以用来描述消费者对不同销售渠道（店面、互联网或产品目录）或者从零售商处购买何种商品的评估和选择。例如，该模型可以用来描述伊娃·门多萨对所考虑三套服装的选择。

4. 对零售商的启示

在这部分中，我们将描述零售商如何利用多属性态度模型鼓励消费者经常光顾其商店。首先，该模型说明消费者利用什么信息来决定光顾哪家零售商，使用何种购物渠道。其次，该模型还能告诉零售商使用何种战略来影响消费者对商店和商品的选择。

因此，为了设计吸引消费者的活动，零售商必须进行市场调查以收集以下信息：

- 消费者可能会考虑的可选商店；
- 在评估、选择商店时消费者考虑的商店特性或优点；
- 消费者根据这些特性给商店表现所做的评分；

- 消费者赋予这些特性的重要性权重。

有了这些信息以后，零售商就可以利用若干方式来引导消费者光顾他们的商店或网址。

5. 进入考虑范围

零售商必须确保自己的商店能够进入消费者的**考虑范围**（consideration set），也即消费者在做选择时评估的若干可选项之内。为此，零售商必须制订计划，以提高消费者记住自己商店的可能性。零售商可以利用沟通和选址战略提高消费者知晓度，比如在搜索引擎做广告，当消费者输入和自己所售产品有关的字眼时，相关信息会在页面最上面的位置显示。他们可以开发出一套沟通战略将其产品品类与自己的名字联系起来。如星巴克在同一地区设有好几家店面，这样当消费者在开车经过该地区时，就会更多地注意到商店的名字。

在确认自己在消费者的考虑范围之内后，零售商可以用3种方法增加自己被选中的机会：

- 加强消费者对商店表现的认同；
- 改变消费者的重要性权重；
- 增加新的利益点。

6. 改变对零售商表现的看法

第一种方法就是改变消费者对零售商表现的看法，提高零售商在某个特性上的表现等级。例如表4-2中的那家超市想提高在所有四个特性方面的得分，以此提高整体的得分。该超市可以通过降价以提高其经济性得分，也可以通过增加更多美食和富有民族特色的食品提高商品种类的得分。零售视角4-2说的是劳氏如何改变女性消费者对自己表现的看法。

零售视角 4-2

劳氏：自己动手，其乐无穷

你可能会认为家装中心是一个主要针对男性的零售休闲目的地。男士会在周末的时候去商店看看那些能够用于DIY的新工具和材料。但是，家装中心超过50%的销售额实际上是由女人产生的，她们决定了在家庭改善项目中使用何种材料，并经常自己做绝大多数工作。

劳氏公司很早就认识到女性消费者的重要性，虽然它不是唯一的传统上以男性为导向的零售商。劳氏重新设计了商店使其更明亮，一改其仓库式的外观，装点各部门使其更吸引女人。过道更宽了，购物者避免了一不小心就会碰到架子上货品的不舒服以及其他意外的接触。货架也变矮了，使顾客能更容易通过过道的标识和地图找到需要的产品。

但这些改变也需要加以控制，避免导致男性顾客拒绝进入那些过于女性化的商店。此外，女性容易以其自身视角表达对产品的负面看法。为了平衡近期的这些发现与其长期的绩效战略，劳氏公司在工作坊中教女人使用这些工具，而不是提供专为女性设计的工具。其网站的一部分——www.lowes.com/howto 提供在线诊断和视频以帮助顾客可以在家成功 DIY。

资料来源：Tony Bingham and Pat Galagan, "Training at Lowe's: Let's Learn Something Together," *T + D*, November 2009, pp. 35–41; Amanda Junk, "Women Wield the Tools: Lowe's, Habitat for Humanity Teaches Them How," *McClatchy-Tribune Business News*, July 18, 2009; Cecile B. Corral, "Lowe's Outlines Expansion Plans," *Home Textiles Today*, October 5, 2009, p. 6; and Fara Warner, "Yes, Women Spend (And Saw and Sand)," *The New York Times*, February 29, 2004.

问题讨论：劳氏公司的"女性化"使其对男性的吸引力降低了吗？

对于零售商来说，要想在各个方面提高得分需要很高的成本，因此零售商应该集中精力于提高对目标市场消费者来说最为重要的那些利益特征的得分。例如，百思买知道其消费者看重的一个重要的好处是，当消费者电脑处于维修状态时，他们不能长时间处于无电脑可用的状态，所以百思买有一个面积达 240 000 平方英尺的"极客队"仓库，超过 1 200 名员工致力于减少维修和归还电脑所需的时间。"极客队"的"代理人"每天修复超过 4 000 台笔记本电脑。

7. 改变重要性权重

影响消费者选择商店的另一个途径是改变消费者对重要性赋予的权重。零售商希望在消费者心目中提高自己优势特性的重要性，降低自己劣势特性的重要性。

例如，如果表 4-2 中的超市试图吸引那些在超级购物中心购物的家庭消费者，就应当增加便利的重要性。一般而言，改变重要性权重要比改变对零售商表现的看法更难，因为重要性权重是消费者个人价值观的体现。

8. 增加新的利益点

最后，零售商可能会尝试在消费者选择商店时考虑的一系列利益之外为他们增加新的利益。例如，森达（www.sendaathletics.com）不光提供典型的运动装备产品，还售卖不寻常的产品，如定制化的足球及训练背心。森达认为，通过提供比竞争对手更广泛的品种，消费者会发现它更具吸引力。其他零售商试图通过强调其商品属于**公平贸易**（fair trade）来增加新的利益。公平贸易是指为制造工人提供公平的工资，而不是最低工资。公平的工资意味着工人能够在他们当地的环境下过上相对舒适的生活。提供公平贸易商品对（关注欠发达国家人们的福祉的）消费者而言是一种利益。

4.1.4 购买商品或服务

消费者并不总是购买整体评价最高的品牌或商品。提供利益最多（评估得分最高）的商品可能缺货，或者消费者可能认为其存在风险大于提供的潜在利益。其他消费者只基于某一特性做出购买选择，而不管零售商提供了多少种特性。例如，伊娃参观了梅西百货是因为当地这家店离她的公寓近，使她方便到店，尽管其他的百货公司可能有更多的女士套装可供选择。零售商成功地将消费者的积极评价转化为购买的一种做法是，减少被放弃的购物车中商品的数量，无论在零售商实体店还是在其网站上。

零售商使用各种战略来增加消费者将他们的积极评估转化为购买的机会。第一，他们试图使购买商品变得容易。越来越多的零售商正在确保他们的网站是移动友好型的。在商店内，他们可以通过提供更多的结账通道及对其进行更方便的设置来减少顾客购买商品的实际等待时间，也可以通过安装数字显示屏为排队顾客提供娱乐节目，从而缓解他们等待时间期间产生的焦虑。许多互联网零售商向游客发送电子邮件，提醒他们放弃的购物车中的商品。

第二，零售商将一个积极的购买意向转化为销售的能力也可以通过提供能够加强消费者积极评价的丰富信息来提高。例如，伊娃的朋友布里特、销售员，以及另一个潜在的消费者都为伊娃提供了支持其购买决定的积极反馈。

第三，零售商可以通过减少购买错误的风险来增加销售的机会。例如，零售商可以提供宽松的退货政策和退款保证，如果同样的商品在另一家零售商售价更低的话，则提供退货。

第四，零售商往往创造一种紧迫感或稀缺性，以鼓励客户做出购买决定。Zappos.com 和 Overstock.com 会在消费者购物车中的某个产品即将售完时对其进行提醒。限时抢购网站在一个指定的时间段提供某种产品；内曼·马库斯奢侈品专卖店会举办两个小时的网上销售。像扎拉这样的有限品种快速时尚零售商及低价零售商 TJX 公司（T. J. Maxx 和 Marshalls）为具备条件的消费者提供商品，使他们看见这些产品时就可以购买，否则，当他们下次光顾这家店时，这些商品可能就没货了。

4.1.5 购后评价

消费者购买了商品后，购买过程并没结束。购买商品后，消费者会使用该商品，然后评价这次经历以确定该商品是否令人满意。**满意度**（satisfaction）是指某商店或商品是否达到或超过消费者期望程度的购后评价。**购后评价**（postpurchase evaluation）会成为消费者内部信息的一部分，并进一步影响消费者今后对商店和商品的选择。不满意的经历会促使消费者向零售商投诉，转而光顾其他商店，并在今后选择其他品牌。持续的高水平满意度会建立商店和品牌忠诚度，它们是零售商增强竞争优势的重要来源。

零售商可以采取以下几个步骤来提高消费者购后评价和满意度：第一，他们必须确保建立切合实际的客户期望，以永远不会让消费者对他们的表现失望；第二，他们应该提供如何正确使用和维护所购买商品的信息；第三，如前所述，保证减少购买前和购买后风险带来的负面情绪；第四，最好的零售商会定期与他们的消费者保持联系，以确保令他们满意，为他们解决任何问题，并提醒消费者有问题可以找到他们。第四个方面的努力也可以提高消费者下一次购买时把零售商置于其考虑选项的机会。

4.2 购买决策的类型

在某些情况下，像伊娃·门多萨这样的消费者会花很多时间和精力选择零售商，并对其提供的商品进行评估（经历前面提到的购买过程中的所有步骤）。在其他情况下，消费者会不假思索地做出购买决策。消费者的决策过程分为三种类型：广泛型问题解决、有限型问题解决以及习惯性决策。

4.2.1 广泛型问题解决

广泛型问题解决（extended problem solving）是指消费者花大量时间和精力对商品进行比较、分析的购物决策过程。当消费者的购买决策涉及较多风险和具有较大的不确定性时，他们会转向广泛型问题解决。当消费者购买昂贵的商品或服务时，会冒**财务风险**（financial risk）；当消费者感觉一种商品或服务会影响其健康和安全时，就要冒**健康风险**（physical risk）；当商品会影响他人对自己的看法时，则会冒**社会风险**（social risk）。例如，激光矫视手术就包含了上述三种风险——昂贵、对眼睛的潜在伤害，以及改变一个人的容貌。

消费者在做出购买决策以满足自己的重要需要，或是对所要购买的商品或服务知之甚少时，他们就会采用广泛型问题解决，就像零售视角 4-1 中我们提到的汽车购买者那样。由于上述情况风险高，消费者在购买前会请教朋友、家人或专家。他们在做出购买决策前，有可能在几个零售商之间进行比较、挑选。他们可以阅读在线博客，查看由零售商发起的或独立网站的在线评论，阅读消费者报告，也可以在做出购买决策前去光顾几家零售商。

零售商可以为消费者提供简单易懂的必要信息及退款保障，以此刺激广泛型问题解决的消费者进行购买。例如，销售涉及广泛型问题解决商品的零售商，可以在网站上描述该商品及其细节，在商店里进行产品展示（如剖开沙发，让人们了解其内部结构），以及请销售人员做现场演示并回答问题等。

4.2.2 有限型问题解决

有限型问题解决（limited problem solving）是指投入较少时间和精力的购买决策过程。当消费者曾经买过某种产品或服务，并且所冒的风险较小时，其决策过程就会比较短。在这种情况下，消费者倾向于依赖自己的有关知识，而非外部信息做出购买决策。他们通常会选择以前曾经光顾过的商店，并选过去曾经买过的商品，大部分消费者的购物决策过程都是有限型问题解决。

当消费者从零售商处购物时，零售商会试图强化这种购买模式，但如果消费者在别的地方购物，零售商则会向消费者介绍新信息或提供不同商品和服务，以此打破这种购买模式。调整模式的一种常见做法是发放优惠券。像 CVS 和沃尔格林这样的公司就经常对畅销品提供深度折扣优惠以吸引消费者进店。零售商之所以愿意给予如此大的折扣有如下两个原因：第一，它打破了消费者可能去其他地方购物的习惯；第二，他们知道消费者一旦进入商店，通常就会购买很多非折扣商品。在消费者进行购买之后，零售商分析他们的消费模式，然后提供有针对性的优惠券鼓励他们再次惠顾。

伊娃·门多萨的购买过程同时说明了有限型问题解决和广泛型问题解决。她对商店的选择，是基于对以前去过的各种商店商品的了解，以及在 Nubry.com 上的信息搜寻。有了这样的背景知识，她感到去商店购物的风险较小，因此，她去梅西百货购物的决定就属于有限型问题解决。但她购买这件衣服是一个广泛型问题解决，这对她而言是个重要的决策，因此她花时间从朋友那里了解情况，向售货员进行咨询，并参考另一名购物者的看法来评价和选择套装。

有限型问题解决的一个典型类型就是**冲动型购买**（impulse buying）或**非计划购买**（unplanned purchasing），即消费者在看到商品后，立即做出购买决策。零售商利用显眼的购买点（POP）或销售点（POS）的商品陈列吸引消费者的注意力，让他们不假思索就做出购买决策。长久以来，零售商意识到商店最有价值的资产就是购买点。越来越多的非食品零售商（如前面提到的老海军）正在通过在收银机处为顾客提供糖果、口香糖、薄荷糖和其他有趣享乐型产品来寻找增加冲动购买的机会。电子购物也能够刺激冲动购买，如互联网零售商把特殊的商品放在主页上，并建议顾客结账前购买补充性商品。

4.2.3　习惯性决策

习惯性决策（habitual decision making）是指不加考虑就做出的购买决策。如今的消费者时间紧缺，而缓解时间紧张的一个办法就是简化决策过程。当需求产生时，消费者会不由自主地想：我要去上次去过的商店买同样的东西。一般来说，习惯性决策过程出现在当决策不太重要，而且消费者要购买的是曾经买过的熟悉商品时。当消费者忠诚于某个品牌或商店时，他们会采用习惯性决策。

品牌忠诚度（brand loyalty）是指当消费者喜欢某产品品类中的特定品牌时，就会持续地购买该品牌。如果消费者喜欢的品牌一时缺货，他们也不情愿换成别的品牌。例如，忠诚于可口可乐的饮用者无论如何都不会买百事可乐，因此零售商只有提供消费者想要的这些特定品牌的商品才能满足他们的需要。

品牌忠诚度为零售商既创造了机会，也带来了问题。消费者喜欢到提供流行品牌的商店购物，但是由于零售商必须经营品牌忠诚度高的商品，这使得他们在与全国流行品牌的供货商进行谈判时，较难获得有利于自身的条款。然而，如果品牌忠诚度高的是自有品牌（零售商自己拥有的品牌），那么品牌忠诚度和商店忠诚度则都将得到提高。

商店忠诚度（retailer loyalty）即消费者喜欢同一家商店，并习惯性地光顾该商店购买某种产品。所有零售商都希望提高消费者对其商店的忠诚度。他们采取的一些措施包括：选择便利的店址（第 7 章和第 8 章），提供齐全的全国性品牌及自有品牌的商品种类（第 13 章），减少缺货情况（第 13 章），回报回头客（第 11 章），或者提供优质的顾客服务（第 18 章）。

4.3　影响购买过程的社会因素

图 4-2 表明消费者的购买决策过程受以下四种社会因素的影响：经济、家庭、参考群体以及文化。

图 4-2 影响购买决策的社会因素

4.3.1 经济

　　一国及全球经济状况对人们的购买方式有很大的影响。就最近的全球经济衰退而言，其影响仍然存在，因为消费者持续感受到不确定性和风险。与此同时，许多消费者发现了买便宜货的乐趣。即使他们的收入稳定了，他们也找不到什么理由再回去购买知名品牌，因为他们一直购买的自有品牌产品也比较好用。

　　就消费者购买过程而言，结果既是可预料的又是不可预料的。可以预料的是，人们削减了在奢侈品牌上的支出，导致零售商重新改造其产品提供。例如，内曼·马库斯奢侈品专卖店扩大了珠宝产品线，纳入了更时髦、更便宜的设计，减少了珍贵金属制品。此外，消费者减少了购物次数，喜欢大卖场或购物中心一站式购物的便利（这也降低了汽油支出）。

　　更令人惊讶的是，有趋势表明一些买手实际上是在更高质量的产品上花更多的金钱，以努力获得更多价值并最终购买。但是，当消费者花更多的钱时往往会感到内疚。因此，丽思卡尔顿酒店开始避免在其广告中出现"银饰餐盘"的形象，而是鼓励游客将酒店停留视作与家人重聚的时间。当消费者有能力想挥霍一下时，零售商必须找到使他们没有罪恶感的方式。

4.3.2 家庭

　　许多购买决策涉及那些供全家人一起消费或使用的产品。在前面讨论购买过程时，焦点是个人如何做出购买决策，而家庭做购买决策时往往需要考虑所有家庭成员的需要。

　　例如，在选择一个度假地点时，所有的家庭成员可能都要参与决策。而在某些情况下，家庭中的某个成员可能承担决策的角色。例如，丈夫可能会负责购买食品杂货，妻子则负责用买来的这些食品杂货准备孩子的午餐，孩子则要在学校吃妈妈准备的这份午餐。在这种情况下，虽然由丈夫决定去哪家商店购买，但购买什么品牌的食品可能是由妻子决定的，而妻子的决策很大程度上又有可能受到孩子的影响。

　　孩子在家庭购买决策中起着重要的作用。度假酒店现在意识到，除了满足成人的需要，他们还必须满足孩子的需要。凯悦连锁酒店由此与婴童生活供应邮购公司 Babies Travel Lite 开展合作。当父母预订房间后，他们可以订购旅行所需的所有的尿布、配方和有机婴儿食品。在他们入住的时候，酒店早已经为他们准备好这些物件，从而减少了行李数量，增加了便利性。凯悦酒店也会为大龄儿童提供玩具，并且这些玩具可以从前台退还。此外，酒店还与著名厨师爱丽丝·沃特斯（Alice Waters）合作，改进酒店餐厅的儿童菜单，提供营养而且有趣的餐食。

零售商也可以通过满足所有家庭成员的需要来吸引那些与家庭成员一起购物的消费者。例如，Anthropologie 公司扩大其更衣室以便家庭成员（和朋友）可以提供建议，并尝试一起试穿衣服。梅西百货则在更衣室外增添了舒适的座椅和电视，以供其他家庭成员在等待时间进行娱乐消遣。

4.3.3 参考群体

参考群体（reference group）是指一个人将某个或多个人作为比较基础，并和自己的信念、感情和行为进行比照。消费者可能会有不同的参考群体，如家人、朋友、名人和意见领袖。这些参考群体通过以下三个方面影响购买决策：①提供信息；②为特定的购买行为提供奖励；③提升消费者的自我形象。

参考群体通过直接对话（面对面或电子方式），抑或通过非直接的观察向消费者提供信息。例如，伊娃在考虑套装时，从朋友那里得到了有价值的信息。在其他情况下，伊娃购买运动装时可能会参考足球运动员霍普·索洛（Hope Solo）和网球选手卡洛琳·沃兹尼亚奇（Caroline Wozniacki）的着装，或者选择黛米·洛瓦托（Demi Lovato）和凯蒂·佩里（Katy Perry）以参考她们在休闲时尚方面的品位。参考群体创造时尚的作用将在附录 4A 中加以讨论。

通过识别参考群体并与其保持一致，消费者创造、加强和保持了自己的形象。那些希望被视作精英社会阶层的消费者会到高档商店购物，而希望给别人留下户外运动爱好者形象的消费者则可能会从里昂比恩网站上购买商品。

零售商特别感兴趣的是识别那些作为商店倡导者并积极影响群体中其他人的参考群体成员，并与他们建立联系。**商店倡导者**（store advocates）是指那些非常热爱某家商店并与朋友和家人积极分享其正面体验的消费者。零售视角 4-3 详细说明了社交媒体网站（如 Pinterest 和 Facebook）如何使共享点子、评论甚至"点赞"变得更容易。消费者看到的广告如此繁多以至于对零售商所声称的内容产生了怀疑。因此，消费者更多地依靠他们自己的社交网络获取对于光顾哪家商店、购买什么商品的信息。

零售视角 4-3

将消费选择归因于网上的参考群体

Facebook 用一个简单的标识——一个竖起来的大拇指和一个单词"赞"改变了人们分享建议和兴趣的方式。用户可以表达对其他用户帖子和照片的认可。他们也可以点击零售网站上几乎无处不在的点赞按钮，以向其 Facebook 的朋友展现他们认为值得点赞的零售商、商品货物或服务。

点"赞"的这一代极度依赖这种社交媒体的推荐。最近的一项研究表明，62% 的社交媒体用户通过他们朋友的"社交分享"去购买物品。其中，75%的人会点击链接。在点击链接的人中，53%的人实际上购买了此分享产品。当然，在他们购买后，他们也会在社交网络上分享购买经验，又从头开始了（对零售商而言的）良性循环。

但购买并不是社交共享期翼的唯一结果。在Pinterest这一针对用户兴趣的"在线剪贴本"网站上，绝大多数（68%）的女性会创建图钉墙，在上面展示她们感兴趣的零售商及其在售产品。然后她们通过张贴图片来展现这些兴趣，而其他人则可以在这上面找到自己的灵感。目前，零售商正在使用图钉墙来在后续有可能购买的消费者中间强化其品牌知晓度。美鹰傲飞服饰公司（http://pinterest.com/americaneagle/）用2 020个图钉做了51面图钉墙，列明诸如"从AE来的秋天的鞋子"或"送出的最好礼物"等形象。萨克斯第五大道有52面图钉墙，其关注主题主要是装饰性面料、印花长裤以及饱和的唇膏颜色。

Pinterest的日益普及似乎反映出一张图片胜似千言万语的古老谚语。它也代表了一种新趋势：每个人都是一个偷窥狂。也就是说，如今的消费者感觉好像必须知道他们的参考群体所做的事情、穿着打扮或购买的物品。零售商也及时地应用了这些观点。当一个零售商得到点赞或图钉后，社交共享的良性循环就有可能使得其销售额、利润及成功的概率提高。

资料来源：Andy Kessler, "The Button That Made Facebook Billions," *The Wall Street Journal*, February 2, 2012; Social Labs, "Social Impact Study 2012 Infographic on Social Sharing," March 20, 2012; Tanzina Vega, "Marketers Find a Friend in Pinterest," *The New York Times*, April 17, 2012; and Sarah E. Needleman and Pui-Wing Tam, "Pinterest's Rite of Web Passage—Huge Traffic, No Revenues," *The Wall Street Journal*, February 16, 2012.

问题讨论：你喜欢"点赞"按钮吗？为什么喜欢或不喜欢？

4.3.4 文化

文化（culture）是一个社会中大多数社会成员共有的看法、信念、道德观和价值观。作为影响人们购买决策的社会因素的基础，消费者参与其中的文化往往与其参考群体一致。例如，伊娃的文化群体包括其拉丁文化遗产及其居于其中的美国西北部文化。这些文化会影响她的消费行为。因为伊娃所在的大学具有相当时尚的文化意识，所以她立即意识到自己的旧套装已经过时，并认为再购买一双时尚的鞋子是一个合理的考虑。

许多零售商和购物中心的管理者已经意识到吸引不同文化和亚文化消费者的重要性。举例来说，美国西班牙裔人口的增长速度比任何其他细分市场要快得多，西班牙裔的购买力也比一般人群增长快。许多零售商，尤其是在西班牙裔人口较多地区的超市，就致力于为西班牙裔国家的本土产品开设大量空间。然而，产品组合也因该国的地区差异而不同。因此，商品也应该反映出这一点。例如，迈阿密有大量的古巴和拉丁美洲人口，而洛杉矶和得克萨斯则有更多的人来自墨西哥。双语员工对于迎合西班牙裔人群的商店来说是一个关键的成功要素。一些有着悠久历史的为西班牙裔消费者提供服务的零售商甚至发现，他们需要在产品和营销材料中增加更多的英语说明以便更好地瞄准这些消费者的孩子。因此，Pizza Patrón，一家位于达拉斯的比萨连锁店，已经开始将菜单由单纯的西班牙语转变为西班牙语和英语的混合。库拉索岛（Curacao），一家位于加利福尼亚、为西班牙裔消费者提供服务的大型商店，也在积极采用西班牙语与英语双语混合方式（如会说双语的员工和用双语做的广告）。

4.4 市场细分

前面部分主要讨论了：①个体消费者如何评估和选择商品、渠道及商店；②影响消费者决策过程的因素。为了降低成本，零售商把消费者划分成不同的群体（细分市场），而且按照细分市场群体中的一般需要，而非针对某个特定消费者的需要提供商品和服务。曾几何时，沃尔玛采用"一刀切"的战略。它在全美选择的商品都是非常相似的，没有太多考虑地理或人口的变化。当沃尔玛的大部分商店都位于东南部的农村地区时，这种方法可以运行得很好。但是，当在更多的不同位置开设商店时，沃尔玛认识到必须为不同的细分市场开发不同的零售组合。例如，在城区位置，它开始在建成的店面内开设规模较小的沃尔玛快递和市场商店（Walmart Express and Market stores），其特色是提供更多的食品杂货和少量草坪家具。

零售市场细分（retail market segment）是指拥有相似需要，因此可以采用同样的零售组合来对其产生吸引的一群消费者。例如，20多岁的时尚年轻人的需求不同于商旅高管的需求。因此，万豪连锁酒店为每一个细分市场提供了不同的零售组合，针对时尚年轻人士推出万豪AC酒店，针对企业高管和会议客户则推出万豪酒店和会议中心。

互联网使零售商能够在一对一的基础上有效地针对单个客户。由于这种一对一的营销概念与客户关系管理密切相关，因此我们将在第11章中还会加以讨论。

4.4.1 评估市场细分的标准

有很多方法可以将消费者分成不同的细分市场。表4-3显示了划分零售市场的一些不同方法。虽然没有某种简单的途径来确定哪种方法最好，但仍然可以遵循四个标准来评估某个零售细分市场是否为一个可行的目标市场：可行动性、可辨识性、规模性及可到达性。

1. 可行动性

评估零售细分市场的基本标准是：①细分市场上的消费者必须有相似的需要，寻求相似的利益，并由相似的零售商品和服务来满足；②这些消费者的需要同其他细分市场上消费者的需要不同。**可行动性**（actionable）是指零售商应了解采取什么措施来满足该细分市场的需要。按照这一标准，香蕉王国按照身材大小这一人口特征对服装市场进行细分。穿小码服装的消费者的需要有别于那些穿着正常或大码服装消费者的需要，因此，提供独特的商品组合就会对这一人群产生吸引力。在前面讨论的多属性态度模型的背景下，那些穿小码尺寸的人群更重视健康和客户服务，因为对他们而言，穿着合身通常是比较困难的，他们也需要那些了解并满足其具体要求、具有相关知识的销售人员的帮助。

表 4-3 零售市场细分的方法

细分描述项	类别举例
地理	
地区	太平洋、山区、中部地区、南部地区、大西洋中部、东北部地区
人口密度	农村、郊区、城市
气候	冷、暖
人口统计特征	
年龄	6岁以下、6～12岁、13～19岁、20～29岁、30～49岁、50～65岁、65岁以上
性别	男、女
家庭生命周期	单身;已婚无子女;已婚,最小的孩子6岁以下;已婚,最小的孩子超过6岁;已婚,子女不住在家里、鳏居
家庭收入	19 999美元以下;20 000～29 999美元;30 000～49 999美元;50 000～74 999美元;75 000美元以上
职业	职业人士、文秘、销售人员、手艺人、退休人士、学生、家庭主妇
受教育程度	高中、高中毕业、大学、大学毕业、研究生学位
宗教	天主教、新教、犹太教、伊斯兰教
人种	白人、非裔美国人、西班牙人、亚洲人
国籍	美国人、日本人、英国人、法国人、德国人、意大利人、中国人
心理	
社会阶层	下层、中层、上层
生活方式	奋斗型、驱动型、专注型、亲密型、利他型、寻乐型、创造性
个性	进攻型、害羞型、多愁善感型
感受和行为	
态度	积极的、中立的、消极的
追求的利益	便利性、实惠、声誉
决策过程阶段	无意识、有意识、知情、有兴趣、打算购买、曾经购买
感知风险	高、中、低
创新意识	创新者、早期采用者、早期大多数、晚期大多数、落后者
忠诚度	无、有一些、完全
使用率	不用、轻度使用、中度使用、重度使用
适用场合	家庭、工作、假期、休闲
使用者状况	非使用者、前使用者、潜在使用者、当前使用者

与此相反,超市若按照顾客的身材尺寸来细分市场则显得毫无意义。身材高大或矮小的男女顾客可能有同样的需要,寻求同样的利益,在购买食品时的采购过程也一样。这种按尺寸划分细分市场的方法对超市零售商不适用,因为零售商无法为身材不同的顾客设计独特的零售组合。然而,如果超市按照地理或人口统计特征数据(如家庭收入和族群)来细分市场则是可操作的。

2. 可辨识性

可辨识性(identifiable)是指零售商能够确定细分市场中的消费者。当消费者可辨识时,零售商能够:①确定细分市场的规模;②确定针对哪些消费者进行营销传播与促销。例如,超市的零售商使用客户的人口统计数据来确定他们应该把商店开在哪里,把商品放在哪里。更多的制成品、美食以及新奇产品,包括昂贵的肉类,将进入具有较高平均收入的社区店。快餐食品可能在大学校园附近的商店占主导地位。同样重要的是要确保该细分市场有别于其他细分市场，因为太多细分市场之间的重叠意味着不需要差异化的营销战略。例如，如果一个地区的杂货连锁店在具有类似人口统计特征人群的社区开设商店，就没有必要改变其商品选择。

3. 规模性

如果一个市场太小或其购买力不显著，即不具备**规模性**（substantial），它就不能产生足够的利润来支持零售组合活动。例如，就宠物医药业而言，当地市场可能支撑不了一个独特的细分战略，但是一个全国市场就可以通过网络渠道来支撑这样一个细分战略。细分市场的规模必须达到能支撑一个独特的零售组合才行。

4. 可到达性

可到达性（reachable）意味着零售商可以针对某个细分市场向消费者进行促销及推销零售组合中的其他元素。例如，汽车地带（Autozone）选择自己修车的男士作为其目标市场。这一细分市场的潜在客户是能够接近的，因为他们阅读汽车类的杂志，在电视上观看纳斯卡车赛，并有明显的看电视的习惯。

4.4.2 市场细分的方法

表4-3说明虽然有多种方法可以对零售市场进行细分，但是没有某种方法是适用于所有零售商的。相反，他们必须找出影响消费者购买行为的各种因素并确定其中对他们最重要的因素。

1. 地理细分

地理细分（geographic segmentation）是指将消费者按照居住地进行划分。一个零售市场可以按照国家（如日本、墨西哥），或在一国内按照州、市和邻里地区划分。消费者主要在离住家和办公地点方便的商店购物，因此零售店的主要销售对象就定位在离他们较近的细分市场上。

按地区划分的细分市场可辨别、规模较大且易接近。确定某地理细分市场上的消费者身份相对简单，例如在巴黎地区，零售商很容易设立商店，针对消费者进行沟通。然而，不同地理细分市场上的消费者可能具有类似的需要，因此有时不必按地理市场来制定特别的零售组合。例如，底特律的快餐消费者可能与洛杉矶的消费者寻求一样的利益，因此按照地理区域来划分美国的快餐市场就毫无意义。

2. 人口统计细分

人口统计细分（demographic segmentation）是指将消费者按照容易测量且客观的标准来划分，如年龄、性别、收入及教育背景。人口统计变量是界定细分市场最常用的方式，因为这些细分市场上的消费者容易辨别，规模测量、在多大程度上可以被接近以及对媒介做出反应的程度也很容易被评估。

然而对某些零售商来说，人口统计数据对确定细分市场可能毫无用处，因为消费者的购买动机跨越了简单的人口统计特征。例如，对喜欢穿跑步服和跑鞋的消费者来说，人口统计数据就说明不了问题。曾几何时，零售商估测年轻人是运动服装的主力消费者，但健身趋势使各个年龄段的消费者都会来买这种服装，即使是不喜欢运动的消费者也会觉得这种服装穿起来非常舒适。其他几个关于何人购买什么的长期假设也在当今的零售环境中受到挑战，正如零售视角4-4中所描述的。

零售视角 4-4

性别在何处重要，在何处又不重要

在过去，人口统计模型似乎是很清楚的：女人购买个人护理产品、香水、衣服和食品杂货；男人则购买音响设备、电子游戏、轮胎和必要时自己的衣服。但在现代的零售环境中，实际上所有这些简单的分类模型正在受到那些没有时间去介意性别差异的购物者的挑战。零售商也在迅速迎合这一趋势。

例如，当Urban Outfitters在重新设计其网站时，它在该网页设计者认为杰出而简单的改变之路上显得步履维艰。他们通过将网站个性化，迅速将女性浏览者引导到裙子和衬衫区，而将男性浏览者引导到工作衬衫和硬汉牛仔裤区。消费者对网站此种改变的反应是快速的，同时也是消极的。女性消费者抱怨她们才是为男性购买大量衣服的人，但在网站上她们受到了众多的营销性别歧视。

与此同时，越来越多的男性消费者开始在市场上购买美容和个人护理产品。对此，人们给出的原因有很多：也许这代人更习惯于为自己购物，也许低迷经济中的求职者需要抓住任何机会，较好的个人打扮会使他们更有信心，也更有可能受到面试官的青睐。但无论出于何种原因，这种传统想法——个人护理和香水只可以卖给女性的时代已经一去不复返了。

总体而言，男性和女性在家庭中的消费支出实际上大约相等。在最近的一项调查中，85%的女性和84%的男性认为他们对购物决策有共同的责任。

但这种平等的影响也并不代表着女人和男人的购物方式相同。男人承担了更多的购物任务（过去这些购物都是女人去做的），因此传统杂货零售商正尝试可以吸引他们的方式。举例来说，男人似乎并不喜欢寻求帮助，所以商店需要很有效率并明确地贴好标识，而不是提供完备的客户服务。

百思买同样认识到，女性是电子产品、智能手机和移动设备的巨大消费市场，但百思买吸引的女性顾客越来越少。因此，其最近的商店设计修改旨在用家用电器部分吸引女性，这部分看起来更像是厨房而不是工业造船厂。此外，百思买在视频游戏测试机旁边还摆上了洗手液。

资料来源：Natasha Singer, "E-Tailer Customization: Convenient or Creepy?" *The New York Times*, June 23, 2012; "Who Makes the Call at the Mall, Men or Women?" *The Wall Street Journal*, April 23, 2011; Tom Ryan, "'His' and 'Her' Grocery Aisles," *Retail Wire*, June 6, 2011; Susan Reda, "Guess What? Men Shop, Too!" *Stores*, April 2010; and Miguel Bustillo and Mary Ellen Lloyd, "Best Buy Tests New Appeals to Women," *The Wall Street Journal*, June 16, 2010.

问题讨论：你的购物习惯与你的某位亲近的异性有什么不同？

3. 地理人口统计细分

地理人口统计细分（geodemographic segmentation）是指同时使用地理和人口统计特征来划分消费者的方法。这一市场细分方法是基于"人以群分"的原则，即居住在同一个社区的消费者趋向于在同一种类型的零售商那里购买同种类型的汽车、家用电器和服装。

一种广泛使用的地理人口统计细分的工具是由 Esri 开发和销售的社区市场细分系统（tapestry segmentation system）。这一系统将美国所有的住宅区按照社会经济和人口统计特征分成 65 个独特的部分。图 4-3 给出了社区市场细分举例。这些具有相似的人口特征和购买行为的社区，可以在美国任何地方看到。

地理人口统计细分市场对店面零售商比较具有吸引力，因为消费者经常会光顾居住地附近的商店，所以零售商可以利用地理人口统计细分市场进行店面选址，并且根据当地消费者的喜好来调整自己的商品种类。在第 8 章中，我们将详细解释如何利用地理人口统计细分市场进行店面选址决策。

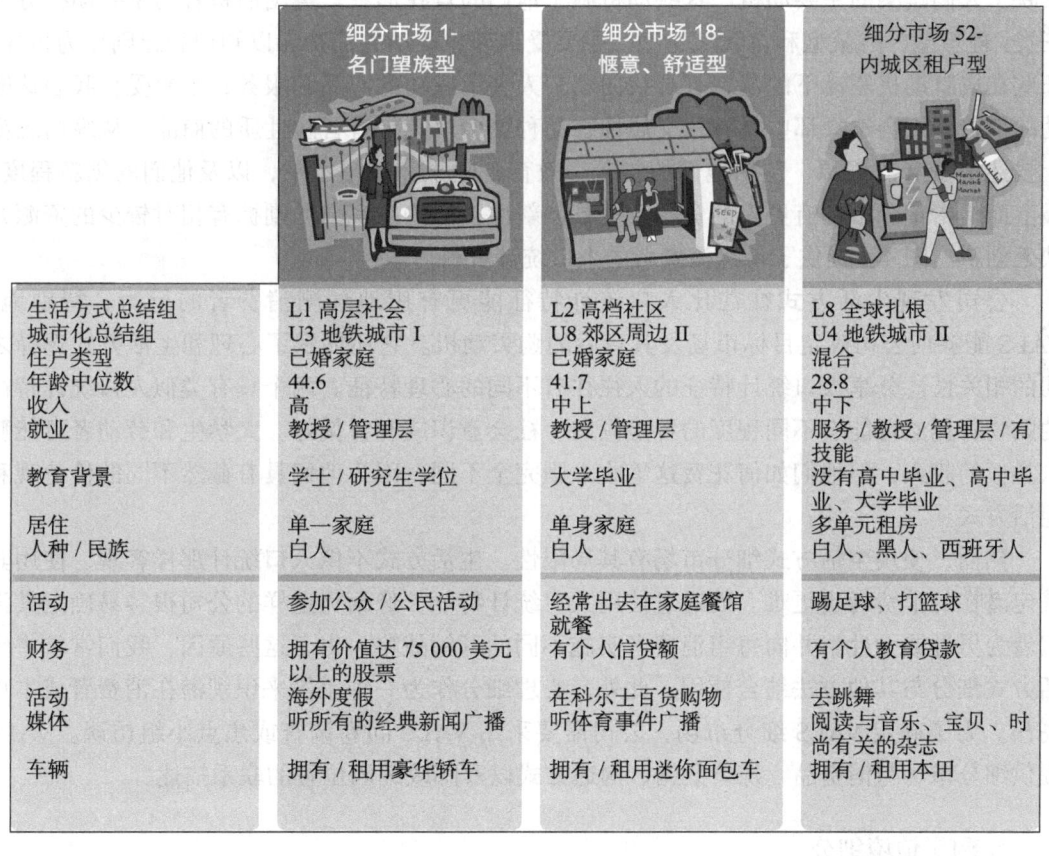

图 4-3　社区市场细分举例

资料来源：Esri, "Tapestry Segmentation: The Fabric of America's Neighborhoods."

4. 生活方式细分

在所有的市场细分方法中，生活方式是最深入探究消费者如何描述自己的一种方法。

生活方式或心理（lifestyle or psychographics）是指人们如何生活，如何消磨时间和花费金钱，从事什么活动，以及他们对所处世界的态度和观点。例如，某个人可能有一种强烈的保护需要。这个需要会促使他做出与自己生活方式相容的产品购买行为。在得克萨斯奥斯汀某家环境可持续的、零浪费原材料的杂货连锁店内，购物者会自带容器直接从散装箱处购买他们需要的有机食品产品。

生活方式细分市场可以通过对消费者进行调查而被加以识别，调查要求消费者对诸如"我在国家公园里最理想的休闲方式是待在豪华宾馆里盛装吃晚餐""我经常寻求刺激"和"我无法忍受给死去的动物剥皮"的陈述做出同意或不同意的选择。今天的零售商更加注重按照生活方式而非人口统计特征来定义目标市场。

最广泛使用的**生活方式细分**（lifestyle segmentation）工具是由 Strategic Business Insights 开发的 VALS。根据对 VALS 调查的反馈信息（www.strategicbusinessinsights.com/vals/presurvey.sht），可以将消费者细分为 8 个市场，如图 4-4 所示。在横向维度上，细分市场反映了人们购买的主要动机，这些动机源于他们的自我形象。美国消费者的主要动机分为三类：理想型、成就型和自我表达型。主要受到理想驱动的消费者以知识和原则作为指导；那些在成就动机驱动下的消费者寻找向同龄人展示成功的产品和服务；主要受自我表达驱动的消费者则会选择那些具有社交属性、品种繁多以及带有冒险性质的商品。从纵向维度上描述消费者的资源，包括他们的收入、教育、健康和能量水平，以及他们的创新程度。最上面是指细分市场有更多的资源及更具创新性；那些在底部的则拥有相对较少的资源并缺乏创新。图 4-4 提供了每组消费者的人口统计资料。

公司发现生活方式往往比人口统计特征能更有用地预测消费者的行为。特别地，VALS 能够使公司确定目标市场及其背后的购买动机。它还揭示了心理和生活方式选择之间的相关性。分享人口统计特征的人往往有不同的心理特征。两个具有类似人口统计特征的购物者仍然可能有不同程度的冒险倾向、社会意识或利益偏好。大学生和劳动者可能赚取类似的收入，但他们如何花费这笔收入则完全不同，因为他们具有截然不同的价值观和生活方式。

然而，使用生活方式细分市场有其局限性。生活方式不像人口统计那样客观，使用其确定潜在的消费者也更难。而通过使用人口统计特征，像耐克这样的公司很容易确定其消费者为男性或女性，并向每组消费者实施不同的营销战略。出于这些原因，我们常常将生活方式细分与其他方法结合使用。此外，心理细分作为一种手段来识别潜在消费者成本更高昂。为了确定 VALS 细分市场，公司需要采用 VALS 问卷调查或焦点小组访谈。VALS 提供细分市场与消费品、媒体数据、沟通方式以及邮政编码位置的联系描述。

5. 购买情境细分

具有相同人口特性或生活方式的消费者，其购买行为可能会有所不同，这取决于他们的购买情境。因此，零售商可以使用**购买情境**（buying situation），例如是临时购物还是每周购物来细分市场。例如，在表 4-2 中，带着四个孩子的家长对超级购物中心的评价比互联网上的杂货店或进行每周杂货采购的超市更积极，但如果她在一周内用完了牛奶，她可能会去便利店而不是去仓储俱乐部进行临时采购。在表 4-2 的多属性态度模型中，便利性在临时采购中比产品分类更重要。同样，某行政主管可能会在商务旅行中选择会议酒店，而在家庭度假时选择度假胜地。

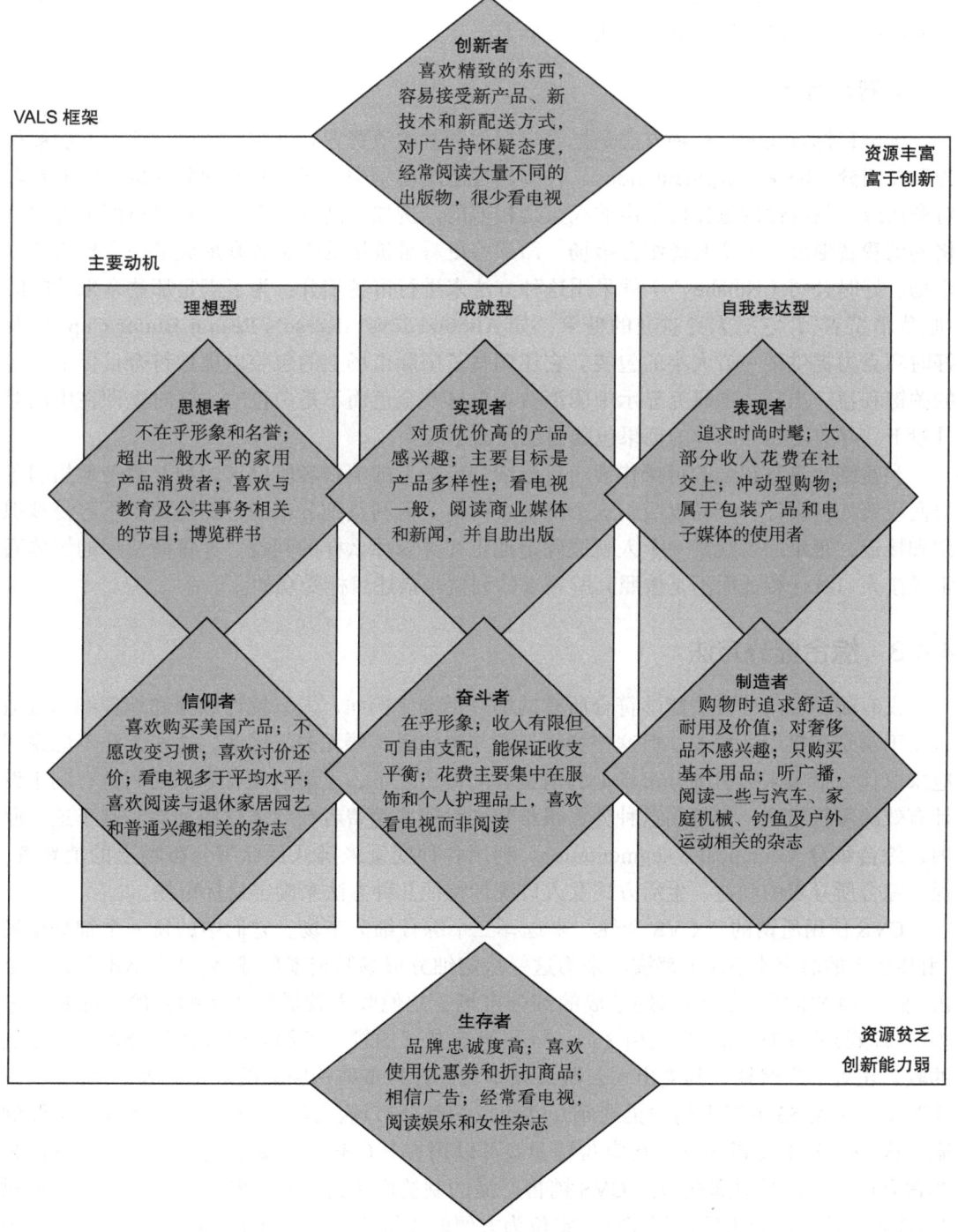

图 4-4　VALS 美国人生活方式

购买情境细分在评价细分市场的标准中作用十分突出。这一细分具有很强的可行动性，因为营销人员能够相对容易地确定该做什么来满足一个特定细分市场的要求。这些细分市场的消费者也很容易被辨别和接近，因为零售商或服务提供商能够根据消费者是否曾在自己这里购买过，以及在何种情况下购买来对其有所辨别。一旦他们确定了这一消费者细分市场，就可以评估此市场的规模大小了。

6. 利益细分

确定目标市场的另一种方法是把寻求相似利益的消费者划分在一个组，这种方法被称为**利益细分**（benefit segmentation）。在多属性态度模型中，同一利益细分市场上的消费者对商店或产品特性的重要性给出的权重是相似的。例如，高度看重时尚和风格而不看重价格的消费者形成了一个时尚细分市场，而那些更看重价格的消费者则形成了一个价格细分市场。好时公司（Hershey's）就采用这种方法来进行市场细分：为了满足那些拿来就吃的"吃货消费者"，它对大受欢迎的糖果，如 Almond Joys、Reese's Peanut Butter Cups 以及好时巧克力提供了一口大小的包装。它还调整了国际市场上的包装以更加符合目标消费者的关键利益。当有一项研究显示中国消费者更喜欢金色而不是白色时，好时立即在中国对其旗下"好时之吻"品牌的糖果包装锡纸做出了改变。

利益细分具有很强的可操作性。目标细分市场上的消费者所寻求的利益清楚地指明零售商应该如何设计其产品以吸引这个消费者群体，但利益细分市场上的消费者不容易被识别和接近，很难通过观察一个人就能确定他正在寻求什么样的利益。零售商使用的媒体通常是按人口统计特征而不是按照其所寻求的利益来描述目标受众的。

4.4.3 综合细分方法

没有哪一种细分方法能够符合所有的细分标准。例如，人口统计数据和地理细分很适合用于辨别和接近消费者，但这些特征经常与消费者需要无关。因此，这些方法不能说明应采取什么措施来吸引细分市场上的消费者。对比之下，了解消费者寻求的利益有利于设计有效的零售组合，但是用这种方法很难辨别是哪些消费者在寻求这些利益。基于这些原因，**综合细分**（composite segmentation）利用各种变量来辨认目标细分市场上的消费者，通过综合所寻求的利益、生活方式及人口统计特征几种方法来确定目标市场。

CVS 使用所谓的"CVS 个性"来选择三个综合细分市场。它们中的每一个细分市场（用某个人的名字来表示）都被用来为这一特定细分市场制定零售战略。"卡洛琳"是一个由 18～24 岁的单身或新妈妈组成的细分市场，她们收入较低但每次购买的商品数量最多。"凡妮莎"的目标市场是由 35～54 岁且有孩子的较年长妇女组成的细分市场，她们的收入正处于高峰期，其支出大，购买频率大，并且整体购物篮的规格也大。最后，"索菲"是一个由 55 岁以上的空巢老年女性组成的细分市场，具有大众收入水平并且关注健康。这些细分市场在开发市场定位信息（可以用在其广告、传单和商品展示上）方面是非常有用的，而且对那些通过 CVS 销售产品的制造商来说也是非常有用的。例如，针对"卡洛琳"这一细分市场，德芙可以定位为方便的能量注入者。对于"凡妮莎"，它可以被定位为一种逃避。最后，对于"索菲"，它可以宣传为有益健康。

本章小结

（1）描述消费者决定是否光顾和购买的决策过程。

消费者在做购买决定时要经过如下几个阶段：需要认知、信息搜寻、评估备选方案、选择、购买和购后评价。零售商了解如何能让他们的消费者在购买过程中的每一步都更接近某个购买决策是很重要的。

（2）识别不同类型的购买过程。

购买阶段的重要性取决于消费者决策的性质。当决策很重要和有风险时，购买过程就会变长，因为消费者需要花更多时间和精力去搜索信息及评估可选项。当购买决定对消费者不那么重要时，他们在购买过程中花费的时间也会变少，他们的购买行为可能会成为习惯性的。

（3）总结影响消费者购买决策的经济和社会因素。

消费者的购买过程受他们个人的信仰、态度和价值观以及他们所处社会环境的影响。主要的社会影响是由经济、消费者家庭、他们的参考群体和文化造成的。

（4）确定为什么及如何将消费者分成不同的细分市场。

为了制定具有成本效益的零售计划，零售商需要将消费者分为较小的细分市场。一些进行市场细分的方法有：地理细分、人口统计细分、地理人口统计细分、生活方式细分、购买情境细分和利益细分。由于每一种方法都有其优缺点，零售商通常通过好几个特征定义其目标市场。

小试身手

1. 持续案例任务：购物 光顾你为持续案例任务所选定的零售商店。假装你要买东西，记下该商店在购买过程中的每个阶段所做的所有刺激消费者购买欲望的努力。哪些类型的购买过程有最多的消费者参与？根据你的观察和对目的地商店的了解，哪些类型的市场细分战略被用到？你认为对这家店而言这是最好的战略吗？

2. 购物 到超市观察人们是如何选择商品放到购物车里的。他们选择商品的时间有多长？是否有些人比其他人花的时间更多？为什么会这样？在商店周边和走廊中的消费者行为是否有差异？解释你的观察。

3. 网上练习 为了更好地理解消费者的市场细分类型，Strategic Business Insights 开发了 VALS 工具，根据消费者的个性特征从心理角度细分市场。登录公司的主页 www.strategicbusinessinsights.com/vals/presurvey.shtml，下载调查问卷，根据自己的价值观、生活态度以及生活方式，确定自己属于哪种 VALS 类型。你认同自己的消费者档案吗？为什么？零售商在制定和实施其商业战略时如何有效地利用这一调查结果？

4. 网上练习 零售商希望能根据地域特征来细分消费者市场，并以此为基础来选择最佳的店址。登录 Esri 商务信息解决方案公司的主页 www.esri.com/data/esri_data/tapestry，键入你家乡和学校的邮政编码，阅读跳出来的结果。零售商（比如当地的餐馆）该如何利用该报告中的信息决定是否在该区域开分店？

5. 网上练习 登录下列网站，查看最新的时尚资讯：http://nymag.com/thecut/（*New York Magazine's*）、www.nytimes.com/pages/fashion/index.html（*New York Times*）、fashion.telegraph.co.uk（*Telegraph*）。就时装设计师展示的最新时尚写一篇报告。你认为这些时尚中哪些会流行？为什么？

讨论问题

1. 消费者在购买了某商品后购买过程是否就此结束了？解释你的理由。

2. 描述服务型零售商（如旅馆）如何向潜在消费者提供信息来回答诸如住房费用、所提供服务及便利设施等方面涉及的问题。

3. 考虑消费者购买过程的每个步骤（见图 4-1），描述你和家人是如何利用这一过程选择大学的。你们考虑过几所大学？在这项决策上，你们花了多长时间？当你决定去哪所大学就读时，你采用了哪些消费者购买过程评估阶段的客观和主观标准？

4. 图 4-3 描述了内城区的租户。和名门望族型这个细分市场相比，银行、餐馆、药店及汽车经销商应如何改变其零售组合来满足内城区租户这一细分市场的需要？

5. 任何一个零售商都希望能够把消费者吸引进商店、找到搜寻的商品并就此购买。一个运动用品零售商怎么做才能保证顾客会购买其店里的运动器材？

6. 有一家家族式经营的二手书店坐落在某大学的马路对面，这家书店想要确定其不同的细分市场。店主可以采用哪些方法来细分市场？根据这一方法，列出两个潜在的目标细分市场，然后对比适合这两个潜在目标细分市场的零售组合。

7. 与实体店面购物相比，你认为通过互联网或移动设备购物的购买决策过程在地址（或访问地点）、花费的时间以及品牌选择上有什么不同？

8. 利用多属性态度模型，确定一家当地汽车经销商分别为一个年轻的单身女性和一对收入有限的退休夫妇提供的可能选择（见下表）。若是一家全国性零售连锁店该怎么做来吸引这对退休夫妇光顾他们的店呢？

表现特性	重要性权重		对零售商表现的看法		
	年轻单身女性	退休夫妇	当地加油站	全国服务连锁店	当地汽车经销商
价格	2	10	9	10	3
维修耗时	8	5	5	9	7
可靠性	2	9	2	7	10
便利性	8	3	3	6	5

9. 想一想自己最近一次的购物经历，描述经济和社会环境因素（如参考群体、家庭及文化）是如何影响你的购买决策的？零售商如何利用社交媒体影响你的购买决策？

10. 想一想欧迪办公、史泰博以及 Office Max 出售的商品，为大学生列出三四种分别属于广泛型问题解决、有限型问题解决以及习惯性决策的商品。如果消费者变成中型企业主，解释每一种购买决策的商品种类又会如何变化。

推荐读物

Arnold, Mark J., and Kristy E. Reynolds. "Approach and Avoidance Motivation: Investigating Hedonic Consumption in a Retail Setting." *Journal of Retailing* 88, no. 3 (September 2012), pp. 399–411.

Dahl, Darren W., Jennifer J. Argo, and Andrea C. Morales. "Social Information in the Retail Environment: The Importance of Consumption Alignment, Referent Identity, and Self-Esteem." *Journal of Consumer Research*, February 2012, pp. 860–71.

Gauri, Kulkarni, Brian Ratchford, and P. K. Kannan. "The Impact of Online and Offline Information Sources on Automobile Choice Behavior." *Journal of Interactive Marketing* 26, no. 3 (2012), pp. 167–75.

Hawkins, Delbert, David L. Mothersbaugh, and Roger J. Best. *Consumer Behavior: Building Marketing Strategy*, 12th ed. New York: McGraw-Hill/Irwin, 2012.

Iverson, Annemarie. *In Fashion: From Retail to the Runway, Everything You Need to Know to Break into the Fashion Industry*. New York: Clarkson Potter, 2010.

Ma, Yu, Kusum L Ailawadi, Dinesh K Gauri, and Dhruv Grewal, "An Empirical Investigation of the Impact of Gasoline Prices on Grocery Shopping Behavior." *Journal of Marketing* 75, no. 2 (2011), pp. 18–35.

Solomon, Michael. *Consumer Behavior: Buying, Having, and Being*, 10th ed. Englewood Cliffs, NJ: Prentice Hall, 2012.

Sorensen, Herb. *Inside the Mind of the Shopper*. Philadelphia: Wharton School, 2009.

Underhill, Paco. *Why We Buy: The Science of Shopping*, updated and revised. New York: Simon & Schuster, 2008.

附录 4A 消费者购买行为和时尚

许多零售商都出售时尚流行的商品。为了从这种类型的商品经营中获利，零售商需要：①了解流行趋势是如何发展并在市场中扩散的；②利用自身运营系统使他们对这类季节性商品保持供需平衡。本附录在于回顾消费者在时装方面的行为表现。对于保持时尚商品供需平衡的运营系统，我们将在第 12 章中进行讨论。

时尚（fashion）是指某种类型的产品或某种风格的行为方式，由于其在某时某地被社会广泛认为是适当的，因而暂时被大量消费者所接受。例如，在某些社会群体中，将头发或文身染成鲜艳的颜色、穿戴动物毛皮大衣、留胡子等都曾经是风行一时的行为。虽然范围众多的行为和产品都曾在时尚界中进进出出，然而在很多零售环境中，"时尚"一词则与服装和配饰密切相关。

4A.1 时尚满足消费者需要

时尚使人们有机会去满足众多的情感和实际需要。人们可以利用时尚表达身份、修饰外表、表现自我形象和情感、提升自我意识并给他人留下印象。经过多年的发展，时尚已经与特定的生活方式或人们所扮演的角色紧密相连。当你去上课、约会或工作面试时，会穿不同风格的服装。

人们既借由时尚来表达自己的身份，也利用时尚获得他人的认可。时尚带来的这两个利益可能会互相冲突。假如你穿着非常前卫，你的个性就能被鲜明地展示出来，但是周边的人未必能接受这种风格的装束。为了满足这两个相互冲突的需要，制造商和零售商提供各种款式与设计组合，既时尚又能让消费者表达自己的个性。

消费者追求时尚的另一个原因是为了摆脱单调。人们很容易对同样的服装或者客厅里不变的家具感到厌烦。他们希望能够通过购买新衣服或者重新装修房子来迎合自己变化了的品位、喜好和收入，从而改变自己的生活方式。

4A.2 时尚如何发展与传播

时尚不具有普遍性，被某个地方、国家或年龄组所接受的时尚，可能会被其他地方、国家或年龄组的人拒绝。想想你理解中的"时尚"一词和你父母理解的有什么不同？你们中的很多人可能很难想象父母穿着仿古包臀牛仔裤和紧身T恤。同样，他们也很难想象穿着双排扣商务套装的你们。如今一个有趣的运动时尚是大学生及NBA篮球运动员身穿制服套装。40年前，篮球运动员留着长发，穿着紧身短裤和匡威（Converse）球鞋，而今天，他们则留短发，穿着宽大的短裤和耐克球鞋（参见www.nba.com/photostore/）。

图4-5说明了时尚生命周期的各个阶段。该周期始于创造新设计或新款式，之后一些被认为是时尚带头人和创新者的消费者接受了新款式，这些新款式开始在该社会群体中流行起来，并从这些人普及到其他人当中，最终作为一种时髦款式而得到普遍接受。最后，这一时尚被该社会群体中的大部分人接受并过度流行，而饱和与过度流行则使该市场逐渐走向衰退，直至新时尚又开始产生。时尚生命周期的时间长短取决于该产品的类型和市场。青少年时尚服装的周期可能只有几个月甚至几个星期，而家庭装饰用品的时尚周期则可能会持续数年。

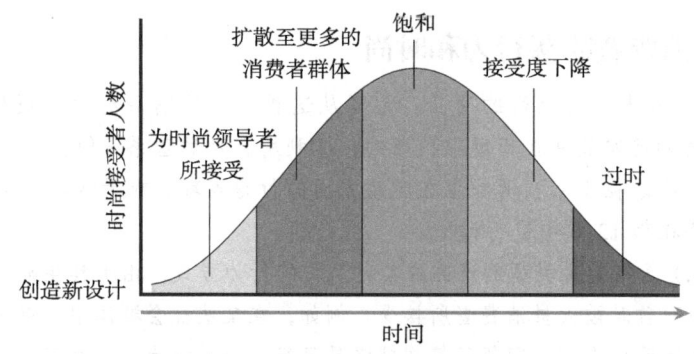

图4-5 时尚生命周期的各个阶段

4A.2.1 创造

新时尚有一系列来源。服装设计师只是创造灵感的一部分，富有创造性的消费者、社会名流甚至零售商都有可能是时尚的创造者。当大明星、演员及运动员穿着最新款式的时装出现在电视节目、电影、舞台和红地毯上时，那些对时尚感兴趣的消费者一般都会接受并跟风。

4A.2.2 为时尚带头人所接受

时尚的生命周期真正开始于被领导性消费者接受之时。这些时尚的最初接受者被称为**时尚领导者**（fashion leaders）、**时尚创新者**（innovators）或**潮流先锋**（trendsetters），他们是在社会群体中首先展示新时尚的人。如果时尚过于前卫或与现行时尚大相径庭，这种时尚就有可能不被该社会群体所接受，其生命周期也就提前结束了。

人们提出三种理论来解释时尚是如何在社会中流行的。**涓流理论**（trickle-down theory）认为，时尚领导者是具有最高社会地位的消费者，他们富有并受过良好教育。这些人在接受某种时尚后，该时尚就会慢慢渗透、传递到较低的社会阶层。当这种时尚被最底层的社会阶层接手后，就不再被处于最高社会阶层的时尚领导者所接受。

制造商和零售商通过模仿那些设计师在时装展示会上展示或在排他性专卖店销售的最新服装款式来刺激这一涓流过程。这些**仿制品**（knockoffs）通过零售商以较低的价格销售到范围更大的市场中去。例如，像"永远21"这样的零售商会去观看时装表演并向消费者解释这些设计。如果巴黎和米兰的设计师在展示高领毛衣，那么"永远21"的设计师就能确定那一时尚的哪些方面将吸引他们的更广泛的目标消费者，然后把他们的设计放到亚洲进行制造生产。因此，仿制品高领毛衣出现在"永远21"货架上的时间，可能要远远早于那些高价真品出现在高端专业店和百货商店的时间。

第二种理论，即**大众市场理论**（mass-market theory），认为时尚是在社会阶层之间流传的。每个阶层都有自己的时尚领导者，他们在自己的社交网络里起关键作用。时尚信息是在各社会阶层之间"渗透"开来的，而不是自上而下的。西班牙的快速时尚零售商扎拉从其遍布全世界的店铺管理中征求新的时尚建议。这些经理将来自消费者的时尚要求汇集起来发给位于西班牙的公司总部办公室，如他们正在穿什么、他们如何解读和改变下架服装以适应其独特的时尚感。扎拉的时装设计师会对所有这些信息进行汇总综合，并重新解读这些信息，最后将其注入自己的新时尚中去。

第三种理论是**亚文化理论**（subculture theory），这一理论建立在近来时尚发展的基础之上。大多数不太富裕的年轻消费者，如都市青年，发起了诸多时尚，例如丰富多彩的针织品、T恤、球鞋、牛仔裤、黑皮夹克以及军用服装。许多时候，时尚不经意间在收入较低的消费群体中间开始，然后渗透至主流消费阶层。例如，从事繁重的体力劳动的工人穿布满破洞的蓝色牛仔裤，他们的T恤因在阳光下工作而褪色，那些给房子刷油漆的人们衣服上溅满了油漆。制造商看到这些现象并对其加以调整，然后将它们出售给许多不同的消费群体。对此，人们往往愿意消费。

这些时尚发展理论说明，时尚领导者可以来自不同的地方和不同的社会群体。在多元化的社会中，许多不同类型的消费者都有可能成为时尚趋势的领导者。

4A.2.3　扩散到更大的消费者群体

在这一阶段中，时尚被更多消费者群体所接受，该群体被称作早期接受者。时尚变得越来越可见，受到更多公众和媒体的关注，并且很容易在零售店内实现。时尚的相对优势、相容性、复杂性、预试性及能见性都影响时尚在某社会群体中的普及时间。若新时尚能够比现存时尚提供更多利益从而使其比较优势更大，其流行速度就会更快。消费者很容易就能接受新时尚，因为这让他们感觉与众不同。因此，像高级服装这样比较具有排他性的时尚在富有的目标市场上会很快被接受，而在更崇尚实用的市场上，易保养的服装（例如不起皱的裤子）在普通大众中流行很快。

相容性（compatibility）是指时尚与现有的规范、价值观和行为保持一致的程度。当新时尚与现有的规范不一致时，时尚被接受的速度就较慢，能够接受它的人数也较少。从头到脚的皮革服装只与少数公众相容。虽然就一两个季节而言这一现象可能取得不错的成功，但它永远也无法实现被大范围接受。

复杂性（complexity）是指了解和使用新时尚的难易程度。消费者必须学会如何将一种新时尚融入他们的生活方式中。例如，脚穿一双6英寸细高跟厚底船鞋是很难走路的，除非你只会沿着跑道趾高气扬地往下走。

可预试性（trialability）是指最先接受新时尚所需付出的成本和投入。例如，消费者通过互联网渠道或产品目录购买服装时，在购买前因为无法检查衣服或进行试穿，所以其购买的可预试性就比在实体商店购买时低。美国各地的几个购物中心正在使用新型尺寸匹配机。该机器为消费者进行尺寸测量，并与服装制造商提供的规格进行匹配，从而提供一个合适的吻合度，以减少服装购买过程中由于不能试穿带来的风险。

能见性（observability）是指新时尚被注意到并在社会群体中向其他人传播的容易程度。与家居用品（如床单毛巾）的时尚相比，服装时尚更易于被人们注意到，因此服装中的时尚比浴室中的新色彩、新款式流行得更快。

时装零售商开展各种活动促进新时尚在其目标市场上的接受与推广。他们向消费者展示如何将新时尚与消费者已有的服装进行搭配，以此提高时尚的相容性，降低复杂性。他们提供试衣间，供消费者试穿以观察实际效果，提高时尚的可预试性。允许顾客退货，这也可以提高时尚的可预试性。零售商还通过在商店里陈列时尚产品及在媒体上做广告，提高时尚的能见性。

4A.2.4　饱和

在这一阶段，时尚已获得社会的最大接受程度。目标市场上几乎所有的消费者都了解了该时尚，且已决定接受或拒绝。此时，该时尚开始过时，许多人对其产生了厌倦感。

4A.2.5　接受程度下降至过时

在时尚达到饱和时，它对消费者的吸引力开始减弱。由于大部分人已经接受了这种时尚，它就无法再帮助人们表达自己的个性了。时尚创造者和领导者开始试验新的时尚，新时尚的引入加速了上个时尚的衰亡。

PART 2

第二篇
零售战略

　　第一篇描述了零售经理在制定和实施战略时所做的决策、零售商的不同类型以及零售商借以与消费者互动并向其销售商品的多种销售渠道，包括店面、互联网及产品目录，同时还讲述了消费者选择不同零售商、不同渠道和商品的各种影响因素。这一篇为制定和实施有效的零售战略提供了所需的背景信息。

　　第二篇各章主要讨论零售商的战略决策。

- 第 5 章将描述零售市场战略的制定。
- 第 6 章将阐述与市场战略相关的财务战略。
- 第 7、8 章将讨论零售店的选址战略。
- 第 9 章将介绍零售公司的组织和人力资源战略。
- 第 10 章将探讨信息和商品流动的控制系统。
- 第 11 章将详细阐述零售商管理客户关系的方法。

　　正如在第 1 章中概述的那样，上述决策是战略性的而非战术性的，因为这些决策要求零售商利用各种重要资源在目标细分市场上建立一种长期优势。

　　第三篇和第四篇则讲述更具战术性的零售战略实施过程中与商品和店面管理相关的决策。这些实施决策会影响零售商的效率，但影响时限比第二篇讨论的战略决策要短。

第5章

零售市场战略

- **主管简介**

戴维·伯格，总裁兼首席执行官

澳拜客牛排国际公司

我在零售业的职业道路有点不寻常。从埃默里大学毕业获得经济学学位后，我去了佛罗里达大学的法学院。在法学院的时候，我被公司法吸引住了，它与我本科时在经济学方面受到的培训很吻合。之后我接受了NordicTrack企业法律顾问办公室的一个职位。NordicTrack彼时在全国最出名的是其越野滑雪模拟器，这种模拟器主导了20世纪80年代后期的家庭健身市场。

随着NordicTrack模拟器在美国市场上的成熟，该公司开始对国际扩张感兴趣。我自愿成立了一个国际经销商网络。虽然我没有很多零售业的经验，但是在法学院的时候，我学会了如何成为一个有效的谈判者以及如何合理分析状况，这些技能对于建立全球范围的分销网络极具价值。

离开NordicTrack之后，我去了百思买并最终升任百思买国际部的首席运营官，负责除美国之外所有百思买的品牌和业务。我深度参与过百思买旗下子公司Musicland的出售，对一家中国江苏五星级家电企业的多数股权收购，在墨西哥和土耳其的扩张，以及与Carphone Warehouse创造的合资企业，这也为将百思买品牌引入欧洲提供了一个机会。

我现在的职位既充满挑战性又令人兴奋。我们公司拥有并经营超过400家餐厅，这些餐厅全在诸如澳拜客牛排、卡拉巴意大利烧烤、北梭鱼烧烤、罗伊美食，以及弗莱明精华牛排餐厅和酒吧等品牌名称下进行运营。虽然我们在19个国家已有超过200家澳拜客牛排馆，但是我们的国际扩张潜力仍然十分巨大。

我们的国际客户的用餐体验与我们国内客户的体验相似。我们的国际餐馆往往遵循美国的设计准则，也会为了符合当地的需求与风俗习惯而进行一些修改。大多数餐馆都在购物中心或办公楼里，也有很少的几个是独立式地点区位。在亚洲很多城市中，由于那里的地价极其高昂，因此我们将许多餐馆都设立在一楼，有时也分设在两个独立的楼层。

我们的国际菜单也类似于美国菜单，但会做一些改变以满足当地的口味偏好。例如，除了传统的澳拜客特殊牛腩，我们还有当地特色的牛肉切块，如巴西的Picanha或韩国的Neobiani。某一地区产品和成分的可获用性也会驱使我们提供特定的菜单。例如，在东南亚，我们标志性的洋葱花球就被台风花球所取代，因为那里没有制作洋葱花球需要的洋葱。

零售服务（特别是餐馆）的全球化比起那些以产品为重点的零售业的国际扩张更具挑战性。不同国家（即使在同一个国家内）的消费者对于食物的口味具有很大的差异，但是对产品的偏好是相当一致的——在全球各地购买平板电视是一件相当普遍的事情。在进行国际扩张时，虽然我们需要大量的本地投入，但是我们发现对外直接投资的利润比特许经营要高出三倍以上。

□ 学习目标

- 定义零售战略。
- 阐明零售商是如何建立可持续竞争优势的。
- 划分零售商追寻的各种不同的零售增长机会。
- 识别国内零售商发展成为国际零售商过程中出现的问题。
- 掌握零售商制定战略规划时经过的步骤。

为了有效地应对零售业竞争的加剧和新渠道、新技术以及全球化的出现，零售商需要更多地关注长期战略规划。零售战略能够指明零售商应该如何有效地应对环境、消费者以及竞争者。正如零售管理的决策过程（第1章）所示，零售战略（第二篇）是一座连接了解零售世界（第一篇）与为了实施零售战略所需的更具战术性的商品管理及店面运营活动（第三、四篇）的桥梁。

本章第一节对"零售战略"这一术语进行了界定，并对零售战略的三个重要要素——目标市场细分、零售业态及零售商可持续竞争优势的基础进行了论述，接着列举了零售商用来建立可持续竞争优势的各种途径。在回顾零售商追寻的各种增长机会，尤其是国际扩张之后，本章最后讨论了战略性零售规划的过程。

5.1 什么是零售战略

"战略"一词常被用于零售业，例如零售商就经常讨论他们的商品战略、促销战略、选址战略以及自有品牌战略，这个词的使用已经普遍到几乎所有零售决策都可能是战略决策的地步。但是事实上，零售战略绝不是零售管理的别称。

零售市场战略的定义

"**零售战略**"（retail strategy）这个概念用以阐明：①零售商的目标市场；②零售商为满足目标市场需要而计划使用的零售业态和资源；③零售商用来计划建立可持续竞争优势的基础。**目标市场**（target market）是零售商集中其资源和零售组合来针对的细分市场。**零售业态**（retail format）描述零售商运营的性质——零售商用来满足目标市场需要所采用的零售组合，包括零售商品以及提供服务的类型、定价政策、广告和促销计划、店面设计和视觉营销、典型店址以及客户服务。**可持续竞争优势**（sustainable competitive advantage）是指不容易被竞争对手模仿因而能保持更长的时间的优势。以下是关于零售战略的几个实例：

- 墨西哥烧烤快餐店：墨西哥烧烤快餐店的创始人和联席主席斯蒂夫·埃尔斯（Steve Ells）正在改变美国一次吃一个卷饼的方式。这家快餐连锁店的第一家店于1993年在丹佛开业，现已发展壮大到1 200家分店，年销售额超过20亿美元。它提供的菜单中只包括四种餐点：卷饼、"卷饼碗"（burritos bowls）、玉米饼和沙拉。当被问及对菜单进行扩展之事时，斯蒂夫·埃尔斯说："重要的是要保持菜单的重点，因为只有集中精力做几样事情，你才可以确保自己能够比其他人做得更好。"其使命宣言——有尊严的食品，强调其在提高天然饲养肉类使用、有机农副产品、没有添加激素的乳制品等方面的努力。这种理念贯穿到从使用新鲜成分到理解动物是如何被饲养的。大部分食物都是在每个餐馆中准备的。这些餐馆都没有冰箱、微波炉或开罐器。

- 露露柠檬运动服饰店：露露柠檬运动服饰店是加拿大一家销售用于瑜伽练习的服装及饰品的专业连锁店。其销售的产品包括头巾、竹制木块以及印有鼓励健康生活的口号——"喝新鲜水"的瑜伽垫。露露货品的招牌标志是条槽型裤子，以三角形布料裁剪，线缝细密平整，感觉像一滴不受重力影响的水珠。露露柠檬的服装是用特殊材料制成的，这些材料能够使客户参与高强度的瑜伽练习，并且看上去具有吸引力。露露柠檬各店可以说是一个社区中心，人们可以在那里了解和讨论瑜伽、饮食、跑步和骑自行车等健康生活以及精神生活方面的问题。为了创建这个社区，公司在开某个商店之前会招募当地大使。这些大使（通常是很受欢迎的瑜伽老师）的信息被放到露露柠檬网站精选及店内公告栏中。

- Chico's女装店：该店是一家服装连锁专卖店，其服务对象是30多岁时尚、精明的妇女，家庭收入在50 000～100 000美元。Chico's服装使用易于护理的织物，其独特、时尚的设计，以及舒适、令人放松的合身感令人称赞。Chico's服装配件，如手袋、皮带、围巾、耳环、项链以及手镯的设计旨在协调各种衣服分类，使客户能够轻松地个性化自己的衣柜。所有的商品都提供自有品牌，所以Chico's的设计师和买手指定图案、印刷、建筑、设计、使用纤维、完工时间和颜色。Chico's服装的独特性是其尺寸大小。Chico's的尺寸是以0、1、2、3表示的，而不是更常使用的1～16的尺寸，因为女性对大尺寸的衣服不太敏感。宽松款式的服装使Chico's减少了使用的尺寸数量，而无须投资于同一个款式内数量众多的各种不同尺寸。

- Save-A-Lot食品店：1977年，Save-A-Lot食品店是SuperValu旗下的一家全资子公司，现已发展到1 300多个店面，是全美第13大连锁超市。该公司门店提供有限分类的1 250种存货单位（SKU）；相比之下，传统超市提供20 000～30 000种存货单位。通过只提供那些在每个品类中最受欢迎的货品（其中大部分是自有品牌商品），该公司缩减了成本并能将其商品价格降到比传统超市价格低40%。鉴于它强大的采购力，Save-A-Lot能够开发定制化的产品规格，并以低价格提供高品质的自有品牌商品。因为这些商店一般不具有杂货店风格特征的货架，因此货品通常被置于经过特别印刷的、切开的运输容器中。最后，大多数顾客购物时都会带购物袋，如果谁忘了自己带购物袋、需要从商店要时，该零售商会向这些顾客收费。

5.2 零售市场战略中的几个核心概念

以上各例子所描述的零售战略包括：①选择一个或几个目标细分市场；②选择零售业态（零售组合的要素）；③建立能够减轻零售商竞争压力的可持续竞争优势。下面我们来探讨一下零售战略中的这些核心概念。

5.2.1 目标市场与零售业态

零售市场（retail market）是一组有相似需要的消费者和一组使用相似零售渠道与业态来满足这些需要的零售商。图 5-1 展示的是一组女士时装零售细分市场，图中左栏列出了各种不同的零售业态。每种业态都为其消费者提供了不同的零售组合。图的最上面一行列出了细分市场。如第 4 章中提到的那样，这些市场可以根据消费者的地理位置、人口统计特征、生活方式、购买情境或寻求的利益来细分。在这个图中，我们把这个市场划分成了三个与时尚相关的细分市场：①保守型市场，主要指那些不怎么看重时尚的顾客；②传统型市场，指那些想要经典款式的顾客群体；③前卫型市场，指那些只喜欢最新款式的顾客。

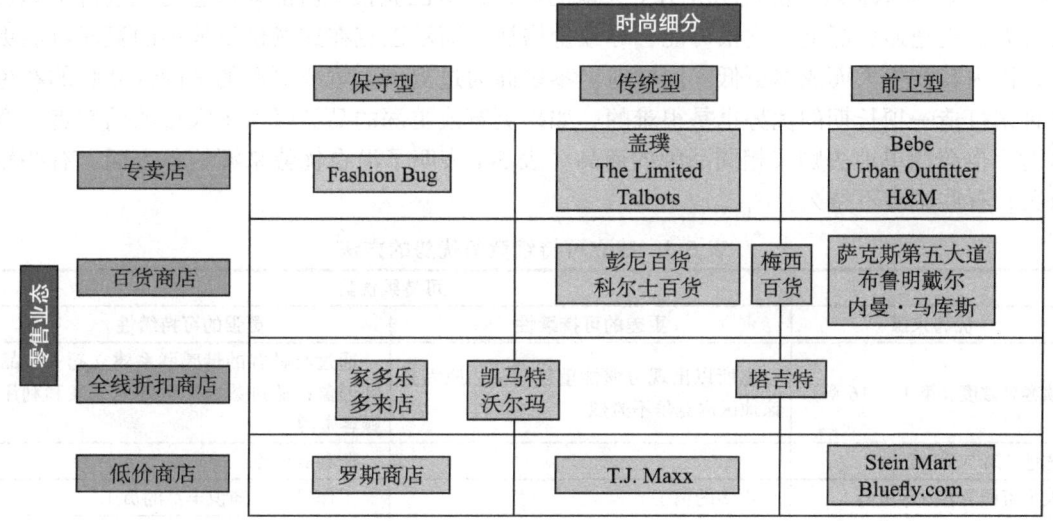

图 5-1 服装零售细分市场

图 5-1 所示矩阵的每一格都描述了一个有多家零售商进行相互竞争的潜在零售市场。例如，同处一个地理区域的沃尔玛和凯马特都使用全线折扣店这一零售业态，而且瞄准的都是保守型消费者，而布鲁明戴尔和内曼·马库斯则均采用百货商店这一零售业态进行相互竞争，并且都针对前卫型市场。

图 5-1 中的矩阵描绘了女士服装零售商展开竞争的"战场"。在这个战场上所处的位置（即矩阵的每个单元）表明了一个零售商战略中的前两个因素：细分市场（x 轴）和零售业态（y 轴）。

考虑一下塔吉特公司在修正其女士服装市场的零售战略时所面临的情况。塔吉特应该在图 5-1 所示的所有 12 个细分市场上竞争还是应该集中于几个有限的零售市场？如果塔吉特公司决定集中于几个有限的市场，那么应集中于哪几个？塔吉特对这些问题的回答就界定了它的零售战略，并表明它该如何集中使用资源。

图 5-1 只是用来代表女士零售服装市场的其中一种方式（可能有好几种）。零售业态也可以扩展到更为宽泛的类型，包括低价商店和品类专门店。除了按照时尚程度来划分外，还可以用第 4 章中提到的其他方法来细分市场。虽然图 5-1 中所示的并不是描述女式服装零售市场的唯一方法，但它示明了如何根据零售业态和消费者细分市场来界定零售细分市场。

5.2.2 建立可持续竞争优势

确定了目标市场和零售组合之后,零售战略中的最后一个因素是零售商建立可持续竞争优势的方法。建立一种竞争优势意味着零售商实际上在零售市场上围绕自己的地盘筑起一堵墙。如果这堵墙很高,那么墙外的零售商(也即其他市场上的零售商或企业家)要想进入这个市场并且争夺该市场的顾客就会很困难。

零售商从事的任何商业活动都可以成为其建立竞争优势的基础,但是有的优势可以持续很长时间,有的却很快会被竞争者所模仿。例如,对于 Peets Coffee & Tea 来说,通过简单地以较低的价格提供相同的特色咖啡来建立相对于星巴克的长期优势是很难的。如果 Peets Coffee & Tea 以低价成功吸引了大量的客户,星巴克很快就能知道它已经进行了降价处理并会迅速迎头赶上。这很可能会导致价格战,而星巴克在这场价格战中的赢面可能更大,因为其规模大而成本更低。同样地,零售商通过提供更宽或更深的全国性品牌的花色品种来打造一项长期的优势也是很难的。如果更宽或更深的品类吸引了大量的消费者,竞争对手也会简单地去购买相同品牌的商品。表 5-1 表明了潜在优势来源的各方面,有些较持久,有些则较不持久。

表 5-1 建立可持续竞争优势的方法

优势来源	可持续优势	
	更差的可持续性	更强的可持续性
顾客忠诚度(第 11、16 章)	之所以出现习惯性重复购买,原因是该地区内竞争不激烈	通过与顾客的情感联系建立起一个品牌形象;通过数据库更好地开发和利用顾客资源
选址(第 7、8 章)		便利的地点
人力资源管理(第 9 章)	更多的员工	工作投入、知识丰富的员工
分销和信息系统(第 10 章)	更大的仓库、自动化仓库	与供货商共享资源
独特的商品(第 12 和 13 章)	更多商品、更多分类、更低价格、更高的广告预算、更多销售促进	排他性商品
供货商关系(第 13 章)	重复采购,因为选择性小	协调采购努力;得到稀缺商品的能力
顾客服务(第 18 章)	营业时间	知识丰富、乐于提供帮助的销售人员

时间久了,任何优势都会被竞争力所侵蚀,但通过修筑高且厚实的"墙",零售商就可以在较长时间里保持其优势。因此,建立可持续的竞争优势是公司长期财务业绩的关键。

构建持续性竞争优势的三种方法分别是:①与顾客建立牢固的关系;②与供货商建立牢固的关系;③取得有效的内部运营。这些方法中的每一种都涉及开发一项不易被竞争对手模仿的资产——忠诚的顾客、牢固的供货商关系、较高的内部运营效率以及有吸引力的区位,下面我们将对每一种方法进行分析。

5.2.3 与顾客的关系——顾客忠诚度

顾客忠诚度(customer loyalty)意味着顾客总是到某个特定零售商那里购买商品和服务。忠诚不仅仅是更喜欢哪个零售商,还意味着顾客不愿光顾其他竞争性的零售商。例如,忠诚的顾客会一直在 Jiffy Lube 理发,即便其竞争对手开了一家位置更近、价格更低的店面也是如此。本节中讨论的建立顾客忠诚度的方法有:树立品牌形象,在目标市场中建立起独特的定位，提供独特的商品，提供优质的顾客服务，开展客户关系管理计划以及建立零售社区。

1. 品牌形象

零售商通过建立知名且有吸引力的品牌形象来建立顾客忠诚度。例如，当消费者想起快餐（或者汉堡或者炸薯条）时，他们就会立刻想到麦当劳。他们感知到的麦当劳的形象包括很多美好的信念，比如快速服务、始终如一的品质以及干净的休息室。

强势的品牌形象因为减少了与购买有关的客户风险，从而能够促进顾客忠诚度的建立。品牌形象使顾客确信他们将从零售商那里获得一致的质量水平和满意度。零售商的形象也可以建立与顾客的情感联系，导致顾客信任该零售商。零售商为了建立强势品牌形象需要采取的步骤将在第 15 章中进行讨论。

2. 定位

零售商的品牌形象反映了其定位战略。**定位**（positioning）是指通过设计和实施一项零售组合，在消费者的心目中树立一个有别于竞争对手的零售商形象。人们经常使用**感知图**（perceptual map）来表明消费者心中的零售商形象以及消费者对他们的偏好。

图 5-2 是一张用以说明销售女士服装零售商的假设感知图。图中的两个衡量维度——前卫和服务，是此例中的消费者在其心目中形成零售商形象时所考虑的重要特征。

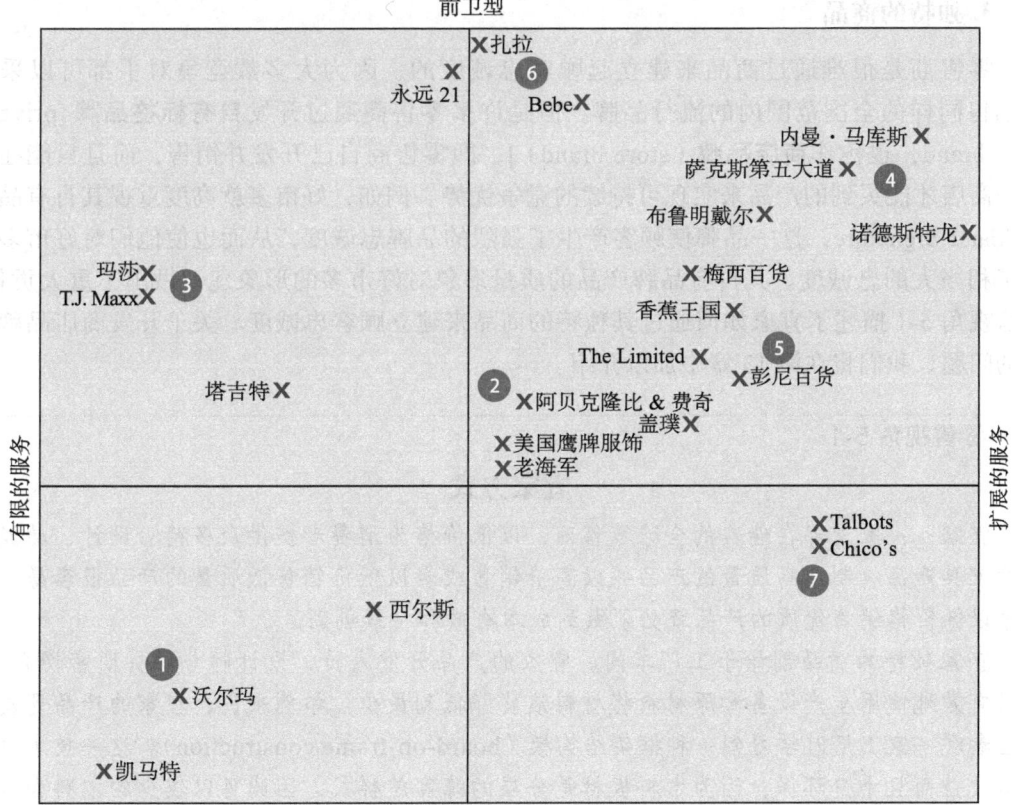

图 5-2 女性服装市场的假设感知图

感知图以一种通过表明零售商在图中位置之间距离的方式呈现给顾客两个零售商形象的相似程度。例如内曼·马库斯公司和萨克斯第五大道公司在图中相距很近，表明该例中消费者认为它们提供相似的服务和时装。相反，诺德斯特龙和玛莎在图中相距很远，表明消费者认为它们之间有很大的差异。值得注意的是，那些距离很近的商店之间存在着很激烈的竞争，因为消费者感觉它们提供的产品、服务相似且品牌形象也相似。

在这个例子中，梅西百货的形象是以优质服务提供中档价格的时尚女士服装。T.J.Maxx 公司则以较少的服务提供不那么时尚的服装。西尔斯公司被认为以中等的服务提供并不十分时尚的服装。

理想点（图中以黑色圆点来表示）表示一个理想的零售商在不同细分市场消费者心目中的特征。例如，在第 3 细分市场中的消费者更喜欢以较少服务提供更时尚商品的零售商，但在第 1 细分市场中的消费者想要更传统的商品而不考虑服务。理想点被锁定下来以便通过观察某个零售商的位置（用黑色的 **X** 表示）与消费者对零售商商品的感知（用黑色的圆点来表示）距离来分析该细分市场将如何评价这个零售商。

靠近理想点的零售商比远离理想点的零售商更容易获得该细分市场中消费者的好评。如此看来，第 6 细分市场中的消费者更喜欢永远 21 以及 Babe 而非内·曼马库斯公司，因为这些零售商更加时尚，而其目标消费者对服务并没有太高要求。零售商都在努力建立目标市场中消费者想要的形象，并以此来使这些消费者建立忠诚。

3. 独特的商品

零售商是很难通过商品来建立起顾客忠诚度的，因为大多数竞争对手都可以采购并销售同样的全国范围内的流行品牌。但是许多零售商通过开发**自有标签品牌** [private-label brand，也称作**商店品牌**（store brand）]，即零售商自己开发并销售，而且只能在他们的商店才能买到的产品来实现可持续的竞争优势。例如，好市多就高度重视其自有品牌 Kirkland Signature，这一品牌使顾客产生了强烈的品牌忠诚度，从而也使他们对好市多产生了相当大的忠诚度。其自有品牌产品的质量形象对好市多的形象建设做出了重大贡献。零售视角 5-1 描述了宜家如何通过其独特的商品来建立顾客忠诚度。关于开发商店品牌商品的问题，我们将在第 13 章中加以介绍。

零售视角 5-1

宜家方式

宜家，一家总部在瑞典的全球零售商，以低价格为消费者提供众多精心设计、功能齐全的家具产品。制造高质量的产品并以高价销售或者以低价销售低质量的产品很容易，但宜家以低价格销售优质的产品就必须做到成本有效和持续创新。

宜家独特的商品创始于工厂车间。宜家的产品开发人员、设计师与供货商密切合作，通过有效地使用生产设备和原材料将材料浪费降低到最少。举例来说，宜家的产品开发人员在参观一家工厂时学习到一种框架结构板（board-on-frame construction）。这一技术颇具成本效益而且十分环保，因为木料板材是分层的蜂窝芯样式，因此可以较少的木料含量提供强力而又轻巧的结构。这种类型的结构被用在许多宜家产品中，比如 LACK 牌餐桌。

宜家销售的众多货品都是通过扁平的散包装进行运输和销售的，以期降低运输成本，而且也方便消费者将其运回家。但仍然有一些产品即便使用散包装也会占用大量的空间，比如灯具。LAMPAN 灯很好地阐释了以极低的价格提供设计精美的高品质产品的一种宜家方式。这种方式之所以得以实现是因为宜家开发了一种新的包装方法，即将灯罩作为灯座的包装桶。

宜家通过提供附带大量产品及质量信息的标识、对产品的室内展示，以及明码标价的做法，大大降低了商店的劳动力成本。这些特性使消费者可以自行选购，同时也降低了宜家的劳动力成本。

资料来源：www.IKEA.com; Deniz Caglar, Marco Kesteloo, and Artt Kleiner, "How Ikea Reassembled Its Growth Strategy," *Strategy+Business*, May 2012; "The Man Who Named the Furniture," *Financial Times*, January 16, 2010, p. 30; and Yongquan Hu and Huifang Jiang, "Innovation Strategy of Retailers: From the View of Global Value Chains," *6th International Conference on Service Systems and Service Management*, 2009, pp. 340-345.

问题讨论：为什么宜家的自有品牌家具为其创造了一项可持续的竞争优势？

4. 顾客服务

零售商可通过向顾客提供出色的服务来建立可持续竞争优势。始终如一地提供优质服务很困难，因为顾客服务是由零售员工提供的，而员工不能像机器那样做到始终如一。机器可以通过编程使每一盒制作出来的脆谷乐（Cheerios）麦片都是一样的，但员工不能提供始终如一的服务水平，因为其训练水平、受激励的程度以及情绪状态都是不同的。

建立顾客服务的传统和声誉需要花费大量的时间与精力，但是一旦零售商获得了良好的服务声誉，就可以将这一优势保持很长时间，因为对于竞争对手而言要想形成类似的声誉是很难的。例如，丽思·卡尔顿酒店因其为客户提供杰出的服务而享誉世界。员工每天会聚集在一起开一个15分钟的会议，会议期间他们彼此分享他们或其同事如何超越传统客户服务的故事（也被称为"WOW 故事"）。一个很棒的例子是巴厘岛丽思·卡尔顿酒店的一位厨师获知某位客人有深度食品过敏反应，便从位于另一个国家的一个小杂货店中购买了特殊的鸡蛋和牛奶并空运至酒店。这样的故事有助于保持员工专注于客户服务，并对其努力进行认可。第18章将讨论零售商如何开发一项客户服务优势。

5. 客户关系管理计划

客户关系管理计划（customer relationship management，CRM programs），也被称为**忠诚度**（loyalty）或**常客计划**（frequent shopper programs），是专注于识别对零售商最有价值的客户并使其建立忠诚度的活动，这些计划通常涉及根据客户购买服务或商品的数量提供奖励。例如，航空公司为那些已经达到飞行英里数的旅客提供免费机票；赛百味（Subway）为每购买十次的客户免费送一个三明治。

这些计划提供的折扣可能并不会创造忠诚度。消费者有可能会加入竞争对手零售商的忠诚度计划，并继续光顾多个零售商。然而，这些项目针对顾客的购物行为收集的数据所提供的洞察力可以使零售商建立和保持顾客忠诚度。例如，CVS Caremark 公司的 CRM 项目使零售商收集每个客户的广泛信息，并使用这些信息来增加销售。例如，如果客户光顾相对较少（例如，一个月购买一次处方药），CVS Caremark 可能会提供激励措施，在一周内鼓励顾客更频繁地光顾。另外，如果客户经常购买，而每次光顾的购买金额都低于 20 美元，CVS Caremark 会提供刺激措施来增加其每次光顾的购买金额，比如，使金额增加到 25 美元。它也可以提供激励措施让只购买全国性品牌的消费者转而购买更多的自有品牌商品。CVS 也使用忠诚度数据来确定一个家庭对某一品类的商品是否比需要的买得过少（数据基于相似的家庭使用率），因此它为这一家庭提供了"买一送一"的优惠券。因此，通过忠诚计划开发的数据使零售商能够与客户建立起个人关系。对于客户关系管理计划的详细讨论，我们将在第 11 章中展开。

6. 利用社交媒体建立零售社区

零售商正在使用网站和社交媒体来发展零售社区。**零售社区**（retail community）是一个与零售商共同参与某项活动的消费者群体。社区成员就相关的零售商活动进行信息共享。对零售社区的参与可以从简单地成为一个零售商 Facebook 主页的粉丝，到与社区成员面对面地分享经验。提高社区成员的参与度会使他们对零售商产生更深入的情感体验和忠诚度。

星巴克在 2008 年推出"我的星巴克理念"（http://mystarbucksidea.force.com），开启了社区建设之旅。网站最初只是一个枢纽，星巴克的消费者在此分享其想法、建议甚至在这个小小的社交网络平台上遇到的挫折。随着星巴克的消费者开始享受与其他消费者的互动时间，网站遂演变成为一个社区。现在，在线社区赋予消费者看看别人提供什么建议、投票表决想法并检查表决结果的能力。星巴克实际上实施了最流行的想法，那就是让消费者感觉到在关于他们最喜欢的咖啡能做什么上有话语权。星巴克已经将其在线努力扩展到了社交媒体空间。其 Facebook 的页面（www.facebook.com/Starbucks）已有超过 3 200 万名粉丝。

5.2.4 与供货商的关系

开发竞争优势的第二种方法是发展与那些为零售商提供商品和服务的公司间的稳固关系，如房地产开发商、广告代理商和运输公司。在所有这些与供货商的关系中，最重要的是与供货商的关系。例如，沃尔玛和宝洁最初建立关系是用于提高供应链效率。今天，这种关系中的合作伙伴则彼此共享敏感信息，这使得沃尔玛能够更好地为宝洁的新产品进行规划，甚至为在沃尔玛独家出售的宝洁的全国性品牌开发一套独特的包装。沃尔玛与宝洁分享其销售数据，这样宝洁就可以更好地规划其生产并使用即时存货管理系统来降低系统中的存货水平。通过加强彼此的关系，零售商和供货商可以开发互利的资产和项目，从而建立超越竞争对手的零售商－供货商优势。

如同与客户的关系一样，与供货商建立的长期关系可能不容易被竞争对手所模仿。第 13 章将探讨零售商如何与他们的供货商合作以建立互惠互利的长期关系。

5.2.5 内部运营的效率

除了与外部各方、客户和供货商建立良好的关系外，零售商可以通过拥有更有效的内部运营来发展竞争优势。高效的内部运营使零售商与其竞争对手相比具有了成本优势，或者以相同的成本为消费者提供比竞争对手更多的利益。

大公司通常有更高的内部运营效率。较大的零售商可以投资于开发复杂的系统，并通过更多的销售将这些系统的固定成本分摊开去。除了规模，另一个提高内部运营效率的方法是建立人力资源管理及分销及信息系统。

1. 人力资源管理

零售业是一个劳动密集型行业。在该行业中，员工在为顾客提供服务以及建立顾客忠诚度方面起着重要作用。有些零售商将员工产生的相关费用视为一项需要长期削减的费用。但有研究发现，成功的零售连锁店（如好市多）虽然大量投资于店里的员工，但与其竞争者相比仍具有低价格、稳健的财务表现及更好的顾客服务。它们认识到，如果对员工投资不足，会导致运营效率更低，因此，更难获利。知识广博、经验丰富并能致力于实现零售商目标的员工是支持这些零售商获得成功的关键资产。零售业正在被越来越多已经适应这个新现实的零售商所主导，如韦格曼斯（Wegman's）和好市多。

第9章将考察零售商如何通过以下方式建立人力资源资产：开发激励与协调员工的计划；提供适当的激励措施；培育强势、积极的组织文化和环境；实施管理多样化。第16章将介绍关于提高员工劳动生产率及留住员工的额外信息，包括招聘、培训和领导。

2. 分销及信息系统

使用复杂的分销及信息系统为零售商提供削减运营成本（和公司业务运行相关的成本）的机会并且保证在合适的时间、合适的地点提供合适的商品。例如，商品的信息流无缝隙地从沃尔玛传递到其供货商以便更快捷、有效地补给商品并减少脱销。沃尔玛的配送和信息系统使其具备了任何一个竞争对手都无法克服的成本优势。这一竞争优势的组成部分将在第10章中加以讨论。

除了使用信息系统提高供应链的效率之外，由信息系统收集的消费者购买数据也为零售商提供了机会，这个机会使零售商面对其所服务的市场时得以提供定制化的商品种类，并针对个体消费者的特定需求进行针对性促销。关于信息系统的这些应用，我们将在第11章中更详细地加以讨论。

5.2.6 区位

建立优势的重要来源是致力于与消费者、供货商建立关系以及高效的内部运营，与此同时，区位也是零售业中一个普遍的优势来源。对"零售业最重要的三件事情是什么"这一问题的经典回应是"区位、区位、区位"。有两个原因使区位成为零售商建立竞争优势的一个重要机会：①区位是决定消费者光顾哪家商店的最关键要素；②区位之所以是一个可持续的竞争优势,是因为它不能够被轻易模仿。例如,当沃尔格林在某个交叉路口的最好位置设立了店面后,CVS 就只能退而求其次了。

星巴克在区位选择方面建立了一种强大的竞争优势。其首先会占领某个城市的某一区域,然后在这一区域进行扩张,当一个主要市场达到饱和之后,再接着进入新市场。例如,在星巴克进入某一新地区之前,它在西雅图已经有 100 多家店。星巴克还会经常开设几个彼此相邻的店面,像在温哥华的 Robson 和 Thurlow 街交叉处的两家店。星巴克的集中率如此之高以致它很少做广告,而是通过店面来推销公司。对于评价和选择区位的方法,我们将在第 7 章和第 8 章中进行讨论。

5.2.7 优势的多种来源

为了建立可持续竞争优势,零售商往往不会只依靠某一途径,如低成本和优质服务。相反,他们需要通过多种渠道围绕其定位筑起尽可能高的围墙。例如,麦当劳的长期成功就是建立在为顾客提供满足他们期望的高价值和良好的服务、强势的品牌名称及便利店址的基础之上的。通过在所有这些领域中建立战略性资产,麦当劳已经在快餐服务行业中建立起了强大的竞争优势。

除了独特的产品和与之相联系的客户忠诚度,宜家凭借强势的品牌形象和为客户提供富于刺激的购物体验而拥有了一大批忠实客户。沃尔玛通过与供货商的强大关系和"成为提供卓越价值的零售商"这一清晰定位对其规模优势进行了补充。星巴克将其区位优势与独特的产品、投入的员工、强大的品牌名称和与咖啡种植者的强势关系结合起来建立了一个竞争对手很难侵蚀的整体优势。零售视角 5-2 描述零售连锁店货柜商店是如何通过特色商品、优质的顾客服务以及紧密的顾客及供货商关系建立可持续竞争优势的。

零售视角 5-2
货柜商店通过出售让生活变得更简单的产品来建立竞争优势

货柜商店通过出售产品帮助客户解决问题。它提供了 10 000 多个富有创意的产品,包括整理壁橱用的多功能置物架以及服装袋;让家庭办公室更有秩序的便携式文件柜、杂志架;让宿舍空间不至于太杂乱的背包、模块化的架子,以及 DVD 收纳工具;让厨房井井有条的食谱收纳盒、瓶、罐及回收箱。该公司每年的产品分类中会添加大概 1 500 多个新产品。

多年来,该公司已开发出强大的供货商关系。之前,它大部分的供货商主要聚焦于制造工业用品。然而,随着时间的推移,该公司已与它的供货商密切合作以开发适合于家用的产品。

货柜商店的销售人员提供卓越的客户服务。公司积极招募那些乐于帮助人们组织生活的消费者。公司会花很长时间去培训销售员工,使掌握有关的商品知识(培训时间通常为 240 个小时,其中新零售员工培训为 12 个小时),然后给他们授权,允许他们运用自己的直觉和创造力解决客户遇到的挑战。

员工对公司非常投入,因此,其离职率在零售行业中是最低的。在过去的 11 年里,《财富》杂志上的"最佳雇主 100 强"的名单上也出现了这家公司。

资料来源：Steven R. Thompson, "Container Store Uses Personal Approach in New Strategy," *Dallas Business Journal*, April 27, 2012; Bianna Golodryga and *Angela Ellis*, "Inside the Container Store: Secrets of America's Favorite Stores," ABC News, March 30, 2010; and "Three Good Hires? He'll Pay More for One Who's Great," *The New York Times*, March 14, 2010.

问题讨论：货柜商店是如何保持其竞争优势的？

5.3　增长战略

前面部分集中介绍了零售商战略、零售商的目标市场和零售业态以及零售商用来建立可持续竞争优势（防御来自竞争对手的进攻以巩固自身定位）的方法。在零售商建立起这些竞争优势之后，他们就拥有了各种有价值的资产。本节将介绍零售商如何利用这些资产去扩展其业务。

5.3.1　增长机会

零售商可以把握四种增长机会：市场渗透、市场扩张、零售业态开发和多元化战略（见图5-3）。图中纵轴表示零售商现有市场和增长机会之间的协同效应：是将机会瞄准该零售商现有的细分市场，还是瞄准新的细分市场。横轴则表示零售商现在采用的零售组合和有增长机会的零售组合之间的协同效应：增长机会是源于零售商在现有零售业态中发掘出来的技能和知识，还是需要开发新的能力去经营一种新的业态。

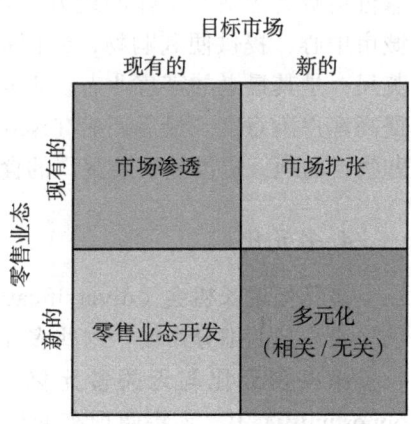

图5-3　增长机会

1. 市场渗透

市场渗透增长机会（market penetration growth opportunity）是指利用零售商目前已有的零售业态，直接面向现有顾客而实现的增长。这些机会包括从零售商现有目标市场吸引目前为止没光顾过该店的新的消费者，采用新的方法让已有顾客更加频繁地光顾商店，或者让他们一次购买更多的商品。

市场渗透的途径包括在目标市场上开设更多的商店及延长现有商店的营业时间。其他途径包括展示商品，增加冲动型购买，以及培训销售人员进行交叉销售。**交叉销售**（cross-selling）是指一个部门的销售人员尝试将其他部门的互补商品卖给自己的消费者。例如，一位刚卖给顾客蓝光播放器的销售人员会把顾客带到配件部门，向其推销能够提高播放机性能的专用电缆。

2. 市场扩张

市场扩张增长机会（market expansion growth opportunity）是指将现有的零售业态用到新的细分市场中。例如，唐恩都乐一直在其美国东北部传统的目标市场之外开设新的门店。当 Chico's 收购了白宫黑市（White House Black Market），它就抓住了市场扩张增长机会。Chico's 和白宫黑市有类似的零售业态。它们都是基于商场的专业服装店。但是 Chico's 的目标市场是超过 30 岁的女性，而白宫黑市则瞄准更年轻的年龄段人群。相比之下，Chico's 对 Soma 的收购（一个以商场为基础的、为年龄在 35～55 岁的女性提供内衣的连锁专业店）则是一个市场渗透机会——同样的市场、类似的运营；然而，Chico's 和 Soma 提供的是不同的产品。

3. 零售业态开发

零售业态开发增长机会（retail format development growth opportunity）是指零售商有机会为同一目标市场开发新的具有不同零售组合的零售业态。总部设在英国的零售商乐购就采用了一种零售业态开发增长战略，通过经营几种不同的食品店业态去迎合所有基本上相同的目标市场。其中最小的是商店是 Tesco Express，面积达 3 000 平方英尺。这些商店靠近消费者生活和工作的地方。Tesco Metro 的面积则在 7 000～15 000 平方英尺，位于城市中心，提供便利购物，专门提供范围广泛的即食餐。乐购超市面积高达 50 000 平方英尺，是其最老的零售业态。近年来，公司增加了非食品产品（例如蓝光光碟和书籍）以提高客户满意度。最后还有 Tesco Extra 店，面积超过 60 000 平方英尺，被设计成一站式购物目的地，提供范围最宽广的食品和非食品类产品：从家庭用品、服装到花园家具。

4. 多元化

多元化增长机会（diversification growth opportunity）是指用一种新的零售业态面向以前从未涉足的细分市场。这些多元化机会可能是相关的，也可能是无关的。

相关多元化与无关多元化　在**相关多元化增长机会**（related diversification growth opportunity）中，零售商现有的目标市场或零售业态与新的商业机会有共同之处。这种共同之处可能是要求使用相同的供货商，在类似的店址运营，使用同样的配送或者管理信息系统，或者在同一报纸上针对类似目标市场做广告。与之相反，在**无关多元化增长机会**（unrelated diversification growth opportunity）下，现有业务和新业务没有任何共同之处。

家得宝通过收购建立了一项被称为 HD 供应的批发楼宇供应业务，年销售额超过 30 亿美元。家得宝的管理层认为这一增长机会能与该公司的零售业务产生协同作用，因为它的商店已经在销售类似的商品给承包商。因此，家得宝将这一增长机会视为相关多样化，因为目标客户（即承包商）将是相似的，家得宝可以使用类似于目前的零售组合来服务这个新的大型承包商市场。此外，家得宝还可以通过与供货商签订更大的订单实现成本节约，因为它将会同时向大小零售商及批发客户进行销售。

然而，在事后看来，HD 供应实际上是一个不相关的多元化。HD 供应的服务对象是大型承包商市场，这个市场主要销售管道、木材和混凝土，这些产品在家得宝的零售商店销售很有限。将这些供应品出售给大承包商需要参与竞争性招标、运输大型笨重的商品到工作地点，这些能力是家得宝所缺乏的。因此，家得宝卖掉了这一无关多元化业务，集中精力于其核心零售、小承包商业务。

纵向一体化　**纵向一体化**（vertical integration）是指零售商在商品批发或生产方面的

多元化。例如，一些零售商在设计其自有品牌商品之外，还拥有制造这些商品的工厂。当零售商向后整合制造商并参与制造商品时，他们是在进行某种风险投资，因为生产这些商品必备的技术与销售这些产品的技巧是截然不同的。另外，零售商和制造商面对的客户也不同。制造商的直接客户就是零售商，而零售商的客户则是消费者。因此，制造商和零售商的营销活动有很大的不同。值得注意的是，设计自有品牌商品是一种相关多元化，因为它建立在零售商对自己顾客的了解之上，而生产这种商品则被认为是一种无关多元化。

5.3.2 增长机会和竞争优势

一般而言，零售商在致力于与其当前的零售战略相近的机会上具有更大的竞争优势，往往会抓住机会并取得成功。因此，市场渗透增长机会取得成功的机会最高，因为它建立在零售商现有优势的基础上，而不是进入不熟悉的新市场或采取不熟悉的新的零售业态。

当零售商寻求市场扩张机会时，他们运用零售业态建立优势并将这种竞争优势运用到新市场上。零售业态发展机会建立在零售商的关系及其现有顾客的忠诚度上。即使零售商并不具备运作一种新型零售业态的技术和经验，他们仍然希望能以此吸引其忠诚顾客。当零售商寻求多元化机会时，其发掘竞争优势的机会最少。

5.4 全球性增长机会

在本节中，我们将对一种增长机会——将业务扩大到国际市场进行更详细的讨论。这一增长机会正在对大型零售商变得特别有吸引力，因为其国内市场正日趋饱和。在世界上最大的20家零售商中，只有3家在一个国家运营。通过国际扩张，零售商可以增加销售，在一个更大的销售额基础上利用其知识和系统，并获得更多的与供货商议价的能力。但是，国际扩张是有风险的，因为零售商必须应对不同的政府法规、文化传统、消费者偏好、供应链以及语言问题。零售视角5-3描述了在上海食品杂货购物的巨大差异性。

零售视角 5-3

上海的菜市场

上海有2 400多万居民，是世界上人口密度较大的城市。它是一个非常复杂的国际城市，很像纽约、伦敦和东京，在全球商业、文化、金融、媒体、时尚、技术和运输中有着巨大的影响力。它是世界上主要的金融中心和最繁忙的集装箱港口城市。国际上主要的食品零售商（沃尔玛、家乐福、麦德龙和乐购）现在已经在上海开设了200多家西方风格的大型超市。此外，有超过2 000家主要由中国公司经营的现代超市。但是，大多数易腐商品（比如，鱼、肉、鸡、猪肉、蔬菜和水果）的销售仍然是在传统的菜市场中。

菜市场被分成很多小摊位，狭窄的走道两边站满了一个个小型独立的销售易腐物品的零售者。这些零售者租赁市场运营商的摊位。他们从各种渠道购买产品，包括批发市场、农村的菜贩以及农民专业合作社，然后对产品进行整理、清洁、包装，最后销售给消费者。这些市场不断地冲洗活鱼、肉类导致水泥地板总是湿漉漉的。上海共有900多个菜市场。

中国政府正在对卫生条件差的菜市场进行整治。中国城市消费者对于食品杂货采用跨业态方式进行购买：他们在超市和大卖场购买成品，在菜市场购买易腐品。这两个因素造成了这些消费者对菜市场的偏好。

首先，中国消费者非常重视新鲜度。在超市和大卖场销售的易腐食品通常是在头天晚上八点左右才进入商店的，真正到消费者手中时已经在货品架上搁置了最少半天的时间。菜市场则不同，菜贩子会在早上四点进货，之后不断修剪、喷雾、清洁、整理以保持食品新鲜。此外，菜市场供货商没有使用冰箱储存，因此，他们必须每天用新鲜的供应补充他们的存货。故那些拥有现代业态的零售商根本无法在新鲜度上赢得竞争。

其次，由于物流方面的原因，大多数中国消费者每天都得购买日用品及充足的食品为当天的饮食做准备。一般，他们的厨房面积较小，存放物品的空间有限，特别是对那些需要冷藏的易腐变质的食物的存放受限。此外，尽管中国的汽车市场不断扩大，但不少家庭还是选择以其他方式出行。例如，在上海，自行车（20%）、公共汽车（30%）和步行（40%）是购物常用的交通工具。在这些地方，小型的菜市场比大超市或大卖场更方便。

资料来源："Buying the Store," *China Economic Review*, June 14, 2012; Louise Herring, Daniel Hui, Paul Morgan, and Caroline Tufft, Inside China's Hypermarkets: Past and Prospects (Hong Kong: McKinsey By McKinsey, 2012); and Qian Forrest Zhang and Zi Pan, *The Transformation of Urban Vegetable Retail in China*: *Wet Markets*, *Supermarkets*, *and Informal Markets in Shanghai*, Research Collection School of Social Sciences, 2012.

问题讨论：你认为菜市场会一直存在下去吗？

我们首先将讨论了不同全球性扩张机会的吸引力，然后讨论将成功进行全球扩张的关键因素，最后我们将回顾零售商可以采取的进入国际市场的方法。

5.4.1 国际市场的吸引力

三个常常被用来决定国际市场吸引力的因素是：①该国零售市场的潜在规模；②该国拥有和能够支持外资零售企业进入的现代零售实践的程度；③销售额和利润的风险或不确定性。表 5-2 显示了代表这些因素的一些指标。"+"或"-"表明该指标与所代表因素是正相关还是负相关。

值得注意的是，一些国别特征的重要性大小取决于对该进入国进行评估的零售商的类型。例如，一个视频游戏的零售商如游戏驿站（Gamestop），会发现 19 岁以下的人群占该国人口大多数的国家要比一个 65 岁以上的人群占大多数的国家更具吸引力。销售昂贵商品的高端时尚零售商如内曼·马库斯和卡地亚（Cartier），会发现高收入人口比例高的国家比穷困人口占很大比例的国家更具吸引力。

大多数考虑进入国外市场的零售商都是使用先进管理方法的成功的跨国零售商。因此，他们会发现那些拥有现代零售业、更先进的基础设施和显著的城市人口的国家能够提供更多的支持。此外，缺乏强有力的国内零售商但具有稳定的经济和政治环境的国家也更具支持性。

对表 5-2 列出的因素进行加权而开发的指数表明每个国家在吸引力这个维度上的得分。图 5-4 所示的是在市场潜力（国家的潜力和支持）指数上排名前 20 位的最有吸引力的国际零售市场，风险情况如图 5-4 所示。在排名前 20 的国家中，10 个都是新兴经济体。受到国际零售商关注最多的新兴国际市场是印度、中国、巴西、俄罗斯，它们被统称为"金砖四国"（BRIC）。但是在这个分析中，俄罗斯由于其高风险而并不在前 20 名之列。

表 5-2　国际市场潜力、支持与风险指标

国家潜力	国家支持	国家风险
人口（+）	现代零售所占市场份额（+）	政治稳定性（+）
人口增长率（+）	基础设施的质量（公路、火车等）（+）	商业友好法律和法规（+）
GDP（+）	城市人口（+）	能获得银行融资（+）
GDP 增长率（+）	国内零售商所占市场份额（+）	国债（−）
人均 GDP（+）	国际零售商所占市场份额（+）	犯罪（−）
零售额（+）	最大的几家零售商所占市场份额（+）	暴力（−）
零售额增长率（+）		腐败（−）
收入分配（+ 或 −）		
年龄（+ 或 −）		

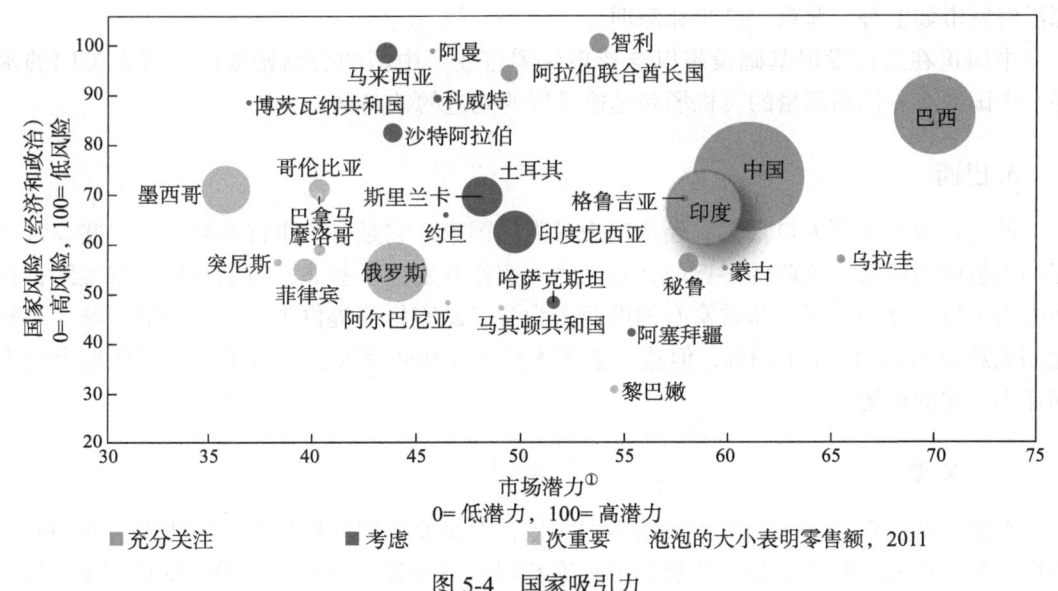

图 5-4　国家吸引力

① 基于市场吸引力、市场饱和度以及前 30 个国家时间压力的权重得分。

印度和中国是迄今为止规模最大、最具吸引力的零售市场。然而，这两个国家对考虑进入的零售商提供了不同的机会和挑战。

1. 印度

在印度及大多数新兴经济体中，零售业分为有组织的和无组织的部门。**无组织零售**（unorganized retailing）包括小型独立零售商——当地小商店（kirana）、业主经营的日用品商店、paan/beedi 店、便利店、手推车和街头小贩。那些大多数在露天市场的印度商店和

数以百万的独立食品杂货店统称为 kirana。然而，印度日益增长、受过良好教育、有抱负的中产阶级却想要一个更高级的零售环境和全球品牌。

虽然印度对现代（有组织的）零售有需求，但是想进入印度市场颇具挑战性。作为一个文化多元化国家，印度的官方语言多达 22 种，实际上是一个由各离散市场组成的聚集体（conglomeration）。此外，政府法规也阻碍外商投资于零售业。零售商在开店和商品航运之前必须遵守各种法规。例如，在不同的邦之间甚至在同一个邦内运送货物都需要缴税。沃尔玛最初是通过与一家名叫 Bharti 的企业以合伙关系开设"最佳价格现代批发"的仓储式商店，从而进入印度的。该商店最初只被允许出售给那些通过税务文件登记证明其有自己的零售网点的公司。有组织零售的发展正在被那些具有有限零售连锁经营方面专业知识的行业巨头所推动。

2. 中国

在中国，关于零售的政府法规限制要比印度少得多，外商直接投资也受到鼓励。对国际零售商的大部分运营限制解除之后，全球六大食品零售商——欧尚、家乐福、伊藤洋华堂、麦德龙、乐购和沃尔玛都已经进入中国，但是目前零售业的发展主要集中在大部分东部沿海城市如上海、北京、广州和深圳。

中国正在迅速发展基础设施以支持现代零售业。中国的公路密度已经接近美国的水平。中国拥有一批高质量的飞机场和迅速发展的先进的铁路网。

3. 巴西

巴西是拉丁美洲人口最多、经济实力最强的国家。它是一个由许多穷人和一些非常富有的人组成的国家。巴西的零售商针对低收入家庭开发出一些非常有创意的零售实践，包括提供信贷和分期购买。非常富有的巴西人为奢侈品零售商提供了一个重要的市场。尽管他们大约只占巴西人口的 1%，但这一数字大约为 1 900 万人，相当于一个只比整个澳大利亚小一些的市场。

4. 俄罗斯

在俄罗斯，市场进入的障碍虽然不太明显，但是面临的问题更多。零售商会遇到其支持性业务中严峻的物流挑战。边境和港口有长时间的延迟，还有集装箱稀缺的问题。70%多的国际集装箱运输是通过圣彼得堡港进行的，而这个港口非常拥挤。零售商往往不能依靠国内产品，因为在俄罗斯制造的产品质量不是太好。大部分零售商提供自己的信用卡设施，在商店的入口设置"签字"的摊位。许多低收入的消费者每周去支付他们的信用卡账单。大部分的购买力人群集中在莫斯科，那里的工资大约是其他地区的两倍，但是莫斯科已被购物中心所充斥，其零售市场已经饱和。

5.4.2 全球零售成功的关键

成功利用国际增长机会的零售商的四个特征是：① 全球性可持续竞争优势；②适应力；

③全球文化；④财务资源。

1. 全球性可持续竞争优势

当零售商的扩张机会是以其核心竞争优势为基础时，零售商在国际市场上最容易取得成功。例如，沃尔玛和奥乐齐都有显著的成本优势，这一优势有助于其在那些价格对消费者决策起重要作用、有可资利用的分销基础设施来保证其物流能力的市场上取得成功。相比之下，H&M和扎拉则更容易在喜爱低价、时髦商品的国际市场上取得成功。

一些美国零售商在全球市场上有竞争优势，因为美国文化在许多国家都被效仿，尤其是被那些年轻人效仿。由于日益增长的繁荣以及宽带互联网、社交媒体（如Facebook以及MTV网络）等具有美国特点的项目迅速兴起，美国的流行趋势已蔓延至新兴国家年轻人那里。全球MTV一代喜欢可乐而不是茶，喜欢耐克而不是凉鞋，喜欢麦乐鸡而不是米饭，喜欢信用卡而不是现金。中国的主要城市都有美国的商店和餐馆，包括肯德基、必胜客和麦当劳。上海和北京有100多家星巴克。中国城市居民选择去星巴克，往往是因为它是一种新的生活方式的象征。

2. 适应力

尽管成功的全球零售商凭借的是核心竞争力，但他们也意识到各国之间的文化差异，并调整其核心战略以适应当地市场的需要。零售视角5-4说明7-Eleven是如何在印度尼西亚改变其所售产品以使其更具吸引力的。

零售视角 5-4

7-Eleven：小聚消遣的时尚之地（印度尼西亚）

在雅加达当地一个聚会的场所，人们聚在一起喝冰咖啡，聊八卦，吃玉米卷，听现场乐队的演奏。这种聚会很普遍，常见于年轻人之间，如果用一个词来形容坐在一起闲聊、无所事事的他们，那就是：闲逛（nongkrong）。多年来，最受欢迎的聚会场所是食品摊，多在道路两侧，被称为小餐馆（warung）。现在这种小餐馆已经让位于另一个受欢迎的闲逛地点——当地的7-Eleven便利店。

当7-Eleven开始实施其在印度尼西亚的新战略时，以上这种转变正是它希望实现的：在小型超市增加座位并提供廉价的即食食品，如炒饭和枕头面包（即小奶酪或巧克力三明治）。雅加达明显缺乏户外游憩场所，所以小小的聚会场所有效地吸引了社交需求客户。印度尼西亚有足够多这样的小地方，这一点在一定程度上可以由其庞大的社会网络覆盖率所证明。仅在印度尼西亚，7-Eleven已吸引了近6万名推特追随者和几乎同样多的Facebook粉丝。

该战略还意味着该特许经营主要针对年轻客户（他们构成了市场的65%）。这些千禧一代利用7-Eleven提供的一周7天一天24小时不打烊服务，随时上网冲浪或与朋友聚会。在印度尼西亚，这个世界上电子化联系最紧密的国家之一，顾客不断地更新自己的社交网络，以便当某个乐队在当地的7-Eleven便利店演出时，自己能被通知到。比如，在这一代的聚集地当中，7-Eleven便利店吸引各个经济阶层的人们，因此你会看到停车场上停着奔驰，或穿插在其间的生锈摩托车。

尽管提供这些独特的产品及服务，7-Eleven 仍然是 7-Eleven：它们卖 Big Gulps 冰激凌、各种风味的思乐冰、甜甜圈和热咖啡。在这个世界上穆斯林人口最多的国家中，7-Eleven 便利店在进行挨家挨户的调查、获得社会的认可后才开始卖酒精类产品。

资料来源：Sara Schonhardt, "7-Eleven Finds a Niche by Adapting to Indonesian Ways," *The New York Times*, May 28, 2012; and Anthony Deutsch, "7-Eleven Becomes Indonesia's Trendy Hangout," Financial Times, September 13, 2011.

问题讨论： 7-Eleven 能将在印度尼西亚学到的模式进行调整以吸引美国年轻的城市消费者吗？它想要这样做吗？

家乐福是一个了解和融入当地社区的专家。例如，早期它就意识到不同地区对鱼的销售是不同的。在旧金山，死鱼可以切片来卖；在法国，可以在冰上卖鱼头完好、身体完整的死鱼；在中国，鱼则是活着卖的。然而，中国中西部地区的消费者则对冷冻鱼更有信心，因为他们远离海洋。家乐福和乐购都确保其销售的商品中有超过 90% 的商品是在本国生产的。

各国的销售旺季也不尽相同。在美国，许多商店会经历 8 月的销售增长，因为这个时间各家庭都在为返校囤积用品和服装。但是在欧洲这个月是销售增长最慢的时期之一，因为大多数人都在度假。而在日本，返校季则发生在 4 月。

在世界不同国家中，商店设计和布局通常根据各国实际情况进行调整。例如，在美国，折扣店通常非常大，而且采用单层。但在欧洲或亚洲等其他国家中，由于空间很宝贵，商店的布局设计必须适应较小的空间，并且通常采用多层设计。另外依据某些文化中的社会规范，男性和女性的服装不能紧挨在一起陈列。

政府规定和文化价值同样会影响商店的运营。有些差别很容易被识别，如假期、工作时间以及对兼职和离职的政府规定，但另外有些因素就需要被更深刻地进行理解。例如，拉美文化是典型以家庭为中心的，所以传统的美国工作日程就需要做出调整，以便让拉美的员工有更多的时间和家人在一起。沃尔格林旗下的一家英国药品连锁店 Boots 要求其在日本商店中的收银员必须站着，因为在日本，收银员坐着收钱会被认为是一种失礼冒犯的行为，但是在德国，零售商必须为收银员提供坐的地方。德国的零售商还必须回收利用其店内出售的包装袋。另外，在德国，季节性售卖只能在特定的星期举行，而且只限于某类商品，数量也有限。西班牙和法国的零售商在政府控制的运营时间下工作，而且必须注意那些禁止旺季销售的政策。

3. 全球文化

要想实现全球化，零售商就必须具有全球性的思维方式。仅仅把本国的文化和基础设施移植到另一个国家是不够的。就这方面而言，家乐福算是真正做到了全球化。在开拓国际市场前期，家乐福在每个国家都进展缓慢，使本国的本族中心主义大大受挫。此后，家乐福不断增强国际性思维，不断鼓励本土管理层的发展，极少将海外所获利润汇回本国。

家乐福的管理层是真正国际化的。中国香港地区家乐福的经理很有可能是葡萄牙人，也可能是法国人。家乐福不鼓励那种在美国公司经常见到的传统的"海外任期"思想。海外的任务对他们而言也是很重要的，而不仅仅是使他们在法国国内得到晋升的一种手段。家乐福的国际化文化最直接的表现是各种思想都可以在公司内部迅速传播。地区委员会这一全球管理组织的成员定期见面，以加强彼此的全球化意识，并促进各种最佳全球化实践的实施。家乐福全球化的努力可以用数字来证明：它有超过 30 年的国际市场运营经验，其业务遍布 30 个发达及发展中国家。

4. 财务资源

国际市场扩张需要长期的努力和大量的前期规划。零售商发现，当他们开展全球零售时，要想在短期内实现盈利是很困难的。大型公司如沃尔玛、家乐福、欧迪办公和好市多等，虽然在进入新的全球市场的初期往往很难立刻获得成功，但是这些大型公司通常拥有强大的财务资源，因此它们有能力在足够长的时间持续对项目进行投资，最终会取得成功。

5.4.3 进入战略

零售商可以通过以下四种途径进入国外市场：直接投资、合资企业、战略联盟和特许经营。

1. 直接投资

直接投资（direct investment）是指零售公司直接在海外进行投资，设立一个分部或子公司。这种进入战略需要最高水平的投资，风险很大，但潜在的收益也最大。直接投资的一个优势就是零售商对国外的业务有完全的控制权。例如，麦当劳进入英国市场时，就采取了这种战略。由于当地供货商生产的面包不能满足其特定要求，公司就建立了自己的面包厂。

2. 合资企业

合资企业（joint venture）是指零售商为了利用当地资源而与当地零售商共同建立一家新公司，公司的所有权、控制权和利润均由双方共享。合资公司能够降低外来零售商的风险。本地的合作伙伴除了能分担财务负担外，还可以提供他们对本地市场的了解和当地的一些资源，如与供货商的关系以及房地产资源。许多外国政府都要求外国进入公司与本地企业分享合资公司的所有权。如果合作双方意见不一致，或东道国政府在合资企业汇出利润问题上加以限制，那么这种经营方式就有可能产生问题。

3. 战略联盟

战略联盟（strategic alliance）是指相互独立的企业之间的合作关系。例如，一家外国零售商可以通过直接投资的方式进入国际市场，但可以利用第三方独立的公司来促进其当地的物流和仓储业务的发展。

4. 特许经营

特许经营（franchising）的风险最小，所需投资也最少，但是零售商对海外业务的控制权也会因此受到限制，导致潜在利润降低，还有可能在国外为自己培养一个当地的竞争对手。例如，总部在英国的玛莎公司在30个国家都设立了特许经营店。

5.5 战略性零售规划过程

在前面的章节中，我们回顾了战略陈述中的各项要素、建立可持续竞争优势的方法、零售商考虑的增长机会以及当评估和寻求全球性增长机会时需要考虑的各种因素。在本节中，我们将概述零售商用来对其现状进行回顾及对拟采用的战略进行决策的过程。

战略性零售规划过程（strategic retail planning process）是指零售商开发战略性零售计划的一系列步骤（见图5-5）。该规划过程描述零售商如何选择目标细分市场，如何确定合适的零售业态，以及如何建立可持续竞争优势。如图5-5所示的那样，零售商在每次开发战略和进行战略规划时并不一定要经过所有的7个步骤。例如，零售商可以在业绩评估完成后直接进入第2步，即SWOT分析。

该计划过程可以用来制定零售公司不同层次的战略计划。例如，乐购公司的战略计划就说明了如何在各个不同分部门如Tesco、Tesco Extra、Tesco Express、Tesco Metro、Tesco Homeplus和One Stop之间进行资源分配，之后各个部门再形成各自的战略计划。

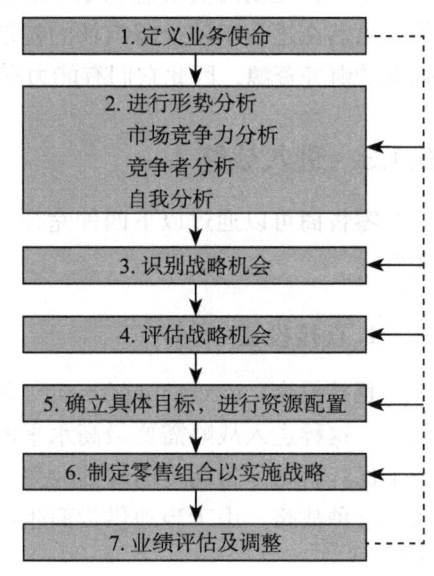

图5-5 战略规划过程的步骤

在讨论零售计划过程时，我们会以凯莉·布拉德福德（Kelly Bradford）拥有的一家假想零售商店为例，该商店正在进行一系列零售规划步骤。凯莉名下拥有一家名为Gifts To Go的公司，该公司在芝加哥地区有两家连锁分店。这两家分店的规模都达到了1 000平方英尺，其中一家位于市中心商业区，另一家位于郊区的高端购物中心。该公司的目标细分市场是那些正在寻找礼品、希望其价格在50～500美元的高收入人群。这两家商店提供比较折中的商品，包括手工制作的首饰和工艺品、精致的陶瓷与玻璃制品、香水、手表、文具以及各式各样独一无二的商品。Gifts To Go公司还发展了一批非常忠诚的顾客，在这些顾客家庭纪念日和生日到来的时候，公司旗下商店的销售人员会主动与他们联系。在大多数情况下，顾客与销售人员之间的关系很密切，他们对销售人员的判断力很有信心，因此会让他们帮自己挑选合适的礼物。Gifts To Go公司的人员流失率在这个行业中很低，因为凯莉将这些销售人员看作自己家庭中的一员。公司为所有员工支付医疗保险并与其共享利润。

5.5.1 第1步：定义业务使命

战略零售规划过程的第一步是对公司使命做出界定。**使命陈述**（mission statement）是对零售商计划实现的目标以及开展的业务范围的宽泛描述。上市公司的目标是使股东财富最大化，而很多公司也关注自己对社会产生的影响。

例如，熊宝宝工作坊的创始人和首席执行官玛克辛·克拉克（Maxine Clark）在谈到自己公司的目标时说："我们也坚信，我们需要回馈我们开设商店所在的社区。例如，为了持续致力于儿童健康和保健，我们引入了尼基熊系列以纪念 Nicki Giampolo——一位因为癌症而失去生命的年轻女孩。每销售一只尼基熊，就会有一部分款项被捐赠给儿童支持项目，这些项目旨在帮助与各种健康问题做斗争的孩子，使他们能够保持正常的生活。"小型私有公司的业主经常有其他的目标，如实现一个特定的收入水平和避免不确定性，而并非实现收益的最大化。

使命陈述需要界定目标细分市场的一般性质以及该公司应重点考虑的零售业态。例如，"为顾客提供服务，为股东创造价值，为员工创造机会"这样的使命陈述就太过宽泛，不能为公司指明战略方向。

在制定使命陈述时，管理人员需要回答以下 5 个问题：①我们所在的是哪个行业？②该行业前景如何？③我们的顾客是谁？④我们具有哪些能力？⑤我们要达到什么目标？Gifts To Go 公司的使命是"在芝加哥地区成为高档礼品零售企业的领导者，并为公司的所有者实现每年 100 000 美元的稳定收入"。

因为使命陈述确定了零售商的目标及其计划开展的业务范围，因此，该使命陈述很清楚地表明 Gifts To Go 公司的管理者并不打算在芝加哥地区以外的地方开展业务，也不考虑经营低价商品，或其他危害其创造 100 000 美元年收入的任何事情。

5.5.2 第2步：进行 SWOT 分析

在制定了使命陈述并确立了目标以后，战略规划过程的下一步就是进行 SWOT 分析。**SWOT 分析**（SWOT analysis）包括对零售商内部环境（优势和劣势）以及外部环境（机会和挑战）的分析。

1. 内部环境

内部分析确定零售商的优势和劣势——零售商相对于其竞争对手所具有的独特的战略能力。这些独特的能力包括资产、知识以及零售商拥有的技能，如其客户的忠诚度以及与供货商关系的亲密度。这些能力反映零售商将某个战略优势开发成为其正在考虑的一个机会的能力。表 5-3 概述了进行**优劣势分析**（strengths and weaknesses analysis）时需要考虑的一些问题。

表 5-3 优劣势分析的各个要素

财务资源	人力资源
顾客忠诚度	高层管理者
品牌形象优势	店面经理
开发独特商品	商品经理
顾客服务质量	运营经理
顾客信息	供货商关系
规模和社区参与	供应链管理系统
区位	信息系统

以下是凯莉·布拉德福德对 Gifts To Go 公司进行的优劣势分析（见表5-4）。

表 5-4

能力	Gifts To Go 公司的优劣势
财务资源	好——Gifts To Go 没有债务，与银行关系良好。凯莉储有 255 000 美元的流动证券
顾客忠诚度	好——尽管 Gifts To Go 的礼品销量没有百货公司大，但公司拥有忠诚的客户群体
区位	极佳——Gifts To Go 公司的两家商店所处的位置都很好。市区的那家商店方便上班族，而郊区购物中心的店址则位于交通要道
人力资源	
商品管理	有限——凯莉有天赋选择独特的礼物，但没有系统来支持她
店面管理	极佳——店长和销售人员都很优秀。他们非常关注客户，忠诚于公司。员工和顾客偷窃被保持在最低水平
其他职员和系统	有限——一家会计师事务所为公司做财务记录
供货商关系	凯莉与提供独一无二商品的供货商建立了极佳的关系
供应链管理和信息系统	差——凯莉发现虽然 Gifts To Go 公司管理费用相对较低，但是公司没有一个基于计算机的存货控制系统或管理顾客信息系统。与此同时，她的竞争对手（当地的百货公司、产品目录和互联网零售商）却拥有优越的系统。没有开发和利用客户数据库的技能

2. 外部环境

外部分析识别零售商的机会和威胁，即环境中那些可能会对零售商的表现产生积极或消极影响的方面。这些因素与市场情况、竞争程度以及环境的变化有关，通常超越了零售商的控制范围。表5-5 大概列出了进行机会和威胁分析时需要考虑的一些问题。

表 5-5 机会和威胁

市场因素	竞争因素	环境变化
市场规模	进入壁垒	新技术
市场增长	供货商的议价能力	经济条件
销售的周期性	竞争性对抗	政府规定的变化
季节性		社会变化

3. 市场因素

一个零售商参与或考虑进入的目标细分市场的吸引力受市场规模大小、市场成长状况、销售的周期性以及商品季节性的影响。市场规模之所以重要是因为它表明零售公司投资后产生收益的机会。

成长中的市场一般比处于成熟期或下降期的市场更具吸引力。例如，那些有限分类的特价零售商市场就比百货商店这样的零售市场发展更快。一般而言，成长性市场中的资产回报率更高，因为这里的竞争没有成熟市场中那么激烈。在成长性市场中，新的消费者才刚开始光顾这些商店，还没有建立强势的商店忠诚度，因此更容易被新的商店吸引过来。

公司都希望将商业周期对销售的影响降到最低。因此，那些商品销售容易受经济条件影响的零售市场（如汽车和大型家电），就没有那些较少受经济条件影响的零售市场（如食品）吸引力大。一般来说，季节性销售强的市场缺乏吸引力，因为高峰季节需要的资源更多，而在其余时间资源又会被闲置起来。为了使季节性带来的影响最小化，许多滑雪胜地都努力促销夏季度假，以提高一年四季的销售额。

为了分析 Gifts To Go 公司的市场因素，凯莉·布拉德福德在网上搜寻了有关礼品市场，特别是芝加哥地区市场的规模大小、成长性、周期性及季节性的信息。在分析的基础上，她得出了该市场极具吸引力的结论：高档礼品市场的规模很大，正在成长而且不易受商业周期的影响。唯一的缺点是具有季节性，高峰期多在情人节、6月（婚礼较多）、圣诞节及其他节日。

4. 竞争性因素

对零售市场的竞争性质产生影响的因素包括进入壁垒、供货商的议价实力和竞争对手的实力。那些新的竞争对手不易进入的零售市场更具吸引力。**进入壁垒**（barriers to entry）是指零售市场中使别的公司难以进入该市场的各种障碍。这些市场障碍包括：①规模经济；②顾客忠诚度；③优势店址的可获得性。

规模经济（scale economies）是源自零售商规模大小的成本优势。那种被规模较大并且具备规模经济的竞争对手占据的市场是其他零售商不愿进入的。例如，一个企业家会认为药店市场是没有吸引力的，因为这一市场被以下三家大型的公司所垄断：沃尔格林、CVS 和来爱德。这些公司具有很大的成本优势，因为它们对供货商有更强的议价能力使其得以以更低的价格采购商品。它们也拥有资源投资最新技术，并在更多的商店对此项投资进行固定费用分摊。

如果零售市场已经被某零售店占据，并且拥有一批忠实的顾客，那么这一市场也不具有吸引力。例如，家得宝在亚特兰大具有极高的顾客忠诚度，使得其他家居中心竞争对手很难进入该地区的市场。

优势店址的可获得性也会阻碍竞争对手的进入。例如，史泰博之所以能在美国的东北地区击败竞争对手，部分原因是它的先行者优势。由于东北地区众多零售市场已经成熟稳定，因此要想在这里找到新店址就没有在美国的其他地方那么容易了。史泰博就是在东北地区起家的，所以它能够获得最好的地段开设商店。

进入壁垒是一把双刃剑。进入壁垒高的零售市场对于已经在该地区的零售商来说是具有吸引力的，因为这些壁垒限制了竞争，但进入壁垒高的市场对于那些尚未进入该市场的零售商来说则不具有吸引力。

另一个竞争性因素是**供货商的议价能力**（bargaining power of vendors）。当所出售的商品为少数供货商所控制时，该市场就缺乏吸引力。在这种情况下，供货商有可能操控价格及其他条款（如发货日期），从而导致零售商的利润下降。例如，销售时尚化妆品的市场就没有吸引力，因为该市场中只有两家供货商——雅诗兰黛（旗下品牌有：雅诗兰黛、倩碧、Prescriptives、Aveda、Jo Malone、Bumble and Bumble、Tommy Hilfiger、MAC 以及 Origins）和欧莱雅（旗下拥有美宝莲、阿玛尼、Redken、兰蔻、Garnier 和拉尔夫·劳伦等品牌）提供高品质且受欢迎的商品。由于百货公司需要这些品牌来支持其时尚形象，因此这两家供货商就能够以高价将商品出售给零售商。

最后一个行业影响因素是零售市场的竞争水平。**竞争性对抗**（competitive rivalry）是针对竞争对手的行动采取行动的频率和程度。竞争性对抗程度高会引发价格战，员工会跳槽，广告和促销费用会增加，潜在利润也会下降。有可能导致激烈竞争的情况包括：①存在大批同等规模的竞争者；②市场成长缓慢；③固定成本居高不下；④竞争性零售商之间缺乏差异性。例如，家得宝和劳氏在许多市场上具有很高强度的对抗性。

当凯莉·布拉德福德开始分析 Gifts To Go 公司的竞争性因素时，她意识到认清对手并非易事，尽管芝加哥地区没有价格水平相同且出售类似商品的礼品店，但顾客仍然可以从大量其他零售商那里购买礼物。凯莉感到自己的主要竞争对手是百货公司、工艺品商店、产品目录零售商和互联网零售商。凯莉认为通过开发支持礼品销售的顾客数据库可以取得一定程度的规模经济效应。大型供货商的缺乏意味着供货商的议价实力不会成为问题，并且因为百货商场的关键业务并非礼品，这样竞争性对抗也很小。此外，众多不同零售商经营商品种类的多样性也提供了可观的差异化机会。

5. 环境因素

影响市场吸引力的环境因素包括：技术、经济、法规和社会变革。当一个零售市场正经历重大技术变革时，现有的竞争者很容易受到那些掌握新技术的新进入者的冲击。许多传统的以店面为基础的零售商，在全面发展其多渠道战略时的进展就颇为缓慢。例如，即使在今天，许多多渠道零售商都没做到给予消费者在互联网上购买、在实体商店退货的便利。零售视角 5-5 说明了竞争环境的变化如何迫使热点话题（Hot Topic）重新评估其整个零售业态。

零售视角 5-5
热点话题彰显其独立音乐优势

热点话题成立于 20 世纪 80 年代后期，通过提供前卫的产品使自己与其他同样以 Y 一代细分消费群体为目标客户的基于邮件的零售商产生了差异化。它在商店中提供哥特式的商品，受到那些多处穿孔、文身、留着冲冠式发型以及全身穿黑色衣服的客户和销售人员的频频光顾。随着时间的推移，热点话题看起来像一个在繁闹的青少年零售市场中的落荒而逃者。原来的青少年的口味改变了。它的销售变得停滞不前。购物中心的步行交通量也在下降。

热点话题分析了其现状，发现其在青少年心目中的优势基础并非哥特式的形象，而是与独立音乐场景——the small avant 的联结，是一家以自有品牌 T 恤进行促销的前卫乐队。因此，热点话题对自己进行重新定位，减少对哥特式服装的强调并将更多关注放在与最尖端音乐及娱乐相联结的商品上。

今天，热点话题的商店感觉更像是校园学生中心，这里有响亮的音乐、黑暗的墙壁，以及贴满了音乐会传单和工作人员精选音乐的公告板。热点话题开始举办免费的发声秀（acoustic shows），被称为 Local Static，都是以销售人员在本地商店选择的乐队为特色。该公司还通过其音乐下载网站——ShockHound 来强调自己与音乐的关联度。

另外，它还被独家授予青少年吸血鬼题材的《暮光之城》（*Twilight*）四部书和电影的专营权。这部电影的明星进行了一次热点话题商店全国性的巡回演出，该零售商还给成千上万的粉丝提供了热巧克力和比萨饼。

资料来源：Schuyler Velasco, "How 'The Hunger Games' Scored a Marketing Win," *Christain Science Monitor*,

March, 2012, p. 10; Nivedita Bhattacharjee, "And Hot Topic Gets Hunger Games Lift but May Not Last," *March*, March 2012: and http://community.hottopic.com/content/about-hot-topics, accessed September 6, 2012.

问题讨论：请描述热点话题的目标市场。随着时间的推移，这一市场是如何变化的？

政府法规也可能削弱零售市场的吸引力。例如，大型零售商要想在法国开设新店会觉得很困难，因为法国政府对于商店面积有法律限制。同样在美国，很多地方政府为了保护当地的零售商，也曾极力阻止沃尔玛进入当地市场。

零售商对每一个环境因素都需要回答以下三个问题：

（1）会有哪些新的发展和变化？如新技术、新法规或不同的社会因素及经济条件。

（2）这些环境因素发生变化的可能性有多大？影响这些变化发生的关键因素又是什么？

（3）这些变化会给每个零售市场、本公司及竞争对手带来怎样的冲击？

凯莉·布拉德福德在进行环境分析时首要关心的是网上礼品零售商（如 RedEnvelope）的潜在增长情况。礼品似乎很适合通过电子渠道进行交易，因为顾客可以在网上订购礼品，并将礼品直接发送到收礼人那里。凯莉还发现电子渠道能够有效地收集顾客信息，这些信息能够帮助商店在以后出现消费者需要送礼的情景时，可以有针对性地对他们进行礼品促销，并向他们提供建议。

5.5.3 第3步：识别战略机会

完成SWOT分析之后，下一步是认清提高零售销售额的机会。凯莉·布拉德福德目前在礼品零售业中采用专卖店的零售业态。凯莉还在考虑的其他战略选择是根据图5-3中所讨论的发展机会确立的。应该注意的是，其中有些发展战略是对公司使命的再次界定。

5.5.4 第4步：评估战略机会

战略规划过程的第四步是对SWOT分析中识别出的战略机会进行评估。这一评估将决定该零售商有无潜力利用这些评估机会建立可持续竞争优势，并获得长远利益，因此一个零售商必须把精力集中在能够发挥自己的强项以及具有竞争优势的机会上。

在评估战略机会时，必须同时考虑市场的吸引力和零售商的优劣势。零售商必须把大量的投资放在具有竞争优势的机会上。下面是凯莉做的非正式分析。

发展机会	市场吸引力	竞争地位
现有商店规模及店内商品数量的增长	低	高
在芝加哥地区增开礼品店	中	中
在芝加哥以外的地区开店（新的地理细分市场）	中	低
在现有商店出售低价礼品，或新开一些出售低价礼品的商店（新的利益细分市场）	中	低
在现有或新开的商店向同一顾客群出售服饰及其他非礼品商店	高	中
通过网络向同一细分市场出售类似商品	高	低
开设以青少年为目标顾客的服饰商店	高	低
开设专门店，出售低价礼品	高	低

5.5.5 第 5 步：确立具体目标，进行资源配置

完成战略投资机会评估后，战略规划的下一步就是为每一个机会确立具体的目标。零售商的整体目标应该包含在使命陈述中，而具体目标是用来衡量整体目标实施过程中每一个步骤的目标。因此，具体目标包括以下三个部分：①业绩目标，包括可以用来衡量所取得进展的数字指标；②实现目标的时间安排；③实现目标所需的投资水平。一般来说，业绩水平是用一些财务指标衡量的，如资产回报率、销售额和利润。凯莉的目标是在接下来的 5 年中，实现每年 20% 的利润额增长。她预计需要在服装和非礼品商品的存货上额外投资 25 000 美元。

5.5.6 第 6 步：制定零售组合以实施战略

战略规划的第 6 步是为将来可能投资的每一个发展机会开发零售组合，进行资金投入以及控制并评估业绩。关于对零售组合中各相关要素的决策，我们将在第三篇和第四篇中进行讨论。

5.5.7 第 7 步：业绩评估及调整

战略规划的最后一步是评估战略结果并实施计划。如果零售商达到或超越了目标，那就不需要改变，但如果零售商没有达到目标，就需要重新进行分析。一般而言，这种重新分析始于回顾该项目的实施过程，但有时也需要重新考虑这一战略规划（甚至使命陈述）。结果可能是需要重新进行战略规划过程，其中包括进行新一轮的 SWOT 分析。

5.5.8 现实世界中的战略规划

图 5-5 所示的规划过程表明战略决策是按某种顺序完成的。首先要定义业务使命，然后进行 SWOT 分析，识别战略机会，评估战略机会，接着设立目标，配置资源，制定零售组合以实施战略，最后评估业绩并做出调整。但在实际计划过程中，各个步骤是相互影响的。例如，进行 SWOT 分析时有可能发现对公司来说更合理的其他方案，即使这个方案并未包括在使命陈述中，这种情况就可能需要重新修改使命陈述了。在制订、实施计划的过程中，可能会发现某种发展机会中的资源配置不够充分，无法有效地达到目标。在这种情况下就需要更改目标、增加资源，或者完全放弃这个投资机会。

📑 本章小结

（1）定义零售战略。

零售战略是用来对以下情况进行界定的某种陈述：①零售商的目标市场；②零售商计划使用的用以满足目标市场需求的业态和资源；③零售商计划构建可持续竞争优势的基础。目标市场是零售商计划集中其资源和零售组合的细分市场。零售业态用以描述这家零售商的经营性质——零售组合。可持续竞争优势是优于竞争对手的优势，不容易被竞争对手复

制，因此可以维持相当长的一段时间。

（2）阐明零售商如何建立可持续竞争优势。

发展可持续竞争优势的三种方法是：①与客户建立牢固的关系；②与供货商建立牢固的关系；③实现高效的内部运营。每种方法都涉及开发一项不容易被竞争对手模仿的资产——忠诚的客户、牢固的供货商关系、较高的内部运营效率，以及有吸引力的区位。要建立可持续较长一段时间的优势，零售商通常不能依赖于某种单一的方法，如好的区位或出色的客户服务。相反，他们使用多种方法来围绕其定位建立尽可能高的壁垒。

（3）对零售商寻求的各种不同的战略性增长机会进行分类。

零售商可能寻求的四种增长机会是市场渗透、市场扩张、零售业态开发以及多元化。寻求这些增长机会的成功之处在于零售商的现有市场和增长机会之间的协同作用（该机会是否涉及零售商目前的市场，抑或新的市场）以及零售商目前的零售组合与增长机会零售组合之间的协同作用（该机会是否能够利用经营其目前业态的零售商的技能和知识，还是需要新的能力来运营新业态）。

（4）识别国内零售商发展成为国际零售商过程中出现的问题。

零售商可以通过国际化扩张增加销售额，在一个更大的销售额基础上利用其知识和系统，并获得更多与供货商的议价能力。但国际扩张是有风险的，因为零售商必须应对不同的政府法规、文化传统、消费者偏好、供应链以及语言问题。国际性机会的吸引力大小通过下列三个因素进行评估：①该国零售市场的潜在规模；②该国是不是以及能不能支持外资零售企业从事现代零售；③销售额和利润方面的风险或不确定性。最具有吸引力的国际市场是印度、中国和巴西。

（5）掌握零售商制定战略规划时经过的步骤。

制定战略规划是一个持续的过程。零售商每天都会分析自己所处的形势，考察消费趋势，学习新技术，并监控竞争活动。但是零售战略陈述不是每年或每六个月就改动一次，只有当所处的环境和自身能力发生根本性变化时，零售商才会重新审视战略陈述并做出修改。

当零售商对其战略重新进行审视时，制定一个新的战略陈述要经过一两年时间。各种可能的战略方向是由该组织中不同层级的员工共同提出来的，然后由公司高层管理人员和实际业务人员进行评估，以确保该战略从长远来说是有利可图并可贯彻实施的。

战略规划过程包括七个步骤：①定义业务使命；②进行SWOT分析；③识别战略机会；④评估战略机会；⑤确立具体目标，进行资源配置；⑥制定零售组合以实施战略；⑦业绩评估及调整。

小试身手

1. 持续案例任务 对你为持续案例任务选定的零售商准备一项分析。识别其直接竞争对手、目标市场和市场定位、相对于竞争对手采取的战略、零售业态（零售组合的各要素——商品种类和分类、定价、选址），以及其相对于竞争对手而言建立竞争优势的基础。选择一个该零售商目前还没有进入的国家，为其是否应该进入该市场做出推荐建议；如果你认为可以进入该国市场，它应该如何去做？

  2. **网上练习**　登录宜家（www.ikea.com）和星巴克（www.starbucks.com）的网站。你所看到和感觉到的信息与这两家零售商的店内体验是否一致？

  3. **网上练习**　登录沃尔玛（www.walmartstores.com）、家乐福（www.carrefour.fr）、皇家阿霍德（www.ahold.com）和麦德龙（www.metro.de）的网站。它们中哪一家连锁店的战略最具国际化？论证你的说法。

  4. **购物**　走访两家销售同类商品并针对同样目标市场的商店。它们的零售业态（零售组合的各要素）如何相似，又如何不同？它们的可持续竞争优势建立在什么基础上？你认为哪一家商店的优势更大？为什么？

讨论问题

  1. 描述本章开头讨论的四家零售商（墨西哥烧烤快餐店、露露柠檬运动服饰店、Chico's 及 Save-A-Lot 食品店）各自的战略及其竞争优势的基础。

  2. 选择一家零售商并描述其如何建立竞争性战略优势。

  3. 列举百思买可能使用的市场渗透、零售业态开发、市场扩张和多元化成长战略的例子。

  4. 选择一家你最喜欢的零售商。按照图 5-2 画出一份定位图并对其进行解释说明。图中应包括：你最喜欢的这家零售商、销售同类商品的零售商以及目标顾客市场（理想点）。

  5. 为麦当劳做 SWOT 分析。其使命是什么？有哪些优势和劣势？在未来 10 年可能遇到哪些环境威胁？应怎样应对这些威胁？

  6. 内曼·马库斯和宠物大卖场公司可持续竞争优势的基础是什么？这种竞争优势是否真的具有持续性还是能够轻易被复制？

  7. 假设你有兴趣在所在城市开一家餐馆。按表 5-2 所示，依次完成战略规划过程的每一个步骤。主要对当地餐饮市场进行 SWOT 分析，确立并评估备选方案，选择一个目标市场并为该餐馆开发一个零售组合。

  8. 盖璞拥有好几家连锁店，包括老海军、香蕉王国、Piperlime 和 Athleta。每当盖璞推出这些零售概念时，其寻求的是哪种类型的增长机会？哪一个与最初的盖璞连锁店协同作用最大？

  9. 选出一家你认为其顾客忠诚计划很有效的商店或服务供货商，并解释该忠诚度计划的有效性。

  10. 选一家你认为能够（尽管目前还没有）在国外市场获得成功的零售商，并解释你认为它会成功的原因。

  11. 亚马逊网站（Amazon.com）的业务始于在互联网上销售图书。接着该公司不断寻求各种增长机会，包括将其业务扩展到食品杂货、DVD、服装、软件及旅游服务；引入电子阅读器（Kindle）；为其他零售商经营互联网渠道；为小型独立零售商开设虚拟商店。从能否给公司带来利润的角度评价亚马逊的这些增长机会。亚马逊网站的竞争优势又能在这些机会中起到什么作用？

推荐读物

Aaker, David. *Strategic Market Management*, 6th ed. New York: Wiley, 2009.

Cao, Lanlan, and Marc Dupuis. "Strategy and Sustainable Competitive Advantage of International Retailers in China." *Journal of Asia-Pacific Business* 11, no. 1 (2010), pp. 6–27.

Cuthbertson, Christine, and Jonathan Reynolds. *Retail Strategy*. London: Routledge, 2012.

Etgar, M., and D. Rachman-Moore. "The Relationship between National Cultural Dimensions and Retail Format Strategies." *Journal of Retailing and Consumer Services* 18, no. 5 (2011), pp. 397–404.

Fox, Edward J., and Raj Sethuraman. "Retail Competition." In *Retailing in the 21st Century—Current and Future Trends*, 2nd ed., eds. Manfred Kraft and Murali Mantrala. Berlin: Springer, 2010, pp. 239–256.

Gamble, John E., Arthur A Thompson Jr., and Margaret Peteraf. *Essentials of Strategic Management: The Quest for Competitive Advantage*, 3rd ed. New York: McGraw-Hill, 2013.

Grewal, Dhruv, Ram Krishnan, Michael Levy, and Jeanne Mungar. "Retail Success and Key Drivers." In *Retailing in the 21st Century—Current and Future Trends*, 2nd ed., eds. Manfred Kraft and Murali Mantrala. Berlin: Springer, 2010, pp. 15–30.

Lehmann, Donald, and Russell Winer. *Analysis for Marketing Planning*, 8th ed. Burr Ridge, IL: McGraw-Hill/Irwin, 2010.

Ortinau, D. J., B. J. Babin and J. C. Chebat, "Retailing Evolution Research: Introduction to the Special Section on Retailing Research," *Journal of Business Research* 64, no. 6 (2011), pp. 541–542.

Rothaermel, Frank T. *Strategic Management: Concepts*. New York: McGraw-Hill, 2013.

Zentes, Joachim, Dirk Morschett, and Hanna Schramm-Klein. *Strategic Retail Management: Text And International Cases*, 2nd ed. Weisbaden: Springer, 2011.

第6章

财务战略

- **主管简介**
  肯·希克斯，董事长兼首席执行官
  富乐客有限公司

从美国军事学院毕业后，我以一名炮兵军官的身份服了6年兵役。之后，我获得了哈佛商学院工商管理硕士学位，在麦肯锡从事一份顾问工作。然而，我意识到我想做的是制定和实施战略，而不仅仅是分析问题和提出建议。过去的咨询经验让我认识到零售行业提供了令人兴奋的挑战和机会，因此我从五月百货商店那里接受了一个战略规划方面的职位。在我成为富乐客的董事长兼首席执行官之前，我曾在家居购物网、Payless Shoes 和彭尼百货担任过高级管理职位。

对一个零售经理来说，我的职业生涯路径显得有点不同寻常。一个炮兵军官在私营部门其实没有多少工作可做。但是，在军队中的经历使我学会了如何激励人们并协调他们开展活动来实现组织的目标，同时使我认识到执行的重要性。这些技能在我1999年成为富乐客首席执行官时特别有用。那时的富乐客没有满足其顾客、员工和股东的期望。在过去的4年中，公司销售额、可比店面销售额、每股收益均出现显著下降。为了遏制住这一下滑趋势，高级管理团队和我制定了一个为期4年的计划，并且制定各项战略以实现各个目标。我们为2013年设定的目标是：存货周转率为3；每平方英尺销售额为400美元；总销售额为60亿美元；销售净利润率为8%；息税前收益率为5%。

我们做出的关键战略变化是对旗下的5个零售品牌 Foot Locker、Footaction、Lady Foot Locker、Kids Foot Locker，以及 Champs Sports 进行区分。这5个品牌被视为独立业务来进行经营，每一品牌都努力使自己的利润和销售额达到最大化。随着时间的推移，这5个品牌都失去了自己的身份。它们都提供类似的分类，并提供最受欢迎的运动鞋。这5个品牌的商店也具有相同的外观和感觉，它们之间相互竞争激烈。我们需要把枪口向外，并为每个品牌开发一个独特的定位，但同时也要利用这5大品牌之间的运营协同效应。

我们的品牌就像冰激凌圣代。它们都有相同的香草冰激凌，但每个品牌都擅长为喜欢热巧克力或香蕉圣代的顾客提供不同的浇料。例如，Champs Sports 的重点是那些从事团队运动的顾客，富乐客的重点是那些性能导向的顾客，而 Footaction 则致力于时髦的鞋子和服装。

2011年，我们提前2年完成了公司4年计划的所有目标。于是我们制定了一些更远大的目标，这些目标可以在 www.footlocker-inc.com/ 上看到。在零售行业中，尽管可以得到一些按照每日甚至每小时进行测量的绩效指标，但零售商需要平衡其长期目标与短期措施。富乐客现在是领先的运动鞋和运动服装的全球零售商。我们在 23 个国家经营 3 400 多家商店，并有一个成功的互联网渠道和社交媒体计划。我们有 600 多万个 Facebook 粉丝和 65 000 个推特粉丝。

□ **学习目标**
- 回顾零售企业的战略目标。
- 利用战略利润模型比较实现财务绩效的两种方法。
- 阐明如何利用战略利润模型分析增长机会。
- 分析零售企业面对的财务风险。
- 回顾零售商用来评估其绩效的测量指标。

财务是零售商市场战略中必不可少的一部分。在第 5 章中，我们探讨了零售商如何制定战略并建立可持续的竞争优势以获得持续不断的利润。在本章中，我们将探讨如何运用财务分析工具对零售商的市场战略做出评估——监控零售商的业绩，对于业绩高于或低于预期的原因进行评估。若业绩低于预期值，要给出具有洞察力的适当的行动方案以提高经营业绩。

正如在第 5 章中所论述的那样，凯莉·布拉德福德是 Gifts to Go 公司的业主，她希望掌握公司的经营状况，因为她想在这一行业立足，希望成功，为公司增加利润，并实现年收入超过 10 万美元的目标。为了评估经营业绩，她可以在每天经营结束时将各种销售单据加起来进行统计，但是销售额这个简单的计算并不足以从财务上反映该店的经营情况。例如，她可能发现销售额符合预期而且会计也表示公司正处于盈利状态，然而她却缺乏资金用于采购新的商品或支付员工工资。当这种情况发生时，凯莉·布拉德福德就需要分析公司业务出现问题的根源，并想办法解决这些问题。

在本章中，我们首先回顾零售商使用的目标类型，接着介绍战略利润模型，并用它来分析取得公司预想财务业绩的两种方法。为了说明如何使用这一模型，我们探讨并比较影响好市多和梅西百货这两家零售战略迥异但经营都很成功的零售商财务业绩的因素。然后展示凯莉·布拉德福德如何运用这一模型对某一发展机会进行评估。在本章的最后，我们将探讨用来评估商品管理和店面经营的生产率测量指标。

6.1 目标和目的

如第 5 章所述，战略规划过程的第一步包括清晰地阐明零售商的目标，以及确定其计划从事的整个活动范围。这些目标指引零售商制定战略和拟达到的具体业绩目的。当目的没有实现时，零售商知道其需要采取纠正措施。零售商可能制定的三种类型的目标分别是：①财务目标；②社会目标；③个人目标。

6.1.1 财务目标

当评估一家公司的财务表现时，大多数人关注的是利润：零售商去年的利润或利润率

（利润占销售额的百分比）是多少？今年能达到多少？明年将会是多少？但其实测量财务业绩的适当指标不是利润，而是资产回报率。**资产回报率**（return on assets，ROA）是公司拥有的资产产生的利润。某个零售商可能设定一个年利润至少 100 万美元的财务目标，但该零售商真正需要考虑的是投资多少才能获得所需的 100 万美元。如果该零售商只需投资 500 万美元就能赚得 100 万美元，则该零售商将十分高兴（资产回报率为 20%），但是如果他不得不用 4 000 万美元的资产才能带来 100 万美元的利润，则会感到十分失望（资产回报率为 2.5%）。

6.1.2　社会目标

社会目标与更广泛的问题——让世界变成一个更好的生活地方有关。例如，零售商可能关心为某一特定地区或某一少数族裔或残障人士提供就业机会。其他可能包括的社会目标有：向人们提供独特的商品，如环保产品；提供创新型服务以改善个人健康，如减肥项目，或者赞助各种社区活动。零售视角 6-1 描述了一个零售企业家为贫困家庭提供鞋子的事迹。

零售视角 6-1

一双换一双：汤姆斯鞋业公司的社会目标

2006 年，在参加完《极速前进》（The Amazing Race，TAR）比赛的第二个赛季后，布雷克·麦考斯基（Blake Mycoskie）访问了阿根廷。当地的贫困状况令他震惊，包括那些没有鞋子穿仍跑来跑去的儿童。由于传统的阿根廷轻便帆布鞋是制鞋业中一次简单而富有革命性的创造，布雷克·麦考斯基开始着手通过重塑轻便帆布鞋向美国市场中的贫困家庭提供鞋子。为了建立联系，消费者每从其 One for One 网站上购买一双鞋，麦考斯基就会为贫困地区的儿童捐赠一双新鞋。他说：“我被南美洲人的精神深深打动了，特别是那些什么都没有的人，而且我希望能主动承担更多的责任。”

最初的想法获得了成功，推动麦考斯基超越了仅仅提供阿根廷风格的经典帆布轻便鞋的范围。因此，现在汤姆鞋业（Toms Shoes）公司销售各式各样的鞋子：带或不带花边的卡登鞋（cordones）、男士和女士 botas 鞋、仅向男士提供的 stitchouts、仅向女士提供的楔形鞋和裹脚靴，以及专门针对孩童和蹒跚学步的幼儿的鞋子——Youth and Tiny TOMS。这位社会活动家还决定，该公司可以通过出售 T 恤衫、配饰和帽子来更多地向有需要的儿童增加提供鞋子的数量，这些都激发了同样的一对一的交换。

这种社会责任型的商业模式尤其适合发达经济体中的千禧之年消费者，这一群体喜欢购物、社交以及拯救世界。同时，脚穿汤姆鞋是一种践行社会责任的时尚。通过社交媒体网络，这些汤姆鞋的狂热者——其中成千上万的人是汤姆大学俱乐部的成员，表达着对汤姆鞋的热爱并鼓励其他人加入这项运动中去。2012 年，汤姆鞋业公司每年的销售额为 1 亿多美元，汤姆已经为包括美国在内的 25 个国家的孩子提供了 100 多万双新鞋。

资料来源：www.toms.com; Ricardo Lopez, "It's Doing Well by Doing Good," *Los Angeles Times*, January 25, 2012, p. B.1; and Gregory Ferenstein, "TOMS Shoes Generation Y Strategy," *Fast Company*, June 9, 2010.

问题讨论：汤姆鞋业公司承担社会责任的商业模式是否会让你更可能去买它的鞋？

和财务目标相比，公司在社会目标方面的表现更加难以测量，但仍然可以设立一些清晰的社会目标，比如明确减少能源使用和过度包装，增加可再生资源的使用，并支持非营利组织如联合之路（United Way）和人类栖息地（Habitat for Humanity）。

6.1.3 个人目标

许多零售商，特别是那些独立的小企业业主，都拥有重要的个人目标，如自我认可，提高社会地位，赢得尊重等。例如，某家书店的老板或业务员也许会认为与那些爱读书的人以及那些到书店签名售书的作者打交道是一种收获。经营一家受欢迎的商店也许能让零售商成为在该地区受人尊敬的商界领袖。

尽管对某些零售商而言，社会目标和个人目标很重要，但是，所有的零售商都需要关注财务目标，否则它们可能会失败。因此，本章剩下来的部分将重点讲述财务目标，以及影响零售商达到这些目标的因素。

6.2 战略利润模型

如图 6-1 所示，**战略利润模型**（strategic profit model），是一种概括各种影响公司财务业绩（通过资产回报率来测量）的因素的一种方法。资产回报率对公司及其股东来说是一项重要的业绩测量指标，因为它测量公司相对于其所拥有的资产而获取的收益。比如，有两家零售商，每家都产生 100 万美元的利润，乍一看，他们似乎有类似的财

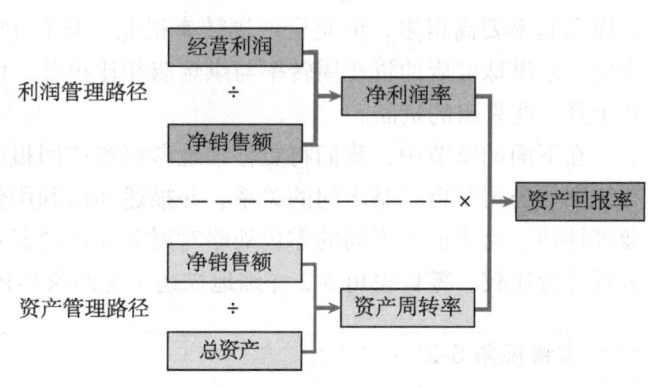

图 6-1 战略利润模型

务表现。但是如果其中一家零售商拥有 1 000 万美元的资产，而另一家拥有 2 500 万美元的资产，那么这两家零售商的表现就是大相径庭的。第一家零售商的表现要更好，因为它赚取利润需要的资产比另一家零售商要少。因此，零售商不应当仅仅关注利润，必须通过平衡利润及其所需要资产来有效盈利。

经营利润（operating profit margin），也称为**息税、折旧及摊销前利润**（earnings before interest, taxes, and depreciation，EBITDA），是对零售商持续运营产生的盈利进行测量的一项指标，也是一项有效预测零售商未来盈利能力的指标。**资产周转率**（asset turnover）是零售商的净销售额除以其总资产。该财务指标用来评估一家公司对其资产进行投资的效率。它表明每 1 美元资产所产生的销售额是多少美元。因此，如果一个零售商的资产周转率为 3，那么就意味着公司每 1 美元投资于该公司的资产会产生 3 美元的销售额。

零售商的资产回报率（ROA）由两个部分相乘得到：

$$经营利润率 \times 资产周转率 = 资产回报率（ROA）$$

$$\left(\frac{经营利润}{净销售额}\right) \times \left(\frac{净销售额}{总资产}\right) = \frac{经营利润}{总资产}$$

战略利润模型将资产回报率分解成两个组成要素：①经营利润率；②资产周转率。这说明资产回报率是由两种经济活动共同决定的，即利润管理和资产周转管理。因此，高资产回报率可以通过经营利润和资产周转水平的各种组合来获得。

为了说明实现高资产回报率的不同方法，我们不妨考虑一下如表 6-1 中所假设的两家非常不同的零售商的财务表现。拉·沙特莱纳（La Chatelaine）烘焙店的净利润率仅为 1%，资产周转率为 10%。低利润率是由于这个行业本身存在着激烈的竞争，除了本地区的其他烘焙店外，消费者还可以从很多别的零售商那里购买烘焙食品。但是该烘焙店的资产周转率相对来说很高，这是因为公司存货资产低，能把当天烘焙的食品全部都卖掉。

表 6-1 获得满意资产回报率的不同方法

	净利润率	×	资产周转率	=	资产回报率
拉·沙特莱纳烘焙店	1%		10 次		10%
乐琳珠宝店	10%		1 次		10%

另外，乐琳（Lehring）珠宝店的净利润率为 10%，是烘焙店的 10 倍。尽管该珠宝店的净利润率要高得多，但是资产周转率很低，只有 1%，因此两者的资产回报率其实是一样的。乐琳珠宝店的资产周转率与烘焙店相比很低，因为其存货水平高，要存放很多需要几个月才能售出的货品。

在下面的章节中，我们将更仔细地考察资产回报率的这两个组成要素。我们将探讨这些比率与公司零售战略之间的关系，并描述如何利用传统的会计信息将这些财务指标用于业绩评估。为了说明不同的零售战略对财务业绩的影响，我们对好市多和梅西百货的财务表现进行比较。零售视角 6-2 详细地描述了这两家零售商的零售战略。

零售视角 6-2

梅西和好市多：采用不同零售战略的成功零售商

好市多

好市多于 1983 年建立了第一家店，开创了会员仓储俱乐部这一零售业态。它现在是全球最大的仓库俱乐部连锁店，年销售额达 890 亿美元，在全美 40 个州和波多黎各有 433 家商店，在加拿大、英国、韩国、中国台湾地区、澳大利亚、日本和墨西哥有 162 家商店。以会员为导向的商店承诺以低价格提供有限种类的大约 4 000 个全国性品牌和自有品牌商品。其商品品类极为广泛，除了商品项目，如乳制品和卫生纸，该商店还存有特殊的、独一无二的总会带来惊喜的产品。"寻宝"式的环境给顾客一种立即购买该货品的紧迫感。这些具有有限可获得性的产品可能是一个四克拉的钻石戒指、一个路易·威登的手袋或范思哲的瓷器。好市多公司致力于以低价格、高质量向客户提供价值。

好市多异乎寻常的高存货周转率及其批量采购与运营效率（通过有效分销及不附带服务式的自助仓储设施缩短了商品处理过程），使其能够比那些传统批发商、大型商场、超市和购物中心以更低的毛利润率实现盈利。较少的存货单位（stock-keeping unit）数量让好市多的买手对商品去向了如指掌并更加关注商品质量。反过来，相比于在存货单位数量更多的超市或折扣店购物，顾客对好市多提供的产品分类也更理解和欣赏了。

好市多的自有品牌商品占据了其销售额的 20%。好市多聚焦于发展自有品牌——Kirkland Signature 商品。它提供多样化的选择，Kirkland 品牌的产品范围从葡萄酒和香槟到烘焙制品应有尽有。其买手与供货商建立了良好的关系，因此可以利用该优势开发具有流行趋势的商店产品。它的许多货品是与制造商一起开发的联合品牌，这些厂商包括荷美尔培根（Hormel bacon）、石原农场的有机果汁（Stonyfield Farm's organic smoothies）、达能（Danone）的 Activia 酸奶，以及贝佳斯高档化妆品。联合品牌产品给客户传递出下列信号：这是一个以值得的价格提供高质量商品的、可信赖的品牌。

好市多的目标市场并不仅限于偏好低价格产品的低收入消费者。它还有一个忠诚、高端但也喜欢便宜货的客户群体。该零售商加价的幅度最多不超过 14%，不管产品是一夸脱[⊖]番茄酱还是一部液晶电视，都会给客户提供真正的价值。

好市多承诺提供健康的产品并保证环保。它确保在产品中使用的原材料（例如，可可、咖啡、海鲜等）都是以一种公平（fair）、健康的方式种植和生产的。它也试图减少包装的使用。该公司经常评估其供货商，因而了解事物处理过程中发生的一切。例如，好市多考察海鲜供货商，当运输船只到来的时候，相关人员会查看产品的冷藏程度，它们是如何卸货的，如何保持从码头到工厂的温度。正是这样的协议，使公司保持了始终如一的货品品质。

梅西百货

梅西百货公司（Macy's）成立于 1858 年，是一个标志性的美国百货零售商店品牌。梅西百货旗下拥有从大西洋海岸到太平洋海岸 800 多家商店及梅西百货公司网站（macys.com）。它是美国最大的百货零售商，年销售额超过 260 亿美元。其典型的店铺形式是封闭式的购物中心，在 180 000 平方英尺的销售空间中储存有 50 000 个存货单位。

梅西百货的主要目标市场是 25～54 岁的人群，这类人群通常都在外面工作，有孩子，家庭平均收入超过 75 000 美元。该公司在开发自有品牌方面一直卓有成效，如 I.N.C.、宪章俱乐部（Charter Club）、Club Room、Ideology、Jenna、Tasso Elba、Style & Co.、JM 系列（JM Collection）、Epic Threads，以及 First Impressions。其商店品牌目前占年销售额的 20%，有限分类的分销品牌占年销售额额外的 23%。

梅西百货的三个关键战略举措是：①本地化计划；②多渠道整合；③"魔术化销售"（MAGIC Selling）。首先，本地化计划涉及对当地市场需求的商品分类和购物体验的定制化。其次，通过多渠道整合，梅西试图将其实体商店、互联网和移动业务组合起来以优化其存货产品。在当地商店缺货的情况下，公司会提示销售人员寻求在线运营中心的替代商品，或者直接将商品发往客户的家庭住址；在线运营中心也可以通过在线或移动设备订单向商店补充存货。最后，"魔术化销售"是用于销售培训的一个缩写，旨在提高客户的购物体验："碰面并建立联系；提问和倾听；给选项，给建议；鼓励购买……出售更多及庆祝购买。"

⊖ 1 夸脱=0.946 升。——译者注

不仅有这些战略举措，梅西也尝试各种新的店内与在线技术。例如，通过商店内的平板电脑为客户提供额外的信息，让他们可以选择无纸化收据，引导他们使用二维码技术。客户通过连接智能手机的应用程序，可以在手机上"点击、支付和保存"或通过社交媒体（如 Foursquare、Shopkick、谷歌、Facebook）提供特价产品。

资料来源：2012 Macy's Factbook; 2011 Costco Annual Report; Karen Talley, "Three Stores, Three Scenes; Fortunes Diverge for Macy's, Penney and Kohl's," *The Wall Street Journal (Online)*, August 12, 2012; and Annie Gasparro and Timothy Martin, "What's Wrong With America's Supermarkets? Traditional Grocery Stores Are Caught in the Middle," *The Wall Street Journal (Online)*, July 12, 2012.

问题讨论： 好市多和梅西百货使用的零售组合有什么不同？

6.2.1 利润管理路径

用于检查利润管理路径的信息来自零售商的**利润表**（income statement），也被称为**经营情况表**（statement of operations）。利润表总结某家公司一段时期的财务表现，这个时期通常是一个季度（三个月）或一年。为了全面反映圣诞节假期前后所有的销售额、礼品卡购买以及返货情况，像许多零售商一样，梅西百货的财政年度始于每年的 2 月 1 日，到次年 1 月 31 日结束。因此，梅西百货 2012 年度报告的重点是 2011 年的 11 个月及 2012 年的 1 个月。好市多的财政年度则始于 10 月 1 日，所以其最新的年度报告包括 2012 年的 9 个月及 2011 年的 3 个月。

表 6-2 是整理自梅西百货和好市多年度报告中的利润表。图 6-2 对这两家零售商战略利润模型中利润管理路径的组成要素进行了总结。

1. 利润管理路径的各组成要素

利润管理路径的四个组成要素为：净销售额、销货成本（COGS）、毛利润和经营利润。**净销售额**（net sales）是零售商在一个给定的时间内获得的与出售商品相关的总收入减去顾客退货款项、折扣以及受损商品的信用后的部分。

净销售额中未考虑进去的一部分收入源于向顾客收取的特殊费用、会员费以及信用卡利息。例如，仓储会员店每年从会费中获得收入，而实行常客计划的零售商也可以向参与该计划的消费者收取费用。好市多没有考虑将会员费作为其净销售额的一部分，因为该收费反映的业务活动与企业出售商品的主要活动无关。梅西百货有自己的信用卡，用它接收来自逾期付款的收入，因此它也不是净销售额的一部分。

一些零售商有额外的与商品销售有关的收入来源，如供货商的付款。例如，零售商经常向供货商收取在他们商店里的空间费用，这部分费用被称为**货位费用**（slotting fee）或**货位津贴**（slotting allowance）。当从供货商购买的商品不能满足采购协议的所有条款，如那些关于交货方面的条款，零售商也可以要求供货商支付一定的费用，这笔费用被称为**扣款费**（chargeback fee）。来自供货商的这笔付款通常被并入利润表中的销货成本扣减部分。

表 6-2　梅西百货和好市多的利润表

	2012 年好市多利润表	2012 年梅西百货利润表
净销售额	97 062	26 405
会员费	2 075	
总收入	99 137	26 405
销货成本（COGS）	(86 823)	(15 738)
毛利润	12 314	10 667
销售、日常开支及行政费用（SG&A）	9 518	8 281
经营利润	2 796	2 386
其他收入（支出）	(95)	25
利息收入	103	(447)
备付所得税		(712)
净利润	2 720	1 252
$g = +$ 毛利润率	10.5%	40.4%
销售、日常开支及行政费用比率	9.8%	31.4%
经营利润率	2.9%	9.0%
净利润率	2.8%	4.7%

资料来源：10-K filings with the SEC.

销货成本（cost of goods sold，COGS）指的是零售商支付给供货商的商品销售金额。**毛利**（gross margin），也叫**毛利润**（gross profit），是净销售额减去销货成本的差。毛利润是零售业中的一项重要测量指标，因为它表明在不考虑商店的经营费用和公司相关的管理费用支出时，零售商的利润有多少来自商品销售所得。

$$毛利润 = 净销售额 - 销货成本$$

经营费用（operating expenses）包括**销售、日常开支及行政费用**（selling, general, and administrative expenses，SG&A）。SG&A 费用是企业正常运营的相关费用，如销售人员和经理的工资、广告费用、水电费、办公用品费、从零售商仓库到商店的运输费用以及租金。

一些零售商还将其他费用包括进来，如开店或关店的成本或者将一项收购产生的成本并入其业务并将其作为经营费用的一部分。当某零售商估计其经营费用时，需要决定这些费用是否与该零售商的正常运营相关，或只是发生在这一年中的非经常性一次性费用。例如，门店的开张费用可能发生在某个处于成长期的零售商开新店时的每一年，而与收购相关的费用可能仅发生在该收购的具体年份，并可能无法反映该零售商在未来实现的经营收入。

经营利润，也被称为息税、折旧及摊销前利润（earnings before interest, taxes, and depreciation，EBITDA），是指毛利润减去经营费用与非经常性开支的差。最后，**净利润**（net profit margin）是指经营利润减去息税、折旧及摊销后的差。我们专注于经营利润是因为它反映了零售商在基本运营方面的表现，而不是零售商所做的关于资产、税收和资本结构（借款与出售股票筹集资本）折旧的财务决策。

$$经营利润 = 毛利润 - 经营费用 - 非经常性（非一次性）经营费用$$
$$净利润率 = 经营利润率 - 一次性费用 - 利息 - 税费 - 折旧$$

2. 利润管理路径的绩效分析

图 6-2 中的净销售额、毛利润和税前净经营利润水平反映了两家零售商财务业绩的一些有用信息。然而，当两家零售商的规模不同时，是很难对其业绩进行比较的。如果好市多有兴趣与沃尔玛比较其业绩，那它可能预计沃尔玛会有更高的毛利润和经营利润，因为它的销售额是好市多的五倍。因此，利润表中的一些差异可能是由规模上的差异造成的，而不是由零售商的表现造成的。因此，在评估某个零售商的性能表现并将其与其他的零售商进行比较时，考虑与净销售额的比率就很有用。在利润管理路径中有三个有用的比率：毛利润率、经营利润率以及经营费用率。

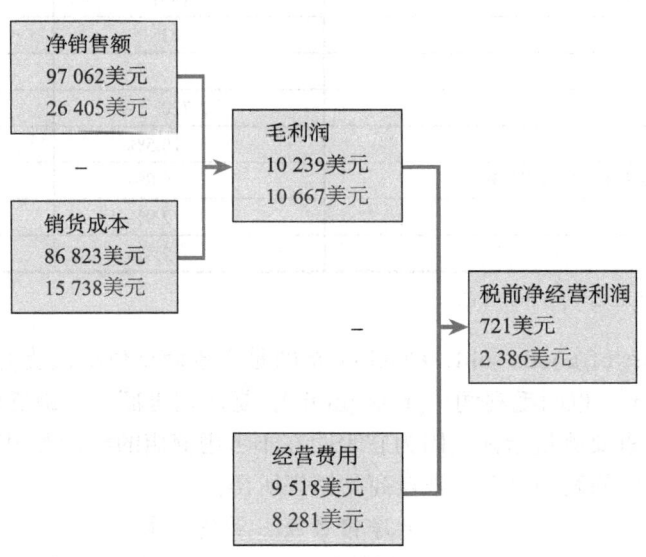

图 6-2 战略利润模型中的利润管理路径

注：图中上面的数字为好市多的；下面的数字为梅西百货的。

毛利润率（gross margin percentage）是毛利润除以净销售额的比率。零售商使用它来比较：①不同类型商品的表现；②它们自己与其他具有更高或更低销售额水平的零售商的表现。

$$\frac{毛利润}{净销售额} = 毛利润率$$

$$好市多：\frac{12\,314\ 美元}{97\,062\ 美元} = 12.7\%$$

$$梅西百货：\frac{10\,667\ 美元}{26\,405\ 美元} = 40.4\%$$

尽管好市多的销售额比梅西百货高出两倍多，但是梅西有更高的毛利润率。毛利润率的这种差异可以追溯到公司的零售战略。百货商店一般都比仓储会员店有较高的毛利润率，因为它们针对的细分市场是那些对价格不太敏感的顾客，这些顾客对品牌时尚商品和个人服务感兴趣，并愿意为之花钱。而仓储会员店销售的主要是日常必需品，这类商品不像时尚服装那样容易进行差异化。也就是说，顾客更愿意为由著名设计师设计的高时尚服装支付溢价，而不愿意为 16 包包装的厨房毛巾或一品脱瓶装花生酱支付溢价。对百货公司而言，能够取得一个相对较高的毛利润率是很重要的，因为它们的经营费用通常比那些其他业态零售商的经营费用要高。

经营费用是除了商品本身的成本外，在公司正常经营过程中产生的成本，例如销售人员及经理的薪水、广告费、水电费、办公用品费以及租金等。这些费用通常被称为销售、日常开支及行政费用（SG&A）。

除了正常的 SG&A 费用外，好市多和梅西百货都没有列明其他费用或收入，它们所有的管理费用也都被计入 SG&A 费用中。然而，零售商往往会有其他费用。梅西的利润表显示了与收购五月公司相关的费用，比如来自存货重估的收入和费用、整合费用和出售其**应收账款**（accounts receivable，指那些顾客用信用卡购买所欠的钱）的收入，以及开新店的费用。

和毛利润一样，经营费用也被换算为对净销售额的百分比，以便在货品、商店以及公司和公司之间及公司内进行商品品类的比较。好市多与梅西百货相比，其经营费用占净销售额的比率要明显低得多。零售视角 6-3 回顾了好市多是如何利用创新方式降低 SG&A 费用的。

$$\frac{经营费用}{净销售额} = 经营费用率$$

$$好市多：\frac{9\,518\ 美元}{97\,062\ 美元} = 9.8\%$$

$$梅西百货：\frac{8\,281\ 美元}{26\,405\ 美元} = 31.4\%$$

零售视角 6-3

好市多削减成本

好市多的零售战略聚焦于向客户提供卓越价值（定价合理的高质量产品），这些产品范围很广，从奶酪到 60 英寸的平板电视应有尽有。在商品价格上涨的时期维持低价格所面临的挑战巨大，所以好市多与它的供货商一起合作控制成本。

例如，好市多 70% 的大粒优质的夏威夷果通常采购自好时食品的一个部门——莫纳罗（Mauna Loa），只给该供货商留下小粒的这种坚果存货。于是，好市多的买手与莫纳罗携手，将小粒坚果用于生产果仁巧克力，并在好市多独家出售。因莫纳罗不用面对深度折扣销售这些小坚果带来的不确定性，故它可以为好市多提供更合适的价格。

包装的简化能够节约成本。例如，用方形容器代替传统的圆形容器包装腰果后可以堆叠在托盘上，从而使包装盒的数量从 280 个增加为 426 个。对年销售额 1 亿美元的一项产品实行的这种相对较小的变化，可以使其一年的托盘使用数量减少 24 000 个，并减少了 600 次卡车运送。

然而，好市多并没有缩减对员工的开支。好市多 86% 的员工都有医疗保健和其他福利，即使有一半是兼职员工。店内员工平均薪酬为每小时 20 美元，比行业平均水平高出 50% 以上。此外，即使最近出现了经济衰退，好市多也并没有解雇员工。好市多认为较好地对待员工实际上降低了长期的劳动力成本。其员工的离职率仅为 13%，在零售行业中属于最低的。

资料来源：Zeynep Ton, "Why 'Good Jobs' Are Good for Retailers," *Harvard Business Review*, January–February 2012; Christopher Matthews, "Future of Retail: Companies That Profit by Investing in Employees," *Time*, June 18, 2012; and "Costco's Artful Discounts," *Business Week*, October 20, 2008.

问题讨论： 公司支付员工工资多于竞争对手的好处和缺点是什么？

经营费用率（operating expenses percentage）是指经营费用（即 SG&A）除以净销售额的比率。好市多的经营费用率大约是梅西的 1/3 多，因为好市多的顾客服务和销售费用比较低，并且花在店面维护上的费用也比较少。就租用的店面空间来说，好市多每平方英尺的租金费用也比较低，因为其独立店面没有梅西百货龙头店租金高。此外，仓储会员店经营所需的行政人员也比百货商店的要少。例如，好市多的采购费用之所以要低得多，是由于相比时尚服装，其更简单的购买过程需要更少的买手以及更少的日用品类商品的存货单位（SKU），如包装类食品及新鲜肉类和农副产品。最后，好市多的买手不像百货公司的买手那样，需要到全世界各地的时装市场进行采购，因此差旅费用也要少得多。

与毛利润和经营费用一样，经营收益也常常被换算为对净销售额的百分比，以便在货品、商品品类以及公司和公司之间及公司内部进行比较。**经营收益率**（operating income percentage）是毛利润与经营费用之差与净销售额之比。

$$\frac{毛利润 - 经营费用}{净销售额} = 经营收益率$$

好市多：$\dfrac{12\,314\text{ 美元} - 9\,518\text{ 美元}}{97\,062\text{ 美元}} = 2.9\%$

梅西百货：$\dfrac{10\,667\text{ 美元} - 8\,281\text{ 美元}}{26\,405\text{ 美元}} = 9.0\%$

梅西百货的经营利润率比好市多要高出 3 倍以上。因此，战略利润模型的这一组成要素表明，梅西百货的表现要超过好市多。但下面对于资产管理路径的讨论讲述了一个不同的故事。

6.2.2 资产管理路径

用于分析某个零售商资产管理路径的信息主要来自该零售商的资产负债表。利润表概述的是零售商一段时间内（通常是一年或季度）的财务业绩，而资产负债表则概述其在一个给定的时间点上的财务状况，这个时间点通常是其财政年度的最后一天。表 6-3 展示了好市多和梅西百货的资产负债表，而图 6-3 则展现了战略利润模型中资产管理路径的各个组成要素。

表 6-3 梅西百货和好市多的资产负债表

	好市多	梅西百货
现金及现金等价物	4 009	2 827
短期投资	1 604	
应收账款	965	368
商品存货	6 638	5 117

(续)

	好市多	梅西百货
其他流动资产	490	465
总流动资产	13 706	8 777
物业及设备（净）	12 432	8 400
其他资产	623	4 918
总资产	26 761	22 095
流动负债	12 050	6 263
长期债务	1 253	6 655
其他负债	885	2 344
总负债	14 188	15 262
股东权益	12 573	6 833

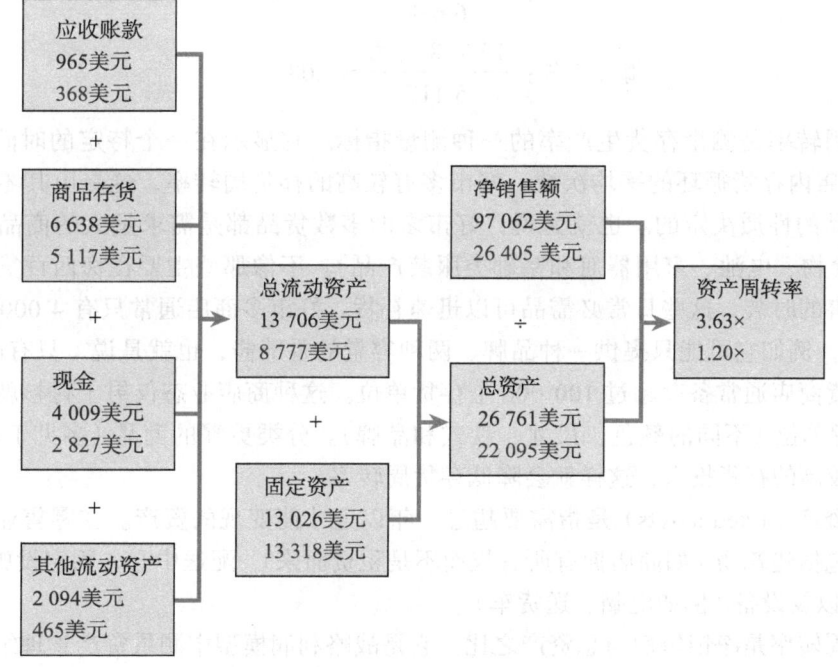

图 6-3 战略利润模型中的资产管理路径

注：图中上面的数字为好市多的；下面的数字为梅西百货的。

1. 资产管理路径的各组成要素

资产（assets）是由一家公司拥有或控制的经济资源（例如，存货、建筑物、计算机、商店固定设施）。资产有两种类型：流动资产和固定资产。

流动资产（current assets）是指那些一年内通常可以变现的资产。对于零售商来说，流动资产主要是现金、应收账款和商品存货。

流动资产 = 现金 + 应收账款 + 商品存货 + 其他流动资产

商品存货（merchandise inventory）是一项重要的零售商资产，这项资产能够为顾客提供利益。它使顾客在合适的时间和地点得到合适的商品。储存更多的货物会提高销售额，因为它增加了顾客找到他们想要的东西的机会,但存货水平的提高也增加了零售商需要投资这一资产的金额。

存货周转率用来测量零售商如何有效地利用其存货投资,它是评估零售业绩的另一个重要的比率。**存货周转率**(inventory turnover)是指在一段时期内(通常是一年)的销货成本(COGS)除以在这一时期的平均存货水平(以成本表示)。替代平均存货水平的一个测量指标是资产负债表中一个财政年度最后一天的存货价值。请注意,资产负债表中报告的存货水平是一个会计年度最后一天的水平,而不是平均水平。为了更准确地测量平均存货水平,就要测量一年中每一天的水平,即除以365,或者测量每个月的存货价值(见第12章)。

$$\frac{销货成本}{以成本表示的平均存货} = 存货周转率$$

$$好市多:\frac{86\ 823\ 美元}{6\ 638} = 13.08$$

$$梅西百货:\frac{15\ 738\ 美元}{5\ 117} = 3.08$$

存货周转率是测量存货生产率的一种测量指标。它显示在一个特定的时间内(通常是一年),店内存货循环的平均次数。好市多有较高的存货周转率,这是由其零售战略和所出售商品的性质决定的。也就是说,好市多的多数货品都是需求量大的商品和日常必需品(如食物、电池、家用器皿和基础类服装产品)。不像那些主要在梅西百货这样的百货公司出售的时装,这些日常必需品可以迅速补货。好市多商店通常只有4 000个存货单位(SKU),例如它可能只提供一种品牌、两种容量的番茄酱,也就是说,只有两种存货。另外,百货商店通常备存超过100 000个存货单位。这种商店业态仅男士衬衫就可能存有500个存货单位(不同的颜色、尺寸、款式和品牌)。分类更深的商品(多见于百货公司)需要相对较高的存货投入,这样就会降低存货周转率。

固定资产(fixed assets)是指需要超过一年以上才能变现的资产。在零售业中,固定资产主要包括建筑物(如商店拥有所有权而不是租赁而来)、配送中心、固定设施(例如展示货架),以及设备(例如电脑、送货车)。

资产周转率是净销售额与总资产之比。它是战略利润模型中测量资产管理组成要素表现的一个测量指标。

$$\frac{净销售额}{总资产} = 资产周转率$$

$$好市多:\frac{97\ 062\ 美元}{26\ 761\ 美元} = 3.63$$

$$梅西百货:\frac{26\ 405\ 美元}{22\ 095\ 美元} = 1.20$$

2. 无形资产

注意,资产负债表不包括零售商用来建立可持续竞争优势的大部分关键资产(已在第5章中讨论过),比如品牌形象、顾客忠诚度、顾客服务、信息和供应链系统、人力资源（工作投入、知识丰富的员工），以及一个关于消费者购买行为和偏好的数据库。受制于会计规则，资产负债表只包括有形资产，因为有形资产有一个客观的测量价值。例如，一座建筑物的价值是基于该公司为之支付的金额，减去折旧，而不是其在财政年度结束时的价值。

在第 5 章中讨论的资产基本上都是无形资产。它们不能被客观地测量，因此不包括在资产负债表中的资产名下。然而，这些无形资产在产生长期的财务业绩中是很重要的。正如零售视角 6-4 中讨论的，私募股权公司正因为零售企业的这些无形资产和其他零售行业的特征而在加大对零售企业的投资。

零售视角 6-4

私募股权公司投资于零售商

私募股权投资公司贝恩资本（Bain Capital）、黑石集团（the Blackstone Group）和得克萨斯州太平洋投资集团（Texas Pacific Group）均对零售企业进行了大量投资。例如，KKR集团和其他一些私募公司以 66 亿美元购买下玩具反斗城。其他一些私募股权投资的主要零售商是内曼·马库斯、汉堡王、货柜商店、多来店、达美乐、金宝贝、希尔顿酒店、卡卡圈坊、迈克尔斯以及美国体育品牌运动权威公司。

私募股权投资公司从股东那里购买整个公司而不是购买公司的股票，以此来提高企业效率（通常是雇用新的高级管理人员），或简单地重整公司的财务结构，几年后再售出所购公司的股票。因为收购后被收购公司的股票不在证券交易所交易，所以公司需要对改善公司的运作采取长远眼光，也就是，它不需要证明其对股东的投资或发布美国证券交易委员会（SEC）要求的季度报告。

私募股权投资公司发现众多零售商是有吸引力的投资对象，因为他们有强大的现金流、低债务、被低估的资产，并可以迅速、有效地改善及改变战略方向。被低估的资产包括知名的商店品牌、在有吸引力的地方的空间租赁或商店所在地的土地。一家私募股权公司可以在出售这些资产后，收购一家零售商或使用资产作为抵押品获得贷款以融资收购。例如，一家私募股权投资公司可能会将一些知名品牌，比如西尔斯商场里面的 Kenmore 牌家电产品、工匠工具（Craftsman tools）、DieHard 品牌电池的使用权授权给其他公司。

通常，私募股权所有者会将零售连锁店分为经营商店的运营公司和拥有所有连锁店房地产资产的资产公司。出售房地产资产所得款项用于偿还所有者初始投资的私人股本，无论零售连锁是否成功，保证私人股本合作伙伴的成功。例如，瑟伯罗斯资本管理公司（Cerberus Capital Management, L.P.）和一组私募股权投资者以 12.5 亿美元购买塔吉特公司的摩雯思连锁折扣百货公司。投资集团将该项收购分成两个独立的结构进行：一部分针对零售业务，另一部分针对该连锁店有价值的房地产控股。它通过管理房地产交易赚得了超过 2.5 亿美元资产。但因零售业务业绩不佳而对其进行了清算，最终关闭了 177 家门店，削减了 18 000 名员工。

资料来源：Karen Talley, "Sears to License Names of Kenmore, Craftsman Brands," *The Wall Street Journal*, April 5, 2012; Dan McCrum and Stanley Pignal, "New KKR Funds to Target Retail Investors," *FT.com*, July 19, 2012; Eileen Appelbaum and Rosemary Batt, *A Primer on Private Equity at Work: Management,*

Employment, and Sustainability (Washington, DC: Center for Economic and Policy Research, February 2012); Elaine Misonzhnik, "Private Equity Firms Are Hungry for Retailers, But Only the Best of Them," *Retailtraffic.com*, September 27, 2012; and Peg Brickley, "Mervyns Creditors Are Offered a Deal," *The Wall Street Journal*, October 26, 2012.

问题讨论：私募股权公司收购对零售商有什么好处？

3. 分析资产管理路径表现

好市多公司的资产周转率是梅西百货的两倍多。这两家零售商在资产周转率上的差异很大程度上要归因于好市多更高的存货周转率。通常情况下，像好市多这样出售有限分类、需求量大产品的零售商比像梅西百货那样出售时尚服饰的零售商有更高的存货周转率。对于需求量大的产品更容易准确预测其销售额，从而更容易控制存货水平。

6.2.3 利润和资产结合的管理路径

就利润管理路径而言，梅西百货有较高的经营利润率，因此表现优于好市多。但好市多的资产周转率比梅西百货高，从而在资产管理路径上表现更优。虽然这种类型的表现是预料中的（鉴于它们的整体战略和零售业态），但是两家零售商都在努力提高其在这些关键比率上的表现。例如，百货公司如梅西百货发展供应链和采购系统，允许更少的商品被频繁交付，更紧密地匹配供应和需求。这降低了平均存货，反过来，总资产虽然与此同时可能使销售额增加，却导致较高的存货和资产周转率。像好市多这样的仓储会员店试图通过承载更多的新鲜农副产品、肉类和加工食品来增加毛利润。为了进一步提高其利润，好市多通过提供品牌服装和饰品创建了一种寻宝式的环境。

两家零售商的总体业绩——以资产回报率（ROA）来测量，是考虑到两方面的路径后确定的，也就是说，净利润率乘以资产周转率：

$$净利润率 \times 资产周转率 = 资产回报率$$
$$好市多：3.63 \times 2.9\% = 10.5\%$$
$$梅西百货：1.20 \times 9.0\% = 10.8\%$$

表 6-4 显示了各种零售商的战略利润模型比率。该表说明超市和折扣连锁店通常都有较高的资产周转率和较低的经营利润率，而服装专卖零售商则有较低的资产周转率和较高的净利润率。

表 6-4 各种零售商的战略利润模型比率

	销售额	经营利润	总资产	经营利润率	资产周转率	资产回报率（经营利润）
百货商店						
彭尼百货	17 260	1 109	11 424	6.4%	1.51	9.7%
科尔士百货	18 804	2 936	14 094	15.6%	1.33	20.8%
梅西百货	26 405	2 386	22 095	9.0%	1.20	10.8%
折扣商店						
好市多	87 048	2 494	27 261	2.9%	3.19	9.1%
沃尔玛	443 854	26 558	193 406	6.0%	2.29	13.7%
塔吉特	65 786	6 592	43 705	10.0%	1.51	15.1%

(续)

	销售额	经营利润	总资产	经营利润率	资产周转率	资产回报率（经营利润）
专卖店——服装						
盖璞	14 549	1 438	7 422	9.9%	1.96	19.4%
阿贝克隆比 & 费奇	4 158	194	1 489	4.7%	2.79	13.0%
美国鹰牌服饰	3 160	393	3 048	12.4%	1.04	12.9%
专卖店——品类						
家得宝	70 395	8 234	40 518	11.7%	1.74	20.3%
劳氏	50 208	4 757	33 559	9.5%	1.50	14.2%
百思买	50 705	2 331	16 005	4.6%	3.17	14.6%
欧迪办公	11 489	34	4 250	0.3%	2.70	0.8%
史泰博	25 022	1 693	13 430	6.8%	1.86	12.6%
超市						
克罗格	90 347	410	23 478	0.5%	3.85	1.7%
西夫韦	43 630	1 134	15 074	2.6%	2.89	7.5%

资料来源：SEC 10-K filings.

资产周转率和经营利润率中的这些差异性是由光顾这些零售商的顾客需求和购买行为不同造成的，因此，零售商会针对这些顾客使用不同的方法。折扣店和超市的目标群体是那些对价格更敏感的消费者，所以它们需要保持低价格。此外，由超市和折扣连锁店提供的是需求量大的产品，面临着激烈的价格竞争。因此，它们的利润率较低，并需要更高的资产周转率以提供足够的资产回报率。另外，服装专卖店及百货商店的光顾者是那些对价格不太敏感、寻找更多的顾客服务和更深分类的消费者。为了满足这些需求，存货水平和存货周转率、行政费用和利润率都会较高。

6.2.4 提高财务绩效的几点启示

战略利润模型中的利润管理和资产管理路径提出了改善财务绩效的不同方法。专注于利润管理路径，经营利润率可以通过增加销售额、降低销货成本或经营费用而得到提高。例如，好市多可以通过增加广告投放来吸引更多的顾客，从而提高其销售额。只要广告费用的增加能够产生比广告成本更多的毛利润，销售额的增加就将对好市多的经营利润率和资产回报率产生积极的影响。此外，销售额的增加会提高好市多的资产周转率，因为销售额增加了，但资产保持不变。净效应会对资产回报率产生积极的影响。

再来看看资产管理路径，梅西百货可以通过降低其店内存货来提高其资产周转率。然而，降低存货水平实际上可能会降低销售额，因为顾客可能没有找到他们想要购买的产品，导致他们到别处购买。如果他们将这个经历告诉朋友，发帖进行负面在线评论，或使用社交媒体，如在推特上表达他们的不满，那么可售存货的缺乏可能会对销售额和利润产生一连串的有害影响。

战略利润模型说明了两个重要的问题。首先，零售商和投资者在评估其财务表现时应该考虑经营利润、净利润以及资产周转率。企业可以通过有效地管理利润率和资产周转率来实现高绩效（高资产回报率）。其次，零售商需要考虑其战略决策对战略利润模型中两个组成要素的影响。例如，提价可能会增加利润管理路径中的毛利润率和经营利润率。然而，提价也可能导致更少的销售额，从而对毛利润率和净经营利润率产生负面影响。同时，假设资产的水平不变，资产周转率将会降低。因此，战略变量的一个简单变化，如定价，会对战略利润模型产生多个方面的影响，在确定其对资产回报率的影响时，需要将所有这些都考虑进去。

6.3 评估增长机会

为了说明如何利用战略利润模型来评估一个增长机会，让我们来看看在第 5 章中提到的凯莉·布拉德福德面临的机会。回忆一下凯莉·布拉德福德 Gifts To Go 礼品商店——她在芝加哥地区开了两家连锁店。凯莉正在考虑几个可选的增长机会，其中一个是增设一个称为 www.Gifts-To-Go.com 的网上渠道。她认为该渠道的市场规模很大但竞争激烈。现在，她需要对计划建立的网上渠道进行财务分析，将其与 Gifts To Go 实体店进行比较，并确定合并业务的财务绩效。让我们先从利润管理路径进行分析，然后再分析资产周转管理路径。表 6-5 给出了凯莉 Gifts To Go 实体商店的利润表、计划建立的 Gifts-To-Go.com 的预估利润表，以及两者结合后的利润表。

表 6-5 Gifts To Go 公司各增长机会分析之利润表信息

	Gifts To Go 实体商店	Gifts-To-Go.com（预估）	两者结合后
利润表			
净销售额（美元）	700 000	440 000	1 140 000
减：销货成本（美元）	350 000	220 000	570 000
毛利润（美元）	350 000	220 000	570 000
减：经营费用（SG&A，美元）	250 000	150 000	400 000
息税前净经营利润（美元）	100 000	70 000	170 000
减：税费（美元）	32 200	24 500	56 700
减：利息（美元）	8 000	0	8 000
税后净利润（美元）	24 200	24 500	48 700
毛利润率	50%	50%	50%
经营费用率	36%	34%	35%
净经营利润率	14%	16%	15%
净营业收入率	3%	6%	4%

6.3.1 利润管理路径

凯莉认为建立互联网业务（Gifts-To-Go.com）可带来 440 000 美元的年销售额。她预计，互联网渠道会蚕食其部分实体店的销售额。一些到网上购物的顾客可能不会再光顾实体店。但她同时预计互联网渠道也可能有助于实体店提高销售额，那些在网上看到某些礼品的顾客会到实体店里来购买。因此，凯莉决定在建立互联网渠道后实体店销售不受其影响的假设下对其进行财务分析。

1. 毛利润率

凯莉计划对在互联网渠道（Gifts-To-Go.com）上销售的商品收取和实体店相同的价格，所出售的商品也与实体店基本相同，但具有更深的分类。因此，她预计互联网渠道（Gifts-To-Go.com）的毛利润率与实体店的毛利润率应该相同。

$$\frac{毛利润}{净销售额} = 毛利润率$$

$$实体店：\frac{350\,000\ 美元}{700\,000\ 美元} = 50\%$$

$$Gifts\text{-}To\text{-}Go.com：\frac{220\,000\ 美元}{440\,000\ 美元} = 50\%$$

2. 经营费用

起初凯莉认为互联网渠道（Gifts-To-Go.com）的经营费用占销售额的比率会比较低，因为她不需要支付房租，也无须再聘用训练有素的人手。但她发现实际上 Gifts-To-Go.com 的经营费用占销售额的百分比仅略低于实体店，因为她需要雇用一家公司来维护网站、处理订单，并准备订单货物进行装运。另外，Gifts To Go 商店拥有一个固定的客户群和高客流的区位，可视性很高。尽管目前的一些客户能通过店内促销了解其网站，但是凯莉必须投资于广告和宣传，以建立该新渠道的知晓度，并且告知那些不熟悉该商店的人。

3. 净利润率

两类业务的毛利润率和经营费用率预计将大约相同，同时预计 Gifts-To-Go.com 会产生略高的净利润率：

$$\frac{净利润}{净销售额} = 净利润率$$

$$实体店：\frac{100\,000\ 美元}{700\,000\ 美元} = 14.3\%$$

$$Gifts\text{-}To\text{-}Go.com：\frac{70\,000\ 美元}{440\,000\ 美元} = 15.9\%$$

6.3.2 资产周转管理路径

现在让我们通过表 6-6 显示的资产负债表信息对 Gifts To Go 实体商店和计划建立的互联网渠道（Gifts-To-Go.com）进行比较。由于在互联网渠道中信用卡销售的比例比在商店高，凯莉预计互联网渠道比实体商店渠道的应收账款要多。

表 6-6 Gifts To Go 公司各增长机会分析之资产负债表信息

	Gifts To Go 实体商店	Gifts-To-Go.com（预估）	两者结合后
应收账款（美元）	140 000	120 000	260 000
商品存货（美元）	175 000	70 000	245 000

(续)

	Gifts To Go 实体商店	Gifts-To-Go.com（预估）	两者结合后
现金（美元）	35 000	11 000	46 000
总流动资产（美元）	350 000	201 000	551 000
固定资产（美元）	30 000	10 000	40 000
总资产（美元）	380 000	211 000	591 000
比率			
存货周转率	2.00	3.1	2.3
资产周转率	1.84	2.09	1.93
资产回报率	25.29%	33.25%	28.77%

凯莉估计，互联网渠道（Gifts-To-Go.com）的存货周转率将比 Gifts To Go 实体商店的更高，因为其存货都将集中在一个配送中心，销售数量庞大，而 Gifts To Go 实体店的存货则在各自的商店中，销售量相对较小。此外，Gifts-To-Go.com 将与它的几个供货商建立起关系，这一关系可以使他们"直接代发货"（drop ship），或将商品直接从供货商处发送给消费者。在这些情况下，Gifts-To-Go.com 没有存货投资。

$$\frac{销货成本}{平均存货} = 存货周转率$$

$$实体店：\frac{350\ 000\ 美元}{175\ 000\ 美元} = 2.0$$

$$\text{Gifts-To-Go.com：}\frac{220\ 000\ 美元}{70\ 000\ 美元} = 3.1$$

Gifts To Go 实体店的空间是租借的。因此，凯莉的固定资产包括灯具、照明，以及店内其他租赁物和设备，比如销售点终端设备。凯莉还投资了一些其他资产，以使其店面更加美观。Gifts-To-Go.com 将其网站上所下订单的执行业务外包出去，所以它没有仓库资产。因此，它的固定资产就是其网站和订单处理计算机系统。

正如凯莉预计的那样，Gifts-To-Go.com 的资产周转率要高于 Gifts To Go 实体商店，因为凯莉估计前者的存货周转率比后者更高，而其他资产则较少。

$$\frac{净销售额}{总资产} = 资产周转率$$

$$实体店：\frac{700\ 000\ 美元}{380\ 000\ 美元} = 1.84$$

$$\text{Gifts-To-Go.com：}\frac{440\ 000\ 美元}{211\ 000\ 美元} = 2.09$$

由于凯莉预计 Gifts-To-Go.com 的净利润率和资产周转率要高于其 Gifts To Go 实体店，所以前者的资产回报率要更高。因此，这一战略利润模式分析表明，Gifts-To-Go.com 对于凯莉而言将是一个经济上可行的增长机会。

$$净利润率 \times 资产周转率 = 资产回报率$$

实体店：14.29% × 1.84 = 26.29%

Gifts-To-Go.com：15.91% × 2.09 = 33.25%

6.3.3 利用战略利润模型分析其他决策

凯莉可能考虑的另一项投资是安装一个计算机存货控制系统，这一系统能够帮助她做出更好的决策，比如订购哪些商品，什么时候订购，以及何时对销售情况不好的商品进行降价处理。

如果凯莉购买了这一系统，那么销售额将会增加，因为畅销商品的比重会更大，缺货情况会更少。毛利润率也将会增加，因为不再有那么多滞销品需要通过降价去促销。

从资产周转管理的路径看，购买计算机系统会增加凯莉的固定成本，但同时存货周转也会提高，存货资产会减少，因为她可以更有效率地进行采购。这样，资产周转率就很可能提高，因为销售额的增长幅度大大高于总资产增长的幅度。实际上，如果购买存货系统的额外成本低于存货的减少，则总资产有可能减少。

6.4 财务风险分析

前面的章节说明了如何利用战略利润模型来分析影响一些关键的零售业绩比率的因素，比如经营利润率和资产周转率。该模型提供了深入了解零售商如何提高其业绩的洞见。然而，零售业是一个高度竞争的行业，因此大型的破产是很常见的。表6-7列出了一些自2000年以来已申请破产保护的具有一定规模的零售商。零售商、供货商和投资者都需要评估一家公司的财务实力。具体来说，零售商有哪些机会可以继续经营下去，抑或将会破产？在这一节中，我们讨论用于评估零售商财务风险的测量指标，即其将破产的概率。这些测量指标包括现金流、资产负债比率、速动比率和流动比率。

表6-7 2000年以来申请破产的美国最大零售商

	申请年份	资产（10亿美元）
凯马特	2002	14.60
电路城	2008	3.76
蒙哥马利·沃德	2000	3.49
A&P	2010	2.53
Ames 百货公司	2001	2.00
Spiegel	2003	1.89
美国办公用品	2001	1.75
Linens'n Things	2008	1.74
Heilig-Meyers	2000	1.46
博德斯	2011	1.28
Blockbuster	2010	1.02

资料来源："FACTBOX—Largest U.S. Retailer Bankruptcies since 2000," *Reuters*, February 16, 2011.

6.4.1 现金流分析

你可能会认为一个零售商的利润决定了它的财务实力。如果一个零售商有盈利，那它就不大会面临破产，但如果零售商在一段较长时间内是亏钱的，那么它就有很大的可能性走向破产。然而，零售商可以被迫宣布破产，即使其利润表上显示的是利润。当零售商没有钱来履行自己的义务，不能支付其雇员工资、房东的租赁费，或者供货商的货款时，他们就变成无力偿还债务者并宣布破产。

利润和现金流不是一回事儿。例如，一个零售商可能向银行借钱。贷款在其资产负债表上显示为负债。贷款利息——一个相对较小的贷款价值的百分比，是以利息支出的方式出现在零售商的利润表中的，并轻微降低了零售商的利润。然而，当零售商需要向银行偿还贷款时，零售商必须有一笔显著的可用现金以支付贷款。

零售商从商品的销售中获得现金流入，他们用这些现金支付供货商货款，为员工发放工资，向开发商支付租金、缴纳水电费等。现金流入的该业务的数量，以及其何时流入该业务是至关重要的，因为现金的可用性使零售商能够在长期内继续经营。

现金的收支趋于稳定。例如，员工工资、供货商发票和租金是按每月或每周进行支付的。然而，有时零售商面临着现金流的根本性变化。例如，在节日期间，零售商必须采购和支付更多的商品，以支持高于正常水平的销售量。财务实力的一个测量指标是现金流。因此，除了提供资产负债表和利润表外，公司还要提供一份**现金流量表**（cash flow statement）作为公司财务实力的另一个测量指标。

6.4.2 资产负债率

资产负债率（debt-to-equity ratio）是零售商的短期和长期负债除以公司中所有者或股东的权益价值。所有者权益是资产减去所有负债后的差。**负债**（liabilities）是一家公司的债务，如它的应付账款，这是它欠供货商商品的钱。所有者权益是所有者（或股东）在该业务上的投资。资产负债率测量一家公司在很长一段时间内能够安全地借贷多少钱。高比率意味着零售商面临更大的风险和更高的潜在破产概率。一般来说，当零售商的资产负债率在40%～50%时，他们就面临着重大的财务风险问题。

6.4.3 流动比率

流动比率可能是最为人所知和最经常使用的测量公司财务实力的测量指标。**流动比率**（current ratio）是短期资产除以短期负债。它评估零售商支付其短期债务的能力，如应付账款（货款）和支付给银行的短期贷款。其中，短期资产是指现金、应收账款以及存货。

6.4.4 速动比率

速动比率（quick ratio），有时也被称为**酸性测试比率**（acid-test ratio），是短期资产减去存货除以短期负债。这是一个比流动比率更严格测试公司财务实力的测量指标，因为它将存货从短期资产中剔除了出去。存货是需要最长时间才能转换成现金的短期资产。因此，如果一个零售商需要现金来支付其短期负债，他不能依靠存货为现金提供一个直接的来源。

好市多和梅西百货的财务实力测量指标如表6-8所示。这些财务实力的测量指标表明，好市多和梅西百货的财务状况相对都比较强。两者都有显著的正现金流。梅西百货的资产负债率较高，但有强大的流动和速动比率。

表6-8 好市多和梅西百货的财务风险指标

	好市多（2011年8月29日）	梅西百货（2012年1月30日）
净利润（10亿美元）	16.1	1.25
现金流（10亿美元）	530	1.36
资产负债率	0.10	0.97
流动比率	1.51	2.01
速动比率	1.14	1.40

6.5 设定和测量绩效目标

在前面的章节中，我们讨论了用于评估零售商整体财务表现的一些测量指标——资产回报率及其组成要素，以及确定其财务风险的数个测量指标。在本节中，我们将回顾一些用于评估零售商所拥有的特定资产表现的测量指标，如其员工、房地产和商品存货。零售商使用这些测量指标来评估公司的绩效并设定目标。

设定绩效目标是任何公司战略管理过程的一个必要组成部分。绩效目标应该包括三个方面的内容：①达到欲求绩效过程中的一系列目标测量指标；②一个实现目标的时间框架表；③实现目标所需的资源。例如，"获取合理的利润"不是一个好的目标表述，因为它没有提供可以用来评估绩效的具体目标。什么样的利润才是"合理"的？你想什么时候实现这些利润？一个更好的目标应该是"在2014年，从500 000美元投资于存货和建筑物的投资中获得100 000美元的利润。"

6.5.1 自上而下和自下而上的流程

在为一家大型零售公司确立绩效目标时，需要将自上而下和自下而上两种计划方式结合起来。**自上而下计划**（top-down planning）是指由公司上层制订计划，并将其贯彻到经营的每一个层级的计划方式。在一个零售组织中，自上而下计划包括由管理层制定整体零售战略，并对总体经济、竞争情况和消费趋势做出评估。以这些信息为导向，管理层将为公司制定出绩效目标。针对每个采购人员、商品品类、地区、商店，以及同一家商店的各个部门和部门内的每一个销售人员，这个总体的绩效目标又被分解成更为具体的绩效目标。

零售商的总体战略决定了商品的种类、分类、产品的可获得性以及商店规模、区位和顾客服务水平。其后由负责商品的副总裁来确定哪种商品的销售预期会增长，哪种会持平，哪种会萎缩。接下来为每一个买手和商品经理制定绩效目标，我们将在第12章中讨论这一过程。

同样地，区域商店副总裁将公司的绩效目标转化为每个地区经理的目标。接着，由地区经理和各店面经理一起确定商店的目标。接下来这一过程又被细化落实到到各商店的部门经理和销售人员个人身上。对于确定商店销售人员目标的过程，我们将在第16章中进行探讨。

这种自上而下的计划方式通过自下而上的计划方式来补充，**自下而上计划**（bottom-up planning）是指由公司基层人员制定绩效目标，然后这些目标被综合起来形成了公司的整体目标。所有的买手和店面经理都在预测他们能获得的利润，而他们的预期会被传递到公司高层决策者那里。

自上而下和自下而上计划方式形成的目标经常会不一致。比如一个店面经理可能无法在其所在地区获得10%的销售增长，因为该地区的一家主要公司宣布计划裁员2 000人。自上而下和自下而上计划之间的这些差异，必须通过公司高层管理者和经营管理者之间协商来解决。如果没有让经营管理人员参与到目标的制定过程中，他们就不会接受该目标，因而也就没有完成该目标的积极性。

6.5.2 谁对绩效负责

在零售公司的每个层次上，业务单位及其经理应该只对其可控制的收入、费用和影响资产回报率的因素承担责任，因此不能武断地认为影响公司各层次的费用（如公司总部运营产生的劳务和资本费用）应该由基层来负责。例如，就商店来说，它应该基于销售额、销售人员的劳动生产率、员工偷盗与外部盗窃造成的商店存货萎缩，以及能源成本来制定绩效目标。如果由于买手做出了糟糕的决策，最后商店不得不通过降价甩卖商品，从而导致利润减少，那么仅凭商店利润下降这一条来评价店面经理的绩效是有失偏颇的。

绩效目标及其测量方法仅用于指出问题的范围，而对于造成绩效高于或低于计划水平的原因则需要进一步考察。有可能是制定目标的管理人员并不擅长预测，如果是这样，他们就需要进行预测方面的培训。此外，为得到更多的存货预算以获得更多奖金，买手会错误地呈现该业务单位在公司财务绩效中的重要性。在以上两种情况下，资金分配都会出现问题。

实际绩效会出现与计划不同的情况，这是因为有些情况是管理者无法控制的，比如有可能发生经济衰退。如果这次经济衰退未能被预测到，或者比预期的更严重或持续的时间更长，就会产生几个相关的问题：计划能否尽快得到调整？定价和促销战略能否尽快而且正确地得到调整？简而言之，管理人员是否能对不利形势做出反应，抑或这些反应是否会使情况恶化？

6.5.3 绩效目标和测量指标

许多因素都会影响零售商的总体绩效，因此很难用单一的方法来对其进行评估。例如，销售额是一种全球通用的评估绩效的方法。但是店面经理只要降价就能很容易地提高销售额，只不过该商品的利润（毛利润）就会受损。显然，过分重视某种指标必将降低另一种指标，因此管理者必须清楚他们的决策会对各种绩效评估指标产生何种影响，仅仅采用一种方法来测量绩效是不明智的，因为它不能反映公司的整体情况。

用于评估零售业务的测量方法应该依赖于：①决策是由哪个层级做出的；②管理者可控制的资源。例如，店面经理所能控制的资源主要包括场地和运营费用支出（如销售人员的工资和照明、采暖费），因此，店面经理关注的是每平方英尺的销售额、员工成本和能源成本等绩效测量指标。

6.5.4 测量的种类

表 6-9 将各种零售商的绩效测量方法分为三种：产出测量法、投入测量法和生产率测量法。**产出测量法**（output measure）评估零售商投资决策的结果。例如，销售额、毛利润以及净利润都是测量零售商投入或资源分配决策的产出指标和方式。

投入测量法（input measure）评估零售商为取得产出或结果而分配的资源或金钱。例如，商品存货的数量和选择、商店的规模、商店的员工、广告、降价促销、营业时间、促销活动都需要就投入进行管理决策。**生产率测量法**（productivity measure），是指产出和投入的比率，该比率决定零售商使用资源的有效性，即通过投资能得到多少回报。

表 6-9 零售商绩效测量指标

组织层级	产出测量法	投入测量法	生产率测量法
公司（衡量整个公司的指标）	净销售额 净利润 销售额、利润、可比店面销售额增长	店面面积（平方英尺） 员工人数 存货 广告支出	资产回报率 资产周转率 员工人均销售额 每平方英尺销售额
商品管理（衡量某个商品品类的指标）	净销售额 毛利润 销售额增长	存货水平 降价 广告费用 商品成本	毛利润投资回报率（GMROI） 存货周转率 广告支出占销售额的比率① 降价额占销售额的比率①
店面运营（衡量某一店面或店内某一部门的指标）	净销售额 毛利润 销售额增长	销售面积（平方英尺） 公用事业费用 销售人员数量	每平方英尺净销售额 每个销售人员或每小时净销售额 公用事业费占销售额的比率① 存货萎缩①

①这些生产率测量指标通常被称为投入—产出比率。

总体而言，因为生产率是产出和投入的比率，所以可以用于比较不同业务单位的绩效。假设凯莉·布拉德福德公司的两家商店规模不同：一家占地 5 000 平方英尺，而另一家占地 10 000 平方英尺，仅用产出或投入指标是无法比较这两家商店的绩效的，因为较大的商店可能有更高的销售额，但需要的费用也更高。然而如果较大的商店每平方英尺的净销售额是 210 美元，而较小的商店每平方英尺的销售额是 350 美元，那么较大的商店每平方英尺的生产率更低，凯莉就会知道较小的商店的经营更有效，尽管其销售额较低。

1. 公司绩效

从公司的层面看，零售经理可以通过控制他们可以进行管理的三种关键资源（投入）——商品存货、场地和员工，创造销售额和利润（产出）。因此，测量这些资产是否得到有效利用的生产率指标是：资产周转率、存货周转率、每平方英尺销售面积的销售额以及每位员工的销售额。

前面我们已经讨论过，资产回报率是用来衡量整体生产效率的，综合考虑了利润率管理方式和资产周转管理方式。另一种经常用来测量整体绩效的方法是**可比店面销售额增长率**（comparable-store sales growth），也被称为**单店销售额增长率**（same-store sales growth），这一指标用于测量那些开业时间超过一年的商店的销售额增长。销售额增长可能来自每一家商店销售额的增长或商店数量的增加。而单店销售额增长是评估销售增长的首要因素，因为它是测量零售商的核心商业理念成功与否的重要指标。单店销售额下降表明零售商的基本商业运作模式未被顾客接受，即使总销售额增加了，也只是因为零售商开设了更多新店而已。

2. 商品管理测量指标

采购经理控制的一项关键资源（投入）是商品存货。采购经理同样有权设定价格水平，并在商品滞销时采取降低价格的措施（例如，启动降价资金）。此外，他们也可以与供货商协商确定商品的采购价格。

存货周转率是测量存货管理生产率的一种方法，周转率高表示存货管理生产率高。毛利润率用于显示采购经理在与供货商谈判、采购商品到最后获利过程中的表现。打折（减价）比率也是测量采购决策好坏的一个指标。如果减价很多，说明采购经理选择的商品不合适，或者是因为购买的数量太多，以至于他们不能以初始零售价格售出。应该注意，毛利润率和折扣率虽然是生产率的测量指标，但它们是用投入和产出的比率表示的，其他一般的生产率测量指标都是用产出和投入的比率来表示的。

3. 商店运营测量指标

店面经理能控制的重要资产是场地的使用和员工管理，所以测量商店运营的生产率，就应该考虑每平方英尺销售面积的销售额和每个员工的销售额（或者是每个员工每小时的销售额，因为部分员工是兼职员工）。商店管理还负责控制员工偷窃和顾客行窃（被称为存货损耗）、店面维护、能源成本（如照明、采暖和空调使用）。因此，存货损耗和能源成本与销售额的比率也可用来测量店面经理的绩效。

6.5.5 评估绩效：标杆的作用

我们已经讨论过，用来评估零售商绩效的财务指标反映了零售商的市场战略。例如，由于好市多的经营战略与梅西百货不同，因此它的毛利润率比较低。但其资产回报率还不错，原因是它增加了有限非时尚、日用品类商品的存货，从而提升了存货和资产周转率。相比之下，梅西百货提供宽而深的时尚类服装和配饰的商品组合。因此，它具有较低的存货和资产周转率，但通过其高利润率取得了一个不错的资产回报率。换句话说，衡量一个零售商的绩效不能简单、孤立地看每个指标，因为它们都受到各自零售战略的影响。为了更好地测量零售商绩效，我们就需要将它与某个标杆做对比。零售商经常使用的两种标杆是：①零售商过去的绩效；②与其他竞争者的绩效比较。

1. 同以往绩效对比

评价零售商绩效的一种有效方法就是将目前的绩效与其过去几个月、几个季度或者几年的绩效做比较。表 6-10 显示的是好市多和梅西百货过去三年的绩效指标。

表 6-10 好市多和梅西百货过去三年的绩效衡量指标对比

	好市多			梅西百货		
	2012 年	2011 年	2010 年	2012 年	2011 年	2010 年
销售额（10 亿美元）	97 062	87 048	76 255	26 405	25 003	23 489
年销售额增长率	11.5%	14.2%	9.1%	5.6%	6.4%	-5.6%
毛利润率	11.3%	10.7%	10.8%	40.4%	40.7%	40.5%
经营费用占销售额比率	10.5%	10.0%	10.3%	31.4%	33.0%	34.3%
经营利润率	2.8%	2.9%	2.8%	9.0%	7.7%	6.2%
净利润率	1.8%	2.0%	1.8%	4.7%	3.4%	1.4%
存货周转率	12.2	11.71	12.06	3.08	3.12	3.03
资产周转率	3.6	3.32	3.27	1.20	1.21	1.10
资产回报率	10.2%	9.3%	8.8%	10.8%	9.3%	6.8%
人均销售额	557 830	540 671	518 741	154 415	150 620	145 894
单店销售额（10 亿美元）	159	147	141	31	29	28
每平方英寸销售额	1 117	1 031	986	174	162	152
流动比率	1.10	1.14	1.04	1.40	1.38	0.81
资产负债率	0.11	0.11	0.12	2.23	2.73	8.62
速动比率	0.58	0.59	0.54	0.58	0.43	0.27
现金流（10 亿美元）	3 057	3 198	2 780	1 363	(222)	301
可比店面销售额增长率	8.1	7.0	10.0	3.5	3.0	4.6

在过去的三年中，好市多和梅西百货的财务业绩都有所提升。两家零售商的资产回报率都提高了。但是，梅西百货资产回报率的提升主要源自其经营利润率的提高，而后者则是由于提升了其资产周转率造成的。好市多的销售额增加了，而且单店销售额增长率比梅西百货要高。两家零售商的毛利润率在过去的三年中均大致持平。两者都降低了各自的销售、日常开支及行政费用（即经营费用，SG&A），也都提高了其劳动和场地生产率。

2. 同竞争者绩效对比

评估零售商绩效的第二种方法，就是将其与竞争者的绩效进行比较。表 6-11 对梅西百货和其他两家全国性百货连锁商店——科尔士百货和诺德斯特龙百货的绩效进行了对比。科尔士百货的资产回报率最高,但年销售额增长率和经营费用占销售额比率最低。梅西百货的毛利润率最高,但是经营费用占销售额比率也最高,而诺德斯特龙则有最高的人均销售额、单店销售额及每平方英寸销售额。

表 6-11 梅西百货与科尔士百货、诺德斯特龙百货的财务绩效对比

	科尔士百货	梅西百货	诺德斯特龙百货
销售额(10亿美元)	10 497	26 405	18 804
年销售额增长率	2.2%	5.6%	12.7%
毛利润率	38.2%	40.4%	37.9%
经营费用占销售额比率	22.6%	31.4%	26.7%
经营利润率	15.6%	9.0%	11.2%
净利润率	6.2%	4.7%	6.5%
存货周转率	3.63	3.08	5.68
资产周转率	1.33	1.20	1.24
资产回报率	20.8%	10.8%	13.8%
人均销售额(美元)	132 423	154 415	185 788
单店销售额(10亿美元)	16.7	31.4	41.2
每平方英寸销售额(美元)	229	174	424
可比店面销售额增长率	0.5	3.5	7.3

本章小结

(1)回顾零售企业的战略目标。

本章解释了零售财务战略的基本要素,并探讨了零售战略如何影响一家公司的财务业绩。零售商所采取的战略是为了实现财务、社会和个人的目标。然而,对于大型、公有的零售商来说,财务目标是最重要的目标。

(2)利用战略利润模型比较实现财务绩效的两种方法。

战略利润模型是理解财务比率和零售战略之间复杂关系的一种工具。不同类型的零售商有不同的财务经营特点。具体来说,像梅西百货这样的百货连锁店通常比好市多这样的仓储俱乐部商店的利润率高,周转率低。但是,当把利润率和周转率并入资产回报率后,它们则有可能实现类似的财务业绩。

(3)阐明如何利用战略利润模型分析增长机会。

除了帮助零售商了解他们在制定零售战略时面临的财务影响考量,本章还说明了如何利用战略利润模型评估增长和投资机会。

(4)分析零售企业面对的财务风险。

除了评估零售经营的业绩,本章还探讨了用于评估零售商财务实力的测量指标。财务实力的四个测量指标分别是:现金流量、负债率、流动比率和速动比率。

(5)回顾零售商用来评估其绩效的测量指标。

零售组织使用一些财务绩效测量指标来评估其不同方面的表现。虽然战略利润模型中的资产回报率对于评价负责管理该公司的零售管理人员的表现是适当的,但是其他措施更

适合于更具体的活动。例如，存货周转率和毛利润率适合对买手的评价，而店面经理则应该关注每平方英尺或每名员工的销售额或毛利润。

小试身手

1. 持续案例任务 评估你为持续案例任务选择的零售商的财务业绩。选择另外一家销售类似商品品类但针对非常不同的目标市场的商店，并对其财务业绩进行评价。如果你为持续案例任务选择的那家零售商是一家高利润率、低周转率的商店，将它与低利润率、高周转率的商店进行比较。你可以从你所选择的商店网站的"投资者关系"浏览区，或者从 www.sec.gov 上的 Edgar 文件最新年度报告中获得这些信息。解释为什么你会预计这两家商店的毛利润率、费用销售额比率、净利润率、存货周转率、资产周转率以及资产回报率会有不同。哪家零售商的整体财务业绩要更好一些？

2. 网上练习 在网上搜集好市多和梅西百货的最新年度报告，用找到的财务信息更新净利润管理模型和资产周转管理模型中的数据。这两家零售商的财务绩效有没有显著的变化？为什么这两家零售商的关键财务比率如此不同？

3. 购物 去一家你最喜欢的商店，并采访该店经理。分析该零售商是如何确立其绩效目标的。将其过程与本书中给出的过程进行对比和评价。

讨论问题

1. 分别测量零售商作为一个整体、其商品管理活动及其商店经营活动的主要生产率是什么？为什么这些比率适用于零售商的某一个方面而不适合其他方面？

2. 对于企业家正在启动的零售业务，其可能的目标类型的例子有哪些？

3. 买手的业绩通常是通过毛利润率来测量的。为什么这个测量指标比净利润率更合适？

4. 一家超市正在考虑安装自助结账终端 POS 机。用这些自助设备更换收银员将如何影响零售商战略利润模型中的各个因素？

5. 内曼·马库斯（一家服务水准很高的连锁百货商店）和沃尔玛以不同的细分市场作为其目标市场。你预计哪家零售商有更高的毛利润率、更高的费用销售额比率、更高的净利润率、更高的存货周转率以及更高的资产周转率？为什么？

6. 为什么投资者把更多的权重放在可比店面销售额而不是销售额的增长上？

7. 哪些指标应该被用来测量一个零售商的财务风险？如何使用每一个测量指标？

8. 蓝色尼罗河（Blue Nile）是一家只借助互联网渠道与顾客进行互动的珠宝零售商。你预计在战略利润模型和关键生产率上，蓝色尼罗河与另一家多渠道珠宝零售商扎莱什有什么不同吗？

9. 你的一个朋友正在考虑购买一些零售公司的股票。他知道你正在上一门零售课程，于是向你询问关于好市多的意见。他担心好市多不是一家值得去投资的好公司，因为它的净经营利润如此低。你会给你的朋友什么建议？为什么？

推荐读物

Anderson, Torben Juul, and Peter Winther Schrøder. *Strategic Risk Management Practice: How to Deal Effectively with Major Corporate Exposures*. Cambridge: Cambridge University Press, 2010.

Appelbaum, E., and R. Batt. *A Primer on Private Equity at Work*. Armonk, NY: ME Sharpe, 2012.

Baud, Celine, and Cedric Durand. "Financialization, Globalization and the Making of Profits by Leading Retailers," *Socio-Economic Review* 10 (2012), pp. 241–266.

Brealey, Richard, Stewart Myers, and Alan Marcus. *Corporate Finance*, 7th ed. New York: McGraw Hill, 2012.

Farris, Paul, Neil Bendle, Phillip Pfeifer, and David Reibstein. *Marketing Metrics: The Definitive Guide to Measuring Marketing Performance*, 2nd ed. New York: Pearson Prentice-Hall, 2010.

Financial Performance Report—Profitable Growth: Driving the Demand Chain. New York: PWC, 2012.

Garrison, Ray H., Eric Noreen, and Peter C. Brewer. *Managerial Accounting*, 14th ed. New York: McGraw-Hill, 2012.

Lichtenstein, Donald, Richard G. Netemeyer, and James G. Maxham III. "The Relationships among Manager-, Employee-, and Customer-Company Identification: Implications for Retail Store Financial Performance," *Journal of Retailing* 86 (March 2010), pp. 85–93.

"Monitoring Operational and Financial Performance." In Joachim Zentes, Dirk Morschett, and Hanna Schramm-Klein, eds. *Strategic Retail Management*, pp. 383–402, New York: Springer, 2012.

Perrini, Francesco, Angelo Russo, Antonio Tencati, and Clodia Vurro. "Deconstructing the Relationship between Corporate Social and Financial Performance," *Journal of Business Ethics* 102, Suppl. 1 (2011), pp. 59–76.

Ross, Stephen, Randolph Westerfield, and Bradford Jordan. *Fundamentals of Corporate Finance*, 10th ed. New York: McGraw Hill, 2013.

第7章

零售区位

- **主管简介**
  迈克尔·克切维尔，总裁兼首席执行官
  国际购物中心协会

在上大学期间，我变得非常关心世界上一部分人的极糟的生活质量，并且自愿参加了几个拉丁美洲的经济发展项目，这些项目是由美国和平队与泛美卫生组织赞助举办的。这些经历使我决定去医学院读书，成为一名医生，然后再回到拉丁美洲，但医学预科化学没有及格使我与医生这一职业擦肩而过。于是我又发现了经济学，并开始学习发展经济学专业。

研究生毕业后，我去了公平人寿保险公司工作，并最终参与到管理拉丁美洲房地产的各种投资活动中。我敏锐地注意到零售业的各种发展是经济发展的催化剂。零售业发展创造了一个良性循环：零售业发展→更多的商品→更多的选择→更低的价格→更高的收入→更多的零售业发展。购物中心以更低的价格和更多的便利性向人们提供更高质量的商品。而通过节省人们花在生活必需品上的钱，他们可以有更高的生活水平和更多的可支配收入。此外，零售业的发展也提供了能够增加收入的工作，而增加的收入又刺激了零售业的发展。

我在国际购物中心协会（ICSC）担任主席一职，这个职位给我提供了机会去服务一个深度参与世界经济以及美国城乡社区发展的行业。

零售行业的发展现在正处于一个有趣的十字路口。全球各地对零售空间的需求远远大于供给，并有数量相当巨大的资本可用于新零售发展投资。增长的主要约束来自政府中政策的制定者，他们出于对小型零售企业、环境以及他们所看到的郊区扩张问题的关切而对新发展重新进行考虑。国际购物中心协会及其成员正在努力致力于满足消费者的零售需求，刺激经济增长，并且解决政策制定者关切的问题。

学习目标

- 描述消费者可以利用的零售区位的类型。
- 回顾无规划区位类型。
- 分析不同类型购物中心的特点。
- 讨论非传统零售区位。
- 将区位与零售商的战略相匹配。
- 回顾选择区位时的社会和法律考量。

"什么是零售业最重要的三件事？"对这个问题最常引用的回答是："区位、区位、区位。"为什么选择区位对一个零售商而言是如此重要的决策？首先，区位是一个顾客在选择商店时最先考虑的因素。例如，在准备找地方洗车时，你往往会选择离家最近或离工作地点最近的地方。类似地，大多数顾客在离他们最近的超市购物。

其次，区位选择决策具有战略重要性，因为区位可以用来建立可持续竞争优势。如果一个零售商店有最好的区位，也即该区位对顾客最具吸引力，那么竞争对手就不容易模仿该优势，而只能被迫占有次佳的区位。

最后，区位决策是有风险的。一般来说，当零售商选择一处区位时，他们必须要么进行大笔投资用于购买和开发不动产，要么就需要从开发商那里长期租赁。零售商通常的租赁承诺为5～15年。

在本章的第一小节中，我们将讨论可供零售商选择的三种区位类型（未规划的、规划的及非传统的）及其相对优势。接下来我们将考察区位决策如何与零售商的战略相适应。例如，对于7-Eleven便利店来说，其最佳区位并不是诸如百思买这样的品类专门店的最佳区位。本章最后将讨论影响零售商区位决策的社会和法律考量。在第8章中，我们将讨论当选择在全国不同地区开店时会涉及哪些问题，以及怎样评价特定区位并协商租赁事宜。

7.1 零售区位的类型

可供零售商选择的区位类型多种多样。每种类型的区位又有其各自的优势和劣势。有两种基本类型的区位可供零售商选择：无规划区位与规划区位。

无规划区位（unplanned location）是指没有集中化管理来确定某开发中心将有哪些商店，特定的商店将位于何处以及将如何对其进行经营。而**规划区位**（planned locations）是指购物中心开发商或管理方制定和执行对商店业务进行管理的政策，例如某家商店必须营业的小时数。购物中心管理方也要维护公共设施如停车场，此种安排被称为**公共区域维护**（common area maintenance，CAM），负责提供保安、停车场照明、购物中心外部标牌、广告、吸引消费者的特别活动等。

在美国，大约47%的总可出租零售空间（平方英尺）是规划区位，剩余的是无规划区位。**总可出租面积**（gross leasable area，GLA）是房地产业术语，是指为零售商设计的占用和独家使用的总建筑面积，包括地下室、阁楼或楼顶。

在选择区位类型时，零售商会经过一系列权衡考虑，包括商圈规模、店面费用（租金、维护费、能源费等）、与区位相关的步行以及乘坐交通工具的客流量、购物中心管理方对商店经营的限制，以及该区位对顾客来说是否方便等。**商圈**（trade area）是包含大多数消费者会光顾的特定零售地点的地理区域。以下各节将描述每种类型区位的特点，表7-1对其进行了总结。

表 7-1 不同零售区位的特点

	规模 (1 000平方英尺)	商圈 (英里)	车店面费 (美元/平方英尺)	购物便利性	行人交通量	车流量	经营限制	典型租赁者
独立式地点区位	不定	3～7	15～30	高	小	大	限制	便利店、药店、品类专门店
城市区位/中心商业区	不定	不定	8～20	低	大	小	限制到中度限制	专卖店
无规划区								
便利、邻里和社区购物中心	3～350	3～6	8～20	高	小	大	中度	超市、折扣商店
实力购物中心	250～600	5～10	10～20	中	中	中	限制	品类专门店
地区性和跨地区封闭式购物中心	400～1 000	5～25	10～70	低	大	小	高度	百货商店、服装专卖店
生活方式中心	150～800	5～15	15～35	中	中	中	中度到高度	服装专卖店、家庭用品商店、餐馆
奥特莱斯中心	50～400	25～75	8～15	低	大	大	限制	低价零售商、厂家直销店
主题/节日中心	80～250	N/A	20～70	低	大	小	最高	专卖店和餐馆

7.2 无规划零售区位

无规划零售区位有三种类型,它们分别是:独立式地点区位、城市区位及小镇大街区位。

7.2.1 独立式地点区位

独立式地点(freestanding site)是指单个、独立、不与其他零售商相连,但是可能离其他独立式零售商很近或与某一购物中心很近的零售区位。独立式地点区位的优势在于:对顾客来说很方便(容易进入,停车方便);车流量大,可视度高,易吸引过路顾客;店面费适中;远离直接竞争对手;不像规划区位那样可能受到管理方对商店标志、营业时间及商品的较多限制。

独立式地点区位也有几个方面的劣势:首先,独立式地点区位的商圈有限,邻近没有其他商店,所以吸引不了那些喜欢在一站式过程中购买多种商品的顾客。其次,由于没有其他零售商一起分担公共区域维护费,所以独立式地点区位的店面费比购物中心要高。最后,独立式地点区位一般位于步行客流量较小的地区,这就限制了那些步行路过可能进店光顾的消费者的数量。

一些零售商正在试图从规划区位转变为独立式地点区位以便为客户提供更好的购物体验。三大连锁药店 CVS、沃尔格林和来爱德已经将其重点由条状商场转移至独立式地点区位,因为它们想要可达式驱车取药窗口、更多的地面空间以及更好的商品收取方式。

外部地块(outparcel)是指未与某购物中心内其他商店相连的但位于该购物中心附属场地的独立商店,通常在停车场区域。相比其他独立的区位,外部地块具有以下几个方面的优势:可以为客户提供驱车通过的窗口,停车位充足,在大街上就能清楚地被看到。这些区位对于快餐店和银行来说很常见。

7.2.2 城市区位

大城市中的市区提供三种类型的区位:中心商业区、内城区以及上层住宅区。

1. 中心商业区

中心商业区(central business district,CBD)是一个城市或城镇传统市中心的金融和商业区。中心商业区的日常活动吸引了很多人或公司职员在上班时间来到这个区域。中心商业区客流量密集,晚上和周末来这里购物会特别费时间。由于城市地区的交通拥堵导致车流量有限,而停车问题则降低了消费者购物的便利。许多中心商业区附近区域都有大量居民居住。

具有冒险意识和企业家精神的开发商正在与意识超前的市区规划者以及城市领导人携手合作,以慢慢吸引更多的人在晚上和周末来中心商业区购物消遣。例如,煤炭和钢铁已经不再是克利夫兰市的经济支柱。该市领导人和当地开发商以娱乐业为焦点,对其中心商业区进行战略重建,以重新开发其东四街。零售商店在这一历史性的重建项目中占据了约

600 000平方英尺的1/3面积，耗资达1.1亿美元。剩下的则是住房。该地区的设计极为引人注目：艺术、花卉、装饰性铺设道路、户外座位以及特别的空中照明。为了吸引客流量，该项目为城市橄榄球队和篮球队建成了两个新的体育场，为城市棒球队建成了一个竞技场，还建立了一个摇滚名人堂。现在，一旦有任何体育和娱乐活动，该市城市居民和住在郊区的人们都会在活动前后涌向东四街，并在"市中心"度过一个有趣的下午或晚上。

2. 内城区

20世纪七八十年代，许多美国城市及一些欧洲城市都经历了城市衰败。**城市衰败**（urban decay）是先前运转的城市或城市的一部分陷入年久失修的过程。**内城区**（inner city）是某个大城市内的低收入住宅区。空地、建筑物及危房吸引了罪犯和街头团伙，这使在内城区生活变得很危险。城市衰败往往发生在当企业从内城区迁往郊区的时候。

一些美国的零售商避免在内城区开设商店，因为他们认为这些商店的风险较大，与其他地区相比产生的回报较低。虽然内城区的收入水平较邻近区域低，但内城区的零售商往往能取得更高的销售额和利润率，从而获得更高的利润。

内城区的居民以及公共政策倡导者关心的是内城区食品杂货店的产品。这些杂货店倾向于提供有较长货架寿命的低价包装食品，而不是提供新鲜的肉类和农副产品。其导致的结果是，内城区的消费者常常乘坐公共汽车去郊区购买健康的食品。政府机构与非营利组织一道合作，正在努力改变内城区的超市前景。例如，一家名为费城邻里（Philadelphia neighborhood）的新超市在内城区开张了，距离大多数社区的距离在步行范围内。超市里摆放着新鲜的农副产品、医药以及各式各样的民族产品。非营利组织（如费城食品信托），通过对贷款和政府补贴进行游说以支持低收入地区的超市发展。零售视角7-1描述了"魔术师"埃尔文·约翰逊（Earvin Johnson）如何将零售带进了内城区。

零售视角 7-1

魔术师约翰逊把零售带到内城区

他们称他为"魔术师"，因为他可以闭着眼传球，还拥有看似没有希望却能跳投得分的能力。但是埃尔文·约翰逊从NBA退休后，成为了公开承认HIV阳性的第一个公众人物，他把"魔力"运用在了城市发展和经济增长上，这赋予他的绰号另一个全新的意义。

20世纪90年代中期，"魔术师"约翰逊宣布与洛伊斯影城合作，该影城想在服务水平较低的内城区开设电影院。研究表明，大约有1/3的电影票是由更低收入的少数民族观众购买的。然而，大部分消费者不得不长途跋涉，往往要花上一个小时去某个剧院，而鲜有剧院设在城市中心的位置。对于约翰逊而言，建立更多的城市电影院就是自然而然的做法。

当"魔术师"约翰逊剧院集团建好一些设施后，他本人和合作伙伴就认识到影院的成功取决于提供更多的配套娱乐设施以吸引更多的客户。人们喜欢在看电影前吃晚饭或看完电影后再来点甜点，但许多休闲餐饮都不在城市中心。他们的战略只是针对中产阶级和郊区，而没怎么考虑具有多元化人口特征的人群。再一次，约翰逊展示了他的"魔术"，他成功说服星巴克与影院达成独家合作伙伴关系，之后，星期五餐厅也加入了进来。

今天，约翰逊发展公司（JDC）由四家独立的企业组成。除了"魔术师"约翰逊剧院，还包括城市咖啡、"魔术师"约翰逊星期五餐厅，以及峡谷约翰逊城市基金。通过这些实体，约翰逊发展公司寻求在服务欠发达的城市建立娱乐组合单元、电影院、咖啡店、餐厅和零售店。五五开的合作伙伴关系使得约翰逊发展公司在每个市场上都与一些很成功的名字建立了联系，如洛伊斯影城娱乐、星巴克和星期五俱乐部，它们提供给消费者一种有趣的方式来度过星期六的夜晚。

资料来源：Roger Vincent, "Magic Johnson Built Business Empire after Court Glories Ended," *Los Angeles Times*, March 28, 2012; "Meet Magic Johnson, the Media Mogul," *CNN Money*, March 15, 2012; and Danielle Kwateng, "Decoding the Business of Earvin "Magic" Johnson," *Black Enterprise*, March 30, 2012.

问题讨论： 在所有对内城区区位感兴趣的潜在零售商中，为什么洛伊斯影城娱乐、星巴克和星期五俱乐部对与"魔术师"约翰逊的合作特别感兴趣？

零售业在内城区的重建活动中发挥着重要的作用，通过为内城区居民提供所需服务和工作，以及缴纳物业税以支持重建。由于这个市场的潜力尚未开发出来，加之当地政府采取的鼓励措施，因此开发商对内城区的关注度一直不断提高。当地政府经常会利用土地征用权购买建筑物和土地，然后再以具有吸引力的价格卖给开发商。然而内城区的重新开发是饱受争议的。例如，人们会关心开发中居民的安置问题、加重的交通状况以及停车问题。

3. 上层住宅区

许多内城区正在经历一个**高档化过程**（gentrification）——对衰落地区的办公室、住房及零售商店进行重建，伴随而来的较富裕人口的涌入取代了以前的低收入居民。年轻的专业人士和退休的空巢老人正在进入这些地区，以便享受附近购物、餐饮和娱乐带来的方便。

一些零售商发现了城市的吸引力，尤其是正在经历重建的城市。大型零售商如沃尔玛、塔吉特、欧迪办公、家得宝和好市多（过去通常都开在郊区的位置），现在纷纷在城市区域开设网点，通常以小型商店的形式。

虽然美国的一些城市在努力恢复其商业、社会、文化以及零售活力，其他城市如纽约、芝加哥和许多加拿大及欧洲城市并没有经历过深刻的城市衰退。这些城市为零售商提供了极具吸引力的市场。例如，世界上最著名的五个高街时尚零售商就位于这些区位——伦敦的牛津和摄政街（Oxford and Regent Street）、纽约城第49街和第58街之间的第五大道、巴黎的圣·奥诺雷街（Rue du Faubourg Saint-Honoré）、洛杉矶的罗迪欧大道（Rodeo Drive）和巴塞罗那的格拉西亚大道（Passeig de Gràcia）。

零售商需要调整自己的产品，以适应城市上层消费者的特点及与这些地点相关的限制。当城市消费者选择光顾某家商店时，与郊区消费者相比，他们更强调节省其购物时间的重要性，而不注重零售商提供产品品种的广度和深度。例如，欧迪办公的市区商店面积为5 000平方英尺，大约是其郊区商店的1/5。货架大约有6英尺高，比郊区的商店要矮得多，这样游客就可以进行快速浏览。走道上面的标识被做了简化处理，使消费者不必浪费太多时间对其进行解读。郊区的欧迪办公商店有 9 000 个存货单位供销售，而其城市商店只有一半的数量。所提供的商品大部分是立即更换品（一支笔），以及存货物品（一个装有 25 只笔的包）。

城市区位的零售商也需要认识到这些市场中消费者需求的差异。例如，位于纽约联合广场的沃尔格林商店利用地铁吸引乘客和游客；向北几个街区的商店则会吸引大多数当地居民。因此，联合广场店备有大量诸如雨伞（面向毫无准备的游客）、化妆品和小吃这样的产品；另一家商店则更多地备有家用清洁用品和牙膏。

最后，为了应对这些上层住宅区的交通状况和停车问题，许多居民使用公共交通或步行去购物。因此，他们不太愿意购买像 24 包装的卫生纸这样的大件物品，于是他们还是互联网零售渠道的活跃用户。

7.2.3 小镇大街区位

小镇大街（main street）是指位于小城镇的传统中心购物区和位于大城市及其郊区的次级购物区。在过去的 30 年里，许多美国小镇的中心区域也经历了与内城区相似的衰落。当沃尔玛和其他大型零售商在这些城镇的边缘地区开设独立店时，当地的零售商因无法有效地与这些大型零售商展开竞争而纷纷倒闭。作为回应，小城镇正在进行重建计划以吸引居民重新回到中心地区，而零售商在这些努力中发挥了重要作用。

为了吸引消费者和零售商，这些为小镇大街重建而做的努力专注于能够比大型零售商提供更好的购物体验上。他们开发人行道而不是街道。他们紧挨着主要的人行横道的地方，配备了长椅供行人乘凉休息，这些长椅上方都有遮蔽物，帮助他们延伸访问并延长其购物之旅。如果业主同意保持和美化其店面的外观，为此而进行的必要修缮，使用的新标牌、更具吸引力的入口、更加引人注目的窗口以及使用的漂亮的遮阳篷，所产生的费用可以通过领取相应的补助金得到补偿。此外，小镇政府通过景观改造（围绕重新铺设人行道和更新路灯）努力改善城镇美化。

小镇大街区位与上层城市区域有很多共同的特点，但其入住成本通常较低。小镇大街区位吸引的客流量没有中心商业区那么多，因为在该地区工作的人较少，而且较少的商店通常意味着该地区较小的整体吸引力。此外，通常小镇大街提供的娱乐和休闲活动的范围不如那些成功的主要中心商业区所提供的范围大。最后，城镇的规划或重建组织经常会对小镇大街商店的经营施加限制。

7.3 购物中心和规划的零售区位

本节讨论不同类型的购物中心——规划区位。**购物中心**（shopping center）是作为单一产业实体来规划、开发、占有和管理的一组零售商店和其他商业机构。我们在对购物中心开发商的作用和管理进行讨论之后，再讨论每种类型的购物中心。

通过把许多家商店聚集在一个区位，开发机构比在不同地方分开设店能够为购物中心吸引更多的消费者。开发商和购物中心管理方会仔细地选择一组相互补充的零售商，为消费者在方便的区位提供全面的一站式购物体验。

租赁协议通常要求购物中心内的零售商根据其店面空间或销售额支付一部分公共区域维护（CAM）费以及按照销售额支付的零售费用。如前所述，购物中心管理集团也可以限制营业时间、标牌甚至在商店出售的商品类型。

大多数购物中心至少有一两家大型的零售商，被称为"**龙头店**"（anchor），如梅西百货、沃尔玛或克罗格。这些零售商受到购物中心开发商的追捧，因为他们可以吸引数量众多的消费者，从而使该中心对其他零售商更具吸引力。为了使这些"龙头"零售商在某个购物中心开设商店，开发商经常会与他们进行特殊的交易，如降低租赁成本。

这些购物中心一般由某**购物中心物业管理公司**（shopping center property management firm）进行管理，该公司是一家专门从事开发、占有或管理购物中心的公司。管理这些商场需要选择零售商户并与其协商租赁事宜，维护公共区域，对购物中心进行营销以吸引消费者，并提供安保措施。零售视角 7-2 描述了全世界最大的零售管理公司——西蒙物业（Simon Properties）的演进发展。

零售视角 7-2

西蒙物业：世界上最大的购物中心管理公司

西蒙物业在美国拥有、在建和管理的零售房地产物业有 326 处，包括 151 个区域性购物中心、58 个高级奥特莱斯店以及 66 个生活方式中心。这个帝国创始于 1960 年当梅尔文·西蒙和同事（指梅尔文的兄弟弗雷德和赫伯特联合）在印第安纳州布卢明顿开了一家购物广场——MSA，随后很快在印第安纳波利斯地区开了四个类似的购物广场。梅尔文此时已经是当地一家小有名气的房地产公司租赁代理商，MSA 公司也很快在管理广场方面赢得了很好的声誉。很多大租户纷纷涌向该零售中心；与 MSA 签订合约的有不少是大名鼎鼎的零售商，如西尔斯百货、罗巴克公司（Roebuck），因此 MSA 更容易获得银行的融资。

20 世纪 60 年代早期，MSA 开发了其第一个封闭式购物中心项目，这种模式持续了好多年。而在 20 世纪 90 年代，MSA 通过商场与娱乐相结合，再次开发了零售地产。这些多功能的购物中心吸引了大量的游客，多数人会在购物中心待上几个小时。例如，拉斯维加斯的凯萨皇官购物中心坐落在凯撒经典酒店和幻影之间，把人们带回到古罗马街。游客在此互动，制作雕像，在喷泉处休息，享受模拟地中海的天空。此外，MSA 还负责管理最负盛名的购物中心，即位于明尼苏达的美国购物中心。

如今，美国市场只允许新建少量的购物中心。现在由梅尔文的儿子戴维领导的 MSA 积极追求国际发展，并从国际业务中赚取营业收入约 5.4% 的利润。其海外投资已遍布日本、韩国、马来西亚和墨西哥。西蒙物业及总部设在巴黎的 Klépierre SA 在 13 个欧洲国家拥有近 300 个购物中心。全球金融危机使欧洲不再那么吸引人去发展购物中心市场，相反，在亚洲，特别是上海、孟买、迪拜和东京则成为最有吸引力的地区，租金增长也最快。

资料来源："Buy Simon Property Group: Growth to Come from International Expansion," September 18, 2012; www.seekingalpha.com; "David Simon: Most Respected CEOs," and www.simon.com.

问题讨论：西蒙物业在追求国际增长机遇的同时所面临的挑战是什么？

表 7-2 对不同类型的购物中心的特点进行了概述，接下来会对每一种类型进行讨论。正如你所看到的，条状购物中心占据了绝大部分的零售总可租面积（GLA）。购物中心的数量增长率是有限的，生活方式中心一直以来增长最快，其次是实力中心。区域性和超区域封闭型商场每平方英尺的销售额最高。

表 7-2 购物中心的数量、每平方英尺销售额和增长率

	数量	总共可租面积（100 万平方英尺）	占购物中心总可租面积的比重	中心数量增长（2008～2011）	龙头店占购物中心总可租面积的比重	每平方英尺销售额（美元）	每平方英尺销售额增长率
便利、邻里和社区购物中心	101 630	4 981	67.8%	1.3%	30%～60%	12.68	5.7%
地区性和跨地区封闭式购物中心	1 505	1 321	18.0%	1.1%	40%～70%	21.20	1.7%
实力购物中心	2 023	822	11.2%	2.8%	N/A	10.85	4.1%
生活方式中心	396	126	1.7%	6.9%	0～50%	N/A	N/A
奥特莱斯中心	334	71	1.0%	1.9%	N/A	N/A	N/A
主题/节日中心	201	27	0.4%	1.2%	N/A	N/A	N/A

7.3.1 便利、邻里和社区购物中心

便利、邻里和社区购物中心（convenience, neighborhood, and community shopping centers）也称作**条状购物中心**（strip shopping centers），是露天连排商店，店前通常有停车处。其最常见的布局是线形、L 形和倒 U 形。历史上，"条状中心"这一术语被应用于线形布局。

小型中心（便利、邻里购物中心）面积在 10 000～60 000 平方英尺，通常有一个超市做"龙头"。它们是专为方便购物而设计的。这些中心内通常有 10～15 个较小的零售商，如面包店、一元店、干洗店、花店、洗衣中心、理发店以及邮件服务处。较大的中心（社区中心）面积通常在 25 000～50 000 平方英尺，并且至少有一个大型零售店做"龙头"，如折扣百货公司、低价零售商或品类专门店。

这些中心的主要优点是：离顾客很近，停车方便，而且店面费用相对较低；主要的缺点是：小型购物中心因其规模受限导致商圈有限；由于缺乏娱乐设施和餐馆，不能使顾客在购物中心做较长时间的停留。此外，购物中心不能对天气影响提供保护。其结果是，邻里和社区购物中心不能像大型封闭式购物中心那样吸引更多的消费者。

全国连锁店如儿童天地（Children's Place）、科尔士百货、美国无线电器材公司消费电子品专门店以及 Marshalls 综合折扣店，通过邻里和社区中心提供的便利与其基于购物中心的竞争对手展开有效竞争。在这些区位，它们可以提供较低的价格，部分原因是这些区位的店面费用较低，而且顾客可以直接开车到店门口。

7.3.2 实力购物中心

实力购物中心（power center）主要由大型零售商店组成，例如全线折扣商店（塔吉特）、低价商店（Marshalls）、仓储式会员店（好市多），以及品类专门店（劳氏、史泰博、

迈克尔、巴诺、电子城、体育权威以及玩具反斗城）。然而这些购物中心是露天的，不像传统的条状购物中心，实力中心通常包括几个独立的（未连接）"龙头"商店和一小部分小型专卖店租户。许多实力中心都临近某个封闭式购物中心。

实力购物中心提供低廉的店面费、适度的消费者便利和机动车及步行通道等基础设施。实力中心的增长反映了品类专门店的成长。现在，许多实力中心的规模比区域性的购物中心还要大，其商圈则和区域性购物中心一样大。

7.3.3 封闭式购物中心

购物中心（shopping mall）是封闭的、不受气候影响并提供照明的购物场所。在一条封闭式通道的一侧或两侧，各式零售商店林立。停车场一般在购物中心的周围。购物中心被分为**地区性购物中心**（regional malls，面积小于 80 万平方英尺）或者**跨地区购物中心**（super-regional malls，面积大于 80 万平方英尺）。跨地区购物中心和地区性购物中心相似，但是由于它的规模更大，也就有更多的"龙头"商店、专卖店和娱乐活动，并能吸引更大地理区域内的顾客。它们常常被视为游览胜地。

封闭式购物中心与其他区位相比有以下几个优势：首先，因为商店数目众多，而且将购物与便宜的娱乐形式相结合，所以购物中心吸引了众多购物者，商圈巨大。年长者可以在购物中心溜达进行锻炼，年轻人则在这里闲逛并与朋友碰面（虽然有些购物中心禁止他们晚上进入）。因此，购物中心带来了络绎不绝的客流量，其每平方英尺的销售额几乎是实力中心和带状中心的两倍。其次，消费者无须担心天气状况，因此无论是在寒冷的冬天还是在炎热的夏季，购物中心都是吸引人购物的好地方。最后，购物中心管理方能够确保惠及所有承租商的一致性水平。例如，大多数大型购物中心实施统一的经营时间。

但是，购物中心也有其劣势：第一，对大多数零售商来说，购物中心的店面费比条状购物中心、独立式地点区位和大多数中心商业区的要高。例如，一个封闭式购物中心的店面费用（租金、公共区域维护费和税费）比一个露天购物中心几乎要高出 140%（每平方英尺前者为 35.42 美元，后者为 14.55 美元）。第二，一些零售商可能不喜欢购物中心管理方对其经营的控制，如关于橱窗展示和标识的严格的指示性规则。第三，购物中心内的竞争可以非常激烈。好多个专卖店和百货公司可能在出售极其相似的商品，并且彼此之间可能离得较近。第四，相比之下，独立式地点区位、条状中心、生活方式中心与实力中心要更加方便，因为消费者可以将车停入某家商店门前，进去购买他们想要的东西，接着去处理其他事情。第五，有些购物中心建于 40 多年前，没有经过任何显著的重建修葺，使它们看上去显得破败不堪而对消费者产生不了吸引力。此外，这些老旧的购物中心往往位于不理想的人口统计数据地区，因为人口已从近郊区迁移到远郊区。第六，百货业的巩固减少了潜在的承租商数量，降低了封闭式购物中心的吸引力。第七，越来越多的通过互联网渠道的销售蚕食了通过商店渠道的销售。

正是因为这样，购物中心的客流量和销售额都在下降。最近一家新购物中心的开业是在 2006 年。据估计，1 500 个封闭式购物中心中的 10% 将在未来 3 年内关闭（见 www.deadmalls.com）。大部分购物中心将被夷为平地。然而，购物中心管理方和开发者都试图重建那些经营失败的购物中心。一些重建项目成为综合用途空间，将非传统承租商如政府机关、教堂、医疗诊所和大学的卫星校园吸纳进来。其他人则试图把购物中心变成各种服务的一站式来源，而不仅仅出售时髦的衣服。因此，一个在洛杉矶西城阁购物中心（Westside Pavilion mall）购物的忙碌母亲可以在二楼的Music Stars & Masters让孩子参加钢琴课。在他们上钢琴课的空档，她可以邮寄一个隔夜抵达的包裹、理发、修理手袋，并从公共图书馆为孩子查找一些书籍。如果孩子在钢琴课上表现得很好，妈妈可能也会请他们吃冰激凌。

另一种处理购物中心老化及其商圈内人口特征变化问题的方法是对其产品做出调整以适应现有市场。对于年代较久的购物中心，如1972年建于加利福尼亚北部的北岭商城（Northridge Mall），可以重新对其定位以吸引移民人群。近几十年来，蒙特雷县的人口特征发生了变化，因此增添了丰富的拉丁美洲文化，这个购物中心商圈中约75%的人口是拉丁美洲裔。因此，每到周末的午后，购物中心入口的庭院就会举办墨西哥流浪乐队的演出，天花板上悬挂着丰富多彩的皮纳塔（piñatas），小丑和舞者则在下面进行富有家庭友好气氛的表演。为了吸引大量的罗马天主教人口，该购物中心也提供以宗教为主题的服务，如庆祝三王节及设置瓜达卢佩圣母圣坛。这些活动背后的想法是，如果当地社区把购物中心当作周末的家庭活动地而不仅仅是零售目的地，则购物中心可以大受欢迎。

虽然在过去的10年里，购物中心零售额的百分比有所下降，但是最近购物中心的市场占有率略有提升。这种提升归因于前面述及的重建工作和令人兴奋的新承租商的涌入，如邮政航空公司（Aeropostale）、永远21、丝芙兰和H&M，以及"龙头"店表现的改进，如梅西百货和诺德斯特龙百货。

7.3.4 生活方式中心

生活方式中心（lifestyle center）是由各专卖店、娱乐中心和餐馆组成的极具设计特色的露天构造，里面有诸如喷泉和街道家具这样的设施。生活方式中心类似于小城镇的商业大街，在那里人们从一家商店逛到另一家商店，吃午餐，在公园的长凳上坐一会儿与朋友聊天。因此，他们迎合商圈中的"生活方式"消费者。生活方式中心对专业店零售商特别有吸引力。

人们来到生活方式中心不仅仅是因为受到那些商店和餐馆的吸引，也因为受到其户外景点的吸引，如一个突然出现的喷泉、冰激凌车、高跷、气球艺术家、魔术师、肖像画制作者、音乐会和其他活动。由于生活方式中心有一定数量的自动到达设施，所以消费者可以正好被放到某家商店的前面。

由于生活方式中心是露天的，恶劣的天气可能是客流量的一个阻碍因素。但一些中心，如俄亥俄州哥伦布市的伊斯顿镇中心，不管天气如何，生意一直都很兴旺。当遭遇坏天气时，坚强的俄亥俄人只需简单收拾后就溜达回家了。

由于停车方便，生活方式中心对购物者而言是非常便利的，像所有露天开发中心一样，其店面费用比封闭式购物中心低很多。但通常其零售空间也比封闭式购物中心小，因此和封闭型购物中心相比吸引到的消费者也可能较少。许多生活方式中心都位于高收入地区，所以顾客每光顾一次就会购买很多物品，这就抵消了较少的顾客数量。最后，许多生活方式中心是大型综合用途开发中心的一部分。下面我们将描述大型综合用途开发中心。

7.3.5 综合用途开发中心

综合用途开发中心（mixed-use development，MXD）将几种不同的用途综合在一个复合体里，包括零售、办公、住宅、宾馆、娱乐或其他功能。综合用途开发中心是行人导向的，因此有利于促成一种生活－工作－游玩的环境。它会吸引那些已经在上下班途中花了足够长时间、邻里社交片段化和正在寻找这样一种生活方式的人们，这是因为它能给他们更多的时间去享受喜欢的事物并有机会生活在一个真正的社区里。此外，综合用途开发中心深受零售商的欢迎，因为它为商店带来了额外的购物者。综合用途开发中心也深受政府、城市规划师、开发商和环保主义者的欢迎，因为它提供了一个愉快的步行环境并且能够有效利用空间。例如，无论开发商是建造一个购物中心本身还是购物中心顶部的办公塔楼，抑或是停车结构，其土地成本都是相同的。

博卡购物中心（Boca Mall）是一个面积达 430 000 平方英尺的地区性购物中心，建立于 1974 年，位于佛罗里达州博卡拉顿市。几十年后，该购物中心被两大趋势所困扰：人口增长发生在别处，并且竞争对手抢走了大部分顾客。原来的"龙头"店和许多专卖店都离开了。于是博卡购物中心被拆除了，取而代之的是一个被称为麦兹纳公园（Mizner Park）的综合用途开发中心。在大街一边的地面零售空间以上是麦兹纳公园的商业办公空间，街对面是零售空间，而它的上面则坐落着住宅单位。

7.3.6 奥特莱斯中心

奥特莱斯中心（outlet centers）主要包括制造商和零售商的直销店。一些奥特莱斯中心具有较多的娱乐中心，包括电影院和餐馆，以使客户在此地停留的时间更长。例如，位于加利福尼亚奥兰治的奥特莱斯就有一个多剧场影剧院，里面有 IMAX 电影院、儿童游乐区以及惊险刺激的娱乐中心。

过去，奥特莱斯店出售的是损坏商品或生产过剩的商品。然而，零售商提高了需求预测能力，减少了生产过剩的可能。此外，可用的受损货物也减少了，因为这些商品在运往美国之前就被淘汰了。因此，奥特莱斯中心 82% 的产品是专门为奥特莱斯制造的。这些"奥特莱斯专用"产品的质量并不总是与在百货店或专卖店出售的品牌商品一样。

通常情况下，奥特莱斯中心位置偏远。这使得其成本较低，减少了奥特莱斯商店与以全价提供品牌商品的百货商店和专卖店之间的竞争。

游客占据了许多奥特莱斯中心客流量的 50%。因此，许多奥特莱斯中心都位于方便的州际区位并靠近受欢迎的旅游景点。一些中心开发商实际上还会组织巴士旅行团，将数百英里远的人们带到他们的商场。因此，一些奥特莱斯中心的主要商圈能够辐射方圆 50 英里甚至更远的地区。

奥特莱斯中心在欧洲、日本和中国也很受欢迎。零售视角 7-3 描述了一个中国的具有独特主题的高档零售奥特莱斯中心。

零售视角 7-3

中国高端时尚消费者：坐动车去"意大利"

在北京和天津之间，你可以很容易找到一个意大利小镇或至少找到一个以意大利为主题的奥特莱斯商城。通过其奢侈品品牌，这个叫"佛罗伦萨小镇"的商城每天可以吸引大约 25 000 名游客，这些游客到这里来体验那些具有狭窄街道和广场的 16 世纪的意大利风景。人们会在此购买包括杰尼亚、阿玛尼、菲拉格慕、普拉达、芬迪、宝格丽、盟可睐在内的各种品牌产品。在"竞技场"附近，有托德斯、芙蕾特、皮切诺和布克兄弟的店面，消费者还可以通过逛"品牌长廊"找到芬迪、古驰和普拉达。

游客在早上乘火车到达佛罗伦萨小镇上，他们大多穿着西方衣服，一看就是年轻、富裕的中国人。有的女性穿着服装设计师设计的衣服，开着越野车进入停车场。他们总会避开周末的游客高峰期。

虽然中国人自有的奥特莱斯商城已经存在了 10 多年，但其发展受到了限制，也未能吸引到顶级品牌。这些顶级品牌担心奥特莱斯模式的减价销售对它们的品牌形象造成影响。这是因为，一个奥特莱斯商场的质量形象是至关重要的，它必须看起来像一个销售奢侈品的场所。"再造意大利风格并不是一帆风顺的，在所有项目中细节决定了差异。你让中国工人再造意大利风格的粉红色岩石、壁柱、框架、铜檐是很难的，但我们做到了。"

资料来源：Christopher Carothers, "A New Outlet for China's Consumerism," *The Wall Street Journal*, March 8, 2012; and Peter Foster, "China Builds Replica of Italian Town Called Florentia Village," *The Telegraph*, June 27, 2011.

问题讨论：为什么佛罗伦萨小镇的奥特莱斯中心成功了，而中国的自有奥特莱斯中心却未能够成功？

7.3.7 主题/节日中心

主题/节日中心（theme/festival center）一般拥有统一的主题，这个主题表现在各商店的建筑设计中，某种程度上也通过商品体现出来。这个看似简单的想法在零售理念的演进中引入得相对较晚。20 世纪 70 年代末，私人开发商拿到了波士顿历史悠久的法尼尔大厅，并将其重新构思为"节日市场"。其目标是通过做到比一般的郊区购物中心更有趣，以此来吸引众多的游客和当地的参观者。法尼尔大厅的"节日市场"与其历史相契合。该想法后来被陆续应用到巴尔的摩内港、拉斯维加斯威尼斯酒店的大运河店上。

当节日中心首次开张时，有些区位成功吸引了游客并且振兴了饱受犯罪和人口外流之苦的城市中心。但如今，随着一般的商店以及附近其他零售商的激烈竞争，该中心被很多人视作旅游陷阱，许多当地人都避免去那里。1985 年，位于曼哈顿下城区、承诺要重振南街海港的主题购物中心开张了，但时至今日，其业主正在试图推倒这幢三层楼房，而用一个不同的高档购物中心来代替它。

7.3.8 大型多业态开发——全方位中心

新的购物中心的开发综合了封闭式购物中心、生活方式中心和实力购物中心。虽然这类中心没有一个正式的名字，但也许我们可以将其称作**全方位中心**（omnicenters）。

全方位中心代表了对零售业几个方面发展趋势的回应，包括承租商希望通过在更多租户之间分摊费用来降低公共区域维护费，以及在更大的开发中心发挥作用从而产生更多的客流量和时间更久的购物之旅。此外，全方位中心反映了**交叉购物**（cross-shop）的趋势，这是一种同时购买高价和低价商品，或者同时光顾价格高昂、社会地位导向的零售商和价格导向的零售商的模式，如顾客既在沃尔玛又在诺德斯特龙购物。时间稀缺的客户也被吸引到全方位中心，因为他们能在一个地方得到他们需要的一切。例如，位于佛罗里达州杰克逊维尔、面积达130万平方英尺的圣约翰镇中心被分为三个部分：一个以迪拉德百货为"龙头"店的生活方式中心、一个以迪克体育用品和巴诺书店为"龙头"店的迷你实力购物中心，以及一个以芝士蛋糕工厂和P.F.张式餐厅为"龙头"的小镇大街区位。

7.4 非传统区位

快闪店、店中店、商品信息亭和机场是许多零售商其他的区位选择。零售视角7-4描述了赛百味的一些非传统区位以及为确保这些区位而做出的努力。

零售视角 7-4

开在教堂的赛百味餐厅

2011年，赛百味餐厅从数量上超越麦当劳成为世界上最大的餐饮连锁店。赛百味餐厅的快速增长部分来自在非传统的地点开设门店而实现，例如在巴西一家五金商店内、在加利福尼亚的一个汽车展馆内、在南卡罗来纳州的慈善商店内以及在德国运河的一艘汽船上开设门店。其更为引人注目的区位之一是在纽约世界贸易中心的一个建设地点开设门店，在那里，随着105层建筑逐层完工，该餐厅也被提升到新的一层。正如该连锁店的首席开发官所言："我们不断地关注任何机会，让消费者可以在任何地方都能买到三明治。我们离消费者越近越好。"注意到近8 000家赛百味餐厅坐落在不寻常的地方，他补充说："非传统正在变得传统。"

应用其三明治菜单，赛百味餐厅更容易在不寻常的场所开设，因为它具有比传统快餐店更简单的厨房（传统餐店往往需要油炸和烧烤设备）。医院和宗教机构赞成赛百味餐厅的开放，因为它以更新鲜、更健康的三明治替代了传统的快餐食品。

尽管如此，赛百味餐厅在非传统区位开设门店时，常常要有一些特别的考虑。例如，拥有众多店面的犹太地铁商店首家店（2006年设立）坐落于克利夫兰的犹太教社区中心，现在赛百味餐厅已经变成美国最大的犹太连锁店。犹太连锁店提供牛排和奶酪（奶酪是一种大豆制品）。在庆祝犹太人安息日的仪式上，这些餐馆在星期五下午和星期六全天关闭。

当赛百味餐厅在纽约布法罗伯特利浸信会教堂、在低收入城镇的地区开放时，便开始了与教会领袖的密切合作。为了支持聚会并创造就业机会，教会领袖接触了几个快餐特许经营者以讨论在教堂的一角开设特许加盟店一事。赛百味餐厅是唯一拥有足够灵活空间和操作时间且可以迎合教堂营业时间的连锁店。该连锁店同意放弃其在大楼外面设立赛百味餐厅标志的要求，并创建了一个停车模式，以防止餐厅在服务期间影响教徒。

资料来源：Julie Jargon, "Unusual Store Locations Fuel Subway's Growth," *The Wall Street Journal*, March 10, 2011; and Alan J. Liddle, "10 Non-Traditional Subway Restaurants," *Nation's Restaurants*, July 26, 2011.

问题讨论：赛百味餐厅非传统区位战略的优点和缺点是什么？

7.4.1 快闪店和其他临时性区位

快闪店（pop-up stores）是在临时位置专注于新产品或一组有限产品的商店。这些"商店"已经存在了几个世纪，每家商店都在城市街道、节日集市或音乐会上出售商品，如新港爵士音乐节、周末工艺品展销会或者菜市场。例如，在纽约的哥伦布转盘广场（New York's Columbus Circle），100个摊贩销售从瑜伽服到手工玻璃首饰的各种礼品。美国各地的城市都普遍欢迎这些临时零售商，因为他们为地区聚集了人气和财气，创造了兴奋感。相比之下，需要支付高租金的当地零售商就没有那么热情了，因为一些临时零售商销售竞争性商品。

由于经济衰退和零售业的合并，购物中心的空位增加了，店面费用有所下降。零售商和制造商在这些空出来的区位开设快闪店。快闪店对销售高度季节性商品的零售商特别具有吸引力，如玩具反斗城。玩具反斗城已经具有好几年的快闪店经验。2009年，玩具反斗城有90家快闪店，到了2010年，这一数字急剧增加到600家。开张、管理和关闭如此大量的商店使公司的管理出现了问题。因此，该公司在2011年仅开设了160家快闪店。2012年，它在梅西百货商店里面开设了自己的快闪店。24家梅西商店向玩具反斗城租出了临时性单元，时间从10月15日一直到次年1月15日。每家快闪店约有1 500平方英尺，出售的产品包括玩偶、活动玩具以及智力玩具。

各个城市都在利用快闪店的概念来振兴其城市社区。在加利福尼亚的奥克兰，如果独立零售商愿意在指定的城市区域对自己的创新性零售观念进行测试，the Pop-Up Hood 将给予他们六个月的免租金空间。

7.4.2 店中店

店中店（store-within-a-store）区位涉及一份协议，协议中一家零售商租用另一家独立经营零售商的零售空间的一部分。主零售商基本上将空间"转租"给店内零售商。店内零售商管理商品分类、存货、人员和系统，并向主零售商提供一定百分比的销售额或利润。食品杂货店一直在与服务提供商尝试店中店的概念，比如咖啡吧、银行、胶卷冲洗店和医疗诊所。星巴克在许多零售商店经营咖啡馆。

美国的百货公司传统上总是将一些空间出租给其他零售商，如美容美发、珠宝和毛皮零售商。然而，大多数在欧洲、日本和中国的百货公司却是一个店中店零售商的集合体。例如，北京的当代商城是一家豪华的百货公司，它将所有的空间都"出租"给商店内的一组豪华品牌，这些品牌都在现代广场内的某家商店进行经营。因此，现代广场和欧洲百货公司履行购物中心而不是零售店面经理的作用。

与此相反，彭尼百货与丝芙兰的关系更多的是一种伙伴关系。丝芙兰设计和开发商品，彭尼百货负责管理百货商店内丝芙兰精品店的销售人员和存货。销售则是通过彭尼百货的 POS 系统进行的，顾客在丝芙兰精品店购物时可以使用彭尼百货的优惠卡。丝芙兰精品店没有单独的入口，所以创造了某种彭尼百货购物体验的整体感觉。

店中店可以使主零售商和承租方零售商双方获利。店内零售商将得到一个极佳的区位及目标市场消费者的高客流量。主零售商从租出的空间中实现了收入增长并强化了其品牌形象。例如，彭尼百货与丝芙兰的关系使其能够提供一个时尚品牌，这是它无法通过正常渠道提供的。同样，宠物大卖场店里的班菲尔德兽医（Banfield Veterinarian）服务为宠物主人提供真正一站式的购物体验。然而，这样的安排也伴随着相关的风险。随着时间的推移，主零售商或店内零售商可能会产生冲突，偏离目标，进而破坏品牌形象。

7.4.3 商品信息亭

商品信息亭（merchandise kiosks）是指小型商品销售空间，通常位于封闭式购物中心、机场、大学校园的走道或办公楼的大厅。有些商品信息亭配备了员工，就像一个小型商店或者可以方便地移动的购物车一样。其他商品信息亭则是 21 世纪版本的自动售货机，如销售 iPod 和其他大批量苹果产品的苹果亭。

对于商场的运营者来说，商品信息亭是一个在闲置的空间产生租金收入的机会，并且为参观者提供了广泛的商品分类。商品信息亭还可以制造兴奋，如从全国性手机供货商斯普林特（Sprint）到较小的利基产品（如以色列的死海化妆品），这些都为整个商场带来了额外的销售额。此外，商场商品信息亭可以快速加以改变以适应季节性需求。

当在某个商场内规划商品信息亭的位置时，运营商对其常规商场承租方的需求是敏感的。他们会很小心地避免阻挡任何店面、造成不一致形象或通过出售类似的商品直接与永久出租方进行竞争的商品信息亭。

7.4.4 飞机场

一个客流量很大、很受全国性零售连锁店欢迎的区域是飞机场。和以前相比，乘客会更早地到达机场，这使他们有更多的时间去购物。此外，航空餐饮服务的削减使更多人将就餐寄托于机场的某些商场。其结果是，机场商场每平方英尺的销售额往往比普通商场高得多。然而，租金也较高。此外，成本可能也更高，因为其营业时间更长。由于员工到这里上班很不方便，企业就必须支付更高的工资。最佳的机场区位是有许多中转航班（如亚特兰大和法兰克福）和国际航班（如纽约的肯尼迪机场和伦敦的希思罗机场）的那些位置，因为乘客有停机时间去逛商店。最畅销的产品是礼品、生活必需品和便携式商品。然而，机场销售的消费电子配件越来越多。机场最大的电子产品零售商是 InMotion Entertainment，该零售商在美国 33 个机场的 68 家商店中出租 DVD 播放器，并出售各种各样的电子产品及配件。

7.5 区位和零售战略

区位类型的选择必须能够加强零售商的战略，因此区位的类型决策是与消费者购买行为、目标市场的规模以及零售商在目标市场中的定位相一致的。下面我们将讨论每一个影响因素。

7.5.1 零售商目标市场的消费者购买行为

影响消费者选择光顾商店的一个关键因素，是他们所处的购物情境。购物情境有三种类型：便利购物、比较购物和专业购物。

1. 便利购物

当消费者处于**便利购物**（convenience shopping）情境中时，他们主要关心的是怎样才能最省事地获得所需的商品和服务。他们对于价格不敏感，对购买什么品牌也不在乎，因此他们不会花费太多时间来评价不同的品牌或零售商，而只想尽快完成交易。便利购物的例子有：工作休息时间买杯咖啡，为汽车购买汽油或者早晨买杯牛奶当早餐。

以身处便利购物情境（如快餐店、便利店和加油站）的顾客为目标的零售商，通常将其商店设立在离顾客很近的地方，让他们很方便就能到达、停车并找到自己所需之物。因此，便利店、药店、快餐店、超市和全线折扣店通常都设立在邻里条状中心和独立式地点区位之中。

2. 比较购买

处于**比较购买**（comparison shopping）情境的消费者对他们所需商品或服务的类型有大致的了解，但是他们并不强烈偏好于某个品牌或型号。由于对他们来说购买决策更重要，因此他们搜寻信息且愿意花精力对可选项做比较。消费者在购买家具、家用电器、服装、电子消费品及手工用具时，一般会有这种类型的购物行为。

例如，家具零售商往往一家紧挨着一家形成一个"家具排"。在纽约市，许多零售商在切尔西第 6 大道的第 27 街和第 30 街之间出售家养植物和鲜花，而钻石交易商则集中位于西 47 街的第 5 和第 6 大道之间。这些相互竞争的零售商店都离得很近，因为这样便于消费者进行比较，从而吸引大量顾客来这里购物。

封闭式购物中心向那些对比较要购买的时尚服饰感兴趣的消费者提供相同的利益。因此，百货商店和服装专卖零售商都位于封闭式购物中心，这与家养植物零售商都在纽约城的第 6 大道集中开店出于同样的原因。位于同一家商场中，它们可以吸引更多喜欢比较购买时尚服饰的潜在顾客。尽管封闭式购物中心与独立式地点区位相比可能不是很方便，但顾客到达商场后进行比较购买就方便多了。

如前述及，品类专门店作为一个专卖店的集合体向顾客提供相同的比较购物利益。顾客在比较选购电钻时不会去一系列小型五金专卖店，而会去家得宝或劳氏，因为他们知道在那里几乎可以找到所有用来修理或建造房子的一切工具。因此，品类专门店是**目的地商店**（destination store），即使不方便，消费者也愿意光顾这些地方，正如封闭式购物中心是比较选购时尚服饰的目标区位一样。品类专门店位于实力购物中心，主要是为了降低成本，并使其区位更显眼，同时，多个零售商能够吸引更多消费者，因此提高了交叉购物的可能性。基本上，实力购物中心是各目的地商店的集合体。

3. 专业购买

当消费者进行**专业购买**（specialty shopping）时，他们知道自己需要什么，而且不会接受替代品。他们钟情于某个品牌或某家零售商。为获得他们想要的东西，如果有必要他们会出高价或者付出额外的精力。这种购物情境的例子包括购买有机蔬菜、豪华汽车，或者高端的道路或山地自行车。他们进行专门购买时会光顾的零售商店也变成了目的地商店。因此，消费者愿意不辞辛苦地去一个不方便的区位。对于一个出售独特商品或提供独特服务的零售商来说，拥有一个方便的店址也就变得不那么重要了。

7.5.2 目标市场密度

与零售商区位类型选择紧密相关的第二个因素，是零售商与区位相关的目标市场的密度。一个好的区位能够吸引目标市场中的许多人。所以，一家位于中心商业区（CBD）的便利店可以依靠在其附近生活或工作的顾客生存下来。相似地，一家位于沃尔玛旁边的比较购物商店是一个有潜力的好区位，因为沃尔玛能吸引大量从很远地方来购物的顾客。对一家出售专卖商品的商店来说，在其附近有高密度的顾客群则不是很重要，因为人们会专门搜寻这类商品。例如，一个保时捷汽车经销商就不需要挨近其他汽车经销商或者与其目标市场很接近，因为不论经销商在哪儿，寻求这种豪华车的人都会找到他们。

7.5.3 零售供应物的独特性

最后，与那些提供相似服务的零售商相比，区位便利性对提供独特、差异化产品的零售商来说就没那么重要，例如，巴斯体育用品店提供独特的商品分类和商店氛围，无论它位于何处，顾客都会来光顾，它的区位会变成顾客的目的地。

7.6 社会和法律考量

社会和法律考量往往会限制零售商在何处开店以及如何对其进行运营。这些限制反映了许多社区的普遍关切，比如城市扩张，更具体地说是指在其所在社区开设巨型零售商店。这些对商店区位的限制往往是通过当地的区域划分条例来进行实施的。

美国对在哪些位置才可以开店的限制相对较少，然而区位决策在世界其他地区受到更多限制。例如，欧洲西部和亚洲有较高的人口密度，并且更多的人都在城市环境中生活和购物。因此，在那些地区可以用于零售的空间较少，可用的空间也很昂贵。此外，许多西欧国家将零售限制在特定区域，同时也限制可以建造的商店的规模。

在本节中，我们将讨论零售限制的性质、社区实施这些限制的原因以及这些限制对社会的影响。

7.6.1 城市扩张

城市扩张（urban sprawl）是指住宅、购物中心在郊区和城市中心以外的农村地区的发展与持续扩张。第二次世界大战之前，市中心区域是一个社区的商业汇集地。消费者在本地的商业市中心购物。办公室、银行和图书馆的存在保证了市中心的客流量。市中心还是某个地区社会生活的重要组成部分。周末，人们相约去这里逛街、在餐馆吃饭以及看电影。

州际公路系统和郊区的发展改变了美国人的生活和工作。随着交通工具的改进，人们可以进行更长距离的旅程去工作或购物。因此，许多市中心的零售商都纷纷陷入倒闭潮。随着消费者人数以及销售量的减少，物业和税费收入也出现了下降。历史建筑被遗弃，店面被封，进一步加强了市中心地区的衰落。

除了市中心的衰落，城市扩张的一些其他负面后果还包括由于汽车旅行增加、农田减少、集中化贫困、种族以及经济隔离问题造成的交通拥堵和空气污染。另外，这一向郊区迁移的好的结果是更好的住房机会、孩子可以读公立学校以及犯罪的减少。

欧盟非常关注城市扩张和在城市外围开设巨型零售商的影响。欧盟正试图抑制巨型零售商的增长，限制他们的规模以及资助内城区（在英国被称为高街）进行改造来帮助当地零售商竞争。欧洲和美国相比，其人口密度更大，空间更少，其严格的规划和绿化带法律在城市与乡村之间进行了极为清晰的分割。郊区面积较小，因此使城市扩张受限，但是欧洲在环境保护方面也付出了代价。对城外巨型零售商的限制减少了竞争，降低了零售业的效率，使得商品价格更高。

7.6.2 反对大盒子店零售商

像沃尔玛、塔吉特、好市多以及家得宝那样的大盒子店（big-box stores）零售商，当其计划在某个社区开店时经常会遇到很大的阻力。许多人强烈反对这些巨型商店进入他们的社区。这些反对开店的人认为，由于巨型零售商出售低价商品导致本地零售商被挤出了市场；巨型零售商没有提供雇员的生活工资，雇用兼职工人以逃避健康保险福利，还通过在美国以外制造商品以实现其低价格，导致美国就业不景气。

在美国和其他国家中，巨型零售商和当地社区之间的讨论在继续进行着。一些社区允许这些零售商建立商店，前提是同意支付员工一整套工资或为员工的廉租住房提供基金。下面我们将讨论区域划分，一种当地社区用来限制巨型零售商的发展而使用的方法。

7.6.3 区域划分

在美国，地方政府利用**区域划分**（zoning）来调节土地在特定区域的使用，防止任何居民或企业对现有使用进行干扰，以及鼓励对某社区身份认同感的保存。因此，区域划分条例可能会阻止麦当劳在某住宅区内开设一家特许加盟店。在其他国家中，如法国和德国，区域划分的规定及规划是在国家或州的层面，而不是由本地执行的。

在城市地区，区域划分条例往往规定了五类在某一特定地区或地点可以接受的活动：住宅区、商业区、混合住宅和商业区、工业区以及特殊区域。此外，大部分区域划分规则包括详细的密度限制，如那些指明某个地区是否可以建造高密度高层还是限于低密度的单户住宅。注意，也有可能存在例外，大多数条例都会注明为了解决差异性问题而必须满足的条件，这些条件通常和困难程度有关。

图 7-1 描述了威斯康星州苏必利尔的区域划分限制。这些区域划分地图通常由规划委员会制定，并由市议会批准。请注意，用黑色显示的是指定用于零售的区域，这些区域和两条主要公路是相邻的。一些地区（用深灰显示）是指定的开放空间，而住宅区则用浅灰色显示。

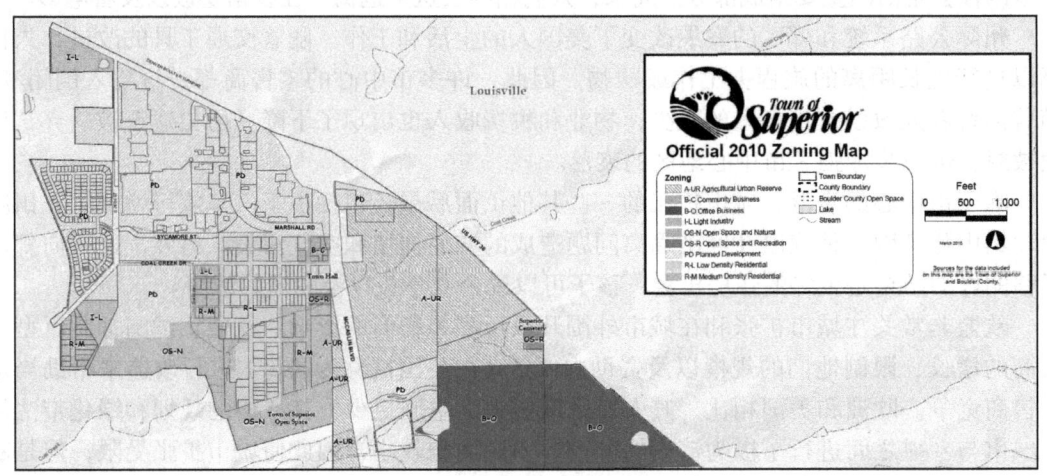

图 7-1　一个小城镇的区域地图

7.6.4　建筑法规

建筑规范（building codes）是一些决定建筑类型、标志、规模、停车区或者特定的建筑设计的法律限制条款。例如，在新墨西哥州圣菲地区，要求建筑物要保持传统的泥灰（土坯）风格。

1. 标志

对标志使用方面的限制也会影响特定地点的吸引力。标志的尺寸大小和表现风格可能受到建筑法规、区域特征甚至购物中心管理的限制。例如，在迈阿密北部海滨的贝尔港购物区，所有的标志（甚至于销售标志）在任何一个零售商实施之前都必须经过购物中心管理部门的批准。

2. 许可证要求

不同区域对许可证的要求可能是不同的。比如一些达拉斯的社区是"干的"，意思是没有酒精饮料可以出售；在其他区域，则只出售葡萄酒和啤酒。这些限制不仅会影响餐馆和酒吧的生意，也会影响零售商的生意。比如，办一个主题/节日型购物中心，如果限制出售酒精饮料，可能会使晚上光临的顾客数量受限。

此处提到的这些法律问题有可能阻碍零售商对某一地点的选择，但是通常来说这些限制并非永久性的。尽管改变起来比较困难、耗费时间而且可能花费不菲，但是议会和法院的努力仍然能够改变这些法律限制。

本章小结

（1）描述消费者可以利用的零售区位的类型。

商店区位决策属于零售商的重要决策，因为区位通常是消费者商店选择决定中最具有影响力的考虑因素。区位决策也有战略意义，因为它可以被用来建立一个可持续的竞争优势，并且区位决策是有风险的。

（2）回顾无规划区位类型。

区位的两种基本类型是：无规划的（独立的及城区地址）和规划的（购物中心）。无规划的区位没有集中管理以确定在一个开发中心将有哪些商店，特定的商店将位于何处以及将被如何运营。三种无规划的零售区位分别是：独立式地点区位、市区区位及小镇大街。独立式地点区位对消费者而言很方便，有较高的车流量，可视性强，店面费用适中，很少有限制规定，但独立式地点区位成本较高、商圈规模较小。总体而言，城市区位店面费用较低（与封闭型购物中心相比）；车流量有限，停车问题降低了消费者的便利性。

（3）分析不同类型购物中心的特点。

通过将许多商店结合在一个区位中，购物中心比零散分布在各处的商店能够吸引更多的消费者。开发商和购物中心管理方精心挑选了一批彼此互补的零售商，在某个方便的位置为消费者提供全面的购物体验。每种购物中心的类型都有其优缺点。和过去相比，许多中心商业区、内城区以及小镇大街区位正在成为更可行的选择，主要原因在于该地区中产阶级较多、存在税收激励以及竞争的缺乏。零售商也有各种各样的购物中心类型可供选择。它们可以位于带状或实力中心、某个封闭式购物中心，或者生活方式、主题/节日或奥特莱斯中心。

（4）讨论非传统零售区位。

快闪店、店中店、商品信息亭和机场是许多零售商的其他区位选择方案。快闪店对具有高度季节性销售特征的零售商特别有吸引力。店中店区位涉及零售商与另一个独立经营的零售商之间签订协议，将零售空间的一部分租赁出去。这些区位使业主和其中的商店都能彼此受益。

（5）将区位与零售商的战略相匹配。

对区位类型的选择能够加强零售商采取的战略。因此，涉及区位类型的决策与目标市场的购物行为和规模以及零售商在目标市场的定位是一致的。不同类型的购物区位更适合具有以下三种购物情境的消费者：方便购物、比较购物和专业购物。

（6）回顾选择区位时的社会和法律考量。

社会和法律考量往往会限制独立商店与购物中心的区位与运营。这些限制反映了许多社区普遍关注的问题，如城市蔓延问题，更具体地来说，即其社区内的巨型零售商店的开张问题。购物中心的开发商和零售商在某社区开店前往往需要处理区域划分条例方面的问题。

小试身手

1. 持续案例任务 采访某购物中心的经理，这家购物中心要包括你为持续案例任务选定的零售商。写一份报告总结该购物中心经理认为其中哪些零售商是其最好的承租商，以及为什么看重他们。该经理如何对你选择的零售商进行打分？使用了什么样的标准？

2. 互联网练习　登录法纳尔大厅市场的网页：www.faneuilhallmarketplace.com 以及可可窝（CocoWalk）的在线网站：www.cocowalk.net。它们是什么类型的购物中心？列出它们的相似与不同之处。这些零售区位各自的目标市场是什么？

3. 购物　去你最喜欢的购物中心，分析承租商组合。这些租客看上去是互为补充的吗？你会对承租商组合做什么样的改变以提高该购物中心的整体绩效？

4. 购物　参观一个生活方式中心。你在这个区位发现了哪些承租商？描述这个中心周围的人口特征。人们会愿意驱车多远到这一生活方式中心购物？与这一生活方式中心竞争的其他类型的零售区位是什么？

5. 互联网练习　登录西蒙地产集团的主页：www.simon.com/about_simon/our_business/default.aspx，阅读西蒙所从事的各种业务。这些业务之间有什么区别？

6. 互联网练习　到你最喜欢的封闭式购物中心的主页，并就以下特点描述该购物中心：龙头店的数量、专卖店的数量和类型、餐馆和快餐店的数量以及它们提供的娱乐类型。这一分类的零售商的长处和短处是什么？这个特别购物中心具有什么样的与众不同的特征？

7. 购物　访问一个包括塔吉特、史泰博、运动权威公司、家得宝或其他品类专门店的实力中心。同一区位中还有哪些零售商？这些各种商店的组合是怎样为消费者和零售商彼此带来好处的？

8. 互联网练习　登录 www.pbs.org/itvs/storewars/。该网站包含了有关弗吉尼亚州阿什兰市议会决定允许沃尔玛在阿什兰开一家店的信息。总结允许让沃尔玛在该城市开店的优缺点。你对市议会的决定感到惊讶吗？为什么或为什么不呢？

➡ 讨论问题

1. 为什么商店区位对零售商来说是一个如此重要的决定？

2. 选择你最喜欢的商店，就其商店类型和目标市场描述其目前区位的优缺点。

3. 家得宝通常位于实力中心或独立式地点区位。对这个家具改进零售商而言，每一个区位的优势是什么？

4. 作为 7-Eleven 便利店、美鹰傲飞服饰和美国保时捷这三家不同类型的商店的顾问，你认为什么是其在选择区位时最重要的一个因素？

5. 零售商都在已经衰落的购物中心和位于中心商业区的独立式地点区位设置商店，结果使得被称为中产阶级化的地区复兴。有人质疑这个过程中的伦理和社会后果，试探讨中产阶级化的利弊。

6. 史泰博、Office Max 和欧迪办公都拥有强大的多渠道战略。竞争和互联网是如何影响它们的商店区位战略的？

7. 在许多商场内，快餐食品零售商聚集在一个被称为美食广场的区域内。对食品零售商来说，这个区位具有什么优缺点？食品零售商购物环境中的新趋势是什么？

8. 为什么 Payless ShoeSource 店位于邻里购物中心而不是区域性购物中心内？

9. 你家或大学附近的商场是如何将购物和娱乐体验结合在一起的？

10. 考虑某个投资于城市复兴的大城市。该中产阶级化项目的什么组成部分吸引了当地居民和游客花时间购物、享受饮食和在这里观光？

推荐读物

Brooks, Charles, Patrick J. Kaufmann, and Donald R. Lichtenstein. "Trip Chaining Behavior in Multi-Destination Shopping Trips: A Field Experiment and Laboratory Replication." *Journal of Retailing* 84, no. 1 (2008), pp. 29–38.

Curtiss, Donald L. *Operation Shopping Centers; Guidebook to Effective Management & Promotion.* Ulan Press, 2011.

Gibbs, Robert J. *Principles of Urban Retail Planning and Development.* New York: Wiley, 2012.

International Council of Shopping Centers. *Winning Shopping Center Designs,* 35th ed. New York: ICSC, 2012.

Kim, Jung-Hwan, and Rodney Runyan. "Where Did All the Benches Go? The Effects of Mall Kiosks on Perceived Retail Crowding." *International Journal of Retail & Distribution Management* 39, no. 2 (2011), pp. 130–143.

Roslin, Rosmimah, and Mohd Herwina Rosnan. "Location as a Strategic Retail Decision: The Case of the Retail Cooperative." *International Journal of Commerce and Management* 22, no. 2 (2012), pp. 152–158.

Ruoh-Nan, Yan, and Molly Eckman. "Are Lifestyle Centres Unique? Consumers' Perceptions across Locations." *International Journal of Retail & Distribution Management* 37, no. 1 (2009), pp. 24–42.

Schewel, Laura B., and Lee J. Schipper. "Shop 'Till We Drop: A Historical and Policy Analysis of Retail Goods Movement in The United States." *Environmental Science and Technology* 46, no. 18 (2012), pp. 9813–9821.

Yiu, C. Y., and Sys Xu. "A Tenant-Mix Model for Shopping Malls," *European Journal of Marketing,* 46, no. 3 (2012), pp. 234–256.

第8章

零售选址

- **主管简介**
  布伦登·奥布赖恩，资深房地产经理
  沃尔格林公司

　　2006年5月，我毕业于迈阿密大学（俄亥俄州牛津市）。我在主修市场营销和创业管理双学位的同时也加入了该校的游泳和跳水代表队。进入大学高年级后，我有幸收到来自沃尔格林的工作邀请并在其公司的房地产部门工作。生长于芝加哥的北岸，我从来没有想过自己会加入美国的大公司，但是我的职业生涯一直是一个无与伦比且充满回报的学习过程。

　　我们的各个店址是关键的战略性资产，所以我们往往会采取一个长期的视角来开发每一家商店。一个由市场规划和研究经理组成的团队、一个市场运营副总裁以及一个房地产经理会坐下来一起评估新的开店机会。通过访问地理信息系统中大量收集来的数据，该团队确定我们商店的理想目标区位。沃尔格林力求锁定每个社区最好的房地产交易，这一交易常常意味着交通量最大的汇合点位置。因为我们为未来的商店寻找的是最佳店址，因此合同不容易签订，而且也不是所有的店址在商业上都是可行的。有时房地产价格如此高，使其在经济性上成为不可能。为了能抓住每一个机会，房地产经理人提交的房地产价格必须得到沃尔格林房地产委员会的批准。这个委员会是由公司总部的一个管理人员组成的小组。许多沃尔格林最高级别的高管都参与了最后的决定，包括店址、经济性以及每个店面的具体计划。我觉得非常不可思议的是大学毕业仅六年后，我就与世界十大零售企业之一的企业高层管理人员进行着这样的互动。

　　沃尔格林给了我机会去勇于创新、开拓新思路并借鉴其他公司的经验。例如，我最激动人心的项目之一是开发佛罗里达州奥兰多市国际大道上的海洋世界对面的一处店址。国际大道吸引了大量的游客涌向该地区，在各个商店、餐馆和景点消费。沃尔格林在国际大道已经有五家成功经营的店面。然而，我完成的这项交易，使得我们在一个缺医少药的绝佳店址纳入了一个非传统店面。我们的设计和外观包括独特的建筑元素，并对商店内部进行了设计以加入一些特殊的功能，如弯曲的天花板，从而给顾客提供良好的体验。我们针对游客专门设计了纪念品，扩大了食品供应，以及提供各种各样的健康和美容协助服务。

　　要想在任何努力中获得成功，我们需要不断地学习，以保持领先性。沃尔格林提供了一种氛围使我对房地产（我的工作）、金融以及一般商业知识产生兴趣。公司在我努力完成课程作业和考试以成为注册商业投资会员或CCIM方面，也给予了大力支持。

□ 学习目标

- 总结选择店址时的考虑因素。

- 回顾某一特定店址的特点。
- 理解零售商为店址进行的商圈分析。
- 为新店址确定预计的销售额。
- 阐明店址选择的过程。
- 解释租约的各种类型和条款。

第 5 章强调了选址决策的战略重要性。尽管选址决策能够创造战略优势，但是正如所有的战略决策一样，这些决策也是有风险的，因为需要大量的资源投入。在一个地方开商店通常需要 5 年或者更久的租赁期，或者需要购置土地来建造商店。如果商店的绩效低于预期，零售商可能无法轻易地通过请另一方搬入来承担租金或者购买该建筑物来收回投资。

第 7 章考察了零售商可选择的店址类型，以及零售商为何选定这些特定的店址类型。在本章中，我们将更详细地考察零售商如何确定具体的零售店址。

选择零售地点需要分析很多数据，并使用复杂的统计模型。因为大多数零售商不常做这些决策，因此对于他们来说聘请有高技术水平的不动产分析家并不合算。所以，零售商通常通过一些公司来操作，这些公司提供评估特定地点所需要的地理数据、人口统计数据以及咨询服务。然而在做这些选址决策的时候，还需要将艺术因素考虑在内。

本章将考察零售商在选择商店店址以及商议租期时经历的几个步骤。首先，我们会考察零售商为商店选择大致区域，以及决定一个区域里经营的商店数量时所考虑的因素。接着，我们将考察用来评估特定地点，以及假如商店在那个地点时其预期销售额的几种途径。最后，我们将讨论某个零售商为其商店租赁场地时的诸多协商条款。

8.1 评估选址区域并确定一个地区的商店数量

本节首先讨论零售商为商店选址时通常会对其进行分析的区域，然后回顾零售商在评估一个区域里经营的商店以及确定商店数量时所考虑的因素。

8.1.1 都市统计区

零售商在为商店选址时可能会考虑某个国家及其中的一些地区，比如法国的一个省或者美国的一个州、某个特殊的城市，或者城市里的某些区域。在美国，零售商通常把分析集中在**都市统计区**（metropolitan statistical area，MSA），因为消费者倾向于在 MSA 内购物，而且用于分析选择机会的媒体覆盖率及人口统计数据都是根据 MSA 进行组织的。

MSA 是指一个人口多于 50 000 的核心城市区域，以及与之相邻的在经济、社会上高度融合的社区。例如，很多 MSA 里的人往返于城市中心工作，但是住在周边区域。一个 MSA 可以由一个或者几个县组成，通常以这个 MSA 里的主要城市区域命名。例如，辛辛那提米德尔顿 MSA 由 15 个县组成（3 个在印第安纳州，7 个在肯塔基州，5 个在俄亥俄州），共有 2 172 191 人，而蒙大拿州米苏拉 MSA 由一个人口为 110 138 的县组成。

相比之下，**居住统计区**（micropolitan statistical area，μSA）比较远离较大的美国城市，

最远可达 100 英里。它们虽然没有大城市的拉动力和经济上的优势,但是这些著名的人口中心通常具有大规模的生产能力并能为许多居民提供合理的居住条件。其名称用来指代一个中心市镇的核心人群,所以,不管怎么称呼,一个居住区域可能比大都会区域更大。最大的居住统计区是特拉华的锡福德县,有 200 330 人。

8.1.2 评估店址时的考虑因素

对商店选址来说,最好的区域是那些对于零售商来说能够产生最高长期利润的区域。在评估一个区域时,应考虑影响商店产生长期利润的因素:① 经济状况;② 竞争水平;③ 与目标市场的战略吻合度;④ 商店运营成本(见图 8-1)。注意,这些因素与第 5 章中讨论的零售商在评估投资新业务的增长潜力或进入国外市场时考虑的因素相类似。

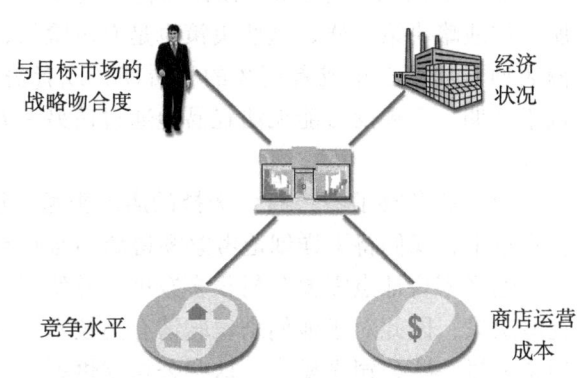

图 8-1 确定店址时影响某区域吸引力的因素

1. 经济状况

考察一个地区的人口和就业增长水平很重要,因为选址涉及大量资源的长期投入。众多的人口和高水平的就业往往意味着强大的购买力和高水平的零售额。

但人口和就业增长本身并不足以保证将来会有稳固的零售环境。零售店址的分析人员必须决定这种增长将会持续多长时间,以及对店内所售商品的需求会产生怎样的影响。例如,如果增长不是在各个行业的多元化增长,那么该地区可能由于其极端的周期性倾向而缺乏吸引力。一些"灰尘带城市",如密歇根州弗林特的经济经历了巨大的起伏,只因这些城市过于依赖像汽车这样的特定产业。

同样,考察哪些地区正在快速增长及其增长背后的原因是非常有用的。例如,华盛顿州西雅图东部地区,由于其靠近微软总部,因此已经成为一个理想的零售选址地区,但这些零售店的业绩就会不可避免地受到微软财务状况的影响。

在大多数情况下,人口众多并且持续增长的地区要优于人口数量下降的地区。然而一些零售商如赛百味,却经常到附近有较少家庭居住的新型条状购物中心考察,期望周围的郊区能最终发展起来以支持这些商店的发展。

2. 竞争水平

一个地区的竞争水平显然会影响到对零售商品的需求。沃尔玛早期的成功就是基于在没什么竞争压力的小城镇开店的选址战略。沃尔玛为小城镇的消费者供应物美价廉的商品。而在此之前,乡村消费者要么只能去种类有限的小店,要么需要驱车去较大的市镇购物。

内城区的邻里社区曾被视为不理想的选址区域,但是一些提供全面服务的餐厅(包括

Chili's、Denny's、IHOP等）开始在这些区域建立新的连锁店。这些休闲餐厅发现由于竞争少，居民可支配收入水平较高，以及存在大量未开发的劳动力等因素，这些之前被视为不理想的市场现在却充满了吸引力。

零售视角8-1描述了以小城镇（时尚服装竞争有限）为目标市场的斯特兹商店（Stage Stores）取得的成功。

零售视角 8-1

来自小城镇的大回报

虽然斯特兹商店是一家拥有800多个店面、经营规模达数十亿美元的零售连锁店，但是它不怎么被人知晓，因为它的大部分商店都在小城镇。在大城市之外开店往往存在很多优势。"我们商业模式的优势在于我们没有自然的竞争对手"，斯特兹商店的前总裁兼首席执行官安迪·霍尔（Andy Hall）说，"大多数小城镇都不够大，没有办法容下两家像我们这样的商店。但第一个到来的会赢。"通常情况下，小城镇中的斯特兹商店面临的最近的竞争是在大城市40英里以外的区域性购物中心和在线地址。

在其801家门店中，521家是在小市场（小型都市统计区及大型居住统计区），大部分在50 000人以下、方圆10英里半径的条状中心内。斯特兹商店旗下经营品牌包括罗雅（Palais Royal）、Bealls、Goody's、Peebles以及斯特兹。在这521家位于小镇的斯特兹商店中，有510家在沃尔玛附近。消费者在沃尔玛购买食品杂货及耐用商品，在斯特兹商店购买服装。知名品牌如Lee、李维斯、卡文克莱牛仔（Calvin Klein Jeans）、IZOD、耐克、诺蒂卡（Nautica）、码头工人（Dockers）、玖熙（Nine West）、倩碧（Clinique）以及雅诗兰黛，占到了门店销售额的80%。

据霍尔说，以小城镇为焦点的不利之处在于其被许多投资者忽略了。"大多数城市居民不了解小市场的活力。小市场有不可思议的文化"，霍尔说。销售人员和顾客之间有更多的可能进行相互了解，他们在店内的关系往往很融洽，让人感到温暖。

资料来源：David Kaplan, "Stage Stores' Strategy Pays Off Big in Small Towns," *Houston Chronicle*, August 1, 2011; www.stagestores.com.

问题讨论：斯特兹商店面临的机遇和威胁是什么？

3. 与目标市场的战略吻合度

经济状况和竞争因素并不是全部。选址的区域必须还要有零售商目标市场的消费者，也就是那些对零售商提供的商品感兴趣并会光顾其商店的人。因此，选址必须要有正确的人口统计和对生活方式特征的考察。一个地区内家庭规模的大小和构成也会成为重要的决策因素。例如，电子、电器和家居用品零售商拉·库拉索公司（La Curacao）的目标是西班牙裔消费者。因此，它在加利福尼亚南部和亚利桑那州有11家店，其所在地区至少有250 000名西班牙裔美国人。但是，商圈的民族组成对于玩具反斗城而言却不是一个特别重要的问题，其只对有小孩的家庭聚集的地方感兴趣。

派对城（Party City）是世界上最大的派对供应零售商，通过公司旗下的600多家专卖店销售用于庆祝场合（生日、节日聚会、周年纪念日）的商品。派对城选择有孩子的、中等收入的中产阶级顾客密集的区域作为店址。

最后，根据特定零售商所寻求的目标市场不同，选址决策可能还与人口生活方式的特征有关。例如，户外休闲装备公司 REI 和巴斯体育用品店就会对有户外运动爱好的消费者居住的地区感兴趣。

4. 商店运营成本

商店运营成本在每个地区都会有所不同。例如，相对于辛辛那提米德尔顿 MSA，蒙大拿州米苏拉 MSA 的商店租金和广告费用要低得多。当然，由于人口较多，位于辛辛那提米德尔顿 MSA 商店的潜在销售额和利润也要更大。

选址地区与其他零售店所在地区之间的距离对运营成本也会产生影响。例如，如果所选店址与零售店的其他店址和配送中心相隔很近，运输费用与运输时间都由区域经理统一管理，其货物运输成本将会更低。

地方和州行政法规对商店的运营成本也会有很大的影响。一些零售商不愿在加利福尼亚开店，因为他们觉得州政府和地方政府、公投的政治流程，还有集体诉讼的法律环境使商店的经营成本更高。

8.1.3 一个区域的商店数量

选好了设立店面的地区之后，零售商的下一个决策是在这个地区开多少家店。粗略地看，也许会认为应该在每个 MSA 中选择一个最好的店址，但是更大的 MSA 显然可以支持更多的分店。然而，即使是在最大的 MSA 中，商店的数量也是有限的。在一个地区内同时开设多家分店，既能降低运营成本，也会带来自相残杀的潜在危险，所以零售商需要在这两者之间进行权衡，以决定在一个地区开多少家店最合适。

1. 多家商店产生的规模经济

大部分零售连锁公司在一个地区设立多家商店，因为这样有利于获得促销和配送方面的规模经济。在一个地区拥有 20 家商店的零售商在报纸上登一则广告的成本，与只拥有一家店面零售商的成本是相同的。一个 MSA 的多家商店可以由同一配送中心服务，所以像沃尔玛这样的连锁店就只在拥有能够支持零售店的配送中心的地区扩展业务；科尔士百货在进入佛罗里达市场时，同一天内就在杰克逊维尔和奥兰多开设了 14 家商店。当商店之间彼此靠近时，区域店面经理可以更频繁地巡察这些自己的商店。

2. 相互蚕食

在一个地区内开设多家商店虽然可以带来规模经济效益，却也给每家店带来了收益递减的后果。比如，假设一个零售专卖店在一个 MSA 中拥有 4 家销售额分别为 200 万美元的商店。由于各个店面距离较远，顾客通常只会光顾离他们最近的那家商店，也就不会出现自相残杀的局面。但是如果零售商选择在其中的一家店旁开设第 5 家分店，希望所开新店将会产生同之前 4 家商店一样的销售额，从而自己的销售总额将会增加 200 万美元。然而实际上销售总额只增加了 150 万美元。因为新店的地理优势在这个地区只是排到第 5 位，只能带来 180 万美元的销售额，而旁边原来的那家店销售额降到了 170 万美元。所以，由于新店吞掉了旁边那家店的部分销售额，其只给零售商带来 150 万美元的销售总额增长。

由于零售的一个主要目标是使整个连锁店的利润最大化，因此，只要利润持续增长（从经济上来说，就是指只要所开新店的边际收益高于边际成本），零售商就应该继续开设新的分店。图 8-2 显示的顾客距离某个地区零售商 4 家商店的位置分别是 3 分钟（浅灰色）、6 分钟（深灰色）和 9 分钟（黑色）。值得注意的是它们之间很少有重叠，因此，除了城市东部和东南部的商店外，自相残杀的情况很少见。

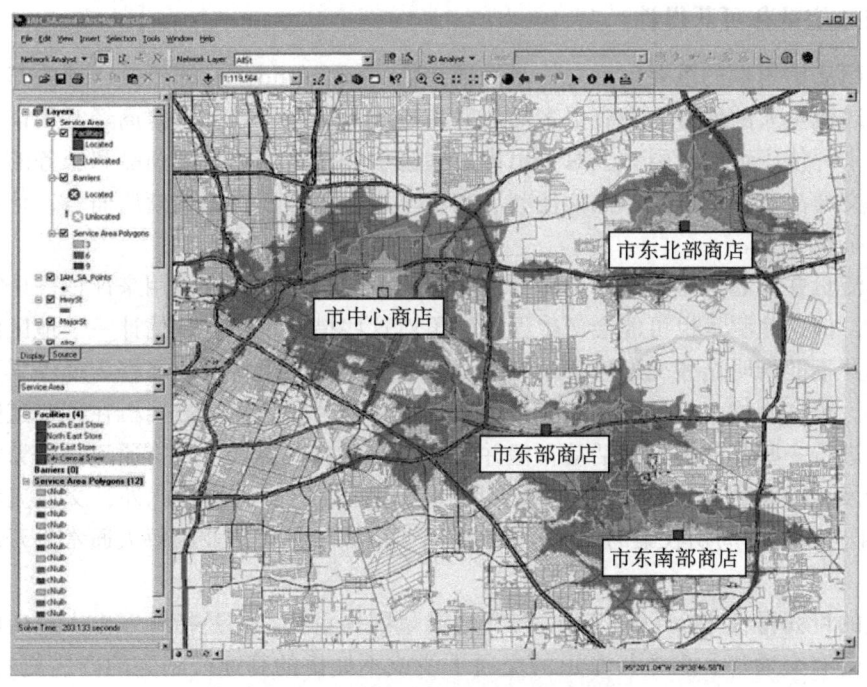

图 8-2　顾客光顾零售商店的位置

对特许经营来说，特许方和特许加盟方的目标是不同的，所以在一个地区开设多家分店就成为一个有争议的问题。由于特许经营费是建立在所有店的销售总额之上的，所以特许方希望的是所有店总销售额的最大化，而特许加盟方却只关心自己所经营商品的销售额和利润，并不像特许方那么关心一个地区内多家店之间的互相残杀。为了减少这种矛盾，大多数特许经协议会给加盟方一个特许经营的区域，以保护其不会受到另一个加盟商对其蚕食。

8.2　评估店址时的考虑因素

决定好在哪个区域开设新店后，接下来零售商需要评估并选择一个具体的店址。在做这个决策时,零售商需要考虑以下三个因素:① 地点特征;② 商圈的特点;③ 为某一店址预测潜在销售额。前两个因素一般是考察店址初期需要考虑的,而预计商店潜在销售额,也即第三个因素,则涉及更为复杂的分析过程。对于这三个因素,我们将在接下来的部分中进行讨论。

8.2.1 地点特征

地点的一些特征会影响商店的销售额,因此在选址时需要考虑到。这些特征包括:① 交通流量和可获得性;② 停车设施;③ 可视性;④ 邻近租户;⑤ 限制及成本。

1. 交通流量和可获得性

影响商店销售额的重要因素之一是**交通流量**(traffic flow),即经过店址的车流量和客流量。交通流量大的地方,会有更多的消费者进出商店。所以,零售商经常用计算交通流量的方法来评估店址的吸引力。对于出售那些吸引冲动型购物者的商品和服务的零售商来说,计算交通流量特别重要,比如便利店和洗车店,而对于目的地商店而言,计算交通流量就没那么重要了。

交通流量并不总是越大越好。周围道路交通流量的测量经常被用来评估一个零售店址的吸引力,但这些测量也可能会产生误导。虽然这些措施可以合理估计一个地区的活跃水平,但它并不能指明这些交通流量中有多少人实际上在某个特定的零售店址停了下来并进行了购物。很多购物中心位于交通流量很大的道路和公路旁,虽然司机在这些道路上往返很多次或进行一些其他的日常活动,但并没有进行购物。再者,日交通流量在繁忙时间的测量值会发生"歪斜",因为交通堵塞会阻碍人们对商店的光顾。此外,交通流量的计数是按照 24 个小时的周期收集的,而报告的是平均水平;零售物业则每天通常只开放 8~12 个小时。

店址的**可获得性**(accessibility)与交通流量同样重要,它是指顾客出入商店的难易程度。位于带有交通灯和多条行车道的交通干线或不拥挤的高速公路旁的商店更容易到达。零售视角 8-2 描述了可获得性对于零售商店的重要性。

零售视角 8-2

在公路右侧开商店需要付费

对于美国司机来说,位于路的右边而不是左边的企业和商店最容易被那些通勤上班或上学的人看到。也就是说,如果我们要测量在一条道路上的交通量,我们会发现右手边黄线内下午有更多的客流量。因此,对于许多企业来说,右手边的店铺位置非常好,因为客户可以很容易迅速右转到这些店铺下车,然后简单的一个右转又很快驶出零售停车区,而无须穿过多条车道。

早上,右侧的位置可能是一家咖啡店或报摊的理想区位,但是大多数上班族早上很少有空闲时间,所以他们多会停留在加油站加油,喝上一加仑的牛奶,或者是在下午回家时去糖果酒吧吃点小吃。

对于赫斯（Hess）加油站和便利店来说，能够将店铺设立在右手边以迎合那些下午的通勤者是最优先要做的事。作为一家垂直的综合性能源公司，赫斯进行石油勘探和精炼，但人们最熟悉的莫过于其贯穿于美国东海岸的约 1 400 家带有绿色公司标志的零售商店。对于它的 130 万名日常客户来说，"我们的商店的位置是提供价值的关键……并对我们的成功至关重要，"赫斯零售营销副总裁里克·劳勒（Rick Lawlor）如是说。为了产生 60 亿美元的年销售额，赫斯保持：

使工作人员重视获利的商店位置。当评估位置时，我们会看大量的数据，如商店商圈的大小和特点、人口统计学特征和客户的地理位置。然而，对我们来说，最重要的因素是可视性和可接近性，即客户是否可以看到我们的店铺招牌并在回家的路上顺便右转进我们的店。位置数据是非常有用的，我们从来不会在没有派人去评估可视性和可接近性的情况下开店。

右转进入和右转离开赫斯店对消费者而言尤其重要，这个人群在乎的是便利店的方便性。对于许多司机来说，被要求穿过多个交通车道（堵着他们后面沮丧的司机）做一个左转简直是不值得的麻烦。如果他们还需要从停车场左转继续载客，那么他们想快速下车就会变得很慢，因为他们需要等待车流空隙进入汽车流。

从通勤者的角度来看，道路左侧的位置，随着地方、县和国家交通机构对"通道控制"政策的实施也变得越来越成问题。这些控制包括安装中线和限制左转弯，以及禁止交通信号灯的 U 形转弯。

由于这些消费者偏好和政府政策的结果，在道路"错误"一侧的商店中客户，交易可能会减少 5%～20%，这取决于道路的具体交通量模式。

因此，底线不再只是零售销售中重要的"位置，位置，位置"。位置问题必须在"接近，接近，接近"的过程中评估，特别是对于求方便的客户。任何评估商店位置的零售商，应该仔细考虑流量模式。你在路的右侧，还是错误的一侧？

资料来源："It Pays to Be on the Right Side of the Road," *TSImaster*, 2011; Rick Lawlor, personal communication.

问题讨论：在下午的通勤时间，什么类型的零售商在右侧更重要？在上午的通勤时间，对于哪种类型的零售商来说更重要？是否有某种类型的零售商在不在右手边的位置都不是特别重要？

天然障碍（natural barrier，如河流和山丘）和**人工障碍**（artificial barrier，如铁轨、被分割或限制进入的公路或停车场），都有可能影响可获得性。这些障碍对于特定店址的影响主要取决于商店里的商品或服务是否有足够的吸引力能够让顾客穿越障碍。例如，若没有方便的天桥，位于公路一边的超市就只能吸引公路这一侧的消费者。

一种更准确的测量交通流量的方法是请几家专业公司，在商店入口处收集进入购物中心的消费者数量。这项措施能够提供更准确地了解实际上光顾购物中心的消费者数量的情况。此外，该测量针对一年中单独的每一天，而不是专门从事交通测量的公司提供的年平均数。这使得根据季节性对比或每周对比而进行的分析更为详细和有针对性。

在美国，大多数消费者都驱车去购物中心，所以车辆交通是评估店址的一个重要因素。然而，对于没有开车购物习惯的那些国家（如中国）来说，在评估城区店址和封闭型购物中心内的店址时，人流量和公共交通的方便程度对于店址分析则更为重要。

2. 停车设施

停车设施的数量和质量对于评估购物中心非常关键。一方面，如果停车位不够或距离商店太远，顾客就会感到光顾该地点和商店不方便；另一方面，如果停车场空位过多，人们就会认为这家商店没人气，不受欢迎。购物中心的标准比例是 5.5∶1 000，即每 1 000 平方英尺零售商店面积配备 5.5 个车位，而超市则为每 1 000 平方英尺配备 10～15 个车位。

零售商需要在每天的不同时间，或者每周、每季度的不同日子观察购物中心，还必须考虑员工的停车位、公司用车的停车位、不购物顾客的停车位，以及大概的购物时间。

还有一个与可用停车设施数量密切相关、关系到购物中心自身的因素，那便是该区域的相对拥挤程度，**拥挤程度**（congestion）是指车辆或人群的数量。顾客对拥挤程度有个最佳的适应范围，过于拥挤会降低购物速度，使顾客感到不快，从而影响销售额；另外，商店里活跃的氛围又会提高顾客的兴奋度，从而提高销售额。

3. 可视性

可视性（visibility）是指顾客是否可以从街上看见商店。对于那些已经成功建立并拥有忠诚顾客基础的商店而言，可视性并不是一个重要的因素。但是，大多数零售商仍然希望顾客可以直接看到他们的商店。在那些人流量很大的地区，如旅游中心或大城市，让顾客从路上就能看到商店尤其重要。

4. 邻近租户

与具有互补性和竞争性的零售店相邻能带来更多的客流量，互补性的商店针对相同的目标市场，却提供非竞争商品。例如，Save-A-Lot，一家以对价格敏感的顾客为目标市场的有限分类超市，就喜欢与其他有相同目标市场（如 Big Lots、家多乐，甚至沃尔玛）的零售商将店面开在同一个地方。

你是否注意过相互竞争的快餐店、汽车经销店、古董店，甚至一个商场里的鞋垫和服装店都集中在一起？这样就使寻找此类商店的消费者购物更为便利，也能使其在各种商品之间进行比较，正如我们在第 7 章中曾讨论过的。在便利选购的情境中，消费者希望能轻松地做出选择，或者他们希望能有一个很好的商品分类，这样他们就能到处逛逛。这种店址选择方法是基于**累计吸引力**（cumulative attraction）原则的考虑，即一群相似并且具有互补性的零售店聚在一起，相比于从事相同零售活动的孤立商店会产生更大的吸引力。

5. 限制及成本

在本章后面，我们会学习在购物中心租借场地时，零售商可能会在租赁协议中对承租方类型制定一些限制条件。其中的一些限制条件能使该购物中心对于零售商更有吸引力。

例如，专营男装的零售商会更喜欢能够将其他男装店排斥在外、不使其进入该购物中心的租赁协议。条状购物中心的花店也会在协议中特别指出，如果这个地区的龙头杂货店退出该中心，那么它也可以无条件退出。零售商不喜欢那些对商店标志尺寸有所限制的购物中心，因为那样顾客就不那么容易看见店名了。在本章最后，我们将讨论在进行谈判租约时涉及的其他限制和成本问题。

8.2.2 购物中心内的店址

商店位于购物中心对其销售额和店面成本都会产生影响，较好的位置通常会使店面成本增加。在条状购物中心，靠近超市的店址地价比较高昂，因为它能吸引更多的行人。因此，如药店或花店可以吸引冲动型消费者之类的商店就应该靠近超市。但是像修鞋店之类的商店（别指望冲动型购物者）就可以设立在比较偏僻的地方，因为需要这种服务的顾客会自己找上门去。换句话说，修鞋店是目的地商店。

同样的道理也适用于评估多层、封闭式的购物中心。位于龙头百货商店（它们是喜欢比较购物的服装购买者的目的地商店）四周的商店虽然店面租金较高，但有更多的优势，因为它们迎合了消费者，尤其是时装购买者喜欢对比商品的心理。服装购买者逛完百货商店后可能会被吸引去逛这些临近的专卖店。与之相反，另外一些目的地商店如富乐客，就不需要把商店开在这些最贵的地段，因为许多顾客甚至在去那里购物之前就已经知道这家商店出售哪些种类的产品了。

另一种考虑是如何放置那些针对相似目标顾客群体的商店。事实上，顾客都愿意在商品分类齐全的商店购物。累积吸引力的原则不仅适用于互补的商店，也适用于相互之间进行竞争的零售商。考虑一下哥伦比亚的购物中心，它是马里兰州哥伦比亚市规划社区的核心。这个购物中心的商圈拥有近75万人口，位于富有的霍华德县，即马里兰州巴尔的摩和华盛顿特区正中间的位置。许多承租商都被放置到该商场的品类区以更好地与其目标市场相匹配。例如，在哥伦比亚市的购物中心中，销售珠宝的零售商彼此靠近。位于较低楼层的是扎莱什珠宝商、Show's 珠宝商、潘多拉、利特曼珠宝商、Monica 珠宝商，以及火与冰珠宝商。乘坐短自动扶梯上去的那层是 Eastern Coral、Edward Arthur、Helzberg Diamond、迈克·科尔斯（Michael Kors）、里德（Reed's）珠宝商，以及 Icing Ice。

8.3 商圈的特点

在确定了几个具有可接受的交通流量、可视性和其他地点特征的店址之后，零售商接下来需要收集这个店址商圈的相关信息，并预测这个店址的潜在销售额。零售商首先需要为该店址划定商圈。一旦商圈确定之后，零售商就可以使用各种不同的信息来源来详细了解这个商圈内消费者的特点。

8.3.1 商圈的定义

商圈（trade area）是指占据商店主要销售额和顾客的一个相邻地理区域。如图 8-3 所示，商圈可以划分为三个地带。购物中心以方格表示，其商圈划分为 5 分钟车程区（黑色），10 钟车程区（深灰色）和 15 分钟车程区（浅灰色）三个地带。

图 8-3　商圈地带

这些地带的准确划分由于特定零售商和地理区域的差别而有所不同。所以，图 8-3 中商圈的三个地带并不是以商店为中心的同心圆，而是根据街道、公路和诸如河流、山谷等天然障碍对开车时间的影响划分出来的不规则多边形。相互竞争的商店位置也会影响实际的商圈形状和大小。

主要商圈（primary trading area）是指购物中心或商店 50%～70% 的顾客来源地。**次级商圈**（secondary trading area）是指在销售额上处于第二个重要位置的地理区域，创造 20%～30% 的顾客。**第三级商圈**（tertiary trading area）或**边际地带**（fringe，最边缘地区），包括剩下的其他分散地区的消费者，这些消费者从远地开车而来，原因可能是其住所附近缺乏足够的零售商店，或者该商店或购物中心正好位于消费者上下班的路上。

用行车时间能够最好地定义这三个地带，所以主要商圈可以定为 5 分钟车程以内地区，次级商圈可以定义为 15 分钟车程以内地区，而第三级商圈则是 15 分钟车程以外的地区。然而，以地理上的距离来划分这三个地带，要比用行车时间划分更容易收集不同地带的人口数量及其特征信息。所以，零售商经常以距离而不是行车时间来定义不同的地带，比如距离商店 3 英里、5 英里和 10 英里。

8.3.2　影响商圈大小的因素

商圈的实际界限是由商店的可获得性、天然和物理障碍、竞争水平、所出售商品的性质、提供的商品分类，以及可选择替代性商品来源的位置决定的。

例如，在一个中心商业区的星巴克可能只有两三个街区的商圈；一个品类专门店像迈克尔斯可能会吸引 10 英里以外的顾客；货柜商店是一个城市唯一的此类商店，它可能会吸引顾客从 30 英里外赶来。品类专门店为从事比较购物的顾客提供了大量可供选择的品牌和产品。因此，顾客一般会驱车一定的距离来这些商店购物。在一般情况下，目的地商店只有一个大的商圈，人们愿意开车去这些更远的商店购物。

8.3.3 测量某一零售地点的商圈

零售商可以通过对顾客进行定位确定现有商店的商圈。顾客定位是指在地图上确定顾客的地址，标出它们与商店地址相关位置的过程。定位顾客的地址通常来自对顾客的询问、顾客的支票信息或网上渠道购物记录的信息，或者在推出顾客忠诚计划时收集的信息。通过顾客定位所取得的这些数据可以用两种方法进行处理：在地图上手工标出每个顾客的位置，或者运用本章后面部分描述的地理信息系统。

多渠道零售商使用其产品目录和互联网销售数据来发现顾客的信息，并使用这些信息来识别潜在的店址。某地区产品目录和互联网渠道消费者的数量可以用来预测在该地区设立一家商店带来的销售额。

8.3.4 商圈的信息来源

为了分析一个潜在店址的吸引力，零售商需要搜集这个店址商圈内消费者及竞争对手的信息。两个被广泛使用的商圈内消费者特征的信息来源是：① 美国人口普查局出版的《美国10年人口普查数据》；② 由几家私人商业公司提供的地理信息系统数据。

1. 美国人口普查局的人口统计数据

每过10年，**人口普查**（census）员就会收集来自美国每一个家庭的人口信息（性别、年龄、种族、教育、婚姻状况等）。10年人口普查不仅会统计人头数目，还会提供国家的人口、社会和经济特征的概况。美国人口普查局准备数据汇总的阶段性报告。在美国，一共有800万个**人口普查区**（census block），每个区大约有40人居住。最小的分析单位是**普查群**（block group），由几个相邻普查区构成，有300~4 000人。

虽然来自美国人口普查局提供的人口统计数据能够帮助我们更好地了解每一个地区或商圈的消费者特征，但是这些数据也存在下面两个局限性：第一，虽然其预测是相当准确的，但由于其基于每10年才进行一次的信息收集，因此数据的时效性不强。第二，数据并不是用户友好型的。利用人口普查资料来检查提供特定产品或服务的不同店址的商圈是很困难的。因此，大多数零售商选择依靠一些公司提供的地理信息系统数据来检查潜在商店的商圈。

2. 地理信息系统供货商

地理信息系统（geographic information system，GIS）是一个用于存储、检索、作图和分析地理数据的硬件与软件系统。地理信息系统还包括操作人员和进入系统的其他信息。地理信息系统数据的一个关键特征就是可以利用坐标系统（经度和纬度）精确地定位地球上的任何一个特定地方。这个系统中的数据包括空间特征如河流和道路，以及与空间特征相关的描述性信息，如街道地址以及街道上每个家庭的特征。

像ESRI（www.esri.com）、购买了Claritas（www.claritas.com/sitereports/Default.js）的

尼尔森（Nielsen）以及购买了 MapInfo（www.pbinsight.com/welcome/mapinfo/）的 Pitney Bowes 这样的公司，提供的服务将最新的人口普查数据和其他来源的数据结合起来，描述一个地理区域的消费者支出模式和生活方式。此外，它们还提供一个用户友好的界面，以便这些数据可以被方便地访问和分析。大多数系统分析结果都是通过地图形式使零售商能够快速可视化地看到这些数据的影响。例如，图 8-4 中的地图显示的是某零售商在一个都市统计区内的 3 家支行和第 4 家潜在支行的商圈，以及银行客户的相关地址。这张地图表明，人们通常选择去他们工作地点附近的银行，因此新支行可能会蚕食其他支行的业绩。

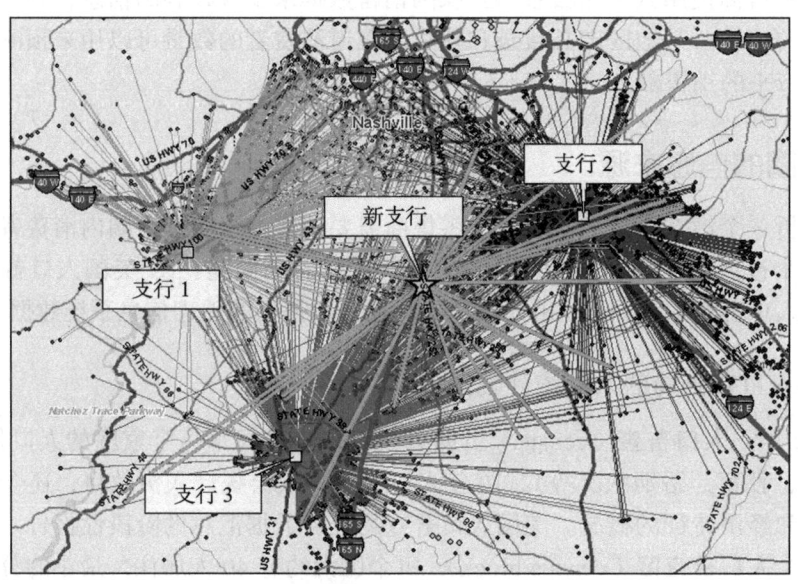

图 8-4　某银行商圈 GIS 地图

零售商如果有兴趣进一步了解他们店址周围的商圈，只要将其所考虑店址的经纬坐标和街道地址提供给这些公司，系统就会提供如下表中所示的预测数据：当前的年度估计以及与距离该店址 3 英里、5 英里和 10 英里辐射范围内居住人群生活有关的 5 年预测值。另外，这些地理信息系统公司可以提供有关消费者的生活方式、消费者支出模式以及竞争性零售商的位置等数据。图 8-5 是一份关于一个商圈内居民购买的零售商品和服务的报告样本。

性别	职业
收入	上班路上所花时间
可支配收入	上班的交通方式
净资产	家庭构成
教育程度	NAICS 类产品的家庭消费
年龄	细分市场的地理人口信息
人群	市场潜力指数
就业状况	潜在消费指数

```
esri                          Retail Goods and Services Expenditures
                                                      Sample Report
Proposed Location                                          Latitude: 41.8805
100 S Wacker Dr, Chicago, IL 60606-4006                    Longitude: -87.63715
Ring: 1 mile radius

Top Tapestry Segments:              Demographic Summary       2010        2015
  Metro Renters          68.4%        Population            45,534      50,151
  Laptops and Lattes     23.4%        Households            24,338      26,808
  City Strivers           2.7%        Families               7,223       7,843
  Main Street, USA        1.8%        Median Age              35.7        35.8
  Metropolitans           1.6%        Median Household Income $81,441  $100,632

                                     Spending      Average
                                     Potential     Amount
                                     Index         Spent           Total
Apparel and Services                   120         $2,873.94       $69,945,928
  Men's                                112         $512.65         $12,476,953
  Women's                              104         $861.55         $20,968,522
  Children's                           121         $485.96         $11,827,277
  Footwear                              84         $349.13          $8,497,153
  Watches & Jewelry                    173         $335.43          $8,163,589
  Apparel Products and Services¹      352         $329.21          $8,012,434
Computer
  Computers and Hardware for Home Use  169         $324.62          $7,900,647
  Software and Accessories for Home Use 169        $48.15           $1,171,788
Entertainment & Recreation             155         $4,996.06       $121,594,105
  Fees and Admissions                  155         $960.54          $23,377,534
    Membership Fees for Clubs²         155         $253.65           $6,173,216
    Fees for Participant Sports, excl. Trips  145  $154.42           $3,758,358
    Admission to Movie/Theatre/Opera/Ballet  172   $260.56           $6,341,578
    Admission to Sporting Events, excl. Trips 149  $88.77            $2,160,410
    Fees for Recreational Lessons      147         $201.16           $4,895,736
    Dating Services                    257         $1.96               $48,236
  TV/Video/Audio                       161         $2,003.60        $48,763,617
    Community Antenna or Cable TV      157         $1,130.81        $27,521,629
```

图 8-5　一个商圈内零售支出的地理信息系统数据

资料来源：Retail Goods and Services Expenditure Sample, reprinted courtesy of ESRI. Copyright © ESRI 2010. All rights reserved.

3. 社区市场细分

ERSI 和其他的地理信息系统供货商已经开发出方案，可以使用 GIS 地图将人口普查数据和其他关于居民生活方式与购买行为的调查数据结合起来，以此划分美国的地理区域。这个分析依据的前提是："物以类聚，人以群分。"具体来说就是，住在同一个社区的人往往有类似的生活方式和消费者行为模式。

ESRI 的社区细分系统根据人口和社会经济特征将所有美国居民区分成 65 个独特的细分市场。图 8-5 是一份芝加哥南瓦克车道 100 号 1.5 英里半径地区的假设报告。每个分区都提供了该分区中的典型人物的描述。该商圈报告中的最大部分是图 8-5 中的年轻上班族（Metro Renters）。根据 ESRI，年轻上班族社区的居民是那些年轻（大约30%都是20多岁），受过良好教育，以及在纽约、洛杉矶和芝加哥这样的大城市里刚刚开始其职业生涯的单身人士。他们年龄的中位数为 33.6 岁，家庭收入中位数为 56 311 美元。他们中的大多数租住高层建筑公寓（单独住或与室友合租）。他们旅行，看两种或两种以上的日报，听古典音乐和公共广播，经常上网。为了保持健康，他们经常在俱乐部健身，打网球和排球，练习瑜伽，滑雪和慢跑。他们去跳舞，看电影，参加摇滚音乐会，参观博物馆以及扔飞盘。绘画和制图是他们最大的爱好。他们彬彬有礼地自由自在着。目前市场在售的还有几个类似的、竞争性的社区细分系统，包括由尼尔森克拉瑞塔斯（Nielsen Claritas）开发的 PRIZM（邮政市场潜力指数）。

图 8-6 显示的是一个购物中心商圈内具备理想的地理人口统计特征消费者的位置分布图。注意，大多数零售商的理想顾客有时并不在主要商圈范围内。因此，这个购物中心的位置并不理想。（购物中心由五星标明；黑色的是主要商圈；深灰色的是次级商圈；浅灰色的是第三级商圈。）

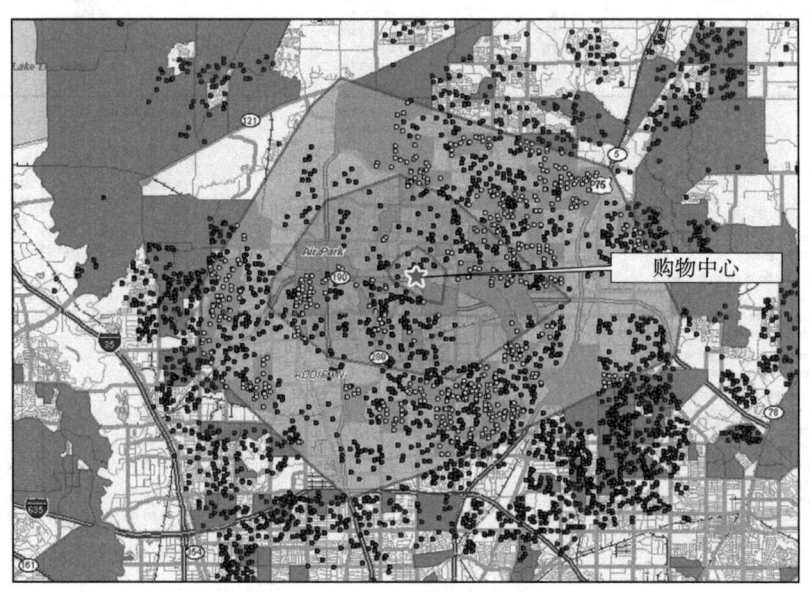

图 8-6　一个购物中心商圈内目标消费者的位置分布图

4. 消费潜力指数

消费潜力指数（spending potential index，SPI）是指一种特定商品或服务在某一商圈内的平均消费与全国的平均消费之比。100 是平均消费指数。例如，如果 SPI 是 120，表示当地消费者的平均消费水平比全国平均水平高出 20%；如果 SPI 是 80，则意味着当地的平均消费水平比全国平均消费水平低 20%（见图 8-5）。

8.3.5　商圈内的竞争

除了商圈内消费者的信息之外，零售商还需要了解这个商圈内的竞争水平和竞争类型。除了通过 GIS 供货商获得竞争对手地理位置方面的信息，还可以通过其他渠道获得这些信息。例如，大多数零售公司的网站上不仅列出了所有现在的店址，还列出了许多潜在的店址。另外一种比较传统的获得竞争信息的方法是查看电话黄页。竞争力信息的其他来源包括：由贸易协会，商会，《连锁店指南》（由 CSG 信息服务公司出版，网址是：www.csgis.com）以及各市、县政府机构出版的号码簿。

8.4　为某一店址预测潜在销售额

使用商圈信息预测某位置的商店潜在销售额的方法有三种：① 赫夫引力模型；② 回

归分析法；③类比法。

8.4.1 赫夫引力模型

赫夫引力模型（Huff gravity model）用来预测某个消费者光顾某家商店的可能性。该模型使用了两个因素来评估这个可能性：① 商店的规模（大商店往往有更大的吸引力）；② 去商店所用的时间（需要花费更长的时间才能到达的商店往往不具有吸引力）。预测某个顾客去特定商店购物概率的数学公式是：

$$P_{ij} = \frac{S_j / T_{ij}^{\lambda}}{\sum S_j / T_{ij}^{\lambda}}$$

式中　P_{ij}——顾客 i 到店址 j 购物的概率；
　　　S_j——店址位于 j 处的商店规模；
　　　T_{ij}——顾客 i 到店址 j 的时间。

这个公式表明，与竞争对手相比，商店的规模（S_j）越大，顾客在此购物的概率就越高。在顾客眼中，大规模的商店更具有吸引力，因为里面会有更多的商品和分类。购物途中所花时间或距离（T_{ij}）与这个概率成反比。与竞争性店址相比，如果消费者距离越远或所需时间越多，那他到该店购物的概率就越小。通常，顾客更愿意去比较近的商店购物。

指数 λ 反映出行时间和商店规模的相对影响。当 λ 等于 1 时，商店规模和去商店所需时间对这个概率有一样大的影响；当 λ 大于 1 时，去商店所需时间的影响更大；当 λ 小于 1 时，商店规模的影响更大。当去某一种特定类型的商店时，消费者选择的购物出行方式会影响 λ 值的大小。例如，与选购物品相比较，去商店所需的时间和路程因素对于便利商店而言更加重要，因为人们更愿意为了一双新鞋而不是 1 夸脱牛奶去更远的地点购买。所以，如果商店或购物中心经营的是便利商品而不是比较选购商品，就赋予 λ 较大的值。通过描述现有商店购物模式的数据，一般能估计出 λ 值的大小。

为了表明如何应用赫夫引力模型，来看看图 8-7。某个小镇中有石溪区和橡树带区两个社区。镇上现在有一家占地 5 000 平方英尺的药店，去年销售额为 800 万美元，其中 300 万美元来自橡树带社区，500 万美元来自石溪区。有一家竞争性连锁药店考虑在这个地区开一家面积为 10 000 平方英尺的商店。如图 8-7 所示，石溪区的居民去现有药店的平均驾车时间为 10 分钟，而去新药店只需 5 分钟车程。相反，橡树带区的居民去现有药店只需 5 分钟车程，而去新药店则需要 15 分钟车程。根据以往的经验，新连锁药店的 λ 值为 2。使用赫夫引力模型，可以计算出石溪区社区的顾客去新药店购物的概率 P_{RC} 为：

$$P_{RC} = \frac{10\,000/5^2}{10\,000/5^2 + 5\,000/10^2} = 0.889$$

而橡树带区的居民去新药店购物的概率 P_{OH} 为：

$$P_{OH} = \frac{10\,000/5^2}{10\,000/15^2 + 5\,000/5^2} = 0.182$$

这个简单的应用假设新药店进入社区后，这个地区的药店市场规模仍然维持在 800 万美元。我们也可以考虑新药店加入后会扩大药店市场的总规模。此外，我们可以考虑计算两个社区每个顾客去新药店购物的概率，而不是对每个社区中的一般顾客进行计算。

虽然赫夫引力模型只考虑影响销售额的两个因素——到商店所需时间和商店规模，但其计算结果往往比较准确，因为这两个典型因素对选址决策的影响最大。下面讨论的回归分析法将结合其他因素预测所考虑店址的销售额。

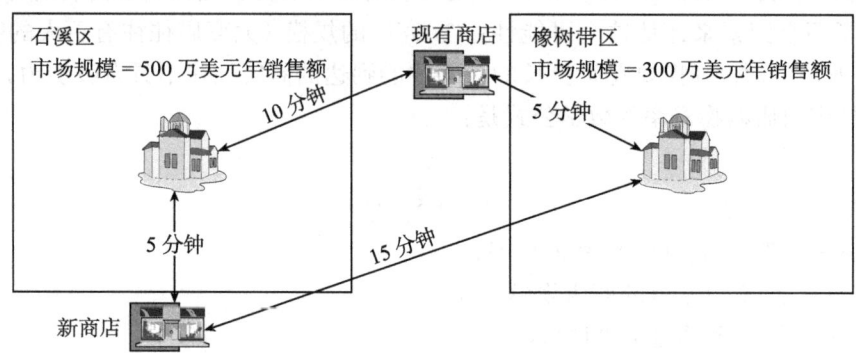

图 8-7　赫夫引力模型预测商店销售额的应用

8.4.2　回归分析

回归分析（regression analysis）是建立在影响现有连锁商店销售额的因素对正在考虑店址的新店也会产生同样影响的假设之上。基于这种方法，零售商使用一种称为多元回归的技术来估计用来预测现有商店零售额的统计模型。这种方法可以将本章中谈到的许多因素都考虑进来，包括店址特征（如可视性和可获得性），以及商圈特征如人口统计数据及其所代表的生活方式细分市场。

考虑下面的这个例子：一家体育用品连锁店分析了影响其现有商店销售额的因素，发现下面这个模型是预测商店销售额的最佳方法（其中各个因素的权重，例如 275 是家庭数量的权重，是根据多元回归法计算得出的）：

商店销售额 = 275 × 商圈内家庭数量（15 分钟车程）+
　　　　　　180 000 × 商圈内有 15 岁以下小孩的家庭所占的百分比 +
　　　　　　200 000 × 商圈内"年轻人"这一社区细分市场家庭所占的百分比 +
　　　　　　8 × 购物中心面积（平方英尺）+
　　　　　　250 000（如果商店能从街上直接看到）+
　　　　　　300 000（如果中心有沃尔玛超市）

这家体育用品连锁店正在考虑以下两个店址：

变量	估计权重	店址 A	店址 B
15 分钟以内的家庭数量	275	11 000	15 000
商圈内有 15 岁以下小孩的家庭所占的百分比	1 800 000	70%	20%
商圈内"有抱负的年轻人"这一社区细分市场家庭所占的百分比	2 000 000	60%	10%
购物中心总可租面积（平方英尺）	8	200 000	250 000
商店的可视性（1 = yes，0 = no）	250 000	yes	no
购物中心内是否有沃尔玛（1 = yes，0 = no）	300 000	yes	no

使用这个统计模型，店址 A 的预测销售额是：

店址 A 的销售额 = 7 635 000 美元 = 275 × 11 000 +
180 000 × 0.7 +
200 000 × 0.6 +
8 × 200 000 +
250 000 × 1 +
300 000 × 1

店址 B 的预测销售额是：

店址 B 的销售额 = 6 685 000 美元 = 275 × 15 000 +
180 000 × 0.2 +
200 000 × 0.1 +
8 × 250 000 +
250 000 × 0 +
300 000 × 0

可以看到，虽然店址 A 的商圈人数更少，购物中心规模很小，其预期销售额却更高。这是因为其所在商圈的特征与其目标市场的特征（有 15 岁以下儿童的家庭和有抱负的年轻人社区细分市场）更加吻合。

8.4.3 类比法

建立回归分析法模型，零售商需要从大量商店中获得关于商圈和店址特征的数据。因为小型连锁店不能使用回归分析法，所以采用相似但更为主观的类比分析法。在使用**类比法**（analog approach）时，零售商仅简单描述其最成功的商店的店址和商圈特征，并试图寻找具有类似特征的店址。下面，我们通过具体的例子来讨论如何运用这一方法。

8.5 选址实例：爱德华·贝勒高级眼镜店

爱德华·贝勒高级眼镜店（Edward Beiner Purveyor of Fine Eyewear）是一家专门从事高端、前沿时尚眼镜的零售商，在佛罗里达州拥有 11 家分店。其在南迈阿密的商店缺乏购物中心的那种娱乐和休闲气氛。该店址还存在另外一些问题：缺乏对抗暴雨的保护措施（暴雨是该地区亚热带气候的一大特点）、安全性问题和停车问题。然而，该店址也有一些优势：租金便宜，行人交通量大，很少有限制，而且这一地区没有其他高质量时尚眼镜店，尽管在整个地区有其他的眼镜店。

爱德华·贝勒高级眼镜店打算开一家新店。因为其在南迈阿密的这家店经营得非常成功，因此它想找一个拥有与此相似商圈特征的店址，并已经确定下来几家正在评估的潜在店址。

通过类比分析法，爱德华·贝勒高级眼镜店采取了下列四个步骤：

（1）进行竞争力分析；
（2）界定现有商圈；

（3）分析商圈特征；
（4）匹配现有商圈特征和潜在店址。

8.5.1 第一步：进行竞争力分析

表8-1是爱德华·贝勒正在考虑的四个潜在店址的竞争力分析示意图。为了做这个分析，爱德华·贝勒首先通过行业信息估算出当地每人每年购买眼镜的数量（第2栏），然后从美国人口普查数据中获得这个商圈的人口数量（第3栏），第4栏是将第2栏和第3栏数据相乘得出的这个商圈的潜在销售数量。

表8-1 潜在店址的竞争性分析

（1）商圈	（2）每人每年购买眼镜的数量	（3）商圈人口	（4）眼镜潜在销售数量	（5）预计眼镜销售数量	（6）商圈销售单元潜力	（7）商圈潜在渗透力（%）	（8）相对竞争力水平
南迈阿密	0.2	85 979	17 196	7 550	9 646	56.09	低
店址 A	0.2	91 683	18 337	15 800	2 537	13.83	中
店址 B	0.2	101 972	20 394	12 580	7 814	38.32	低
店址 C	0.2	60 200	12 040	11 300	740	6.15	高
店址 D	0.2	81 390	16 278	13 300	2 978	18.29	中

第5栏是根据对竞争性眼镜店的走访调查计算出的这个商圈售出的眼镜数量。第6栏代表的是商圈内的眼镜销售数量潜力，也就是第4栏减去第5栏，然后将第6栏除以第4栏得出这个商圈的潜在渗透力。例如，南迈阿密商店商圈的潜在销售量为17 196副眼镜，而这个商圈还有售出9 646副眼镜的潜力，那么这个地区的眼镜市场将还有56.1%的潜力有待发掘。这个数值越大，表示该地区的竞争越小。

第8栏是根据第7栏的数据结果主观估出的相对竞争力水平。与这个商圈内其他眼镜店不同的是，爱德华·贝勒高级眼镜店有自己独特的专卖系列。然而，从总体上来说，商圈的潜力越大，相对竞争力就越小。

根据表8-1所提供的信息，爱德华·贝勒眼镜店应该选择B作为其新商店的店址。店址B商圈潜力大，相对竞争力较小。当然，相对竞争力只是所考虑的各种因素当中的其中一个。接下来，我们将讨论除竞争力之外，决定爱德华·贝勒眼镜店最佳新商店地址的其他因素。

8.5.2 第二步：界定现有商圈

根据从爱德华·贝勒现有顾客数据库中得到的顾客定位数据，得到如图8-8所示的由ESRI公司根据其地理信息系统（GIS）软件绘制的商圈地图。这些地带是根据驾车时间来划分的：5分钟以内为主要商圈（黑色）；10分钟以内为次要商圈（深灰色）；20分钟以内为第三级商圈（浅灰色）。可以看到，由于主要的高速公路，尤其是美国一号公路为南北走向，所以商圈的边界线为长方形。一方面，南北向的高速公路给这个地区带来了交通流量；另一方面，拥挤的交通也常使人们出行不便。此外，比斯坎湾也限制了东面的商圈。

如果爱德华·贝勒眼镜店的店址位于某个区域性购物中心，那么其店址的商圈应该会更小。然而，由于爱德华·贝勒所在的这个商业区中还有其他几家眼镜店，这些附近相似的购物商店也帮助扩大了它的商圈范围。由于选择更多，更多的人被吸引到这个地方来购物。此外，在南面，爱德华·贝勒眼镜店的商圈受到了限制，因为那里有一个大型的地区购物中心，其中有几家商店销售与爱德华·贝勒眼镜店相似的产品。

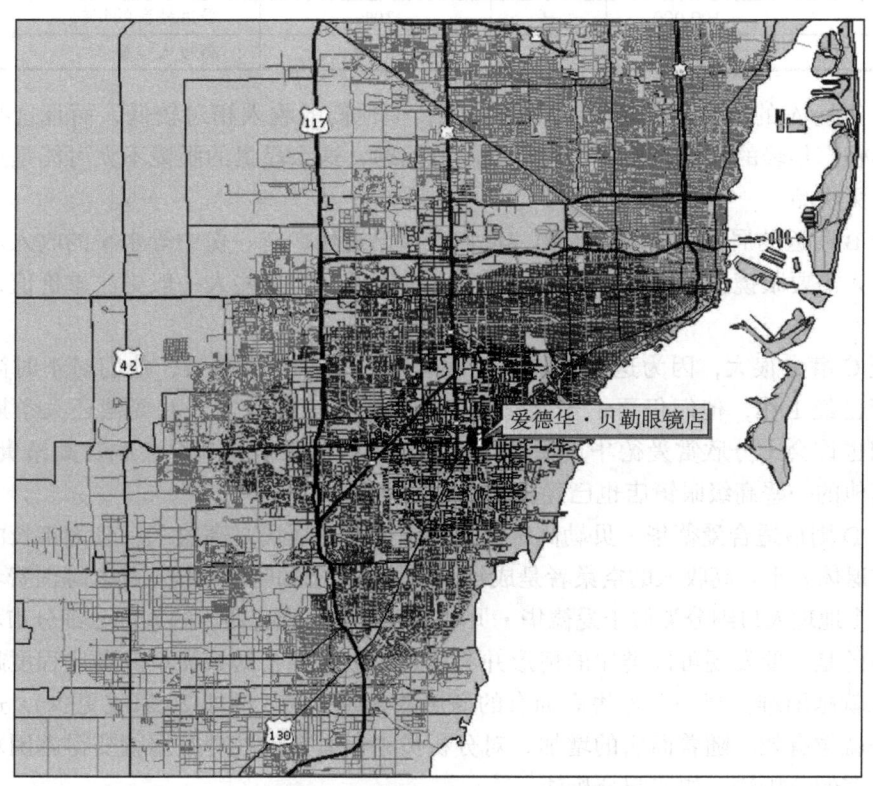

图 8-8　爱德华·贝勒眼镜店的商圈

8.5.3　第三步：分析商圈特征

界定了现有商圈之后，爱德华·贝勒眼镜店又看了几份描述其商圈特征的报告，在这些报告中发现了一些有趣的内容：

- 这个商圈的平均家庭收入为 92 653 美元。另外，27.6% 的家庭收入居于 75 000 ～ 149 000 美元，13.7% 的家庭收入超过 150 000 美元，爱德华·贝勒眼镜店 3 英里范围内的居民非常富有。
- 爱德华·贝勒高级眼镜店附近超过 50% 的人口为西班牙裔。

8.5.4　第四步：匹配现有商圈特征和潜在店址

爱德华·贝勒高级眼镜店了解到其现有商圈由大部分白领高收入人群组成，还有许多老年人、高端地理人口细分市场，也了解到昂贵、高档眼镜的竞争水平相对较低。表 8-2 在 5 个方面比较了爱德华·贝勒高级眼镜店现在的店址和 4 个正在考虑的潜在店址。

表 8-2 爱德华·贝勒眼镜店的 4 个潜在店址

店址	平均家庭收入（美元）	白领职业	45 岁及以上居民占比	主要地理人口细分市场	竞争水平
爱德华·贝勒眼镜店	100 000	高	37%	最顶层	低
店址 A	60 000	高	25%	年轻移民家庭	中等
店址 B	70 000	低	80%	年长实力人物	低
店址 C	100 000	高	30%	受过教育的年轻人	高
店址 D	120 000	高	50%	高收入空巢者	中等

虽然店址 A 的潜在消费者是典型的白领，但他们的收入相对较低，而且这些消费者都比较年轻。年轻的移民面临即将组建家庭的问题，这么昂贵的眼镜不太可能是这些家庭的优先购买物品。

店址 B 附近的居民属于实力人物，他们大多已退休，有一份中等水平的收入。虽然他们中许多人需要眼镜，而且这一地区的竞争水平较低，但这些人一般更注重价值，而不是时尚。

店址 C 潜力很大，因为这里的居民是那些受过教育的年轻人，他们对于时尚非常关注。尽管已经工作，他们仍要忙于装修自己的第一个家和公寓，并要偿还大学期间的贷款。他们也许会十分欣赏爱德华·贝勒眼镜店里的时尚眼镜，却不会欣赏其昂贵的价格。此外，其他的一些高级眼镜店也已经占据了这一地区。

店址 D 则最适合爱德华·贝勒高级眼镜店。这里的居民是高收入、较为年长的职业人士或提前退休人士。高收入的空巢者是成年人奢侈品（比如时尚眼镜）的老练消费者。重要的是，这个地理人口细分类似于爱德华·贝勒高级眼镜店现有商店的大部分细分市场。

遗憾的是，要发现可以类比的情形并不总是像上述例子这么简单。类比程度越弱，选址决策也就越困难。当一个零售商拥有的商店数量越少时（例如 20 家或更少），这种类比分析方法就越有效。随着商店的增加，对分析员来说有效地处理数据就变得越困难。这时就需要更多的分析法，如回归分析法。

8.6 租约谈判

选好特定的店址之后，零售商仍然面临着许多决策，包括租约类型和条款。

8.6.1 租约类型

租约的类型基本上有两种：变动租金租约和固定租金租约。

1. 变动租金租约

尽管每种租约类型都有其各种组合，然而最常见的形式是**变动租金租约**（percentage lease），这种租约中租金是按销售额的一定百分比来计算的。除了销售额的一定百分比，零售商通常还需要根据所承租商店面积的百分比支付维护费用。大多数商场都使用变动租金租约的某些形式。零售店的租约期限通常为 5~10 年，所以租金随销售额和通货膨胀而增加（或降低），而这对于双方都比较公平。

带有**最高限额的变动租金租约**（percentage lease with specified maximum）是指租约规定了付给出租方的租金要在一定的最高限额内。这种租约可以将租金稳定在一定的标准上，有利于经营状况好的零售商。类似地，带有**最低限额的变动租金租约**（percentage lease with specified minimum）是指不管销售额有多低，零售商都必须至少支付最低限额的租金。

另外一种变动租金租约叫作**浮动扣率租约**（sliding scale lease），是指租金占销售额的百分比随着销售的增长而下降。例如，当销售额为 200 000 美元时，零售商第一次支付这个销售额的 4% 作为租金，而当销售额超过 200 000 美元时，零售商只需支付这个销售额的 3% 作为租金。和带有最高限额的变动租金租约一样，浮动扣率租约有利于那些销售业绩好的零售商。

2. 固定租金租约

第二种基本的租约类型是**固定租金租约**（fixed-rate lease），这种租约类型大多为社区中心所采用。按照这种租约，零售商在租期内每个月支付的租金是固定不变的，零售商和出租方都知道每月具体的租金金额是多少。然而，正如我们前面提到的那样，这种租约不如变动租金租约那样普遍。

由固定租金租约衍变而来的另外一种租约形式叫作累进制租约，也就是租金每隔一段时间增加某个固定的数额。例如，在前 3 年内，每个月的租金为 1 000 美元，而在接下来的 5 年里，每个月租金增长为 1 250 美元。

8.6.2 租约条款

虽然租约是一种正式合同，但有时也可以根据零售商和购物中心管理方的相对权力以及零售商的具体要求进行变动。除了租金外，还有一些其他方面的租约谈判如合租、禁止使用以及独家使用条款。

1. 合租条款

一些零售租约包含**合租条款**（cotenancy clause）。这些条款可能要求一个购物中心的一定比例要被租出或在该中心要有指定的商店。例如，如果盖璞要进入一个购物中心，那么它不希望只是自己一家在这个购物中心里面。盖璞希望这个购物中心能够有一组其视为互补的零售商。这些零售商可能包括阿贝克隆比 & 费奇、香蕉王国（也在盖璞旗下）、Aeropostale、美鹰傲飞服饰、Ann Taylor、Anthropologie 和 bebe 等。因此，当在一份租赁协议上看到这样一个条款，即盖璞要求上述 7 家零售商中至少要有 4 家同时在里面时才会签约，也并没有什么不寻常。

如果违反了这些条款，签署了合租租约的零售商可能要求降低租金或相约一起离开。在过去的几年里，合租条款变得尤为重要。因为许多零售商，包括一些大型的连锁店，如电路城、博德斯以及 Linens'n Things，就由于其破产而制造了大量的商场空位。

2. 禁止使用条款

禁止使用条款（prohibited-use clause）限制出租方将场地租给特定类型的租户。许多零售商都不愿意出租方将场地租给占用停车位却不能带来顾客的机构，比如保龄球馆、溜冰场、会议大厅、牙医诊所或者房地产办公室。零售商也会限制那些损害购物中心整体形象的会所使用自己的场地。禁止使用条款一般会限制酒吧、游泳馆、游戏厅、场外赛马博彩室、按摩会所以及色情场所的进入。

例如，假设著名的珠宝商蒂凡尼在某高端购物中心有一家商店，这家购物中心即将与H&M签署租赁协议。蒂凡尼就可以明白无误地利用禁止使用条款对该购物中心管理方提出诉讼。具体来说，这项租赁协议禁止那些"按照传统零售行业标准，其商品或价格不被认为是奢侈品、高档或更好的"零售商使用或租赁蒂凡尼店内特定、前面或临近的空间。

3. 独家使用条款

独家使用条款（exclusive-use clause）禁止购物中心管理方将场地出租给出售竞争性产品的零售商。例如，折扣零售店的租约可能会规定房东不能将场地租给其他的折扣店、品类店，或具有有限品种价值的零售商。

一些零售商对门店外观也会有特殊的要求。例如，一家女装店可能会要求落地玻璃，以最大限度地进行橱窗展示并让顾客能够方便地看到店内。其他的零售商则认为，保证街上没有其他建筑物遮挡住商店是非常重要的，所以他们在租约中会特别提出停车场上不能有任何捆绑建筑。**外部地块**（outparcel）是指坐落在购物中心停车场却不与之相连的建筑物（如银行或麦当劳），或者商品信息亭（如自动取款机）。

4. 公共区域维护费用

在零售租赁中，**公共区域维护**（common area maintenance，CAM）条款往往需要最广泛的谈判。这些条款传统上是为了维护共同的区域分配责任，包括人行道或停车场。现代租赁版本已经对这些责任进行了扩展，如租户可能需要同意为资本改善项目做出贡献，为新的屋顶付费，或参与毗邻土地的购买。对公共区域维护条款的含义进行这种扩张的一个结果是，如今许多租赁协议中只是简单地称其为运营成本；在某些情况下，这些费用甚至超过了租金本身。这种状态有助于解释为什么公共区域维护费需要如此深入的谈判。零售租户试图寻找限制自己应该承担的责任，他们要求监督任何公共区域费用的权利，以确认要求其承担的部分是合法的。

本章小结

（1）总结选择店址时的考虑因素。

零售商在评估某地区商店的位置时考虑的四个因素是：经济状况、竞争情况、战略吻合度和运营成本。人口众多并且还在不断增长、竞争水平有限、自身情况与零售商的目标市场相匹配的那些地区更具吸引力。最后，还需要考虑服务某地区的成本。当确定在一个地区的建店数量时，零售商需要确定利用规模经济带来的销售额和利润的增量以及由于增加商店造成的利润蚕食。

（2）回顾某一特定店址的特点。

店址的某些特征会影响商店的销售，因此在选择店址时要考虑这些特征：① 交通流量和可获得性；② 停车设施；③ 可视性；④ 邻近租户；⑤ 限制及成本。

（3）理解零售商为某一店址进行的商圈分析。

商圈通常分为主要商圈、次级商圈以及第三级商圈。一个商圈的界限取决于顾客对其可获得性、商圈中的自然和物理障碍、该商店所在位置购物区的类型、商店的类型以及竞争水平。两个评估商圈的信息来源是人口普查数据和地理信息系统（GIS）。

（4）为新店址确定预计的销售额。

一旦零售商掌握了描述其商圈的数据，他们会使用几种分析技术来估计需求。赫夫引力模型预测某个消费者在某商圈选择一个特定商店的概率。该模型是基于这样的前提：消费者更可能在位置方便、有较多选择的给定的商店或购物中心购物。回归分析是一个基于统计的模型，该模型估计各种因素对现有商店销售的影响，并使用这些信息来预测新店址的销售额。最简单的方法之一——类比方法，对规模较小的零售商尤其有用。利用与回归分析相同的逻辑，零售商可以根据类似地区商店的销售额来预测新店的销售额。

（5）阐明店址选择的过程。

爱德华·贝勒高级眼镜店被用来说明如何使用类比技术来进行某个新店选址的分析。这个例子阐释了如何：① 进行竞争分析；② 界定目前的商圈；③ 分析该商圈的特点；④ 将现有商圈的特征与潜在店址进行匹配。

（6）解释租约的各种类型和条款。

零售商需要就租赁条款进行协商谈判。虽然租约是正式的合同，但可以对其进行变动以反映零售商和购物中心管理方的相对权力以及零售商的特定需要。这些租约条款影响该店址的成本并可能会限制零售活动。租赁有两种基本类型：变动租金租约和固定租金租约。除了租金外，租赁中的其他一些方面是合租租约、禁止使用条款和独家使用条款以及公共区域的维护条款。

小试身手

1. 持续案例任务 评估你为持续案例任务选定的零售商经营的某家商店的店址。该零售商的商圈的规模和形状是怎样的？描述其店址具有哪些方面的优势和劣势。将该商店的店址和其竞争对手的店址进行比较。

2. 网上练习 登录 www.esri.com/library/fliers/pdfs/tapestry_segmentation.pdf，识别你希望在你所在的邮政编码区找到的五个细分市场，然后登录 http://www.arcwebservices.com/services/servlet/EBIS_Reports?serviceName= FreeZip&errorURL=http%3A%2F%2Fbao.esri. com%2Fesribis%3Fcommand%3Dzipcodelookup& zipcode=02453&x=0&y=0，输入你所在地区的邮编。将在你的邮编下发现的细分市场与你初始预测的部分进行比较。它们是相似的还是不同的？

3. 网上练习　登录 ESRI 地理信息系统的主页：http://www.esri.com/what-is-gis，阅读关于 GIS 的部分。然后，解释借助地理信息系统零售商如何可以更好地决策。

4. 网上练习　美国人口普查局追踪关键的人口特征，如年龄、性别、身体残疾情况、就业、收入、语言、贫困状况和种族。登录美国人口普查局的主页：http://factfinder2.census.gov/faces/nav/jsf/pages/index.xhtml，使用里面的人口搜索器（Population Finder）查找你所在州的关键人口数据，解释哪些因素将是零售商评估这个位置时最重要的考虑因素。

5. 购物　去一个购物中心。获取或绘制该购物中心中各个商店的地图。分析这些商店是否以合乎逻辑的方式聚集在一些。例如，所有的高端商店在一起吗？有没有一个好的零售商混合体来迎合那些就近比较购物者？

6. 购物　参观一家位于封闭式购物中心和邻里条状购物中心的珠宝店，列出每个店址的优缺点。哪个店址是最可取的？为什么是这样的情况？

▶ 讨论问题

1. 当评估某地区的店址时，零售商要考虑哪些因素？零售商如何确定一个商店的商圈？

2. True Value Hardware 公司计划开一家新的商店。它有两个可用的店址，这两个店址都在中等收入的邻里中心。一家邻里中心已经存在 20 年，并能够得到很好的维护。另一家刚刚在某新规划的社区建成。对 True Vaue 来说，哪个店址更好？为什么？

3. 商圈经常被描述为从商店或购物中心发出的同心圆。为什么使用这种做法？建议采用另一种描述商圈的方法。如果你拥有一家商店，在需要做商圈分析时，你会使用哪一种方法？

4. 在哪些情况下，零售商可能使用类比法估计一个新店的需求？回归分析呢？

5. 零售商可以选择将店面开在某商城的第一层或第二、第三层。通常情况下，第一层提供了最好但最昂贵的位置。为什么像美国无线电器材公司和富乐客这样的专卖店会选择第二或第三层？

6. 百货公司、消费性电子产品品类杀手、服装专卖店以及仓储式商店的最好的零售地点是什么？给出你的理由。

7. 如果你正在考虑塔可钟连锁店的特许经营权，就交通、人口、收入、就业、竞争方面来说你有什么想了解其店址的吗？对于某个潜在的店址，还有什么是需要你研究的？

8. 一家药店正在考虑在购物中心 A 开设一家新店，希望能从一个正在建设中的新社区中获得销售额。附近的两个购物中心 B 和 C，会带来竞争。使用以下信息以及赫夫引力模型确定新的社区居民将在购物中心 A 购物的概率：

购物中心	面积（1 000 平方英尺）	新社区的距离（英里）
A	3 500	4
B	1 500	5
C	300	3

推荐读物

Baumgartner, H., and J. B. E. M. Steenkamp. "Retail Site Selection." In L.A.M. Moutinho and G.D. Hutcheson (Eds), *The SAGE Dictionary of Quantitative Management Research*. Thousands Oak, CA: Sage, 2011.

Can, Cui, Jiechen Wang, Yingxia Pu, Jinsong Ma, and Gang Chen, "GIS Based Method of Delimitating Trade Area for Retail Chains," *International Journal of Geographical Information Science* 26, 19 (2012), pp. 1863–1879.

Cox, Emmett. *Retail Analytics: The Secret Weapon*. Hoboken, NJ: Wiley, 2011.

Duggal, Nini. *Use of GIS in Retail Location Analysis*. Saarbrücken, Germany: VDM Verlag, 2008.

Gibbs, Robert. *Principles of Urban Retail Planning and Development*. Hoboken, NJ: Wiley, 2012.

Joseph, Lawrence, and Michael Kuby. "Gravity Modeling and Its Impacts on Location Analysis." In H. A. Eiselt (Ed), *Foundations of Location Analysis*. New York: Springer, 2011.

Ki, Yingru Li, and Lin Liu. "Assessing the Impact of Retail Location on Store Performance: A Comparison of Wal-Mart and Kmart Stores in Cincinnati." *Applied Geography* 32, no. 2 (March 2012), pp. 591–600.

Suárez-Vega, Rafael, Dolores R. Santos-Peñate, and Pablo Dorta-González. "Location Models and GIS Tools for Retail Site Location." *Applied Geography* 35, no. 1–2 (November 2012), pp. 2, 35.

Teller, Christoph, and Thomas Reutterer. "The Evolving Concept of Retail Attractiveness: What Makes Retail Agglomerations Attractive When Customers Shop at Them?" *Journal of Retailing and Consumer Services* 15, no. 3 (2008), pp. 127–143.

Tyman, Jeff, and Lewis Poi. "Retail Site Selection and Geographic Information Systems." *Journal of Applied Business Research* 11, no. 2 (2011), pp. 46–54.

Wood, Steve, and Sue Browne. "Convenience Store Location Planning and Forecasting—a Practical Research." *International Journal of Retail and Distribution Management* 35, no. 4 (2007), pp. 233–255.

第9章

人力资源管理

- **主管简介**
  蒂姆·胡里根，人力资源副总裁
  家得宝公司

　　家得宝在八项核心价值观的基础上形成了其强大并具有"橙色血统"的组织文化。这些核心价值观包括提供优质的客户服务、关心我们的员工、建立稳固的关系、尊重所有人、坚持企业家精神、做"正确"的事情、回馈以及为股东创造价值。这些价值观被醒目地印在我们的橙色围裙上，当员工与客户以及员工与员工之间发生互动时指导着他们的行为。由于我们提倡"门户开放"的理念，因而员工对于我们如何才能更好地实践我们的核心价值观也经常各抒己见。我们位于亚特兰大的机构被称为店铺支持中心（SSC）。它没有被称作"公司总部"有几个原因，其中一个关键原因在于我们期望在一线员工服务客户的行为中强化我们作为支持者的角色。我们以一种简化的思维方式进行思考：我们所做的每一件事都必须使门店员工更容易发挥作用，从而为最终消费者提供优质的顾客服务。

　　我的业务职责是负责优化和管理家得宝的员工薪酬、健康和福利以及医疗健康管理方案。除了这些企业范围内的职责，我还是高级人力资源业务合作人，负责支持公司在商品管理、市场营销和供应链等组织中的人力资源活动。

　　人力资源部门在强化这些信息中起着至关重要的作用，这关乎我们如何定义人力资源的战略价值所在。在家得宝，我们相信：注重人力资源、采取循序渐进的政策并通过它使我们在市场上与众不同是可持续竞争优势的一个来源。这需要大量的工作和"投资"，但它带来的好处也使得竞争对手无法轻易复制（例如，通过提供与我们匹配的价格），并能够建立和培养真正的员工联系/敬业精神。我们的创始人说得好："关心我们的员工，他们会关心我们的客户，而其他的一切都会顺其自然地发生。"这些努力有助于打造一个了解员工真正需求的就业品牌，并且人力资源部门以战略性的方式影响我们在如何进入市场方面做出贡献。

　　如上所述，"关心我们的员工"是我们的核心价值观之一。我的团队展示这一点的方法之一在于设计和执行我们认为是零售行业最好的整体薪酬组合之一。除了经常性提供的基本工资和有竞争力的配套福利之外，我们还在薪酬方案中增加了一个被称为"成功分享"的独特部分。设计该方案的目的在于对于财务业绩达到一定指标做出贡献的员工进行利润分享。该部分薪酬每年发放两次，基本介于员工工资水平的2%～6%。所有时薪员工都可享受该薪酬方案。在过去的一年里，几乎所有的同事都收到了该部分奖金，对此我们付出了近2亿美元！该方案有助于将员工的努力和他们协助实现的财务业绩之间的联系拉得更近。

在另一个例子中，关于我们员工的一项调查显示，白天照顾子女是一项重大的挑战。此外，我们注意到，提供老人护理也是一个新兴的趋势。我们考虑了许多可供选择的方案来解决这个问题。在美国各地，为大约 2 000 家家得宝公司提供日托中心不是一个可行的解决方案。然而，当有需要的时候，我们可以和第三方合作为我们的员工提供儿童和老人托管服务。提供这种类型的支持是突出我们的核心价值的另一种方式，支持我们的销售员工同时也使他们能够提供优秀的客户服务。

对于我们在亚特兰大的员工，我们能够提供进一步的支持。我们设立了一个现场的日托中心。它是美国由企业赞助的最大的日托机构之一。该中心面向亚特兰大地区所有家得宝的员工开放，不只是那些在店铺支持中心工作的员工。此外，对于学龄儿童，我们提供了夏令营。日托中心给我们的员工提供了一个白天照顾孩子的机会，他们甚至能够在公司餐厅和孩子一起吃午饭。它为我们在亚特兰大竞争激烈的劳动力市场寻找人才提供了一项重要的优势。

为了努力吸引和留住最好的销售人才，我们已经开发了一个综合招聘和人才管理计划。我们寻找最有才华的候选人，以补充销售职能中至关重要的领导角色。一旦我们确定了合适的人选，我们就单独为其制订一个方案，为他们提供必要的技能和知识，协助他们在领导角色中取得成功。持续的正式学习和在职培训是该计划的关键组成部分。

家得宝提供了一个伟大的环境，使你可以通过家得宝的平台在这个瞬息万变的零售环境中磨炼技能。这是一个充满活力和实现个人职业抱负的好地方。

□ 学习目标

- 回顾人力资源管理的目标。
- 讨论人力资源经理面对的主要问题。
- 总结零售员工所从事的活动以及这些活动通常是如何被组织的。
- 阐述为了赢得人才争夺战而进行的活动。
- 识别人力资源管理所涉及的法律问题。

零售商的财务目标是通过对五项重要资产——店址、商品存货、渠道、员工和顾客的有效管理来实现的。本章将集中讨论员工管理，以建立人力资源竞争优势。沃尔玛的创始人山姆·沃尔顿曾经有一个著名的警告，他说如果管理团队成员没有优先对其员工提供支持，那他们就不再是团队的一部分。为了确保公司的成功，他认为必须鼓舞员工积极贡献自己的想法，并对工作和公司保持投入。星巴克的创始人兼首席执行官霍华德·舒尔茨（Howard Schultz）强调说："与公司员工的良好关系以及公司的内部文化是我们最重要的可持续竞争优势。"

人力资源管理（HRM）负责协调员工的能力与行为，使其与零售公司的短期和长期目标保持一致。有效的人力资源管理可以通过降低成本或提高差异性来建立竞争优势。特别地，大多数零售商最大的可控费用——劳动力成本可能占到收入的 10% 左右，这意味着有效的人力资源管理可以使企业获得成本优势机会。此外，商店员工在使零售商区别于其竞争对手方面也起到重要作用，因为他们可以通过提供信息和服务来强化消费者体验。通过人力资源管理而获得的这些差异化优势是很难被竞争对手模仿的。比如诺德斯特龙百货因其员工为顾客提供杰出的服务而被称道，但大部分零售商无法在自己的企业里发展与之相同的以顾客为导向的企业文化。

人力资源管理是如此重要的职能，因此本书有两章都将围绕这个问题展开论述。本章的讨论主要集中在宽泛性战略问题上，包括组织结构、协调和激励员工的一般方法、建立高效投入的员工队伍及降低人员流动率的管理实践等。为执行人力资源管理战略所采取的一系列具体活动，比如招聘、筛选、培训、监督、评估及为销售人员提供报酬等，通常需要在店面管理中实施，这些更具操作性的问题将在本书第 16 章中进行详细讨论。

9.1 人力资源管理的目标

人力资源管理绩效指标

三个经常被用来评估人力资源管理绩效的指标是：员工劳动生产率、员工流动率和员工投入。

1. 员工劳动生产率

劳动生产率（productivity）是单个员工产生的销售额。其计算如下：

$$员工劳动生产率 = 净销售额 / 全职等同员工人数（FTE）$$

一个全职等同员工是指一个员工的工作时数除以一个全职员工的工作日小时数。因此，一个为零售商一周工作 12 小时（标准工作周小时数是 36 小时）的销售人员将被视为 1/3 个 FTE。提高员工的劳动生产率可以通过提高员工创造的销售额或减少员工的人数，或两者兼有。

2. 员工流动率

另一个人力资源绩效考核的指标是员工流动率。员工流动率的计算如下：

$$员工流动率 = 一年内辞职的员工人数 / 公司的岗位数$$

因此，一家商店如果在一年里曾有 5 个销售人员，其中有 3 个人离开并被替代，那么人员流动率就是 3/5 = 60%。需要注意的是，如果在一年里离开并被替代的人员数量超过了商店里的员工总人数，人员流动率就会超过 100%。比如在前面那个例子中，如果被替代的那 3 个人在这一年内也离开了这家商店，那么员工流动率就变成了 6/5 = 120%。

3. 员工投入

投入（engagement）是一个员工对组织及其目标的情感承诺。它超越了员工的幸福感和满意度。员工可能会在工作中获得快乐，但这并不必然意味着他们正在努力工作以确保零售商实现其目标。同样地，满意的员工可能不会花额外的精力在自己的工作上。但投入的员工关心他们的工作和公司。他们工作不只是为一份薪水或为下一次提拔，还为了使零售商实现其目标。他们会更有动力帮助零售商努力提高消费者满意度以及建立客户忠诚度。投入的员工也不太可能离开公司。通常情况下，零售商使用员工调查来衡量员工投入。

对人力资源的管理不善可能导致如图 9-1 所示的业绩下降循环。有时，当零售商的销售和利润由于竞争加剧而下降时，零售商就会以削减劳动力成本来做出响应，因为劳动力往往是零售商最大的可控费用。他们减少在商店的销售员工的数量，雇用更多的兼职人员，并减少培训费用。这些决定带来的一个后果是：销售会下降得更厉害并陷入这种向下的循环。

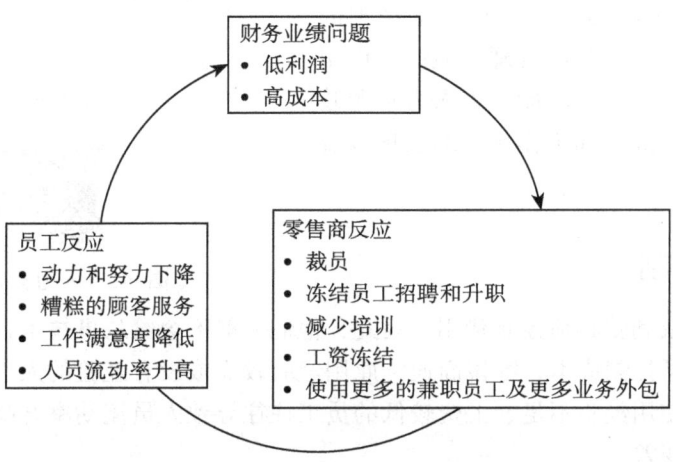

图 9-1 公司业绩的恶性循环

许多零售商将员工视为一种成本，而不是作为用以改善客户服务并且增加销售额的一项投资。因此，这些零售商专注于最大限度地降低劳动力成本。零售商通常给他们的店面经理提供每月（或每周）的人工成本预算，并以是否完成目标工资销售额百分比来对这些经理进行评估。对于一些经理来说，这些成本压力太大以至于他们要求员工不打卡上班，这样员工获得小时工资就比他们真正应获得的工资少。虽然这些措施可能会提高短期生产率和利润，但也会因为员工不够投入而对长期业绩产生不利的影响，还会因为士气下降从而导致顾客服务和销售的下降。

9.2 人力资源管理中的挑战

在零售业中，有效的人力资源管理因如下几个原因而极具挑战性。第一，很难在员工需要、公司办公部门制定的政策和程序，以及地理上分散的各家店中实施这些政策之间实现微妙的平衡；第二，零售商增加兼职员工的比例以努力降低费用；第三，由于美国人口及劳动力储备变得越来越多样化，管理多样性成为零售业人力资源专业人士的一个重要目标；第四，零售商已进行跨国发展，需要修改和调整其人力资源视角、政策与程序。

9.2.1 平衡人力资源三元组

很多零售商都认为人力资源非常重要，它不能只是人力资源一个部门的事情。只有人力资源三元组中的三个要素——人力资源专家、店面经理和商店员工一起发挥作用，一家零售公司的人力资源潜力才能得到充分的发挥（见图 9-2）。

人力资源专家通常都在公司办公室工作，他们具备专业的人力资源实践知识并且通晓劳动法。他们主要负责制定人力资源政策以执行零售商的战略,并为店面经理和员工提供技能与培训以贯彻这些政策。店面经理通常在商店里工作,主要负责将这些政策应用到对员工的日常管理中。本章将讨论人力资源专家所面临的问题。本书第16章将讨论店面经理的职责。员工也参与人力资源管理,他们的作用主要在于确定自己的工作职能、为人力资源政策提供反馈、评估经理和工作伙伴的表现以及管理自己的职业。

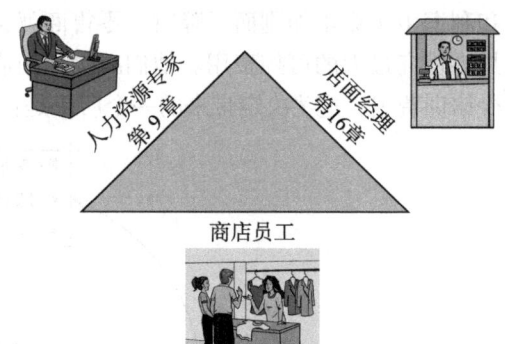

图 9-2　人力资源三元组

9.2.2　费用控制

零售商为了获利就必须控制费用。因此,他们一般不会给从事技术含量低的时薪员工支付高工资。为了控制成本,零售商通常雇用经验较少或没有经验的人当销售人员、出纳员和服务员。而使用经验不足、工资较低的员工往往导致人员流动率升高、员工请假次数增多和销售业绩变差。

对于许多零售商来说,员工经验不足和没有工作动力是非常麻烦的事,因为这些员工才是经常直接面对顾客的人。与生产线上的生产员工不同,报酬最低的零售员工的工作环境是顾客很容易看到和接触到的。员工形象不好、不懂礼貌、态度恶劣会对销售额和顾客忠诚度造成负面影响。有研究表明,零售商对于某些类型的零售业务,如果在雇用更多员工方面适度投资,会使得销售额大幅增加。如果消费者自己找不到某产品,或者无法解释该产品是如何工作或使用的,那么他们就不太可能购买该产品。

9.2.3　兼职员工

控制费用的方法之一是使用兼职员工。零售店对店面员工的需求取决于一天、一周、一年的时间和促销计划。调度系统的计算机化使零售商得以在控制成本的同时提高服务水平,因为他们可以在小时基础上使工作人员与客户需求保持匹配。该系统会考虑到在周边地区发生的特殊事件(例如,在一年一度的城市集市期间某家市中心的冰激凌店增加了其人员配备)、市场推广的时间,以及进行人员配备建议的天气和季节性模式。为了最大限度地降低成本,该系统建议零售商用兼职工人以补充其全职(每周40个小时)店内员工。兼职员工比条件差不多的全职员工所付薪酬更低。此外,通常不给他们提供健康、退休福利,或只提供极低的工作保障。然而,兼职员工通常不如全职员工那样对工作投入。

9.2.4　利用多样性的员工队伍

长期以来,美国不断变化的人口统计模式导致了合格销售人员的短缺。所以,除了利用工资没那么高的兼职人员,零售商必须增加人才储备,招聘、培训和管理及保留年长人士、少数族裔及残障人士。

虽然传统上年轻员工构成了零售劳动力的主力军，但零售商日渐意识到年轻员工期望从工作及其环境中获得的东西与其父辈完全不同，因此对他们应该使用不同的管理方法。年轻员工需要更具弹性及有意义的工作、职业自由以及在个人生活和工作之间更好的平衡。在工作与预期不一致时，他们很容易做出离职的决定，导致人员流动率高企。

为了解决总体劳动力短缺及年轻员工工作不得力的问题，越来越多的零售商正在转而寻求较为年长的人为他们工作，因为他们更可靠、更稳定、工作表现更佳。年长员工的培训费用往往也更低，因为他们通常都有丰富的工作经验。所有这些雇用年长员工的优势能够弥补任何因为健康原因请假所带来的损失。

9.2.5 国际人力资源问题

管理跨国公司的员工具有特殊挑战。工作价值观、经济制度和劳动法的差异，意味着在一个国家中有效的人力资源政策在另一个国家中并不一定有效。例如，基于美国的个人主义文化，美国的零售商更倚重个人表现来对其进行工作评估和奖赏。然而，在尊崇集体主义文化的国家，如中国和日本，员工重视的是集体而非个人需要。所以，以团队为基础的评估和激励机制在这些国家中更为有效。

通常一个国家的政治/法律制度决定了零售商所使用的人力资源管理政策。例如，美国在世界上倡导消除工作上的歧视，而一则注明招聘人员必须为25～40岁华裔男性的招聘广告在新加坡则是完全合法的。

关于往国外派驻管理人员也会引起一系列的问题。应该招聘当地的管理人员，还是外派人员？应该如何选拔、培训当地管理人员或外派人员，并给他们提供薪酬？例如，总部在法国的中国家乐福很可能就是由巴西人管理的。事实上，家乐福因其为全球业务培训经理而引以为豪。

本章接下来的三个部分将分别讨论零售人力资源管理专家面临的三个重要战略问题：①设计企业组织结构，为人员和业务单元分配职责与职权；②协调公司部门和员工的行为与活动，激励员工为实现公司目标而努力；③开发计划以建立员工忠诚度和留住有价值的人力资源。

9.3 为零售企业设计组织结构

组织结构（organization structure）用以明确每个员工应该做的工作和企业内职权与责任的界限。设计组织结构的第一步是确定必须执行的任务。图9-3显示了零售企业通常需要执行的任务。

这些任务在零售企业中一般分为四大类：战略管理、行政管理（运营）、商品管理及店面管理。本书的框架结构正是根据这些任务及其管理者来组织的。本书的第二篇侧重于战略和行政管理任务。战略性的市场和财务决策（在第5、6章中讨论过）主要由高级管理层做出：首席执行官、首席运营官、副总裁以及上市公司中代表股东的董事会。行政管理任务（在第7～11章中讨论）主要由人力资源管理、财务、会计、房地产、供应链、管理信息系统、市场营销、视觉营销以及法律事务等方面具有专业技能的公司经理执行。

战略管理
- 制定总体零售战略
- 识别目标市场
- 确定零售业态
- 设计组织结构
- 开发自有品牌商品
- 开发互联网/产品目录战略
- 开发全球战略
- 协调商品供应物

商品管理
- 商品采购
  - 选择供货商、与供货商谈判以及评估供货商
  - 选择商品
  - 下订单
- 控制商品存货
  - 制订商品预算计划
  - 分配商品至各个商店
  - 查看开放采购系统和存货状况
- 为商品定价
  - 确定初始价格
  - 调整价格

店面管理
- 招聘、雇用和培训店员
- 制订劳动安排计划
- 评估商店及店员绩效
- 维护店内设施
- 放置及展示商品
- 向顾客销售商品
- 维修和改换商品
- 提供如礼品包装和送货等服务
- 处理顾客投诉
- 进行实地盘存
- 预防存货损耗

行政管理
- 市场营销
  - 促销企业、商品与服务
  - 制订包括广告在内的传播方案
  - 特别促销及事件计划
  - 管理公共关系
- 管理人力资源
  - 制定商店管理政策
  - 招聘、雇用和培训经理
  - 保持员工记录
- 管理供应链
  - 收货
  - 存货
  - 向各个商店运送商品
  - 向供货商退货
- 管理财务绩效
  - 及时提供财务绩效信息
  - 预测销售额、现金流和利润
  - 从投资人那里筹资
  - 选择及管理店址（房地产）
- 视觉营销
  - 建立和协调店内及橱窗商品展示
- 管理信息系统
  - 与各职能部门合作以便为商品管理、营销、会计、金融等建立和运营信息系统
- 总理事会（法律）
  - 与各职能部门合作以符合法律及法规

图 9-3　典型多渠道零售公司执行的各种任务

在零售企业中，品类经理、买手及商品规划师涉及商品管理（本书第三篇），在这些职位之上的店面经理或地区经理则涉及店面管理（第四篇）。这些经理负责战略计划的实施并且做出直接影响零售商业绩的日常决策。

为了显示图 9-3 中列出的任务与下面各节谈到的组织结构之间的联系，任务用颜色进行了编码。黑色被用来表示战略性任务，白色表示行政管理任务，浅灰色表示商品管理任务，而深灰色则表示店面管理任务。

9.3.1 单一店面零售商组织

最初的时候，对于单一店面零售商来说，业主兼管理者可能就是整个组织。当他们出去吃午饭或者回家的时候，店面也就跟着关门了。当销售额出现增长时，他们也会雇用其他员工。与大型连锁商店相比，在一家小店里协调和控制员工的活动要容易得多。业主兼管理者只需要简单地向每个员工指派任务并监督这些任务能够被正确地执行。由于员工人数有限，这些单一店面零售商几乎没有任何**专业化分工**（specialization），员工要从事多方面的工作，而业主兼管理者则需要负责所有的战略决策。

当销售额继续保持增长，业主兼管理者开始雇用管理层员工，这时管理层的专业化分工就有可能发生。图 9-4 说明这种管理职责一般分化为商品管理和店面管理。业主兼管理者从事战略管理。店面经理负责协助完成行政性任务，包括商品的接收、运送及员工管理。商品经理或买手负责广告与促销等业务，通常业主兼管理者与会计师事务所签订合同，并为其提供的财务控制服务支付费用。

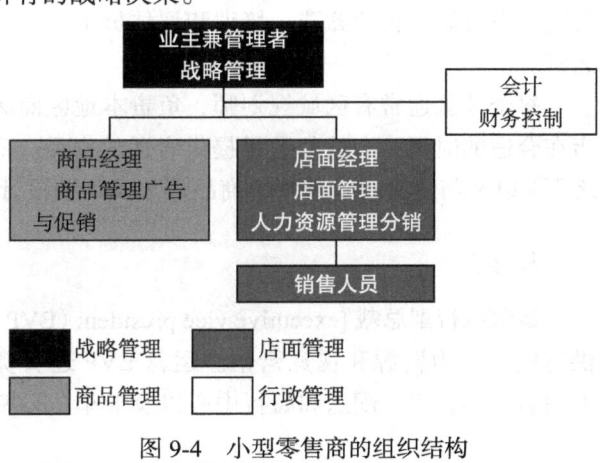

图 9-4 小型零售商的组织结构

9.3.2 全国性零售连锁店组织

与单一店面的管理相比，全国性零售连锁店的管理要复杂得多。因为管理者必须监督相互之间地理距离较远的各个单位。在接下来的部分中，我们将讨论一家典型的零售连锁店的组织结构。

图 9-5 显示了一家典型的百货商店的组织图。**首席执行官**（chief executive officer, CEO）负责监督整个组织。直接向 CEO 报告的是负责全球运营、互联网渠道、自有品牌管理的总裁以及负责商品管理、店面管理及行政管理的高级副总裁。

1. 商品管理

来看看商品部，**商品运营高级副总裁** [senior vice president（SVP）of merchandising] 与买手和规划师一起开发及协调零售商提供什么商品以确保其与公司战略相一致。商品部的组织和责任将在第 12～14 章中进行详细讨论。

商品部的买手负责决定商品的种类与定价，并与供货商建立关系、开展谈判。许多零售连锁店还设置了一系列与采购职位平行并受高级计划副总裁监督的规划职位。**商品规划**

师（merchandising planner）负责指派商品并且调控某区域商店的多个商品品类。

如图9-5所示，商品部涉及几个层级的管理——日用品经理（general merchandise managers，GMM）、部门商品经理（divisional merchandise managers，DMM）以及买手。许多大型零售商由几个日用品经理来负责几类商品。与此相似，每个日用品经理下面都有几个部门商品经理向其汇报，而每一个部门商品经理下面也都有几个买手向其汇报。

2. 店面

商店高级副总裁 [senior vice president（SVP）of stores] 监督所有与商店有关的活动，包括与区域经理一起工作。区域经理负责监督地区经理，地区经理则负责监督个体店的店长。

大型商店的店面经理手下有几个助理经理向其进行报告（未在图9-5中描述）。通常情况下，一个助理经理负责行政事务及管理收货、进货以及商店内商品的陈列。另一个负责人力资源，包括甄选、培训和评估员工。第三个负责诸如店面维护及商店安全方面的运营。

每个地区通常有区域规划师，负责本地区商店和公司规划师之间的联络工作，确保商店在合适的时间、合适的数量提供合适的商品。商店部门亦与房地产部门（在首席财务官之下）以及与负责视觉营销、商品摆放及店面设计的人员密切合作以规划新店。

3. 运营

运营执行副总裁 [executive vice president（EVP）of operations] 负责管理信息系统（MIS）、供应链、人力资源和视觉营销。运营EVP还负责防损以及公司有形资产的操作和维护，如商店、办公室、配送和履行中心以及卡车（这些功能没有反映在图9-5中）。

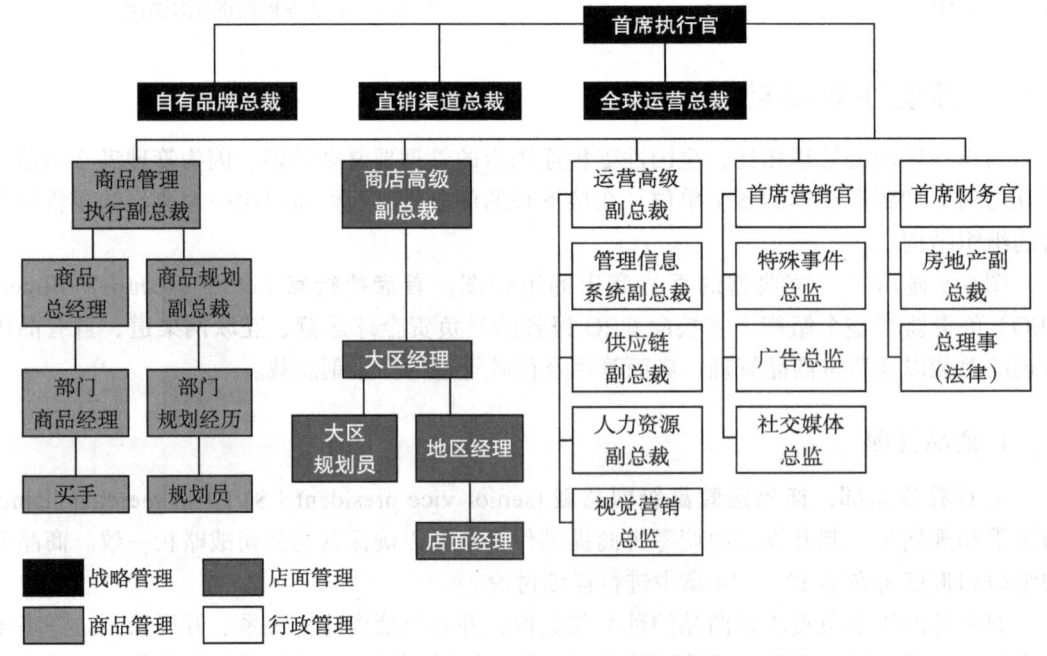

图9-5 典型百货连锁店的组织结构

4. 市场营销

首席营销官（chief marketing officer，CMO）与员工一起进行广告开发、促销和社交媒体计划。负责公关、年度活动、信用营销及相关的营销计划的经理也需要向 CMO 汇报。

5. 财务

首席财务官（chief financial officer，CFO）与首席执行官在财务问题，如股权债务结构和信用卡业务方面开展工作。此外，由副总裁领导的房地产部门和一般顾问（法律）部门也向 CFO 汇报。

零售商在如何组织其自有品牌开发活动、国际业务及互联网/产品目录渠道上有很大的不同。图 9-5 显示的是三个独资子公司总裁所从事的各种活动，他们直接向公司首席执行官进行汇报。

6. 自有品牌

自有品牌总裁（private-label president）负责自有品牌和独家商品的概念化、设计、外包、质量控制和市场营销。当自有品牌组织是一个如图 9-5 所示的单独部门时，商品部的买手经常会像对其他供货商提供的商品一样评价其自有品牌商品，因此他们可以自行决定接受或拒绝该自有品牌商品。在一些零售组织中，将哪种自由标签商品纳入零售商的产品品类是由高层管理人员做出的战略决策决定的。在这些情况下，买手需要自带自有品牌商品，采购和质量控制是由负责自有品牌开发的副总裁完成的。在任何一种情况下，自有品牌商品中涉及的经理都与买手和规划师紧密合作以保证所提供的每个品类的商品都与零售商的目标市场保持一致并满足其需要（见第 13 章）。

7. 互联网、移动终端及产品目录渠道

直销渠道总裁（president of direct channels）负责为互联网、移动终端和产品目录渠道选择商品分类及定价，维护和设计零售商网站、客户呼叫中心以及满足个别客户订单的履行中心。然而，许多多渠道零售商正在将互联网、移动终端以及产品目录渠道与其商店渠道进行整合。在这些零售商中，所有四种渠道（商店、互联网、移动终端和产品目录）所提供的品类商品选择和管理都是由相同的采购团队来处理的，而不是由每个渠道的单独买手来处理的。购买团队除了助理和助理买手之外，可能包括直销渠道的专家和一个财务分析师。

8. 全球业务

全球运营总裁（global operations president）监管国外的零售业务。这一业务的规模和操作的复杂性是由提供服务的国家数和在每个国家的商店数量决定的。无论规模如何，很多在母国执行的功能也被复制在全球业务中。例如，全球组织通常在每个国家或地区都有采购、行政、店面和运营部门。

9.3.3 集权与协调

关于零售组织设计方面的两个重要问题是：①决定集权与分权的程度；②用来协调商品和门店管理的方法。第一个问题是关于商品管理、信息和配送系统以及人力资源管理的决策是由区域、地区或店面经理还是公司总部经理做出的；第二个问题的产生是由于零售商把商品和门店管理的职能分到了公司内部的不同组织，因此它们需要协调这些紧密联系的活动而造成的。

1. 集权

集权（centralization）是指将零售决策权授予集团经理，而不是给分散的区域、地区和店面经理。**分权**（decentralization）是指将零售决策权下放到组织的较低层级。当决策的制定都集中到集团管理层时，零售商就能降低成本。第一，由于制定商品、人力资源、营销及财务决策的管理者人数减少，日常开支也就少了。

第二，通过协调地理位置分散的各个商店的采购，公司能从供货商那里获得更低的价格。零售商通过大订单而不是一堆小订单，就能在谈判中获得更好的购买条款。

第三，集权为整个集团提供了让最好的员工做决策的机会。举例来说，在一个集权化的组织中，通过在管理信息系统（MIS）、采购、商店设计及视觉营销等领域用最好的专才，就能够通过其技能为所有的商店谋利。

第四，集权能提高效率。公司总部确立的标准化运营战略被应用到各商店，使得店面经理可以集中精力于其核心责任方面。例如，总部的业务员会做大量的调查来确定展示商品的最佳方式，他们为各个店面经理就商品摆设提供详细的指导，使遍布全国的各个商店，看上去都一样。由于集权的零售商为所有商店都提供同样的核心商品，所以他们往往通过全国性媒介，而不是更加昂贵的地方性媒介进行广告宣传，以此获得规模经济。

对于家得宝来说，集权在其招聘政策上一直特别有效。该零售商每年会雇用50多万名销售人员。以前家得宝使用分散的甄选过程，依靠店面经理（他们中的许多人缺乏丰富的招聘经验）来评估求职者并提供一切必要的信息。对于公司和新聘员工双方而言，该系统效果差且往往效率很低。而在集权的系统中，所有的申请都由人力资源专家进行审查，这些专家首先确保这些候选人能够满足一些最低要求。在电话采访中，专家提出了精心设计的问题以评估这些求职者的能力，如他们是否喜欢解决问题。此外，他们详细描述工作，包括承受压力的能力、周末甚至夜班轮换的可能性以及确切的薪酬规模。只有经过这个对每个申请人都相同的过程，店面经理才能参与到个性化的、面对面的访谈中去。

尽管集权有降低成本的优势，但集权式的零售商难以适应当地的市场状况。例如，盖恩斯维尔（Gainesville）位于佛罗里达中部，因此在体育用品连锁超市运动权威公司的总部负责钓鱼服装的经理就会认为盖恩斯维尔的消费者多半喜欢到淡水湖钓鱼，但是当地的店面经理知道大部分顾客喜欢开车到90英里外位于墨西哥湾或大西洋的盐水湖钓鱼。

除了在满足地方需要上存在问题外，集权式的零售商在应对地方竞争和劳动市场方面也存在着困难。由于定价都是集中进行的，单个商店可能无法面对其所在市场的竞争而做出快速反应。最后，集权式的人事政策使地方经理支付当地具有竞争力的薪水，或招聘合适的销售人员等事情都变得十分困难。

然而，集权式的零售商会更多地依靠其信息系统以对地方市场的情况做出反应。例如，许多零售商现在都在使用商品及定价的优化技术。借助专门的软件包，买手可以确定最优价格、降价促销以及在商店与商店、区域与区域的基础上进行大小和数量的分配。关于这些技术的内容，我们将在第 12 章和 14 章中进行详细探讨。

梅西百货是一个从分散型组织转为集中化的零售企业的范例。通过这样做，梅西百货能够为地理上分散的客户提供定制化的商品种类（见零售视角 9-1）。

零售视角 9-1

梅西百货：融合集权和分权的好处

梅西百货公司拥有 800 多家门店，公司先后收购了伯丁斯（佛罗里达州）、拉撒路（中西部）和布洛克（加利福尼亚州）等众多区域性连锁店，并由此发展成为全国性的百货连锁店。但是，大多数被收购的区域性商店仍保持其原始的身份，以自己的采购组织、信息系统、供应链系统和人力资源管理政策进行独立经营。由于这种过度的分权，区域性连锁店的 7~10 位买手与各供货商进行独立谈判，梅西百货公司没能从开发及维护一个信息系统实现汇集订单或者说规模经济效益。

2009 年，梅西百货开始对公司决策实行集中化过程。所有被收购和兼并的区域性连锁店的名称都被转变为"梅西百货"。商品的采购活动都集中于纽约，并用制度和政策规范了整个地区。这些变化使梅西得以跟供货商进行讨价还价以降低价格，减少行政费用，承担全国性的广告活动，并创建了一致的品牌形象。

但当梅西百货集中这些采购功能时，开始出现了某些问题，比如，买手很难为 800 多家专卖店进行定制化分类。负责男子休闲 T 恤的全国性买手可能意识不到俄亥俄州的哥伦布市对高尔夫服装的巨大需求，因为那里的人们经常在高尔夫球场、聚会场所甚至去教堂时穿 T 恤。因此，哥伦布市的商店应该上架更多的高尔夫服装。而芝加哥地区对 11 码的女鞋数量需求异常高，这类鞋就应该相应增加。因此，为了解决集权的这一缺点，梅西百货推出了"我的梅西"程序。

该计划的第一步是创建一个新的职位——地区规划师，这个职位负责了解该地区客户的独特需求。每个地区规划员负责一个品类，比如女士衬衫、男式配件或食物处理器。这些规划员在商店里面花时间与顾客、员工和店面经理交谈，并将这些信息传达给中央采购办公室。

现在的梅西百货也开始接触社交媒体以进一步个性化其产品。通过与 Shopkick 合作，为进店的顾客提供奖励。梅西百货也是将 QR 码用于营销沟通的早期采用者，并且其后台 Pass 应用程序允许购物者访问捆绑产品独特的视频内容。梅西百货还是 Facebook 社区的积极参与者。其 Facebook 页面为粉丝提供了查看在其附近商店发生的事情的机会，比如：查看最新的趋势性、减价和独家提供的产品，或者玩互动游戏。再比如，梅西百货推出了其独家品牌，该品牌由妮可·里奇（Nicole Richie）代言。Facebook 社区可以先于梅西百货商店和互联网渠道浏览与订购该商品。

资料来源: Walter Loeb, "Macy's New Focus: Will Transformation Bring Customer Growth?" *Forbes*, May 31, 2012; Alex Palmer, "Macy's Transformation," *Direct Marketing*, April 1, 2012, Margaret Case Little, "Macy's Exec Shares the Do's and Dont's of Localization," *NRF Blog*, January 9, 2012; and "CEO Terry Lundgren: A Focus on Turning 'My Macy's' into Your Macy's," *Knowledge@Wharton*, November 11, 2009.

问题讨论: 为什么梅西百货在社交媒体上投入这么大？

2. 协调商品采购和门店管理

独立的小型零售商能够有效地协调商店内的采购和销售活动。业主兼管理者总是亲自采购商品，并同销售人员一起销售商品，通过与顾客保持紧密联系，他们就会知道自己的顾客需要什么。

相比之下，大型零售公司则在独立的分支机构中组织采购和销售业务。买手只专注于采购商品，因此同负责销售商品的门店管理层之间的联系非常有限。尽管这种专业化能够提高买手的技能和专业知识，却使他们更难了解目标市场的需要。大型零售商通常采用三种方法协调采购与销售：①增进买手对商店环境的了解；②组织访问商店；③指派员工担当协调者的角色。

增进对商店环境的了解　在最终成为买手或其他职能经理之前，一些零售商会让所有见习管理人员都在商店里工作。另外一些零售商则采用一种混合式的职业路径，他们鼓励经理在商店和总部指派之间流动。这样的工作经历有助于公司经理了解店里的各项工作、销售人员和部门经理遇到的问题及顾客的需要。

组织访问商店　另一种增强同顾客联系和沟通的手段是让买手及其他主管到商店访问。梅西百货的首席执行官特里·伦德格林（Terry Lundgren）每个星期都会走进几家商店，给店面经理打电话，召集他们在卖场碰面。这种未经事先通知的访问不给商店及其经理时间准备回答问题或改变任何东西，所以他看到的商店就同顾客眼中看到的一样。

指派员工担当协调者的角色　一些零售商在商品部和商店都安排了员工（与买手一起工作的规划师和派货员）负责协调采购与销售活动。很多全国零售连锁企业都在区域甚至地区一级安排人员专门协调采购和销售活动。例如，分布在全球各地的扎拉经理每两周就会与位于西班牙加利西亚自治区的 Coruña 企业总部设计团队举行电话会议，就新的流行趋势与存货协调问题进行沟通。

9.4　赢得员工人才战

由于人口结构的变化，潜在零售员工的数量正在不断减少。然而，对那些能够有效地处理日益复杂的零售工作（如使用新技术、应对激烈的全球竞争和管理多元化的劳动力）的管理者的需求却丝毫不减。雪莉·霍洛克（Sherry Hollock）是梅西百货人才和组织发展部的前副总裁，她总结了人力资源管理活动对零售商及其客户的重要性和挑战：

零售商面临的最大挑战之一是招聘和留住那些能够在未来几年领导公司的管理者。在接下来的 10 年内，作为婴儿潮一代的很多高级零售经理将面临退休。因此，零售商将与行业内外的公司展开相互竞争，以争夺婴儿潮后一代的稀缺管理人才。此外，零售业正在成为一项更加复杂的业务。零售经理需要适应新的技术、信息、供应链管理系统、国际业务以及管理多元化的员工队伍以及商品采购。

在以下章节中，我们将研究零售商如何应对这些挑战，并与他们的竞争对手进行人才"争夺战"。企业人力资源部门领导人才争夺战，它们负责制定吸引、发展、激励和留住人才的方案。

9.4.1 就业的品牌化

星巴克和万豪等零售商的人力资源部门正在制订营销方案来吸引和留住"最优秀和最聪明"的员工。这些被称为**就业品牌**（employment branding）或**就业营销**（employment marketing）的方案包括通过市场研究来了解潜在和现有员工的追求以及他们对零售商的看法；形成一个价值定位和就业品牌形象；将此品牌形象传达给潜在员工；然后履行品牌承诺，以确保员工体验和品牌形象相吻合。零售商经常使用广告代理机构，这些广告代理机构专门从事就业市场营销并开发创造性的方法来吸引员工。零售视角 9-2 描述了星巴克就业品牌方案的各个要素。

零售视角 9-2

星巴克的就业品牌化

为了开展星巴克就业品牌计划，星巴克进行了调查以更好地了解未来和现有的员工。研究显示，优秀的员工都很投入。他们喜欢自己的工作，并在情感上倾心于星巴克。他们从工作中得到的或即将在未来得到的回报超越了薪水和提拔机会。因此，星巴克开发了基于"爱你所做，并与他人分享"这一主题的雇用营销计划。就业品牌计划的设计旨在让现有和潜在的员工与星巴克品牌创建以下种种联系：星巴克为员工提供了在工作中表达自己的机会，拥抱人与人之间的联系，向顾客提供高水平的服务，发展他们自己的事业，以及为一家成长型、全球化的公司而工作。

星巴克将"爱你所做，并与他人分享"这一主题使用于其互联网网站上，印在发放给店里员工的印制品上，以及用在描述星巴克员工经验的设计视频里。在这份相关材料中，员工描述了他们为什么喜欢他们所做的事情。星巴克鼓励其所有的合作伙伴（员工）参与招聘潜在的员工。星巴克会培训雇员，帮助回答消费者询问的有关工作机会和店内工作事宜。

星巴克利用社交媒体建立其招聘员工的雇主品牌，并提高现有员工的参与度。其工作应用程序显示了开放的职位、关于在星巴克工作的真正的视频，以及关于各种福利信息的链接，所有这些在 Facebook 的星巴克页面上可以找到。

员工可以分享他们 Facebook 朋友的公开位置信息，并链接 3 200 万"点赞"星巴克 Facebook 页面的粉丝。星巴克不仅使用 Facebook，还会在推特和领英发布工作职位，并且有一个 Instagram 的网页，在这里会贴上星巴克的员工照片以展示在星巴克的合作伙伴是什么样子的。

资料来源: Emily Parkhurst, "Starbucks Turns to Social Media to Attract Job Candidates," *Puget Sound Business Journal*, November 12, 2012; Sarah Kessler, "Inside Starbucks's $35 Million Mission to Make Brand Evangelists of Its Front-Line Workers," *Fast Company*, October 22, 2012; Louisa Peacock, "Inside HR: Interview with Sandra Porter, HR director at Starbucks," *The Telegraph*, January 31, 2011; Bobbie Gossage,"Howard Schultz, on How to Lead a Turnaround," *Inc*., April 2011; and Howard Schultz, *Onward: How Starbucks Fought for Its Life Without Losing Its Soul* (New York: Rodale, 2011).

问题讨论：如果你正在考虑去星巴克工作，它的社交媒体活动会影响你的决定吗？

9.4.2 开发人才：甄选和培训

雇用员工的第一步是招聘和培训合适的员工。当零售商在雇用员工时非常有选择性并大量投资于员工培训时，员工的敬业度会提高。

1. 选择性招聘

选择性招聘会增加员工的敬业度。当零售商在员工招聘中表现出选择性时，入选者会觉得自己是特殊的，并且正在为一家特殊的公司工作——这家公司不会随随便便就接纳一个员工。作为一家销售家庭和办公室整理类用品的全国性连锁店，货柜商店每年都被《财富》杂志评选为100家最佳雇主之一。货柜商店的核心原则之一是：一名杰出员工的业务生产力相当于三个好员工。因此，想获得该公司的工作机会不仅仅是简单地上网和填写申请表那么简单。候选人需要接受一个电话面试、一个长达两个小时的小组面试和三个小时的额外"一对一"会面。在小组面试期间，候选人会被问道货柜商店的产品如何帮助他们在其家中整理出一个区域。仅仅雇用一个销售助理岗位的整个过程可能需要三个星期或更长。大多数现有员工都是原有客户。许多人是在销售楼层购物的时候被销售助理或经理发现而后进入公司的。

网上鞋类、服装和配饰零售商美捷步公司对其招聘过程尤为关注。它希望那些对这份工作有信心的员工热爱这份工作。对于美捷步来说，雇用合适的人才是非常重要的，它甚至为新雇用的员工提供4 000美元的辞退费用——尽管这可能不够，因为只有1/100的新员工将接受美捷步的聘用。

2. 培训

培训对零售行业尤为重要，因为绝大多数零售员工都与消费者直接接触。他们负责协助顾客以满足其需求并帮助他们解决问题。培训也会提高员工敬业度。当员工认为公司正为自己进行投资的时候，他们对自己工作的公司会更具敬业精神。

在REI公司（一个经营户外运动服装及装备的品类"杀手"），所有新员工必须参加一项称为"大本营"的新员工培训项目。在这个培训项目里，资深经理和其他员工展示通常情况下的工作场所解决方案。"大本营"新员工培训项目在户外举办，而不是在休息室内，以期与大自然以及新员工之间相互交流。因此，该培训项目体现了REI对户外探险运动的关注和对大自然的尊重。接下来的培训将在工作中开展，在店面工作的前两周，新员工将与一名"伙伴"进行配对。尽管这样的培训实践需要公司、员工及其未来的员工投入大量的时间，但是这一过程增强了新员工的信心，提高了他们处理任何可能出现的危机的能力，并鼓励所有员工分享他们的经验以保证更好的顾客服务。

在美捷步，一名新员工，无论其职位高低，在开展其工作前都需要先接受五个星期的培训，包括花时间接电话订单。这能够让新员工去熟悉商品和了解客户满意的重要性。这一经历也有助于淘汰那些认为自己太过重要而不愿花时间去帮助客户的员工。

作为一个最后的例子，星巴克通过运营领导力实验室鼓励其近20 000名店铺经理之间进行联系。在实验室里，经理接受领导力和解决问题能力的培训。此外，300 000平方英尺的实验室空间用于新产品和销售技术演示。除了这些演示，实验室里还配备高科技灯光和音乐设计，将气氛渲染得美轮美奂、鼓舞人心，以符合这家咖啡连锁店的目的感和首选形象。其首席执行官霍华德·舒尔茨曾说道：

[员工]是我们品牌的真正使者、真正的商人式浪漫和戏剧，也因此是取悦客户的主要催化剂。商人的成功取决于他讲故事的能力……当人们进入一个空间，他们看到、听到、闻到或是做了什么在引导着他们的感觉，促使他们拥抱销售员工所提供的任何商品。

零售视角9-3介绍了一家独特的快速服务连锁餐厅是如何选择和培训其员工以打造一支敬业的员工队伍的。

零售视角 9-3

Pret A Manger 不是你的典型快餐店

Pret A Manger（在法语中意思是"即食"）的总部在英国，其在英国、美国和中国香港地区拥有300多家店，但80%的店在伦敦。它的菜单包括寿司、沙拉、汤品、卷饼，以及配以冷热饮料和甜点的三明治。它与其他快餐服务店的区别是：所有的菜品都是新鲜、健康的并使用天然佐料。每家店里的三明治都是在购买当日做好的。一天结束时，未售出的食品会被捐给慈善机构。此外，店里的员工面带微笑为顾客提供服务。

Pret A Manger的目标是在60秒内服务顾客。只要员工将预定的目标视作工作的动力而非压力，那么为顾客提供快速、高效、专业服务的挑战就是令人兴奋的。为了树立口碑效应，Pret A Manger寻求愉快、友好、有趣、活泼的未来员工，这样他们才可能会迎合公司的核心价值观：团队合作、明确的言谈、激情。应聘者会在一家餐馆中进行为期一天的试运营，在一天结束时，由该分支餐厅的工作人员投票，决定是否聘请该应聘者。未能获得一致认可的人都会按照时间获得报酬，并被礼貌地致谢，然后被送出门店。

但对于那些达标的人来说，培训过程才刚刚开始。为期10天的培训项目的重点是Pret A Manger的方式，就像在培训手册中总结的Pret A Manger的行为方式以及基本的卫生和安全议题。如果新员工在其整个培训中"在周围忙碌，行动积极"，而不是"仅仅站着，看着无聊"，那他们才算达到了团队成员的状态。之后他们又进入另一个培训过程，这一过程会持续10个星期。在这个扩展培训中，他们学习餐厅前堂和后堂的各种实操做法。这些培训被完美地实施后，员工就会成为优秀的团队之星。这些政策和培训保证了Pret A Manger非常低的员工流失率（只有60%），而其在快餐市场上的竞争对手则受困于其高达400%的离职率。

资料来源：Julia Werdigier, "Rallying the Team to Cater to the Company's Strengths," *The New York Times*, May 9, 2012; "Smiley Culture: Pret A Manger's Secret Ingredient?" *The Telegraph*, March 2012; and Stephanie Clifford, "Would You Like a Smile with That?" *The New York Times*, August 6, 2011.

问题讨论： Pret A Manger 有哪些做法来保证雇员投入？

9.4.3 激励人才：使目标一致

完成使员工目标和公司目标保持一致的任务通常很困难，因为员工个人目标通常与公司目标不同。例如，一个销售人员会发现，对他个人而言，完成一场有创意的商品展示要比帮助某个顾客更值得。零售商通常采用三种方法来激励及协调员工活动：①书面形式的条例和监督；②建立在薪酬基础上的激励措施；③组织文化。

1. 书面形式的条例和监督

也许协调的最基本方法是准备书面的条例去说明员工应该做什么并且让主管去实施这些条例。例如，零售商可以制定关于顾客应该在何时退货和怎样退货的条例。如果员工利用这些条例来做出退货决策，那么他们的行动就会同零售商的战略一致。但是过分地依靠书面条例也会降低员工的积极性，因为员工几乎没有机会发挥创造力来提高他们在该领域中的业绩。他们最终可能会发现自己的工作毫无乐趣而减少投入。所以，零售商会赋予员工关于如何干好工作及与消费者互动方面的权利（授权在本章后面及第 18 章中讨论）。

2. 建立在薪酬基础上的激励

激励和协调员工的第二种方法是利用各种形式的薪酬补偿来指导他们的行动，使其与公司的目标保持一致。一种最常见的零售业销售人员的报酬是**佣金**（commission），它是一种按员工创造销售量或利润的固定比例提取的报酬。许多零售商都将提成作为销售人员基本报酬的一部分。

奖金（bonus）则是根据员工业绩的评估，定期支付的额外报酬。例如，根据所在商店预计销售额和利润，商店经理在年底获得资金。除了获得薪酬补偿激励以外，零售经理也会经常获得基于公司业绩的额外收入。这些**利润分享**（profit sharing）计划可能是基于公司利润的现金奖励，可能是基于将额外收入与该公司业绩相连的股份期权。

许多零售商如星巴克、沃尔玛和家得宝都利用股份来激励和奖励，包括销售人员在内的所有员工。公司通过薪水扣除计划，鼓励员工以折扣价购买本公司的股份。这些股份将员工和公司的利益紧紧地绑在了一起，并且在公司运营良好的情况下，员工能够获得很高的回报。但如果公司的股票价格下跌，员工的士气就会低落，公司文化也会受到威胁，对更多福利和更多工资的要求也会随之上升。

奖励对激励员工从事与奖励有关的活动非常有效，但奖励也会导致员工忽略其他活动。例如，如果销售奖金完全是基于销售额发放，员工就不愿把时间花在整理商品上。过度利用奖励来激励员工，会减少员工应承担的义务，他们对公司的忠诚度也会下降，会感觉公司并没有对他们做出承诺（因为公司并不愿意保障他们的奖金收入），因此如果竞争对手提供了更高比例的提成，他们会随时离开。

3. 组织文化

激励和协调员工的最后一种方法，是建立强有力的组织文化。**组织文化**（organization culture）就是在公司内部用来引导员工行为的一套价值观、传统和习俗。这些指导理念并没有写成书面的条例和规章，而是作为传统由老员工传递给新员工。与薪酬计划中提供的奖励、管理者提供的指导或者书面的公司条例相比，组织文化通常对员工的行为具有更强有力的影响。

许多零售公司都有自己强有力的组织文化，使员工意识到应该为自己的工作做些什么以及应该怎样表现才能同公司的战略保持一致。例如，诺德斯特龙的组织文化强调顾客服务；沃尔玛的组织文化则注重降低成本，以便公司为其消费者提供较低的价格。

诺德斯特龙公司在发给新员工的条例手册中强调了组织文化的力量。该手册中有这样一条规定：用最佳的判断力去做你所能做的任何事情，为我们的顾客提供服务。诺德斯特龙没有书面规定，并不意味着对公司员工的行为没有指导理念或约束机制，而是公司的组织文化在引导着员工的行为。新的销售人员会从其他员工那里学到，他们应该经常穿着在诺德斯特龙销售的服装；应该把车停在停车场的边缘，以便顾客可以把车停在更便利的位置；应该去接近来到他们分区的顾客；应该接受顾客的任何退货，哪怕这件商品不是在诺德斯特龙的商店里购买的；还应该帮忙把成包的商品搬到消费者的车里去。

组织文化是通过故事和符号来建立与维护的。组织文化中的价值观常常是通过故事向新员工解释、对现有员工进行强化的。

全食超市通过团队工作和招聘过程中使用员工来强化其组织文化。每个商店被分成大约10个团队，每个团队负责一个不同的产品品类或店面运营的某方面，例如客户服务或排队结账。商店的经营是高度分散的，所以许多采购和经营决策都是由团队做出的。在招聘人手时由团队领导者甄选候选人，但要批准每一个新加入者须经团队2/3的人通过。塔吉特也强调团队精神，它把销售人员称为"团队成员"，把店长称为"团队领导"。

符号是另一种用来管理组织文化和传递基本价值观的技术。符号所代表的价值观易于记忆，因此是一种和员工进行沟通的非常有效的方式。沃尔玛通过广泛运用符号和符号性的行为来强化其成本控制以及与顾客保持联系的重要性。集团总部的复印机上都放着杯子，供员工支付私人复印的费用。在传统的周六高管会议上，员工会提出他们最近采用的成本控制措施。做过实地考察的管理者会汇报他们的见闻、商店运营中独一无二的方案以及有潜力的商品。公司总部是斯巴达式的，其创始人山姆·沃尔顿（生前曾是世界上最富有的人之一）住在一栋普通的房子里，开着一辆小卡车去上班。

4. 留住人才

经过甄选、培训、协调员工和零售商各自的目标使其保持一致，人力资源管理需要做的是留住人才，也就是降低员工流失率。高流动率导致成本上升，销售额下降。销售额下降是由于生疏的员工缺乏对公司条例及业务的了解，缺乏同顾客有效沟通的技巧和知识而致。成本上升是因为需要不断招募和培训新的员工。

让我们来看看鲍勃·罗伯茨身上都发生了什么。鲍勃，一家连锁超市肉类食品部的经理，最后离开了这家公司。他的雇主从一家小型零售店提升了一位肉类食品部经理来取代他的位置，然后提拔一位部门经理助理去填补小零售店因此而空缺的职位，并提拔一名肉食部见习生当经理助理，最后又新招了一名见习生。现在这家连锁超市需要培训两个肉类食品部经理和一个经理助理，还要雇用并培训一名见习生。取代鲍勃·罗伯茨的成本估计将近1万美元。

为了降低员工流动率，零售商需要在他们的公司建立一种相互承诺的气氛。当公司履行承诺，员工就会以他们对公司的忠诚作为回应。当员工感受到公司不管艰难与否，都向他们做出了长期的承诺，他们自然会提高自己的技能，并为了公司而努力工作。零售商建立相互承诺所采用的一些方法包括：①给员工授权；②建立与员工的伙伴关系。

5. 员工授权

授权（empowerment）是指管理者与员工分享权力和制定决策的过程。当员工有了决策权之后，他们就会对自己的能力更加有信心，有更多的机会为顾客服务，并且能为公司的成功奉献更多。

快捷旅程便利店（Quik Trip）不仅让员工进行日常事务的决策，如重新制作一个三明治或给客户退款，也允许他们就如何帮助有需要的个体而做出决定。快捷旅程便利店整体参与到一项被称为"国家安全地点"（National Safe Place）的青年外展计划中。这个计划的目标是让潜在的离家出走者知道他们将面临的危险，也提供了解决这些问题的建议。除了在学校和图书馆举办活动，该计划还将快捷旅程便利店作为孩子的避风港。当他们不管由于什么原因觉得受到威胁或害怕回家而去寻找快捷旅程便利店避难时，受过培训的快捷旅程便利店的员工都会竭尽所能让他们感到安全，直至某个受过训练的顾问到达。

向员工授权的第一步，是了解需要经理批准的员工活动。例如，一家高端百货商店就改变了其支票授权的政策，公司授权销售人员在不经经理批准的情况下，可以接受1 000美元以下的个人支票。在过去的政策下，销售人员必须去找经理批准，而顾客常常要为此等候十几分钟。然后忙碌的经理往往会匆匆在支票上签名并没有仔细考虑消费者的身份。向销售人员授权后，不但使服务得以改善，而且坏账支票的数量也减少了，因为销售人员感到了自己的责任，他们会仔细检查顾客的身份。

向零售员工授权使制定政策的职权和职责向组织的基层转移。这些员工同消费者非常接近，因而处在一个能够更好地满足消费者需要的位置上。为了让这些授权能够实现，经理必须把他们的态度由原来的怀疑与控制转变为信任与尊重。

6. 使员工投入

有五项人力资源管理活动能够使员工投入：①缩小地位差距；②内部提拔；③职业和家庭的平衡；④提供福利；⑤使用社交媒体。

缩小地位差距 很多零售商都在努力缩小员工之间的地位差距。如果地位差距不大，员工会觉得他们为公司要实现的目标发挥了很重要的作用，他们所做的贡献也很有价值。

地位差距可以通过语言的运用象征性地来减少，也可以通过降低工资差异并加强公司各层管理者之间的沟通加以实质性消除。为了在员工之间中树立起投入思想，彭尼百货摒除了由旧式层级组织界定的传统伪装。例如，在位于得克萨斯州普莱诺市的公司总部里，所有员工都以名字互称，有灵活的工作周，可以参加旨在为未来建立主管团队的各种形式的领导力工作坊。

全食超市有一个政策规定，其管理人员的报酬不得高于全职工薪人员平均报酬的19倍。首席执行官约翰·麦基（John Mackey）拿到的总薪酬为760 000美元，大大低于其他大型零售首席执行官的水平。山姆·沃尔顿也常常出现在薪水最低的CEO名单之列。

内部提拔 这种人员配备政策是指从外部雇用低职位员工，而将高职位提升机会留给内部有经验的员工。包括克罗格在内的许多零售商只要可能都在实行内部提升政策。例如，克罗格的现任战略和运营高级副总裁马内特·佩里（Marnette Perry）需要负责处理公司报告的40%。她曾在公司很多部门服务过，包括作为产品经理、花卉和天然食品中心经理，以及数个克罗格的部门总裁。

内部提升政策确立了一种公平感。如果本公司员工的工作做得很出色，但发现外来人员在职位上超过他们，员工就会觉得公司对他们不在意。零售商还可以通过内部提拔政策来发展壮大自身的员工队伍。

职业和家庭的平衡 双薪家庭和单亲家庭的日益增加，使员工很难有效地同时处理工作和家庭事务。与此同时，过去几年中由于经济形势不好，零售商不得不辞退一些员工并削减其他员工的福利。有些零售商意识到尽管提供某些额外津贴会增加成本，但也无法与失去优秀的员工带来的损失相比。所以，零售商正在提供诸如小孩看护中心、小孩看护支持计划、员工孩子奖学金计划、门房服务、收养福利、现场健康俱乐部，甚至按摩等，通过帮助员工处理这些问题，零售商就可以使员工全身心地投入到工作中去。

弹性工作时间（flextime）是一种允许员工选择工作时间的工作安排方法。**工作分担**（job sharing）是指两个员工自愿负责先前由另外一个员工做的工作。这两项计划都能使员工协调工作与日常生活需要之间的关系，如孩子放学回家后，家长要待在家里。

百思买通过其制定的"只问结果的工作环境"（results-only work environment，ROWE）计划发展得更好。在典型的工作时间弹性架构中，工人会事先与主管一起制订工作计划。而在ROWE计划里，主管对员工的计划或工作地点并没有发言权。员工不管花多长时间，只要完成指定的任务就可以。他们的评估是建立在任务顺利完成的基础上，即使这些任务中没有任何一项是在他们的办公室里完成的。

提供福利 福利为零售商提供了另一个机会来表达他们对员工的关注并建立起其对工作的投入。健康护理是一个对零售员工而言越来越重要的福利。例如，一项关于韦格曼斯食品超市员工的调查发现他们留在公司主要是因为它提供健康福利（以及灵活的工作制度和良好的工作环境）。该超市为其全职员工支付大约85%的卫生保健费用；兼职员工也可以收到单向覆盖的医疗福利。此外，韦格曼斯食品超市还为其员工提供牙科保险、退休投资、奖学金、收养援助以及医疗休假。

全食超市每隔三年就让员工提出福利要求，如果其他员工同意，这些福利就会被加入。此外，该公司还推出一项针对乙型糖尿病患病风险高或已经患病的员工的健康计划，鼓励他们参加为期一周的沉浸式课程，教会他们在疾病管理中饮食和运动的重要性。参与该计划的员工在饮食和运动方面大有改善，他们的劳动生产力也随之提高。

使用社交媒体 许多零售商正在使用社交媒体来与他们的员工进行沟通和交流。例如，为了与其散布于世界各地约 3 000 个地点的近 200 000 名员工进行互动，百思买举办了名为 Geek Squad 的论坛，让公司里的"极客"或以技术为主导的员工进行互相了解。在内部博客上，员工可以了解最新的产品介绍和更新信息；在维基百科上的如"循环的市场"板块中，他们能为公司提供建议。星巴克在其 Facebook 时间轴上有一个被命名为"星巴克的合作伙伴"的员工页面，上面有关于新产品发布、奖励和认可的信息，并为高级管理人员提供了一个与员工进行沟通的平台。

一些零售商担心使用社交媒体的原因有两个。首先，消费者和（或）竞争对手有可能会获得敏感的公司信息；其次，社交媒体有可能扩散员工心中的不满，从而降低员工对工作的投入度。出于这些担心，一些零售商像 7-Eleven、Darden 餐馆和 Supervalu 使用只有公司内部员工才能进入的私人社交网络如 Yammer。另一个挑战是创造引人注目的内容，促使员工频繁光顾网站并参与到对话中去。零售视角 9-4 回顾了 REI 公司使用与 Facebook 一样的企业内部网站的经验。

零售视角 9-4

REI 员工的篝火见面沟通会

REI（美国户外用品连锁组织）有一个在线虚拟的"篝火"频道，在这个频道上高层管理者可以与员工分享想法并得到他们的评论。虽然它主要是一种行政类的博客，但也总结相关最新新闻。高管的贡献在于他们选择的任何话题上，并且他们发表的帖子几乎没有被编辑，错字和拼写错误会揭示他们的真实个性。大多数帖子马上会引致员工的反馈，其中约有 5 000 名员工已登录该系统。即使出现意见分歧，他们往往也是有礼貌的，使得 REI 考虑建立一个能够包容更多贡献者的"篝火"频道。

资料来源："Around the Company Campfire," Rules of Engagement, *CFM Marketing blog*, August 23, 2012; and Matt Wilson, "REI's Internal Hub Gives Voiceless Employees a Voice," *Ragan.com*, August 22, 2012.

问题讨论：从员工和高管的角度看，REI 行政博客的优点和缺点是什么？你想要改变哪些特性？为什么？

9.4.4 管理多样性

和过去的情况相比，更加多元化的劳动力决定了现在需要更多不同的管理技能。**管理多样性**（managing diversity）是一种人力资源管理活动，主要是为了实现多元化员工队伍的利益，而多元化也并不只是限于肤色、国籍、性别、性取向及残疾人士。

一些法律条文禁止零售商基于与业界无关的员工特征而对员工采取歧视，从而促进了员工的多元化。与此同时，现在零售商也开始认识到促进员工的多元化能够提高财务业绩表现。梅西百货的多样性战略和法律事务高级副总裁比尔·霍索恩（Bill Hawthorne）就强调多样性具有财务意义。"多样性是梅西百货严肃对待的事务。我们的商店需要反映出我们所生活于其中的社区。我们的顶级市场包括像纽约、芝加哥、亚特兰大、休斯敦和洛杉矶这样的城市。这些城市的人口分布是多数－少数。多样性被纳入我们几乎每一个方面的业务中：招聘供货商、市场营销、沟通以及社区参与，这样做是有意义的。"

通过鼓励员工队伍多元化，零售商能够更好地理解并满足顾客需要以应对不断缩小的劳动力市场带来的挑战。例如，鉴于大部分百货公司和家庭改善中心的商品是由妇女购买的，这些零售商认为他们的高级管理职位必须有妇女的一席之地，因为只有她们才真正了解其女性客户的需求。

除了在了解顾客需要方面具有更强的洞察力，许多零售商还发现新生力量比传统员工的劳动生产率更高。在吸纳残障人士到其全国预订中心后，戴斯酒店集团（Days Inn）发现同全部员工30%的年流动率相比，残障员工的年流动率只有1%。劳氏（一家家居连锁中心）调整了底层员工的职责，使他们不用再搬运那些沉重的商品。通过将这些繁重的搬运任务安排给晚班员工，劳氏公司就可以把底层员工由年轻男性换成年纪较长的员工，后者往往能够提供更好的顾客服务，而且对这些项目也有个人经验。有效地管理一支多元化的劳动队伍，不仅在道义上是正确的，也是企业成功所必需的。

多元化管理的基本原则是认识到员工有不同的需要，必须用不同的方法来满足这些需要。管理多元化，不但要遵守平等雇用相关法律，而且还要做得更好。管理多元化意味着接受和尊重差异。零售商用来管理多元化的方案包括：提供多元化的培训，提供支持团队和督导以及管理职业发展与提升。

1. 多元化的培训

多元化的培训通常由两部分内容组成：发展文化意识和提高应对能力。文化意识可以让人们认识到他们自己的文化与其他员工的文化有何区别，他们所持的固有模式又如何影响其待人接物的方式（往往是他们自己意识不到的微妙方式）。角色扮演帮助员工提升应对能力，如更好的人际交往能力，使他们能尊重他人并平等待人。

2. 支持团队和督导

许多零售商帮助建立少数族裔**支持团队**（support groups），为那些传统上没有融入多数族裔网络的成员提供交换信息、情感和职业支持的平台。**督导计划**（mentoring programs）安排高层管理者去帮助基层管理者学习公司的价值观并同其他高级经理交流。在总部位于马里兰州的巨人食品（Giant Foods）连锁公司，督导计划降低了少数族裔员工的流动率，该计划让少数族裔员工更多地意识到可用的资源，并在他们解决工作中出现的问题时提供操作建议。

3. 职业发展与提升

尽管法律为女性和少数族裔群体提供了参加工作的机会，但他们在公司轮岗转换时经常会遭遇玻璃天花板。**玻璃天花板**（glass ceiling）实际上是一种无形的障碍，其使女性和少数族裔员工很难获得从原有职位上提升的机会。为了打破这种玻璃天花板的局限性，彭尼百货会考察潜力很大的少数族裔和女性员工，确认他们是否有机会走上商店和商品管理岗位，并最终进入高级管理层。同样地，女性过去在超市业务中常被安排到外围部门，比如面包部和熟食部,男性则被安排到商店的关键部门,如肉类食品部和杂货部。甚至在连锁超市的集团总部,女性传统上也只能进入像人力资源管理、财务和会计等员工支持性领域,男性则更多地从事商店运营和采购业务。为了使更多的妇女能够真正有机会打破超市行业的玻璃天花板,越来越多的公司正把她们安置在对公司的成功至关重要的位置上。

9.5 人力资源管理中的法律问题

20 世纪 60 年代有关雇用行为的法律法规增多推动了人力资源管理的发展,使其成为一项重要的组织职能。在复杂的法规环境里进行管理需要专业的劳动法知识及帮助其他经理遵守这些法律的技巧。管理零售业员工时涉及的法律法规问题主要有:①平等的雇用机会;②薪酬;③劳资关系;④员工安全和健康;⑤性骚扰;⑥员工隐私。

9.5.1 平等的雇用机会

制定平等雇用机会相关条例的基本目的是保护员工在工作中免受不公平的歧视。**非法歧视**(illegal discrimination)是指一个公司或其管理者实施了导致受保护群体成员遭受不公平和不同于他人的行为。**受保护群体**(protected class)是由法律规定的具备共同特征的一群人。公司不能仅仅因为员工的种族、肤色、宗教、性别、出生国别、年龄或残疾状况而对其实行区别对待。只有在极少数的情形下才能对员工进行区别对待。例如,一家餐馆要是仅仅因为顾客喜好而雇用年轻漂亮的服务员,那就是违法的。除非这种歧视有绝对的必要,而不仅仅是偏好。

除此之外,排斥一个受保护群体(即使这看起来并非歧视)的行为也是违法的。例如,一个零售商用测试分数来决定是否录用应聘者就属于这种情况。如果一个受保护群体的全部成员都在这个测试上表现不佳,那零售商就是非法歧视,哪怕其没有歧视的意图。

9.5.2 薪酬

有关薪酬的法规对一周的工作时间、加班报酬和最低工资都进行了规定,同时还保护员工对于养老金的投资权。另外,法规要求公司为同岗的男女员工支付同样的报酬。

最近有关薪酬的一个问题,是将员工划作经理对待的标准。这些员工领工资但没有资格获取加班费。一些助理经理已经提出诉讼,抱怨他们跟小时工做一样的工作,却被视同经理,这样雇主能避免支付加班费。比如有人起诉沃尔玛的地区经理,状告他们经常鼓励店面经理让小时工在换班时间前下班以避免支付加班费,然后助理经理要顶替小时工继续工作。

这项诉讼说明区分助理经理和小时工是非常困难的。美国联邦法律规定,如果经理将超过 40% 的时间花在非监督任务上或者如果他们的工作不包括决策,就应该给他们支付加班费。但是许多零售商觉得经理在做其他的工作,比如面试应聘者,制定工作时间表,以及处理其他监督性工作。由于每年都有众多关于加班费的诉讼,所以美国劳工部制定了加班法规,比如详细界定了管理性工作,并规定必须给周收入少于 445 美元的经理支付加班费,但拒绝给年收入大于 100 000 美元的员工支付加班费。

9.5.3 劳资关系

劳资关系法（labor relations laws）描述了组建工会的过程以及公司对待工会的方法。这些法律对于工会谈判的方式和谈判各方的权利、义务进行了准确的规定。沃尔玛强力挫败了工会为其成员谋利的意图。与此相反，超市连锁店通常都有工会雇员，他们认为自身在劳动力成本上存在劣势，很难有效应对沃尔玛的竞争。

9.5.4 员工安全和健康

健康与安全法（health and safety laws）的基本前提是每个雇主都应该为员工提供安全（不会导致死亡或严重伤害）的工作环境。职业安全与健康管理局（Occupational Safety and Health Administration，OSHA）的监督官员经常开展视察工作以确保雇主为其员工提供安全的工作环境。职业安全与健康管理局甚至会参与保障商店内客户的安全活动。例如，它为零售商提供如何在黑色星期五（感恩节之后的繁忙购物日）控制人群的指导。该指南包括使用扩音器管理人群、设置路障或绳线以及在购物车和其他有潜在危险的障碍物入口进行清场。

9.5.5 性骚扰

性骚扰（sexual harassment）包括不受欢迎的性进攻、提性爱要求以及其他不恰当的口头与身体行为。这种骚扰不仅仅局限于以提高工资或获得晋升为目的而提出性交易的要求，仅一种敌对性的工作环境也能构成性骚扰。例如，性骚扰的行为包括猥亵的评论、玩笑、涂鸦以及展示下流图片、色眯眯地盯住同事、指责某个员工通过性交易获得奖赏以及对员工的名声妄加评论。

顾客也可能像上司和同事那样进行性骚扰活动。例如，如果一名男性顾客对餐馆里的女服务员进行骚扰，餐馆经理知道这件事却对此没有加以制止，那么这名雇主对该骚扰行为也要承担责任。

9.5.6 员工隐私

对员工隐私的保护往往是非常有限的。例如，雇主可以监控电子邮件和电话交谈，搜查员工的工作场所和手包，以及要求药物测试。但是雇主在采取这些措施时，不能歧视性地对待员工，除非他们很肯定某些员工确实有不良行为。

9.5.7 制定政策

人力资源部门负责制定相关的政策和计划，以确保经理与员工意识到这些法律法规的约束，同时知道如何处理潜在的违法行为。这些法律法规设立的基本目的是要公平对人。员工需要被公平对待，公司也希望保持平等对待员工的形象。公司的形象鼓励人们加入公司，让员工对公司更加信任和忠诚。一旦员工感到自己没有被公平对待，他们就会在内部抱怨，表现出消极行为、辞职或向外部的权威机构抱怨，甚至起诉雇主。

公平的感知基于以下两种公平：①分配公平；②程序公平。**分配公平**（distributive justice）是指当个人所得结果相对于他人的结果公平时的情况。但是对分配公平的感知因文化差异而不同。例如，在个人主义至上的美国文化里，按绩效支付工资被认为是公平的。而在集体主义文化盛行的国家里，如日本，统筹才是公平的。**程序公平**（procedural justice）是在决定结果的过程基础上的公平。美国工人认为，正式的程序是公平的，而集体决策在集体主义文化里才是公平的。有关程序公平的政策将在第18章中进行讨论。

本章小结

（1）回顾人力资源管理的目标。

零售商通过有效地管理五项关键资产实现其财务目标：区位、商品存货、渠道、员工以及客户。三个经常被用来评估人力资源管理绩效的测量指标是：员工劳动生产率、员工流动率和员工投入。

（2）讨论人力资源经理面对的主要问题。

人力资源管理（HRM）负责协调员工的能力与行为，使其与零售公司的短期和长期目标保持一致。

虽然人力资源管理在支持零售战略的过程中起着至关重要的作用，但是人力资源经理面临着许多挑战。他们必须能够平衡各部分的需要。他们不断被迫控制开支，导致其不断增加兼职员工的比例并采取其他举措以削减成本。美国人口的多元化也使人力资源经理面临着保持劳动力多样化的挑战。随着零售商走向全球，人力资源经理必须适应新的环境。

（3）总结零售员工所从事的活动以及这些活动通常是如何被组织的。

组织结构明确了管理关系和员工职责。零售商要完成的四大主要任务是：战略决策、公司管理层的管理任务、采购部门的商品管理以及店面的管理。

在确定组织结构的过程当中，零售商必须在集中化决策和分散化决策之间做出权衡，前者会带来成本节约，后者能够因地制宜为当地市场提供商品从而使零售商获得利润。

（4）表述为了赢得人才争夺战而进行的活动。

零售商正在经历人才争夺战。他们开发营销计划（被称为就业品牌）以吸引和留住"最优秀和最聪明的"员工。为了在人才争夺战中获胜，零售商需要制定吸引、发展、激励和保留人才的方案。

（5）识别人力资源管理所涉及的法律问题。

人力资源部也要保证公司遵守不歧视员工的法律法规，同时保证员工有一个安全和无骚扰的工作环境。

小试身手

1. 持续案例任务 与你为本次课后连续案例任务选择的零售店店面经理见面。询问他公司的哪项人力资源管理政策最有效，哪项最无效？为什么？同时询问他有关本章中讨论的法律法规问题的商店政策。他所在的零售店有无相关书面政策使其遇到相关情况时能有效进行处理？有没有出现政策中未涉及的情况？对于这种情况，最后是怎样处理的？经理觉得他在多大程度上被授权进行影响商店业绩的决策？他喜欢更多还是更少的决策权？为什么？

2. 网上练习　登录人力资源管理协会的主页：www.shrm.org。人力资源管理协会是一个由人力资源专家组成的组织，出版《人力资源杂志》，杂志文章可在 www.workforceonline.com 上阅读。寻找并总结有关零售商面临的人力资源方面挑战的文章，如管理多元化的员工队伍、国际扩张以及使用技术提高生产率。

3. 网上练习　公平措施法咨询集团为雇主提供培训和法律服务。登录其主页 www.fairmeasures.com，选择其中一个法律问题进行调查（性骚扰、不当解雇等）。另外一个有关员工的法律问题的信息来源是：http://www.law.cornell.edu/wex/employment。阅读最新的法庭意见和有关雇用问题的文章，并总结零售业人力资源管理的启示。

4. 网上练习　登录美国零售联合会（NRFF）的网页：http://nrffoundation.com/content/retail-careers-center，点击"经验零售"，阅读以下部门的不同职业路径：营销/广告、店面运营、亏损预防、店面管理、财务、人力资源、IT 和电子商务、销售及相关业务、分销/物流/供应链管理、商品采购/规划以及创业，你对哪些领域最感兴趣？解释你对这一职业方向的偏好。

5. 图书馆练习　登录某个学院或大学的图书馆商业数据库，找一份最近讨论零售行业人力资源管理的报纸或杂志文章，简要地将文章中的概念与章节内容或持续案例任务（问题 1）进行联系。

6. 网络在线电脑练习　a. 更新你的简历，为一家大型木材建筑供货商的经理培训项目做好面试准备。参加这个培训的经理一旦通过培训就会有快速的职位升迁。有大学本科学历和零售、营销及销售经验者优先。每年的基本收入在 3.5 万～5.9 万美元。这家零售商实行内部提升制度，一个新的经理培训生能在两三年之内成为店面经理，年收入可达 10 万美元或以上。这个职位的待遇非常好，包括：医疗/住院/牙科/残疾/人身保险、401k 计划、利润分红、奖励和鼓励、带薪休假以及节假日。你的简历应包括联系方式、教育背景和培训情况、技能、经验与成就以及荣誉和获奖情况。

b. 角色扮演面试。两名学生组成一队，阅读彼此的简历；花 20～30 分钟在面试的每一个角色上。一个扮演筛选求职者的人力资源经理，另一个扮演应聘经理培训项目的求职者。以下是角色扮演中可用到的一些问题：

- 你为什么应聘这个职位？
- 对于这个职位，你有何优势与劣势？
- 你觉得我们为什么要考虑你？
- 你为什么想来我们公司工作？
- 今后 5～10 年你有何职业规划？
- 描述一下你在一个团队里工作时的技巧。
- 有关我们的公司，你有什么问题要问的？

讨论问题

1. 为什么人力资源管理在零售业中比在制造业中更重要？
2. 零售商在其人力资源管理实践中如何招聘、甄选、培训和激励员工以获得竞争优势？
3. 描述小型零售公司和大型零售公司的相同和不同之处，为什么会存在这些异同？
4. 一些零售商会安排特定的员工（商品助理）给货架摆放商品并维持好店面，其他零售商则由销售人员来做这些事情，这两种方法各有什么优缺点？
5. 百思买和维多利亚的秘密都采用集中化采购系统，像这样的全国性零售商如何确保买手意识到当地消费者的不同需要？
6. 重读零售视角 9-4 中 REI 公司对内部社交媒体的使用。一般而言，这个内部使用的社交媒体有哪些积极和消极的方面？更具体地说，REI 公司使用内部社交媒体而不是如 Facebook 这样的平台具有哪些积极和消极的方面？
7. 为了激励员工，几家大型百货商店正在试点奖励报酬计划。然而通常而言，带有很多奖励的报酬计划并不能改善顾客服务质量。零售商如何激励员工在积极销售商品的同时又不损害顾客服务？
8. 假定你打算开一家为大学生服务的餐馆，并计划招聘大学生当服务员。你将会碰到什么样的人力资源管理问题？在你的餐馆里，你如何建立一种稳固的组织文化来提供出色的顾客服务？
9. 激励和协调员工活动的方法有三种：条例和监督、激励以及组织文化。每种方法各有什么优缺点？
10. 能够帮助满足员工需要、提高工作满意度和降低人员流动率的人力资源趋势有哪些？

推荐读物

Barrow, Simon, and Richard Mowley. *Employer Brand Management: Practical Lessons from the World's Leading Employer Brands*. New York: Wiley, 2010.

Baumgardner, Catherine, and Jennifer L. Myers. "Employee Engagement, and Why it is Important." *The Encyclopedia of Human Resource Management: HR Forms and Job Aids*, 2012, pp. 202–204.

Cui, Xiaomin, and Junchen Hu. "A Literature Review on Organization Culture and Corporate Performance." *International Journal of Business Administration* 3, no. 2 (2012): pp. 28–45.

Kruse, Ken. *Employee Engagement*. Richboro PA: The Kruse Group, 2012.

Lashley, Conrad. *Empowerment: HR Strategies for Service Excellence*. Oxford: Routledge, 2012.

Macey, William H., Benjamin Schneider, Karen M. Barbera, and Scott A. Young. *Employee Engagement: Tools for Analysis, Practice, and Competitive Advantage*. London: Wiley Blackwell, 2009.

Schlager, Tobias, Mareike Bodderas, Peter Maas, and Joël Luc Cachelin. "The Influence of the Employer Brand on Employee Attitudes Relevant for Service Branding: An Empirical Investigation." *Journal of Services Marketing* 25, 7 (2011), pp. 497–508.

"The 100 Best Companies to Work For 2013," *Fortune*, February 2013.

Vance, Charles M., and Yongsun Paik. *Managing a Global Workforce: Challenges and Opportunities in International Human Resource Management*. Amonk, NY: M.E. Sharpe Inc., 2010.

Wilson, John P. *International Human Resource Development: Learning, Education and Training for Individuals and Organizations*. London: Kogan Page, 2012.

第10章

信息系统与供应链管理

- **主管简介**

唐·拉尔夫，供应链和物流部高级副总裁

史泰博公司

在加入史泰博公司之前，我在百货商店行业工作了27年，分别在联邦百货商店和五月百货公司担任过职务，包括物流部副总裁及运营部高级副总裁。然后我去了史泰博公司，该公司是世界上最大的办公用品公司，在过去的14年中，我一直以供应链和物流部高级副总裁的身份在该公司就职。史泰博公司在美国的北部和南部以及欧洲、亚洲和澳大利亚等地区的27个国家从事零售和B2B业务。

我负责史泰博供应链和物流战略的制定以及供应链运营的执行，包括其履行、交付、运输、存货管理、批发商和商品运营领域，以及供应链运营的规划和工程、物流战略和项目管理办公室。这可是一项庞大的工作！我们有超过15 000名员工工作在我们的全球供应链领域中，运营设施超过300余种。

我的一个最重要的责任是确保我们在技术投资之前的程序走向是准确的。例如，由于存货是我们资产负债表中最大的组成部分之一，因此需要我们将大量的时间和精力投入到存货管理中。

我们正在开发的新技术对我个人来说尤其具有吸引力，对史泰博公司而言也非常重要。例如，史泰博公司开发了一个被称为staplespartners.com的门户网站，通过它可以使我们的合作伙伴看到我们每家商店和履行中心的存货以及每天出售的货品，而且是实时的！它一直是一个非常有效的工具，帮助我们与合作伙伴共同努力。

在许多情况下，我们提供物有所值的产品。我认为，价值链是一种战略性竞争优势的区分器，并且会增加股东价值。供应链位于公司的中心，整合了大部分功能。这真是一个有趣的地方。我认为我就像一个乐队指挥，让各个不同领域的职能专家同步运行。我的工作中有趣和富有挑战性的部分是优化所有"运动部件"（成千上万的存货单位和上百家分销与履行中心）。而保持好奇心是我的工作额外给我的回赠。

供应链管理是一个伟大的开始职业生涯的平台。供应链管理者必须与营销、金融、存货管理和商品管理以及其他各职能部门协调合作。这样，他们就能从基础层面学习到公司是如何运作的。因此，我认为未来将有很多公司级高管在供应链管理领域中任职。

□ 学习目标

- 理解供应链产生的战略优势。
- 描述供应链中的信息和商品流。

- 考虑在配送中心进行的各种活动。
- 回顾供应链设计的种种考虑。
- 解释零售商和供货商如何合作以确保当顾客准备购买某产品时有存货。
- 讨论 RFID 及其对零售商的启示。

乔·杰克逊早晨醒来洗了个澡，穿好衣服，然后进厨房泡咖啡、烤百吉饼。他把百吉饼切片放入烤面包机。令他不悦的是，这台烤面包机竟然坏了。他一边吃未烤的百吉饼一边翻看电子邮件，注意到塔吉特的一张家用电器电子优惠券，他随即到塔吉特的官网上浏览其所出售的烤面包机，决定购买一台迈克尔·格雷夫斯牌的烤面包机，他看到自己公寓附近的百货商店就有出售。因此，在下班回家的路上，他在一家塔吉特商店停了下来，他觉得货架上的迈克尔·格雷夫斯牌烤面包机正是自己喜欢的，就买了下来。

乔希望在塔吉特可以找到迈克尔·格雷夫斯和其他型号的烤面包机，但他可能没有意识到将那些烤面包机放到商店的很多幕后活动。塔吉特使用复杂的信息和供应链管理系统确保顾客在需要购买烤面包机的任何时刻都能有迈克尔·格雷夫斯和其他品牌可供选择。当乔买了这台烤面包机后，信息系统会自动将这笔交易的信息传到塔吉特地区配送中心的计算机中，同时传到位于明尼阿波利斯市总部的家用电器规划员手中，以及中国的烤面包机制造商那里。一套计算机信息系统监控着每个塔吉特商店所有烤面包机的销售和存货水平，并指出何时把新品从中国的供货商处运至地区的配送中心，再运到各个商店。整个运输过程由一个卫星追踪系统监控，可准确定位运载烤面包机的船只和卡车。

固然，塔吉特可以通过在商店保存的大量商品来确保烤面包机和其他货品可以随时供货。但是大量存货单位要求更多的存货空间以及对多余存货的大量投资。因此，塔吉特面临的挑战是在减少其存货投资的同时，确保在顾客需要时能及时供货。

本章的开篇部分描述了零售商如何通过供应链管理和信息系统获得战略上的优势，接着讨论了供应链的信息流和产品流，以及配送中心进行的各项活动，并且探讨了零售商为确定供应链结构所做的一系列决定，如是否使用配送中心或进行直接商店交付以及是否外包一部分供应链功能。本章接着将讨论供货商和零售商如何通力合作以有效管理商品从供货商转运到配送中心，再到各个商店及最终消费者那里。本章最后将讨论无线射频识别技术（RFID）是如何被用来提高供应链效率的。

10.1　通过供应管理和信息系统创造战略优势

正如第 1 章中所讨论的，零售商把顾客和提供商品的供货商联系了起来。零售商的职责在于弄清消费者的需要，并与供应链中的其他成员（分销商、供货商和物流公司）进行合作以确保消费者在需要某种商品时能够得到供应。图 10-1 是一个简化了的供应链图示。供货商要么将货物运到零售商运营的**配送中心**（distribution center，DC，如供货商 V_1 和 V_3），要么将货物直接运至商店（如供货商 V_2）。对于决定是将商品直接运至商店还是配送中心的考虑因素，我们将在本章后面加以讨论。

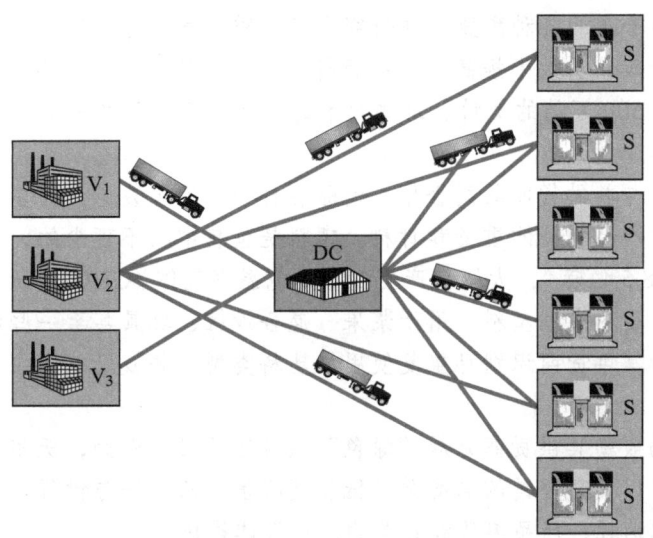

图 10-1 供应链示例

供应链管理（supply chain management）是公司用来有效和高效地管理供货商到零售商顾客的商品流动的一系列活动和技术。这些活动确保客户能够在一个合适的地点和适当的时间购买所需数量的商品。

在供应链管理的过程中，零售商正在逐渐取得领导性地位。当大多数零售商还处于小型的家族企业阶段时，大型的制造商和分销商控制着诸如何时、何地以及如何交货的整个过程。但随着大型国际零售连锁的出现和不断壮大，零售商常常在协调供应链管理中起着主导作用。在本章后面，我们将会讨论零售商如何与供货商共享购买行为信息来计划生产、促销、交货、分类和存货水平。高效的供应链管理对零售商而言是至关重要的，因为它可以通过增加产品的可获得性和存货周转率提供战略优势，从而产生更高的资产回报率。

提高供应链效率对环境可持续性也具有重要的意义。零售视角 10-1 概述了沃尔玛在使其供应链变得更环保方面所做的努力。

零售视角 10-1

沃尔玛建立更"绿色"的供应链

近年来，沃尔玛在成为一家"绿色"公司方面取得了显著的进步。它所从事的一些"绿色"物流活动包括：提高卡车车队的效率，减少运输里程和包装材料。为了提高其美国卡车车队的效率，沃尔玛在每辆卡车的初始运输和返回行程中加装了更多的托盘，以减少空"回程"（backhaul），并密切监控卡车走过的路线。卡车回程是指在将商品运送到商店之后返回到配送中心（DC）。通常，这些卡车在回程时仅有一些包装材料和退货产品。沃尔玛没有让这些车辆半空回到华盛顿特区，而是让它们从需要将商品发往沃尔玛配送中心的供货商那里取货并将其运送到配送中心。

同时，沃尔玛大量投资于开发和测试一些先进技术以提高卡车的效率。例如，沃尔玛正在测试混合动力卡车的各种配置，并研究卡车改进空气动力。这些技术以及其他技术帮助沃尔玛实现了卡车车队效率提高一倍的目标，使得即使减少驾驶距离 2 800 万英里，沃尔玛也可以实现 6 500 万箱的交付。这些效率的提高还带来了另一个好处：减少了 41 000 公吨二氧化碳的排放量。

此外，沃尔玛与其供货商共同合作，消除各种一次性包装，如大多数玩具的扎带，并减少了一些与杂货产品相关的重量和材料。塑料是包装中必不可少的，每年送往美国垃圾填埋场的塑料为 58.5 亿磅⊖，大概会产生 380 万吨温室气体（GHG）。沃尔玛在这一领域开展活动的一个例子是热成型塑料，用于浆果、混合沙拉、玩具甚至一些电子产品的塑料壳包装。沃尔玛帮助其供货商识别可重复使用的塑料类型，并鼓励他们在其产品的包装中更多地使用这类塑料。

最后，沃尔玛鼓励其供货商开展"绿色"供应链项目。例如，沃尔玛的一个一级供货商发起了一个项目以提高冷链的温度并降低温度峰值。沃尔玛与供货商在这个项目上的合作有可能减少能源消耗、产品浪费和相关的温室气体排放。

资料来源：*2012 Global Responsibility Report*, Walmart, Bentonville, Arkansas; Andrew Winston, "How Walmart's Green Performance Reviews Could Change Retail for Good," *HBR Blog*, October 2, 2012; and Stephanie Rosenbloom, "Wal-Mart Unveils Plan to Make Supply Chain Greener," *The New York Times*, February 25, 2010.

问题讨论： 沃尔玛努力使其供应链更环保的好处和成本是什么？

10.1.1 战略优势

正如我们在第 5 章中讨论的，战略优势是独特、可持续的优势，使零售商能够实现高于平均水平的资产回报率。当然，所有的零售商都在努力建立竞争优势，但并不是所有的零售商都能从其信息和供应链系统中获得竞争优势。然而，如果他们真的能开发出这样的一种优势，那么这种优势就是可持续的，因为对于竞争对手来说它是难以复制的。

例如，沃尔玛成功的一个关键因素是其信息和供应链管理系统。即使竞争对手认识到这一优势，他们也很难取得与沃尔玛系统同一水平的表现，其主要原因有四点：第一，沃尔玛很久以来就持续投入巨资开发其系统。第二，它有能够支持这些投资的规模经济。第三，它的供应链活动发生在公司内部，不容易被竞争对手了解和复制。它的系统不是任何公司都可以从软件供货商那里购买的简单的软件包。通过不断的学习，沃尔玛总是不断精炼其系统以提高其表现。第四，贯穿整个公司的员工和职能部门的协调努力受到沃尔玛最高管理层与组织文化的支持。

考虑下列零售商承担的用来保持存货的种种活动：

- 为每种类别和 SKU 准确预测销售额与需要的存货水平。
- 监控销售以检测预测的偏差。

⊖ 1 磅 = 0.453 6 千克。——译者注

- 从配送中心将所需数量的货物运至每一家商店。
- 确保表明商品在何处——供货商仓库、配送中心、商店、已出售给顾客,或在运输过程中的可用的准确信息。
- 准确、及时地从供货商处下订单。
- 在商店需要时,从配送中心补充合适数量的商品。
- 确保买手和市场经理以特殊的销售与宣传材料协调货物的交付。
- 收集和处理退货商品。

10.1.2 提高产品的可获得性

有效的供应链管理为零售商及其顾客提供了两个好处:①减少缺货;②定制商品分类。对零售商而言,这些好处会转化为更多的销售额、较低的成本、更高的存货周转率和较低的价格(降价)。

1. 减少缺货

当顾客需要的存货单位(SKU)不能供应时就产生了**缺货**(stockout)。如果乔到塔吉特商场时发现没有迈克尔·格雷夫斯烤面包机(原因是配送中心未能运送足够的烤面包机到商店),这时会发生什么事情呢?商场可能会给他一张**缺货支票**(rain check),以便新货到时他能以相同的价格买到货物。但乔还是不高兴,因为他为此已浪费了一次出行。由于缺货,他可能决定购买另一个品牌的烤面包机,或者到附近的沃尔玛去买。在沃尔玛,除烤面包机外,他可能还购买其他物品。他也可能今后再也不去塔吉特商场购物了,并可能把这次不愉快的经历告诉他的朋友,或者在 Yelp 或推特上发表负面评论。实际上,如果塔吉特能更好地管理其供应链的话,这种问题是完全可以避免的。

总的来说,缺货对销售和利润的短期与长期影响均十分显著。来自服装购买者的数据显示,在经历了缺货后,17% 的消费者会转向另一个品牌,39% 的消费者会去另一家商店购买该产品,其余 44% 的消费者则会放弃购买。此外,当经历多次缺货后,顾客通常会转去另一个零售商那里。

2. 定制化分类

支持供应链系统的信息系统提供的另一个好处是:确保正确的商品出现在正确的商店里。大多数全国性零售连锁店会根据天气状况调整其产品种类:冬季北部的商店会准备更多的羊毛衫,而南部的商店则会准备更多的棉质毛衣。一些零售商现在使用复杂的统计方法分析销售交易数据,并基于顾客特点在每家当地商店大范围调整商店的产品品种(见第 12 章关于分类计划的更多信息)。

10.1.3 提高资产回报率

对零售商来说,一个有效的供应链和信息系统能够在不增加存货的情况下提高销售额和净利润,从而提高其资产回报率。净销售额提高是因为商店提供更吸引消费者、定制化的商品分类。想一想乔·杰克逊购买烤面包机的例子。塔吉特通过高效的信息系统能准确估算出促销期间每家商店能卖出多少台迈克尔·格雷夫斯烤面包机。通过其供应链管理系统,塔吉特就能在所有顾客有需要时确保乔所在的商店有足够的供货。

净利润通过增加毛利润和降低费用而得以提高。买手和供货商之间的信息系统使得零售商可以利用特殊采购机会以较低的成本进行商品采购,从而提高毛利润。零售商还可以通过协调送货来消减运输费用,进而减少运输成本。有了更多高效的配送中心,零售商可以用最小的成本完成收货、备货和将货物运至商店,从而进一步降低了费用。

通过高效地管理其供应链,零售商可以在仓库中准备较少的存货,但又要能够避免缺货。这样,由于存货水平降低,存货投资减少,总投资也相应减少,所以资产和存货周转率都提高了。零售视角 10-2 描述了供应链管理是如何改变时尚进入市场的方式的。

零售视角 10-2

扎拉传递快速时尚

快速时尚(fast fashion)是时装零售商使用的一种策略,在时装生命周期的早期为消费者提供便宜、时尚的商品。该方法对于专业服装零售商瞄准那些专注于时尚的消费者尤其有效,这些消费者关注最新款式的时装但预算有限。这些零售商鼓励消费者每隔几个星期购买新款时装,而不是隔几个月购买一些价格更高的商品。该战略由西班牙小城拉科鲁尼亚的全球特色服装连锁店扎拉率先采用,并被其他零售商模仿,比如 H&M(总部设在瑞典)、TopShop(英国)、World(日本)和永远 21(美国)。

为了能在短时间内实现从设计概念到入店销售,快速时尚从接收店面经理的及时信息开始。总部员工使用公司的信息系统了解当前正在销售的商品。但通过直接与客户进行交流,店面经理可以发现客户想要但在商店中没有的商品。在扎拉,店面经理拥有自己的报告设备。这些手持设备直接连接到西班牙的办公室,并可以每天报告客户需要但找不到的商品。

例如,经理可能观察到客户想要一个紫色版本的粉红色衬衫。于是他们立即将信息传递给西班牙的设计师。如果公司认为市场对紫色衬衫有足够的需求,设计师就会与生产衬衫布料的工厂进行电子化即时交流。此时,装配公司通过高度自动化的设备,将紫色织物染色并缝制衬衫。最后,为了确保及时交货,衬衫通过卡车运输到欧洲的商店,并通过空运快递到世界其他地方的商店。

扎拉相对于传统竞争对手的主要优势是其具有高度响应性和严密组织的供应链。与其竞争对手不同,扎拉更多应用公司总部附近的工厂。尽管与亚洲国家低成本的外包生产相比,这种方法增加了劳动力成本,但也改善了沟通,降低了运输成本和时间,缩短了消费者在商店中接触新时尚的时间。

不像其他时尚服装零售商需要三个月才能发布一次新产品,扎拉的商店在一个月内可以交付多次新商品。比如,紫色衬衫可以在六个星期内在商店上架,而大多数百货公司和其他专业服装商店却需要几个月的时间。由于其快速时尚系统确保了将商品送到商店的速度,因此扎拉的任何商店在下一次货物到达之前都不太可能缺货。同时,限制商店中的存货可以让客户产生稀缺感。如果他们不立即购买,该商品可能在下次访问商店时就没有了。

资料来源：Seth Stevenson, "Polka Dots Are In? Polka Dots It Is! How Zara Gets Fresh Styles to Stores Insanely Fast—Within Weeks," *Slate*, June 21, 2012; Suzy Hansen, "How Zara Grew into the World's Largest Fashion Retailer," *The New York Times*, November 9, 2012; and Greg Petro, "The Future of Fashion Retailing—The Zara Approach," *Forbes.com*, October 25, 2012.

问题讨论： 扎拉的供应链管理系统帮助客户创造价值的做法有哪些？请举具体例子说明。

10.2 供应链中的信息流和商品流

图 10-2 展示了在一个典型的多商店供应链中商品流和信息流的复杂性。信息流和商品流是交织在一起的，下面我们将首先描述如何在商店抓获顾客的需求信息，这一信息又是怎样引发了来自商品买手/规划员、配送中心以及供货商的一系列反应的。这些信息被用来确保当顾客想要某种商品时可以在商店里找到。然后，我们将讨论商品从供货商到商店的物理流动。

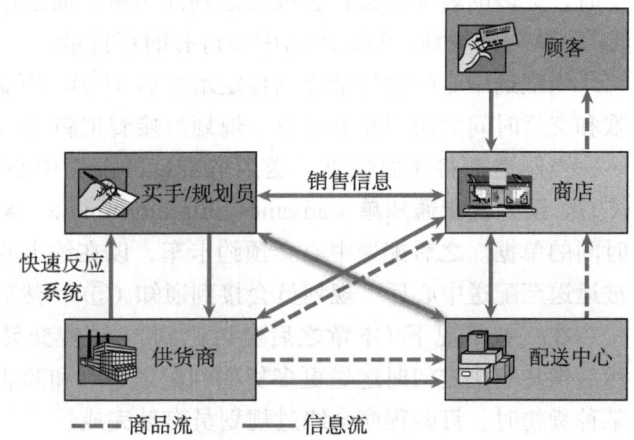

图 10-2 信息流和商品流

10.2.1 信息流

当乔·杰克逊在塔吉特购买烤面包机时，他引起了图 10-3 中所示的信息流（圈中的数字表示图中的路径）。

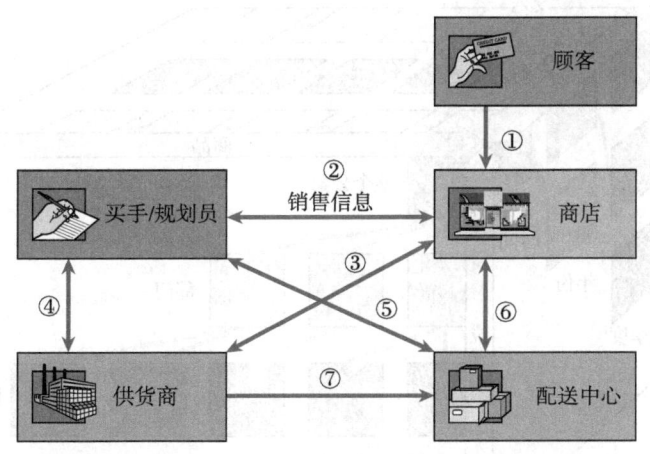

图 10-3 信息流

塔吉特的出纳员扫描了烤面包机上的**通用产品代码**（universal product code，UPC）标签（①），并给乔出示了一张购物小票。UPC标签是一个包括13位数字的黑白相间的条形代码，里面标出了该产品制造商的名字、产品说明以及特殊包装和特别促销方面的信息。所有产品的代码都由 GS1 美国（gs1us.org）发行，其前身是统一代码委员会。未来，RFID 标签（在本章后面会讨论到），可能会取代条形码标签。

在**销售点终端**（point-of-sale terminal，POS）获取的交易信息被传送到塔吉特的计算机系统，规划员在这里获取烤面包机产品类的信息（②）。规划员利用这个信息来监控和分析销售情况，并据此决定何时续订更多的烤面包机，或者在销售不如预期时降低价格。

销售交易数据同时也被传送到塔吉特的配送中心（⑥）。当商店存货降到某个特定水平时，更多的烤面包机就会被运送到商店里，而运输信息会被发送到塔吉特的计算机系统（⑤），从而使规划员知道配送中心持有的存货量。

当配送中心的存货量降到特定水平后（④），商品规划员就会与烤面包机制造商进行条款和交货时间的谈判并下订单。规划员接着把新订单和交货时间通知配送中心（⑤）。

当制造商将烤面包机运送到塔吉特的配送中心时，他会把预先发货通知单送至那里（⑦）。**预先发货通知单**（advance shipping notice，ASN）是一张涵盖运输货物名称和交货时间的单据。之后配送中心会预约卡车，以在约定的时间、地点和装载港口接货。当货物被运送至配送中心后，规划员会接到通知（⑤），然后授权支付货款给供货商。

在一些情况下（本章之后会讨论到），销售交易数据直接从店铺发到供货商处（③），然后供货商决定何时运送更多货物到配送中心和商店。在其他情况下，尤其是频繁的订购某种货物时，订购程序会绕过规划员自动完成。

1. 数据仓库

从销售终端收集的购物数据很快被输入一个庞大的数据仓库（data warehouse）里。数据仓库里存储的信息可以通过各种维度和层次获取，如图10-4中所示的数据立方。

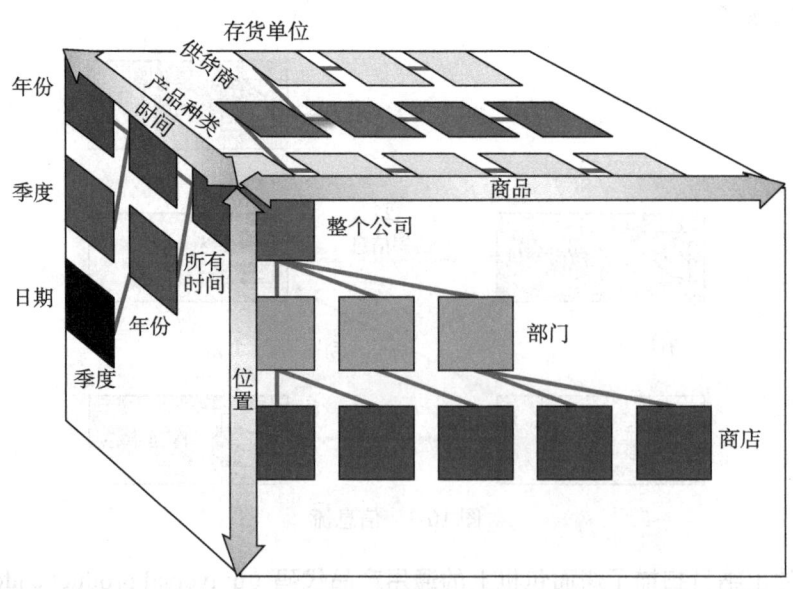

图 10-4　零售数据仓库

如图所示，横轴上的数据可以根据商品总数来获取——存货单位（产品）、供货商、产品种类（烤面包机）或所有商品。在纵轴上，数据可以通过公司层面来获取——商店、部门或整个公司。最后，在第三个维度上，数据可以通过时间单位来获取——日期、季度或年。

公司的 CEO 可能对总体运营感兴趣，并且只需要一个商品部门、国家的某个地区或整个公司一个季度的综合数据。买手则可能在某天对某个商品的特定供货商更感兴趣。来自不同零售运营层级的分析人员从数据仓库中抽取信息以做出大量关于开发和补充商品分类的营销决策。

数据仓库还包含顾客的详细信息，用来定位促销和把商店里的商品归类，这些将在第 11 章中进行讨论。为了经济地收集这些信息，供货商和零售商之间以及零售商内部大部分的沟通是通过电子数据交换（EDI）完成的。

2. 电子数据交换

过去，零售商—供货商信息流是通过邮寄（或传真）手写或打印的文件来完成的。现今，零售商和供货商之间的大部分沟通都由电子数据交换系统进行。**电子数据交换**（electronic data interchange，EDI）是指通过计算机网络进行有特定结构格式商业文件的交换，即数据传输是用一个标准格式交换信息的。例如，使用特殊符号表示采购单号、供货商名称、商品运输目的地地址，等等。

零售商还开发出关于采购订单的变化、订单状态、运输路线、预先发货通知、存货状况和供货商的促销活动信息，以及让厂商把价格标签贴到商品上的信息交换的标准。这些标准的开发和使用对于电子数据交换系统的使用至关重要，因为这能让所有零售商在传输数据给供货商时使用相同的格式。

零售商与供货商之间的电子数据交换传输发生在互联网上。因为互联网是一个可以公开访问的网络，使用它与供货商和消费者进行内部及外部沟通会引发安全问题。安全隐患带来的一些潜在危害有：对开展业务必不可少的商业数据的丢失、与供货商和消费者产生纠纷、失去公众的信任及其对品牌形象的损害、负面的宣传，以及使用电子渠道消费者的收入损失。

为了保证信息的安全，零售商已经开始采用安全政策。**安全政策**（security policy）是一系列适用于有关某个组织的计算机和通信资源活动的规则。但是，零售商除了制定这些政策外，还要培训员工并加入必需的软件和硬件以实施这些规则。安全政策的目标有：

- 鉴定。系统确保或核实另一沟通端的人或计算机正是其所说的人或事物。
- 授权。系统确保另一沟通端的人和计算机有提出要求的许可。
- 完整性。系统确保接到的信息与所发送的信息一样，即数据被保护避免通过数据加密程序受到未授权的更改或篡改（数据的完整性）。

10.2.2 商品的物理流动：物流

图 10-5 说明供应链中商品物理流动的过程：

（1）商品从供货商流到配送中心。
（2）商品从配送中心流到商店。
（3）商品也可以直接从供货商流到商店。

物流（logistics）是指供应链管理中"从起始点到消费点对货物、服务和相关信息的有效流动和储存进行的计划、实施和控制，以满足客户需求"的方方面面。除管理入站和出站的运输外，物流还包括零售商配送中心承担的任务。例如，商品有时需要暂时存储在配送中心，有时直接通过配送中心从入站卡车卸到出站卡车上。商品运输也可能在中心为商店做好准备。例如，配送中心可能把收到的大纸箱货物分成更小的数量，以便个别商店更容易地使用和/或应用价格标签和零售商的标签。下一节将介绍配送中心承担的种种活动。

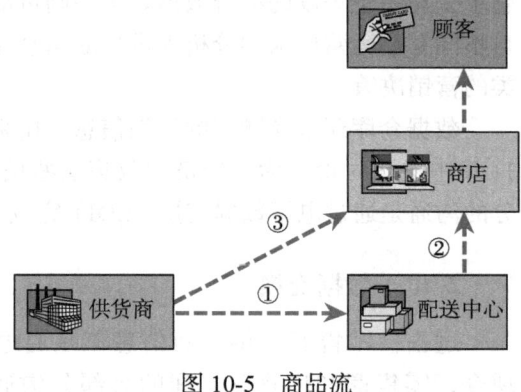

图 10-5　商品流

10.3　配送中心

配送中心有以下几项职能：协调内部运输，收货、验货、存货和跨码头装卸，准备上架商品，协调外部运输。为了阐述这些活动，我们以一批被运输到百思买配送中心的任天堂 WiiU 游戏机为例。

10.3.1　入站运输管理

传统上，买手与供货商共同努力，一起决定商品分类、协商价格并安排联合促销。现在，买手和规划员更多地参与到协调商品到商店的物流过程。百思买的游戏买手已安排周一下午 1 点到 3 点向得克萨斯州的休斯敦配送中心发送一卡车的 WiiU 游戏机。该买手还指定了每箱的单位数量以及商品在托盘上被摆放的方式（以便于装卸）。

卡车必须在规定的时间内到达，因为配送中心的 100 个接货地点已按当天时间分配完毕，这批装在入站卡车上的货物的大部分要进行交叉转运并被装进一辆出站的卡车上。不幸的是，由于发动机问题，卡车运输时间被推迟了。**分配员**（dispatcher），即协调向配送中心交货的人对运送 WiiU 游戏机的卡车进行了重新分配，安排其星期三的早晨再送过来，通知规划员，并因供货商错过交货时间而向其收取了数百美元的费用。虽然许多制造商支付运输费用，但是一些零售商仍会与供货商洽谈以分摊该费用。

10.3.2　收货和验货

收货（receiving）是指当货物到达配送中心时，将其登记在册的过程。**验货**（checking）是指验证预先发货通知（ASN）单上的商品是否与收到的商品一样的过程。

验货是一个劳动密集而且很耗时间的过程。当零售商与供货商已经形成良好的关系，他们往往不会对每个纸箱上收到的产品与供货商预先发货通知单上指定的发货数量进行对比检查。他们可能随机抽查一批货物以监控供货商预先发货通知单的准确性。未来，正如在本章后面所讨论的，零售商可能通过在纸箱中为每一产品放置的 RFID 芯片发送的信号自动检查每个纸箱里的东西。

10.3.3 存货和交叉转运

在 WiiU 游戏机收货、验货后，它们或者被存储或者进行交叉转运。WiiU 游戏机被存储后，货箱被输送系统和叉车送到配送中心的货架上，而货架从配送中心的地面被送达天花板。然后，当商店需要这批游戏机时，叉车司机开车到货架处，吊起所需货箱放到输送系统上，之后输送系统把货箱送到运货卡车的装货地，卡车将货物送到商店。

交叉转运

交叉转运的 WiiU 游戏机货箱是任天堂为某一特定商店进行包装准备的。货箱上的 UPC 条形码标明了其将被送往哪家商店。有时候，任天堂还为货箱里的每件商品贴上价签。游戏机货箱从入站卡车上被卸下，通过输送系统传送到运货卡车的装货地，卡车将货直接运到指定商店，即**交叉转运货品**（cross-docked）。输送系统上有一个感应器可以自动读出货箱上的 UPC 条形码。交叉转运的货箱在被运至商店之前只在配送中心停留几个小时。

并不是所有收到的货箱都能够进行交叉转运。例如，如果收到的货箱装了 600 只牙刷，但某商店每天只卖 50 只，那么交叉转运牙刷纸箱将是低效的。在这种情况下，所接收的牙刷货箱将被打开，并以较小数量与其他商品放在一个货箱后被运到商店。这个过程是在配送中心的**拆分包装区**（break pack area）完成的。最后，在交叉转运货品时，零售商认为每种货品的数量、类型和商品名称是在供货商的 UPC 标签里被正确地进行了编码。因此，零售商不愿意对从不可靠的供货商处运来的商品进行交叉转运。这些错误在交叉转运的货箱在商店中被打开时会被发现。此时，将错误的商品通过零售商的逆向物流系统发回到配送中心或供货商将是非常昂贵的，本章后面会对此进行讨论。

10.3.4 准备商品上架

为了成功使一些商品上架，还需要在配送中心做一些额外的工作。**准备上架商品**（floor-ready merchandise）是准备就绪可以摆在商店销售区内的商品。准备上架商品要做的工作包括贴价签、标记，如果是衣服，还包括将衣服挂在衣架上。

标价和标记（ticketing and marking）是指制作价格和识别标签，并将其贴在商品上。对零售商来说，在配送中心贴价签比在商店进行更有效率。在配送中心，可以专门留出空间和工具，高效地贴标签和挂衣服。相反，在商店里准备上架商品会堵塞过道，分散销售人员对顾客的注意力。从零售商的角度来看，一种更好的方法是，让供货商运送上架商品，这样就可以完全省掉花费高而且耗时间的贴价签程序。

10.3.5 准备将商品运至商店

在每一天的开始,配送中心的计算机系统会制定出一张要在当天运送到各个商店的商品清单。每件商品都会有一张提货单和运输标签。**提货单**(pick ticket)是一种说明要从某一特定存货区提取多少货物的单证,也可能显示在升降货车操作屏上。货车司机到存货区从提货单上读取要提取货物的箱数,将指明目的商店的 UPC 运输标签贴在货箱上,并把货箱放在输送系统上,这样货物就可以被自动送到去往各个商店的货车装车处了。

在拆分包装区也要制作提货单和标签。员工在拆分包装区从打开的货箱中选定运往某一商店的货品数目,并放入一个新的货箱中,然后把指明了目的地的运输标签贴在货箱上,再将货箱放在输送系统上,送达相应的装车处。

因此,输送系统从三个不同的源头将货箱运往某一特定商店的货车装车处:①直接来自供货商发货卡车的交叉转运货箱;②存放在配送中心的货箱;③拆分包装区的货箱。随后员工再将这些货箱装上卡车。

10.3.6 出站运输管理

从配送中心到商店的出站运输管理相当复杂。大多数配送中心每天要运行 50～100 条出站卡车路线。为了处理这一复杂的运输问题,配送中心采用精密的路线制定和调度软件,该软件将商店的位置、道路状况以及交通运行的种种限制等考虑在内,以制定最有效的路径。所以,商店能够提供准确的货物估计到达时间,并且车辆利用率可以实现最大化。

零售商还需要确定运输方式(飞机、船舶或卡车)。一些零售商使用混合运输方式以降低整体成本,减少时间延迟现象。例如,许多中国供货商将运往欧洲的货物海运到美国的西海岸,再从那里将货物空运到其在欧洲的最终目的地。将海上和空中的两种运输方式结合起来,整个行程大约需要两个星期,而全程采用水运路线则需要四五个星期。另外,采用海上和空中两种运输方式的成本也只是全程采用航空路线的一半左右。

低价零售商多来店,开发了一种有趣、低技术含量的方法来处理其面临的一个出站运输至商店的挑战。控制成本和将其商品有效分销到 10 000 家商店是保持其低价格和利润的关键。每周有超过 2 000 个货箱被送到某家典型的商店,需要 12 人–小时来卸载一辆送货卡车,这占用了员工原本可以用来帮助消费者的时间。劳动调度是一个真正的问题,因为店面经理不得不安排额外的人手进行装货,而在某些情况下,司机又不能在预定的时间发货。此外,该零售商的许多商店都位于城市地区,使得送货卡车很难在较长的时间内停放在一个方便的位置。

为了应对这些挑战,多来店在一个被称为 EZ 存货的送货系统上投资了 1 亿美元。EZ 存货系统包括包装商品,通过移动集装箱(称为滚动装箱,可以比普通箱更好地保护商品)将商品运送到商店。当卡车到达的时候,不需要商店员工卸货,而是由卡车司机自己对这些滚动装箱进行卸货。一家普通的商店会收到大约 25 个滚动装箱交付的货物,司机完成卸货需要 90 分钟。使用 EZ 存货系统,商店员工可以迅速将商品从滚动装箱放到货架上。在司机下一次交货时,他们对装满的滚动装箱进行卸货,并拿走空货箱。该系统已使得所用工时、工伤和员工离职的现象显著减少,也减少了卡车司机的周转时间。

10.4 系统设计问题

本节将回顾影响零售商供应链决策的因素。这些决策包括确定应该将哪些活动（如果有的话）外包给独立的企业；哪些商品（如果有的话）应该绕过配送中心直接被送到商店；如何直接向消费者发货。

10.4.1 外包物流

为了简化运作并高效使用其资产和人力，一些零售商会**外包**（outsource）供应链功能。许多独立的公司都很有效率地执行个别活动或所有的供应链活动。大量的公司可以将商品从供货商运输到配送中心或从配送中心运送到零售商的商店。零售商不需要拥有自己的仓库来储存商品，而是使用由一家独立公司拥有和经营的**公共仓库**（public warehouses）；零售商不是外包特定的业务，而是使用货运代理来安排货物的储存和运输。**货运代理**（freight forwarders）提供的服务范围广泛：跟踪运输路线，准备出口和运输文件，订舱（或仓储商品直到需要货仓），协商运输及加固费用，为货物投保或在必要时申请保险索赔。

外包供应链业务的优劣势

外包的主要好处是，独立的公司可以以比零售商更低的成本和/或更有效地完成各种活动。独立的企业通常具有较低的成本是因为它们为许多零售商执行该活动，从而实现了规模经济。例如，独立的货运公司有更多的机会在完成向某零售商店交货后，在返程（回程）时用为其他零售商提供的商品来填补其卡车空载。此外，当可以用许多独立的公司来执行这些活动时，零售商可以让这些公司为承担活动相互出价，从而降低了成本。

然而，当零售商外包供应链活动时，他们就不再能够基于在该活动上的表现来建立竞争优势。如果零售商的竞争对手发现零售商通过使用一家独立的公司显著降低了成本或提高了效率，竞争对手可以通过与同一家供货商的分包合同进行相应的业绩改善。

10.4.2 拉动式和推动式供应链

另一个零售商所做的供应链决策是确定商品是从配送中心被推到商店还是从配送中心被拉到商店。图10-2中描述的信息流和商品流显示了**拉动式供应链**（pull supply chain）————种对商品的要求产生于商店层级的供应链，其基础是在销售终端获取的销售数据。基本上，在这种类型的供应链中，对某个产品的需求要通过供应链得到拉动。另一种方法是**推动式供应链**（push supply chain），在该供应链中，商品在预测需求的基础上被分配到各个商店。一旦做出预测，指定数量的商品就会在预定的时间段被运（推）到各个配送中心和商店。

在拉动式供应链中，由于商店的存货是以消费者需求为基础的，因此出现商品积压或缺货的可能性较小。拉动式方法能提高存货周转率并且更加适应消费者需求的变化，在需求具有不确定性和变得难以预测时甚至比推动式方法更有效。

虽然拉动式方法更受欢迎，但并不意味着其在任何情况下都是最有效的。首先，拉动式方法需要一个更昂贵和复杂的信息系统来支持它。其次，对于某些商品，零售商不能灵活地根据需求来调整存货水平。例如，对时尚和自有品牌服装的供货承诺必须提前几个月做出。由于这些供货承诺不能轻易更改，商品在订单生成前就必须被预先分配到各个商店。

10.4.3 配送中心与店铺直送之比较

如图 10-5 所示，零售商可以把商品直接运到他们的各个商店——直接商店交付（路径 3），或者运送到他们的配送中心（路径 1 和 2）。**店铺直送**（direct store delivery，DSD）是一种绕过零售商的配送中心，将商品直接运送到零售商店的方法。通常，厂商提供的店铺直送提供额外的服务，如评估商店的备货水平和幕后存货来确定需要的合适数量并让店面经理批准补货订单。供货商的代表也可以对货架或陈列架进行补货，重新安排商品并下架过时的产品。

在一般情况下，使用配送中心会导致更低的存货水平，因为一个集中化的配送中心需要的备货存货量小于该中心所服务的所有商店的备货存货量。例如，如果一个零售商将商品直接运到商店，由一个配送中心服务的 50 家商店中的每家商店可能需要存储 500 台中的 10 台迈克尔·格拉夫斯烤面包机。通过将产品运送到配送中心，相同容量的可用性可以达到 350 台烤面包机（每家店有 5 台，配送中心有 100 台）。因为商店从配送中心那里获得频繁的交货，它们需要相对较少的额外商品作为备用存货。因此，配送中心使得零售商的每家商店备有更少的商品，从而在系统范围内产生更低的存货投资。

然而，店铺直送在以下情况下更有效：

- 产品（比如土豆片和面包）的价值密度较低（每立方英寸的成本），如果通过多个检查点，会很容易损坏。
- 产品（比如牛奶和鸡蛋）的上架时间很短，新鲜度对消费者很重要。
- 产品（如瓶装水）的运输成本高。
- 由供货商仓库提供的产品，且该仓库很接近装货容量大的零售商店。
- 供货商，如贺曼公司（Hallmark）和美国礼品公司（American Greetings），其贺卡属于品种多样的低价商品，可以很容易地以小包装被运到零售商店。
- 门店数量有限的零售商，建立和运营配送中心并不会生产规模经济。
- 像视频游戏和时尚服装这样的产品，其快速进入市场是非常必要的，以在其生命周期的早期满足客户的需求（例如，视频游戏需要在发布当日有售）。
- 产品（如冰激凌）需要特殊的储存或处理，不能很容易地由零售商提供。

许多大型供货商如可口可乐、卡夫食品、乐事、百事可乐以及贺曼公司，通过店铺直送进行广泛分销。然而，不断上升的运输成本（例如，更高的汽油价格）正在降低店铺直送商品的数量。

10.4.4 逆向物流

逆向物流（reverse logistics）是指商品从顾客和/或商店退了回来，对其进行价值获取和/或正确处理的过程。逆向物流系统处理因损坏、被召回、销售季结束不再卖给客户、商品被错发送至某个商店或直接发给消费者、产品已停产或商店/配送中心存货过多而返回的商品。返回的商品可能涉及从消费者返回到零售商店，从零售商店到配送中心，或从配送中心到供货商。

当消费者将商品退回到零售商店时，商店收集物品并将它们发送到配送中心或集中式退货中心。老练的零售商将每一条产品信息输入其信息系统中，并利用它评估产品、供货商以及退回的过程。当产品到达中心后，零售商需要检查该产品并决定该怎么做。一些可能的处理方式是：将商品退给供货商要求退款，维修和/或重新包装并全新出售，卖给奥特莱斯店或经纪公司，捐给慈善机构，或对其进行回收利用。在一般情况下，零售商更喜欢将物品退还给供货商要求退款。由于修理和运输小批量商品的成本较高，有些供货商会与零售买手进行协商对退货提供1%的销售折扣，并由零售商处理该商品，或者将其捐赠给慈善机构或扔掉。

逆向物流系统是具有挑战性的。图10-5显示了商品正向流动与逆向流动之间的一些差异，包括合并的形式、产品数量、分销模式和成本透明度。首先，正向流动过程是将货物从几个配送中心发往数目众多的商店或消费者，而逆向流动过程中的商品来自各地而且必须在一个或几个接收中心进行合并。其次，正向流动过程的目标是质量的一致性，而逆向流动过程本质上是由于所涉及的产品缺乏一致性造成的。再次，正向流动的分销计划是精心设计和提前设置的，而逆向流动过程的临时分销模式可以采取多种不可预测的方式。最后，正向流动过程在其标准化的成本结构中不断寻求更多的成本透明度，但这样的目标与逆向流动过程无关，因为其没有任何实施标准化过程的可能。

更多地关注逆向物流的两个原因是：通过互联网渠道的销售增长以及对环境的可持续发展日益增长的兴趣。第一，通过互联网渠道购买的商品的退货率比通过商店渠道购买的商品的退货率要高很多。因为通过互联网购买的商品的退货率比通过商店渠道购买的高出四倍，网上销售的增长将显著提高退货数量以及通过逆向物流系统处理这些退货的成本。

第二，逆向物流的效率影响环境的可持续发展，因为包装和运输材料是通过逆向物流系统进行处理的。当零售商通过整合发往门店和配送中心的运货及优化处理这些退货来减少运输成本时，减少了有害气体的排放，也减少了能源使用并降低了成本。绿色物流正在成为标准的商业惯例。

10.4.5 代发货

代发货（drop shipping），或**消费者直接送达**（consumer direct fulfillment），是指零售商收到消费者的订单，将这些订单传递给供货商，然后供货商将订货直接发送给消费者的系统。这种系统在运送由笨重或重型材料（例如，木材、铁）制成的产品时特别受各公司的欢迎。

从零售商的角度来看，代发货降低了零售商的供应链成本和投资，因为是供货商而不是零售商，承担了将商品发给消费者的成本和风险。供货商必须建立和运作配送中心，雇用并支付员工来收取及包装个别订单，并管理存货。代发货对于没有能够满足消费者个别订单配送中心的零售商特别具有吸引力。然而，代发货可能延长交货时间，增加成本，特别是对于订购来自不同供货商的多个产品的消费者来说。此外，零售商不能控制对其消费者很重要的产品方面的问题——订单是在何时、如何交付的。最后，定义如何处理退货的过程是一个问题。

10.4.6　履行目录和互联网订单的供应链

支持目录和互联网渠道的配送中心、供应链及信息系统与那些用于支持商店渠道的是非常不同的。典型的用于支持商店渠道零售配送中心的设计是为了从供货商收到相对少量的货箱并运送大致相同数量的货箱到其商店。与此相反，支持无店铺渠道配送中心的设计是为了从供货商收到大致相同数量的货箱但运送数量极其庞大的小包装给消费者。因此，支持无店铺渠道的仓库基本上被设计成一个大型的拆分包装区。此外，支持商店渠道的信息系统的重点在产品上，即要确保正确的产品数量被传递到每家商店，而支持无店铺渠道的信息系统其重点在消费者，即要确保正确的消费者收到正确的产品。

要求完全不同的配送中心设计来支持不同的渠道，而当基于商店的零售商增加了无店铺渠道时，它就不得不外包其无店铺销售，在现有的配送中心划定单独区域为单个消费者运货，同时为新渠道建立不同的配送中心，或在其商店内通过收取和包装商品完成订单。

一些零售商在增加互联网渠道时，最初是将履行功能外包出去。例如，玩具反斗城在发生灾难性的假期后（它的许多客户没有在圣诞节早晨及时收到订货，导致许多孩子不快乐并使其父母感到愤怒），转向亚马逊寻求帮助。玩具反斗城与亚马逊签订了一个 10 年的协议，将履行销售的职能通过无店铺渠道外包出去。尽管亚马逊的配送能力是非常有效的，随着时间的推移，玩具反斗城也逐渐获得了这种能力，并发现外包其互联网渠道已经变成创建一个统一的、多渠道供货系统的障碍。因此，玩具反斗城最终终止了与亚马逊的外包合同。

梅西百货并没有建立配送中心来实现无店铺销售，而是将其商店的幕后房间作为临时的运送中心，因为，正如其某个主管所言"我们已经花了 153 年建造仓库。我们只是称它们为'店'"。为了利用这些现有的能力，梅西百货将其 800 多家门店的近 300 家转变为物流中心。这些中心有利于存货管理；存货过多的商店可以将额外的货物运输到销售地点，然后将这些商品放置起来用于在线销售。在线订单可以通过最近的商店完成，这样做可以降低运输成本和时间。

然而，由于没有经验的工人手工填单的效率是比较低的，所以对于零售商是否应该运营独立的配送中心处理店铺和无店铺渠道或者对两者都使用相同的配送中心有一些争论。如果同一个中心被用于所有渠道，则可以利用这些渠道之间的协同作用。例如，一个配送中心需要较少的存货就可以支持所有渠道的分销。然而，这些潜在的协同作用可能是有限的，每个区域的操作差异性可能会导致混乱。此外，能否在当天或次日交付无店铺渠道订单对消费者而言是很重要的，零售商可能会开发一个专用的"轮毂和轮辐"设计实现无店铺渠道。"轮毂和轮辐"设计将有许多地理上多样的较小的配送中心，以支持一个大的中心。较小的中心将位于更接近消费者的地方，从而使得零售商所需的运输时间更短，费用更少。

10.5 供应链管理中零售商与供货商的协作

正如我们在前面讨论过的,零售商和供货商在供应链管理方面的目标都是尽量减少存货投资和成本,并确保当消费者在某时某地想要某种商品时有货供应。本章零售视角 10-1 说明了快速时尚专卖店如扎拉是如何善于协调其商店、设计师以及生产能力以实现这些目标的。

10.5.1 协作的好处

当供货商和零售商共享信息与共同合作时,供应链效率会得到显著提高。通过合作,供货商可以规划原材料采购及其生产过程以满足零售商的商品需求。因此,当零售商需要某种商品时,供货商可以确保商品能够"及时"供应,而无须在供货商的仓库或零售商的配送中心或商店中过多储存商品。

如果零售商和供货商在供应链管理上不进行相互协作,那么即使商品零售额相对稳定,也会在系统中囤积过量存货。在不协调的渠道中囤积存货的现象叫作**牛鞭效应**(bullwhip effect)。这种效应最初是由宝洁公司发现的,它发现帮宝适一次性纸尿裤订单的形状就像一条牛鞭,尽管零售额相对稳定(见图 10-6),但下单数量大幅波动。宝洁的零售商在下单的时候,平均而言,订货存货数量比他们真正需要的要多。

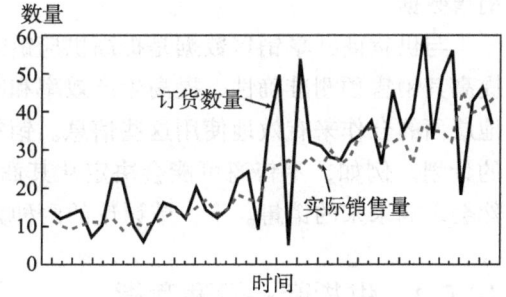

图 10-6 非协作供应链中的牛鞭效应

研究表明,在非协作供应链中的牛鞭效应是由以下因素引起的:

- 发送订单和接收货物延迟。即使零售商能准确预测销售额,也会在给供货商下订单并从供货商处接受订单时产生延迟。在非协作供应链中,零售商可能不知道他们会以多快的速度拿到商品,这样他们就会多订货以防止脱销。
- 对短缺的过度反应。当零售商发现很难得到他们想要的商品时,他们就开始玩起短缺的游戏了。他们会订购多于实际需求的货物以防止脱销,希望能够收到较大的分批装运份额。因此,平均而言,供货商的发货数量会多于零售商实际的需求量。
- 批量订货。比起发出许多小额订单,零售商会等待,然后发出一些大订单以减少订单处理过程和运输成本并利用数量折扣的优势。

这些因素甚至会在销售很稳定时就引起牛鞭效应。但是对许多零售商来说,销售是不稳定的,在零售商将商品低价出售或者在每年特定的送礼时节,销售会大幅上扬。这些销售的不规律性加重了牛鞭效应,也会导致供应链存货囤积。

供货商和零售商发现,通过合作可以降低供应链存货囤积,并减少商店中存货不足的商品数量。有四种方法可以协调供应链活动,以合作的层次为序分别是:①使用电子数据交换(EDI);②信息共享;③采用供货商—管理的存货;④采用协作性规划、预测与补货。

10.5.2 使用电子数据交换（EDI）

使用 EDI 传送采购订单信息缩短了零售商发出订单、供货商确认订单，以及交流那些订单的发货信息所需的时间。此外，EDI 能够促进其他协作性方法的实现，这些方法将在下面的章节中被讨论。然而，在没有其他协作方法的情况下使用 EDI 只能解决前面讨论的一个问题，即在供应链中存货囤积的订单发出和接收的延迟问题。

10.5.3 信息共享

造成供应链存货过多的主要原因之一是供货商无法知道零售销售量的实际水平。例如，假设供货商就某日用消费包装商品向零售商提供一年几次的折扣，借此希望将降低了的价格转嫁给消费者。然而，与此相反的是，零售商却购买额外的存货来保持一个稳定的折扣以增加其利润。单单从收到的订单看，供货商可能会认为对其产品的需求显著增加了，因此增加其生产，导致过量存货囤积。为了减少这一影响，供货商正在使用零售商的销售数据。

与供货商共享销售数据是提高供应链效率的重要一步。有了销售数据，供货商就可以提高其销售预测准确性、提高生产效率和降低过度备份存货的需要。但是，双方还需要其他层面的合作来有效地使用这些信息。销售数据反映的是历史数据，而不是零售商对未来的计划。例如，零售商可能会决定从其商品种类中减掉某个供货商的 SKU，这一决定显然会影响未来的销售。下一节讨论的两种方法介绍了一个具有前瞻性的合作观点。

10.5.4 供货商—管理存货

供货商—管理存货（vendor-managed inventory，VMI）是一种用于提高供应链效率、由供货商在其中负责维护零售商存货水平的方法。供货商确定一个**再次订购点**（reorder point）——要求更多商品的存货水平。该零售商通过 EDI 与供货商分享销售和存货数据。当存货下降到订购点时，供货商就会产生订单并安排发货。

在理想的情况下，供货商补充的存货数量应满足零售商的即时需求，用最少的存货减少缺货情况。除了能更好地匹配零售的需求与供给，供货商—管理存货还可以降低供货商和零售商的成本。供货商的销售人员不再需要花时间销售产品，他们的角色转换为关系维护者，而零售买手和规划员也不再需要监管存货水平和发出订单了。

供货商—管理存货的应用并不是一种新方法。乐事和其他零食、糖果和饮料供货商使用供货商—管理存货，并结合店铺直接在超市的货架上管理其存货很长时间了。然而技术的进步也使供货商—管理存货变得更加复杂。例如，销售点交易数据的共享允许供货商以**寄售**（consignment）形式出售商品：在零售商将商品售出之前，供货商一直拥有商品所有权；在这段时间里，零售商需要对商品进行支付。寄售可以激励供货商挑选能使存货最小化并促进销售的 SKU 和存货水平。有了这些激励因素，当商品以寄售形式售出时，在有些情况下，零售商可能会让供货商负责决定其每家商店的存货计划和恰当的分类。

虽然这是一个比简单地运用 EDI 和信息共享更高层次的协作，但是供货商—管理存货也有其局限性。在供货商为某一产品协调供应链时，并不知道零售商做出了哪些可能影响该产品将来销售的其他行为。举例来说，百事公司可能并不知道某个超市会在三个星期后为可口可乐的新产品进行一次大的促销。没有这个信息，百事公司可能会给该超市发送过多的商品。

10.5.5 协作性规划、预测与补货

协作性规划、预测与补货（collaborative planning, forecasting, and replenishment，CPFR）是指零售商和供货商之间共享预测、相关业务信息和协作性规划，以提高供应链效率和改进补货。虽然采用供货商—管理存货方式时零售商与供货商可以共享销售和存货数据，但供货商负责管理存货。与此相反，协作性规划、预测与补货是更高一级的零售商—供货商合作形式，涉及共享专有信息，如业务战略、促销计划、新产品的开发和引进、生产进程安排及交付周期信息。

第一次将基于互联网的系统用于协作性规划、预测与补货发生在1987年沃尔玛和宝洁公司建立伙伴关系来控制其存货之时。这种伙伴关系计划提高了产品的到货率，减少了存货，降低了成本，并通过沃尔玛把这些节省下来的成本以低价的形式传递给消费者。零售视角10-3描述了西部海洋公司（West Marine）与其供货商在协作性规划、预测与补货上的合作。

零售视角 10-3
西部海洋公司与其供货商的合作

很显然，曾几何时零售商一直认为船主都喜欢黑暗且杂乱无章的商店和那些讲故事胜于有能力找到必要货品的员工。我们可以猜测一下船只供货商店的这种情况已经维持了很多年，至少截至西部海洋公司决定改变游戏规则之前。

公司的创始人兰迪·雷帕斯（Randy Repass）设想了一种优秀的客户服务模式。这种模式能够提供满足船只所有需求的一站式购买。这个愿景显然是好的，现在西部海洋公司已经成长为一家在北美拥有400多家分店的连锁商店。这些商店，再加上西部海洋的目录渠道和互联网渠道，向客户提供从绳索到电子类超过50 000个存货单位。

对于大多数船主来说，购买这些用品的时间是在出船时节：4～10月。与大多数在节日期间享受销售高峰的零售商不同，西部海洋公司期待的是每年7月4日的国庆假期。供货商频繁提供的各种促销活动使得西部海洋公司在需求预测上也产生了相当大的不确定性，这反过来又由于供应链效率低下而导致了销售损失。

为了应对这种低效率和需求的挑战，西部海洋公司与大多数主要供货商采用了协作性规划、预测与补货计划。首先，它与主要供货商共同制定更好的预测模式。最终结果是此系统收集每日的存货单位销售水平以及商店存货信息，然后根据商店和存货单位的需求水平生成一年的预测。之后，西部海洋公司将预测发送给其供货商，以帮助他们安排生产，同时，他们共同使用这些信息来筹划他们的营销和促销活动。

因为协作性规划、预测与补货已经成为西部海洋公司销售和规划的一部分，它也相应

地改变了零售商的组织结构。西部海洋公司每个商品品类的经理与商品规划员密切合作。品类经理负责供货商战略和营销连接，商品规划员指导供应链关系。这些品类经理和商品规划员共同主办供货商的季度会议，以更新其供应链计划，使公司之间的营销、生产、分销和运输紧密联系在一起。在所有团队成员都获邀请参加的月度会议中，这些规划员还审查最近的协作性规划、预测与补货结果，以发现其中的供应链障碍，商议新举措，解决遗留问题。

资料来源：www.westmarine.com; Joel Wisner, Keah-Choon Tan, and G. Keong Leong, *Principles of Supply Chain Management: A Balanced Approach*, 3rd ed. (Mason, OH: Southwestern, 2011); T. Schoenherr and V. M. R. Tummala, "Best Practices for the Implementation of Supply Chain Management Initiatives," *International Journal of Logistics Systems and Management* 4, no. 4 (2008), pp. 391–410.

问题讨论： 西部海洋公司与其供货商一起致力于协作性规划、预测与补货有什么好处和风险？

10.6 无线射频识别装置

无线射频识别（radio frequency identification，RFID）是一种通过无线电波在远距离识别某个物体或人体的技术。无线射频识别装置是嵌入在单件商品、运送货箱以及集装箱上的用于传送识别信息的标签，其后就能传送其所附着物件的数据了。RFID 技术与条形码相比有两个方面的优势：首先，该装置可以容纳更多数据和更新存储的数据。比如，该装置可以追踪一件商品在供应链中的位置，甚至记录其在配送中心的什么地方存放着。其次，该装置上的数据可以不必通过视线获得，因此，RFID 能够准确、实时地跟踪从制造商到商店结账处的每一件产品。它消除了需要从 UPC 条形码获取数据的手动读取操作。

2003 年，沃尔玛宣布了一项计划，要求其几百个供货商将 RFID 标签嵌入所有的货物托盘和产品包装盒上送到选择的配送中心。该计划于 2005 年推出，但迅速宣告失败，原因有多个，包括沃尔玛不清楚节约成本，供货商将承担的标签成本推回去，以及沃尔玛的注意力转移到其他事项如可持续发展上。

现在，无线射频识别技术又在变成一股热潮，原因可能有两个：首先，对服装和配件进行产品层级贴标签的价值主张和资本回报率正变得越来越清晰；其次，看起来零售商愿意承担一部分成本，因为零售商和供货商双方都受益于产品级别的 RFID 标签。因此，沃尔玛、梅西百货、玛莎、迪拉德、彭尼百货以及其他零售商都已经实现大规模、产品级别的 RFID 举措。梅西百货宣布，约占年总销售额的 30% 的产品正在被贴上 RFID 标签。玛莎正在对其所有商店内的服装和家居用品贴 RFID 标签。

RFID 的好处

产品级别的 RFID 可以有利于零售商和供货商实现双赢。

1. 对零售商的好处

对个别产品贴标签的一个主要好处是零售商可以很经济地衡量产品准确的实时存货

水平。有了这些数据，零售商可以显著地减少存货和缺货。下面的情况说明了这一好处。假设一家 GameStop 的商店刚刚收到一批货——10 台最热门新电子游戏机。该店出售了 5 台，还有 5 台被一名员工偷走了。GameStop 的存货控制系统认为仍有 5 台在商店货架上，因此没有对该店的电子游戏机进行补货。想买该电子游戏机的消费者觉得沮丧，他们可能会认为 GameStop 不是购买最热门电子游戏机的好地方。为了纠正这一问题，GameStop 需要自己的员工经常对每个 SKU 货架上的单位数进行清点，将实际数量与存货控制系统显示的单位数量进行比较，在有差别时进行纠正。如果电子游戏机有 RFID 标签，那么货架上的每一个单元都会发出一个无线电信号。被盗物品不会发出信号，所以存货控制系统就会有准确的、实时的数据。这样，缺货会减少，销售人员就有更多的时间为消费者提供服务，而不是清点存货。

产品级别的 RFID 的另一个好处是减少盗窃。该技术可以在整个供应链中用于跟踪产品，并在任何时候确定其位置。这有助于减少商品在运输环节、配送中心及商店内的盗窃。

零售视角 10-4 介绍了罗德与泰勒百货（Lord & Taylor）如何使用鞋上的 RFID 标签来提供一种更好的购物体验以及降低成本。

零售视角 10-4

罗德与泰勒百货的无线射频识别装置

罗德与泰勒百货的鞋类部门面临着一个常见的零售问题：客户视而不见的产品一般销售不出去。在纽约的旗舰店——第五大道（Fifth Avenue）商店，每天都会展示出数千种不同风格和颜色的鞋子。销售人员尝试在商店中重新存储这些商品，但是为了识别消失在每个货架上的款式，销售人员必须用手触摸到每双鞋并扫描其条形码。2～4 个人一起工作 6～8 个小时才能完成一次全部扫描。因此，只有每周都收集商品存货数据在经济上才是可行的。具有讽刺意味的是，高客流量和高销售量实际上使问题变得更加复杂——随着更多鞋被售出，很多用于展示的样品鞋也被卖出去了。一天过去可能卖掉几十双样品鞋。用于补货的有用数据被提供的速度开始变慢。进行扫描后，商店在第二天才会收到它们缺少的那些鞋的样式列表。

为了解决这个问题，罗德与泰勒百货安装了一个新系统，将无线射频识别装置（RFID）芯片放在每只鞋子中，并从芯片信号中收集信息。在每天商店开张前，一两个员工带着手持式 RFID 读取器扫描放在地板上的样品鞋。清点完存货后，他们会从本地电脑端打印缺少的样品报告。随后员工使用手头的这份报告，找到并更换卖出去的样品。使用 RFID 系统，从扫描完成到获取报告只需要一个小时。

该公司正在寻求将其 RFID 计划扩展到其他部门。区域运营经理罗斯玛丽·瑞安（Rosemary Ryan）说："我们正在努力尝试如何在珠宝部门应用该技术。我们还试图今年秋天在行李箱和男士套装系列中应用它，这将是我们取得的另一个轻松的胜利。无论我们有多少需要不断补货的不同尺寸、样式和颜色的商品，RFID 都已证明它能给我们带来很大的好处。我们希望在各项业务中都收获这些好处。"

资料来源："More Sales: RFID Speeds Accurate Inventory of Display Samples," *Motorola Solutions*, 2012; "Macy's,

Lowe's, Lord & Taylor Receive VICS Achievement Awards," *RIS*, May 10, 2012; and "Lord & Taylor Deploys Motorola Solution at Flagship Store in New York," *RFIDNews*, January 4, 2012.

问题讨论： 什么类型的商品最适合使用 RFID 系统？为什么？

2. 对供货商的好处

RFID 对供货商而言并非是免费的，其中标签是主要成本。其可造成每件运送产品成本增加 5～30 美分，这取决于运送的数量、标签的类型以及某服务局和/或标签转换部门提供的服务。此外，还有一次性读取器的成本和实施成本，如工作人员的再培训及 IT 整合（取决于供货商正在努力完成的事情）。因此，对于低利润的产品，其单件成本是个问题。

当零售商由于缺货情况减少而带来销售量的增长时，供货商的销售量也增加了。此外，供货商还可以实现潜在的工艺改进。一些更为直接和明显的改进包括：使用 RFID 进行包装验证、装运验证和进行 ASN。**包装验证**（pack verification）发生于某个工人已经包装好箱子或纸箱之时，通常是在密封之前。箱子里所有的 RFID 标签都会对照装运订单进行读取和比较。**装运验证**（ship verification）与之相似，除了它是发生在纸箱被加载到卡车或一个托盘上时。这再次证实了运送的是正确的产品。利用 RFID 技术对 ASN 总是能够匹配所运送的商品提供几乎百分之百的保证。

对于奢侈品，可以用 RFID 技术来验证其真实性。然而，这需要严格的安全性和对标签的控制，以及对整个供应链及在何处才是做认证的最佳点的思考。今天，奢侈品品牌正在为分销商、零售商及最终消费者建立系统和基础设施以验证 RFID 标签及认证产品。

本章小结

（1）理解由供应链产生的战略优势。

供应链管理是公司用来有效和高效地管理从供货商到零售商客户的商品流的一组活动和技术。这些活动确保消费者能够在一个合适的地点和适当的时间购买所需数量的商品。高效的供应链管理为零售商及其消费者提供了两个好处：①减少缺货；②定制化分类。供应链管理与提高供应链效率对于环境的可持续性也有显著的影响。

（2）描述供应链中的信息和商品流。

零售商的信息系统跟踪商品流通过配送中心到达零售商店及其消费者。大多数供货商和零售商之间的沟通是通过互联网上的电子数据交换进行的。大多数多商店零售商经营自己的配送中心。有时商品被暂时存放在配送中心；其他时候，商品则会直接通过中心从进站卡车到出站卡车。零售商开发出的数据仓库为其提供客户是谁、他们喜欢买什么的重要信息。数据仓库正在被用来加强与客户的关系，提高他们营销和存货管理工作的效率。

（3）考虑在配送中心进行的各种活动。

大多数大型零售商拥有和经营自己的配送中心。配送中心执行的一些活动包括：管理进出境运输、收获和验货、存货和交叉转运，以及备好现货。

（4）回顾供应链设计中的种种考虑。

零售商在设计其供应链管理系统时，需要做出哪些活动要外包，何时使用推动式和拉动式系统进行补货，哪些商品需要交叉转运，是否通过配送中心运送货物到店，使用直接商店交货或将产品降运到消费者那里的各种决策。支持目录、互联网渠道的配送中心和供应链及信息系统和那些支持实体店渠道的是非常不同的。逆向物流的重要性正在增加，因为通过互联网购买的商品退货率很高以及面临环境的可持续发展问题。

（5）解释零售商和供货商如何合作以确保当顾客准备购买某产品时有货。

零售商和供货商正在合作以提高供应链效率。电子数据交换使零售商及其供货商进行电子化沟通。有效的协同性措施包括信息共享、供货商—管理存货和协作性规划、预测与补货。这些方法代表了信息系统和物流管理的关系。它们缩短了交货时间，提高了产品的有货率，减少了存货投资，并降低了整体物流费用。

（6）讨论RFID及其对零售商的启示。

无线射频识别技术有进一步简化供应链管理的潜力。小型的射频识别装置贴在托盘、纸箱和单个产品上，并可以通过供应链和其存储的信息跟踪商品，例如某个产品是何时被运到配送中心的。最近的应用包括为个别产品打标签，重点在降低存货和缺货。

小试身手

1. 持续案例任务 采访你为持续案例任务选定的零售商店的经理。写一篇报告描述，并评价该零售商的信息系统和供应链系统。以本章内容为基础，设计一套向经理提问的问题，比如：商店的配送中心在哪儿？零售商采纳直接从供货商那儿发货到商店的方式吗？多长时间向商店进行一次发货？进货可直接上架销售吗？商店脱销率是多少？零售商采用拉动式还是推动式系统？商店参与店中商品种类和数量的决策吗？零售商采用VMI、EDI、CPFR或RFID吗？

2. 网上练习 登录条码注册公司的网页：www.barcoding.com/，搜索"零售""仓库管理"和"RFID"。这家公司如何利用技术来支持零售商信息系统和供应链管理。

3. 网上练习 访问RFID杂志的主页：www.rfidjournal.com/，在最近一期上搜索"供应链"，并解释其描述的主要概念如何能够为消费者带来更好的购物体验并提高供应链的效率。

4. 网上练习 登录供货商管理的存货（Vendor Managed Inventory）的主页：www.vendormanagedinventory.com/index.php，并回答下列问题：什么是供货商管理的存货？供货商管理的存货方法有什么好处和不足？

讨论问题

1.零售系统的首字母缩略词包括DSD、VMI、CPFR、EDI、RFID。这些术语相互之间的关系是怎样的？

2.解释一个有效的供应链系统如何可以提高零售商的产品的可获得性，并减少其存货投资。

3. 本章介绍了一些有利于零售商的物流和信息系统的趋势。供货商如何从这些趋势中获益？

4. 什么类型的商品最有可能在零售商的配送中心被交叉转运？为什么会是这样的情况？

5. 为什么没有更多的时装零售商采用类似于扎拉的整合供应链系统？

6. 解释拉动式和推动式供应链之间的差异。

7. 消费者面对缺货时有五种主要的反应：在另一家商店购买物品；用不同的品牌；换一个相同品牌的其他商品；推迟购买该产品或不购买该产品。考虑你自己的购买行为，并描述各种不同类别的商品是如何引起对缺货的不同反应的。

8. 由于缺货而让消费者放弃购买可能意味着数百万美元的销售损失。零售商和制造商是如何利用技术来减少缺货和增加销售的？

9. 什么是通用产品代码（UPC）？这个代码如何使制造商、分销商和零售商在整个供应链跟踪商品？

10. 产品层级的电子射频技术对于什么类型的产品是最有利于零售商的？

推荐读物

Bardaki, Cleopatra, Panos Kourouthanassis, and Katerina Pramatari. "Deploying RFID-Enabled Services in the Retail Supply Chain: Lessons Learned toward the Internet of Things." *Information Systems Management* 29, no. 3 (2012), pp. 233–245.

Benton, W. C. *Purchasing and Supply Chain Management*, 3rd ed. New York: McGraw-Hill, 2014.

Dittmann, J. Paul. *Supply Chain Transformation: Building and Executing an Integrated Supply Chain Strategy*. New York: McGraw-Hill, 2011.

Fernie, John, and Leigh Sparks. *Logistics and Retail Management: Emerging Issues and New Challenges in the Retail Supply Chain*, 3rd ed. London: Kogan, 2009.

Finne, Sami, and Hanna Sivonen. *The Retail Value Chain: How to Gain Competitive Advantage through Efficient Consumer Response (ECR) Strategies*. London: Kogan, 2009.

Fisher, Marshall, and Ananth Raman. *The New Science of Retailing: How Analytics Are Transforming the Supply Chain and Improving Performance*. Boston: Harvard Business Press, 2010.

Haag, Stephen, and Maeve Cummings. *Management Information Systems for the Information Age*, 9th ed. New York: McGraw-Hill, 2013.

Hofer, Christian, Henry Jin, R. David Swanson, Matthew A. Waller, and Brent D. Williams. "The Impact of Key Retail Accounts on Supplier Performance: A Collaborative Perspective of Resource Dependency Theory," *Journal of Retailing*, 2012. Vol 83, number 3, September 2012, pp. 412–420.

Kauremaa, Jouni, Johanna Smaros, and Jan Holmstrom. "Patterns of Vendor-Managed Inventory: Findings from a Multiple-Case Study." *International Journal of Operations & Production Management* 29, no. 11 (2009), pp. 1109–1139.

Sari, Kazim. "On the Benefits of CPFR and VMI: A Comparative Simulation Study." *International Journal of Services and Operations Management* 6, no. 1 (2010), pp. 73–88.

第11章

客户关系管理

- **主管简介**

吉姆·刘易斯，创始人兼CEO
Enhanced Retail Solutions 公司

2002年，在佛罗里达州南部从事店面管理工作以及在位于得克萨斯州普莱诺市的彭尼百货公司总部从事商品管理之后，我决定开一家属于自己的软件/咨询公司。那个时候零售商和供货商都在收集大量的销售与存货数据以帮助他们分析消费者的购买行为（现在称为"大数据"），但他们并没有将这些数据转化为可操作的信息以使他们用来做更好的决策。

我们开发的第一个软件应用程序是为供货商提供的。一些零售商向供货商开放与供货商销售相关的POS数据。但大多数供货商没有能力来处理这些用于描述每一笔交易的大量数据，或者说没有能力在优化销售和商店层面的存货方面使其有用。所以，我们开发出来的软件对供货商的绩效来说就像汽车上的仪表板。它使得供货商更有效地与零售买手进行沟通，并提出可操作的且获得买手赞许的建议。在引入这一软件后不久，许多零售买手都认识到了它的好处并开始使用该软件。

我们最初的业务主要是为供货商和零售商提供工具来了解他们的绩效表现如何，而我们现在则专注于研究为什么他们做得很好或很差。例如，我们的一个服装客户发现他们的一条产品线在一家大型的全国性零售商店的销售量很少，他们由此担心该零售商店今后会拒绝他们的这条产品线。但是当我们与这家零售商分析其销售数据后，我们发现这条产品线在一些商店卖得很好，而在另外一些商店则卖得很差。进一步使用我们数据库中的普查数据后，我们发现这条产品线卖得很好的商店是那些位于少数族裔消费者占主导地位的商圈。因此，我们帮助客户做了一次分析展示，告诉他们如果该零售商能够在高密度少数族裔地区增加这一商品品类，而不是在其近半数的商店中对客户的所有产品线进行铺货，那么他们的利润就会增加。

我们现在发现，可以将分类决策与供应链活动相结合。当为一个零售商分析进口的自有品牌产品线的销售模式时，我们发现这条产品线在东海岸的销售比在西海岸更好。当该零售商的供应链采购人员了解到这种销售模式时，他们将这条产品线的分包进行了改变，由原来的东亚转到了墨西哥，并由此节省了200万美元的运输成本——一条产品线200万美元！

商店层面的数据也被用来显著提高预测精度。我们软件的先进性特性使我们得以相应地以商店和最新存货要求进行存货模型分析。这使得我们其中一个客户减少了20%的开销，因为他们不必在仓库中长时间储存产品。

今天，大多数零售商与他们的供货商携手合作，共同使用零售分析以优化他们的业务。

这当然是沃尔玛一贯的竞争优势。技术固然可能是先进的，但其使用的基础并不先进。它是建立在零售基础上的——将正确的产品在正确的时间以正确的数量放到正确的地方。

□ **学习目标**

- 描述客户关系管理过程。
- 理解消费者购物数据是如何被收集的。
- 解释用来进行客户数据分析和确定目标客户的方法。
- 大概描述零售商如何开发其常客计划。
- 解释实现有效客户关系管理方案的各种不同方法。

商业新闻界和公司都在不断谈论着管理客户关系的重要性。零售商花费数百万美元用于计算机系统以收集和分析与消费者有关的数据。在如此多的关注下，你一定会认为消费者成了邻里之间的新宠儿，但是，消费者在过去一直被视为理所当然的老朋友，直到现在才被重视起来。

想想下面的例子，莎莉·艾斯特这个月是第三次出差了，她乘坐出租车从波士顿洛根机场到达丽思·卡尔顿这家她最喜爱的酒店。门童为她打开车门时并向她问好："欢迎回到丽思·卡尔顿，艾斯特女士。"当她走到前台，接待员给了她一把钥匙，并问她是否愿意将此次入住的花费记入她的美国运通卡中。接着艾斯特走进房间，发现一切正合她意：一间能看到波士顿公园的房间、一张大号床、另加的一个枕头和一条毛毯、一条与电话相连传真机，还有一个水果篮，篮里装满了她最喜欢的水果和点心。

莎莉·艾斯特的经历是丽思·卡尔顿酒店客户关系管理项目的一个例子。**客户关系管理**（customer relationship management，CRM）是一种商业理念及一套战略、方案和系统，侧重于识别对零售商而言最具价值的客户并建立其忠诚度。在此理念下，零售商可以通过与相对优质的客户建立关系，增强盈利能力。CRM 能够使零售商开发出一个基本的忠诚客户群并提高其**钱包份额**（share of wallet）——消费者从该零售商处购物的百分比。

传统上，零售商致力于说服消费者光顾自己的商店，阅读其目录及访问网站。为了达到这个目标，他们使用大众传媒广告和促销计划以吸引消费者光顾。这一方法对所有现实及潜在消费者一视同仁。他们收到的是相同的信息和相同的促销。

现在，零售商致力于通过为其最优目标客户提供更多价值（采用更具针对性、个性化的商品、服务及促销活动）来开发客户忠诚度和提高钱包份额。HSN 的首席执行官明迪·格罗斯曼（Mindy Grossman），认为"需要 10 位新客户才能取代一位最好的客户。"她的观点是受到研究支持的。研究表明，当零售商专注于向他们最好的客户而不是试图从新客户或利润较低的现有客户保持和增加销售时更有利可图。在本章接下来的几节中，我们将会进一步讨论 CRM 项目的目标和 CRM 流程的各个要素。

11.1 CRM 流程

CRM 流程的目标是在零售商的最佳客户中建立忠诚度并使其增加重复购买行为。顾客忠诚不仅仅是让顾客对零售商满意和重复光顾。例如，某个消费者可能只光顾一个当地的超市，原因在于它是距离其住所方便的唯一的一家超市，而不是因为她忠于这家超市。如果另一个能够提供更好产品的超市开张，该消费者可能会立即转去新的超市，虽然现在她是这家超市的常客。

顾客忠诚度（customer loyalty）意味着顾客致力于从零售商那里购买商品和服务，并自觉抵制竞争对手各种试图吸引顾客的活动。因此，如果我们前面提到的消费者是忠诚的，她就不会转向新的超市，尽管该超市提供的产品可能更好。

忠诚的顾客与零售商之间有种纽带，这个纽带是建立在对零售商的情感基础上的，而不仅仅只是对零售商的一种正面感觉。这种情感纽带是一种个人联系，他们觉得该零售商就是一位朋友，其对该零售商的好感会让他们重复光顾，并向家人和朋友进行推荐。

零售组合中的所有元素都有助于发展顾客忠诚度及增加其重复购买行为。顾客忠诚度可以通过创造一个有吸引力的品牌形象、提供独一无二的商品、提供便利的地点以及引人入胜的购物体验等做法来加以强化。然而，对个人的关注和顾客服务是发展忠诚度的两种最有效的方法。例如，很多小型的独立餐馆以社区咖啡馆的形式来建立顾客忠诚度，这些小店的服务员能叫出顾客的名字并知道他们的喜好。诺德斯特龙百货会邀请其最佳顾客参加盛大的开幕庆典，在私人购物派对上对他们百般照料，并提供礼宾和免费的更改服务。这样的做法比提供折扣更有效，因为当零售商与顾客建立起个人联系后，任何竞争者都很难吸引他们。本章讨论的 CRM 计划和活动使用信息系统与客户数据来个性化零售商的供应物，并提高其最佳客户接收到的价值。个性化的价值也可以通过员工与顾客面对面的互动来提供。这些个性化的形式将在第 18 章中进行更为详细的讨论。

CRM 流程概述

图 11-1 阐释了通过以下四种活动将顾客数据转化成顾客忠诚度和重复购买行为的互动过程：①收集顾客数据；②分析顾客数据，确认目标顾客；③通过常客计划开发 CRM；④实施 CRM 计划。这个流程始于收集并分析某零售商的客户数据以及确认其最优目标客户。分析环节会把顾客数据转换成向这些目标顾客提供价值的信息和活动。这些活动通过与客户进行个性化的营销沟通得以执行。以下各节将对 CRM 流程中的四种活动逐一进行讨论。零售视角 11-1 描述了克罗格是怎样利用客户数据帮助其进行决策的。

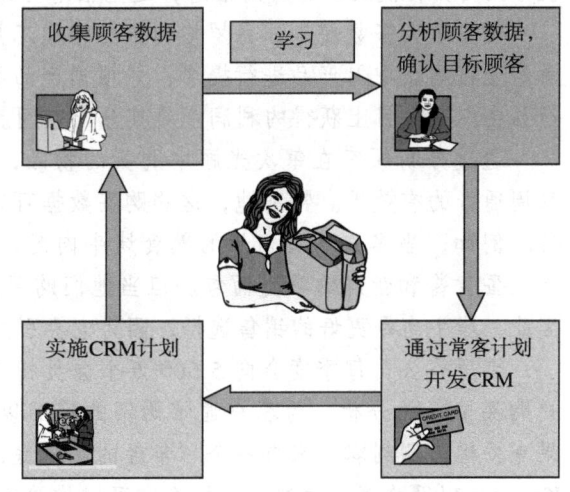

图 11-1 CRM 流程图

11.2 收集客户数据

CRM 流程的第一步是构建一个**客户数据库**（customer database），这个数据库是第 10

章中提到的数据库的一部分,包括公司收集到的关于客户的所有数据,是 CRM 后续活动的基础。

11.2.1 客户数据库

在理想情况下,客户数据库包括以下信息:

- 各项交易——客户完整的购买史,包括购买日期、购买的存货单位(SKU)、所付价格、利润额,以及商品是不是顾客在对特别的促销或营销活动做出反应时购买的。
- 客户联系——关于顾客与零售商的互动记录,包括访问零售商的网站、在店内问询处的询问、在博客或 Facebook 上的评论、拨打零售商呼叫中心的电话,以及由零售商发起联系的信息,如发送给顾客的产品目录和电子邮件。
- 消费者偏好——消费者喜欢什么,如最喜欢的颜色、品牌、质地和气味,以及尺寸大小。
- 描述性信息——描述顾客人口特征和心理的数据,可用于进行市场细分。

零售视角 11-1

克罗格对顾客数据的使用

克罗格是美国最大的超市零售商,销售额超过 700 亿美元。它也是世界排名第六的零售商。其令人印象深刻的现状主要是通过收集和分析客户数据并利用这些数据来管理客户关系,从而建立起具有竞争优势的战略决策所获得的。2001 年,该公司开始与英国的咨询公司 Dunnhumby 合作。从那时起,合作伙伴建立了一家名为 Dunnhumby USA 的合资企业,负责将克罗格从客户那里收集到的所有数据(当消费者刷会员卡或在销售点输入手机号码时)转换成为有效的信息,这些信息可以帮助克罗格做出决定。

类似于大多数超市,克罗格的主要沟通工具是一份通报产品销售情况的周报。产品目录经理在周报中对产品进行提名,并根据产品品类的重要性、供货商提供的特殊促销以及产品在广告项目上获得的利润来对其分配空间。

通过分析顾客在每次光顾中购买的物品,Dunnhmby USA 改进了这种方法并提高了每周通告的有效性。特别地,这些购买数据可以识别互补产品,因此促进了其他物品的销售。例如,当客户购买切片的熟食烤牛肉时,他们也倾向于购买其他熟食,像奶酪、芥末、蛋黄酱和新鲜的黑麦面包。但当他们购买熟食火鸡时,他们一般不购买额外的东西。因此,烤牛肉是更好的销售选择,因为它会引起其他产品的销售。

克罗格公司每季度会向 5 500 万个会员持卡人发送忠诚客户邮件。这些邮件根据对客户购买情况的分析,为客户通常购买的产品以及克罗格预测的产品提供促销。例如,如果克罗格预测到客户来自一个"年轻的"家庭,他购买热狗、凯洛格(Kellogg)的 Cocoa Krispies 以及许多动物饼干,那么它可以为该家庭提供牛奶优惠券。

零售商经常使用人口统计变量(如年龄、收入和教育程度)来细分他们的市场,但这些变量在预测销售方面表现较弱(见第 4 章)。Dunnhumby USA 的分析使得克罗格能够根据实际购买行为而不是人口统计数据形成更好的细分方案。通过这些分析,克罗格可以识别出新生婴儿家庭、喜欢做饭或经常娱乐的客户群。这种精确的细分能力不仅能帮助克罗格更好地吸引客户、维持他们的忠诚度，而且能够更好地决定店内商品的分类、摆放，以及商店的位置和促销设计。

> 资料来源：Dhruv Grewal, Michael Levy, and Britt Hackmann, "Making Loyalty Programs Sing," Working Paper, Babson College, 2013; Josh Pichler, "Firm Remakes Retailers' Knowledge of Shoppers," *The Cincinnati Enquirer*, January 31, 2013; and Josh Pichler, "DunnhumbyUSA Combs through Data to Help Retailers Reward their Most Loyal Customers," *The Cincinnati Enquirer*, January 31, 2013.

问题讨论：为什么基于购买行为（以鼓励客户忠诚）的市场细分优于基于人口统计特征的市场细分？

同一个家庭的不同成员可能与零售商有不同的交流。因此，为了对顾客进行全面的了解，零售商要能够将某个家庭成员中单个消费者的数据结合起来。比如，理查兹（Richards）是康涅狄格州韦斯特波特和格林尼治市的一家家族服装连锁店，许多对夫妻经常在这里为彼此买东西。这家店的数据库既记录家庭的购买行为又记录个人的购买行为，以便于店员帮助丈夫和妻子为对方挑选礼物。消费变化和习惯，如周年纪念、生日，甚至是离婚或再婚，都会与款式、品牌、尺寸、颜色偏好以及各种爱好（有时还包括宠物的名字和高尔夫障碍赛），一起被该数据库记录下来。

11.2.2 识别信息

零售商为使用无店铺渠道的消费者建立客户数据库相对容易，因为这些客户必须提供他们的联系信息、姓名和收货地址才能接收到网上购买的商品。跟踪光顾仓库式会员店的客户的购买情况也很容易，因为在购买时需要出示会员卡。在这些情况下，客户的识别往往与交易联系在一起。当零售商发行自己的信用卡时，他们也可以在客户申请信用卡时收集其用于付款的联系信息。然而，要确定大多数在商店购物的客户要困难得多，因为他们经常使用支票、现金或如 VISA、万事达这样的第三方信用卡进行支付。

店铺零售商采用以下五种方法来克服这一问题：①请客户确认信息；②将互联网和商店购买数据连接起来；③提供常客计划；④使用生物识别技术；⑤将射频识别芯片植入商品。

1. 请客户确认信息

一些零售商会让销售人员在处理一笔销售业务时请客户确认信息，如他们的电话号码、电子邮件地址、姓名和家庭地址。这些信息随即被用来连接到客户所有的交易上。然而，有些客户可能不愿意提供这些信息，因为他们觉得销售人员在侵犯他们的隐私。

2. 将互联网和商店购买数据连接起来

当客户使用诸如 VISA 或万事达等第三方信用卡在某个商店购物时，零售商无法识别顾客的购买。然而，如果客户使用相同的信用卡在零售商的网站购物并提供送货信息时，零售商就可以通过其商店和电子渠道将信用卡购买联系起来。

3. 提供常客计划

常客计划（frequent-shopper program），也称为**忠诚度计划**（loyalty program），是确定光顾零售商的客户并对其提供回报的计划。一些零售商为顾客发放常客卡。在这些情况下，当在销售点扫描卡片时，客户交易数据就会被自动捕获。当客户受到使用此卡可获得折扣的吸引而参加这些计划时，他们会提供一些关于自己的描述性信息。关于这些常客计划，我们将在本章后面进行更深入的探讨。

4. 使用生物识别技术

一些零售商使用生物识别技术来识别客户并提供无卡、现金支付的方法，而不是要求消费者确认信息或出示常客卡。**生物识别**（biometrics）是指通过测量如人手的几何形状、指纹、虹膜或语音来识别人们的特征。当零售商安装生物识别系统时，客户可以预先注册其指纹和信用卡信息，通过简单地把手指放在收银 POS 终端的指纹扫描器一两秒钟就可完成产品支付。生物识别技术的应用可以确保关键客户数据的一致性。使用生物识别技术的结果是结账更快，提高了选择目标客户进行促销的能力。此外，报名参加该计划的消费者在进入商店扫描指纹后可以收到打印出来的个性化的产品折扣。

客户则受益于无须在钱包中携带多张卡就可以更快结账的便利性及收到常客优惠券和折扣。更快的检测也因降低了劳动力成本而使零售商获益。零售商可以快速、准确地积累客户信息。此外，零售商正在使用生物识别系统来减少员工欺诈和商店盗窃。这些系统能检测到员工是什么时候让同事进出的，还能检测到退还商品要求返现的人是购买了该商品而不是在商店中盗窃的人。

5. 将射频识别芯片植入商品

从消费者的角度来看，射频技术也许是客户购买最方便的方法了。商店的射频识别阅读器可以从消费者携带的小型设备和欲购买商品上的射频标签获取消费者的个人信息。此外，使用全球性的卫星跟踪系统，该商店的阅读器也可以收集关于顾客去过商店哪些地方的信息。

11.2.3 隐私和 CRM 计划

虽然收集和分析关于消费者的态度、喜好和购物行为的数据使零售商能够针对目标客户进行促销并为其客户提供更大的价值，但是许多客户担心零售商在收集详细的个人信息时侵犯了其隐私。即使消费者信任某个零售商，他们也担心数据可能不安全，或者有可能被出售给其他企业。

1. 隐私顾虑

关于个人信息的定义，目前并没有一个统一的意见。有些人将所有无法公开获得的信息都视为个人信息；其他人则认为个人信息既包括公开的信息（例如，驾驶许可证、抵押信息），也包括私人（如爱好、收入）信息。消费者感觉其隐私受到侵犯的程度取决于：

- 进行市场交易时，消费者对自己个人信息的控制。他们觉得自己可以决定零售商收集信息的数量和种类吗？
- 消费者对个人信息收集和使用的了解。他们知道收集了什么信息吗？零售商会怎么使用这些信息？零售商会和第三方共享这些信息吗？

那些使用互联网渠道的消费者在这些方面的顾虑尤为突出，因为他们中的许多人在不知情的情况下被收集了大量信息。通过使用cookies，这些信息很容易被采集到。cookies是存储于客户计算机上的小文件，有了cookies中的数据，消费者不必在每次访问某一网站时都进行身份识别或使用密码。但是，cookies也会记录人们访问过的主页、去过的其他网站、他们如何在线花钱及其在社交网站上的互动等方面的数据。

2. 保护消费者隐私

在美国，现有的消费者隐私立法仅限于保护与政府职能相关的信息以及信用报告、视频出租、银行和医疗保健方面的事项。因此，在美国，大多数消费者数据的隐私是不受保护的。所以，国会正在考虑对消费者隐私进行新的立法，这些立法遵循下面三个原则：

- "设计"隐私。鼓励企业把消费者隐私视为他们的"默认设置"，从而将保护消费者隐私的责任从消费者转移到零售商。公司应该删除其不再需要的客户信息，为数据提供合理的安全保障（数据收集限制于一致的特定交易情境），并落实关于如何和何时消除客户数据的指导方针。
- 简化消费者选择。开发消费者可以跟踪其在线活动的方式。具体来说，他们应该有一种简单的方法来阻止公司安装cookies跟踪消费者浏览网页。这一"别跟踪"功能在概念上类似于"别打电话"清单，消费者通过加入这个清单可以选择退出电话营销。
- 更大的透明度。通过更好的教育并提供更多相关的信息来提高消费者对客户数据如何被收集的了解。

为了应对潜在的政府法规，积极主动的美国零售商正试图通过制定隐私政策来进行自我规范。一些零售商已指定隐私保护倡导者，包括建立首席隐私执行官。这样的任命有助于确保在整个组织中沟通隐私顾虑问题，建立一种到位的组织隐私敏感文化以及确保组织对隐私保护政策的坚持。

虽然在美国没有多少影响零售商的消费者隐私法规，但在欧盟、澳大利亚、新西兰和加拿大有更严格的消费者隐私法，而且它们正在考虑增加这些限制。欧盟关于消费者隐私的一些指令规定如下：

- 企业只有在明确定义用途（如完成交易）的情况下才可以收集消费者的信息。
- 必须向被收集信息的消费者披露该用途。
- 信息只能用于某一特定的目的。

- 企业只能为既定目的保留信息。如果信息另有用途，必须启动新的收集过程。
- 在欧洲经营的企业只能把信息从欧盟27个成员国出口到有类似隐私保护政策的国家。同时，美国的零售商、连锁酒店、航空公司和银行都不能从欧洲转移信息到美国，因为美国没有类似的隐私保护政策。

基本上，欧盟的观点是，消费者拥有他们的个人信息，零售商必须得到消费者的明确同意才能共享其个人信息。这个协议被称为**选择参加**（opt in）。相比之下，在美国，个人信息通常被视为公众领域，零售商可以对其任加以使用。美国消费者必须明确地告诉零售商不要使用他们的个人信息——他们必须明确地**选择退出**（opt out）。

总之，越来越多的共识正在达成：个人信息的收集必须公平；信息收集必须是有用途的；信息应该是相关、准确、对企业至关重要的；个人对其信息有所有权，能保持合理的安全性；这些信息只有在消费者的许可下才能被转让。许多收集客户信息的零售商都有隐私权政策。零售商需要向他们的客户保证其信息是安全的，没有客户的许可不会转移给其他公司。

11.3 分析客户数据及识别目标客户

CRM过程的下一步是分析客户数据并将其转换为有助于零售商开发出用以提升其最佳客户（或那些忠诚且再次惠顾能大幅提升零售商销售额的消费者）价值的计划（见图11-1）。分析客户数据库的两个目标是：①确定零售商的最佳客户；②利用分析方法提高零售经理的决策。对于这两个目标，将在本节中加以讨论。

11.3.1 识别最佳客户

客户关系管理的目标之一是确定和迎合零售商最有价值的客户。零售商经常使用其客户数据库中的信息以确定每个客户在其公司的价值。客户价值，也称为**客户终身价值**（customer lifetime value，CLV），是指客户在与零售商保持关系的整个过程中对零售商利润的预期贡献。零售商通常使用过去的行为预测客户终身价值。为了进一步说明开发客户终身价值测量的考虑因素，两位顾客在过去12个月中的购买史如下：

（单位：美元）

	12月	1月	2月	3月	4月	5月	6月	7月	8月	9月	10月	11月	总计
雪莉	400	0	0	0	0	0	0	0	0	0	0	0	400
马西娅	10	10	25	25	15	25	40	20	35	35	50	65	355

哪位女士具有最高的客户终身价值，也即谁将是零售商未来最有价值的客户？如果零售商只考虑两位女士在过去12个月中的购买情况，可能会得出这样的结论：雪莉是最有价值的，因为在过去12个月中她在商品上支付的最多（400美元对355美元）。但雪莉的购买历史可能反映的是从巴西到美国访问时的一次性购买，她再次光顾零售商的可能性很小。随着零售商深入挖掘数据，其可能会认为马西娅才是最有价值的客户，因为她购买商品更频繁，购买日期也最近。此外，她每月的采购额也在上升。即使雪莉在过去12个月

中可能购买了更多商品，马西娅的购买模式却表明她将在未来采购更多。零售视角 11-2 说明了一种零售商经常用于目录和互联网渠道确定消费者细分市场（进行促销或目录邮寄的客户）的 **RFM 分析**（RFM analysis）。该方法使用三个因素来评估每个客户的潜在贡献：该客户在细分市场上的购买时间有多近（recently），他们购买有多频繁（frequently）以及他们花了多少钱（money）。

零售视角 11-2

RFM 分析示例

表 11-1 中的 RFM 分析是由某个需要决定向哪些客户群发送产品目录的服装零售商做出的。该零售商根据每个客户在上一年的订单数量、在过去 12 个月内购买的商品数量以及最近一次下单订购的时间，将其目录渠道客户分为 32 类。每类由表 11-1 中的一个单元格表示。例如，左上角单元格中的客户在过去 2 个月内进行了购买（新近性），在过去一年中进行了一两次购买（频次），在过去 12 个月的花费少于 50 美元（货币）。对于每个 RFM 细分市场，零售商从上一次发送给细分市场的目录来确定进行购买过的消费者的百分比。例如，表 11-1 左上角单元格显示 5.0% 的客户从最近发送给他们的目录下过订单。通过消费者在每个单元中所下订单的响应率和平均毛利润的信息，零售商可以通过发送到每个单元格中的客户的上一个目录计算预期利润。例如，如果左上方单元中的客户所下订单的平均利润为 20 美元，且向单元中的客户发送目录的成本为 0.75 美元，如果以 5.0% 的响应率计算，那么从邮寄给该细分市场的每份目录中将获得 0.25 美分：

20 美元贡献 ×0.05 响应率 = 1.00 美元预期贡献
1.00 美元预期贡献 −0.75 美元费用 = 每人 0.25 美元预期贡献

利用表 11-1 中的 32 类细分市场，零售商可以为每个细分市场制定战略，如表 11-2 所示。例如，零售商可能专注于建立左下角细分市场的客户忠诚度，不向右上角的客户发送任何目录，因为无利可图。

资料来源：David Gillman, "Use SPSS Statistics Direct Marketing Analysis to Gain Insight: Analyze Customer History Using RFM," October 26, 2012, ibm.com/developerworks/; Jayanthi Ranjan and Ruchi Agarwal, "Application of Segmentation in Customer Relationship Management: A Data Mining Perspective," *International Journal of Electronic Customer Relationship Management* 3, no. 4 (2009), pp. 402–414; and Ching-Hsue Cheng and You-Shyang Chen, "Classifying the Segmentation of Customer Value Via RFM Model and RS Theory." *Expert Systems with Applications* 36, no. 3 (2009), pp. 4176–4184.

问题讨论：零售商如何以及为什么使用 RFM 分析？

在这个例子中，将消费者分成这些细分市场是基于这些消费者的盈利能力，而不是销售量。采用销售量确定零售商的最佳客户有可能产生误导。例如，航空公司的常客飞行计划基于飞行里程对客户进行奖励。这些计划提供给那些低成本、低利润飞行客户的奖励同提供给飞头等舱和全额支付、为航空公司利润做出更大贡献客户的回报是相同的。复杂的统计方法通常不仅仅基于购买日期、频率和数量来估计每个客户的客户终身价值，像雪莉和马西娅。这些更深层次的分析考虑客户购买产生的毛利润率和相关成本，如广告和用于获取客户的促销成本以及处理客户退货的成本。例如，全额支付且购买相同数量商品的客户的终身价值比只买促销品的客户高。退货 30% 的客户比很少退货的客户具有更低的客户终身价值。

表 11-1 某目录零售商的 RFM 分析

频率	金额	购买时间			
		0～2 个月	3～4 个月	5～6 个月	6 个月以上
1～2 次	少于 50 美元	5.0%①	3.5%	1.0%	0.1%
1～2 次	多于 50 美元	5.0%	3.6%	1.1%	0.1%
3～4 次	少于 150 美元	8.0%	5.0%	1.5%	0.6%
3～4 次	多于 150 美元	8.8%	5.0%	1.7%	0.8%
5～6 次	少于 300 美元	10.0%	6.0%	2.5%	1.0%
5～6 次	多于 300 美元	12.0%	8.0%	2.7%	1.2%
6 次以上	少于 450 美元	15.0%	10.0%	3.5%	1.8%
6 次以上	多于 450 美元	16.0%	11.0%	4.0%	2.0%

注：①表中顾客所占百分比是指通过产品目录购买。

资料来源：Reprinted by permission of Harvard Business School Press. Adapted from Robert Blattberg, Gary Getz, and Jacquelyn Thomas, *Customer Equity: Building and Managing Relationships as Valuable Assets* (Boston: Harvard Business School Press, 2001), p. 18. Copyright © 2001 by the Harvard Business School Publishing Corporation; all rights reserved.

表 11-2 RFM 目标策略

频率	金额	购买时间			
		0～2 个月	3～4 个月	5～6 个月	6 个月以上
1～2 次	少于 50 美元	首次顾客		低价值客户	
1～2 次	多于 50 美元				
3～4 次	少于 150 美元	回头客		"背叛者"	
3～4 次	多于 150 美元				
5～6 次	少于 300 美元	高价值客户		核心"背叛者"	
5～6 次	多于 300 美元				
6 次以上	少于 450 美元				
6 次以上	多于 450 美元				

资料来源：Reprinted by permission of Harvard Business School Press. Adapted from Robert Blattberg, Gary Getz, and Jacquelyn Thomas, *Customer Equity: Building and Managing Relationships as Valuable Assets* (Boston: Harvard Business School Press, 2001), p. 18. Copyright © 2001 by the Harvard Business School Publishing Corporation; all rights reserved.

11.3.2 零售分析

零售商可以使用收集的客户数据来衡量每个客户的客户终身价值。在本节的其余部分，我们解释一个可用的客户数据库如何为零售商提供可用的资源以开发战略并做出更好的决策。零售视角 11-3 描述了零售连锁药店 CVS 通过分析其广泛的客户数据得出深刻洞察。

零售视角 11-3

CVS Caremark 通过客户数据获得深刻洞察

CVS Caremark 的市场情报组负责建立公司的数据库并对数据进行分析，以开展增加钱包份额的开发项目和促销活动。在其"额外护理"（ExtraCare）领域的常客消费者可以获得一定比例的回扣作为在未来的购物中使用的"额外美元"（ExtraBucks）。额外美元的比例取决于产品类型，从店内所有销售产品的 2% 到美容产品的 10% 不等。客户还可以从超过 100 种与糖尿病相关的产品中获得两倍的额外美元，并且每 10 个处方就有 5 额外美元产生。除了特殊的供货商开展促销活动时提供的免费商品外，CVS 还通过电子邮件和直邮为消费者提供有用的健康与美容建议、新产品信息及优惠券。通过利用每个会员的购买习惯信息，CVS 对 ExtraCare 计划的参与者提供个性化优惠券。通过使用"发送到卡"的功能，纸质优惠券也被取消了："额外护理"的会员可以将他们的"额外美元"奖励和优惠券直接与会员卡相连，另外他们可以使用"额外护理"移动应用程序将所有信息上传到智能手机中。

通过分析"额外护理"客户的购买行为，CVS 公司发现了一些有趣的交叉促销机会。例如，约 2/3 的购买牙膏的客户没有购买牙刷。为了刺激他们的购买，零售商为牙膏消费者提供了特殊的牙刷促销。它还使用特殊促销来增加其购物篮的总体规模。例如，如果一个平均消费 15 美元的客户购买了 25 美元的商品，那么他将会获得 4 美元的优惠券，而通常花费 25 美元的客户如果购买额达到了 50 美元，则可以获得 10 美元的优惠券。

另外，CVS 公司不光分析商店的数据库，还根据其忠实的当地社区的需求定制其分类和位置决策。例如，它识别到一部分居住在城市地区的客户缺乏对杂货店的可选择性，因此，它在位于同一社区的各个商店中扩大了杂货类、新鲜且可以"边走边吃"的食品供应。

最后，为了确保顾客不会降低对公司的忠诚度，CVS 十分重视对他们隐私的保护。它所有的计划都是选择加入的，只给允许发送邮件的客户发送邮件。有时，它使用外部处理公司作为代理，以帮助打印和发送邮件，但这些代理从来没有收到过除了客户名称和地址之外的任何其他个人信息。CVS 公司承诺不会向制造商或直销商授予或出售任何特定信息。

资料来源：www.cvs.com/ExtraCare; Greg Jacobson, "CVS Aims to Personalize Retail Experience," *Chain Drug Review*, April 23, 2012.

问题讨论：CVS 公司如何使用从 ExtraCare 计划中收集的数据？

零售分析（retail analytics）是指通过对客户数据的分析，应用统计技术和模型寻求提高零售决策的方法。**数据挖掘**（data mining）是一种通过使用大数据并依靠搜索技术寻求新的客户购买模型见解的信息处理方式。三种最流行的数据挖掘应用程序是购物篮分析、目标促销和分类计划。

1. 购物篮分析

购物篮分析（market basket analysis）是确定客户在单次购物之旅中有哪些产品出现在其购物篮中的一种数据挖掘工具。这一分析工具可以为商店应该在何处放置商品以及如何将某商品与其他商品放在一起促销方面提供建议——基于这些商品往往出现在同一个购物篮中。

要进行购物篮分析，计算机程序会对在同一时间购买的两个产品进行计数。一个经常使用的购物篮分析的例子是由一家超市连锁店发现的——在星期五晚上 6 点到 7 点之间，许多人（特别是那些男性购买者）的购物篮子里都包含啤酒和婴儿尿布。之所以会出现啤酒和婴儿尿布之间的这种关系是由于尿布都是大包装的，所以进行大部分家庭购物的妻子往往会把尿布留给丈夫购买。而当丈夫在周末买尿布时，他们还想买些啤酒。当超市发现了这种购物模式后，就在尿布旁边放了一个高级的啤酒展示柜。因为优质啤酒是如此方便地被放在尿布的旁边，男人遂倾向于购买优质品牌的啤酒，而不是花时间去啤酒过道寻找价格较低的品牌。

利用购物篮分析改变了产品摆放位置的一些其他例子如下：

- 在美国人的食品购物车里，香蕉是最常见的商品，因此超市经常会把香蕉放在谷物食品的过道和农副产品部门中。
- 面巾纸既被摆在纸制品通道中，也和感冒药混放在一起。
- 量勺既出现在家庭用品部，还被挂在烘焙用品如面粉和起酥油旁边。
- 手电筒被放在五金器具过道中，也被放在万圣节服装道具旁边。
- 小吃蛋糕既出现在面包走道上，但也出现在咖啡旁边。
- 杀虫剂与猎捕工具和家用清洁用品陈列在一起。

2. 目标促销

除了帮助决定在商店里如何放置产品，购物篮分析还可以帮助提供关于商品分类决策和促销方面的见解。例如，零售商可能会发现，客户通常在同一时间（在同一购物篮）购买特定品牌的护发素和洗发水。有了这些信息，零售商可能会进行一项特殊的护发素促销活动，预计客户也将全价购买洗发水（更高的利润）。

3. 分类计划

管理者必须决定在每个商品品类中提供什么样的商品。客户数据也可以被挖掘以帮助进行分类。通过分析零售商最有价值的客户购买的产品，管理者可以确保这些产品在任何时候都出现在商店里。例如，一项分析可能会发现具有最高客户终身价值的细分市场客户对某一品牌的美食芥末很忠诚。然而，这一品牌的芥末在该零售商卖给所有消费者的十大最畅销芥末品类中只处于第十位。鉴于其相对较低的销售，零售商可能会考虑从它的分类中删除该芥末品牌。但是，基于这种分析，零售商将决定继续提供该芥末，因为他们担心如果自己的商店不再保留这一美食品牌，这些高价值客户有可能会转向其他零售商。

11.4 通过常客计划开发 CRM

如前所述，常客计划或忠诚度计划是奖励重复购买行为的营销努力。这些计划的两个目标是：①建立一个将客户数据与其交易相连的客户数据库；②鼓励重复购买行为和忠诚度。第一个目标的意义已在本章前面的章节中加以讨论，下面揭示第二个目标的意义。

11.4.1　常客计划的有效性

虽然常客计划对于建立客户数据库很有用处，但对于建立长期客户忠诚度没有多大的用处。消费者对这些方案的感知价值是很低的，因为他们认为相互竞争的零售商提供的这些方案并无多大差别。大多数方案只是向客户提供了简单的价格折扣，而这些折扣措施对所有参加这一计划的消费者都一视同仁。这些折扣对价格敏感的购物者具有吸引力，但不一定会吸引客户终身价值高的购物者。此外，基于常客计划的竞争优势很少可持续。常客计划是可以看得到的，所以在大部分情况下可以很容易地被竞争对手复制。1% 的折扣价格可能会使零售商花费大约 1 亿美元，这还是在他们要投资高达 3 000 万美元以建立和运行该忠诚度计划以后出现的情况。随着时间的推移，他们必须继续每年高达 1 000 万美元的投资以维护计划，这些成本包括 IT 成本、营销努力以及培训。

最后，忠诚度计划是很难修改或更正的。一旦其成为客户购物体验的一部分，即使出现最小的变化，零售商也必须通知到客户。如果那些改变意味着客户将失去一些计划带来的既得利益，也极有可能出现强烈的负面反应。这些负面反应可能会从那些起初就表现出相对较小忠诚度的客户开始。

11.4.2　让常客计划更有效

常客计划寻求鼓励重复购买和发展客户忠诚度。而要建立真正的忠诚度，零售商需要与消费者建立情感上的联系，以及从他们身上获得某种承诺。当某喜达屋酒店（Starwood Hotels）的代表帮助一位被困在芝加哥的常客消费者找到车辆并打电话给她丈夫让他知道她很好时，这个代表就保证了该旅客的忠诚度。因此，为了避免常客计划沦为只是简单地收集数据和只对短期销售有影响，零售商可能需要：①提供分层奖励；②将常客视为VIP；③纳入慈善活动；④提供各种选择；⑤奖励所有的交易；⑥使计划透明和简单。

1. 提供分层奖励

许多常客计划包含级联层的水平，如银、金和铂金。等级越高，奖励越多。这种奖励结构可以激励客户从某个零售商处购买，以使自己达到更高的层次。有些计划将折扣和返点结合起来。例如，某零售商可能会对 100～149.99 美元的购买提供 5 美元的折扣，对 150～249.99 美元的购买提供 10 美元，对 250 美元或以上的购买提供 15 美元。购买超过 250 美元后，客户积分可以兑换特殊且独特的奖励，如免费的衬衫或一张当地棒球比赛门票。

一个分层计划的关键要求是设计消费者认为可以实现的层级。常客可以很容易地计算出他们平常消费可以实现的层级水平。如果层级水平是不可能实现的，他们可能不太倾向于在某零售商处购物或参加其常客计划。尽管内曼·马库斯奢侈品专卖店为年度购买 600 000 美元的消费者提供了奖励层级，这一类似的奖励层级对于食品杂货店的忠诚度计划将是非常不合适的。

2. 将常客视为 VIP

当消费者被视为特别的人时，他们会对此做出回应。因此，有效的方案会超越购买折扣，提供独特的奖励。例如，GameStop 在其 PowerUp 奖励计划中通过提供 NASCAR 的比赛门票或 Comic-Con 的后台访问鼓励目标客户在赛车和奇幻游戏上花费更多。奖励因此应该与零售商的目标市场相吻合，让顾客觉得很特别：一个私人的购物之夜对于某位诺德斯特龙百货的重量级购物者而言可能是非常重要的，而对苹果用户来说，一次对该公司设施的独家之旅则可能会更有趣。这些活动也应事先进行宣传促销以鼓励更多的客户注册及追求足够的返点以被邀请参加活动。

3. 纳入慈善活动

许多计划都与慈善事业有关。例如，塔吉特将其红卡购买额的1%捐献给当地的学校。虽然这些利他性奖励可以是常客计划的有效元素，但也不宜作为计划的重点。

4. 提供选择

并不是所有的顾客都看重相同的回报，因此最有效的常客计划是提供选择。森宝利（Sainsbury），一家英国的连锁超市，允许消费者使用其 Nectar 返点作为各种零售合作伙伴的凭证。凯撒娱乐为本身住在附近的客人和必须飞到其赌场与度假村的客人提供不同的计划。它还引入了全面奖励会员定价制，使忠诚计划会员比非会员获得在凯撒物业餐厅更低的定价以及购买预售参观券的机会。

喜达屋酒店集团（旗下拥有威斯汀、W 酒店、喜来登、福朋连锁等）在其喜达屋优先顾客计划中保持着一个被称为"时刻"的项目，这个项目为返点持有人提供机会进行拍卖竞标这一奇妙的体验。参与者利用自己挣来的返点投标参加各种独家访问事件：音乐会开始前与酷玩乐队在后台会面，与职业球手洛雷娜·奥查娅（Lorena Ochoa）打高尔夫，或在著名的 Per Se 餐厅吃饭并与厨师会面。

5. 奖励所有的交易

为确保零售商收集所有客户的交易数据并鼓励重复购买，常客计划需要对所有的购买行为做出奖励，而不只是对选定商品或通过一定渠道（例如，在商店和网上）购买的商品进行奖励。客户在差不多第一次购买时就应该获得一个入门层级的奖励以鼓励他们加入计划。与此相应，丝芙兰在客户注册某张卡的时候就将其指定为美丽内部人士（Beauty Insiders）。一旦她们花费了 100 美元——在化妆品柜台不算多，她们就有资格获得一份免费的同样品———一样大小的产品。

6. 使计划透明和简单

有效的计划是透明的，可以使客户很容易跟踪其支出和可用的奖励。一旦变得透明和方便，忠诚度计划很快就可以成为购物者消费选择不可分割的一部分。因此，有越来越多的使用智能手机链接的程序，让消费者通过移动应用程序赚取和兑换奖励，而不是要求他们记住自己的卡或优惠券。按下一个按钮，购物者就可以了解他们的总积分，还需要花费多少来得到一个想要的奖励或者今天是否可以兑换一些很棒的东西。

当忠诚度计划变得更简单时，其有效性会大幅度提高。如果其规则和规定混乱似迷宫，则该计划不会对消费者产生多大的吸引力。一些航空公司由于其混乱的不适用期和兑换规则而遭受指责——其忠诚度计划几乎没有用。相反，简单、直接的计划可以通过提供始终如一且可靠的选择而获得成功。

零售视角11-4描述了内曼·马库斯如何凭借其InCircle计划为其最佳客户提供超越价格折扣的奖励措施来建立客户忠诚度。

零售视角 11-4

通过 InCircle 计划建立内曼·马库斯的钱包份额

内曼·马库斯的目标消费者是前2%的消费者（就收入而言），这意味着这家商店里的人都受过良好的教育并游历广泛。这些复杂的购物者被该零售商的InCircle常客计划吸引，这个计划被普遍认为是客户关系管理（CRM）的最佳实践。

InCircle计划与该商店的信用卡相连，根据内曼·马库斯的年度采购量提供6个级别的优惠。圈1表示购买金额低于2 500美元；主席级别则意味着客户当年的花费超过60万美元。

基于消费的等级，客户每花出去1美元就会相应地收到2~5个InCircle积分。积累到10 000积分，会员将获得一张100美元的礼品卡。此外，根据他们的消费水平，他们还会获得其他好处：店内餐饮、免费改装、商店交货、无忧停车、皮草存放、免费维修和清洁珠宝、雕刻、鞋和手提包修理、字母组合图案，以及在发廊理发的折扣等。较高积分级别的客户也会收到一些不同寻常的奖励，如帮客户找到其在电视或时尚频道上看到过的货品的礼宾服务，在专属餐厅预订，或跑腿服务。

InCircle成员可以在其网站上快速查找积分。当他们接近一个新的层级时，他们会收到一封有独特活动和通知的电子邮件。他们还会获得一份*Entrée*杂志，这是一份由时代华纳专门为内曼·马库斯制作的出版物。同样，内曼·马库斯也要求得到关于如何提高InCircle成员价值的反馈。

在商店层级上，销售人员默默地通过消费者以往的购买行为收集关于顾客的洞见。一旦建立了一种关系，销售人员可以直接联系客户，比如，告知他们其最喜欢的品牌有新货了。销售人员还可以在整个商店内自由走动，以查找InCircle会员当时想要的任何物品，或鼓励他们使用可用的服务，如礼品包装和旅行建议。

资料来源：www.incircle.com, www.neimanmarcus.com, and 10K 2012 Neiman-Marcus annual report.

问题讨论：内曼·马库斯建立客户忠诚度的InCircle计划的要素是什么？

11.5 执行 CRM 计划

通过常客计划开发出CRM后，CRM过程中的最后一步是实施这些计划（见图11-1）。

11.5.1 客户金字塔

对于大多数零售商来说，相对较少的客户贡献了绝大部分的利润。这种情况被称为**80-20 法则**（80-20 rule），即 80% 的销售额或利润来自 20% 的消费者。因此，零售商可以在客户终身价值得分的基础上将其消费者分成两个群体：一个群体是客户终身价值得分最高的 20% 的消费者，另一个群体是其余的部分。但是，这个两分机制——"最优"和"其余"并没有考虑对那 80% 的客户进行重要区分。许多在"其余"部分的消费者是潜在的"最优"，或至少是好的客户。如图 11-2 所示，一种常用的细分方案是将消费者分为 4 个细分群体，甚至 10 个群体。该方案可以使零售商针对每一个细分群体制定更为有效的战略。不同的 CRM 计划直接针对每一个细分市场中的顾客。下面对 4 个细分群体——进行描述。

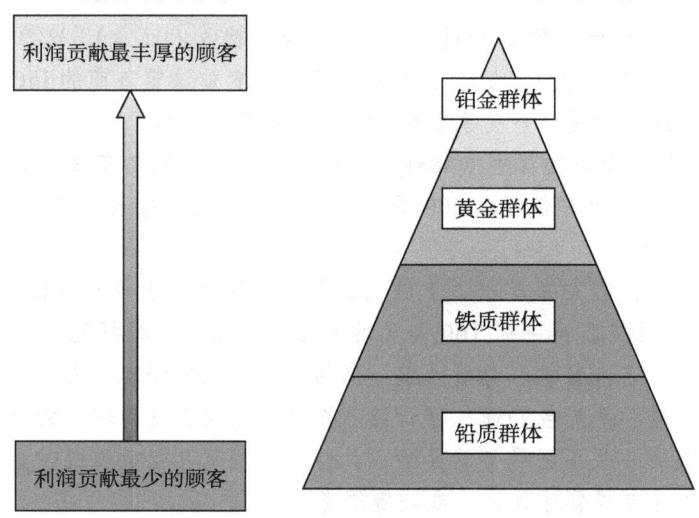

图 11-2　顾客金字塔

1. 铂金群体

这个群体是由客户终身价值前 25% 的客户组成的。在通常情况下，他们是最有利可图和最忠诚的客户。由于忠诚度高，他们通常不会过于关注价格。在这一细分群体中的客户会从零售商处大量购买商品，他们往往更注重客户服务的价值而非价格。

2. 黄金群体

接下来的客户终身价值客户组成黄金群体。尽管他们从零售商处购买商品的金额也很大，但他们的忠诚度没有铂金群体那么高，很有可能会光顾零售商的一些竞争对手。黄金群体的利润贡献水平低于那些铂金层的客户，因为价格在其购买决策中起的作用更大。此时，任何一个 CRM 计划的重要目标都是提供激励措施，将黄金级客户变为铂金级。

3. 铁质群体

这一群体的消费者往往会购买适量的商品，但他们的消费水平、忠诚度和盈利能力都不足以让零售商对其进行特别对待。虽然有可能把这些人带到金字塔的更高层级，但出于收入有限、对价格敏感或其他零售商分享忠诚度等原因，零售商为其花费额外支出可能不值得。

4. 铅质群体

具有最低客户终身价值的客户对公司的收入贡献可以为负。他们一般要求很多，但从零售商那里购买得东西并不多。他们经常购买减价出售的商品或滥用退货特权。他们甚至可能通过向别人抱怨零售商而导致额外的问题。因此，零售商对这部分客户不会给予任何关注。

在下面的章节中，我们将讨论零售商用以保留最佳客户、把优质客户变成最佳客户以及处理无利润客户的计划。

11.5.2 客户保留

零售商用以保留客户和增加钱包份额的两种方法是个性化和社区。

1. 个性化

开发细分市场（如图 11-2 中客户金字塔中的铂金群体）的 CRM 战略有一个重要的限制因素，即每个细分市场是由大量的不同客户组成的。因此，任何产品都只会对这一细分市场中的典型客户产生最大的吸引力，而不是吸引该细分市场中的绝大多数客户。例如，具有最高客户终身价值的铂金群体可能包括一个 25 岁的单身女性，她的需要可能和同处于这一群体带着两个孩子的 49 岁职业母亲完全不同。

可用的客户层面的数据和分析工具有助于零售商克服这一问题，并以符合成本效益的方式为个别客户提供独特的利益和有针对性的信息。一些零售商提供不寻常的高品质、个性化的客户服务来建立和保持最佳客户的忠诚度。例如，高档百货公司（如萨克斯第五大道和内曼·马库斯）为它们的最佳顾客提供衣橱顾问。这些顾问可以在商店非开放时间或在客户的办公室或家里安排特别的展示和试衣服务。诺德斯特龙百货提供免费的私人聚会，邀请客户查看新的服装生产线。萨克斯第五大道提供免费的皮衣存储、免费剪裁及在豪华游轮上与船长共进晚宴的机会。在丹佛一家男装专卖零售商安迪森·莫尔顿（Andrisen Morton），销售人员偶尔会直接联系客户。如果商店新进一批布里奥尼的西服，他们会给之前买过布里奥尼西服的客户打电话；如果客户反应冷淡，销售人员可能会为他提供一张价值 100 美元的购物券，用于购买暂时没买的商品。

为小群体或单个顾客制订零售计划被称为**一对一零售**（1-to-1 retailing）。很多小型当地零售商一直都实行一对一零售。他们了解每一位顾客，当顾客走进商店时，可以叫出他们的名字打招呼，然后推荐一些顾客会喜欢的商品。这些当地小店的店主不需要客户数据库，也不需要数据挖掘工具，他们把这些信息记在自己的大脑中。但大多数大型零售连锁店及其员工缺乏关于顾客的这些"亲密的"知识。因此，CRM 的开发使较大的零售商也能够有效地发展类似于许多当地小店与顾客之间的那种关系。

个性化的另一个方面是将最佳客户卷入零售商的业务决策中。一些零售商邀请其最佳户参加焦点小组访谈以评估零售商正在考虑的替代品。当顾客觉得不只是他们花的钱，还包括他们的意见都受到重视时，其忠诚度就会提高。

顾客收到的个性化的奖励或好处，是以零售商及其销售人员所拥有的独特信息为基础的。此信息被保留在零售商的客户数据库中，是竞争对手无法得到或使用的。因此，它为零售商建立可持续的竞争优势提供了机会。

此信息的有效利用在 CRM 过程中创建了一个积极的反馈周期（见图 11-1）。重复购买行为的增加也增加了收集的客户数据量，这使得零售商能够提供更多个性化的好处，而这反过来又增加了客户从零售商处的购买行为。

2. 社区

顾客保留和建立忠诚度的第二种方法是在客户中间建立起一种社区意识。**零售品牌社区**（retail brand community）是一组忠诚于零售商及由其赞助、承担的活动而被捆绑在一起的消费者。社区成员认同自己与其他成员，并分享共同兴趣及参加与零售商有关的活动。他们也感到有义务吸引新的社区成员，并帮助社区其他成员分享其经验和产品知识。通过参与这样一个社区，客户越来越不愿意离开这个"家庭"而去光顾其他零售商。

耐克商店通过每周在点心店主办跑步小组活动来创造社区意识。那些已经登录耐克 Plus 网站且跑过 100 英里的成员将获得特殊认可，耐克 Plus 网站与运动员的苹果 iTouch / iPhone 建立联系以追踪其跑步指标。参与耐克这一程序的人超过一半在使用这个系统，一周访问该网站的次数超过 4 次。

位于丹佛麦迪逊街的 TAG/Burger and Bar 鼓励客户通过电子邮件、Facebook 和推特发送原创汉堡组合配方，由此营造了一种社区意识。管理层每个月都会选择最好的一款汉堡进行销售。获胜者可以尽可能多地得到其想要的每月精选汉堡。

沃尔玛会从其"沃尔玛妈妈"社区那里征求意见，这些妈妈是撰写现代为母之道的挑战并追求储蓄和价值的博主。这 11 个原创博主提供高质量的内容，对其读者产生了巨大的影响，这使得沃尔玛征集她们对"活得好"这一主题分享的意见和见解。虽然沃尔玛网站上的许多帖子都事关如何发现便宜的杂货，但这一社区网站则涵盖了从绿色生活到政治、健康问题的广泛主题。零售商不需要支付这些妈妈薪酬，甚至会要求她们披露可能会收到的任何形式的补偿（例如，旅行费用、免费试用产品）。然而，在许多情况下，她们发布的信息会与沃尔玛的品牌形象相一致。此外，沃尔玛不仅从这些博主那里（人数现已超过 20）获得宝贵的信息反馈，而且从所有跟随她们的帖子的其他妈妈那里获得反馈。通过与博主、吧主和评论者之间展开对话，沃尔玛与现代妈妈中的一个关键目标市场建立了联系。

11.5.3　客户转换：把优质客户变成最佳客户

在客户金字塔中，增加对优质客户的销售可以被称为客户炼金术——把铁质和黄金级客户转化为铂金级客户。获得客户炼金术的一种方法是通过**附加销售**（add-on selling），包括为现有的客户提供、销售更多的产品和服务，以增加零售商这部分客户的钱包份额。

零售商的客户数据库揭示了附加销售的机会。许多零售商使用客户曾经购物时的数据向他们推荐产品。例如，如果某超市发现客户购买的是猫食而不是猫砂，该超市会分发猫砂优惠券给客户。当消费者进入商店并刷常客卡，或当他们登录零售商网站时会收到优惠券。有时，零售商还会通过发送到客户手机的信息会向他们提供这些优惠券。

Amazon.com 是通过提供建议产生附加销售的行家。当消费者第一次访问该网站时，它就会基于过去的购买给出个性化的建议。如果他们向下滚动鼠标以期得到一本书的更多信息，网站就会推荐购买过这本书的消费者所买的其他书籍。然后两本书（正在检查的这本和与之互补的另一本）被捆绑在一起以折扣价销售。零售视角 11-5 描述了"美国女孩"（American Girl）公司如何增加钱包份额。

零售视角 11-5

"美国女孩"激励顾客购买洋娃娃附加组件

当"美国女孩"在 1986 年第一次打入市场时，这些有限的洋娃娃款式分别代表了历史上不同时期的 9 岁女孩，并且配套的书上讲述了每个洋娃娃的故事。年轻的消费者喜欢这些 18 英寸的洋娃娃，并且通过阅读一个年轻女孩在过去不同的地方生活时的书本内容也学到了一些历史知识。该产品线的受欢迎程度鼓励零售商去扩展其相关的货品，为客户创造更多购买附加商品的机会。

例如，针对只对现代感兴趣而对历史不那么感兴趣的购物者，"就像你"（Just Like You）产品线体现出现代洋娃娃的特点。如果家里的妹妹想要自己的洋娃娃，"美国女孩"提供了 Bitty 婴儿产品系列，这些柔软的洋娃娃更适合 3～6 岁的孩子。在所有这些产品线中，消费者可以为他们的洋娃娃购买大量的配件，包括服装、配饰、玩具等。

因为洋娃娃和其配件实质上代表了一种教育并具有多样性，众多的女孩和他们的父母表现出对"美国女孩"的忠诚。为了让她们体验到"美国女孩"的生活，公司发行了一部电影——《姬特·基特里奇：一个"美国女孩"》。同时也扩大了书的系列，每个洋娃娃都有六个文本的故事；真正活跃的读者还可以追读每月的《美国女孩》杂志。

也许最好的附加机会可以通过"美国女孩"商店获得（目前在全美有 14 家）。各个家庭会在假期中访问该商店。每次旅行照片很可能会包括这个女孩和她的洋娃娃的照片；一个可以为洋娃娃做发型的发廊；咖啡厅提供三道午餐菜，还会有一个洋娃娃的座位；为女孩的洋娃娃提供配套的新衣服。如果洋娃娃出现破损或者需要修理，商店里还有一家医院。这种游玩可能花费超过 300 美元，但女孩的父母，在克服了"价格标签震惊"后，通常会觉得这种经历是值得的。

另外，"美国女孩"还开发了社区活动。例如，当地图书馆会主办"美国女孩"派对。这些活动吸引了几十个女孩带着她们的洋娃娃前来，并且特别针对每个洋娃娃所代表的时间段的事件进行开发和讨论。一些服务组织甚至开发了"美国女孩"时装秀来支持当地的慈善事业。

资料来源：www.americangirl.com; David Rosenberg, "Looking at American Girls with Their American Girls," *Slate*, January 25, 2013; Michelle Wildgen, "The Rise of American Girl Rebecca Rubin," *Forward*, January 2,

2012; and Amy Ziettlow, "Lessons From American Girl Dolls: The Divorce Generation," *The Atlantic*, January 18, 2013.

问题讨论:"美国女孩"如何确保其现有客户在洋娃娃上消费更多?

11.5.4 处理无利润客户

在许多情况下,最底层客户的实际客户终身价值是一个负值。零售商同这些客户进行的每一笔交易都是赔钱的。例如,目录零售商会遇到反复选购三四件商品但最后只留一件退掉其他几件的客户。处理退回的两三件商品的成本要远远大于该客户留下一件商品带来的利润。底层的客户也可能因为他们消失了一段时间之后继续光顾零售商而被划在那一层。例如,客户可能因为竞争对手更具吸引力的报价或在不满意时消失,在数月或几年后又回来成为一个新客户。重新获得这些顾客对零售商来说根本无利可图。不再为这些无利可图的客户出售商品的过程,在顾客金字塔中叫作"去铅"。

去铅的方法有:①为铅质顾客提供不那么昂贵的服务以满足其需求;②对滥用服务的顾客收费。例如,某零售商每天约接到 70 000 个电话,其中约 3/4 会被转到自动化系统,每个电话的成本不会超过 1 美元。其余的电话都是通过呼叫中心代理进行处理的,每次呼叫的成本是 13 美元。零售商可以与这 25 000 个较低层的客户进行联系,并告知他们为了了解简单的账单和价格信息必须使用网站或自动回复,每个名字都会被标记并转至一个专门代理那里,该代理会把电话接到自动服务系统并告诉他们如何使用。

然而,拒绝客户是一件微妙的事情。Sierra Trading Post,一家服装和户外设备的在线零售商,就受到了顾客的批评。这些顾客曾收到电子邮件,通知他们因为退货太多而不能再在这家零售商购物。然而,该公司力求保证满意度,并给任何不愉快的顾客提供全额退款,不管该顾客持有该产品多久。

➲ 本章小结

(1)描述客户关系管理过程。

客户关系管理(CRM)是一种商业理念,包括了一整套战略、计划和系统,重在识别出最有价值的顾客,建立其重复购买行为和忠诚度。忠诚的顾客会执着地光顾一个商家而不会轻易更换到竞争对手那里去。此外,零售商还设计 CRM 计划以增加从最佳顾客那里赚取的钱包份额。

客户关系管理是一个使得零售商提升顾客忠诚度的互动性过程,主要通过以下四种努力实现:①收集顾客数据;②分析顾客数据,确认目标顾客;③通过常客计划开发 CRM;④实施 CRM 计划。

(2)理解消费者的购物数据是如何被收集的。

零售商广泛地收集有关客户的数据,并将它们存储在其数据库中。对于这些数据,零售商可以在销售点、通过在线渠道,或者在客户提交忠诚度计划申请时进行收集。尽管不能确保所有收集到的数据都与每笔客户交易准确相联系,但是收集和分析有关客户态度、偏好及其购物行为的数据能够使零售商密切地瞄准其促销活动,并为其客户提供更多的价值。

然而,许多消费者担心当零售商收集详细的个人信息时,可能会侵犯他们的隐私。个人信息的收集必须公平,收集必须有目的性,数据应该是相关的并保持合理的安全性,在这些方面,各方正在产生越来越多的共识。许多零售商期待越来越多的数据隐私法规的出台,他们正在充满前瞻性地工作,以建立可以保证客户数据隐私的安全办法。

(3)解释用来进行客户数据分析和确定目标客户的方法。

一旦零售商收集到足够的数据,他们必须对其加以分析,以获得可操作的信息。描述顾客的常见指标是其客户终身价值(CLV)。另一种方法则是描述购买时间、频率和购买金额。更复杂的零售分析还包括市场购物篮分析,它提供了有关最常见的一起购买的产品的信息。这些信息可以使零售商做出明确的零售决策:在店内保持何种产品分类最能吸引有价值的客户以及对哪些商品共同促销以增加销售额。

(4)大概描述零售商如何开发其常客计划的过程。

常客计划两个主要目的:①建立将客户和交易连接起来的客户数据库;②鼓励重复购买行为和忠诚度。常客计划可以有效建立一个客户数据库,但在确保长期客户忠诚度方面不是非常有用。为了增加其忠诚度效果,常客计划应寻求:①提供分层奖励;②将常客视为VIP;③纳入慈善活动;④提供选择;⑤奖励所有的交易;⑥使计划透明和简单。

(5)解释实现有效客户关系管理方案的各种不同方法。

通过使用这些客户的信息,零售商可以制订计划以建立最佳客户的忠诚度,增加较优客户的钱包份额(例如,将黄金客户转换成铂金客户),处理无利润客户(摆脱他们)。零售商可以用来建立忠诚度和保留较优客户的方法有四种:①推出常客计划;②提供特别客户服务;③提供个性化的服务;④形成社区意识。为了处理CRM数据确定的无利润客户,零售商需要开发低成本的方法来为之服务,或将其一起排除在外。

➲ 小试身手

1. 持续案例任务 采访你为持续案例任务选定的零售商经理。询问经理商店是否提供常客计划,以及其对于增加商店的销售和利润是否有作用。为什么经理会有这样的观点?怎样做才能够使计划更有效?然后与商店中的一些顾客谈话,问他们是不是会员?为什么?找出计划中的会员关系对其购买行为和对商家的忠诚度有何影响?

2. 网上练习 访问你常去的一家零售商的主页并评价其隐私政策。这家零售商是如何保护客户信息的?这家零售商如何保护其客户的信息?哪些政策或政策不足会增加你的担忧?为什么?哪些为你的私人信息提供保护的政策会给你安慰?为什么?

3. 网上练习 访问电子隐私信息中心网站(www.epic.org),评价该组织提出的问题。该监控组织觉得最重要的零售商消费者隐私问题是什么?这些问题在未来将如何演变?

4. 网上练习 访问 1-800-Flowers 的主页(www.1800flowers.com),阅读新鲜奖励计划。该公司的这一客户关系管理计划如何帮助它跟踪更好的客户,发展业务,并提高客户忠诚度?

讨论问题

1. 什么是客户关系管理计划？描述一个你作为客户参与的客户关系管理计划。

2. 为什么零售商要确定客户终身价值？过去的客户行为如何帮助零售商预测未来的客户保留？

3. 为什么有些客户有低的或负的客户终身价值？零售商可以对这些客户采取什么方法以尽量减少他们对这一底线的影响？

4. 为什么客户对超市提供的常客计划有隐私方面的顾虑？超市可以做些什么来减少他们的顾虑？

5. 从建立忠诚度的角度而言，为什么大部分常客计划都是无效的？怎样做可以使其更有效？

6. 你认为下列哪一种零售商可以从建立CRM计划中受益最多：超市、银行、汽车经销商，或家用电子产品零售商？为什么？

7. 为当地一家销售你们学院或大学校徽的服装和礼品商店制订一个客户关系管理计划。你会收集什么样的客户信息？你会如何使用这一信息提高该商店的销售和利润？

8. 零售商可以采用哪些不同的方法通过交易来识别客户？每种方法的优缺点是什么？

9. 客户关系管理计划侧重于与最佳顾客建立关系。一些不能得到与最佳顾客相同利益的顾客可能会因为被区别对待而不高兴，零售商可以做什么以尽量减少这种负面反应？

10. 想想你最喜欢去购物的地方。这家零售商是如何建立客户的忠诚度和满意度，鼓励回头客，在顾客和零售商之间建立情感联系，了解客户的喜好以及为其最佳客户提供个性化关注和难忘的经历的？

推荐读物

Blattberg, Robert, Edward Malthouse, and Scott Neslin. "Customer Lifetime Value: Empirical Generalizations and Some Conceptual Questions." *Journal of Interactive Marketing* 23 (May 2009), pp. 157–168.

Cox, Emmett. *Retail Analytics: The Secret Weapon.* Hoboken, NJ: Wiley, 2011.

Christopher, Martin, Adrian Payne, and David Ballantyne. *Relationship Marketing.* New York: Routledge, 2012.

Gandomi, Zolfaghari. "Profitability of Loyalty Reward Programs: An Analytical Investigation," *Omega* 41, 4 (August 2013), pp. 797–807.

Gomez, Blanca, Ana Arranz, and Jesus Cillan. "Drivers of Customer Likelihood to Join Grocery Retail Loyalty Programs. An Analysis of Reward Programs and Loyalty Cards," *Journal of Retailing and Consumer Services* 19, 5 (September 2012), pp. 492–500.

Hochman, Larry. *The Relationship Revolution: Closing the Customer Promise Gap.* Hoboken, NJ: Wiley, 2010.

Kumar, V., and Werner Reinartz. *Customer Relationship Management,* 2nd ed. New York: Springer, 2012.

Linoff, Gordon, and Michael Berry. *Data Mining Techniques: For Marketing, Sales, and Customer Relationship Management,* 3rd ed. Hoboken, NJ: Wiley, 2011.

Nguyen, Bang. "The Dark Side of Customer Relationship Management: Exploring the Underlying Reasons for Pitfalls, Exploitation and Unfairness." *Journal of Database Marketing & Customer Strategy Management* 19 (2012), pp. 56–70.

Peltier, James, Debra Zahay, and Donald Lehmann. "Organizational Learning and CRM Success: A Model for Linking Organizational Practices, Customer Data Quality, and Performance." *Journal of Interactive Marketing,* 27, 1 (2013), pp. 1–13.

Verhoef, Peter, Rajkumar Venkatesan, Leigh McAlister, Edward C. Malthouse, Manfred Krafft, and Shankar Ganesan. "CRM in Data-Rich Multichannel Retailing Environments: A Review and Future Research Directions." *Journal of Interactive Marketing,* 24, no. 2 (2010), pp. 121–137.

PART 3

第三篇
商品管理

本书第二篇回顾了零售商做出的各种战略决策——开发零售市场战略、与市场战略相关的财务战略、商店区位的机会和影响具体店面选址的各种因素、人力资源开发、用来控制信息流和商品流的各个系统,以及他们采取的管理客户关系的各种方式。这些决策更多的是从战略角度而非出于战术上的思考,因为它们涉及零售商需要在目标零售细分市场中投入大量资源,发展优于竞争对手的长期优势。

第三篇将探讨更具战术性的商品管理决策来实施零售战略。

- 第 12 章将介绍零售商如何管理商品存货。具体来说,就是如何组织商品规划过程,如何评估业绩,如何预测销售额,如何制订分类计划,如何将商品分配至各个商店,如何确定适宜的服务水平以及如何监控商品存货活动的业绩。
- 第 13 章将探讨零售商如何从供货商手中购买商品,包括品牌选择、谈判过程以及与供货商建立良好关系的各项活动。
- 第 14 章将考察零售商如何为提供的商品及服务确定及调整价格的问题。
- 第 15 章将提供零售商建立其品牌形象以及与客户进行沟通的各种方式。

接下来的第四篇将着重阐述店面管理的决策。

第12章

商品规划过程管理

- **主管简介**

穆萨·库利巴利，规划和分配部高级副总裁

迪克体育用品有限公司

我一直都是一个爱和数字打交道的人。我在杜肯大学学习金融和会计时买了第一台IBM个人电脑，并用它在我职业生涯的早期分析利润和存货周转率。回想那时候我正在做的，虽然在当时并没有一个名字，但时至今日它被称为零售分析。

目前，我在迪克体育用品的规划和分配部担任高级副总裁一职。然而，我的职业生涯始于位于宾夕法尼亚州匹兹堡市的霍恩百货商店总部。这个角色是独一无二的，因为霍恩总部和市中心的旗舰店都在同一幢大楼里。因此，所有的商品部销售人员都要求在高客流量的午餐时间在销售楼层工作，以便与顾客进行互动。回头看时才发现，正是这种直接上手的工作给我的职业生涯增添了最有价值的一笔，那就是对提供卓越客户服务的洞察力。

在我自己的时间里，我为不同的供货商分析霍恩珠宝展柜的生产力。使用我的IBM个人电脑，我为每个供货商的商品确定利润和存货周转率。当供货商想要与我所在公司的买手会面以展示其最新的商品时，我们的买手会使用我的分析数据来向他们说明相比于其他供货商，我们的珠宝绩效如何。那些生产率低的供货商会努力找到提高生产率的方法，以确保他们不会失去展柜空间。

最终，霍恩被并入了Lazarus百货（梅西百货的前身），我在考夫曼接受了商品部的一个职位。在我的任期内，我有过各种各样的与商品相关的头衔，与买手一起跟踪存货，续订货，并设置折扣。另外，我还从事有关产品报告方面的工作，以找出并解决滞销货品的问题。我在考夫曼待了八年，并担任财务规划总监一职，其总部在2002年关闭。随后我加入了迪克体育用品有限公司。

零售业提供了许多不同的职业道路和机会，为人们提供各种各样的技能与兴趣。我是作为规划部总监于2002年加入迪克的；2003年，我被提升为规划和分配部副总裁。几年后，我担任财务和战略规划部副总裁一职，我在这个职位上承担了很大的责任，从分析潜在的并购业务，到获得循环信贷安排。2012年，我被提升到目前所在的职位——规划和分配部的高级副总裁，在这个职位上我同时负责软、硬两条产品线。正如我的经历所表明的那样，一个成功的职业生涯可以始于在你的个人电脑上做试验，并最终在一家伟大的公司担任领导。

☐ 学习目标

- 解释商品管理组织和绩效指标。

- 对比必需品和流行性商品的管理流程。
- 描述如何预测商品品类的销售额。
- 总结制定商品分类时应权衡的因素。
- 说明如何确定适当的存货水平。
- 分析商品控制系统。
- 描述多店面零售商如何将商品分配至各商店。
- 回顾零售商如何评价其商品管理决策绩效。

商品管理活动主要由买手和他们的顶头上司，即商品部门经理和总经理负责。许多人都认为这些工作既令人振奋，又十分光鲜体面。他们觉得买手的大部分时间都花在扣紧最新时尚的脉搏上：奔走于巴黎和米兰的各种名流设计展览会，出现在流行演唱会和其他高雅的酒会上，观察那些潮流引领者的穿着打扮。但实际上，零售买手的生活更像华尔街的投资分析师，而非全球时尚大师。

投资分析师管理的是一揽子股票组合，他们买进看涨的股票，卖掉他们认为前景不妙的股票。他们一直关注自己股票的业绩，买卖的目的就是为了盈利。有时候他们会犯错，将钱投进业绩差的公司，因此他们会卖掉这些公司的股票，损失也就在所难免，但是他们可以利用卖掉股票的钱买进更多具有升值空间的股票。其他时候，投资分析师买入的股票价格一路飙升，他们常感叹要是当时买进更多的股票就好了。

与投资分析师不同，零售买手管理的是一组商品存货。他们买入的是顾客可能喜欢的商品。与投资分析师相同的是，他们也使用一套信息系统来监控商品组合的销售情况，比如哪些货品卖得好，哪些货品处于滞销。零售买手也会犯错误。当商品滞销时，他们便开展清仓促销，把赚来的钱转投到更好卖的商品上。然而，他们也可能就此抓住了一个机会并买进大量新商品，如果该商品很畅销，他们得到的回报就会很丰厚。而那些保守的竞争者却没有足够的货品去满足市场需求。

梅西百货前泳装品类的买手克里斯·曼宁（Chris Manning），把商品采购和冲浪进行了类比：

我的工作就像冲浪。有时你赶上一个大的波浪（趋势），这是令人振奋的，而有时你觉得你赶上了一个好的波浪——好的机会，但结果棕色并不是这个销售季节的颜色。真正有趣的是从这个波浪中得到尽可能多的东西。让我给你举一个例子说明我是如何对一个大波浪开展工作的。我的工作始于供货商展示tankinis（女式比基尼泳裤和背心式分体泳衣）的时候，我们的顾客都是有好几个孩子的40多岁的女士。当时我以为他们真的会喜欢这个新的款式，因为这种款式具有分体泳衣的优点，但又不像连体泳衣那么暴露。我购进了各种颜色的此类泳衣——鲜艳的红色、黄色、粉色、黑色，并在1月的时候把它们放在我们的前卫时尚店进行测试。最初的销售还不错，但消费者认为它们有点小了。然后我就开始了波浪式的工作。我回到供货商那里让他们对上装重新裁剪，以使它们看上去没那么暴露，接着我就对最畅销的颜色下了一个大订单。后来的销售情况如此好，以至于梅西百货的其他部门也想介入此业务，但我们骑行这个波浪的时间最长，在所有的泳装部门中，我们的销售也是最好的。

商品管理（merchandise management）是指零售商在实现公司财务目标的同时，在合适的时间、合适的地点销售合适数量的合适商品的过程。买手必须了解并预测消费者想要什么样的商品，这种感知市场趋势的能力是有效进行商品存货管理的一种技能。也许另一种更重要的技能是持续分析商品销售数据，并依此做出适当的价格和存货调整。

本章第一节提供了商品管理过程的大概背景。在此，我们将讨论这一过程是如何组织的、由谁制定商品决策以及如何对商品管理的绩效进行评估。本章的最后一节将探讨商品管理过程的各个步骤，即预测销售额、制订分类计划、确定适当的存货水平、制定商品管理计划、分配商品至各个商店以及绩效监控。本章附录提供了用来制订商品预算计划各个步骤的更详细的讨论。商品管理过程中涉及的其他各种活动将在随后的商品采购（第13章）和定价（第13章）章节中加以阐述。

12.1 商品管理过程一览

本节将简要介绍商品管理过程，包括零售商商品管理活动的组织以及评估商品管理绩效的目标和措施。在接下来的各节中，我们将讨论流行性商品、季节性商品与日常商品在管理上的差别，并概述商品管理过程中的每个步骤。

12.1.1 采购组织

每个零售商都有自己的商品品类分组系统，但是对于大多数零售商来说，采购组织的基本结构是类似的。图12-1显示了如梅西百货、贝尔克（Belk）或迪拉德等连锁百货商店的商品部门组织结构图。该图显示了买手在商品部门的组织结构。可以看出，商品规划师的结构与买手是相似的。

最高的分类层级是**商品组**（merchandise group），图12-1中的组织图显示了四个商品组：①女装；②男装、童装和内衣；③化妆品、鞋、珠宝及配饰；④家居及厨房用品。其中每个组都由一名商品总经理（GMM）进行管理，商品总经理通常是公司的高级副总裁，每个总经理都负责多个部门。例如，管理男装、童装和内衣的总经理负责以下五个部门的商品存货：男子西装、男子运动装、年轻男士服装、童装及内衣。

商品分类方案中的第二级为**部门**（department）。各个部门由商品部门经理（DMM）进行管理，比如图12-1中以深色显示的部门经理管理数个商品部的买手，这些买手负责六类童装的采购。

分级（classification）是商品分类和组织商品管理活动的第三级。一个分级是指以同类消费者为目标群体的一类商品，比如4～6码的女孩服饰。接下来的品类是分类方案中的次一级。每个买手负责管理多个商品品类，比如4～6码女孩服饰买手管理的品类有：运动装、裙装、泳装以及外套。

存货单位（stock-keeping unit，SKU）是用于存货控制的最小单位。例如，在纺织品中一个存货单位通常包括尺寸、颜色和款式。具体来说，一条5码的水洗蓝色直筒李维斯牛仔裤就是一个存货单位。

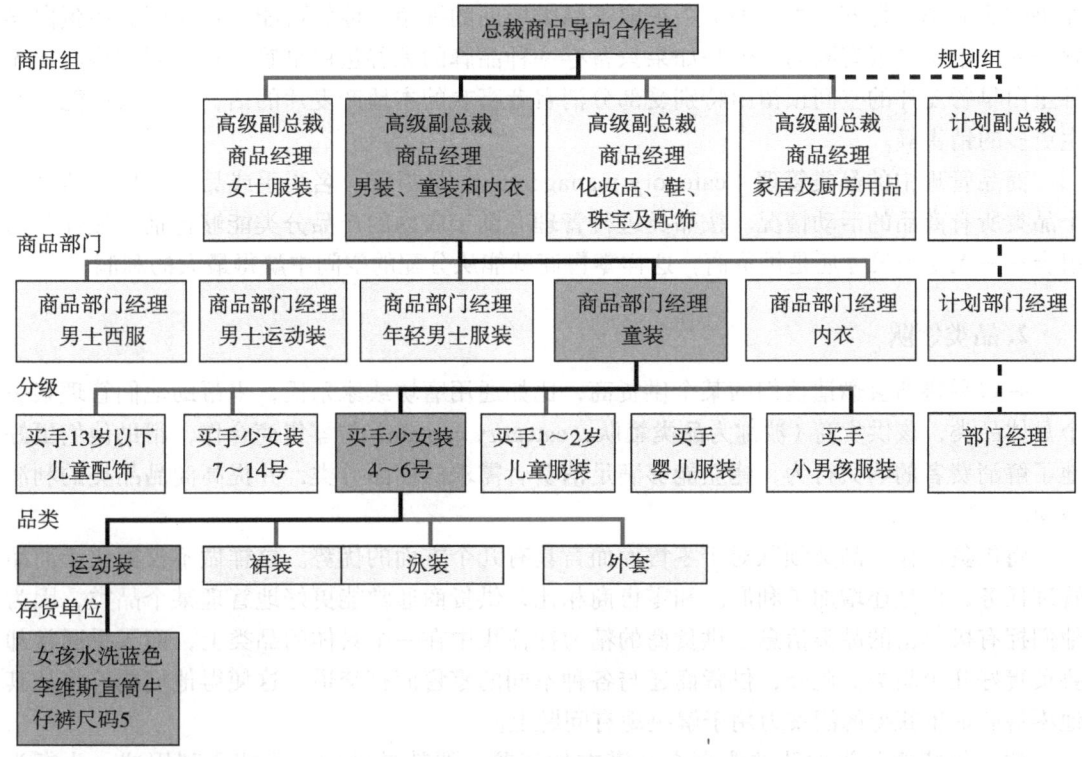

图 12-1　商品分类和组织结构示例

12.1.2　商品品类——规划单位

商品品类是制定商品管理决策的基本分析单位。一个**商品品类**（merchandise category）是指在顾客眼中能够相互替代的一类商品。例如，一家百货商店可能会提供多种 4～6 码的女孩裙装，无论从颜色、款式和品牌上都有足够多的选择余地。可是当一位母亲为女儿买裙子时，她可能会考虑百货店内的所有裙子。所以，买手为某种存货单位定价或促销的举动将影响同品类其他商品的销售。

一些零售商根据品牌来定义品类，比如，汤米·希尔费格和保罗·拉尔夫·劳伦也许可以各自成为一个品类，因为零售商认为这两个品牌之间不能互相代替。汤米的消费者只买汤米的产品而不会去买拉尔夫。同样，对于买手来说，面对来自全国性品牌供货商提供的商品，采购、协调分销和促销活动都将简单、容易得多。

1. 品类管理

尽管一般来说百货商店是在品类这一层级进行商品管理的，但是许多超市都是根据品牌或供货商组织其商品管理。例如，在一家连锁超市里，三个不同的买手可能会分别采购来自家乐氏、通用磨坊和通用食品的早餐麦片。

在一个品类中依据品牌进行商品管理可能会导致效率低下，因为它忽略了品类中存货单位之间相互依赖的关系。例如，一家连锁超市负责主要品牌早餐麦片的买手可能会各自决定分别从家乐氏、通用磨坊和通用食品采购一种新的无谷蛋白早餐麦片产品线。然而，如果按照品牌进行商品组织的买手采取了品类层面的视角，他们可能会意识到无谷蛋白早餐麦片的市场是很有限的。但是如果只备存一种品牌的无谷蛋白早餐麦片，同时将其他无谷蛋白早餐麦片的空间预留给特别受部分消费者喜欢的本地产麦片的话，超市有可能将产生更多的销售额。

商品管理中的**品类管理**（category management）是指派一名买手或品类经理来监督整个品类所有商品的活动情况。按品类进行管理有助于店内的产品分类能够包括"最佳"的组合——无论是尺寸还是供货商，这样零售商就能从分配的空间中赢得最大的利润。

2. 品类领队

一些零售商会邀请他们的某个供货商，比如通用磨坊或家乐氏，来帮助他们管理某一个具体品类，该供货商（被称为**品类领队**，category captain）与零售商合作，帮助他们更好地了解消费者的购买行为，建立能够满足消费者需求的商品分类，并提高商品品类的利润空间。

将供货商作为品类领队对于零售商而言具有几个方面的优势。这样做不仅简化了商品管理任务，而且还增加了利润。和零售商相比，供货商通常能更好地管理某个品类，因为他们拥有极丰富的品类信息。供货商的精力往往集中在一个具体的品类上，而买手通常却要负责好几个品类。此外，供货商还与各种不同的零售商打交道，这使得他们能够将从其他零售商那里获得的洞察力用于解决现有问题上。

建立供货商品类领队的头衔有个潜在的问题，那就是供货商可能会利用这一头衔为自己谋利。这颇有"引狼入室"的味道。打个比方，假设菲多利在管理咸味零食时选择使自己的销售额（而不是零售商的销售额）最大化，那么该公司可能会提出一个只包括大多数菲多利存货单位的商品分类规划，同时将那些对零售商更有利的存货单位（如高利润的自有品牌存货单位）排除在外。因此，零售商越来越不愿意把这些重要的决策交由他们的供货商进行处置。他们发现需要以一种更加谨慎可靠的做法与供货商合作，并仔细地评估他们的建议。除此之外，还要考虑反垄断的需要。供货商品类领队可能串通零售商操纵价格，还可能阻止其他品牌，特别是那些小品牌的入店上架。

12.1.3 评估商品管理绩效

正如我们在第 6 章中讨论过的那样，资产回报率是用来评估零售公司业绩情况的一个很好的指标。资产回报率分为两个部分，即资产周转率和净利润率。但是对于评估商品经理的业绩，资产回报率并非一个不错的指标，因为这些经理不负责管理零售商的所有资产，也不能控制零售商的一切支出。商品经理只对他们购买的商品（零售商的商品存货）以及这些商品的售价和成本有控制权。因此，买手通常能够控制毛利润，但对经营费用（店面运营、人力资源、房地产、供应链及信息系统）鞭长莫及。

1. GMROI

评价某个买手对资产回报率贡献大小的财务比率是存货投资收益的毛利润率（gross margin return on inventory investment，GMROI）。这个指标测量的是买手每单位存货投资产生的毛利润率。GMROI 将毛利润率和销售存货比率（与存货周转率相似）联系在一起。

GMROI = 毛利润率 × 销售存货比率
     =（毛利润/净销售额）×（净销售额/成本价下的平均存货）
     = 毛利润/成本价下的平均存货

我们之所以使用销售存货比率来计算 GMROI（而不是使用存货周转率），是因为 GMROI 是一种投资回报率指标，因此存货投资是以成本价表示的。存货周转率和销售存货比率在概念上非常相似，但对于它们的计算略有不同。

销售存货比率和存货周转率的不同在于公式中的分子。计算销售存货比率时，分子是净销售额，而在计算存货周转率时，分子是售出货物的成本。所以，在衡量存货周转率时，销售额和平均存货都是以成本价计算的。将销售存货比率换成存货周转率，只需简单将销售存货比率乘以（1-毛利润率）即可。因此，如果销售存货比率为9.0，毛利润率为0.40，那么该品类的存货周转率为5.4。

存货周转率 =（1-毛利润率）× 销售存货比率
5.4 =（1-0.4）×9.0

买手可以控制 GMROI 的两个组成要素。其中的毛利润要素是由买手最终敲定的商品售价和采购商品时与供货商的协议价决定的，而销售存货比率要素则取决于买手买进的商品是否会畅销。如果他们买进的正是消费者想要的商品，就会很畅销，销售存货比率就高。

就如利用利润和资产管理路径来评估资产回报率一样，为了获得高的 GMROI，也可凭借两种路径进行：毛利润率和存货周转率（销售存货比率）。例如，在一家超市中，一些品类（如葡萄酒），具有高利润、低周转率，而另一些品类（如乳制品），则具有低利润、高周转率。如果仅仅用存货周转率来比较葡萄酒品类与乳制品品类的业绩，葡萄酒的价值贡献肯定被低估了。相反，如果仅用毛利润来衡量的话，就会高估葡萄酒的盈利表现。

表 12-1 描述的是一家超市评估新鲜烘焙面包和美味罐头食品两个品类的业绩情况。如果仅从毛利润率和销售额判断，美味罐头食品的毛利润率为50%，销售额为30万美元。相比之下，新鲜烘焙面包的毛利润率为1.33%，销售额为15万美元。显然，美味罐头食品的业绩表现似乎要远远好于新鲜烘焙面包。但是美味罐头食品的销售存货比率仅为4，而新鲜烘焙面包则为150。通过使用 GMRIO 指标进行计算，两个品类的 GMRIO 均为200%。因此，从资产回报率的角度来看，两个品类的业绩表现实际上是相同的。

表 12-1　GMROI 示例　　　　　　　　　　　　　（单位：美元）

		新鲜烘焙面包	美味罐头食品
	销售额	1 000 000	200 000
	毛利润	2 00 000	100 000
	平均存货	100 000	50 000
新鲜烘焙面包	$\text{GMROI} = \dfrac{\text{毛利润}}{\text{净销售额}} \times \dfrac{\text{净销售额}}{\text{平均存货}} = \dfrac{\text{毛利润}}{\text{平均存货}}$ $\text{GMROI} = \dfrac{200\,000}{1\,000\,000} \times \dfrac{1\,000\,000}{100\,000} = \dfrac{200\,000}{100\,000}$ $= 20\% \times 10 = 20\%$		
美味罐头食品	$\text{GMROI} = \dfrac{100\,000}{200\,000} \times \dfrac{200\,000}{50\,000} = \dfrac{100\,000}{50\,000}$ $= 50\% \times 4 = 200\%$		

2. 计算销售存货比率

零售商通常以年为单位表示存货周转（销售存货）比率，而不是按一年中的一段时间来计算。如果一个季度的销售存货比率为2.3，那么其年度销售存货比率将是它的4倍（9.2）。所以，若要将一年中的某个时间段的销售存货比率换成年利率的话，只需要把计算结果乘以相应的时间倍数就可以了。

计算平均存货最精确的做法就是在每天营业结束时统计存货量，并用这个数除以365。大多数零售商都能够利用其信息系统在每天营业结束后收集和统计其店内与配送中心处的平均存货量，从而精确地计算出平均存货的估计量。另一种方法是用月末（end-of month）存货余额的总数除以月数来得到平均存货量。例如，

月份	月末存货（美元）
1月	22 000
2月	35 000
3月	38 000
存货总额	93 000
平均存货（存货总额/3）	31 000

12.1.4 提高GMROI

买手可以通过两条路径来提高GMROI：①提高存货周转率（销售存货比率）；②提高毛利润。

1. 提高存货周转率（销售存货比率）

为了提高存货周转率（销售存货比率），买手可以降低存货水平或提高销售额。买手提高存货周转率的第一种方法是减少一个品类中的存货单位数（SKU）。买手需要为每个存货单位提供备存产品，以便在顾客寻找需要的型号和颜色时有货。更少数量的存货单位意味着更少的备存产品存货。然而，减少存货单位数量可能会导致销售额的下降，因为顾客将更难找到他们想要的货品。更糟糕的是，如果顾客持续性地根本找不到想要的品牌或产品线，他们可能会转向竞争对手那里去购买，并会鼓动他们的朋友也这样做。

降低存货水平的第二种方法是在保持存货单位数的同时减少每个存货单位的备货数量，但这种方法也和减少存货单位数具有相同的问题。更少的备存货物增加了顾客在光顾某个商店或网站时找不到他们想要的型号和颜色货品的机会。

提高存货周转率的第三种方法是，在采购商品时以小批量采购，并增加采购的次数。这样做可以在不减少销售量的前提下减少平均存货。但是只采购小批量的商品会使毛利润降低，因为这样买手便不能以批发价进货，也不能达到运输费用的规模经济。小批量频繁进货的方法还会增加营业成本，因为采购人员需要花更多的时间来下订单和督促发货。

第四种方法是在不按比例增加存货的情况下增加销售额。例如，买手可以通过降低价格来增加销售额。在这种情况下，存货周转率可能会提高，毛利润可能也会下降，但这可能会对GMROI产生负面影响。

提高存货周转率会对销售额产生积极的影响，因为存货周转越快就意味着可以吸引

更多的客户,提高销售人员的士气,以及提供更多的资源去利用新采购带来的机会。更高的存货周转率之所以会提高销售额,是因为这样做的结果是向顾客提供了源源不断的新商品。新商品能够吸引顾客更频繁地光顾商店,因为他们知道每次光顾他们都将发现不同的商品。当存货周转率低时,商品开始变得**老旧**(shopworn)——由于很长一段时间被展示在外以及顾客摸来摸去造成的轻微损坏。销售人员对于新商品也会显得更兴奋,并跃跃欲试,更积极地进行销售,从而提高了销售额,此举反过来又进一步提高了存货周转率。最后,当存货周转率提高后,也就有更多的钱去采购新的商品。在时尚季的末期有钱去采购商品可以打开盈利机会。例如,买手可以利用供货商提供的特殊价格优势,这些供货商在季末会留下太多的存货。

2. 提高毛利润

提高毛利润的三种方法是:提高价格、降低商品销售成本以及减少客户折扣。提高价格能够增加毛利润,但它也可以降低销售额和存货周转率,因为对价格敏感的客户会减少购买。买手通常试图通过与供货商谈判以从他们那里拿到更好的价格来降低销货成本,虽然他们也可能提高在一个品类分类中的自有品牌商品的百分比,因为自有品牌商品一般比全国性制造商制造的同类商品的成本更低(见第13章)。另外,买手可以减少销售那些滞销商品或在销售季末留下的存货时所需的客户折扣。为了尽量减少这些折扣,买手需要在采购顾客想要的商品和准确预测销售方面做足功课。

总之,当尝试提高 GMROI 时,买手需要找到一个平衡点来确定适当的存货周转率和毛利润。一些提高存货周转率的方法有负效应,比如由于销量降低或毛利率降低而导致 GMROI 降低。正如我们在第10章中讨论的,可以采取一些步骤来提高供应链效率,如改进供货商关系,供货商—管理存货和协作性规划、预测与补货,这些步骤可以提高存货周转率但不会产生负面影响。

12.2 商品规划过程

如图 12-2 所示,商品管理过程包括预测品类销售,在该类中为商品制订分类计划,以及确定合适的存货量来支持该预测销售额和相应的分类计划。然后,买手需要制订销售计划,说明每个月的预计销售额、为此需要的存货数量,以及进行补货和采购新产品所需的款项。除此之外,买手或规划师还要就应该向每个店面分配什么型号的商品、分配多少商品做出决定。计划制订完成之后,买手就要与供货商进行谈判并采购商品。商品采购活动将在第13章中详细解释。

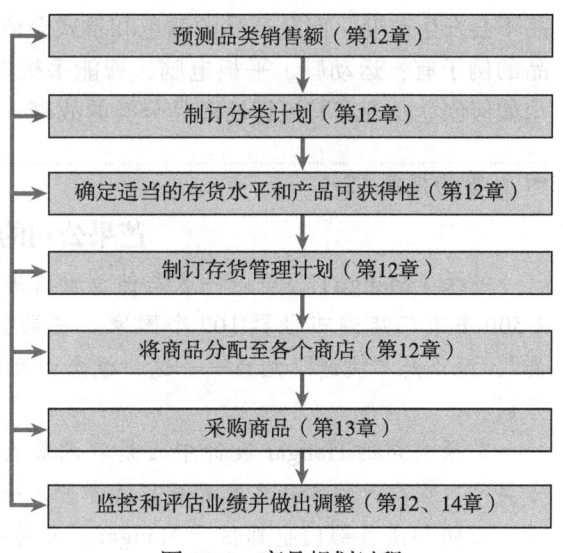

图 12-2 商品规划过程

最后，买手要始终关注该品类商品的销售情况，并做出适当调整。比如，如果品类销售低于计划预测的销售量，相应的 GMROI 也低于预定的目标水平，那么买手可以决定降价处理某些商品，并用所得款项采购具有畅销潜力的商品，或者减少存货单位的数量以提高存货周转率。

尽管图 12-2 中呈现的这些决策表现出一种先后关系，但在具体实践中也可能是在同一时间做出整个决定，也可能不按这种先后顺序进行决策。比如，一个买手也许会先确定投资于某品类的存货数量，这个决定可能又影响该品类中存货单位的数量。

12.2.1 商品管理规划过程的类型

零售商使用两个不同的商品管理规划系统来管理必需品和流行性商品品类。**必需品**（staple merchandise）品类也被称为**基础商品**（basic merchandise）品类，是指在一个较长时期内保持持续需求的商品品类。虽然消费包装类产品公司每年会推出许多"新产品"，但是必需品品类中新产品的引进数量十分有限。属于必需品品类的一些例子是：大部分在超市出售的商品品类、白色涂料、复印纸，以及像衬衫、男士 T 恤和内衣这样的基础休闲服饰。

必需品的销售额每周都比较稳定，所以可以相对容易地预测其需求量。就算有时候预测出错，影响也不会很大。例如，假如一名买手高估了市场对罐装汤的需求导致进货太多，造成零售商在短期内存货过剩，最终这些罐装汤还是会被卖出去，而无须转向使用折扣或特殊的营销努力。

因为必需品的需求是能够预测的，所以必需品规划系统的通常工作是**连续补货**（continuous replenishment），这些系统的作用在于：不断地监测商品销售，当存款量降至预设水平时，系统通常会自动生成补货订单。

流行性商品（fashion merchandise）是指那些需求只能维持相当短的一段时间的商品。新商品被不断引进到这些商品品类中，并导致现有产品过时。在某些情况下，虽然基本产品不会发生改变，但是产品的颜色和款式会依据当季的"热门"潮流发生变化。流行性商品的例子有：运动鞋、平板电脑、智能手机以及女士服装。零售视角 12-1 讲述了芒果公司如何创立及管理其流行性商品分类的故事。

零售视角 12-1

芒果公司的快速时尚

芒果（Mango）公司是一家总部位于西班牙巴塞罗那的专业服装快速时尚零售商，其 2 500 多家门店遍布世界 107 个国家。芒果公司更强调"快速时尚"零售概念中的"时尚"，而不是"快速"元素——这一概念由西班牙的扎拉、瑞典的 H&M 和美国的永远 21 开创。

芒果公司的 Hangar 设计中心是欧洲最大的设计中心，该中心占地面积超过 10 万平方英尺，拥有大约 550 名穿着醒目的专业人士。他们主要为女性设计时尚服装和配饰。设计、采购和质量部门也都位于 Hangar。公司超过 80% 的员工是女性，平均年龄为 32 岁。

这里的工作环境非常随意，不常见西装或领带式的穿着，但时尚创意随处可见，员工通过他们的穿衣方式进行自我表达。芒果公司总部有来自37个国家的2 000多名员工，他们以多种语言进行沟通。

芒果公司的商品计划周期为三个月。每个周期开始时，设计师会开会讨论各个主要系列的新趋势，每个主要系列包含五六个迷你系列。商店收到的商品几乎随时都在变化，从紧肤短裙，到工作服和闪亮的晚礼服。新产品每周往商店发运一次，频率大约是传统服装连锁店的六倍。

为了获得每个系列的新思路，设计师参加传统的时装秀和贸易展览会，同时与消费者保持沟通。他们会拍摄年轻、时尚的女性的照片，并留意人们在街头和夜总会的穿着。"很容易看到下个季度每个人要做什么，"芒果公司的商品总监戴维·埃热亚（David Egea）说，"但这并不意味着你就能抓住它们。"设计团队每周都会见面以适应不断变化的趋势，希望能够跟上时代。

芒果公司根据一系列的特质进行每个商店和服装的设计：时尚、考究、适合炎热的天气等。当系列设计最终确定后，就会应用专门的计算机程序将新产品的特性与商店进行匹配。

此外，芒果公司实体店只展示有限的商品分类。在每个货架上，每个尺寸的商品只有一件。这个战略会使消费者产生深深的紧迫感：再不买，这个尺寸的衣服可能就没了。

资料来源：www.mango.com; Jennifer Overstreet, "Mango Executive Shares Global Expansion Insights," *NRF Blog*, January 3, 2013; Kim Bhasin, "There Has Been a Changing of the Guard at Mango," *The Guardian*, November 24, 2012; and Vertica Bhardwaj and Ann Fairhurst, "Fast Fashion: Response to Changes in the Fashion Industry," *International Review of Retail, Distribution and Consumer Research* 20 (February 2010), pp. 165–173.

问题讨论：从零售商的角度来看，快速时尚零售业的好处是什么？

比起必需品，对流行性商品的销售预测具有更多的挑战性。流行性商品品类的买手在预测纠错上的灵活性要小得多。比如，一位百思买的平板电脑买手买进了大量某种型号的平板电脑，那么当替代型号上市的时候过量存货就不会那么容易出手了。由于流行性商品的生命周期短，在买手下了第一批订单之后，往往就没有机会再追加商品订单了。所以，如果买手开始下的订单太小的话，零售商就无法满足市场对该商品的需求，从而落下存货不足的不良口碑。而如果买手订购了太多的流行性商品，他们将不得不在销售季末以折扣价出售或以其他方式对其进行处理。因此，流行性商品管理系统的一个重要目标就是，尽量在存货单位即将过时的同一时间卖掉所有存货。

季节性商品（seasonal merchandise）是指那些随着季节变化，销售量也随之发生巨大波动的商品品类。一些季节性商品的例子包括：万圣节糖果、圣诞节装饰品、泳装以及雪铲。流行性商品和更多的普通商品都可以是季节性品类。例如，泳装属于流行性商品，而雪铲则属于普通商品。

然而，从商品规划的角度来看，零售商购买季节性商品的方式和购买流行性商品的方式几乎完全相同。他们可能会在冬季末将未售出的雪铲储备起来，待来年冬季拿出来再卖。但通常更好的做法是，在季末将雪铲以折扣价卖出，因为这样就免去了管理剩余存货所需的开支。所以，负责季节性商品的买手都会在季末制订计划，以将所有商品都处理掉。

以上讨论的这两种不同的商品（必需品和流行性商品）规划系统会影响用于预测销售额和存货管理方法的性质。在下面的章节中，我们详细讨论必需品和流行性商品管理规划系统的每个步骤。

12.3 预测商品品类的销售额

如图12-2所示，商品管理规划的第一步是预测商品品类的销售额。在本节中，我们将讨论用于预测必需品和流行性商品品类的方法和信息。

12.3.1 必需品品类的预测

预测必需品销售额的方法是利用过去的销售趋势来预测未来，同时对任何预期的因素（如促销和天气）进行调整，这些因素可能会影响未来的销售额。

1. 使用历史销售数据

必需品的销售相对稳定，年复一年，起伏不大。所以，对其预测通常都是基于往年的销售情况进行的。因为有大量的销售数据，所以可以运用复杂的统计技术来对每个存货单位的未来销售做出预测。然而，这些统计预测都是基于一个假设进行的，那就是影响过去货品销售的各种因素是保持不变或完全相同的，并在未来也具有相同的效果。因此，即使销售的主要商品品类是相对可预测的，但是各种可控和不可控的因素也可能对销售额产生显著的影响。

2. 调整各种可控和不可控因素

可控的因素包括：商店的开张和打烊、该品类中商品的价格制定、对该品类的特价促销、对互补品类的定价和促销，以及该商品品类在店内的位置。一些超出零售商控制的因素包括：天气、总体的经济状况、供货商的特别促销或新产品的推出，以及竞争对手的新产品、定价和促销活动。因此，买手需要在统计推断的基础上对预测进行调整，以反映这些可控和不可控因素的影响。零售视角12-2说明了零售商是如何使用长期天气预测来提高其预测水平的。

零售视角 12-2

天气对零售销售额的影响

当飓风季节来临时，家居中心（Home improvement centers）知道它们需要准备瓶装水、电池、手电筒、胶合板和发电机。然而，更微妙的天气条件（比如比正常季节温暖的时间段）也可以对零售产生重大的影响。随着夏天天气变暖，像冰、瓶装水和运动饮料等一些品类的销售量会明显增加。炎热的夏天会使消费者寻找有空调的空间，大型零售商和电影院会提供这样一个空间来缓解酷暑。温暖的冬天则会刺激草坪工具的销售，烧烤和花园里的设备更多的是在2月和3月售出而不是4～6月。在漫长的夏季特别旺销的当属时尚类商品。零售商通常在消费者能够舒服地把衣服穿出去之前就会对夏季系列进行铺货，但是如果天气过早变暖，这类市场将会很早被点燃。如果夏季持续时间更长，零售商可以推迟销售折扣的时间，从而提高利润率。

为了将天气效应纳入其预测中，许多零售商订购了远程天气预报服务。商品经理使用这些信息决定商品交付、促销和价格折扣的时间。因此，当某一年Planalytics（提供远程天气预报的公司之一）通知加拿大男装零售商春天将比正常情况下更冷，但夏季气温将高于正常情况时，那么零售商就会制定一系列相应的战略：第一，它推迟了短裤的减价时间；第二，它向预计比东部更热的西海岸商店调配了近10 000条短裤；第三，它调整了销售人员以适应与天气有关的需求。因此，它获得了额外的超出它预期的25万美元的收入。

然而，针对年轻消费者的服装零售商不太依赖天气预报，因为18～24岁的人会在他们需要穿戴的季节之前购买衣服。相反，退休者和老年购物者一般会等到感觉气温变得温暖后，才会购买夏季的衣服。

资料来源：www.planalytics.com; Catherine Valenti, "More Companies Use Weather to Forecast Sales," *ABC News*, March 12, 2013; "How Does Hot Weather Affect People's Buying Patterns?" *CBC*, July 2012; Cecilia Sze and Paul Walsh, "How Weather Influences the Economy," *ISO Review*, www.iso.com/Research-and-Analyses/ISO-Review/How-Weather-Influences-the-Economy.html.

问题讨论：为什么科尔士百货的销售受到天气的影响会比诺德斯特龙更甚？

12.3.2 流行性商品品类的预测

预测流行性商品的销售很具挑战性，因为买手通常需要在完成商品交付和备货销售的3～6个月以前就要下订单并承诺购买特定数量的商品。此外，在销售季节结束前，流行性的货品往往没有机会增加或减少订购的数量。那些提供广受欢迎的商品的供货商收到的订单数量通常比他们能够生产的数量还多，而不受欢迎的产品则会造成积压存货。最后，预测流行性商品的销售之所以尤其困难，原因还在于该品类中的一些货品或所有货品都是新商品，与过去季节或者年份的产品大不相同。一些零售商用来预测流行性商品品类的信息来源有：①以往的销售数据；②市场调查；③流行趋势服务；④供货商。

1. 以往的销售数据

虽然各种流行性品类中的货品可能在每个季节都有花样翻新，但在同一个流行性品类中的许多货品往往类似于过去几年出售的货品。因此，只要通过过去的销售数据就可能进行准确的预测。例如，足球视频游戏，比如*Madden NFL*，可能会随着季节的不同而推出不同的新版本，但尽管每个季节的存货单位不同，每年出售的足球视频游戏的数量可能是相对稳定的和可预测的。

2. 市场调查

流行性商品品类的买手会进行各种各样的市场调查活动以帮助他们对销售进行预测。这些调查活动既包括非正式、定性的能够影响品类的各种潮流的调查，也包括更正式的实验和调查。

为了弄清楚顾客未来会需要些什么，买手让自己沉浸在消费者的世界里。例如，他们会通过互联网聊天室和博客来寻找各种关于潮流的信息；通过参加足球比赛、摇滚音乐会以及参观城镇周围的热点地方，如餐馆和夜总会，来观察人们都在谈论些什么，他们如何穿衣打扮。买手对信息上瘾并且是贪婪的阅读者。什么电影大受欢迎？明星是怎么着装的？哪些人会买明星的账？哪些书和专辑位于榜单前 10 名之列？消费者都在买些什么杂志？不断出现的上述信息是否有特定的主题？

社交媒体网站是买手获取信息的重要来源。买手通过监控客户过去的购买情况及其在社交媒体网站如 Facebook、Pinterest 以及推特上的互动来了解客户喜欢什么或不喜欢什么，或者说他们的偏好。消费者似乎热衷于对朋友的购买、兴趣及博客提出自己的意见。

零售商也会利用传统形式的营销研究，比如深度访谈和焦点小组。**深度访谈**（in-depth interview）是一个非结构化的个人访谈，在访谈中调查者使用广泛的探究来使个别受访者详细地谈论某个主题。例如，一家连锁杂货店通过每天收到的个人支票来识别进行访谈的顾客。连锁超市的代表会打电话给这些顾客，并通过对他们进行访谈来了解他们喜欢或不喜欢哪些店内商品。

一种更为随意地对顾客进行访谈的方法是让买手在销售区花一段时间来等待顾客，并随机向他们提问。塔吉特和盖璞分别在明尼苏达和北加利福尼亚设有采购办事处，但它们的商店则遍布全美各地。这就使得大型连锁店的买手更难迎合当地客户的需求。这一问题可以通过经常性地对商店进行访问加以解决。一些零售商要求其买手必须在店内待一段时间，比如每星期待一天。作为瑜伽和运动用品零售商之一的露露柠檬就是这样的一家公司：其首席执行官克里斯蒂娜·戴（Christine Day）每个星期都会花几个小时在一家连锁店，只为了倾听客户的投诉和反馈。此外，商店也被设计成有利于员工听到顾客在说些什么。比如售货员用来折叠衣物的桌子旁边就是试衣间，试衣间里的购物者往往会公开批评某些货品。更衣室里面也放置了白板来鼓励顾客留下书面反馈意见（如果有必要的话）。

焦点小组（focus group）由一群受访者组成，主持人以一种非常轻松自在的形式鼓励参与者发表自己的意见，并对小组中其他参与者的意见发表评论。例如，为了跟上青少年市场，有些商店有十几岁的意见领袖组成的董事会，他们会开会讨论产品销售和其他的商店问题。比如，青少年时尚品牌阿贝克隆比＆费奇常常会邀请成组的青少年对不同的货品打分以了解他们的偏好。

阿斯达（Asda），一家沃尔玛旗下的英国购物中心，对其消费者开展调查以预测新产品的销售。阿斯达经常定期向 25 000 名消费者（被其称为"国家的脉搏"小组）发送各种图片和新产品说明，请求小组成员做出不管是积极的还是消极的回应，并请他们指出是否觉得应该在店内引入该新产品。

最后，许多零售商都有进行商品销售的实验计划。例如，零售商会不断进行实验以确定新的商品概念是否会产生足够的销售额。他们选择一家样板店作为各个商店的代表并将新的商品引入店内，观察这些货品产生了多少销售额。多渠道零售商也经常通过在其网站上推出新产品来进行类似的实验，以决定他们是否应该将该产品引入实体商店。

3. 流行趋势服务

买手，尤其是服装品类的买手，可以订购一些预测最新时尚、流行颜色及款式的服务。具体来说，Doneger Creative Services 公司就专门提供针对女士、男士及儿童的一系列预测服务，例如对他们的服装、生活方式产品及配饰进行流行颜色的预测。这一预测服务在每个季度都会运用具体染色标准提供色彩指导，并建议顾客如何搭配色彩以及如何在具体品类中应用这些色彩。在其提供的网上剪贴板报告中，它还提供可行性信息，这些信息网罗了从 T 型台到街头的各种流行元素。

4. 供货商

供货商对于他们的营销规划（比如，新产品的上市和特别促销）握有专门信息，这些信息对其产品和整个商品品类的零售销售都会产生十分巨大的影响。此外，供货商对商品品类的市场情况往往了如指掌，因为他们通常只专注于几个有限的商品品类，而零售商接触的品类则要多得多。因此，能够从供货商那里获得有关商品品类规划和市场研究的信息对于买手来说是十分重要的，这些信息可以帮助买手进行品类销售预测。

12.3.3　服务零售商的销售额预测

由于服务具有转瞬即逝的特征，所以比起流行性商品零售商，服务零售商要面临更多严峻的问题。服务零售商提供的服务在一天结束时便会终止，而非像流行性商品那样结束于销售季末。如果当飞机起飞时机舱内还有空座位，或演唱会结束时看席还没坐满，那么这些座位可能产生的收入就永远消失了。人们若是都喜欢在一家餐馆进餐，而餐馆的接待人数又有限，那么这个增加收入的机会就错过了。服务零售商由此设计了多种管理需求的方法，使得提供的服务既能满足市场需求，又不至超过零售商的能力范围。

一些服务零售商尝试通过预订或预约的方式来平衡供给和需求的关系。医生往往登记过多的病人，导致很多病人不得不排队等候。而通过预订或预约就可以充分利用时间，进而不会空出能够产生收益的时间了。饭店鼓励人们提前预订，这样前往用餐的顾客就不用排队等桌子了。此外，预订还有助于确定当晚用餐时所需轮岗的服务生人数。另外，还有一种方法就是预先出售门票，比如表演场地提前出售音乐会门票。

12.4　制订分类计划

对商品品类进行销售预测之后，按照商品管理规划程序，下一步就是制订分类计划（见图 12-2）。**分类计划**（assortment plan）是指零售商从其各个实体商店中或从其网站提供的一个商品品类中所有存货单位的集合。

12.4.1 品类的种类和分类

分类计划反映了零售商计划在一个商品品类中提供商品的广度和深度。在商品规划的情境下，一个商品品类的**种类**（variety）或者**宽度**（breadth），是指所提供的不同商品子品类的数目，而商品的**分类**（assortment）或者**深度**（depth），是指在一个子品类中商品存货单位的数量。

12.4.2 确定种类和分类

确定一个品类的种类和分类的过程被称为**编辑分类**（editing the assortment）。如表12-2所示，少女牛仔裤的分类方案包括10个（传统靴型牛仔裤和普通丹宁石磨布牛仔裤，以及反映不同品牌的3种价位）。对于每一种类型，又有81个存货单位（3种颜色 × 9个尺码 × 3种长度）。因此，这家零售商计划提供810个存货单位的少女牛仔裤。

表12-2 少女牛仔裤的分类计划

款式	传统	传统	传统	传统	传统	传统
价格	20美元	20美元	35美元	35美元	45美元	45美元
质地	普通丹宁布	石磨布	普通丹宁布	石磨布	普通丹宁布	石磨布
颜色	淡蓝	淡蓝	淡蓝	淡蓝	淡蓝	淡蓝
	青蓝	青蓝	青蓝	青蓝	青蓝	青蓝
	黑色	黑色	黑色	黑色	黑色	黑色
款式	靴型裤	靴型裤	靴型裤	靴型裤		
价格	25美元	25美元	45美元	45美元		
质地	普通丹宁布	石磨布	普通丹宁布	石磨布		
颜色	淡蓝	淡蓝	淡蓝	淡蓝		
	青蓝	青蓝	青蓝	青蓝		
	黑色	黑色	黑色	黑色		

当为某一品类（如牛仔裤）编辑分类时，买手会考虑以下因素：①零售战略；②分类和GMROI；③互补商品；④分类尺码对购买行为的影响；⑤店面的特色。

1. 零售战略

一个商品品类中提供的存货单位的数量是一项战略性决策。例如，奥乐齐超市将注意力集中在那些寻找价低、不怎么在意品牌的消费者身上。所以，奥乐齐超市在一个品类中提供很少的存货单位。由于存货单位有限，奥乐齐就可以提高其存货周转率，降低成本，并对所售商品收取较低的价格。相比之下，百思买的目标客户更喜欢在多种选择方案中进行比较，所以该零售商必须在每一个电子产品品类中提供好几种存货单位。

在一个商品品类中，分类的广度和深度也会影响零售商的品牌形象。零售商可能在某品类中增加那些与他们的形象密切相关的分类。例如，史泰博店内只有少数几种存货单位的糖果，因为糖果不属于其广为人知的核心办公用品分类的一部分。但是其纸制品的分类更深、更广,因为当消费者光顾这家办公用品供货商时,他们期望在这里能够找到这样的选项。

2. 分类和 GMROI

在制订分类计划时,买手需要对期间出现的一对矛盾保持敏感,那就是:提高产品种类的广度和深度一方面可以增加销售额,另一方面可能又会降低存货周转率和存货投资收益的毛利润率(GMROI)。增加产品分类的广度和深度也可能导致毛利润率的减少。例如,提供的存货单位越多,该商品**断码**(breaking sizes)的可能性就越大,也即存货中某种特定尺码或颜色的存货单位出现无货的现象。如果流行性商品品类中一个存货单位出现了断码的情况,而买手又不能及时续订,一般来说买手就会对这一类商品整个进行打折出售,从而降低毛利润率。买手这样做的目的是将该类商品从分类中一并除去,这样即使顾客在店里找不到他们想要的尺码和颜色,他们也不至于失望。

3. 互补商品

当买手制订分类计划时,他们需要考虑在一个部门中品类的相互补充程度。例如,蓝光播放机可能有一个低的存货投资收益的毛利润率(GMROI),这表明零售商持有的蓝光播放机的分类很有限。但购买蓝光播放机的消费者也可能购买与之互补的产品和服务,如配件、电缆和品质保证,它们的存货投资收益的毛利润率都很高。因此,该买手可以订购更多的蓝光播放机存货单位来增加盈利能力更高的配件的销售额。

4. 分类尺码对购买行为的影响

大量的种类为消费者提供了诸多利益。第一,增加了存货单位的数量,提高了消费者找到最能满足他们需求的产品的机会。第二,消费者之所以看重花色品种的多样性,是因为与之相关的众多产品的复杂性及独特货品的新颖性为他们提供了更多的信息和激动人心的购物体验。第三,丰富多样的品种尤其对那些想尝试新品种的消费者具有吸引力。然而,提供的分类太多也可能使购买决策变得更复杂、更费时间,有可能导致消费者疲惫不堪,最终降低销售额。

研究表明,顾客对分类的感知不是简单地基于一个产品品类中提供的存货单位的数量。相反,对分类的感知受品类中存货单位的相似性、品类展示尺码的大小、顾客最喜爱的存货单位的可获得性的影响。当顾客觉得分类中的货品是不同的,该品类占用了更多的空间,消费者最喜欢的产品是可得到的,那么他们感知的分类就更大。在一项研究中,当某个零售商减少了 54% 的存货单位数量,但与此同时对品类展示尺码的大小、产品的相似性以及消费者最喜爱产品的可获得性保持不变,其结果是顾客对该零售商提供的分类的看法没有任何改变。在另一项研究中,当零售商减少了分类,但增加了最受顾客欢迎品牌的展示,顾客感知的分类实际上反而提高了 25%。原因是顾客可以更容易地找到自己喜欢的品牌。影响消费者如何看待分类的其他因素将在第 17 章中进行介绍。

许多零售商已经启动了**存货单位理顺计划**(SKU rationalization programs),他们努力通过删减、增加或保持其分类中的特定货品来分析他们由此可能获得的利益。这项计划的目的是在不减少销售额的情况下，通过减少存货单位的数量来提高存货周转率。一家典型超市通常提供 40 000 个存货单位，而一个家庭平均每年只使用 350 个存货单位。在通常情况下，由于销售额的 80% 来自 20% 的存货单位，因此消除位于底部 15% 的存货单位对销售的影响应该很限。零售视角 12-3 阐述了好市多和沃尔玛是如何理顺其分类的。

零售视角 12-3

好市多和沃尔玛：理顺存货单位的两种方法

好市多是理货专家，对自己的存货单位会持续不断地进行整理。该商店有 3 950 种存货单位，与之相比，山姆俱乐部有 5 250 个，B. J.'s 则有 6 890 个。虽然好市多与各种合作伙伴合作设计具有吸引力的产品，但新货品只能满足为期 13 周的运营，如果其表现不佳，好市多则会毫不犹豫地将其从货架上撤下来。因此，顾客可以不断地找到新的产品种类，而商店中的存货单位总数量则保持相对恒定。好市多在存货单位方面采取的合理化的方法对存货投资收益的毛利润率（GMROI）有积极的影响。其销售存货比率（存货周转率）很高，因为其存货单位的数量相对较小。顾客经常会为新发现的产品或"宝贝"而慷慨解囊。它的毛利润和销售额表现也很强，因为它营运的是高需求项目，不需要大幅降价。

然而，减少存货单位的数量不总是好的战略。沃尔玛和许多零售商一样，发起了存货单位理顺计划。这项计划是由一项行业研究引发的，该项研究表明购物者认为塔吉特比沃尔玛有更广泛的产品分类——即使沃尔玛商店有更多的存货单位。因此，沃尔玛减少了其商店中的存货单位数量，并增加了一些吸引高收入家庭的存货单位。但是，其销售额下降了，特别是在农村地区，因此沃尔玛修正了该决策，并增加了 8 000 个存货单位。

资料来源："Costco Keeps It Simple," *Frozen Food and Dairy Buyer*, March 12, 2012; Warren Thayer and Miguel Bustillo, "Wal-Mart Merchandise Goes Back to Basics," *The Wall Street Journal*, April 11, 2011; and "Changes in the Wind at Wal-Mart," *RFF Retailer*, February 17, 2009.

问题讨论：为什么好市多维持相对较少的存货单位，而沃尔玛则不这样做？

5. 店面的特色

买手需要考虑每个品类会占用多少空间。如果需要展示的品类具有各种各样的分类，就需要更多的空间。此外，某些品类的个别货品需要大量的空间来展示，这就限制了商店所能提供的存货单位的数量。例如，家具占据的空间很大，因此，家具零售商往往只是特别展示一把椅子或一个沙发的样品，然后用图片和织布做背景或者在计算机上虚拟展示在不同装饰环境下家具的视觉效果。

多渠道零售商通过其互联网和产品目录解决空间限制的问题，他们提供的分类商品比在实体店里陈列的要多得多。例如，史泰博在其互联网网站上提供的笔记本电脑和打印机类型要比其实体商店里的备货多很多。如果顾客找不到他们想要的电脑或打印机，销售人员会直接将他们引导到公司互联网网站进行购买，甚至可以当场从 POS 终端机上为他们直接订购。

12.5 设定存货和商品的可获得性水平

12.5.1 标准存货计划

如表12-3所示，**标准存货计划**（model stock plan）是分类计划中买手希望每家店可以提供购买的每个存货单位的数量。例如，表12-3所示的标准存货计划包括9个单位、尺码为1的短牛仔裤，占429个传统丹宁布少女显瘦浅蓝色牛仔裤总单位的2%。请注意观察，更受欢迎的尺寸有更多的单位。

零售商通常为连锁店中各个大小不同的店面都制订标准存货计划。例如，根据以往的销售量，零售商通常将店面分为A、B、C三等。C店一般用于放置那些某个商品品类中的基本种类。对于更大的店面，因为可用的空间较大，存货单位的数量也会增多。较大的A、B店可能会放置更多不同品牌、颜色、款式和尺码的服装。

表12-3 少女牛仔裤的标准存货计划

长度		尺寸								
		1	2	4	5	6	8	10	12	14
短	%	2	4	7	6	8	5	7	4	2
	单位	9	17	30	26	34	21	30	17	9
中	%	2	4	7	6	8	5	7	4	2
	单位	9	17	30	26	34	21	30	17	9
长	%	0	2	2	2	3	2	2	1	0
	单位	0	9	9	9	12	9	9	4	0
	总计									
	429单位									

12.5.2 产品可获得性

标准存货计划中的**备用存货**（backup stock），也被称为**缓冲存货**（buffer stock）或**安全存货**（safety stock），其数量决定了产品可获得性。**产品可获得性**（product availability）是指某一特定存货单位满足需求的百分比。例如，如果有100人去宠物大卖场商店购买一种小型的"绝佳选择"牌的便携式狗舍，其中只有90人在产品售罄前买到了此种狗舍，则对该存货单位而言其产品的可获得性就是90%。产品可获得性也被称为**支持水平**（level of support）或**服务水平**（service level）。

如果零售商希望增加产品的可获得性水平，也即增加顾客在光顾零售商实体商店或浏览其网站时找到他们想要的产品的概率，那么标准存货计划中的更多备用存货就是必要的。选择适当数量的备用存货是成功的分类计划的关键。当备用存货太低，消费者不能从零售商处获得他们想要的产品时，零售商不仅失去了销售商品的机会，而且可能连客户都一并失去了。如果备用存货水平太高，则有可能会使稀缺的财务资源被浪费在不必要的存货上，而不是增加投资于那些更有利可图的种类或分类上，从而降低存货投资收益的毛利润率（GMROI）。

图12-3显示了存货投资和产品可获得性之间的权衡关系。虽然在不同的情况下，实

际存货投资会发生变化，但该总体关系表明，极高水平的产品可获得性会导致极高的存货投资。

在种类、分类和产品可获得性之间进行权衡考虑是决定一个零售商商品战略成败的关键。由于买手投资于某个品类的存货预算十分有限，因此，如果想要提高商品的深度，他们就不得不牺牲宽度，而如果想要提高产品的可获得性，就必须降低商品的深度和宽度。

零售商经常把商品品类或单个的存货单位按照 A、B、C 三个等级进行划分，以此代表零售商希望设定的商品的可获得性水平。其中 A 类货品是最受消费者欢迎的畅销品。例如，白色油漆对于 Sherwin Williams 公司来说属于 A 类货品，而复印纸则是欧迪办公的 A 类

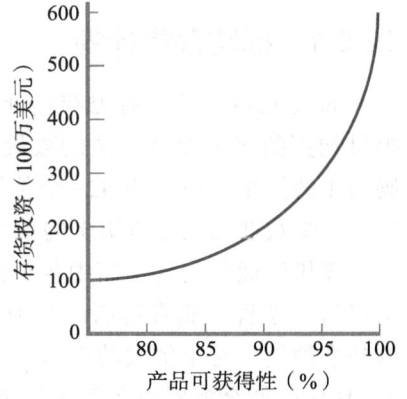

图 12-3　存货投资和产品可获得性

货品。很少有零售商希望发生 A 类货品断货的情况，因为该类商品的缺货将有损商家的形象并可能影响顾客忠诚度。但是，零售商可以接受 C 类货品较低的可获得性，因为购买此类货品的消费者数量较少，而且此类货品也不太容易从其他零售商那里获得。此外，市场需求的波动越大，供货商交货时间越长，供货商交货时间的波动越大，就越需要更多数量的备用存货来保持某个特定的产品可获得性水平。然而，在更频繁的商店交货的情况下保持较少的备用存货从而保持一个特定的产品可获得性水平是非常必要的。

12.6　建立存货管理控制系统

商品规划过程的前三个步骤——预测存货单位和品类的销售额、制订分类计划以及制定标准存货计划，量化了买手的销售额预测和服务水平（见图 12-2）。商品管理过程的第四个步骤是建立一个关于订货、交货、存货水平以及商品销售额如何随着时间的推移而发展的控制系统。这个控制系统的目的是管理商品进入商店的流量，使一个品类中的存货数量最小化，但当顾客想购买该商品时仍然具有可获得性。以下各部分将讨论必需品和流行性商品控制系统之间的差异。

12.6.1　必需品存货管理的控制系统

在必需品品类中，存货单位的销售月复一月，年复一年。劳氏公司这个月的紫色涂料销售和一年前的同一个月是相同的。如果本月销售的紫色涂料低于预测，过剩的紫色涂料存货可以放在下个月出售。因此，一个自动化的连续补充控制系统被用来管理必需品的存货单位和品类的流动。该连续补货系统监控店内每一存货单位的存货水平，当存货低于预定水平时，就会自动触发对某一个存货单位的续订货。

1. 必需品的流动

图 12-4 说明了必需品管理系统中的商品流动。在第 1 周的开始，零售商有 150 个单

位的存货，买手或商品规划员对额外的 96 个单位下了订单。在接下来的两周内，顾客购买了 130 个存货单位，存货水平下降到了 20 个单位。在第 2 周的周末，从供货商处订购的 96 个单位订单到货，存货水平跃升至 116 个单位。连续补充系统向该供货商下了另一个订单，但该批货将在两个星期内到达。在这之前面向顾客的销售将使存货水平减少至零，货品已脱销。

补货过程带来的存货上升和下降被称为**周期存货**（cycle stock），或**基本存货**（base stock），如图 12-4 中的三角形部分。零售商愿意降低基本存货以保持较低的存货投资。降低基本存货的一种方法就是重复小批量订购，但是更加频繁的小批量订购和装运将增加管理与运输成本，并且会降低数量折扣。

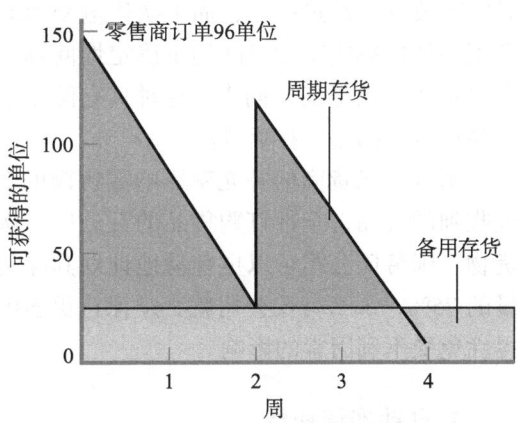

图 12-4　必需品存货单位的商品流

由于不能准确预测存货单位的销售量和从供货商处接收订单的准时性，零售商不得不采用备用存货作为缓冲，这样下次订单到来之前就不会出现缺货的情况了。图 12-4 中长方形阴影的部分显示的是备用存货。备用存货是在出现这些不确定性时，为确保商品的可获得性所需的存货水平。

2. 确定备用存货的水平

下面几个因素决定了所需要的备用存货的水平。第一，备用存货水平取决于零售商想提供的产品的可获得性。正如前面所讨论的，当零售商想要减少缺货的可能性并增加存货单位的可获得性时，就需要更多的备用存货。因此，劳氏公司若是不想让白色涂料脱销，那么一个较高的备用存货水平就是必要的。但是，如果该公司愿意接受 75% 的浅黄色涂料（属于 C 类货品）的可获得性，那么这个存货单位需要的备用存货水平就可以有所降低。

第二，需求的波动性越大，就需要更多的备用存货。假设劳氏公司的某个商店在两周内平均出售 30 加仑的紫色涂料。然而，有几个星期其销售量是 50 加仑，而在其他星期的销售量却只有 10 加仑。当销售量低于平均水平时，该商店不再持有超过需求的多余商品。但当销售额远远超过平均水平时，就必须有更多的备用存货以确保商店不会出现断货情况。注意，在图 12-4 中，第四周的销售量大于平均水平，所以零售商不得不加大备用存货以免出现断货情况。

第三，所需备用存货量受供货商交付时间的影响。**交付时间**（lead time）是指从确认需要订货，到货物到达商店并处于待售状态这一段时间。如果运输紫色涂料需要的时间是两个月，那么断货的可能性就大于交付时间仅为两周的可能性。像 CPFR 这样的（在第 10 章中讨论过）合作性供应链管理系统本身的交付时间较短，这使保持同样的产品供应量水平所需要的备用存货水平较低。

第四，交付时间的波动同样影响备用存货量。如果劳氏公司知道紫色涂料的交付时间总是两周，波动不超过一天，它就能够准确地计划其存货量。但是，如果这次运输的交货时间的波动不超过一天，而下次运输交货时间的波动是十天的话，商店就必须准备多余的备用存货以解决交货时间的不确定性问题。许多使用合作性供应链管理系统的零售商都要求供货商在较短的时间内（有时只有两三个小时）交付商品，以降低交货时间的波动，从而降低所需的备用存货量。

第五，供货商的补充率影响零售商的备用存货要求。**补充率**（fill rate）是指从供货商处收到的货品占全部订购货品的百分比。例如，如果劳氏公司的供货商通常以船舶来运送货物，则劳氏公司可以更容易地计划其存货需求。然而，如果供货商仅仅装运了订购商品量的75%，那么劳氏公司就必须保持更多的备用存货，以确保提供给消费者的涂料的可获得性免受不利因素的影响。

3. 自动连续补货

一旦买手设定好所需产品的可获得性并确定了需求的变化、供货商的交货时间以及补充率，必需品存货单位的连续补货系统就可以进行自动操作了。零售商的信息系统通过对POS终端的销售量和商店收到的货运量进行比较，可以及时确定在每一个时间点的存货水平 [也称作**永续盘存**（perpetual inventorys）]。当存货水平低于预定值，系统会向零售商的配送中心和供货商发送EDI续订货。当续订商品到达商店后，存货水平就被调整了。

然而，由于在确定实际存货时会发生失误，必需品实现完全自动化的连续补货是很难的。例如，零售商的信息系统可能会指出店内吉列Fusion牌剃须刀存货为10单位，但是事实上这10把剃须刀被扒手偷走了，店内剃须刀的实际存货为零。由于店内没有剃须刀，也就没有销售，自动连续补货系统就不会为该店续订购剃须刀。当一批货物从配送中心被运送到商店时，如果输入的单位数有误，也会导致这样的不准确性。为了解决这些问题，商店的员工需要通过人工盘点店内所有商品的实际存货来定期检查记录在该系统的存货。

4. 存货管理报告

存货管理报告用于提供某品类必需品存货管理的信息。该报告用来指明由买手设置的决策变量，如产品的可获得性、这一水平的产品可获得性需要提供的备用存货、订购临界点和数量，以及各种业绩衡量指标，如计划和实际的存货周转率、目前的销售速率、销售额预测、存货的可获得性，以及订单金额。图12-5展现的是乐柏美（Rubbermaid）公司存货管理报告的一部分。

	Quantity On Hand	Quantity On Order	Sales Last 4 Wks	Sales Last 12 Wks	Forecast Next 4 Wks	Forecast Next 8 Wks	Product Availability	Backup Stock	Turnover Planned	Turnover Actual	Order Point	Order Quantity
RM- Bath												
RM Bath Mat - Avocado	30	60	72	215	152	229	99	18	12	11	132	42
RM Bath Mat - Blue	36	36	58	130	115	173	95	12	9	10	98	26
RM Bath Mat - Gold	41	72	117	325	243	355	99	35	12	13	217	104
RM Bath Mat - Pink	10	12	15	41	13	25	90	3	7	7	13	0

图12-5　乐柏美存货单位存货管理报告

图 12-5 的前五列包含对每个货品的描述：现有多少货品，订购了多少货品以及过去 4 周与 12 周的销售量。第一行存货单位是鳄梨绿浴室防滑垫。其现有数量为 30 件，又订购了 60 件，因此这一存货单位的可用数量是 90 件。过去 4 周和 12 周的销售量分别是 72 件和 215 件。

未来 4 周和 8 周的销售预测是通过一个系统决定的，该系统是一个将该存货单位过去的销售趋势和季节变化考虑进去的统计学模型。但是，在这个例子中，买手在对未来 4 周的销售预测中做了调整，反映两周内鳄梨绿、蓝色和金色浴室防滑垫的一次特有的促销。

商品的可获得性是买手投入的一个决策性变量，对于鳄梨绿色浴室防滑垫，买手希望 100 个顾客中有 99 个顾客能在存货中发现它，但是由于买手不太关注粉色防滑垫，因此商品可获得性定为 90%。然后系统计算了鳄梨绿色浴室防滑垫必需的存货——18 件，这个数字是在特定商品可获得性、需求的变化性、供货商交付时间和交付时间可变性的基础上由系统决定的。

存货单位的计划存货周转率 12 次也是一个决策变量，是由买手在零售商总体财务目标的基础上进行设定的：计划存货周转率驱动存货管理系统。对于这一存货单位，系统基于所售商品的成本和平均存货，决定实际周转率为 11 次。

5. 订货临界点

订货临界点（order point）是指某个特定水平的存货数量，在下一个订单到达之前，存货数量低于该数量时，可用数量已不够用或商品已经没有存货。这个数字告诉买手，当存货水平降至这一点时，就应该续订更多的商品。对该存货单位来说，买手需要在存货数量下降到 132 个单位或更少时就订购产品，以保持需要的产品可获得性水平。

6. 订购数量

当存货达到订货临界点时，买手或系统就需要重新订购足够单位的商品，以确保在下一个订单到达前，产品有足够的可获得性。以图 12-5 为例，鳄梨绿色浴室防滑垫的订购数量是 42 个单位。

12.6.2 流行性商品存货管理的控制系统

流行性商品存货管理的控制系统包含商品预算计划和采购限额。

1. 商品预算计划

商品预算计划（merchandise budget plan）是指在销售额预测、计划向员工和消费者提供的折扣以及用于支持这一销售额的存货水平和实现预想的存货投资回报的毛利润率（GMROI）目标的基础上，计划在每个月内需要交付的以美元为单位的商品数量。

图 12-6 说明的是一家全国性连锁专卖店的男士休闲西服六个月的商品市场计划。附录 12A 详细介绍了该计划是如何被制订的。大多数零售商使用可用的商业软件包来制订商品预算计划。

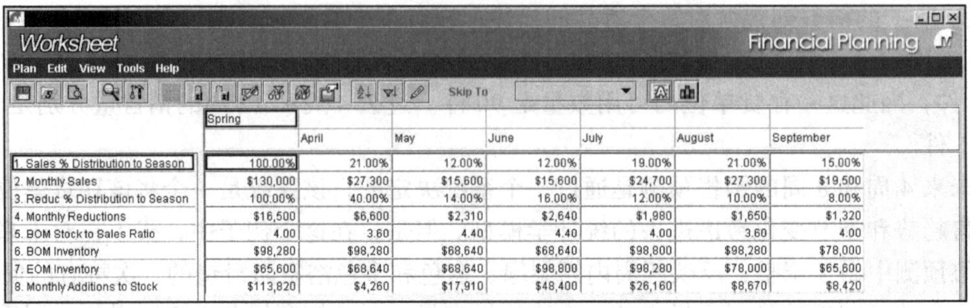

Spring	April	May	June	July	August	September
1. Sales % Distribution to Season	100.00%	21.00%	12.00%	12.00%	19.00%	21.00%	15.00%
2. Monthly Sales	$130,000	$27,300	$15,600	$15,600	$24,700	$27,300	$19,500
3. Reduc % Distribution to Season	100.00%	40.00%	14.00%	16.00%	12.00%	10.00%	8.00%
4. Monthly Reductions	$16,500	$6,600	$2,310	$2,640	$1,980	$1,650	$1,320
5. BOM Stock to Sales Ratio	4.00	3.60	4.40	4.40	4.00	3.60	4.00
6. BOM Inventory	$98,280	$98,280	$68,640	$68,640	$98,800	$98,280	$78,000
7. EOM Inventory	$65,600	$68,640	$68,640	$98,800	$98,280	$78,000	$65,600
8. Monthly Additions to Stock	$113,820	$4,260	$17,910	$48,400	$26,160	$8,670	$8,420

图 12-6　男士休闲西服 6 个月的商品预算计划

存货周转率、GMROI 和销售额预测被用于进行规划和控制。买手就 GMROI、存货周转率和销售额预测目标与自己的上级，也即商品总经理和商品部门经理，进行协商，然后制定商品预算以实现这些目标。在本销售季结束之前，买手按照商品预算计划最后一行指定的商品数量进行采购，这些商品要在指定的具体月份进行交付，交付数量就是月增加存货。

在销售季结束之后，买手必须将该品类与计划相比以确定其实际执行的效果如何。如果实际的 GMROI、存货周转率和预测均大于计划中的数值，那么绩效就比预期的好。然而，绩效评估不应仅基于这些指标中的任何一个。评估买手的业绩还应该对以下几个额外的问题予以回答：为什么绩效超过或低于该计划？和计划相比发生的偏差是由买手可控制的什么因素造成的？例如，买手是不是采购了过多的商品？买手有没有通过采购更多商品或对商品降价出售以对需求变化做出迅速的反应？还是说该偏离是由于一些外部因素造成的，如竞争水平发生了变化（例如，竞争对手在该地区开设了新店）或经济活动发生了变化（例如，经济衰退）？应该做出尝试去发现这些问题的答案。本章后面将讨论用于评估商品绩效的一些额外的工具。

2. 采购限额

在商品预算计划的基础上完成商品采购后，**采购限额**（open-to-buy）系统被用来跟踪实际的商品流动——目前的存货水平如何，计划何时调度该采购商品进行交付，多少商品已经出售给消费者。和你必须了解自己所写支票的流动轨迹一样，买手也需要以同样的方式对他们采购的商品（至交付）进行跟踪，这样，相比于他们计划每个月用于商品采购的预算花费来说，就不至于买得过多或过少。如果没有采购限额系统对商品流动的轨迹进行跟踪，就有可能在商品不需要时进行了交付，或者在真正需要该商品时却出现缺货的情况。

采购限额系统会对计划月底存货与实际月底存货进行比较。实际存货和计划存货水平之间可能会出现差异，原因是某个订单的商品被晚运到或销售偏离了预测。当实际销售大于计划水平时，系统会根据买手手里可用的美元预算，决定采购多少商品以满足增加的客户需求。

12.7　分配商品至各商店

某个品类的商品存货管理计划制订好之后，商品管理过程中的下一个步骤就是在各零售商店间对采购及收到的商品进行分配（见图 12-2）。研究发现，这些分配决定对利润的影响远远大于有关商品采购数量的决定所产生的影响。换句话说，采购过多或过少的商品对利润的影响要远远小于在把一定数量和种类的商品分配给各商店时由于做出错误的决定而对利润产生的影响。在商店间分配商品包括三个决定，分别是：①商品分配的数量；②商品分配的类型；③商品分配的时机。

12.7.1　商品分配的数量

零售连锁店通常在年度销售的基础上对其每一家商店进行分类。因此，A 级商店的销售数量将是最大的，通常收到的存货也最多，而 C 级商店的销售数量最小，收到某个品类的商品存货也最少。除了商店的销售水平，分配员在为某品类做出分配决策时，还需考虑商品的物理特性、分类的深度以及这家具体商店想要对外展示的产品的可获得性水平。

12.7.2　商品分配的类型

在考虑分配决策时，要考虑到该商店商圈的地理人口统计特征（在第 8 章中讨论过）。想一想一家全国性超市为其即食麦片类食品所做的分配决策。如表 12-4 描述的那样，有些商店位于被称为"铁锈地带退休人员"为主的地区，而其他地区则以"笔记本电脑和拿铁咖啡细分人群"为主。

表 12-4　地理人口细分市场示例

笔记本电脑和拿铁咖啡细分群体	铁锈地带退休人员群体
笔记本电脑和拿铁咖啡细分人群是指那些富有而仍然租房的单身人群。他们受过良好的专业教育，偏爱城市生活，喜欢纽约、波士顿、芝加哥、洛杉矶和旧金山等这样的大都市。平均家庭收入超过 87 000 美元，平均年龄 38 岁。笔记本电脑和拿铁咖啡细分群体喜欢技术，是 PC 机和 PDA 的高端市场。他们每天用网络进行股票交易、购物和制订旅行计划。他们具有较强的健康意识，而且身体良好。他们吃维生素，使用有机产品，在健身房锻炼身体。他们拥抱自由哲学，并且致力于解决环境问题	铁锈地带退休人员大多数居住在东北或中西部，尤其是宾夕法尼亚和环五大湖地区，由没有孩子的家庭和单身生活者组成。平均年龄是 43.8 岁。虽然许多居民仍然在工作，但是劳动力参与低于平均水平。超过 40% 的家庭获得社会保障福利。大部分居民住在自己独立的房子里，这样的房子现在的市场均价为 118 500 美元，和许多退休人员不同，在铁锈地带生活的人们不愿意搬家，他们以自己的家和花园为荣，参与各种社区活动，有些是老年俱乐部的成员。休闲活动包括玩宾果游戏，在大西洋城赌博、赛马、填字游戏和打高尔夫

即食早餐麦片类食品的采购员当然想为这两个地区的商店提供不同的分类，如果"铁锈地带退休人员"在商店营业区中占很大的比例，那么提供一些价格低廉、知名度高的品牌以及更多商店自有品牌的麦片类食品，就会有较好的销售业绩。位于以"笔记本电脑和拿铁咖啡细分人群"为主的地区的商店则适宜销售价格较高、含糖量低的有机全麦麦片产品。商店自有品牌麦片类产品将不会得到重视。

即使同一连锁店的商店和商店之间，不同尺寸服装的销售量差别也很大。图 12-7 说明了这一点。注意，X 店大号服装的销售量比连锁店大号服装的平均销售量要多得多，而小号又比平均量少。如果采购员把同样尺码的商品分配给该连锁店下面的每一家商店，那么 X 店的大号商品将出现脱销现象，而小号商品将会出现供大于求的现象，或者是比连锁店中的其他商店更快销售完一些尺码。零售视角 12-4 讲述了萨克斯第五大道如何以 7

项客为中心进行商品分配。

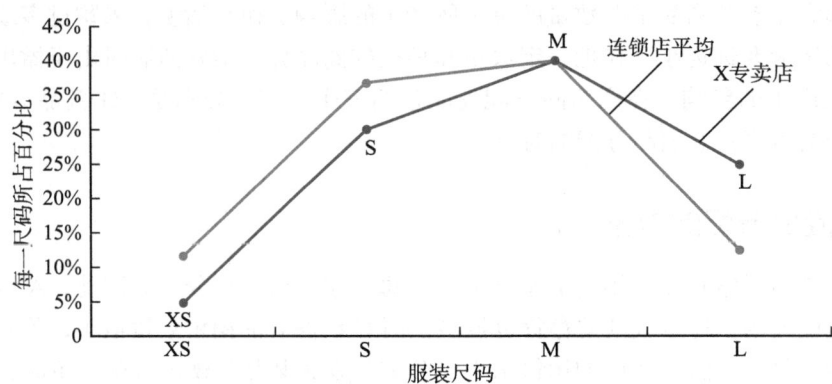

图 12-7　连锁店内一般店和专卖店服装尺码的差异

零售视角 12-4

萨克斯第五大道以顾客为中心的商品分配

在正确的时间、正确的商店备好正确的商品是时尚零售商（如萨克斯第五大道精品百货店）成功的关键。例如，萨克斯第五大道精品百货店认为其纽约曼哈顿的旗舰店主要的购物者是年龄在 46～57 岁的女性，她们主要倾向于"经典"风格，特别是工作服或者是当女人在周末与朋友出去时穿的更现代化的衣服。但它也认识到，位于其他地方的商店提供的商品选择不能像纽约中心。即使是靠近纽约市的商店也会吸引不同类型的购物者。位于格林威治和康涅狄格州的萨克斯店主要是年长者的购物天堂，而远在五英里以外的位于斯坦福、康涅狄格的萨克斯则并非如此。斯坦福的购物者往往是在城里工作的女性，而格林威治则吸引更多的全职主妇。萨克斯的在线购物者比普通客户要小七岁，她们一般寻找特定的商品，而店内购物者则希望在单次购物之旅中从头到脚配备齐全。

为了更好地与其商店相匹配，萨克斯开发了一个九盒网格。在矩阵的一侧是风格品类："公园大道"或"经典""上城"或"现代"以及"Soho"（意即潮流或当代）；另一侧是定价水平，从"好"[品牌如黛娜·巴克曼、时尚女王（此为 Saks 的自有品牌）和菲舍（Eileen Fisher）] 到"更好"（如苏菲亚和阿玛尼·卡尔兹），再到"最好"（如香奈儿、古驰和圣罗兰）。通过交叉引用每个地点的每种分类的首选风格和定价水平，网格图表显示了商店中最好的衣服、品牌和配件组合。

这种细致的分类规划尚不足以使萨克斯经受近期的全球经济危机。在繁荣时期选择的分类导致在萧条时期产生了大量的剩余存货，这就使得萨克斯实现了更多力度更大的折扣，在其历史上首次折扣高达 75%。当销售额反弹约 15%，经济略有改善时，萨克斯便缓慢消除其折扣，并增加存货水平。但是，存货并非恢复到衰退前的水平，而是总体降低了不到 3%，以确保它不再次产生大量的存货积压。

资料来源：Elizabeth Holmes, "At Saks, It's Full Price Ahead as CEO Pares Back Discounts," *The New York Times*, September 12, 2011; Stephanie Rosenbloom, "As Saks Reports a Loss, Its Chief Offers a Plan," *The New*

York Times, February 26, 2009; Vanessa O'Connell, "Park Avenue Classic or Soho Trendy?" *The Wall Street Journal*, April 20, 2007, p. B1; and www.saks.com.

问题讨论： 网格上的哪个盒子能够最好地描述最接近你居住地方的萨克斯第五大道商店？你认为这是该商店目标市场上最合适的盒子吗？

12.7.3 商品分配的时机

除了需要在各个商店之间分配不同的商品存货水平和类型外，商品规划员还需要考虑商店之间产品购买时机的不同。图12-8通过绘制卡普里裤在美国不同地区、不同时间的销售数据，表明了这些不同。由于不同地区之间季节和消费者需求的差异性，卡普里裤在中西部的销售顶峰出现在7月下旬，而西部地区的销售高峰期是9月初。为了提高该品类的存货周转率，买手需要认识到这些区域差异，并且在消费者准备购买时安排运送商品到适当的地区。

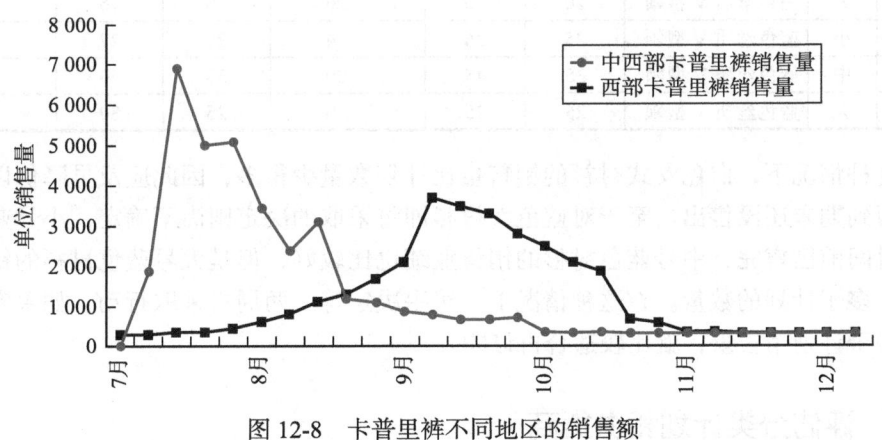

图12-8　卡普里裤不同地区的销售额

在做商品分配和促销决策时，零售商也在考虑"工资周期"，特别是在经济困难的时期。手头拮据的消费者在购物上呈现出一种趋势，那就是他们倾向于在月初发薪水的时候完成数额最大的购买，而在月末钱用光了的时候则会减少购买。因此，一些连锁超市会在月初准备更多的货架空间并且对大包装商品进行促销，而在月末则使用小尺寸包装。

12.8　分析商品管理绩效

商品规划过程的下一步是分析这一过程的业绩并做出调整，比如订购较多或较少的商品，降低商品售价以提高销售量，把不同的分类商品分配到特定的商店，或者改变分类和标准存货计划（见图12-2）。与这一监控及调整步骤相关的三种分析方式是：①售出分析法；②ABC分析法；③针对供货商的多层次分析法。第一种分析法提供了一种和实际销售量进行对比的关于商品管理计划的持续评估。剩下的两种分析法通过利用该计划中特定的存货单位以及提供商品支持计划的供货商来评估和改善分类计划。

12.8.1 售出分析法：评估商品计划

售出分析法（sell-through analysis）是指把实际销售额与计划销售额做比较，看是否需要更多的商品以满足需求，或是否需要降价。表 12-5 展示了对销售季节前两周的女士衬衫的售出分析。由于女士衬衫属于高时尚商品，其销售量非常不确定。因此，商店中女士衬衫上架销售两周后，买手检查销售量并决定是否需要调整。而是否需要做出调整取决于许多因素，包括过去的商品销售经验、广告中为了突出商品特色而做的计划，以及从供货商处获得**降价资金**（markdown money）的可能性（降价资金是指供货商为了弥补因降价引起的总利润损失而提供给零售商的资金）。

表 12-5 售出分析法示例

存货号		描述	第 1 周			第 2 周		
			计划	实际	百分比（%）	计划	实际	百分比（%）
1011	小	白色丝质 V 型领	20	15	−25	20	10	−50
1011	中	白色丝质 V 型领	30	25	−16.6	30	20	−33
1011	大	白色丝质 V 型领	20	16	−20	20	16	−20
1012	小	蓝色丝质 V 型领	25	26	4	25	27	8
1012	中	蓝色丝质 V 型领	35	45	29	35	40	14
1012	大	蓝色丝质 V 型领	25	25	0	25	30	20

在这种情况下，白色女式衬衫的销售量比计划数量少得多，因此应及早降价以确保商品不会留到期末还没售出。至于对蓝色女衬衫即将采取的决定则尚不确定，小号蓝色衬衫在计划时间前已售完，中号蓝色衬衫的销售业绩也比较好，但是大号蓝色衬衫的销售只在第二周才多于计划的数量。在这种情况下，买手决定等一两周再采取行动。如果实际销售量远远多于计划销售量，就比较适合再订购。

12.8.2 评估分类计划和供货商

1. ABC 分析法

ABC 分析法（ABC analysis）确定分类计划中单个存货单位的业绩，它通常被用来决定计划中应该有何种存货单位，备用存货是多少以及计划最终为每个存货单位提供何种水平的产品可获得性。在某 ABC 分析法中，商品品类的存货单位是由几种业绩衡量的指标确定订购级别的，这些指标如销售量、毛利润、存货周转率和 GMROI。这种等级订单尤其显示了一般的 80-20 原则，也就是说，零售商大约 80% 的销售额或利润来自其 20% 的产品。这个原则意味着零售商应该将注意力集中到能带来丰厚利润的那些产品上。

确定了存货单位的订购等级之后，下一步是对货品进行分类，再以分类为基础，决定这类商品是否应该继续被保持在分类计划中，如果是，则应该提供多少数量的商品。例如，男士衬衣买手通过销售量对存货单位进行等级分类，将其分为 A、B、C、D 四个等级。

A 等级商品被定义为那些仅占 5% 却能产生 70% 销售额的商品。买手认为这一等级的商品绝不应该出现脱销的情况，因此计划对 A 类商品保持更多的备用存货，比如与 B 类及 C 类商品相比，保持更多的白色和蓝色的长袖及短袖衬衣尺码。

B 类商品代表 10% 的存货单位，销售额为 20%。这类货品包括其他一些热销的颜色和款式的衬衫，它们有利于保持销售商拥有流行商品的形象。但有时 B 类商品会缺货，因为零售商并没有对其准备与 A 级商品相同数量的备用存货。

C 类商品代表了 65% 的存货单位，但仅占销售额的 10%。商品规划员或许计划仅经营某些独特尺寸（过小或过大）的 C 类商品，且用特定的订购满足顾客需求。

最后，买手发现剩下的占存货单位 20% 的 D 类商品，在降价销售前是没有销售额的，这些商品不仅是过剩商品和无利投资，而且分散存货、占用货架空间，于是买手决定从分类计划中删除大多数此类商品。

2. 供货商多属性评估法

用于评估供货商的**多属性评估法**（multiattribute analysis），采用加权平均分评估每一个供货商，这个分数建立在各种问题的重要性以及供货商在这些问题上的表现得分，这一方法与用于了解顾客如何评价商店和商品的多属性法（在第 4 章中进行过讨论）相似。

为了阐明用以评估供货商（无论是现有的，还是假定的）的多属性评估法，先看一下表 12-6 中男式休闲裤供货商的例子。

买手可以采取以下五个步骤评估供货商：

（1）制定一系列在评估中要考虑的问题（第 1 列）。

（2）与商品经理联合确定每一个问题的重要性权重（第 2 列），量表的范围是 1～10 分，1 分表示不重要，10 分表示非常重要。例如，买手和商品经理认为供货商的声誉对零售商的形象非常重要，所以应该打 9 分。商品质量一般重要，应该打 5 分。最后，供货商的销售历史不太重要，所以定为 3 分。

（3）评估每一个品牌在每个问题上的表现（剩下的几列）。注意，一些品牌在某些问题上有很高的评分，而在其他问题问题上却未必如此。

（4）把每一个问题的重要性和每一个品牌或供货商的表现相乘得出总体分数。例如，供货商信誉重要性（9）乘以品牌 A 的表现得分（5）得到 45。促销协助重要性（4）乘以供货商的表现评分（7）得到 28。这种分析证明了重要的一点：在零售商认为不重要的问题上没必要好好表现。尽管供货商 D 在促销协助上表现优秀，但买手在重要性上并没有给这一指标定高分，因此最终得分仍然很低。

（5）将每个品牌产品的所有问题的评分加总，就可以得到供货商的总得分。在表 12-6 中，品牌 D 有最高的总得分，所以品牌 D 是优先选择的供货商。

表 12-6 评估供货商的多属性法

	单个品牌所有问题的表现评估				
问题（1）	问题重要性评估（I）(2)	品牌 A（P_a）(3)	品牌 B（P_b）(4)	品牌 C（P_c）(5)	品牌 D（P_d）(6)
供货商声誉	9	5	9	4	8
服务	8	6	6	4	6
满足交付日期	6	5	7	4	4
商品质量	5	5	4	6	5
加价机会	5	5	4	4	5

（续）

问题（1）	问题重要性评估（I）（2）	单个品牌所有问题的表现评估			
		品牌A（P_a）（3）	品牌B（P_b）（4）	品牌C（P_c）（5）	品牌D（P_d）（6）
原产地	6	5	3	3	8
产品时尚性	7	6	6	3	8
销售历史	3	5	5	5	5
促销协助	4	5	3	4	7
总体评估表现的总和 $\left(\sum_{i=1}^{n} I_j \times P_{ij}\right)$		280	298	212	341

注：$\sum_{i=1}^{n}$ 为求和。I_i 为第 i 个方面的重要性权重。

P_{ij} 为第 j 个品牌的第 i 个问题的表现得分。

1 = 不重要。

10 = 非常重要。

本章小结

（1）解释商品管理组织和绩效指标。

出于规划的目的，商品被分解为不同的品类。买手和计划员往往借助于其主要供货商的帮助对这些品类进行管理。用于评估商品管理的主要绩效指标是 GMROI 及其各组成要素、销售存货比率（这一指标类似于存货周转率）以及毛利润率。高存货周转率对于零售商的财务成功是很重要的，但如果该零售商试图将存货周转率推至极限，可能会导致缺货以及成本增加。

（2）对比必需品和流行性商品的管理流程。

零售商使用不同类型的商品规划系统对必需品和流行性商品品类进行管理。必需品品类，也叫基础商品品类，是指在一段较长的时间内对其有持续需求的品类。而对流行性商品品类的需求只持续一段相对较短的时间。新产品被不断引入到这些品类中，从而使现有的产品过时。季节性商品品类包括那些在一年不同的时间其销售呈现大幅波动的货品。

商品管理规划过程的步骤是：①预测品类销售额；②制定分类规划；③确定适当的存货水平和产品的可获得性；④制订存货管理计划；⑤将商品分配到各个商店；⑥监控和评估绩效并进行调整。

（3）描述如何预测商品品类的销售额。

商品管理规划的第一步是预测商品品类的销售额。预测必需品销售额的方法是利用过去的销售趋势预测未来，同时对影响未来销售的预期因素进行调整。

预测流行性商品的销售额是很有挑战性的，因为买手通常需要在商品交付并使之可供出售之前的 3～6 个月下订单，并承诺购买特定数量的商品。一些零售商用来预测的流行性商品品类的信息来源有：①以前的销售数据；②市场研究；③流行与趋势服务；④供应商。

（4）总结制定商品分类时应权衡的因素。

预测商品品类的销售额后，商品管理规划过程中的下一步是制订一个分类计划。分类计划是指零售商在一个商品品类中，通过其每家商店和网站提供的所有存货单位的集合。在确定对某个商品品类进行分类时，买手需要考虑以下因素：公司的零售战略、该分类对GMROI的影响、品类之间的互补性、分类对购买行为的影响，以及店面的特征。

（5）说明如何确定适当的存货水平。

在制订分类计划后，商品规划过程中的第三步是确定该品类的标准存货规划。该标准存货规划是每个存货单位的备货数量。零售商通常对不同规模的连锁店有不同的标准存货规划。

商品规划过程的前三个步骤是预测存货单位和商品品类的销售额，制订分类计划，并建立标准存货规划。这是对买手的预期销售额及服务水平进行量化的过程。

（6）分析商品控制系统。

商品管理过程的第四个步骤是建立一个控制系统，以对订货、交货、存货水平和商品销售额随着时间的推移而如何变化做到心中有数。这一控制系统的目标是管理进入商店的商品流，使一个品类中的存货量最小化，但当顾客想购买时商品仍然是可获得的。

必需品的采购系统与流行性商品有很大的不同。由于必需品的销售是一个月接着一个月的，其销售水平是可预测的，因此通常利用自动化连续补货系统来管理必需品的品类。根据定义，流行性商品品类中的存货变化非常迅速，所以流行性商品品类是以美元进行管理的（即花在每个品类上的金钱数额），而不像必需品那样是以商品的数量单位进行管理的。

（7）描述多店面零售商如何将商品分配至各商店。

将商品分配至商店包括三个方面的决策：①给每个店分配多少商品；②分配什么类型的商品；③什么时候将商品分配至不同的商店。零售连锁店通常在年度销售额的基础上对其每一家商店进行分类。因此，A类商店的销售量最大，接收到的存货通常也最多，而C类商店的销售量最小，接收到的某个品类的存货也最少。除了实体店的销售额水平，在为商品品类做分配决策时，分配者会考虑到商品的物理特征和商品分类的深度以及产品的可获得性水平，这些是该公司想为这家特定商店描绘的特征。

（8）回顾零售商如何评价其商品管理决策绩效。

有三种方法可以用来评价商品管理和规划各方面的绩效：售出分析法、ABC分析法，以及多属性模型法。售出分析法在检查各个存货单位的表现时很有用。买手将实际销售额与计划销售额进行比较，以确定是否需要订购更多的商品或是否需要降价。在ABC分析法中，按照商品排名从最高到最低进行订购。销售团队使用此信息来设定存货管理战略。用于评价供货商的多属性分析法是指基于各种问题的重要性和供货商在这些问题上的表现计算每个供货商的加权平均得分。买手会选择加权得分最高的那个供货商。

➲ 小试身手

1. 持续案例任务 光顾你为持续案例任务选定的零售商，并查找某个特定商品品类的种类和分类。记录下分类的广度和深度以及支持水平（每一品类中存货单位的货品平均数）。与竞争对手零售商店同一品类的种类、分类和支持水平进行比较，评估两家商店在那个品类上的分类，哪家店更好一些。

2. **网上练习** 登录商品管理公司（Merchandise Management Company，MMC）的主页：www.merchmanco.com。观看上面三分钟的视频，并阅读该网站张贴的信息和发布的新闻稿。这个服务提供商是如何支持供货商对在这家折扣百货商店出售的商品进行管理的？什么是"商店视觉"系统？如何用它来衡量商品的绩效？

3. **店内或网上练习** 访问一家工艺品店（如迈克尔斯商店或 Jo-Ann Fabricand Craft Stores 或 A.C. Moore Arts & Crafts 工艺品商店）的实体店面或主页（www.michaels.com，www.joann.com，或 www.acmoore.com）。从商品组、部门、品类和存货单位的角度看，这家零售商是如何组织其商品的？选择两种品类的商品：一种是你期望有一个高存货周转率的商品，另一种则是低存货周转率的商品。解释你做出的每一个选择的原因。

4. **购物** 分别光顾一家大型办公用品商店和一家折扣商店，选择购买学校用品。对比每家店提供的商品种类和分类。对每个零售商而言，其产品线宽度和深度的优缺点是什么？从消费者的角度来看，又有什么优缺点？

5. **网上练习** 登录下列零售贸易出版物的首页：《连锁店时代》（www.chainstoreage.com）和《今日零售》（www.retailingtoday.com）。在每个主页上找一篇关于商品管理的文章。这些文章如何帮助零售商做商品规划决策？

6. **网上练习** 登录 http://www.sas.com/industry/retail/merchandise/index.html，SAS 商品情报网站。该网站的产品如何向零售商提供信息以支持其销售计划、预测和测量？

讨论问题

1. 对于彭尼百货的实体商店和互联网渠道来说，你预想其种类和分类有何不同？为什么存在这些差异？

2. 简单地说，提高存货周转率是零售经理的一个重要目标。周转率过低的后果是什么？如果周转率过高呢？

3. 假设你是一家连锁超市（拥有五个店面）负责水果、蔬菜、罐头的食品杂货买手。德尔蒙食品公司告知你和你的老板该公司将会负责所有商品品类的存货决策。德尔蒙食品公司现在要确定订购多少商品以及何时送货。它承诺在未来一年毛利润率将增加 10%。你会接受德尔蒙食品公司的条件吗？解释你的答案。

4. 一位老海军的买手收到了一些客户投诉，抱怨男式 T 恤的某些型号已无存货。这位买手随即决定将该产品的可获得性从 80% 提升到 90%。这一举动对备用存货和存货周转率将产生什么影响？如果该产品品类是男式运动衫，你的回答还会一样吗？

5. 种类、分类，以及产品的可获得性是商品规划过程的基石。举出零售商基于其中一个或几个基石进行商店定位的一些成功例子。

6. 尽管珠宝和小型家用电器这两种商品的性质截然不同，但一家百货商店珠宝部的 GMROI 和家电部门的 GMROI 相同。解释这一情况。

7. 假设年销售额为 20 000 美元，平均存货（以成本表示）为 4 000 美元，毛利润率为 45%。计算 GMROI 和存货周转率。

8. 作为运动权威公司的运动鞋买手，你如何预测新上市的耐克跑步鞋的销售额？

9. 利用80-20原则，零售商如何确保其有足够的快销品存货及最少量的滞销商品？

10. 一家丹佛体育用品商店的买手于10月1日收到一批滑雪风衣计400件，预计会销售到次年1月31日。到了11月1日，该买手手中仍有350件左右的风衣。这位买手在评估销售季节的进展情况时应该考虑哪些问题？

11. 某位买手正在试图就从哪个供货商处购买某一货品的问题做出决定。使用所附表格中的信息确定该买手应该从哪家供货商处进行采购。

	重要性权重	供货商表现	
		零售商A	零售商A
合作信誉	8	9	8
服务	7	8	7
满足支付日期	9	7	8
商品质量	7	8	4
毛利润	6	4	8
品牌认知度	5	7	5
促销协助	3	8	8

推荐读物

Broniarczyk, Susan, and Wayne Hoyer. "Retail Assortment: More ≠ Better." In M. Kraft and M. Mantrala (Eds.), *Retailing in the 21st Century*, 2nd ed. New York: Fairchild Books, 2010, pp. 271–284.

Connell, Dana. *A Buyer's Life: A Concise Guide to Retail Planning and Forecasting*. New York: Fairchild, 2010.

Donnellan, John Do. *Buying and Management*, 4th ed. New York: Fairchild, 2013.

Fowler, Deborah, and Ben Goh. *Retail Category Management*. Englewood Cliffs, NJ: Prentice Hall, 2011.

Heller, Al. *Consumer-Centric Category Management: How to Increase Profits by Managing Categories Based on Consumer Needs*. New York: Wiley, 2012.

Kok, A. Gorhan, Marshall Fisher, and Ramnath Vaidyanathan. "Assortment Planning: Review of Literature and Industry Practice." In Narendra Agrawal and Stephen A. Smith (Eds.), *Retail Supply Chain Management: Quantitative Models and Empirical Studies*. New York: Springer, 2009, pp. 99–150.

Murtulus, Mumin, and L. Berl Toktay. "Category Captaincy in the Retail Industry," in Narendra Agrawal and Stephen A. Smith (Eds.), *Retail Supply Chain Management: Quantitative Models and Empirical Studies*. New York: Springer, 2008, pp. 79–99.

Mantrala, Murali, Michael Levy, Barbara Kahn, Edward Fox, Peter Gaidarev, Bill Dankworth, and Denish Shahg. "Why Is Assortment Planning So Difficult for Retailers? A Framework and Research Agenda." *Journal of Retailing* 85, no. 1, pp. 71–83.

Zinn, Walter and Peter Liu. "A Comparison of Actual and Intended Consumer Behavior in Response to Retail Stockouts." *Journal of Business Logistics* 29, no. 2 (2008), pp. 141–159.

附录12A 流行性商品品类的商品预算报告和采购限额系统

12A.1 商品预算计划

在本附录中，我们描述为某一流行性商品品类制订商品预算计划的步骤。这些步骤的实施是为了完成图12-9中最下面一行——第8行"月存货增加额"。这一行的数字告诉买手为了达到零售商的月初财务目标，每月需要平均采购多少商品（以美元为单位）。请注意，图12-9与本章中的图12-6是相同的。

	Spring	April	May	June	July	August	September
1. Sales % Distribution to Season	100.00%	21.00%	12.00%	12.00%	19.00%	21.00%	15.00%
2. Monthly Sales	$130,000	$27,300	$15,600	$15,600	$24,700	$27,300	$19,500
3. Reduc % Distribution to Season	100.00%	40.00%	14.00%	16.00%	12.00%	10.00%	8.00%
4. Monthly Reductions	$16,500	$6,600	$2,310	$2,640	$1,980	$1,650	$1,320
5. BOM Stock to Sales Ratio	4.00	3.60	4.40	4.40	4.00	3.60	4.00
6. BOM Inventory	$98,280	$98,280	$68,640	$68,640	$98,800	$98,280	$78,000
7. EOM Inventory	$65,600	$68,640	$68,640	$98,800	$98,280	$78,000	$65,600
8. Monthly Additions to Stock	$113,820	$4,260	$17,910	$48,400	$26,160	$8,670	$8,420

图 12-9　男士休闲西服六个月的商品预算计划

12A.1.1　月销售额百分比季节分布（第 1 行）

该商品预算计划中第 1 行用来预测每月销售额占总销售额的比例，在图 12-9 中，21% 的 6 个月销售额预计出现在 4 月。

	6 个月数据	春季			夏季		
销售百分比分布		4 月	5 月	6 月	7 月	8 月	9 月
1. 月销售额百分比季节分布	100.00%	21.00%	12.00%	12.00%	19.00%	21.00%	15.00%

决定月销售额百分比的起点是历史记录。每月占总销售额的百分比在每年间的变化并不明显。但是，买手可能调整历史比率来反映购买形式和特别促销的变化。例如，买手认识到男士休闲西服的秋季销售季节将持续到下一年的夏季，因此增加了 4 月的百分比，同时降低了 8 月和 9 月的百分比。买手可能还决定举行一次复活节特别促销活动，增加 4 月的比率并且降低其他月份的比率。

12A.1.2　月销售额（第 2 行）

月销售额等于预期的 6 个月总销售额（第 1 列 130 000 美元）乘以每月的销售额百分比（第 1 行）。在图 12-9 中，4 月的销售额 = 130 000 美元 ×21% = 27 300 美元。

	6 个月数据	春季			夏季		
销售百分比分布		4 月	5 月	6 月	7 月	8 月	9 月
1. 月销售额百分比季节分布	100.00%	21.00%	12.00%	12.00%	19.00%	21.00%	15.00%
2. 月销售额（美元）	130 000	27 300	15 600	15 600	24 700	27 300	19 500

12A.1.3　月扣减百分比季节分布（第 3 行）

为了每月能够有足够的商品支持月销售预测，除了顾客购买外，买手还必须考虑减少存货水平的其他因素。尽管销售额是主要的扣减项目，但减价、损耗和给员工的折扣也能减少存货价值。商品预算计划把这些额外的扣减加入到计划购买中。如果不考虑这些扣减，就会出现商品存货不足的现象。注意图 12-9，4 月的扣减额占这一季度总扣减额的 40%，这主要是由于季节末降价销售导致的。

		春季			夏季		
	6个月数据	4月	5月	6月	7月	8月	9月
3.月扣减百分比季节分布	100.00%	40.00%	14.00%	16.00%	12.00%	10.00%	8.00%

我们可以从历史记录中预测降价额。但是,当预测降价时,降价策略的变化或环境的改变(如竞争或总体经济活动)也必须考虑在内。

给员工的折扣和降价相似,只不过它是基于员工而不是顾客。员工折扣水平与销售水平及员工人数紧密相关,因此可以从历史记录中预测出给员工的折扣。

损耗(shrinkage)是由于顾客或员工的偷窃、商品的错放或损耗以及错误记账引起的。零售商通过计算以下两者之间的差额来测量损耗额:①在购买和收货基础上的存货记录价值;②商店和配饰中心的实际存货价值。虽然各部门在各季节的损耗是不同的,但是通常损耗同销售额的变化直接相关。因此,如果男士西服销售额增长了10%,采购员可预测损耗也会增长10%。

12A.1.4 月扣减额(第4行)

计算月扣减额与计算月销售额的方法相同,用总扣减额分别乘以第3行中各月的百分比。在这个例子中,总扣减额是基于历史数据的。在图12-9中,4月扣减额 = 16 500美元 × 40% = 6 600美元。

		春季			夏季		
	6个月数据	4月	5月	6月	7月	8月	9月
3.月扣减百分比季节分布	100.00%	40.00%	14.00%	16.00%	12.00%	10.00%	8.00%
4.月扣减额(美元)	16 500	6 600	2 310	2 640	1 980	1 650	1 320

12A.1.5 月初存货销售比率(第5行)

第5行列出的存货销售比率反映的是月初必须保持多少存货以支撑销售预测和存货周转目标,因此如果存货销售比率是2,那就意味着需要在月初储备两倍于预测销售的存货,每月的月初存货余额和预测销售额都以美元为单位表示。

		春季			夏季		
	6个月数据	4月	5月	6月	7月	8月	9月
5.月初存货销售比率	4.0	3.6	4.4	4.4	4.0	3.6	4.0

许多零售商不用存货销售比率,而用另一个与之关联的测量手段——周存货。此时,如果存货销售比率为4,那就意味着月初需要储备16周的存货,或者大约112天的存货。如果存货销售比率为1/2,则意味着两周或14天的商品供应。存货销售比率是确定的,因此商品品类能实现其目标业绩——计划GMROI和存货周转率。为该商品品类确定存货销售比率通过下列步骤完成。

1. 第1步:计算销售存货比率

GMROI等于毛利率百分比乘以销售存货比率。销售存货比率在概念上与存货周转率类似,只是销售存货比率的分母是用以美元为单位的零售额表示的,而存货周转率的分母则是以成本表示的销货成本。买手的目标GMROI是123%,他预计毛利率将达到45%,所以,

$$GMROI = 毛利率 \times 销售存货比率$$

$$销售存货比率 = GMROI / 毛利率百分比 = 123\% \div 45\% = 2.73$$

由于这是一个 6 个月的商品预算计划而不是一年的，因此，销售存货比率是基于 6 个月的销售量而非全年的销售量。所以，在这 6 个月期间，销售额必须是 2.73 乘以存货成本才能达到目标 GMROI。

2. 第二步：将销售存货比率转换为存货周转率

存货周转率如下：

$$存货周转率 = 销售存货比率 \times (1.00 - 毛利率百分比)$$
$$= 2.73 \times (1.00 - 45/100)$$
$$1.50 = 2.73 \times 0.55$$

这种调整是必要的，因为销售存货比率以零售价值表示销售额，以成本表示存货，而存货周转率既以成本表示销售额又表示存货。和销售存货比率一样，存货周转率也是以 6 个月为基期的。

3. 第三步：计算平均存货销售比率

平均存货销售比率是：

$$平均存货销售比率 = 6 个月 / 存货周转率$$
$$4 = 6/1.5$$

如果要准备一项为期 12 个月的计划，买手必须用 12 除以年存货周转率。由于图 12-9 中的商品预算计划以零售价值为基础，所以很容易把分子看作月初零售存货，把分母看作当月的销售额。因此，如果要实现 6 个月平均存货周转率为 1.5，买手必须计划使月初存货成为当月销售量的 10 倍，相当于 4 个月或 16 周的供应量。

当考虑平均存货销售比率时必须小心，很容易将它与销售存货比率混淆，但两者并不互为倒数。

销售额在这两种比率中总是相同的，但销售存货比率中的存货是一段时间内所有日期的以成本表示的平均月初存货，而存货销售比率中的存货是以零售价值表示的平均月初存货。此外，月初存货销售比率是所有月份的平均数。第 5 行对这个平均数做出调整以适应销售的季节性变化。

4. 第四步：计算月存货销售比率

第 5 行的月存货销售比率必须对上述经计算得出的月存货销售比率进行平均以实现计划的存货周转率。通常来说，月存货销售比率与销售额呈反方向变动，也就是说，当销售额在一些月份里增加时，存货销售比率会变小，反之亦然。

为了做出调整，买手在决定月存货销售比率时必须考虑男士西服的季节变动模式。在理想的状态下，男士西服应该在顾客需求产生的同一天以顾客需求的数量被送达商店，但实际的零售世界并没有那么简单。在图 12-9 的第 8 行中，春季男士西服在 4 月陆续开始到达商店（每月 4 260 美元），但需求滞后于西服到达，直到天气开始变暖时才有起色。月销售额从 5 月和 6 月占全年销售额的 12%，跃升至 7 月的 19%（第 1 行）。但存货销售比率（第 5 行）从 5 月和 6 月的 4.4 降至 7 月的 4.0。因此，当月销售额增长时（如 7 月），月初存货也增长（第 6 行），但增长的速度较慢，这就引起存货销售比例的下降。同样，当月销售额急剧下降时，如 5 月（第 1 行），存货也会以较低的速度下降（第 6 行），导致存货销售比率上升（第 5 行）。

当为一项有销售历史记录的商品，如男士休闲西服制订商品预算计划时，买手必须分析过去的存货销售比率。为了能判断过去的比率是否足够，买手需要判断存货水平是否在一些月份过高或过低，然后做出微小的改动来调整过去存货水平的不平衡状况，并对现行环境的变化做出相应的调整。例如，假定买手计划在阵亡将士纪念日做一次促销活动，因为以前没有做过这样的促销活动，就应该对5月的存货销售比率往下做一些调整，以期获得预期的销售增长。注意：月存货销售比率的百分比变化与月销售百分比的变化不一致。当销售额在一些月份里增长时，存货销售比率下降，但速度较慢。由于没有准确的方法做出调整，买手必须做出一些主观的调整。

12A.1.6 月初存货（第6行）

4月月初存货计划存货量等于：

月初存货＝月销售额（第2行）× 月初存货销售比率（第5行）

98 280 美元＝27 300 美元 ×3.6

		春季			夏季		
	6个月数据	4月	5月	6月	7月	8月	9月
6. 月初存货（美元）	98 280	98 280	68 640	68 640	98 800	98 280	78 000

12A.1.7 月末存货（第7行）

当月的月初存货就等于上月的月末存货。也就是说，第6行的月初存货就是第7行的上月的月末存货。因此，在图12-9中，4月的月末存货等于5月的月初存货，即68 640美元。在计划中，预测上一个月最后存货是商品预算计划中的下一步。注意：6月的月末存货很高，为7月销售额大幅度增长做准备。

		春季			夏季		
	6个月数据	4月	5月	6月	7月	8月	9月
7. 月末存货（美元）	65 600	68 640	68 640	98 800	98 280	78 000	65 600

12A.1.8 月存货追加额（第8行）

月存货追加额是在既定周转率和销售目标下每月将订购运送的数额。

存货追加额＝销售额（第2行）＋扣钱额（第4行）＋

月末存货（第7行）－月初存货（第6行）

存货增加额（4月）＝27 300＋6 600＋68 640＋98 280＝4 260 美元

在每月月初，存货水平等于月初存货。在这个月中，还有各种存货扣减（如降价和偷窃）的出现。因此，如果什么都没有采购，月初存货减去月销售额再减去扣减就等于月末存货。但必须采购一些货品以达到预计的月末存货。如果什么都没有采购，月末存货（月初存货－销售额－扣减额）和预计的月末存货的差额就是存货追加额。

		春季			夏季		
	6个月数据	4月	5月	6月	7月	8月	9月
8. 月存货追加额（美元）	113 820	4 260	17 920	48 400	26 160	8 670	8 420

12A.2 采购限额系统

商品购买后就进入采购限额系统。采购限额系统建立在商品预算计划或必需品商品管理系统基础上。先前讨论的商品管理系统给买手提供了一个采购商品的计划。**采购限额**（open-to-buy）系统持续追踪商品流动，记录每月采购商品的实际花费金额和所剩金额。

正如买手必须时刻注意开出的支票流向一样，他也必须密切留意所采购的商品及交付时间。如果没有采购限额系统追踪商品流动，有可能造成买手过多或过少采购的情况。商品可能在不需要时送达，而在需要时又找不到。因此，销售额和存货周转率都会受到影响。为了保持一致，我们继续使用先前商品预算计划的例子来讨论采购限额系统，虽然采购限额系统同样适用于必需品的商品管理系统。

为了能使商品预算计划取得成功（如达到某个品类的销售额、存货周转率和GMROI目标），买手应尽力做到在交付日期内采购合理数量的商品，也就是使某个月的实际月末存货等于预计的月末存货。例如，9月末（即春季末/夏季），买手想清空春季/夏季男士西服，这样能为秋季服装腾出空间。因此，买手想让这些流行性和/或季节性商品的预计月末存货和实际月末存货都等于0。

计算当期采购限额

买手制订计划表明月底可出售商品的存货量是多少。但是，这些计划有可能不准确，装运有可能不能如期到达，销售量可能大于预计销售量，或者扣减额（销售降价）可能比预期的少。

采购限额是预计月末存货和计划月末存货的差额。因此，月采购限额是：

$$采购限额 = 实际月末计划存货 - 预计月末存货$$

月末计划存货来自商品预算计划，计算预计的月末存货如下。

如果采购限额是正的，那么买手就用预算的钱来购买当月商品。如果采购限额是负的，那么买手已经超买，则意味着他的花费超出了预算。

$$预计月末存货 = 实际月初存货$$
$$+ 实际月存货追加额（收到的新商品）$$
$$+ 实际订货额（交付的商品）$$
$$- 计划销售额（已售商品）$$
$$- 计划月扣钱额$$

图12-10展示了同一品类的男士西服6个月的采购限额系统，这一品类已在本章的流行性商品计划部分中讨论过了。假如把5月看作当期月份，实际月初存货水平为59 500美元，但还没有实际月末存货，因为这一个月还没结束。当计算当期月份采购限额时，就要把计划月末存货考虑在内。把预测月末存货计划看作商品预算计划中计划月末存货的一项新的改善了的评估。这项新的改善了的计划版本把制订商品预算计划时没有的信息考虑在内了。这个品类的预计月末存货的公式如下所示：

预计月末存货 = 实际月初存货	59 500美元
+ 实际月存货追加额（收到的新商品）	7 000美元
+ 实际订货额（交付的商品）	18 000美元
- 计划销售额（已售商品）	15 600美元
- 计划月扣钱额	2 310美元
=	66 590美元

当期采购限额是：

$$计划采购限额 = 计划月末存货 - 预计月末存货$$
$$2\ 050\ 美元 = 68\ 640\ 美元 - 66\ 590\ 美元$$

Loc - 10 Merch - Aged Soft	Spring April	May	June	July	August	September
EOM Stock Plan	$68,640	$68,640	$98,800	$98,280	$78,000	$65,800
EOM Actuals	$69,950					
BOM Stock Plan	$98,280	$68,640	$68,640	$98,800	$98,280	$78,000
BOM Stock Actual	$95,000	$59,500				
Monthly Additions Plan	$4,280	$17,910	$48,400	$26,160	$8,670	$8,420
Monthly Additions Actuals	$3,500	$7,000				
OnOrder	$45,000	$18,000	$48,400			
Sales Plan	$27,300	$15,800	$15,800	$24,700	$27,300	$19,500
Sales Actuals	$26,900					
Monthly Reductions Plan	$6,600	$2,310	$2,640	$1,980	$1,650	$1,320
Monthly Reductions Actuals	$1,650					
Projected EOM Stock Plan	$59,500	$66,590	$96,750	$70,070	$41,120	$20,300
Projected BOM Stock Plan	$24,570	$59,500	$66,500	$96,750	$70,070	$41,120
OTB	$0.00	$2,050	$2,050	$28,210	$36,880	$45,300

图 12-10　6 个月采购限额系统报告

因此，如果买手想达到计划月末存货的 68 640 美元，他将在 5 月剩余 2 050 美元。这个数量相对较小，所以我们可以总结为：买手实现了他的计划。但是，如果 5 月的采购限额是 20 000 美元，买手就需要回到市场上寻找大客户了。如果供货商之一有很多男士西服存货，买手就可以用 20 000 美元去采购一些便宜货卖给顾客。

但是，如果采购限额是 −20 000 美元，那么买手可能已经预算超支。同超支支票簿一样，买手在未来几个月要减少花费，因此总购买还将在商品预算之中。如果是因为市场中的一些变化，买手认为超支是合理的，那么买手就可能和部门商品经理进行商议，以获得更多的采购限额。

第13章

商品采购

- **主管简介**
奥德丽·施瓦茨，商品部总监
Chico's 品牌

　　我有幸为 Chico's FAS 公司（旗下包括四个品牌：Chico's、白宫黑市、Soma 和 Boston Proper）工作了 5 年并成为这个致力于将消费者放在第一位的团队中的一分子。Chico's 品牌的独特之处在于，几乎所有通过我们 600 余家 Chico's 精品店和互联网及移动渠道所销售的商品都是 Chico's 自有品牌。这意味着我们的各个团队需要在战略上进行协作，设计并制造符合我们确切规格的商品——从每一处细节（线色、拉链、纽扣等）到面料种类和合身程度。我在该组织机构内的职责是协助领导我们的跨职能团队交付一组受到消费者青睐和乐意购买的商品分类，并实现我们的财务目标。这些团队包括在一起合作的许多人，目的在于通过提供使顾客为之惊叹的产品使顾客愉悦——商品管理、计划、分配、设计、产品开发、外包活动、技术设计、视觉营销以及市场营销。

　　在今天的环境中，像永远 21、扎拉和 H&M 这样的快速时尚零售商因其迅速进入市场的能力和对趋势前瞻性的把握而颇受瞩目。基于我们的战略举措和创新过程，Chico's 也有能力对流行趋势迅速做出反应并满足客户的需求。我们的竞争优势在于对质量和时尚的关注及产品提供的巨大价值。客户希望变得时尚，希望通过我们丰富多彩的产品将自己打扮得光彩照人。他们相信我们是时尚专家，并指望我们为他们在忙碌的生活中提供众多服装上的选择。

　　要在专业零售业成为一名成功的商人，你必须：①了解你的目标客户是谁；②知道他们的需求是什么；③知道他们还缺少什么；④知道如何吸引新的客户；⑤在进行产品创新时知道如何在情感上与他们建立联系。你需要成为一个学生并从尽可能多的资源中汲取知识，如时装杂志和网上的时装秀；要研究有前景的品牌及直接竞争对手；要能够识别趋势，并了解如何向你的客户解释这些趋势。此外，许多有价值的见解也来自对人们每天穿着的观察——无论是在街道上，还是在电视/互联网上，由此你就能够了解趋势的变化。我的丈夫表示，当我们外出就餐、购物或在其他地方时，我花在观察每个人的穿着打扮上的时间比和他聊天的时间都多。我觉得我的人类学本科学位已经给予我回报，因为它反映了我对于观察人们穿什么以及他们的行为的兴趣。

　　我在工作中最有成就感的一个方面就是看到我们开发和销售的服装最终是如何改变顾客对自己的看法和感觉的。当某人对自己的外表和穿着感觉良好的时候是能看出来的，因为他们身上有一种无可置疑的自信。衣服有改造人的能力，我喜欢成为改变人们生活的一小部分。

学习目标

- 识别可供零售商选择的品牌；
- 描述零售商如何采购全国性品牌商品；
- 列出零售商在全球开发及全球采购商店品牌商品时应考虑的问题；
- 理解零售商应该如何准备及展开与供货商的谈判；
- 确定为什么零售商要与供货商建立战略关系；
- 指出商品采购涉及的法律、道德及社会责任问题。

第 12 章概述了商品管理过程及在此过程中买手要经过哪些步骤来决定商品采购的内容和数量。在商品管理过程的前三个步骤——制订商品分类计划、预测销售额、拟定商品流计划（需要订购多少商品及何时交付）完成之后，商品管理过程的下一步就是采购商品。

采购商品并不是一件容易的事情。举例来说，克罗格连锁食品店的汤汁品类经理必须在选择知名的全国性品牌如金汤宝（Campbell）或浦氏（Progresso），抑或开发零售商自有品牌如 Wholesome@Home 之间做出决策。不管提议购买全国性品牌还是零售商自有品牌，品类经理都会就价格、交付日期、付款条件、广告与降价的财务支持等诸多事宜进行谈判。商店品牌的采购过程比起全国性品牌则更为复杂，因为各个商店在产品开发方面扮演着积极的角色。

本章首先描述不同商品品牌的选择，其后回顾采购全国性品牌和商店品牌时涉及的问题（包括与供货商的谈判），接下来探讨零售商与供货商之间战略伙伴关系的发展。本章最后审视了围绕商品采购的法律、道德及社会责任问题。

13.1 品牌的选择

零售商及其买手面临的一个战略性决策是要提出商品品类中的全国性品牌及自有品牌组合。本节将讨论三种品牌类型：全国性品牌、商店品牌以及一般性品牌。

13.1.1 全国性品牌

全国性品牌（national brands），也被称为**制造商品牌**（manufacturer's brands），这些品牌的商品由供货商设计、生产并营销至许多不同的零售商。该供货商负责产品开发，生产品质如一的商品，实施营销方案以建立具有吸引力的品牌形象。全国性品牌的例子有汰渍洗涤剂、拉尔夫·劳伦衬衫及惠普打印机。

在某些情况下，供货商使用与公司相关的**统一品牌**（umbrella brand）或**家族**（family brand）**品牌**，也使用与商品相关的**子品牌**（subbrand），如家乐氏（家族品牌）旗下的糖霜麦片（Frosted Flakes，子品牌）或福特（Ford，家族品牌）的 F 系列卡车（F-series，子品牌）。在另一些情况下，供货商针对不同商品品类使用各自的品牌名称，而不把这些品牌与公司联系在一起。例如，众多消费者也许并不知道宝洁公司生产包括爱慕思（Iams）宠物食品、佳洁士牙膏、象牙香皂、Vick's NyQuil、雨果·博斯（Hugo Boss）旗下的 Boss 古龙香水及速易洁（Swiffer）在内的众多商品。

一些零售商围绕跨类别的全国性品牌商品组织其采购活动。例如，百货商店的买手会负责雅诗兰黛提供的所有化妆品品牌（包括雅诗兰黛、Origins、倩碧及 Prescriptives），而不是仅仅负责某类商品（如护肤品、眼妆等）。通过全国性品牌而不是品类来管理商品，可以使零售商在与供货商交涉时拥有更大的影响力。然而，正如第12章中指出的那样，在品牌的层次上管理商品会导致效率低下，而在类别的层次上则不会。

13.1.2 商店品牌

商店品牌（store brands），也被称为**自有品牌**（private-label brands，house brands 或 own brands），是指由零售商开发的产品。在大部分情况下，零售商对其商店品牌的商品进行设计并制定规则，然后联系制造商（一般在发展中国家）生产这些商品。另外的情况则是全国性品牌供货商与零售商合作，为其标准化商品开发一个特别的版本，然后由零售商独家经销。在这种情况下，商品的生产是由全国性品牌供货商或制造商负责的。

过去商店品牌商品的销售很有限。供货商通过在电视和其他媒体上大肆做广告来获取消费者对品牌的忠诚度。小型的本地和地区零售商则很难在设计、生产以及将品牌广而告之的促销上取得规模经济。而近些年来，随着零售公司规模的扩大，越来越多的零售商已经获得足够的规模经济来开发自有品牌并以此建立自身独特鲜明的形象。目前，零售商提供一系列范围宽广的从低价、低质到凭借高质量及表现且可与全国性品牌媲美的商店品牌。商店品牌有下列三种情形：高端商店品牌、排他性品牌以及山寨品牌。

1. 高端商店品牌

高端商店品牌（premium store brand）为消费者提供可与全国性品牌质量相媲美的商品，有时候可以省不少钱。高端商店品牌的例子包括克格罗的 Private Selection、乐购的 Tesco Finest（英国）、萨克斯百货第五大道的 The Men's Collection 以及布鲁明戴尔（Bloomingdale）的 Aqua。居行业领导地位的西夫韦食品连锁超市，其销售额450亿美元中的相当一部分就来自其高端商店品牌。西夫韦不仅因其主要的商店品牌 Safeway Select 的高质量而广获认可，其旗下还有诸如 Signature Cafe（新鲜食品）、Primo Taglio（高级起司和冷盘）、Eating Right（健康食品）、Snack Artist（坚果和零食）以及 Open Nature（天然食品）等其他强势品牌。

2. 排他性品牌

排他性品牌（exclusive brand）是由全国性品牌供货商开发，通常与某一零售商联合并由该零售商独家销售的品牌。最简单的排他性品牌形式出现在某全国性品牌制造商分配不同型号、具有不同外形特点的产品给不同零售商销售的情形下，但是该产品依然是在制造商的名义下销售的。举例而言，在百思买销售的佳能数码相机可能与在沃尔玛销售的具有相似特点的产品型号不同。这些排他性型号使得消费者在垂直比较不同零售商销售相同相机时变得困难。

比较复杂的排他性品牌形式则出现在制造商为零售商开发了一个排他性产品/产品品

类并以排他性商店品牌名义销售时。例如，化妆品行业巨头雅诗兰黛就只是在科尔士百货独家销售其化妆品及护肤品品牌 American Beauty 与 Flirt。这些商品的定价高于封面女郎（Cover Girl）和美宝莲（Maybelline）这类在药店、折扣店和超市均有出售的大众品牌，又低于雅诗兰黛那些仅在更时尚的百货商店（如梅西百货和迪拉德）出售的高端品牌。李维斯也开发了名为 Signature 的牛仔裤在沃尔玛销售。

与制造商和设计师进行合作的排他性品牌在 HSN 得到了有效的应用。该零售商不是自己去创造全新的自有品牌产品，而是投资于合作伙伴并帮助其开发产品，如由 R. J. 格拉齐亚诺（R. J. Graziano）或托蕊·斯培林（Tori Spelling）合作的珠宝产品线、由 Falchi 设计的 Chi 手袋以及珍妮弗·斯塔隆（Jennifer Stallone）的认真皮肤护理和美容（Serious Skin Care and Beauty）。一些设计师，如 R. J. 格拉齐（R. J. Grazi）也会在其他商店出售与之独立的产品线。其他人，包括宝拉·阿巴杜（Paula Abdul），则只为 HSN 设计完全的排他性品牌。为了使自己与其他零售商区分开来，无论是从个别产品线的角度抑或是某个设计师的整个作品系列来说，HSN 承诺客户能在这里找到的产品，在其他地方都找不到。

最高层次的差异化出现在当某个零售商以自己独特的身份开发一个商店品牌的时候。例如，在梅西百货，客户通常不知道他们购买的品牌就是其商店品牌。因此，它的美国地毯品牌虽然没有向年轻男性这个品牌知晓度高的细分市场做任何该品牌是梅西百货生产的宣传，但是在该市场中的市场份额非常高。在这种情况下，就很难将梅西百货的品牌（如美国地毯和 INC）与民族品牌如李维斯区分开来——除非消费者只能在梅西百货找到美国地毯和 INC。

表 13-1 给出了几个著名的排他性商店品牌的例子。

表 13-1 排他性商店品牌

零售商	制造商/设计师	产品品类	产品名
科尔士百货	雅诗兰黛	化妆品	American Beauty、Flirt 和 Good Skin
沃尔玛	Mary Kate 和 Ashley Olsen	服装和配饰	Mary Kate 和 Ashley
HSN	Chris Lu、R. J. Graziano Tory Spelling、Paula Abdul、Iman、Serena Williams（珠宝）；Chi by Falchi（手提包）；Jennifer Stallone（护肤品）	珠宝、手提包、护肤品	
梅西百货	玛莎·斯图尔特	床上用品（床单、毛巾）	玛莎·斯图尔特收藏
梅西百货	琼斯服装集团（Rachel Roy）	服装和配饰	Rachel by Rachel Roy
梅西百货	卡尔·拉格斐	服装和配饰	Karl Lagerfield Capsule 收藏
麦当劳	Newman's Own Organic	咖啡	Newman's Own Organic
彭尼百货	拉尔夫·劳伦	家居用品、服装和配饰	American Living
塔吉特	Gwen Stefani	儿童服装	Harajuku Mini

3. 山寨品牌

山寨品牌（copycat brands）在外观和包装上模仿制造商品牌，通常被认为是低质低价商品。药店和杂货店充斥着山寨品牌。例如，CVS 和沃尔格林品牌通常被摆放在制造商品牌旁边，看上去通常也很像这些制造商品牌。

13.1.3 一般性品牌

从某种意义上来说，一般性品牌其实不算品牌，因为它既不是自有品牌，也不是全国性品牌。**一般性品牌**（generic brand）用商品名做标签，实际上并没有能够对其进行区分的品牌名称。这些商品瞄准的是那些对价格敏感的消费者细分群体，提供的折扣价不包括附加服务。处方药或者如牛奶、鸡蛋等商品常常使用一般性品牌。除了处方药这一一般性品牌商品在过去几十年中销量呈大幅增长之外，其他一般性商品的销量在过去几十年中均是大幅下降的。

13.1.4 全国性品牌还是商店品牌

当决定要将全国性品牌和商店品牌进行组合时，零售商会考虑其对商品种类、盈利性以及灵活性的影响。

1. 自有品牌强化和扩展了商品种类

零售商需要检查其商品种类以确保所提供的商品正是消费者所需要的。他们可能会引入全国性品牌供货商目前尚未提供的具有创新性的某种新商店品牌产品，或者是能以更好的价值出售，抑或两者兼有的产品。比如，史泰博出售由各类制造商生产制造的数目众多的碎纸机，然而该公司的市场研究人员却发现，人们通常倾向于在厨房里整理信件。因此，史泰博在其商店品牌 MailMate 之下生产了一种小型的、适于在厨房操作台使用的碎纸机，同时价格没有全国性品牌商品高。这样史泰博就通过为那些疲于处理成堆信件同时又担心个人隐私的家庭生产具有创新性的、价值导向的产品，进而填补了一个重要的品类空白。

许多商品品类都包括市场领先的全国性品牌，比如洗衣液品类里的汰渍或者奥尔（ALL）。在这些品类里可能就有商店品牌的机会，但最大的机会可能在那些全国性品牌不具有支配地位的品类中，比如食品杂货店里的有机食品。全食超市在食品杂货零售里面是一个先锋概念，但是诸如 Supervalu（旗下拥有 Shaw's 和 Albertsons 连锁店）这样的竞争者，已经迅速在其有机标签（如 Wild Harvest）下增加了产品数量。在仓储会员零售商如 BJ's 里，购物者会在基本的 Elias 商店品牌冷冻比萨和高端有机商店品牌 Earth Pride 之间进行选择。

现在，许多商店品牌通过创造多层次的价格来延伸其商品的种类，该多层次的价格体系通常被指作低成本、价值及溢价。低成本和价值层已长期存在，高端选择相对来说比较新颖。这些高端品牌有时（但不是经常）提供给消费者可与全国性品牌相媲美的产品质量，却可以省不少钱。零售视角 13-1 阐述了克罗格如何通过在其自有品牌中使用价格层来强化和扩展商品种类。

零售视角 13-1

包罗万象的克罗格商店品牌

克罗格公司运营自己的商店品牌，就像要求高质量标准和价格竞争力的独立供货商。该食品杂货商甚至要求其商店品牌要在口味测试中高出全国性品牌 50% 的排名。作为回报，消费者表达了对该商店品牌的忠诚度，这意味着他们忠诚于该商店。这家零售商甚至可以在他们最关心的顾客中自夸："我们 99.5% 的忠诚和最高忠诚客户都会购买我们的企业品牌。"

克罗格对使用商店品牌的总体看法如下："如果没有全国性品牌，我们的商店会消失；如果没有我们自己的品牌，我们的商店也会消失。全国性品牌和自有品牌都会带来很多好处。"

克罗格对其商店品牌的愿景是利用强势的零售商专有品牌建立客户忠诚度。它追求多层次的商店品牌战略，向所有消费者细分市场提供克罗格产品。例如，在冰激凌品类中，它以"足量"包装和质量对价格敏感的客户提供"价值"品牌。处于中间的"旗帜品牌"（Banner Brand），是为了能与"布雷耶"（Breyers）品牌的冰激凌相媲美。在高端则是"私人选择"（Private Selection）品牌，是为了与德芙（Dove）、哈根达斯（HäagenDazs）展开竞争。为所有消费者细分市场开发这些产品意味着克罗格以其现有的产品分类弥合任何差距以满足其需求的能力。

并不是所有三个层次都会出现在每个产品品类中。对于差异化最小的商品（如白砂糖），它将商品分类限制在两个商店品牌 Value 和 Banner 上，虽然其最近增加了一条有机糖产品线——"有机私人选择"（Private Selection Organic）。商店的花卉有"私人选择"这一品牌。考虑到售卖的花必须是鲜花且保持吸引力，克罗格假设其主要可以瞄准高端或有感召力的消费者，这些消费者愿意花钱装点他们的家。同样，自制面包、馅饼和饼干也以"私人选择"品牌命名，而包装面包则以 Value 和 Banner 品牌命名。

同一品类及跨品类协调商店品牌是很困难的。在克罗格公司，过去，品类经理掌控着其品类中的商店品牌。例如，罐头汤品类经理采购金宝汤和浦氏等全国性品牌，并管理商店品牌。品类经理掌控商店品牌的包装、定价、促销，甚至品牌的名称。由于这种相对的自主性，克罗格拥有超过 40 个商店品牌名称。因为品牌之间几乎没有协同作用，所以每个品牌的客户认可度相对较低。通过持续的广泛编辑过程，克罗格开发了一种结构来强调每个品牌一致的愿景。后来，客户认识到并开始对这些商店品牌产生需求，导致了跨类别的协同效应。如果客户喜欢克罗格的"私人选择"冰激凌，他们也很可能会被吸引到"私人选择"安格斯牛肉或脆皮面包。

资料来源：Personal Communication with Linda Severin, Kroger.

问题讨论：当你购买某商店品牌的商品时，背后的主要原因是价格、质量，抑或是价值？

2. 盈利性

对于零售商而言，存售全国性品牌是一把双刃剑。众多消费者对特定的全国性品牌已经形成其忠诚度，他们也只会光顾销售这些全国性品牌的商店。之所以对其会形成忠诚度，是因为消费者知道对这些及类似产品抱有什么样的期望。他们信任该品牌会提供始终如一的品质。每瓶香奈儿 5 号都有相同的香味，而每条李维斯 501 的牛仔裤也都会同样合身。此外，全国性品牌的可获得性也会影响消费者对零售商的形象认知。比如，如果在其商品品类中引入 Liz Claiborne 和 Sephora 品牌，彭尼百货的时尚形象则会得到提升。如果零售商不提供全国性品牌，消费者会认为其商品品类质量较低，从而导致利润流失。

另外，全国性品牌的一致性意味着零售商的全国性品牌商品的价格容易比较。因此，相互竞争的零售商所出售的全国性品牌商品只能通过价格进行差异化，这就意味着零售商经常不得不针对相同的全国性品牌大幅打折以招徕消费者，从而进一步降低了其盈利。

虽然商店品牌为零售商提供了产品差异化的机会并降低了价格竞争，但是，由此产生的额外的设计和营销费用也会造成利润下降。此外，零售商还要承担与不确定销售相关的风险。比如，如果商店品牌商品销售不出去，零售商既不能把它们退还给供货商，也不能卖给折扣零售商。这是因为商店品牌的商品是商店特有的，在减去冗余存货方面没有太多选择。

但是，排他性商店品牌的盈利性则要更强一些。对于这些商品，消费者是没有办法比较价格的，因为实际上它们只由一家零售商独家经销。由于零售商在销售排他性品牌时不太可能在价格上竞争，因此排他性品牌的盈利潜力更高，因而零售商更有动力将更多资源投入到排他性品牌而不是全国性品牌上。

3. 灵活性

全国性品牌会限制零售商的灵活性。拥有强势品牌的供货商会指出该如何对其产品进行陈列、做广告以及定价。如拉尔夫·劳伦就会告知其零售商何时及如何为其产品做广告。

13.2 采购全国性品牌商品

本节将探讨全国性品牌的零售商买手如何与供货商见面，如何检查供货商以批发价出售商品以及如何下订单。

13.2.1 与全国性品牌供货商会面

对于零售买手而言，**批发市场**（wholesale market）是供货商集中的一个特定地理区域，也许就在同一个屋檐下，也许在互联网上。这些市场可以是常年性的批发市场中心，也可以是年度的贸易展销会或商品交易会。零售商也可以在供货商的公司总部同供货商互动。关于各种贸易展销会的信息可以很方便地在"贸易展销信息网"（www.tsnn.com）上查到。其提供的数据库中有 25 000 多场贸易展示会和 10 000 名注册会员。

1. 批发市场中心

对于许多类型的商品，尤其是时装和饰品，零售买手会定期到市场中心与供货商会面。批发市场中心设有供货商的长期展厅供零售商随时参观。在特殊时段，这些批发中心会主办**市场周**（market week），买手在市场周参观展厅需要提前预约。没有长期展厅的供货商会租赁临时展厅参展。

纽约是世界上最著名的具有众多商品品类的批发市场中心。时装中心也称服装街区，位于第五和第九大道以及第35和第41街之间，每年举办五个市场周及数场年度贸易展示会。服装街区有成千个展厅和工厂。伦敦、米兰、巴黎和东京也有主要的批发市场。美国还有各种各样的区域批发市场中心，如达拉斯市场中心（被定位成世界最完整的批发商）或亚特兰大商品市场，那些较小规模的零售商都据此考察及采购商品。

2. 贸易展示会

贸易展示会（trade show）为买手提供了参观最新产品和款式、与供货商交流的机会。供货商在指定的区域展示其商品，并且让销售代表、公司主管，有时甚至名人与走过展区的买手进行交流。例如，电子消费品买手经常参加在拉斯维加斯举办的一年一度的国际电子消费品展（CES），这是世界上最大的电子消费品贸易展示会（www.cesweb.org）。最近的一场展示会就有来自110多个国家的15.3万多人（包括超过3.4万余人的国际参展者）参展，包括制造商、开发商，以及消费类科技硬件、内容、技术传送系统及相关产品和服务的供货商。有近3 100家供货商在180多万平方英尺的展厅摆上展位，展示其最新的产品和服务。一些最新产品就是借助国际电子消费品展公布于众的，如首部摄像机（1981）、高清晰度电视机（HDTV，1988），还有交互式网络电视（IPTV，2005）。仅2012年就有超过2万种新产品登陆展示会。

贸易展示会一般由与批发市场中心无关的会议中心举办。芝加哥的McCormick大厦是美国国内最大的会议中心，占地面积近270万平方英尺，每年举办超过65次会议及贸易展示会，包括全美五金器具展览会、全美家居用品制造商协会国际博览会。

美国以外的供货商和商店品牌制造商通过参加贸易展示会来了解市场和搜集潮流信息。有些商店品牌制造商也会在贸易展示会上参展，但是大部分参加者都是全国性品牌供货商。

13.2.2　全国性品牌采购过程

参加市场周或贸易展示会时，买手及其主管一般都会与主要的供货商做一系列的预约。在会见过程中，买手同供货商讨论上季商品的销售情况，探讨供货商提供的下一季商品，也许还会为下一季下订单。在批发市场中心，这些会面会在供货商的展厅会议室进行，而在贸易展示会上却没有这么正式。在市场周期间的会面可以进行深层次讨论，而贸易展示会的优势则是在同一展区可以让买手集中看到更宽的商品范围，并可以根据展区的活跃情况估量对该商品的反应。

在通常情况下，买手不会在市场周或贸易展示会上与供货商讨价还价或下订单。他们只是想观察从所有潜在供货商那里可以得到什么样的商品，价位如何。在市场周或贸易展示会结束后，他们返回公司与主管就可以采购的商品进行讨论，判断哪些最具吸引力，然后才与供货商谈判，接着下订单。全国性品牌采购谈判中所涉及的问题将在本章稍后部分进行讨论。

13.3 开发和采购商店品牌商品

零售商使用一系列不同的过程来开发和采购商店品牌。

13.3.1 开发商店品牌

像 J.Crew、梅西、盖璞和美鹰傲飞服饰公司这类大型零售商，不仅拥有大量的商店品牌商品，还配备各类专业人员分别从事确定潮流，设计和规制产品，选择制造商生产这些产品，在全球范围内配备员工监视产品制造情况，管理设备及检测所制造产品的质量等工作。例如，MAST 全球时尚（MAST Global Fashion）因其在 10 多个国家拥有合资公司和生产基地而负盛名，生产、进口和分销各种不同的产品。除了是 Limited Brands（维多利亚的秘密、Bath & Body Works）的主要自有品牌供货商之外，MAST 还为 Express、Chico's 及 Betsey Johnson 这几家商场提供商店品牌。但是，大部分零售商并不拥有生产设备，也无运营或所有权方面的利益。

经营商店品牌的小型零售连锁店不需要在支持性基础设施上进行大量投资。小型零售商通常会要求全国性品牌或商店品牌供货商对其商品进行细微改动并贴上商场的标签或全国性品牌的版权保护特殊标签。商店品牌制造商也可以将预先确定的库藏品卖给他们。因此，霍兰德（Hollander）家纺制造 3 000 万个枕头出售给诸如萝兰爱思（Laura Ashley）、Karen Neuberger 以及席梦思（Simmons）这样的商家。霍兰德也为各类不同零售商制作各种商店品牌商品，如沃尔玛、彭尼百货等。零售视角 13-2 描述了中国政府如何大力帮助建立具有规模经济的专门的服装城使其在世界范围内主导服装生产。

零售视角 13-2

中国政府建立专门的服装城

20 世纪 70 年代，中国诸暨大塘的居民除了种植稻米，还缝制袜子卖给过路的旅行者以增加额外的收入。注意到这些趋势后，中国政府将大塘指定为袜子生产村。今天，它已被非正式更名为"袜子之城"（Sock City），因为它向全世界提供大约 1/3 的袜子，每年为每个人制造两双袜子。

其他专业生产基地则几乎生产一切东西：从内衣到领带、毛衣，再到儿童服装。因此，中国开发区实现了令人印象深刻的规模经济和其他竞争优势，使其能够胜过其他国家的分散型制造企业。国家计划的工业园区享受税收减免，并且可与物流提供商和其他提供必要投入以支持自己产出的公司合作。此外，中国基础设施的快速发展帮助这些公司快速高效地将其产品推向全球市场。反过来，在中国政府的支持下，这些私营公司为其工人建造了大型宿舍楼，提供住所、食物、基本必需品和保健。

资料来源：Tania Branigan, "Sock City's Decline May Reveal an Unravelling in China's Economy," *The Observer*, September 8, 2012; "Datang Socks It to the Financial Crisis," *Xie Frang (China Daily)*, March 4, 2009; and Geoffrey Colvin, "Saving America's Socks—but Killing Free Trade," *Fortune*, August 22, 2005, p. 38.

问题讨论： 从零售买手的角度来看，从位于中国的专业生产基地供货商处购买产品的相关机会和威胁是什么？

13.3.2 采购商店品牌商品

一旦做出购买何种商店品牌商品及购买数量的决策后,设计师就会做出完整的商品规格计划并与采购部门合作为商品寻找制造商。例如,彭尼百货就在19个国家设有采购和质量保证办公室。这些办公室拿着设计师的商品规格与制造商就生产进行合同谈判,同时对其过程进行监督。由于国际贸易壁垒的持续降低,零售商可以在世界任何角落进行商品采购。本节将探讨影响全球采购的成本要素和管理事宜。

1. 与全球采购决策相关的成本

零售商利用发展中国家的生产设备生产商店品牌商品是由于这些国家的劳动力成本低廉。然而,尽管从国外购买商店品牌商品的成本低,但降低的这部分成本足以被来自其他方面的隐性成本所抵消,这些成本包括外汇的相对价值、关税、交付时间的延长及运输费用的增加。

零售商可以通过购买期货合同之类的金融工具来对冲短期的汇率波动。但是从长远来讲,外汇的相对价值对进口商品成本的影响是巨大的。例如,如果印度卢比相对于美元大幅升值,那么在印度生产商店品牌并将其进口至美国的成本就会增加。如果升值发生在签订单和发送货物期间,美国零售商将不得不支付比预期更多的钱。**关税**(tariff,也称 duty)是一国政府对进口商品征收的税种。进口关税可以用来保护国内制造商免于国外竞争。从美国国外的供货商而非国内供货商采购时,存货周转率一般较低。由于交付时间较长,进行国外采购的零售商必须保持足够的存货以确保能满足顾客需要,而更多的存货意味着更高的存货保管费用。最后,商品在国外生产会导致运输成本更高。

2. 与全球采购决策相关的管理问题

虽然与全球采购相关的成本要素易于量化,但全球采购尚存在质量控制、上市时间和社会/政治风险等主观问题。在全球范围采购比在国内采购更难以维持一致的质量标准。质量控制问题会导致出货延迟,从而给零售商形象造成负面影响。

在全球采购的情况下,本书前面提到的合作性供应链管理方法会更难以实施。合作系统以短而连贯的交付时间为基础,供货商发货频率高、数量少。合作系统正常运转建立在供货商和零售商之间的相互信任、信息共享的基础上,这些条件在全球范围内更难实现。

与全球采购相关的另一个问题是违反人权和雇用童工的情况。许多零售商不得不为其国外生产经营所涉及的违反人权、雇用童工或其他指控做公开辩解。在美国零售商的努力下,基本上没有什么进口商品来自血汗工厂。有些零售商积极作为以确保其供货商遵守劳动规范。比如,Limited品牌是最早要求制造商或其分包商及供货商监督核心劳动标准,并将其视为合作条件的美国服装制造商之一。这一要求能保证供货商支付最低工资和福利,将加班时间限制在当地标准范围,不用囚犯,不强迫劳动和使用童工,提供健康安全的环境等。其他依赖低工资国家中的公司进行生产制造的公司也有类似的自我监督体系以避免意外及危及声誉的风险。零售视角13-3审视了沃尔玛是如何促使其供货商做到对环境负责的。

零售视角 13-3

向沃尔玛供货并不容易

沃尔玛以其低廉的价格而闻名,其对供货商的压价能力很强。现在,它又正在向供货商施压,要求为其提供贴有证明标签的更环保的商品。未来,沃尔玛销售的商品将贴有与营养标签相当的环保标签,将会提供关于产品的碳足迹、用于生产其造成的水污染和空气污染的量以及有关其他环境问题的信息。为了测度供货商的产品运作方式,沃尔玛制定了可持续发展指数,同时考虑其他问题。

沃尔玛制定了它希望实现的三个目标:使用100%的可再生能源;将其废物排放量减少到零;生产既能留住消费者也能够保护环境的产品。这些崇高的愿景被进一步分成多个具体的目标。

沃尔玛还要求到2012年,将其前200家工厂的能源效率提高20%,但许多专家认为,即使有沃尔玛的帮助这也是不可能实现的。虽然如此,但最初的尝试令人看到了希望。例如,中国江苏的红布染料技术已将其煤炭消费量削减了1/10,并试图将其有毒物排放量降至零。

诚然,沃尔玛并不总是一个好企业公民。20世纪90年代,一些为沃尔玛生产服装的工厂工人受到一些不人道的待遇。最近,两个政府组织指控沃尔玛购买了15家有虐待行为和违反劳动法的工厂,比如童工、19小时轮班和低于生活标准的工资。沃尔玛等公司也被指控在俄克拉何马市倾倒危险废物。

很多人也许好奇,为什么沃尔玛试图将自己定位为零售业的可持续发展领导者。不可否认的是,沃尔玛表明好企业身份的举措确实提高了它的企业形象。同时,沃尔玛预计这些举措也将有利于商业发展。它的客户,特别是出生于20世纪80年代到千禧年一代的消费者,越来越关注他们使用的产品如何影响环境和生产制造这些产品的人们。此外,沃尔玛认为,这些举措将有助于简化供应链流程,从而为其供货商和客户提供额外的经济利益。

资料来源:"Beyond 50 Years: Building a Sustainable Future," Walmart 2012 Global Responsibility Report; http://sustainabilitycases.kenexcloud.org/about; http://corporate.walmart.com/global-responsibility/environmentsustainability/sustainability-index; Stephanie Rosenbloom, "At Wal-Mart, Labeling to Reflect Green Intent," *The New York Times*, July 16, 2009;Stephanie Rosenbloom, "Wal-Mart to Toughen Standards," *The New York Times*, October 22, 2008; and Adam Aston, "Wal-Mart: Making Its Suppliers Go Green," *BusinessWeek*, May 18, 2009.

问题讨论:沃尔玛践行可持续发展计划是为了努力成为一家好企业,还是仅仅因为它的商业模式才这样做的?

3. 常驻采购处

很多零售商利用常驻采购处购买自有品牌商品。**常驻采购处**(resident buying office)是指位于主要采购中心、帮助零售买手购买商品的组织。随着零售商变得越来越强大,作为第三方的常驻采购处的作用在减小。现在，许多大型零售商在国外都有自己的采购办公室。

为了阐明采购处如何运作不妨看一下达拉斯袖珍男士商店（Pockets Dallas Men's Store）的戴维·史密斯（David Smith）在进入米兰市场时如何运用其常驻采购处的。史密斯要会见 Doneger 集团的市场代表阿兰·博尔达（Alain Bordat）。博尔达是一位会说英语的意大利人，他熟悉史密斯的商店及其高端客户，所以在史密斯来访之前，他安排了自认为能符合袖珍男士商店形象的意大利供货商与史密斯会面。

史密斯到达意大利后，博尔达陪同他去会面并充当翻译、谈判员和会计。博尔达告知史密斯商品进口到美国所需的成本，包括关税、运费、保险费、加工成本等。

订单签署后，博尔达负责起草合同及之后的货物交付和质量控制。Doneger 集团充当总部的角色，为买手史密斯提供办公空间以及服务、旅行咨询和紧急援助。通过报告和频繁的沟通，博尔达及其团队持续向史密斯提供有关意大利流行趋势的最新情况。如果没有常驻采购处的帮助，史密斯可能很难进入意大利的批发市场。

4. 逆向竞拍

一些零售商不再通过与特定制造商谈判来制造商品，而是通过逆向竞拍以低廉的价格获得优质商品。传统的竞标，比如 eBay，只有一个卖家，却有许多买手。自有品牌商品的零售商买手进行的竞拍叫作**逆向竞拍**（reverse auction），这是因为其只有一个买手（零售商），却有许多潜在的卖家（制造商）。逆向竞拍时，零售商指定所需商品的规格供潜在的几家工厂竞标，然后这几家竞争供货商出价竞标直至竞拍结束。零售商不一定会跟价格最低的供货商成交，而会选择既能按时又能按质完成任务的供货商。

逆向竞拍最普遍用于零售运营所需的产品和服务而不是转售的商品。经常以逆向竞拍的方式购买的商品有店面地毯、家具以及日用品。但现在逆向竞拍也被零售商用来采购商店品牌商品，比如像草坪用具之类的季节性商品。

逆向竞拍并不受供货商的喜爱。几乎没有人希望成为竞标战中的匿名竞争者，因为价格，而不是服务和质量，似乎成为获胜的唯一基础。如果与供货商最初的交涉是通过电子竞拍进行的，那么零售商和供货商之间的战略关系也很难培养。

13.4 与供货商谈判

当购买全国性品牌或自有品牌商品时，买手及负责采购的公司员工就进入了与供货商的谈判环节。要描述买手如何与供货商讨价还价，假设一下以下情形：布鲁明戴尔百货商场的女式牛仔裤买手卡罗琳·斯威格勒准备在纽约的办公室会见来橘滋（Juicy Couture）的销售员达里奥·卡维尔。在纽约女装市场周期间，斯威格勒已经考察过橘滋的商品并准备购买其春装系列，但她需要解决上一季遗留的一些销售问题。

13.4.1 知识就是力量

卡罗琳·斯威格勒对自己和橘滋的情况了解得越多，在谈判中就越占有优势。首先，斯威格勒评估了自己和供货商的关系，尽管她和卡维尔在过去只见过几次面，但是两家公司有着长期的互利关系。信任感和相互尊重已经建立起来，这会在即将到来的会面中对斯威格勒有利。

尽管橘滋牛仔裤过去为布鲁明戴尔带来了利润，但有三款产品在上季销售不佳。斯威格勒计划要求卡维尔允许她退掉一部分商品。根据以往的经验，斯威格勒知道橘滋通常不接受退货，但会提供**降价资金**（markdown money），即供货商给零售商部分资金，用来弥补降价销售过时商品而损失的利润。

供货商及其代表是市场信息的优质来源。他们通常知道哪些商品好卖、哪些商品滞销。提供准确及时的市场信息是一种不可或缺且并不昂贵的营销调研工具。所以，斯威格勒计划至少用会面的部分时间与卡维尔讨论市场走势。

如同卡维尔能向斯威格勒提供市场信息一样，斯威格勒也可以向他提供销售信息。例如，在一次去日本的采购旅途中，斯威格勒发现了由一家镶边织布机小公司制造的牛仔裤洗涤液。她买了一条牛仔裤并送给了卡维尔，卡维尔将其传到橘滋的设计师手中，他们研究牛仔裤并发明了一种新式洗涤液，获得了巨大的成功。

斯威格勒还知道卡维尔想让她购买一些橘滋最新式、最前卫的春装，而卡维尔知道许多美国买手去纽约市场，大多数会在布鲁明戴尔驻足观察新商品、热销商品及商品的陈列方式。因此，卡维尔想要保证橘滋在布鲁明戴尔的良好形象。

13.4.2 谈判问题

除关注上季的滞销商品外，斯威格勒还准备了将要在会面时讨论的以下六个方面的问题：①价格和毛利润；②额外的加价机会；③采购条件；④独占性；⑤广告津贴；⑥运输。

1. 价格和毛利润

斯威格勒希望以低价购入商品来获取更高的毛利润，当然卡维尔则希望以更高的价格出售牛仔裤，因为他关心的是橘滋自身的利润。影响价格和毛利润的两个因素是盈利保证（margin guarantees）及货位津贴（slotting allowances）。

通过提供降价资金来保证盈利 和大部分买手一样，斯威格勒为每一个商品品类都设有毛利润目标，这一目标在其商品预算计划（附录 12A）中被量化表现。就橘滋的产品批发价谈判可以使斯威格勒达到其毛利润目标。但是，如果该商品的销售不尽如人意，斯威格勒可能不得不对其降价销售，从而无法完成毛利润目标。面对此种不确定性，斯威格勒和其他买手可能寻求橘滋方面的承诺，为布鲁明戴尔的降价销售商品提供"保证"以达到毛利润目标，以此来弥补其因降价造成的损失。

像许多供货商一样，卡维尔可能愿意提供这一毛利润保证。但是，令卡维尔担心的是斯威格勒在知道可以获得毛利润保证的情况下可能不会积极推销橘滋的产品。因此，卡维尔的保证只会在斯威格勒做出交换承诺，即在其店内突出橘滋商品并对产品线广而告之的条件下才会做出。

货位津贴 除了针对批发价格进行谈判，超市买手也会就货位费用进行谈判。**货位费**

用（slotting fees）或**货位津贴**，是零售商向供货商收取的用于摆放商品的费用。例如，卡夫食品想要推出一种新产品，超市连锁店可能需收取 100 万～200 万美元的费用在全国为其铺货。收取费用的多少取决于产品的性质以及零售商的相对实力。品牌忠诚度低的产品需要支付最高的货位津贴。同样，大型连锁超市比独立经营的小型零售商收取的货位津贴要高。

供货商将货位津贴视作一种强取豪夺，小型供货商更是认为这些费用将其排除在为零售店供货的机会之外。但是，零售商和一些经济学家则认为货位津贴是决定为其商品种类添加何种新产品的一种有用的方法。供货商对其新产品的品质握有比零售商更多的信息，因此，货位津贴是使供货商展示自己这一信息的方法。如果新产品的品质好，那么供货商就很愿意支付这一费用，因为他们知道试销期内产品销售有保证并会产生足够的利润。但是，推销差产品的供货商往往很不愿意支付这笔费用。

2. 额外的加价机会

过去橘滋会时不时地以折扣价为斯威格勒提供过剩商品。这些过剩商品的出现或是因为订单取消，或是因为其他零售商退货，或仅仅是因为对销售前景预测过于乐观而造成的。尽管斯威格勒可以在这些过剩商品上获得高于正常的利润或者可以通过将这些商品削价出售从而把盈余转移给顾客，但是由于布鲁明戴尔一向以引领潮流的形象示人，因此斯威格勒对橘滋提供的过剩存货其实并不会感兴趣。

3. 采购条件

斯威格勒想争取在一个较长的期限内付款。付款期限长能改善布鲁明戴尔的现金流状况及减少负债（应付账款），还能降低利息费用（如果公司需要从金融机构贷款以为存货付款）。但是与此同时橘滋也要达到自己的经济目的，即希望对方能在发货后尽早付款。

4. 独占性

零售商经常就独家经销协议与其供货商进行谈判，这样就不会有其他零售商销售相同的商品或品牌。零售商可以通过独占性协议将自己与竞争对手区别开来，并从降低的价格竞争中获得更高利润。有时候供货商也可以通过确保零售商出售与其品牌形象一致的商品而从中获利。举例说明，普拉达可能希望将其服装独家经营权给予重要市场中的一家商店，比如内曼·马库斯。此外，独家经销协议为零售商提供了某种垄断，使其更有动力销售该产品。

在服装品类中，成为市场中第一家经营某种产品的零售商，有助于塑造引领潮流的形象并实现与众不同的优势。斯威格勒想确保新的春装系列在本季节越早到货越好，而且一些牛仔裤和洗衣液不会被竞争者买到。相反，橘滋则希望将自己的产品卖给众多不同的零售商，以实现销售额最大化。

5. 广告津贴

零售商经常通过与供货商合作分担广告成本，这就是**合作广告**（cooperative advertising）——一种由供货商从事并由供货商负担全部或部分定价促销的活动。作为一家时尚领导者，布鲁明戴尔要做大量的广告。斯威格勒希望橘滋用较为可观的广告津贴支持一项广告活动。

6. 运输

运输成本不容小觑，虽然对于橘滋而言这不算什么大问题，因为其牛仔裤单价高而重量轻，但由谁支付从供货商到零售商的运费问题则会成为谈判的一个重点。

把橘滋和布鲁明戴尔在谈判中涉及的问题摆到桌面上之后，接下来会提供一些实现有效谈判的忠告。

13.4.3 进行有效谈判的技巧

1. 零售商谈判人数至少要与供货商谈判人数相同

如果供货商在数量上不占优势，零售商在谈判桌前就会占据心理优势。谈判队伍在数量上至少要相当，如果卡维尔带领销售经理一同参加，斯威格勒就计划邀请自己的部门采购经理也加入谈判。

2. 选择好的谈判地点

由于谈判将在自己的办公室进行，斯威格勒可能就在这点上有了胜算。她会对信息、秘书及指导帮助等方面了如指掌。从心理学的角度看，人们在熟悉的环境下通常感觉更舒服、更自信。但是如果卡维尔对此也感觉舒服的话，斯威格勒也许能够从谈判中得到更多，因此选择谈判地点是一项十分重要的决策。

3. 注意真正的截止日期

斯威格勒认识到卡维尔需要在月底前完成一项配额指标，所以他必须在返回办公室时带回一批订货。而斯威格勒自己必须在周末得到降价资金或拿到在本周前退还滞销品的许可，否则她就没有足够的进货限额资金采购想订购的商品。清楚这些截止日期会帮助斯威格勒在谈判中做决断。

4. 将人与问题分开

假定斯威格勒在开始谈判时说："卡维尔，你知道我们交朋友很长时间了，我有一个私人请求，你不介意收回价值1万美元的衬衫吧？"这种私人请求会使卡维尔处于尴尬的境地。在这里，斯威格勒与卡维尔的私人关系不属于谈判的问题，不应该成为谈判的一部分。同样糟糕的场景是当斯威格勒说："卡维尔，你的产品系列真差劲，我不能把这些劣质品处理掉，你是在和布鲁明戴尔做生意，如果你不把这堆烂货拿走，就别想和我们做生意了。"威胁在谈判中不起作用，会使另一方有所防范，可能导致谈判中断，导致哪一方都不会在谈判中取胜。

5. 坚持客观信息

把人和问题分开的最好方法就是坚持客观信息。斯威格勒必须准确知道需要将多少条牛仔裤返还给橘滋，或需要多少降价资金以维持其毛利润。如果卡维尔从情感的角度来辩驳，斯威格勒也应坚持这个数字。比如，假定在斯威格勒阐明了自己的提议后，卡维尔说如果他需要带回商品或提供降价资金，他就会遇到麻烦。斯威格勒知道橘滋过去在类似情况下提供过解决方法，她应该问橘滋在顾客存货过多问题上的政策是什么。她还应当让卡维尔看看布鲁明戴尔在过去几个季节中对橘滋采购活动的总结。通过这种做法，斯威格勒迫使卡维尔承认在存货过多的情况下提供补助（尤其有先例时）对双方长远利益关系而言仅是个小代价。

6. 为共同利益创造选择机会

创造多种选择机会是计划过程的一部分，但了解在何时及提供（或放弃）多少选择则需要在谈判桌上快速思考。对于存货过多的问题，斯威格勒的目标是把这些商品除去而不明显损害毛利润。卡维尔的目标是维持与布鲁明戴尔健康有利的关系。因此，斯威格勒必须创造选择机会来满足双方。比如，提出打算购买橘滋的最前卫牛仔裤，但要求得到过剩存货的降价资金作为交换。

7. 让他们说

如果谈话中的一方没有做出反应，另一方就会继续谈话。运用得当的话，这种现象可能对谈判有利。假定斯威格勒要求卡维尔对于布鲁明戴尔的圣诞节产品目录给予特殊财务支持，卡维尔开始有所保留地婉拒，并说出他不合作的原因。但是斯威格勒一句话也不说。尽管卡维尔很尴尬，但他会继续说话，直到最后他不得不同意。在谈判中，先输的是那些开始打破沉默的人。

8. 要知道分寸

强硬的谈判与未达成协议而离开谈判桌之间只有一线之隔。如果斯威格勒在降价资金、更好的采购条件及更多的广告津贴上的谈判中过于强势，那么橘滋的管理层也许会觉得别的零售商更值得提早得到货物及得到最好的款式。如果斯威格勒超越了法律、道德、利润关系，卡维尔当然会拒绝。

9. 不要断了后路

即使斯威格勒从卡维尔那里没得到多少额外让步，她也不能谩骂或威胁对方。布鲁明戴尔不希望在这一次会面后就断了交易。从个人角度看，零售圈相对而言很小，斯威格勒和卡维尔也许还会在谈判桌上碰面，虽然各自也许为另外不同的公司工作。任何一方都不希望在业界背上不公平、粗鲁或者更坏的名声。

10. 不要假想

在谈判中会提出并解决许多问题。为了确保不发生误解，参与者在会议结束时应该口头总结一下谈判结果。斯威格勒和卡维尔在会后都应尽快以书面形式总结这次会谈。

13.5 战略关系

第 5 章强调了与供货商保持稳固的关系是建立可持续竞争优势的重要途径。第 10、12 章讨论了伙伴关系可以改善信息交换、规划和供应链管理。比如，如果供货商和零售商无法致力于对双边关系共同出力出资，那么由供货商管理的存货系统就不能有效运转。本节将考查零售商如何与供货商建立战略伙伴关系，以及成功的长期合作关系应该具备的特点。

13.5.1 定义战略关系

从传统意义上讲，零售商与供货商的关系建立在"分割利润蛋糕"的基础上。这种关系往往是非赢即输的较量，因为如果一方得到了"大份蛋糕"，那么另一方就只能得到小的那份。双方都只关心自己的利润，而不在意另一方的利益。当产品属于一般商品且对零售商的业绩影响有限时，这样的关系还是很普遍的。此种情况下的战略伙伴关系并不会给零售商带来多大的利益。

战略关系（strategic relationship），也叫**伙伴关系**（partnering relationship），是指零售商与供货商致力于维持双方的长期合作关系并且对双方都有利的机会进行投资。在这种关系中，双方必须冒一定的风险来扩大利润蛋糕，使其合作具备高于其他公司的战略优势。另外，双方必须具有长远的眼光，愿意做出眼前牺牲来换取长期利益。

战略关系是双赢的关系。由于能够发现和利用合作机会，使得利益蛋糕规模扩大，从而使双方都能从中获益。战略关系的成员相互依赖、相互信任，有共同的目标，并在如何实现这些目标问题上能够达成共识，因此减少了对合作关系进行投资和共享机密信息带来的风险。即使供应链中的力量已从大型制造商转往如沃尔玛和塔吉特那样的大型零售商，双方关系通常也并没有对抗起来。相反，这些供应链伙伴分享即时销售数据并且在诸如买什么、价格如何及何时购买的问题上进行合作。这些合作努力带来的结果就是在整个供应链上的财务表现都得以加强。

举例来说，作为香奈儿和芬迪（Fendi）品牌的设计师，当卡尔·拉格菲尔德（Karl Lagerfeld）着手梅西百货的排他性品牌项目时，他是与其采购团队一起合作来决定消费者需要、喜欢或者不喜欢哪种商品的，然后他们共同开发某个种类的商品及制定价格战略。这一做法已被证明比双方独自工作、仅就数量和价格进行谈判要成功得多。为了保持这种成功动能，他们分享市场趋势并且同意当发生变动或者当某产品应该在短期内生产出来时做出快速反应。

战略关系就像一桩婚姻。当业务双方发展成战略关系时，他们就开始共命运。以西班牙的快速时尚零售商扎拉为例，其 40% 的成衣制品是借助约 450 家位于公司总部（将事先裁好的纤维缝制为成衣）附近且独立经营的工作坊制造的。这些相对小型的工作坊中的大部分都与扎拉有长期关系。扎拉为其提供技术、物流、财务支持以及其他帮助。作为回报，工作坊则支持扎拉为 73 个国家快速提供相对便宜的时尚服装。像任何供货商一样，这些小型工作坊有时候会错过截止日期或者在衣物上犯错，但就像在婚姻中一样，扎拉并不会甩掉它们而转向别家，而是与之合作使工作继续运转。另一家与供货商紧密合作的公司是美捷步（见零售视角 13-4）。

零售视角 13-4

美捷步重视与供货商（产品专家）的关系

美捷步成立于 1999 年，是最著名的在线鞋类零售商。通过致力于顾客服务，它已成长为世界上最大的鞋类零售商。亚马逊在 2009 年 7 月收购了该公司，它的最新估值超过 16 亿美元。美捷步售卖鞋子、衣服等，但是真正使其成功的原因却较少关乎产品，而是更多与其建立的关系相关：与客户、员工和每个与之交易的供货商相关。其客户服务和由此产生的客户满意度是一个传奇。对于员工来说，美捷步对关系的重视也体现在其连续被评为最佳雇主这件事上，这得益于其提供的福利，例如现场"笑声瑜伽"课程以及每个员工都被赋予提出新商业想法的机会。

但对拥有 50 多个品牌组合的公司来说，强大的供货商关系可能才是其成功的关键。在业务关系的所有方面，美捷步的供货商都感受到被重视、尊重和赞赏。当供货商来参观时，美捷步会派代表使用公司班车接机，等他们到达时则准备好了小吃和饮料。新供货商会被邀请参观公司。如果供货商联系过公司，公司则会在同一天回电或在几小时内回复电子邮件。当与供货商一起用餐时，该公司总是买单的一方。美捷步通常会对供货商进行一对一的访问，并每年为其供货商举办感谢大会活动。在每月的最后一个星期五，美捷步为供货商举办高尔夫球赛，而且每年会举办一个奢侈的供货商感谢晚会。

很明显，美捷步对强大的供货商关系很感兴趣。但是公司是怎么做的？投资回报是多少？通常，零售商希望在谈判中击败供货商，以获得最低的价格和最好的供货条件。但是，美捷步认为，强大的关系会形成更好的合作伙伴关系。不用对抗性谈判，该公司保持供货商与企业之间的透明度。供货商可以获得有关美捷步存货、销售和盈利能力的信息。通过这些合作努力，它寻求风险和回报的共担，从而实现共同的目标。拥有共同的目标也会给供货商和企业带来更强的责任感，并在合作过程中更加坚定供货商的合作意愿。

在大多数零售商试图通过削减员工和供货商利益来降低成本的时代，美捷步采取了相反的战略。作为一家顶级的在线零售商，它强调与供货商建立牢固的关系，并带来了独特的竞争优势。美捷步的买手不用再与 50 多个供货商进行周旋，而是将其转变为公司的积极倡导者。

资料来源：Tom Ryan, "Zappos Makes Nice with Vendors," *Retail Wire*, March 2, 2011; Tony Hisch, "A Lesson from Zappos: Follow the Golden Rule," *HBR Blog*, June 4, 2010; "About Us," Zappos, about.zappos.com; and Aida Ahmed, "Zappos Ranks No. 11 on List of Best Companies to Work For,"*VegasInc*, January 19, 2012.

问题讨论：为什么供货商喜欢美捷步？为什么这些关系对美捷步有好处？

13.5.2 建立伙伴关系

尽管并非所有零售商和供货商的关系就应该或者确实是战略伙伴关系，但战略伙伴关系的发展就投入的程度而言往往要经历以下几个阶段：意识、探索、扩张、承诺。

1. 意识

意识阶段尚没有任何交易发生。这个阶段可能开始于买手在某个零售市场上看的某个有趣的商品，或者在行业杂志上看到的一则广告。供货商的商誉和形象在决定买手是否进入下一个阶段方面会起到重要的作用。

2. 探索

在探索阶段，买手和供货商开始探索伙伴关系的潜在利益和成本。在这一时点，买手也许会少量进货，并在一些店中测试消费者对这种商品的需求。此外，买手还会获得跟供货商打交道难易程度的信息。

3. 扩张

最终，买手获得了有关供货商的足够多的信息，考虑是否要与供货商发展长期关系。买手与供货商决定是否存在建立双赢关系的潜力。他们开始推出合作促销计划，商品销量也随之增加。

4. 承诺

要是发现合作带来互利互惠，接着双方就会向承诺阶段推进，并且变成战略关系。买手和供货商紧跟着大量投资于这种关系并致力于长期合作。

零售商和供货商的关系很难向供货商和制造商的关系那样坚定。制造商可以和别的制造商进入一种唯一关系。然而零售商的一个重要功能就是为顾客提供各种商品的组合，因此他们必须总是跟许多（有时是相互竞争的）供货商打交道。

不管零售商在与供货商伙伴关系的建立中处于何种位置，零售商都时时处于取与舍的谈判过程中。下一节将讨论采购商品时出现的法律和道德问题。

13.5.3 维持战略关系

相互信任、共同目标、公开交流和可靠承诺是成功的战略关系的四个基石。

1. 相互信任

信任是战略伙伴关系的"黏合剂"。**信任**（trust）就是相信对方诚实（从字面上看有可靠、正直之意）和善良（关心另一方的利益）。当供货商和买手相互信任时，他们会更愿意分享相关信息，澄清目标和问题，从而进行更有效的交流。双方共享的信息会更加全面、准确、及时。由于买手和供货商相信双方即使在有机会时都不会利用自己，所以彼此间的监督和检查也就大可不必进行。零售视角13-3中描述的沃尔玛如果想实现其持续性发展，则其对供货商的信任就显得尤为重要,反之亦然。

2. 共同目标

买手和供货商必须有建立良好关系的共同目标。共同目标激励关系中的双方集中各自的优势和能力,并发掘其中的潜在机会。共同目标还能保证另一方不会做任何有碍于目标实现的事情。

例如,沃尔玛及其供货商认识到开发和销售对环境有利的产品符合他们的共同利益。沃尔玛不能要求其供货商承担昂贵的可持续性发展项目进而导致其无利可图,零售商则必须努力满足其最大客户的需要。有了共同目标,沃尔玛和零售商就有了共同合作的动力,因为他们知道这样做可以取得共同的可持续性发展目标,而且使双方都可以获利。

当计划的目标未能实现时,共同目标还能帮助维持住伙伴关系。如果供货商的一批货未能按时到达某家沃尔玛店,原因是运输公司走错路这样一个不可控的事件,沃尔玛就不会取消整个安排。相反,沃尔玛很可能把该事件看作一个简单的错误而与供货商继续保持合作关系。因为沃尔玛知道:供货商也致力于长期的相同目标。

3. 公开交流

为了分享信息、共同预测销售额和协调运输,沃尔玛和供货商只能进行公开而诚实的交流。这个要求或许原则上听上去很容易,但大多数企业不喜欢与合作伙伴分享信息,他们认为这不关别人的事。但是公开而诚实的交流是发展成功关系的关键。买手和供货商需要了解驱动双方业务的动力、各自的责任、各家公司的战略,以及在双方关系中出现的任何问题。

4. 可靠承诺

成功的关系之所以能形成,是因为双方都为关系做出可靠的承诺。可靠的承诺是对于关系的有形投资。承诺不仅仅是空口声明"我想成为一名合作伙伴"。可靠的承诺包括花钱改善提供给顾客的商品和服务。例如,沃尔玛及其供货商伙伴共同制定措施来改进持续性指数(sustainability index)。

13.6 商品采购的法律、道德及社会责任问题

13.6.1 法律和道德问题

鉴于零售买手与供货商之间的谈判和互动频繁,道德和法律问题肯定会随之出现。本节将探讨买手与供货商谈判过程中出现的在道德及法律方面有所启示的一些具体实践,并审视零售商在采购实践中正变得越来越有社会责任感的一些做法。

1. 伪造商品

销售伪造商品会对零售商的形象及其与法定品牌供货商之间的关系造成负面影响。**伪**

造商品（counterfeit merchandise）包括未经商标或者版权所有者的允许而制造销售的商品。商标和版权都属于知识产权。**知识产权**（intellectual property）是无形的，是由脑力（mental）劳动而非体力劳动创造的。**商标**（trademark）包括与特定商品相关联的标志、文字、图片、图形或非功能性设计图样，例如劳力士手表上的皇冠图样、通用电气产品上的GE字样。**版权**（copyright）则用来保护作者、画家、雕塑家、音乐家和其他创造艺术或知识财富的人的创作。本书就受到版权的保护，没有版权所有者的同意，任何人都不得使用书里的句子。

伪造的特点在过去10年内已有改变。知名品牌伪造品（如女士手提袋或服装）的质量有所提高，使得这些伪造品越来越昂贵并难以与正品区别开来。作为回应，香奈儿做了一个大胆的举动，其对399家以香奈儿名义经营的网站发起了一起网络隐私及商标侵权诉讼。香奈儿相信这些网站在巴哈马群岛及其他海外地区运营，这些地区对商标侵权的执法不够严格。

过去，高端品牌将其战役集中于在大街小巷消灭伪造品。香奈儿的法律诉讼则通过寻求抓获相关人或永久消除任何打着香奈儿名义销售伪造品（从T恤到昂贵的珠宝）的网站将这一战役转变为更大的战争。蒂凡尼（Tiffany）针对223家未命名网站发起了一起类似的诉讼；路易斯·威登针对182家网站发起了诉讼。在这些诉讼案件中，每起都包括以香奈儿命名的网络运营商。

此外，现在恣意横行的是信息产品的伪造，如音乐、软件和蓝光光碟（Blu-Rays）。这类商品单位价值高，相对容易复制和运输，并且需求量大，因而对伪造者吸引力极大。非法下载和传播音乐可以轻松得手，意味着唱片公司和歌手的投资、工作、才华都得不到相应的金钱回报，那么他们创作音乐的动力也就减少了。

2. 灰市商品、溢出商品和黑市商品

灰市商品（gray-market goods）是指由外国制造商制造、拥有美国注册商标，但未经美国商标所有者允许而进口到美国的商品。例如，本书的出版商麦格劳－希尔（McGraw-Hill）对本书制定的国内批发价格要比在其他国家高。进口商可以在境外低价购买，然后再进口到美国境内，以低于美国书店的价格出售。

溢出商品（diverted merchandise）类似于灰市商品，只是不需要跨越国界转手。例如，香水制造商纪梵希（Givenchy）给予萨克斯第五大道精品百货店独家经销权，萨克斯第五大道精品百货店的买手若有过剩存货便将其低价卖给折扣店。在这种情况下，商品从合法的分销渠道分离，而萨克斯第五大道精品百货店在此案例中为专卖商。

黑市（black market）则是在消费品（如自然灾害发生后的水或汽油）稀缺、被课以重税（如香烟或酒精）或者非法（如毒品或武器）时出现的。我们很少看到黑市商品通过合法渠道在美国销售。

虽然萨克斯第五大道精品百货店可能从溢出商品中获益，但该香水制造商也因灰市商品和溢出商品而担忧。让产品以低价出现在折扣店会使其品牌形象大打折扣并降低服务水准。因此，虽然此种做法通常是合法的，零售商仍然试图去最小化灰市和溢出商品。

在美国最高法院最近审理的一个案件中，斯沃琪集团有限公司的（Swatch Group

Ltd.）子公司欧米茄 SA（Omega SA）声称好市多以比欧米茄建议的低得多的价格销售通过从第三方取得的手表而违反了美国版权法。好市多则辩解称欧米茄一旦初次在海外销售，就不能对其手表的进口和转售强加限制。最高法院以 4 票赞成、4 票反对的投票结果陷入僵局，这就意味着地方法院对好市多的裁决得到了支持，虽然该判决由于平局而不能开创先例。

供货商可以采取多种行动避免出现灰市商品和溢出商品之类的问题。他们可以要求其所有的零售和批发客户签订合同，规定他们不许参与灰色营销。如果有零售商被发现违反这一规定，供货商可以终止与其交易。另一种战略是为不同的市场生产不同版本的产品。比如，麦格劳-希尔在国外以另一种不同的版本出售该书。

3. 采购条款和条件

1936 年美国国会通过的《罗宾逊-帕特曼法案》，规定了供货商能够向零售商提供的价格和条件。该法案禁止供货商向不同零售商针对相同数量的同种商品提供不同的条款和条件，这一法案有时候又被叫作"反连锁店法案"。该法案的通过是为了保护独立经营的零售商免受连锁店的竞争。因此，根据《罗宾逊-帕特曼法案》，如果一个供货商和一个零售商谈好了上述各项事宜（价格、广告津贴、降价资金、运输），他就应该向其他零售商提供相同的条款和条件。

但如果生产、销售或者运输的成本不同，供货商就可以针对相同数量的同种商品向零售商提供不同的条件。在通常情况下，生产成本是相同的，但销售和运输成本对某些零售商而言会更高。例如，向零售商提供小额货运的供货商会担负较高的运输成本。

如若零售商能起到不同的作用，也会得到不同的价格。假设一家大型零售商为其各个配销中心储备商品或提供顾客看重的不同服务，则可以得到较低价格。另外，供货商也会为了竞争需要或为处置易腐商品而提供低价。

4. 商业贿赂

当供货商或其代理主动提供或者买手要求提供"一些有价值的东西"影响采购决策时，就产生了**商业贿赂**（commercial bribery）。例如，一家滑雪板制造商的销售人员带领一位体育用品零售买手去一家高档的私人俱乐部吃午餐，然后建议到韦尔（Vail）滑雪度周末，这样的礼物就可以理解为贿赂或回扣。这属于违法行为，除非该买手将此事告知了其经理。为了避免出现这种情况，许多零售商禁止员工接受供货商的任何礼物，另一些零售商的做法是可以接受有限数量的招待或象征性的礼物，如在节日送上的鲜花或葡萄酒。这两种政策都是为了让买手能够把零售商的利益作为采购决策的唯一基础。

5. 退单拒付

退单拒付（chargeback）是零售商从其应付给供货商的金额中扣除款项的做法。零售商使用退单拒付的原因是：首先，商品卖不出去；其次，供货商没有满足谈好的条件，比如货运包装或商品的标签粘贴不当、商品缺失及送货延迟等。退单拒付对供货商最为不利，因为金额一旦从发票上扣除而发票又标注了"已付"，就很难提出争议，而这笔钱也很难再要回来。供货商有时候认为零售商实行的退单拒付是不合理的，也是不道德的。

6. 回购

回购（buybacks）又称**买回**（stocklifts 或 lift-outs），是供货商和零售商致力于从零售店中去除老产品而换入新产品的做法。具体来说，回购发生在以下两种情形中：一是零售商允许供货商为给自己的产品争取货架而买走店内供货商竞争对手的存货；二是零售商要求供货商买回滞销商品。如果一家很有市场竞争力的供货商经常回购其竞争对手的产品导致对手被挤出市场，这个供货商便违反了反托拉斯法。但是这种案例是很难举证的。

7. 独家经销协议

当供货商限制零售商使其只出售自己的商品而不能出售竞争对手的商品时，就产生了**独家经销协议**（exclusive dealing arrangement）。例如，福特可能要求其经销商只销售福特汽车而不能销售通用公司生产的汽车。独家经销协议对竞争的影响取决于供货商的市场力量。比如，对于可口可乐这样的市场领导者来说，只将其产品销售给一家小型超市连锁店是非法的，即便该连锁店同意不去销售如 RC 可乐这样的非主流商品。

8. 附加条款合同

当供货商要求零售商采购其不想要的产品（被绑产品，the tied product）以得到一种想要采购的产品（绑定产品，the tying product）时，**附加条款合同**（tying contract）就产生了。如果这类合同大大削弱了竞争或易于造成垄断，它就是非法的。但是诉讼方必须承担举证的责任。这样，供货商要求买手购买其产品线的所有产品通常是合法的。例如，如果一家礼品店就明信片制造商要求其购买与迪士尼授权人物明信片（绑定产品）同样多的"本地风景"明信片（捆绑产品）提起起诉，法院有可能会撤销案件，因为零售商无法提供实质性降低竞争的证明。

9. 拒绝成交

可以从供货商和零售商两个角度来看拒绝成交。在通常情况下，供货商和零售商都有权选择与任何人交易或不交易，但是当证据表明某家或某些掌控市场的商家有反竞争行为时，这种一般法则就会出现例外。供货商可以拒绝向某个零售商出售商品，但是这样做不能是出于让另一个竞争零售商获利的目的。例如，美泰玩具公司拒绝将某款流行的芭比娃娃礼包出售给各家批发商，这种行为本身是合法的。但是，经证实美泰公司这样做是有原因的。玩具反斗城与包括美泰在内的玩具制造商合谋，阻止批发商以较低的价格出售这种玩具礼包，这种拒绝成交就构成了非法联合抵制。

13.6.2 企业社会责任

企业社会责任（corporate social responsibility）描述公司在处理道德、社会及环境对公司商业运营的影响时所采用的自愿行为。零售商有很多种履行社会责任的行为方式，从捐赠到为慈善社区活动贡献时间。然而，近来零售商则努力以承担社会责任的方式进行商品采购。

全食超市认为本地是指距离其某家店在 7 个小时或更短时间内的地域。它要求旗下所有连锁店要在至少 4 家本地农场主那里采购。全食超市每年提供 1 亿美元低息贷款以帮助那些从事草饲和人为喂养家禽与奶制品牲畜的小型本地农场主及生产者。

有些零售商会进行**公平交易**（fair trade），以保证所有生产者就其产品拿到公正的价格。咖啡零售商星巴克和毕兹（Peet's）就提供部分（不是全部）通过公平交易而来的综合咖啡。沃尔玛在公平交易咖啡方面投资巨大，部分就是出于对公司从"每日低价"到"行善赚钱"新理念做出的反应。博诺（Bono，U2 的主唱兼社会积极分子）将其高价公平交易服装产品线伊顿（Edun）销售给萨克斯第五大道和诺德斯特龙百货公司。

家得宝家具连锁店鼓励供货商将其产品纳入"生态选择"（Eco Option）营销活动中。有些产品显然对绿色消费者极具吸引力，比如有机园艺产品及高能电灯泡。但一些没那么明显的产品对环境也有利。家得宝还在品类中引入了一些对环境高度敏感的新产品，包括太阳能景观照明、生物降解泥炭营养钵，以及排放更少污染物质的颜料。家得宝鼓励供货商使用可回收塑料或瓦楞纸盒。这些事例是零售商正在实施以改变其绿色导向的写照，零售视角 13-5 讨论的则是一个零售商如何抓住机会去销售生态友好类商品。

零售视角 13-5

在亚马逊自营网站上进行绿色购买

在过去的 10 年中，消费者越来越注重环保，或者说"绿色"。例如，在年末假期，一些消费者放弃购买新产品，选择替代品或购买环保产品。这种趋势引起了一些具有前瞻眼光的零售商的思考。

亚马逊是其中一家。作为一家零售巨头，该公司在 2010 年收购了 Quidsi 公司，并与之一起推出了 Vine.com 在线网站。类似于亚马逊的其他公司（比如美捷步和 Woot），Vine 并不使用亚马逊的品牌名称，其销售各种各样的产品，从家用纸制品到杂货、美容用品，再到宠物食品。那么，对于运动和环保意识爱好者，Vine 提供了什么？Vine 在线网站上也有这类消费者想要的东西。Kulae 有机瑜伽垫清洁剂（14.84 美元）或蒙特史密斯回收系列的 Vibe TS R 背包（27.99 美元）如何？

Vine 网站致力于建立一个具有环保意识的细分市场，因此，该公司为其所有的产品列出了具体的指导方针。在 Vine 上销售的产品必须是高能效、自然、有机的，由可再生能源驱动，可重复使用，其设计可用于去除毒素、由可持续材料制成或者节水。并非所有的产品都具有这些属性，但每个产品至少要有一个这种特性。由于竹子是一种可持续的材料，网站上就会售卖竹子切板。类似地，低流量淋浴头可以保存水，并且布类尿布可以洗涤后循环使用。为了进一步确保这些是"绿色"产品，Vine 要求供货商证明他们的产品符合 Vine 的标准，并且不含被 Vine 禁止的成分。这些严格的标准让第七世代（Seventh Generation）成为 Vine 网站的官方赞助商，并进一步提升了其信誉。通过关注新兴趋势，一些零售商，诸如 Vine 等，可以提供创新产品，吸引以前未服务到的消费者群体。

资料来源：Justin Gillis, "An Odometer Moment on a Warming Planet," *The New York Times*, December 17, 2012; "Green," *The New York Times Environment Blog*, Claire Cain Miller, "Amazon Starts a Shopping Site for the Environmental Crowd," *The New York Times: Bits*, September 26, 2012; John Cook, "Amazon Unveils Eco-Friendly Products Site Vine.com," *Geek Wire*, September 26, 2012; and "About Us," *Vine.com*.

问题讨论：你会在 Vine.com 上购物吗？在知晓该网站属于 Amazon.com 后，对其会有怎样有利或有害的影响？

其他零售商正在要求供货商提供小型、生态友好型包装。小包装不仅节省材料，也节省能源。由于一辆卡车可以运输更多包裹，分摊到单位货物的成本也会跟着下降。几个其他制造商（巴塔哥尼亚和添柏岚）、零售商（如沃尔玛、彭尼百货、H&M）和涉及供应链管理的组织（例如环境保护署、美国环保协会）最近合作建立了可持续服装联盟（Sustainable Apparel Coalition）。该联盟的主要目标之一就是建立一个用来总结与每个制造商及其程序相关的环境问题的数据库，这样，最终可持续服装联盟就可以对每件衣服给予评分或排名以供消费者参考。

所有这些活动及其他行为都提出了一种更复杂的商业模型。企业责任行为对生意有好处吗？有些行为比起传统产品和活动所花费的资金更多。消费者有兴趣或更愿意为高价买单吗？公司真的有兴趣去改善环境吗？抑或仅仅只是为了取得公众同意销售其产品或服务而并非以实际改善环境为目的的不诚实的**漂绿**（greenwashing，即绿色漂白）或镀一层"**绿色光泽**"（green sheen）行为呢？消费者应该在心里画个问号：一家公司花费大量金钱或时间究竟只是为了鼓吹其绿色或出于对环境的考虑，还是花费资源在那些真正有利于环境的实践上？

本章小结

（1）识别可供零售商选择的品牌。

零售商可以购买全国性品牌或商店（或私有标签）品牌的商品。每种类型都有自己的相对优势。选择合适的品牌和品牌战略是公司商品与分类计划过程中不可或缺的组成部分。

（2）描述零售商如何采购全国性品牌商品。

制造商品牌的买手通过参加贸易展示会和批发市场中心与供货商见面，查看新的商品并订购。每一种商品品类几乎一年至少有一场贸易展示会供零售商和供货商见面。

（3）列出零售商在全球开发及外包商店品牌商品时应考虑的问题。

商品采购有时是由常驻采购处加以促进的。常驻采购处的市场代表促进外国市场的商品采购。商店品牌或自有品牌商品的采购比全国性品牌的采购更为复杂，因为零售商要承担制造商的一部分责任，比如设计并对产品做出说明以及选择制造商等。自有品牌商品中的很大一部分是在美国之外制造的。围绕全球采购决策必须考虑成本、管理和道德问题。

（4）理解零售商应该如何准备及展开与供货商的谈判。

全国性品牌和商店品牌的买手都要与他们的供货商就一系列问题进行谈判，包括降价资金、货位费、广告津贴、采购条款、独家经销权以及运输成本。成功的供货商关系取决于计划和善于谈判。

（5）确定为什么零售商要与供货商建立战略关系。

能够成功地与其供货商合作的零售商可以取得可持续的竞争优势。仅仅在常规基础上做出购买和出售的承诺是不够的，战略伙伴关系需要相互信任、共同目标、公开交流以及可靠承诺。

（6）指出商品采购涉及的法律、道德及社会责任问题。

买手需要意识到可以指导其谈判和制定购买决策的道德与法律问题，同时意识到与伪造商品和灰色市场相关的问题以及供货商在向零售商销售商品时面临的问题，如独家经销领域和附加条款合同。供货商在采取销售限制时需要小心从事，例如向谁出售、出售什么商品、出售多少、价钱几何等。一些零售商正在采取重大的措施以承担更多的社会责任。

小试身手

1. 持续案例任务 光顾选定的商店，并对其全国性品牌和商店品牌进行审计。采访一位经理，让其对商店持有的全国性品牌和商店品牌经营理念进行评价。为什么要使用商店品牌？它提供不同的商店品牌是为了吸引不同的细分市场吗？选择三种不同的商品分类。比较全国性品牌与商店品牌同样商品的价格。在过去的五年中，商店品牌的百分比增加了还是减少了？根据你的所见所闻对该商品的品牌战略进行评估。

2. 阅读 NBA 关于警告球迷假冒商品的文章。登录推进体育标志保护联盟（CAPS）的主页：www.capsinfo.com，阅读"About CAPS"。大学和职业运动队在防止假冒商品的销售方面是如何做的？这些措施会有效吗？解释原因。

3. 访问自有品牌制造商协会（PLMA）的主页，阅读"什么是商店品牌"页面，在网页 http://plma.com/storebrands/facts13.html 上可以看到什么？什么是商店品牌产品？谁购买商店品牌？谁制造商店品牌？你会定期购买什么商店品牌产品？

讨论问题

1. 假设你被聘用与永远 21 讨论运动服的采购决定。在决定是否应该从墨西哥或中国采购，或是在美国寻找供货商时，你会考虑什么哪些因素？

2. 伪造商品、灰色商品和黑市商品之间的区别是什么？这种商品的销售是合法的吗？你认为销售这类商品应该被允许吗？为你的立场提供一个理由。你会买一个假钱包吗？假冒的汽车部件或处方药呢？

3. 制造商品牌与商店品牌各自的优势和劣势是什么？从零售商和消费的视角加以描述。

4. 你最喜欢的服装店有商店品牌战略吗？如果有，如何建立商店忠诚度？如果没有，一个商店品牌如何建立忠诚度？

5. 解释为什么一家食品店（如克罗格），会在一个特定的产品品类中提供多层商店品牌。

6. 为什么零售商发现独家商店品牌是一个有吸引力的品牌选择？选择一家百货公司、一家折扣店和一家食品店，它们提供的独家商店品牌是什么？对比全国性品牌同行，它们是如何进行定位的？

7. 当你去购物时，你更喜欢哪个产品品类的商店品牌或全国性品牌？解释你的偏好。

8. 零售商正在采取哪些做法使自己在采购商品时体现出更多的社会责任感？他们为什么越来越有社会责任感？你是否会购买你相信是具有社会责任感的企业生产的产品，即使这些产品花费更多？

9. 你已经决定不想参加这个班的期末考试了。解释你如何与课程指导者协商这个请求。考虑地点、最后期限、过去的关系、可能的反对、相互增益的选项，以及如何保持一种专业的关系。

推荐读物

Boyle, Peter J., and E. Scott Lathrop. "The Value of Private Label Brands to U.S. Consumers: An Objective and Subjective Assessment," *Journal of Retailing and Consumer Services* 20 (January 2013), pp. 80–86.

Deepak, Malhotra, and Max Bazerman. *Negotiation Genius: How to Overcome Obstacles and Achieve Brilliant Results at the Bargaining Table and Beyond*. New York: Bantam, 2008.

Foros, Oystein, Hans Jarle Kind, and Jan Yngve Sand. "Slotting Allowances and Manufacturers' Retail Sales Effort." *Southern Economic Journal* 76, no. 1 (2009), pp. 266–282.

Johnston, Robert, and Roy Staughton. "Establishing and Developing Strategic Relationships: The Role for Operations Managers." *International Journal of Operations & Production Management* 29, no. 6 (2009), pp. 564–590.

Kennedy, Gavin. *Negotiation: An A–Z Guide (Economist A–Z Guide)*. London: Economist Books, 2009.

Kumar, Nirmalya, and Jan-Benedict E. M. Steenkamp. *Private Label Strategy: How to Meet the Store Brand Challenge*. Boston: Harvard Business Press, 2007.

Diamond, Jay. *Retail Buying*, 9th ed. Upper Saddle River, NJ: Pearson, 2012.

Donaldson, Bill, and Tom O'Toole. *Strategic Market Relationships: From Strategy to Implementation*, 2nd ed. Indianapolis: Wiley, 2007.

Fisher, Roger, William L. Ury, and Bruce Patton. *Getting to Yes: Negotiating Agreement Without Giving In*. New York: Penguin Books, 2011.

Lamey, L., B. Deleersnyder, Jan-Benedict E. M. Steenkamp, and Marnik G. Dekimpe. "Effect of Business Cycle Fluctuations on Private-Label Share: What Has Marketing Conduct Got to Do with It?" *Journal of Marketing* 76 (January 2012), pp. 1–19.

Lincoln, Keith, and Lars Thomassen. *Private Label: Turning the Retail Brand Threat into Your Biggest Opportunity*. London: Kogan, 2009.

Quelch, John A. "Brands vs. Private Labels: Fighting to Win." *Harvard Business Review*, March 3, 2009.

Sugden, David R. *Gray Markets: Prevention, Detection and Litigation*. New York: Oxford University Press, 2009.

第14章

零售定价

- **主管简介**
  戴比·哈维，总裁及首席运营官
  罗恩·乔恩冲浪店

我很自豪能成为罗恩·乔恩冲浪店的总裁，罗恩·乔恩冲浪店是冲浪行业中最受认可的公司之一。罗恩·乔恩冲浪店始建于1959年的新泽西海岸，创始人罗恩·迪蒙纳的第一支冲浪板就是在那里卖掉的。两年后，他在新泽西的长滩岛开了一家小小的海边店铺，现在这家店变成了一家大了许多倍的"原始"商店，仍然矗立在新泽西州的希普博特姆。而我们的旗舰店则成立于1963年，位于佛罗里达州的可可豆海滩，这么多年它不断成长，现在被称为世界上最大的冲浪店。这家商店面积达52 000平方英尺，每天24小时开放，每年大约会迎来200万名游客。罗恩·乔恩冲浪店在过去几年扩大了很多，现在在新泽西州、南卡罗来纳州、马里兰州和佛罗里达州的沿海地区拥有并经营着11家商店。我们在机场区位、加勒比地区和罗恩·乔恩度假村也有特许经营者。

罗恩·乔恩冲浪店的目标市场是那些拥有积极的生活方式并寻找娱乐和有趣经验的各个家庭。客户通常会在度假或在海滩上游玩的时候光顾我们的商店。我们的营销目标是持续地建立罗恩·乔恩品牌和经验，而不是让我们的客户专注于价格或特定产品。我们遍布各处的广告牌计划使那些数以百万计来到我们市场领地的游客对我们产生了熟悉的感觉。光顾我们商店的每一位顾客都会收到一张免费停车贴纸。通过赞助冲浪队和各个比赛，我们促进了冲浪这一生活方式的宣传。此外，我们使用网络，不仅仅将其作为一个购物网站，而且通过它连接社交媒体推广我们的品牌。

在制定价格时，我们不使用某个特定的定价公式。我们的最终价格就是我们觉得客户愿意支付的价格；我们努力保持独家罗恩·乔恩产品的价格处于或低于同类品牌的价格。我们不做定期的促销活动，通常只对滞销商品做降价促销或销售促进。我们希望客户感受到我们的价格是中性的：既让他们觉得公平，又让他们觉得在购买商品时获得了很好的价值。我们的价格在所有的区位和渠道都是相同的。

当很多家庭光顾我们的商店时，父母通常会给孩子一个逛店期间的花费"预算"。例如，孩子被告知他们可以花10美元或25美元。我们在心里记住了这一点，所以我们开发出的商品花色、品种会适应不同的预算。针对有预算限制的客户，我们有很便宜的纪念品，而对高端顾客，我们则提供更有吸引力的产品。我们努力在一个品类中拥有很深的分类，并且在各种不同的价格点提供产品。

我于某个星期五毕业于佛罗里达大学（工商管理学士学位，市场营销专业），在接下来的星期一已经开始为马斯兄弟公司工作（现在是梅西百货的一部分）。自那以后，我就一直在零售行业工作。我的第一个职位是妇女部的经理。大约在该商店工作一年后，我被提升到采购办公室工作。在加入罗恩·乔恩冲浪店之前，我先后在马斯兄弟公司、Bealls Florida、HSN 以及 Goody's 担任商品部领导职务。

我之所以被吸引到零售行业，是因为受到那些在该行业工作的朋友的影响。他们在开始自己的事业之前都曾为几个大型零售商阶梯式工作过。在该行业磨炼数年后，他们仍然每天期待着其中的多样性和挑战。这也成为我的经验。我真的很期待每一天都工作。虽然我工作过的每家公司都有不同的文化和客户资料，但零售业最基础的部分是一样的：你必须针对客户需求提供服务。

零售业是一个充满挑战的行业。我们的业务不是静态的，而是在不断演变和变化着的。对我来说，这恰是它有趣和回报满满的真正原因。我们必须找出客户需要的商品是什么，管理好商品物流，进行高效的操作，提供杰出的客户服务，并为我们的顾客提供一种令人兴奋的购物环境。

□ 学习目标

- 解释高/低定价策略以及每日低价策略之间的差异。
- 确定零售商制定商品价格时应考虑的因素。
- 描述零售商如何制定价格。
- 回顾零售商如何以及为什么采取降价促销。
- 确定零售商用来增加销售和利润的定价技术。
- 描述互联网、社交和移动渠道是如何被用来进行定价决策的。
- 指出零售商在制定价格时应该考虑的法律和伦理问题。

本书所讨论的决策旨在促进零售商和消费者之间的交换。正如在第 1 章中讨论的那样，零售商为他们的消费者提供一系列利益，包括提供消费者需要的商品、方便的购买地点以及消费者所需商品的数量。此外，零售商还提供一些服务，如在购买之前允许消费者看到并试用商品。作为回报，消费者则需为零售商提供的商品和服务支付费用。

定价决策的重要性与日俱增，因为如今的消费者面临更多的选择，对市场上的可用选择也更加了解。因此，当他们购买商品和服务时，可以比以往更有利地寻求更好的价值。**价值**（value）是消费者所得（消费者所能感受到的商品和服务的利益）与消费者所付出之间的比率。

$$价值 = 感知利益 \div 价格$$

零售商可以通过提高消费者所能感受到的利益或降低价格来增加价值，以此刺激销售（交换）。对于一些消费者来说，好的价值仅仅意味着最低的价格，因为零售商提供的其他好处对他们来说并不重要。而其他人则认为只要花费在产品质量和服务上的钱是值得的，他们就愿意为此支付额外费用。

如果零售商的定价高于其提供的利益，那么销售额和利润就会下降。相反，如果零售商的定价过低，销售额可能增加，但是由于利润率较低，利润可能会减少。零售商除了提供有吸引力的价值外，还应该考虑到竞争对手的价值和有关定价方面的法律限制。因此，制定合理的价格是非常具有挑战性的。

本章首先介绍了零售商使用的两种截然不同的定价策略；接着回顾了零售商定价时应该考虑的一些因素；接下来描述了零售商制定价格的实际过程；其后讨论了零售商进行降

价的种种原因，零售商用于增加销售和利润的定价技术；然后描述了互联网、社交媒体和移动渠道如何改变零售商为商品定价及向消费者进行价格沟通的方式；最后探讨了零售商在制定定价决策时应考虑的法律和伦理问题。

14.1 定价策略

零售商使用两种基本的零售定价策略：高/低定价和每日低价。本节将对每个策略及其优缺点进行讨论。

14.1.1 高/低定价

零售商经常（通常是每周）使用**高/低定价策略**（high/low pricing strategy），即通过促销对原有商品打折。然而，一些消费者学会了期待频繁的促销，而且只是简单等待自己想要的商品进行减价销售，然后再用低价囤货。

14.1.2 每日低价

许多零售商，尤其是超市、家居中心和折扣店都采用**每日低价**（everyday low-pricing，EDLP）策略。这一策略强调在非促销常规价格和实行高/低定价竞争者的深度折扣价格之间零售价的连续性。虽然每日低价零售商遵循其一致的定价战略，但偶尔也会促销，只是不像高/低定价那么频繁。

"每日低价"这一术语是很有误导性的，因为低价并不意味着是最低价。尽管采用每日低价的零售商努力推出低价格，但其价格在市场上并不总是最低的。在任何一段给定的时间内，高/低定价的零售商的促销价可能才是市场上的最低价格。零售视角14-1强调一些零售商如何尝试每日低价但由于实施困难又推翻了这一战略。为了强化每日低价策略，许多零售商采用了一种**低价保证政策**（low-price guarantee policy），保证向消费者出售的产品价格是市场上最低的。这项政策通常承诺与市场上发现的任何较低的价格持平或更低，并可能包括答应退还卖方报价与更低价之间差额的一个规定。

零售视角 14-1

每个人都喜欢每日低价吗

说到零售减价促销的数量时，许多消费者担心他们以全价购买商品时的花费太多。因此，他们在购买商品之前会等待产品打折促销。彭尼百货通过其深入的广告活动宣布提供"公平公正的价格"，这反映出其试图以此来改变自己在消费者心目中的形象。同时，它还希望通过发布直接的价格，减少购物者在购买之前总是等待减价促销的心理现象。作为这一战略的一部分，彭尼百货正试图取消优惠券，同时将每年减价促销的次数从600减少到更易于管理的数量。通过这种做法，彭尼百货正试图努力赶上沃尔玛长期以来的每日低价战略。然而，彭尼百货已经意识到改变消费者行为是困难的。由于每日低价（EDLP）战略实施中存在的固有困难，尤其是在多年使用高/低价战略之后，彭尼百货发现有必要再回到过去减价促销的做法并突出各种参考价格，例如彭尼百货日常价格、制造商建议的定价，以及其他地方的价格。

劳氏公司在住房市场开始恶化时，以每日低价（EDLP）为核心开展了众多业务，也开始开展更多减价促销活动。最近，劳氏公司已经大幅降低价格以与家得宝开展竞争。劳氏公司在每日低价和临时促销折扣之间努力寻找平衡点。相应地，Stein Mart 减少了 50% 的优惠券数量，同时也降低了它的常规价格。而芒果连锁店的做法更简单，只是把所有价格降低了 20%。美国的美鹰傲飞户外服装和城市户外服装（Urban Outfitters）也都在大刀阔斧地对其定价系统进行改革，以从其一直以来过量的促销活动中抽出身来。

这些零售商也许想要探讨一下该行业的最近历史。几年前，当梅西百货决定削减其提供的优惠券的数量时，消费者无不反对。没有了梦寐以求的清仓促销，消费者感到愤怒并要求恢复这些活动，6 个月后，梅西百货屈服了。其他采取此种措施的商家最近可能也处于类似的市场状况中。

"每日低价"对许多消费者而言是一种硬性推销。例如，美国的研究小组发现，接近 75% 的受访消费者表示，商家一般会用超过半数的折扣商品诱导消费者购买。一些零售专家说，零售商必须为消费者不愿放弃便宜的产品承担责任。毕竟，恶性减价销售和周期性促销始于零售商自己，而不是他们的消费者。消费者期待的是很多回报，如一流的服务或获得专有商品。

资料来源：Anne D'Innocenzio, "Penney Brings Back the Big Discounts It Ditched Last Year in a Bid to Woo Back Shoppers," *Associated Press*, January 28, 2013; Anne D'Innocenzio, "Deal Junkies Hurt Stores' Profits,"*Associated Press*, September 2, 2012; and Stephanie Clifford, "Knowing Cost, the Customer Sets the Price," *The New York Times*, March 27, 2012.

问题讨论：为什么消费者有时候喜欢每日低价，而有时候又喜欢优惠券和促销活动？

14.1.3　两种定价策略的优点

高/低定价策略具有以下优点：

- 增加利润。高/低定价允许零售商对那些价格不敏感且愿意支付高价的顾客收取更高的价格，而向那些对价格敏感且愿意等待低价的顾客收取较低的价格。
- 容易引起兴趣。"有花堪折直须折"的气氛经常发生在减价促销的时候。减价能够吸引人群，而大量人群则会激发购买兴趣。一些零售商在低价和广告宣传之余，还辅之以特殊的店内活动，如产品展示、现场赠送及邀请名人到场。
- 销售滞销品。降价可以使零售商处理掉销售不佳的商品。

而每日低价的优势则如下所示：

- 向顾客保证低价。许多消费者对初始零售价格表示怀疑。他们已习惯于只购买减价促销商品，这是高/低定价战略的主要特点。每日低价让顾客知道光顾每日低价店会得到同样的优惠。顾客不需要阅读广告，不需要等待减价促销。
- 减少广告和经营费用。每日低价中的稳定价格，降低了高/低定价战略中每周做减价广告的必要性。此外，采用每日低价的零售商不需要更换标签、张贴标识和促销标牌，因此节省了用于这些活动的劳动力费用。
- 存货不足现象少，存货管理更优。每日低价减少了因大幅度降价和频繁减价引起的需求波动。因此，零售商可以更稳定地管理其存货。存货不足现象少意味着顾客更满意，销售额更高。另外，更可预测的顾客需求模式使得零售商能够减少平均存货（特殊促销和备用存货所需），从而提高了存货周转率。

14.2 制定零售价格时应该考虑的因素

零售商在制定零售价格时考虑的四个因素分别为：①消费者的价格敏感度；②成本；③竞争；④法律约束。关于法律约束，将在本章结束时进行讨论。其他需要考虑的因素发生在为服务制定价格时，也将在本节中讨论。

14.2.1 消费者的价格敏感度和成本

一般来说，随着商品价格的上涨，该商品销售会相应下降，因为很多消费者会觉得商品不再物有所值。消费者对价格的敏感度能够决定不同价位商品的销售数量。如果目标市场中的消费者对价格不是十分敏感，那么价格的上涨将不会导致销售的大幅下跌。但是，如果消费者对价格很敏感，那么价格的上涨将会使导致销量的急剧下跌。

一种衡量消费者价格敏感度的途径是价格分析。考虑下列情形：一家连锁餐馆想要为某种新菜品（小羊排）确定一个最好的价格。它挑选了周围商圈非常相似的旗下餐厅，然后在一周内为每家餐厅制定不同的价格。假设这道小羊排的可变成本是 5 美元，餐厅运营一周的固定成本、租金成本、劳动力和能源费用总计 8 000 美元。

从图 14-1 中我们可以得知价格分析的结果。请注意图 14-1a，随着价格的上涨，固定费用没有改变，销售额和可变成本都随之降低，不过与可变成本相比，销售额下降得更快（见图 14-1b）。当价格为 7 美元时，商家从中得到最大的收益（见图 14-1c）。如果餐厅在制定价格时能充分考虑到食客对价格的敏感度和成本，那么为这道具有这些需求特征的小羊排制定一个 7 美元的价格则可使餐厅利润最大化。零售视角 14-2 强调先逛店后网购，并且介绍了移动应用程序如何提高消费者的价格敏感度。

1	2	3	4	5	6	7
影院	价格（美元）	售出数量	第2列×第3列=收入（美元）	第3列×每份小羊排可变成本（5美元）=可变成本（美元）	固定成本（美元）	第4列-第5列-第6列=对利润的贡献（美元）
1	6.00	9 502	57 012	47 510	8 000	1 502
2	6.50	6 429	41 789	32 145	8 000	1 644
3	7.00	5 350	37 450	26 750	8 000	2 700
4	7.50	4 051	30 383	20 255	8 000	2 128
5	8.00	2 873	22 984	14 365	8 000	619
6	8.50	2 121	18 029	10 605	8 000	−576

a）价格实验得来的数据

图 14-1 价格实验

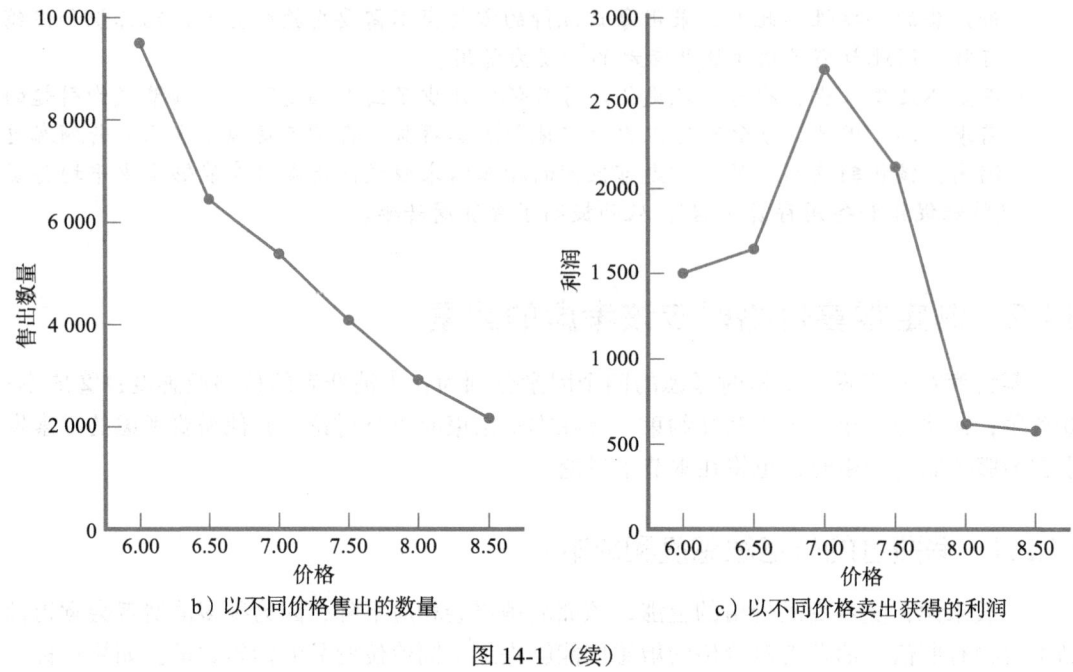

图 14-1 （续）

零售视角 14-2

打通先逛店后网购

维护一个人员配备良好、存货高效、装修精美的实体商店的成本远远高于运营一家网站的成本。因此，许多零售商在网上提供的价格比商店要低，这使得他们对于"先逛店后网购"（showrooming）这一快速增长的趋势显得毫无办法。"先逛店后网购"的消费者首先会光顾某家商店以触摸和感受可用的产品，或者从专业的销售人员那里获得建议，然后以低于商店的价格从公司网址或竞争者的网站那里购买。

亚马逊很自然地接受并鼓励这种做法。它的"价格检查"应用程序允许客户扫描竞争店的条形码，然后向他们提供亚马逊相同产品的价格。百思买对亚马逊的做法备感压力，于是它停止在货架标签上贴上制造商条形码。但即使没有这样的应用程序，智能手机的普及也会让消费者在拿到商品的那一刻就能很容易地在网上搜索到那些全国性品牌的低价替代品。

零售商运作商店渠道的方法有很多种。一些评论家认为，多渠道零售商应该拥抱这种趋势，并真正把他们的商店转变成一种陈列室，鼓励买家从网站上购买。诸如沃尔玛和货柜商店这样的零售商扩大了其提供的产品范围以吸引潜在的"先逛店后网购者"，例如为店内商品提供免费运送，或允许消费者在网上订购，然后在商店中支付和取货。后一种选择对于没有信用卡或借记卡的客户特别有吸引力，他们只需要支付现金就可以了。

对于对抗该趋势的零售商来说，渠道运作方法的重点则主要是品牌和定价的选择。通过强调商店品牌可以减少"先逛店后网购"的现象。对于商店品牌，零售商很难在价格上进行比较，因为其他竞争者那里没有完全相同的品牌。

如果零售商能够匹配实体商店和线上价格，则不太可能失去那些对价格敏感的消费者。商店至少必须确保其店内价格与在线竞争对手的价格一致。或者，一些商店会去寻求更加独特的商品，那么便不需要进行价格比较。

最后，一些商店选择以其他方式来利用移动电话的普及。通过要求消费者在商店签到以获得独家优惠券，零售商便可以将那些喜欢优惠券的购物者吸引至店内。此种交易在网上是不可用的，意味着该商店可以规避"先逛店后网购"的吸引力。

资料来源：Suzy Sandberg, "4 Ways Retailers Can Fight Showrooming," *Mobile Commerce Daily*, March 15, 2012; Chantal Tode, "How to Leverage Mobile to Combat Showrooming," *Mobile Commerce Daily*, May 31, 2012; and Stephanie Clifford, "Luring Online Shoppers Offline," *The New York Times*, July 4, 2012.

问题讨论：上述提到的哪些活动能够最有效地防止"先逛店后网购"？

价格弹性

测量价格敏感度的一种常用方法是**价格弹性**（price elasticity），即售出数量的百分比变化除以价格的百分比变化。

$$价格弹性 = 售出数量的百分比变化 / 价格的百分比变化$$

假设一家零售商给自有品牌 DVD 起初定价为 90 美元，然后提高到 100 美元。提升价格之前，该零售商每周出售 1 500 台，提升价格后，销售量降低到每周 1 100 台，价格弹性的计算如下：

$$价格弹性 = 售出数量的百分比变化 / 价格的百分比变化$$

$$= \frac{(现在售出数量 - 原来售出数量) / (原来售出数量)}{(现在价格 - 原来价格) / (原来价格)}$$

$$= \frac{(1\,100 - 1\,500) / 1\,500}{(10 - 9) / 9}$$

$$= -0.266\,7 / 0.111\,1 = -2.400\,5$$

由于当价格提升时售出数量通常减少，所以价格弹性是一个负数。

当商品的价格弹性指数大于 −1.0（例如，−0.5），即 1% 的价格下降导致 0.5% 的销售量增长，该商品的目标市场通常被认为非价格敏感（也即**缺乏弹性**）。当弹性指数小于 −1.0（例如，−2.0），即 1% 的价格下跌导致销售量增长多于 2%，该目标市场可被认定为价格敏感（也即**富有弹性**）。商品的价格弹性指数可由前面提到的价格分析得出，也可利用统计方法估算出价格变动时销售量的变化情况。

一种商品的价格敏感性由许多因素决定。首先，一种商品或服务的替代品越多，越可能是富有价格弹性的（敏感）。例如，像 Applebee's 这样的餐厅，其小羊排就有许多替代品，因而快餐的价格通常是非常典型的富有价格弹性的。不过品牌化的奢侈品几乎没有替代品，因而其是缺乏价格弹性的（不敏感）。其次，必需品的产品和服务是缺乏价格弹性的。因此，医疗方面的产品是缺乏价格弹性的，而度假飞机票是富有价格弹性的。最后，相对于消费者的收入来说，价格高昂的产品是富有价格弹性的。因此，汽车就是富有价格弹性的，而书籍和电影票往往是缺乏价格弹性的。下面给出了几种日常消费品的弹性指数。

产品种类	价格弹性	
	短期	长期
衣服	−0.90	−2.90
葡萄酒	−0.88	−1.17
珠宝和手表	−0.44	−0.67
汽油	−0.20	−0.60

基于这些估算数值，在短期内，1% 的衣服价格下跌只会导致 0.9% 的销售量增长。但从长期看，这个数值可以达到 2.9%。所以，如果你可以等 3 个月，而不是非要今天买某件羊毛衫，那么它的低价战略就不会对你产生很大的影响。相反，尽管价格有些小波动，但无论是在短期还是长期内，美国人的汽油消费都不会有多大的改变。然而上述弹性指数是根据较小的价格变动估算得出的，当遇到大的价格波动时，数值可能会发生改变。

对于那些价格弹性指数小于 1 的商品，可使利润最大化的商品定价由如下公式确定：

利润最大化价格 =（价格弹性 × 成本）/（价格弹性 +1）

所以，如果前面提到的自有品牌的 DVD 成本为 50 美元，那么它的利润最大化价格应该为：

利润最大化价格 =（价格弹性 × 成本）/（价格弹性 +1）
　　　　　　=（−2.400 5×50）/（−2.400 5+1）=85.70（美元）

14.2.2 竞争

消费者对商品和服务有大量选择，他们通常寻找最好的价值。因此，零售商在设定自己的价格时，也必须考虑竞争对手的价格。上面根据价格敏感度（弹性）和成本制定价格的方法忽略了竞争对手的价格的影响。例如，上面提到的连锁餐厅进行实验，起初将价格定为 7.5 美元，但为了增加销售额和利润，根据分析的结果将价格下调为 7 美元，如果预期目标得以实现，那么竞争对手会因为销售额下跌而不得不将价格下调到 7 美元，那么实验餐厅就有可能无法获得预期的销售额和利润。零售视角 14-3 探讨了大公司之间激烈的价格竞争产生的影响。

零售视角 14-3

大型折扣店的纯价格竞争

虽然塔吉特公司可能试图用以设计师命名的品牌吸引消费者，而沃尔玛则可能以承诺环保的做法吸引消费者，但是消费者在选择这两家折扣店巨头时，提供最低价格的那家商店从长远来讲可能会赢。在这场战斗中，沃尔玛在价格竞争中可谓大获全胜。作为自我标榜的"每日低价"的领导者，沃尔玛已经在大约 150 种典型的类似商品上击败了塔吉特的价格。

但最近的一项比较显示，塔吉特公司才是这场战斗的胜利者——它的价格比沃尔玛低了 0.46%。也就是说，如果消费者有 100 美元，他们将会比沃尔玛的购物者节省 46 美分。这个边际利润率也是近两年来最被广泛注意到的。在一个少得令人难以置信的利润上进行比较真的重要吗？

就商店对消费者的承诺而言，它确实很重要。折扣商努力吸引价格意识较强的消费者，同时还要保护其市场免受来自诸如亚马逊等在线零售商竞争的影响。塔吉特和沃尔玛都以其众所周知的口号来宣称"期望更多，更省钱"或者"节省资金，过得更好"。但是，只有真正证明一个真的比另一个更能胜任这个口号的商家才有可能是消费者更喜欢的。

与此同时，另一项研究建议当父母为孩子准备返校用品时，最好的价格既不在沃尔玛也不在塔吉特。对此种类型的商品，他们应该去访问另外一家商店——欧迪办公，这家商店甚至不是折扣店。

资料来源：Matt Townsend and David Welch, "Target Cheaper Than Wal-Mart as Gap Widest in Two Years," *Bloomberg News*, August 23, 2012; Brad Tuttle, "Target Battles Walmart for Low-Price Supremacy," *Time*, August 27, 2012; and David Welch, "Target Undercuts Wal-Mart on Price," *Star Tribune*, August 23, 2012.

问题讨论：你喜欢哪家零售商——沃尔玛、塔吉特公司，还是亚马逊？你在那里购物是因为其价格最低吗？

零售商可以制定高于、低于或与竞争对手相同的商品价格。其所选择的定价策略必须与其总战略和相对的市场定位相一致。设想一下沃尔玛和蒂凡尼的例子。沃尔玛试图提供比竞争对手低的价格。相比之下，蒂凡尼除了商品之外，还为其顾客带来更多的好处。它的品牌效应及顾客服务保证了消费者会对买到的珠宝满意。由于所提供商品和服务的独特性质，蒂凡尼就可以制定高于竞争者的价格。

搜集和利用竞争对手的价格数据

大多数零售商都会将搜集竞争者的价格数据作为日常工作的一部分，从而调整自己的价格以保持竞争力。竞争者的价格数据通常是由商店的职员收集的，但这些数据也可以从商业服务机构处获得，如尼尔森公司和 SymphonyIRI 公司。

14.2.3 服务零售商的定价战略

为服务制定价格时，会由于以下两种情况带来更多的挑战：①匹配供给与需求；②确定服务质量。

1. 匹配供给与需求

服务是无形的，因此它无法储存。当零售商销售商品时，如果没能在一天之内卖完，产品可以储存起来第二天再卖。但是，当飞机空载起飞或是剧院里的戏剧在没人观看的情况下演出时，这种来自未使用能力的潜在收益会永远丧失。此外，大部分服务只有有限的能力。例如，餐厅里可容纳顾客的数量是有限的。鉴于能力受限，服务零售商可能会面临这样的情况，即无法了解他们究竟可以完成多少销售。

为了使销售额和利润最大化，许多服务零售商致力于收益管理。**收益管理**（yield management）是将价格随需求的变动上下调整，用以控制销售的行为。收益管理主要应用于航空业，航空公司通过使用先进的计算机程序，监控每一架飞机的预订和售票情况，并根据容量使用率调整机票价格。当销售低于预测量且有足够的空余能力时，机票的价格降低。当销售量接近承载能力时，机票的价格上升。

其他的服务零售商使用不太先进的方法来匹配供给与需求。例如，愿意在晚上 7 点去餐厅吃饭或看电影的人比 5 点的多。因此，餐厅和电影院在晚上 7 点可能无法满足所有顾客的需求，但在晚上 5 点有多余的服务能力。所以，餐厅和电影院通常将晚上 5 点的价位定得低于晚上 7 点的价位，以此将晚上 7 点的需求转移到晚上 5 点。

影院使用各种战略以确保座位被售出，并且售出的价格和消费者愿意支付的价格相当。有针对性的直邮优惠券往往被用来在新电影首映时使用，上映到中间时会推出"买二送一"的活动票价。在一些城市，如纽约和波士顿，电影院与半价票经纪公司合作，该公司对未售出电影票进行 5 折销售，但只限于同一天的演出。

2. 确定服务质量

鉴于服务的无形性，消费者通常很难评估服务的质量，尤其是在其他信息不可得时。因此，如果消费者对某一服务或服务提供商不熟悉时，他们很可能会使用价格来判断服务的好与坏。例如，大多数消费者对律师及其提供的法律建议的质量只有有限的信息。因此，他们可能会基于其对所提供法律服务收取的费用进行质量评估。他们也可能使用其他判断线索评估质量，如律师办公室的大小和装修。

使质量指标更依赖于价格的另一个因素，是与购买服务相关的风险。在高风险的情况下，有许多涉及信誉的服务，例如医疗或法律咨询，这时顾客看重价格并将其看作质量的等价物。

由于消费者将价格作为质量的提示，并且因为价格决定着顾客对质量的期望，所以必须小心谨慎地制定服务价格。价格不仅被选择进行服务能力的管理，还必须传达恰当的质量信号。定价过低会导致消费者对服务质量的偏误推断，定价过高则会导致无法提供与消费者期望相匹配的服务。

14.3 制定零售价格

正如上一节描述的那样，从理论上来说，零售商根据消费者对价格的敏感度和商品的成本来制定价格以实现利润的最大化。只根据消费者对价格的敏感度和商品的成本来制定价格的一个局限性在于：这样做没有考虑到竞争者的价格。另一个问题是利用这种方法要求零售商对每一种商品的价格敏感度（价格弹性）了如指掌。许多零售商不得不每个月为 5 000 个存货单位制定价格并做出数以千计的定价决策。从实用的角度来看，他们无法通过实验方法和数据分析来测定每个产品的价格敏感度。

14.3.1 基于成本制定价格

大多数零售商,通过在产品成本基础上加价直至产生有利可图的毛利润来制定价格。然后,通过对基于消费者价格敏感性和竞争性定价的理解对该初始价格进行调整。接下来的部分将阐述零售商是如何仅在商品成本的基础上设定价格的。

1. 零售价格与加价

在商品成本的基础上定价时,零售商会从下面的等式开始:

$$零售价格 = 商品成本 + 加价$$

加价(markup)是零售价格与商品成本之间的差价。因此,如果一个体育用品零售商以 75 美元的价格购买了一个网球拍而以 125 美元的价格出售,那么它的加价就是 50 美元。合理的加价应该包括零售商卖出商品并获取利润的所有经营费用(劳动力支出、租金、水电费用、广告费用等)。

加价百分比(markup percentage)是加价相对于零售价格的百分比:

$$加价百分比 = (零售价格 - 商品成本) / 零售价格$$

因此,网球拍的加价百分比是:

$$加价百分比 = (125-75)/125 = 40\%$$

基于成本和加价百分比的零售价格是:

$$零售价格 = 成本 + 加价$$
$$零售价格 = 成本 + 零售价格 \times 加价百分比$$
$$零售价格 = 成本 / (1- 加价百分比)(作为分数)$$

因此,如果某人以 14 美元购买办公室用品(计算器),并且需要 30% 的加价达到该类别的财务目标,那么零售价格应该是:

$$零售价格 = 成本 / (1- 加价百分比) = 14/(1-0.3) = 20(美元)$$

例如,如果服装零售商采用 50% 的加价——被称为**加倍**(keystoning)的一种方法,那么零售价格就是将成本翻一番。

2. 初始加价与维持加价

前面的讨论是建立在零售商以起初定好的价格出售商品的假设之上的。但是零售商很少以初始价格出售所有的商品,他们经常因为特殊促销或要处理过季存货而降价。此外,员工还享受打折,而且许多商品由于偷盗和计算错误(**存货损耗**,inventory shrinkage)而丢失。初始价格与实际销售价格的差额叫作**减价**(reductions)。因此,初始加价与维持加价之间是有差额的。

初始加价(initial markup)是商品最初的定价减去商品成本,而**维持加价**(maintained markup)是商品的实际售出价格减去商品成本。它是从销售决策中实现的利润额。

因此,维持加价从概念上看类似于商品的毛利润,但又有轻微不同。一些零售商有工作室费用,如套装改换或者自行车的组装。与毛利率相比,这些有可能会减少维持加价。零售商经常从供货商那里收到因早期支付发票而带来的现金折扣。与毛利率相比,这有可能会增加维持加价。因为工作室的成本和现金折扣通常不受买手控制，它们会被分别入账。总结如下：

毛利润百分比 =（维持加价 − 工作室成本 + 现金折扣）/ 净销售额

图 14-2 阐述了初始加价与维持加价的区别。图中的商品成本为 0.6 美元，初始价格为 1 美元，因此初始加价为 0.4 美元，初始加价百分比为 40%。然而，该商品的平均销售价格为 0.9 美元，减价为 0.1 美元，因此维持加价为 0.3 美元，维持加价百分比为 33%（0.3/0.9）。

初始加价率与维持加价率的关系如下：

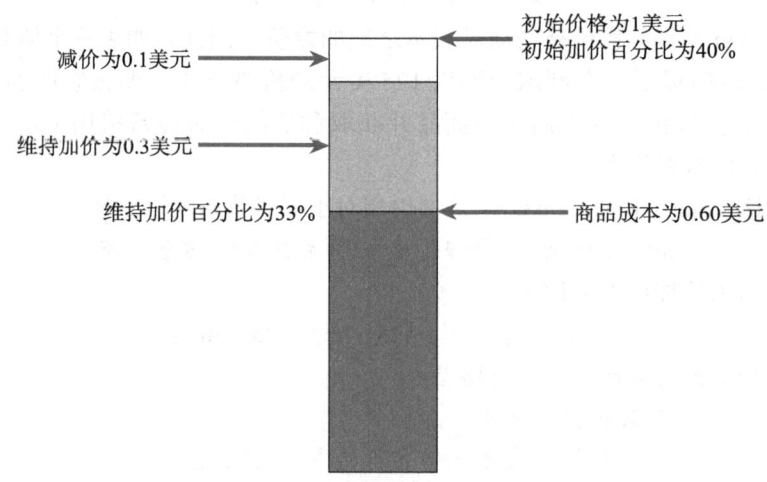

图 14-2　初始加价与维持加价的区别

$$初始加价率 = \frac{维持加价率（计划实际销售的百分比）+ 扣减率（计划实际销售的百分比）}{100\% + 扣减率（计划实际销售的百分比）}$$

因此，如果图 14-2 中的商品计划降价 10%，而且想要 33% 的维持加价，那么初始加价应该是：

初始加价率 = [33% +（0.10/0.90 = 11.111%）] /（100%+11.111）= 40%

初始零售价格应该是：

初始零售价格 = 成本 /（1− 初始加价率）= 0.60/（1−0.4）= 1.00

14.3.2　定价优化软件

通过简单地对商品成本进行加价来确定价格的做法忽略了零售商需要考虑的一些其他因素，如价格敏感性、竞争以及互补产品的促销等。自 21 世纪初以来，许多零售商开始利用**定价优化软件**（pricing optimization software）的一种综合方法来制定价格。该软件程序使用一组算法来分析其过去和现在的商品销售与价格以及竞争对手的价格；估计价格和所产生销售额之间的关系，然后为该商品确定最佳（最有利可图）的初始价格、合适的降价促销的幅度和时机。这种优化可以在商店层级，甚至有时在个别客户的层级上完成，对建立忠诚度和行为意图非常有用。

为了设定初始价格,该软件使用来自该商店和竞争对手的历史销售数据。它决定互补货品(那些有类似销售模式的产品,如百事可乐和薯片)的价格—销售额关系。因此,该软件不仅可以告诉买手采购百事可乐的最佳价格,同时还能就薯片给出建议采购价格。买手还可以确定如果降低可口可乐或自有品牌(或商店品牌)的价格,那么在一个给定的价格水平下可以出售多少百事可乐。该软件还可以结合其他因素,如商店的形象(例如便宜价格或溢价)、最近的竞争对手的区位、季节性因素(例如,软饮料在夏季比在冬季卖得更好),或者一个货品是否有优惠券特性。该软件还可以设定决策规则,如将常规价格优化为永远不会超过竞争对手价格5美分。该软件还可能会对价格敏感度极强的产品(如牛奶和尿片)向消费者某提供一个非常有竞争力的建议价格,但对价格不太敏感的产品(如婴儿用品和商店品牌)收取较大的利润。商品优化软件可能很昂贵,但使用它可以有一个令人印象深刻的影响底线盈利的能力。例如,沃尔格林自营店和基于纽约的 Duane Reade 药房连锁店都使用商品优化软件来促进尿布的销售。Duane Reade 药房连锁店曾经尝试过折扣和优惠券促销,但是在该品类上输给了竞争对手。该软件表明,加价应该是购买尿布父母的孩子年龄的函数。对于新生儿尺寸的尿布,Duane Reade 提高了单价,但一旦孩子进入穿训练裤的阶段,它则会降低单位价格。一年以后,Duane Reade 在婴儿护理品类上的收入跃升了27%,毛利率则提高了2%。如果借助传统分析,该连锁店可能永远也猜测不到初为人父人母的消费者与那些已经当了一段父母的消费者相比,根本就没有价格敏感性。

14.3.3 制定零售价格的利润影响:盈亏平衡分析的运用

零售商通常想知道他们开始盈利时的销售数量。例如,某个零售商可能想知道:

- 满足目标利润的盈亏平衡销售额。
- 新产品、新产品线或新部门的盈亏平衡量和平衡额。
- 随价格变化而变化的盈亏平衡销售额。

进行这些评估时,很有用的一个分析工具是**盈亏平衡分析**(break-even analysis),其是在考虑固定成本和可变成本的基础上,分析需要出售多少数量的商品可以实现盈亏平衡(或者零利润)。

盈亏平衡点数量(break-even point quantity)就是总收入等于总花费,之后的额外销售就是可以获利的数量。

计算出售多少数量的商品可以达到盈亏平衡的公式是:

$$盈亏平衡数量 = 总的固定成本 / (实际单价 - 单位可变成本)$$

下面的例子将阐述这一公式在决定某一自有品牌新商品的盈亏平衡数量及包括价格变化后的盈亏平衡数量中的应用。

1. 计算新产品的盈亏平衡

假设宠物大卖场在考虑针对那些养老龄犬的人引进一种新的自有品牌的脱水狗粮。

开发这种狗粮的成本是 700 000 美元，包括付给设计人员的薪水和为该产品进行的测试。由于这些成本并不随着产品生产和销售数量的变化而变化，因此被称为**固定成本**（fixed costs）。宠物大卖场决定每袋狗粮卖 12 美元，即单价。**可变成本**（variable cost）是指零售商的花费随着生产和销售数量的变化而变化的那部分费用。可变成本通常包括生产产品的直接劳动力和材料费用。宠物大卖场将从一个自有品牌的制造商那里购买这种产品。因此，可变成本就是供货商生产狗粮的成本，即 5 美元。

$$\text{盈亏平衡数量} = \text{固定成本} / (\text{实际单价} - \text{单位可变成本})$$
$$= 700\,000\,\text{美元} / (12\,\text{美元} - 5\,\text{美元}) = 100\,000\,\text{袋}$$

因此，宠物大卖场需要销售 100 000 袋狗粮才能实现盈亏平衡或实现零利润，而接下来每出售一袋狗粮，它就能获得 7 美元的利润。

现在假设宠物大卖场想从这个新产品线中获取 100 000 美元的利润，那么现在的盈亏平衡数量是：

$$\text{盈亏平衡数量} = \text{固定成本} / (\text{实际单价} - \text{单位可变成本})$$
$$= (700\,000\,\text{美元} + 100\,000\,\text{美元}) / (12\,\text{美元} - 5\,\text{美元}) = 114\,286\,\text{袋}$$

2. 计算盈亏平衡销售额

与计算盈亏平衡点密切相关的一个问题是，决定应增加多少销售额才能从降价中获利，或应当减少多少销售额使价格增加变得无利可图。继续看宠物大卖场的例子，假定盈亏平衡数量是 114 286 袋（根据固定成本为 700 000 美元，利润为 100 000 美元，销售价格为 12 美元，成本为 5 美元得出）。现在，宠物大卖场考虑将狗粮的价格降低到每袋 10 美元，如果其将销售价格降低 16.67%，至 10 美元，其必须卖出多少袋狗粮才能实现盈亏平衡？运用公式：

$$\text{盈亏平衡数量} = \text{固定成本} / (\text{实际单价} - \text{单位可变成本})$$
$$= (700\,000\,\text{美元} + 100\,000\,\text{美元}) / (10\,\text{美元} - 5\,\text{美元}) = 160\,000\,\text{袋}$$

所以如果宠物大卖场降价 16.67%，即从 12 美元降到 10 美元，那么销售额必须增长 40% = (160 000 − 114 286) / 114 286。

14.4 降价

上一节回顾了零售商是如何根据商品成本和所要的维持利润确定初始价格的。然而，零售商也会通过减少初始价格进行**降价**（markdown）。本节将探讨为什么零售商会进行降价，他们如何优化其降价决策，如何减少降价幅度以及如何清理降价商品。

降价的原因

零售商采取降价促销的原因可分为清仓（处理商品）或促销（产生销售额）。这里主要讨论清仓降价，而降价促销放在本章后面加以讨论。

当商品的销售速度与计划相比开始放缓，在销售季节结束时就会变得过时，或者商品价格高于竞争对手的商品价格时，买手通常出于清仓目的而对其进行降价。正如第12章中讨论过的，滞销商品会降低存货周转率，防止买手获得新的、更好销售的商品，或者会有损零售商销售最新款式和潮流商品的形象。

降价是企业经营成本的一部分，因此买手会对其进行计划。他们倾向于订购比实际预测销售更多的时尚商品，因为相比订购那些过量商品以及在销售季结束后需要打折处理的过剩商品，他们更关心的是在本销售季结束前那些订购不足和受欢迎的脱销商品。流行性商品的脱销可以对时装零售商的形象产生不利的影响，而在季末对商品折扣则会降低维持加价。

因此，买手的目的并不是最小化降价促销。如果降价幅度太低，可能是由于买手对商品的定价太低，没有采购足够多的商品，或是对采购的商品没有承担足够的风险。因此，买手对初始加价定得足够高，这样即使降价促销或其他减价措施都结束了，仍然可以实现计划的维持加价。

1. 优化降价的各种决策

传统上，零售商已经建立了一套降价原则。例如，一个零售商一周销售的百分比降到某个值以下后，他就会指定降价商品。另一个零售商以商品在店内的存货时间为基础确定降价目标——8周后降价20%，12周后降价30%，16周后降价50%。然而，以这种原则为基础的降价方式是很受限制的，因为这种方式没有考虑到商品在不同价格上的销售量，因此不能实现利润最大化。

本章前面描述的用来制定初始零售价格的优化软件还可以指出何时进行降价，不同区位的降价幅度应该是多少。该软件以整个销售季节中的实际销售为基础，不断更新价格预测，并计算对价格的敏感程度。例如，该软件识别出11月上旬，某冬季商品比原计划要销售得好，所以就推迟了原计划的降价。每周随着新的销售数据的出现，该软件会适时调整预测，并显示最新信息。其逐个计算某种商品成千上万个未来的销售状况——这个过程如果是买手自己来做的话，就太复杂也太浪费时间了。然后它在预期利润和其他因素的基础上估算结果，并选择能产生最大利润的方案。

2. 减少降价幅度

零售商可以使用几个办法来减少降价金额。他们可以与供货商密切合作选择商品和协调交付，共同分担降价的经济负担。他们还可以采购较小的数量，以使它能够更容易预测在较短时间周期内的需求，并有助于创造一种稀缺的感觉。最后，零售商可以努力提供一个良好的价值。

供货商与零售商是合作伙伴关系，因此成功后双方均可获利。对市场和竞争状况了然于胸的供货商可以帮助零售商选择存货。当然，零售商也必须相信自己的品位和直觉。否则，其商店存货就会和所有其他商店的雷同。正如第13章中讨论的，买手往往可以获得降价补偿金——供货商给予零售商的一笔资金，用于补偿降价或其他促销原因导致的毛利损失。

减少降价金额的另一种方法是小批量采购。通过采用准时制存货政策，少量的商品可以准时到达并出售，消费者因而感知到一种稀缺性并以全价购买（关于这一战略的更多内容，见第 13 章）。在消费者中间创造出稀缺的感觉是一种很好的减少降价促销的方法。即使在仓库或配送中心有足够数量的商品，但是在销售地点仅仅展示几件货品也会向消费者发出"趁着有货，请即购买"的信号。如果零售商仅仅只是频繁地改变商品展示，消费者会察觉到商品是新的而且数量有限。

当客户认为一个特定的零售商为他们提供了某种很好的价值时，他们将不太可能等待降价。一个日常的低价格策略意味着零售商的产品已经在较低的价格下，不会再进一步打折。扎拉和 H & M 不需要宣传它们的低价格。忠诚的消费者一次又一次地返回来寻找低价的宝藏。一些零售商（如苹果），注重其品质和形象，因此根本没有减价销售！这是一个令人羡慕的位置，大多数零售商只能羡慕不已。

3. 清理降价商品

即使是最好的计划，也不能保证所有商品在销售季末全部售出。零售商可以使用如下的六个策略之一来清理这些未售出的商品。

卖给另一家零售商 把未售出的商品卖给另一个零售商是一个非常受欢迎的策略。例如，TJX 公司（T. J. Maxx 和 Marshalls 的所有者）和 Bluefly.com 传统上是从其他零售商处采购季末商品，再以较大的折扣卖掉。然而，这种清理未售出商品的方法只能使零售商收回商品成本的一小部分，往往只有 10%。

合并未售商品 减价商品可以用多种方式进行合并。第一，可以合并成为一个或几个零售商的惯常店址。第二，降价商品可以在同一所有权下合并成另一零售商连锁店或分销店。萨克斯第五大道 OFF Fifth、诺德斯特龙 Racks，以及内曼·马库斯奢侈品专卖店的最后清仓中心都采用此种方法。第三，未售出商品可以运送到配送中心或租用的空间（如会议中心）做最后的销售。然而，由于额外的运输和涉及记账等事宜，合并销售可能是复杂而又昂贵的。

在互联网上拍卖 互联网在清算未售出商品方面正在变得越来越有用。例如，一家电子商店可能利用 eBay 出售从经营中收回的商品。许多零售商都在自己的网站上建立了专门用于处理存货的区域。

退还给供货商 一些大型零售商有足够的影响力达成将一些商品退还给供货商的谈判协议。虽然也不失为一个不错的选择，但是这种做法一般是不可行的，除非权力平衡只停留在零售商一方。

捐献给慈善组织 向慈善机构捐赠清仓商品是一种普遍的做法。慈善捐赠始终是一个良好的企业惯例。这是一种回馈社会的方式，具有很强的社会效益。此外，商品的成本价值可以从收入中扣除，从而减少公司的纳税义务。

持有商品到下一季 最后的清算方法——经营商品至下一季，适用于较高价格的非流行性商品，如传统的男式服装和家具。但是，一般来说，由于过多的存货费用以及其潜在的看上去"陈旧"或过时感，这类商品是不值得保存的。

14.5 增加销售和利润的定价技巧

本节回顾了零售商为增加销售和利润而采用的几种技术。首先是可变定价，即零售商向不同的客户收取不同的价格。其他定价技术如处理公平感知、先导定价、产品线定价以及尾数定价，是指利用消费者处理信息的方式来制定价格。该部分的最后将探讨互联网是如何改变零售商及其消费者制定价格决策的方式的。

14.5.1 可变定价与价格歧视

零售商采用各种技术，通过对不同的消费者收取不同的价格来最大限度地提高利润。

1. 个别化可变定价

在理想情况下，如果零售商向每个消费者的要价是他们愿意支付的，那么零售商将实现利润最大化。例如，如果一个富有的对价格不敏感的消费者想要为他的车买一个新的充电器，汽车专卖区可能会要价 200 美元，但同样是这个商品，零售商可能会对一个价格敏感、收入较低的消费者要价 125 美元。以消费者愿意支付的价格为基础，对每个消费者要价不同，即**一级价格歧视**（first-degree price discrimination）。

通过拍卖给商品定价是一级价格歧视的一个例子。某零售商在 eBay 上出售一辆劳斯莱斯汽车时获得的利润最大，因为那个顾客最愿意买，而且出了最高价。

尽管一级价格歧视是合法的，并且在某些零售部门得到广泛应用，例如汽车和古董行业，但在大多数零售店中不适用。首先，估计每一位消费者的付出意愿是很困难的。其次，零售商不能随着具有不同支付意愿的消费者进入商店就变换已贴在商品上的标签。此外，顾客一旦发现自己被索取了比别人高的价钱，就会觉得受到了不公平待遇。然而，史泰博在销售点使用个别化的可变定价作为其战略优势。忠诚度高的消费者比"普通"消费者收到不同（较低）的价格。当这些忠诚的顾客刷卡时，销售系统会对顾客购物篮中的物品自动重新定价。除了史泰博和这位顾客，没有人知道这件事，包括排在身后的人或竞争对手。

现在，越来越多的零售商已经开始使用复杂的模型，这些模型使他们能够提高更新定价的频率和在整个连锁店执行价格变化的能力。价格是由需求和供给的变化以及价格弹性驱动的，还要考虑本地化的市场问题。这些模型的一个限制往往是这样一个事实，即输入的是历史数据，这可能会降低他们的预测能力。

由于从互联网和店内购买收集到的销售点信息的可获得性，零售商增加了对动态定价技术的使用。**动态定价**（dynamic pricing），也被称为**个别化定价**（individualized pricing），是指基于客户类型、每天（每周甚至每个季节）的不同时间以及需求层次而对商品或服务收取不同价格的过程。零售商还可能基于来自其 CRM 系统的顾客忠诚度状况而对顾客收取不同的价格，即对白金客户收取的价格要比白银客户低。动态定价技术的早期采用者是服务零售商，如航空公司、酒店和邮轮公司。在同一架飞机上的乘客往往支付不同票价的做法已经司空见惯，这取决于乘客购买机票的时间。使用动态定价在网上出售商品比商店要容易得多，因为只有一个人看到了价格。零售视角 14-4 对于一些零售商如何使用动态定价进行了重点讨论。

零售视角 14-4
是什么让动态定价如此有吸引力

如今，使用互联网渠道的零售商更容易改变他们的在线价格，而实体店的价格却比较难改变。零售商正在使用价格调整软件，这些软件使得零售商一旦发现竞争对手以较低（或较高）价格销售同一商品就能够即时调整自己的价格。例如，亚马逊可以在一天内将单个微波炉的价格修改 9 次。如果买家碰巧在正确的时间（或具有正确的特征）购物，他们就可能获得更低的价格。那些在 1 小时后购物或具有不同特征的人可能会付出更高的价格。

旅行者非常熟悉这样的价格变化：在星期二购买的机票通常比在星期六购买相同航班的机票更便宜。消费者意识到了这种不公平的战术，这也形成了奥比兹公司（Orbitz）独特的销售主张，它承诺如果有消费者以较低的价格预订到相同的航班，它将向支付较高价格的消费者退还差额。

在某些情况下，在线零售商对实际价格的兴趣低于对最低价格的兴趣。通过确保价格比其他竞争对手更低（即使只是低一两分），零售商在价格比较搜索引擎中就会获得最高排名。此外，如果他们发现所有的竞争对手都在收取较高的价格，零售商就明白现在即使提高自己的价格和利润，也不会失去客户。因此，动态价格的使用越来越多，这主要是受到潜在上升利润的影响，因为在线搜索排名可以使他们销售更多的产品并收取更高的价格。

消费者可能不会接受动态定价的零售商。虽然在不同的时间段或因购物者的身份不同收取不同的价格并不违法，但是一项调查显示 87% 的人认为这是非法的。如果消费者发现这些变化的规则、价格以及方法令人生气、讨厌或感到不公平，他们可以选择不从动态定价的零售商那里购买所需。

资料来源：Julia Angwin and Dana Mattioli, "Coming Soon: Toilet Paper Priced Like Airline Tickets," *The Wall Street Journal,* September 5, 2012; Gilon Miller, "How Online Dynamic Pricing Can Hurt Retailers and Consumers,"*UpsteamCommerce.com,* September 11, 2012; Laura Gunderson, "Amazon's 'Dynamic' Prices Get Some Static," *The Oregonian,* May 5, 2012; and Susan Reda, "Pricing Transparency," *Stores,* February 2012.

问题讨论：你会购买动态定价的零售商的产品吗？

2. 自选可变定价

动态定价的一种替代方式是向所有消费者提供相同的多种价目表，鼓励那些对价格敏感的消费者利用较低价的优势。这种方式被称为**二级价格歧视**（second-degree price discrimination）。当零售商向消费者提供促销和清仓降价、优惠券、捆绑价格和多单位定价时，他们就是在使用二级价格歧视。

促销降价 零售商采用降价方式推销商品，增加销售量。降价是为了增加客流量。零售商在制订促销计划时,在节庆或特殊的日子里降价是他们促销项目的一部分。零售商希望吸引顾客进店后,以原价向他们销售其他商品。涨价带来的另一个商机是增加互补性商品的销售。例如,一家超市的热狗点心降价,而热狗、芥末和调味料的需求会增加,这些都按原价销售,这样热狗点心的降价就被抵消了。

时尚商品的清仓降价 本章此前讨论的清仓降价主要集中在零售商如何处理不想要的商品上,这些商品也可以用来吸引基于他们对价格敏感程度划分的不同的细分市场。具有时尚意识的消费者有很强的支付意愿,因为他们想成为第一个展现最新时尚的人,自我选择去支付更高价格。而具有更高价格敏感度的消费者则会等到商品在本销售季结束、价格较低时再去购买。

优惠券 优惠券(coupons)为顾客在购买某些特定商品时提供优惠。制造商和零售商会通过报纸、商品、货架(甚至在付款处)、互联网与移动设备以及邮件发放优惠券。零售商使用优惠券是因为他们想吸引消费者来尝试该商品,把初次使用者变为经常购买者,鼓励大量购买,增加使用量,灌输忠诚,并且和竞争对手抗衡以保持市场份额。优惠券对价格敏感的消费者是一种有吸引力的方式,因为他们很有可能付出额外的努力来收集和兑换优惠券,而对价格不敏感的消费者则不会。零售商越来越关注极端优惠券促销的增长(见零售视角14-5)。

零售视角 14-5

超越极端优惠促销

"极端优惠"这一现象最初在电视节目中出现的时候有点奇怪,还可能有点强迫性,但现在家庭食品杂货购买严重依赖优惠券的实践已经变成主流。消费者越来越多地大量使用优惠券使零售商面临着挑战,特别是在其供应链方面。如果一个极端优惠券持有者买光了该商店某一存货单位所有的货品,那么其他的消费者注定就会很沮丧。

于是,几个食品杂货商和连锁药店限制了优惠券的使用。来爱德限制客户在一次购物中可能使用的优惠券数量。克罗格禁止叠加使用,一个客户只能使用纸质优惠券或者在线优惠券。沃尔玛分离了使用的多种优惠券,对极端优惠券的使用提出了更多限制条件。

然而,在实体商店努力减少优惠券使用的同时,网上商家却在提高其优惠力度。Foursquare在其服务中引入了一个有针对性的优惠券延伸。企业可以用它来提供令人印象深刻的优惠券,但只限于那些去过Foursquare的用户。亚马逊在为家庭可能需要的一切继续努力的同时,已经在网站上添加了制造商的优惠券。因此,如果购物者愿意从亚马逊购买尿布,那么他就可以在网站上通过点击来使用优惠券。亚马逊承诺通过使用电子优惠券,购物者就不用担心忘了带纸质优惠券或者走出商店就不能使用该优惠券了。

对于传统零售商而言,极端优惠券达人打破了他们长期以来吸引购物者入店的战术。对于在线零售商,这种情况则可能只是为了鼓励更多的消费者在线购买而采取的一种手段,而无须告诉他们怎样优惠。

资料来源:E. J. Schultz, "Retailers Start to Suffer Super-Couponer Fatigue," *Advertising Age*, July 11, 2011; Martha C. White, "Stores Confront Extreme Couponers' Tactics with Policy Changes," *Time*, February 29, 2012; Amanda Fortini, "Honey, I Got a Year's Worth of Tuna Fish: Coupon Clipping as the Key to Economic

Rebirth," *The New York Times*, May 3, 2012; Spencer E. Ante, "Foursquare Joins the Coupon Craze," *The Wall Street Journal*, May 8, 2012; and "Amazon Coupons," *Amazon.com*, www.amazon.com/Coupons/b?ie=UTF8&node=2231352011.

问题讨论：你会不怕麻烦去使用极端优惠吗？你的父母呢？

价格捆绑 价格捆绑（price bundling）是指以一种价格减价出售两种或两种以上不同的商品或服务的做法。例如，麦当劳提供包括一个三明治、一包炸薯条和一杯软饮料的特惠套餐，购买套餐要比单独购买这三种食品便宜。价格捆绑通过增加消费者一次进店购买商品的数量，提高了销售量和销售额。这种做法也属于二级价格歧视，因为其对价格敏感的消费者提供了更低价格的选择。

多单位定价 多单位定价（multiple-unit pricing）或**数量折扣**（quantity discount）与价格捆绑相似，都是指以一种更低的总价格减价出售两种或两种以上不同的商品或服务的做法，不同的是前者提供的商品和服务是相似的，而后者提供的商品和服务是不同的。例如，一家便利店可能以 2.39 美元的价格销售 3 瓶 1 公升装的苏打水，每瓶的价格为 99 美分，这样顾客就节省了 58 美分。与价格捆绑相似，这种战略用来提高销售量。但根据商品类型，顾客可能会大量购买以备将来使用，或者及时转手出售。多单位定价也属于二级价格歧视，因为大量购买某一商品的顾客很可能就是对价格敏感的顾客。由于大量购买可以降低价格，对价格敏感的顾客因此被商家吸引。

3. 由细分市场决定的可变定价

零售商通常对由不同人口构成的细分市场收取不同的价格，这种做法被称为**三级价格歧视**（third-degree price discrimination）。例如，电影院向老年人和大学生收取较低的门票，因为人们通常认为这些群体比其他消费者对价格更加敏感。这种做法是普遍合法的，虽然人们对于基于性别的定价（在对男性和女性提供相同的服务时收取不同的价格）这一做法已经开始产生怀疑，但是对于此种类型的定价是否合法并不总是很清楚。例如，纽约美容院被指出众多的性别定价违法行为。美容院对诸如理发和打蜡这样的事情向男性顾客和女性顾客收取不同价格是很常规的做法。美容院老板对此进行辩解称：之所以对理发的男性顾客收取较低的价格是因为通常花在他们头上的功夫没那么多，而且他们的光临次数比较多，有时候一个月甚至会来两次；他们还认为对男人打蜡应该收费更多，因为他们头后面的工作一般需要花费更多的功夫。该城市将这些定价政策视作歧视。

另一个例子是，女性总是需要为其衬衫清洗支付更多，而且对于这一传统，女性还得继续忍受。干洗店对此争辩说，女性的衬衫不适合工业化的程序，必须手洗。一些干洗店已经采取了一种理性的并且大概也是更公平的方法：给通过熨烫机熨烫的衬衫定一个价格，给通过手工熨烫的衬衫则定另一个更高的价格。所有干洗的衬衫都是相同的价格。

三级价格歧视的另一个例子是区域定价。**区域定价**（zone pricing）是在不同的商店、市场、地区或区域收取不同的价格。零售商通常利用区域定价应对各种市场中的竞争局面。例如，一些多渠道的零售商通过让顾客先输入他们的邮政编码后告知他们价格的方式实行区域定价。食品零售商在一个城市通常要有四五个定价区域。他们会在沃尔玛旁边设立一个区域，在一个不那么具有价格竞争的地区性连锁店旁边再设立一个区域。根据周围商店的竞争情况和周围商店本身的经济健康情况，区域价格的变动幅度可能达到10%。在市区或人口构成大部分是退休老年人的区域，药店经常收取较高的价格，因为这些地区的人们相对来说对价格不太敏感。在收入和年龄的基础上进行的三级价格歧视被很多人认为是不道德的做法。

2. 处理对公平的感知

为类似产品或服务设定不同的价格，如以制造商的建议零售价销售一件衬衫，而在季末时则对其以折扣价销售，或在飞行当天对飞机上的座位打折售票，这样的做法对消费者而言似乎是不公平的。为了减少这种感觉，零售商可以对高价产品或服务实行无条件退回政策或提供定制化等额外好处，而对不太昂贵的产品或服务则附加限制。

除了鼓励消费者认识到高价格代表高价值，商店还可以通过一些战术上的做法来减少整体的不公平感。通过提供更多的信息（例如，一个产品产自哪里或服务提供者需要什么类型的工具），客户可以更有效地决定该价格是否公平。也就是说，当一个认为一堆胡萝卜的价格简直高得离谱的消费者了解到该胡萝卜是由当地的农民在有机土壤中种出来的，而且没有使用化学农药时，可能会对他之前的看法进行修正。这些属性意味着更高的产品质量和生产成本，这应该有助于购买者认识到高价格的理由。

为了减少感知不公平价格的影响，零售商也可以将客户的注意力吸引到一些特殊属性上以提高该产品或服务的感知价值，如服装制作中的手工程序或某酒店的友好取消政策。

14.5.2 先导定价

先导定价（leader pricing）是指零售商将特定商品的价格定得低于正常价格，以此增加客流量和提高互补性商品的销售量。一些零售商将此类商品称为**"亏本搭售品"**（loss leader）。严格来讲，这种廉价品是按低于成本价出售的。但是对于使用先导定价战略的零售商，某种商品不是必须低于成本出售的。

最适合采用先导定价的商品是那些经常性购买品，如白土司、牛奶、鸡蛋，以及知名的品牌如可口可乐和凯洛格的玉米片。消费者更加关注这些商品，因为他们每周都要购买。零售商希望消费者在购买这些招徕性廉价品的同时也会购买所有每周杂货单上的商品。

采取先导定价的一个问题是：这可能吸引一些**"择优而取者"**（cherry pickers），这些人从一家商店逛到另一家商店，只买那些廉价的特殊商品，这样的消费者对零售商来说显然是无利可图的。

14.5.3 产品线定价

零售商通常在一个商品类别中提供有限数量的、预先确定的价格点，这种做法就是**产品线定价**（price lining）。例如，由于克罗格对商店品牌的愿景是以自己的强势排他性商店品牌建立客户的忠诚度，因此它通过产品线定价商店品牌战略对所有的消费者细分市场提供产品。例如，正如在第 13 章中讨论的，在冰激凌品类中，它以"足量"包装和较优的质量对价格敏感的客户提供"价值"品牌。在中间的是"旗帜品牌"，是为了能与布雷耶品牌的冰激凌相媲美。在高端的则是"私人选择"品牌，是为了与德芙和哈根达斯展开竞争。为所有消费者细分市场开发这些产品意味着克罗格以其现有产品分类弥合差距以满足其需求的能力。消费者和零售商受益于产品线定价的其他原因是：

- 基本上消除了由多种价格选择引起的混淆。消费者可以选择低价位、中等价位或高价位的冰激凌。
- 从零售商的角度来看，产品线定价使得销售任务得以简化。也就是说，在某一产品线定价下，所有商品可以一起销售。更进一步说，当走向市场时，公司的买手可以通过记住预先确定的系列价位来选择其采购对象。
- 产品线定价也赋予买手更大的灵活性。如果按照严格的计算方法来制定初始零售价格（初始加价），可能会有几个价格点。但在产品线定价战略下，一些商品的购买价就有可能略低于或略高于系列价的预期成本。当然，产品线定价也会限制零售买手的灵活性，或可使零售买手由于某商品不能适用产品线定价被迫放弃这一很有获利潜力的商品。

尽管许多制造商和零售商在简化产品报价以节省配送和存货成本，并简化消费者的选择，但产品线定价可以使消费者的"交易上升"至一个更昂贵的模式。

14.5.4　尾数定价

尾数定价（odd pricing）是指使用尾数（通常是 9）来定价的做法。尾数定价在零售业中有很长的历史，在 19 世纪和 20 世纪早期，由于员工偷窃，尾数定价被用来减少损失。由于商品是尾数定价，销售人员通常必须去收银机给顾客找零钱，并记录下交易，这就使销售人员很难私留顾客的钱。尾数定价还可以用来记录商品降价的次数。最初价格为 20 美元，第一次降价为 17.99 美元，第二次为 15.98 美元，依此类推。

在这个领域里，实证研究的结果喜忧参半。但是许多零售商认为尾数定价可以增加利润。尾数定价依靠的理论是一种设想，即消费者不会注意到价格的后一位或后几位数字，所以 2.99 美元就被当作了 2 美元。另一种理论认为以数字 9 结尾，给人一种低价的感觉。因此，对于那些被认为会引起价格敏感的商品，许多零售商都以 9 结尾以此来创造一种积极的价格形象。例如，如果某商品的正常价格为 13.09 美元，那么零售商就会将价格降到 2.99 美元。

研究结果为零售商尾数定价决策提出了如下建议：

- 当市场的价格敏感度很高时，提高或降低价格使之以数字 9 结尾是有利的。
- 当市场的价格敏感度不是很高时，零售商用数字 9 结尾所冒的风险要大于其所获得的利益，在这种情况下使用双数价格或整数结尾价格比较合适。
- 许多高端零售商通过阶段性的打折来吸引市场上对价格敏感的消费者，建议此类零售商实行综合战略比较合适，即适逢打折和提供特价优惠时要打破原来采用整数结尾定价的标准战略，转向以尾数 9 结尾的战略。

14.5.5 利用互联网、社交媒体及移动渠道制定定价决策

电子渠道的发展、社交媒体的普及和智能手机的应用极大地改变了消费者获取和使用信息的方式，并使其在价格的基础上做出购买决定。传统上，以商店为基础并提供相同商品的零售商之间的价格竞争会由于地理位置不同而被削弱，因为消费者通常在最靠近其生活和工作地方的商店购物。然而，互联网网站比如 Shopzilla、RedLaser、TheFind、ShopStyle 和 PriceGrabber 使得消费者能够对一系列零售商的价格进行比较。正如本章前面部分讨论过的，"先逛店后网购"使得持有移动设备的消费者先来商店查看价格，然后在网上以明显较低的价格购买。

今天，越来越多的消费者选择通过各种移动公司及其应用程序提供的服务（如 Foursquare、LocalResponse）来接收移动优惠（见图14-3）。最新一代的价格优惠考虑了消费者的地理位置，这个位置是通过对特定站点的访问从他们手机所在的位置或区位编码做出评估，为临近零售商向消费者提供本地化促销。这个概念被称为**地理围栏技术**（geofencing）。其结果是，这些优惠券变得越来越相关，并且在线优惠券的兑换在以天文数字的速度增长。

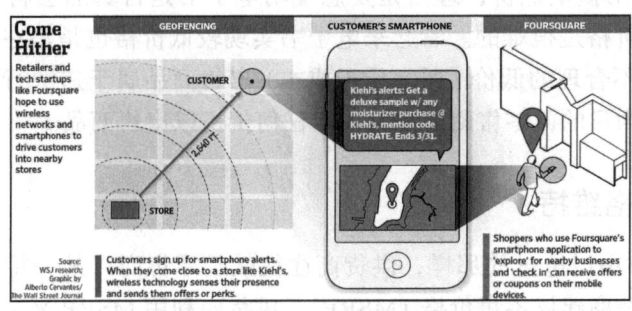

图 14-3 消费者如何获得移动优惠券

这些移动优惠可以通过一系列不同的方法提供。例如，梅杰超市为消费者创建了一个被称为 Meijer Find-it 的应用程序，该应用程序具有一系列有趣的功能，为消费者提供创建购物清单、获取梅杰津贴（Mperks 优惠券和减价货品），以及在一家指定的商店买到该商品的能力。店内传感器能够使该应用程序提供适当的优惠券，并且不断地通过用户在店内的位置来组织名单。

消费者进行电子购物不仅可以容易地收集价格信息，也可以得到很多关于产品质量和性能的其他信息，从而使他们对价格不再那么敏感。例如，一个提供定制化东方地毯的互联网网站可以清楚地显示该地毯的制作模式和材料的真正差异。而西夫韦电子杂货店提供的服务则允许消费者通过营养成分对谷类食品进行分类，使其更容易使用，从而帮助其进行购买决策。如果一个消费者想做一顿鸡蛋早餐，该网站还可以推荐众多的包括鸡蛋的食谱和提供相应的营养信息。有关产品质量的额外信息可能会导致客户对质量高的产品支付更高价格，从而降低价格的重要性。

对"零售业中三大最重要的要素是什么"这一问题的经典回答曾经是"区位、区位、区位"，而在社交化、移动及在线的新世界里，该答案将是"信息、信息、信息"。

14.6 定价中的法律和道德问题

零售商在制定价格时应该考虑某些法律和伦理问题。零售定价中的法律和道德问题包括：掠夺性定价、转售价格维持、横向定价、诱售法、扫描价格与标码价格的对比，以及欺骗性的参考价格。

14.6.1 掠夺性定价

掠夺性定价（predatory pricing）是指占有主导地位的零售商以低于成本的价格出售商品，以此将竞争者驱逐出行业的行为。零售商制定掠夺性定价的最终目的是驱逐竞争对手后提高价格，以补偿其损失。例如，独立书商纷纷指责沃尔玛、塔吉特以及亚马逊，认为它们出售的畅销书的定价低于其成本，如由沃尔特·艾萨克森（Walter Isaacson）撰写的《史蒂夫·乔布斯传》低至 8.95 美元时，而其成本价格为 35 美元。美国书商协会已向司法部进行投诉，声称这些零售商从事了非法掠夺性定价，这对图书行业造成了破坏，对消费者也是有害的。他们也抱怨亚马逊的电子书价格战略。最近的法庭裁决则允许亚马逊继续对其 Kindle 电子书提供低价，理由是要想证明电子书是否真的会将竞争对手挤出零售业务并进而提高其价格是很难的。看起来电子书实现较低价格也是势在必行的。一些州的旧法律条文规定以不合理的低价（通常低于成本）出售商品属于违法行为。但是，只要不是以驱逐竞争对手为目的，零售商通常可以定任何价格以出售商品。

14.6.2 转售价格维持

正如在第 13 章中讨论过的那样，供货商往往鼓励零售商以某一特定价格出售他们的商品，通常叫作制造商建议零售价格（MSRP）。供货商利用 MSRP 来减少零售商之间的价格竞争，消除"搭便车"行为，并刺激零售商提供互补的服务。供货商通过控制给零售商的好处来执行 MSRP，如提供合作广告，甚至拒绝为不遵守该规定的零售商发货。美国最高法院给出的最新裁决表明，供货商要求零售商以 MSRP 出售商品的能力应该根据具体情况而定。

14.6.3 横向定价

横向定价（horizontal price fixing）是指直接竞争的零售商之间达成制定相同价格的协定。很明显，这种做法减少了竞争并且是非法的。作为通常的惯例，零售商应避免与竞争对手讨论价格、销售条件或条款。如果买手或店面经理想知道竞争对手的价格，他们可以观看竞争对手的广告，登录他们的网站或光顾其商店。

14.6.4 诱售法

诱售法（bait and switch）是一种非法的欺骗行为，其通过宣传价格低于正常水平的商品来吸引顾客进入商店（诱饵），接着诱使顾客转而购买价格更高的商品类型（转换）。诱售法通常发生在两种情况下：第一种情况是零售商的广告商品存货不足；第二种情况则是零售商虽然有广告型号商品的存货，但贬低其质量，而大肆渲染另一种价格更高的产品的好处。为了避免使顾客失望，不与联邦贸易委员会（FTC）产生摩擦，零售商应该有足够的广告商品数量，如果缺乏这些商品的存货，其应该向顾客提供补货。**缺货支票**（rain check）是当商品缺货时，零售商给消费者做出的一种书面承诺，保证到货后以广告价格卖给消费者。

14.6.5 扫描价格与标码价格的对比

虽然许多顾客和管制者都担心扫描价格的准确性，但是实际上扫描价格的准确性极高。零售商通常由于扫描错误赔钱，因为扫描的价格低于商品标码的价格。进行阶段性的价格审计，有助于制定完善的价格。商店应该阶段性地对商品进行随机样本的审计，以此来确定扫描错误的程度和原因，并采取措施将错误最小化。

14.6.6 欺骗性的参考价格

参考价格（reference price）是购买者用于比较产品实际售价的价格，因此，它有利于购买者的评价过程。在通常情况下，零售商将"正常价格"或"原价"列为参考价格。当消费者看到"促销价格"并将其与所提供的参考价格相比时，他们对该产品或服务的感知价值很可能会增加。

如果参考价格是真实的，那么该广告就提供了某种有用的信息。然而，如果参考价格被夸大或只是被简单地虚构，那么该广告就具有欺骗性，可能会进而对消费者造成伤害。但确定一个参考价格是不是真实的却不那么容易。应该使用什么样的标准呢？如果某则广告指定了一个"正常价格"，那么"正常"的标准是什么呢？该店必须以这个价格售出多少单位才能保持这个所谓真实的价格——是一半的存货吗？几个？只有一个？最后，如果商店以正常价格出售这一货品但消费者一件都不购买呢？它仍然可以被认为是一个正常的价格吗？在一般情况下，如果一个卖家要将某个价格标为正常价格，商业改进局（Better Business Bureau）给出的建议是：至少有50%的销售应该以那个价格成交。零售视角14-6强调了与广告折扣相关的伦理问题。

零售视角 14-6

真的打五五折？

对于时尚达人或者至少认为自己属于那个群体的人来说，在奢侈品和能消费得起的产品之间进行权衡确实是一件很棘手的事情。一方面你想要最新式、最热门的时尚产品，另一方面想要保持它，口袋里的钱却令你捉襟见肘。那么，内行会怎样做呢？

像 Gilt、RueLaLa 和 HauteLook 这样的私人销售在线网站为你提供了一个解决方案。这些网站限时销售来自高端时尚品牌的产品。销售在指定时间开始，持续48个小时，或者直到货品售完为止。所以，如果你十分想拥有巴宝莉的 Nova Armored Baby Beaton 手袋，只要当 HauteLook.com 网站上的销售开始时，你就可以以标价的45%的价格，即877

美元而不是 1 595 美元买下它。实体零售商也在用"秒杀"方式对此仿而效之，例如香蕉王国店以其毛衣全价的 40% 进行出售，但只在特定日子的上午 11:00 到下午 2:00 的这段时间内。

但真的是五五折吗？是什么的五五折？一个如 1 595 美元的参考价格会向消费者提供一个线索以帮助其选择一个值得购买的手提包。研究表明，建议零售价格和销售价格之间的差异越大，感知价值就越大。当消费者看到西尔斯百货提供的冰箱价格比原价低 1 300 美元时，这个巨大的差异几乎不可能被消费者忽略。这笔交易越划算，消费者就越会被吸引去购买。但如果零售商先提高建议价格或原价，再进行折扣率和钱数抵减，看起来会比实际上要好得多。

当私人销售网站提高零售价格以提供更大的百分比折扣时，它通常声称其原始价格是准确的，并且这一价格来自制造商。他们争辩道，任何错误都是由于制造商给了他们错误的价格，或者可能是员工失误造成的。例如，如果巴宝莉包的建议零售价格实际上只有 1 100 美元，而不是 1 595 美元，那么这个包就只有 20% 的折扣。客户在瞬间的冲动下可能会购买这个包，因为报告显示的是五五折；如果只有 20% 的折扣，她可能就不会购买。

在某些情况下，复杂的优惠券、折扣和闪购定价优惠在没有计算器的情况下几乎不可能确定该笔交易的优惠程度。因为消费者很少有时间或精力来计算他们享受到的折扣，当交易看起来很合适时，零售商可以在消费者的兴奋度上大做文章。

资料来源：Carl Bialik, Elizabeth Holmes, and Ray A. Smith, "Many Discounts, Few Deals," *The Wall Street Journal*, December 15, 2010; Vanessa O'Connell, "It's 50% Off . . . Well, Maybe 35%. How Good Are Deals on Members'-Only Web Sites?" *The Wall Street Journal*, January 16, 2010; www.hautelook.com; and www.gilt.com.

问题讨论：私人销售网站和实体零售商是否需要证明商品的参考价格？他们应该使用哪个价格作为参考价格？

本章小结

（1）解释高/低定价策略以及每日低价策略之间的差异。

定价是实施零售战略的一个关键性决策，因为价格是顾客感知价值的一个重要组成部分。零售商使用两种基本的零售定价战略：每日低价（EDLP）和高/低定价。每种战略都有各自的优缺点。高/低定价战略通过价格歧视增加利润，容易引起兴趣，为销售滞销商品提供了一个机会。每日低价方法向消费者保证低价格，降低了广告和运行费用，减少了存货不足的现象，提高了供应链管理水平。

（2）确定零售商制定商品价格时考虑的因素。

在制定价格时，零售商考虑其目标市场消费者的价格敏感性、所提供商品和服务的成本、竞争性价格以及法律和道德的限制。从理论上说，零售商在消费者价格敏感性和商品成本的基础上通过定价最大限度地提高其利润。然而，这种方法没有考虑到竞争对手制定的价格。在消费者价格敏感性的基础上尝试制定价格的另一个问题是与零售商必须制定大量价格决策相关的挑战。当需要为服务定价时，额外的挑战出现了，这是由于匹配供应和需求的需要以及消费者在确定服务质量方面存在的困难。零售商使用收益管理技术来匹配服务的供给和需求。

（3）描述零售商如何制定价格。

大多数零售商，通过在产品成本基础上加价直至产生有利可图的毛利润来制定价格。然后，通过对基于消费者价格敏感性和竞争性定价的理解对该初始价格进行调整。为了确定最初的零售价格，零售商将加价百分比应用于零售价格。零售商往往不以最初的零售价格出售商品。平均初始价格由于降价活动、给予员工折扣和商品盗窃被扣减。在确定初始零售价格时对这些所谓的扣减进行计划是很重要的，以获得商品的计划利润。定价优化软件可以用来确定最有利可图的初始零售价和降价促销的适当规模与时间。盈亏平衡分析对于确定零售商需要出售多少商品才能开始盈利也非常有用。

（4）研究零售商如何以及为什么进行降价。

初始价格会随着时间通过降价及针对不同细分市场执行可变定价战略进行调整。零售商采取降价促销来处理商品或产生销售。降价是企业经营成本中的一部分，因此买手要对其进行计划。

（5）确定零售商用来增加销售和利润的定价技术。

零售商使用各种技术，通过对不同消费者收取不同的价格来最大限度地提高销售和利润。这些技术包括为个别客户设置不同的价格，给客户提供一个报价让其自主选择愿意支付的价格，以及根据客户的人口统计数据设置不同的价格。零售商也利用产品线定价、尾数定价法刺激销售。

（6）描述互联网、社交和移动渠道是如何被用来进行定价决策的。

互联网访问、使用社交媒体和智能手机的日益增长，使得消费在需要做出购买决定时更容易获得产品及价格信息。这一增长也导致了动态价格促销的增长。

（7）指出零售商在制定价格时应该考虑的法律和伦理问题。

零售商在制定价格时需要考虑一些法律和伦理问题，包括掠夺性定价、转售价格维持、横向定价、诱售法、扫描价格与标码价格以及欺骗性的参考价格。

小试身手

1. 持续案例任务 在你为持续案例任务选定的零售商店购物。该零售商使用高/低定价还是每日低价战略？询问店面经理降价决策是如何进行的以及该店决定降价的幅度是多少。使用了什么基于规则的方法进行降价促销？抑或该零售商使用减价优化软件吗？该零售商有没有使用定价技术（如产品线定价、捆绑定价及尾数定价等）来刺激销售？其网站的价格和商店里的价格一样吗？对你的发现做出评估。你认为该零售商采用的是这种类型的商店最好的定价战略和战术吗？可以做些什么（如果有的话）对其进行改善？

2. 登录网页：Overstock.com，看看其最畅销的商品。选择一些关键产品，而且对每一产品的价格和其他的在线零售网站进行对比，如 Target.com、Amazon.com、Sears.com 以及 Macys.com。这一网上商店的价格与折扣店、网上零售商和百货公司的价格相比如何？

这是不是你所期望的结果，还是让你感到惊讶？解释你的反应。

3. 登录凉鞋网站（www.sandals.com），看看你可以得到一个什么样的全包价。描述捆绑式服务和产品如何为度假者提供价值。在旅游业之外找一个捆绑销售的例子。捆绑也好，不捆绑也罢，你认为哪种方法能够为客户提供最好的价值？哪种方法能够使零售商或服务提供商获得更多的利润？

4. 去你最喜欢的食品店和当地的沃尔玛，在两家店内分别找到某一市场购物篮商品的总价格。每家商店的市场购物篮的总成本分别是多少？价格是如何比较的？沃尔玛有没有真正做到其宣传口号所说的"永远低价"？

货品	规格	品牌	食品	沃尔玛	价格差异	节省百分比
食品杂货						
咖啡粉	11.5 盎司罐装	福爵				
葡萄干麦片	25.5 盎司盒装	凯洛格				
宠物用品						
宠物食品	4.4 磅袋装	普瑞纳				
清洁用品						
洗衣液	100 盎司瓶装	所有				
干燥剂	80 次	Bounce				
洗涤剂	25 盎司瓶装	棕榄				
健康与美容						
洗发水	12 盎司瓶装	多芬				
牙膏	4.2 盎司管装	高露洁全效				
商品购物篮总成本						

➔ 讨论问题

1. 什么类型的零售商往往使用高/低定价战略？什么类型的零售商一般使用每日低价战略？如果零售商将其定价战略从其中一个转向另一个，消费者可能会做何种反应？解释你的回答。

2. 为什么服装纸样制造商如 Simplicity、Butterick 和 McCall's 把每一纸样的印刷价格定为 12.95 美元（或更多），然后一年两次对每一纸样减价 1.99 美元进行报价？这种降价如何影响需求、销售额和利润？

3. 重读零售视角 14-1。每日低价战略对彭尼百货适用吗？解释你的答案。

4. 重读零售视角 14-5。你对极端优惠券促销有什么想法？零售商应该采取措施来对此进行限制吗？

5. 捆绑定价和多单元定价之间的区别是什么？

6. 一家百货商店的维持加价为 38%，减价额为 560 美元，净销售额为 28 000 美元。最初加价率是多少？

7. 维持加价为 39%，净销售额为 52 000 美元，减价额为 2 500 美元，毛利润是多少？初始加价百分比是多少？解释为什么初始加价比维持加价高。

8. 一件产品的成本是 150 美元，加价为 50%，而降价率为 30%。最后的销售价格是多少？

9. 男仕服饰公司采购的黑色皮带每条 15.99 美元，每条定价 29.99 美元进行出售，这条皮带的加价是多少？

10. 回答以下问题：

（a）Limited 公司正在计划为秋季引进一批新的夹克，计划以 100 美元/件的价格出售。夹克在多米尼加共和国被生产。虽然该公司没有自己的工厂，其产品的开发和设计成本为 400 000 美元。夹克的总成本（包括到商店的运输费用）是 45 美元。这批产品要想取得成功，该公司需要产生 900 000 美元的利润。其盈亏平衡点的销售数量和销售额各是多少？

（b）买手刚刚发现 Limited 公司的主要竞争对手之一———盖璞，正在推出一种类似的夹克，并以 90 美元的零售价格出售。如果该公司想与盖璞的价格持平，它必须出售多少件夹克？

推荐读物

Ashworth, Lawrence, and Lindsay McShane. "Why Do We Care What Others Pay? The Role of Other Consumers' Prices in Inferences of Seller Respect." *Journal of Retailing* 88, no. 1 (2012), pp. 145–155.

Bambauer-Sachse, Silke, and Dhruv Grewal, "Temporal Price Reframing: When Is It Beneficial?" *Journal of Retailing* 87, no. 2 (2011), pp. 156–165.

Dutta, Sujay, Abhijit Biswas, and Dhruv Grewal. "Regret from Post-Purchase Discovery of Lower Market Prices: Do Price Refunds Help?" *Journal of Marketing* 75 (November 2011), pp. 124–138.

Grewal, Dhruv, Kusum Ailawadi, Dinesh Gauri, Kevin Hall, Praveen Kopalle, and Jane Robertson, "Innovation in Pricing and Promotion Strategies," *Journal of Retailing* 87S, no. 1 (2011), pp. S43–S52.

Ho, Hillbun (Dixon), Shankar Ganesan, and Hermann Oppewal. "The Impact of Store-Price Signals on Consumer Search and Store Evaluation." *Journal of Retailing* 87, no. 2 (2011), pp. 127–141.

Kopalle, Praveen, P. K. Kannan, Lin Bao Boldt, and Neeraj Arora. "The Impact of Household Level Heterogeneity in Reference Price Effects on Optimal Retailer Pricing Policies." *Journal of Retailing* 88, no. 1 (2012), pp. 102–114.

Maxwell, Sarah. *The Price Is Wrong: Understanding What Makes a Price Seem Fair and the True Cost of Unfair Pricing*. New York: Wiley, 2008.

Nagle, Thomas T., John E. Hogan, and Joseph Zale. *The Strategy and Tactics of Pricing: A Guide to Growing More Profitably*, 5th ed. Upper Saddle River, NJ: Prentice Hall, 2010.

Spann, Martin, Gerald Haubl, Bernd Skiera, and Martin Bernhardt. "Bid-Elicitation Interfaces and Bidding Behavior in Retail Interactive Pricing." *Journal of Retailing* 88, no. 1 (2012), pp. 131–144.

Suri, Rajneesh, Jane Zen Cai, Kent Monroe, and Mrugank V. Thakor. "Retailers' Merchandise Organization and Price Perceptions," *Journal of Retailing* 88, no. 1 (2012), pp. 168–179.

Theotokis, Aris, Katerina Pramatari, and Michael Tsiros. "Effects of Expiration Date-Based Pricing on Brand Image Perceptions." *Journal of Retailing* 88, no. 1 (2012), pp. 72–87.

第15章

零售传播组合

- **主管简介**
  卡特里娜·戴维斯，社交媒体和传播协调员
  Body Central 公司

  Body Central 公司是一家多渠道的专业服装零售商，在美国南部、大西洋中部和中西部地区拥有250多家商店，这些商店位于封闭式购物中心和生活方式中心内。我们的目标市场是那些来自多元文化背景的、对穿着能够体现价值定价的最新时尚感兴趣的女性。我们对商品的展示强调服装的协调性——上衣、裙装、底裤、珠宝、饰品、鞋要适合我们客户的许多生活方式（休闲、俱乐部、考究的、活跃的）。我们的大多数产品售价低于30美元。

  4年前当我来到Body Central 公司工作的时候，我意识到我真的很喜欢营销传播和品牌推广。我是Facebook的早期使用者，而社交媒体是一个很有吸引力的传播工具，尤其对我们的目标市场而言。该公司当时为我设置了一个职位，看看使用社交媒体与我们的客户进行沟通可以得到什么回报。现在我们在Facebook上已经拥有150 000个粉丝，我们也存在于所有其他主要的社交媒体渠道上，包括推特、Pinterest、Instagram、YouTube，我们还有一个企业博客，每周有5天都会进行更新。

  我们使用社交媒体的目的是在目标市场和客户追随的博主中建立起客户亲密关系和忠诚度。虽然通过比赛的形式可以开展大量活动，但光顾我们并参加某个比赛的人并不总会成为忠实的顾客或追随者。但当我们让客户与其他社区成员进行对话时，忠诚度就来了。2012年，我在公司的Facebook页面上推出了"本月最佳粉丝"，旨在鼓励Body Central 公司的顾客在公司的Facebook墙上分享他们自己的服装照片。我们每个月都会选出一个新的粉丝，她的照片会被贴在Body Central 公司的Facebook墙上，并且她会收到一个装满饰品和其他商品的奖品包。这个活动不仅向客户提供了一个月的激励，让他们追随我们，而且一路上建立起来了无价的关系。"点赞"并评论母亲/女儿的购物之旅、生日、个人减肥成功的故事，以及订婚的照片真的很值得。一个客户甚至在我们的某家商店中进行了求婚，并在Facebook与我们分享这一经历。当这个未婚夫在商场的某个珠宝商那里取戒指的时候，我们的店员则让未婚妻在更衣室里忙活着。

  与博主建立关系并鼓励他们成为我们社区的一部分真的会有所回报。时尚服装类的博主有成千上万个，而几乎每天都会有一个博主与我们进行联系。我会花时间与那些对我们的目标市场有吸引力的博主建立关系。这种关系对双方都是有益的。我们收获的好处是我们的商品可以由一个品牌外部的可信任的时尚声音进行推广。如果一个博主有足够数量的追随者，那么一个合作项目就可以驱动客流量和该品牌的收入。而博主则可以增加他们与

Body Central 公司社交媒体平台上的新潜在读者的接触，并且能够从与真正喜欢的品牌建立起的排他性个人关系中受益。

要建立这样的对话和社区意识，你需要定期沟通并且解决可能出现的任何问题。每天早上我都会检查我们的各种社交媒体平台并解决出现的问题。大多数这些问题都可以通过快速发送一个链接或客户服务参考而得到处理。

□ 学习目标

- 确定传统媒体元素。
- 确定新媒体元素。
- 了解零售商如何使用传播方案建立品牌形象及顾客忠诚度。
- 列出开发传播方案所包括的步骤。

在"商品管理"这一篇的前几章中，我们描述了零售商如何制订分类和商品预算计划，以及如何进行商品采购与定价。接下来就到了制定并实施传播方案以吸引消费者到零售地点（无论是在商店或网上）并鼓励其购买商品的阶段。传播方案可以使消费者了解零售商及其提供的商品和服务，有助于建立零售商的品牌，并在鼓励重复光顾和客户忠诚度方面起着至关重要的作用。

20 世纪末的时候，大多数零售传播方案是相当简单的。地方性报纸广告是主要的媒介，上面的信息基本倾向于提供购物奖励，通常是特价，以刺激顾客光顾商店。今天，成功的零售商利用**整合营销传播方案**（integrated marketing communication program）来整合各种传播元素。随着时间的推移，在零售组合所有的元素之间、供货渠道上向消费者提供全面一致的信息。例如，辣椒烧烤和酒吧餐厅（Chili's Grill and Bar Restaurants）使用传统媒体——电视、广播和广告牌，但是其客户也可以登录 Chilis.com 找到餐厅的位置和下单预订。该餐厅还在 Facebook 和推特上与客户进行沟通，不过相信其最有效的基于互联网的沟通工具是该餐厅的"选择加入"（opp-in）电子邮件列表。

在沟通要素之间进行协调是这家餐厅成功的关键。例如，如果该餐厅的电视广告活动试图建立一个令人兴奋的形象——基于其创新的食物选择和友好的客户服务，然而其销售促进却专注于低价格，那么其传播方法就是不一致的。相应地，消费者可能由于对其形象感到困惑而没有光顾该店。

任何传播活动要想取得成功，零售商必须通过合适的媒体在正确的时间向正确的受众提供正确的信息，其最终目标是从长期的客户关系中获利，短期目标则是销售额。随着媒体环境变得更加复杂，将信息送达合适的受众也变得越来越困难。没有哪种类型的媒体一定比另一种好。零售传播战略的目标是规划所有的元素以期共同起作用，使其产生的合力超过单个媒体部分的简单加总。

现在我们研究零售传播策略的各个要素及每一要素对成功的传播活动做出贡献的方式（见表 15-1）。这些要素被分为传统媒体与新媒体。传统媒体元素包括大众广告、促销、店内营销、直邮、人员推销和公共关系。新媒体元素包括线上（电子邮件、移动设备、网站）和社会化媒体（YouTube、Facebook、博客和推特）。这些媒体元素在以下五个维度上有所不同：个性化、互动性、信息控制、提供信息的程度和单次曝光的成本。

表 15-1　整合营销传播战略各种元素之比较

媒体/特征	个性化	互动性	控制度	信息	一次曝光的成本
传统媒体					
大众媒体广告	无	无	高	低	很低
销售促进	视情况而定	视情况而定	高	低	低
店内营销/设计要素	视情况而定	视情况而定	高	视情况而定	低
个人推销	高	高	中	高	很低
公共关系	无	无	视情况而定	中	低
新媒体					
线上	视情况而定	视情况而定	高	高	视情况而定
社交媒体	高	高	视情况而定	视情况而定	低

15.1　传统媒体元素

零售商使用各种传统的媒体元素：大众媒体广告、销售促进、店内营销、个人推销和公共关系。对于这五个媒体元素及其子分类，现讨论如下。

15.1.1　大众媒体广告

广告（advertising）是指零售商和其他组织放置公告与劝说性消息以求告知和/或说服某个特定的目标市场或受众了解其产品、服务、组织或想法的做法。位居汽车制造商之后，零售商是全国第二大广告商群体，每年花费超过 200 亿美元。亚马逊、苹果、百思买、迪士尼、麦当劳、西尔斯控股、梅西百货、塔吉特是其中较大的广告商。

由于其单次曝光的低成本及零售商对传播内容和播出时段的控制，大众广告通常被用来在购买过程中需要识别的阶段创造意识度（见第 4 章）。但大众广告不能有效地帮助消费者搜寻信息，因为可以传输的信息量是有限的。大众广告的性质注定它不可能提供个性化的信息或直接与客户进行互动。但就宣传促销活动或新开商店来说，它是一种具有成本效益的方法。传统上，大众广告被限于报纸、杂志、直邮、电视、广播和广告牌。

1. 报纸

在过去的一个世纪里，报纸和零售广告一起成长起来。但最近零售商投放于报纸广告的增长已经放缓，因为其已经开始使用其他媒体。然而，报纸广告收入的 57% 来自零售商。除了以编辑内容展示广告，报纸还可以发布插页广告。**插页广告**（freestanding insert，FSI），也被称为**预印本**（preprint），是指由零售商承担费用，将广告印刷在报纸的插页中进行分发。尽管很受广告商的喜爱，但有些报纸的插页广告实在太多，以至于读者可能会变得不知所措。因此，一些零售商已经开始减少插页广告的数量，因为插页广告的内容过于杂乱并且年轻的读者不经常读报纸，而这些年轻人可能是他们的首要目标市场。

报纸被分发给界定清晰的本地市场区域，所以它们能够有效地针对特定的零售市场。报纸有时也会反应快速。从接到广告到广告将出现这两个阶段之间的时间很短。因此，报纸在较短的一段时间内传递信息方面是很有用的。

报纸读者可以通过自己的节奏阅读广告，并在需要的时候参考其中的一部分。但报纸广告用于商品展示时效果不佳，特别是在颜色显示非常重要的时候，因为复制的质量很差。

报纸广告的生命是很短暂的，因为报纸通常在阅读后就被丢弃了。相比之下，杂志广告有更长的寿命，因为消费者倾向于将杂志保存起来，往往会在一周或一个月的时间内阅读好几次。

最后，开发报纸广告的成本相对较低。然而，如果该报纸的发行范围比零售商的目标市场大，那么提供信息的成本可能会很高，因为零售商需要支付那些不能保证产生销售量的曝光。

2. 杂志

在全国性的杂志上做广告的主要是全国性的零售商，如塔吉特和盖璞。随着地方性杂志、地区版全国性杂志以及专业杂志的发展，当地的零售商可以利用这一媒体具有的好处做广告。许多杂志都提供打印版和在线版，或者过渡到只有在线版。杂志这种从印刷到电子杂志（或两者兼有）的商业模式的变化使零售商能够以更低的单次曝光成本将相关商品信息送达潜在的客户。因为复制的质量很高，零售商倾向于用它来做图像广告。由于提交广告和出版广告之间的时间限制，杂志广告的一个主要缺点在于：很难协调特殊事件和促销活动的时机。

3. 直邮

直邮包括任何通过邮件或私人递送公司直接提供给消费者的小册子、产品目录、广告或其他营销材料印刷品。自邮件产生以来，零售商就通过它与消费者进行沟通。发给消费者和家庭现住居民的绝大多数直邮都是非个性化的。随着忠诚度和客户关系管理计划的出现，如今零售商能够对所有客户进行个性化直邮，向其中的某个群体（根据其以前的购买）直邮，甚至在个性化的基础上直邮给单个客户。虽然基于每一位客户的成本相对较高（因为印刷、邮件成本及相对较低的响应率），但是直邮仍然被许多零售商广泛使用，这是因为人们对直邮的个人信息的回应良好。

4. 电视

电视广告可以投放在一个全国性的网络或本地电台。零售商通常利用高质量的制作，同时通过视觉图像和声音进行交流的机会在电视上做形象广告。电视广告也可以用来展示产品的使用情况。例如，对于汽车、家具和消费电子产品经销商来说，电视是极佳的媒体。

除了高的制作成本，全国电视广告的广播时间售价也很高。**插播广告**（spot），是与全国性的广告相对的当地市场广告，具有相对较小的受众，但对当地的零售商来说，它可能很经济。为了弥补较高的制作成本，许多供货商提供模块化的广告。在该广告中，零售商可以在供货商商品信息的后面插入它的名字或"标签"。

5. 广播

许多零售商利用无线电广播做广告，因为信息可以很容易地针对市场的一个特定部分。一些电台的观众对播音员有很高的忠诚度，尤其在"谈话电台"形式中。当这些播音员对某一零售商进行宣传时，听众会留下深刻的印象。广播广告的制作和播出成本相对较低。

然而，广播广告的一个缺点是，听众一般把无线电广播作为背景，这限制了他们对信息的注意。消费者只有在广告播出时才能得到信息，当他们没听到或不记得时不能再重复接收这些信息。

15.1.2 销售促进

销售促进（sales promotions）是特殊的激励或刺激建立计划，鼓励消费者购买某一特定产品或服务。一些销售促进已成为零售商用于建立顾客忠诚度的长期客户关系管理方案不可分割的组成部分。对信息进行个性化的能力和与客户的直接互动取决于零售商使用何种类型的销售促进。然而，在通常情况下，销售促进提供相对较少的信息。但从积极的一面看，其控制信息的能力高，单次曝光成本低。下面讨论销售促进活动中使用的工具，如优惠券、回扣和奖品。

1. 优惠券

使用**优惠券**（coupons）购买特定商品时，可以获得一定的折扣。制造商和零售商通过报纸、产品、货架、互联网、移动设备及邮件发放优惠券。零售商之所以使用优惠券是因为它们被认为会诱导消费者对产品做出首次尝试，将首次购买者变成常规购买者，鼓励大量采购，增加使用量以及在竞争中保持市场份额。一些零售商将优惠券直接与他们的忠诚度计划相联系。利用详细的通过"忠诚卡"收集到的消费者行为数据，西夫韦提供极具个性化的便宜货。如果某个消费者购买了好几件自有品牌商品，如纸巾和玻璃清洗剂，他将获得一张诱人的优惠券用于购买该商店的自有品牌洗洁精产品。另一个客户可能也会收到一张相同商品的优惠券，但如果他的行为表明他不可能购买商店品牌商品（因为他过去购买的是知名品牌的纸巾），该优惠券的价值就较小。

2. 回扣

回扣（rebate）为消费者提供另一种形式的折扣。然而，在这种情况下，制造商（而不是零售商）将退款作为购买价格的一部分以现金的形式退还给买方。零售商普遍欢迎供货商的回扣，因为他们以与优惠券同样的方式产生了销售，而零售商无须承担任何处理费用。供货商可以提供慷慨的回扣是因为消费者嫌麻烦，他们申请退税的可能性很低。但有些零售商提供可在购买点进行兑换的"即时退税"。史泰博和苹果都已经在"易返利"和apple.com/promo 简化了回扣兑换过程。

3. 奖品

奖品（premium）是免费或以较低的价格供应物品以奖励某种类型的行为，如购买、抽样或测试。这种回报在消费者之间建立了善意，他们将这些奖品看得很重。奖品可以以各种不同的方式发放：可以由制造商附加于产品包装内，如在麦片盒里面放入玩具；可以明显地放置在包装上，如在一盒脆谷乐麦片盒上的免费牛奶优惠券；可以在商店分发；还可以通过邮件交付，例如维多利亚的秘密就向客户邮寄免费的香水。

15.1.3 店内营销/设计要素

零售商及其供货商将相当多的注意力集中在商店的营销设计元素和活动上。正如我们在第4章中讨论的，消费者经常在店内做出购买决策。因此，商店的环境要素，如吸引眼球的购买点展示及店内活动（如提供商品试样和特殊事件），可以增加客户在商店停留的时间及购买倾向。对于这些商店营销/设计元素，我们将在下面进行讨论。第17章将探讨其他影响顾客购买行为的商店设计和视觉营销技术。

1. 购买点

展示购买点（POP）显示是商品展示被置于购买点，如在一个超市的收银台。零售商早就认识到商店里最有价值的空间就位于POP。客户在等待支付时看到喜欢的杂志或糖果产品就会进行冲动购买。POP展示不可能对每个客户做到个性化，因为信息在每个人眼中都是一样的。POP展示的互动性低，但信息内容涵盖广泛。最后，它的单次曝光成本低。

2. 试样

试样（samples）在潜在客户做出购买决定前为其提供尝试产品或服务的机会。试样是最昂贵的销售推广工具之一，但也是最有效的工具之一。化妆品和香料零售商以及杂货店经常采用试样。例如，全食超市向客户提供试样产品。好市多使用的试样产品如此多，以至于消费者可以在其购物过程中享用完整的一餐。就化妆品和香水的情况而言，试样可以是高度个人化的，因为销售人员可以很容易转向消费者可能想要或需要的试样，但对于食品店情况通常并非如此，因为大家通常会收到相同的食品样品。试样也可以是高度互动的，信息可以被控制，所提供的信息可以很多，因为销售人员可以根据情况和客户要求进行调整。然而，单次曝光的成本是相对较高的。

3. 特殊事件

特殊事件（special event）是一个促销计划，由一系列围绕着季节、文化、体育、音乐或其他类型的活动而建立的促销手段组成，特殊事件可以产生兴奋和到店客流。服装和百货公司有"衣箱秀"（Trunk Show）、量身定做事件和时装表演。体育用品商店提供设备演示，而杂货店可能有烹饪课。书店举办读书和签售活动。汽车经销商可以进行集会或者新式或复古模型展示。即使事件过程中记录的销售并不明显，其长期效应却是明显的。

虽然**事件赞助**（event sponsorship）不一定总是发生在店内，但是当零售商通常在文化、体育及娱乐领域支持各种活动时（财务支持或其他方式支持），事件赞助就发生了。一些零售商会赞助一些体育赛事，如底特律的小西泽比萨碗（Little Caesar's Pizza Bowl）。

其他零售商则会购买某个体育场馆的命名权，如塔吉特的场地是美国职业棒球大联盟明尼苏达双城棒球队（MLB's Minnesota Twins）的大本营；汇丰竞技场则是北美职业冰球联盟布法罗军刀队（NHL's Buffalo Sabres）的大本营，也是家得宝曾经提供过赞助的纳斯卡赛车的大本营。

特殊事件无法做到个性化，但其是高度互动的。该消息和相关信息可以被控制，并且单次曝光的成本较低。

15.1.4　个人推销

个人推销（personal selling）是销售人员通过面对面的信息交流帮助客户满足需求的一种传播过程。销售人员可以个性化每一条信息以适应客户的需求，并提供尽可能多的信息。它是高度互动的，并在一定程度上由训练有素的销售人员对信息加以控制。然而，与其他促销形式相比，与潜在客户进行直接沟通的成本很高。在没有销售人员提供帮助的情况下，消费者虽然可以购买很多产品和服务，但通过提供信息和服务，简化了购买过程，为客户节省了时间和精力。对于个人推销对客户服务的影响，我们将在第 18 章中进一步讨论。

15.1.5　公共关系

公共关系（public relations，PR）涉及管理沟通和各种关系来实现不同的目标，如建立与维护零售商的正面形象，处理或脱离不利的故事或事件，并与媒体保持良好的关系。在许多情况下，公共关系活动通过产生"免费"的媒体关注和总体好感而对其他促销活动提供支持。公关活动不是个性化的，且无法互动。而媒体在多大程度上以零售商预期传播的方式对信息进行诠释可能受一定的控制，而且信息量也不大。单次曝光的成本相对较低。零售商使用的公共关系活动的类型就像自身一样是变化的。下面我们将探讨零售商在其传播战略中采用的几种不同的公共关系方式。

1. 内曼·马库斯及其圣诞产品目录

内曼·马库斯的圣诞书也许是美国最著名的圣诞节零售产品目录。其声誉在很大程度上来自其每年传统的超奢侈的礼物——his-and-hers。其独特的商品带来了免费的宣传，因为记者和风尚观察者对这家零售商每年想出的点子都无不感到惊讶。

圣诞书最初分发于 1915 年，内曼·马库斯将其作为圣诞卡发给消费者，邀请他们在节日期间访问商店。20 世纪 50 年代后期，客户纷纷询问内曼·马库斯有没有其他商店没有或从其他目录零售商买不到的独特礼物和商品。在 2012 的圣诞书中，读者遇到了"有史以来最先进的超级跑车"——2013 麦克拉伦 12C 蜘蛛人，售价 354 000 美元。这个价格与后面列出的礼物相比可能较低：一套价值 110 万美元的梵克雅宝 his-and-hers 手表，这套手表以巴黎和日内瓦场景为特色——去过每个地点旅行才算完整。内曼·马库斯将圣诞书邮寄给 180 万名客户，当然，相关信息也可在其网站上得到。

2. 梅西百货和事业关联营销活动

从 2011 年开始，梅西百货与许多慈善机构合作开展成功的**事业关联营销活动**（cause-related marketing campaign），即企业和慈善机构结成合作伙伴，为共同利益而营销一种形象、产品或服务的商业活动。除了为社会提供利益，其"为事业而购物"（Shop for a Cause）运动产生了大量的宣传。这一活动允许合作方慈善机构以每张 5 美元的价格出售优惠券，在梅西百货特定的某天给予购买者 25% 的折扣。只要是非营利组织，各种慈善机构都有资格参与，由此产生了广泛的合作伙伴关系，从自闭症之声到大波士顿食物银行再到基督教青年会以及用于狼疮研究的动物救助联盟。与此同时，梅西百货在其门店出售优惠券来使"硬币的游行"（March of Dimes）受益。每个慈善机构保留来自优惠券销售的全部收入，而梅西百货则受益于销售量的增加。2011 年，该活动为慈善筹集了 3 800 万美元的资金，而梅西百货则赚取了大约 6 亿美元的销售额。

3. 零售商和产品植入

当零售商和供货商使用**产品植入**（product placement）时，他们付费使其产品出现在非传统的情境中，如在电影或电视节目中的某个场景。在 *30 Rock* 的某一集中，由萨勒马·哈耶克（Salma Hayak）和亚历克·鲍德温（Alec Baldwin）扮演的角色讨论麦当劳的 McFlurry 是不是世界上最好的甜点。《生活大爆炸》中的人物经常出现在彭妮（Penny）的工作地点——芝士蛋糕工厂，谢尔登曾经要求"进入奶酪蛋糕工厂冷藏库"，甚至在《最大的输家》这样的真人秀节目中，参赛者从一个赛百味餐厅跑去下一个。

15.2 新媒体元素

在过去的 10 年中，新媒体形式的使用，如线上媒体（网站、电子邮件和手机）和社会化媒体（例如，YouTube、Facebook、博客和推特）呈现爆炸式发展。下面对这些新的媒体元素逐一进行讨论。

15.2.1 线上媒体

1. 网站

零售商越来越重视通过其网站对消费者进行自身宣传。他们利用网站来建立品牌形象，告知消费者商店的地点、特殊事件、在本地商店是否有商品以及是否销售商品和服务。许多零售商也致力于其网站领域的社区建设。这些网站为有类似兴趣的客户提供了一个机会来了解支持其爱好的产品和服务，并与他人分享信息。客户还可以发布寻求关于产品和服务的信息或评论的问题。例如，一家户外服装和设备零售商 REI，为徒步旅行、自行车旅行、划船、探险邮轮和其他的旅行提供探险旅游规划资源。通过这样做，REI 创建了一个使用 REI 销售的商品致力于各种探险活动的消费者社区。这一社区因此强化了 REI 的品牌形象。

许多零售商鼓励客户对在其网站上购买或使用的产品进行评论。研究表明，这些评论增加了客户的忠诚度，并为网站提供了竞争优势。

通过使用零售商的网站，他们可以有非常个性化的、互动的体验。零售商的网站上发出的消息可以包含大量的信息，并很容易被控制。单次曝光的成本相对比较适中，因为维护和运营一个网站的成本很高。

零售商积极使用**搜索引擎营销**（search engine marketing，SEM）以提高其网站在搜索中的知名度。一种搜索引擎营销的方法是使用**搜索引擎优化**（SEO），以建立和调整网站内容使其显示更接近**搜索引擎结果页面**（search engine results page，SERP）的顶部。这些搜索引擎结果页面列出了搜索引擎提供的结果，以作为对用户查询关键字的响应。因此，搜索引擎优化被用来加强未支付或有机搜索。另一种搜索引擎营销方法是通过谷歌的赞助链接广告计划使用付费搜索。这些结果被置于网页上端及自然或有机搜索结果的右端。

2. 电子邮件

电子邮件涉及将信息通过互联网发送到特定的个人。零售商通过电子邮件告知客户新商品和特价促销，确认订单收据，并指出订单已发货。客户数据库的增加使零售商能够随着时间的推移识别和跟踪消费者与整个购买的情况（见第 11 章）。其结果是，电子邮件可以高度个人化，信息控制非常好。然而，当同样的消息被电子邮件传递到所有收件人时，电子邮件更接近于无关个体的大众广告。由于电子邮件收件人可以对零售商进行回应，它被认为是一个互动的媒介。最后，单次曝光的成本是很低的。

3. 移动传播

移动传播是通过无线手持设备的交付进行的，如蜂窝电话。**移动电子商务**（m-commerce/mobile commerce）涉及通过手机完成交易。智能手机的功能已经远不是打电话这么简单，其提供了获取体育赛事、天气、音乐、视频、发短信以及购买商品的移动计算机式的功能。零售商移动传播的成功依赖于能够通过某个小屏幕设备进行有效传播的各种应用程序。

零售商使用如 Foursquare 的应用程序与手机用户进行沟通，基于消费者的位置（由 GPS 技术确定）向他们发送信息。Foursquare 对光顾当地零售商的消费者进行积分奖励。有了基于 GPS 的应用程序，用户也可以向该地区的朋友推荐附近的零售商。此外，应用程序的数据分析功能允许零售商跟踪移动营销活动的影响。

塔吉特使用 Shopkick 应用程序对在店里行走并扫描产品的顾客进行积分奖励；他们可以将积分兑换成各种奖品。其他零售商使用移动渠道交付优惠券或其他促销品，如免费送货到顾客（当他们在零售商实体店进行在线购买时）。最后，零售商可能会使用相关的基于位置的技术提供量身定制的当地信息，把消费者带到他们的商店。

尽管移动传播具有上述一系列优点，但是它仍然有其缺点。一项研究发现，90% 的受访者完全没有兴趣接收移动应用程序。地理位置服务与社会化媒体的结合可以提高犯罪率，例如窃贼会知道房主离家有多远。

许多零售商已经开发出消费者可以使用的应用程序来获得各种服务。零售视角15-1突出介绍了史泰博为使事情变得容易而为消费者所做的努力。

零售视角 15-1

史泰博的移动战略：通过智能手机与消费者建立联系

世界上最大的办公用品公司史泰博的年销售额约250亿美元，正在以一种积极的姿态进入移动世界。意识到这是一个机会后，史泰博通过移动网站和应用程序使其客户的生活变得更轻松。2010年，该公司发起了移动战略，推出了一个移动设备优化网站，以便客户能够更轻松地通过智能手机对其进行访问。2011年6月，它重新推出了移动网站m.staples.com，以将产品评分和评论、商店定位工具及商店存货搜索包括进去。

同样在2011年，史泰博为iPhone和Android智能手机推出了移动应用程序。该应用程序提供了简化的网站版本，但它也支持优惠券和促销信息下载。此外，该应用能够感知地理，比如一旦客户进入史泰博商店一英里内，就自动提供优惠券。

最后，该应用程序允许用户构建智能列表，这一列表可以跟踪他们的供应需求，并将其链接到他们的史泰博奖励状态（该零售商的忠诚度计划）。通过将应用程序的智能列表功能与客户的购买历史相结合，史泰博为客户构建了虚拟供应柜。虚拟供应柜不仅包括客户的购买历史，还包括他们在商店时保存在自己手机中的扫描存货单位。

资料来源：Christopher Hosford, "Staples' Mobile Strategy Based on Customer Convenience, Loyalty," *B to B Magazine*, March 12, 2012; Staples.com, "About Us," and "Staples Helps Small Business Owners Get Ahead in the New Year"; and Ben Stillitoe, "Staples Plans New Social Media Strategy," *Retail Gazette*, December 13, 2011.

问题讨论：你使用过零售商开发的移动应用程序吗？如果使用过，你觉得它们有用吗？

15.2.2 社会化媒体

社会化媒体（social media）包括各种形式的电子传播，用户可以用来创建在线社区分享他们的想法、信息和其他内容（例如，视频）。社会化媒体的三大在线推动者是YouTube、Facebook和推特。作为另一种鼓励口碑传播的在线工具，在线论坛使得消费者能够评论、交流以及积累关于产品、价格和促销的信息。这些论坛也允许用户彼此之间进行交互（例如，形成一个社区）。这种在线社区使用户能够为其他志同道合的消费者和零售商提供想法，并对某零售商的产品或服务进行评估。

零售商使用社会化媒体来吸引消费者参加积极的对话。当某零售商在某社会化媒体网站上发布信息，人们往往开始对其进行分享和评论。零售商必须监控反馈并做出必要的回应，尤其在面对负面评论时。例如，**情感挖掘**（sentiment mining）是一个过程，让零售商可以挖掘各种在线聊天形式，收集消费者的意见，然后分析这些数据，以确定消费者的整体态度和对产品及广告活动的偏好。通过自动在线搜索工具和文本分析技术的结合，情感挖掘对数以百万计的网站进行冲刷，从中产生的定性数据对消费者真实所想提供了新的洞察。获得实时信息的零售商可以变得更加灵活，从而允许其在部署产品或新的广告活动时能够做出快速变化。零售视角 15-2 阐释了戴尔如何使用各种社会化媒体分析工具更好地为客户服务。

零售视角 15-2

驾驭社交媒体以使顾客愉悦

社交媒体彻底改变了公司与客户进行沟通、倾听他们的心声以及通过他们进行学习的方式。社交媒体生成的信息量对于改善所有的业务操作，包括产品设计、技术支持和客户服务，可以说是一个强大的工具，但要让这一切变得有意义也是一项非常艰巨的任务！与其作为计算领域全球领导者的形象一致，戴尔被公认为全球顶级社交媒体品牌之一。

戴尔始终重视消费者投入，根据该公司创始人和首席执行官迈克尔·戴尔所说："戴尔的创立原则之一就是向我们的客户进行倾听和学习，并能够利用那些反馈加以改进。"戴尔仍然提供传统的在线支持论坛，针对不同的用户群和主题发布问题与答案。但是，现在，像 Facebook 和推特这样的社交媒体渠道已经极大地加速了这种学习曲线。戴尔的手机应用程序还可以帮助用户在路上保持联系。

戴尔的每个高度发达的社交媒体渠道在质量上有所不同。它通过 Facebook、LinkedIn、推特和 Google，以及戴尔的旗舰博客 Direct2Dell.com 和许多其他博客为公司及其客户提供即时聊天与对话的即时性。

倾听和分析或者说社交媒体监控是关键。它使戴尔能够识别显著的客户输入和趋势。例如，通过与社交媒体监控合作伙伴 Salesforce Radian6 的合作，戴尔将文本分析和大容量数字内容收集技术的各种方法结合在一起，每天监测大约 25 000 次会话。除了客户支持，新媒体还提供公司和产品新闻，以及为客户提供关于数字业务与数字生活的精神食粮。

戴尔收集和监控这些在线聊天，发布回应或想法，并参与其新的社交媒体监听指挥中心的其他讨论。员工中有 70 名受过训练，他们以 11 种语言跟随和回应社交媒体对话。所有推特、Facebook 的帖子和其他需要戴尔回复的评论都会在 24 小时内得到回复。

资料来源：Andrea Edwards, "Dell—a Top Five Social Media Brand—Looking for Fresh Ideas," *SAJE Communication*, October 12, 2011; "Introducing Dell's Social Media Command Center," Dell.com; Ed Twittel, "How Dell Really Listens to Its Customers," *ReadWriteEnterprise*, July 22, 2011; and "Social Media," Dell.com.

讨论问题：你是否使用其社交媒体工具与零售商进行过互动？如果是，其回应是否令你满意？

社会化媒体不仅能使零售商应对不愉快的客户，而且还可以监测趋势和应对消费需求。沃尔玛使用社会化媒体来开发服务和选择产品，比如通过参与 Facebook 和推特来选择圣诞礼物。但是，并非所有的社会化媒体都能引发积极的结果。对一家名为 Gasp 的高端澳大利亚时尚精品店来说，社会化媒体消除界限的功能却使得事情变得更糟。某个客户在网上抱怨她在店里受到的对待。这位经理非但没有道歉，反而因为反正她也不会购买而赶她去"大众服饰"型零售商那里去购买。这一事件经社会化媒体曝光，被传得沸沸扬扬。

正如这些社会化媒体的各种例子所表明的，其可以非常个人化和具有互动性。当这个消息是由零售商发出的，它是可以控制的，但当客户参与进来，比如在进行评论的情况下，不管是什么消息，零售商对其几乎没有任何控制权。同样，社会化媒体信息内容的水平取决于谁在传播。与传统媒体相比，社会化媒体单次曝光的成本相对较低。今天在线社会化媒体的最大推动者是YouTube、Facebook、博客和微博、推特。

1. YouTube

在这个视频分享社会化媒体平台上，用户可以上传、分享、查看并评论视频。这种媒体给零售商提供了一种以不同以往的方式来表达自己的机会。零售商（如在零售视角15-3中讨论的电视家庭购物公司HSN）可以播放自己的频道，即只包括与公司自己产品相关的YouTube网站。

YouTube还提供了一个举办比赛和发布教学视频的有效媒介。家得宝已经吸引了超过18 000个用户，累计超过4 100万次观看，一系列的视频详细介绍了店内的新产品，还引入了自己动手做的指导视频，如"修剪草坪贴士"或"如何修理厕所"。这些视频保持了家得宝品牌的核心身份，同时也为消费者带来了价值，使他们学到了有用的方法来改善家居环境。

零售视角 15-3

YouTube 和 HSN

家庭购物网络公司（HSN）作为一家本地有线频道始建于1982年，为消费者提供了一个可以通过电视购物的渠道。随着这一领域竞争的加剧，HSN开始量身定制其沟通战略，以获得更多的购物者。例如，HSN.com是访问量最大的电子商务网站之一。但也许HSN添加到其沟通战略中的最强大的工具当属YouTube。

通过与HSN公司目标市场40%～50%的消费者建立联系，YouTube赋予HSN一种与客户进行不同互动的方式，并进一步增加了其现有客户的钱包份额。其视频格式不仅使得此种联系变得人性化，而且还提供了有关产品的额外信息。

对于消费者而言，YouTube提供的是一种无缝的体验。在HSN上推广的产品，如托蕊·斯培林的珠宝系列，在电视上出现后几乎立即可以在YouTube上购得。其后HSN的营销人员可以使用从YouTube上收集的信息来瞄准其直邮活动的目标市场。例如，它可以向看过YouTube视频剪辑的家庭发送珠宝促销，以获取多莉·斯佩林系列中的一条项链。消费者的反应受到全天候24/7（每周7天，每天24小时）的监控，并根据小时销售目标进行衡量。它就像一个购物版本的美国有线电视新闻网（CNN）一样，一点也不枯燥。

资料来源：www.gstatic.com/youtube/engagement/platform/autoplay/advertise/downloads/YouTube_InTheKnow.pdf; www.gstatic.com/youtube/engagement/.

问题讨论： 你认为通过YouTube获得HSN的商品有用吗？

2. Facebook

这个社会化媒体平台拥有超过 10 亿名活跃用户，为企业提供了一个与粉丝互动的论坛。零售商有与用户相同的访问功能，包括可以用来发布公司最新消息、照片和视频的"墙"或参加讨论区。

对梅西百货来说，Facebook 一直是一个有前景的传播渠道，因此也成为了第一个采用 Facebook 网页形式的零售商。此外，Facebook 的时间表格式在突显各种事件上表现极佳。梅西百货已经开始在 Facebook 上加大宣传，采用更有针对性的广告与现有及潜在的粉丝进行交流。跟随社会化媒体网站进行调整仅仅代表了梅西百货革新其社会化媒体更广泛计划的一个方面，旨在吸引更多的 25～54 岁的女性消费者，以及一些 Y 一代的时尚达人。梅西百货相信 Facebook 是一种将正确的信息送至正确的人面前的好方法。

它还为小型零售商提供了一个有吸引力的手段来针对当地的消费者群体。例如，西雅图的 PCC 自然市场（PCC Natural Markets）在 Facebook 上就本地产品与客户进行社会化媒体对话。为了鼓励参与当地的各种活动，如"品味 PCC：本地菜庆祝"或"扔掉熟食店"竞赛，它依靠 Facebook、推特上的帖子和微博，以最小的投资获得了巨大的口碑传播。

3. 博客

在**博客**或**网络日志**（blog/weblog）上，个人博主或一组用户在网页上定期发布自己的观点与各种时事信息。博客的管理员可以是一个零售商、一个独立的人，也可以是一家公司。一个广受接纳的博客可以传播趋势、宣布特殊事件并创建**口碑**（word of mouth），这是人们之间对于某一实体（如零售商、产品或服务）的沟通。博客通过形成一个社区将客户连接起来，让公司直接回应他们的意见，并推动公司与客户之间的长期关系。就其本质而言，博客应该是透明的，并包含作者的真实观察，这可以帮助客户确定其信任和忠诚度水平。但是，如果博客是由零售商创建或赞助的，信息有可能是正向"偏见"的。此外，零售商对在博客上发布的内容的控制有限，因此，发布的信息可能是负面的或不正确的。许多零售商使用博客作为传播战略的一部分。排名第一的零售商博客是 Omnivoracious——亚马逊的博客，很自然是关于书的。戴尔、苹果、西尔斯、百思买和 QVC 也有获得高度好评的博客。

4. 推特

在社会化媒体的讨论中，Facebook 和推特总是被一同提及，但它们在某些关键方面有所不同。推特是**微博**（microblog），其用户限于发布 140 个字符的消息。使用 140 个字符的消息迫使零售商发布简短、及时和相关的帖子。零售商可能使用 Facebook 鼓励对其品牌、促销进行讨论，甚至要求他们的"朋友"发布视频，但他们更可能使用推特来发布最新的或快速变化的信息来激发消费者。小型和大型零售商都积极使用推特。营销预算有限的小型零售商喜欢通过发送一个促销信息就立即引起反应。在 2013 年暴雪尼莫（blizzard Nemo）前，一辆当地的食物卡车，一早就发布了"前往 @dumbofoodtrucks Front St & Main St！在尼莫到来前获取 korilla"，让其客户知道在哪里可以找到他们，并且制造了一种在暴风雨来临之前的紧迫感，为本地实体店俘获了大量受众。

大型零售商可能有足够的资金通过全国性的活动进入大众市场，但推特为他们提供了一种保持与客户个性化接触的方式。知名的韦格曼斯杂货连锁店一收到农副产品就会发送关于日期和时间的帖子，珍惜新鲜农副产品的消费者会在蔬菜正在卸载的时候出现。除了交货的具体信息，韦格曼斯也会发布种植者以及可用存货的信息。韦格曼斯也使用社会化媒体来回答客户提出的问题。

推特也改变了客户获得产品或服务信息以及登记表扬和投诉的方式。曾几何时，消费者因为产品或服务问题不得不打电话给客户服务热线并坐等预先录制好的语音提示，今天他们则可以利用推特获得即时反馈。零售商可以通过质量、准确性及其对客户服务问题的时效性来衡量推特客户服务是否成功。例如，潘世奇（Penske）汽车租赁代理历时整整一年观察客户如何将推特用于客户服务问题，之后才实施了其推特客户服务程序。与调查结果一致，潘世奇呼叫中心培训员工使用新技术每天从早上7点到晚上11点监控推特用户的投诉。每当消费者就汽车租赁问题发推特时，他们几乎在瞬间就能收到回复。

15.3 传播方案建立品牌形象及客户忠诚度

前面讨论的使用旧媒体、新媒体的传播方案可以对零售商的业务产生长期和短期的影响。从长远来看，传播方案可以用来创建和维护一个强大的、差异化的零售商及其商店品牌形象。这一形象开发了客户忠诚度，因此创造了一种战略优势。因此，品牌形象建设传播方案为在第11章中讨论的CRM计划目标提供了补充。

另外，零售商频繁使用传播方案以实现其在一个特定的时间段内增加销售的短期目标。例如，零售商通常在短期内对某些或全部商品以折扣价格进行减价销售。杂货店通常每周结合优惠券发布广告，为这周的采购节省资金。

在本节中，我们将讨论传播方案在建立**品牌形象**（brand image）这一战略目标中的作用。以下部分集中讨论开发和实施传播方案涉及的操作性问题。

15.3.1 品牌

品牌是"一个名称、术语、设计、符号或任何其他将某个卖家的产品或服务与其他卖家所提供的区别开来的特性"。在零售业中，零售商的名称被作为品牌加以使用，它向消费者暗示了该零售商所提供商品和服务的风格。正如我们在第13章中讨论的，有些零售商开发自有品牌并通过其分销渠道进行独家销售。有时这些自有品牌的商品标明了零售商的名称，比如沃尔格林阿司匹林、维多利亚的秘密时尚内衣。有时这些商品还会使用一些特殊的品牌名称，如沃尔玛奥罗伊狗食和西尔斯Die Hard电池。

15.3.2 品牌形象价值

品牌为消费者和零售商双方都提供了价值。对消费者来说，品牌在他们光顾该零售商以前就预先将有可能面临的购物经历信息提供给他们。品牌也会影响顾客决定去某零售商那里购买商品的信心。最后，品牌还可以提升顾客对商品和服务的满意度。例如，顾客会觉得佩戴蒂凡尼而不是扎莱什珠宝更加别致，或者住在丽思·卡尔顿酒店要比费尔菲尔德客栈更加舒适。

品牌形象提供给零售商的价值，就是**品牌资产**（brand equity）。高资产品牌（也被称为**强势品牌**）会通过激励重复购买影响消费者的决策过程，反过来又会导致更大的顾客忠诚度。不仅如此，强势品牌名称还能使零售商增加利润，因为顾客能容忍更高的价格。当零售商拥有高的顾客忠诚度时，他们就可以通过溢价吸引消费者，减少对价格促销的依赖。相反，品牌形象处于弱势的零售商必须提供低价，通过频繁的减价促销来维持其市场份额。

顾客对品牌的忠诚来自对该品牌的高度认知及与之相连的信念和情感联系。在第 4 章中，我们提到零售商需要出现在消费者的考虑范围之内。有些品牌被人们熟知，所以通常会被消费者列在考虑范围之内，例如沃尔玛和塔吉特这样的知名品牌。消费者也会对某些特定品牌产生认同感和信念，并与其建立起强烈的情感联系。去塔吉特购物已经成为一种很酷的购物体验，因为人们认为在同一时间在抢购洗衣液的同一家商店内，省钱和购买时髦商品，包括高级女士时装设计师米索尼（Missoni）所有的限制收藏版商品，是很潮的一件事。这些消费者亲切地用仿法语发音"塔家"来称呼塔吉特。高度的品牌知晓和强烈的情感联系降低了消费者转向竞争性零售商的动机。

最后，具有强势品牌名称的零售商可以借助其仅凭不多的营销努力来引入新的零售理念。例如，盖璞有效地将其品牌延伸到盖璞童装、盖璞护肤、盖璞婴儿装和盖璞孕妇装。零售视角 15-4 概述了 J.Crew 如何努力做到开发自己的品牌标识，并与那些最接近的竞争对手区别开来。

零售视角 15-4

建立 J.Crew 品牌

该品牌有很强的名称识别度：许多购物者都听说过 J.Crew。但在 21 世纪前十年的中期，当许多购物者在听到这个名字的时候只是感觉"乏味的和预科水平的"。首席执行官米拉德·"米奇"·德雷克斯勒（Millard "Mickey Drexler"）于 2003 年走马上任后，他决定改变 J.Crew 的形象，他需要通过消费者的手（也就是说，用高品质服装的质感和外观）吸引他们的心。通过以它认为合理的价格提供高品质版本的经典服装，J.Crew 已经能够增加利润，降低其债务，并扩大商店数量。

正如该公司在其网站上承诺的那样，它"与全球最好的面料厂和工匠，以及与标志性的品牌，如杰克·普塞尔（Jack Purcell）、天美时（Timex）、托马斯·梅森（Thomas Mason）、红翼（Red Wing）（仅举几例）进行合作"。因此，客户将 J.Crew 这一名称与高端供货商联系起来。但实现这种质量是有代价的。J.Crew 的客户需要为这些承诺更高质量的品牌付出更多金钱。

其他基于商场的零售商都以低得多的价格进行运营。没有人能在盖璞找到 Alden 制造的皮鞋，但是可以在 J.Crew 找到。即使对于看起来相似的产品，J.Crew 也能够以独特的方式将自己与它们区分开，例如在一件基本的 T 恤上添加手工缝制的亮片。

德雷克斯勒也相信让客户自己决定品牌的形象，这使得独特的女性导向和男性导向的产品线和各个店铺得以推出。当他收到的反馈表明女士会购买多件不同颜色的 J.Crew 夏装用作伴娘的裙装时，他推出了 J.Crew 的新娘婚纱。该产品线在 2010 年 5 月开设了第一家专门的婚纱店。由于其 Ludlow 男士系列西装、运动外套和休闲裤的成功，J.Crew 又开设了几家独立店址的 Ludlow 商店，以及在与曼哈顿相邻的翠贝卡开设了男装专卖店，以其前租户（一家酒水商店）的名字命名。这些商店不仅出售 Ludlow 服装，而且还出售各种名牌配件。当欧洲客户抱怨他们无法向海外运送 J.Crew 商品时，它与一家在线零售商建立了合作伙伴关系，使得其商品几乎在全世界都可以获得。

这样的定位是德雷克斯勒获得"商人王子"绰号的一部分原因。虽然 J.Crew 仅仅抓住了来之不易的初步声誉，但是它已经在顾客心目中留下了质美价廉的印象。它还显示了根据需要做出持续改变，以迎合客户不断变化的需求的意愿。

资料来源：Matthew Sebra, "Store Spotlight: J.Crew Opens Inaugural Ludlow Shop," *GQ*, March 1, 2012; "J.'s Crew," *The Wall Street Journal*, November 26, 2011; Tina Gaudoin, "Mickey Drexler: Retail Therapist," *The Wall Street Journal*, June 10, 2010; Meryl Gordon, "Mickey Drexler's Redemption," *New York Magazine*, May 21, 2005; and www.jcrew.com/AST/FooterNavigation/ aboutus.jsp.

问题讨论：你对近几年 J.Crew 做出的改变有什么看法？你喜欢这些改变吗？

15.3.3 建立品牌资产

零售商为其公司或自有品牌商品建立品牌资产而需要开展的活动有：创造高水平的品牌知晓，发展有利的品牌联想以及不断强化品牌形象。

1. 品牌知晓

品牌知晓（brand awareness）是指潜在客户能够识别或想起某个品牌名称的零售商或产品/服务的能力。因此，品牌知晓度是在客户头脑中品牌名称和商品或服务的类型联系的强度。

意识有深有浅，从辅助回忆到首要意识不等。**辅助回忆**（aided recall）是指当消费者面对一个品牌名字时，表示他们知道该品牌。**首要意识**（top-of-mind awareness）是最高水平的意识，是指当消费者被问及有关零售商的类型、商品类别或服务的类型时，他们能够在第一时间说出某个特定的品牌名称。例如，当被问及出售分类和整理类商品的零售商时，如果大多数消费者的反应是货柜商店，那么该店就具有很高的首要意识。首要意识意味着当顾客决定购买一种产品或服务时，某零售商可能会在其考虑范围内。

零售商通过令人难忘的名字建立首要意识；通过广告、店址和赞助活动将其品牌名称反复呈现在消费者面前；使用好记的标识。一些品牌的名字很容易被记住，如家得宝。因为"家"是它的品牌名称的一部分，因而很容易被记忆而且与家具改进联系紧密，比劳氏这个名字好得多。

扎拉几乎不做广告但有非常高的品牌首要意识，因为其在极佳的位置拥有大量的商店。消费者步行或者开车都会经过这些商店，看到其巧妙设计的窗户后，会被吸引进去看看有些什么商品。他们也知道，当他们在店里看到那些时髦有型、价格合理的服装而不购买的话，也许下次就没了。

品牌标识是指一些比单词或短语更加容易使消费者记住的视觉形象，可以有效地建立品牌知晓。例如，一个被"咬"掉一口的苹果和金色拱门提高了消费者记起苹果和麦当劳名字的能力。

赞助一些广为人知的事件也会扩大零售商名字的影响，提高品牌知晓度。例如，在纽约观看梅西百货感恩节游行已经变成许多家庭的一种节日传统。梅西百货的品牌名称仅仅在3个小时内就在几千万名电视观众中传播开来。不仅如此，报纸文章也热衷于预先报道这次游行，并在游行中报道其盛况。

2. 品牌联想

建立品牌知晓仅仅是发展品牌资产的第一步，但品牌价值在很大程度上是基于消费者对品牌名称的联想。**品牌联想**（brand association）是在消费者记忆中存在的与某一品牌名称紧密相连的任何事物。例如，一些有可能会令消费者对苹果品牌产生的联想有：创新的产品、易于使用的界面、天才吧、独特的店面设计以及具体的产品（如iPhone、iPad和Mac电脑）。这些联想可以是消极的，也可以是积极的。例如，苹果这一品牌也可能与高价格关联。这些强关联会影响消费者的购买行为。一些常见的零售商寻求与其品牌名称建立的联想如下：

（1）商品类别。最常见的联想是把零售商与一系列商品联系起来。例如，欧迪办公就希望消费者将其与办公用品联系起来。当消费者有办公用品需求时，就会首先想起欧迪办公。

（2）价格/质量。一些零售商如萨克斯第五大道希望将它与独特、流行商品的形象联系起来。其他零售商，如沃尔玛，则希望将它与低价和价值联系起来。

（3）特定属性或好处。零售商可以将其商店与一些属性联系在一起，如7-Eleven的便利或诺德斯特龙的高水准客户服务。

（4）生活方式或活动。一些零售商把自己与某种特定的生活方式或活动联系在一起。例如，巴塔哥尼亚公司是一家提供户外运动装备的零售商，它把自己与积极、环境友好的生活方式联系在一起；陶瓷谷仓则与家庭舒适生活相联系。

15.4　规划零售传播方案

图15-1列举了制订和实施零售传播方案的四个步骤：设定目标、确定预算、分配预算以及实施与评估计划。下面详细介绍每一个步骤。

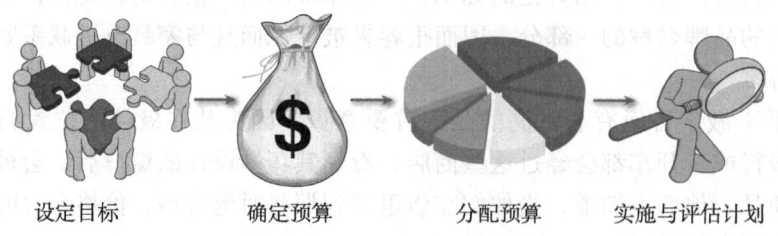

图15-1　制订零售传播方案的步骤

15.4.1 设定目标

零售商为传播方案设定目标的目的在于：为实施这一计划的人员指明方向以及为评估计划的有效性提供基础。如本章开头讨论的那样，有些传播方案有长期目标，如创造或改变零售商的品牌形象。其他传播方案则着重于提高短期业绩，如增加商店在某个特定周末的客流量。

虽然零售商的整体目标是创造长短期销售额和利润，但他们经常采用传播目标而非销售目标来规划及评估其传播方案。**传播目标**（communication objectives）是指与零售传播组合相关的影响消费者决策过程的具体目标。

图 15-2 展示了有关西夫韦超市目标市场的假设信息，这些信息表明第 4 章中概括的与消费者决策过程各步骤相关的目标。从图中可以看出，95% 的顾客知道这家店（决策过程的第一阶段），85% 的顾客了解这家商店的商品类型，但仅仅只有 45% 的顾客对商店持赞同态度，32% 的顾客打算在接下来的几周光顾这家商店，25% 的顾客在接下来的两周确实光顾了商店，18% 的顾客经常在这家商店购物。

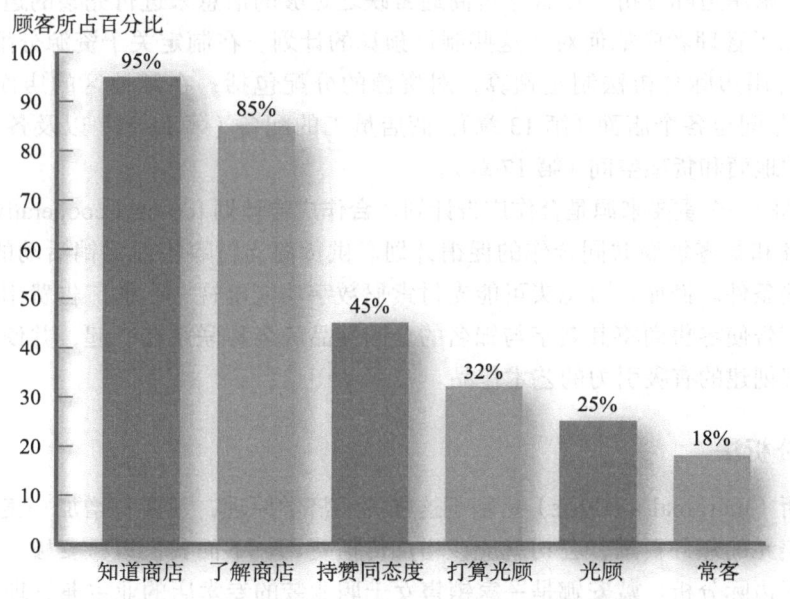

图 15-2 传播目标和顾客决策过程的各个阶段

在这一假想的例子中，大多数人了解这家商店及其商品。西夫韦超市面临的主要问题是，了解与赞同态度之间的巨大差距。因此，这家商店应该制订一项传播方案，其目标是提高持赞同态度顾客的百分比。

为了有效地实施和评估一项传播方案，零售商必须以量化形式清晰地阐述各个目标。传播组合的目标受众应该与期望变化的程度和变化实现的时间一起得到界定。

例如，西夫韦传播方案的目标可能是在三个月内把商店五英里以内对商店持赞同态度的顾客所占的百分比从 45% 提高到 55%。这一目标是清晰且可度量的，它表明了这一计划应解决的任务。因此，实施这一计划的人知道他们应该完成的任务。

供货商与零售商所使用的传播目标和方法存在差异，而且这些差异可能造成矛盾。其中包括如下矛盾。

- 长期目标与短期目标。供货商的大多数传播活动是为产品建立长远形象服务的。与此相反，大多数零售商的传播活动通常用来宣传促销和特卖，以期产生短期收入。
- 产品与店址。当供货商对其品牌产品做广告宣传时，他们并不在乎顾客在哪里购买商品。与此相反，只要顾客能在其店内购物，零售商并不关心顾客购买哪一种品牌。
- 商品的宽度。一般来说，供货商为之做广告宣传的产品数量较少，他们可以集中力量为每个品牌制定一套一致的传播方案。而零售商提供的商品较多，需要为广泛的商品制订传播方案。

15.4.2 确定预算

制订零售传播方案的第二步是确定预算（见图 15-1）。从经济性的角度看，确定预算的正确方法是采用边际分析。尽管零售商通常缺乏足够的信息来进行完整的边际分析，但这一方法显示了管理者应如何对待这些制订预算的计划。在制定关于资源分配的决策时，零售商应该应用边际分析法制定预算，对资源的分配包括：在某地区的店面数量（第 8 章）、将商品分配至各个店面（第 13 章）、商店员工的配备（第 16 章）以及各种品类的商品应该摆放的地面和货架空间（第 17 章）。

传播预算的一个重要来源是合作广告计划。**合作广告计划** [co-op（cooperative）program] 是由某供货商和某零售商共同合作的促销计划。供货商支付零售商促销活动的部分费用，但提出了一些条件。例如，百思买可能支付索尼数字功能电视一半的广告费用。除了降低成本，合作广告使零售商将其名字与知名的全国性品牌名称联系在一起，并使其能够使用由全国性品牌创建的有吸引力的艺术作品。

1. 边际分析法

边际分析（marginal analysis）是基于这样的经济学原理：只要每增加一美元的花费能创造大于一美元的额外贡献，公司就应该增加传播费用。下面我们以戴安娜·韦斯特的例子来阐述一下边际分析。戴安娜是一家销售女士职业装的专卖店的业主兼管理者，表 15-2 说明其所做的分析以决定下一年在传播方案上应花费多少预算。

表 15-2 戴安娜·韦斯特传播预算的边际分析　　　　　　（单位：美元）

水平	传播费用	销售额	实现的毛利润	租赁费用	人员费用	未扣除传播费用的利润	扣除传播费用的利润
1	0	240 000	96 000	44 000	52 200	(200)	(200)
2	5 000	280 000	112 000	48 000	53 400	10 600	5 600
3	10 000	330 000	132 000	53 000	54 900	24 100	14 100
4	15 000	380 000	152 000	58 000	56 400	37 600	22 600
5	20 000	420 000	168 000	62 000	57 600	48 400	28 400
6	25 000	460 000	184 000	66 000	58 800	59 200	34 200

(续)

水平	传播费用	销售额	实现的毛利润	租赁费用	人员费用	未扣除传播费用的利润	扣除传播费用的利润	
7	30 000	500 000	200 000	70 000	60 000	70 000	40 000	上一年
8	35 000	540 000	216 000	74 000	61 200	80 800	45 800	
9	40 000	570 000	228 000	77 000	62 100	88 900	48 900	
10	45 000	600 000	240 000	80 000	63 000	97 000	52 000	
11	50 000	625 000	250 000	82 500	63 750	103 750	53 750	
12	55 000	650 000	260 000	85 000	64 500	110 500	55 500	所选预算
13	60 000	670 000	268 000	87 000	65 100	115 900	55 900	
14	65 000	690 000	276 000	89 000	65 700	121 300	56 300	最高利润
15	70 000	705 000	282 000	90 500	66 150	125 350	55 350	
16	75 000	715 000	286 000	91 500	66 450	128 050	53 050	
17	80 000	725 000	290 000	92 500	66 750	130 750	50 750	
18	85 000	735 000	294 000	93 500	67 050	133 450	48 450	
19	90 000	745 000	298 000	94 500	67 350	136 150	46 150	
20	95 000	750 000	300 000	95 000	67 500	137 500	42 500	
21	100 000	750 000	300 000	95 000	67 500	137 500	37 500	

在21种不同的传播费用水平下，戴安娜估计了销售额（第2列）、实现的毛利润（第3列）和其他费用（第4和第5列）。接着她计算了未扣除传播费用的利润（第6列），并计算了扣除传播费用的利润（第7列）。要估计不同传播水平所产生的销售额，韦斯特可以仅根据她的判断和经验进行估计，或者也可以分析历史数据，得出传播费用和销售额之间的关系。历史数据还提供了毛利润和其他费用占销售额百分比的信息。

注意，在低水平的传播费用上，每增加5 000美元的费用，产生了大约5 000美元的新增利润。例如，传播费用从15 000美元增加到20 000美元后，利润增加了10 800美元（=48 400-37 600）。当传播费用达到65 000美元时，费用增加了5 000美元，利润的新增额则少于5 000美元，例如，预算从65 000美元增至70 000美元后，利润仅增长了4 050美元（=125 350-121 300）。

在这个例子中，韦斯特确定：当传播费用预算达到65 000美元时，利润最大。但她注意到55 000～70 000美元的费用水平创造的利润大致相同。因此，韦斯特做出了一个较为保守的决定，将传播费用的预算确定为55 000美元。

在大多数情况下，管理者不知道传播费用与销售额之间的关系，所以做边际分析很困难。注意表15-2中的数字仅仅是韦斯特的估计，可能未必准确。

有时零售商会做一些实验，以便更好地了解传播费用与销售额之间的关系。例如，一家目录零售商在美国选择了几处具有相同销售潜力的地区。这家零售商在第一片地区分发了10万份目录，在第二片地区分发了20万份，在第三片地区分发了30万份。利用每个传播水平所产生的销售额和成本，他可以进行如表15-2那样的分析，以此确定最盈利的传播水平（第14章描述了如何利用实验决定价格与销售额之间的关系）。

其他一些用来制定预算的方法有目标任务法和经验法，包括剩余定额法、销售百分比法和竞争基准法。这些方法比边际分析法简单，且易于应用。

2. 目标任务法

目标任务法（objective-and-task method）是确定传播预算的一种方法，这种预算需要承担完成传播目标的具体任务所进行的花费。如果要采用这种方法，零售商首先要制定一组传播目标，接着确定必要的任务及成本。完成这些任务产生的所有成本之和就是传播预算。

表 15-3 展示了，戴安娜·韦斯特如何采用目标任务法来补充其边际分析。韦斯特制定了三个目标：提高商店的知名度，在目标市场上加强顾客对商店的偏好，以及在每个季末促进剩余商品的销售。要实现这些目标，预计总共需要 55 000 美元的传播预算。

表 15-3 制定传播预算的目标任务法示例

目标：在接下来的 12 个月以内，将目标市场上（在商店 10 英里以内居住或工作的职业女性）那些了解我店位置，并知道我店销售职业女装的顾客的百分比从 25% 提高到 50%	
任务：上下班高峰时间超过 30 秒钟的广告，共 480 个	12 000 美元
任务：在购物中心入口处设立商店名称标识	4 500 美元
任务：在黄页上做广告	500 美元
目标：在 12 个月内把目标市场上那些将我店视为购买职业服装的首选商店的顾客百分比从 5% 提高到 15%	
任务：组织电视活动以提高形象，并登出 50 个 30 秒的商业广告	24 000 美元
任务：举行 4 次"成功穿着研讨会"，接着举办一次葡萄酒奶酪联谊会	8 000 美元
目标：在期末销售剩余商品	
任务：特别事件	6 000 美元
总预算	55 000 美元

除了确定目标和任务以外，韦斯特还重新审核了传播组合的财务意义，所用方法是用传播预算预测下一年的利润表（见表 15-4）。与去年相比，这张利润表包括增加的 25 000 美元传播费用。但韦斯特认为，传播预算的增加会使年销售额从 500 000 美元提高到 650 000 美元。根据韦斯特的预测，传播费用增加会提高商店的利润。边际分析法和目标任务法的结果都显示传播费用在 55 000 ~ 65 000 美元是最佳的。

表 15-4 增加传播预算的财务意义

	上一年（美元）	下一年（美元）
销售额	500 000	650 000
已实现的毛利润	200 000	260 000
租赁、维护费用等	−70 000	−85 000
人员	−60 000	−64 000
传播	−30 000	−55 000
利润	40 000	55 500

3. 经验法

在前两种方法中，传播预算是通过估计传播活动对公司未来销售或对传播目标的影响而制定的。本部分讨论的**经验法**（rule-of-thumb method）采用相反的逻辑，这种方法运用过去的销售和传播活动来决定现在的传播预算。

剩余定额法 当采用**剩余定额法**（affordable budgeting method）时，零售商首先预测在预算期内除去传播费用的销售额和各项费用。接下来预计销售额与各项费用的差额，再加上预算利润就是传播组合的预算了。换句话说，剩余定额法通过计算扣除运营成本和利润后的剩余来制定传播预算。

此方法的主要问题是其假定传播费用不刺激销售额和利润。传播费用仅仅是一项业务成本，就像商品成本一样。当零售商采用剩余定额法时，如果销售额低于预期水平，零售商通常会削减"不必要"的传播费用，而不是增加传播费用，以提高销售额。

销售百分比法 销售百分比法（percentage-of-sales method）是把传播预算当作预计销售额的固定百分比。零售商采用这种方法确定传播预算，即预测预算期内的销售额，然后按事先定好的百分比确定预算，这一百分比可以是零售商的历史百分比，也可以是类似零售商的平均百分比。

这一方法的问题是，它假定历史上或竞争对手采用的百分比同样适用于该零售商。此外，和剩余定额法一样，它假定传播费用不会刺激销售和利润。以一家零售商为例，其在过去没有开设新店，但计划今年要开设多家新店，该零售商必须让顾客知道这些新店，因此今年的传播预算就会比往年多得多。

利用竞争对手的百分比也未必可行。例如，某零售商也许比竞争对手拥有更优越的地理位置或更佳的品牌形象。其结果是顾客可能已经很熟悉这家零售商的商店，因此其也许不必像位置或形象较差的竞争对手那样花费很多的传播费用。

利用销售百分比法和剩余定额法来确定传播预算的一个共同优点是：零售商不会入不敷出。由于支出水平是由销售额决定的，只有当销售额增加时预算才会增加，而且零售商也可以创造更多销售额来支付额外的传播费用。在经济景气时期，这种方法非常奏效，因为它允许零售商更积极地对顾客进行传播，但当销售额下降时，传播费用会被削减，这可能会加速销售额的下降。

竞争基准法 在**竞争基准法**（competitive parity method）下，传播预算制定的目标是使零售商的传播费用份额等于其市场份额。以一家小城镇里的运动用品商店为例，如果要采用竞争基准法，该店的业主兼管理者首先应估计全镇所有运动用品零售商在传播上花费的总金额。接着估计本店在运动用品市场中的份额，并用其市场份额乘以所有运动用品商店的广告总额来得出其预算额。假定该业主兼管理者估计所有运动用品商店的广告总额为5 000美元，而预计的市场份额为45%。根据以上估计，他将把此店的传播预算定在2 250美元以保持竞争基准。

与其他经验法类似，竞争基准法不允许零售商利用他们在市场中遇到的独特机会或在市场中面临的问题。如果所有竞争者都采用这种方法来制定传播预算，随着时间的推移，他们的市场份额将会变得相同（假定零售商都开发了同样有效的活动及其他零售组合行为）。

15.4.3 分配预算

在确定传播预算规模之后，传播规划过程的第3步就是分配预算（见图15-1）。在这一步，零售商将决定分配多少预算到具体的传播要素、商品类别、地理区域，或长期和短期目标。例如，迪拉德必须决定在设有店铺的每一个地区分配多少传播预算：东南部、大西洋中部、西南部、中西部和西海岸。迈克尔斯需要决定包含不同工艺的商品应该分配多少预算。运动用品商店的业主兼管理者必须决定，将分别用 2 250 美元传播预算中的多少来促进商店形象和增加销售额，多少用于广告和特别促销。

研究表明，分配决策比传播规模决策更重要。换句话说，零售商经常可以通过更有效的预算分配方法缩小传播预算的规模，实现相同的目标。

做出这种分配决策的一种简单方法，就是在每一个区域或每一种商品类别上支付相同的资金。但由于其忽视了传播方案对某些商品类别或某些地区更有效的可能性，所以这一分配规则不大可能使利润最大化。另一种方法是采用经验法，如根据商品类别的销售水平和利润进行分配。

和制定预算决策一样，制定分配决策时也应该采用边际分析原则。零售商应该把预算分配给产出最大的地区。这种分配预算的方法有时被称为**高化验原则**（high-assay principle）。以一个矿工为例，它可以挖掘两口矿井，第一口矿井的金子化验价值为每吨 2 万美元，而另一口矿井的金价为每吨 1 万美元，这位矿工应该把 2/3 的时间用在第一口矿井，而把 1/3 的时间用在另一口矿井上吗？当然不是！他应该把所有的时间都花在第一口矿井上，直到矿石的化验价值跌至每吨 1 万美元，那时他才可以在两口矿井之间平均分配时间。

与此相似，零售商发现其顾客对女装有很高的认知度和偏好，但对男装知之甚少。在这样的情况下，尽管女装的销售额比男装高，但同样一美元的广告费用花在男装上可能会比花在女装上创造更多的销售收入。

15.4.4　实施与评估计划——三个示例

制订零售传播方案的最后一步是实施与评估计划（见图 15-1）。本章最后一节将阐述一家小型专卖零售商对于以下三种传播方案的计划和评估过程：一项传统的广告活动、一项 Facebook 营销活动以及一项谷歌关键字广告活动。

1. 广告活动

假设 Fabulous Fromage 是一家坐落在纽约的专业进口奶酪店。商店具有法国咖啡馆的气氛和现代零售商的便利，其大部分商品是从法国和其他一些遍布世界各地的著名奶酪制造地区进口的。

店主名叫亨利·欧文斯，他意识到自己的传播预算远远少于当地的全食超市，这家商店也销售美味的奶酪。因此，他决定把有限的预算集中于某一具体的细分市场，并在广告中采用富有创新且截然不同的文案和艺术。他的目标市场是经验老到的、精明的美食及厨具消费者。欧文斯的经历说明了人员推销在季节性购物者中的重要性，原因是这些顾客：①购买金额高；②在决策之前会搜寻足够多的信息。因此，欧文斯将部分传播预算用于销售人员的培训。

欧文斯制订的广告方案着重于强调其商店的独特形象。他把报纸当作主要的传播媒介。全食食品的广告重点突出奶酪的价格促销,而 Fabulous Fromage 的广告则强调法国国家意象,其中包括与众不同的法国牧场和非同寻常的艺术品。这一主题也在其商店的氛围中得到了反映。

为了评估该传播方案,欧文斯需要将方案带来的结果与他在规划流程第一步中制定的目标进行对比。为了衡量活动的有效性,欧文斯进行了一项花费不多的追踪研究。他定期对商店所处商圈内有代表性的抽样顾客进行电话采访,使用以下问题对传播目标进行评估。

传播目标	问题
知晓	哪些商店销售进口奶酪
了解	你认为哪些商店在以下特征上表现优秀……(例如,协助促销)
态度	在下一次购买进口奶酪时,你将首选光顾哪家商店
光顾	你去过以下哪些商店

经过一年的调查,结果如下:

传播目标	广告前	广告后半年	广告后一年
知晓(提到该商店的百分比)	38%	46%	52%
了解(认为优秀的百分比)	9%	17%	24%
态度(首选百分比)	13%	15%	19%
光顾(光顾百分比)	8%	15%	19%

结果显示,知道、了解和选择这家优良进口奶酪商店的顾客有了稳步增长。这项调查证明,广告正在把想要传播的信息传达给目标市场。

2. Facebook 营销活动

欧文斯打算从意大利进口一条新的产品线,为此他需要开发一项 Facebook 营销活动(按照图 15-1 概述的步骤)。

(1)设定目标。欧文斯必须确定希望通过他的这项活动来实现的目标。是为了提高产品线的知名度吗?是希望更多的潜在客户访问和喜欢他的 Facebook 网页吗?他的重点主要是提升这条产品线的销售量吗?根据他想要实现的目标,他可能会把重点放在发展 Facebook 的网页、开发 Facebook 应用程序或者主持一个 Facebook 事件上。

作为其目标的一部分,他也需要确定 Fabulous Fromage 的目标客户。Facebook 使欧文斯能够基于位置、语言、教育、性别、专业、年龄、关系状态、喜欢/不喜欢以及朋友还是仅仅认识进行定位。欧文斯的目标是找到并达到一个足够大(但又不至于大到需要努力吸引目标客户之外的消费者)且有可能购买这一新产品的受众群体。图 15-3 展示了 Facebook 目标市场选择的一个例子。

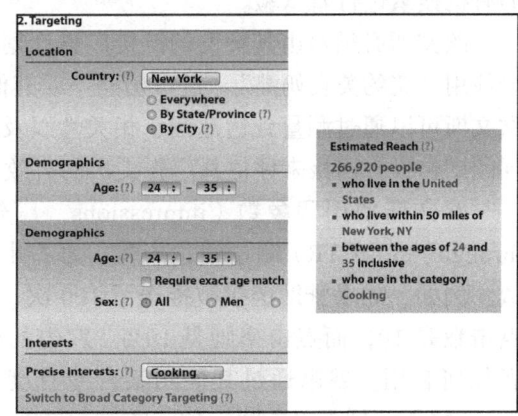

图 15-3　Facebook 目标市场选择举例

（2）确定预算。预算是关键。Facebook 允许广告商设定一个每日预算：一旦成本（通常每个点击）达到一定的水平，这一天剩下的时间广告就不见了。当然，这一选项是有风险的，如果这家零售商正在得到很好的反馈，但是突然间一则引人注目的广告消失了。因此，与活动内容相类似，预算也需要时时被回顾。例如，如果一个竞争对手显著降低了价格，跟着做就可能很有必要，以避免被排除在消费者的选项之外。

（3）分配预算（开发活动）。现在，欧文斯知道谁是他的目标客户，他的活动预算如何，下一步是开发传播，包括复制和形象。这个过程和任何其他营销传播活动没有什么不同，应该有一个明确的和令人信服的行动决定。强势、醒目的图像和设计是很重要的。活动必须对正确的客户产生吸引力。然而，营销传播中社会化媒体比其他形式更重要的一个方面是图像和信息需要不断更新。因为人们期望不断变化的在线内容，将同一活动运行数个月是不合适的（如果零售商是在电视上做广告，则这样做是有可能的）。

（4）实施与评估计划。最后一步是实施和审查此次活动成功与否，并做出必要的改变。Facebook 的广告经理提供了各种各样的指标和报告，比如广告的点击数、受众的人口统计资料以及广告在特定时间段的表现。

3. 谷歌关键字广告活动

Fabulous Fromage 的目标市场是年轻、受过良好教育的、年龄在 30 ～ 40 岁、对食品和葡萄酒感兴趣的男性和女性。店主的经验表明针对其复杂目标市场进行人员推销非常重要，因为其客户：①会进行大量采购；②在做出决定前寻求美食产品信息。因此，欧文斯决定将有限的预算集中于某个特定的细分市场，在其 IMC 方案中使用电子媒体，以期通过新网站带来生意。

为了到达新的客户，欧文斯正在积极使用搜索引擎营销。特别地，他使用谷歌关键词广告（Google AdWords），一种由谷歌提供的搜索引擎营销工具，基于潜在客户所使用的关键词，这一工具允许广告商出现在搜索结果页面的广告展示区。欧文斯也在利用他与谷歌顾问互动中所学对其网站内容进行修改来实现搜索引擎的优化（正如我们在本章前面所讨论的）。因此，欧文斯同时对通过谷歌广告计划的付费搜索和通过自己修改网站内容后的有机搜索进行着试验。

欧文斯必须对由其赞助的链接广告计划确定最佳的使用关键字。一些潜在的客户可能会使用"纽约美食奶酪""进口奶酪"或其他版本的关键词进行搜索。利用谷歌的关键词，欧文斯可以通过测量到达范围、相关性以及用于对潜在客户互联网搜索使用的每一个关键词的广告投资回报来评估其广告支出的有效性。

欧文斯使用**印象数**（impressions，广告出现在用户面前的数量）和**点击率**（click-through rate，CTR）测量到达范围。为了计算点击率，他用用户点击广告的次数除以印象数。例如，如果赞助链接被推送了 100 次，有 10 个人进行了点击，那么印象数就是 100，点击数是 10，而点击率则是 10%。广告的**相关性**（relevance）描述一个搜索信息对消费者如何有用。谷歌通过其使用某种专有度量的 AdWords 系统提供了一种被称为 Quality Score 的相关性度量方法。这一方法采用多种因素来衡量广告文字或用户搜索关键词的相关性。高分一般意味着关键词使得广告以较低的点击成本出现在页面的较高位置。在对

"美食奶酪"的一次搜索中，Fabulous Fromage 的广告第四个出现，表明相关性很高。

使用下面的公式，欧文斯也可以决定一则广告的**广告投资回报率**（ROAI）：

$$ROAI = （净销售额 - 广告成本）/ 广告成本$$

在表 15-5 中的两个关键字搜索中，欧文斯能够发现他花费了多少广告费用（第 3 列）、产生的销售额（第 4 列）以及 ROAI（第 6 列）。对于"纽约美食奶酪"，网站有更多的点击（110），比"进口奶酪"（40）收到的点击多很多（见表 15-5 第 2 列）。尽管关键词"纽约美食奶酪"带来的销售额较低（每天 35 美元），关键词"进口奶酪"每天 40 美元，但是"纽约美食奶酪"关键词的 ROAI 要大得多。在未来，除了使用和它类似的关键词，欧文斯应该继续使用这个关键词，以期获得更大的投资回报率。

表 15-5　两个谷歌关键字广告的广告投资回报率

（1）关键字	（2）点击次数	（3）成本	（4）销售额	（5）收入－成本（第 4 列－第 3 列）	（6）ROAI（第 5 列／第 3 列）
纽约美食奶酪	110	10 美元／天	35 美元／天	25 美元	250%
进口奶酪	40	25 美元／天	40 美元／天	15 美元	60%

➦ 本章小结

（1）确定传统媒体元素。

零售商使用各种传统媒体元素与客户进行沟通。这些措施包括大众媒体广告、销售促进、店内营销、个人推销和公共关系。

（2）确定新媒体元素。

在过去的 10 年，零售商开始拥抱数个新媒体元素。在线的元素包括网站、电子邮件和移动终端。被零售商拥抱的社会化媒体元素是 YouTube、Facebook、博客和推特。

（3）了解零售商如何使用传播方案建立品牌形象及顾客忠诚度。

传播方案的一个重要用途是开发强势的品牌形象以提高客户的忠诚度。品牌对客户和零售商都是非常有价值的，因为其提供了有助于提高购物体验的信息，并对零售商及其产品和服务建立起忠诚度。为了提升品牌形象，零售商进行各种沟通活动来创造高水平的品牌知晓度，与品牌名称建立良好的联想，并强化品牌形象。

（4）列出开发传播方案包括的步骤。

零售商通过四个步骤来开发和实施其传播方案：建立目标，确定预算，分配预算，并实施与评估计划。边际分析是最适合用来确定零售商应该花费多少以实现其目标的一种方法，因为它可以使通过沟通组合生成的利润最大化。然而，由于边际分析实行起来很难，许多零售商使用经验法来确定促销预算的大小。

➦ 小试身手

1. 持续案例任务　评估你为持续案例任务选定的零售商进行的营销传播活动。描述该零售商的品牌形象。简要地解释这家零售商如何使用下列每一个传播方案的元素：直销、网络营销、人员推销、销售促进、直邮和电子邮件、移动营销、广告、社会化媒体、公共关系、网站和事件。所有这些元素都向客户发送了一致的品牌形象信息吗？为什么或为什么不？

2. 登录 BrandZ 的主页：www.brandz.com，点击"BrandZ Reports"，然后选择"全球100强品牌报告"。基于此报告，列出全球20大零售品牌，用两三段的篇幅描述是什么成就了一个强势的零售品牌。如何用品牌资产和财务业绩来衡量这些零售商的品牌价值？

3. 除了通过邮件或加插页，零售商和制造商也通过互联网提供优惠券。登录 RetailMeNot.com 查看其在互联网上提供的优惠券。如何将这一优惠券发放系统与其他两个进行比较？

4. 乔氏交易商是一家美食杂货店，提供保健食品、有机食品和营养补充剂之类的产品。该公司在37个州有近400家商店，在店里它提供2 000余种自有品牌商品。登录 www.traderjoes.com，看看该企业如何利用其网站推广自己的零售商店和商品。为什么这家零售商在其网站上加入食谱和季节指南？在网页上提供的这些信息是否强化了该商店的高档食品杂货形象？解释为什么或为什么不。

5. 参观一家在过去几周你曾经光顾购物的零售商的社会化媒体网站。社会化媒体作为零售商的营销传播方案的一个元素是如何被使用的？社会化媒体要送达哪些受众？这一社会化媒体传播的消息与其他传播元素一致或不一致？这是一个强势或弱势的战略？请解释。

6. 登录塔吉特的新闻主页：pressroom.target.com。这家零售商如何利用公共关系与投资者和客户进行沟通？对于这家零售商来说，这是一个有效的沟通工具吗？为你的回答提供支持。

7. 登录 www.facebook.com/business，看看如何建立网页、做广告、赞助故事，以及如何利用移动应用程序的优势。Facebook 为使用广告手段做营销的人提供了哪些考虑步骤？

➡ 讨论问题

1. 品牌如何让消费者受益？零售商呢？
2. 从顾客的角度来看，直销有哪些积极的和消极的方面？
3. 作为一个消费者，你认为哪些类型的销售促进是成功的？哪些不成功？解释你的回答。
4. 一家商店在不同的商品区域划分广告预算时应考虑哪些因素？以下哪一项应获得最高的广告预算：主食、时尚、季节性商品？为什么？
5. 概述营销传播项目中可以用来实现以下目标的一些元素：①将商店忠诚度提高20%；②建立10%的商店意识度；③树立低价零售商的形象。你如何确定传播方案是否达到每个目标？
6. 一家零售商计划在一所大学附近开设一家新店。其主要经营大学生用品，如服装、配件和学校用品。考虑下列各媒体的利弊：电视、广播、本市报纸、大学报纸、当地杂志、网站、博客，以及该零售商为占领大学市场提供的活动赞助。

7. 为什么一些在线零售商除了在网站上提供产品信息外，还会包括社论和顾客评论？解释这样做如何可能会影响消费者的购买行为。

8. 假设你在一家大型消费品包装公司工作，这家公司发现其最新的零食产品线在商店货架上移动得非常缓慢。推荐一个战略，在博客、评论网站和该公司的网站上听听消费者在说些什么。描述你的战略如何可能对新产品线的消费者情绪提供见解。

9. 作为唐恩都乐的实习生，你被要求为一种新的蛋浆松饼开发一项社会化媒体活动。该活动的目的是提高新松饼产品线的知晓度并使消费者进行试吃。你会如何开展这项活动？

推荐读物

Aaker, David, and Erich Joachimsthaler. *Brand Leadership: Building Assets in an Information Economy*. New York: Free Press, 2009.

Belch, George, and Michael Belch. *Advertising and Promotion: An Integrated Marketing Communications Perspective*, 9th ed. New York: McGraw-Hill, 2012.

Scott Lerman, *Building Better Brands: A Comprehensive Guide to Brand Strategy and Identity Development*, HOW Books, 2013.

Ludwig Stephan, Ko de Ruyter, Mike Friedman, Elisabeth C. Brüggen, Martin Wetzels, and Gerard Pfann. "More Than Words: The Influence of Affective Content and Linguistic Style Matches in Online Reviews on Conversion Rates." *Journal of Marketing*, 77 (January 2013), pp. 87–103.

Rapp, Adam, Lauren Bietelspacher, Dhruv Grewal, and Doug Hughes. "Understanding Social Media Effects Across Seller, Retailer, and Consumer Interactions," *Journal of the Academy of Marketing Science*, 41 (September 2013), pp. 547–66.

Sernovitz, Andy. *Word of Mouth Marketing: How Smart Companies Get People Talking*. Austin, TX: Greenleaf Press, 2012.

Smith, Ron, *Public Relations: The Basics*. New York: Routledge, 2012.

Sponder, Marshall. *Social Media Analytics: Effective Tools for Building, Interpreting, and Using Metrics*. New York: McGraw Hill, 2011.

Weaver, Jason. *Manager's Guide to Online Marketing*. New York: McGraw-Hill, 2013.

第四篇 店面管理

第四篇将重点介绍与店面管理有关的实施问题，包括管理店内员工和控制成本（第16章）、展示商品（第17章）以及提供顾客服务（第18章）。

在传统意义上，有关商品管理的问题被认为是最重要的零售决策，而商品采购则被认为是实现高级零售管理职位的最佳职业路径。今天，通过商品管理建立战略优势变得越加困难，因为相互竞争的公司在全国性品牌上提供的分类往往都大同小异。

由于消费者可以在多个位置便利的零售店及通过互联网找到相同的花色品种，因此有效的店面管理就成为零售商建立战略优势的重要依据。零售商日益重视顾客在零售实体店和网站的体验，包括从商店员工那里获得的服务、购物环境的质量等，并以此为基础将自己与那些竞争对手区分开来。

第16章

管理店面

- **主管简介**

  塔拉·卡罗尔，店面经理

  科尔士百货

当我在佛罗里达大学就读的时候，我真的不知道毕业后想做什么。像大多数人一样，我当时希望在某个博物馆工作或进入研究生院，但我还是做好了不再继续深造的准备。毕业时节一个短暂的海外之旅后，我以店面经理助理的身份开始了在科尔士百货工作的职业生涯。零售行当通常的情况是，工作流动性大，有利于获得提拔。遗憾的是，由于我丈夫工作的性质，我的流动性是很有限的，所以在经过仅仅5年和两次职位变动后，我很高兴地被晋升为店面经理。

我热爱自己的工作，也热忱地为科尔士百货工作。我所在的店面靠近佛罗里达州的阿米利亚岛附近。这家店才成立一年，位于一个小型的建筑物里面，这可能和你们通常认为的科尔士不大一样。去年，我们的销售额接近800万美元，在我的团队里有大约75名员工。对我来说，这75名员工就是这座大厦的核心，而作为一名店面经理，让他们感到有价值和获得赞赏正是我的工作。我真心相信一名快乐的员工才会创造一个快乐的顾客。尽管管理的目标和工作责任可能充满挑战与压力，但是我在这座建筑物中发起了一个"谢谢你周四"项目。它可以是任何东西，从奥利奥和牛奶到爆米花和一场电影。这些事件就是为了表达我的感激之情，我希望将似乎无聊的、最低工资的工作变成有趣和充满激励性的职业。从"周五好运气"（Good Fortune Fridays）的中餐和幸运饼干到纸杯蛋糕烘烤大赛，我在这个建筑物中的主要角色就是啦啦队队员、教练，以及晚会策划人。

科尔士高度重视值班经理计划，并用"E3"来指代该计划，其中3个"E"分别代表"每一位顾客、每一次、每家店"。将这句话牢牢记在心里，我的每一天都是在强烈的顾客导向中度过的，并以身作则，期待我的团队也能这样做。我组织游戏和比赛来帮助他们达到并超过商店的具体目标，使用王冠、权杖、帽子，以及又大又亮的璀璨珠宝等道具以营造有趣、积极的氛围，而这些也都被大家津津乐道。这种氛围不仅使我们的顾客开心大笑，还激起了他们的兴趣，使他们很想知道我们在为什么而庆祝。我们的顾客服务表现也因此而持续保持高水准，我们也总是为此而骄傲地自夸！

大学一毕业就要找到一份六位数的薪水，并且让你完全满意的工作是一件不可能的事。我建议你可以找这样一个职业：它能让你运用你的技能对周围的人产生积极的影响，而当你这么做时，你会发现你不仅获得了成功，也寻得了幸福。

□ **学习目标**

- 描述如何通过有效的招聘、社会化和培训提高工人的能力。
- 研究如何通过适当的激励、评价、奖励和补偿来促进员工努力。
- 说明店面经理有效的领导战略。
- 探索店面经理得以进行成本控制的各种战略。

店面经理在制定和执行零售战略中扮演着非常重要的角色。由于他们每天都与顾客接触,所以最了解当地顾客需要什么以及哪些才是具有竞争力的行动。他们也提供购物体验,这在建立顾客忠诚度方面起着极其重要的作用。买手能够制订令人兴奋的商品分类,并以低成本进行采购,但是只有当商品卖出去的时候,零售商才能实现买手努力所带来的好处。"酒香也怕巷子深",店面经理必须确保商品被有效地展示,并确保销售人员提供服务来刺激顾客做出购买决策。

一些店面经理要负责实现 1.5 亿美元的年销售额,管理上千名人员。即使在全国性的连锁店中,店面经理也被视为该公司某业务部门内相对独立的经理。例如,诺德斯特龙的前任 CEO 詹姆斯·诺德斯特龙,曾经这样告诉他的店面经理:"这是你们的事业。做你们自己的事。不要听从我们在西雅图的吩咐,而要听从顾客的吩咐,我们准许你们照顾好你们的顾客。"

店面经理要对零售商两项最重要的资产的生产率负责。这两项最重要的资产是:公司在员工身上的投资和公司在不动产上的投资。本章大部分内容用于阐述如何提高劳动生产率,即每家商店员工所产生的销售额。商店员工及一般员工劳动生产率和表现的三个关键驱动力是能力、努力和领导力。能力是员工做自己的工作所具备的技能;努力是他们工作尽力的程度;领导力是商店管理者在多大的程度上影响员工从事与公司目标保持一致的行为。在接下来的部分中,我们将探讨影响每一表现驱动力的管理措施,如图16-1 所示。

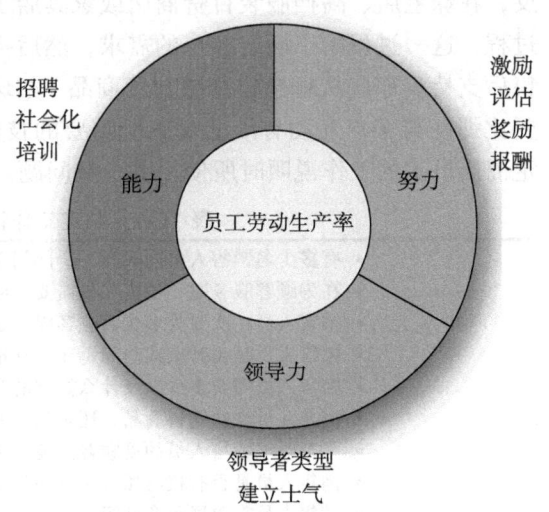

图 16-1 员工表现的驱动因素

除了提高劳动生产率,店面经理也通过控制成本来影响店面的利润。其中主要成本是员工的薪酬和福利。有效的劳动安排为店面经理提供了另一个控制劳动力成本的机会。此外,他们还负责那些与运营和维修建筑物、降低因入店行窃和员工盗窃而导致的存货损耗相关的成本。本章最后部分将对这些成本控制问题进行讨论。

本章的第一节将集中阐述商店员工的管理,作为第 9 章有关战略性人力资源管理问题的补充。第 9 章探讨了由零售经理执行的组织任务,以及激励零售员工并建立他们对公司投入的一般方法。本章将讨论店面经理如何实施零售商的人力资源战略。

16.1 招募、社会化和培训商店员工

本节将探讨店面经理如何通过有效的招聘、社会化以及培训来提高其员工的能力。

16.1.1 招募员工

为了招聘掌握熟练技术或潜在熟练技术的员工，店面经理需要准备一份工作说明，找到具有所需能力的潜在求职者，并筛选出最佳候选人进行面试。下面将描述招聘过程中的这些步骤（第1章附录1A从有兴趣从事零售职业并申请管理实习生职位的人的视角，描述了招募和挑选的过程）。

1. 制定工作说明

工作说明（job description）用以明确要进行的基本活动，并用于确定潜在员工的资格。它包括员工需要执行的特定活动及用量化形式表达的对其业绩表现的期望。工作说明是招聘、甄选、培训和最终评估员工的指导方针。每家公司零售销售人员的责任都不尽相同，同一家商店内各部门之间的责任也有所不同。自助服务商店（如超市和全线折扣店）中的零售员工通常需要帮助客户找到商品，取出及展示商品，并且进行销售。与此相反，在珠宝店、高档服装百货商店或家具店工作的员工，通常都会参与一个更广泛的销售过程，这一过程始于确定客户的需求，然后提出解决方案，克服异议，达成销售，并提供售后支持。那些从事销售高参与度商品（如珠宝或家庭娱乐系统）的员工的技能水平要求要比那些与客户互动有限的员工所需要的技能水平要求高。表16-1列出了管理人员在制定商店员工的工作说明时所使用的一些问题。

表 16-1 制定工作说明时所使用的问题

- 有多少名销售人员同时在一个部门工作
- 在为顾客服务时，销售人员需要一起合作吗
- 销售人员一次要为多少名顾客提供服务
- 销售人员是在开放式空间里还是在柜台后面为顾客提供服务
- 销售人员需要多少以及什么类型的产品知识
- 销售人员需要销售商品，还是只需要记录订单并提供其他信息
- 是否要求销售人员约见顾客并建立忠诚顾客的数据库
- 销售人员是否有权与顾客讨价还价或协商其他销售事宜
- 销售人员需要展示商品吗
- 是否会期望销售人员完成额外的销售任务
- 销售人员的仪表重要吗？高效的销售人员应该以什么形象出现
- 是否要求销售人员做一些与商品有关的事，比如说上架、摆放商品
- 销售人员向谁汇报工作
- 销售人员在什么样的薪酬制度下工作

2. 找到有前景的员工

除了在 Craigslist 上刊登广告和在如 LinkedIn 和 TweetMyJobs 这样的网站上发布职位信息外，零售商也在用一些创造性的方法招聘求职者，比如与美国退休人员协会（the

American Association of Retired Persons，AARP）合作，让合适的老年人填补公司职位空缺，还可以选择与政府机构合作招募失业者、退伍军人以及以前的救济金领取者，或者使用雇员作为公司的人才侦探——零售商经常询问自己的员工是否知道有什么人可以招募。当星巴克的店面经理从其他服务提供者那里获得极佳的服务时，他们会给该员工一张名片，邀请他进入星巴克饮一杯免费的咖啡，并一起讨论就业机会。一些雇主会向员工提供奖励，如每雇用一位经由员工推荐的全职人员，就对推荐人奖励500美元，兼职人员则奖励200美元。

3. 筛选出参加面试的人

筛选程序就是将申请人的资格与工作说明进行比较，看其是否符合工作要求。许多零售商使用自动筛选程序作为一种找到合适申请人的低成本的方法。店内的求职者一开始可以使用传统的纸质申请表或者通过连接网络的商亭进行申请，也可以在网上或拨打免费电话进行申请。

申请表 工作申请表（job application forms）包含申请人的就业经历、以前的薪酬、离职原因、教育和培训以及推荐人等方面的信息。这些信息使经理得以确定申请人是否具有最低的资质水平，同时也为经理面试该申请人提供了有用的信息。今天，许多大型零售商都发现，一个全国性的集中招聘流程可以大大降低成本，并且提高了最终得以被聘用的候选人的素质。零售视角16-1描述了家得宝通过集中招聘流程实现的好处。

零售视角 16-1

家得宝集中化的招募过程

在家得宝对招聘流程进行集中化之前，其在美国的2 200家商店的管理层浪费了很多时间面试不合格或者不感兴趣（当他们此时才发现这个职位需要什么样的人的时候）的申请人。因此，家得宝决定将招聘流程集中化，这一决定在降低成本的同时，提高了每年聘用的20多万销售人员的质量。今天，大部分招聘流程是由家得宝亚特兰大公司总部人力资源部的450人完成的。

该过程开始于申请人使用位于每家商店中的商品信息亭提交申请时。当某家商店开张时，人力资源部门访问其申请人资源库，并确定10个或更多潜在候选人。然后对每个候选人进行两次电话面试。在面试中，候选人被告知有关该工作、责任和薪酬的事项。如果该职位有说西班牙语的要求，那么面试官会流利地用西班牙语与申请人交流，以评估他们的语言技能。电话采访使这些职位筛选者能够评估申请人的热情和精力水平，这一特征对家得宝很重要，但不容易通过申请表进行评估。然后店面经理面试四五个最佳候选人并选择其中的一个。

由于集中化过程，店面经理需要面试的候选人数量大大减少，这让他们有更多的时间花在改善客户的购物体验上。因为企业筛选者在筛选候选人方面比店面经理有更多的经验，所以新雇员的素质有所提高，并且减少了违法违规现象。

资料来源：www.homedepot.com; and Arielle Kass, "Home Depot Centralizes In-store Hiring Process," *The Atlanta*

Journal-Constitution, March 13, 2011.

问题讨论： 集中化招聘如何改善家得宝的候选人力资源库？

推荐人及网上核查 大多数零售商通过联系申请人的推荐人来核实申请表信息，也可以通过网上搜索来核查。因为人们在谈话中更可能诚实，所以管理者经常与推荐人进行交谈，而不是依赖于书面意见。然而，由于潜在的法律问题，许多公司有政策规定不对以前的员工做出评论。利用谷歌搜索也可以找到那些工作申请中没出现或通过与推荐人联系也没出现的有用信息。

店面经理通常期望从求职者的推荐人或前任主管那里听到好的评价，即使他们自己可能还没形成对该求职者较高的评价。为了减少这一积极性偏差，一个途径是请推荐人对同一岗位的所有人进行排序。例如，经理可能会问："对比和你一起工作过的其他零售销售人员，你认为帕特的顾客服务技巧如何？"

社交媒体 推特、Facebook 以及 LinkedIn 是关于未来雇员信息的最佳来源。这些网站往往能够比面对面的交谈揭示出更多的情况。虽然社交媒体平台可以为雇主提供丰富的求职者信息，但是，选择员工时对其提供信息的严重依赖也存在一定的风险。社交媒体网站上的很多信息，如种族、年龄、宗教、婚姻状况和性取向，是极其敏感并且受法律保护的。使用敏感、受保护的信息可以构成对雇主的歧视性索赔，尤其是当它与员工的最终工作表现无关的时候。

测试 一些零售商使用智力、能力、个性和兴趣测试来获得对候选人的深入了解。测试也可用于对求职者与空缺的工作进行匹配，以便开发未来的培训项目。但是，测试一定要在科学上和法律上都是有效的。它们只能在确定与工作绩效相关的内容时使用。利用测试对某些与工作无关或者歧视特定群体的因素进行评估是违法的。

由于存在被盗的潜在损失，许多零售商要求对求职者进行毒品测试。一些零售商还利用测试来判断员工是否诚实以及是否道德。书面形式的诚实性测试包括这样的一些问题："你是否有过偷盗的念头"或者"你是否认为别人偷东西了"（"有百分之几的员工从老板那里多拿了一美元"）。

现实的工作预览 当求职者了解到该工作有吸引力的方面和不具吸引力的方面之后，离职率会降低。例如，宠物大卖场是一家宠物供应品类专门店，公司会为每个应聘者播放十分钟的视频。这段视频首先会放映该公司员工的福利，接着会放映员工接待顾客以及清理动物粪便的情景。这种工作预览一般可以筛选出去大部分的求职者，这些人即使在被录用之后，也很可能会在三个月内辞职。

4. 甄选求职者

在经过初步的筛选之后，接下来的甄选流程一般是个人面试。因为面试是招聘决策中最重要的一环，所以店面经理需要做好准备以便控制整个面试过程。

面试的准备 面试的目标是搜集相关的信息，而非简单地问一堆问题。应用最广泛的一种面试方法被称为**行为面试**（behavioral interview），即询问应聘者在过去，尤其是遇到与工作说明中所要求的工作技巧有关的场合时，他们是如何处理问题的。比如，将来的工作中需要处理顾客投诉的应聘者，可能被要求描述如下场景：当他面对别人对自己所做的事非常生气时，他是如何处理的，以及这样处理的后果。这种方法也可用在求职者的推荐人身上。图16-2列出了经理可能会问的一些问题。

教育背景	**工作经历**	**面试中不应当问到的问题——均等就业机会指南**
在大学你最喜欢和最不喜欢的科目是什么？为什么	你觉得理想的管理者是什么样的？下属呢？同事呢	你是否计划成家或生孩子
你参加过哪些课外活动？为什么会选择那些活动	你上一份工作最令你喜欢的地方是什么？最令你讨厌的地方是什么	你的婚姻计划是什么
如果你有机会重新上一次学，你会做些什么改变呢？为什么	你觉得哪一类人最难共事？哪一类人最容易共事？为什么	你丈夫/妻子的工作是什么
大学期间你是如何过暑假的	迄今为止，你在工作中取得的最大成就是什么	如果你丈夫/妻子调动工作或被调往其他地方，你怎么办
你做过兼职工作吗？你对什么兼职工作最感兴趣？在需要兼顾学习和工作时，你遇到的最大的难题是什么？你会给准备做兼职的同学提什么建议	描述一下你上一份工作中让你觉得有压力的情境，你是如何应对的	你工作时谁替你照顾孩子
你完成过的最令你骄傲的事是什么	你觉得上一份工作中有哪些任务完成起来比较困难	（问男士）做女士的下属你感觉如何
	在你做过的所有工作中，哪一份最令你受益匪浅，哪一份最没价值	你多大了
	在工作中你遇到的最大挫折是什么	你的生日是哪天
	你为什么想辞掉现在的工作	为一个比你年轻的人工作，你会有何感想
	如果……你会怎么做	你在哪里出生
	你会如何处理……	你的父母在哪里出生
	在未来的工作中，你会避免发生什么事情	你有什么残疾吗
	你认为你的最大优点和缺点是什么	作为一个有残疾的人，你在工作中需要什么样的额外帮助
	你现在工作的职责是什么	你的残疾有多严重
	请描述一下上一份工作中你雇用的人，他们如何工作？描述一下被你解雇的人	你信仰什么宗教
	在你的上一份工作中，你承担了什么样的风险？那些风险的后果是什么	你去什么教堂
	你认为三年后你会有怎样的未来	你的宗教信仰会使你在一周中的某几天不能工作吗
	你过去的老板会提出什么样的参考意见	你是否感到你的种族/肤色是你工作的障碍
	在解决问题时遇到棘手的事，你会怎么做	你是……血统/种族吗

图16-2　面试问题

下面是在面试中询问应聘者的一些建议：

- 鼓励问一些回答内容比较多的问题，比如"你知道哪些关于我们公司的情况"，而不是"你对我们公司有多熟悉"。
- 避免问有多重选择的问题。
- 避免问导向性的问题，如"你准备提供更好的顾客服务吗"。
- 做一个积极的听众。对应聘者表述的内容进行评价，并从中筛选出重要的言论。积极倾听的技巧包括重复或转述一些信息、总结对话以及容忍沉默。

5. 甄选和录用商店员工时应考虑的法律因素

社会意识的觉醒以及政府的管制越来越反对歧视性招聘，即不能歧视残疾人、妇女、少数族裔和年长工作者。《民权法案》第七条就禁止任何基于民族、原属国籍、性别或宗教信仰的歧视。在下列人力资源决策中的歧视行为更应当被禁止：招募、录用、解雇、免职、处罚、晋升、奖励以及培训。1972 年，该法案在**平等就业机会委员会**（Equal Employment Opportunity Commission，EEOC）下得到扩展，允许雇员在雇主违反法律时起诉该雇主。几家主要的零售商就因为歧视少数族裔和妇女而被成功起诉。

当**受保护群体**（protected class）（如妇女、少数族裔等）中的某一成员受到不同于该群体非成员的**非等同待遇**（disparate treatment），或当一项中立的法规明显带有**非等同影响**（disparate impact）时，**歧视**（discrimination）便产生了。非等同待遇的例子就是，一个不具备晋升资格的男性得到了提拔，而一个具备提拔资格的女性却没有得到提拔。当零售商要求其所有员工具备大学学历时，他们就把相当一部分处于劣势的少数族裔拒之门外了，哪怕一些工作（如商店维护）根本不需要高中学历就可以做好。在这种情况下，零售商必须证明他们所要求的资质确实是工作所需。《**反就业年龄歧视法案**》（Age Discrimination in Employment Act）规定，公司在录用和解聘中歧视 40 岁以上的人是非法的。

最后，《**美国残疾人法案**》（Americans with Disabilities Act，ADA）通过要求雇主提供适宜的环境为残疾人提供更多的就业机会。**残疾**（disability）是指身体或精神受到了损害，严重影响了他们基本生活的一项或多项活动或类似的情况，尽管 HIV 阳性并不影响任何生活能力，但是患者仍被看作残疾人，所以受到《美国残疾人法案》的保护。

16.1.2 商店新入职员工的社会化

录用完具有所需技能或潜力的员工后，零售商需要将新员工带进公司并向其介绍公司的政策、价值观和战略。这一**社会化过程**（socialization process）影响新加入者成为公司成功业绩贡献者的参与和投入程度。此外，社会化有助于新入职的员工了解自己的工作职责和他们已经决定加入的公司。

1. 迎新项目

迎新项目对新员工的社会化极为关键。例如，即使是具有最丰富知识和成熟的新员工也会在工作之初遭遇到出其不意的情况。而刚做管理培训生的大学生也经常会对学生和雇员两者之间巨大的角色差异感到惊奇。零售视角 16-2 描述了其中的一些差异。

零售视角 16-2

由学生到管理培训生的转变

许多学生在调整自己以适应他们第一份全职工作时有一些困难，因为学生生活和职业生活是非常不同的。学生通常需要向三四个主管（教授）进行"汇报"，每三四个月选择新的"主管"。相比之下，管理培训生在选择他们将向哪位主管进行汇报的参与程度方面（如果有参与的话）很有限，而且通常他们一汇报就是好几年。

学生生活有固定的时间周期——一两个小时的课程，有明确的开始和结束。然而，零售经理需要参与具有不同时间范围的各种活动，从与客户的五分钟互动，到实施某项使销售助理发展成为助理经理的为期六个月的计划。

学生遇到的决策情形与零售商所做的决策也有很大的不同。例如，商科学生在课堂上讨论案例时，可能一天内做出几个重大决策。这些决策是在一堂课的时间内做出和实施的，然后会在下一次课堂中做出一组新的决策并实施。然而，在零售环境中，战略决策是在更长的时间段内加以完善的。大多数决策，例如关于商品采购和定价的决策，都是以不完整的信息做出的。店面经理在现实生活中往往缺乏在课堂上研究的许多商业案例中提供的广泛信息。此外，店面经理有很长一段时间承担及执行与决策相关的常规任务，并没有考虑重大问题，而学生在课堂上通常没有这些常规任务。

资料来源：Professor Daniel Feldman, University of Georgia.

问题讨论：大学如何可以改善大学生进入第一份工作阶段的社会化进程？

新入职员工的迎新和培训项目一般都被限制在几个小时之内，在这几个小时中他们要学会零售商的政策和程序以及学习如何使用销售终端。其他零售商，如被《财富》杂志评选为最佳雇主之一的货柜商店，则有更为深入的培训计划。所有货柜商店的新雇员都要通过一项名为"基础周"的项目。在就业真正开始之前，他们会得到一本手册以及被分配需要完成的指定作业。基础周的第1天始于学习公司的经营哲学以及店面经理对他们的访问。员工立即看出这一介绍过程相比传统的第1天可谓大相径庭，传统的第1天通常需要完成各种表格以及学习在哪里停车。项目的第2天到第5天继续进行需要上手一试的、现场销售楼层的训练，包括与店内各种不同职位人员之间的互动和指示说明。基础周的高潮出现在新员工收到他们的围裙的一个仪式上，这个围裙象征着他们在这个精英组织的成员身份。迎新项目也会继续过去的基础周。由于顾客服务是该公司的核心竞争力，所以每个第一年公司全职销售人员都会接受大约263个小时的培训，而零售行业的平均培训时间是8个小时。培训贯穿员工职业生涯的始终。

迎新项目只是全面培训项目中的一个要素，其需要一套系统的配套跟进措施，以确保将开始阶段后出现的一系列问题都纳入考虑范围。

16.1.3 培训商店员工

对商店新员工的有效培训，既包括结构化的学习，也包括更多非正式在职经验的学习。

1. 结构化项目

结构化培训项目（structured training program）帮助新员工获得将来工作所需的基本技能和知识。例如，销售人员要学习公司的政策，学会如何使用销售终端，并学习掌握基本的销售技巧。仓库保管员则要学会接收商品。

一些零售商发现，在互联网上提供结构化的培训与在职培训相比能够提供更多好处。

比如，一致性更好，因为互联网培训呈现的是相同的材料，不像在职培训那样需要由不同的培训师或主管提供材料。互联网培训的成本也更低，一旦系统建立起来，就不再需要培训讲师或者需要跑来跑去，并且员工可以在他们方便的任何时间进行培训。

彭尼百货采用电子培训系统将单向视频与双向音频及数据交换能力结合起来，让培训师在培训过程中与学员在线聊天。除了培训师所做的培训展示，培训过程还包括课前及课后的测验，以测量学员的理解水平。培训师会将学生打乱分成小组，提供案例供他们学习，并要求学员提出建议。

2. 在职培训

结构化培训方案还需要结合**在职培训**（on-the-job training），在职培训中新员工被分配了具体工作，并受其经理的直接监督。虽然新员工通过结构化项目可以了解公司的政策和完成自己工作所需要的技能，但他们必须能够将其从培训项目中学习到的信息应用到工作中去。而最好的学习方法就是去实践被教的那些东西。新员工通过参加活动、犯错误，然后学习如何不再犯这些错误而得到锻炼。

例如，户外用品零售商 REI，花时间帮助其新入职销售人员去发现交易类客户（想要某一具体的产品）和咨询类客户（想和人谈谈自己将要做出的选择）之间的差异。这方面的知识可以帮助销售人员进行富有成效的销售互动，为客户提供愉快的经历。使用结构化培训项目是很难教授这类技能的。

3. 混合方法

因为结构化项目和在职培训各具其相对优势，因此许多公司使用混合的方法。百思买各个员工团队每月参加将近 3 个小时的由合格培训师主导的培训。因此，百思买往往是员工培训排名前 30 位的公司。下班后的培训重点在新产品、服务升级或与他们部门有关的问题上。此外，员工还进行角色扮演以练习与开展顾客互动。网上的培训课程则可以通过零售商的专有学习管理系统实现，员工在上面完成那些能够使他们出售虚拟产品或与有挑战性的虚拟客户玩互动游戏的课程。

4. 分析成功和失败

每一个新员工都会犯错误。店面经理应当制造一种氛围，在这种氛围下，销售人员会尝试用不同的方法为顾客提供服务及卖出商品。店面经理需要认识到其中的一些新方法存在失败的可能，如果真的失败了，管理有道的经理不会去批评某一个特定的个人。相反，他们会讨论这一情况，分析为什么这种方法行不通，以及销售人员将来应当如何避免这类问题。经理也应当和员工一起工作，帮助他们理解并从他们的成功中进行学习。例如，经理要让销售人员明白不应当把一个大型的综合销售项目仅仅归结于运气，鼓励他们对该次销售做出反思，确认那些使销售顺利进行的关键行为，然后记住这些销售行为以备将来之用。

帮助销售人员为他们的业绩表现归因是非常重要的。例如，一些销售人员在成功时就会把荣誉归于自己，而在失败时就会去责备公司、买手或商品。这种逃避失败责任的做法不应当被提倡。若销售人员采用这种推理模式，他们就不会有动力去改变自己的销售行为，因为他们并不会为所失去的销售额承担个人方面的责任。

经理可以通过问"为什么"来帮助销售人员分析有效和无效行为的原因，帮助他们建设性地分析他们的成功与失败。为了鼓励学习，经理应当让销售人员认识到，如果当时他们采取了不同的方法，或者能够更坚持一些，他们就能够让顾客满意。当销售人员接受了这种责任意识，他们就会想方设法地找到有效的方法去提高自己的销售技巧。

16.2 激励、评价、奖励及向商店员工提供薪酬

员工表现的第二个关键驱动力是努力（见图16-1）。表现优异的商店员工工作十分努力，而且他们工作中的活动是与零售商的战略和目标相一致的。激励员工认真表现以将其潜力发掘出来是店面经理最重要及最具挑战性的任务。本节将讨论零售商的评估、奖励和薪酬方案的实施，这些会共同影响对商店员工的激励和他们付出的努力。我们使用以下假设的情境来说明与员工激励有关的一些问题。

在当地的社区学院获得副学士学位后，吉姆·泰勒（Jim Taylor）被一家位于San Jose's Eastridge商城的百货商店聘用为销售人员。这一职位可以提供关于公司客户、经理及政策的第一手资料。泰勒被告知，如果他在这个位置上干得好，他就可以成为一名管理培训生。

他的经理詹妮弗·陈（Jennifer Chen），在观察泰勒在销售楼层的表现后，评估泰勒的表现为一般。她觉得他只有在和自己一样（年轻、以职业为导向）的顾客打交道时才表现得富有成效。为了鼓励泰勒向其他类型的顾客销售商品，陈同泰勒一起评审了他的工作目标。陈降低了他的底薪，并提高了他的佣金率。泰勒现在提高其销售水平方面感到压力巨大。他开始害怕早上去上班，正在考虑要离开零售业去一家银行工作。

在这种假设情境下，陈主要是通过提供一些反馈及较多基于激励的薪酬水平来激励泰勒。在对这个例子进行讨论时，为了看其是否合适，我们将把这种方法同别的提高泰勒的业绩的方法进行比较。

16.2.1 设定目标激励员工

为了有效地激励员工，店面经理需要为他们的员工设定目标，并对员工的表现提供反馈意见。

员工的表现在下面两种情况下将会得到提高：①他们努力工作能够实现经理为他们制定的目标；②当达到目标时，他们将能获得自己看重的奖励。因此，经理可以通过设定现实的目标及提供员工想要的奖励来激励员工。

例如，詹妮弗·陈在吉姆·泰勒开始工作时就为他设立了明确的销售目标。泰勒像公司的其他同事一样，有五个销售方面的目标：每小时销售额、每单交易的平均销售额（平均销售规模）、多次交易百分比（与附加项目的销售额百分比）、优先顾客的数量及优先顾客预约的次数。零售商将优先顾客定义为顾客终身价值（CLV）高的顾客（见第11章）。

除了评价其销售目标，店面经理还要对像泰勒这样的销售人员在被盗商品造成整个部门的存货损失评价（部门损耗）、他们使用销售终端所犯的错误（系统误差），以及他们在维持店面（商品展示）所做的贡献方面进行评价。除了评价，陈也为泰勒作为一个销售人员的发展制定了一门培训课程。她列出了在接下来的六个月内泰勒需要参加的内部培训活动，以提高其销售技能。

陈在为泰勒设定目标时需要十分小心。如果她设定的目标太高，泰勒可能会感到灰心，觉得目标是遥不可及的，从而不会付出努力。但是，如果她设定的目标太低，泰勒可以很容易地实现它们，就不会有动力去努力发挥他的全部潜力。

建立在经验和信心基础之上的目标才能真正最有效地激励员工。有经验的销售人员相信自己的能力，因此应当为他们设定较高的目标（高目标将使他们工作更努力）。新的销售人员需要较低的目标以便于实现。一开始能够实现和超越目标的愉快经历，将树立新销售人员的信心，激励他们提高技能。

16.2.2　评估店内员工并提供反馈

评价过程的目标是识别那些表现良好的员工和那些表现不好的员工。在评估的基础上，表现良好的员工应该得到奖励，并考虑将其提升到更高职位上去，同时也要为那些表现低于期望值的员工制订计划，以提高他们的表现。对于业绩低的人，该不该解雇？他们需要额外的培训吗？如果需要，他们需要什么样的培训？

1. 谁来做评估

在大型零售商中，评价体系通常是由人力资源部设计的。但评价本身是由员工的直接主管，即那些在工作中与员工联系最紧密的经理来做的。例如，在一家折扣商店中，部门经理是观察销售人员行动和了解销售人员表现原因的最佳人选。部门经理还负责监督评估过程中提出的建议。缺乏经验的主管通常在一个级别更高的经理的协助下进行员工评价。

2. 应该多久做一次评估

大多数零售商每年或每半年对员工进行一次评估。对评估进行反馈是提高员工技能最有效的一种方法。因此，经理在为那些经验缺乏的员工的培训技能时应当多做评估。然而频繁的正式评估太耗费经理的时间，而且在下一次评估之前可能没有给员工足够的时间以对评估建议做出反馈。因此，经理应当用频繁的非正式评估去补充这些正式的评估。例如，詹妮弗·陈应当与吉姆·泰勒非正式地工作一段时间。对于詹妮弗·陈来说，提供非正式反馈的最佳时间是在她通过观察和报告得知关于泰勒表现的正面和负面信息之后。

3. 评估模式

只有员工知道他们需要做什么，公司期望他们达到什么水平，以及他们将如何被评估时，评估才有意义。图16-3列出了一家零售专卖店评估销售人员的标准。

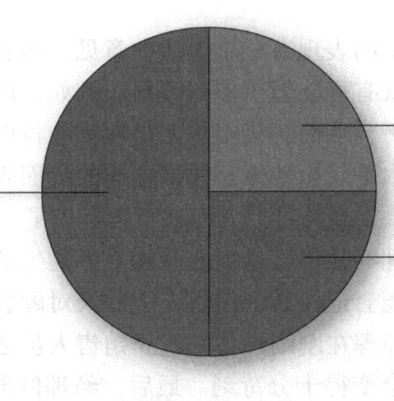

50%
销售量/顾客关系
1. 问候。在一两分钟内，用微笑和友好的态度接近顾客，随便问顾客一些问题
2. 产品知识。展示产品知识，比如服装是否合身，是否会缩水及价格信息等，并把这些信息传递给顾客
3. 提些其他建议。在试衣间或收银台处接近顾客
4. 让顾客购买并使他们坚定决心，让顾客觉得自己做了一个明智的选择，然后感谢顾客

25%
经营
1. 商店外观。引导顾客留意商品陈列区的细节（货架颜色和商品搭配），桌上的商品与地板砖和墙面要协调搭配，不断推陈出新，保持商店独一无二的特色
2. 避免损失。积极采用所有避免损失的方法
3. 商品控制和处理。使自己的工作始终符合在调整价格、运货流程和存货控制等方面已建立起来的标准
4. 收银/包装流程。准确、有效地遵守所有登记政策和收银流程

25%
符合规范
1. 着装和仪表要求。着装要符合要求，仪表要整洁，应当反映本店最新店面形象
2. 机动灵活。能够适应各种岗位，适应时间安排的变化调整，了解商店的重点和需求，要有积极主动性
3. 工作关系。同其他员工合作，乐于接受管理层的指示和指导，同管理层进行沟通

图 16-3　专卖店评估销售人员的要素

在这个案例中，员工的整体评估都是建立在店面经理和经理助理的主观评价之上的。它赋予个人消费量/顾客关系活动以及与商店整体业绩有关的活动以相同的权重，通过强调商店整体的运营和业绩，激励销售人员作为一个团队一起工作。

百货商店用来评价吉姆·泰勒的标准是建立在销售点数据上的客观销售指标，而非专卖店采用的主观指标。表 16-2 总结了泰勒半年以来的正式评估。泰勒的评估表既包括公司销售人员的平均业绩，也包括泰勒的实际业绩。他所在的部门在存货损耗控制上的表现高于平均水平。他自己在纠正系统错误以及商品展示上做得比较好。虽然他对优先顾客介绍商品的次数多于平均水平，但是他的整个销售业绩仍然低于平均水平。这些结果表明虽然泰勒付出了努力，但是其销售技能仍有待提高。

表 16-2　泰勒的半年评估总结

	部门销售人员的平均绩效	吉姆·泰勒的实际绩效
每小时销售额（美元）	75	65
每笔交易的平均数额（美元）	45	35
多笔交易率	55%	55%
优先顾客的人数	115	125

(续)

	部门销售人员的平均绩效	吉姆·泰勒的实际绩效
优先顾客的约见次数	95	120
部门损耗率	2.00%	1.80%
系统错误	10	2
商品展示（10分量表）	5	8

4. 评估偏差

如果经理一开始就对员工的表现有一个整体的意见，接着就让这种意见影响其对每个表现因素的评分，那么经理就有可能做出偏差评估。例如，店面经理可能会觉得某个销售人员的整体表现低于平均水平，从而对该销售人员在销售技能、守时性、着装和存货管理上的表现的打分都低于平均水平。当整体评估把这样的负面光环套在销售人员表现的各个方面时，评估对于确定其需要提高的特定方面就不再有用了。

在进行评估的时候，经理经常不可避免地受到最近发生的一些事及其他销售人员评估情况的影响。例如，经理可能会记住某个销售人员前天对顾客的恶劣表现，而忘记他在三个月前的不俗表现。同样，经理在刚刚评估完优秀销售人员之后，再对表现平平的销售人员进行评估时，不可避免地会变得十分苛刻。最后，经理倾向于把销售人员的表现（尤其是差的表现）归于销售人员本身，而非他们所工作的环境。在进行评估时，经理倾向于不去强调诸如商品和竞争对手的行动等对部门造成影响的外部因素。

由于百货商店对销售人员的大部分评估都是建立在客观数据之上的，所以避免了许多诸如此类的偏差。相比之下，专卖店的评估则考虑了更广泛的因素，但是使用了过多的主观标准（见图16-3）。由于诸如特定技能、对商店和顾客的态度、与同事的互动、热情和着装等主观因素没有被用于商店的评估，所以店面经理就这些因素上的表现可能不会明确与吉姆·泰勒进行沟通。在专卖店评估中，主观标准容易让评估结果产生偏差，但是对于促进销售人员努力提高绩效还是很有帮助的。为了避免主观评级造成的偏差，经理应当经常观察员工表现，并记录观察结果。要避免一次给很多销售人员做评估，同时要对各种潜在偏差保持清醒的意识。

16.2.3 奖励商店员工

商店员工可以从他们的工作中获得两种类型的奖励：外在奖励和内在奖励。

1. 外在奖励

外在奖励（extrinsic rewards）是由员工经理或公司提供的奖励，如薪酬、晋升和认可。经理可以提供各种各样的外在奖励，如薪酬（将在下面进行讨论）来激励员工。但是，并不是所有的店内员工都追求同样的奖励。例如，有些销售人员可能想要更高的薪酬，另外一些人则希望在公司内得到晋升，或者获得大家对其工作表现的认可。就吉姆·泰勒而言，他希望经理对自己有一个良好的评价，以便他有机会参加该店的管理培训项目。

由于员工对奖励有这些不同的需要，所以经理不可能使用相同的奖励方式来激励所有员工。但是，要想为每一个员工都制订一项奖励计划又是十分困难的，因为一些员工（特别是那些兼职员工）更容易受到非现金补偿的激励，如额外的休假和商店折扣。对此，一种应对方法就是为表现优秀的员工提供一个**点菜式奖励计划**（à la carte plans）。这一计划为那些表现优秀的高效员工提供奖励选择。例如，完成目标的销售人员可以选择现金奖励、额外的休假，或者在商店买东西时享受更多的折扣。这种补偿计划使得员工可以选择他们想要的奖励，因此可以成为最强烈的个人激励因素。

获得认可对于许多员工来说，也是一种重要的非现金外在奖励。虽然仅仅告诉员工他们的工作做得不错，他们也会非常感激。但是，当好的表现被公开表扬时将更具激励作用。此外，大家的认可能够激励商店所有的员工，而不仅仅是那些表现最好的员工。因为它展示出管理层对员工进行奖励的兴趣。

对员工而言，福利这一形式的外在奖励往往比财务补偿更重要。例如，由一家快餐连锁店开展的一项员工调查显示，该连锁店员工最关心的是负担得起的医疗保健。于是，这家连锁店投资约150万美元提供一项负担得起的医疗保健计划。这一计划使得那些一周至少工作20个小时并已在该连锁店待满至少6个月的员工，通过每月支付30美元费用（若想为全家办理，则需支付150美元）就可获得一份健康保险。在该快餐店实施这一计划之前，离职率一直居高不下，在125%左右徘徊。一年后，新的计划开始产生效力，离职率下降到54%，并停留在这一水平。离职率的降低使公司节省了约500 000美元的年度培训和招聘费用。此外，生产率和员工的信心都得到了大幅度提升，而缺勤率则急剧下降。

2. 内在奖励

内在奖励（intrinsic rewards）是员工个人从做好自己的工作中得到的奖励。例如，销售人员往往喜欢卖东西，因为他们将之视为一项具有挑战性和充满乐趣的工作。当然，他们想要获得报酬，但他们觉得帮助客户和创造销售额也是一种回报。大多数经理都注重借由外在奖励来激励员工。但是，强调外在奖励会使员工忽略其工作的内在奖励。员工会开始觉得他们工作的唯一理由就是挣钱，而工作本身则是无趣的。请注意，詹妮弗·陈试图通过使用外在奖励（将销售额和报酬挂钩）去激励吉姆·泰勒，这种对物质奖励的不断强调可能就是泰勒害怕早上来上班的一个原因。他可能不再认为自己的工作有趣。

一旦员工发现自己的工作是有内在回报的，他们就会受到激励去学习如何把工作做好。这类似于一个人去跑马拉松或攀登一座山，他们这样做仅仅是出于他们能从中获得的自豪感和喜悦。一些影响内在奖励的管理活动比如展开比赛会使工作内容丰富化。

比赛 使工作有趣的一种方法就是举办带有小型奖励的比赛。当每个人都有机会赢时，比赛是最有效的。如果总是那些最好的销售人员赢得比赛，那比赛就不会令人激动了，甚至会造成员工士气低落。例如，假定一场比赛给两周内销售了一件男士上衣的销售人员发一张扑克牌。两个星期后，得牌最多的人获胜。这可以在整个比赛期间激励所有的员工。一个仅仅销售出去四套衣服的销售人员也可以得到四张"A"。比赛应当是用来创造激情，使每个人都面临挑战，而不是付给最好的销售人员更多的钱。

工作内容丰富化 经验丰富的员工往往会失去工作兴趣。因为他们发现自己不再激动，工作也不再具有挑战性。像加薪和提升这样的外在奖励对他们可能已不再具有吸引力，他们可能只是对目前的收入和工作职责感到满意而已。经理可以使工作内容丰富化，并通过这样做提供的内在奖励去激励有经验的员工。**工作内容丰富化**（job enrichment）是指重新设计工作，使工作范围更广、职责更大。例如，对那些厌倦了目前工作的有经验的销售员工，可以向其指派新的工作职责，如去负责某一具体区域的经营、培训新的销售员工，或者计划并管理一次特殊的事件。

16.2.4 薪酬计划

薪酬计划的目的是吸引和留住优秀员工，激励他们去从事与零售商战略相一致的活动，并在控制成本和为了留住那些高素质员工而对其提供足够的补偿之间找到平衡点。

如果员工感到一项薪酬计划是公平的，并且他们的报酬跟努力是挂钩的，那么该计划将会非常有效。一般而言，简单的计划要优于复杂的计划。因为简单的计划更容易管理，而且员工在理解上也不会有问题。

1. 薪酬计划的类型

零售商通常使用以下一种或多种薪酬计划：纯工资、纯佣金、工资加佣金，以及奖金配额。

在**纯工资报酬**（straight salary compensation）中，销售人员或经理按照工作的小时数或周数收到固定数目的报酬。例如，每小时付给某销售人员 12 美元，或者每周付给某部门经理 1 000 美元。这种计划很容易被员工理解，商店实施起来也很容易。在纯工资计划中，零售商有很大的灵活性去分派销售人员做不同的工作以及到不同的销售区域。例如，获得固定工资的销售人员将会承担非销售类活动，如商品的上架，而且当他们从高销售量的部门转到低销售量的部门时，也不会感到不安。

纯工资计划的主要弊端是，员工缺乏提高生产率的动力，他们知道无论自己勤奋还是懒惰，短期内工资是不会改变的。对零售商而言，纯工资计划的另一个弊端是，即使在销售量下降的时候，纯工资也是企业需要承担的一项固定成本。在经济困难时期，这意味着更大的利润损失。

激励薪酬计划（incentive compensation plans）是指按员工的生产率提供报酬。许多零售商现在使用奖励来激励员工提高销售额。在一些激励计划中，销售人员的工资完全建立在佣金基础上，即**纯佣金**（straight commission）。比如，一个销售人员的报酬是其净销售额的一定百分比。在一般情况下，对于所有销售的商品，百分比是一样的（比如销售额的 7%）。但也有一些零售商根据商品种类的不同而制定不同的百分比（比如给予低利润商品 4%、高利润商品 10% 的比率）。通过使用不同的百分比，零售商给销售人员销售特定商品的额外奖励。一般来说，销售高价值商品，如男装、家具和家用电器的销售人员，在很大程度上是根据佣金来获得报酬的。

奖励计划也包括固定工资加按销售额计算的佣金，或者销售额超过一个配额后的佣金。例如，一个销售人员可以拿到每周 200 美元的工资，再加上超过每小时 50 美元的配额后总销售额 2% 的佣金。

激励薪酬计划对于促进销售人员努力销售商品是一个强有力的激励因素，但是也有许多弊端。比如，在纯佣金报酬计划下，很难指派人到非销售活动的工作岗位。当可以通过销售赚钱的时候，他们极不情愿被指派到商品陈列架去浪费时间。同时，在纯佣金报酬计划下，销售人员将更多地关注快速周转的高价商品，而忽视其他商品。销售额奖励计划对于销售人员向顾客提供服务也产生不了鼓励作用。最后，主要依靠佣金激励很难建立销售人员对公司的忠诚度，既然雇主并不保证他们的收入，他们觉得对公司就无须承担什么责任。

在纯佣金计划中，销售人员的收入每周都在发生变化，因为其收入取决于销售额。由于零售销售是季节性的，所以销售人员可能在圣诞节期间赚到他们全年的大部分收入，而在夏季月份时则占的很少。为了向那些高激励计划下的销售人员提供更稳定的收入，一些零售商设立了**提款账户**（drawing account）。在提款账户中，销售人员每周都会收到以预计年收入为基础的支票，然后从所得的佣金中对该部分进行扣除。从长远来看，每周支票和所得佣金是相对的，如果提款超过了所得的佣金，销售人员应返还他们多收的钱，而他们的每周提款就会减少。如果所赚取的佣金超过提款，销售人员将会收到差额部分。

配额经常与报酬计划一起使用。**配额**（quota）是用来激励和衡量表现的一个目标水平，例如销售人员每小时的销售额、买手的维持利润和存货周转率等。对于百货商店的销售人员来说，销售配额因不同部门销售生产率水平的不同而不同。

奖金配额计划（quota-bonus plan）为那些销售额超过预定配额的员工提供奖金。奖金配额计划的有效性取决于是否预设了合理、公平的配额，预设有效的配额是比较难的，同一部门中每个人的配额一般被设定在同一水平上。但是同一部门的不同销售人员可能能力不同，或者面临不同的销售环境。例如，男装部的销售人员就比配饰品的销售人员有更大的销售潜力。新聘任的员工需要比有经验的员工花更多的时间来完成同一配额。这样，建立在平均生产率基础上的配额，对于新员工来说就显得过高，而对于老员工来说又太低。因此，应当根据每个销售人员的经验及其所工作的区域特征来设定配额。

为了鼓励在同一部门或商店的员工协同工作，一些零售商会根据部门或商店整体业绩来向员工支付额外奖励。例如，销售人员除了会收到基于其个人销售额的佣金，同时还会收到由于全店员工总销售收入超过配额带来的佣金。**团队奖励**（team incentive）能够鼓励销售人员一起在非销售活动部门及顾客服务中心工作，从而实现整个部门的销售目标。

2. 设计薪酬方案

薪酬方案的两个要素是薪酬总量和基于激励的薪酬比例。在通常情况下，薪酬总量一般由市场形势决定。当经济形势好、劳动力资源紧缺时，零售商就要支付高工资。没有经验的销售人员的工资要比有技能、有经验的销售人员的工资低。

当销售人员的业绩能简单又准确地被测定时，激励薪酬将非常有效。当销售人员以团队形式一起工作或者要参加许多非销售活动时，销售人员的个人业绩就很难被衡量。零售商可以很容易地测量一个销售人员的实际销售额，但是很难衡量他们的顾客服务情况或销售表现。

当销售人员的活动对销售额产生重大影响时，奖励可以提供额外的激励。比如作为收银员的销售人员对销售额没有多少影响,因此不应当用奖励来支付薪酬。但是对于提供大量信息和顾客服务(如高档服装和立体音响这类复杂商品)的销售人员来说,奖励是很适宜的。此外,奖励对于那些没有经验的销售人员来说不是很有效,因为他们对自己的销售技巧没有太多信心,因此奖励只会抑制他们学习并会带来更多的压力。

最后,过分强调建立于销售额基础上的薪酬计划可能不利于提高顾客的服务质量。依靠佣金的销售人员更乐意向顾客推销任何商品,而不乐意花时间帮助顾客购买他们需要的商品,他们倾向于待在收银台前或更衣室旁,这样就能与准备购买的顾客达成交易。

3. 设定佣金比率

假设一个专卖店经理想聘用一个有经验的销售人员。为了雇用到想要的人,该经理觉得她必须支付每小时 12 美元的报酬,销售成本预算为销售额的 8%。在每小时 12 美元的报酬下,销售人员每小时需要销售价值 150 美元的商品(12 美元除以 8%)才能使商店保住成本预算。该经理认为最好的报酬应当是 2/3 的工资和 1/3 的佣金,因此她决定提供每小时 8 美元的工资(12 美元的 66%)和占销售额 2.66% 的佣金的薪酬计划。如果销售人员每小时销售价值 150 美元的商品,他们将赚取 12 美元(每小时 8 美元的工资加上 150 美元乘以 2.66%,即每小时 4 美元的佣金)。

16.2.5 法定薪酬问题

1938 年的《公平劳动标准法案》(Fair Labor Standards Act)设立了最低工资标准、最高劳动工时、童工标准以及加班工资规定。这项法案的实施对零售商来说尤为重要,因为他们雇用了许多低工资员工和青少年,而且要求员工长时间工作。

现在由平等就业机会委员会(Equal Employment Opportunity Commission,EEOC)推出的《**同酬法案**》(Equal Pay Act),禁止从事相同工作或有可比工作价值的男性和女性其报酬有差异。同样的工作意味着该项工作要求相同的技能、努力和责任,并在相同的工作环境中进行。可比工作价值意味着从事不同工作但能够带来相同的价值。当薪酬是由年资制度、激励薪酬计划或市场需求决定时,报酬差异才是合法的。

16.3 领导力

员工表现的第三个关键驱动力是领导力(见图 16-1)。**领导力**(leadership)就是一个人通过影响别人来达到一个或多个目标的过程。店面经理就是店员的领导。经理使用多种激励手段来提高生产率,其中包括帮助店员在实现公司目标的同时实现其个人目标。

16.3.1 领导者行为的类型

领导者从事的活动是任务执行和团队行为维护。**任务执行行为**(task performance behaviors)就是店面经理的一系列努力,包括计划、组织、激励、评估和协调商店员工的活动。而**团队维护行为**(group maintenance behaviors)是店面经理为了让员工感到满意并能很好地共事所从事的一些活动，这些活动包括考虑员工的需求，关心他们的福利，并为他们创造一个舒适的工作环境。

16.3.2 领导者决策风格

店面经理让店员参与决策的程度深浅不一。**独裁型领导者**（autocratic leader）自己做出所有的决策，然后再通知员工。他们使用自己所拥有的权力告诉员工应该做什么。例如，一个独断的店面经理会决定谁在商店的哪个区域工作，他们什么时候可以休息，哪些天可以休息。

与此相反，**民主型领导者**（democratic leader）会从自己的员工那里寻求信息和观点，并将决策建立在这些信息的基础上。民主型的店面经理会与员工分享权力和信息。他们询问员工什么时候、愿意去哪儿上班，并尽可能地根据员工的需要制定工作日程。

没有哪种领导风格是最好的。富有成效的经理会使用所有风格的领导，会根据各种形式选择最适合的风格。例如，某店面经理对某个不安的新培训生可能会采取独断型领导，而对一个高效的、有经验的员工采取民主型领导。

那些了不起的店面经理（领导者）不仅仅影响员工的行为。**转型型领导者**（transformational leader）能够让人们认识到团队或组织的利益高于个人的需要，他们富有激情并使公司充满生气。转型型领导通过个人的魅力，在员工中创造热情。他们自信，有明确的、能够吸引员工注意力的愿景。这种愿景能够通过语言和象征符号进行交流。最后，转型型领导会给下属分派具有挑战性的工作，与他们自由、公开地交流，并向员工提供个人指导以使他们有所提升。

16.3.3 保持士气

店面经理在激励员工方面起着重要的作用。在通常情形下，当事情进展顺利时，员工就会士气高昂，也会因此得到激励。而当销售进展不顺利的时候，士气就会下降。富有成效的店面经理通过为员工做一些小而有意义的事情来鼓舞士气，比如在目标实现时举办一场聚会，或者按照员工的人数来分配慈善预算，并邀请员工就如何使用他们"那份"提出建议。某店面经理通过使用来自公司信息系统的实时销售数据来激励员工（见第10章）。在圣诞节的第一天，她在商店的白板上写下了4 159美元。那是去年圣诞节时第一天的销售额。她告诉她的销售人员：仅仅超过这个数字是不够的，她希望看到25%的销售额增长，正如去年超过前年的增长率一样。通过设定财务目标和让销售人员了解最新的结果，一群看着表等待8个小时工作结束的人变成了一个朝气蓬勃的团队中的一员。伴随着顾客的来来往往，销售人员整天都在轮流询问从商店销售终端传到后台计算机中的数据。

16.3.4 性骚扰

性骚扰是影响工作环境中劳动生产率的一个重要问题。经理必须确保商店员工避免那些性骚扰或可能被理解为性骚扰的行为，否则，零售商和经理将为此行为承担法律责任。

平等就业机会委员会制定的方针将**性骚扰**（sexual harassment）界定为一种性别歧视行为，具体是指：

性骚扰包括不受欢迎的性动作、性服务的要求及其他口头和身体的行为……个人因做出服从或拒绝这样的行为而被用来作为影响该个人就业决定的基础，或……这种行为的目的或效果造成不合理地干扰个人的工作表现或创造一个恐吓、敌对或攻击性的工作环境。

处理性骚扰指控的适当程序包括制定和张贴反性骚扰的政策，其中包括规范投诉程序，严肃对待投诉，为个人创造一个没有打击报复的安全的投诉环境，从声称自己为受害者的员工那里获取信息，对相关会谈进行备案，以及通知人力资源部门或处理投诉的上级公司管理层。

16.4 成本控制

劳动安排、店面维护和存货损耗提供了三个减少商店经营费用的机会。零售视角16-3描述了一个零售连锁便利店是如何通过运营流程再造降低成本和提升顾客服务质量的。

零售视角 16-3

希茨公司提高运营效率

希茨公司（Sheetz）是一家位于宾夕法尼亚州阿尔图纳市的便利连锁店，旗下拥有441家店铺。为了确定如何更有效地执行店铺层级的任务，希茨开始了一系列详细的研究。该研究几乎囊括了一切，从员工如何清空垃圾，到每天结束时经理如何打烊关店。在后一种情况下，该研究发现管理人员需要填写40份不同计算机屏幕上的信息表。这些要求意味着他们另外需要多达4个小时的时间才能结束一个8个小时的工作日。

此外，打烊关店所花费的时间正在影响顾客服务。经理会在第二天上午的时间做文书工作，这个时间段属于最繁忙的交通时间，他们本应该在商店执行管理任务。当希茨公司重新审视这些做法时，它每年省去了店面经理花在非生产性行政事务上的160 000多个小时。

希茨公司还发现很多发送给店面经理的信息的价值是值得怀疑的（有太多的冗余报告），因此店面经理计算机上可用的204份报告减少到了23份。

然后，希茨公司通过重新审查其劳动力调度为每家商店每周节省了55个员工工时。在该项研究之前，商店的人员配置是基于销售的，但这种通用的方法忽略了商店之间的差异性。例如，一些商店通过食品服务实现大部分销售额，但这需要大量的劳动力。而其他商店通过汽油销售获得了大部分收入，但这只需要最低限度的员工努力（即便利店行话中的"外部销售"）。

由于该公司已经增加了配送中心和自己的面包店，管理人员对产品交付时间与交付水平也有了更多的控制。这一配送中心和Sheetz Bros. kitchen为大约350家店铺提供个性化服务。通过他们的人员配置水平对这些交付进行协调，店面经理还应确保他们有足够的工作人员去补充货架——通常在客户停工的时间。

此外，一些店内任务被取消。尤其是当希茨公司注意到报纸销售的利润很小时，于是停止在个人层面跟踪其报纸销售。通过为商店员工消除这一任务，希茨公司确保自己继续在每一张纸上的销售中至少赚到一些钱。

通过这些变革和建议实施，希茨公司两年内仅仅在工资成本这一项就节约了510万美元。这些节省，加上在整个连锁店范围通过使用更高效的LED照明实现的效率提升，为该便利连锁店带来了更光明的未来。

资料来源： Walt Frank, "From Dairy Store to Convenience Restaurants, Sheetz Empire Now Spans Six States," *Altoona Mirror*, November 18, 2012; "LED Lighting Improves Sheetz Convenience Restaurants," *Restaurant Facilities Business*, November 28, 2012; "Sheetz Hits the Mark," *Retail Merchandiser*, September–October 2007, pp. 28–31; and Neil Stern, "Convenience Reborn," *Chain Store Age*, May 2007, pp. 34–39.

问题讨论： 希茨公司需要收集哪些类型的数据来实现所有这些更改？

16.4.1 劳动安排

有效地使用商店员工是一个重要而且具有挑战性的问题。虽然商店员工提供重要的顾客服务和商品销售功能以提高销售额，但是他们同时也是商店运营的最大成本。**劳动安排**（labor scheduling）是指决定派多少员工去商店的各个区域。因为商店每天及每周的客流量有很大的不同，因此劳动安排是很难的。除此之外，每周7天、每天24个小时，商店需要的都是各种不同的员工。糟糕的劳动安排可能会导致顾客在付款台前排起长队，销售人员无所事事，以及劳动生产率的低下。例如，如果商店6%的销售量发生在下午2：00～3：00，而9%的总工时也出现在这个时段，那么在该时段商店就可能超员了。

许多零售商利用专门设计的计算机软件来处理劳动安排的复杂性。该软件通过分析每个时间段的销售额、交易情况和客流量，为商店的每个区域在每一时间段确定应该配备的适当的员工人数，并且为每位员工开发出一份工作日程安排表。

虽然这些安排系统对零售商和顾客都有利，但是它们可能对员工产生不利影响。这个软件给出的安排表常常建议使用兼职员工和不规律的工作时间。销售人员可能会因为不可预知的安排表而备感压力，包括在其休息日保持"通话"的要求。虽然有些员工喜欢兼职工作，觉得兼职是适合他们的生活方式，但是更多人喜欢全职工作。

16.4.2 店面维护

店面维护（store maintenance）是指管理与商店有关的内外设施的活动。外部设施包括停车场、商店的入口，以及商店内外的指示牌。内部设施包括墙体、地板、天花板、浴室、空调系统以及各种展示物品和标识。店面维护既影响商店的销售额，也影响商店的运营成本。某商店的清洁和整齐程度直接影响顾客对该商店商品质量的印象，但是这一商店的店面维护成本很高。例如，一个40 000平方英尺的家庭中心的地板维护费用每年大概为10 000美元，低劣的维护会缩短空调部件、地板和固定设施的使用寿命。

16.4.3 存货损耗

存货损耗（shrinkage）是由于内部偷窃、外部盗窃、错误、不准确的记录和供货商的错误而造成的存货损失。它是指基于采购和接收商品存货的账面价值（以零售价计）与商店及配送中心实际存货的价值（以零售价记）的差额，除以同期的零售销售额。例如，如果会计记录显示存货价值应为 1 500 000 美元，存货实际盘点为 1 236 000 美元，销售额为 4 225 000 美元，那么，损耗率为 6.2%[=（\$1 500 000−\$1 236 000）÷\$4 225 000]。

降低损耗率是一个重要的商店管理问题，因为零售商每年由损耗造成的总损失达到总销售额的 1.5%。从全球范围看，零售盗窃每年高达 1 070 亿美元以上。仅在美国，零售商每年因盗窃损失的金额将近 30 亿美元，这相当于每个美国家庭需要花费 422.68 美元。

虽然外部盗窃受到公众的最大关注，但是由内部偷窃带来的存货损失占比更大。最近一次调查显示，存货损耗的 44% 是由员工内部偷窃所致，36% 是由外部盗窃所致，14% 归于错误和不准确的记录，还有 2% 来自供货商的错误。员工犯错的例子有：卖出的商品没有登记，或者接收商品或实地盘存时计算错误。当供货商运来的商品少于装箱单上所列明的商品数量时，由于供货商错误带来的存货损耗也就出现了。本节剩余的部分将重点讲述由盗窃和员工偷窃带来的损失。

16.4.4 商店盗窃

为了制订防损计划以减少入店行窃，零售商面临一个两难境地的权衡：一方面是要提供购物便利，另一方面则需要对商店行窃进行防损。一个有效防损计划的关键是，在保持一个开放的、有吸引力的商店气氛以及员工被信赖的感觉的同时，确定一种最有效的方式来保护商品。防损需要在门店管理、视觉营销以及店面设计之间进行协调。

针对盗窃率高的问题，2011 年零售商在安全措施上共耗资 283 亿美元。由盗窃造成的损失可以通过改进店面设计、安全措施以及人事制度来降低。

1. 店面设计

以下店面设计选择可能有助于阻止行窃：

- 不要将昂贵的或小件商品放置在入口附近。
- 将易于被盗的商品靠近 POS 终端摆放，因为终端附近通常都会有一名员工。
- 将固定设施保持在较低高度，这样员工就可以看到店内顾客，并且更衣室和出口处视野开阔。
- 使用镜子。
- 交替挂衣架的方向，使专业扒手不容易一次获取很多服装。
- 将所有容易被盗的货品锁起来。

2. 安全措施

以下安全措施可能有助于阻止行窃：

- 使用闭路电视摄像头。
- 安装一些假的电视摄像头，对小偷起心理威慑作用，并且可节约成本。
- 使用**电子商品监视**（EAS）和**无线射频识别**（RFID）系统。这些特殊的标签被放置在商品上。当商品被购买后，标签要经过销售点（POS）扫描仪扫描后才能解除效力。
- 在门口驻扎员工检查收据。

3. 人事制度

以下人员的政策可能有助于阻止行窃：

- 使用神秘及诚实顾客来监视员工和顾客盗窃。
- 让商店员工监控试衣室。
- 商店应该培训员工对潜在的盗窃情况保持留意、机警和戒备。
- 提供周到的顾客服务。

图16-4列出了确认扒手的一些规律。也许防范扒手的最好手段就是借助一些敏锐、机警的员工。

别想当然地认为所有的扒手都衣着寒酸
职业商店扒手为了避免被觉察，会装扮成普通顾客光临商店，90%以上的被捕业余扒手都用过自己的现金、支票或信用卡购买其行窃的商店里的商品

留意游手好闲者
业余扒手经常在意欲行窃的地方闲逛，职业扒手也会等待时机成熟再下手，但他们的目标不会那么明显

留意团伙成员
计划行窃的未成年人经常搭帮结伙，团伙的有些成员负责引开销售人员的视线，与此同时其他成员则动手偷窃商品。职业扒手经常是两人合伙。一个人偷窃商品，然后交给躲在商店洗手间、电话亭或餐厅里的同伙

留意衣着宽松的人
职业扒手经常把赃物藏在宽松的衣物里。在夏天穿冬衣或者在晴天穿雨衣的人，很可能就是潜在的扒手

观察眼睛、手和身体
职业扒手并不专心致志地看商品，而是寻找可能看见他们举动的店员，当扒手准备行窃时，他们的动作可能会很不同寻常

图16-4 发现扒手

4. 起诉

许多零售商对于窃贼都有一套起诉政策。他们觉得需要强有力的控告来阻止偷窃。一些零售商甚至在民事诉讼中要窃贼赔偿被盗商品的损失以及起诉所花的时间。

尽管这些安全措施减少了外部盗窃，但同时也会使那些诚实的顾客在购物过程中感到不舒服。例如，一家服装店的气氛会由于随处可见的保安、镜子和电视摄像头而让人不舒服。顾客会发现很难试穿一件带有锁链或电子标签的衣服。如果他们感觉在自己换衣服的时候，还有一种监视装置在盯着自己，就会感到非常不舒服。因此，在评价安全措施时，零售商需要权衡减少盗窃带来的好处和销售额可能下降这二者之间的关系。

5. 使用技术

零售商正在转向借助技术来帮助阻止行窃。一些商店已经安装了计算机软件系统，并利用其对摄像机拍摄到的购物者的动作进行分析。当该系统识别到不寻常的活动时，例如当几十个货品都从货架上被移开，或者一只锁着的箱子被打开时，它就会向安全警卫发出报警。当有人在未经授权的时间进入一家商店时，该系统会对这些进入者拍照，也会对之前及之后入店的人拍照。

有些窃贼并没有那么难以捉摸，他们只是往购物车上塞了很多东西后就开始逃跑。商店因此纷纷开始给购物车本身加上RFID芯片。如果装有未付款商品的购物车近接装有传感器装置的大门时，车轮就会被锁定，这样购物车就会停下来。此外，安装到结账柜台底部的新型相机会确保小偷没有将被盗物品卡在购物车下面，希望没有人会注意到他们还未对其付款。这种技术能够利用发送到保安手持设备的信号，直接而不经觉察地发现窃贼。

几千年来，消费者一直在用传统的方法偷窃商品。他们把商品藏在自己的衣服下，或藏在购物车的底部，试图转移商店雇员的视线，或者在不被注意的情况下干脆走出商店。就像零售业本身一样，盗窃也在变得越来越复杂，正如零售视角16-4中描述的那样。

零售视角 16-4

利用技术偷窃商品

虽然商店行窃（顾客从零售商处窃取商品）是一个老话题，但是盗贼会采用新的高科技作案，并且经常团伙行窃。盗贼使用的一个最常见的骗局是以更低的价格创建伪造的条形码。例如，一个小偷为100美元的乐高套装创造了19美元的条形码，并拿走了价值约600 000美元的套装。条形码盗贼很难被捉到，因为当某个警觉的收银员注意到标价错误的货品时，小偷可以支付差价或只是走开。类似的技术是创建假收据。新墨西哥的小偷创造了山姆俱乐部电子产品的收据，借此他可以带着从来没有付钱的商品走出商店（假收据表明他付了钱）。这名犯罪分子在被抓到并且逮捕之前，从当地的仓储俱乐部窃取了价值超过25 000美元的电子产品。

另一个基于技术的骗局是专业和业余扒手以及员工篡改礼品卡。盗贼可以创建复制的礼品卡，这些卡可由小偷使用或在线转售，或者他们可以使用激活的礼品卡账户信息来创建复制卡或进行网络购买。据知窃贼也通过退还偷窃商品来获得信用礼品卡，然后将其在线销售——通常以低于面值的价格进行销售。

此外，最近接受调查的零售商中有96%的人表示他们是有组织零售盗窃的受害者。专业盗贼的团伙集中在非处方药、婴儿配方奶粉、健康和美容辅助产品、电子产品和专卖服装领域。互联网销售（特别是通过拍卖）为这类商品的出售提供了一个渠道。一些盗贼团伙正在使用商店信用盗窃。在一个案子中，一个团伙拿了一个有效的500美元的商店信用收据，然后用电子手段将其改为1 200美元，并打印出多个副本分发给其在全国的团伙成员，然后在同一小时内发送到12个州的16家商店，以获得商店退款。

另一种与团伙相关的高科技盗窃行为的方法被称为**闪电抢劫**（flash rob），是指盗窃团伙通过社交媒体和短信密谋策划突然造访零售商店并造成严重破坏的行为——通常会窃取大量的商品。费城的西尔斯商店就经历过一次这样的劫掠，大约40个男孩冲进并淹没了商店，偷走了价值数千美元的商品。而当一帮青少年冲进阿玛尼商店和北面商店（The North Face stores），叫嚣着打翻各种摆设和商品，并带着昂贵的牛仔裤与其他商品仓皇逃窜的时候，芝加哥的壮丽大道就没那么壮观了。全美零售联合会（NRF）的调查发现，接受调查的零售商中有10%遭遇过闪电抢劫。

资料来源：Liz Parks, "Allied Against ORC," *Stores Magazine*, August 2012; Chris Morran, "Man Scores 100% Discount on Electronics by Making Fake Receipts at Home," *Consumerist*, January 25, 2011; Michael Hartnett, "Remaining Vigilant," *Stores Magazine*, December 2011; Ann Zimmerman and Miguel Bustillo, "'Flash Robs' Vex Retailers," *The Wall Street Journal*, October 21, 2011; and Ann Zimmerman, "As Shoplifters Use High-Tech Scams, Retail Losses Rise," *The Wall Street Journal*, October 25, 2006, p. A1.

问题讨论：零售商应该如何应对新的高科技偷窃行为？

6. 减少员工偷窃

如同盗窃一样，员工偷窃也已成为一个更复杂的高科技活动。礼品卡的大规模使用为员工盗窃创造了新的机会。在与犯罪同伙的合作中，零售员工接受假退货，把钱款"退"到礼品卡上。员工自己可能会使用该卡或将其转给共犯。之后，他们会在另一家商店兑换这张卡或在网上出售。互联网使这样的礼品卡很容易转换成现金。许多零售商聘请了防损专家对此进行应对。这些专家花大量时间在拍卖网站上寻找可疑的礼品卡，比如远低于面值或来自同一零售商多达几十张的卡。类似地，一大堆处理信用卡的销售信息通过手动被输入。各种各样的退货，或者同一货品被多次进行退货，都表明该注册员工正在进行非法交易，不管是从商店还是从顾客那里偷窃所得。零售商利用软件来监控销售终端异常的销售。视频技术对这个软件进行了补充，这样当不正常的行为模式出现时，就能让管理者清楚地看到收银员的活动。

减少员工偷窃的最有效的方法是建立一种相互信任、相互支持的工作环境。当员工感到作为团队的一员受到尊重的时候，他们就会把个人目标和企业目标统一起来。从雇主那里偷窃就等于是从他们自己身上或家里偷钱，同时他们也会尽力防止别人从他"家"中偷东西。因此，拥有高素质的工作团队和低人事变动率的零售商，其存货损耗也比较低。减少员工偷窃的其他方法，还有仔细筛选员工，创造一种诚实、忠诚的工作氛围，以及建立安全制度和控制系统。

关于减少员工偷窃的其他方法，我们将在下面的章节中讨论。

筛选未来的员工　如前所述，许多零售商通过书面的诚实性测试和广泛的推荐人核查，筛选出有盗窃问题的潜在员工。一个与员工偷窃相关的主要问题是毒品的使用。一些零售商现在开始要求将来的员工递交毒品测试单，这被当作聘用的一个前提条件。那些表现不佳、出现多次事故、工作时间和考勤记录有问题的员工，也被要求进行测试。除非他们确实涉嫌销售毒品，否则在测试中呈阳性的员工还有机会再做一次由公司付费的毒品测试，将来还要接受随机测试。

建立安全制度和控制系统　为了更好地控制员工盗窃，零售商需要对一些可能有助于盗窃的行为采取相关的制度。一些常见的制度有：

- 随机搜查像垃圾箱这样可以储藏偷窃商品的容器。
- 要求商店员工在指定的入口进出商店。
- 分派销售人员到特定的销售终端，并要求所有的交易都必须通过这些终端。
- 禁止员工在工作时间购买东西。
- 所有的交易都要为顾客提供收据。
- 要求所有的退款、退货和折扣都要由指定部门或店面经理来处理。
- 定期换锁，并把钥匙交由专人负责。
- 提供一个衣帽间检查所有员工的手提包、钱包、包裹和上衣。
- 保持轮岗式的员工分配。让不同的员工在一起组成团队。

最后，不让员工觉得管理层过于怀疑他们的行动受到不受尊重对待也是很重要的，因为这种感觉会削弱士气。

本章小结

（1）描述如何通过有效的招聘、社会化和培训提高工人的能力。

店面经理可以通过有效的招聘、社会化和培训来提高员工的能力。为了招聘掌握熟练技术或潜在熟练技术的员工，店面经理需要准备一份工作说明，找到具有所需能力的潜在的求职者，并筛选出最佳候选人进行面试。招募到具有所需技能或有潜力发展这些技能的员工之后，零售商需要向公司介绍新员工，并向其介绍公司政策、价值观和战略。这种社会化过程会影响新晋员工成为参与以及贡献程度。此外，社会化有助于新聘请的员工了解他们的工作职责和他们已经决定加入的公司。为新的商店员工提供的有效培训包括结构化项目和在职学习经验。

（2）研究如何通过适当的激励、评价、奖励和补偿来促进员工努力。

表现良好的商店员工努力工作，他们所采取的行动与零售商的战略和目标是一致的。激励员工发挥他们的潜力可能是商店管理者最重要和最具有挑战性的任务。为了有效地激励员工，店面经理需要为员工设定目标，并提供与这些目标有关的员工绩效的反馈意见。商店员工可以从他们的工作中获得两种类型的奖励：外在奖励和内在奖励。外在奖励是由员工经理或公司提供的奖励，如薪酬、提拔与获得认可。内在奖励是员工从做好自己的工作中获得的奖励。例如，销售人员往往喜欢销售，因为他们认为这是具有挑战性和充满乐趣的。薪酬计划是最强劲的动力。它吸引和留住优秀的员工，激励他们进行与零售商战略相一致的活动，并在控制劳动力成本和提供足够补偿之间取得平衡，以保留高素质的员工。

（3）说明店面经理有效的领导战略。

领导力是一个人试图影响他人完成一个共同的目标或任务的过程。店面经理是领导者。最好的店面经理（领导者）不仅仅影响员工的行为。没有一种最好的领导风格。富有成效的店面经理使用所有的领导风格，并选择最适合每种情况的风格。转型型领导者让人们为了团队或组织而超越他们的个人需求，因此他们对自己的工作很投入并充满兴奋感。

（4）探索店面经理可以进行成本控制的各种战略。

劳动安排、商店维护和存货损耗提供了减少商店经营费用的三个机会。使商店员工工作效能最大化是一个重要且具有挑战性的问题。虽然商店员工具有提供重要的顾客服务和增加销售额的作用，但是，他们也是商店最大的经营费用。商店管理中面临的一个重要问题是减少由员工偷窃、商店盗窃、失误、不准确的记录，以及供货商错误而造成的存货损失。在制订防损计划时，零售商面临着一个两难问题，其一方面要提供购物的便利性及愉快的工作环境，另一方面又要对商店盗窃和员工偷窃进行防损。一个有效防损计划的关键是，在保持一个开放的、有吸引力的商店气氛以及在员工中间那种被信赖的感觉的同时，确定一种最有效的方式来保护商品。防损需要在门店管理、视觉营销以及店面设计之间进行协调。

➥ 小试身手

1. 持续案例任务 到你为持续案例任务选定的那家商店，并与负责人事安排的人员见面。对以下问题进行报告：

- 谁负责员工安排？
- 安排要提前多久做好？
- 休息时间和午餐时间是如何计划的？
- 加班时间是如何确定的？
- 各个部门预算员工时间总数的依据是什么？
- 如何将灵活性引入日程安排中？
- 如何处理特殊请假要求？
- 高峰时段（小时、天或季度）是如何计划的？
- 当员工在最后一分钟才打电话请病假时，应该如何处理？
- 分别从经理和员工的角度说明人事安排系统的优点、缺点是什么？

2. 持续案例任务 到你为持续案例任务选定的那家商店，与负责人力资源管理的人交谈，了解商店是如何对销售人员的工作绩效进行薪酬补偿和评估的。

- 销售人员是如何被培训的？评价的标准是什么？
- 他们多长时间接受一次评估？
- 销售人员有配额吗？如果有，这些配额是如何设定的？超过配额的奖励是什么？不符合这些目标的后果是什么？
- 销售人员有佣金吗？如果有的话，佣金系统是如何发挥作用的？佣金系统的优点是什么？又有什么缺点？
- 如果没有任何佣金系统，商店是否提供任何类型的激励方案？举一个具体的例子，说明商店如何使用某个特定的计划或项目来激励员工士气及其生产效率。

评估这些问题的每一个答案，并在适当的地方提出改进建议。

3. 购物 去某家商店，观察商店的安全措施，并与一名经理谈论商店的防损计划。

- 是否安装了监视摄像头？它们被安装在什么地方？这些摄像头有监控吗？还是只是用来对行窃起震慑作用的？
- 商店对付扒手的政策什么？
- 处理疑似偷窃人员的程序是什么？
- 销售人员和管理人员在安全计划中分别扮演什么角色？
- 员工盗窃是一个问题吗？阐述之。
- 商店里如何防范员工的偷窃行为？
- 商店的顾客服务与防损之间有什么关系？
- 就安全性和防损而言，这家零售商哪些方面做得很好，在哪些领域尚需完善其政策和程序？

4. 网上练习 上网研究你居住或上学的所在州所实施的盗窃法。在你们当地的地方司法中，会对盗窃者做出什么样的罚款、监禁、社区服务或者惩罚？在商店盗窃案件中，哪些因素会被权衡和评估？你所在州的法律能够对盗窃起到威慑作用吗？请解释。

5. 图书馆练习 到图书馆的商业数据库，找一篇描述某零售商在雇用或推广做法中违反了（1964年《物权法》）第七标题的文章。总结该案件和法院的裁决。这个零售商未来应该如何采取不同的做法以改善其就业政策？

6. 网上练习 登录 Greening Retail 的主页（www.greeningretail.ca），检查该公司帮助零售商实现环境最佳实践的研究和方案。在"特色零售商档案"（Featured Retailer Archive）中选择一家公司（www.greeningretail.ca/featured/archive.dot），以该公司为例，简要描述这个零售商正在采取什么做法以成为一家可持续发展的公司。

讨论问题

1. 在职培训、网络培训和课堂培训有什么不同？每一种方法各自的好处和局限性是什么？

2. 举例说明一家麦当劳快餐店的经理应该采用不同的领导风格的情况。

3. 使用图16-2采用的面试问题，和班里的另一个学生进行角色扮演，一个扮演面试官，另一个扮演申请店面经理助理职位的求职者。

4. 列举影响员工管理过程的一些法律和法规。你认为哪些是零售商最容易坚持的？哪些是最经常被违反的？

5. 外在奖励和内在奖励之间有什么区别？这些奖励对零售员工的行为有什么影响？在什么条件下，你会建议某个零售商更注重内在奖励，而非外在奖励？

6. 许多大型百货公司和专卖店都在改革销售人员的薪酬体系，从过去的工资制转为以佣金为基础的体系。佣金制会造成什么问题？管理部门的经理如何才能避免这些问题呢？

7. 在对零售员工进行评估时，一些商店会使用定量的方法，该方法依据与表16-2类似的题项表和数字进行评分。另一些商店则使用一种更为定性的方法，用于计算、核对分数所花的时间较少，更多的时间是以书面形式来讨论各个强项和弱项。定量与定性评价系统的优点和缺点是什么？

8. 一些零售连锁店的工作人员因为他们的宗教信仰，拒绝发放事后避孕药。另一种情况是，连锁超市工作职员若信仰伊斯兰教，则会拒绝接触、看到或打包任何猪肉产品。管理者是否有权利迫使员工采取与他们的信仰相反的行动？顾客是否会因为员工的信仰无法购买他们想要的产品？员工应该被要求忽视他们的宗教信仰吗？如果你面对这些或类似的道德敏感的问题，你会怎么做？

9. 讨论零售商应该如何减少盗窃和员工偷窃造成的损耗。

10. 药店零售商，如 CVS 将糖尿病试纸和香水锁在背后的玻璃柜中，而且几乎所有的非处方药都被放置在有机玻璃容器中。从零售商的角度来看，这些被锁起来的玻璃柜有什么优点和缺点？从顾客的角度来看呢？

推荐读物

Arthur, Diane. *Recruiting, Interviewing, Selecting & Orienting New Employees*, 5th ed. New York: AMACOM, 2012.

Bell, Simon, Bülent Mengüç, and Robert E. Widing II. "Salesperson Learning, Organizational Learning, and Retail Store Performance." *Journal of the Academy of Marketing Science* 38, no. 2 (2010), pp. 187–201.

Bernardin, H. John. *Human Resource Management: An Experiential Approach*, 5th ed. Burr Ridge, IL: McGraw-Hill, 2010.

Carmel-Gilfilen, Candy. "Advancing Retail Security Design: Uncovering Shoplifter Perceptions of the Physical Environment." *Journal of Interior Design* 36, no. 2 (2011), pp. 21–38.

Hollinger, Richard, and Amanda Adams. *2011 Annual Retail Security Survey*. Gainesville, FL: Security Research Project, University of Florida, 2012.

Ng, Eddy, Sean Lyons, and Linda Schweitzer. *Managing the New Workforce: International Perspectives on the Millennial Generation*. Northampton, MA: Edward Elgar Publishing, 2012.

Purpura, Philip. *Security and Loss Prevention*, 6th ed. New York: Butterworth-Heinemann, 2013.

Phillips, Jack J. *Handbook of Training Evaluation and Measurement Methods*. New York: Routledge, 2012.

Rothstein, Mark, and Lance Leibman. *Employment Law*, 7th ed. St. Paul, MN: Thomson/West, 2012.

U.S. Equal Employment Opportunity Commission. "Sexual Harassment." Washington, DC: 2011.

第17章

店面布局、设计及视觉营销

- **主管简介**
  弗雷德里克·霍尔姆维克,媒体负责人
  ICA 瑞典

ICA 是一家北欧的零售商,旗下有超过 2 100 家由零售商和公司所有的商店。该公司属于 ICA 集团。ICA 遍及瑞典、挪威和波罗的海国家。它有四种经营业态:ICA NäRa(ICA 附近的便利店)、ICA 超市、ICA Kvantum(超级商店)以及 Maxi ICA 大卖场(在瑞典约有 1 300 家门店)。ICA 是瑞典最大的连锁超市,每星期服务的消费者超过 1 000 万。ICA 的使命是成为专注于食品和膳食的领先零售商。在瑞典,ICA 的零售店由独立的零售商所拥有。然而,ICA(母公司)负责集中化运营,如采购、传播和物流。

我目前是 ICA 媒体的负责人。多年来,我在 ICA 积极工作,开始时是一名外聘顾问,现在则是其雇员。在此之前,我是 QB 食品科技有限公司的 CEO。我也曾作为咨询顾问在埃森哲工作过,并且在联合利华承担过各种角色。

ICA 一直以来使用各种传统媒体(例如,电视广告、家庭传单)和店内纸质标识向我们的顾客提供相关的信息,从价格信息到各种活动再到烹饪技巧。几年前,我们引进了电子屏和标识(我们称之为 ICA 的店内媒体渠道)来辅助传统媒体。这些电子屏让我们得以提供相关内容,例如 ICA 活动、烹饪技巧,以及供货商的广告和购买点的促销。

对于这些数字展示,我们的目标包括增加销售额,扩大活动范围,提高有效性,以及在店内创造一个最新的形象和感觉。在一段很短的时间内,我们在 350 家商店推出了数字标识,覆盖了超过 55% 的每周顾客。我们一直利用数字屏幕推出的价格优惠广告使得销售额上升了几乎 100%。传统的供货商广告会拉动销售以及增加品牌知晓度,而这些数字展示则吸引了消费者的注意力,并增加了他们购买所展示产品的可能性。我们的研究表明,带有移动图像或影片的数字展示与普通展示相比,能够引起顾客的关注。

这些见解对于商店的设计,比如在哪里摆放电子展示器,使用什么类型的展示器,以及更为重要的店内具体部门/区域的传播内容,具有重要的意义。例如,对水果和蔬菜部门的展示要集中于那个区域,就像在面包部门要集中展示与其相关的内容一样。这些展示的有效性作为其在商店中的位置和商店类型的函数而变化。例如,我们的研究表明,这些数字显示可以使大卖场增加多达 5% 的销售额。在较小型的商店中,销售额也会因此受到影响,而这里最有趣的发现是这些数字技术对"感觉最现代"的实际影响。顾客实际感受到的更"现代"的店内环境,有助于他们对商店形成良好的整体感知。

这些数字屏幕还通过降低传统印刷材料的生产、印刷以及将其运进商店相关的成本及通过更好地协调供货商和商店之间的促销活动,带来成本效率。

□ 学习目标

- 识别零售商在设计店面时需要考虑的关键问题。
- 列出可选择的店面布局的优缺点。
- 描述如何将商场楼层空间分配到各个商品部门和类别中。
- 说明商品展示的最佳技术。
- 理解零售商如何能够创造一个更具吸引力的购物体验。

商店的环境、设计以及店内商品的陈列和位置对购物行为有显著的影响。商店或网站的设计会吸引消费者对其光顾，延长他们在商店或网站上花费的时间，并增加他们购买商品的数量。店面设计对建立顾客忠诚度也有长期的影响，因为它可以提高零售商的品牌形象，提供鼓励重复光顾的有益的购物体验。

本章是店面管理的一部分，这是因为由零售商总部的专家开发出来的设计和视觉营销方案尚需店面经理来负责实施。他们要对初始方案进行调整，以使其适应店面的独特特点，还要确保设计方案所提供的形象和体验随着时间的推移具有一致性。然而，正如在这一章中讨论的，店面设计和视觉营销也是零售商沟通组合的一个要素，在创造和加强零售商的品牌形象中发挥着重要的作用。

本章首先讨论了商店的设计目标，接下来对店面设计的各种元素进行了讨论，然后讨论了为不同的商品品类和部门分配多大的空间，以及应该将它们放在店面中的什么位置等。本章的最后将探讨零售商应该如何运用商店的各种设计元素，如颜色、灯光和音乐，以提高顾客的购物体验。

17.1 店面设计的目标

店面设计的目标是：① 实施零售战略；② 建立忠诚度；③ 提高销售额；④ 控制成本，增加利润；⑤ 法律考量。

17.1.1 实施零售战略

店面设计的主要目标是实施零售商的战略。通过满足目标市场的需求并建立一个可持续的竞争优势，设计必须与零售商的战略保持一致，并能加强零售商的战略。星巴克店面设计的灵感来自意大利的咖啡吧，店内不仅有很棒的咖啡，而且可以作为一个场所同朋友会面、进行社交和放松。柔和的灯光、木制的桌子、舒适的座位、免费的 Wi-Fi，以及洁净的卫生间使得星巴克成为人们相约出来并享用好咖啡的一个地方。零售视角 17-1 详细描述了另一个创新型零售商——苹果，如何就店面设计制定决策以加强其整体战略。

零售视角 17-1

天才创新者为天才设计的空间

位于第五大道的玻璃立方体已然成为一个传奇，但这只是苹果如何不断寻求新的想法来吸引人们的审美和触觉的又一个例子。立方体造型和其他视觉上明显的玻璃入口通道告诉消费者他们已经到达了苹果商店。一旦人们进入光线充足的空间，苹果就会应用其设计才能令他们购物愉快。

例如，我们可以看一下上海苹果商店。一个玻璃圆筒（苹果已经在纽约完成了立方体）似乎从地上长出来的。而在德国的汉堡店，用于在楼层之间移动的楼梯都是玻璃的，并且仅在顶部和底部连接，让人感觉自己好像悬挂在空中。正如受聘的建筑师产生这些想法时所指出的，"史蒂夫[·乔布斯]希望我们推动技术的发展，但它必须让人们感到舒适……二者之间如何取舍是一个有趣的挑战"。

不是所有的商店都能买得起玻璃门。对于更多传统的零售空间，例如在商场，苹果着重于通过创造高高的天花板，使用明亮但柔和的照明，并将其产品放在温暖的木桌上吸引人们。实体零售氛围有助于建立由其产品引发的公共意识。它还鼓励消费者在安全、温馨的环境中与技术复杂的苹果产品进行互动。

商店的布局和其所展示的产品也会吸引人们进入商店。要进入"天才吧"，他们必须从极具吸引力的设计产品旁经过，一路穿行至商店的后面，甚至计算机的显示器也予以适当倾斜以吸引其眼球。

总体来说，苹果商店巩固了苹果作为创新大师的形象。通过向其旗舰店添加独特的和未预见的建筑元素并确保其所有商店都能够吸引人，苹果展示了它的前沿技术。正如苹果商店的建筑师感慨乔布斯的死亡时进一步指出的，"史蒂夫是一个伟大的客户……他不会阻止苹果或他自己视野内的创新"。

资料来源：James B. Stewart, "A Genius of the Storefront, Too," *The New York Times*, October 15, 2011; Matthew Carroll, "How Retailers Can Replicate the Magic of the Apple Store . . . Online," *Forbes*, June 26, 2010; and Apple Store, www.apple.com.cn/retail/pudong/.

问题讨论：苹果的创新店设计如何强化了其创新形象？

17.1.2 建立忠诚度

当顾客在光顾零售商的店面和/或网站时，如果一贯都有称心如意的体验，他们就会受到激励进行多次光顾，并对该零售商建立起忠诚度。店面设计在购物体验激励中起着重要的作用。而顾客在购物时会寻求两种类型的好处：实用型好处和享乐型好处。

当店面设计使顾客能够以最小的麻烦，用一种有效、及时的方式找到和购买产品时，它提供的就是**实用型好处**（utilitarian benefit）。在人们感叹时间越来越不够用的当今社会，这样的实用型好处正在变得日益重要。因此，药店零售商如CVS和沃尔格林都将其店面设计成包括可驱车通过药房，并投资于各种技术以增加与这些店面设计元素相关联的顾客的便利性。它们开发了移动应用程序帮助人们补充处方，并且使人们可以通过汽车通道取药。这些设计元素和相连的应用程序进一步加快了顾客的购物之旅。

店面设计也通过为顾客提供一个有趣及愉快的购物体验来提供**享乐型好处**（hedonic benefit）。由于光顾本身就是有回报的，因此顾客就会愿意在商店或网站上花费更多的时间。例如，坎贝拉（Cabela's），一家面向户外爱好者的连锁商店，提供教育和娱乐体验，这些体验包括：具有博物馆级展示质量的野生动物立体模型、巨大的展出本地特色鱼群的水族馆、食客可以点野味三明治的餐厅，以及射击馆——在提供有趣体验的同时为射击者讲授基本的射击和安全课程。毫无疑问，这些购物和旅游目的地吸引了当地的顾客，但它们也吸引了来自数百英里以外的旅客。

当然，很少有零售商只提供实用型好处或享乐型好处。他们中的大部分需要同时提供这两种好处，以确保顾客的忠诚度。因此，在全球经济不景气的情况下，韦格曼斯食品超市在一些部门采用了更具实用性的外观来欢迎那些对价格敏感的顾客，并再次向其现有顾客保证其意识到了他们所受的经济约束。韦格曼斯食品超市将其店面非常清晰地设计成可以让琐碎的购物变得更有趣的地方：不使用油毡地板、刺目的荧光灯和狭窄的过道，而是让顾客体验到露天市场的感觉。韦格曼斯还提供了各种各样可以在店内食用的餐食、充满异国情调的茶吧、混合酒吧，以及由美食厨师准备的可以带回家的饭菜。这种独特的顾客体验帮助韦格曼斯77家店面实现了每年将近60亿美元的销售额。

17.1.3 提高光顾销售额

店面设计的第三个目标是提高顾客光顾行为产生的销售额。店面设计对顾客购买哪些产品，他们在商店待多久，以及他们在光顾期间花了多少钱，具有相当大的影响。由于大多数消费者对于在超市购买和选择产品不怎么花费时间和心思，因此这些购买决定在很大程度上受到他们在光顾期间所看到产品的影响。而他们能看到的产品反过来又受到店面布局和商品如何陈列的影响。因此，零售商试图以激励非计划购买的方式设计他们的商店。正如本章后面所讨论的，零售商利用付款打包区进行商品展示，在这里人们进行购买结账，以此刺激超市收银处冲动型产品（如糖果或女士服装店珠宝）的销售。

17.1.4 控制成本，增加利润

店面设计的第四个目标是控制因实施店面设计和维护商店外观而造成的成本。虽然内曼·马库斯奢侈品专卖店为使其昂贵的首饰和水晶产生熠熠生辉的效果，使用的照明类型耗费了更多的电力，比起成排的荧光灯也更加生态不友好，但是该零售商认为这种成本是必要的，因为只有这样才能突显这些高价商品。相比之下，其他零售商都已经在拥抱"能源使用效率"这一概念，零售视角17-2对此进行了详细讨论。

零售视角 17-2

沃尔玛走向绿色环保并降低能源成本

在几年前开始的一项计划中，沃尔玛持续性地设计新店并改造老店以确保其能源效率。这些商店是世界上"最绿色的"商店之一。这些商店的三个主要设计目标是减少商店运营所需的能源和其他自然资源的数量，尽量减少用于建造每个设施的原材料，并尽可能使用可再生材料。

这些设计元素反映了沃尔玛的三大环境目标：① 百分之百提供可再生能源；② 零废

物制造；③ 销售有助于世界资源和环境可持续发展的产品。虽然这样的设计特征减少了商店对环境的影响，但是建造成本不菲。据初步预测，这些新店的能源消耗比未改造的旧店减少了 25%～30%，每年店铺的能源成本降低了 50 万美元。如果能源成本继续攀升，这种节约可能会增加。

已经通过这些步骤或正在经历测试的一些可持续性特点如下：

- 在商店顶部使用风力涡轮机，其产生的能量足以抵消每家商店电力消耗的 5%。
- 一个收集和处理雨水的系统，这反过来可以提供几乎所有的灌溉所需的水，从而将减少对当地雨水系统的需求。
- 使用不需要灌溉或修剪的草用于景观营造。
- 在冷藏箱内用 LED 灯而不是荧光灯。在寒冷的温度下，荧光灯每次打开和关闭时都会降低预期寿命，而 LED 灯则不受此限制。灯光保持关闭状态，直至客户打开冷藏箱。除了节省能源，这种灯光还为客户增添了戏剧性的吸引力。
- 捕获每个建筑物的制冷系统产生的热量，然后将该热量重新利用，使其对卫生间水槽中的水进行加热，或者用于位于入口和其他区域下方的地板加热。

虽然许多这样的变化是在全球范围内进行的，但沃尔玛还因地制宜开发了一些绿色设计选择：

- 巴西：商店采用智能灯，即当自然阳光可用时，灯光会自动变暗。
- 墨西哥：沃尔玛投资 6.4 亿比索（5 700 万美元）将占地 25 英亩、50 英尺深的垃圾场转变为绿色商场，创造了 1 500 个就业机会。垃圾通过生物气体燃烧过程产生能量。该绿色购物中心现在是沃尔玛超级中心、山姆俱乐部、VIPs 及厄尔波顿酒店（El Porton）的所在地。
- 中美洲：70% 的商店安装了天窗以降低照明成本，占据每家商店屋顶空间的大约 15%。
- 中国：沃尔玛已经在整个商店转向使用 LED 照明和综合照明控制，以减少现有商店能源使用量的 30% 和原型商店的 40%。
- 日本：原型商店使用干燥剂温度和湿度系统来降低能源成本和二氧化碳排放。

资料来源："Taking Sustainability to New Heights," www.walmartgreeenroom/ com, October 15, 2012; "No Matter the Season, Our Energy Commitment Is Always On," www.walmartgreenroonm.com, September 28, 2012; Michelle Moran, "Seeing Green," *Progressive Grocer*, March 2010, pp. 16–31; Cathy Jett, "New Design's Goal: To Cut the Clutter," *McClatchy-Tribune Business News*, October 14, 2009; and Aaron Besecker, "Walmart Store Gets Green Light," *McClatchy-Tribune Business News*, August 31, 2009.

问题讨论： 设计绿色商店值得吗？为什么？

店面设计也会影响劳动力成本和存货损耗。一些商店被划分成各个独立的部门，这些部门虽然可以提供一个亲密、舒适的购物体验并产生更多销售额，但是这种设计也阻断了销售人员的观察和对相邻部门的看护，这样至少就需要一个销售人员长驻在每个部门以提供顾客服务和防止入店行窃。

另一个与控制成本有关的设计考虑是灵活性。零售业是一个瞬息万变的行业。竞争对手一旦进入某个市场，就会导致现有的零售商改变其为顾客提供的商品组合。而由于商品组合的改变，分配给商品品类的空间和店面的布局也要做出相应的改变。因此，商店的设计师尝试使店面设计体现出最大的灵活性。

灵活性是设计大学书店时的一个重要考虑因素，因为它们需要扩张和收缩空间以应对大学书店这个行业中固有的季节性波动。在每个学期刚开学时，相当大的空间需要分配给教科书。但学期的第一周刚过，对教科书的需求会迅速下降，分配给教材的空间就需要重新分配给服装和消费电子产品。提供这种灵活性的关键往往在于具有创新性的夹具和墙壁系统，它们可以根据比例来分隔教科书空间。**固定设施**（fixtures）是指用于展示商品的设备。

17.1.5 法律考量——《美国残疾人法案》

所有的店面设计和再设计决策必须符合1990年颁发的《美国残疾人法案》（Americans with Disabilities Act，ADA）及其2008年修正案。该法案保障残疾人士在就业、交通运输、公共服务设施、电信以及州政府和地方政府服务等方面不受歧视。该法案对商店的设计产生影响，因为该法案要求成立于1993年以前的零售商店要在商品的摆放和服务上为残疾人士提供"合理的使用方式"，而1993年以后建立的商店则必须为他们提供全面的方便措施。

该法案还规定，零售商并非一定要承担"过度的负担"以符合《美国残疾人法案》的要求。虽然零售商关心他们的残疾顾客的需求，但是他们也担心如果完全按照坐轮椅或电动推车顾客的需要来设计店面的话，将导致展示商品的空间更少，从而减少了销售量。然而，如果过道设计得更为宽敞，固定设施周围的空间更多，那么除了身患残疾的顾客，一般顾客也可以享受到更舒适的购物环境。

《美国残疾人法案》对于关键术语如"合理的使用方式""完全的使用方式"或"过度的负担"，并没有明确地给出定义。因此，在实际情况中是通过一系列的法庭案件对《美国残疾人法案》的要求进行定义的。在这些案件中，残疾人士原告对零售商提起了集体诉讼。基于这些案件，零售商通常被要求：① 在主通道、卫生间、试衣间、电梯及大部分固定设施周围提供32英寸宽的过道；② 降低大部分付款打包处（结账台）和固定设施的高度，以便坐轮椅的人士能够够得着；③ 创建残疾人士付款通道；④ 提供卫生间扶手或抓手；⑤ 使试衣间提供完全可用的使用方式。即便对于商店的出口处，《美国残疾人法案》也提出了一定的要求，对于商店必须提供方便残疾人使用的车位数量有很明确的指导方针。这些使用方式要求对符合以下情况的零售商可以有所放宽：营业空间非常小，正处于销售高峰时期如圣诞假日。

17.1.6 设计时的权衡

很少有店面设计可以做到面面俱到，同时实现以上目标，所以任何商店的设计都涉及在各种目标之间的取舍问题。家得宝传统的仓库设计可以通过成排的从地板到天花板的货架来有效地存储和展示大量的商品，但这种设计不利于创造一种愉快的购物体验。

零售商经常需要在刺激冲动型购买和方便顾客购买之间进行权衡。例如，超市会将人们经常需要购买的牛奶放在靠后的货架上，使得顾客需要走完整个商店才能买到，从而刺激更多的冲动购买。在发现有些顾客可能一心只想买牛奶后，沃尔格林于是将牛奶放在商店的最前面，使得它能够与便利店进行直面的竞争。

在方便顾客寻找所需商品和提供一个有趣的购物体验之间如何权衡，这是由顾客的购物需求决定的。例如，超市和药店的顾客通常都将侧重点放在实用型好处上，并希望尽量减少他们在购物上所花费的时间，所以超市的设计注重商品摆放的便捷性（也有例外，如韦格曼斯）。相比之下，当顾客需要购买专业类产品（如电脑、家庭娱乐中心或家具）时则可能花更多时间在商店浏览、比较，并与销售人员交谈上。因此，提供这类商品的专卖店零售商可以把侧重点放在提供享乐型好处上，鼓励更多对商店的参观探索，而不是让顾客很容易就能找到商品。

另一个需要权衡的问题是给进店购物的顾客提供足够的空间和如何有效利用这一稀缺资源摆放商品之间的平衡。有些顾客会被主要用于展示而不是存放商品的宽敞过道和设备所吸引。另外，购物者不喜欢商店太过狭窄以至于在里面人挨着人，这种现象被人们称作"臀部摩擦效应"（butt-brush effect）。但是，太过宽敞的设计会减少可以展示给顾客的商品数量，有可能降低顾客冲动购买和找到自己想要东西的机会。但是如果一家商店内的货架上摆放的商品过多，可能会使顾客感到不舒服，甚至使顾客产生混乱。在太宽敞和太拥挤之间必须达到某种妥协。

本节讨论了零售商在进行店面设计时所寻求满足的各种目标。下一节将探讨店面设计的重要元素。

17.2 店面设计的各种要素

店面设计的三个要素是：布局、标识和图示以及特色区域。本节将对每个元素逐一进行讨论。

17.2.1 布局

零售商一般使用三类商店布局设计：栅格式、跑道式和自由式。这些布局都有各自的优缺点。

1. 栅格式布局

栅格式布局（grid layout）由一排排平行的过道组成，商品放在位于过道两侧的货架上（见图17-1）。收银台位于商店的入口/出口处。

栅格式布局特别适合那些对实用型好处感兴趣的顾客。他们对由视觉设计带来的令人兴奋的享乐型好处并不在意。他们希望很容易就能找到想买的商品，并尽可能快地完成购买。大多数超市和折扣店都使用栅格式布局，因为这种设计可以使顾客很容易地找到他们所寻找的产品，并使其花在这种他们并不享受的购物任务上的时间最小化。

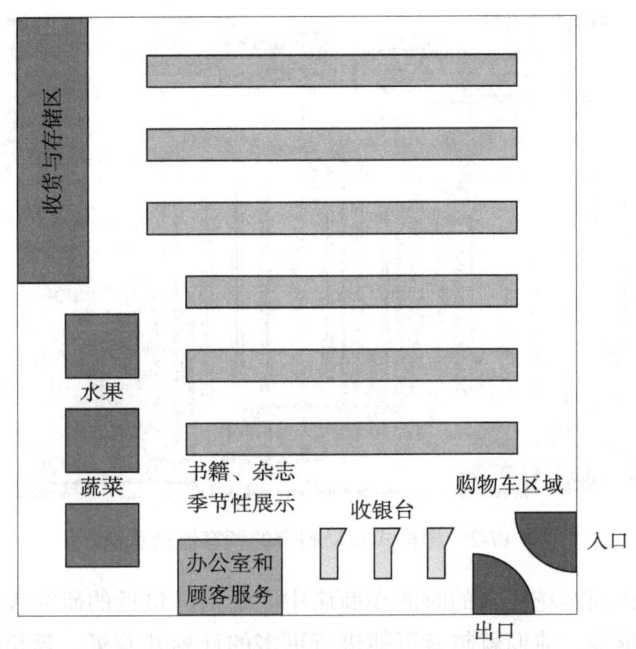

图 17-1 栅格式布局

栅格式布局也具有成本效益。与其他形式的布局相比，栅格式布局浪费的空间更少，因为所有的过道都被设计成一样宽，刚好容得下顾客和手推车通过。与其他布局相比，使用高货架摆放商品时，卖场楼层能放下更多的商品。最后，由于固定设施通常是标准化的，所以装置成本很低。

从零售商的角度来看，栅格式布局有一个不足之处：顾客通常无法看到商店里的所有商品。由于货架挡住了视线，他们只能看到那些陈列在置身其中的过道上的产品。因此，这种布局无法鼓励计划外采购。超市零售商为了在一定程度上克服这一局限性，通常在商店的周围放置一个跑道式布局，通过摆放新鲜易腐的商品品类（肉类、海鲜、乳制品、家禽、烘焙食品以及农副产品）来补充位于商店中心栅格处的包装类商品。非计划性购买也可通过特殊摆放来进行刺激，对于此部分内容，我们将在本章后面讨论。

在过去，超市零售商和消费类包装商品制造商并没有意识到这个局限性的影响有多大。他们相信顾客会推着购物车在过道上走来走去，从而接触到店内所有的商品。然而，研究人员在给购物车配备了 GPS 定位器之后，发现大部分超市的顾客所做的只是：进入超市，右转，沿着过道在商店周边看看，偶尔推着购物车走下过道或在走廊的尽头放下购物车，走下过道选择一个特定的货品放到手推车上。一个典型的顾客所采用的路径如图 17-2 所示。

超市零售商和消费类包装商品公司现在开始认识到超市中心的核心区域客流量在减少这个问题。然而，商店的外周已经展现出令人兴奋的改进，比如"商店周边变得温暖、诱人、令人兴奋，并且多种多样"，南卡罗来纳州 S.C. 约翰逊消费者洞察部总监戴维·米尔卡（David Milka）说道，但商店中心仍然是"冷、晦涩、无聊和没什么不同的"。

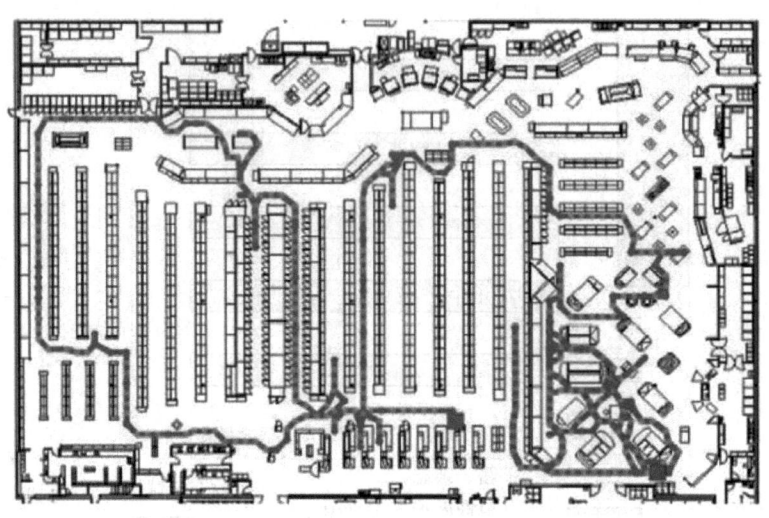

图 17-2　栅格式布局超市的顾客流动示例

对此的答案是让顾客花更多的时间在商店中心逗留。最近的研究表明，总体而言顾客在商店花费的时间越多，他们就越有可能进行更多的计划外购买。延长顾客购物时间的一种方式是使他们的购物路径效率降低。因此，为了能够让顾客接触到更多的商品，并增加他们在核心区域的计划外购买，超市零售商需要让顾客走过更多的过道。提高核心区域客流的一种潜在的方法是将直过道改变成之字形过道。正如在零售视角 17-3 中讨论的，宜家就使用了一种类似的方法。另一种方法是找到强力品牌（即那些具有高知名度和市场份额的品牌，如可口可乐和汰渍），并在过道的中间而不是末端对其进行引人注目的展示。强力品牌的展示要从上到下进行，以便创造出一种强烈的视觉冲击来抓住在过道逡巡的顾客的注意力。

零售视角 17-3

一个充满实用型产品的享乐迷宫

宜家（IKEA）蒙特利尔店是其在北美的最大商店，占地 464 694 平方英尺，以合理的价格提供功能性家具、装饰和家庭用品。该商店包含展示其产品的各种设置，包括三个完整的家庭陈设和大约 50 个"鼓舞人心的房间设置"，以及一个市场大厅和一个可以容纳 600 人的餐厅。如果走过整个商店，相当于完成了一场将近一英里的远足。

当然，很少有购物者想要走遍所有这些地方。那些为客厅寻找一个新的长软椅的游客没有理由去销售卧室用品的地方。然而，不知何故，他们中的大多数人最后却都是这样做的。

究其原因很可能是由于宜家商店独特的、迷宫式的布局。顾客一旦进入这个迷宫，就很难找到某个特定的部门，甚至出口，除非他们遵循为他们规划的路径。根据宜家的说法，这种布局通过给予他们灵感和各种装饰想法从而为客户带来好处。但是，这个概念似乎是矛盾的。零售商不是应该让客户更容易找到他们想要的东西吗？

相反，宜家的商店流程在推动客户通过每个部门时造成了方向迷失和走向混乱。这意味着他们需要在商店花更多的时间，也可能会考虑更多的购买。他们可能已经因为某个长软椅停了下来，但他们在一个给人启发的卧室场景处看到的床头灯也可能正好是他们想要的。此外，客户更有可能将有吸引力的物品放在推车中，因为他们害怕如果他们离开将无法找到这些货品。最后，客户花在商店的时间使他们感到应该在此次光顾中买点什么。如果他们不拿起几件物品，所花的时间可能看起来浪费了。

根据各种各样观察者的说法，此效果要么显著要么不足为道，或两者兼而有之。似乎所有人在离开宜家的时候都购买了他们计划之外的货品。这种几乎无力坚持按照购物清单采购的现象似乎是宜家精心设计的布局导致的，这使得顾客购买了不少计划外货品。

资料来源：Elizabeth Tyler, "How IKEA Seduces Its Customers: By Trapping Them," *Time*, January 28, 2011; and Kathryn Blaze Carlson, "Enter the Maze: IKEA, Costco, Other Retailers Know How to Get You to Buy More," *National Post*, June 1, 2012.

问题讨论：宜家的哪些特点及其战略使其独特的商店布局适合它，但不适用于其他类型的零售商？

零售商正在尝试使用创造性的促销方法来使人们持续购物。例如，LocalResponse可以让零售商知道当顾客置身于商店时都在社交媒体（如推特、Facebook 的最新消息，Instagram 上的照片或使用 Foursquare 入住酒店）上谈论什么商品。因此，零售商可以利用其技术的最新进展探测到顾客的位置，并向其手机提供附近商品的即时优惠券，这样就可以引导顾客找到这件产品并进行购买。此外，通过给他们另一个可能较远位置商品的电子优惠券及摆放位置的地图，可以吸引他们在店内漫游，并有可能使其顺道购买其他物品。

2. 跑道式布局

跑道式布局（racetrack layout），也被称为**环线布局**（loop layout），这种商店布局提供了一条环绕商店并疏导客流至店内不同部门的主要通道。销售点终端通常位于各个商品部门与跑道的连接处。

跑道式布局有利于顾客浏览多部门提供的商品，从而鼓励其计划外购买。当顾客围着跑道向前行走时，他们的目光不像在栅格式设计中那样，只沿着一个过道看下去，而是不得不采取各种不同的视角。低货架的使用能够让顾客看到陈列在跑道布局之外的商品。

图 17-3 显示了一家百货公司的布局。由于该商店有多个入口，所以其跑道式布局设计试图通过把所有部门都置于主要通道旁，将顾客引入一系列贯通全店大大小小的环线。为了吸引顾客在各部门间流连，该设计把一些比较受欢迎的部门，如童装部，放置在商店后面。最新上架的货品被用来装点过道，以此吸引顾客走进各个部门和环线通道。

跑道通常比其他过道要宽一些，并通过地板表层或颜色的变化来与各部门加以区分。例如，跑道的地板可能是仿大理石瓷砖，而各部门的地板则因其需要营造的氛围不同，在材料、质地和颜色上有所差异。

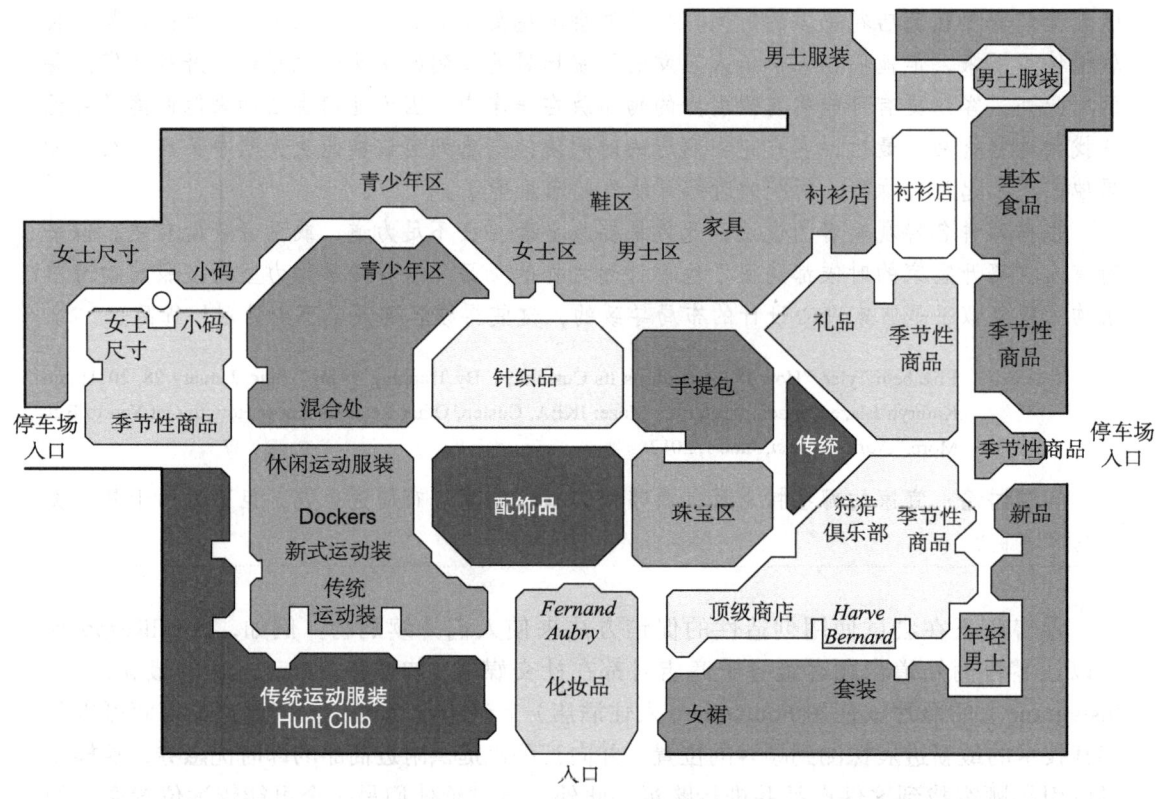

图 17-3 跑道式布局

3. 自由式布局

自由式布局（free-form layout），也被称为**精品店布局**（boutique layout），是指以不对称模式安排固定设施和过道的一种店面布局方式（见图17-4）。这种布局提供了一种私密的、令人放松的环境，方便顾客购物和浏览。它最常见于专卖店或百货公司内的各个部门。然而，创造这种令人愉悦的购物环境代价也不菲。因为没有跑道式和栅格式布局那样明确的客流模式，所以顾客并不是自然地被吸引到商店周围或部门店里来的，因此也使得鼓励顾客去探索店内所提供商品的个人推销显得更为重要。此外，该类型的布局减少了可以展示的商品数量。

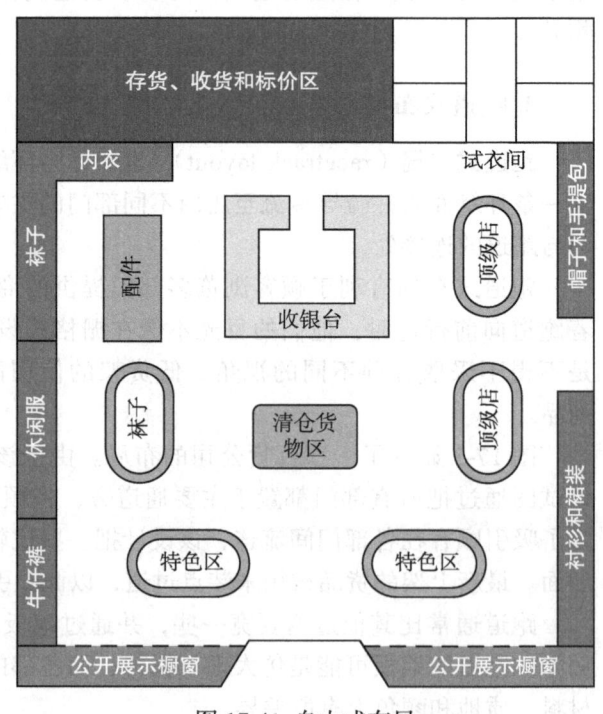

图 17-4 自由式布局

17.2.2 标识和图示

标识和图示能够帮助顾客找到特定的产品与部门，提供产品信息，并提示顾客购买各种货品或特殊商品。图示，如照片板，可以加强商店的形象。标识用来识别店内商品品类的位置和该品类提供的产品类型。这些标识通常是从天花板上悬挂下来的，以增强其可视性。在通常情况下，商店使用图标而不是文字来促进与说不同语言的顾客的沟通。例如，在辨识儿童玩具区时，一个红色和黄色的马戏团帐篷图标比起黑白的、配以文字的矩形标识会更有效。较小的标识被用来识别减价货品，并用来提供更多关于特定产品的信息。最后，零售商可以使用图像，如人物和地点图片，来营造鼓励顾客购买产品的意境。一些不同类型的标识如下：

- **呼吁行动标识**（call-to-action signage）。这类标识被摆放在商店的战略位置，可以传达诸如如何、在哪里，以及为什么要通过顾客手机上的二维码、电子邮件、短消息服务、Facebook，或其他数字渠道来与零售商建立关系。
- **品类标识**（category signage）。这类标识用于商店某个特定的部门或区域，目的是帮助顾客确定商店所提供的产品品类。这类标识通常位于其所指的商品附近。
- **促销标识**（promotional signage）。商内或橱窗里可以发现这类标识，它们用以描述各种特殊的优惠。橱窗里的标识可以吸引顾客进店。例如，专为年轻女性而设的高档服装店经常在橱窗里展示大型模特海报，她们身着最新上架服装或促销货品。
- **销售点标识**（point-of-sale signage）。销售点标识放在它们所指的商品附近，以便顾客了解其价格和其他详细信息。这类信息中的一部分可能已经写在产品标签或包装上了。但是，销售点标识可以帮助顾客迅速识别出那些可能令他们更感兴趣的信息，如该产品是否正在搞特价。例如，沃尔玛在某个货品的价格被"回调"时，就采用这类标识有效地向顾客展示。

数字标识

许多零售商正在用数字标识系统来取代传统的标识。**数字标识**（digital signage）显示的是视觉内容，其通过中央管控的网络以数字形式传送至店内的服务器上，并显示在平板屏幕上。传送的内容从娱乐视频片段到商品价格显示等。

数字标识与传统静态的打印标识相比有一系列的优点。由于其动态性，数字符号更能有效地吸引顾客的注意，并帮助他们记住所显示的消息。数字标识还通过显示复杂的图形和视频改善商店的环境，从而提供一种吸引顾客的购物氛围。因为数字标识的内容是以数字形式传送的，它可以很容易地根据目标市场做出调整，使其在每家商店中保持一致，并在正确的时间和正确的地点进行显示。此外，通过克服与传统印刷标识相关的时间－信息障碍，数字标识的内容可以在每天不同的时间或每周不同的天数做出改变，而无须承担打印、分发和安装新的静态标识或雇用劳动力来进行张贴的费用。如果温度上升，店内的数字标识可能会自动展示冷饮广告；如果预报的仍然是暖和、阳光灿烂的天气，它可能对防晒霜进行促销。当然，数字标识也有其缺点：显示设备和用于支持该标识传送的系统的初始成本可能是相当高的。

最近的研究表明，当使用数字展示时，杂货店的顾客在单次购物中会多花费1.52美元。不到2美元这一数字看起来可能并不多，但在整个杂货店中产生的效果是巨大的。这是因为虽然其利润微薄，但是购买者人数众多。数字标识对销售的影响不仅仅限于杂货店。罗德与泰勒百货已经将数字标识添加到其在曼哈顿的旗舰店内，并计划扩大其使用。该店报告说，其香水部门在添加数字标识不到一年的时间里就收回了这一成本，而在男装部的数字标识已使得销售额实现了两位数的增长。

17.2.3 特色区域

除了使用布局和标识之外，零售商还可以通过特色区域的摆放来引导顾客通过商店并影响其购买行为。**特色区域**（feature areas）是一家商店内部用来吸引顾客注意力的那些区域，包括橱窗、入口、独立摆放、模特、端头、促销过道或区域、墙区、更衣室，以及付款打包处。

1. 橱窗

橱窗展示能够吸引顾客进入商店，并提供关于店内销售的商品类型以及商店想要描绘的形象类型的视觉信息。有研究指出，前店橱窗展示是建立店面形象的有效工具，特别是对于那些不熟悉该店的新顾客来说。

然而，有效的橱窗展示并不容易实现，其往往需要由多个设计师合作。在The Limited，一个由负责视觉营销和商店设计以及建设的高级副总裁领导的设计团队（设计内容宽泛），需要花几个星期甚至几个月的时间找到女性时尚正确的组合，以吸引购物中心的购物者进店一游。只有经过广泛的分析后，该设计团队才会在全国范围内引入其展示。

2. 入口

入口区域形成的第一印象会影响到顾客眼中商店的形象。百货公司通常在主入口处设有化妆品和香水品类，而杂货店则会在入口处摆放新鲜农副产品，原因是这些品类具有视觉吸引力并且能够创造出一种兴奋感。全食超市在入口附近处摆放鲜切花来传达新鲜感。

虽然入口区域在创建商店某种形象中起着极为突出的作用，但是其第一个10英尺通常被称为"减压区"，因为顾客正在对新的环境做出调整反应：逃离喧闹的街道或购物中心，摘掉墨镜，收起雨伞，形成对整个商店的视觉印象。顾客在减压区尚未准备评价商品或做出购买决策，因此零售商应该努力避免在这个地区摆放商品进行展示，以及设置标识。

3. 独立摆放

独立摆放（freestanding display）是放在过道上的固定设施，主要是为了吸引顾客的注意并把他们带到某个部门。这些摆放经常在特定部门展示和存放店内最新、最令人兴奋的商品。

4. 模特

模特（mannequin）是与真人一样大小、用于展示服装的人体具象。在过去，模特往往平淡无奇且枯燥无聊。21世纪的零售商已经开始意识到模特并不一定是没有毛发、缺乏特色、泛着刺眼白光、瘦骨嶙峋的空间支撑物。相反，它们可以帮助某一品牌实现人格化，推动顾客进入其商店，甚至可能提供某个理想形象来鼓励消费者多购买一些看起来很棒的额外的东西。在迪士尼专卖店，当打扮奇特的模特突然从天花板俯冲而至或行了一个完美的公主屈膝礼时，孩子无不对此如醉如痴。在拉尔夫·劳伦商店穿行的时尚型顾客感知到一种风格和成熟气质，而这一感觉正是通过按照英国模特雅思敏·勒·波恩（Yasmin Le bon）的脸型制作的模特表达出来的。

5. 端头

端头（end cap）是使用栅格式布局的商店在过道尽头的商品摆放。由于端头的可视性非常高，如果将商品摆放在端头的位置，那么该商品的销售额就会显著增加。因此，零售商常常会利用端头来摆放那些具有更高利润率、冲动购买型的商品，以及促销型商品。在超市行业中，当供货商要推出特价促销活动时，他们就经常跟超市方谈判，希望将其产品放在端头位置进行展示。

6. 促销过道或促销区域

促销过道（promotional aisle）或**促销区域**（promotional area）是用来展示正在促销的商品的空间。例如，药店利用促销过道出售季节性商品，在夏季售卖草坪和花园产品，在秋季则销售圣诞节装饰用品。专卖店和百货商店倾向于在商店或部门的最后面设置一个促销区域。为了得到这些减价货品，顾客必须穿过所有的全价商品，这时他们更有可能被什么东西所吸引。

7. 墙区

由于零售的地面空间往往很有限，很多零售商都通过很好地利用墙区空间来提高其额外存货储备、展示商品以及创造性地传递信息的能力。商品可以存放在隔板及货架上，并要与其摆放、照片或以该商品为主题的图示协调一致。例如，在法国的鳄鱼服装店内，商品都被展示在着色大胆的相对较高处的大片墙区上。这样做不仅可以使商品"讲述自己的故事"，让顾客感觉更舒服，因为他们不会被挤在货架和人群当中，而且还可以从远处新的角度打量商品。

8. 更衣室

更衣室是很重要的空间，顾客通常在这里决定是否购买某个商品。宽敞、干净、舒适的更衣室能使顾客产生购买的情绪。近年来，零售商甚至已经开始基于其更衣室的质量而积极开展竞争。老海军已经将更衣室移到商店前面的区域，这样感觉它们就不再像"地牢"了。为了实现更精致、高档的感觉，Ann Taylor各商店在试衣间安装了富有特色的枝形吊灯及有吸引力的颜色点缀。认识到许多购物者正在将试衣变成一种社交活动，Anthropologie 遂扩大了更衣室空间以便女性顾客可以更方便地带朋友一起来。为了使试衣顾客配偶的等待时间变得更愉快，梅西百货在更衣室外面增添了沙发和平板电视。

对网上购物者来说，虚拟更衣室也正在变得越来越重要和有趣。虽然人们不能在网站上试穿衣服，但是内植于笔记本电脑、平板电脑和台式机的摄像头的普及使程序员有可能创建"虚拟更衣室"。这一技术可以允许互联网顾客"试穿"服装和配饰，而他们只需要简单地站在摄像头前面就可以了。

虽然技术手段和装饰可以强化人们试穿衣服的体验，但是一些零售商对于在多大程度上利用技术持谨慎态度。由销售人员所提供的个人关注仍然是提供顾客服务的最有效的手段。

9. 付款打包处

付款打包处（cash wraps）也被称为**购买点柜台**（point-of-purchase counters，POP）或**结账区**（checkout areas），是店内顾客可以购买商品的地方。由于许多顾客要去这些区域排队等候以完成购买，因此零售商常常利用它们来展示冲动购买型的货品。例如，在超市里，电池、糖果、口香糖、杂志就经常被摆放在结账处的货架上。

17.3　空间管理

店内以及货架和固定设施上的空间是稀缺的资源。空间管理包括有关这一关键资源的三个决策：① 分配到商品品类上的空间；② 商品品类的摆放和设计元素；③ 确定店面大小。

17.3.1　分配到商品品类上的空间

零售商在决定给每个商品品类和品牌分配多少室内空间或货架空间时，需要考虑以下四个因素：① 空间盈利能力；② 存货周转率；③ 其对店内销售的影响；④ 商品的展示需要。

1. 空间盈利能力

一个用于分配空间的简单的经验规则是：按照商品的销售额来分配。例如，像迈克尔斯（Michaels）这样专售业余爱好用品和小器械的零售商，其人造植物商品品类占总预计销售额的15%，那么人造植物就应该占店里相应空间的15%。

正如我们在第15章中讨论过的，对广告投入的配置问题需要使用边际分析。零售商在决定对每个商品品类分配多少空间时，也应实际考虑空间分配对全店盈利能力的影响。在实际中，拿迈克尔斯商店来说，只要额外空间的盈利能力比目前占据空间的商品的盈利能力强，就应该加大人造植物所占的空间。在这种条件下，人造植物每多占一点空间，就可以提高全店的盈利能力。然而，在某些情况下，不占用其他品类商品的空间，反而能获得更高的利润。

衡量空间盈利能力的两个常用工具是：**每平方英尺销售额**（sales per square foot）和**每

英尺销售额（sales per linear foot）。那些把大部分商品都放在独立装置上进行展示的服装零售店，通常使用每平方英尺销售额来衡量其空间盈利能力。在超市，大部分商品都是摆在货架上销售的，由于货架的宽度都差不多，因此只使用长度或直线长度，也即每英尺销售额来测定空间盈利能力的大小。

衡量盈利能力的一种更为精确的方法，如使用每平方英尺的总边际产出，会更多地考虑商品带来的利润，而不仅仅是销售额。因此，如果每摆放一英尺长的咸味点心可以带来400美元的总边际产出，而在相同情况下，每摆放一英尺长的罐装汤只可带来300美元的总边际产出，那么就应该把更多空间分配给咸味点心。然而在决定空间如何分配时，边际盈利能力以外的因素也需要被考虑。对于这些因素，我们将在下一节中进行讨论。

此外，零售商需要最大限度地提高商店总体的盈利能力，而不仅仅以某个特定商品品类或部门的盈利能力来分配空间。超市经常"过度分配"空间给一些低盈利的品类，如牛奶，因为这些商品的广泛分类会吸引顾客光顾商店，并会积极影响其他品类的销售。零售商可能还会过度分配空间给那些白金客户喜爱购买的品类，因为这些客户具有最高的终身价值。

2. 存货周转率

存货周转率从两个方面影响空间的分配。首先，如第12章已经讨论过的，存货周转率和总边际产出，都会对总边际资产回报率（GMROI）产生影响。总边际资产回报率是衡量零售商的商品存货资产回报率的指标。因此，有更高存货周转率的商品品类与之较低者相比，应该分配更多的空间。其次，如果货架上展示的是高存货周转率的商品，就会卖得更快。因此，快消品应该分得更多的空间，这样就不必频繁地补充货架上缺货的商品了。然而，许多零售商通过对高存货周转商品进行更频繁的交付，以弥补它们占用太多的空间的弊端。

3. 商品展示的考虑因素

商店的物理制约因素及其固定设施会影响空间的分配。当然，商店规划者需要提供足够的商品来占满为之预留的整套固定设施。但是，除此之外，零售商可能会决定使用某个商品展示来提高其形象。例如，对于塔吉特来说，为了突显自己高品质的家庭用品来源这一形象，对其自有品牌有机棉床单进行富有吸引力的广泛展示。为了真正突显这一展示，它甚至可能会过度分配空间给这种床单并提供一系列的颜色。

17.3.2　商品品类的摆放和设计元素

正如前面讨论过的，商店布局、标识和特色区域可以引导顾客在店内浏览购物。商品品类的位置也能起到这个作用。如果零售商能够战略性地在全店范围内安排冲动购买型产品和需求型/目的型商品，那么顾客逛完全店的概率就会增加，而且顾客的注意力也会集中在零售商最想卖掉的商品上，即那些具有高总边际资产回报率（GMROI）的商品上。**需求型/目的地型商品**（demand/destination merchandise）是指那些顾客进入商店之前就决定要买的产品。

在顾客进入商店并穿过减压区时,介绍型展示(包括图示在内)通常会对他们表示欢迎。一旦顾客穿过减压区,他们通常会向右转(在西方文化里),然后仔细观察看到的每一件商品的价格和质量。这个区域通常被称作"冲击区",这一区域是至关重要的,因为它有助于顾客形成对商店产品的第一印象。因此,零售商会在冲击区展示一些他们最吸引人的商品。

顾客穿越冲击区后,成交量最大、受关注度程度最高的区域是商店靠右边的区域。因为当顾客走到了这个点之后,已经对这一环境很熟悉了,也对该商店建立起了初步的印象,正准备做出购买决定。因此,商店靠右方区域是展示具有高总边际资产回报率(GMROI)商品的最佳位置。例如,超市常常把农副产品部门安排在这个区域,因为农副产品对顾客的各种感官产生的吸引力很大。所有不同农副产品的视觉/颜色都极具吸引力:深红色的西红柿和辣椒,色彩鲜亮的西葫芦和羽衣甘蓝菜也无不受到顾客的青睐,而食品杂货店最喜欢的顾客就是那些饥肠辘辘的购物者。

1. 冲动购买型商品

商店中出售商品的最佳位置是那些客流量最大的区域,如入口处、商店的右方区域、自动扶梯附近的区域以及付款打包处。对那些多楼层的商场来说,楼层离入口越远,空间的价值就越低。因此,**冲动购买型产品**(impulse products),也即那些顾客购买之前并没有预先想好要买的商品,例如百货商店里的香水和化妆品、超市里的各类杂志,几乎总是被摆放在离商店门口不远处的地方,因为每个人都会注意到这里,而实际上这些商品可以把顾客吸引到商店里来。

2. 需求型商品和促销商品

需求型商品和促销商品通常被摆放在商店里面靠左边的位置。把那些高需求商品放在这些地方,可以促使顾客逛完整个商店,增加他们沿途看到其他商品的机会。因此,超市通常把几乎所有顾客都会买的物品,如牛奶、鸡蛋、黄油和面包置于商店里面靠左边的位置。在百货商店,儿童商品、家具以及顾客服务区,如美容店、信用办公室以及冲洗店,这些都是需求型或目的型区域,因此通常位于店内客流较少的地方。

3. 特殊商品

某些品类商品的购买涉及一定的过程,最好被安置在较少人经过的地方。例如,女性内衣通常位于僻静区域以提供一个更私密的购物体验。需要大量地面空间的品类,如家具,通常位于顾客不太想去的地方。一些品类,如窗帘,需要大量的墙壁空间,而其他品类,如鞋子,则需要便于拿取的存储空间。

4. 邻近商品

零售商通常把互补的品类置于一起,以鼓励计划外采购。因此,在杂货店麦片区过道的尽头，购物者经常会发现有一个装满了新鲜香蕉的端头；电子商店内的音频电线则常常被挂在靠近音响系统的旁边进行展示。这样的展示有助于鼓励交叉销售，正如在第 5 章中讨论过的。

另一个选择是利用反常规的摆放计划为购物者带来惊喜和刺激。一个著名的例子就是在尿布的旁边摆放啤酒，这种做法是基于对那些常常需要在深夜跑去买应急尿布的父亲的观察，他们在同一趟购物之旅中会顺带买啤酒来犒劳自己。消费品公司也希望利用超市中新鲜农副产品过道带来的"晕轮效应"——如果其包装商品出现在健康新鲜的蔬菜和水果的边上，消费者更容易将农副产品那些吸引人的特质联系到制造商的产品上。但是，超市对这样的举动采取的是一种谨慎的态度，因为生鲜区的质量是一个真正的竞争优势。这些重要的权衡因素是食品杂货店一个永恒的挑战。

5. 同品类商品的摆放

如在第 4 章中讨论的那样，发生在食品店、折扣店、药店以及其他许多品类专门店的购买大多是基于有限型问题解决或习惯性的决策。因此，零售商只有非常短的时间（往往只有几秒钟时间），去抓住他们的注意力，并诱导他们抓住一个产品进行购买。零售商利用各种规则在一个品类中摆放特定的存货单位。例如，超市和药店一般都将自有品牌商品放到全国性品牌的右边。因为西方消费者通常都是从左到右看，他们首先会看到定价较高的全国性品牌，然后才看到并可能购买价格较低、盈利率更高且看起来和全国性品牌差不多的右手边的自有品牌商品。食品杂货店的农副产品部门也做出安排，使苹果成为第一个大多数顾客看到的产品，因为苹果是非常受欢迎的农副产品，因此这样可以最好地促发一种购买模式。

超市通常将商品陈列在四个搁架上，其中放在地面之上第三个搁架上的商品是最有利可图的。而第三个搁架之所以最受关注是因为它正好是成人视线水平所及之处。那些吸引较小顾客群的商品往往被放在顶部的搁架上展示，因为拿取这些货品需要费不少力气。重型、大件物品，出于安全原因被摆放在搁架底部。

然而，当购买决策受身高较矮的消费者影响时，将商品定位在较低的货架上可能更有效。例如，儿童在陪父母去超市的时候，可能会影响早餐麦片食品的购买。因此，地面之上的第二个搁架可能是最有利可图的麦片品牌的首要位置。

图 17-5 说明了一些具有创新性的商品摆放选择，这些选择正在被一些杂货店进行尝试。具体来看，有下列选择：

（1）将奶制品部放在商店前面，使它与新鲜的农副产品联系在一起。
（2）将其他高溢价产品放在农副产品部门，因为农副产品可以使其卖得更好。
（3）重新设计购物车，为易碎物品设置第二层搁板，为鲜花和咖啡设置搁架。
（4）在正门附近放一个小型牛奶冰箱，以更好地与便利店竞争。
（5）使用木材和其他天然材料，引入"农场－新鲜"的形象。
（6）对于一个特定的配方，要将其必要的组成成分摆放在一起，如番茄、紫苏和马苏里拉奶酪。

（7）在整个农副产品部门将一些有机产品和其他产品摆放在一起，让人们体验这些有机产品如何卖得最好。

（8）香蕉应该放在农副产品部门的后面，以让顾客穿过整个部门。

（9）为了模拟菜市场，加上一些较低的货架以使顾客能一眼望穿整个部门，并找到各种颜色的相邻产品，增加视觉吸引力。

图 17-5　食品杂货店在其农产品部门尝试非传统农产品摆放

当制定一个关于在商品品类中如何摆放货品的决策时，零售商会使用的一些工具，包括货架图、虚拟商店模拟以及跟拍消费者。

6. 货架图

货架图（planogram）是为了增加顾客的购买量而指明具体的存货单位应该放在零售货架或展架上的什么位置的一张图。各种位置可以通过照片、计算机输出或艺术家的效果图进行说明。在设计货架图时，零售商需要使商品品类具有视觉吸引力，并考虑顾客会以何种方式购物（或其希望顾客以何种方式购物），并努力实现其战略和财务目标。货架图对于那些不适合放在超市或折扣店货架上的商品也很有用。大多数服装专卖零售商都会为其管理人员提供如何展示商品的图片和表格。零售视角 17-4 描述了 SAS 货架图系统如何使玛莎百货的食品业务实现了自动化。

零售视角 17-4

玛莎利用货架图实现自动化

玛莎百货是英国一家经营服装、家居用品和高品质食品的大型零售商。其食品业务部门专门提供高品质的便利新鲜食品（如三明治和外卖晚餐），在英国食品零售行业中占据非常重要的地位。

该零售商不断利用新产品来更新其产品系列。这是一个劳动力密集的过程：在 50 家商店调整 50 处展示需要 2 500 个新的单个的货架图。它需要 80～100 个全职计划员在其大约 300 家商店每周实施更改。因此，这家价值 86 亿美元的零售商与 SAS 合作开发了一个自动化平面图系统，这一系统可以对每家商店的新鲜食品分类进行优化，并提高产品布局和客户满意度。

玛莎百货的 SAS 系统通过确定每家商店中每个存货单位需要多少货架拼板来计算出最佳布局。同时，该系统保持一致的外观，但也会考虑特定的固定设施和商店布局。

通过实施自动化空间规划，玛莎百货大大提高了其空间规划团队的生产力，并获得了对商店布局和产品展示的控制。现在玛莎仅用 20 个规划员做每周计划就够了，而且做得比以前更好。产品布置在整个连锁店中更加高效和统一，客户可以更轻松地找到特定的产品。

这样的成功促使其他食品杂货商也纷纷采取这种方式。在芬兰，SOK 超市连锁店正在使用 SAS 分析技术从 1 500 个剪切和粘贴式商品货架图转向商店特定版本图，或者说制订约 10 万个计划以满足其 800 家商店的需求。进一步，SOK 将通过其会员卡计划收集的客户数据集成到货架图中。它还与供货商分享由此产生的信息，以提高效率和供应链计划。

资料来源：Communication with SAS; and Joanna Perry, "SOK: Using Store-Specific Plans," *RetailWeek*, November 20, 2009.

问题讨论：为什么货架图对食品杂货零售商特别有用？

7. 虚拟商店模拟

虚拟商店模拟是另一种用于确定在商店不同区域摆放商品效果以及评估新货品潜在利润的工具。在这些模拟情境中，顾客坐在描绘出商店过道的电脑屏幕前。视网膜跟踪装置记录下顾客的眼球运动。当顾客向前推进手柄（类似于购物车的推手）时，他们就在沿着模拟通道往前走了。顾客实际上可以向前抓去，从货架上取下一件货品，看看包装，然后将其摆放在虚拟购物车内。这些虚拟购物之旅有助于零售商和供货商更好地了解顾客对不同的货架图是如何做出反应的。

8. 跟拍消费者

另一种用于评估顾客对货架图反应的研究方法涉及在实际的商店环境中跟踪顾客。传统上，零售商对顾客的行踪进行录像，但微软的 Kinect 传感器则提供了一种减少对顾客侵扰的选择。传感器被小心地装在过道上，提供三维空间识别。因此，零售商可以无侵扰地跟踪一个人，观察他们在某个货架前所花的时间、触摸或拿起的产品、返回到货架的产品，以及最后他们放入购物车进行购买的产品。这些被收集来的数据可以用来改善商店布局和货架图，因为通过其可以找出造成商品滞销的原因，如糟糕的货架摆放。通过研究顾客的行踪，零售商也可以了解到顾客会在哪里驻足，或在哪里快速移动，抑或哪些地方容易造成拥塞。这些信息可以帮助零售商决定商店布局和商品摆放是否按预期运行，比如新上架的商品或促销商品是否正在得到应有的重视。

17.3.3 确定店面大小

一个关键的空间管理决策是决定商店应该有多大。随着网上购物的兴起和最近的经济衰退，零售商开始意识到更大并不总是意味着更好。供应链管理的改进使得商店在缩小其规模的同时仍然能够提供足够的存货水平。因此，一些巨型商店一方面在减少它们手头的存货，另一方面在寻找其他创造性的方法来增加其收入。然而，这些战术中的某些又似乎与创造一种鼓舞性购物氛围的建议相矛盾。

像沃尔玛和蓝锚（Anchor Blue）这样的商店都在缩减其存货；蓝锚实际上还搭建了临时墙壁以减少可用的地面空间，并且停止上架那些不受欢迎的款式和型号。其他连锁店，包括凯马特和家得宝，都将闲置空间出租给其他零售商，比如相关的小企业主和快餐店。从长远来看，大多数大型零售商也在寻找减少商店占地面积的方法。小型商店意味着拥有更少的可用存货单位，但这些小型商店可以设立新的市场，而这个市场可能永远也无法支持购物中心这样的巨型商店。小型业态的"沃尔玛快车"（Walmart Express）店以城区作为其目标市场，其所采用的店铺面积大约只有普通沃尔玛店面的1/3。史泰博和欧迪办公同样也在开张小型的商店，面积在5 000～8 000平方英尺，用以服务小型城市商圈。

这样的变化来得并不容易，也并非没有代价。但是，对于零售商而言，其潜在的好处是十分巨大的。小空间可能使他们支付更少的租金，雇用更少的员工并降低工资成本，还可能使他们通过减少存货单位来减少存货成本，并且获得新的市场。这样的变化也有负面影响，而且大部分都集中在对顾客的影响上。顾客面临的商品选择变少了，购物的舒适度降低了，娱乐性也大大下降了。小型业态意味着不再有公共更衣室，不再有有趣的数字显示，同时便于顾客浏览的宽阔走道也消失不见了。这也提出了一个更广泛的问题：当代社会具有时间压力、价格敏感、精于计算机的消费者有可能拥抱这些新的、不能提供一站式购物的小型业态商店吗？抑或这只是一个看似无限的选择？这一前景对于那些希望吸引新的细分市场的零售商而言是广阔的，但是他们所能提供的产品或服务对于一般消费者而言可能不够多。

本节探讨了零售商如何管理其店内宝贵和稀缺的空间资源，下一节将介绍店内管理的"软的方面"——视觉营销。

17.4 视觉营销

视觉营销（visual merchandising）是指将商店及里面的商品摆放成一定的样式，以吸引潜在顾客的注意力。本节将探讨如何摆放商品的有关事项，下一节将进一步研究商店环境给人感官上带来的影响。在本节中，我们将首先探讨用来陈列商品的固定设施，然后再讨论一些商品陈列的技巧。

17.4.1 固定设施

固定设施最重要的作用，是能够有效地存放和展示商品。与此同时，固定设施也应该能够对商店内部起区分作用，并能够吸引客流。固定设施必须和其他设计元素，包括地板覆盖和灯光照明，以及商店的整体形象协调一致。例如，如果一家商店想要传递一种传统和历史的感觉，顾客自然而然就会预期见到木质设施，而不是塑料或金属设施。木头与金属、塑料和石头混合在一起，就会改变传统的定位。就服装来说，零售商会使用直线挂衣架、环形挂衣架和十字型挂衣架。对大多数其他商品来说，最常用的固定设施是堆列式货架。

直线挂衣架（straight rack），由地面支撑或附在墙上的长管组成，虽然直线挂衣架可以挂许多衣物，但要突出具体的款式或颜色则很困难（见图17-6a）。顾客所能看到的只是一只袖子或一只裤腿。因此，直线挂衣架通常出现在折扣和低价服装店。

环形挂衣架（rounder）也叫作**散装货架**（bulk fixture）或**容量支架**（capacity fixture），是一种架在基座上的环形固定设施（见图17-6b）。虽然环形挂衣架比直线挂衣架小，但它的设计使容纳的商品数量最大化。由于便于移动，而且可以有效地存放衣物，因而在大多数服装店都可以见到环形挂衣架。但是，和直线挂衣架一样，环形挂衣架不能够让使顾客看到商品的正面。

十字形挂衣架（four-way fixture）也叫作**特色支架**（feature fixture），有相互垂直的两种横杠架在基座上（见图17-6c）。这种支架可以挂很多商品，顾客也可以看到整件服装，然而，它比环形挂衣架或直线挂衣架的布置要难一些。在一条支臂上的所有商品，必须要有类似的款式和颜色，否则顾客就会被弄糊涂。由于其在展示上的优越性，十字形挂衣架被时尚导向服装零售商广泛使用。

堆列式货架（gondola）是一种岛屿型的自助柜台，具有多层货架、大储物箱或衣夹（见图17-6d）。堆列式货架的功能非常广泛。它们被广泛用于杂货店或折扣店中，用以展示从罐装食品到棒球手套的各种商品。百货商店也用它来陈列浴巾、床单和家居用品。折叠起来的衣物也可以放在堆列式货架上进行展示，但是由于衣服是折叠起来的，对顾客来说，观察堆列式货架上的服装比挂在直线挂衣架上的服装还要困难。

a）直线挂衣架　　　b）环形挂衣架　　　c）十字形挂衣架　　　d）堆列式货架

图17-6　固定设施的种类

17.4.2 商品的展示技巧

一些商品的展示技巧包括：创意导向展示、款式和型号展示、颜色展示、产品线定价、垂直排列商品、吨位商品展示及正面展示。

1. 创意导向展示

一些零售商使用**创意导向展示**（idea-oriented presentation）——一种基于具体创意或商店形象展示商品的方法。单个商品通常被放到一组，以向顾客展示这些商品可以如何使用和组合。女士服装中衬衫和配饰的陈列就常常显示出一个总体形象或创意。此外，家具也按照房间的布置进行摆放，这样顾客就可以知道家具摆在家里是什么样子的。这种方法旨在鼓励顾客购买多个互补性的商品。

2. 款式和型号展示

大概最常见的商品展示方法是按款式或货品组织存货。折扣店、杂货店、五金店和药店差不多在每类商品上都使用这一方法。此外，许多服装零售商也都使用这一方法。当顾客要寻找一种特定的商品时，如早餐燕麦片，他们希望可以在同一个地方找到所有的货品。按型号来安排商品是组织许多类型商品的常用方法，从螺母、螺栓到服装都可以采用这种方法。由于顾客通常都知道他们想要的型号，因此按这种方式摆放商品找起来非常简单。

3. 颜色展示

一种大胆的表现手法就是按颜色展示商品。例如，拉尔夫·劳伦专卖店在一个色系下往往集合所有的商品系列。白宫黑色市场女装店则将颜色展示做到了极致，其大部分商品都是黑色、白色，或者两者的组合。

4. 产品线定价

零售商对放在另一个品类中一起出售的商品提供有限的几个预定价位和/或价格类别的方法叫作**产品线定价**（price lining）。这种方法有助于顾客较容易地找到符合他们预想价位的商品。例如，男装衬衫可分为三组，售价49美元、69美元和99美元（见第14章）。

5. 垂直排列商品

另一种组织商品的常见方法，是**垂直排列商品**（vertical merchandising）。在这种方法中，商品通过使用墙壁和高的堆列式货架进行展示。顾客逛商店与读报很类似：从左往右、一个专栏接一个专栏、从上到下地看。商店可以遵循眼睛的自然运动规律来有效地组织商品。零售商利用眼睛这种规律的方式有很多种。许多杂货店把国内知名品牌放在眼睛平视的高度，把商店自己的品牌放在低一点的货架上，因为顾客是从眼睛平视的高度向下扫视的。此外，零售商还常常大胆地把一种商品呈多条垂直带状摆在一起展示。例如，你会在百货商店里看到一列列按颜色种类展示的浴巾，或在超级市场上看到汰渍洗衣剂的橙黄色盒子下面是 Cheer 的蓝盒子，两者被放在一条垂直带上。

6. 吨位商品展示

正如其名称所提示的那样，**吨位商品展示**（tonnage merchandising）是一种同时展示大量商品的展示技术。正如一句零售业谚语所说的"堆得高卖得快"，顾客常常认为数量多价格就会低。因此，这类商品展示可用来提高和强化商店的价格形象。使用这一展示概念，商品本身就是一种展示。零售商希望顾客会注意该商品并为其吸引。例如，杂货店用整整一个堆列式货架的尽头（也即端头）陈列六大盒装的百事可乐。

7. 正面展示

通常，要同时实现卓有成效的展示和高效率的商品存放是不可能的，但展示尽可能多的商品很重要。解决这一矛盾的方法之一就是**正面展示**（frontal presentation），即零售商将某个商品尽可能多地展示给顾客以引起他们注意的展示方法。例如，图书出版商想方设法设计引人注目的封面，但书店在展示图书时通常只露出书脊。为创造卓有成效的展示效果并打破单调的格式，书籍零售商通常把封面朝外摆放，像广告牌一样吸引顾客的注意力。另一种类似的正面展示是把服装挂在衣架上，只要其中一件朝外展示这种商品。

17.5 制造有吸引力的商店氛围

为了提供一个有益的购物体验，零售商不仅仅是向人们展示吸引人的商品。**氛围**（atmospherics）是指使用五种感官刺激来设计环境。许多零售商都发现营造氛围可以对商店设计和商品的其他方面进行补充，而这样带来的好处是很微妙的。因此，他们使用照明、颜色、音乐、气味，甚至味道来激起顾客的感知和情绪反应，并最终影响他们的购买行为。研究表明，让这些制造氛围的元素同时发挥作用是很重要的，比如适当的音乐配合适当的气味。

17.5.1 照明

商店里好的照明不仅仅是为了照亮空间，可以突出商品，还可以捕捉能够提高商店形象的某种情绪或感觉。零售商也在探索使用先进的照明技术来节能。使用适当的照明能够对顾客购物行为产生积极的影响。

1. 突出商品

一个好的照明系统有助于在店内营造出一种振奋人心的感觉。与此同时，照明还必须准确地展示商品的颜色。照明也使得零售商把聚光点集中到特别的特色区域和商品上。关键的决定因素似乎是实现一个适当的对比度，这有助于吸引视觉注意。使用照明将注意的焦点放到战略性的商品上，能够将购物者的目光吸引到这些商品上，还能够战略性地引导顾客逛完商店。例如，耐克使用了大量的对比和阴影来突出其商品，但不一定突出建筑。

2. 营造情调

零售商使用照明来为其顾客营造情调。在百货商店内的拉尔夫·劳伦专卖店和精品店使用低光配合它们联排别墅的整体气氛。阿贝克隆比 & 费奇则有意保持商店灯光昏暗的感觉，以阻止太多的父母进入。全线折扣店、食品零售商和品类专门店则倾向于使用更便宜的荧光灯，因为它们不怎么关心氛围。

3. 节能照明

由于能源价格飙升以及零售商和消费者变得更加具有节能意识，因此零售商正在寻找能够减少能源成本和更生态友好的照明方式。一个明显的能源消耗源就是商店照明，大约 1/3 的能源成本来自照明。发光二极管（LED）照明正在取代在许多商店的荧光照明，因为它能够减少高达 75% 的成本，而它们的使用寿命则是标准灯泡的 10 倍。然而，刚开始 LED 照明要比传统照明更昂贵。

17.5.2　颜色

色彩的创造性运用可以提升零售商的形象，并有助于营造一种情调。暖色（红色、金色和黄色）使人兴奋、充满活力，并使人产生积极的反应。因此，对于使用网上拍卖的卖家如 eBay 来说，使用红色基调可能是一个好主意，因为与以蓝色为主基调的减价促销页面相比，网上拍卖的出价者会本能地以更高的出价做出回应。冷色（白色、蓝色和绿色）具有平静、温和、镇静的效果，会导向抽象思维，引导顾客以更有利的方式查看产品。因此，实体商店可能愿意使用这些色谱中相对轻松的颜色。虽然这些趋势是常见的，但是颜色会产生不同的影响，这取决于不同的消费者特征，如他们的文化（例如，在东方，白色是一种悲哀的颜色，而在西方，它往往意味着纯洁）、年龄，以及性别。

17.5.3　音乐

音乐可以加强或弱化零售商的总体氛围。大多数顾客会注意到商店里播放的音乐，而他们中有将近一半的人说，如果他们不喜欢所播放的音乐选择，他们会离开商店。

值得庆幸的是，与其他氛围元素不同，音乐可以很容易地被改变。例如，某零售商有一个系统，该系统允许在一天中的某些时段播放不同类型的音乐。它可以在上午为老年顾客群体播放爵士音乐，而在下午为 35～40 岁的成年顾客群体播放现代音乐。而对于它的西海岸分店来说，则是在上午播放现代摇滚乐，下午播放加勒比海鼓乐。在得克萨斯州，则是每天从早到晚都播放乡村音乐。该零售商也可以通过人口统计特征对音乐进行"分区"，在商店里演奏更多的拉丁音乐来吸引更多的西班牙裔人口。

零售商还可以用音乐来影响顾客的行为。音乐可以控制商店客流的行进速度，创造某一形象，吸引或引导消费者的注意力。例如，一家英国玩具店将其播放的音乐由从前的儿童歌曲换成了轻松的古典音乐，因此销售增长了 10%。经理意识到，虽然孩子是他们产品的消费者，但是成年人才是其顾客。一般来说，慢下来是好的。古典或其他舒缓的混合音乐能够鼓励消费者放慢速度，放松下来，并且细细地体会商品。

17.5.4 气味

嗅觉能对顾客的心情和各种情绪产生很大的影响。和音乐结合起来，嗅觉可以增加顾客购物体验中的兴奋感和满足感。在有香味的商店里购物的顾客，跟那些在没有香味的商店里购物的顾客相比，认为他们花在商店里的时间要更少。香味可以提高顾客主观的购物体验，让他们感觉到花在研究商品、等待销售人员提供帮助，或者排队结账的时间要少一些。

零售商也在不同的部门使用不同的要素：婴儿商店里的婴儿奶粉、游泳衣区域的防晒霜、内衣店里的紫丁香、节日里的肉桂和松树香味。一些高端零售商，如萨克斯第五大道使用自己独特的气味，而商场里的购物者则可以在几码远之外就嗅出阿贝克隆比 & 费奇店的味道。然而，这些服装零售商并不是唯一使用气味工具的商店。友善商店现在散播金银花和甜橙的气味，试图使其商店更具吸引力。根据某位友善商店发言人的说法："即使经济衰退没有发生，我们也会尽我们所能去创造一个伟大的购物体验。我们已经采取了试图有更好的照明、更棒的布局的……方法，这只是我们希望有助于提高购物环境的更多的一样东西。"

当新百伦（New Balance）进入中国时，它以一种（西方式）怀旧的感觉体验来介绍该美国品牌。因此，商店的特色不仅是木地板和 20 世纪 50 年代的流行音乐，而且它们闻起来也像木头和皮革，甚至一些流行歌手也参与了这种气味行动。凯蒂·佩里（Katy Perry）在其加利福尼亚梦之旅巡回演出中，通过在其演出的整个体育场传播棉花糖的香味来吸引年轻的歌迷。

17.5.5 味道

微妙地吸引消费者的味蕾要更难一些。然而，许多百货商店都在通过重新引入一个老式的"提供品"来吸引顾客——百货商店餐厅。不用离开商店就能随便吃点东西这一选择可以鼓励顾客在商店逗留更长的时间，并为他们的购物体验带来更多享受。位于萨克斯第五大道的 Café SFA 提供洛克菲勒中心大厦美轮美奂的视景，而在 Bergdorf Goodman 的 BG 餐厅则展示了中央公园的景观。对于那些必须来一个 36 美元的龙虾俱乐部三文治才算完成购物之旅的购物者来说，纽约的 Fred's at Barney's 则是其要去的地方。

17.5.6 商店应该带来多大的兴奋感

像坎贝拉、REI、巴斯体育用品店以及巴诺书店这样的零售商试图将其商店视为电影院的现场，以此来创造一种娱乐性的购物环境：地板和墙壁构成了舞台和布景；灯光照明、固定设施以及各种摆设变成了道具；商品则成为表演本身。这种在商店里创造出电影院体验的设计产生了将卖东西和娱乐消遣的过程结合在一起的效果。相比之下，好市多和家得宝这样的零售连锁店则成功运用了最简化的仓库式的购物环境，但在其他方面创造出了一种兴奋感，如分发食物样本和举办 DIY 课程。

为顾客提供一种令人兴奋而又充满娱乐性的店内环境，能够促使他们更频繁地光顾商店并增加每次光顾所花的时间和金钱吗？对这个问题的答案是：具体情况具体分析。

商店环境所起的作用取决于顾客的购物目的。这两个基本的购物目的是：其一，完成任务（实用型），例如为工作面试买一套崭新的套装。其二，娱乐消遣（享乐型），如在某个周六的下午约朋友在商场里闲逛。当消费者逛商店是为了完成任务，他们会感觉在做一件不得不去做的事情，那么他们就会喜欢一种缓和、让人放松的环境——节奏舒缓的音乐、幽暗的灯光、令人放松的气味、较为清爽蓝色或绿色的四周。但是，如果顾客将逛商店看作娱乐消遣这一有所收获的活动，那么他们就想置身于一种令人兴奋的环境——使人精神为之一振的气味、节奏明快的音乐、明亮的灯光、红色或黄色的四周。

这些对零售商意味着什么呢？就是在设计商店环境的时候，必须考虑顾客最典型的购物目的是什么？例如，购买日用品常被视作一件不太愉快的事，因此超市应该多在设计上运用让人放松的颜色，并播放缓慢的背景音乐。相比之下，选购新潮服装则常被视作一件有意思的事情，因此服装零售店如果能创造出一种令人振奋的环境，那么一定会对顾客的购物行为有积极的影响。

环境能够引起顾客多大的兴奋感，在不同商店之间是不太一样的。例如，一家电子消费品零售商可能在配件区设计一种低兴奋度的环境，以迎合诸如购买打印墨盒和电池的消费者，他们通常都是目的明确的任务导向型顾客。而在家居娱乐中心，则需要设计一种高度兴奋的环境，因为光顾这里的通常更多的是一些寻找乐趣的顾客。

最后，零售商可以根据顾客不同的购物目的来改变网站的属性。例如，有研究建议亚马逊应该对那些自称仅仅是浏览者的网上顾客提供界面复杂且具有高兴奋度的网站，而对那些要寻找基本书籍的顾客则提供界面更为简洁、低兴奋度的网站。

➡ 本章小结

（1）识别零售商在设计店面时需要考虑的关键问题。

要设计某个店面，零售商必须考虑到自己的主要目标：① 实施零售战略；② 影响消费者的购买行为；③ 提供灵活性；④ 控制设计和维护成本；⑤ 符合法律规定。通常店面设计很少可以实现所有这些目标，因此管理人员必须在各种目标之间做出权衡，比如在提供便利性和鼓励消费者入店参观之间做出权衡考虑。

（2）列出可选择的店面布局的优缺点。

无论使用什么样的类型，一个良好的店面布局能够帮助顾客找到并购买商品。栅格式设计最适合如食品杂货店和药店那样的商店，其中的顾客有可能去探索整个商店。跑道式设计则在大型高档商店更常见，如百货商店。自由式的设计通常见之于小型专卖店和百货商店的各个专柜。

（3）描述如何将商场楼层空间分配到各个商品部门和品类中。

空间管理涉及三个决定：① 分配到商品品类上的空间；② 商品品类的摆放和设计元素；③ 确定店面大小。为了确定需要将多大地板或货架空间分配给各商品品类，零售商可能会考虑所分配的空间的生产力（例如，使用每平方英尺销售额或每英尺销售额）、商品的存货周转率、其对商店销售额的影响，以及商品的陈列需求。此外，零售商通过战略性地将冲动购买型商品和需求/目的型商品分放在商店各处，来鼓励顾客在全店购买，并使其将注意力转移到零售商想卖掉的商品上。

（4）说明商品展示的最佳技术。

标识和图形可以帮助顾客找到特定的产品和部门，提供产品信息，以及提示某种物品或特别促销活动。数字标识和传统的印刷标识相比有几个优势，但由于启动它需要固定成本，因此采用起来较为缓慢。商店内特色区域的设计是为了获得顾客的关注，包括橱窗、入口、独立的摆设、端头、促销过道或区域、墙区、更衣室和付款打包处。最后，不同类型的陈列架和货架适合不同类型的商品。

（5）理解零售商如何能够创造一个更具吸引力的购物体验。

零售商采用各种形式的手段——照明、色彩、音乐、气味，甚至味道来营造氛围，进而影响购物行为。使用这些氛围可以为任务导向型购物者创造一种放松的环境，或为那些单纯的消遣型顾客创造一种令人兴奋的环境。

➡ 小试身手

1.持续案例任务 到一家你为持续案例任务选定的实体商店，评价该店铺在布局、店面设计和视觉营销方面所采用的技巧。解释你对以下问题的答案：

a.总体而言，该商店的布局、设计和视觉营销技术与该商店的外观和位置是否一致？

b.商店的氛围与所呈现的商品和顾客的期望相一致吗？

c.商店的布局、设计和视觉营销是如何支持以下几个目标的：①实施零售战略；②建立忠诚度；③增加销售额；④控制成本；⑤符合法律规定？

d.该店在布局、设计和视觉营销技术方面的灵活性如何？

e.商店如何利用氛围元素，如颜色、灯光、音乐和气味？考虑到该店的商品及其目标市场，这些运用是否恰当？

f.该店的设计是否环境友好？如果是的话，请进行描述。如果不是，它怎样才能变得更加"绿色"？

g.店内的货架与商品和商店的整体氛围一致吗？使用起来灵活吗？

h.评估该店的标识。它能有效地帮助推销商品吗？

i.该店有没有使用任何戏剧效果以帮助出售商品？

j.商店的布局是否有助于吸引人们逛完整个店？

k.该零售商有没有利用特色区域的优势出售商品？

l.商店是否在创造性地利用墙区空间？

m.该店使用什么类型的商店布局？这种布局适合商店的类型吗？有另一种更好的布局类型吗？

n.询问该店的经理如何评估空间的盈利能力（例如，每平方英尺的利润）。有更好的评估方法吗？

o. 询问该店的经理如何将空间分配到商品上。批判性地评价该回答。

p. 询问该店经理是否使用了货架图。如果是，试着确定在制定货架图时需要考虑哪些因素。

q. 各部门是否在最合适的地点？你会调整任何部门吗？

r. 该零售商使用了什么方法来组织商品？这是最好的方法吗？提出进行任何适当更改的建议。

2. **网上练习**　光顾 Cool Hunters 的主页 www.thecoolhunter.net。看看贴在其零售子页面上的例子。这一最新流行趋势的信息是怎样协助该店的店面布局、设计以及视觉营销的？

3. **网上练习**　VMSD 是零售设计师和店面陈列专业人士主要的资源，自 1869 年起就服务于零售业（当时称为陈列世界）。登录其网页 http://vmsd.com，然后就视觉营销的最新趋势和发展列出对其进行描述的三四个项目清单。

4. **网上练习**　登录 Envirosell 的主页 www.envirosell.com。该营销研究咨询公司如何通过收集消费者的信息来帮助进行商店的布局、设计和视觉营销？

讨论问题

1. 在人口结构中，一个增长最快的群体是 60 岁以上的年龄组。但这一群体的消费者可能在视觉、听觉和运动方面有其局限性。零售商如何设计店面才能满足这个人口群体的需要？

2. 假设你是一位受聘顾问，来评估当地某家折扣商店的地板陈列计划和空间生产力。回顾第 6 章内容，并决定你将使用哪些分析工具来评估这一情况。

3. 商店布局可以使用哪些不同类型的设计？这一布局如何影响用于展示商品的货架类型？描述为什么一些商店更适合某些特定类型的布局。

4. 一家百货公司正在建设扩建。家具部的商品经理试图说服副总裁把新的空间分配给家具部。男士服装部的商品经理也在努力获得这一空间。这两个经理应该分别使用什么观点来提出其理由？

5. 作为一个零售空间的建筑师，你需要负责遵照《美国残疾人法案》的要求。你如何确保一家商店的零售布局既符合可获得性要求，又能使公司达到盈利目标？

6. 从零售商的角度描述提供虚拟更衣室的优点和缺点是什么？

7. 简要描述不同的零售类型如何使用下表中列出的每一区域来提高商店的形象和气氛。

区域	药店	服装店	音乐店	餐厅
入口				
墙区				
橱窗				
商品陈列				
付款打包处				

8. 重读零售视角 17-2，"沃尔玛走向绿色环保并降低能源成本"。你认为其中讨论的哪些环境实践内容会被其他零售商实施？解释你的回答。

9. 重读零售视角 17-3，"一个充满实用型产品的享乐迷宫"。你认为宜家的店面布局怎么样？它是否为宜家提供了竞争优势？解释你的回答。

10. 标识和图形如何可以帮助顾客与零售商？考虑过去你可能光顾过的以下各类零售业态：折扣店、百货公司、办公室超级商店，以及贺卡及礼品商店。描述哪些零售业态已经实施了将标识和图形与其商店的形象和业态协调起来的最佳做法，哪些业态应该在其店铺布局、设计以及视觉营销方面对此做出改善。

推荐读物

Krishna, Aradhna (Ed.). *Sensory Marketing: Research on the Sensuality of Consumers*. New York: Routledge, 2009.

Bell, Judy, and Kate Ternus. *Silent Selling: Best Practices and Effective Strategies In Visual Merchandising*, 4th ed. New York: Fairchild Publication, 2011.

Law, Derry, Christina Wong, and Joanne Yip, "How Does Visual Merchandising Affect Consumer Affective Response?: An Intimate Apparel Experience." *European Journal of Marketing*, 46 no. 1/2 (2012), pp. 112–133.

Manganari, Emmanouela E., George J. Siomkos, and Adam P. Vrechopoulos. "Store Atmosphere in Web Retailing." *European Journal of Marketing* 43 (September 2010), pp. 1140–1153.

Nordfalt, Jens. *In-Store Marketing*, 2nd ed. Sweden: Forma Magazine, 2011.

Ortinau, David J., Barry J. Babin, and Jean-Charles Chebat. "Development of New Empirical Insights in Consumer–Retailer Relationships within Online and Offline Retail Environments: Introduction to the Special Issue." *Journal of Business Research*, available electronically 2011.

Pegler, Martin. *Store Presentation and Design*, 3rd ed. New York: RSD, 2010.

Pegler, Martin. *Visual Merchandising and Display*, 6th ed. New York: Fairchild Publication, 2012.

Sorensen, Herb. *Inside the Mind of the Shopper*. Upper Saddle River, NJ: Pearson Education, 2009.

Underhill, Paco. *Why We Buy: The Science of Shopping*, 3rd ed. New York: Simon and Schuster, 2009.

Valenzuela, Ana, Priya Raghubir, and Chrissy Mitakaki. "A Shelf Space Schemas: Myth or Reality?" *Journal of Business Research*, available online, 11 January 11, 2012.

Wang, Yong Jian, Michael S. Minor, and Jie Wei. "Aesthetics and the Online Shopping Environment: Understanding Consumer Responses." *Journal of Retailing*, 87 (March 2011), pp. 46–58.

第18章

顾客服务

- **主管简介**

伊丽莎白·赫布勒，度假村运营领导力体验经理
温德姆国际酒店集团

在温德姆国际酒店集团，我们不是为顾客（customer）服务，而是为客人（guest）服务。作为一个度假村运营领导力体验（ROLE）经理，我专注于为客人提供优质的服务和创造终生难忘的度假记忆。温德姆国际酒店集团是全球最大的酒店公司，由分时度假、酒店和国际交换网络组成。温德姆国际酒店集团的顾客服务理念可以概括为我们的座右铭，那就是"相信我"。在温德姆，"依靠我"意味着客人可以指望我们来满足他们的需求，以每一种受尊重的方式提供一种伟大的体验。

目前，我是温德姆国际酒店集团一个度假村的运营领导力体验经理。这一职位包括公司在温德姆分时度假和Worldmark双方提供的每一职位上的轮岗。该计划完成后，我将作为一个度假村的经理助理在我们的一处驻地任职。最近，我在位于佛罗里达州奥兰多市的温德姆邦内溪总统塔度假村担任顾客服务团队的客人服务主管。在佛罗里达大学获得管理学硕士学位和公共关系学士学位后，我得以在客人服务和客房部实习。作为一个团队经理，我必须把"依靠我"的理念扩展到我队友的工作以及我们的客人中去。卓越的顾客服务来自一个知识丰富、提供支持和心甘情愿的助理团队。度假村不提供星期一至星期五朝九晚五的工作，但我期待着每一天，因为我知道我会面临新的挑战和机遇。

奥兰多市的总统塔度假村由大小各异的300个单元组成，对温德姆家庭中不同的VIP客人来说，它一年四季都是家，包括我们的保留总统业主。这是一个全新的概念。保留总统业主能够获得只为他们保留的特别服务。此外，还有特殊津贴，包括单元设置、单元存货、专用入住登记服务、食品服务、厨师服务，和许多其他因度假村而异的服务。为了提供这些客人预期的高服务水平，我连续工作几个月，建立起了一个七人团队，并且制定了一个与我们的客人建立良好关系的指南。

我们有一个特别的客人，在夏季的最高峰期一直和我们在一起，我永远不会忘记他。那时候他独自一人，刚刚失去了妻子，并有各种健康问题。我们整个团队都要确保他能定时就餐，并帮他交付各种医疗用品。我们的一个行李员蒂姆和我给了他一个特别的旅行，并每天带他到游泳池游泳15分钟。我们很快就看到在温德姆这一体验给了他多大的意义。温德姆不仅仅是一个驻留的地方，还是他得以恢复和被关照的第二个家，在这里的同事像家人一样，真的将他当作亲人去关心，在这里他们积极向上，并且细致地照顾他。在温德姆，我们真的相信待客之道就是把别人的需要置于自己的需要之上。

□ 学习目标

- 确定零售商如何通过顾客服务建立竞争优势。
- 解释消费者如何评估零售商的顾客服务。
- 指出零售商可以采取哪些活动来提供高质量的顾客服务。
- 陈述零售商的服务失当战略。

假定你正在网上搜寻一台数码相机。你从 Amazon.com 开始，在上面输入你想要的具体品牌名称和型号。该网站为你提供了销售该产品的不同零售商的列表（包括亚马逊）及其报价。你也可以浏览其他消费者的评论，以及批评者的评论摘录。如果你已经登录到亚马逊账户，你可以简单地选择一个零售商，用你留存的信用卡号对这次购买进行付款，并通过一个简单的点击将其发送到你的预留发货地址。

但你也许不是从亚马逊开始，而是去浏览了百思买的网站：www.bestbuy.com。你可以通过类似的步骤找到各种价格，并且下单购买一台数码相机，但你还可以找到不同照相机的规格。然后你可以亲自到商店看看各种照相机，并从销售人员那里得到更多关于照相机的信息，还可以看看各种配件，如便携包和额外存储装置。百思买为消费者提供了一些非常有价值的服务，这些服务是 Amazon.com 网站所无法给予的。然而，亚马逊的价格可能会更便宜，并且使你不需离开家就能够收到你购买的东西。如果你是一位贵宾顾客，你还会获得为期两天的包邮服务。

顾客服务（customer service）是零售商实施的一系列活动和项目，旨在使顾客的购物体验更具价值。这些活动增加了顾客从购买的商品及服务中获得的价值。这些服务一部分是由商店和与顾客进行直接互动的呼叫中心员工提供的，另一部分则来自零售商的商店设计和/或网站。

下面各节将讨论零售商通过顾客服务建立战略优势的机会、所提供顾客服务的性质和类型，以及消费者如何评估某个零售商的顾客服务，然后讨论零售商如何通过提供高质量的服务来利用这些机会并借以建立竞争优势。

18.1 通过顾客服务建立战略优势

许多商店通过提供优质的顾客服务使其零售供应物与众不同，以此建立顾客忠诚度，并开发可持续的竞争优势。顾客服务提供了一个战略优势，因为好的服务对顾客是很重要的，也是竞争对手难以复制的，能够源源不断地为零售商带来"回头客"，并产生积极的口碑传播，从而吸引新的顾客。不幸的是，服务差的零售商除了造成"回头客"的减少，还会增加负面口碑。顾客被粗鲁和不知情的零售服务人员拒之门外，因没人来回答他们的疑问而沮丧，并且因为其导航功能差或缺乏人际互动等网站能力不足问题而心生不满。

顾客对服务的感知往往是通过与一线员工的互动而得到的。管理这些员工以提供一致的良好服务颇具挑战性。每个百货商店都羡慕诺德斯特龙所提供的顾客服务，但诺德斯特龙花了几年的时间才开发其强大的顾客服务文化——竞争对手甚至需要花更长的时间才能复制这种文化。

表 18-1 列出了零售商提供的一些服务。这些服务中的绝大部分提供零售供应物方面的信息，使顾客更容易找到并且购买这些产品和服务。但有些服务如更换和码放商品，实际上是通过调整商品来适应特定顾客的需要的。

零售公司的所有员工及其零售组合中所有元素提供的服务，都会为消费者增加商品的价值。例如，配送中心的员工确保商品有存货，这是为顾客提供服务；商店选址和设计部门的员工为顾客光临商店并找到所需商品提供便利，也对顾客服务做出了贡献。

表 18-1 零售商提供的服务

接受信用卡	免费送货
更换商品	礼品包装
商品码放	特定商店的产品可获得性信息
ATM 终端	分期付款计划
博客	在线聊天
结婚登记	在线定制
支票兑现	停车场
照顾儿童设施	挑选商品时提供个别帮助
代客存衣	个别购物者
信用	维修服务
顾客评论	休息间
送货到家或工作地	退货特权
商品示范	送货到商店或家庭地址
商品摆放	购物车
更衣室	找到和识别商品的标识
容易退货给实体或线上店	特殊订单
延长营业时间	代客泊车
为有特殊需要的顾客（残障人士）提供的设施	保质期

对零售商来说，提供高质量的服务是很难的。自动化生产可以使大部分商品的品质都是一样的。例如，所有的尼康 Coolpix 相机性能通常都是一样的。但是，零售服务的质量在店与店之间，以及同一商店的不同销售人员之间千差万别。对于零售商来说，很难对提供服务的员工进行监控，因为他们不是可以编程的机器。销售人员过的日子有好有坏，因此，他们可能对某个顾客提供很棒的服务，但对另一个顾客提供的服务可能很糟糕。

此外，零售商提供的大部分服务都是无形的，顾客既看不见也摸不着。衣服可以拿在手上并被检查，但销售人员和网络销售提供的服务无法这样被检查。服务的这种无形性使得提供和维持高质量的服务很难实现，因为在向顾客提供服务之前，零售商无法对其进行测量或检查。

提供始终如一的高质量服务带来的挑战为零售商开发可持续竞争优势提供了机会。例如，里昂比恩投入大量的时间和精力去发展促进与支持优秀顾客服务的组织文化。那些与其竞争的体育用品商店无不愿意提供相同的服务水平，但它们很难与里昂比恩的表现一较高低。里昂比恩已经经过了 75 年的发展历程。表 18-2 列出了一些零售商，排名是根据他们提供的顾客服务水平做出的。

表 18-2　顾客服务排名前十的零售商

排名	2010 年	2011 年	排名	2010 年	2011 年
	美捷步	亚马逊		彭尼百货	科尔士百货
	亚马逊	里昂比恩		科尔士百货	Lands' End
	里昂比恩	美捷步		QVC	彭尼百货
	Overstock.com	Overstock.com		诺德斯特龙百货	Newegg
	Lands' End	QVC		Newegg	诺德斯特龙百货

顾客服务的方法

为了开发一个可持续的顾客服务优势，零售商提供个性化和标准化的服务组合。**个性化服务**（personalized service）要求服务提供商量身定制他们的服务，以满足每一位顾客的个人需求。个性化服务的成功实施依赖于销售人员或零售商电子渠道提供的"个性化"。而**标准化服务**（standardized service）是基于建立一套提供优质服务的规则和程序，以确保其得到贯彻始终。标准化服务的有效性主要依赖于零售商的政策、程序和商店的质量，以及其网站的设计和布局。

1. 个性化服务

个性化服务没有标准化服务那么一致。个性化服务的传递取决于每个服务提供者的判断和能力。一些服务提供者比别人好，而即使是最好的服务提供者也会有糟糕的一天。此外，提供一致的、高品质的个性化服务是很昂贵的，因为实施服务一般都需要训练有素的服务提供者或复杂的计算机软件。

50 年前，本地的店面经理和员工了解他们的顾客，并就他们认为顾客会喜欢的产品提供建议。这种个人接触随着提供自助服务（强调降低成本）的全国连锁店的成长而消失了。然而，推荐引擎以及顾客交易数据库正在提供自动化的个性化服务。

互联网向消费者提供了大量关于产品和零售商的信息，推荐引擎是对这一信息过载的一种回应。在适当的时刻——通常当你要进行零售购买的时候——推荐引擎会巧妙地给出产品建议。亚马逊是自动推荐的先行者，但其服务已被其他零售商所采纳。例如，Wine.com 网站为顾客提供定制化页面。一旦登录到该网站，顾客就会收到根据他们过去的购买和兴趣的建议。

2. 标准化服务

零售商规范其提供的服务是为了提高服务质量的一致性，从而避免支付需要更熟练的服务提供商进行有效个性化顾客服务的成本。例如，麦当劳和其他快餐店开发并严格执行一套政策和程序来提供一种可接受的、一致的服务质量。其食品可能不被认为是美食，但其在世界各地始终以及时供应和相对较低的成本提供服务。

店面或网站的设计和布局在传递标准化的服务方面也发挥着重要的作用。在某些情况下，顾客不想使用员工提供的服务。他们知道自己想买什么，他们的目标是在店内或在网站上找到想买的东西并迅速购买。在这种情况下，零售商只需通过提供一个简单的布局和标志以使顾客方便地找到商品，对相关信息进行显示并尽量减少购买所需的时间，这就是提供良好的服务。

宜家采用了标准化、自助式的方法及一些独特的元素以吸引顾客，这些顾客期望家具零售行业惯常使用传统个性化的方法。在整个面积达 150 000 平方英尺的仓库式商店内，每一件产品都在 70 多个按照房间布置的展示间中进行展示。顾客不需要装修师来帮助他们想象这些家具应该如何搭配在一起。虽然宜家使用"顾客自己动手"的方式，但是它也提供一些传统家具店不提供的服务，如店内的儿童照顾中心、快餐服务，以及关于家具质量的大量信息和展示。在许多商店里，销售人员使用内置了专门设计的应用程序的平板电脑来改善与顾客的互动。即便如此，宜家仍然保持其自助服务的重点：一个新的应用程序使用户能够浏览其智能手机上的宜家产品，下载一个商店地图，并在店内找到他们购物清单上的商品。

3. 服务方法的使用

正如我们在第 4 章中讨论的，消费者经历的购买过程取决于消费者过去的经验及与购买决策相关的风险。因此，顾客服务的水平和销售人员所需的个性化信息在不同的购买情况下有所不同。大多数消费者有相当多的知识和经验从超市、便利店和杂货零售商那里购买需要的大多数产品。因此，这些零售商往往强调标准化的服务，而不是更昂贵和信息丰富的个性化服务。例如，美国有超过 2/3 的食品杂货零售商使用自助结账。

在食品杂货店首次出现自助扫描以来的 20 年，这种自己动手的技术不仅在超市结账通道随处可见，而且扩散至图书馆、药店和机场。不久，自助结账将结合智能手机应用程序变成可移动式，这使得顾客不需要排队就可以扫描他们的购买条码并输入自己的信用卡信息。离开商店时，顾客只需要向店内员工展示他们手机上的购买清单收据即可。

另一个结账选项是在购物的时候使用一个商店发行的手持扫描器具，顾客可以在有工作人员的登记处或自助结账处付款。这种技术对零售商很有吸引力，因为它减少了登记处需要的员工，通过减少结账时间提高了顾客满意度。

即使是光顾同一家零售商的同一顾客，其购买过程可能也会有所不同。例如，百思买的顾客在购买家庭娱乐系统时可能会寻求个性化服务，而在诺德斯特龙购买 CD 的时候又会寻求标准化服务。因此，许多零售商针对店内不同区域出售的不同类型的商品而提供不同类型的服务。零售视角 18-1 介绍了零售商如何学习何时提供顾客服务，何时又以最小的干扰让顾客自己试验和体验产品。

在下面的章节中，我们将讨论顾客如何评估顾客服务的质量以及零售商可以做什么来改变顾客服务的实际和感知水平。

零售视角 18-1

自助服务化妆品柜台：为那些想自己动手的顾客而设

根据最近的估计，高端化妆品市场的价值约为 87 亿美元，并且在不断增长。为了从这个有利可图的细分市场中获得更多的份额，百货公司化妆品柜台正在追随丝芙兰——丝芙兰已经改变了许多人购买化妆品的方式。

丝芙兰有大约 15 000 个存货单位和 200 多个品牌，包括其自有品牌。商品按产品品类进行了分组，品牌按字母顺序显示，以方便客户轻松找到它们。客户可以自由购物和试验，鼓励试样。放在柜台上的一台 iPad 也允许他们搜索新的选择和想法。这些店内的 iPad 能够自动启动定制的丝芙兰应用程序。因此，化妆品商店的访问者可以立即查找她购买的最后一个口红，即使她记不起来口红的颜色是什么。她还可以看看她正在考虑购买的乳液是否有过敏警告或其他客户的负面评价。这种低调的自助服务环境促使许多客户花更多的时间在其商店购物。此外，这些推荐服务提供有效的竞争优势，因为用于开发建议的客户数据库具有专有性质。

相比之下，大多数百货公司的化妆品柜台都配备了销售人员，当有任何顾客经过时便会拦住他们，向他们提供化妆、皮肤分析或关于化妆品趋势的深入讨论。当倩碧意识到有超过 1/4 的购物者是被柜台拦住了脚步，并再次购买他们已经在使用的产品时，它同时也意识到自己可能正在疏远最忠诚的客户。因此，它已经接受了自助服务的概念，并以此取代身穿白大褂的销售人员。

倩碧的战略变化包括大量展示"拿起来就走"的产品——保湿霜、肥皂和洁肤水，这些产品是很多购买者反复购买、无须搜索其他选项的产品。其他产品，如粉底、眼影、睫毛膏和口红，都被放在柜台前面的货架上，以便顾客自行取样。价格被醒目地展示出来，而不是被藏在柜台后面。柜台上面放有大罐的棉签和纸巾，以防新的颜色不好用。当然，人们利用站内的 iPad 可以列出他们的护肤或化妆问题，并得到建议。

梅西百货也不甘落后，正在测试取消所有那些对顾客有可能产生干扰的销售人员的想法。该零售商目前正在测试能够向顾客提供关于化妆品、清洁剂、美容工具或化妆品配件所有必要细节的化妆品商品信息亭及美容点。而销售人员只出现在顾客需要付款的时候。

资料来源：Meghan Kelly, "Makeup Retailer Sephora Launches iPad Program," *Venture Beat*, March 13, 2012; Lev Grossman, "If You Liked This . . . ," *Time*, June 7, 2010, p. 44; Elizabeth Holmes, "Leave Me Alone, I'm Shopping," *The Wall Street Journal*, June 28, 2012; "Macy's Adopts New Technologies in Stores and Online," *Los Angeles Times*, September 13, 2011; and Taffy Brodesser-Akner "'Can I Help You?' Irks the Web-Savvy Customer," *The New York Times*, January 12, 2012.

问题讨论：低调的自助服务化妆品方法是否可能导致顾客将更多的时间花在化妆品上，并最终实现更多的销售？

18.2 顾客对服务质量的评估

当顾客评估零售服务的质量时，他们会将得到的服务与他们的期望做比较：当顾客感觉服务达到或超过期望时，他们就会满意，但是当他们感觉服务没达到期望时，就会不满意。

因此，当零售商试图通过建立优秀的顾客服务声誉来对其提供的服务进行差异化时，他们就需要同时考虑顾客对其实际提供服务的感知及顾客的期望。

18.2.1 感知的服务

顾客对商店服务的评价是建立在他们的感知之上的。尽管这些感知受实际提供服务的影响,但因服务具有无形性,因此经常很难准确地对其进行评估。顾客往往受到员工提供的服务方式的影响,而不只是受到结果的影响。考虑以下情况:一个顾客根据零售商的无理由退款政策去退还一个不能正常工作的电动牙刷。第一种情况是,员工索要顾客的收据,查看收据是否显示该牙刷是从这家零售商购买的,检查牙刷看看它是否真的不能正常工作,在顾客等待的同时完成一些文书工作,最后终于给顾客退还了购买牙刷支付的现金。第二种情况是,商店的员工只简单地询问顾客支付了多少,随后给他办理现金退款。这两种情况有相同的结果:顾客都得到了现金退款。但顾客可能会对第一种情况不满意,因为员工似乎不信任顾客,并花了太多的时间进行退款。在大多数情况下,员工对提供服务的过程都有重要影响,从而影响顾客对服务的最终满意度。

顾客用来评价服务质量的五个特点是:可靠性、保证性、有形性、移情性以及响应性。让我们看看诺德斯特龙,一家以其顾客服务而闻名的时尚零售专卖店,是如何实现这五个服务特征的。

1. 可靠性

可靠性(reliability)是提供可靠和准确的服务的能力,如履行服务承诺或约定的交货日期或会议。为了保证服务的可靠性,诺德斯特龙的新晋销售人员需要通过培训及接受由经理和经验丰富的销售人员提供的深入指导。受训员工基于如下重要的规则:"在所有情况下使用良好的判断力",尽可能每次都给顾客最好的服务。在诺德斯特龙,良好的判断力涉及如下问题:在承诺取货日期前要与退换部门进行核对;不要回答任何你不知道答案的问题;如果你不知道答案,就去有关人员那里核实一下。不准确的信息只会令顾客沮丧。

2. 保证性

保证性(assurance)是员工的知识和礼貌,以及他们传达信任与信心的能力。信任和信心在诺德斯特龙尤为重要,那里的商品相对比较贵,顾客都依赖于其良好的品位及对其销售人员的时尚判断。当一个顾客问:"我穿上这件衣服怎么样"时,她并不总是想听到的"很棒"这一个答案。她想要能够显示对这一产品和时尚知识的一个真实回答,以及对她来说什么是最好的一种看法。如果出售给该顾客的产品在经过考虑后不能满足她的需求或在她身上看上去不好,诺德斯特龙可能会永远地失去这个顾客。因此,为顾客寻找什么是最好的,是长期保留顾客的最佳战略。

3. 有形性

有形性(tangibility)关乎有形设施、设备、人员和沟通媒介的外观。诺德斯特龙一直以其提供具有现代气息和宽敞通畅过道、品位非凡的氛围而引以为豪。它在所有顾客接触点都保持其一致的形象,包括诺德斯特龙的货架、商品目录、其他媒体,如Facebook、推特、YouTube以及一系列时尚和照片共享网站。

4. 移情性

移情性（empathy）是指为顾客提供的关爱及个体化的关注。诺德斯特龙试图雇用深谙时尚的人。但同样重要的是，这些人必须喜欢帮助别人。销售人员使用 CRM 软件跟踪顾客信息（如品牌和尺寸偏好）并描述过去购买了什么产品。销售代表经常主动打电话给顾客，提醒他们最喜欢的品牌已经到货。如果顾客进来时她最喜欢的销售人员不在，另一位销售人员也可以看到她的记录，以便更好地向她提供个性化的服务。

5. 响应性

响应性（responsiveness）意味着提供顾客服务时，服务人员和销售人员是想真正帮助顾客，并提供及时的服务。不像在经济衰退时期的很多零售商那样，诺德斯特龙从没有削减服务和销售人员。顾客不必去寻找销售人员完成交易。当顾客带着一个装满货品的包要求退货时，销售人员也从不消失。在诺德斯特龙，员工总是热心地进行帮助。

及时解决服务问题的一种方法是向员工授权。例如，诺德斯特龙的鞋类销售人员决定分拆出售两双鞋——一双 10 码，另一双 10½ 码，以适应那些有特殊需求的顾客。虽然另外两只鞋因不好卖而变得无利可图，但这位顾客那天又购买了其他五双鞋，并变成了一个忠诚的诺德斯特龙顾客。以"使用良好的判断力"这样的规则向服务员工授权可能会导致一些商店出现混乱。然而，在诺德斯特龙，部门经理辅导和培训销售人员了解什么是"使用良好的判断力"，从而避免了对这句话的滥用。

18.2.2 期望的作用

除了对实际服务交付的感知，顾客期望也会影响对服务质量的判断。顾客的期望基于顾客的知识和经验。例如，在总结以往经验的基础上，顾客对不同类型的零售商提供的服务质量具有不同的期望。顾客期望一个传统的超市提供方便的停车场，营业从清晨至深夜，有一个可以很容易发现的直观的布局、位置和产品显示，并提供快速和愉快的结账体验。他们不指望超市会有商店的员工驻扎在过道以提供有关杂货食品的信息，或向他们展示如何准备饭菜。当提供这些意外服务而且这些服务对顾客很重要时，那么顾客就会很高兴——这家零售商已明显超过了顾客的期望。然而，当同一顾客在食品专卖店如全食超市购物时，他们期望该店有知识丰富的员工可以向他们提供专家信息和有礼貌的帮助。

一些意想不到的积极服务的例子是：

- 一家餐厅将喝多了的顾客用出租车送回家，并在第二天一早交还了他们的汽车。
- 首饰店对顾客的珠宝进行清洁，并免费为手表更换电池。
- 男装店给每件服装缝上编号标签，以便让顾客知道哪些衣服应该搭配在一起。

顾客对服务的期望也有所不同。虽然德国因其制造能力而闻名于世，但其顾客服务差也是众所周知的。人们要等待多年才能得到电话安装服务。许多餐馆不接受信用卡，在关门时间走进商店的顾客往往会受到粗鲁的盯看。顾客通常需要用自己买的袋子把商品装起来。因为德国人的服务不好，所以他们对此也不会苛求。但随着零售业的全球化以及新的外国竞争对手的进入，德国零售商越来越关注如何服务顾客这一问题。

相比之下，日本人则期望从其高端商店得到优质的顾客服务。在美国，人们说"顾客永远是对的"，在日本，相同的表达是"okyakusama wa kamisama desu"，即"顾客是上帝"。当顾客返回商店退货时，日本人的处理态度甚至比顾客初次购买时更亲切。顾客满意度是没有商量余地的，顾客永远不会错。即使一个顾客误用了产品，零售商一般的做法也是要对因自己没告诉顾客如何恰当地使用这个产品而负责。听到问题的第一个店内员工必须承担处理顾客问题的全部责任，即使问题牵涉另一个部门。

跨文化的另一个趋势是技术显著改变了顾客期望的方式。顾客希望能够与公司进行互动，通过自动语音应答系统并通过互联网订购货物，检查交付状态。那些不提供这些多渠道服务的零售商因此而不被看好。顾客仍然期待好的服务，而好的服务是由公司的响应性、灵活性、可靠性、可接进性、必要时的道歉或赔偿所定义的。即便在没有人员参与的情况下，现在他们仍期望这一水准的服务水平。对于零售商采取的用来弥合顾客期望与对实际服务的感知之间差距的活动，我们将在接下来的几节中进行讨论。

18.3 提高零售顾客服务质量的差距模型

当顾客对某零售商提供服务的感知没有达到期望时，**服务差距**（service gap）就产生了。图 18-1 说明了导致服务差距产生的四大差距。

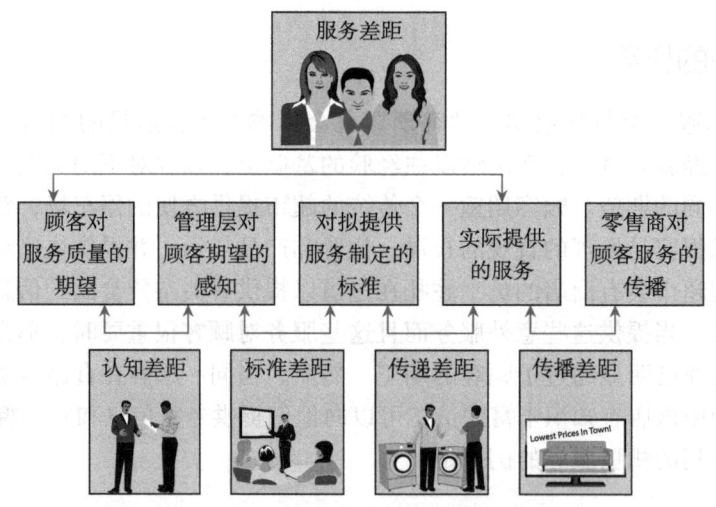

图 18-1 提高零售服务质量的差距模型

- **认知差距**（knowledge gap）反映了顾客的期望和零售商对该期望感知之间的差异。零售商可以通过更好地理解顾客的期望和感知来缩小这一差距。
- **标准差距**（standards gap）是指零售商对顾客感知和期望的理解与自己制定的服务标准之间的差距。通过制定适当的服务标准和测量服务绩效，零售商可以弥合这一差距。
- **传递差距**（delivery gap）是零售商的服务标准和它提供给顾客的实际服务之间的差异。这种差异可以通过培训和/或适当的激励机制以让员工达到或超过服务标准而减小。
- **传播差距**（communication gap）是实际提供给顾客的服务和零售商促销计划承诺的服务之间的差异。当零售商对其提供的服务采取更为现实的态度时，顾客的期望可以被有效地管理，从而弥合这一差距。

18.3.1 知道顾客想要什么：认知差距

提供良好服务的第一步是要知道顾客的欲求、需要及期望，然后利用这一信息来提高顾客服务水平。

当零售商缺乏这一信息时，就会导致糟糕的决策。例如，一家超市雇用额外的人员以确保货架备货充足、商品摆放井井有条，以使顾客总能找到所需商品。但是这家超市可能没有意识到，顾客最关心的是排队结账时的等待时间。从顾客的角度来看，如果超市愿意派专人用于增设更多的收银台而非补充货架商品的话，超市的服务可能就会提高。

零售商可以通过消费者调查、增加零售经理和顾客之间的互动，提高零售经理和服务员工的沟通水平，以达到缩小认知差距以及更好地理解顾客的期望的目的。零售商用一系列方法来评估顾客感知以及对顾客服务的期望。

1. 社交媒体

零售商通过在其社交网络、博客、评论网站以及在 YouTube 和 Flickr 这样的网站上发布帖子来监控消费者关于零售商产品和竞争对手产品的说法，从中可以学到很多关于顾客期望和对其服务质量感知的信息。许多零售商已经开始使用一种被称为**情感分析**（sentiment analysis）的技术，通过"监控"这些社交媒体来评估顾客情绪中的有利性（或缺乏有利性）。利用情感分析技术对数以百万计的网站进行"监控"，从而为了解消费者的真实所想提供新的真知灼见，使零售商接入这种实时信息可以变得更加灵活，允许快速变化，如产品的推出、新的广告活动，或对顾客投诉的处理。例如，像 GNC 和卡骆驰（Crocs）这样的零售商就使用最新的工具来倾听顾客的问题。他们识别消极的顾客情绪，然后为他们提供一个机会来试试相关产品，甚至给予他们商店信用以鼓励顾客保留。对情感分析中揭示的态度做出反应可以使公司抵消负面意见，可能对那些感知产生影响，或许也能提高顾客的忠诚度。

2. 问卷调查、小组访谈和竞赛

许多零售商在每次零售交易发生后会立即对顾客开展调查。例如，航空公司、汽车经销商、酒店和餐馆就会对顾客进行调查，鼓励他们参加在线调查，或打电话给他们询问他们的服务体验，比如员工如何乐于助人、友好和专业。

虽然一些零售商使用如上描述的调查方法，但另一些零售商会深入调查由 10 ~ 15 人组成的顾客小组的期望和感知。例如，一些店面经理每月花一个小时与选择好的顾客座谈，让他们谈谈在商店购物的经历，并对如何提高服务提出建议。

当达美乐比萨（Domino's）对其形象进行大规模改造时，它专心致志于顾客的反馈。

比萨鉴赏家一直抱怨其纸板外壳和使用番茄罐头。虽然配送环节提高了效率，但为了强化人们的期望，它需要了解顾客是否真心认为自己提供的比萨更好。达美乐并非借助传统的调查，而是赞助了一项摄影比赛：马上为你刚刚送达的比萨拍照并上传到一个网站。卖相好的食物照片有助于说服别人相信达美乐提供的是高质量的产品。有问题的照片则会帮助达美乐认识到服务问题。如果顾客的照片最终被用在广告中，他们则会获得现金奖励。

3. 直接或通过观察与顾客互动

小型零售公司的业主-经理通常每天都与他们的顾客联系，并获得与他们有关的准确的第一手资料。一些管理者每天都会浏览一遍收据，挑选出购买量特别大或特别小的顾客。他们打电话给这些顾客，询问他们喜欢或不喜欢该商店的哪些方面。与这些顾客的联系不仅能够提供信息，也表达了零售商愿意提供良好服务的意愿。由于这些反应可以和特定的遭遇联系起来，所以他们还提供了一种方法，对那些提供良好服务的员工进行奖励，同时纠正那些表现较差的员工。

在大型零售企业中，管理者经常通过报告了解顾客，因此他们可能会错过与顾客直接联系所提供的丰富信息。迪士尼作为一家大公司不断与顾客互动，以了解他们及其喜好。例如，通过仔细观察，迪士尼了解到游园旅客会拿着手里的垃圾，大约行走 27 步才会将它放到地上。所以，这个娱乐巨头决定在整个公园每 27 步就放置一个垃圾箱。在对其他服务供货商进行咨询后，迪士尼就更好的互动方式给出了建议。

4. 顾客投诉

投诉使得零售商与顾客互动，并能获得有关服务和产品的详细信息。处理投诉是找出并改正服务问题的一种成本较低的方法。目录/电子零售商里昂比恩公司跟踪所有退回商品的投诉及原因，它每天都对这些投诉和退货情况进行总结，并转交给顾客服务代表，以使他们提高服务质量。该信息也被买手用来改善供货商的商品。

尽管顾客投诉能提供有用的信息，但零售商不能完全依赖这个市场信息的来源。这是因为不满意的顾客通常情况下是不会投诉的，尽管这一趋势由于顾客更频繁地转向博客、评论网站（如 Yelp）、零售商自己的在线评论系统，以及顾客服务的信息发送系统而正在发生改变。这些与零售商互动的方法是有用的，因为与通过更多的传统的研究方法收集到的信息相比，这些评论往往非常坦率。

5. 店员的反馈

销售人员和其他员工经常联系顾客，对顾客服务的期望与问题有很好的理解。但只有当员工受到鼓励并将其经验上传给那些能做出决定的高层管理人员时，这些信息才可以提高服务质量。

6. 利用顾客研究

仅仅搜集有关顾客期望及感知的信息是不够的。只有当零售商运用这些信息改善服务时，才能减少认知差距。例如，店面经理应该每天检查顾客留下的建议以及评论，总结信息并将其传达给经理和服务提供人员。

对于服务表现的反馈需要及时提供给员工。如果到 12 月才报告 7 月的服务表现，则会使得员工很难对报告的服务问题进行反省。最后，反馈必须在显著的位置上展示，以使服务提供者提高服务意识。例如，在万豪酒店，对前台服务员的服务反馈贴在前台的后面，对餐厅人员的服务反馈贴在厨房门的后面。下面将讨论降低服务标准差距的几种方法。

18.3.2 制定服务标准：标准差距

零售商搜集到有关顾客服务期望和感知的信息之后，下一步就是用这些信息制定标准，并设计出提供高质量服务的体系。服务标准应该以顾客感知，而非内部运营为基础。例如，连锁超市也许会制定仓库每天给每家分店送货的运营标准。但是，频繁的仓库送货并不一定会使货架上的商品增多，或使顾客感觉到购物更便利。为了减少标准差距，零售商需要：① 承诺公司将提供高质量的服务；② 定义服务提供者的角色；③ 设定服务目标；④ 测量服务绩效。

1. 承诺公司将提供高质量的服务

只有当最高管理层发挥领导作用真抓实干，才会有优质服务。最高管理层必须直面暂时的困难，甚至愿意承担伴随服务质量提高而来的成本增加。这些需要展现给负责提供服务的员工。

最高管理层的投入为服务质量制定了标准，而店面经理是实现这些标准的关键。店面经理提供高质量服务的努力应被注意到，并获得奖励。依据服务质量提供奖励使服务变成一项重要的个人目标。店面经理的部分红利不应仅仅依据销售额和利润来定，而是依据其提供服务的水平来决定。例如，一些零售商根据顾客满意度的调查结果来决定红利的分配。

2. 定义服务提供者的角色

经理通常要求服务人员提供优质的服务，但并不明确指出什么是优质的服务。如果对零售商的期望没有一个清晰的说明定义，服务提供者就失去了方向。

美国鲍德里奇国家质量奖（Malcolm Baldrige National Quality Awards）的获得者丽思·卡尔顿酒店将其"黄金标准"印在钱包大小的卡片上，所有的员工都将这张卡片携带在身上。这张卡片上有这家酒店的座右铭（"我们是为女士和先生服务的女士和先生"）、高质量服务的三个步骤（热情真挚的问候、期待并满足顾客的需要以及愉快的告别），以及丽思·卡尔顿员工的 12 条基本准则，其中包括"我建立良好的人际关系并为丽思·卡尔顿的客人创造生活"（准则 1）、"我为自己专业的外表、语言和行为而自豪"（准则 10）。

虽然美捷步的黄金法则有一点不同，但优秀的顾客服务的目标是相同的，零售视角 18-2 对此进行了揭示。

零售视角 18-2

美捷步用一个声音说话

一家服务类公司如何确保员工与客户的互动能够始终符合或超过公司的服务标准？这是一个简单的问题，但只有少数公司能够给出答案。美捷步是亚马逊旗下的拉斯维加斯在线服装和鞋类零售商之一。美捷步虽然销售的是服装，但它真正的生意是建立在精湛的服务上的。该公司的核心价值观强调客户满意度远比降低成本更重要，这一信息贯穿其操作的每一个方面。其目标是在每次互动中令每个客户惊喜。

向每个工作人员灌输这样的价值观从面试过程就开始了。申请人经历单独的面试，以体验和适应公司文化。在培训期间（持续时间长达五个星期），所有新员工都必须在呼叫中心工作。如果任何人认为这一指派降低了自己的身份，那么公司会对其时间做出补偿并令其立即走人。受训人员并没有给予标准的电话用语或时间限制。相反，在培训过程及其后的工作中，美捷步都会鼓励工作人员去创造性地解决问题，即使让客户满意意味着要做一些有点"奇怪"的事情，比如从一个竞争对手零售商那里为陷入困境的客户购买鞋子，甚至为其货物交付支付账单。这种方法完全符合美捷步的核心价值，这表明有那么一点"奇怪"恰恰可能是正确的方法——如果这有助于解决客户的问题的话。当然，该公司不介意客户与他们的朋友分享由这样的努力带来的令人惊喜万分的故事。

美捷步的购物程序也是为了取悦顾客而进行设计的。该购物程序鼓励客户订购多种尺寸和颜色的物品，以便他们去触摸、感觉和试穿预期的购买产品。免费退货期限可以长达一年。而美捷步喜欢以快速交货打动客户，所以它的物品发货比网站上说明得更快。优质客户经常被升级到下一班或第二天的空运，而无须承担额外费用。符合美捷步非常规客户服务标准的员工将获得奖励。其最常见的付薪工作是执行中心流程经理，其年薪为 47 500 多美元。此外，该公司在全国最好的工作场所中排名第 11 位。

资料来源：Armando Roggio, "The Zappos Effect: 5 Great Customer Service Ideas for Smaller Businesses," *Practical Ecommerce*, www.practicalecommerce.com/articles/2662-The-Zappos-Effect-5-Great-Customer-Service-Ideas-for-Smaller-Businesses; Janine Popick, "Zappos: A Great Example of Exceeding Expectations," *Vertical Response*, http://blog.verticalresponse.com/vertical response_blog/2011/08/zappos-email.html; and Aida Ahmed, "Zappos Ranks No. 11 on List of Best Companies to Work For," *VegasInc*, January 19, 2012.

问题讨论：为什么美捷步能成为十大顾客服务零售商之一？

3. 设定服务目标

为了持续提供高质量服务，零售商要制定目标或标准来指导员工。零售商通常以他们正确经营生意的信念为基础设定服务目标，而不是以顾客的需要和期望为出发点。例如，零售商也许会制定一个所有月度账单在月底最后五天前寄到的规定。这个规定减少了零售商的应收账款，但没有给顾客带来任何好处。美国运通开展的研究显示，顾客对于他们服务的评价是从准时性、准确性及快速反应的角度出发的。之后美国运通的管理层因此制定了与这一基于顾客标准相关的目标（例如，在 24 小时之内回复有关账单的所有问题）。

当目标是具体的、可量化的并使员工有一种参与感时，他们才会有积极性去实现服务目标。模糊的目标，如"当顾客进入售卖区时接近顾客"或者"尽快回复电子邮件"，并不能完全确定商店的员工应该做什么，同时也不能提供一个评价员工绩效的机会。较好的目标应该是"销售人员应在 30 秒内接近走进售卖区的所有顾客"，或者"所有的电子邮件应该在 3 小时内回复"，这些目标是具体的、可量化的。零售视角 18-3 就为顾客等待服务的时间制定标准的问题进行了考虑。

零售视角 18-3

等待的游戏

许多店内有多个结账通道的零售商都设置了标准以减少客户必须等待的时间。例如，在每个开放通道处如果有超过三个人在等待时，零售商就可能有政策规定：此时可以开放一个新的收银通道。

虽然美国人花费在排队上的时间相对较少，但是如果他们觉得等待时间或与销售人员的交谈时间过长或不公正时，他们往往会离开一家商店，而不再光顾该零售商。减少等待时间的最简单的同时也是最昂贵的方法是：增加更多的员工，并使他们的工作更有效率。但许多零售商质疑增加员工以减少等待时间的好处，因为客户对等待时间的看法不准确，并受到等待环境的影响。研究发现，客户会高估他们排队等待的时间，其幅度高达 50%，而且这些估计还会受到商店氛围（如宜人的香气）的影响。

从运营的角度来看，处理客户结账的最快方式是创建一条单一的客户通道，并让前面的人到下一个开放的收银台——机场就使用这套系统，快餐店和银行偶尔也会使用。除了减少总体等待时间之外，这种方法增加了感知的公平性和客户满意度，因为它确保了客户以先到先得的顺序来被服务。

超市已经是美国最后一个不提供占用多个收银员的单线蛇形线路的主要服务行业组织之一。这一现状也正在慢慢地变化，像全食超市和克罗格这样的连锁店已经尝试了这样的布局。克罗格还安装了一个新系统来对进入商店的客户进行计数，估计有多少人会在例如半小时内完成购物，然后在那个时段开放适当数量的结账通道。

其他超市为只采购少量物品的购物者建立快速通道，使得他们不必在带着一大篮子物品等待结账的顾客后面等待。然而，这种做法却会产生有悖常情的影响，即对最好的客户给予最坏的对待。Stop & Shop 食品杂货连锁店使用了 Scan it！应用程序，这一应用程序使购物者能够使用自己的智能手机扫描价格代码，并在逛商店时包装好自己的货品。但正如一位业内观察家所警告的那样："一天结束时，没有什么能够和拥有足够的记录并对其配备好人手相比。"

资料来源：Maria Halkias, "Supermarket Checkout Still Stuck in the Past," *Los Angeles Times,* March 28, 2012; Carl Bialik, "Justice—Wait for It—On the Checkout Line," *The Wall Street Journal,* August 19, 2009; H. A. Eiselt and C. L. Sandblom, "Waiting Line Models," *in Operations Research* (Berlin: Springer, 2010), pp. 379-394; Piyush Kumar, "The Competitive Impact of Service Process Improvement: Examining Customers' Waiting Experiences in Retail Markets," *Journal of Retailing* 81, no. 3 (2005), pp. 171-189.

问题讨论：有什么不同的方法来减少结账时的等待时间？

参与制定服务标准，使员工能更好地理解并容易接受这些目标。商店员工会怨恨和抵制管理层主观强加于他们的目标。第 16 章对目标制定做了具体的阐述。

4. 测量服务绩效

零售商需要持续评估服务质量，确保目标的实现。许多零售商定期做顾客调查，评价服务质量。零售商会派一些**神秘顾客**（mystery shoppers）来评价服务质量。这些专业暗探通过到商店购物来评价商店员工提供的服务以及店内商品的展示情况。有些零售商用他们自己的员工担任神秘顾客，但大多数企业都通过外包提供评估服务。

零售商通常会通知销售人员：我已经调查了你们，并从神秘顾客的报告中得到反馈。一些零售商给得分高的销售人员颁发奖励，并要求对得到较差评价的销售人员做进一步的跟进计划。

18.3.3 达到并超越服务标准：传递差距

为了减少传递差距并提供超标准的服务，零售商必须为服务人员提供必要的信息和培训，向服务员工进行授权使其能够基于顾客和公司利益而行动，提供工具和情感支持，提供激励，改善内部沟通，并使用技术。

1. 提供必要的信息和培训

商店员工需要了解零售商的服务标准和所销售的商品，以及顾客的需要，有了这些信息，员工就能回答顾客提出的问题，并向他们推荐相关的产品。这些信息还能加强员工的自信，使之产生一种有能力的感觉，而这是解决服务问题所必备的。

因为史蒂夫·乔布斯认为"好的艺术家复制，伟大的艺术家偷窃"，所以苹果商店利用丽思模式对员工进行培训。苹果专卖店的员工被鼓励向顾客进行热忱问候和告别。他们被教导参与和顾客的每一次互动，即使这不是他们的具体工作。此外，苹果公司的员工被鼓励去预测顾客的需要，即使顾客并没有表达出来。一个不停光顾商店的电脑用户可能需要一些鼓励，例如，苹果如何可以容易地帮助他转换文件。

商店员工还需要人际交往技巧方面的培训。与顾客打交道是很难的，特别是顾客心情不好或是生气的时候。所有的商店员工，甚至包括那些为零售商提供优质服务的员工，都会遇到不满的顾客。通过培训，员工可以学会提供更好的服务并学会处理由不满顾客带来的压力。特定的零售业员工如销售人员和顾客服务代表，通常是被指派去与顾客交往并提供服务，然而所有的零售业员工都应该做好与顾客打交道的准备。

2. 向服务员工授权

授权（empowerment）意味着允许公司最底层的雇员就如何向顾客提供服务做出重大决策。当这些负责提供服务的员工被授权做重大决策时，服务质量就会提高。如果不向他们做出授权，即使是最好的员工，也会阻碍他做出取悦顾客的努力。在呼叫中心，这一问题显得尤其突出。当消费者打进电话对产品进行投诉时或许碰到的是一位彬彬有礼、尊重他人、专业的服务员工，但如果该员工没有权利为顾客退款或邮寄替换品，那么这位消费者就不会成为满意的顾客。但是，在这种情况下，问题出在公司，而不是员工一方。

诺德斯特龙因其员工授权而闻名。它提出一个总的目标——满足顾客的需要，然后激励员工去做任何有必要的事情来实现这个目标。例如，当诺德斯特龙的一个部门经理发现袜子已经售完而新货尚未到达时，她从商场的竞争对手那里买了12打袜子。虽然诺德斯特龙在这些袜子上损失了钱，但管理层表扬了其行为，因为她确保了顾客在商店买袜子的时候不会找不到。

然而，对服务人员进行授权也会很困难。一些员工希望别人为他们明确界定合适的行为。他们不想花时间去学习怎样做出决策或承担犯错的风险。例如，一家银行发现当其授权出纳时，出纳不敢对大笔款项做出决策。银行不得不制定各种决策准则和规定，出纳才感到放心。

在有些情况下，向服务人员授权也许得不偿失。例如，如果一家零售商应用像麦当劳那样的标准化服务传递办法，员工的招聘、培训和支持授权的成本不一定能保证其提供持续且高质量的服务。此外，研究发现在不同的文化背景下，授权不一定都会受到员工欢迎。例如，拉丁美洲的员工希望他们的经理有充足的信息去做出明智的商业决策。员工的角色并不是做商业决策，而是如何执行经理做出的各种决策。

3. 提供工具和情感支持

服务供货商需要有**工具支持**（instrumental support，适当的系统和设备），以提供顾客所需的服务。有更换机油需要的顾客期望在捷飞络（Jiffy Lube）迅速得到更换，因为整个运作，包括服务人员、设备和建筑布局，都是按照让顾客的车辆在一个"瞬间"中进出的宗旨进行设计的。

除了需要工具性的支持，服务提供商需要来自同事和主管的情感支持。**情感支持**（emotional support），包括对他人的状况表现出关心。处理顾客的问题并在尴尬的情况下保持微笑，在心理上是很难做到的。服务提供商需要在一个具有支持性的、相互理解的氛围里有效处理顾客要求。当"顾客永远是对的"成为企业的口头禅时，员工倾向于接受他们的工作是"逆来顺受"的老生常谈。相反，零售企业应该认识到顾客互动可以是多么令人紧张的，并且需要评估其结果对员工士气和表现所带来的影响。公司利用各种方法来减小服务员工所经受的压力。体育活动通常有助于缓解压力，所以许多雇主提供健康诊所或瑜伽班。为了更为直接地缓解情绪压力，其他零售商在店内安装了娱乐/媒体室或提供按摩。公司也可以提供关于如何处理愤怒顾客对员工侮辱方面的指导。例如，呼叫中心的员工就受到鼓励让他们不要把这种侮辱看成是针对个人的，要解决问题，避免参与争论，并试图找到打电话者所抱怨问题的根源。

4. 提供激励

正如第16章中所讨论的，很多零售商使用激励机制，如根据销售额支付佣金以激励员工。如果服务人员感受到被激励并对回报感到满意,他们很可能会提高生产力。但销售佣金也可以降低顾客服务水准和工作满意度,与此同时使得销售在高度压力下进行,从而会导致顾客的不满。因此,激励机制应以更有效地提高顾客服务为目的。当美国运通开始培训和激励其销售人员与顾客打交道时,它授权他们对来电取消销售话术或时间限制。它也从根本上改变了补偿制度。现在其激励型薪酬是基于顾客满意度反馈而提出的。这些做法的结果是顾客在美国运通产品上的支出增加了10%,美国运通的收入也猛增了5%。

5. 改善内部沟通

在提供顾客服务时,一线服务员工必须经常处理顾客利益和雇主利益之间产生的冲突。例如,零售商希望他们的销售人员去鼓励顾客多购买更昂贵的产品,而顾客寻找的却是满足他们需求的最佳价值选择。因此,销售人员在达到公司和顾客目标之间可能会产生冲突。

零售商可以通过制定明确的服务行动指导和规定以及解释这些规定的合理性来减少这种冲突。例如,训练应该教会员工为服务失当道歉,即使这种失当是由组织中的其他人引起的或是由顾客所做的什么事情造成的。对于许多人来说,为不是由他们的过错造成的某事道歉是很困难的。但如果员工认识到对服务失当进行道歉可以帮助留住顾客,那么他们也应该认识到有必要并因此对任何服务失当道歉。

当零售商设定的目标与他们期望商店员工的其他行为不一致时,也会产生冲突。例如,正如我们在第16章中讨论的,如果想让销售人员为顾客提供服务,零售商应该基于员工提供的服务进行评估和补偿,而不仅仅是基于员工的销售业绩。

最后,公司的不同部门之间也会产生冲突。一家男士服装专卖店以其高水准的顾客服务而知名,这家专卖店的销售人员承诺快速退换和交付以取悦其顾客。不幸的是,退换部门里面的两个老裁缝不管有多少工作量,都是在按照自己的速度工作。管理层必须时不时地介入,以兑现销售人员的承诺,并对裁缝工作进行优先级的重新分配。

6. 使用技术

零售商一直积极致力于在自己的商店和网站实施多种技术来帮助消费者。这些技术包括自扫描检测站、商品信息亭接入网络、为服务人员配备iPad、各种类型的应用程序、数字显示、线上代理以及QR码。这些技术能够帮助顾客找到和了解更多的产品及所提供的服务。他们还能够使支付变得更快、更有效。对服务人员来说,这些技术提高了他们为顾客提供良好服务的能力,包括最新的产品信息和在商店没货的情况下从线上提供的渠道获取商品。

例如,马萨诸塞州的Zoots干洗店不想模仿其8:00上班、18:00下班的竞争对手,这个时间段大部分消费者都在工作。因此,Zoots利用支持24/7(每周7天,每天24小时)取件和放件,允许顾客使用信用卡的自动化系统。有了这些信息,该系统一打开消费者的账户就知道是否接受新的订单或找到他们的干净服装,把它们带到前台供消费者检查并带回家。

18.3.4 服务承诺的沟通：传播差距

导致顾客服务差距的第四个因素是零售商承诺的服务和实际提供的服务之间的差距。过分夸大所提供的服务会提高顾客的期望。结果，如果零售商提供的服务没能达到自己承诺的，顾客的期望值超过感知到的服务，那么顾客就会不满意。例如，如果一家服装店宣传免费修改，然后告诉顾客只对全价商品提供这项服务，那么在减价货架上购买的顾客可能会感到失望。提高顾客期望也许在一开始的时候能招揽更多的顾客，但这样也会招致顾客不满，并减少顾客重复购买的机会。我们可以通过制定现实的承诺和管理顾客期望来减少传播差距。

1. 现实的承诺

广告方案通常是由营销部门设计的，服务则是由商店的运营部门提供的，这些部门之间缺乏沟通会导致在广告宣传中的承诺与商店现实提供的服务不相匹配的情况。百思买2011年的圣诞季很好地说明了这个问题。在非常成功地开展促销活动——"黑色星期五线上大减价"之后，百思买实现了比它期待中更多的销售量，但是它同意对许多延期交货产品的订购做出圣诞节及时到达的承诺。然而，消费者在圣诞节前两天收到通知，告诉他们早在11月就在网上订购的产品不能及时送达。消费者迅速做出激烈的反应，包括将这家零售商的名称指定为"偷走了圣诞节的格林奇"。虽然百思买通过媒体渠道进行了道歉，但它没能通过推特或Facebook进行沟通，该连锁店曾经利用这两种手段制造了最初的需求。

2. 管理顾客期望

零售商如何才能既表达现实可行的期望，又不会因为做出了夸大的服务宣传而将生意拱手让给竞争对手呢？一个常见的问题是顾客对在熟食店需要等多长时间没有明确的期望。这个问题可以通过零售商提供代表正在等待服务顾客的电子号码而解决。超过200家Stop & Shop食品杂货连锁店在使用一种更复杂的解决方案对顾客期望等待时间进行管理。在触摸屏电脑上订货的顾客会收到一张票，然后继续他们的购物之旅。当商店扩音器叫他们的票号时，表明他们的订货已经准备好了。这个技术和可以帮助顾客扫描并对购物车中的商品成本记账的"扫描一下"设备使得该商店成为2012年10家最具创新性的食品公司之一。

销售终端的信息可以用于期望值管理。例如，主题公园会显示景点等候时间，主题餐厅会显示等位时间。电子零售商告知顾客所购商品是否有货以及什么时候能够收到所购买的商品。即使顾客必须等待很长的时间，提供准确的信息仍然能够提高顾客满意度。

有些时候，服务问题是由顾客引起的：顾客可能会用无效的信用卡支付货款，也许没有花时间试穿西服，并把它改得更合适，或者是因为没有看说明而造成不正确地使用产品。传播方案能告知顾客在获得良好的服务中所扮演的角色及应承担的责任，告诉他们获得良好的服务的小窍门，例如一天中购物的最佳时段和零售商处理问题的规定与程序。

18.4 服务补救

顾客服务的传递本质上是不会始终如一的，因此服务失当是无法避免的。零售商与其对顾客矛盾耿耿于怀，不如集中精力想想能否创造一些好的机会去改变现状。服务矛盾和顾客投诉是了解零售商供应物（商品和服务）如何的绝佳信息来源，有了这些信息相助，零售商就可以做出改变以增加顾客的满意度。

出现了服务问题，还可以给零售商一个机会去实现他们要提供高质量顾客服务的承诺。通过鼓励顾客投诉和妥善处理问题，零售商可以加强与顾客之间的联系。行之有效的服务补救措施，可以大大提高顾客的满意度和购物意愿，并产生良好的口碑。然而经过补救后产生的顾客满意度，通常要低于出现服务失当的情况之前顾客的满意度。大多数零售商有自己处理问题的标准。如果确定了一个问题是可以解决的，如有缺陷的产品，许多零售商会当场赔偿，并为给顾客带来的不便道歉。零售商或者退换商品，或者提供日后购买的信用，或者赔付现金。

在很多情况下，问题产生的原因要么很难确定（如销售人员真的侮辱顾客了吗），要么没有办法改变（如商店因为天气恶劣不得不关门），要么就是顾客的期望捉摸不定（如顾客不喜欢他的新发型）。在这些情况下，要对服务进行补救会变得难上加难。有效的服务补救步骤是：① 倾听顾客的声音；② 提出公正的解决办法；③ 迅速解决问题。

18.4.1 倾听顾客的声音

顾客会因为他们和零售商之间实际的或想象的问题而变得情绪化。一般的情绪反应可以简单地通过给顾客机会，让他们一吐心中的不快而得到缓解。商店员工应该允许顾客不间断地抒发他们的抱怨。打断他们会进一步激怒那些情绪很不好的顾客，与生气的顾客理论或试图让他们满意是非常困难的。顾客需要的是对他们的抱怨有所回应，并表示同情。因此，商店员工要清楚这一点：问题被他们关注到了是值得庆幸的。那些态度敌对或总觉得顾客想占商店便宜的员工，很少能够令人满意地解决问题。商店里的员工不应该假设他们知道顾客在抱怨什么或者在寻求什么解决方案。正如我们先前提到的，更多的顾客会把他们的顾虑和抱怨贴在博客与微博上。作为回应，百思买雇用了许多员工来管理其推特账户（例如，@Best Buy、@bestbuy_deals、@ geeksquad 以及 @BestBuyNews）。百思买问询台的专家还通过推特 @ Twelpforce 来回答问题。万宁（Manning）的社交网络航线是聆听顾客问题并试图对此进行解决的一种极佳方法。

18.4.2 提供公平的解决办法

顾客想要感觉他们被公平对待。他们对公平性的看法是基于他们认为其他人在类似的情况下是如何被对待的，以及其他零售商是如何解决类似问题的。顾客对投诉解决办法的评价是建立在分配公平和程序公平的基础之上的。**分配公平**（distributive fairness）是顾客对于所得利益与付出成本（不便或金钱损失）相比的感觉。看似对一个顾客公平的服务失当补偿对另一个顾客而言可能是不足的。因此，服务提供商需要对顾客进行调查，以确定哪些措施将有助于他们问题的解决。

程序公平（procedural fairness）是感觉到解决投诉的过程具有公平性。如果商店员工按照公司的章程办事，顾客通常会觉得自己得到了公平的处理。章程降低了处理投诉的可变性，并使顾客相信自己受到了和其他任何人一样的待遇。但是过于严格的纪律章程也会产生负面影响。商店员工在解决投诉时需要灵活，否则顾客会觉得他们对解决问题毫无影响力。

18.4.3 迅速解决问题

顾客满意度会受到解决问题所花费时间的影响。因此，为第一次接触顾客的员工进行授权以迅速解决问题会提高顾客的满意度。当顾客连续被推给几个不同的员工时，会浪费很多时间重复他们的故事。此外，也增加了商店员工之间做出相互矛盾回答的机会。

虽然及时解决顾客投诉通常会增加满意度，但如果太鲁莽地解决顾客投诉，可能会使顾客因对其个人的关注不足而产生不满。零售商必须在快速解决问题与花时间听取问题及表达对顾客的关注之间进行权衡。

本章小结

（1）确定零售商如何通过顾客服务建立竞争优势。

顾客服务可以通过两个基本的战略为零售商提供建立战略优势的机会：个性化或标准化顾客服务。个性化的方法主要取决于销售人员。标准化的方法则更侧重于制定适当的规则、一致的流程和最佳的商店设计。

（2）解释消费者如何评估零售商的顾客服务。

消费者通过对所传递服务的感知与其对服务的期望进行对比来评估顾客服务。如果他们的感知低于期望，消费者就会觉得不满意；如果他们的感知比期望高，他们可能会满意甚至高兴。

（3）指出零售商可以采取哪些活动来提供高质量的顾客服务。

为了确保优质的服务，零售商需要弥合他们提供的服务和顾客期望的服务之间的差距。为了缩小差距，他们需要知道顾客期望的是什么，设置标准以提供预期的服务，提供支持使店内员工达到标准，并且对提供给顾客的服务进行真实的传播。

（4）陈述零售商的服务失当战略。

一项有效的服务补救需要：① 倾听顾客的声音；② 提供公平的解决办法；③ 迅速解决问题。此外，零售商必须利用从顾客投诉获得的信息并从服务补救努力中进行学习，以防止未来的服务失当。

小试身手

1. 持续案例任务 到一家你为持续案例任务选定的本地零售商店，描述及评价其提供的服务。该店提供了哪些服务？这些服务是个性化的，还是标准化的？向店面经理询问你是否可以与一些顾客和员工交谈。选择刚刚买完东西的顾客、没有买东西的顾客以及遇到问题的顾客（退货、换货或者投诉），就其经历与他们交谈。向员工询问该零售商店在协助和鼓励他们为顾客提供优质服务方面都做了哪些工作。然后撰写报告记录你们的谈话，并提出如何改进该店顾客服务的建议。

2. 网上练习　Qthru（www.qthru.com）公司创造了一种移动应用程序，这款程序能够使顾客扫描想购买的产品并在其智能手机上完成支付，从而加快了结账的过程。访问该公司的网站，并检查这个应用程序及提供的结账过程。这个应用程序对零售商而言可以发挥多大的作用？什么样的零售商最有可能采用它？

3. 网上练习　访问 Amazon.com，购买一本畅销书。网站如何帮助你找到最畅销的书？如何对这个网站与其他图书零售商的网站或实体书店提供的顾客服务进行对比？

4. 购物　分别去一家折扣店（如沃尔玛）、一家百货商店和一家专卖店购买一条牛仔裤，比较你在这些不同的商店里获得的顾客服务有什么差别？哪家商店为你寻找有意购买的牛仔裤提供了最大的方便？分别从可靠性、保证性、有形性、移情性和响应性来评价感知服务体验。服务质量是否与商店业态相匹配？解释你的回答。

讨论问题

1. 对下列每种服务，各举一个例子说明零售商提供的这项服务对其成功是至关重要的和不那么重要的：a.购物顾问　b.送货上门　c.退款保证　d.信用。

2. 诺德斯特龙和麦当劳以其优质的顾客服务著称，但是它们提供优质服务的方法是不同的，试描述这种差异。为什么这些零售商要选用这种特别的方法？

3. 你有没有从事过要求你提供顾客服务的工作？如果有的话，描述你所需要的技能和你在这项工作中执行的任务。如果没有，你会怎样向你的潜在雇主强调对于你所应聘的岗位自己具有什么样的技能和能力（包括顾客服务）？

4. 考虑宜家的顾客服务。这家零售商如何利用自助服务模式以获得传统家具店没有的竞争优势？

5. 回顾零售视角 18-2 美捷步的顾客服务。美捷步如何在服务人员中创建出这样一种积极的文化？

6. 假设你是当地一家百货商店男装部的部门经理，这家商店强调向经理进行授权。一位消费者退回来一件衬衫，这件衬衫没有出售时的原包装。这位消费者没有收据，他声称当他打开包装时，发现这件衬衫是破的，要求以这件衬衫的现价返现。这件衬衫上周在做减价促销，该消费者声称那时他已经买了这件衬衫。你会怎么做？

7. 考虑这样一种情况：你在一家零售商店或从服务供货商中得到的顾客服务不好，你有没有让商店的管理人员意识到你的经历？你向谁描述了这次经历？你再次光顾这家零售商或供货商了吗？对于每一个问题，解释你的理由。

8. 差距分析提供了一种系统的方法来检查顾客服务计划的有效性。高层管理者告知信息系统经理，消费者由于收银台付款等待时间过长而抱怨不休。以系统经理的角色使用下面的差距分析表以评价这个问题，对降低可能等待时间的战略提出建议。

	遇到的问题	弥合差距的战略
认知差距		
标准差距		
传递差距		
传播差距		

9. 零售商如何提供高质量的个性化服务？以一个销售眼镜架并为隐形眼镜开处方的眼科医生的办公室作为你的例子。如何将这家零售商的服务与 1-800 CONTACTS 在线或与其实体店合作伙伴沃尔玛提供的服务进行对比？

10. 考虑一种你最近经历的零售服务体验，如理发、预约医生看病、在餐馆用餐、在银行办理业务或产品维修（不止以上罗列的清单），并回答以下问题：

　　a. 描述一项极佳的服务交付体验。

　　b. 是什么使得这一体验成为可能？

　　c. 描述一项没达到你期望表现的服务交付体验。

　　d. 你碰到了什么问题，以及该怎样解决这些问题？

推荐读物

Berry, Leonard L. *Management Lessons from Mayo Clinic: Inside One of the World's Most Admired Service Organizations*. New York: McGraw-Hill, 2010.

Berry, Leonard L., Ruth N. Bolton, C. H. Bridges, J. Meyer, A. Parasuraman, and Kathleen Seiders. "Opportunities for Innovation in the Delivery of Interactive Retail Services." *Journal of Interactive Marketing* 24, no. 2 (2010), pp. 155–167.

Bettencourt, Lance. *Service Innovation: How to Go from Customer Needs to Breakthrough Services*. New York: McGraw-Hill, 2010.

Bolton, Ruth N., Dhruv Grewal, and Michael Levy. "Six Strategies for Competing through Service: An Agenda for Future Research." *Journal of Retailing* 83, no. 1 (2007), pp. 1–4.

Gallo, Carmine. *The Apple Experience: Secrets to Building Insanely Great Customer Loyalty*. New York: McGraw-Hill, 2012.

Gerson, Richard F. *Beyond Customer Service: Keep Your Customers and Keep Them Satisfied*, 3rd ed. Mississauga, Ontario, Canada: Crisp Learning, 2010.

Gremler, Dwayne D., Mary Jo Bitner, and Valarie Zeithaml. *Services Marketing*, 6th ed. New York: McGraw-Hill, 2012.

Köhler, Clemens F., Andrew Rohm, Ko de Ruyter, and Martin Wetzels. "Return on Interactivity: The Impact of Online Agents on Newcomer Adjustment." *Journal of Marketing* 75, no. 2 (2011), pp. 93–108.

Spector, Robert, and Patrick McCarthy. *The Nordstrom Way to Customer Service Excellence: The Handbook for Becoming the "Nordstrom" of Your Industry*. Hoboken, NJ: John Wiley & Sons, 2012.

Zeithaml, Valarie. *Delivering Quality Service*. New York: The Free Press, 2010.

附录A

开创自己的零售业务

开创一项新零售业务既可能充满使人跃跃欲试的诱惑，也可能由于前景不明而令人望而却步。从一方面来看，你可以自己当老板，享受完整的充满创造性的控制过程，并充分收获由于自己辛勤工作而带来的全面回报；从另一方面来看，零售业主需要自己承担相当大的责任，承受糟糕决策导致的不良后果，并最终承担与生意成功或失败伴随而来的责难。一个人要想真正拥有一份属于自己的生意需要投入大量的精力与耐心。自己创业其内在的风险也是非常高的，因此，往往只有不到20%的新零售企业能够存活五年这一标志性的时间段。但是，如果这项无法预测前景的零售业务能够成功，那么其回报可能是巨大的——无论是从个人回报还是从财务回报看。这项生意可能会发展壮大起来，而你则有可能成为下一个山姆·沃尔顿（沃尔玛折扣店）、马克辛·克拉克（熊宝宝工作室）或约翰·麦基（全食超市）。

自己创建并运营一家生机勃勃的企业所获得的成就感是巨大的。零售业主在对自己的职业愿景、各种人才及辛勤工作进行有形展示方面具有独特且令人满意的机会。除此之外，他们还能够通过创造就业机会、提升经济发展水平以及为客户提供优质的服务，从而为其所在社区贡献自己的价值。那些进入20%成功零售企业家之列的人通常会获得足够的财务回报，并且能够按照自己的标准过一种充满安全感的舒适生活。

本附录的目的是广泛地展示如何创建零售业务以实现以上所述目标。虽然围绕企业家精神、零售以及创业公司而展开的各种各样的讨论可谓浩如烟海，但受篇幅所限，本附录可能无法囊括所有这些知识信息。相反，本附录提供的是一个关于零售创建过程的概述，并提供了一些更深入的资源以供那些对零售创业抱有认真想法的人所用，从而开启自己零售业务的第一步。

A.1 你具备成为一位成功企业家所必备的诸多要素吗

在开始某项商业业务之前，最重要的是具备创业所需的一揽子技能。关于创业成功内在本质的辩论从未停止过。一个人能否后天获取创业的技能，或者说成功的创业者仅仅是那些能够察觉和抓住机会的人吗？答案似乎介于这两者之间。

成为成功创业者所需的技能可以分为两大类：技能训练和个人特征。如果要开始某项零售业务，那么业主拥有各种业务技能则是非常重要的。你知道如何阅读财务报表并评估企业绩效和可行性吗？你是否能够向潜在的投资者进行有效的展示？你是否了解客户的需求？你是否能够管理那些为你工作的人？你是否了解如何为自己的零售业务推出电子渠道？

对于那些缺乏以上商业技能的人，很多主要的大专院校都提供了各种学科的在线学位课程，包括商科以及全日制注册的选择。一个人要想平衡家庭、工作以及学校的生活比较难，经营一家企业也同样耗时耗力。这个过程可以成为一个人创业工作伦理的试金石。

工作伦理是一种无法教授的品质，这一品质对于企业家来说至关重要。而对择定企业的热情则是另一个无法教授的品质。没有人可以通过仅仅打量某位零售业主就能断定他是否正在尽一切可能保证企业的成功。你能够保持业务发展所需的那份精力水准吗？当投资者拒绝追加投资时，你是否仍然有信心继续前进？你是否能发现某个机会是另一项较难获得的技能，但此项技能可以通过实践学习而获得？一个人可以训练其头脑找到方法来改善那些需要改进的事情。访问一家零售商店来评估其做法。是什么在起作用？又是什么没在起作用？改善那些无法起作用特质的机会在哪里？如何从改善当前商业惯例的缺点中创造价值？

A.2 为零售企业建立一个概念

任何企业的创立都源于某个想法。一家零售店的概念应该满足三个目标。第一，零售商应该追求自己热衷的事情。创业成功需要持续的努力，为什么人们要去从事他不喜欢的事情？如果业主没有追求成功的渴望，零售业的可持续性发展几乎是不可能的。第二，这个零售的概念必须为其客户提供足够的价值。企业的目的是赚取利润，如果人们不愿意为零售商所提供的产品或服务付费，那么则有可能导致失败。第三，这一零售概念必须提供差异化产品——消费者无法从竞争对手那里获得，竞争对手也难以轻松复制的产品。

另外一个需要考虑的重要问题是知识产权在零售概念中的应用。公司的零售概念是否受到专利保护？品牌名称和徽标是否已注册商标？如果一个企业家在日常工作中精心打造某种理念，那么该理念就会成为公司的财产。在与零售概念相关的行业中工作可以更容易地证明这种所有权。这一概念会形成与现有雇主的竞争吗？许多公司都会要求员工签署非竞争性条款。如果员工的一个想法违反了其中一条协议，那么其业务可能在开始之前就结束了。如果你认为你的概念或业务流程是独一无二的，或者不确定你是否可以合法地执行该零售概念，那么一个与知识产权打交道的律师可以是一种了不起的资源。

A.3 "快速浏览"

决定是否开始零售业务的第一步是详细检查你的零售概念。基本上，有发展潜力的零售商都想要仅仅确定其是否有一个有趣的想法或可行的机会。而有助于确定该机会是否具有可行性的四个问题如下：

（1）它是否为客户创造或者增加了重要的价值？

（2）它是否解决了一个重大的问题，或满足了市场上有人为之愿意支付溢价的重大需求或需要？

（3）市场是否足够大以及是否有足够的利润率来产生盈利？

（4）管理团队的技能和经营业务所需的技能之间是否有良好的契合度？

如果某个创业想法不能满足以上四点要求，潜在零售商就需要对其进行修改，或者需要创造一个新点子。例如，如果你喜欢海滩并想开设一家销售泳衣和沙滩配件用品的零售店，但是你居住在科罗拉多州，那么这个概念就缺乏成功的必要因素。你居住地方的沙滩用品市场不够重要，不能为社区居民创造财务可实现价值，即使有一个有能力的团队，这个想法也不会有吸引力。对这些问题的回答可能不一定适用于不同的零售概念，但这个简化的例子说明了"快速浏览"在测试一个想法是否具有真正价值时的有效性。在规划阶段修正一个想法比执行阶段更为有效。

对科罗拉多州的沙滩装零售概念的潜在修正可能是开设一家起名为"山地体育用品"的商店，这家商店迎合了参与山地运动（如滑雪、远足、登山和漂流）的人群。这个概念之所以通过"快速浏览"测试，是因为它为客户创造价值、能够满足需求、具有良好的市场潜力，并且具有合适的风险/回报平衡。如果一家潜在的企业通过了这个快速测试，便可以着手准备商业计划书，以便深入探讨此商业潜力的细节问题。

A.4　准备商业计划书

商业计划书的准备是一个以结构化、实用的方式来认真看待某个零售概念的绝佳过程。一个完善的商业计划书可以帮助减少或解决商业计划执行之前所涉及的潜在风险。通过全面考虑某一愿景的优点及其执行策略，潜在零售商可以提高其成功的机会。一个好的商业计划书应简明扼要，并能向其他人（特别是潜在的投资者）有效展示这一概念的价值。零售商越是精心准备和执行所提议的价值，那么其风险就越低，而该零售概念提供的投资机会就会更好。

商业计划书是动态的，随业务的发展而发展。商业计划书并没有固定的模式，但每个好的商业计划书必须包括这样一些要素。首先，商业计划书应该经过精心准备、简明扼要、专业。没人愿意去投资这样一家新企业，如果该商业计划书冗长、无聊、马虎或不专业。这一点比执行摘要更重要。投资者经常浏览数以百计的商业计划书，但实际上对其中许多商业计划书的阅读甚至没有到执行摘要部分。如果一个商业计划书不能够抓住投资者的注意力，或无意中给人某种负面的感觉，这个商业计划书可能经不住一次粗略的阅读。在结构上，一个商业计划书应至少包括以下内容：

（1）执行摘要。

（2）环境分析（趋势、客户、竞争对手、经济情况）。

（3）对零售概念和战略（目标市场、零售业态、竞争优势）的描述。

（4）实施计划，包括吸引客户的方法。

（5）团队，或参与业务的其他人。

（6）资金需求。

（7）财务计划。

本部分用一个虚拟的零售商业介绍了撰写一个零售商业计划书的要点。这些例子中涉及的细节问题要远远少于实际商业计划书所需要的细节，但是它们可以成为创业者进行深入研究的起点。其总体主题可应用于各种形式的零售业务中。

A.4.1 环境分析

环境分析的范围取决于长期目标。如果零售商的目标仅是经营一两个零售网点，对于环境的分析应该聚焦于当地环境，如第 8 章所讨论的商店商圈。但是，如果长期目标是建立和经营多个零售网点，那么零售商就需要考察宏观环境中的所有要素，如第 5 章中所述的行业规模和发展趋势，以及行业竞争力及盈利能力。下面详述的环境分析要素被应用在科罗拉多州斯普林斯市起步的某家企业，其有雄心壮志将业务拓展到整个州乃至全国。

1. 行业的规模和趋势

各种数据库可以提供有关行业范围数据的详细信息。例如，线上 Hoover's Online 和 IBISWorld US 行业报告就提供详细的行业数据、上市公司分析及消费者的人口统计信息。许多图书馆都订阅这些类型的服务，本地图书馆人员可以提供对其进行访问的指导信息。许多上市公司在其网站上提供信息并要求向美国证券交易委员会公布财务数据。贸易组织和出版物，如体育用品制造商协会（sgma.com）、国家体育用品协会（nsga.com）和体育用品经销商通常提供关于特定零售部门的详细信息。人口普查数据（可从 census.gov 得到）从公司和人群的角度提供深入了解焦点社区人口的信息。例如，根据人口普查局的数据，在科罗拉多有 625 家专业体育用品店。

对于那些规模较小的本地企业来说，可能很难找到相关信息。因此，对本地区域的了解可能是一笔不小的资产。此外，从行业竞争对手的客户和供货商那里收集的数据可以提供更有价值的信息。资源广泛和坚持不懈是发现某些信息的关键，若能花时间做到这些是非常有益的。实地观察类似的零售商，看看他们能提供些什么。有哪些未满足的需求？新的零售商如何才能满足这些未被满足的需求？

市场规模也很关键。在特定的零售领域可以产生多少价值？资金在这个行业内是如何分配的？例如，美国体育用品行业每年的销售额约为 550 亿美元。这个数字是一个重要的基点，它说明了整个行业的资金潜力，但更聚焦的数据也是必要的。

有研究表明，体育用品行业高度分散，由众多的小型零售商而并不是由大型企业主导控制这个市场。因此，小型零售商的增长和扩张机会似乎是有的。这样的信息对投资者很重要，因为它可以用来说明行业是否已经准备好接纳一个新的零售商业概念。例如，新店的实施计划可能表明其具有增长潜力，这一潜力能够在体育用品行业中巩固小型商业的发展，从而使其获得巨大的市场份额。将行业数据与真实机会进行关联的叙述会令人信服，如此便可说服金融家对该公司进行投资。换句话说，实施计划应该展示这个有趣的机会如何提供高投资回报率。

要找到具体的机会在哪里，你必须将行业数据降低到利基水平。在美国，体育用品的销售来自如下零售商，如运动权威公司、沃尔玛和众多小型零售商。这些商店为全国各地的每一位体育爱好者提供设备、服装和鞋子。为简单起见，山地体育用品公司可能仅关注其中的体育设备，这一部分占据了体育用品行业的46%。公司可以通过定义山地体育对自己意味着什么来进一步将业务聚焦至较小范围。那么，该公司将会选择哪些细分市场呢？

对体育设备数据的审查显示，露营、渔具、狩猎和火器分别占运动设备市场的6.9%、9.0%和12.1%（狩猎和火器合并）。因此，除了滑雪、远足、漂流和攀岩之外，该零售概念是否应该扩展到这些细分市场？狩猎方面的道德争论也可能是一个考虑因素。这个重要的盈利机会是否压倒了销售狩猎设备可能导致的伦理不确定性？销售火器需要什么样的联邦许可和地方许可？对于某些特定动物，商店是否需要售卖狩猎标签？对这些冲突问题进行协调将有助于进一步改进该概念。

2. 目标客户

另一个关键要素是定义目标市场。典型客户的年龄统计特征有哪些？他们的社会经济状况和性别情况如何？与提议商店店址相关的客户住在哪里？他们在哪里工作？商店为整个家庭提供商品还是专注于个人？这一零售概念将如何为他们提供价值？它将以低价格、差异化或是更高质量的产品参与竞争吗？找到这些因素的适当平衡点是关键。过于局促的聚焦定位可能是有问题的，因为它意味着对提供物的需求不足。过于宽泛的客户定位也可能不利于零售商建立自己的身份认知。研究结果可能会减少这些选项。例如，如果山地体育用品在科罗拉多州的阿斯彭开业，那么就可以经营专门性、高品质、高价格的商品，因为居住在那里的客户群较为富裕。

3. 竞争对手

分析零售环境的最后一步是研究潜在的竞争对手。该零售概念与其他提供类似商品的概念相比如何？这些竞争对手如何接触他们的客户？他们使用什么样的广告策略？他们的业务存在多久了？他们有自己的电子商务渠道吗？他们销售的产品相似性如何？他们的商品定价怎样？员工怎样了解他们的产品？他们的商店布局是什么样的？

许多大型体育用品零售商售卖各式各样的体育产品，所以自然会与沃尔玛销售的和山地体育用品公司提供的一些商品有所重叠。这种重叠有多重要？沃尔玛可能会占有一小部分客户，但它只是提供山地体育用品公司专门提供的一般性样品。运动权威公司将是一个更大的威胁，因为它只售卖体育用品，这些用品涉及装备、鞋子、服装、露营设备及其他。沃尔玛和运动权威公司也可以利用经营规模与小型零售商进行价格竞争。这个新零售商若要建立其战略地位，就必须考虑这些因素。最初，山地体育用品公司不得不提供更多差异化的特色产品，以此来与一些大型连锁店进行竞争，并需要创造能将客户吸引到商店的环境。在业务大大增长之后，这家公司可以通过大批量采购产品来实现规模经济，因为这样做降低了成本并提高了其在价格上的竞争能力。

当地的体育用品零售商是另一个细分市场，占据该行业的大部分销售额。当地研究对于确定其竞争对手的优势和劣势非常重要。侦察竞争对手的运作模式，并以客户的角色参观他们的商店。店铺的规模如何？布局局促吗？员工是否具有良好的待遇？他们对其销售的产品有多了解？他们有你想要的商品种类吗？运营时间是否合乎当地的要求？一家新店如何才能创造更加愉快的购物体验？

其他需要考虑的问题是竞争对手的区位、周边的人口数量、停车场布局、建筑条件等。如果山地体育用品以与竞争对手相同的价格销售几乎相同的商品，客户便不必开太远的车，他们可以更容易地将车停放在其他零售商周围，并且可以享受更好的设施，于是，山地体育用品便获得了明显的竞争优势。

A.4.2 零售概念

继行业分析后，就到了将最初的概念性想法与行业研究发现的数据相结合并以公司描述的形式展现出来的时候。山地体育用品公司是什么？它的产品卖给谁？它如何才比其他竞争者做得更好？如何开发竞争优势以使公司得以成长？

山地体育用品公司决定在公司描述中包括这些信息：该公司将布局在科罗拉多州斯普林斯，以利用该社区的快速增长和现今年轻且以自我为中心的人口流行趋势。科罗拉多斯普林斯对环保型商店的需求尚未得到满足，人们愿意为该属性支付溢价。因此，该商店将出售最优质、最环保的滑雪、远足、激浪漂流、登山和野营设备。客户的年龄在 23 ～ 35 岁，他们优先关注产品的环境友好性。这些单身年轻人或没有孩子的职业人士夫妇有可观的可支配收入。

反过来，公司的管理层必须具有可持续发展的背景和对户外活动的持久热情。随着山地体育用品公司客户和销售收入的增加，它可能开始收购其他规模类似的公司，以获得更多的市场份额。这些公司必须具有地理位置上的可接近性，以便公司集中资源，提升购买力，并且可以通过整合诸如分销、采购和会计等来降低成本。这样，公司将能够取得规模利益并实现规模经济。

一个商业计划书必须以使读者了解这个商业概念的方式将这些因素展现出来。同时，公司也需描述一下创始人对这一概念的热情。它还应强调其创造的机会并解读竞争优势，以便帮助实现这些机会。

对于研究和至此完成的头脑风暴，需要在商业计划的其余部分中详细描述，因此以下部分是最为详细的。潜在投资者应该已经能够判断出该商业的潜在价值；计划的其余部分提供了该价值的证明。商业计划书的营销、运营、管理和财务部门将会告知投资者该概念将如何被执行，零售商打算销售什么，谁将负责该流程的执行，需要多少资金，以及最终可赚取的金钱。

A.5 实施计划书

实施计划书的主要目的是确定该零售业务如何吸引目标市场中的消费者，并将其转化为忠实客户。一个零售商业计划书的重要部分不仅阐述公司如何在市场中定位，而且概述该公司成为现实所需的所有要素。该计划书应详细描述以下要素：

（1）所提供的商品。拟提供产品线的数量、宽度、商品和配件的风格、供货商名称、供货商信用条件、商品质量、期初库存、存货水平和预期周转率（见第 12、13 章）。

（2）所提供的客户服务。所提供的客户服务水平和联系方式、信用政策、换货和退货政策、改边和礼品包装（第18章）。

（3）设施。商店外观、翻新、室内装饰、店面、布局、照明、窗口展示、墙体展示和整体氛围（第17章）。

（4）店址。采购、租赁或出租，合同条款，地方法令，区域划分的规章制度，停车处，可接近性，当地的人口特征以及改建的条件（第7、8章）。

（5）定价。提供的价格范围、有竞争力的价格、有利可图的定价、利润、降价和折扣价格（第14章）。

（6）促销。一年的促销计划、广告预算、媒体选择、当地各种媒体选择的成本、促销展示、合作广告的努力和公共关系（第15章）。

（7）员工。拟提供的薪酬补偿计划和薪级表、工作描述、员工培训计划、职业和晋升路径、员工福利、社会保障税收、拟雇用员工的来源和类型（例如，年龄、性别、外貌、教育水平)(第9、16章）。

（8）安全。保安、火警和防盗报警、计算机安全系统、窗户、锁、商品防护服务、责任保险和其他保险（第16章）。

（9）设备。收银机、销售台、计算机系统、展示架、办公设备、办公用品、电话系统、管理信息系统、软件、安全以及个人计算机需求（第10章）。

（10）控制。存货控制、补货方法和财务绩效分析。（第6、12章）。

A.5.1 团队

谁来帮助执行愿景？开展业务的最重要的因素之一是找到一群能够与创始人的技能进行互补的人。一个人实际上不可能具备创建和发展业务所需的所有必要技能。例如，如果山地体育用品公司计划收购其他业务，那么将某个在并购领域富有经验的合作者吸纳进来将十分有益。此外，山地体育用品公司的业主——经理必须具备可持续发展的背景，这是建立一家以环保意识作为基石的企业的重要资产。

团队的这一部分展示了运营初期企业的人才情况。它既是一个确定人才定位的创业旅程，也是向投资者做出某种保证，即他们的资金将由具有相当高的素质的人来运营。如果有零售店工作经验的人加入该团队，这种保证将尤其有效。这样的人给企业带来了巨大的信誉，以及大量有效的建议。有经验的人并不一定是付酬员工或管理人员，还可以是顾问或董事会的董事成员。每个人都应该被列出，大致标明他的资质情况及在公司内的角色。

A.5.2 资金需求

商业计划书的目标之一是寻求融资，并展示企业如何使用无论是债务还是股权融资的投资者的资金。对于小型零售商，贷款申请（债务融资）更为常见。如果山地体育用品公司的愿景是成为当地生活方式的引领者，它仍然需要表明资金流向以及贷款人如何通过公司产生的足够收入来偿还贷款并获得投资回报，以及还款的时间。

有更高目标的公司可能会寻求风险投资以支持其主要增长。该公司的业主——经理将就他们为哪些部分的股权提供所需的财政支持与风险投资者进行谈判。投资者将获得公司的股票（股权），以置换他们提供的融资。在某个特定时点（可能在几年内），风险资本家通常可以在公司被另一家公司收购后、首次公开发行（IPO）或回购投资者的股份时将这些股票进行套现获利。例如，山地体育用品公司可能解释它将如何执行其成长计划并为其投资者产生投资回报。在特定的时间，山地体育用品公司将有足够的收入增长和利润以实现上市，对较大的竞争对手产生足够的威胁以至于买断它或以所期望的回报率回报投资者。投资者根据该公司在指定时间内的销售情况、首次公开发行或回购价值评估其价值。如果他们相信公司能够产生他们预期的价值，他们便会投资。

A.5.3 财务计划

财务计划可能是商业计划书编写中最令人头疼的一个方面，但其对于决定该零售业务的价值也是至关重要的。财务计划为投资者提供必要的信息，使他们可以据此判断这项商业概念是否值得投资。因此，花时间学习如何制订财务计划很有价值。此外，财务计划也向潜在零售商提供了可能导致成功或失败的主要因素的详细概述。有了这些知识，零售商就可以保障业务的运营，更有信心地与成功的商人和投资者打交道。财务预测因寻求融资的复杂程度而不同，以下讨论提供了一个对该过程的简单概述。了解这一过程的唯一方法是撸起袖子亲自去做。

对一项全新业务进行财务预测特别困难，因为必须完全基于假设，而且缺乏历史数据。没有人可以预知未来的情况，但仍有可能做出有根据的估计，关键是确定从哪里开始。企业家需要哪些初始要素才能为某家具有发展潜力的企业建立起一个财务模型？

利润表、现金流量表、资产负债表、融资以及盈亏平衡分析都是必要的基础。这些预测的目的是告诉投资者这个商业计划书将在什么时候产生实际盈利，以及它的成长性如何。实施计划书所奠定的基础工作可以是一个良好的开端。

接触目标客户所需的要素指明了启动和固定成本，它们代表了财务预测的基础。例如，如果山地体育用品公司已经对市场做了足够多的研究，它将缩减与区位租赁或抵押相关的成本，并且从商品来源那里了解存货成本。这些以及许多其他因素将成为"已知"实体，可以从中了解到固定的启动和运营成本。其他各种启动要素，比如法律费用，也应被包括在内。

确定成本后，必须预测销售数字。有两种估计财务报表的方法：比较法和累积法。零售商应该采用这两种方法并比较其结果以得出最终的预测。比较法使用来自类似公司的财务数据或来自该行业的比率，然后将其与商业计划书中的预计数据进行比较。累积法则通过确定平均一天可能的收支情况来衡量销售情况并预计收入和费用，例如平均一天销售的产品、产品类型、购买者和购买人数，以及每个人花费的金额。通过建立平均一天的销售量数据，零售商可以将这些数据推断到月、年等。这些数据还可以根据季节差异进行调整，这对于任何零售业务都很重要。在调整由两种不同方法产生的任何估计差异后，下一步就是构建财务报表并将其整合进商业计划书中。

商业计划书需要不断改进和更新，因为新信息（如促使零售概念发生改变的环境中的机会和威胁）的可获得性。商业计划书还应在业务增长的所有阶段被参考和使用。在一项业务的起步阶段，评估企业所处状况、所从事的事情以及如何持续地做下去始终都非常重要。

A.6 使用入门

现在商业计划书已经完成了，还有一些杂费和问题仍需要考虑。囿于某个较强的零售概念，该业务必须处理某些程序性的过程。其中最重要的一项是建立其法律结构。公司是独资企业、合伙企业还是注册公司？这些结构都会造成特别的成本，其中最便宜的是独资企业。但是，独资企业是投资人以其个人财产对企业债务承担无限责任的经营实体。如果企业家选择向投资者出售公司的股份，则他将需要适当的结构，而这通常需要律师的帮助，律师可以帮助草拟保护个人资产免遭风险并且使缴税最有利的、适当的商业结构文件。另一个必要的监管步骤是提交雇主身份证号码或联邦税务识别号码，这些是经营企业的法律要求。

假设公司找到了启动该零售概念所需的融资，此时企业家盯着的仿佛是一个悬崖边的机会。商业计划书之前的所有准备工作在此刻都可以被很好地加以利用。而这一刻的情绪也是复杂的。零售商付出很长时间和努力去准备的计划书将很快被试出成色。理论将付诸实践，而零售业主将根据市场的真实反应确定其价值。此时是否会实现零售业主渴望的个人和财务成功？唯一的检验方法是启动"离开悬崖边缘"的第一步。

A.7 附加信息

Bond, Ronald L. *Retail in Detail: How to Start and Manage a Small Retail Business.* Irvine, CA: Entrepreneur Press, 2005.

Davis, Charlene. *Start Your Own Clothing Store and More.* Irvine, CA: Entrepreneur Press, 2007.

Dion, Jim, and Ted Topping. *Start & Run a Retail Business*, 2nd ed. Bellingham, WA: Self-Counsel Press, 2007.

Mikaelsen, Debbra, and Pamela Skillings. *FabJob Guide to Become a Boutique Owner.* Calgary, Alberta, Canada: FabJob Guides, 2007.

Schroeder, Carol L. *Specialty Shop Retailing: Everything You Need to Know to Run Your Own Store*, 3rd ed. Indianapolis, IN: Wiley, 2007.

Kingaard, Jan. *Start Your Own Successful Retail Business.* Irvine, CA: Entrepreneur Press, 2003.

PART 5

第五篇

案　　例

案例		章名																	
		1	2	3	4	5	6	7	8	9	10	11	12	13	14	15	16	17	18
案例 1	拖拉机供应公司：瞄准兼职的牧场主	ⓟ	ⓟ			ⓟ		Ⓢ											Ⓢ
案例 2	熊宝宝工作坊：在这里结交最好的朋友	ⓟ	ⓟ			Ⓢ													
案例 3	蓝色番茄：一个多渠道零售商的国际化				ⓟ														
案例 4	史泰博股份有限公司				ⓟ														ⓟ
案例 5	购买自行车的决策过程					ⓟ													
案例 6	巴黎法式糕点——"Maison Ladurée"走向全球		Ⓢ	Ⓢ		ⓟ		Ⓢ											
案例 7	零售业在印度：大卖场的影响	ⓟ	Ⓢ			Ⓢ	ⓟ												
案例 8	从矿山到市场的钻石						Ⓢ	ⓟ			ⓟ			ⓟ					
案例 9	星巴克进军中国						ⓟ												
案例 10	沃尔玛：供应链管理的先驱者										ⓟ								
案例 11	蒂芙尼公司和TJX：比较财务业绩							ⓟ											
案例 12	为一家精品店选址								ⓟ										
案例 13	哈奇：新店选址									ⓟ									
案例 14	雅芳拥抱多元化					ⓟ		ⓟ		ⓟ									
案例 15	丝芙兰的忠诚度计划：法国和美国的对比											ⓟ							
案例 16	吸引Y一代参与零售职业									ⓟ							Ⓢ		

(续)

案例		1	2	3	4	5	6	7	8	9	10	11	12	13	14	15	16	17	18
案例 17	Active Endeavors：分析顾客数据											P							
案例 18	新管理层下的梅尔百货商店												P						
案例 19	为休斯制订一个分类计划												P						
案例 20	准备一项商品预算计划												P						
案例 21	克罗格和弗雷德·梅尔：在全球市场上采购产品													P					
案例 22	塔吉特及其新一代的合作伙伴关系													P					
案例 23	美国家具仓储城进行全球采购													P					
案例 24	顾客对彭尼百货的减价促销上瘾吗														P				
案例 25	怡人清香，价值几多														S	P			
案例 26	一次促销活动														S	P			
案例 27	利用谷歌 AdWords 瞄准目标市场					S										P			
案例 28	Enterprise 汽车租赁公司以人为本					S											P		S
案例 29	如何让"宝石"绽放光彩																P		
案例 30	迪斯马特的一次商品脱销																S	P	
案例 31	诺德斯特龙的顾客服务和关系管理						P			P								P	
案例 32	Zipcar：只给你想要的那么多的驾驶服务																	P	
案例 33	建立苹果专卖店																	P	S
案例 34	伦敦哈罗德百货商店：来自数字显示屏网络的广告收入						P										S	P	
案例 35	扬基蜡烛：新产品开发														S		S		
案例 36	宠物大卖场：宠物们的大家庭						S			S									
案例 37	林迪新娘用品商店						S	S						S			S		
案例 38	管理培训生职位面试	P								S							S		

注：Ⓟ为主要使用案例；Ⓢ为辅助使用案例。

案例1

拖拉机供应公司：瞄准兼职的牧场主

拖拉机供应公司（Tractor Supply Company，TSC）是一家正在迅速发展的大型零售商，年销售额超过4亿美元，在44个州内有超过100家连锁店，是DIY潮流的开创者。它的成立要追溯到1938年老查尔斯E.施密特（Charles E. Schmidt Sr.）开设拖拉机配件邮购业务的时候。在北达科他州迈诺特的第一家零售店获得成功后，他又多开了几家零售店以满足当地农户的需求。但是最终TSC的销售停滞不前，因为当地的小型农牧场都被大型农牧公司收购了。这些大型农牧公司直接从制造商处购买物资和设备，而不是从像TSC这样的地方农资商店购买。

目标市场

从20世纪末开始，TSC开始瞄准那些日益增多的对休闲农业及牧业感兴趣的人群。他们被称为"无业游民""都市转变者""农场爱好者""乡间都市人""小资都市人""乡绅"和"前都市人"，为了逃避城市的喧嚣而回归农耕生活。他们认为这种生活方式更加随性、简单并且没有压力，因此被深深吸引。他们通常生活在都市外某个面积在5～20英亩的乡村社区，在那里全职工作，并且用自己的积蓄维持农场的经营。他们中的大多数都是传统耕作农民的后代，从父辈那里继承了农场并决定好好经营。时至如今，只有不到10%的TSC顾客将自己定义为全职农民或牧场主，而大部分顾客则根本不耕作。

零售供应物

最具代表性的TSC店有15 000～24 000平方英尺的内部销售空间及大量用于展示农用栅栏、牲畜设备和马厩的外部空间。公司试图把商店的位置选在乡村社区重要的零售走廊上，与主城区之间相隔两三个县。其一半商店都在旧的建筑物中。

商店通常储备了约15 000个SKU，混合了全国性品牌和自有商标品牌。TSC在其店内不断测试新商品项目。例如，基于对扩展的服装及帽类产品的成功测试，TSC将这些商店的面积扩大到原来的两倍，并且增加了更多具有生活气息的服装及男女工作服。

TSC的商店设计旨在为顾客提供愉悦的购物体验，与此同时实现销售额与运营效率的最大化。其店面环境能够为各类部门及视觉展示提供充足的空间。店内的指示性标识以"好、更好、最好"字样注明了产品质量等级，从而帮助顾客做出购买决定。标识还指明商店的"天天特价"政策，并且提供了有关产品利益的有用信息以及合适配件的建议。

TSC很重视顾客服务，试图雇用有务农或者农场经验的员工。公司的培训项目包括：① 一个完整的涵盖其业务各个方面的管理培训计划；② 学习、掌握和主要供货商一起生产的产品知识模块；③ 常用管理技巧培训班；④ 各个商店管理者每半年一次的产品介绍交流会；⑤ 与赞助商合作的训练项目；⑥ 随着销售总部而更新的产品信息。公司这种全面的培训机制加上强调授权的管理理念使得员工可以帮助顾客在购物时提供建议，也可以及时解决顾客方面出现的问题。店里工作人员都身穿红色马甲、围裙或者罩衫，而且每个人都戴有自己的铭牌。TSC 还建立了全面的员工激励制度，员工可以根据所在团队的表现、商店业绩等获得奖金。

虽然 TSC 为顾客提供了作为一个"地道农民"的购物体验，但是它在运作和科技运用上一点没有受到"小城镇"或者"舒适、随性"的约束而表现出落后狭隘。其信息管理和控制系统包括销售点系统、供应链管理和补充系统、配送中心的射频拣选系统、供货商采购订单控制系统以及商品展示系统。这些系统一起工作，使得工作人员可以对商品从最初的订单到最终的销售实行跟踪。

TSC 有一个集中式的供应链管理团队，专门负责商品的及时补充和存货，还有一个负责产品的挑选和分类，以及测试新产品与评估新项目的采购团队。几乎所有的采购订单和供货商发票都通过电子数据交换（EDI）系统传输。

使命和价值观

尽管 TSC 的销售战略在过去 70 年中发生了改变，但是它一直坚持着自己的使命和价值观。它的使命和价值观在它的网站、发给员工的卡片以及每家商店的墙壁上都有所体现。正像公司管理层所说的，通常员工在应聘的时候都会在意公司的企业文化，包括使命和价值观，因为他们坚持认为一家公司只有首先成为一个工作舒适的地方才会成为一个值得消费和投资的地方。

资料来源：Tractor Supply Co., Annual Report 2011; www.tractorsupply.com.

讨论题：
1. TSC 的成长战略是什么？它所提供的是一种什么样的混合型零售？
2. TSC 目标消费者的改变是因为什么而变，具体是怎样改变的？
3. TSC 的混合型零售是怎样通过目标消费者产生销售利润的？
4. TSC 的竞争劣势是什么？为什么？
5. 为什么 TSC 如此重视员工的培训？

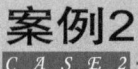

熊宝宝工作坊：在这里结交最好的朋友

现代消费者都希望商品物美价廉和方便购买，但是他们也喜欢极佳的购物体验。熊宝宝工作坊通常位于购物中心中，在全球有超过 425 家门店。每年产生超过 3.9 亿美元的销售额，为消费者提供机会制作自己的毛绒动物玩具，同时还出售服装和配饰。

1997 年，玛克辛·克拉克提出开设熊宝宝工作坊的想法，在圣路易斯开了一家店面。她在零售业有足够的经验，曾任职于 Payless ShoeSource 鞋业公司和五月百货商店。克拉克带着把乐趣融入零售业的使命离开了美国公司。目前，该工作坊已售出超过 7 000 万个毛茸茸的"朋友"。

小熊的制作过程包括八个步骤：选择我、倾听我、许心愿、缝补我、洗澎澎、打扮我、给我取名字和带我回家。这些商店一如其名，顾客或者说是制作者选择一个未经加工的动物模型，与商店里的员工一道通过八站式的"创作过程"做出他们自己的玩具熊（或其他动物）。第一站是"填填乐"，小朋友可以从标有"爱心""拥抱和亲吻""友谊""善良"的大桶中选择毛绒填料。这些填料通过一条长而中空的管道被送入填料制作机。销售助理把小熊固定在一个很小的管道上，同时制作者开始踩脚踏板，用不了几分钟，小熊的形状便出来了。在缝合之前，制作者必须给小熊放一个心脏。制作者在销售助理的指导下，用两手轻轻摩擦这颗心脏，使它变得温暖。然后他们闭上眼睛许一个愿望，再放入小熊身体之前，轻轻亲吻这颗心脏。在选好名字并将它缝合在小熊身上以后，制作者就可以带着小熊进入"洗澎澎"站了，在这里他们的小熊将会在一个"浴缸"里被洗刷，从而变得毛茸茸的。这个"浴缸"是一个由很多能喷出气流的龙头所组成的。最后，他们进入计算机站为小熊制作一个出生证明。

玩具熊被放在专门设计的盒子里带到顾客家中。这种盒子类似于一座有门有窗的迷你房子。除了作为玩具房，这种盒子还向朋友宣传熊宝宝这一品牌。"玩具熊在哪里都能买得到，"作为公司创立者和首席执行"熊"的玛克辛·克拉克说，"但这就是消费者所寻找的一种购物体验。"该工作坊的网站 buildabear.com 也同样突出这个主题。"建造小熊城镇"（buildabearville.com）是其在线虚拟世界，用户可以在这里一起玩或者做游戏。他们在这家商店买的小熊有一个独特的代码，允许"建造小熊城镇"用户在玩游戏时换购礼品。

顾客花大约 25 美元买一只小熊玩具模坯，也可以为他们的小熊进一步添加购买的声音、服装以及其他附件。为了让顾客保持新奇的购物体验，该工作坊经常推出各种新的动物玩具，并限量发售。玩具的服装以及其他附件也经常更新以紧跟最新潮流，并且常常在店内举办各种生日派对以及出版官方 CD。为了确保顾客每次到访都有很棒的体验，所有的销售助理必须在"小熊大学"里参加一个为期三周的培训项目，而且工作坊也经常提供激励型的项目以及各种奖金。商店的存货会经常随着每周到货的小熊风格不同而改变。熊宝宝工作坊也经常推出一些限量版和应季产品。例如，它在父亲节时推出"格力熊之王"，在情人节时推出"甜心熊"。

2013 年，为了应对孩子的兴趣变化，熊宝宝工作坊宣布全面升级其零售商店。克拉克注意到数字技术的发展改变了孩子玩耍的方式："（1997 年）孩子玩棋盘游戏。现在他们在网上玩游戏。孩子正在被下一个新鲜事物'轰炸'。但他们总是喜欢泰迪熊，并且不会改变。"

⊖ Sandy Smith, "Integration Specialists," *Stores*, January 2013.

因为这些商店是产品（泰迪熊）和制作泰迪熊经验的混合体，所以新的设计包含了好几个数码升级。为了帮助确定做出的改变是否合适，该公司招募了几个孩子（称为"幼童顾问"）和他们的妈妈，以便获得他们希望看到的商店改变方面的建议。

根据这一研究和建议，商店正在进行大规模的重新设计。从店面开始，将商店标识与微软 Kinect 技术结合，使孩子能够在进店以前先玩一下这一标识。数字标识的使用允许商店突出销售、新产品以及一些节日主题。改造后的"爱我"站允许孩子在交互式桌面使用表情给他们的毛绒动物赋予个性，这是面部表情（如一个快乐的脸）的一种图像化展示。在"倾听我"站有一个触摸屏，允许消费者选择和加载预先录制的音乐、动物的声音或录制自己的声音。"许心愿"站提供添加自定义气味选项，如口香糖、棉花糖和巧克力棒。最后，孩子可以在"洗澎澎"站的数字浴缸清洗小熊。商店还努力推出了一项应急计划，在其中设计了"低科技"选项，如果电脑出现问题就可以使其在数字站之上运营。

资料来源：www.buildabear.com; www.buildabearville.com; Sandy Smith, "Integration Specialists," *Stores*, January 2013; Tom Ryan, "Build-A-Bear Workshop Goes High-Tech," *Retail Wire*, October 8, 2012. This case was written by Barton Weitz, University of Florida; and Scott Motyka, Babson College.

讨论题：
1. 熊宝宝工作坊的理念是一时流行，还是会持续存在？
2. 描述这家零售商的目标消费者。
3. 熊宝宝工作坊能做些什么来使消费者重复光顾该店？

案例3
CASE 3

蓝色番茄：一个多渠道零售商的国际化

蓝色番茄的历史

蓝色番茄是在前欧洲滑雪冠军格弗里德·舒勒（Gerfried Schuller）的倡议下于1988年创立的。格弗里德·舒勒在那年开了一所滑雪学校，其后于1994年在奥地利滑雪胜地施拉德明开设了一家卖滑雪板的小商店。自那时以来，蓝色番茄已经在奥地利和德国开设了八家实体店。其中三家商店位于滑雪区，另外五家则在更多的城市区位开展经营。为了扩大业务活动范围，蓝色番茄扩大了其销售商品的种类，提供的产品不再只针对滑雪者，还包括冲浪者、滑冰者以及自由滑雪者。

蓝色番茄多渠道零售商的演变之路

一家如蓝色番茄一样的小公司的实体店数量是相对有限的,这意味着它与潜在消费者的联系也很有限。因此,1997年,它将业务扩大到在线领域,这使得奥地利的消费者每周7天、每天24小时都可以下订单。1999年,它的第一家大规模的网上商店上线;2008年,它重新推出其网站(www.blue-tomato.com)来促进产品的订购过程,并且推出了一种产品搜索器来帮助用户找到合适的滑雪板、靴子绑定夹、滑雪齿轮,以及街头设备(见图C3-1)。利用提前预设的特性(例如,首选品牌、尺寸、价格),这种复杂的产品搜索器可以帮助消费者确定他们理想产品的选择方案。对该公司而言,网站的重新推出取得了巨大的成功并在第一年实现了35%的销售额增长。总之,蓝色番茄的网上商店使其在不需要投资于寻找、开设新商店或对其进行存货的情况下就能够吸引新的消费者。此外,它还能够比任何一家单一实体店提供更多的产品。

2002年,蓝色番茄通过出版新的印刷版滑雪板目录进一步拓展了其多渠道战略(第一年印刷了130 000份),针对的人群是那些避开上网、购物便利导向的消费者。现在这个目录已经增加到500 000份;此外,该公司不仅仅提供滑雪板目录,还提供自由滑雪目录(2013年印刷了170 000份)、滑冰和街头风格目录(2013年印刷了80 000份)以及冲浪/夏季目录(2013年 夏季印刷了350 000份)。为了分发这些目录,蓝色番茄采用了各种各样的方式,包括向挑选出来的消费者直接邮寄,在各种事件发生的场所分发并且在滑雪板、自由滑雪以及冲浪杂志上投放宣传单张。感兴趣的消费者也可以在公司网站上索要目录,从它的网站上下载,或在线浏览网页。

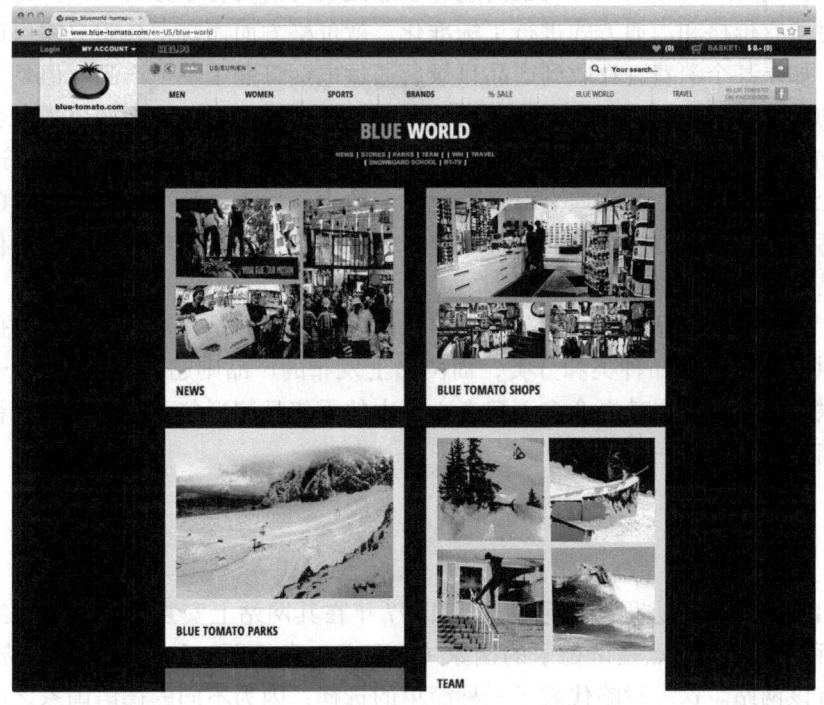

图C3-1 蓝色番茄的产品搜索器

虽然公司的许多销售来自其网上订单，但为了保持其整体的企业理念，蓝色番茄仍然依赖其实体商店与（潜在）消费者保持密切、直接的联系。为了确保与消费者的直接联系并且不断吸引新消费者，蓝色番茄还在滑雪胜地开了两个测试中心，让（潜在）消费者尝试新的滑雪板、靴子和绑定设备。公司在当地滑雪地区开办了四所滑雪学校，并且在特殊的节日做活动，如在"小孩日"期间，孩子可以参加免费的滑雪课程。

不同分销渠道的协同作用

除了它的个体优势，蓝色番茄还依赖它在不同分销渠道上的协同作用。自2011年以来，蓝色番茄在实体商店中安装了媒体盒或货物亭以让消费者在特定的商店寻找个性化的信息。消费者还可以登录到Facebook（或其他社交媒体）的网页，与他们的朋友进行联系，并向他们询问最新的滑雪设备或街头设备有多适合他们。此外，消费者可以搜索印刷或在线产品的目录，并在网上订购，或反之亦然。根据蓝色番茄的说法，印刷品目录有助于并且扩展了其在线业务；在网上查看目录可能会进一步提高其在线销售的机会。对于未来，该公司计划增加实体店的提货和退货服务，以使消费者能够在网上订购某个产品，然后从他们的当地商店提货。

协调不同分销渠道的挑战

对蓝色番茄来说，经营多个分销渠道的主要挑战是在所有的接触点为消费者提供一个一致的形象。例如，它在其整个网上商店寻求加强其对消费者服务的承诺。为了迎接这一挑战，其对所有价格和沟通方式进行了标准化。就价格方面而言，公司只需保证提供最优惠的价格。如果某个消费者在收到产品目录后通过电话订购了一个产品，但是发现该产品在网站上的出售价格更低，因为产品目录公布后价格就下降了，那么蓝色番茄会以较低的那个价格向该消费者出售这个产品。它的退货政策——消费者可以在21天内退货，这在每个渠道上都是一致的。在沟通方面，蓝色番茄致力于滑雪、滑冰和自由滑雪的努力可以通过实体店的员工以及公司主办的各种事件来体现。除了这个以内容为导向的传播，该公司的沟通是一种正式的整合传播方式。

然而，蓝色番茄产品在不同的分销渠道之间的重叠性却是相对最小的。实体商店和目录渠道提供了有限的商品种类和分类，而网站上发布的产品则超过450 000个，约有400个品牌可供购买。就加强其在众多消费者心目中的零售品牌形象而言，这种糟糕的重叠性对蓝色番茄来说可能是一个挑战。

国际化

为了启动其国际化进程，蓝色番茄于1997年在其网站上安装了国际采购工具。这些早期的国际化努力的重点是讲德语的国家（也即瑞士和德国）和讲德语的消费者。因此，只在德国有该网站。这一战略代表了一种简单的选择，因为不同的德语国家之间的语言障碍是可以忽略的，蓝色番茄也不会面临在出口或海关法规方面的诸多壁垒。奥地利和瑞士都实现了稳定的汇率制，而奥地利和德国早已依赖共同的货币（欧元）。

但这一国际化进程也不断得到扩大，特别是在目录渠道中。消费者可以获得不同语言的产品目录（例如，滑雪板目录以五种语言发行，而冲浪/夏季目录则提供了四种语言）。在2008年重启的公司网站上能看到国际化进程中的"火花"，因为该网上商店不再仅服务于德语消费者；今天，这个网站已经被翻译成了14种语言。因此，来自世界各个国家的消费者都可以订购蓝色番茄。其最重要的海外市场依然是地理毗邻的国家或地区，包括德国、瑞士、斯堪的纳维亚、比利时、荷兰、卢森堡经济联盟国家、大不列颠岛和西班牙，但也收到了来自其他国家或地区目的地的订单，如夏威夷、中国香港地区和阿根廷。此外，蓝色番茄还赢得了在其网站上提供世界上最多选择滑雪板的声誉。因此，其70%的网上订单来自国外市场。2011年，其产品已交付至65个国家。

到2012年年底，蓝色番茄的国际化仍然只集中在其网上商店和印刷目录渠道上。在这些渠道中，它依赖直接出口。此外，无论使用何种渠道支持其国际化，蓝色番茄对其收费价格和沟通方式一直保持标准化战略。也就是说，在所有国家对所有的消费者的价格都是一样的，没有任何国际化价格差异。目录的格式也一直保持标准化，虽然每个目录中包含的特定产品因反映某些品牌在某些国际市场上的不同吸引力而略有不同。

这些最终的结果并不是说国际化的过程是容易的。蓝色番茄曾面临不少挑战，这些挑战主要来自欧洲市场的复杂性。欧洲大多数国家都是欧盟成员，但每个成员都有不同的法律条件和税率，而且它们在文化上的差异性仍然不容小觑。各国之间的物流成本和经济实力也不尽相同，对（潜在）消费者的收入水平也有显著的影响。在此背景下，蓝色番茄决定在德国进行一些对外直接投资；截至2012年年底，公司已在其周边国家开设了三家实体店。

与此同时，蓝色番茄还位居欧洲多渠道滑板类运动和相关服装零售商的前列。如果它决定通过以在其他国家开设商店的方式进一步扩大国际化，显然需要投入额外的财务和人力资源。不管它可能会选择以何种战略进入国外市场，要接触具有更广泛的不同法律、税收和物流特点的更多市场，都可能使公司更难以继续推行其标准化战略。

2012年，蓝色番茄被Zumiez公司收购。Zumiez公司是北美领先的与行动体育相关的服装、鞋类、设备及配件的专业零售商。Zumiez公司在美国和加拿大已经拥有超过450家商店，还有一家网上商店。尽管已经被收购，蓝色番茄计划继续将其总部设在奥地利，虽然它寻求达到其最新的目标：成为世界行动体育零售业的领导者。

资料来源：This case was written by Professor Thomas Foscht and Assistant Professor Marion Brandstaetter, both of Karl-Franzens-University, Graz, Austria.

讨论题：

1. 从公司的角度来看，不同的分销渠道各有什么优势？
2. 哪一种协同作用使得蓝色番茄创造了不同的渠道？什么额外的行动可能会使其成为一个全渠道零售商？
3. 在蓝色番茄努力协调这些不同的渠道中有什么关键的挑战？
4. 当它扩大其在国际上的商业活动时，哪一项挑战是蓝色番茄要面对的？

案例4

史泰博股份有限公司

史泰博公司主要经营办公用品，这是一个竞争激烈的市场。办公用品品类专家（包括史泰博公司、欧迪办公以及Office Max三大巨头在内）极大地改变了办公用品行业的前景。首先，它们大大拓展了零售商店和互联网渠道作为分销办公用品的手段，将部分投资用于数量显著增加的家用办公用品上。在20世纪80年代中期之前，办公用品的消费者主要是通过那些委派的销售人员或产品目录下订单。

仓储俱乐部、超市和全线折扣零售商也开始从这三大办公用品供货商那里获得市场份额，因为其有能力以较低的价格出售必需品。像沃尔玛和好市多那样的零售商以低价格提供办公用品，这使得主要的办公用品零售商不仅仅提供产品，还要提供附加服务和更好的顾客服务。这三大办公用品商店也在努力扩大它们的企业对企业（B2B）业务，并试图将产品出售给如美国富国银行（Wells Fargo）或IBM这样的其他公司。例如，StaplesAdvantage就向其B2B消费者提供一系列的产品和服务。

公司背景

史泰博公司由高管出身的企业家汤姆·施滕贝格（Tom Stemberg）于1986年创立，目前销售额已经超过250亿美元。史泰博公司还因其开拓性的大批量办公用品超级商店的概念而备受赞誉。通过不断向前推动公司成立之初的使命——不遗余力地削减成本和消除管理办公室过程中的各种麻烦，使购买办公用品变得更加方便，史泰博已经成为世界上最大的办公用品公司。

为了在这个竞争激烈的行业中脱颖而出，史泰博公司主要致力于在其所有的细分市场上为消费者提供一个独特的购物体验。保持消费者满意度的核心是在公司聘请的所有员工中普及消费者关系技巧以及对于办公室产品的广泛知识。因此，史泰博公司把正式的培训纳入进来，作为员工发展的一个整体组成部分。

消费者服务的另一个真正的重要方面是商品的可获得性。在办公用品行业，消费者有非常具体的需求，如寻找一种特定的打印机墨盒，而如果该店不能满足这一需求，那么这个消费者就可能永远不会再来了。

史泰博公司使用不同的营销渠道来满足不同的细分市场的需求。小型企业业务通常是由零售商店、目录和互联网的某个组合提供服务。而零售业务则专注于服务消费者和小企业的需求，特别是通过提供店内信息亭，使消费者能够订购某种店内暂时可能没有但可以隔夜交货的产品。店内信息亭使得消费者可以选择将产品送到他们的家、工作的地方或当地商店。如果消费者不想在店中购物，他们还可以访问史泰博公司的网站Staples.com来订购所需产品，并且其可以选择的品种有很多。史泰博公司的一家典型的零售店大约有

8 000个存货单位，但其网站 Staples.com 则提供超过 45 000 个存货单位。这种多渠道的方式使得史泰博公司通过在商店只储存那些更流行的货品，但同时又不至于牺牲产品的可获得性的情况下提高其生产力。

多渠道整合

史泰博公司的总体目标是将其现有的经验、广泛的分销基础设施以及顾客服务的专业知识和基于 Web 的信息技术整合起来，使其成为领先的办公用品及服务提供商。因此，将不同的分销渠道整合成一种无缝的消费者体验一直是公司特别感兴趣的。和许多其他多渠道零售商一样，史泰博公司发现许多消费者都在使用多个渠道购买史泰博产品，而当消费者使用一个以上的渠道购物时，销量也会相应增加（例如，消费者在两个渠道购买时的花费是单一渠道购买的两倍，而在三个渠道购买时的花费则是单一渠道购买的三倍）。因此，一个特定的消费者用来购物的渠道数量越多，其支出就越大。

但是，史泰博公司在整合其分销渠道中也面临几个方面的挑战，其中大部分涉及互联网渠道。首先，它必须考虑互联网渠道可能会在何种程度上蚕食实体零售店的销售。互联网最吸引人的地方就是其吸引新的消费者和向现有消费者销售更多的潜力。但是，如果整体销售是扁平的，也即网上零售仅仅只是将零售店的销售转化为互联网的销售，史泰博就会遭受间接成本增加和更差的整体生产力之苦。其次，与替代渠道相比，史泰博公司必须关注其零售商店的商品定位。由于零售店提供的商品没有互联网渠道提供的那么多，因此在缺货最小化和避免在零售店中出现过多的存货单位之间保持适当的平衡就成为面临的一项挑战。最后，史泰博公司必须参与价格竞争，无论是在自己的多渠道组织中还是和竞争对手之间。

史泰博公司的附加服务

这样的竞争意味着史泰博必须继续通过增加办公用品的额外价值来将自己与其他办公用品零售商区隔开来，而这本身就代表了产品的商品化。例如，其大型商店内的复制和打印中心使消费者能够在订购打印产品时得到店内打印专家的帮助。为了进一步促进这条业务线的发展，史泰博复制和打印中心还开设了独立的复制与打印中心，这些中心面积大约为 2 000 平方英尺。相比之下，其典型的大型商店面积大约在 30 000 平方英尺。由于这些商店的规模小，这使得它们能够开设在没有足够空间开大型店的大都会地区。消费者可以通过史泰博网站订购复印服务，然后去商店取回复印材料或进行交付。该复制和打印中心实体店也出售基本的办公用品，消费者可能会在取复印材料的时候进行购买。

资料来源：This case was written by Jeanne L. Munger, University of Southern Maine; Britt Hackmann, Nubry.com; and Dhruv Grewal and Michael Levy, Babson College.

讨论题：

1. 评估史泰博在多大程度上制定了一个成功的多渠道战略。哪些因素促成了它的成功？

2. 使用商品信息亭作为发展策略的一部分，其优点和缺点是什么？
3. 史泰博应该如何评估在其商店和互联网上应该分别提供哪些存货单位？
4. 史泰博的复制和打印中心如何区别于竞争对手？

案例5

购买自行车的决策过程

桑切斯一家住在加利福尼亚州的科罗纳市，该市位于洛杉矶的西边。荷西是加州大学里弗赛德分校的物理学教授，他的妻子安娜是一名志愿者，每周为危机中心（Crisis Center）提供10个小时的义务工作。他们有两个孩子：10岁的娜迪亚和8岁的米格尔。

2月的时候，安娜的父母给她汇了100美元让她给娜迪亚买一辆自行车作为生日礼物。他们在娜迪亚5岁的时候给她买了第一辆自行车，现在她要过11岁生日了，他们想给她买一辆标准尺寸的自行车。尽管安娜的父母觉得每个孩子都应该有一辆自行车，但安娜倒不觉得娜迪亚真的想要。娜迪亚和身边大部分小朋友一样都不怎么骑自行车。由于交通的缘故，她很害怕骑车上学，因此安娜决定只给她买她能找到的最便宜的标准尺寸的自行车。

由于娜迪亚的大多数伙伴都没有标准尺寸的自行车，所以她对自行车也知之甚少，对品牌或者种类也没什么特别的偏好。为了了解更多可选的自行车种类和价格，安娜与娜迪亚查阅了Performance Bicycled公司（一家大型邮购自行车设备零售商）的目录。目录是安娜的一个朋友给的，这位朋友是一个狂热的自行车爱好者。看完目录后，娜迪亚说她唯一在意的就是颜色，她想要一辆蓝色的自行车，因为蓝色是她最喜欢的颜色。

通过使用互联网，安娜找到并给当地几家出售自行车的零售门店拨打电话。出乎她意料的是，当地的凯马特就有一种26英寸的自行车，而且价格是最低的，比玩具反斗城和沃尔玛的价格还要低。

安娜驱车到凯马特，直接来到运动品部门，不等销售人员过来，她就选中了一辆蓝色的自行车。她推着自行车去收银处完成付款。而购买这辆自行车以后，桑切斯一家发现无论从哪方面看，这辆自行车都是彻头彻尾的低档货。车轮上的镀铬层出奇得薄，才用了半年就锈蚀了。自行车的两条轮胎都裂了，还得更换。

一年之后，安娜的父母又汇了200美元要给米格尔买一辆自行车。吸取了上次给娜迪亚买自行车的教训，桑切斯一家意识到即使最便宜的自行车，从长远来看也不见得是最划算的买卖。米格尔个性非常活跃，还有点粗心大意，因此桑切斯一家想给他买一辆结实耐用的自行车。米格尔自己说他想要一辆红色21速全悬挂铝合金外框的山地自行车，还要有越野轮胎。

安娜和荷西担心米格尔不会真想拥有这么一辆昂贵的全悬挂自行车。因此，当他们看到塔吉特出售自行车的广告后，他们就带着米格尔来到商店。在露天的自行车展场，一个销售人员向他们走来，并把他们领进店内的体育用品部门，他们看到那里停了一排排红色、单速 BMX 自行车，不带悬挂，装饰也极少。安娜和荷西都觉得这正是适合马克的理想型自行车。

又有一个销售人员向他们走来，并尽力游说他们买更贵的自行车，荷西不喜欢销售人员强行推销东西，于是没等说完就打断了她的话。荷西说他想自己看看这些自行车。而听了一点建议之后，米格尔决定就从这些自行车里挑一辆。为了满足米格尔对更多配件的要求，父母另给这辆自行车配了台多功能的运动电脑。给米格尔买了自行车以后，荷西也想给自己买一辆用于周末骑行。荷西从 5 岁起就一直骑自行车，在结婚之前还在研究生院的时候，他就有一辆 10 速的自行车，而且经常和朋友一起骑行 50 英里。但自从 15 年前搬到滨河分校后，他就再没拥有过自行车了。

荷西对现在自行车有哪些类型不太了解，于是他在报刊亭上买了一期《自行车》杂志，看看现在有什么型号。他还去图书馆查阅了消费者报告上关于普通自行车、山地车和混合型自行车的评论报告。收集了这些信息后，他下决心要买一辆 Cannondale 自行车，这种车拥有全部他想要的特点：轻便的框架、耐用的结构以及舒适的运动型车座。荷西给多家折扣店和自行车店打电话，发现都没有卖 Cannondale 这个牌子的。他想从互联网上买，但又担心不能试骑。然后他觉得自己其实并非真想要一辆自行车，毕竟自己已经 15 年没骑过了。

吃完午饭的一天，他步行回办公室时，看到一家很小的自行车商店。这家店很破旧，自行车零件放的满地都是。店主是一个年轻的小伙子，穿了条布满油渍的短裤，正在修理自行车。荷西过去瞧了瞧，店主就迎上来了，问他是否想骑车。荷西说他曾经骑过，但自从搬到滨河以后就没有骑过了，店主说这很可惜，因为滨河附近有很多好地方值得（骑车）浏览一下。

他们继续聊下去，荷西提到自己对 Cannondale 自行车有兴趣，但在滨河没找到一家店售卖，这让他感到很失望。店主说可以帮荷西预订一辆，但目前没有存货，需要等 6～8 周时间才能送过来。他向荷西建议购买 Trek 牌的自行车，并给他展示了一辆这个牌子的自行车。荷西心想 500 美元的价格也太高了，店主说服他下周过来试骑一下，他们可以一起骑车到郊区转转。后来店主的几个朋友与荷西一起骑车跑了 60 英里的路程，荷西特别享受这次旅游，这让他回想起上大学的日子。旅程结束后，荷西就买下了这辆自行车。

资料来源：This case was written by Dan Rice and Barton Weitz, University of Florida.

讨论题：

1. 描述桑切斯一家购买自行车的每一个决策过程。
2. 比较上述三辆自行车的不同购买过程。是什么刺激了每一个购买过程？在做商店选择决定和购买决定时，应考虑哪些因素？

案例6

巴黎法式糕点——"Maison Ladurée"走向全球

拉杜丽（Ladurée）是一家以其制作的马卡龙而闻名全球的法国著名的糕点公司，最近它进入了美国市场。这一举动为该公司带来了机遇，同时也带来了挑战。

这家公司是由路易斯·欧内斯特·拉杜丽（Louis Ernest Ladurée）于1862年创建的，那年他在巴黎的罗亚尔16街建立了一家面包店，这条街是法国最负盛名的奢侈品街道。路易斯·欧内斯特·拉杜丽的妻子有一个想将巴黎咖啡和糕点店结合起来的主意，由此催生了这座城市的第一家茶点沙龙店。20世纪初，路易斯·欧内斯特·拉杜丽的二堂弟皮埃尔·德方丹（Pierre Desfontaines）第一个想到在两个马卡龙的外壳（杏仁酥皮蛋糕）中加入奶油丝滑般的巧克力酱填充料，由此诞生了拉杜丽马卡龙。

这家茶点沙龙店充满了优雅的气氛并由深爱历史的戴维·霍尔德（David Holder）和其父亲弗朗西斯·霍尔德（Francis Holder）来打理，他们就是霍尔德集团的创始人。这个家庭每个周六都会在原来的拉杜丽店共进午餐。当他们发现这家公司正在被拉杜丽家族的后代出售时，在向售卖者保证他们会保留这些历史遗产之后随即买下了这家公司。戴维·霍尔德喜欢告诉别人是他用马卡龙唤醒了睡美人。的确，在1997年他们买下该公司的时候，总体而言马卡龙并不是很流行。

此后，霍尔德更是把拉杜丽当作大厦模式来经营，而不仅仅是当作一个糕点品牌，因为他想要保持一种排他性和豪华感。马卡龙是他最赚钱的糕点，占销售收入的40%和外卖销售额的70%。他们根据季节的变化推出了17种精致口味的糕点。除了其淡紫色和淡黄绿色盒子包装的核心马卡龙系列外，拉杜丽也出售自己的糕点、咖啡、巧克力、冰激凌蛋白杏仁饼干、糖果、芳香、沐浴和护肤产品以及香料。

拉杜丽成功地理解了满足追求时髦的全球顾客需求的挑战，并把自己定位为食品市场上的高级者。自1997年以来，拉杜丽就不断在扩大，一开始是在巴黎的几个地点，一天能卖掉55 000个马卡龙（巴黎有四家精品店，凡尔赛有一家精品店，在奥利和戴高乐机场有数个精品店和"Coach"店，以及在圣特罗佩有一家精品店），然后再向其他城市扩张。2005年，拉杜丽开始在伦敦开店经营。目前拉杜丽有39个店面，分布在14个国家。在世界各地的每一家精品店都有着鲜明的巴黎拉杜丽特色。商店呈现柔和的绿色并辅以传统的装饰品位、镜子以及暗黑色泽的木材，以期更好地展示出巧克力和桌面上的小货品，并对法国茶点沙龙这一传统传达尊重。所有拉杜丽店的马卡龙和巧克力都是在巴黎制造的，以保护其秘密配方。拉杜丽店的零售业态则有各种不同类型，从占地面积小、只有少数几个座位且不包括糕点和酒水的澳大利亚独立零售区位，到基本上是百货公司店中店式的大型茶点沙龙，如法国的春天百货和英国的哈罗德百货，或者位于购物中心内，如沙特首都利雅得文林街的Centria购物中心。

拉杜丽于 2012 年 7 月在悉尼开设了首家澳大利亚店，店内采用传统的法式装修风格。该公司在世界各地共有 8 个烘烤设施，但其澳大利亚的产品全是从瑞士一家生产工厂运送过去的冷冻食品。那时戴维·霍尔德还在中东、欧洲东部和非洲寻找合适的生产工厂的位置。公司之所以选择瑞士，是因为那里的社会环境好、原材料质量高以及新鲜的空气。戴维·霍尔德不怕人们提到马卡龙的来源地——瑞士。

拉杜丽于 2011 年 8 月通过在纽约的麦迪逊大道开店进入了美国市场。除了日本人，美国人是拉杜丽巴黎精品店最好的顾客。马卡龙都是从巴黎空运过去的。其他从法国运来的糕点都被储存在冰箱里。如果他们能够在美国取得成功，那么霍尔德家族将在纽约开一个糕点实验室。17 种口味的拉杜丽糕点都可以以每只 2.70 美元的售价获得，此外还有一种特别制作的并且只在大苹果精品店出售的肉桂葡萄干味马卡龙。2012 年秋天，拉杜丽扩展到布鲁姆街西百老汇的 Soho 区。新的区位拥有一家零售店和一家茶室，此外还有一家提供约 200 个座位、带私人餐厅和花园露台的全方位服务餐厅。新的区位由公司聘用的两名法国厨师打理，他们负责准备除了马卡龙和巧克力之外的一切。

继在纽约开店之后，拉杜丽计划把业务扩大到美国其他城市，如洛杉矶和旧金山。该零售商还计划于 2012 年在中国香港、巴西、韩国、摩洛哥和卡塔尔开设店面，并在戛纳 Megève 和 Courchevel 等著名的飞行目的地开展业务，无论是通过直接投资还是与当地企业合作的方式。霍尔德家族从未在别的国家进行过直接投资，因为有可能存在政治、经济或宗教的风险。他们在法国、美国、日本和英国经营商店，而在所有其他区位，各个精品店都由当地的特许加盟者经营。

资料来源：www.laduree.com/; Carla Bridge, "Ladurée," *Inside Retailing*, May 25, 2012; Axel Tardieu "Ladurée arrive à New York Par," September 7, 2011, http://frenchmorning.com/ny/2011/09/07/ouverture-de-lapremiere- boutique-laduree-a-new-york/; Anne-Laure Pham, "Ladurée ouvre boutique à New York," August 31, 2011, http://weekend.levif.be/ tendance/culinaire/actualite-culinaire/laduree-ouvre-boutique-a-newyork/ article-1195094843984.htm (accessed July 23, 2012); Catherine Dubouloz, "Nous avons d'importants projets de développement à l'international" and "À partir de l'automne 2011, les macarons de Ladurée seront produits en Gruyère," *Le Temps*, November 19, 2010; Mathilde Visseyrias, "Ladurée, l'autre pépite familiale," *Le Figaro*, December 17, 2010; Florence Fabricant "Macarons and Ice Cream, Direct from Paris to the Upper East Side," New York Times, August, 30, 2011; Hannah Leighton, "Maison Ladurée to Open Soho Location this Fall," June 27, 2012, http://ny.eater.com/archives/2012/06/ maison_ladure_opening_soho_location_by_fall.php; "Laduree: A Clean Affair with Macarons!" *Arab News*, June12, 2012.

This case was written by Sandrine Heitz-Spahn, Universite De Lorraine and Michael Levy, Babson College.

讨论题：
1. 拉杜丽在美国的目标市场和零售战略是什么？
2. 拉杜丽进驻美国市场的关键步骤有哪些？
3. 阐述为什么拉杜丽在一些国家拥有自己的商店，而在另外一些国家却进行特许经营。
4. 哪种零售业态和区位最适合拉杜丽在美国的营销战略？
5. 拉杜丽可以在线销售其产品吗？为什么？请解释。

案例7

零售业在印度：大卖场的影响

印度的历史充满了变革和更替，现代也无不如此。在经历了繁荣发展之后，印度已成为全球经济的重要一员。在过去的10年里，印度经济增长十分迅速，特别是在零售领域，已经改变了印度消费者的行为方式。尽管当前印度零售业的规模已经令人印象深刻，但其真正潜力可以说在未来才能完全发挥出来。2010年，印度的零售市场销售额大约为3 530亿美元，到2014年其总销售额将达到5 430亿美元，其中现代零售业（稍后将进行简单介绍）占到27%。

在2000年之前，印度消费者通常从当地的夫妻店购买需要的商品，他们称之为kiranas，主要销售食品和杂货。在kiranas购物非常简单和方便，因为这些小商店服务特定的社区并与消费者建立起了私人关系。

国际零售商正在逐渐涉足印度市场。他们进入这个国家有两个选择：要么在当地设立全资子公司（WOS），要么与某一现有的印度公司创立合资企业。直到最近，印度政府才允许外国公司开设单品牌商店，如宜家和苹果等，其中外国公司需要与一家印度公司组建合资企业，并且其持有的股权不能超过与之合作的印度公司的51%。2012年，印度有关国际零售商在该国运营方面的法律发生了巨大的变化。单品牌零售商现在允许保留100%的子公司的所有权（使其成为全资子公司）。印度对多品牌零售商也放宽了相关法律的限制，尽管没有对单品牌零售商放宽的多。具体来说，多品牌零售商现在可以在印度53个城市设立分店，服务对象超过100万人，条件是他们持有的所有权不超过与之合资的印度公司的51%，并且要将投资资本的至少50%用于建立供应链基础设施，其所售制成品中至少30%的原材料采购要来自当地的小中型企业。

沃尔玛、乐购和家乐福在印度纷纷开设超市，但这个过程并不轻松。由于之前的限制，家乐福等了10年才开设其第一家门店。大型商场的布局和种类繁多的商品使得顾客在商店里花的时间更多，这反过来产生了更多的销售量。从印度大卖场的潜力可以一窥该国变革中的零售景象及其消费者购买习惯的变化。大型超市的注入抢夺了当地店主的客源，对他们形成了威胁——本地商店的销售额在一年内减少了大约23%。

尽管这对大卖场和超市零售商是好消息，但法律的变化显示相关监管变得更严格了。虽然沃尔玛在2012年9月宣布在未来12～18个月将与合作伙伴Bharti沃尔玛开设数家零售商店，但印度监管机构随即对该合作进行了审查。2012年10月，监管机构宣布在已经进行的调查中发现沃尔玛有可能违反了外商投资法，同年11月底沃尔玛暂停了好几位员工的职务，其中包括印度籍首席财务官等，直到其得出自己的调查结论。显然，虽然印度是一个极佳的市场，但是这条道路崎岖不平。

目前，印度有超过300家大卖场和3 000家超市。印度的零售市场一直保持着20%的年增长率。每开一家新店都可能吸引来20～25家kiranas蔬果摊的顾客，影响100 000

多家供货商。大多数 kiranas 都无法与大卖场竞争，因为这些大型零售店在供应链内部创造了更多的效益。

由于该国缺乏足够的基础设施，印度当地的许多农副产品都被浪费了。即使是处于快速发展的过程中，印度仍然缺乏西方人理所当然认为的一些设施，如零售运营中的制冷环节。如果某大型零售商想在印度开设大卖场，他将不得不在供应链全程投入资金以确保产品新鲜并减少浪费。人们期待印度政府在未来几年花费 5 000 亿美元建立世界级的基础设施，这势必会刺激零售业的增长。

基础设施的缺乏造成了大卖场所面临的相关问题。与西方国家不同，印度的道路交通系统并不发达，这导致零售商不能在城郊大面积的土地上设立店址，因为没几个消费者能到达那里。因此，大卖场必须在市区寻找更多的零售空间，而市区可用的场地本来就没多少。收购现有店铺作为场地意味着取代当地的街角小店及居住空间，这可能会激起印度消费者的抗议和印度传统商店 kiranas 店主的不满。然而，印度的大型零售店会对经济产生巨大的影响，在未来 10 年里可能会创造数以百万计的就业岗位。虽然许多印度人不可能立即接受大卖场的概念，但它们的出现很可能是不可避免的。

印度大卖场崛起的大部分动力来自消费者的变化。他们中的年轻一代置身于一系列父辈从未见过的新型产品。他们更容易接受新产品和新观念。此外，这一人口细分群体反映了变化中的年龄统计特征：当前超过一半的印度人还不到 25 岁。如此高占比的年轻消费者群体势必使印度的文化品位发生改变。本地街头小店 kiranas 的生生不息一直以来都是一种文化支柱，但它们不能有效地为印度人提供新颖和技术先进的产品。这是因为大卖场结合了百货商店和超市的功能，能够提供当地供货商无法提供的产品线。它们出售物美价廉的品牌产品，因而使得印度人可以购买各种各样的商品。

由当地夫妻店转变为合理规划后的零售网点，这一转变在印度发生得非常快。抛开文化和法律问题，大卖场还是受到了大多数消费者的拥护。此外，由于大卖场能够提供经济发展和基础设施完善等方面的潜在利益，地方政府普遍很支持大卖场的到来。然而，最终的目标市场，不是政府，而是消费者，就像在任何时候在任何国家，挑战都在于了解消费者想要什么，以及如何提供给他们。

资料来源："Infra Red—India's Ambitious Development Plans Hinge on Attracting Private Capital," *The Economist*, July 8, 2010; "A Wholesale Invasion—a French Supermarket Chain Takes a Bet on India," *The Economist*, May 20, 2010; Armina Ligaya, "India Puts Squeeze on Hypermarkets," *The National*, September 16, 2009; "India—Tier I & II Cities May Have 300 Hypermarkets by 2011," *RNCOS*, August 13, 2009; www.ibef.org/ industry/retail.aspx; "Coming to Market—Retailing in India," *The Economist*, April 15, 2006, p. 69; "Despite Growing Debt, the Indian Consumer Banks on Tomorrow," *India Knowledge@Wharton*, October 31, 2006; Ranjan Biswas, "India's Changing Consumers," *Chain Store Age*, May 2006; John Elliott, "Retail Revolution," *Fortune*, August 9, 2007, pp. 14–16; Amelia Gentleman, "Indians Protest Wal-Mart's Wholesale Entry," *The New York Times*, August 10, 2007; "Wal-Mart Enters India's Retail Market Amid New Rules," *CBCNews*, September 21, 2012; Vikas Bajaj, "India Puts Wal-Mart Deal With Retailer Under Scrutiny," *The New York Times*, October 18, 2012; Vikas Bajaj, "India Unit of Wal-Mart Suspends Employees," *The New York Times*, November 23, 2012; Angelo Young, "FDI In India Retail: Parliament Backs Delhi's Move to Let States Decide on Foreign Retail Competition," *International Business Times*, December

7, 2012; Rachit Vats, "Lure of the Hypermarket," *Hindustan Times*, April 22, 2012; "India: FDI in Single Brand Retail Increased to 100%," *International Law*, November 12, 2012.

This case was written by Todd Nicolini, while an MBA student at Loyola College in Maryland, under the supervision of Professor Hope Corrigan; Britt Hackmann, Nubry.com; and Scott Motyka, Babson College.

讨论题：

1. 在印度的大卖场如何可以吸引消费者以及如何引导他们在大型商店中购物？
2. 印度政府愿意花 5 000 亿美元来改善该国的基础设施，这对国际零售商来说是好消息吗？为什么及为什么不？
3. 识别标志印度消费者的主要变化。国际零售商怎样能更多地了解印度的年轻人口特征？

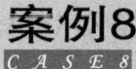

从矿山到市场的钻石

根据美国自然历史博物馆的说法，钻石是最为紧密的一种碳结构。由于它的化学组成和晶体结构，钻石具有独一无二的特性。它们是最坚硬的天然物质。这些特质决定了其"宝石之王"的地位，也是对其作为珠宝和饰品极受欢迎的原因。

钻石供应链包含六个步骤：勘探、采矿、分类、切割和抛光、珠宝设计与生产以及零售展示。戴比尔斯（一家供应世界上约 40% 的原始或未切割钻石的生产厂家）的官网称这个广泛的供应链的成员包括地质学家、工程师、环保人士、矿工、分拣机、分销商、切割机、抛光机、贸易商、制造商、出口商和销售人员，他们依次用庞大而又复杂的技术、艺术以及与技能相关的资源，去发现、生产和销售珠宝品质的钻石。

珠宝质量指标是指根据钻石的四个关键要素确定的特定评级，众所周知的说法是 4C：切割工艺（cut）、克拉（carat）、色泽（color）和通透度（clarity）。戴比尔斯公司在 1939 年推出的这些标准为消费者评估钻石提供了如表 C8-1 中总结的参考。

表 C8-1 戴比尔斯对钻石品质的 4C 描述

切割	切割指的是熟练工匠将钻石坯料转化成钻石的制作角度和比例 一块切割好的钻石能从内部折射光线，通过钻石上部从一个镜面到另一个镜面发散出去。为了完美地切割钻石，工匠常常需要切割掉超过 50% 的钻石坯料 切割也指钻石的形状：圆形、祖母绿直角形、心形、两头尖的椭圆形或梨形
克拉	人们经常将克拉与尺寸大小相混淆，尽管它实际上是重量的度量单位。钻石的切割可以使它显得比实际重量大得多或更小 一克拉相当于 200 毫克。一克拉又分为 100 "分"，一颗 0.75 克拉的钻石和一颗 75 分或 3/4 克拉的钻石重量是一样的

（续）

色泽	大多数钻石看起来都是冰白色的，但它们中许多都有颜色上的细微暗示。钻石的色泽是由美国宝石学院建立的一种色泽度量度——从D（无色）到Z进行评级 无色钻石是非常罕见的，因此极具价值 钻石也不时被发现"花式"颜色：粉红色、蓝色、绿色、黄色、棕色、橙色，以及很少见的红色。这些具有"花式"颜色的钻石是极为罕见和极具价值的。这些颜色超出了美国宝石学院的分级体系
通透度	钻石，像人一样，也有其妆容的自然瑕疵。钻石在形成于土壤之时，矿物质或断裂会产生这些微小的瑕疵或夹杂物。光线进入一颗钻石时会产生反射和折射。如果有任何东西破坏了钻石中的光线流动，如夹杂物，反射光就会被损失掉一部分。大多数夹杂物是肉眼看不见的，除非被放大 训练有素的宝石学家用放大镜观察钻石中的夹杂物。这一工具允许专家以10倍的比例去观察一颗钻石。但即使使用放大镜，在VVS（极其轻微夹杂）到VS（非常轻微夹杂）的范围内也是极难找到这些胎记的。只有分级为"I"的钻石才有可能用肉眼看到这些胎记

在进入展厅按照这些标准评估之前，钻石在地球的表面下已经经历了大约30亿年的高温和高压。来自世界钻石委员会的生产量估计表明有20多个国家进行钻石开采操作，包括俄罗斯、博茨瓦纳、刚果民主共和国、澳大利亚、南非、加拿大、安哥拉、纳米比亚、加纳、巴西和塞拉利昂。

世界钻石的供应被非洲国家所主导，占目前钻石产量的60%～65%（按重量计）。其他钻石的主要来源地遍布全球，例如澳大利亚西部偏远的北部地区，每年从露天和地下开采、生产大约3 000万克拉（占全球总产量的20%）。这些钻石因其颜色系列而出名，尤其是粉色钻石。

钻石总是引发激烈的争夺，如电影《血腥钻石》中所描绘的一样，电影描述了在塞拉利昂内战时期发生在钻石之上的可怕冲突和暴力。在许多国家，来自钻石的利润都被用去资助那些导致数百万生命丧失的内战。为了防止这样的滥用，一项国际钻石认证计划——金伯利进程，被建立起来以废除资助冲突的钻石贸易。自2003年推出以来，金伯利进程被写入75个国家的法律并得到了联合国的支持。它要求钻石生产国政府做出运送原钻不是在资助暴力的证明。

即使有一个认证的过程，一些钻石仍然被走私运出非洲国家。暴力集团想方设法利用金伯利进程运入非法钻石。"冲突钻石继续得到金伯利进程成员国的认证，然而正是旨在根除它们的这一计划使其合法化。"而世界钻石理事会的对比报告称："因为金伯利进程，世界上超过99%的钻石供应来源无冲突。"

国际钻石行业同意实施一项自愿的保证制度，它向消费者做出承诺可以一直跟踪钻石首饰至销售点。出售无冲突钻石首饰的发票必须包括一份证明该状况的书面保证。为了确保消费者购买的钻石来源对于其配偶、未婚夫（妻）或自己的确是适当的，他们将承担一定的责任，比如向他们购买钻石的珠宝商进行一系列询问：

- 你的珠宝钻石的原产地是哪里？
- 我可以看一下你们公司关于无冲突钻石的政策吗？
- 你能给我看一份你的钻石供货商的书面保证书，说明你的钻石是无冲突的吗？

资料来源："Blood Diamonds Are Still a Reality," Amnesty International, http://web.amnesty.org/pages/ec-230107-feature-eng; "Combating Conflict Diamonds," Global Witness, www.globalwitness.org/pages/

en/ conflict_diamonds.html; "Conflict Free Diamond Jewelry," Brilliant Earth, www.brilliantearth. com/conflict-free-diamond-definition; "Diamond Pipe," Antwerp Diamond Centre, www.awdc. be/diamond-pipeline; "Forever Diamonds," Gemnation, www.gemnation.com/base?processor = getPage'pageName = forever_diamonds_1; "Kimberley Process," www. kimberleyprocess.com/ home/index_en.html; "The Argyle Diamond Mine," Argyle Diamonds, www.argylediamonds.com. au/index_whoweare.html; "The Four Cs," DeBeers, www.debeers.com/page/guidance&layout = popups#author2.

This case was written by Hope Bober Corrigan, Loyola University, Maryland.

讨论题：
1. 消费者购买无冲突钻石有多重要？为什么？
2. 珠宝行业应该做些什么来告知钻石的消费者有关购买无冲突宝石以及金伯利进程的信息？
3. 在你所在的地区选择一家零售珠宝商店进行访问。它是否将公司有关冲突钻石的政策贴在什么地方，比如店内或者公司的网站上？询问店员案例末尾的三个问题。你从网页和实地调研中学到了什么？

星巴克进军中国

品牌历史/成长

星巴克，一家美国的咖啡公司，于1971年在华盛顿西雅图开设了其第一家门店。这家咖啡店的使命是不仅有一杯好咖啡，而且要为消费者打造一个和朋友聚会、交谈的更休闲的场所。1987年，星巴克有11家分店和100名员工，梦想能够成为一个全国性品牌。到了1996年，星巴克在美国已经有1 015家店。1997年，星巴克公司开始将其目光投向国际扩张，当时其门店总数已经达到1 412家。到了2012年，该公司运营的门店已达17 003家，37%分布在美国之外的其他40个国家。星巴克的财务业绩显示，由于专注于国际扩张，21世纪初其收入呈现出加速增长的态势。

1998年，伴随其许多其他业务，星巴克决定专攻中国市场。中国是一个新兴市场，各个公司都想抓住这个市场提供的机遇。

星巴克很快意识到中国文化的不同。为了进入这一新兴市场并且为中国的消费者提供更多本地化的产品，星巴克采取了联手三区域合作伙伴的战略。1999年，星巴克和美大咖啡有限公司发起建立了一家合资企业，店址在北京。双方对这家合资企业投入了同等的财力和时间。在此之后的2000年，星巴克又与中国南方的美心集团合资成立了一家企业。星巴克还在中国东部与统一进行合作，进一步加强其在上海、台北和香港的利益。

与中国商业伙伴联手能够帮助星巴克深入了解当地消费者的口味和偏好。与已建成的当地合作伙伴一起进入一个新市场使得星巴克得以快速了解中国各个地区不同的文化。对于以咖啡为主题的星巴克来说，想要在一个喝茶为主的国家生存发展下去绝非一件易事。星巴克面临的挑战是发动一场新的营销活动来彻底改变中国人看待及喝咖啡的方式。2010 年，中国的咖啡消费总量已从 2006 年的 35 330 吨增长到 59 620 吨（见图 C9-1）。

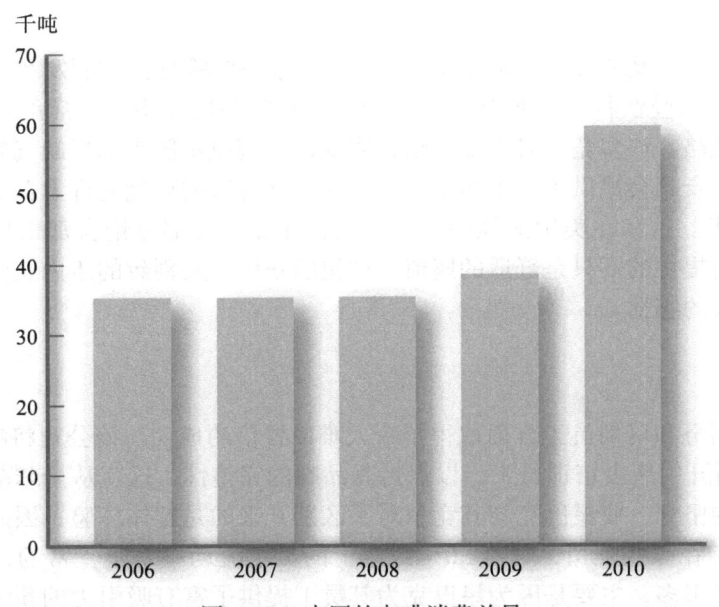

图 C9-1　中国的咖啡消费总量

竞争优势

产品

星巴克以销售优质咖啡产品而闻名。然而在中国，星巴克意识到全球品牌也需要迎合当地的口味。星巴克决定对其产品进行调整来满足当地文化的偏好，并且开始引入含有当地食材的饮料，比如绿茶。它还专门额外为中国市场创造了一些特色产品，包括白茶、黑芝麻绿茶、星冰乐混合奶油、冰粽以及星巴克月饼。在中国，这可以让顾客从种类繁多的产品中进行挑选，以满足他们的需要。

促销

星巴克采取了一种聪明的市场进入方式以实现其在中国的成长。第一步就是选择可视性和客流量高的地方展示其品牌形象并吸引忠实的消费者。星巴克保持了强势的品牌形象身份，并将它作为一种生活方式的"符号"，而不仅仅是一家企业的标识去进行市场运作。星巴克希望消费者看到其绿色圆圈塞壬徽标，并想起其承担得起的"个人奢侈品"的深刻内涵。这一战略能够行得通的其中一个原因是星巴克看上去并不是"饮茶"文化的一个威胁。公司采取了创新性营销战略来创造对咖啡的新需求以及星巴克店为顾客提供的体验。

价格

星巴克奉行的企业定价战略是用溢价来达到预期的利润。星巴克相信自己产品的品质。许多竞争者为了在中国市场上进行竞争往往采取减价的战略。星巴克则认为这是一个失败的战略，因为这些公司根本不可能"减掉"中国本土的竞争对手。

分销

星巴克为中国市场带来了"西方咖啡体验"。这一体验是指与朋友和熟人去某个地方放松一下、品味最爱饮料。1999年1月，当星巴克第一次在中国开店的时候就被证明这是一个成功的战略。许多竞争对手没有给顾客提供空调或星巴克那样的气氛，但是星巴克为企业高管、朋友聚会提供了一个场所。星巴克非常舒适的环境允许堂食服务，而不是拿了咖啡或茶就走。这和在美国的经验完全相反，在那里大部分销售都来自打包带走的订单。星巴克努力提供的不只是舒适的座椅、欢快的音乐以及别致的店内装修，而是一种更现代的生活方式的感觉。

人力资源

星巴克在招募和培训员工方面取得了令人难以置信的成功。该公司将咖啡师（品牌大使）送到所有新开门店去培训员工，以保持其品牌的完整性。这就从全球范围保证了员工对星巴克品牌的坚守。使星巴克与其竞争对手区别开来的是整体体验，因此这才是一个关键的组成部分。在有些公司，每年30%或以上的员工流动率是很正常的，但是星巴克的人员流动率要低很多，主要是因为星巴克为其员工提供了富有吸引力的薪酬计划、职业发展规划以及工作环境。星巴克卓越的服务使其在中国取得了成功。在对上海人的采访中，大多数人表示虽然他们更喜欢星巴克竞争对手产品的味道，但是由于其高水准的服务，他们会继续选择星巴克。

今日/未来中国

星巴克认为在中国进行扩张依然存在诸多机遇。就2012年来说，星巴克已经在48个城市开立超过570家门店，并且未来还有几个城市值得发展。星巴克在中国已经有13年，并且已经为未来的发展奠定了基础。2011年7月，王静瑛被任命为星巴克中国区的总裁，王的使命是到2015年实现在中国大陆地区开1 500家门店的目标。她相信这将继续提供就业机会，进一步证明了星巴克致力于在中国的发展。

星巴克并不是在中国寻求持续发展的唯一一家咖啡公司。该市场已经吸引了其他企业，如英国品牌Costa咖啡以及太平洋咖啡公司。Costa咖啡计划到2018年将门店扩大到2 500家，并希望在中国的市场占有率达到第三。星巴克还面临着来自麦当劳、驯鹿咖啡和邓肯品牌的竞争。邓肯品牌预计增加在中国的投资，并且最近任命篮球运动员勒布朗·詹姆斯作为其品牌的亚洲代言人。邓肯品牌加入猪肉甜甜圈来进一步定制化本地菜单。

除了竞争加剧，星巴克还需要密切注意中国消费者的平均收入和可支配支出。中国的消费者喜欢星巴克给他们带来的体验。然而，美国的消费者通常会购买烘焙好的咖啡。中国的消费者对价格更为敏感，因此倾向于少花钱。

最后，星巴克必须确保不要冒犯中国人。2012年9月，星巴克在中国东部著名的某佛教寺院附近开了一家店，有的人对于这家店的位置表示担忧，因为这似乎是一种对中国文化的不尊重。这已经不是第一次由于星巴克选址而引发的争论了。2007年，作为对公众呼声的回应，星巴克被迫关闭其北京的故宫门店。

王静瑛并不担心这些因素，她在位于北京的第500家店开张后指出："我们从未感觉如此有信心去加速我们的增长势头。"星巴克首席执行官霍华德·舒尔茨对于在中国的发展同样充满信心，并相信星巴克一定能够继续在中国取得成功。评论家倒不那么相信星巴克将继续在中国取得成功。2008年，星巴克关闭了600家在美国经营不佳的店面，这些店开张都不到18个月。时间会告诉我们星巴克在中国的快速扩张战略是否会取得胜利。

资料来源："Agriculture Consumption and Production." *China Country Review*, 2012, pp. 159–161; "China: Brewing Up a Success Story," *Thai Press Reports*, March 5, 2012 "China Focus: Starbucks Outlet near Buddhist Temple Triggers Debate," *Xinhua News Agency*, September 24, 2012; "Don't Get Excited About Starbucks' Chinese Expansion Just Yet," *Forbes.com*, May 4, 2012; "Greater China," *News.starbucks.com*, 2012, http://news.starbucks.com/about + starbucks/starbucks + coffee + international/ greater + china; "Localization Fuels Starbucks' Success in China," *Business Daily Update*, February 14, 2012; Shaun Rein, "Why Starbucks Succeeds in China and Others Haven't," *USA Today online*, February 10, 2012; Chris Sorensen, "Serving a Billion Latte Sippers," *Maclean's* 125, no. 17 (May 7, 2012), p. 41; "Starbucks Annual Report 1999–2011," *Starbucks Investor Relations*, http://investor.starbucks.com/phoenix.zhtml?c 5 99518&p 5 irolreportsannual; "Starbucks Believes That China Will Be Second Largest Market by 2014." *News.starbucks.com*, April 1, 2012; "Starbucks: Company Profile," www.starbucks.com/about-us/company; "Starbucks' Quest for Healthy Growth: An Interview with Howard Schultz," *McKinsey Quarterly* 2 (2011), pp. 34–43; Helen H. Wang, "Five Things Starbucks Did to Get China Right," *Forbes.com*, August 10, 2012. This case was written by Bethany Wise and Samantha Leib, MBA students at Loyola University, Maryland, under the supervision of Professor Hope Corrigan.

讨论题：

1. 根据星巴克在中国扩张计划的支持案例进行 SOWT 分析。根据你的 SOWT 分析，你对星巴克 CEO 在这个国家的市场增长战略有什么建议？
2. 举例说明星巴克是如何成功进军中国市场的。请根据以下视频来组织你的答案。

- 星巴克在中国种植咖啡，路透社视频：www.youtube.com/watch?v=BYSiGomkGdg
- 星巴克在中国：www.youtube.com/watch?v=0A3rnWIEJY8
- 星巴克在中国醒来，路透社视频：www.youtube.com/watch?v = CgWJAouxorg

3. 对比星巴克的美国和中国的战略，它们有什么相同之处和不同之处？从这个分析中你可以做出哪些概括来帮助该公司拓展到全球其他市场？请使用本案例和下面的文章来组织你的答案。

- "星巴克追求健康成长：对霍华德·舒尔茨的采访。" McKinsey Quarterly2（2011），34-43，www.mckinseyquarterly.com/Strategy/Growth/Starbucks_quest_for_healthy_growth_An_interview_with_Howard_Schultz_2777。

案例10

沃尔玛：供应链管理的先驱者

沃尔玛在零售行业中一直居于领导地位，这是从它的销售收入、消费者基础以及其压低成本并为消费者提供良好价值的能力几个方面而言的。毕竟，这家规模巨大的企业对自己因不断提高供应链效率的能力而收到的数不清的嘉奖十分引以为傲，因为就是这一能力使其能够通过向消费者提供每日低价而完成企业的使命任务。

严格的存货管理在沃尔玛是一个传奇，这个传奇是通过其准时制技术使公司能够拥有世界上最好的供应链而实现的。沃尔玛不仅改变了自己的供应链，而且影响了世界各地的供货商的运作，因为该公司可以借由其重大经济影响力向供货商合作伙伴提出进行改变并接受这一改变的要求。由于具有广受认可的从全球采购商品的能力，因此沃尔玛也通过实现对生产、存货和分销的精准控制而成为实现高水平增长和盈利战略的先锋。尽管公司在这方面并不是独一无二的，但它是迄今为止同行业中最成功和最有影响力的公司，并且已经将各种创新技术应用于实践。

当沃尔玛要做什么的时候，它一定是在一个庞大的规模上去做的。举例来说，沃尔玛电脑系统的存储容量仅次于五角大楼。其信息系统对销售点超过1 000万单的日交易数据进行分析，并将分析结果实时分发给内部各个管理人员，对外则通过卫星网络实时分发给沃尔玛的许多供货商，供货商再利用这些信息进行生产计划和订单装运。

供应链管理的普及大部分要归因于沃尔玛与宝洁的成功合作伙伴关系。20世纪80年代，这两家公司合作建立了第一个合作规划、预测及补货（CPFR）系统，这是一套软件系统，该系统利用全球先进的电信基础设施把宝洁与沃尔玛的配送中心连接起来。当沃尔玛商店出售某种特定的宝洁货品时，这一信息就会直接流到宝洁公司的计划和控制系统。当沃尔玛配送中心中宝洁公司的产品存货水平到了需要再次订货的临界点，该系统就会自动提醒宝洁运送更多的产品。这些信息有助于宝洁公司计划其生产。而当宝洁公司的一批货物抵达沃尔玛的某个分销仓库时，沃尔玛也能够对其进行跟踪。这使它得以协调自己的货物出站并运送至各个商店。沃尔玛和宝洁公司双方都意识到由更好的存货管理和订单处理带来的节余，而该节余反过来又通过沃尔玛的每日低价战略传递给了消费者。

已经取得的成功并不意味着沃尔玛的管理层可以休息了。社会价值观的变化、经济的波动、技术的进步，以及其他市场因素要求沃尔玛继续寻找创新之道来降低商品价格。

沃尔玛的创新

沃尔玛对于所售产品的采购和分销流程进行了许多开拓性的创新。20多年前，沃尔玛在整个零售行业推动采用UPC条形码；它还率先使用电子数据交换（EDI）实现从供货商处进行电脑化订购。其中心辐射型分销网络确保货物被带到全国各地的配送中心，然后将其直接向外运至成千上万家店铺，其中每一家店铺的货物都是在一天内被运达。通过使用它最为所知的一个创新——交叉转运（cross-docking），一半的货物在 24 小时内就可以从供货商运送到配送中心再到商店。而另外一半的货物（被称为"拉动存货"）被存储在商店的配送中心，直到需要的时候。此外，沃尔玛使用一个专用的卡车车队在 48 小时之内将货物从仓库运送到商店，并且对商店进行一周大约两次的补货。因此，通过物流流动，该公司加快了商品从配送中心到世界各地的零售商店的配送速度。

今天，这个零售巨头继续推动其供应链走向越来越高效之路，在采用新技术和更环保的实践的同时优先考虑消费者的需求。作为提高供应链效率的射频识别技术（RFID）的早期采用者之一，在要求其供货商对运往商店的箱子和托盘都要贴好射频识别技术标签后，沃尔玛发现了在公司愿景与技术成熟水平之间进行平衡的价值。一些公司因使用新技术而蓬勃发展。而其他公司，包括沃尔玛本身，也遇到了麻烦。在推行的初期，由于射频识别技术尚处于起步阶段，用于其规划、硬件、软件以及培训带来的成本令许多供货商望而却步。此外，由于技术是最新的，因此在这个行业缺乏实现它的最佳实践。事实上，在这方面缺乏任何可能帮助新手避免陷阱的先例。沃尔玛因此废除了该要求，但继续探索该技术的有效性。现在，沃尔玛正慢慢在服装上测试射频识别技术标签的实用性。

为了应对消费者团体的批评，沃尔玛开始解决其供应链中的环境可持续性问题，而且因为公司的规模大而成为其他零售商的风向标。沃尔玛一年的温室气体排放量相当于近 400 万辆汽车在公路上的排放量。在发誓要努力减少温室气体排放量之后，沃尔玛要求供货商将绿色思维贯穿到他们的整个产品生命周期中去。供货商被要求对可持续性努力进行支付，这是大多数供货商愿意接受的与沃尔玛得以保持关系的代价。能源成本不断地上升，许多供货商也意识到减少能源使用会使他们受益。除了吸引当代具有生态保护意识的全球消费者以及保护全球资源之外，利用能源，增加回收利用，减少浪费，减少包装和运输，所有这一切还会降低供应链的成本。

沃尔玛正在其第三个创新中巩固其全球分包业务。该新模式的重点是提高直接从供货商处采购产品的比例以及直接从全球销售中心而不是通过个别国家进行采购。过去那些从该零售巨头获得大量业务的第三方采购供货商会发现自己在其供应链中越来越靠边站。除了消除中间方的成本，这种努力可以为沃尔玛增加对入站货运的控制。而更好的控制反过来又可以降低存货成本。因此，沃尔玛通过持续不断的创新降低了存货成本和运营成本，这使得沃尔玛得以保持其低成本。

2012 年 11 月，孟加拉一家向沃尔玛提供服装的工厂发生火灾，这场火灾造成沃尔玛 112 名工人死亡。这个灾难事件发生后，沃尔玛进一步加强了对其供应链的控制。沃尔玛并不知道这家工厂为沃尔玛制作和提供服装一事。这是一个未经批准的由其供货商之一分包出去的合同。该事件导致的结果是，沃尔玛转而采取在不知情或没获得沃尔玛批准时"零容忍"的供货商分包制度。

最后，沃尔玛因其从国外采购了太多产品却没有在支持美国经济方面做到位而招致越来越多的批评。为了应对这些批评，沃尔玛宣布了一项招聘 100 000 名退伍军人以及从美国采购更多产品的新计划。截至 2013 年 3 月 1 日，任何一位光荣退役的老兵都可以向沃尔玛申请一份工作。该计划的目标是在 5 年内招聘 100 000 名经验退伍军人。此外，沃尔玛还计划在未来 10 年内在美国国内购买额外的 500 亿美元制造的产品，增加其已经占据大部分份额的美国制造的产品。目前，沃尔玛在美国大约有 55% 的销售收入来自诸如食品、保健和美容产品、家居用品以及宠物用品等货品，其中大部分都是在美国采购的。

沃尔玛继续通过技术在供货商、配送中心和各个商店之间磨砺其产品和信息流管理以提高其物流与存货控制。对创新深思熟虑的使用使沃尔玛站到了这个零售游戏的顶端，但并不是所有的组织都可以使用这种方法。沃尔玛属于一个独特的案例，在这个案例中，一家非常强大的单个的公司为了提高自己的供应链表现而把主要的责任承担了起来。通过建立一个卓越的供应链管理系统，它收获了更高水平的消费者服务和满意度回报、更低的生产和运输成本，以及可以更有效率地使用其零售商店空间。从根本上说，这种卓越的供应管理系统可以归结为沃尔玛将各个供货商、配送中心、零售商店，以及最终消费者联系在一起的能力，不管他们位处何方。虽然运营创新并不是沃尔玛成功的唯一因素，但这是一个至关重要的构建其强有力竞争地位的要素。

资料来源：Mike Troy, "Wal-Mart's Inventory Equation," *Retailing Today*, September 11, 2006; "Financial Outlook: Restoring the Productivity Loop," *Retailing Today*, June 26, 2006; Sharon Gaudin, "Some Suppliers Gain From Failed Wal-Mart RFID Edict," *Computer World*, April 28, 2008; "RFID News: JC Penney CEO Says Retailer Going All in on RFID, Perhaps with Significant Impact on the Industry," *Supply Chain Digest*, August 15, 2012: William B. Cassidy, "Wal-Mart Tightens the Chain," *Journal of Commerce*, January 18, 2010; "Wal-Mart Tightens Rules for Suppliers," *CBC News*, January 22, 2013; "Walmart Announces $50 Billion Buy American Campaign," *Huffington Post*, January 15, 2013.

This case was written by Jeanne L. Munger, University of Southern Maine; Kate Woodworth; and Dhruv Grewal, Michael Levy, and Scott Motyka, all of Babson College.

讨论题：

1. 像沃尔玛这样的公司如何管理供应链，尤其是考虑到供应链包括多个公司潜在冲突的目标时？描述一些可能出现在这样一种情况中的冲突。
2. 通过哪些方式，沃尔玛的供应链管理系统提供了更高水平的产品和较低的商品采购和运输成本？给出具体的例子进行说明。

案例11 CASE11

蒂芙尼公司和 TJX：比较财务业绩

截至 2012 年，查尔斯·刘易斯·蒂芙尼（Charles Lewis Tiffany）于 1837 年在曼哈顿商业区建立的蒂芙尼店已走过 175 年。该公司因其精致的珠宝而为大众所知，但是，在其产品分类中也有其他的奢侈货品。蒂芙尼的罗宾鸟"蓝色礼盒"已经成为一个其专有标志，代表了该公司的品牌质量和工艺。相比于其他的全国性零售商，蒂芙尼有着不同的战略和市场营销方法。贯穿蒂芙尼公司历史的是它的使命，那就是通过创造具有惊世之美的永久物品丰富顾客的生活，并将其一代又一代地珍存下去。蒂芙尼公司通过手工制作精美的设计，使用高质量的原材料和专家级的做工，以及在高端区位的奢侈品店向其顾客介绍这些产品而实现了公司的这一使命。

与蒂芙尼不同，TJX 公司旗下拥有以 TJ Mass、HomeGoods 和 Marshalls 命名的各种各样的美国商店（以及额外的以不同名称命名的加拿大和欧洲商店）。TJX 公司力争通过其四大支柱（即时尚、品牌、质量和价格）提供独特的价值。TJX 与各种各样的全国性品牌一起合作以使其商品分类在这些商店里永远保持变化。TJX 喜欢从供货商那里购买非全线分类的货品、风格、尺码等，然后将节约的成本传递给消费者。由于其货品分类没有完全依赖来自全国性品牌供货商提供的商品，因此 TJX 公司会提供一些自有品牌商品，这些商品是单独为 TJX 公司而生产的。TJX 公司没有任何工厂，而是将其自有品牌产品分包给制造商。它的存货水平相对较低，这有助于其实现相对较快的存货周转率，同时还能够保持较高的毛利率（见表 C11-1）。

表 C11-1 蒂芙尼与 TJX 公司 2011 年财务数据比较　　　（单位：美元）

	蒂芙尼（截至 2012 年 1 月 31 日）	TJX（截至 2012 年 1 月 28 日）
	利润表	利润表
净销售额	3 642 937	23 191 455
减：销货成本	1 491 783	16 854 249
毛利润	2 151 154	6 337 206
减：SG&A 费用	1 442 728	3 890 144
经营利润	708 426	2 447 062
减：利息支出	48 574	35 648
其他收入	5 099	0
净税前收入	664 951	2 411 414
减：税费	225 761	915 324
净税后收入	439 190	1 496 090
	资产负债表	资产负债表
现金	433 954	1 507 112
应收账款	184 085	204 304
存货	2 073 212	2 950 523
其他流动资产	198 424	470 693
总流动资产	2 889 675	5 132 632
固定资产	767 174	2 706 377
长期资产	502 143	442 596
流动负债	626 677	3 063 423
长期负债	186 802	2 008 892
股东权益	2 348 905	3 209 290

资料来源：Walmart Annual Report, 2012, Tiffany & Co. Annual Report, 2012.

　　　This case was prepared by Nancy J. Murray, University of Wisconsin–Stout, and Michael Levy, Babson College.

讨论题：

1. 使用表 C11-1 中简式利润表和资产负债表提供的数据，分别为蒂芙尼和 TJX 公司进行下列计算。
   a. 毛利润百分比
   b. 销售费用百分比
   c. 经营利润百分比
   d. 净利润（税后）百分比
   e. 存货周转率
   f. 资产周转率
   g. 资产回报百分比
2. 比较为蒂芙尼和 TJX 公司计算出来的财务数据。分析和讨论为什么这两家零售商的百分比和比率有所不同。
3. 分析哪家零售商总体财务业绩更好。
4. 为什么 ROA 是测量某个零售商财务业绩的一个好指标？

案例12
CASE 12

为一家精品店选址

斯蒂芬妮·威尔逊必须决定在哪里开设一家成衣店，她考虑这件事已经很多年了。她已年近 40 岁，大学期间主修艺术专业，而离开大学以后就一直在市政府工作。斯蒂芬妮离婚之后带着两个孩子（5 岁和 8 岁），她很想有一家属于自己的店面，这样她至少可以有更多的时间陪陪孩子。斯蒂芬妮热爱时装，觉得自己在这方面也算颇有天赋，她还上过时装设计和零售管理夜校。最近，她听说在自己居住的中西部城市的市中心，要翻修一座旧时拱廊建筑。这一消息使她下决心马上行动起来，目前她考虑了三个地点作为店址。

市中心拱廊建筑

市中心的商业区已经萧条一段时间了。提议中的拱廊建筑翻修只是市政府重新开发计划的一部分。现在已有一家新百货商店和几个写字楼开张运营了。全部重新开发计划的完成预计要花 6 年时间。

这座拱廊建筑自 1912 年起就是市中心的贸易汇集地，但是最近 15 年一直处于闲置状态。提议中的翻新计划包括：开设一处三层的购物场所、一个低价加油站，外加一个经批准的停车场和一个会议中心复合楼。一楼计划开设40家商店，二楼28家以上，三楼准备开设若干家餐厅。

斯蒂芬妮考虑的店址是在一楼靠近主入口处约900平方英尺的地方，租金为20美元每平方英尺，年租金为1.8万美元。如果销售额超过22.5万美元，租金则按该销售额的8%计算。她必须签订为期3年的租赁合同。

繁华村

斯蒂芬妮所住城市中翻修部分的市区外号也称"繁华村"，因为这个地区过去非常繁华，现在这里到处是保存完好的整洁有序的赤褐色砂石建筑，舒适的环境看起来就像雅皮士的居住地。许多居民纷纷自己动手开始刷新工作，并为自己的社区深感自豪。

现在"繁华村"地区有大约20家小型连锁零售商店，这些商店与会议中心相邻，还有一些素食或者新式餐馆以及3家小型女装专卖店。

可供斯蒂芬妮选择的地方在"繁华村"的小镇大街上一所老房子的一楼，面积约900平方英尺，年租金1.5万美元（不包括其他费用），房东认识斯蒂芬妮，租期为2年。

苹果树商城

这家位于郊外的复合购物商城开业已经8年了。这是一个成功的地区商业中心，拥有3家百货商店、100家小型商店，位于距市中心8英里外的一条主要洲际公路边上。这里共有9家女士服装店，其中3家的价位比斯蒂芬妮脑中计划中的价位高很多。

苹果树商城占了城市西南零售业销售额的1/4，过去一年那里发展速度放缓，然而销售额还是比去年增加了12%。斯蒂芬妮了解到在城东要建第二个购物中心，规模和特点与苹果树商城类似。但该商城一年半以后才会破土动工，现在也没有租赁代理招揽租户。

苹果树商城可供斯蒂芬妮选择的店址与当地的百货公司连锁店相隔两个店面，有1 200平方英尺，比另外两个选址稍大，但形状狭长——24英尺宽，50英尺长。租金为每平方英尺24美元，年租金为2.88万美元。另外，销售额超过41.15万美元时，租金为销售额的7%。另外还加收1%的公用地区维护费及商城促销费。租期为5年。如果销售额在营业两年后未能达到41.15万美元，则可使用免费条款。

资料来源：This case was prepared by Professor David Ehrlich, Marymount University.

讨论题：
1. 请指出每个可选店址的优劣。
2. 每个可选店址分别适合哪种类型的商店？
3. 如果你是斯蒂芬妮，你会选择哪个店址？为什么？

案例13

哈奇：新店选址

戴尔·埃布尔（Dale Abell）是哈奇公司（Hutch Corporation）负责新业务开发的副总裁。时值6月，他刚从巴哈马群岛出差回来，摆在眼前的任务是需要着手开始为一家新店选个好位置。初步的筛选之后，埃布尔将范围缩小到两个地点，这两个地点都在佐治亚州，现在摆在面前的艰难任务是对每个地点进行详尽的分析，并最终将之确定为新店的店址。

公司背景

哈奇连锁店由约翰·亨利·哈奇森（John Henry Hutchison）创立于1952年，哈奇森是一位音乐家及非常成功的保险推销员。他在弗吉尼亚州的里士满建立了总部，公司行政办公楼及一个仓库配送中心就坐落于那里。哈奇店遍及美国东南部和中东部地区，目前有350家女装店，其定价受到消费者的普遍欢迎。制造商将所有的货物都运送到这些配送中心。这些商品在交货的时候就可直接上架销售。这是因为供货商出于安全目的已将价格标签、UPC条形码以及信息标签通通贴好，并将合适的商品挂好在衣架上。一旦被运送至配送中心，货物就会被统一转运到各个商店。一些必需品，如袜子，就存放在这些配送中心。所有商店距离哈奇配送中心均在400公里以内。通过这种方式，埃布尔解释道："一个卡车司机就可以在两天内将货物交付至每一家商店。"

哈奇时装店

哈奇时装连锁店被认为是美国东南部地区领先的平价妇女时装店。这些连锁店经营时髦的儿童装、少女装和成熟女士服装，价格合理。除了主要的裙装、大衣和运动服装外，连锁店还出售全套的配饰，这些连锁店地处条状购物中心和复合式购物中心中，占地4 000～5 000平方英尺。

哈奇异码店

哈奇异码店主要位于条状购物中心和复合式商城中，与哈奇时装店极为类似。不同的是，哈奇异码店营业面积较小（2 000～3 000平方英尺），主要经营大码和半码女性服装。（某些妇女的服装尺码为半码，她们需要较大的号，但又不需要标准大号那么大，换言之，18.5和18两个尺码相同，但后者专为个头稍矮的妇女裁做。）

哈奇时装店＊哈奇异码店联合商店

虽然哈奇时装店和哈奇异码店看上去是两个各自经营的实体，但公司的目标是要将它们定位为单一实体。第一家联合商店于1986年成立，现在所有新开的商店都是联合商店形式。哈奇时装店＊哈奇异码店联合商店，占地6 000～7 000平方英尺，两个部分各有各的入口。隔离墙将前店部分分开，但共用后方的收银台和顾客服务区。这些商店主要设在条状购物中心，在复合式购物中心中偶尔也可见到（图C13-1是联合商店常用的布局）。

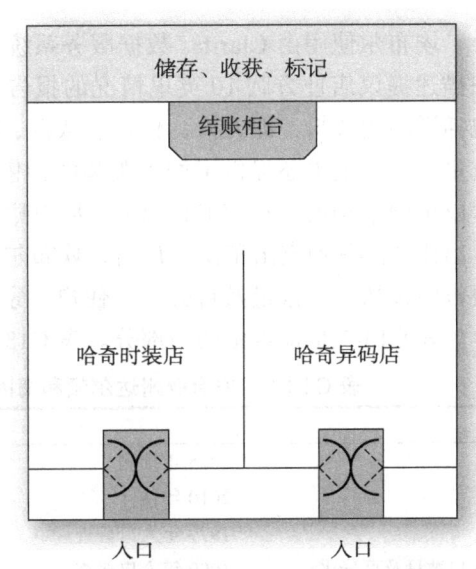

图C13-1　哈奇时装店＊哈奇异码店联合商店的布局

市场营销战略

顾客

哈奇的目标消费者是那些中低收入、年龄在18～40岁的女性。埃布尔解释说："我们并不只为某一特别的族群服务，而是面向所有喜欢新潮服装的妇女。"

产品／价格

哈奇将商品和定价定在大众商品经销商和百货商店之间。在哈奇店里没有高档时装和设计师精品店。为避免与大型折扣店（塔吉特和沃尔玛）、高级时装百货店和专卖店直接竞争争夺顾客，哈奇为自己量身定位。埃布尔说："我们产品的定价必须使顾客感到我们的产品时尚高雅，但又没那么贵。"

店址

哈奇店遍及美国东南部和中西部地区，距离哈奇配送中心均在400公里以内。在这样的地理区域内，哈奇所处社区的人口一般为1万～5万人，其商圈人口则为5万～15万人，这些店的店址主要针对从事工农业的中低收入人群。

哈奇商店大部分位于条状购物中心或条状中心内，这些地方一般都有区域性或全国性折扣店（如沃尔玛或塔吉特），另外这些中心还有若干全国著名的当地商店，哈奇主要与这些中心里的龙头店比邻而居。在购物中心内，只要租金可以承受，哈奇通常都会在临近中心区的主通道上选址。埃布尔说道："我们不管它是不是当地唯一的购物中心，如果仅有的可选店址在购物中心的尽头，那我们绝不会在那里设店。我们的目标是成为龙头店的补充，并且能够分享龙头店的客流。人们可能会说我们很挑剔，租赁合同定得很苛刻，但这也是我们不断取得成功的原因之一。"

数据来源

埃布尔使用由 Claritas 数据服务系统生成的报告来决定新店的选址。他挑选出那些详细描述提议店址方圆 10 英里情况的报告。表 C13-1 和表 C13-2 是这些报告的小结，里面包括详细的资料，即人口、住户、族群、收入、教育、就业数据以及商店的零售额及商店数量。这些报告还提供了妇女服装的销售状况，以及该商圈的市场指数（年人均潜在支出除以全国平均值，见表 C13-2）。达尔顿的市场指数是 99，说明该地区商圈妇女服装潜在支出比全国平均支出稍低。最后，埃布尔采用 Claritas/UDS's PRIZM 生活方式报告。这些报告中包括人口数量及百分比、住户、家庭、人种、年龄、住户规模、收入、性别、行业等。表 C13-3 是报告中的一部分。表 C13-4 描述了一些顾客组群名称。

表 C13-1　佐治亚州达尔顿和海因斯维尔中心 10 英里商圈人口及竞争态势

		达尔顿	海因斯维尔
人口数量及百分比	2015 年预测	93 182	64 195
	2010 年估计	87 293	57 945
	1999 年人口普查	79 420	49 853
	1990 年人口普查	71 373	34 125
	1999~2008 年变动百分比	9.9%	16.2%
	1990~1999 年变动百分比	11.3%	46.1%
	2008 年营房区（军事基地）	0.9%	11.2%
住户	2015 年预测	35 570	20 010
	2010 年估计	33 140	17 541
	1999 年人口普查	29 340	14 061
	1990 年人口普查	24 302	8 557
	1999~2008 年变动百分比	12.9%	24.7%
	1990~1999 年变动百分比	20.7%	64.3%
家庭	2010 年估计	24 347	14 277
人种	白人	92.0%	54.1%
	黑人	4.9%	38.3%
	美籍印度人	0.2%	0.5%
	亚洲人或太平洋岛民	0.6%	3.1%
	其他	2.3%	4.0%
年龄	0~20 岁	31.2%	40.2%
	21~44 岁	37.1%	47.0%
	45~64 岁	21.7%	9.2%
	65 岁以上	9.9%	3.4%
	年龄中位数	33.7	23.9
	男性	32.5	23.6
	女性	35.0	24.6
住户规模	1 人	21.0%	15.2%
	2 人	32.3%	26.6%
	3~4 人	38.1%	45.7%
	5 人以上	8.7%	12.6%

(续)

		达尔顿	海因斯维尔
收入	住户收入中位数	30 516	23 686
	住户收入平均数	40 397	28 677
性别（男性占比）		49.1%	55.8%
	25 岁以上人口	49 298	22 455
	无高中毕业文凭	41.0%	15.5%
	高中毕业	28.6%	41.2%
	大学，1～3 年	19.1%	29.7%
	大学，4 年以上	11.3%	13.5%
行业	制造业：非耐用品	42.3%	7.2%
	零售贸易	12.6%	23.3%
	职业人士及相关服务	13.3%	21.4%
	公共管理	2.2%	20.0%
零售销售额（1 000 美元）	总额	706 209	172 802
	一般日用品商店		
	服装店	26 634	9 339
零售机构	一般日用品商店	12	3
	女士服装店	21	8

表 C13-2　女士服装销售潜力指数

	地区销售额 （100 万美元）	人均地区销售额 （美元）	美国人均销售额 （美元）	指数 （地区销售额÷美国销售额）
达尔顿	18.01	206.26	207.65	99
海因斯维尔	8.97	154.74	207.65	75

表 C13-3　PRIZM 社区集聚地

PRIZM 集聚地	人口（2008 年）	人口百分比	PRIZM 集聚地	人口（2008 年）	人口百分比
达尔顿			矿山和工厂	7 694	8.8
大鱼小池塘	4 727	5.4%	后方乡村人	4 293	4.9
新一代自耕农	6 030	6.9			
红、白、蓝	31 123	35.7	海因斯维尔		
猎枪和皮卡	8 881	10.2	军事区	45 127	77.9
农村工业	12 757	14.6	松树坪	3 476	6.0

表 C13-4　PRIZM 社区集聚地

大鱼小池塘集群	**松树坪集群**
小城镇主管家庭；中上收入；年龄组为 35～44 岁、45～54 岁；主要是白人。这组人群已婚，以家庭为导向，趋于保守。他们的社区是旧式的。对他们最好的描述是作为当地的产业领队，他们投资于自己的家和俱乐部，并在美国用汽车度假	年龄较大的非洲裔美国农场家庭；贫穷；年龄组为 55～64 岁、65 岁以上；主要是黑人。本集群主要分布在大西洋的沿海平原地区和墨西哥湾沿岸各州，从詹姆斯到密西西比河流域。这些潮湿、昏昏欲睡的农村社区是黑人和白人的混合区域，生活在一个看似永恒的农业节奏中

(续)

农村工业集群 低收入、蓝领家庭；中低收入；年龄组为<24岁、25～34岁；主要是白人，西班牙裔。这个集群是非工会成员劳动力，在美国的乡村公路边组成了数百家蓝领工厂小城镇	**新一代自耕农集群** 年轻的中产阶级家庭；中等收入；年龄组为35～44岁、45～54岁；主要是白人。这个集群有高于平均水平的大学教育。管理人员和专业人员在当地服务领域工作，如行政、交通、卫生和零售行业。大多数都已婚；年轻人有孩子，年长者没有。生活朴素，喜欢工艺品、露营、体育
矿山和工厂集群 老年家庭；矿山和工厂城镇；贫困；年龄组为55～64岁、65岁以上；主要是白人。沿着阿巴拉契亚山脉，横跨亚利桑那州到欧扎克再到密苏里，这个集群正如其名。这个年纪较大、有几个孩子的单身人群生活在风景优美的中部地区	
猎枪和皮卡集群 农村蓝领工人和家庭；中等收入；年龄组为35～44岁、45～54岁；主要是白人。这个集群在东北、东南、五大湖区以及 Piedmont 工业区。他们从事蓝领工作；大多数已婚并有学龄孩子。他们是去教堂做礼拜的人，喜欢打保龄球、狩猎、缝纫以及参加汽车比赛	**红、白、蓝集群** 小城镇蓝领家庭；中等收入；年龄组为35～54岁、55～64岁；主要是白人，熟练工人受雇于采矿、工厂、制造和建筑领域。这个集群汇聚于阿巴拉契亚山脉、五大湖工业区和西部高地，喜欢户外活动
后方乡村人集群 老农场家庭；中低收入；年龄组为55～64岁、65岁以上；主要是白人。本集群以东部高地为中心，从宾夕法尼亚州沿着宽阔的大路到阿肯色州的欧扎克山脉。任何去密苏里布兰森或田纳西加特林堡参观游乐场的人都可以证明这是在美国的大多数蓝领社区。居于圣经地带的中心，许多后方乡村人迷恋基督教和乡村音乐	**军事区集群** 地理信息系统和周边的基地外家庭；中低收入者；年龄组为24岁以下、25～34岁；种族多样。因为这个集群描绘团体宿舍的军事生活，因此其人口统计特征是完全非典型的，因为其位于军事基地附近。种族融合指数最高的为35岁以下的成年人，他们喜欢跑车、酒吧和行动体育

潜在店址

达尔顿

达尔顿是美国地毯的主要生产地，因此地毯厂是达尔顿地区的主要就业场所。施泰因·马斯特制毯公司（Stain Master carpeting）给该市供水造成了极大的压力。据说施泰因·马斯特所需用水量是一般地毯商的七倍，并且很快发展成为该市的制毯大户。在谈及市场还能活跃多久时，埃布尔说："如果达尔顿地区发生严重灾害的话，地毯厂就会被迫大幅减产，随之而来的下岗会使该市一半的人口失业。"

提议中的店址位于惠特菲尔德广场购物中心，该中心位于距市中心两英里的高速公路边上（见图 C13-2）。埃布尔在与开发商会谈之后，对这个条状购物中心的各方面都十分满意。他得知这个中心从高速公路上很容易看到，沃尔玛和克罗格（一家大型食品杂货连锁店）也将成为该中心的龙头店，停车位很充足。还让埃布尔满意的一点是，提议中的店址距离沃尔玛很近，但是也有一点令埃布尔感到不满，那就是该中心外面有两个大型的外部地块（outparcels），这减少了停车场地，降低了购物中心的可视性。外部地块是指在购物中心前的独立建筑，一般为快餐店、银行或加油站。该购物中心里其他的租户还包括一家全国闻名的鞋店、一家美容沙龙、两家受欢迎的餐馆（中国餐馆和墨西哥餐馆），购物中心尽头还有一家 McSpeedy's 比萨店，中间区域还有一所 21 世纪房地产培训学校。

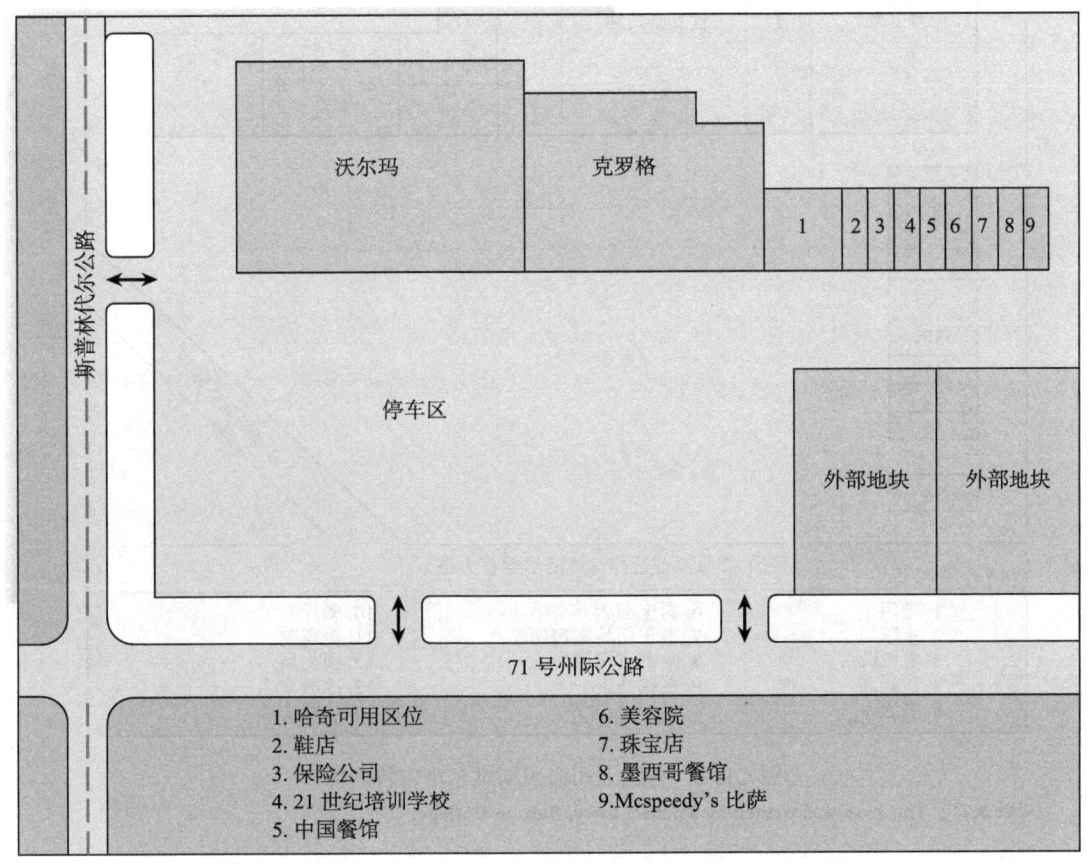

图 C13-2　佐治亚州达尔顿惠特菲尔德广场购物中心

海因斯维尔

同达尔顿一样，海因斯维尔有一个大型雇主，那就是斯图尔特堡军事基地。在埃布尔的记忆中，价格适中的商店在军事城镇中总是很赚钱的。此外，斯图尔特堡是一个快速反应部队基地，由于美国最近频繁参与各种国际事务，因此埃布尔很重视当地人说的一句话：``如果这些人要调离基地的话，这个地方就会变成空城。''考虑中的店址是在 119 号州际公路和美国 82 号高速路交汇处的塔吉特广场（见图 C13-3）。该广场的龙头店是塔吉特和另外一家在东部地区颇受欢迎的食品杂货连锁店。这两家龙头店位于广场中部，互相比邻。可做店址的地点紧挨着塔吉特，占地 6 800 平方英尺，由三个较小的单元组成。该广场购物中心里还有一些其他的租户，包括一家书店、一家水床店、一家鞋店、一家电子产品店、一家酸奶店、一家音像店和一家电影院。

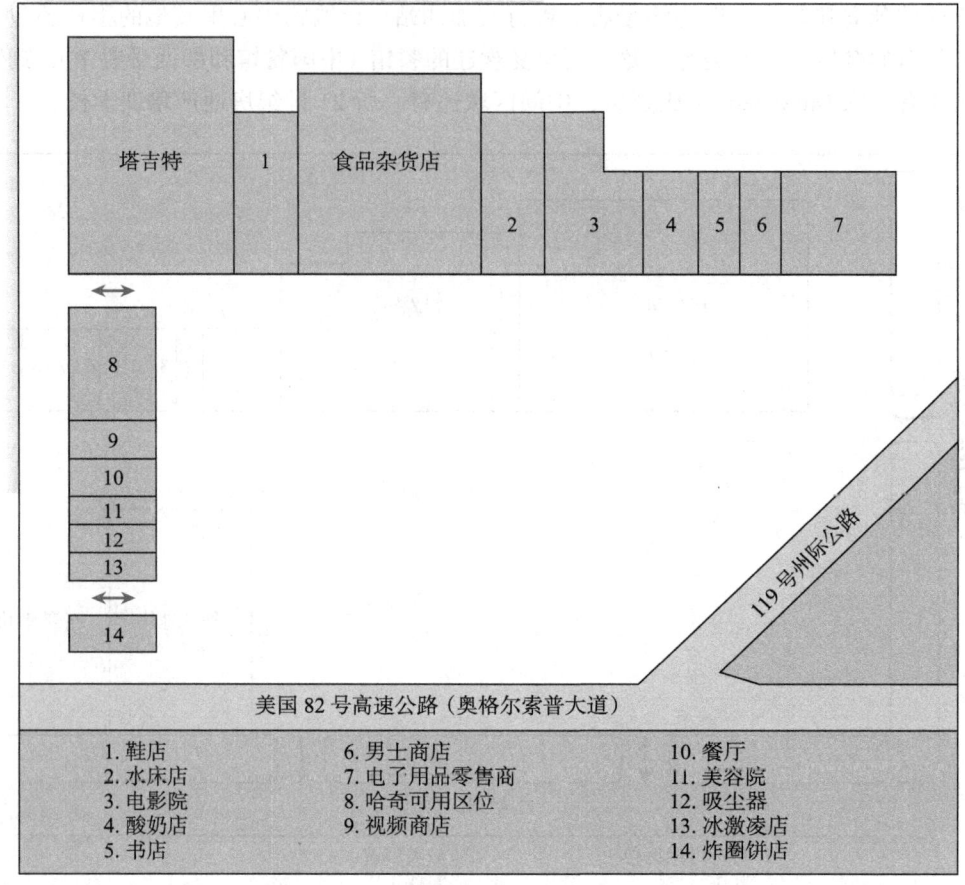

图 C13-3　佐治亚州海因斯维尔塔吉特广场

资料来源：This case was written by Michael Levy, Babson College.

讨论题：
1. 比较住在商圈中的人群与哈奇的目标顾客。
2. 提议中的店址，包括城市、租户组合以及在商店中的位置，如何符合哈奇的选址要求？
3. 你会选择哪个店址？为什么？

案例14　CASE 14

雅芳拥抱多元化

在雅芳这家全球领先的化妆品公司里，女性一直扮演着重要的角色。雅芳拥有100亿美元的年销售收入，成立至今已有 125 年。1886 年，来自新罕布什尔州温切斯特市的 P. E. 阿尔比（Albee）夫人率先推出了该公司如今已著名的直销方式。从那时候开始，女性就一直在销售雅芳的产品，这比美国妇女争取到投票权还早了 34 年！作为世界上最大的直销商，今天雅芳的销售代表已超过 600 万人，产品远销全球 100 多个国家。

虽然雅芳的大部分员工和顾客都是女性，但是以前公司一直是由男性经营的。然而，自 20 世纪 80 年代以来，由于出现了一系列战略决策上的失误，该公司于是大大增加了女性和少数族裔参与行政管理的人数。这一决定促进了管理层的人员多样化，并成为雅芳公司的财务表现得以改善的重要原因。

今天，雅芳公司被公认为为管理人员多样性的领导者。雅芳公司 55% 的管理职位是由女性担任的，董事会成员中有一半也是女性。公司还开展了各种项目来确保妇女和少数民族的发展与晋升的机会。在美国和其他地方，雅芳公司都有内部的员工圈子，包括一个父母圈子、一个西班牙圈子、一个黑人职业协会、一个亚洲圈子以及一个同性恋圈子。这些圈子成为员工和管理层之间的桥梁，可以及时反映可能对工作场所和市场造成影响的关键问题。雅芳也致力于承担社会责任。成立于 1955 年的雅芳基金会，是致力于妇女事业的最大的企业慈善组织，该组织致力于全球范围内的妇女事业，并专注于乳腺癌和家庭暴力。

20 世纪 70 年代，雅芳公司的高层管理团队由清一色的男性组成。当时公司自己做的市场调查显示，有越来越多的女性开始进入劳动力市场寻求职业生涯，并寻求专业性较强的工作。对这一调查，雅芳并不以为然，它也没有意识到，化妆品的需求正在发生变化，因此需要以新颖的销售方式满足这些女性消费者。其结果是，它的销售速度开始放缓，而公司却采取了一些不相关的多元化措施作为应对。最后，该公司处于濒临破产的边缘，新的高层管理团队临危受命，在首席执行官吉姆·普雷斯顿的领导下，雅芳公司从根源处进行重新定位，把销售对象对准了女性市场，不过这个市场的内涵已大为不同了。

普雷斯顿意识到，雅芳的顾客需要在高级管理团队中有所体现。于是他制定了促进更多女性进入更高级别职位的政策。此外，普雷斯顿还将公司的组织文化转向更能包容所有员工需要的方向上。

最新的管理团队通过顾客销售代表网络，推出了几个增长计划来建立雅芳强势的品牌和分销渠道。雅芳的产品线包括自有品牌如 Avon Color、Anew、Skin-So-Soft、Advance Techniques Hair Care、Avon Naturals，以及 Mark。雅芳还有一条种类繁多的时尚饰品和服装产品线。

雅芳每年销售超过 1.25 亿只唇膏或者说每天一秒钟销售 4 只唇膏，这使得雅芳成为大众市场上最畅销的唇膏。它的 Anew 品牌在世界抗衰老护肤产品线中也独占鳌头。雅芳 Advance Techniques 品牌的护发系列为各种不同发质、不同年龄层以及不同族群背景的消费者提供高品质的产品，以适应全球多样化的消费者群体。

雅芳 Wellness 品牌在妇女及其家庭当中推广一种平衡、健康的生活方式，其中包括一系列营养补充剂、体重管理系列产品，以及治疗性产品。雅芳与国际健身行业的特许经营领导者 Curves 合作，帮助妇女在外观和内在感觉方面都达到最好状态。通过此次合作，雅芳 Wellness 将提供一系列 Curves 品牌的运动录像和 DVD、健身服装、配件以及舒适合脚的鞋子来支持一种积极的生活方式。

最后，雅芳向 600 万个独立销售代表提供技术支持。电子订货系统可以使销售代表更有效地开展他们的业务并提高订单处理的准确性。雅芳代表利用互联网实现其业务的电子化管理。在美国，雅芳的销售代表使用一个名为 youravon.com 的在线营销工具。这个网站有助于销售代表通过建立个性化的网站（与雅芳合作开发建立起来的）实现在线销售，从而开展自己在雅芳的独立业务。雅芳的电子代表可以推销特别的产品，选择特定的顾客群体，在网上下订单并对其跟踪，利用电子邮件分享产品信息、销售技巧以及营销奖励。

资料来源：www.avoncompany.com; Avon Annual Report, 2009; www.avonfoundation.org.
This case was written by Barton Weitz, University of Florida, and Hope Bober Corrigan, Loyola College, Maryland.

讨论题：
1. 为什么雅芳如此致力于多元化？
2. 选择另一个同样重视多元化的零售商。对多元化的投入如何影响其财务业绩？
3. 什么样的价值观有助于雅芳即使在 125 年后仍然不失为一家成功的公司？

案例15
CASE 15

丝芙兰的忠诚度计划：法国和美国的对比

丝芙兰是一家美容产品零售连锁店，该店于 1970 年由法国的多米尼克·曼多诺（Dominique Mandonnaud）建立，如今则在酩悦·轩尼诗－路易·威登（LVMH）这一世界领先的奢侈品集团旗下。丝芙兰的自助式服务商店里既有那些经典的品牌，也有刚刚兴起的品牌，还有丝芙兰的自有品牌。其涵盖的产品品类非常广泛，包括皮肤护理、染色、香水、身体及头发护理。

丝芙兰在世界范围内无处不在。它在全球 27 个国家约有 1 300 家门店，仅在北美洲就有 300 多家门店。1998 年，丝芙兰在纽约开设了其在美国的第一家门店。从 2006 年开始，丝芙兰入驻一些彭尼百货的商店。这些商店面积大约在 1 500 平方英尺，略小于其常规店面，带有典型的丝芙兰形象特征以及可校订的产品分类。该公司分别在 1999 年与 2003 年于美国和加拿大推出了其网上零售店，就其销售额与产品和品牌系列来说，这是丝芙兰在北美最大的商店。

美国的忠诚度计划：丝芙兰美容内幕

2007 年，丝芙兰在美国推出了被称为"丝芙兰美容知情者"的顾客忠诚度计划。当客户注册参与了这一计划后,她们便成为一位"美容知情者",并且会收到一张会员卡。当她们购买产品时,无论是在线下还是线上,都会获得额外积分。每花费一美元,就会有一个积分被添加到客户的"美容知情者"账户上。这些积分奖励分为两个层次:100 和 500。当积分达到 100 点时,她们不一定非得使用。相反,她们可以选择将其积累到 500 点。100 点积分水平的奖励是一个样本大小的产品。而 500 点积分的奖励则是一个限量版、全尺寸产品,并且只提供给那些美容知情者。丝芙兰通常在销售点展示三种频繁变动的奖励。这些奖励在丝芙兰的彭尼百货店里无法获得——即使顾客的积分是在那里累积起来的。"美容知情者"还会收到只让她们参加的特殊活动的邀请。在丝芙兰知情者的网络账户上,顾客也会收到不向一般大众提供的产品的特别优惠。最后,每一个知情者每年都会收到一个免费的生日礼物。去年的礼物是一瓶私人订制的 Philosophy 洗发水,该洗发水是定制设计的,以祝贺顾客生日快乐。知情者可以在其出生日期的 14 天内光顾某个实体商店或在网上进行预订,便可以得到这个生日礼物。

2009 年,丝芙兰推出"V.I.B"("非常重要的美容知情者")计划,这是针对其美国的"美容知情者"推出的高水准计划。顾客如果每年在美国和加拿大的丝芙兰店里(包括丝芙兰门店和丝芙兰在彭尼百货的商店)花费至少 350 美元,即可成为其"V.I.B"。成为 V.I.B 除了能得到常规的"美容知情者"的好处外,还包括豪华的产品试样、专享每月额外津贴和礼品,获得预发布的产品、活动邀请、一个 10% 的优惠邀约,以及特殊折扣(他们最近推出了为期一周的 85 折折扣)。V.I.B 则需要每年至少购买价值 350 美元的产品。

法国的忠诚度计划

尽管竞争激烈,丝芙兰仍是法国最大的香水及化妆品连锁店。丝芙兰的法国忠诚度计划始于 2003 年,该计划提供特殊产品、专享信息,以及在全国丝芙兰店及其网站上皆可获得的个性化美容产品。该计划有三个层级——白卡、黑卡和金卡,在欧洲有 800 万个会员。

作为尝试与客户建立关系的第一步,白卡提供给在实体店内对之提出要求或在线上申请的任何人。这是客户关系的第一级。在线上或线下商店完成四次产品购买之后,顾客在下一次购买时就会得到一张 9 折的优惠券。

当顾客在一年内至少购买四次或至少花费 150 欧元之后,她们会自动获得丝芙兰黑卡,这是中级的计划。每当购买四次或者赢得 150 个积分之后,丝芙兰黑卡客户都会获得 9 折的优惠券(每花费 1 欧元得到 1 个积分)。她们也有机会获得特别的、个性化的奖励,比如邀请参与特殊的丝芙兰节日,获得样本尺寸的生日惊喜、一个 8 折的折扣、消费者最喜爱品牌的特殊折扣、特别的礼物、美容创新的最新信息,以及基于顾客皮肤类型或化妆风格而提供的个性化服务。

金卡是最高级的计划。该计划是专门为那些每年至少花费 1 500 欧元的顾客提供的。除了享受黑卡的好处以外,丝芙兰金卡用户能够获得专属的私人减价销售、一个顾客选择的(无论是线上或者线下)全尺寸的生日礼物、丝芙兰网站的免费送货、每个月免费进入丝芙兰店内的美容吧一次(顾客可以得到一次化妆服务及接受丝芙兰特训的销售人员的建议)、专享的美容资讯、私人热线、一个非常投入的售货员或导购员的服务，并且可以进入丝芙兰精品店，在那里她们可以用 1 000 积分在几个限量版丝芙兰金卡礼品里进行选择。自 2012 年以来，金卡持有人必须购买至少 700 欧元的产品才能重新获得该资格。如果购买金额降到 700 欧元以下，他们就会被随之降到黑卡级别。

资料来源：http://hittingpan.tumblr.com/post/4962507405/7-reasons-forjoining-sephoras-beauty-insider; http://savingslifestyle.com/2010/08/ sephora-beauty-insider-rewards/; www.sephora.fr; www.sephora.com; Astrid de Montbeillard, "Sephora," *Relation Customer Magazine* 86 (April 1, 2010), www.relationcustomermag.fr/Relation-Customer-Magazine/Article/SEPHORA 37070-1.htm.

讨论题：
1. 识别公司实施忠诚度计划的好处。
2. 一项有效的忠诚度计划的设计特点是什么？
3. 一个分层级的忠诚度计划（比如丝芙兰的忠诚度计划）的好处有哪些？
4. 描述丝芙兰在美国和法国的忠诚度计划的设计特点。其主要的区别是什么？哪个忠诚度计划在发展客户忠诚度方面是最有效的？为什么？
5. 丝芙兰的法国和美国的高级计划值得他们提供奖励来回报客户吗？为什么这两个计划都有时效性，而且对顾客每年的花费都有具体的要求？
6. 在法国实施的高级忠诚度计划是否能够适应美国市场？请做出解释。

案例16
CASE 16

吸引 Y 一代参与零售职业

Diva 品牌

Diva 公司是一家集中于快速时尚首饰及配饰的专卖零售店。该品牌起源于澳大利亚，但最近几年加快了其国际化扩张的步伐，现在在美国、俄罗斯和欧洲都能看到该品牌的商店。Diva 主要位于购物中心内，在高街区位也有一些商店，并总是将店址设在流行性服装集中的区域或其附近。Diva 的店面总是很干净、简单而又明亮，反映其针对年轻群体（主要是那些 15～25 岁的女性）的快速、时髦及充满活力的产品范围。Diva 的市场定位是将其视作澳大利亚唯一的时尚饰品/头发配件专卖零售商。

由于最近的快速扩张，Diva 的员工数量也显著增加了。然而，Diva 也面临着吸引和留住有经验与有才干的员工的问题，特别是那些"Y 一代"的人才。为了试图解决这一问题，Diva 实施了一些内部人才政策，这些政策旨在提供一个差异点以使自己成为可选择的雇主，包括：

- 培训计划/工作坊以弥合技能差距。
- 高级店面经理的职业发展计划。
- 高级大区经理的领导力发展计划。
- 针对特定角色提供增加的"工资包",以吸引人才/技能。
- 全球扩张,提供新的职业进阶发展。

劳动力的代际差异

主要的人口特征和生活方式问题,如人口老龄化、生育率下降、延迟退休、不断上升的劳动力参与率以及较高的预期寿命等,使得亚太地区的劳动力人口陷入了低谷,包括年轻人所占的比例越来越小,而成熟工人的人数则越来越多。这一问题又由于萎缩的人才库以及零售不被成年人视为一个职业选择的事实而进一步加剧了,因为他们眼光有限,认为这个行业"除了卖东西",没有什么职业前途。

虽然有研究确认这一问题是目前零售业中的典型问题,但是对于如何有效地处理工作场所的代际多样性问题尚不清楚。虽然这不是一个新出现的问题,但是,最终将由更广泛的年龄组承担专业区分度不高的工作。过去都是老员工担任高级管理职位,而年轻人则承担前台或现场的职位。然而,今天,来自所有年龄组的工作人员在某个项目上一起工作的情形已经很常见,不同年龄组的人可以担任同样等级的职位,年轻的员工可能管理老一代员工。值得注意的是,如果管理不善,代际影响可能会导致雇主和员工之间的冲突,从而影响工作场所的生产力与士气。

因此,零售行业以及其他许多行业的组织需要识别和采用最佳的方法来吸引与留住各个零售部门的员工,在培养有潜力的年轻员工的同时,也要优化成熟员工的各种经验。这其中包括理解每一代人及其独特的看法、沟通方式以及工作风格,以向他们提供量身定制式的支持。每一代人都有其不同的工作观点(包括对什么是一个有吸引力的工作环境的定义、领导素质以及首选的团队合作的方法)以及独立的信息处理风格。例如,"Y一代"相信流动性的工作模式和有影响力的工作条款与条件。相反,婴儿潮一代以工作为生活的主要保障,而"X一代"的价值观则在于寻找工作和生活之间的平衡。婴儿潮一代是指各国的生育高峰期。"X一代"是指出生于20世纪60年代中期至70年代末的一代人。

"Y一代"

出生于1981年和2000年之间的是"Y一代",由于其人口数量以及近期或即将到来的劳动力涌入的零售就业前景,这一代的成员成为Diva关注的关键市场之一。虽然各个组织花时间了解过婴儿潮一代和"X一代",但是确定"Y一代"成员的需求一直颇具挑战性,特别是当考虑到他们截然不同的价值观的时候。这点对于"Y一代"显得尤为重要——鉴于零售行业中存在大量的职业机会。为了更好地了解"Y一代"独特的职业动机、感知及其强烈的愿望,我们对曾在大学主修商务专业且目前在零售业工作的学生以及曾在高中阶段学习过零售相关课程且目前在零售业工作或有兴趣从事零售业的学生开展了一系列焦点小组访谈。

就对从事零售方面的工作而言，我们的研究发现零售不被"Y一代"视为一种职业选择。这主要是因为零售业中包含的"只是一个出纳员"的感觉限制了（或者没有）其职业路径，因此其仅仅是一个短期的就业解决方案，而且往往有很多困难的境遇（例如，工作时间长，重复工作，薪水较低）。还有一个相关的顾虑是：从事零售行业在一般公众眼中被视为没什么声望。

尽管有这样的问题，仍然有不少因素（除了财务回报）使得"Y一代"愿意在零售行业工作，这些因素包括改善个人的社会生活和扩大朋友圈，以及在学习和遵循某种特定的激情（即时尚）的同时获得工作经验。"Y一代"也在其报告中指出了他们各种各样的职业理想，这些理想与他们学习过的课程或科目基本一致。撇开很少有人将零售作为他们的头号职业选择这一事实，他们对某一职业具有强烈愿望的某些需求，如市场营销、人力资源或者采购等，是可以通过加入零售业而得以促进的。

"Y一代"注重自我的提升，也表示能在组织提供的持续学习的环境中找寻到工作的乐趣；他们想要参与组织的愿景和使命，渴望工作场所的流动性和灵活性，并寻求即时满足。相比较上一代而言，"Y一代"的成员也依靠系统反馈和不断增强的正面价值而加速蓬勃发展。这就是"Y一代"从多年的高等教育中得来的加速职业生涯发展的强烈欲望并对从组织阶梯的底层开始起步进行质疑的主要原因。

资料来源：This case was written by Sean Sands and Carla Ferraro, Monash University, Australia.

讨论题：
1. Diva应该如何揭开事情的本质以使潜在的"Y一代"员工意识到那些存在于"商店销售员"之外的职业机会？
2. 为了试图吸引和留住员工，Diva贯彻了一种学习型组织文化。讨论对于"Y一代"而言，这一战略可能的优点和缺点。
3. 举例说明其他组织（甚至那些非零售组织）是如何吸引"Y一代"劳动力的。Diva从这些组织中可以学到什么？

案例17 CASE 17

Active Endeavors：分析顾客数据

Active Endeavors是一家户外服装和配件零售商，位于艾奥瓦州的艾奥瓦市。该店从事当地业务，并已经营了13年，以其高质量和产品创新而赢得声誉。它的目标市场是那些高收入并对户外活动和旅行感兴趣的个人。

该店的创始人肯·斯图尔特（Ken Stuart），因利润和竞争加剧（特别是由于互联网的出现）而备感压力。他试图以新产品和广而深的分类在竞争中独占鳌头，但他认为利用客户的交易数据有可能是一个提高商店市场地位的机会。该商店有客户的交易记录，包括客户名称和地址、交易日期、产品和数量，以及购买价格。他在考虑使用交易数据来设计并且直接向目标客户发送邮件来推出活动以增加客流量。

肯利用 RFM 分析法分析了客户过去的购买行为并将客户分为六组（见表 C17-1）。该分类的临界数字对该商店来说是很独特的。他现在正在考虑客户档案，并在思考用它来做什么。

表 C17-1　基于购买历史的顾客分类

顾客组	购买时间远近	购买频次	金钱数额
1	过去 3 个月内购买	购买了 4 次及以上	购买金额 337.63 美元或更多
2	过去 3 个月内购买	购买了 1 次	购买金额 18.90 美元或更少
3	过去 3 个月到 1 年之间内购买	购买了 4 次及以上	购买金额 338.63 美元或更多
4	过去 3 个月到 1 年之间内购买	购买了 1 次	购买金额 18.90 美元或更少
5	1 年前购买	购买了 4 次及以上	购买金额 337.63 美元或更多
6	1 年前购买	购买了 1 次	购买金额 18.90 美元或更少

资料来源：This case was written by Edward Rhee, Stonehill College.

讨论题：

1. 描述每一组客户的类型。
2. 你会建议 Active Endeavors 做些什么以从每组客户中获得更多的业务？

案例18
CASE 18

新管理层下的梅尔百货商店

埃莉斯·威克斯特龙（Elise Wickstrom）最近被提升为梅尔（Mel's）百货儿童部的部门经理。梅尔百货是一家中等规模的百货连锁店。埃莉斯在对这个机会感到兴奋的同时，心里也很清楚自己面临的挑战，因为这个部门不仅仅涉及服装，还包括玩具和鞋类，并且每个品类都有截然不同的销售计划和利润率。她急于向管理层展示自己是这个岗位上的合适人选！

梅尔百货的历史沿革

由于大型连锁店的迅速发展，梅尔百货商店在旧管理层时代的经营陷入举步维艰的局面。这些大型连锁店对梅尔百货的业务真的伤害太大了,因为这些大集团增加了对供货商的购买力,使他们能够不断地低估梅尔百货。互联网的出现也使梅尔百货的经营不断恶化。(互联网可以使)消费者轻松地比较价格,而且其一周 7 天、一天 24 小时的购物便利也是梅尔百货很难匹敌的。之后梅尔百货开始通过降价来保持竞争力。利润受到侵蚀,并且业务销售额也没有增加。

最近新的管理层接管了梅尔百货,对其进行了改造。每家商店的照明和布局都得到了改善。店面外部进行了刷漆和更新。有了这些改进以及令人耳目一新的思维后,该连锁店还进一步改变了其商品分类,包括更新颖的外观和更独特的产品。此外,他们还对整个员工队伍进行了重新培训,现在不仅鼓励高水平的客户服务,而且还对这种行为给予奖励。梅尔百货希望这些变化会降低价格压力,让它提高其维持加价百分比。

儿童部

在这一新的计划下,埃莉斯被要求坚持以下的初始和维持加价百分比(如下表所示):

	初始加价	维持加价
软商品 / 服装	60%	34%
鞋	54%	33%
玩具	45%	25%

埃莉斯刚从 FUNWEAR 公司收到她的第一批货物。FUNWEAR 是梅尔百货最大的独特孩童牛仔裤女裤的供货商。其手绘图案和宝石点缀非常可爱,是真正为该部门带来客流的驱动力。该供货商对梅尔百货的所有货品都进行了标记,这使得埃莉斯一收到货就可以将它们快速地放到销售楼层。埃莉斯想确保标签是正确的。下面是发票上显示的信息:

	货品描述	零售价(标签,美元)	成本(美元)
200 单位	水洗牛仔裤	30.50	16.00
100 单位	宝石点缀牛仔裤	43.75	17.50

资料来源:This case was written by Beth Gallant, Lehigh University.

讨论题:

1. 鉴于其软商品的目标市场,这些标签价是否正确?如果不是,最初的零售价格应该定为多少以获得其 60% 的最低初始加价百分比?
2. 中午又到了另一批货。这批货来自 SNEAK HERS 供货商,提供假日前的一批运动鞋。埃莉斯注意到高帮运动鞋没有贴标签,需要为商品上架进行定价。她让同事计算一下零售价格。发票上表明的成本是 8.75 美元。鉴于埃莉斯的加价目标,最初的零售价格应该定为多少?
3. 埃莉斯一直在对销售过程进行分析,她发现返校季 T 恤衫销量不佳,而在接下来的两个星期她定的毛衣就要到货了。她决定对这批 T 恤衫进行降价销售,以便为即将运到的货物腾出空间。该 T 恤衫的成本是 2.25 美元，他们以 62% 的加价上架销售。如果埃莉斯对其降价 33%，那么新的销售价格是多少？

4. 6 周过后，埃莉斯对 FUNWEAR 的水洗牛仔裤进行销售分析。她对初始的 200 个销售单位有如下发现：

- 50 个单位是按照初始零售价格进行销售的
- 34 个单位是对初始零售价格减价 38% 进行出售的
- 116 个单位是对初始零售价格减价 44% 进行出售的

她平均的维持加价百分比是多少？达到她的目标了吗？解释为什么这是可能的。

5. 利用问题 4 中给出的信息，向管理层解释采取多次降价促销以及为什么要和计划进行比较。

6. FUNWEAR 是梅尔百货的一家长期供货商。它提供了降价资金来帮助支付梅尔百货失去的毛利。它为什么会给埃莉斯提供这笔钱？

7. 埃莉斯为玩具区购买了 75 辆玩具火车，价格是 3.50 美元，然后以每个 10 美元的售价进行销售。埃莉斯正在进行一次部门的推广活动，想降低该火车玩具的价格。她可以将零售价格降低到什么程度以满足她维持加价的目标？

8. 梅尔百货想创造独特的花色品种并且提高客户服务。这一战略如何允许更好的加价百分比？这些与感知价值有何关联？

案例19

为休斯制订一个分类计划

休斯（Hughes）位于美国中西部地区，作为一家老字号的中型百货商店，公司通过突出展示各种面向个人和家庭的时尚品牌来满足顾客的需要。该店还尝试提供各具风格、品种多样的优质商品，并为顾客提供个性化的服务。这些服务涉及个人购物者，接受通过店内交易、美国运通和维萨信用卡提供的信用贷款以及一家店内设计工作室。休斯的定价战略使得该零售商可以吸引不同收入层的顾客，其目标顾客包括寻求价值含量高、流行性软性产品的中等收入消费者以及对时尚商品有特别喜好的高收入消费者。

该百货商店正在实施新的营销战略以实现持续增长和业务扩张。休斯的营销理念是吸引那些眼光独到的中间市场的顾客，这些顾客占人口总数的 70%，还有那些经验丰富、具有时尚意识的消费者，他们往往乐于购买价格充满诱惑力、高品质的名牌商品。

在休斯的采购人员中，一部分人负责室内装饰品区的东方地毯部门的采购业务。室内装饰品区品类下的采购限额数字要基于上一年的销售记录确定（见表 C19-1）。

表 C19-1　东方地毯上一年度秋/冬季销售结果

销售额加价	120 000 美元 51.5%			
	尺寸	销售额百分比	质地	销售额百分比
	3' × 5'	20%	丝质	15%
	4' × 6'	40%	棉质	25%
	6' × 9'	15%	羊毛	60%
	8' × 10'	10%		
	9' × 12'	15%		

由于东方地毯越来越受欢迎，据估计，今年将比去年同期销售额增长 15%，今年秋/冬两季的采购限额将为 66 200 美元。

采购人员将在印度的阿姆利则市订购秋/冬两季的货物，该市以出产顶级地毯而闻名。采购人员会联系位于印度旁遮普地区的阿姆利则市的 Ghuman 私营出口有限公司。表 C19-2 提供了有关 Ghuman 公司的信息，供决策过程参考。

表 C19-2　Ghuman 公司批发价格列表

尺寸	质地		
	丝质	羊毛	棉质
3' × 5'	400	250	—
4' × 6'	700	500	200
6' × 9'	850	700	275
8' × 10'	1 200	1 000	350
9' × 12'	1 400	1 300	500

颜色：可用的背景颜色为海军蓝、紫红色、黑色、奶油色

采购所需数量：无最低订单要求

付款计划：付款可以用美元或印度卢比。信用证需要在进入市场前建立

交货：空运——10～14 天交货；成本通常占总订单额的 25%

海运——39 天加必要的内陆时间；成本通常占总订单额的 8%～10%

顾客忠诚度：对顾客是极其忠诚的。损坏的装货可以被退回。Ghuman 公司的理念是帮助零售商从生产线获得收益

资料来源：This case was prepared by Ann Fairhurst, Indiana University.

讨论题：

1. 制订一项从 Ghuman 采购商品的计划。
2. 考虑到可选择的地毯尺寸、颜色和质地几个方面，应该如何分配采购资金？
3. 因为是在同外国厂家打交道，休斯公司应该如何处理额外的成本问题，比如关税和运费（这些费用也要包含在采购资金当中）？

案例20

准备一项商品预算计划

B-G 是一家总部设在达拉斯的专业百货连锁店。该店定位于高端市场，大部分迎合上层－中产阶级和富裕的顾客。B-G 的店面一般都位于美国富裕的郊区和市中心的中央商业区。通过提供高质量的商品和高水平的服务，它得以促进和维护顾客的忠诚度。此外，B-G 有自己的签账卡以及一个非常宽松的退货政策。吉姆·莫里斯（Jim Morris）是该店男士运动服装的买手。商品部经理要求莫里斯为他们部门准备一份从 3～8 月为期 6 个月的商品预算计划。

去年同期 6 个月间运动服装的销售额为 100 万美元。由于广告支出的增加、通货膨胀，以及对运动服装的总体需求增加，预计今年的销售额会有 19% 的增长。同时，吉姆还预计，由于需求的增加，3 月的销售额也将增长 10%。但由于 3 月出现反季节性的温暖天气而导致预测的需求量的增加会被 4 月、5 月需求量的等量减少抵消掉，所以总销售额将保持不变。运动服装传统上一直保持着高水平的盈利性，其毛利润率为 48%。以下是过去 3 年的每月销售百分比：

	3月	4月	5月	6月	7月	8月
2009 年	10%	22%	26%	20%	13%	9%
2010 年	10%	19%	25%	22%	14%	10%
2011 年	10%	20%	24%	18%	18%	10%

预计存货投资收益的毛利润率为 350%，预测的期末存货水平为 100 000 个单位。销售减少平均占全年净销售额的 14%。其中，由降价促销造成的销售减少占 60%，给员工的折扣占 35%，商品损耗占 5%。具体来看，3～12 月扣减额的分布如下表所示：

	3月	4月	5月	6月	7月	8月
扣减额	15%	20%	20%	15%	15%	15%

不幸的是，由于最近办公室的搬迁，存货/销售比率的历史记录暂时被放错。然而，吉姆可以使用全国零售协会（NRF）关于这类商店和部门的指导方针。B-G 商店的存货周转率要稍高于行业平均存货周转率，因此必须对 NRF 的数字进行相应的调整。

	3月	4月	5月	6月	7月	8月
NRF	2.50	1.80	1.55	1.70	1.90	2.55

资料来源：This case was written by Michael Levy, Babson College, and Britt Hackmann, Nubry.com.

学生案例使用说明：

你的任务是协助吉姆准备一份商品预算计划。首先，填好 6 个月的商品预算表。你可以使用本案例所附的表格。然后，在一张单独的纸上用双倍行距写下一个简短但具体的解释，说明你如何得出以下数据：

1. 按月调整的销售分配比率。
2. 调整后的存货/销售比率。

计划数据

销售预测额 _____ $

$$\text{计划 GMRIO} = \frac{\text{毛利润}}{\text{净销售额}} \times \frac{\text{净销售额}}{\text{存货成本}} = \boxed{\$\ \ } \times \boxed{\$\ \ }$$

$$\frac{\text{销售额}}{\text{存货成本}} \times (100\% - GM\%) = \frac{\text{存货}}{\text{周转率}}$$

$$\boxed{\ \ } \text{X} \times \boxed{\ \ } \% = \boxed{\ \ } \text{X}$$

$$12 \div \text{存货周转率} = \text{B.O.M. 存货销售比率}$$

$$\boxed{\ \ } \div \boxed{\ \ } \text{X} = \boxed{\ \ } \text{X}$$

期末存货预测额 $\boxed{\ \ \$\ \ }$

降价 $\boxed{\ \ \%}$
折扣+ $\boxed{\ \ \%}$
短缺+ $\boxed{\ \ \%}$
降价总额 $\boxed{\ \ \%}$

计划

		1月	2月	3月	4月	5月	6月	7月	8月	9月	10月	11月	12月	总计（平均）	备注
月度销售分配百分比	1													100.0%	历史/预测
月度销售额	2														步骤(1) × 净销售额
月度降价分配百分比	3													100.0%	历史/预测
月度降价额	4														步骤(3) × 降价总额
B.O.M. 存货销售比率	5														月度销售波动调整
B.O.M. 存货 ($1 000)	6													预计期末存货	步骤(2) × 步骤(5)
E.O.M. 存货 ($1 000)	7														1月 EOM = 2月 BOM
月度存货增加额 ($1 000)	8														步骤 2+4+7−6 销售额 + 降价额 + EOM − BOM

案例21

克罗格和弗雷德·梅尔：在全球市场上采购产品

克罗格公司是美国最大的食品零售商之一，公司旗下有2 400多家商店，在20多个品牌名称下进行经营。这些商店包括传统的杂货店、便利店，以及约200个购物中心。其中一个商店的品牌名称是"弗雷德·梅尔（有限责任）公司"。这是一家分布于俄勒冈州、华盛顿特区、阿拉斯加州、爱达荷州的拥有130多家购物中心的连锁商店。弗雷德·梅尔公司在海外采购产品超过30年，早在1999年克罗格收购弗雷德·梅尔时就已认识到其在这方面所具有的专业知识。弗雷德·梅尔在位于俄勒冈州波特兰的总部还设有克罗格物流集团，克罗格商店几乎所有的进口产品或多或少都要经由该集团进行处理。

在其他国家（特别是亚洲），那些通过全球采购产品带来成本节约的零售商无不将物流职能视为当今极具成本意识的市场竞争的关键要素。用于支持进口产品的基础设施投资远远被由此而节省下来的产品成本所抵消。这个基础设施非常复杂，需要使用许多专业服务和人才。但是，成本不仅体现在员工的工资、办公空间和其他有形的投资上，也体现在由流程的复杂性造成的商品进口所消耗的漫长时间上。本案例研究跟踪克罗格和弗雷德·梅尔从亚洲采购产品并将其推向市场的过程。你面临的挑战将是估算为了成功实现这个过程而需要的必要时间。

这个过程始于弗雷德·梅尔的买手和克罗格的品类经理决定购买某一特定产品。试想一下，他们的一个目标是为明年的返校季购买一批灯具。弗雷德·梅尔的买手和克罗格的一般性商品品类经理现在一起去市场，因为当他们一起为两家连锁店进行同时采购时，可以实现规模经济。这使得他们能够协调采购，并做出能够创造最大协同效应的决策。他们曾在国内市场上采购，注意到了目录、报纸和网上广告，也了解到了各灯具进口商的想法。他们已经决定采购三种款式：两种台灯和一种落地灯，价格分别是9.99美元和19.99美元。为了向各个商店提供满足预期需求的灯具，他们保证要采购足够的数量。

在这一过程的初始阶段，弗雷德·梅尔的买手和克罗格的品类经理一直在和产品开发小组的产品跟单员进行合作。正是在这一点上，他们把灯具的采购交给了产品跟单员，由他们去寻找制造商。弗雷德·梅尔和克罗格与利丰集团紧密合作，该集团是"一家全球消费品采购公司，管理大批量、时间敏感型消费品的供应链"。他们还依靠美国进口商找到了亚洲工厂。产品跟单员使用这些合同书来征求这些灯具的报价单。他们向每一个潜在供货商发送产品的规格说明：视觉效果、尺寸、颜色、包装、目标交付日期、大致的数量、所需的测试，以及其他任何可用的细节。他们给供货商大约两个星期的时间来制造和提交样本货品，并填写详细的报价单。这些文件指定所有相关各方各自去做什么，何时做，以及所有行动该如何完成。

一旦收到报价单和样品，产品跟单员就会与弗雷德·梅尔的买手和克罗格的品类经理见面以评估和审查各种文件。影响他们决定的因素包括：产品质量、供货商的可靠性和产品成本。对于这三个方面，都必须认真评估，如果缺乏其中任何一个，整个程序就会存在风险。事实上，最终的决定往往是选择提供更高价格的供货商，前提是对该供货商的质量和可靠性有高度的信心。

选择了供货商之后，采购过程的下一步是创建采购订单。工厂在收到来自零售商十分确定的财务承诺之后才开始采购原材料和进行其他产品的生产制造。这是一个非常复杂的过程，涉及一些幕后支持人员。弗雷德·梅尔和克罗格购买团队都为他们各自的商店写了采购订单支票，并由克罗格物流集团进行复核后交给美国银行，再经由美国银行为厂家处理付款。

采购订单创建完成后，实际生产和运输过程才得以开始。在这个过程中，克罗格物流集团对供应链采购订单中的每一步进行监控。The Geo.S.Bush 公司，一个负责报关和国际贸易服务的供货商，现场提供了几个本地员工以确保流程遵守所有美国政府法规。这涉及四个主要机构：美国海关与边境保护局、食品药品监督管理局、农业部以及消费品安全委员会。如未能遵守这些机构的要求，则可能会导致冗长的交付过程和可能面临的罚款，所以 The Geo.S.Bush 公司必须确保所有的文书工作在产品的到达日期前五天完成。

在创建采购订单的同时，包装设计过程也开始启动。这些灯具将被包装在全彩的盒子里。该供货商将提供灯具需要的具有压模痕迹的封装模板。图形设计一般都是在弗雷德·梅尔内部完成的，利用预先设计好的模板，确保图形元素和弗雷德·梅尔的产品及执行颜色的一致性。当色彩样张的设计被制作出来之后，将会分发给买手、品类管理人员以及商品经理。一旦取得必要的批准，包装设计就通过电子邮件发送给供货商。在接近交货日期的时候，供货商被要求提供在海外印刷好的包装样品，以确保包装设计被正确执行。因为这个过程的复杂性，包装的定型有时会和产品制造需要的时间一样长。

这个过程中越来越重要的另一个步骤是产品测试。对消费者造成危害的产品如获得零售商分销可能会导致身体伤害并引致诉讼或数百万美元的法律处罚。为了避免这种情况，进口商必须了解不同材料和生产设计可能造成危害的方式，以及了解 50 个州的许多法律，以规制产品的安全性。

当所选择的供货商收到采购订单和银行安排的付款后，便可以开始实际制造该产品了。这需要获得必要的原材料、包装和生产计划。工厂致力于遵守交货时间（通常为至少90 天），为履行这一承诺，它必须与许多不同的供货商进行协调。在这个过程中可能会遇到不少障碍，因此，所有参与方之间强有力的沟通是必不可少的，这样才能确保货物及时送达。像利丰这样的代理方提供的服务之一是在不同的时间间隔对工厂进行检查。国内进口商也经常提供这些检查。检查不仅能确保货物的及时交付和产品质量，还将确保遵守相关标准（安全、童工、环境影响等）。

接下来就是安排货物运输。因为灯具是相当笨重的产品，因此不需要多少数量便可以填满集装箱。装满货物的集装箱能够确保产品从工厂门口到货运代理船只的无缝衔接。货运代理在亚洲港口装货，再运送进入美国港口，然后通过海关检查，最后到达配送中心。此外，满装的每单位运输成本比部分装满要低。当供应链中的每一个连接部分都正常运作时，从太平洋沿岸到西海岸的货物就可以在不到三周的时间到达港口。

这样的"灯具流程"很可能被计划放到弗雷德·梅尔和克罗格的一个或多个广告活动中突出展示。克罗格所有连锁店的印刷广告都需要依据交货时间（lead times）来完成摄影、生产以及印刷。印刷好的复印件应在计划好的广告日期提前四周左右完成并等待发行。供应链中的任何可能导致产品不能及时收到的延误都可能造成有广告却没产品的不幸结果，这将会引起顾客的极大失望。

当这些灯具的订单从亚洲抵达波特兰港时，它们被按照弗雷德·梅尔的订单和克罗格的订单而分开。克罗格的商品是"反装"（"trans-loaded"），用3个40英尺的集装箱装入2个53英尺的轨道车往东送到克罗格配送中心。这一步让克罗格商店增加了约两周的交货时间，但大大降低了运输成本。弗雷德·梅尔方面的订单则从该港口直接发送到华盛顿奇黑利斯的弗雷德·梅尔配送中心进行交叉转运。灯具上的条形码使它们能够被放置在传送带上，通过激光扫描仪收货，然后被机械化地传送到传送带系统末端的正确的装载点上。几个商品集装箱几个小时之内就可以被收到，并被准备装载至卡车。从这里开始，灯具将被运往太平洋西北部的阿拉斯加和加利福尼亚的各个商店。

本案例描述了弗雷德·梅尔和克罗格进口过程的最佳情形。许多复杂的情况有可能出现在以下阶段：生产、运输、海关、进口港、配送中心处理以及国内运输安排。这些复杂的情况可能会使交货时间从两周增加到两个月。只有在相关团队（弗雷德·梅尔/克罗格、美国银行、利丰或其他进口商、The Geo.S.Bush公司、制造商、制造商的供货商、货运代理和海关代理）的高度关注下，才可以使这一时间尽可能地短，并尽可能地获得成本效益。

资料来源：D. Gallacher, assistant vice president, Kroger Logistics Imports, and G. Parsons, vice president, product development, Fred Meyer, interviewed August 2, 2012. Geo. S. Bush Co. Inc., www.geosbush.com/, retrieved August 2, 2012; Li and Fung, Ltd., www.lifung.com/eng/global/home.php; The Kroger Co., *Import Shipping Manual for Fred Meyer dba Kroger* (n.d.), www.thekrogerco.com/b2b/documents/Import% 20Shipping%20Manual.pdf; The Kroger Co., *Kroger/Fred Meyer Quote Sheet*. (n.d.), www.google.com/url?sa = t&rct = j&q = &esrc = s&source = web&cd = 1&ved = 0CFIQFjAA&url = http%3A%2F%2Fwww.thekrogerco .com%2Fb2b%2Fdocuments% 2FImport%2520Quote%2520Sheet% 2520For%2520All%2520Container%2520Sizes.xls&ei = 9w8PUNqpBuejiAK95YD4CQ&usg = AFQjCNEhOmCZKVPweSTh.

This case was written by Mary Manning, Portland State University.

讨论题：

1. 你会列出哪些必需的因素来评估在海外进行产品生产的决定？列出利弊，并解释是什么促使制造商和零售商不在国内制造产品？
2. 基于本案例给出的信息，你估计进口这些灯具需要花多长时间？为这个过程中的每一步建立一组目标日期，使这些产品能够及时在计划的广告日期和销售周期内到货。
3. 产品开发团队的各个成员需要具备哪些领域的专业知识？他们之间可能出现的沟通问题有哪些？
4. 产品进口过程中有可能会出现一些道德问题。你认为可能的弱点是什么？在这个过程中，哪些地方有潜在的不道德的行为发生？

案例22

塔吉特及其新一代的合作伙伴关系

美国国内第二大零售商、位于明尼阿波利斯的塔吉特，在构建为消费者提供一些特别之处的零售合作伙伴关系方面一直是个创新者：提供那些顾客能够负担得起的前卫、时尚的家居用品和服装。除了其网站 Target.com，塔吉特在全美 49 个州有近 1 800 家店面以及与之相伴的 37 个全国配送中心，并在印度设立了一个独立的总部区位。服装和配饰的销售额约占塔吉特年销售额的 20%。

类似于其更标准化的竞争对手沃尔玛和凯马特，塔吉特提供全线折扣店种类繁多的产品线宽度，从化妆品到婴童服装，从家居用品到电子产品，应有尽有。但是塔吉特通过与一系列顶级设计师（如迈克尔·格雷夫斯和艾萨克·麦兹拉西）建立独家合作伙伴关系为自己进行独特的定位，这些设计师为塔吉特设计限量版、与众不同的产品。虽然其他零售商也与设计师合作以创建排他性品牌，例如科尔士百货与设计师王薇薇合作推出的"简单王薇薇"产品线，这条产品线在 2010 年的销售额占科尔士百货整个服装销售额的 50%，但是其他的竞争者只是靠努力维持其自身低价在市场上苦苦挣扎。

因此，与设计师建立合作伙伴关系虽然不是仅此一家，但塔吉特似乎是这一战略最优秀的实践者。1999 年，塔吉特与著名的建筑设计师迈克尔·格雷夫斯开创了其第一个零售合作伙伴关系，他设计的水壶和烤面包机因为把"设计"一词带到了家居用品上而受到人们的欢迎。自那以后，塔吉特开始与 80 多位设计师伙伴携手合作，而此举通常也受到这些设计师的欢迎，因为借由排他性品牌，这一合作也为他们带来了与大众市场见面的机会。

双方大部分的合作都限于特定的时间范围内，这样做也为提议营造了一种紧迫感和排他性。塔吉特在 2011 年推出了许多具有节假日特色的设计师品牌。如设计师格温·斯蒂芬妮设计的原宿迷你童装；艾伯塔斯·斯瓦内普尔设计的帽子；Dana Kellin 设计的珠宝系列产品。无论是在有限的抑或更长的时间内，这种伙伴关系一直以适当的价格提供高知名度的品牌，从而帮助该零售商提高收益。

塔吉特与米索尼（Missoni）的合作引起了很大的轰动。当这个著名的意大利时装品牌商同意为塔吉特创作一个系列产品时，整个时尚界都为之震惊。这家大型美国零售商与其他销售米索尼昂贵的针织品和服装的高档商店恰恰相反。塔吉特通过 Facebook、其他社交媒体网站以及一家曼哈顿的快闪店向时尚编辑、名流和其他的米索尼消费者发布公告，这些公告极大地激起了公众的兴奋感。

当然，这样的兴奋也会引发问题。塔吉特在其网站推出米索尼后，消费者一窝蜂似地点击抢购那些由设计师设计的服装，导致该网站瞬间瘫痪。虽然在吴季刚（Jason Wu，为米歇尔·奥巴马设计了著名的 2010 年就职礼服的设计师）推出其产品线时，该网站对其进行了保留，但很多商店都报告了其几乎一售而空的情况。更让顾客震惊和惊愕不已的是，有一对夫妇突然冲进了迈阿密的一家塔吉特商店，将零售楼层中的整个系列一抢而空。

虽然塔吉特从米索尼的这个失误中吸取了教训，但在2012年又遇到了一系列新的问题。塔吉特与内曼·马库斯奢侈品专卖店进行合作，同时推出好几条2012年假日季产品线。该系列包括马克·雅可布、奥斯卡·德拉伦塔以及黛安·冯芙丝汀宝设计的产品。虽然他们预期此次的受欢迎程度与之前的米索尼产品应该相似，但是实际的效果令人大跌眼镜，塔吉特最后需要将该系列的产品降价近70%来处理存货。那么，问题出在哪里呢？也许是设计师想保护自己的品牌形象，所以他们发布的产品并不是其为人所知的产品。结果，托里·伯奇设计的是热水瓶，黛安·冯芙丝汀宝设计的是瑜伽垫。另外，塔吉特也可能高估了其市场，以致一条围巾的售价高达70美元。正因为发生了这些事，塔吉特失去了其大众市场吸引力。

现在，塔吉特创造了一种新型的零售合作伙伴关系模式来向顾客提供独特的产品。通过一种被其称为"塔吉特商铺"的"店中店"倡议，塔吉特直接与小型的专卖店及精品店进行合作，提供限量版商品，这些商品从狗的饼干到老式家具，价格从1.99美元到159.99美元不等。

"店中店"——设计师的品牌化专属空间，在别处也已被证明是一个成功的战略。例如，梅西百货有拉尔夫·劳伦精品店；布鲁明戴尔百货有香奈儿精品店；彭尼百货，一个与塔吉特相近的竞争对手，也拥有丝芙兰精品店和其他的设计师品牌。

"塔吉特商铺"合作正在推出一系列为期六周伙伴关系的活动。第一轮的推出时间是2012年，塔吉特选择了五家独立运营的专业店：Candy商店Cos吧化妆品店、波尔卡狗面包、女贞路家饰品店以及迈阿密的一家高档服装店Webster。这五家店一起通过塔吉特旗下的将近1 800家实体店尝试对全国市场发起冲击，更不用说塔吉特网站了。由此，塔吉特计划与新的精品店重复这一活动，但仅就初始小组而言就已经为其线上和店面存货增加了近400个新的排他性产品。

因此，塔吉特的顾客已经期待一股稳定的新设计师独家品牌潮流，同时期待在下一个过道就会有独特的甚至是不可预测的产品出现。现在这家大型商家希望借由其新的专卖店–商铺合作，使顾客的兴奋度保持下去。与此相随的问题将是：塔吉特在用新一轮的精品店提供的惊喜吸引更多消费者的同时，能否稳定保持那些将其提供的"便宜时尚"称为"Tarzhay"的忠诚消费者的重复光顾。

资料来源：Target.com, "Corporate Overview," http://pressroom.target. com/pr/news/corporate-overview.aspx; Jessica Wohl, "Target Hopes Exclusive Designer Deals Boost Sales," *Reuters,* August 2, 2011; Mary Catherine O'Connor, "Target Shoppers: Say Goodbye to Michael Graves' Budget-Friendly Design," *smartplanet,* February 16, 2012; Target.com, "Target Unveils New Design Partnership Program," January 13, 2012; Emanualla Grinberg, "'Missoni for Target' Line Crashes Site," *CNN.com*, September 13, 2011; "Jason Wu for Target Apparel Sells Out in Hours," *ABCNews.com*, February 6, 2012; Ashley Lutz, "Why Target's Neiman Marcus Collaboration was a Horrible Flop," *Business Insider*, January 3, 2013.

讨论题：

1. 评估消费者期望在塔吉特作为一家主要折扣店零售商取得成功中所起的作用。
2. 塔吉特的新型零售合作伙伴关系模式与其长期的和顶级设计师合作关系有什么区别？两

者各自的相对优势是什么？
3. 如何解释塔吉特吸引顶级设计师及高端专业商店作为其零售合作伙伴的能力？

案例23
CASE 23

美国家具仓储城进行全球采购

　　1975年是自1973年伴随着接踵而至的阿拉伯石油禁运和理查德·尼克松辞职事件而出现衰退的末端之年。同年，杰克·雅布斯（Jake Jabs）接手了位于科罗拉多州丹佛市的美国家具公司（American Furniture Company），将其更名为美国家具仓储城（American Furniture Warehouse，AFW），并开始将它变成一个大批量折扣家居用品零售商。雅布斯为克服时艰做出的反应与消费者产生了共鸣：紧缩的钱包，工作不稳定，不断飙升的能源成本，由于婴儿潮一代自立门户而产生越来越多的家庭数量，以及对一般性产品的更大的接受性。雅布斯是一位经验老到的家具零售商，并且经营自己的家具制造公司。雅布斯当时尚不知道全球采购即将成为他的公司用来为展示间备货的杰出方式。

　　快速发展到现在，消费者的口味变化越来越快。他们比以往任何时候都有更高的标准，并且会讨价还价。作为一个天生节俭的人，杰克·雅布斯乐于在维持低的管理费用的基础上向公众提供高价值。

　　雅布斯是一位首席执行官，但他没有雇用高管。公司也没有副总裁或执行副总裁这样的头衔。该公司是家族企业，不受股东的高利润要求或需要完成季度目标的限制。没有了来自这些实体的压力，美国家具仓储城一直在持续增长和繁荣。雅布斯痴迷于各种保持低价格、高质量以及现货的想法。

　　来自美国整个西部的人们都会去逛美国家具仓储城的大卖场。他们被其价值观所吸引，并希望美国家具仓储城能够在靠近他们的地方也开设陈列店。但到目前为止，美国家具仓储城更愿意做一个区域性的参加者。其采购也是基于科罗拉多消费者的喜好和消费潮流而做出的。

　　美国家具仓储城秉承的一些原则包括：努力提供最低的价格和最好的保证，雇用无压力的销售人员，提供最佳展示和货品选择，雇用每周工作七天的谨慎、细心的配送人员，提供优秀的产品信息和顾客服务，现场维修商品而不是将任何产品都运回厂家。

　　在38年的运营过程中，美国家具仓储城在全球范围内建立了强有力的供货商关系。事实上，美国家具仓储城从30个不同的国家采购货物。其主要贸易伙伴包括马来西亚、印度尼西亚、中国、越南和墨西哥。它在亚洲有一个采购办公楼。就供货商带着样品不辞辛苦地从距离250英里远的地方赶到一家国外的采购办公室这点来看，美国家具仓储城可谓声名远播。美国家具仓储城屈指可数的几个采购人员要求供货商在指定的日期和时间赶到买方处，从而最大限度地为自己争取时间；买手不再需要通过艰苦的远行前往距离较远的国家进行购买。相反，他们将时间有效地花在美国的批发市场中心和贸易展览上，并且其大部分时间都在美国家具仓储城的采购办公室工作。

美国家具仓储城面临的困难之一是要竭力与周围各中心制定用于安排和新的供货商会面时间的各种指南。美国家具仓储城极高的声誉是众所周知的，供货商也强烈要求与杰克·雅布斯及其团队预约，以便在其有限的市场和贸易展销会上会面。

发展中国家的许多工厂与那些附近发达国家的工厂相比，其成本结构更低，原因在于其不太严格的政府法规、工资较低，以及较少的工人福利。外国工厂通常专注于将一两个货品制造好，而不像在美国那样不停地变换流水线上的产品。生产一两个货品的流程虽然缺乏灵活性，但更具成本效益。

由于美国家具仓储城的销售量太大了，所以它能够进行批量采购。公司从国外直接进口装满货物的集装箱。其买手走遍全世界以找到最好的交易。因此，买手往往能够通过谈判将价格降低到只有竞争对手的30%～60%。而这部分是由于订单的规模及其运送方式决定的。美国家具仓储城有时会提前支付货款以获得更好的价格，并且它有一个及时付款的政策，这是生产厂商最为尊重和看重的价值。杰克·雅布斯正在探索其能够使购买过程有所不同的其他方式。

有个例子可以说明美国家具仓储城是如何创造性地解决问题来降低成本的。该公司自己制作办公椅，这样可以大大降低运费。花园里的各种硬木餐桌椅可以在国外加工，然后在美国家具仓储城进行散件组装，这样做比起直接从国外运送已经组装好的成品，成本要低得多。通常，一个标准尺寸的集装箱里可以放1 000个组装餐桌椅。而美国家具仓储城以散件形式采购4 000件一模一样的餐桌椅，并将它们放在相同的集装箱中。它向国内的工人支付约2美元/套对这些餐桌椅散件进行组装，这样就能够以低于其他椅子零售商（以批发价支付）的价格进行零售了。

还有另一个能够说明美国家具仓储城降低成本的创造性解决方案：其需要交付的商品都是由毯子包裹的，而不是纸箱包裹。不仅毯子可以被重复使用，而且不把商品放在纸箱里在一开始可以节省近5%的总采购价格。一旦货物抵达两个配送中心中的其中一个，就会被立即运送至产品展示间。

美国家具仓储城的一项政策是不将商品返回工厂。如果有什么东西坏了，它的120个训练有素的维修技术人员就可以现场修理几乎任何他们会遇到的问题家具，而收费仅为几个便士。因为它没有退货政策，因此如果发生了采购失误，美国家具仓储城就会对该货品进行降价销售。由于美国家具仓储城没有退货过程，仅仅由于这个原因就使得供货商向美国家具仓储城提供低于其他零售商15%的价格。

墨西哥的工匠制作各种配件，然后通过卡车装载运输、销售到美国家具仓储城。最近，配件品类部的买手收到墨西哥政府的邀请。她正在指导一批工匠，告诉他们制造什么样的货品才会对科罗拉多市场具有吸引力。因为美国家具仓储城采购的是散装货品，因此公司在类似货品上相比竞争对手可以节省50%的支付费用。杰克·雅布斯很想在其他国家、其他产品品类上复制这一流程。他正在斟酌做这件事的最好方法。

美国家具仓储城正在从那些新的、蓬勃发展的供货商（其他零售商可能还没发现）的身上寻找机会。这一战略既有风险也有回报，但总体来说，美国家具仓储城发现回报将大于风险。

资料来源：Jake Jabs, *An American Tiger: An Autobiography* (Denver, CO: 2000); conversation with Jake Jabs, October 9, 2009, in Parker, CO.
This case was written by Lexi Hutto, The Metropolitan State College of Denver.

讨论题：

1. 许多发展中国家的工厂都有较低的成本结构，但这往往归因于那些国家更少的工人福利和更低的工资水平。当商品来自那些劳动力实践标准低于美国人认为可以接受标准的国家时，零售商和购物者该如何权衡道德考虑？购物者真的很关心半个地球之外的世界各地的工人吗？还是说他们更关心的是有多少钱从他们自己的口袋里流出了？
2. 世界是我们的市场。美国家具仓储城采用全球采购、多种谈判战术并且转换其通道任务以保持尽可能低的成本。列举美国家具仓储城用以保持其低价格的各种战术。一个家具零售商可以使用的用以保持零售价格的其他战略和战术有哪些？
3. 美国家具仓储城应该采用哪些标准来决定是否应该与某个新的供货商会面？美国家具仓储城如何将自己与最大供货商的一些可能最好的做法用到新的更小的供货商身上？它可以采用什么样的战略或创新来提高采购人员的生产力？

案例24
CASE 24

顾客对彭尼百货的减价促销上瘾吗

彭尼百货简史

彭尼百货是一家中端市场百货商店，主要销售男装、女装、儿童服装和家居用品。在20世纪初期，詹姆斯·彭尼在怀俄明州的凯墨勒市创办了这家名为彭尼的公司，该公司最初被称为黄金规则商店。彭尼先生的经营理念是公平、诚实地对待顾客，这一理念建立在这样一条黄金规则上：像希望别人对待你那样地去对待别人。

彭尼百货的理念和创新性的营销实践迅速取得成功。1971年，彭尼百货在全美经营超过2 000家商店，年收入超过50亿美元。彭尼百货是建立商店品牌商品的先锋。其发展起来的商店品牌包括Towncraft（男子运动服产品线）、圣约翰湾（St. John's Bay，休闲男装和女装产品线）以及沃辛顿（Worthington，礼服鞋产品线）。

变幻的零售格局

但是，到了20世纪90年代，一些竞争对手开始纷纷侵占彭尼百货在中端市场上的地位，包括梅西百货、科尔士百货、塔吉特以及沃尔玛。塔吉特以其便宜而时尚的定位成功地占领了年轻人市场，而科尔士百货则通过以合理价格提供名牌商品而将自己定位为消费者可负担得起的高档百货商店的替代品。竞争对手的成功导致彭尼百货损失惨重，到2012年，彭尼百货商店的数量已经减少到1 100家。

2007年开始的大衰退也挫伤了彭尼百货。其年收入从2007年的199亿美元下降至2011年的173亿美元。在同期四年间，收入从11亿美元下降到净亏1.52亿美元。这些损失导致彭尼百货的股票"跌跌不休"并加速了其产品目录渠道的关闭。

新管理层及剧变

2011年6月，由于销售不景气，彭尼百货的董事会解雇了首席执行官迈伦·厄尔曼三世（Myron Ullman III），并由罗恩·约翰逊（Ron Johnson）接替他的位置。罗恩·约翰逊是苹果公司前高管，曾担任塔吉特的销售总监。约翰逊于2011年11月就职。

在分析了彭尼百货的运营模式后，约翰逊发现了一些非常发人深省的事实：接近3/4彭尼百货的商品以50%或更大的折扣出售。约翰逊的研究小组还发现，彭尼百货在2011年开展了590次促销，这大大抬高了经营费用，同时也削弱了维持盈利的能力。然而，这些深层次的折扣和沉重的促销活动并没有带来强有力的顾客忠诚度。约翰逊分析的数据表明，平均每个彭尼百货的顾客一年仅消费四次，这清楚地表明彭尼百货的高/低定价并没有在消费者中产生较好的收益。2011年第二季度的销售和利润数目呈现平缓的增长，或者也可能是负增长。2011年第二季度可比店面销售额与2010年第二季度相比仅增长了1.5%。彭尼百货的毛利润率趋势非常令人苦闷，从2010年第二季度的32.4%下降到2011年的31.8%。相比之下，同样在2011年第二季度，科尔士的可比店面销售额却增长了1.9%。更重要的是，科尔士在2011年第二季度的毛利润率上升至40.7%。简而言之，彭尼百货商业模式的失败是因为顾客购买相对较少：他们只有在商品大打折扣的时候才去购买。

为帮助自己扭转彭尼百货经营不良的局面，约翰逊聘请了时任塔吉特首席营销官的迈克尔·弗兰西斯（Michael Francis）为彭尼百货的总裁。弗兰西斯被视为塔吉特流行且时尚的形象的缔造者之一。

2012年1月5日，约翰逊和弗朗西斯宣布了他们扭转彭尼百货业务的蓝图。他们制定的新战略的核心与彭尼百货以往实施大幅度折扣和特别事件定价的做法背道而驰。相反，降价销售将被围绕三个核心战术的"公平、公正"的定价所取代。这三个核心战术是：一个"公平"的价格，非折扣价格最低为以前的6折；一整个月的"价值"的价格，被选定的商品在整整一个月内可以打折到30%；"最好"的价格，可以在每个月第一和第三个周五使用，展现高达40%的"公平"的价格折扣。

除了在彭尼百货的定价战略上做出根本性改变，约翰逊和弗兰西斯推出了在未来四年间彭尼百货商店计划实施的新的商品推销规划和店铺布局。基本上，商店将围绕"城市广场"的主题被重新设计，每家商店都会有一个集中的城市广场，让人联想到苹果商店为了让顾客了解新产品而设计的"天才"酒吧。同时，门店被改造成店中店的布局，像Liz Claiborne之类不同的品牌店将在店内有专门的空间。一个在左上角印有JCP字样的红色方块揭示了"公平、公正"定价主题的重要性。约翰逊将彭尼百货的新定位视为对彭尼先生最初"公平对待顾客和遵循黄金法则"的再次强调和回归。

失败和放弃

市场听闻彭尼百货转变定价战略后,尽管其股票一开始出现了上涨,然而各种各样的数字却很快告诉人们另外一个事实:新战略没有与消费者产生共鸣。"公平、公正交易"的做法不仅看上去走向了失败,而且这种做法似乎正在将彭尼百货的顾客赶到竞争对手的商店中去(见表C24-1):

表C24-1　第一季度彭尼百货与其主要竞争对手的业绩对比(2012年2~4月)

	净销售额 (100万美元)	与2011年同期相比变动百分比 (%)	与2011年同期相比可比销售额百分比 (%)
彭尼百货	3.15	−20.1	−18.9
科尔士百货	4.2	1.9	0.2
塔吉特	16.87	5.9	5.3
梅西百货	6.14	4.3	4.4
T.J. Maxx	5.8	11	8

资料来源:"J.C Penney: Reinventing Fair and Square Deals," Darden Business Publishing.

彭尼百货2012年第二季度的财务业绩甚至更差,其整体及可比店面的销售额更少了,而其竞争对手(除了科尔士百货)的表现却似乎要好得多(见表C24-2):

表C24-2　第二季度彭尼百货与其主要竞争对手的业绩对比(2012年5~7月)

	净销售额 (100万美元)	与2011年同期相比变动百分比 (%)	与2011年同期相比可比销售额百分比 (%)
彭尼百货	3.02	−22.6	−21.7
科尔士百货	4.2	−1	−2.7
塔吉特	16.45	3.5	3.1
梅西百货	6.11	3	3

资料来源:Company profile data and SEC filings.

"公平、公正"概念一开始带来的糟糕业绩的一个受害者是迈克尔·弗兰西斯,他在2012年6月突然辞职。尽管"公平、公正"战略的开局坎坷不平,但约翰逊在2012年8月仍然向彭尼百货的顾客发了一封电子邮件,邮件基本重申了"公平、公正"商业模式的积极性,并表明这一政策将不会改变。

随着2012年的推进,"公平、公正"原来的版本显而易见已不再是一个可行的定价战略。2012年第三季度的销售结果给彭尼百货带来了更大的损失,与2011年第三季度相比令人惊愕地下降了11亿美元(从40亿美元降到了29亿美元)。与2011年第三季度净盈利3 800万美元相比,2012年第三季度净亏损达到2.03亿美元。分析家对其2012年第四季度的销售也不乐观,他们预测彭尼百货2012年的销售额将下降40亿美元,或近23%。

2012年8月,在最初的"公平、公正"提法推出6个月后,持续了一个月的降价计划被约翰逊停了下来,因为他觉得这太令消费者费解了。然而,2013年1月,"公平、公正"的真正反转开始了,彭尼百货宣布它将被再次运用在销售中。虽然公司声称"公平、公正"在销售中的使用频率将远远低于刚开始推出之时,约翰逊列举了有竞争力的原因,但并没有透露将会开展多少个销售活动。约翰逊拒绝将这一战略转移称之为"倒退",而把这看作一次进化。同时,约翰逊重申彭尼百货不会重蹈分发优惠券的覆辙。

随着恢复销售的决定出台,彭尼百货管理层决定通过给超过一半的商品添加新的建议零售价的价格标签来实施参考定价。为了强化为顾客省钱和提升顾客的感知价值,参考定价一直是深度折扣连锁店的主题,如 T. J. Maxx 和 Marshall's。

那么,顾客会对减价促销上瘾吗?彭尼百货会说,绝对会的。作为"公平、公正"的定价实验的一个不幸的结论,2012 年彭尼百货的股票价格下降了 44%,而其最终结果是约翰逊于 2013 年 4 月辞去了首席执行官一职。那他的继任者是谁呢?其前任 CEO 迈伦·厄尔曼。

资料来源:Paul Farris and Sylvie Thompson, "J.C. Penney: Reinventing Fair and Square Deals", Case Study, Darden Business Publishing, July 20, 2012; http://xfinity.comcast.net/slideshow/finance-companiesneverrecover/10/; Oliver St. John, "Ron Johnson Steps Down as CEO of Troubled J.C. Penney," *USA Today*, April 10, 2013; Meredith Galante, "How Ron Johnson Plans to Transform JC Penney into 'America's Favorite Store,'" *Businessindsider.com*, January 26, 2012; http://biz.yahoo.com/e/11097/jcp10-q.html; http://finance.yahoo.com/news/Kohls-Earnings-Cheat-Sheet-wscheats-1451845985.html; Farris and Thompson, "J.C. Penney: Reinventing Fair and Square Deals"; Ibid; JCPenney, "A Letter from our CEO" (e-mail), August 6, 2012; Loeb, Walter, "J.C, Penney—Ugly Results Leave More Doubt for 2013", www.forbes.com/sites/walterloeb/2012/11/09 (accessed February 11, 2013); "J.C. Penney Sales Are Back," www.cbsnews.com, January 28, 2013 (accessed February 11, 2013); Ibid.

This case was written by Virginia Weiler, University of Southern Indiana.

讨论题:
1. 什么样的环境因素促成了彭尼百货"公平、公正"口号的推出?
2. 除了"公平、公正",约翰逊还考虑过其他哪些定价战略?
3. 为什么"公平、公正"未能将彭尼百货的现有顾客联系起来?为什么许多零售商都退出了"天天低价"战略?
4. 彭尼百货有没有试图吸引新顾客?如果有,请做出描述。
5. 彭尼百货采取了什么措施(如果采取过措施的话)来增加"公平、公正"成功的机会?

怡人清香,价值几多

在过去的两个圣诞假期,高档礼品店考特尼(Courtney's)在其塑料袋内放置了一个香包，香包里面装有各种干花，散发出甜美的香气。袋子外面还系了一条漂亮的丝带，各个房屋包括店内充满了丁香花的浓郁芳香，顿时为佳节平添了怡人气息。

两年前，这种礼品香包每袋的成本为 4.50 美元。考特尼（镇上唯一一家卖这种香包的商店）以 9.50 美元的价格卖了 300 袋。考特尼的香包在圣诞节前 10 天就卖完了，而且再想去补货已经来不及了。

去年，制造商将价格提高到 5 美元，因此考特尼将其零售价提高到 9.95 美元。即使加价的幅度比上一年同期要小，但店主还是觉得 10 美元（9.95 美元）是个"坎儿"。结果，该店如期再次脱销，只不过这一次是在圣诞节前五天。而去年的销售数量为 600 袋。

今年以来，批发价格已经涨到了 5.50 美元，而考特尼门店的员工正在试图确定正确的零售价。店主再次想将价格保持在 10 美元（9.95 美元）以内，但买手不同意："我的职责是尽我所能把涨价幅度调到最高，这件商品绝对好卖，因为城里仍然只有我们一家卖这种香包，而且去年还有一些买不到香包的顾客。我觉得我们应该把价格定为 12.5 美元，这样涨价幅度可以提高 56%，如果一味控制在 10 美元以内，只会给我们带来不必要的损失，尤其是涨价幅度比去年还要低。即使有顾客会抵制我们的涨价，我们只要卖出 480 袋就能维持去年的销售额。"

店主则反驳道："这种香气是我们商店环境不可缺少的一部分，我们可以吸引人们来商店购物，怡人的香气会使顾客保持轻松的好心情，自由购物。我认为应该把价格控制在 9.95 美元，虽然涨价幅度低了点，不过只要我们在这个价格的基础上卖得更多，就能和去年一样，实现同样的销售毛利率。我认为应该进 1 000 个香包。此外，如果客人觉得我们把一件经常买的商品加价 25%，他们也许会对其他商品的价格产生怀疑，觉得不值。"

资料来源：This case was prepared by David Ehrlich, Marymount University.

讨论题：
1. 考特尼加价是由什么原因引起的？
2. 哪个价格会带来最高的利润？
3. 考特尼还需要考虑其他哪些因素？
4. 如果是你的话，你会把价格定为多少？再进多少货？

案例26
CASE 26

一次促销活动

位于华盛顿特区的一家电子消费品连锁店计划在其弗吉尼亚郊区的仓储店开展一次大型促销活动，时间定在"总统节"的三天假期期间（从周六至周一）。本次活动将对总价近 200 万美元的电子消费产品进行让利促销，占店内商品总销售额的 50%。公司希望在这三天内实现至少 90 万美元的销售额。根据该零售商以往的经验，第一天的销售额将会占到总销售额的 50%，第二天会占到 35%，最后一天则占 15%。进入店内的消费者每两个中会有一个进行购买。

此外，该零售商知道这样的促销活动往往会吸引大量的人蜂拥而至，其中有些人甚至会从 50 英里外驾车而来。这些消费者虽然来自不同的经济阶层，但毋庸置疑都是坚定的砍价高手。商品部总经理要求你作为其助理来为此次营销活动制订策划方案。你拥有以下信息：

（1）在《华盛顿邮报》上刊登整版广告的价格是 10 000 美元，半版是 6 000 美元，1/4 版是 3 500 美元。为了能在一次报纸宣传中获得最大价值，公司政策规定每次推出这样的活动都要刊登两则广告（篇幅不一定相同）。

（2）北部弗吉尼亚当地的报纸每周印刷一次，并且免费分发给 15 000 个家庭用户。其整版广告费用为 700 美元，半版为 400 美元。

（3）为了获得足够的电视覆盖率，至少需要使用 3 个电视频道，每个频道最少要播放 8 次 30 秒的广告，每播放一次的广告费用是 500 美元，需要播放 3 天或者更多天数。制作一期电视广告需要花费 3 000 美元。

（4）该零售店和 3 家电台签有合同。其中一家电台在年龄位于 25～34 岁的一般听众中拥有广泛的影响力。另一家在 18～25 岁的人群中很流行。而第三家是一个古典音乐电台，其听众人数虽然不多，但属于富裕阶层。这 3 家电台推出一次内容充分的电台宣传活动的最低花费（包括制作费用在内）分别是：8 000 美元、5 000 美元和 3 000 美元。

（5）生产并邮寄一份全彩广告传单给商店的 80 000 名收费顾客需要花费 10 000 美元。公司过去采用过这种邮寄传单的方式，其中大约有 3% 的顾客给予了回应。

资料来源：This case was written by Professor David Ehrlich, Marymount University.

讨论题：
1. 得知该公司希望采取一种混合型的媒体广告宣传来支持此次促销活动，请为产品总经理准备一项花费不高于 40 000 美元的广告计划。
2. 制作一项所有广告的日程安排。
3. 计算出投放于每一媒体所用的金额。
4. 说明你的计划的合理性。

案例27 CASE 27

利用谷歌 AdWords 瞄准目标市场

戴维·琼斯（David Jones）是澳大利亚历史最悠久的零售商，其前身是成立于 1838 年的阿普尔顿和琼斯（Appleton and Jones）。如今，戴维·琼斯旗下有很多家百货商店，这些商店大部分是在澳大利亚的省会城市。与其他零售商相似，并且尽管自19世纪起就建立了直邮业务，但是戴维·琼斯在21世纪初期亮相电子商务时还是走了一些弯路。然而，时至今日戴维·琼斯的网站（davidjones.com.au）已经成为其日常运营不可分割的一部分。

一名刚刚走出校园的大学毕业生克里斯·泰勒（Chris Taylor），负责管理戴维·琼斯的线上业务。多亏了这一网站的成功以及不断改变的媒体习惯，戴维·琼斯正在考虑使用在线广告来吸引目标顾客。由于谷歌及赞助搜索在行业中的突出地位，克里斯决定试试谷歌AdWords。

始于20世纪晚期，谷歌开发了基于用户习惯（例如输入搜索引擎的关键字）的互动广告模型。赞助搜索这个概念将在线广告与搜索引擎查询紧密结合起来。在赞助搜索（也称为付费搜索、关键词广告、点击付费广告以及搜索广告）中，广告主为搜索引擎给自己网站带来的流量付费，该搜索引擎上的广告以链接为基础、用于回应用户的搜索。因此，如果一个用户使用关键字"零售商"在谷歌上进行搜索，那些提到零售的AdWords广告就会显示出来。如果用户点击了某则广告，用户就会转到某个特定广告主网站的登录页面。

作为一个领先的搜索引擎，谷歌驱动了赞助搜索的发展，使其超越了搜索引擎结果。除了在谷歌和附属网站（例如aol.com和ask.com）上打广告之外，广告主还可以在其他网站上打AdWords广告。通过谷歌的内容网络，谷歌动态地对广告和某个网站的内容进行匹配。如果用户访问了该网站，谷歌就会向该网站所有者付费。谷歌的内容网络包括超过100个国家和20种语言的数以百万计的网站，例如英国的旅游网站"孤独的星球"和法国的电视频道M6。在美国，《纽约时报》通过自己的网站上投放AdWords广告来增收。所以，广告主可以在搜索引擎结果和数以百万计的网站上投放AdWords广告。

AdWords就是简单的四行文字广告，主要是在右栏中，在谷歌搜索结果的顶部。第一行最多25个字。接下来三行（含网址）最多35个字。表C27-1展示了戴维·琼斯AdWords广告的两个样例。可以看到除了第三行的前半段，其余文字有些相似。第一个样例中第三行的前半段是"Great holiday specials"，而第二个样例中第三行的前半段则是"Expanded Holiday Hours"。左边的广告应该能使重视价值的市场细分人群感兴趣，右边的广告则旨在吸引那些想在下班后购物的顾客。

除了简单和不可侵犯的性质之外，AdWords相比传统广告（平面广告和电视广告）的优势在于可以进行更好的市场细分和更直接地瞄准目标市场。广告主选择关键词，并搜索人群的地理位置。对于地理位置细分市场来说，戴维·琼斯可能希望其广告在重要的顾客来源市场——悉尼和墨尔本出现。

为了瞄准消费者的兴趣，戴维·琼斯可以使用如下关键词，比如："圣诞节""假日""购物"和"零售商"。但是这些关键词可能会由于内容宽泛而过于昂贵。尽管宽泛的词语可能吸引人们点击AdWords广告，但是这些点击是随机的而非直接瞄准戴维·琼斯的网购顾客。不像"每千人成本"模型那样是基于印象，这种基于关键词的情景广告是按照点击量向广告主收费的。克里斯和她的团队只想为那些目标市场消费者的点击付费。

为了使付给不想要的点击费用最小化，在线广告主会加入一些带有负面意味的关键词，例如"便宜"或"免费"。将这些负面关键词与"圣诞节"和"购物"这样的搜索词一起使用，意味着在同时输入"便宜""圣诞节"以及"购物"三个关键词后，将不会出现 AdWords 广告的搜索结果。

除此之外，广告主可以在动态拍卖中为按点击付费的广告进行竞投。当很多广告主都为宽泛的词语如"圣诞节"和"购物"竞标时，成本就会上升。因此，聪明的广告主就会竞投"圣诞节购物"，而不是"圣诞节"和"购物"。

克里斯和她的团队使用了四个谷歌网站来理解和决定可应用的内容网络、关键词和估计的关键词花费，这四个网站是：

- Google AdWords Glossary（https://AdWords.google.com/support/bin/topic.py?topic529）
- Google Content Network（www.google.com/AdWords/contentnetwork/）
- Google Keyword Tool（https://AdWords.google.com/select/KeywordToolExternal）
- Google Traffic Estimator（https://AdWords.google.com/select/TrafficEstimatorSandbox）

因为 AdWords 账户很容易设置和管理，因此就有很多测试的可能性。克里斯和她的团队想测试的主要考虑因素包括：

- 合适的关键词、关键词短语和负面关键词
- 地理细分市场
- 广告文案与诉求
- 关键词定价
- 谷歌的内容网络
- 使登录页面与 AdWord 广告文案保持一致

最后一点——登录页面引向了戴维·琼斯在线业务的关键方面，即它的网站。正如 davidjones.com.au 展示的那样，这个网站服务许多目标市场，并且提供许多产品。例如，在线访问者可以找到关于商场活动、就业、公开交易的股票、注册电子邮件提醒、结婚注册以及传统的百货商店商品（如衣服）的信息。有效的 AdWords 使广告文案和登录页面紧密结合。也就是说，广告将消费者导向了一个相关的网页，而不是戴维·琼斯的主页（davidjones.com.au）。表 C27-1 左栏的广告聚焦在节日特卖，将把访问者带到节日特卖的网页。相似地，右侧的广告则把访问者带到延长节日营业时间的登录页面。

资料来源：This case was written by Jamie Murphy, Murdoch Business School, Australia; Meghan O'Farrell, Google; and Alex Gibelalde, Google.

讨论题：

1. 登录戴维·琼斯的网站：davidjones.com.au，回顾对其的访问并在此基础上用实例来说明该主页的不同部分是如何服务不同的访客的。你会向戴维·琼斯提出什么样的建议以使其网站服务别的访客？为什么？
2. 回顾你对戴维·琼斯网站（davidjones.com.au）的访问之旅，在此基础上设计出三则独立的 AdWords 广告。

案例28

Enterprise 汽车租赁公司以人为本

北美规模最大、盈利能力最强的汽车租赁公司是 Enterprise，年销售额高达 130 亿美元。该公司拥有超过 6 000 个租车地点，使美国 90% 的人口在 15 英里内可以找到租车点。Enterprise 也在加拿大、德国、爱尔兰和英国经营其业务。

Enerprise 公司是由杰克·泰勒（Jack Taylor）于 1957 创立的，他当时采取了别具一格的战略。彼时大多数汽车租赁公司都将目标消费者瞄准那些刚刚到达机场、需要租车以解决当地出行问题的商务人士或休闲旅行者。而泰勒却选择了一个与众不同的细分市场，瞄准那些自己的车正在维修中的人、准备自驾旅游的度假者、那些需要运送家装材料的购物者、需要一辆额外交通工具给外地来客的人，以及那些因为某些原因而仅仅需用几天额外车辆的人士。

传统的汽车租赁公司往往会收取相对比较高的日租金，因为其在机场或者临近机场的租车点的场地使用费是很高昂的。此外，它们的商旅消费者对于租车的价格并不敏感，因为租车费用往往是公司支付的。同时，虽然这些临近机场的租车点对商旅消费者而言很方便，但是这种地点对于那些将自己的车放在店里维修、临时需要替代车的人来说极为不便。尽管 Enterprise 公司在机场也有自己的租车点，但是它在市中心和郊区那些临近目标消费者生活与工作的地方也设有租车办公室。该公司还在大多数地区提供就地取车和送车上门的服务。

Enterprise 也会在当地对企业家精神进行嘉奖。该公司在其员工中间培养了一种所有权意识。例如，它的管理培训计划在一开始就为每个管理培训生确定一个明确的职业路径。然后它会教导员工如何去建立自己的业务。员工的薪酬与当地经营的财务业绩直接相关。他们往往能够从租车办公室人员一步一步提升到最高级的经营管理者。

这家公司每年从上千所大学聘用 8 000 名大学毕业生，为他们提供管理培训生的职位，因为它认为大学学位本身就代表着智力和奋斗精神。这家公司聘用的并不是 GPA 最高的学生，而是那些曾经是运动员或者社交组织（例如兄弟会、姐妹会，以及俱乐部）的负责人，因为通常这样的学生具有更佳的人际交往能力，能更有效地应对 Enterprise 形形色色的顾客。杰克·泰勒的增长战略是基于提供高品质、个性化的服务，这样当顾客下一次需要租车的时候就会想到 Enterprise。杰克·泰勒经常被引用的一句话概括了他的营销哲学，那就是："照顾好你的顾客和员工，账本就不会太难看。"但是开始的时候，公司是根据销售额增长而非顾客满意度来对运营经理支付薪酬的，因此出现了服务质量的滑坡。

为了改善服务质量，Enterprise 采取的第一步行动就是设计一套被称作"Enterprise 服务质量指标"（Enterprise Service Quality Index，ESQI）的顾客满意衡量标准。由顾客填写、用以评估 ESQI 的问卷是以运营经理的投入为基础设计的，它反过来也给运营经理一种对于这个测量工具的拥有感。这些指标获得大家的认同之后，公司就开始大做文章了。每个运营点的得分情况都被显著地标注在月度经营报表上，就在净利润数字右边的位置，并以此决定经理的收入。这些运营经理借此就可以追踪自己干得怎么样，同事干得怎么样，因为所有的运营点都参与了排名。

服务人员也能收到反馈。如果顾客在问卷中提到"我真的很喜欢柜台后面的伊尔，她真的很棒"的话，这句评论在翌日早晨就会被发给伊尔，这样她就能知道自己昨天做得不错，顾客赞赏了自己。类似地，如果有顾客说车很脏，那么第二天当地经理就将会知道并调查其发生的原因。

为了在经理中间增强激励作用并改善其所在运营点的服务水准，Enterprise 宣布：只有顾客的满意度得分超过公司平均值，经理才能够获得晋升机会。公司之后没有提拔那些虽然取得不错的业务增长和利润，然而在顾客满意度方面的表现却低于公司平均水平的明星经理，以表明公司对这项政策的遵守。

为了提供高水平的服务，很多新员工都加班加点干一些报酬相对较低的高强度工作。在他们被调到分部门和学会如何提供租车服务之前，Enterprise 会告诉这些"新手"公司的意图是什么，对顾客来说什么很重要，怎样才会被认为是一个好的团队成员。公司的运作就好比一个小型的企业联盟，新进的员工就像所有的 Enterprise 经理一样，在运营处忙得不可开交时要搭把手帮忙清洗和清空车辆。但是所有的这些辛苦工作都会有回报。除了入门级的工作以外，公司不会从外面招人进来。Enterprise 善于从公司内部基层人员提升领导。因此，员工都知道，只要他们兢兢业业，表现出自己最好的一面，他们在公司里很快就能获得提升，并且拿到高薪。

资料来源：Fay Hansen, "Enterprise's Recruiting Model Transforms Interns into Managers," *Workforce Management Online*, May 2009; www.erac.com; www.enterprise.com; http://images.businessweek.com/ss/10/02/0218_customer_service_champs/1.htm.

This case was written by Barton Weitz, University of Florida.

讨论题：
1. Enterprise 公司的人力资源管理战略有什么优缺点？
2. 你希望去 Enterprise 公司工作吗？给出你的理由。
3. 该公司的人力资源战略和其运营点代表所提供的顾客服务质量两者之间是如何互相补充的？

如何让"宝石"绽放光彩

露丝·戴蒙德（Ruth Diamond）是 Diamond Furriers 公司的总裁，她注意到自己的商店正在变得单调乏味起来，于是考虑建立一套新的方法来补偿销售人员。

Diamond Furriers 公司位于田纳西州的纳什维尔市近郊，这个地方的人们比较富裕。露丝的父亲在 40 年前成立了该公司，她从小就在店里帮着干活。父亲在 1980 年退下来以后，露丝把商店搬进一家高档的大型购物商场，离原来的店址不远，销售额立即提高了很多。短短 5 年时间就达到 100 多万美元。然而，商店的销售额达到这个数目以后，随后 3 年就没再怎么增长，这时露丝特别犯愁，是不是销售人员没有得到足够的激励，让店里的商品卖得更好呢？

Diamond Furriers 的工作人员是清一色的女性，年龄从 27～58 岁不等，包括 4 个全职和 4 个兼职人员（每周工作 20 个小时），商店里所有的人至少有 3 年的经验，都按同样的小时标准支付报酬，即每个小时 10 美元。此外，还有一项条件很宽松的医疗计划。员工的精神面貌一流，队伍中的每个成员都对戴蒙德太太表现出高度的个人忠诚。

该商店每周营业 78 个小时，这就意味着差不多至少能保持 3 名员工留在店内，高峰时段则有 6 名员工。公司出售的商品不是皮草大衣就是皮草夹克，价格从 750 到 5 000 美元不等。每件衣服的平均售价为 2 000 美元。全职员工的平均年销售额大概是 16 万美元，而兼职员工才一半多一点。

戴蒙德太太对员工销售情况的关注超过了对员工忠诚度的欣赏。例如，她要求员工要保留顾客的档案，新款一到货就要马上通知顾客。虽然有部分员工比另外一些员工更积极地这样做，但她们没有一个人表现出特别强烈的愿望要提高销售额。

于是戴蒙德太太开始研究佣金体系，并和她平时有来往的同行一起讨论员工及问题。他们都向她建议降低销售人员的底薪，并实行固定或者可变佣金制度。

其中一个想法是把基本钟点工资从 10 美元降到 7 美元，然后让员工通过争取总销售额的 4% 的佣金来补全其他差额，这些佣金每月结算。这个办法会让他们得到跟目前一样多的薪酬。

然而戴蒙德太太意识到这个方法并不能刺激员工好好推销那些价格高昂的皮草大衣，与此同时，她认为多卖皮草大衣，也许是增加总销售额的方法之一。于是她考虑，如果员工卖出那些标价在 2 000 美元以下的商品，可以得到 3% 的佣金，而卖出此价格以上的商品，则可获得 5% 的佣金。

这两种方法都需要大量的额外记账额，退回的货物将从佣金里扣除。此外，她还注意到员工之间还可能不时会出现纠纷，彼此争论商品究竟是从谁手里卖出去的。因此，戴蒙德太太又想出第三个办法，那就是钟点工资维持不变，但总销售额超过 100 万美元以后，一次性给予 4% 的佣金，这种"佣金"将每年分一次，根据每个员工实际工作的小时数按比例分配，并以圣诞节分红的形式发放。

资料来源：This case was prepared by Professor David Ehrlich, Marymount University.

讨论题：
1. 露丝·戴蒙德考虑的几个方法各有什么优点和缺点？
2. 对于提高商店的销售额，你还有其他更好的建议吗？
3. 你会建议怎样做呢？为什么？

案例30

迪斯马特的一次商品脱销

罗伯特·洪达（Robert Honda）是一家位于加利福尼亚丘珀蒂诺的迪斯马特商店（一个类似于塔吉特和沃尔玛的折扣零售商）的店面经理，他正忙着在自己的店里调查星期天早上的运营活动。顾客推着购物车在店里四处转悠着，有些人还带着孩子。在商店收银台前，不断有顾客排队等待付款。从他所在的角度望过去，所有的收银台都保持开放状态，而且工作有序。但是7号收银台的队伍比其他队伍要长，除此之外似乎一切正常。

对讲机的响声打断了洪达的思绪。原来一辆送货车刚刚开到商店后面。司机想知道在哪个卸货口卸货。洪达决定先去看看闲置的存货区，再告诉司机在哪儿卸货。当经过收银台走向商店后面时，他注意到排在7号收银台后面的队伍又长了不少，收银台的指示灯一刻不停地闪烁着，这表明顾客服务助理正在寻求帮助（在迪斯马特所有同顾客直接打交道的一线人员，都被称作顾客服务助理）。他经过收银台时，忍不住听了一位恼怒的顾客和一位顾客服务助理之间的对话。顾客要求用某个替代货品代替在促销但已经缺货的货品，而那位顾客服务助理正在向顾客解释店里的政策。通常在营业繁忙时，洪达都会帮助顾客服务助理应付这种情况，但他知道现在司机正在等着卸货，而这些货又必须马上被送进店里，所以他加快速度向商店后面走去。

在告诉司机在哪儿卸货后，洪达回到了店里。回来的路上他顺路到员工休息室拿了一杯可乐，正巧看到7号收银台的顾客服务助理萨丽·约翰逊正在里面休息。萨莉在迪斯马特已经干了一年，是公认的很有能力的员工，而且也总是把商店利益记在心中。

洪达：嗨，萨丽，今天早些时候我注意到你的收银台前面排起了长队。

萨丽：嗨，洪达。是的，当时有一个非常生气的顾客，我们花了很长一段时间才解决问题。

洪达：哦，是吗？他为什么生气？

萨丽：我们传单广告打8折促销的100盎司装的汰渍洗衣液卖光了。我向顾客建议为他提供一张缺货支票（rain check），或者以相同的折扣购买同样数量的另一个品牌的洗衣液，但那个顾客坚持说他要我们以同样的折扣向他出售200盎司装汰渍洗衣液。很显然，乔·张（Joe Chang，助理经理）已经告诉顾客，我们将会以200盎司装的洗衣液来替代打折出售的商品。

洪达：你有没有告诉这位顾客，我们的销售价格只有在有货供应时才有效呢？

萨丽：我以前对他提及此事，但他觉得很奇怪我们在减价的第一天早晨就没货了。

洪达：嗯，我想你应该去提供他想要的东西。

萨丽：如你所知，我们的销售时点系统只允许我调整指定的货品。由于200盎司装洗衣液没有被指定为替代品，我不得不再找一个主管来帮助我。

洪达：我很高兴你最终解决了此事。

萨丽：嗯，那位顾客等得很不耐烦，因为要找的那位主管正在忙着帮助另一个顾客呢。所以，他决定还是要一张缺货支票。但他似乎对这一事件相当不满意，还说我们应该停播那些我们声称从不缺货的电视广告，还让我们保证顾客满意。

洪达：我很不喜欢他们做这些广告。我们还得弄清楚那些市场部的家伙究竟向顾客承诺了什么。

萨丽：嗯，我的休息时间快到了。我得回去工作了。

洪达仔细思考了约翰逊今天遇到那位顾客的情况。他在想要不要和乔·张讨论一下这个问题。他记得几天前和他谈过存货政策的问题。张指出他们目前的存货水平已经相当高了，任何进一步的增加都将导致财务角度的不合理。他提到了某个随机抽样的市场调查，该调查结果表明顾客对迪斯马特缺货支票的做法还是很满意的。在这一调查结果的基础上，乔认为，目前的存货水平再加上提供缺货支票的政策是能让顾客满意的。

资料来源：This case was written by Kirthi Kalyanam, Retail Management Institute, Santa Clara University.

讨论题：
1. 为什么会发生这次服务"失灵"事件？
2. 这一服务差距与第18章中描述的其他差距（标准差距、认知差距、传递差距和传播差距）关系如何？

案例31
CASE 31

诺德斯特龙的顾客服务和关系管理

诺德斯特龙百货秉承以顾客为中心的经营理念，这源于约翰·诺德斯特龙（Johan Nordstrom）的价值观。约翰·诺德斯特龙相信他人，他认为不断超出他人的期望，就能获得成功，得到赞赏。怀着以顾客为中心的理念，诺德斯特龙先生成立了他的公司。公司以人为本，其决策和选择以满足人的期望为出发点。这个理念听起来简单，但鲜有诺德斯特龙百货的竞争对手能真正把握它。

专注于人

诺德斯特龙百货的员工都竭诚为顾客服务。公司要求员工去做最有利于顾客的事情，并以顾客满意为价值导向。顾客被高度重视并成为公司的核心。顾客甚至位于诺德斯特龙百货倒三角形组织架构的顶端，紧接着才是销售人员、部门经理和总经理。最后才是位于倒三角底部的董事会。所有较低层级的人员都会支持销售人员，然后由销售人员向顾客提供服务。

员工激励与顾客服务紧密联系在一起。销售人员被配以个性化的商业名片，以帮助他们建立与顾客的关系。其独特之处在于，销售人员并不只属于他们所在的部门，而是听命于他们的顾客。如果有需要，销售人员可以从店里的一个部门换到另一个部门来帮助顾客。例如，在诺德斯特龙，一个帮助女士购买商务服装的销售员，会帮助她购买西装、衬衫、鞋子、丝袜以及配饰。这个销售人员就变成了这位顾客的私人导购，他会向顾客展示商品并提供时尚资讯，这种做法有助于与顾客建立一种长期关系。随着时间的推移，销售人员会很清楚顾客的时尚意识和个性。

跨部门的销售方式能让销售人员取得销售业绩的最大化和佣金，同时也能让顾客体验到优质的服务。正如《60分钟》片段中提到的："（诺德斯特龙的服务）不再像过去的那种服务，而是一种前所未有的服务。"

尽管诺德斯特龙高度重视顾客服务，但是有意思的是，"顾客位于第二位"。诺德斯特龙认为，只有善待公司员工，员工才会善待顾客。诺德斯特龙的员工被看作诺德斯特龙大家庭的一分子，员工的满意度成为公司密切观察的业务变量。

诺德斯特龙百货以善于从内部提升员工而著称。一个成功的诺德斯特龙销售人员的基本特征（如追求卓越和顾客服务）同样也是一位成功的管理人员所强调的特质。

诺德斯特龙雇用的员工具有积极的态度、主人翁意识、首创精神、英雄气概以及不负众望的能力。主人翁意识反映在其较低的损耗率上。在诺德斯特龙，损耗或者因偷窃和记录错误导致的损失低于销售额的1.5%，这几乎是行业平均水平的一半。如此低的损耗率很大程度上归功于销售人员，他们像看管自己的物品一样尽职尽责地看管店内商品。

公司对不同层级的员工都像业务员那样去对待，而且向他们进行授权，赋予他们独立决策的权利。他们可以在一定范围内做他们认为正确的事情，只要将顾客的利益记在心中。所有的员工都会得到一定的方法和职权去做他们认为满足顾客所必需的任何事情，而且管理层几乎总是支持下属的决策建议。

总之，诺德斯特龙的产品就是人。一个去诺德斯特龙购物的忠诚顾客并不一定是因为它的产品，而是因为其服务。当然，诺德斯特龙也提供高质量的产品，但这对许多顾客来说已经是次要的了。

以顾客为中心的政策

关于诺德斯特龙的顾客服务，一个最著名的例子发生在1975年，当时诺德斯特龙的销售人员欣然收回了一套已经用过的汽车轮胎并给顾客退款，即使诺德斯特龙百货从来没有卖过轮胎！这个顾客的轮胎是在北方商贸公司的商店里购买的，后来北方商贸公司的零售地盘被诺德斯特龙收购下来。为了让这个顾客满意地走出诺德斯特龙，销售人员把轮胎的钱返给了这个顾客。

诺德斯特龙公司政策的重点是"顾客终身价值"的理念。尽管初次销售赚取的利润很少，但是当一个顾客的终身价值被计算在内时，一个忠诚的顾客带来的收益是令人震惊的。顾客的终身价值是指从某位顾客身上直接或间接产生的所有销售额的总和。为了让顾客成为终身顾客，诺德斯特龙的员工都在尽最大的努力。在西雅图的一家诺德斯特龙商店，一名顾客想买一条某品牌的长裤，但是该店货架上的这种裤子已经卖光了，店里没有适合他的尺寸，其他的诺德斯特龙店里也找不到该尺寸的裤子。得知在附近的一家竞争对手的商店里可以买到同样的裤子，销售人员就用部门备用金全额买下了那条裤子，并以诺德斯特龙的销售价格卖给了这名顾客，尽管这次销售导致商店一时的损失，但是这笔投资对于提高顾客的忠诚很有帮助。

诺德斯特龙的员工努力做到对顾客"绝不说不"。诺德斯特龙有一项"无条件退货政策"，如果顾客对产品不满意，其可以随时将新的产品甚或是已经用过的产品退回，并获得全额退款。出乎意料的是，这并不是公司的政策，而是销售人员为了最大程度地满足顾客而实施的政策。诺德斯特龙给员工的建议很简单："在任何情况下都要做出最好的判断。"员工被赋予自由、支持和资源来做出最好的决策，提高顾客满意度。诺德斯特龙的优质服务（例如无条件退货政策）的成本与其具有竞争力的定价表面上会降低边际利润，但是这个成本被重复购买所带来的销售量增加、很少的销价产品以及必要时"榨取"供货商的做法抵消了。

诺德斯特龙的供货商也关注顾客满意的最大化。据诺德斯特龙前首席执行官布鲁斯说："（供货商）知道我们对顾客很慷慨。所以如果你想和我们做生意，那么你对我们的退货政策也应该是慷慨的。如果有人穿坏了一只鞋，并且说鞋子令人不满意，如果我们认为那个人说的是实话，那么我们会将它退回去。"诺德斯特龙意识到一些顾客会滥用无条件退货政策，但它不会把这一政策滥用到供货商身上。在这里，"做正确的事"再次发挥了作用。

诺德斯特龙百货的销售和采购政策同样也是高度以顾客为中心的。提供种类繁多的、尺码齐全的商品被看作顾客服务的一种方式。一家常规的诺德斯特龙商店存有大概15万双各种尺码、肥瘦、颜色和款式的鞋子。一般女士鞋子的尺码是2½码到14码，肥瘦则从A到EEE。诺德斯特龙对于存货商品的质量要求非常严格，一旦碰到其中有女鞋脱底的情况，则所有同批次的鞋都要退回给制造商。

资料来源：This case was written by Alicia Lueddemann, the Management Mind Group, and Sunil Erevelles, University of North Carolina, Charlotte.

讨论题：
1. 为提供卓越的顾客服务，诺德斯特龙采取了哪些措施？
2. 这些活动是如何使得诺德斯特龙缩小实际服务与顾客期望之间的（如第18章中描述的那样）认知差距的？
3. 诺德斯特龙通过顾客服务建立竞争优势的方法有什么利弊？

案例32

Zipcar：只给你想要的那么多的驾驶服务

随着汽车行业的发展，许多美国人想一早出门就看到有一辆车停在路边等着自己的期望可谓根深蒂固。但是对于许多城市居住者来说，这一期望已经不再那么合情合理，因为现代驾乘者一直被飙升的成本及面临的停车压力所困扰。对他们来说，Zipcar，一家世界领先的汽车共享公司，在为他们提供了驾驶乐趣的同时还无须承担拥有一辆汽车带来的麻烦。

这家总部位于马萨诸塞州剑桥市的公司向那些更愿意只为自己真正需要的那段驾驶服务花钱的城市居民提供按小时或者天数收费的自助汽车服务。汽车共享可以消除很多与之相关的问题：停车位短缺；过夜停车限制；高涨的汽油、保险和税费。这一承诺在许多方面与消费者（尤其是那些 Zipcar 的主要城市消费者）的期望产生了共鸣，很多大学生甚至那些在城市工作的郊区居民也喜爱这项服务。

但是，该公司增长的最大障碍可能是美国人无法想象没有车的生活这一观念。为了推动他们转变这一态度，Zipcar 使汽车共享的经历尽可能容易，只用下面四个简单的步骤就可得到：

（1）打开网站。
（2）在网上或者用手机进行预约。
（3）用 Zipcard 打开车。
（4）开走。

如今，该汽车共享网络共提供 30 多个品牌和型号的汽车，在美国、加拿大、英国、西班牙和奥地利等国的主要大城市，包括大学校园有超过 767 000 名会员和 10 000 辆汽车。拥有如此多的营运网点，该公司可以将便捷的汽车共享服务带给一个更大的市场；其估计现在有大约 1 000 万名居民、上班族以及大学生在居住或工作地几步开外就能获得一家 Zipcar 运营点提供的共享汽车服务。

Zipcar 不仅仅寄希望于消费者态度的转变。经济低迷和消费习惯改变导致的新趋势的兴起有助于刺激经济增长。平均而言，汽车消费占家庭收入的 19%，但是大部分汽车每天 90% 的时间都处于闲置状态。那些寻求更便宜和更少浪费替代品的汽车驾乘者因此大概可以节省 70% 的交通费用，因为每位 Zipcar 会员的年费仅为 60 美元，而每年普通顾客的平均花费为 428 美元。

Zipcar 的服务模型也适用于按需应变、按次付费等情况，比如奈飞（Netflix）电影、iTunes 音乐及电子阅读器。此外，随着移动购物的普及以及期望从手机上在任何地方任何时间订购任何物品，城市青年和大学生成了 Zipcar 最狂热的两大人群。对于这些行色匆匆的 Zipsters 来说，在网上预约几辆车比背负购车费用更吸引人。

一个强大的城市公共交通系统也有助于使汽车共享更有吸引力。这就是 Zipcar 一开始就设立在高人口密度的城市如波士顿、纽约和华盛顿特区的原因。因为它们完善的公共交通系统早已经建成就位。在那些有地铁和公共汽车运行的地方，汽车共享可以使交通体系的边界得以延伸。通过在交通路线的终点附近找到汽车，搭乘地铁或者公交车出行的游客就可以轻松地将旅行延伸至达目的地。

最后，城市化进程的日益推进这个大背景也有助于汽车共享服务的顺利进行。根据联合国的有关数据显示，2030 年城市人口将占到世界总人口的 59%。其中许多地区已经面临着交通拥挤、空间不足以及由于在人口稠密的狭小空间中排放大量汽车燃油导致的环境恶化等一系列问题。Zipcar 公司首席执行官斯科特·格里菲斯（Scott Griffith）估计每一辆 Zipcar 将取代 15～20 辆个人汽车。因此，一些城市甚至和 Zipcar 一道合作，在靠近地铁站和火车站的停车点寻找并保证停车空间。纽约和芝加哥还为市政工人从 Zipcar 那里租车，这样他们就可以在工作时间更有效地在城市各工作地之间穿梭。Zipcar 也为当地、州和联邦机构提供车队管理服务。

汽车共享服务可以转化成一个价值 100 亿美元的全球市场。借助于强大的铁路系统、对公共交通的倚重以及移动和无线技术的广泛应用，欧洲和亚洲的各个城市已经为汽车共享服务做好了充分的准备。与西班牙最大的汽车共享公司 Avancar 的一笔交易是 Zipcar 全球扩张计划的第一次冒险。

这样的增长需要强大的物流支持，Zipcar 仰仗于：那些对车辆维护进行跟进、安排时刻表并且履行监督责任的车队经理和车辆协调员；那些有助于与司机进行沟通及车辆跟踪的专有硬件和软件技术；一只庞大的包括混合动力汽车（节省燃油）以及微型面包车（吸引那些想去海边旅游的家庭）的车队。Zipcar 估计每年要处理 260 万份汽车预订，而且其预订系统几乎从未失败过。

这些幕后的举措旨在让 Zipcar 公司的服务简单、方便并且可靠。但某个消费者的经历表明，失败也是不可避免的。该消费者按照预约好的时间和地点去取车时，发现没有车在那里。Zipcar 的服务人员对他解释说可能是车坏了、正在服务过程中或拿去清洗了，或者也可能是被另一个迟到的司机耽搁了。但是这些解释并不能丝毫缓解该消费者受困于没有交通工具的沮丧心情。

了解到他的困境，Zipcar 试图在最近的地方为他另外找一辆车，但没能找到。因此，Zipcar 的服务人员马上授权给该消费者打出租车，并且承诺为他报销不超过 100 美元的出租费。尽管"搭便车"并没有完全缓解服务失当带给该消费者的压力和不便，但是 Zipcar 的应对向他展示了该公司致力于为他提供服务的努力，即使那意味着把业务让给竞争对手——出租车公司。

一个规模相当大的全球汽车共享市场正在形成。Zipcar 10 年的经营历程及其在该市场上的先发地位使其处于一个很好的竞争位置上。但是争夺市场领导者的竞争必将加剧，尤其当拥有很高知名度的传统汽车租赁企业，例如 Hertz 和 Enterprise 也开始进入这个市场的时候。Zipcar 能否继续在这个市场上占有一席之地基本上取决于其是否能够达到自己的消费者服务标准——简单、便利、可靠及高效。

资料来源：www.zipcar.com; April Kilcrease, "A Conversation with Zipcar's CEO Scott Griffith," *GigaOM*, December 5, 2011, U.S. Securities and Exchange Commission, "Zipcar S-1 Filing," June 1, 2010;

JP Morgan SMid Cap Conference, December 11, 2011; Courtney Rubin, "How Will the IPO Market Treat Zipcar?" *Inc.com*, June 2, 2010.

This case was written by Laurie Covens, Dhruv Grewal and Michael Levy, both at Babson College.

讨论题：

1. 用服务质量的五个维度（可靠性、保证性、有形性、移情性和响应性）来评价 Zipcar。
2. 将 Zipcar 的服务质量表现和你最近一次用到的汽车租赁服务（例如安飞士、赫兹）进行比较。
3. Zipcar 是如何处理服务失当情形的？它能做些什么来提高服务补救努力？

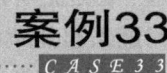

建立苹果专卖店

由已故的史蒂夫·乔布斯以及他的搭档史蒂夫·沃兹尼亚克创立于 1976 年的苹果已经成为消费电子行业的一个创新领导者。除了提供传统的台式机和笔记本电脑外，苹果还从本质上建立了数码音乐播放器（在其推出 iPod 时）及在线音乐商店市场（在推出 iTunes 时），发布了易于使用且具更多特色的 iPhone 和 iPad，并且通过 AppleTV、出版和多媒体软件提供在线电影/电视服务。

前苹果零售店时代

20 世纪 90 年代初期，随着电脑销售从专卖店转移到主流的零售商店，苹果公司开始面临困境。像百思买和电路城这样的大型零售商能够以更低的价格提供更多的电脑选择，尽管其缺乏足够的顾客服务和支持。而这些大型零售商以及专业店甚至面临着更多的来自直邮形式零售网店的竞争，其中包括 CompuAdd、Gateway 和戴尔。

20 世纪 90 年代，戴尔开始从依靠仓库和电脑专卖店销售转到以在线直邮的方式运营。戴尔借助可以处理大批量销售的在线商店来促进其线上运营。线上戴尔商店（dell.com）提出了一种全新的生产制造战略：电脑在被订购的时候才开始生产。由于不再需要生产大量的电脑并通过渠道把存货推给转售商，戴尔由此可以相应地减少存货。

苹果在建立线上商店时需要平衡直接订购和通过渠道合作伙伴、邮购转售商、独立经销商以及 CompUSA 的销售。苹果与 CompUSA 发起了一个专门针对苹果产品的"店中店"战略。苹果和 CompUSA 的这一合作卓有成效。当旧金山的 CompUSA 店开始出售苹果的 Macs 电脑后，苹果的市场占有率从 15% 一下跃升至 35%。

苹果也会通过将员工派驻到不同的零售网点来帮助知会和教育消费者，并保证其产品能够在正常运转状态下进行展示。该公司估计每个月花费在这项倡议上的费用为 25 000～75 000 美元。苹果公司的管理层很快就意识到，他们无法通过在大型零售店销售笔记本电脑和台式机来与个人电脑品牌开展竞争，因为零售商通过出售低质量的个人电脑型号可以赚取更高的利润。这些零售商基本没有任何动力去销售 Macs 电脑。没有自己的零售店，苹果就要永远在这些执行不同战略的独立经销商和合作伙伴面前低声下气。

设计苹果商店

为了应对在大型零售店出售的个人电脑的竞争，苹果需要把通过中介机构来销售其电子产品的方式转变为通过苹果商店直接提供产品。这一转变并不简单。富有干劲的苹果创始人史蒂夫·乔布斯第一次寻求招入新的管理者。盖璞前任及 J.Crew 现任首席执行官米基·德雷克斯勒（Mickey Drexler）于 1999 年被聘加入苹果董事会。接着乔布斯招入罗恩·约翰逊来担任苹果的零售业务副总裁，约翰逊曾经在塔吉特公司担任商品销售总经理一职。

德雷克斯勒建议乔布斯租用仓库建立一家原型店（0.0 版本苹果店），而不是白手起家式地从头建店。其后苹果的管理者不断地对这一商店进行设计改进直到他们实现了这样一种布局：不仅能将顾客吸引进来，而且还能说服他们购买。第一家原型店是根据产品品类来设定的，店内硬件根据公司内部的组织而不是根据消费者的购买逻辑进行布置。不久，管理层就决定改变商店设计来更好地迎合顾客的兴趣。尽管这些设计改变耗费了苹果超过 6 个月的时间，但管理层坚信这一时间投资对于建立一个成功的、能与已建成的电子产品零售商比肩竞争的并且始终如一地维护苹果品牌形象的商店是十分必要的。它的第一家商店于 2001 年 5 月在弗吉尼亚州的泰森斯科纳开张。

苹果商店的布局

在考虑零售店的地址时，苹果使用其顾客基础来预测光顾人数和收入。大多数苹果商店都坐落在一些零售客流量水平高的地方，比如购物中心或生活方式中心。其店面位置通常有两种类型：位于临街的建筑物或者商场内。店面大小从 3 600 平方英尺到 20 000 平方英尺不等，但是大多数商店的面积都在 3 000 平方英尺到 6 000 平方英尺。商店门面通常是全玻璃加背光苹果标志，店前的展示橱窗偶尔会有所改变，以聚焦于最新的市场营销活动。苹果的内部团队在设计橱窗的时候经常会用到插槽和绳索系统，以将设计元素悬挂展示于橱窗内。在有的商店，两面都可推拉进入的门在中间，但在另外的商店，两扇门则各出现在 logo 墙的任意一侧。商店内部装修的特色是只包含三种材料：玻璃、不锈钢和木材。

除了零售空间，苹果商店还有一些幕后区域，这些区域有时用来作为公共卫生间、办公室或者存货区。在一些没有足够空间的店址，存货被放在可步行到达的独立的设施里。

苹果的商店布局在那一年中改变了很多次。管理层通过组织货架图来配合推出新品或大力营销的商品。其布局取决于商店的大小。在一个典型的商场内的苹果店会把产品放在商店前半部，而把售后服务放在后方。苹果商店上架售卖的产品不到 20 款，每一件展示货品都可让顾客直接上手一试，以便顾客获得对其硬件和软件的真实感受。

在沿着右墙摆放的桌子上，iPhone 和 iPod 占据了店面的前半部分。沿着左墙摆放的桌子上则集中展示着各种型号的中高端台式或笔记本电脑。而这些展示都要让位于由数个负责回答应用导向和富有创意问题的专家主持的新型工作室。店面前半区中心位置设有两三个中岛桌来展示苹果电脑的软件，其余的中岛桌则展示一些外围设备，诸如 iPod 的对接器和打印机等。一个小型的儿童区用来放置那些运行儿童软件的苹果电脑。天才吧占据了后墙区域，负责维修和咨询事宜的专家型员工的柜台前则摆放了一些凳子。大型店还会在后面布置一个放映区，以配备投影屏幕和 U 形长条凳或全剧院座位的观众区为特色。这种商店布局在一个超级区域性购物中心中是非常典型的。

因此，苹果商店采用了一种自由式布局，这使得顾客可以根据自己的兴趣来店中随意浏览。为了更具可见性，标识牌被悬挂在天花板上以引导店内顾客至特定的区域。明快的照明将人们的注意力吸引到商品上，并营造出一种兴奋感。那些被突出展示的商品也能战略性地吸引顾客逛完整个商店。当顾客浏览各种产品时，穿着苹果 T 恤和脖子上挂着工作牌的员工随时可到并准备回答任何问题。

经过深入的开发努力，苹果创造了一种独特的、顾客服务导向的购物体验。顾客可以提前安排面对面的预约来上手测试各种产品。一对一的个人培训部分则有助于让顾客更加熟悉苹果的一系列产品。该公司每天还会为那些 iPad、iPhone 和 Mac 用户免费提供一小时的指导。它还通过从头到尾地用苹果的产品进行展示，向那些企业消费者提供建议支持。

资料来源：Philip Elmer-Dewitt, "Apple Ranks No. 4 in E-Retailing Survey," *Fortune*, May 5, 2010; Daniel Eran, "Apple's Retail Challenge," *RDM*, November 8, 2006; "The Stores," *IfoAppleStore.com*; Jerry Useem, "Apple: America's Best Retailer," *Fortune*, March 8, 2007.

This case was written by Brienne Curley, while an MBA student at Loyola College in Maryland, under the supervision of Hope Corrigan.

讨论题：
1. 你去过苹果商店吗？如果去过，你买东西了吗？为什么买或为什么不买？
2. 为什么苹果商店的布局和氛围如此重要？
3. 苹果是美国最好的零售商吗？
4. 参观当地的苹果商店，这一商店布局是否有助于给你提供一种卓越的顾客体验？请解释。

案例34
CASE 34

伦敦哈罗德百货商店：来自数字显示屏网络的广告收入

零售商已经逐渐地实现了数字显示屏幕网络。在大多数情况下，显示的信息都集中在品牌以及影响顾客的购物体验方面。此外,有极少数网络已经能够产生广告收入流,像沃尔玛的 SMART 网络,以及盈利程度更小一些的塔吉特的 Channel Red。在百货商店类中,哈罗德是唯一一家在其店内的数字标识牌网络上成功地进行广告销售的高档奢侈品商店。诸如牢固且始终如一的顾客群以及商店独特的环境是帮助标识牌取得成功的影响因素。

很难想象有哪个零售商会有和哈罗德一样独特的环境。对于每年数以百万计的英国游客来说,哈德罗是最重要的目的地(它是英国三大吸引游客的胜地之一)。该店在 100 万平方英尺的零售空间里罗列了世界上顶级的奢侈品牌。它的历史可以追溯到 1849 年,世界上任何一个角落的富翁与名流都可以算是它的客户。它的品牌是奢侈品的同义词,即"生活中更美好的东西",而且一个系列中绝不会出现重样的商品。哈罗德每天的客流量达到 45 000 人(在一些特殊的节日里可以达到 100 000 人)。他们中的许多人是大亨,包括来自世界各地的王室成员,还有名人和亿万富翁。

该数字显示屏幕网络上的广告用来销售那些杰出品牌,比如阿玛尼和卡地亚。这一媒体经常被当作整合营销活动的一部分,这一活动也包括其他的媒体,比如海报、电梯口标识、橱窗,甚至哈德罗杂志的封面。和其他店内媒体一起,数字屏幕也是这一活动不可或缺的一部分,它能够提高影响力、知晓度以及引导客户去"此次促销的中心"——产品与客户见面的地方。

每个数字屏幕的具体位置都经过仔细的考虑以保证每一位顾客都能从不同的视角看到多块荧幕。在大多数情况下,顾客的视线内不止有一个屏幕。相同的内容会同时出现在每一块屏幕上,这样顾客对广告就会有较深的印象。

在大多数情况下,屏幕被放置于店内自动扶梯的两侧。哈罗德的大部分顾客会安静地站在电梯上。当他们走向上一层时,他们就会看到电子屏幕。每一则广告都会持续 15 秒。

哈德罗的数字屏幕网络都被安排在室内。与该品牌同呼吸共命运的是那些投入的广告销售团队、运营团队以及技术创意团队(他们都是极其投入的哈德罗员工)。这些员工相信并被卷入如何营销以及营销什么的市场中去。他们在这座建筑物中工作,每天会经过这些媒体 20 次,这些媒体是他们自己正在销售和营销的。他们还会亲眼看到自己推销给广告商的受众。他们看到这些受众身上穿的衣服、送他们到商店的豪华轿车,和他们身上携带的著名的哈罗德绿色袋子的数量。他们还看到那些数字屏幕对消费者购买决定的影响,甚至看到客户在自动扶梯上透过其迪奥太阳镜所看到的内容。

网络工作人员也与品牌和广告主建立了关系。他们培育和发展这种关系,以使他们与某个品牌"一起"找到营销解决方案来推动品牌销售和知名度,这反过来不仅为品牌带来益处,也有利于哈德罗百货商店。

该商店一直处于不断的发展变化中。作为发展的一部分,额外的数字屏幕作为新部门和重建的一部分被引进。当哈德罗第一次引入数字标牌网络时,它意识到自己必须做一些特别的事情以将屏幕融入环境。它不想让屏幕挂在走道上面的天花板上,因为这样会看起来俗气、业余和廉价。该店在每块屏幕安装上都投入了巨资:定制的强化玻璃、抛光钢斜垫圈、额外的冷却风扇,以及符合商店装饰的配色方案。这令各块屏幕看起来有豪华感。每一个位置都花费了很多心思、想法和注意力,给广告主以最佳的展示。

哈德罗百货商店通过销售数据来监控某一营销活动的有效性。它有一些令人印象深刻的成果，如广告商的销售额在店内数字活动中及其后获得了两位数的增长。那么，问题来了："为什么不是每个人都在数字屏幕上做广告？"这个问题的答案涉及许多因素，其中包括以下几个方面：

- 这一媒体是个新生事物，许多供货商尚不熟悉它的好处。
- 供货商并不总是确定用于数字屏幕广告的资金应该从哪里来。也就是说，它究竟是一项市场营销/广告支出抑或一项店内促销支出？
- 存在与传播信息有关的创造性挑战。例如，该消息正在捕获客户的注意吗？它能呼吁立即采取行动或者邀约吗？

如果有一种可能会阻止广告商，那么就是屏幕出现空白或故障。这似乎是显而易见的，但很多零售网络出现高达25%的屏幕故障。难怪他们会觉得销售广告是在困境中挣扎！哈罗德的运营团队有一个"零容忍"的战略，导致团队每天早上都要在商店营业之前巡查商店，检查所有的屏幕是否正常。与此同时，哈罗德大量投资于预防性维护合同以及可用的备用屏幕，以防屏幕坏死并在必要时进行替换。

数字网络可以为零售商赚钱。哈德罗百货商店已经同时实现了广告销售收入和广告产品销售额的增加。然而，这样的结果需要在时间、资源和金钱方面进行重大投资。广告销售未来的成功取决于硬件及软件技术可靠性的改善，以及在内容和创意上更多的投资。手机互动显然是未来的一部分。哈罗德正在投资于最新技术和能够抓住人们想象力的独特的内容，并且和已经做好投资准备的品牌一道来实现利益。

资料来源：This case was written by Steven Keith Platt, Platt Retail Institute, and Guy Cheston, Director of Advertising Sales and Sponsorship, Harrods.

讨论题：

1. 是什么原因使哈德罗百货商店成功地通过其数字标牌网络售卖广告，而其他零售商却没有？为什么消费品制造商对哈德罗的网络广告有兴趣？
2. 零售商在其店内提供数字网络的优缺点是什么？

案例35

扬基蜡烛：新产品开发

扬基蜡烛公司（Yankee Candle Company，YCC）是礼品行业一家领先的设计师、制造商、批发商，以及芳香蜡烛的零售商。扬基蜡烛公司的核心产品线是芳香蜡烛和蜡烛附属饰品。公司有超过150种香型的优质芳香蜡烛。几乎所有的蜡烛都在位于马萨诸塞州的先进工厂现场制造。蜡烛是由蜡烛大师（蜡烛制作专家）负责制造的，他们以严格的质量控制标准监督复杂的制造过程。除了制作蜡烛本身，他们还通过在气味配方上的专长来制造"香味体验"，从而建立起自己的竞争优势。根据扬基蜡烛公司网站上的信息，香水师研发香味，这些香味需要经过严格的筛选、核查和测验。跟一些竞争性产品相比，它们的产品气味很独特，因为蜡烛在整个燃烧过程中香味能够保持不变。简而言之，扬基蜡烛公司对蜡烛和香味的质量控制进行了保证，这些产品因其气味纯正、较长的燃烧时间以及在燃烧过程中香味的一致性而向消费者提供了高价值。

蜡烛可以装在透明或者磨砂玻璃制的家用取暖罐里，此外还有祈愿蜡烛、百合香蜂蜡、柱状蜡烛、锥形蜡烛、鸡尾酒蜡烛和茶灯蜡烛。与之相关的产品有：空气芬芳剂（喷雾型电子空气清新剂）、汽车清新剂、除臭剂、杀虫剂，以及一些蜡烛配件（灌装蜡烛的装饰性盖子）、锥形烛托、柱状蜡烛和灌装蜡烛的烛台、配套的罐子纱罩、装盖子的托盘和套筒、祈愿蜡烛的烛托与茶灯蜡烛的烛台。

扬基蜡烛的创新

从很大程度上来说，扬基蜡烛公司过去的成功是因为管理团队能够从两个层面上执行其创新性战略的能力：一个是产品开发（新香型及其产品线的延伸），另一个则是多渠道分销战略。

首先，产品开发中的创新是持续不断跨部门的努力，以保证产品能够不断带给顾客新鲜的东西。比如，2013年1月，公司官方宣布推出两个春季限量版产品线——盛放和天堂系列。盛放产品线代表鲜花盛开的简单、恬静之美，产品被配以一个漂亮的玻璃烛托；天堂系列则围绕异域度假目的地主题，有着清新的沙滩和异域水果的气味。

对于新产品，扬基蜡烛的品牌和创新行政副总裁霍普·玛格纳·克莱因（Hope Margala Klein）曾在最近一次的新闻稿中有过如下发言："当我们开发新产品时，我们的目标是通过产品的香味把顾客带到那个特别的地方或者唤起他们独特的记忆，而我们的春季产品天堂系列就恰恰传递了这一点。"她补充道："我们也通过在顾客家中创造与众不同的体验以分享他们的愿望，而当季的潮流色彩和香味带来的灵感会为每个装饰物增添温暖的气息。"

除了本公司自己研发新型香味，扬基蜡烛公司还建立了一家子公司——扬基控股公司去收购一些符合其品牌要求的小公司。Aroma Naturals 就是这样一家公司，该公司是由加利福尼亚州一个有名的芳香理疗专家成立，致力于使用天然的原料。2005年被收购后，Aroma Naturals 专门吸引那些对健康和真正环保型产品感兴趣的消费者。同样地，2006年对 Illuminations 公司的收购为扬基蜡烛公司带来了一套新型蜡烛和蜡烛配件，用以吸引更高层次的消费人群。这两次收购都在市场上保留了它们原来品牌的名字，这样做只是为了保留现有品牌的资产，也为了避免消费者对扬基蜡烛公司品牌商品产生困惑。

第二个通过创新获得成功的途径是扬基蜡烛公司的多渠道分销战略。迄今为止，扬基蜡烛公司在全国范围内共拥有500多家自营店（传统实体店）。扬基蜡烛公司也通过自己的网店（yankeecandle.com）或者邮寄商品目录直接向消费者销售产品。2001年，扬基蜡烛公司的管理层开始培养与大众零售商的合作关系，向其供应限量版产品组合。举几个例子来说，过去的合作伙伴有 Bed Bath & Beyond 和 T. J. Maxx。在多渠道组合中，批发商的分销渠道也同样重要。在美国，大约有 19 100 家独立的商店在全美销售扬基蜡烛公司的产品，它们组成了一个批发商销售网络。这些商店大部分都是小型礼品批发商（如 Hallmark）及其相关的礼品加盟店。在这些零售和批发渠道中，流通的产品是扬基蜡烛公司品牌名下的商品。

此外，经过对 Amora Naturals 的收购，扬基控股公司能够在新的零售终端获利，例如大众食品杂货连锁店（比如全食超市）以及自然/健康产品领域（如肖氏、韦格曼斯）。从这些额外渠道（超市）获得的收入和新的目标市场（有健康意识的消费者）对公司增长有很大的帮助。同时，它们也并未蚕食传统分销渠道已有的扬基蜡烛公司产品线。同样的战略也被用在另一家被收购的公司上（Illuminations），它的蜡烛在 28 家商店（这些商店大部分位于美国的西海岸）通过邮寄销售目录及在线方式直销。

历史回顾和现在的环境

回顾过去，扬基蜡烛公司已经有 40 年的发展历史。公司始于迈克·基特里奇（Mike Kittredge）创立起来的家族企业，并在 1999 年成长为上市公司。克雷格·赖丁（Craig Rydin）在 2001 年作为 CEO 加入扬基蜡烛公司。在他的带领下，公司不断壮大；通过公司自营店和批发商渠道，公司的销售额达到历史最好水平。赖丁对于如何与大众零售商（例如 Bed Bath & Beyond 和 Linens'n Things）建立合作关系也十分在行。

扬基蜡烛公司在 2006 年收购了 Illuminations 公司，这是一个位于加利福尼亚州的高品质蜡烛和家居配件的多渠道零售商。这个决定是符合逻辑的：在礼品行业收购一家生产类似产品的公司，使得扬基蜡烛公司能够提高其定位，同时也使自己拥有了一个新的高端人口目标客户群。2007 年 2 月，麦迪逊·迪尔伯恩（Madsion Dearbon）合作有限责任公司以 16 亿美元收购了扬基蜡烛公司，其后扬基蜡烛公司从纽约证券交易所摘牌，公司也由一家上市公司又变回了私营公司。

2007 年 9 月发生的经济大危机造成消费者对所有行业的需求锐减，这场经济危机对礼品行业的打击尤为巨大，像优质蜡烛这样的商品对于大多数消费者来说变得不再需要。扬基蜡烛公司及其所有合作伙伴都受到波及，其中一些甚至未躲过破产的命运（例如 Linens'n Things），而另外一些则举步维艰，继续承受着巨大的经济损失。2009 年，扬基蜡烛公司进行了重组，结果导致旗下 Illuminations 公司所有 28 家零售店的关闭，同时 Amora Naturals 的生产线停产，并且一家自营店关闭，还有 330 名员工被解雇（《每日零售》，2009 年）。

2010 年，财务报表和投资者信息表明公司状况相对稳定，尽管还要面对经济危机后遗症留下的挑战。Illuminations 的自有品牌商品又开始通过批发商销售网络进行销售。2010 年早期，43 个州的 498 家公司自营店也通过其他的销售渠道（包括邮寄销售目录和网店）开始运营。扬基蜡烛公司的子公司 Amora Naturals 现在是麦迪逊·迪尔伯恩合作有限责任公司的附属子公司，其主要是一个网上零售商。从国际层面上说，扬基蜡烛公司现在通过子公司扬基蜡烛公司（欧洲）有限责任公司销售产品。这家子公司拥有国际批发销售网络：大概 4 000 家实体商店及遍及 46 个国家的分销商。

从 2010 年起，扬基蜡烛公司的销售收入呈现出上升趋势，但是净利润降低了。根据扬基蜡烛公司最新的年度报告，公司 2012 年第三季度的营业收入是 502 055 000 美元，毛利润是 247 567 000 美元，净亏损的账本底线是 4 793 000 美元。与 2011 年同时期相比，尽管 2012 年的销售收入和毛利润都增加了，但是 2012 年的净亏损超过了 2011 年的同期亏损额（272 000 美元）（《晨星》，2012 年 11 月 29 日，扬基蜡烛公司控股公司 LLC，第 15～20 页）。

资料来源：Faye Brookman, "Natural Products Rekindle Candle Sales," *Women's Wear Daily* 193, no. 117 (June 2007), p. 9; Morningstar Document Research, Yankee Holding Corporation, Form 10-K, April 1, 2010; "Yankee Candle to Restructure—Lay Off 330, Close 29 Stores," *Retailer Daily*, January 21, 2009; "Yankee Candle Brings Paradise Home with New Spring 2013 Fragrances," Yankee Candle Company, Press Release, January 22, 2013.

This case was written by Elizabeth J. Wilson, Suffolk University.

讨论题：

1. 大致来说，扬基控股公司接下来会怎么发展？想想扬基控股公司旗下的三个截然不同的品牌——YCC、Illuminations 和 Amora Naturals，考察它们的网站（yankeecandle.com、illuminations.com 和 aromanaturals.com）。根据以上参考，为扬基控股公司做一个 SWOT 分析。
2. 对于一家公司来说，依据人口统计特征和生活方式来定期评估其核心目标消费者群体是很重要的。扬基蜡烛公司的投资者麦迪逊·迪尔伯恩合作有限责任公司不想花很大的成本用于市场调研。使用你们大学里的商业和管理数据库调查这个问题：谁是芳香蜡烛的消费者？
   a. 根据二手数据的发现结果，描述购买芳香蜡烛的目标消费者群体。
   b. 运用二手数据回答这个调研问题，各有何优缺点？

案例36
CASE 36

宠物大卖场：宠物们的大家庭

宠物大卖场是美国和加拿大最大的宠物零售商，拥有 1 160 多家宠物实体店。该零售商还通过宠物大卖场网站来销售自己的产品。每家商店提供 10 000 种产品，这些产品在全国性品牌及宠物大卖场的自有品牌之下进行售卖。虽然宠物大卖场 89% 的销售收入来自宠物食品和用品，但是为宠物提供服务（比如美容、服从训练、寄养等）的业务一直处于增长态势。超过 750 个地点都提供兽医服务，宠物大卖场的主要竞争对手是 Petco 公司、塔吉特和沃尔玛。

最近的趋势

在美国这种关爱动物的社区中，62% 的家庭（或 7 140 万个家庭）都有自己的宠物。受益于宠物主人对自己宠物的教化并将其视作家庭一分子的趋势，宠物零售行业的收入增长十分迅猛。自 1994 年以来，宠物行业的支出几乎翻了三番，使宠物护理成为零售类别中增长第二快的行业，平均年增长率为 9%。现在，美国宠物产业支出预计将超过 470 亿美元。

该行业已经由平淡无奇的宠物食物和基本用品为主导的产业转变成了一个拥有多样化和创新性产品的高度差异化市场，包括宠物时装和配饰、宠物美食甚至宠物按摩。宠物行业不断扩大的支出主要包括：宠物食品、用品、兽医护理、药品和动物购买等方面的消费，以及宠物美容、寄养等服务。

宠物大卖场对于行业趋势的利用

由总部设在华盛顿的皮尤（Pew）研究中心开展的一项调查发现，85% 的宠物主人把自己的狗视为家庭成员，78% 的养猫的主人也如此。研究还指出，80% 的主人为他们的宠物购买节日和生日礼物，而将近一半的女性被调查者则表示，相比配偶或孩子的感情，她们更依赖宠物。反过来，宠物主人对待宠物就像对待人类那样，按照最新的潮流来打扮它们，通过昂贵的医学治疗来为它们延长生命，并且为它们设计特殊的汽车座椅。

宠物大卖场利用宠物人性化的趋势来提高收入和盈利。三个主要特征标志着宠物零售行业的扩大：①宠物商品的增加；②更多的宠物产品许可协议；③创新性的宠物服务。

宠物所有权驱动需求，而零售商的盈利能力取决于带来商店客流量的能力。宠物大卖场已经将其商店扩展至包括更广泛的产品和服务以满足不断增长的需求。一家典型的宠物大卖场商店储存有 10 000 种店内商品，并且在网上提供了种类更为广泛的产品。除此之外，该零售商也增加了每个商品品类的分类。目前，宠物大卖场从一系列供货商那里储备可供多种选择的宠物食品，包括低成本、纯天然、针对产仔、不添加防腐剂、节食、有机以及含有真正肉类和蔬菜的优质食品。该公司向顾客提供分类广泛的自有品牌标签，并将其定位成全国性品牌的低成本替代品，向其顾客提供全面解决方案。根据自有品牌制造商协会的信息，其商店品牌占猫粮的 11%、狗粮的 12%、宠物用品的 13%、猫砂的 21%。

乐于溺爱宠物的消费者喜欢去宠物商店给自己的宠物购买个性化的服装，他们的选择范围包括从个性化的 T 恤礼服到酷酷的头巾。通过与宠物大卖场的合作关系，知名企业可以在宠物行业借势宣传它们自己的品牌。商店过道两旁陈列着玩具、服装、配饰、床上用品，以及展示流行卡通人物，比如海绵宝宝、大红狗克利福德、芭比娃娃、Blues Clues、迪士尼和 Peanuts 的水族馆。作为一个独家生产和销售玛莎·斯图尔特宠物的厂商，宠物大卖场现在还提供一个全新系列的宠物服装、床上用品、美容以及洗浴用品。此外，拥有多元化业务的公司，例如 Paul Mitchell、拉尔夫·劳伦、哈雷戴维森以及老海军，也开发了它们自己的宠物产品。甚至连吉普公司都发布了它为汽车和卡车设计的品牌婴儿车和宠物坡道，试图从宠物零售行业无数的许可机会中获利。

在过去，宠物零售商提供的只是最基本的产品。现在，他们的目标是与客户建立持久的关系。宠物零售业的服务行业具有较高的利润率，所以宠物大卖场正打算将各种服务纳入其业务模型，包括店内美容、6～8周服从训练、小狗日托和提供舒适的床及播放《动物星球》节目电视的宠物旅馆。因此，宠物大卖场的服务业收入约占年度销售收入的11%。宠物服务行业中的各个竞争对手都同样试图从这个市场中分一杯羹。举例来说，小狗水疗就提供如按摩疗法和足疗的高端服务，而遛宠物和垃圾拾取服务在该行业内更是取得了更大的成功。

作为品牌战略的人力资源

通过各种员工发展规划，宠物大卖场提供员工培训来强化公司的品牌形象。公司雇用那些爱宠物的人，从而有助于为客户提供价值、好的质量和服务。宠物大卖场为训练师提供一个 120 个小时的培训教育计划，为美容师提供为期 6 个月的教学计划，在任何商店开张之前还要提供一个 16 个小时的角色扮演训练。因此，宠物大卖场员工欢快的行为举止在全国都保持一致。宠物大卖场的员工热情地与客户交谈，询问与宠物相关的问题，并给出建议。这种乐于助人和友好的情感让员工与公司所有的品牌战略保持一致，并且创造了一种情感上的联系。表现好的宠物被允许与主人共同在宠物商店购物，从而创造了一种愉快、舒适、有爱的商店气氛，进一步支撑了品牌资产。

宠物大卖场经常会在收银台陈列一些具有高度可视性的与动物有关的企业慈善或者捐款相关事宜宣传页（绝育/中性的举措、宠物收养程序、宠物庇护所、食物等）来增强企业热爱动物的文化。公司做了一个慎重的决定，鼓励从避难所收养而不是售卖猫和狗，尽管猫和狗的销售会产生更高的年收入。做出鼓励和促进宠物收养的决定是为了减少被遗弃动物的安乐死。宠物大卖场的首席执行官菲利普·弗朗西斯（Philip Francis）曾说道："当你把床、食物、项圈、拴狗绳、培训项目、洗澡及预约兽医都考虑在内的时候，这个收养的猫或狗会花费我们 300～400 美元，但也可能会是一个让宠物和自己的主人产生一生的关系的机会。"

资料来源：This case was written by James Pope, while an MBA student at Loyola University, Maryland, and Hope Corrigan, Loyola University, Maryland.

讨论题：

1. 用 Excel 创建一个关于美国宠物行业支出的柱形图，Y 轴表示每年支出的美元，X 轴表示年份。登录美国宠物用品行业协会的网址查找统计数据和趋势，该网址是：http://americanpetproducts.org/press_industrytrends.asp。

2. 按照类别用 Excel 创建一个关于最近几年的美国预计宠物行业支出的饼状图。确保每个饼块与最近的类别名称和百分比一一对应。登录美国宠物用品行业协会的网站（http://

americanpetproducts.org/press_industrytrends.asp）查找统计数据和趋势。

3. 宠物大卖场如何招聘、雇用和留住最好的员工来支持其品牌战略、满足客户的期望，并达到其销售目标？
4. 宠物大卖场还能做些什么来增加客流量、收入和盈利能力？
5. 想一些其他可能开始出售更多分类宠物产品和服务的零售商。这些竞争会怎样影响到宠物大卖场？

案例37

林迪新娘用品商店

林迪新娘用品商店（Lindys Bridal Shop）坐落在莱克城（约有 8 万人口），是一家不算太大的新娘用品店，主要销售新娘礼服、舞会、礼服、饰品及丝绸花饰，同时也出租男士正装并提供各种改做服务。

林迪·阿姆斯特朗（Lindy Armstrong），33 岁，从 1997 年 3 月建店之时就拥有这家店面。她嫁给了一个中学教师，现在已经是三个孩子的母亲了。从事护士的她发现医院安排的值班表使她无暇照顾自己的家庭。作为一名精力充沛、积极向上并且拥有广泛爱好的女性，她想在继续工作的同时抽出时间照顾好孩子。

丝绸花饰市场的需求使林迪可以在家开创事业的同时抚养自己的孩子。她正式开始运作林迪丝绸花饰公司。第一张订单是价值 75 美元的花饰，来自距离莱克城约 10 英里的弗农小镇，人口约为 1 万。她在自己的家中工作，主要内容是通过与顾客（主要是新娘）进行口头交流尽量招揽生意。随着林迪花饰的蓬勃发展，她又新加了一个房间以满足业务发展的需要。林迪自己制作所有的花饰，她的制作日程表安排得极为紧张。长时间的工作也成为家常便饭。

一个叫作丹·摩根（Dan Morgan）的年轻摄影师向林迪提出了一个建议，他建议林迪开一家一站式的新娘用品商店。在这项新业务中，丹负责摄影，林迪则提供丝绸花饰，还有另一个合伙人凯伦·罗斯（Karen Ross，他对新娘用品颇有研究）负责提供礼服及其他饰品。新店本打算建在位于弗农小镇租赁的建筑中。未曾想就在开张之前，丹和凯伦突然决定退出合伙，林迪一下成了孤家寡人。林迪对新娘用品行业一无所知。天无绝人之路，既没商品又没设备的林迪突然被一则广告吸引了，这则广告说在一个大城市一家新娘用品店濒临倒闭。她立刻给店主打电话，并安排了见面时间。随后，她用 1 万美元买下了所有的存货（服装模特、货架和地毯）。此外，这家店主还给她生动地上了一堂新娘用品生意倒闭的课程。

由于弗农是一个非常小的小镇，因此林迪并不认为选址是其商店成功的关键因素。她认为对于像新娘礼服这样的贵重货品，人们跑远点购买也并不会介意。每月的租金及水电费是1 500美元，但是停车是个问题。

在这期间，林迪新娘用品商店不断成长。新娘礼服、饰品及舞会礼服都卖得特别好。在马上续约合同之时，林迪认真考虑了选址的重要性。搬到莱克城或许是个明智的选择，原因是莱克城比弗农大得多，州立大学也坐落于该城。林迪决定搬迁商店。

零售业态

一年中某些时段的正式节日要比其他时段多。许多学校的正式舞会在4月末至5月举行，而6月、7月和8月又是举行婚礼的月份。由于人们越来越不沿袭传统的婚礼日期，林迪相信尽管1月和2月生意冷清，但是这种生意会变得越来越没有季节性。林迪新娘用品商店的主要产品包括各种婚礼、舞会、聚会礼服，不销售二手礼服。对于在货架上摆放超过一年的过季时装或礼服会进行降价销售。在货架上悬挂一年的礼服常常会发黄。公司同时提供各种各样的饰品，包括鞋子、面纱、头饰、珠宝以及紧身衬底。林迪认为顾客根本没必要到其他任何地方去选择这些饰品。公司同时也提供衬裙租赁业务。林迪新娘用品商店专门有一个房间用来制作丝绸花饰。

林迪新娘用品商店提供试衣和改做服务。几乎所有的礼服都需要改做，因此仅收取名义上的费用。林迪认为人性化的关怀和服务使其商店不同于同行竞争者。因为强调顾客满意至上，林迪努力工作以尽量满足每位顾客。这通常并没有那么容易，因为有些顾客非常挑剔，这使得林迪经常需要花费很多时间去应付那些不悦的顾客。

林迪新娘用品商店经常忙于各种促销活动，但常常受限于财力。公司没有任何预算经费，因此几乎没有任何正式的拨款用作广告费用。尽管广播偶尔也会被用来作为广告媒介，但报纸广告是最主要的促销媒介。舞会礼服广告常常在舞会旺季投放，这些广告常常是穿着林迪新娘用品商店的当地中学生的照片，外加一些对学生活动的简短描述。其他促销活动还包括在当地商业区的婚纱秀。尽管这些活动很费工夫，但林迪感觉已经取得了很大的成功。最近在当地中学举行的一次舞会礼服秀活动中，林迪使用了许多学生作为模特。事实证明，这是一种刺激销量的绝佳方法。尽管扩大宣传需要大量的策划工作，但林迪仍然希望在下个舞会旺季到其他几所中学去推广本项活动。

林迪新娘用品商店坐落于莱克城主要穿城大街的尽头。一开始，林迪认为地理位置与自己商店的成功无关，但后来她改变了这种看法。尽管生意在弗农就不错，但是在莱克城则更加蓬勃发展。交通很方便，而且还有足够多（即便不过剩）的停车位。

林迪新娘用品商店有一份为期12年的租约（租金为每月2 000美元），包括取暖和用水。但是商店必须自己承担内部装修。硬件设施非常有吸引力，拥有一个开放而有吸引力的内部展示区，但是有些地方（无论店内还是店外）看上去均有未完工的感觉。

有些存货区域需要增加门或者屏风来增强内部的美感。试衣间的顶棚还未装修完工，前门里面的地毯也需要重新铺设。另一个问题是内部没有足够的空间用于支持各种活动，如准备鲜花、顾客试衣及商品存放，所有这些给商店造成了一种混乱的景象。

外部也存在一些问题。广告标识不够有效，前窗户光照太强以至于分散了整体效果以及内部展示橱窗的表现力。停车场需要进行修缮，停车线需要画出，路沿也需要修复。应当通过基本的景观美化做一些增加色彩及美感的工作。

店面运营

目前林迪新娘用品商店的主要销售产品是顾客从本店货架上订购或者从三大供货商的产品目录上订购的新娘礼服。在订购时，顾客通常需要先付一半的定金，余额需在30天内付清。林迪希望顾客在订购时就能全额付款，然而货款常常延迟，通常在送达以后才能付清。一旦预订礼服，当货品送达时必须购买，并且付清账单。由于店内没有燕尾服，顾客必须从产品目录上订购。试穿的外套和鞋子可以帮助顾客更好地选择所购货品的大小。林迪新娘用品商店从供货商那里租用男士正装，顾客需从递送之日起付费。

林迪是公司的唯一业主，同时也是总经理，她发现自己的精力有限。作为一家小公司，林迪新娘用品商店无法为公司为数不多的几个职位提供有竞争力的薪水。公司里有一个全职销售人员，兼职员工包括一个销售人员、一个裁缝师、一个簿记员和一名保安。林迪处理所有的文案工作，职责包括付账单、订购商品与原料、雇用和解雇职员，以及为顾客试衣和销售其他商品。所有影响公司运营的重大决定都由她本人亲自做出，她也常常自己制作所有的丝绸发饰，尽管这很费时间，但有时无论别人怎么做，她都不满意。

竞争

林迪新娘用品商店是莱克城唯一一家新娘用品店，但林迪认为自己的商店面临着四个主要的竞争对手：距离莱克城30英里远的惠特妮新娘用品商店；恩德新娘（Ender's Brides），一家运营状态相当不错的新店，在50英里开外的斯巴达市；在史密斯顿的卡罗尔是一家大型的老字号新娘用品店，距离莱克城70英里远；此外，在75英里开外的安德森维尔还有一家Gowns-n-Such。约克敦（15英里远）新开的一家店低价销售二手礼服以及过季时装。林迪密切关注着这家新开的销售旧礼服的商店。

林迪的一些潜在顾客也通过一些电子零售商，诸如结点（theknot.com）和婚礼频道（weddingchannel.com）来购买婚纱。林迪担心这些电子零售商所提供的一些服务（比如礼物登记、电子邮件提醒、婚礼策划以及婚礼照片展示等）会带走她越来越多的顾客。

未来前景

林迪·阿姆斯特朗对公司的未来并不确定，她自己很喜欢这个生意，但又觉得工作太过辛苦却并不挣钱。在林迪新娘用品商店一年的运营过程中，她并不挣工资，她一周工作超过60个小时，事业蒸蒸日上，却备感疲惫。她甚至考虑过出售这项业务并重拾自己护理的老本行。

资料来源：This case was written by Linda F. Felicetti and Joseph P. Grunewald, Clarion University of Pennsylvania.

讨论题：
1. 林迪能否通过改变商品组合来增加其销售额？
2. 哪些产品更为重要？哪些相对不重要一些？
3. 为了增加业务，林迪需要在人事方面做出哪些决定？
4. 像林迪·阿姆斯特朗这样的人士是如何平衡家庭和事业的？

案例38
CASE 38

管理培训生职位面试

（1）假设一个全国零售连锁店的校园招聘人员正在仔细阅读简历，以便为管理培训生职位筛选合适的面试候选人。你认为以下三份简历哪一份有效？哪一份无效？为什么？你将选择哪个求职者进行面试，为什么？

（2）更新你的简历，准备面试一家大型木材和建材零售商的经理培训项目。在完成培训期间，该全职职位可以保证得到快速提升。拥有大学学历，且有零售、销售和营销相关经验者优先考虑。基本年薪在 3.5 万～4.5 万美元，年终奖最高 7 000 美元。该零售店从内部进行提拔，在两三年内就可以成为店面经理，可以挣到 10 万美元或更多。福利待遇非常优厚，包括医疗、住院、牙齿、伤残、人寿和保险；401（k）计划、年终分红、绩效奖金、带薪年假及法定假期。你的简历必须包含你的联系方式、教育和培训背景、掌握的技术、工作经验、工作成果以及获得的荣誉和奖励。

（3）角色扮演面试这个职位。配对的学生首先阅读彼此的简历，然后用 20～30 分钟互相面试。一个学生扮演人力资源经理筛选申请者，另一个扮演申请经理培训项目的候选人。作为人力资源经理，向候选人提出适合的问题如下：

- 你为什么申请这个职位？
- 你申请这个职位的优势和不足之处是什么？
- 公司为什么要考虑让你获得这个职位？
- 为什么你有兴趣为这家公司工作？
- 未来 5～10 年你的职业目标是什么？
- 描述一下你在团队工作中的技巧。
- 关于这家公司，你有什么问题？

马蒂 L. 考克斯

xxxx@ufl.edu, (xxx) 3xx-xxxx
123 街，301 号
盖恩斯维尔，佛罗里达州 32605

职业目标

利用领导经验、良好的职业道德和人际交往技巧，在产品策划方面寻求市场营销实习

教育背景

工商管理理科学士　　　　　　　　　　　　　　　　　　　　　　　　　2009 年 5 月
佛罗里达大学，盖恩斯维尔，佛罗里达州　　　　　　　　　　　　　　　　GPA 3.69
主修市场营销

领导能力

学生会
　剧院夜间主持　　　　　　　　　　　　　　　　　　　　　　　　2008 年 1 月至今
　新兴领导人会议行政助理　　　　　　　　　　　　　　　　　　　2007 年 9 月至今
　学生诚信法院法官　　　　　　　　　　　　　　　　　　　　　　2007 年 5 月至今
　宴会助理总监　　　　　　　　　　　　　　　　　　　　　　　　2007 年 5 月至今
　创新党众议院代表　　　　　　　　　　　　　　　　　　　　　　2007 年 1 月～4 月
　校友日杰出员工　　　　　　　　　　　　　　2006 年 10 月，2007 年泛希腊委员会
　初级泛希腊主义助理总监　　　　　　　　　　　　　　　　　　　2006 年 12 月至今
　初级泛希腊主义国际关系执行副主席　　　　　2006 年 9 月～2007 年 1 月三德尔塔
慈善机构　　　　　　　　　　　　　　　　　　　　　　　　　　　　　三普雷项目
　校内足球队长　　　　　　　　　　　　　　　　　　　　　　2006 年 10 月，2007 年
　校内篮球队长　　　　　　　　　　　　　　　　　　　　　　　　2007 年 9 月至今
　自 2003 年 8 月加入 Member　　　　　　　　　　　　　　　　　2007 年 1 月至今

获得荣誉

Savant UF 领导力项目荣誉成员　　　　　　　　　　　　　　　　2007 年 10 月至今
桑德拉·戴·奥康纳法律预科成员　　　　　　　　　　　　　　　　2007 年 9 月至今
Alpha Lambda Delta 荣誉成员　　　　　　　　　　　　　　　　　2007 年 3 月加入
Phi Eta Sigma 荣誉成员　　　　　　　　　　　　　　　　　　　　2007 年 3 月加入

社区服务

为 SG Mentor/Mentee 项目的大学一年级新生担任导师　　　　　　2007 年 9 月至今
轮椅篮球赛志愿者　　　　　　　　　　　　　　　　　　　　　　2007 年 9 月至今
舞蹈马拉松比赛舞者　　　　　　　　　　　　　　　　　　　　　2007 年 1 月～3 月
课外盖特队志愿者　　　　　　　　　　　　　　　　　　　　　　2007 年 1 月～4 月
为爱国军人提供枕头服务项目志愿者　　　　　　　　　　2006 年 9 月～2006 年 12 月

工作经验

高级客户服务助理，Videos-R-Us，坦帕湾，佛罗里达州　　2005 年 1 月～2006 年 8 月
秘书助理，律师事务所，芒特多拉，佛罗里达州　　　　　　　2005 年 6 月～8 月

可根据要求提供参考资料

蒂娜 阿科斯塔

123 街，335 号
盖恩斯维尔，佛罗里达州 32608
(727) xxx-xxxx
lxxx@ufl.edu

职业目标
在快节奏的行业中，将我的金融和商业背景与我的创意和艺术技能结合起来

教育背景

佛罗里达大学	国际学士学位课程
沃灵顿商学院	圣彼得堡中学
金融学理学士	主修戏剧、英语和历史
辅修西班牙语	2005 年毕业
2009 年 5 月毕业	GPA：4.0
GPA：3.73	

相关课程
零售管理、在西班牙学习、公司财务、管理会计、通过电脑软件解决问题、债务和货币市场

工作经验
阿贝克隆比 & 费奇——盖恩斯维尔，佛罗里达州品牌代表（2007 年 10 月至今）

- 监督销售楼层的客户服务
- 维护和更新销售楼层设计
- 在登记处办理购货及退货事宜
- 准备发货以及相关楼层内审事宜
- 为女性时尚业务线推广品牌

橄榄园餐厅——圣彼得堡，佛罗里达州，侍应生（2006 年 4 月~8 月）

- 使用电脑化的餐饮订购系统
- 通过客户服务达到管理层的期望
- 与客户交流
- 熟记菜单上众多菜品并推荐食物以满足客户的需求，同时最大限度地提高餐厅的利润

Sacino's Formalwear——圣彼得堡，佛罗里达州 销售代表（2004 年 8 月~2005 年 8 月）

- 管理进货和出货
- 准备财务文件
- 监督销售楼层的客户服务
- 管理年轻女性正装部门

拥有技能
精通西班牙语
Office XP：Word 文件格式、信件、表格、宣传单和宏编辑
Excel 数据表、公式、图形数据库分析、函数、简单的宏编辑
PowerPoint 专业展示

获得荣誉
佛罗里达大学创业与创新中心初赛第三名
佛罗里达未来之星荣誉
2006 年获得佛罗里达大学校长推荐学生荣誉

李察凯特

xxxxxx@ufl.edu

123 街，164 号	123 第 8 大街
盖恩斯维尔，佛罗里达州 32608	坦帕湾，佛罗里达州 33713
(352) xxx-xxxx	(813) xxx-xxxx

职业目标
寻求可利用市场营销、管理和组织能力以及人际交往技巧的职位

教育背景　**主修市场营销**　　　　　　　　　　　　　　　2009 年 5 月
　　　　　　佛罗里达大学　　　　　　　　　　　　　　　盖恩斯维尔，佛罗里达州
　　　　　　辅修大众传媒和创业
　　　　　　GPA：3.7

工作经验　**创始人 / 首席执行官**，长河电脑公司　　　　2005 年 8 月至今
　　　　　　坦帕湾，佛罗里达州

- 在南佛罗里达州创建和管理一家新的软件公司
- 协助开发有助于解决视障人士的革命性方案
- 研发若干原始的非公开和非竞争性协议
- 负责招聘、资助、管理和近 12 位私人软件工程师。向天使投资者汇报和分配投资资金

　　　　　　侍应生，卡拉巴餐厅　　　　　　　　　　　　2007 年 4 月至今
　　　　　　盖恩斯维尔，佛罗里达州

- 通过影子练习法和示范帮助培训新员工
- 每天接待 70 多名客人并确保客户关注及满意
- 多个销售精英称号，及"完美检查"比赛冠军

　　　　　　引座员 / 安全员 / 技术员，本·希尔·格里芬体育场　2005 年 8 月至 2007 年 8 月
　　　　　　盖恩斯维尔，佛罗里达州
　　　　　　泳池 / 健身俱乐部服务员，Don Cesar 度假村　2004 年 5 月至 2006 年 8 月
　　　　　　圣彼得堡，佛罗里达州

领导能力　**执行董事会成员、校网球队、宣传部长**
　　　　　　佛罗里达大学，2006 年 8 月至今
　　　　　　组织、筹划和资助网球团体社会活动，负责策划大型活动和主客场集会，协调超过 60 多名会员参与活动
　　　　　　执行董事会成员，费舍尔会计学院
　　　　　　佛罗里达大学，2007 年 1 月～5 月
　　　　　　协助修订和起草新的费舍尔会计学院委员会的官方法律
　　　　　　起草了一项关于新费舍尔学院的扩张和定位的 5 年计划，包括成员增加、活动、研究生录取条件和设施使用
　　　　　　CHAMPS Mentoring Volunteer Program
　　　　　　盖恩斯维尔，佛罗里达州　　　　　　　　　　　2007 年 1 月至今
　　　　　　每学期每周花费 2 个小时与一位"问题"小学生见面，鼓励孩子的健康成长和发展

参与机构	Phi Eta Sigma 荣誉成员，自 2005 年成为会员至今 佛罗里达网球队，2005 年秋季至 2007 年春季。校队 2006 年秋季至 2007 年春季 佛罗里达自行车队，2007 年春季至今 校友会成员，2006 年秋季至今 美国市场营销协会，自 2007 年秋季成为成员 国际商业社会，2007 年秋季 工商管理学院理事会，2007 年秋季列席常委 企业家俱乐部，2007 年秋季
掌握技能	计算机：熟练运用 Microsoft Word、Excel、PowerPoint、浏览器和媒体播放器，能讲流利的西班牙语
参考资料	根据需要提供

术　语　表

ABC analysis　ABC 分析法　是指按照盈利性指标对各种存货单位进行排序，以确定分类计划中哪些货品应该保证不会缺货，哪些货品可以允许偶尔缺货，以及哪些货品应该从存货系列中清除。

accessibility　可获得性　①顾客可以方便地进出购物中心的程度；②零售商在细分市场上向顾客提供适当的零售组合的能力。

acid-test ratio　酸性测试比率　短期资产减去存货除以短期负债，也被称为速动比率。

actionable　可行动性　评价一个细分市场方案的标准之一，说明零售商应该采取什么措施来满足该细分市场的需要。

add-on selling　附加销售　向现有的顾客销售更多的产品和服务，如银行鼓励客户用支票账户从银行申请家居改善贷款。

advance shipping notice（ASN）　预先发货通知单　零售商从某个供货商处收到的提前装运电子文档。

advertising　广告　通过非个人媒体如报纸、电视、广播、直接邮件和互联网传递给消费者的付费传播。

affinity marketing　关联营销　一种使消费者能够表达他们对组织认同的营销活动。一个例子是提供绑定参考组（如消费者的大学或一支橄榄球队）的信用卡。

affordable budgeting method　剩余定额法　是一种制定传播预算的方法，零售商首先为零售组合的每一个元素设定一个除去传播费用的预算，然后将剩余资金分配到促销预算。

aided recall　辅助回忆　是指当消费者面对一个品牌名字时，他们知道该品牌。

à la carte plans　点菜式奖励计划　一种员工奖励计划，根据员工个人的欲求为员工提供奖励选择。

Americans with Disabilities Act（ADA）《美国残疾人法案》　一项联邦民权法，该法案保障残疾人士在就业、交通运输、公共服务设施、电信以及州政府和地方政府服务等方面不受歧视。

analog approach　类比法　商圈分析的一种方法，也被称为类似店法或地图法。这一分析法分为四个步骤：①通过客户定位技术描述当前商圈；②绘制客户地图；③确定主、次及第三区域；④将商圈中的商店特性与潜在的新店进行匹配。

anchor　龙头店　一家大型的知名零售店，位于购物中心或互联网购物中心，作为吸引消费者来到该中心的主要力量。

application form　申请表　一张用来收集求职者教育背景、就业经历、爱好及推荐信息的表格。

App　软件应用程序　在零售环境中，它们通过平板电脑和智能手机提高顾客的购物体验。

artificial barrier　人工障碍　在地点可获得性评估中，是指铁路轨道、主要公路或公园等障碍。

assets　资产　某企业由于过去的交易或事件而拥有或控制的经济资源，如存货或商店。

asset turnover　资产周转率　净销售额除以总资产。

assortment　分类　一个商品品类中存货单位

的数量，也被称为商品的深度。

assortment plan　分类计划　一份非常笼统地表明在某一特定商品品类中应该提供的商品清单。

assurance　保证性　消费者用来评估服务质量的一项标准，如员工的知识和礼貌，以及他们传达信任和信心的能力。

atmospherics　氛围　通过对视觉传播、照明、色彩、音乐、气味等环境方面进行设计以刺激顾客的知觉和情感反应，并最终影响他们的购买行为。

autocratic leader　独裁型领导者　自己做所有的决定，然后向员工宣布的管理者。

automated retailing　自动零售　一种零售渠道，商品或服务被储存于机器中，然后被分发给用现金或信用卡进行支付的消费者。

backhaul　回程　卡车将商品交付到商店后返回配送中心。

backup stock　备用存货　当需求超过预期或商品延迟时用以防止断货的存货，也被称为安全存货或缓冲存货。

backward integration　后向一体化　零售商拥有其部分或全部供货商的垂直整合形式。

bait and switch　诱售法　是一种非法的欺骗行为，其通过宣传价格低于正常水平的商品来吸引顾客进入商店（诱饵），接着诱使顾客转而购买价格更高的类型（转换）。

bargaining power of vendors　供货商的议价能力　零售商严重依赖于重要的大供货商的一种市场特征，以致使他们的利润受到不利影响。

barriers to entry　进入壁垒　进入零售市场的各种条件，使企业难以进入该市场。

base of the pyramid　金字塔底层　世界人口的25%处于全球收入分配的最低端，购买能力约为5兆美元，也被称为金字塔底部。

base stock　基本存货　见周期存货（cycle stock）。

basic merchandise　基础商品　见必需品（staple merchandise）。

behavioral interview　行为面试　一种用于选择应聘者的面试技巧，应聘者在该面试中描述如何处理过去的实际工作情况。

benefit segmentation　利益细分　在寻求商品或服务相似利益的基础上细分零售市场的方法。

big-box stores　大盒子店　提供有限服务的大型零售商。

biometrics　生物识别　人类特征的生物测量方法，如人手的几何形状、指纹、虹膜或声音。

black market　黑市　高价得到在正常市场环境下很难或无法购买的商品，通常涉及非法交易。

block group　普查群　相邻人口普查区的集合，包含300～3 000人，是样本数据的最小单位。

blog（weblog）　博客（网络日志）　一种公共网站，用户在上面可以发布关于自己的想法、评论和理念的非正式日志。

bonus　奖金　根据员工表现的主观评价，定期给予的额外奖励。

bottom of the pyramid（BOP）　金字塔的底部　在全球收入分配最低端的人口占世界人口的25%，有大约5兆美元的综合消费能力，也被称为金字塔底层。

bottom-up planning　自下而上计划　目标被设置在组织的底层，通过运营层级过滤至顶层。

boutique　精品店　店内部门被设计成类似于小型的独立商店；相对较小的专卖店。

boutique layout　精品店布局　见自由式布局（free-form layout）。

brand　品牌　一个区别性的名称或符号（如标志、设计、符号或商标），用于识别某一卖方提供的产品或服务，并将这些产品和服务与竞争对手的产品和服务区分开来。

brand association　品牌联想　任何与消费者记忆中的品牌产生联结或联系的品牌。

brand awareness　品牌知晓　潜在顾客识别

或回忆某一品牌属于某特定零售商或产品/服务的能力。

brand equity 品牌资产 品牌形象为零售商提供的价值。

brand image 品牌形象 消费者对某一品牌所有联想的集合，通常围绕着一些有意义的主题。

brand loyalty 品牌忠诚度 表明顾客喜欢并始终如一地在产品品类中购买某种特定品牌。如果他们最喜欢的品牌是不可获得的，他们也不愿意转向其他品牌。

breadth 宽度 在商品规划中，某一特定商品品类中子品类的数量。

breadth of merchandise 商品广度 见种类（variety）。

break pack area 拆分包装区 在配送中心区域，员工打开大纸箱并将其内容物拆分成更小的包装再送到商店。

break-even analysis 盈亏平衡分析 评估总收入和总成本之间关系的技术，以确定在不同的销售水平下的盈利能力。

break-even point quantity 盈亏平衡点数量 总收入等于总成本和超出利润时的数量，之后的额外销售就是可以获利的数量。

breaking bulk 拆售 零售商或批发商在收到大量商品并以较小的数量销售时所执行的功能。

breaking sizes 断码 某种特定尺码的存货单位出现无货的现象。

buffer stock 缓冲存货 对于周期性存货起一个安全垫作用的商品存货，当需求超过销售预测时使零售商不至缺货，也被称为安全存货。

building codes 建筑规范 是一些决定建筑规模和类型、标志、停车区类型的法律限制条款，以使其用于某一区位。

bulk fixture 散装货架 见环形挂衣架（rounder）。

bullwhip effect 牛鞭效应 在不协调的渠道中囤积存货的现象。

buybacks 回购 供货商和零售商使用的一种产品进店战略，当某个零售商允许供货商通过"回购"竞争对手的存货以为自己的商品制造销售空间，并将其从零售商的系统中清除，或当零售商要求供货商回购滞销商品时使用。

buyer 买手 零售组织中负责某个商品品类采购和盈利的人，类似于品类经理。

buying process 购买过程 顾客购买商品或服务所经历的阶段。

buying situation 购买情境 在特定的购物情况下，根据顾客需求对零售市场进行细分的方法，如临时购物和每周购物。

call-to-action signage 呼吁行动标识 这类标识被摆放在商店的战略位置，以鼓励顾客通过快速响应代码对零售商采取行动。

capacity fixture 容量支架 见环形挂衣架（rounder）。

career path 职业路径 管理人员在特定组织中晋升的职位。

cash 现金 手头的钱。

cash discounts 现金折扣 零售商从供货商那里收到因早期支付发票而带来的折扣。

cash flow statement 现金流量表 一种记录在给定会计期间内现金流入和流出的报表。

cash wraps 付款打包处 店内顾客可以购买商品并对其进行"打包"（放置在一个袋子中）的地方。

catalog channel 产品目录渠道 一种零售商通过邮件向消费者邮寄目录并与之直接进行沟通的无店铺零售渠道。

category captain 品类领队 与零售商结成联盟，帮助消费者获得洞察力，满足消费者需求，并提高整个品类的业绩和利润潜力的供货商。

category killer 品类杀手 在一个商品品类中提供狭窄但很深分类的折扣零售商，因此从消费者的角度来看占据了该品类的主导地位，也被称为品类专家。

category management 品类管理 以最大化某品类销售额和利润为目标的零售业务经

营过程。

category signage 品类标识 某一特定部门或店内部分的标识，品类标志通常小于指示标志。其目的是识别所提供产品的类型；它通常被置于其所指货物的附近。

category specialist 品类专家 见品类杀手（category killer）。

cause-related marketing campaign 事业关联营销活动 企业和慈善机构结成合作伙伴，为共同利益而营销一种产品或服务的商业活动。

census 人口普查 在指定日期计算某一国家的人口。

census block 普查区 各方可见边界（如道路、河流等）和/或无形特点的（县、州边界）区域，是可获得人口普查数据的最小地理实体。

central business district（CBD） 中心商业区 一个城市或城镇传统的市中心商业区。

centralization 集权 是指将零售决策权授予集团经理，而不是给分散的区域、地区和店面经理。

channel migration 渠道迁移 是指消费者从零售商的渠道搜索信息，然后在竞争对手维护的不同渠道进行购买。

chargeback 退单拒付 当从供货商处购买的商品不能满足采购协议的条款时，零售商要求供货商支付的一定的费用。

chargeback fee 扣款费 是零售商从其应付给供货商的金额中扣除款项的做法。

checking 验货 收到货物后进行检查以确保其安然无恙地抵达，并且确认接收到的商品与订购的商品相一致的过程。

checkout areas 结账区 见付款打包处（cash wraps）。

cherry picking 择优而取 只购买高折扣出售的商品或购买只有最好风格或颜色商品的顾客。

chief executive officer（CEO） 首席执行官 负责监督整个公司的运作。

chief financial officer（CFO） 首席财务官 与首席执行官在财务问题，如股权债务结构和信用卡业务方面开展工作。

chief marketing officer 首席营销官 与员工一起开发市场营销、广告和其他促销计划。

classification 分级 由不同的供货商提供的一组同类型的货品或存货单位，如裤子（相对于外套或西装）。

click-through rate 点击率 客户点击在线广告的次数，除以印象数。

closeout 清仓 降价出售一批滞销或号码不全的存货；对不完全分类、不完整产品线上的剩余商品，决定不再继续销售，因此提供一个较低的价格确保即时销售。

collaborative planning, forecasting, and replenishment（CPFR） 协作性规划、预测与补货 零售商与供货商共享信息，协同存货管理系统。CPFR软件利用数据构造一个由计算机生成的补货预测，并在其被执行之前由零售商和供货商共享。

commercial bribery 商业贿赂 供货商向零售商的雇员提供金钱或礼物以影响购买决策的行为。

commission 佣金 基于固定公式计算的补偿，如销售额的百分比。

common area maintenance（CAM） 公共区域维护 购物中心管理层负责的公共设施维护，如停车区、提供安全措施、停车场照明、该中心的户外标志、广告以及特别的活动，以吸引消费者。

common area maintenance (CAM) clause 公共区域维护条款 购物中心房地产合同条款，负责维护共同的领域，如停车场和人行道。

communication gap 传播差距 实际提供给顾客的服务和零售商促销计划承诺的服务之间的差异。这个因素是用以提高服务质量的差距模型所确定的四个因素之一。

communication objectives 传播目标 是指与零售传播组合相关的影响消费者决策过程的具体目标。

community strip shopping centers　社区条状购物中心　见邻里购物中心（neighborhood shopping centers）。

comparable store sales growth　可比店面销售额增长率　见单店销售额增长率（same-store sales growth）。

comparison shopping　比较购买　这一购买情境的消费者对他们所需的商品或服务的类型有大致的了解，但他们并不强烈偏好于某个品牌或型号。

compatibility　相容性　是指时尚与现有规范、价值观和行为相一致的程度。

competitive parity method　竞争基准法　设定促销预算的方法，使零售商的促销费用份额等于其市场份额。

competitive rivalry　竞争性对抗　是指针对竞争对手的行动采取行动的频率和程度。

complexity　复杂性　消费者理解和使用新时尚的难易程度。

composite segmentation　综合细分　利用各种变量来辨认目标细分市场中的消费者，通过综合所寻求的利益、生活方式及人口统计数据几种方法来确定目标市场。

congestion　拥挤程度　是指车辆或人群的数量。

consideration set　考虑范围　在商品选择时，消费者设置的备选方案的集合。

consignment　寄售　在零售商将商品售出之前，供货商一直拥有商品的所有权，在这段时间里，零售商需要对商品进行支付。

consignment shop　代销店　销售二手商品的商店，只有商品售出后才向单个消费者进行报销。

consumer direct fulfillment　消费者直接完成　见代发货（drop shipping）。

continuous replenishment　连续补货　当存货水平降至预定水平以下时，系统连续监控商品销售和生产订单，通常是自动的。

convenience shopping　便利购物　消费者主要关注的是尽量减少其努力来得到他们想要的产品或服务。

convenience shopping center　便利购物中心　一排连在一起的店铺，通常在商店前设有停车场，也被称为条状购物中心。

convenience store　便利店　提供有限商品种类和分类的商店，位置便利，面积在2 000～3 000平方英尺，提供快速结账。

conventional supermarket　传统超市　自助式食品商店，提供食品、肉类以及农副产品，并销售有限的非食品，如健康、美容辅助产品以及一般性商品。

conversion rates　转换率　看完后购买该产品的消费者的转换率。

cookies　是存储于计算机上的小文件，在访问者返回网站时能被识别出来。

co-op（cooperative）advertising　合作广告　由供货商执行的一种计划，在该计划中供货商同意为其产品支付全部或部分促销费用。

copy　文本　在广告中的文本。

copycat branding　山寨品牌　一种品牌策略，在外观和包装上模仿制造商品牌，通常被认为是低质低价商品。

copyright　版权　用来保护作者、画家、雕塑家、音乐家和其他创造艺术或知识财富的人的创作。

corporate social responsibility（CSR）企业社会责任　公司自愿采取的行动，以解决其业务运营中的道德、社会和环境的影响及其利益相关者的关注。

cost of goods sold（COGS）销货成本　零售商为销售某商品向供货商支付的费用。

cotenancy clause　合租条款　在租赁合同中，要求一个购物中心的一定比例要被租出或在该中心要有指定的商店。

counterfeit merchandise　伪造商品　未经商标或者版权所有者的允许而制造、销售的假冒商品。

coupons　优惠券　向持有人授权降价或对某个产品或服务的实际价格减价 × 美分。

cross-docked　交叉转运货品　从入站卡车卸

货，通过输送系统传送到运货卡车的装货地，卡车将货直接运到指定商店。这些货品是由该供货商为一家特定的商店提前进行包装的，贴在纸箱上的条码标签注明了所要派送的商店。

cross-selling　交叉销售　某个部门的销售人员试图向其消费者销售其他部门的互补商品。

cross-shop　交叉购物　既购买昂贵产品，又购买廉价产品；或者既光顾以身份为导向的高档零售商，又光顾以价格为导向的零售商的行为模式。

culture　文化　由大多数社会成员所共享的意义和价值。

cumulative attraction　累积吸引力　即一群相似并且具有互补性的零售店聚在一起，相比于从事相同零售活动的孤立商店会产生更大的吸引力的原则。

current assets　流动资产　现金或任何通常在一年内可转换成现金的资产。

current ratio　流动比率　短期资产除以短期负债。

customer database　客户数据库　从企业内外各种来源得来的经过协调和定期复制的数据，进入准备分析和信息处理的某个环境。其包含所有由公司收集的有关客户数据，是后续CRM活动的基础。

customer delight　客户愉悦　零售商由于提供意想不到的服务而创造的高水平的客户满意度。

customer lifetime value（CLV）　客户终身价值　顾客在与零售商的关系中对零售商利润的预期贡献。

customer loyalty　顾客忠诚度　顾客在某商店购物的承诺。

customer relationship management（CRM）　客户关系管理　一种商业理念和一套战略、方案和系统，重点是识别对零售商最有价值的客户并建立其忠诚度。

customer relationship management（CRM）program　客户关系管理计划　旨在识别和建立对零售商最有价值客户的忠诚度的一系列活动。

customer service　顾客服务　一系列零售活动，用以增加消费者购买商品时的价值。

customer spotting　顾客定位　在商圈分析中使用的技术，用于为商店或购物中心"发现"（找到）顾客的住址。

customization approach　定制化方法　零售商使用的一种方法，为满足每个客户的个人需求而提供专门的客户服务。

cycle stock　周期存货　由于补货过程而上下波动的存货，也被称为基础存货。

data mining　数据挖掘　用于识别数据仓库中发现的数据模式的技术，通常是分析师在搜索数据之前不知道的模式。

debt-to-equity ratio　资产负债率　是零售商的短期和长期负债除以公司中所有者或股东的权益价值。

decentralization　分权　零售决策的权力在组织的较低层级。

delivery gap　传递差距　零售商的服务标准和提供给客户的实际服务之间的差异。这个因素是用以提高服务质量的差距模型所确定的四个因素之一。

demand/destination merchandise　需求型/目的地型商品　顾客在进入商店之前决定购买的商品。

democratic leader　民主型领导者　从员工和基层寻求信息与意见，并基于这些信息做出决定的店面经理。

demographic segmentation　人口统计细分　一种细分消费者市场的方法，根据年龄、性别、收入和教育等容易测量的客观特征对消费者进行分组。

department　部门　商店的一部分，经营一组分类商品，消费者认为其商品分类是互补的。

department store　百货公司　提供种类繁多、分类很深的商品的一种零售商，提供大量的顾客服务，并被组织成不同的部门陈列商品。

depth 深度 在商品规划情境中，某一商品子品类中存货单位的分类。

depth of merchandise 商品深度 见分类（cassortment）。

destination store 目的地商店 是一家零售商店，其中商品、选择系列、展示、定价或其他独特的功能成为吸引顾客的亮点。

digital signage 数字标识 其视觉内容通过中央管控的网络以数字形式传送至店内的服务器上，并显示在平板屏幕上。

direct investment 直接投资 零售公司的分公司或子公司在国外建立和经营商店的投资与所有权。

direct mail 直接邮寄 直接通过电子邮件或私人递送公司向消费者提供的任何宣传册、目录、广告，或其他印刷品。

direct selling 直销 一种零售业态，销售人员（常常是独立的代理人）直接在方便的位置（无论是在客户的家里或工作）向客户展示商品利益，接受订单，并将商品交付给客户。

direct store delivery（DSD）店铺直送 一种绕过零售商的配送中心，将商品直接运送到零售商商店的方法。

direct-response TV（DRTV）电视直销 是指消费者看到一则展示商品的电视广告，然后通过打电话或通过公司网站订购该商品的一种零售渠道。

disability 残疾 是指身体或精神受到了损害，严重影响了他们基本生活的一项或多项活动或类似的情况。

discrimination 歧视 一种公司或其管理者实施的非法行为，导致受保护群体的某一成员（妇女、少数民族等）遭受不同于非该群体成员的对待 [见非等同待遇（disparate treatment）]，或当一个看似中立的规则有不合理的歧视性效应 [见非等同影响（disparate impact）]。

disparate impact 非等同影响 一个看似中立的规则具有不公平的歧视性影响，比如如果零售商要求所有员工高中毕业，因此排除掉较大比例的弱势群体，当至少有一些工作（例如，托管人）可以由那些没有高中毕业的人去执行时。

disparate treatment 非等同待遇 一种歧视情况，当一个受保护群体的成员受到不同于非群体成员的对待时——例如，一个不具备晋升资格的男性得到了提拔，而一个具备提拔资格的女性却没有得到提拔。

dispatcher 分配员 协调货物发运从供货商到配送中心、商店，或从配送中心到仓库的人。

distribution center（DC）配送中心 从多个供货商接收商品并将其分配到多个商店的仓库。

distributive fairness 分配公平 当解决投诉时，顾客对所收到的利益与其成本（不便或损失）相比时的感知。

distributive justice 分配公正 当收到的结果与他人收到的结果相比被视为公正时。

diversification growth opportunity 多元化增长机会 一个战略投资机会，涉及一个全新的零售业态，针对尚未涉足的细分市场。

diverted merchandise 溢出商品 从其合法的分销渠道转移的商品，类似于灰市商品，只是不需要跨越国界转手。

dollar stores 一元店 是小型的全线折扣商店，提供种类多但分类浅的家居用品、健康美容（HBC）产品和杂货类商品。

drawing account 提款账户 销售补偿的一种方法，销售人员根据其估计的年收入每周收到一次支票。

drop shipping 代发货 是指零售商收到消费者的订单，将这些订单传递给供货商，然后供货商将订货直接发送给消费者的一种供应链系统。

drugstore 药店 专注于药品、健康和个人美容商品的药店专业零售店。

durable goods 耐用商品 预计将持续数年，

如家电和家具，也被称为硬货。

duty 关税　见关税（tariff）。

dynamic pricing 动态定价　是指基于客户类型、每天（每周甚至每个季节）的不同时间以及需求层次而对商品或服务收取不同价格的过程。

earnings before interest, taxes, and depreciation（EBITDA）息税、折旧及摊销前利润　是对零售商持续运营产生的盈利进行测量的一项指标，是毛利减去经营和非经常性开支，也被称为经营利润率。

editing the assortment 编辑分类　选择正确的商品种类。

80-20 rule 80-20 规则　一项一般性的管理原则，其中 80% 的销售额或利润来自 20% 的客户。

elastic 弹性　在定价的情况下，当价格下降 1% 时，销售数量增加了 1%。

electronic article surveillance（EAS）system 电子商品监视系统　一种防损系统，特殊标签被放置在店内商品上，购买该商品后标签才能解除效力。标签被用来阻止行窃。

electronic data interchange（EDI）电子数据交换　从零售商到供货商再到零售商的计算机到计算机的业务文件交流。

electronic retailing 电子零售　一种零售形式，零售商通过互联网与顾客交流，并提供产品和服务。

e-mail 电子邮件　一种付费的个人传播的工具，包括通过互联网发送信息。

emotional support 情感支持　以理解和积极的方面来支持零售服务提供者，使他们能够应对不满的客户所造成的情绪压力。

empathy 移情性　顾客用来评价服务质量的一种顾客服务特征，是指为顾客提供的关怀、个性化的关注，如个性化服务、发送笔记和电子邮件，或认出名字。

employment branding 就业品牌　雇主进行的旨在了解潜在的雇员正在寻求什么，以及他们如何看待零售商；建立一项价值主张和就业品牌形象；将这一品牌形象传达给潜在的员工，然后通过确保员工体验与广告宣传相匹配，以实现品牌承诺的计划。

empowerment 授权　管理者与员工分享权力和决策权的过程。

end cap 端头　位于过道末端的商品展示架。

engagement 投入　员工对组织的情感承诺。

Equal Employment Opportunity Commission（EEOC）平等就业机会委员会　属联邦委员会，成立的目的是采取法律行动反对违反民权法第七条的雇主。第七条禁止公司人事做法中的歧视行为。

equal Pay Act《同酬法案》　是由均等就业机会委员会强制执行的一项联邦法案，它禁止男女同工（或从事同等价值的工作）不同酬。

e-tailing 电子零售　见电子零售（electronic retailing）。

ethics 伦理　一种基于普遍道德义务和责任的制度或行为准则，表明人们应如何行事。

event sponsorship 事件赞助　一种企业支持的营销沟通活动，这些活动通常是在文化或体育以及娱乐部门开展。

everyday low-pricing（EDLP）每日低价　一种定价策略，强调零售价格的连续性，将其维持在常规不打折价格和竞争对手深度折扣售价之间。

exclusive brand 排他性品牌　是由全国性品牌供货商开发，通常与某一零售商联合并由该零售商独家销售的品牌。

exclusive dealing agreement 独家经销协议　当供货商限制零售商使其只出售自己的商品而不能出售竞争对手的商品时签订的协议。

exclusive-use clause 独家使用条款　禁止出租人向出售竞争性产品的零售商租赁的条款。

executive vice president（EVP）of operations 运营执行副总裁　负责管理信息系统（MIS）、供应链、人力资源和视觉营销。

extended problem solving 广泛型问题解决

是指消费者花费大量时间和精力对商品进行比较、分析的购物决策过程。

external sources (of information) (信息) 外部来源 由媒体及其他人士提供的信息。

extreme-value food retailers 特价食品零售商 见有限分类超市 (limited assortment supermarkets)。

extreme-value retailers 特价零售商 小型全线折扣商店，以非常低的价格提供有限的商品分类。

extrinsic rewards 外在奖励 由经理或公司给员工的外在报酬奖励 (如金钱、晋升或认可)。

factory outlets 厂家直销店 由制造者拥有的商店。

Fair Labor Standards Act 《公平劳动标准法案》 是 1938 年颁布的联邦法律，规定最低工资、最高工时、童工标准和加班工资条款。

fair trade 公平交易 商品采购的一种做法，要求生产者支付工人的生活工资远远超过当时的最低工资，并提供其他福利，如现场医疗。

family brand 家族品牌 产品名称与公司名称相关。

fashion 时尚 是一种产品或一种行为方式，暂时被大量的消费者所采用，因为该产品、服务或行为在那个时间和地点在社会上被认为是适宜的。

fashion leader 时尚领导者 率先采用全新时尚的消费者，也被称为时尚创新者或潮流先锋。

fashion merchandise 流行性商品 通常持续几个季节的商品类别，从一个季节到下一个季节销售可能会出现显著变化。

fast fashion 快速时尚 一种时尚零售策略，零售商通过在设计理念和产品可获得性之间实现快速执行，在产品生命周期的早期为消费者提供便宜、时尚的商品。

feature areas 特色区域 是一家商店内部用来吸引顾客注意力的那些区域，包括端头、促销过道或区域独立摆放、导向纺织品部门的模特、橱窗以及销售点区域。

feature fixture 特色支架 见十字形挂衣架 (four-way fixture)。

fill rate 补充率 是指从供货商处收到的货品占全部订购货品的百分比。

financial risk 财务风险 消费者购买昂贵产品或服务时面临的风险。

first-degree price discrimination 一级价格歧视 以消费者愿意支付的价格为基础，对每个消费者要价不同。

fixed assets 固定资产 需要一年以上才能转换成现金的资产。

fixed costs 固定成本 不随生产和销售的产品数量而变化的稳定的成本。

fixed-rate lease 固定租金租约 要求租赁人在租赁期内每月支付固定金额的租约。

fixtures 固定设施 是指用于展示商品的设备。

flash rob 闪电抢劫 是盗窃团伙通过社交媒体和短信密谋策划突然造访零售商店并窃取大量的商品。

flash sale 限时抢购 网上临时销售，每天大约在同一时间宣布，每次交易持续特定的有限时间，先到先得。

flextime 弹性工作时间 是一种允许员工选择工作时间的工作安排方法。

floor-ready merchandise 准备上架商品 是准备就绪可以在摆在商店内销售区的商品。

focus group 焦点小组 一种市场调查技术，其中一小部分受访者用宽松的结构化格式接受主持人的采访。

forward integration 前向一体化 是制造商拥有批发商或零售商的垂直整合形式。

four-way fixture 十字形挂衣架 有相互垂直的两种横杠架在基座上。

franchising 特许经营 是特权人与受许人之间签订合作协议，准许受许人使用其业务商标、服务标志或商号以及该公司其他商业标志的权利。

free-form layout 自由式布局 一种店面设计形式，主要用于小型专卖店或大商场的精品店，以不对称模式安排固定设施和过道，也被称为精品店布局。

freestanding display 独立摆放 是放在过道上的固定设施或模特，主要是通过使用跑道式或自由式布局设计吸引顾客的注意并把他们带到某个部门。

freestanding insert（FSI） 插页广告 是指由零售商承担费用，将广告印刷在报纸的插页中进行分发，也被称为预印本。

freestanding site 独立式地点 是单个、独立、不与其他零售商相连的区位。

freight forwarders 货运代理 购买运输服务的公司，将小量货运整合成大量货运，然后以较低的运费发运。

frequent-shopper program 常客计划 一种奖励和传播方案，用以鼓励零售商的最佳客户持续购买，见忠诚计划（loyalty program）。

fringe 边际地带 商店的第三级商圈。

fringe trade area 边际商圈 见第三级商圈（tertiary trade area）。

frontal presentation 正面展示 即零售商将某个商品尽可能多地展示给顾客以引起他们注意的展示方法。

full-line discount store 全线折扣商店 提供各种各样的商品、服务且价格低廉的零售商。

generic brand 一般性品牌 没有品牌化、不做广告的商品，通常见于药品、食品和折扣店。

gentrification 高档化过程 老建筑被拆除或重新创建新的办公室、住宅、零售商的过程。

geodemographic segmentation 地理人口统计细分 是指同时使用地理和人口统计特征来划分消费者的方法。

geofencing 地理围栏技术 通过手机定位技术向临近零售商提供消费者本地化的促销活动。

geographic information system（GIS） 地理信息系统 一种计算机化的系统，使分析人员能够以地图的形式将客户的人口统计信息、购买行为和其他数据进行可视化处理。

geographic segmentation 地理细分 是指将潜在消费者按照居住地进行划分。零售市场可以按照国家、州、城市和社区进行细分。

glass ceiling 玻璃天花板 一个无形的障碍，使少数民族和妇女难以晋升到一定水平。

global operations president 全球运营总裁 负责管理国外零售业务的主管。

gondola 堆列式货架 是一种岛屿型的自助柜台，具有多层货架、大储物箱或衣夹。

graduated lease 累进租赁 要求租金在一定时间内按固定金额增加的租赁。

gray-market goods 灰市商品 是指由外国制造商制造，拥有美国注册商标，但未经美国商标所有者允许而进口到美国的商品。

green 绿色 一种营销策略，用以促进环境安全或有益的产品或服务。

green sheen 绿色光泽 为了取得公众同意销售其产品或服务而并非以实际改善环境为目的的不诚实的营销实践。

greenwashing 漂绿 见绿色光泽（green sheen）。

grid layout 栅格式布局 通常使用于食品杂货店，由一排排平行的过道组成，商品放在位于过道两侧的货架上。

gross leasable area（GLA） 总可出租面积 是指为零售商设计的占用和独家使用的总建筑面积，包括地下室、阁楼或楼顶。

gross margin percentage 毛利润率 毛利润除以净销售额的比率。

gross margin 毛利 顾客支付商品价格和商品成本之间的差额（零售商支付商品供货商的价格）。更具体地说，是净销售额减去销货成本的差。

gross profit 毛利润 见 gross margin。

group maintenance behaviors 团队维护行为 是店面经理为了让员工感到满意并能很好

地共同从事一些活动。

habitual decision making 习惯性决策 是指不加考虑就做出的购买决策。

hard goods 硬商品 是指预期能使用好几年的制造类商品，也被称为耐用品。

health and safety laws 健康与安全法 雇主必须为每一位员工提供一个不易导致死亡或严重伤害的环境规定。

hedonic benefit 享乐型好处 为愉快、娱乐和/或实现情感或娱乐体验而购物。

hedonic needs 享乐需要 激励消费者为享乐而去购物的需要。

high-assay principle 高化验原则 一种资源分配的原则，强调在边际收益的基础上分配营销支出。

high/low pricing strategy 高/低定价策略 零售商的一种定价策略，有时提供的价格高于竞争对手的日常低价，但他们使用广告，以促进频繁的减价销售。

holding inventory 持有存货 零售商的主要价值提供活动，以使消费者需要商品时随时可以买得到。

horizontal price fixing 横向定价 是指直接竞争的零售商之间达成制定相同价格的协定。

housebrand 自有品牌 见一般性品牌（generic brand）。

Huff gravity model 赫夫引力模型 一种商圈分析的模型，用以确定居住在某特定地区的某个消费者光顾某家商店或购物中心的概率。

hypermarket 大卖场 是面积在 100 000～300 000 平方英尺，组合经营食品（60%～70%）和日常用品（30%～40%）的大型综合商场。

idea-oriented presentation 创意导向展示 一种基于具体创意或商店形象展示商品的方法。

identifiable 可辨识性 一个评价细分市场的标准，是指零售商能够确定细分市场中的消费者。当消费者可辨识时，零售商能够：①确定细分市场的规模；②确定针对哪些消费者进行营销传播与促销。

illegal discrimination 非法歧视 公司或其经理的行为，导致一些受保护的阶级受到不同于其他人的不公平对待。

impressions 印象数 广告出现在顾客面前的次数。

impulse buying 冲动型购买 看到商品后当场购买的购买决策。

impulse products 冲动购买型产品 即那些顾客购买之前并没有预先想好要买的商品。这些产品几乎都位于前面的商店，因为每个人都会注意到那里，而实际上这可以把顾客吸引到商店里来。

incentive compensation plan 激励薪酬计划 是指按员工的生产率提供报酬的计划。

income statement 利润表 公司在一定时期内财务表现的总结。

in-depth interview 深度访谈 一种非结构化访谈，访谈者使用广泛的调查，使个别受访者详细谈论一个主题。

individualized pricing 个别化定价 是指基于客户类型、每天（每周甚至每个季节）的不同时间以及需求层次而对商品或服务收取不同价格的过程，也被称为动态定价。

inelastic 缺乏弹性 在制定价格的情境中，当价格下跌 1% 时，销售数量增长不到 1%。

infomercials 专题广告片 一种电视购物节目，通常是 30 分钟，这种广告结合了娱乐与产品展示，劝说消费者通过打电话下订单。

information search 信息搜寻 属于消费者购买过程中的一个阶段，在这个阶段中，消费者寻求额外的信息以满足需要。

infringement 侵权 未经授权使用注册商标。

initial markup 初始加价 是商品最初的定价减去商品成本。

inner city 内城区 通常是一个高密度的城市地区，主要由少数民族聚居的公寓组成。

innovator 时尚创新者 新时尚的最初采用消费者，也被称为时尚领导者或潮流先锋。

input measure 投入测量法 评估零售商为取得产出或结果而分配的资源或金钱。

in-store marketing 店内营销 一种旨在鼓励客户花更多的时间在商店和购买更多货品的设计特色上,如购买点展示或特殊事件。

instrumental support 工具支持 为零售服务提供者提供适当的系统和设备,以提供客户所需服务。

integrated marketing communication(IMC) program 整合营销传播方案 整合各种传播元素,并且随着时间的推移,在零售组合所有的元素之间、所有的供货渠道上向所有的消费者提供全面、一致的信息。

intellectual property 知识产权 由智力(精神)努力而不是体力劳动创造无形的财产。

internal sources(of information) 内部(信息)来源 顾客记忆中的信息,如名称、图像和不同商店的过去经历。

internet retailing 互联网零售 见电子零售(electronic retailing)。

intertype competition 异类竞争 即利用不同业态经销类似商品的零售商之间的竞争,例如折扣商店与百货商店之间的竞争。

intratype competition 同类竞争 拥有相同业态的零售商之间的竞争,例如克罗格和西夫韦。

intrinsic rewards 内在奖励 是员工个人从做好自己的工作中得到的奖励。

inventory shrinkage 存货损耗 见损耗(shrinkage)。

inventory turnover 存货周转率 销售净额除以平均零售存货,用来评估经理如何有效利用存货的投资。

irregulars 残次品 是生产中出现小错误的商品。

job analysis 工作分析 确定必要的活动并确定员工有效执行这些活动需要的资格。

job application form 工作申请表 一份包含申请人的就业经历、以前的薪酬、离职原因、教育和培训以及推荐等方面的信息的表格。

job description 工作说明 描述员工需要执行的活动和公司的业绩期望。

job enrichment 工作内容丰富化 是指重新设计工作,使工作范围更广、职责更大。

job sharing 工作分担 是指两个员工自愿负责先前由另外一个员工做的工作。

joint venture 合资企业 在全球扩张的情况下,零售商为了利用当地资源而与当地零售商共同建立一家新公司,公司的所有权、控制权和利润均由双方共享。

keystoning 加倍 设定零售价格的一种方法,零售商简单地对商品成本加倍,从而得到原始零售价。

knockoff 仿制品 对设计师在时装展示会上展示或在排他性专卖店销售的最新款式进行仿制,并通过零售商将这些仿制品以较低的价格销售到范围更大的市场中去。

knowledge gap 认知差距 反映了顾客的期望和零售商对该期望感知之间的差异。这个因素是用以提高服务质量的差距模型所确定的四个因素之一。

labor scheduling 劳动安排 是指决定派多少员工去商店的各个区域。

leader pricing 先导定价 是指零售商将特定商品的价格定得低于正常价格,以此增加客流量和提高互补性商品的销售。

leadership 领导力 一个人试图影响他人完成某个目标或目标的过程。

lead time 交付时间 是指从确认需要订货,到货物到达商店并处于待售状态这一段时间。

level of support 支持水平 见服务水平(service level)。

liabilities 负债 是一家零售企业的债务,指支付现金或其他经济资源以偿还过去、现在或未来利益的债务。

lifestyle 生活方式 是指人们如何生活,如何花费时间和金钱,追求什么样的活动,以及他们对所居住的世界的态度和看法。

lifestyle center 生活方式中心 是由各专卖店、娱乐中心和餐馆组成的极具设计特色的露天构造，里面有诸如喷泉和街道家具这样的设施。

lifestyle segmentation 生活方式细分 根据消费者的生活方式、如何花费时间和金钱、追求什么活动、态度和对所生活的世界的看法来细分市场。

lift-out 买回 见回购（buyback）。

limited-assortment supermarkets 有限分类超市 提供有限数量存货单位的超市。

limited problem solving 有限型问题解决 是指投入时间和精力较少的购买决策过程。客户参与这种购买过程时，他们对该产品或服务已有一些先前的经验，风险是适度的。

live chat 实时聊天 使在线客户能够实时从销售人员获得即时消息或开展语音对话的技术。

locavore movement 本地膳食主义者运动 一种致力于减少世界各地粮食运输所造成的碳排放量的运动。

logistics 物流 供应链过程中的一部分，是指从起始点到消费点对货物、服务和相关信息的有效流动和储存进行的计划、实施与控制，以满足客户需求的方方面面。

loop layout 环线布局 见跑道式布局（racetrack layout）。

loss leader 亏本搭售品 将某一货品以接近或低于成本的价格出售以吸引客流进入商店。

low-price guarantee policy 低价保证政策 保证向消费者出售的某个产品（或一组产品）的价格是市场上最低的，通常承诺和当地市场最低价格相当或更低。

loyalty program 忠诚度计划 为顾客提供奖励，如购买折扣、免费食物、礼物甚至游轮或旅行以回报他们重复购买的一项计划。

main street 小镇大街 是指位于小城镇的传统中心购物区和位于大城市及其郊区的次级购物区。

maintained markup 维持加价 是商品的实际售出价格减去商品成本。

managing diversity 管理多样性 是一种人力资源管理活动，主要是为了实现多元化员工队伍的利益。

mannequin 模特 与真人一样大小、用于展示服装的人体具象。

manufacturer's brand 制造商品牌 由供货商设计、生产和销售的一条产品线，也被称为全国性品牌。

marginal analysis 边际分析法 一种分析方法，用于制定促销预算或分配零售空间，根据经济原则，只要每增加一美元的花费就能创造大于一美元的额外贡献，公司就应该增加传播支出。

markdown 降价 初始零售价格降低的百分比。

markdown money 降价资金 即供货商给零售商部分资金，用来弥补降价销售过时商品而损失的利润。

market basket analysis 购物篮分析 是确定客户在单次购物之旅中有哪些产品出现在其购物篮中的一种数据挖掘工具。

market expansion growth opportunity 市场扩张增长机会 是指将现有的零售业态用到新的细分市场中。

market penetration growth opportunity 市场渗透增长机会 是指利用零售商目前已有的零售业态，直接面向现有顾客而实现的增长。

market week 市场周 见贸易展示会（trade show）。

markup 加价 是零售价格与商品成本之间的差价。

markup percentage 加价百分比 是加价相对于零售价格的百分比。

mass media 大众媒体 包括电视、杂志、报纸等受众广泛的渠道。

mass-market theory 大众市场理论 该理论

认为时尚是在社会阶层之间流传的。每个阶层都有自己的时尚领导者，他们在自己的社交网络里起关键作用。时尚信息是在各社会阶层之间"渗透"开来的，而不是自上而下的。

m-commerce（mobile commerce） 移动电子商务 通过无线手持设备，如手机和个人数字助理沟通甚至向客户销售。

mentoring program 督导计划 安排高层管理者去帮助基层管理者学习公司的价值观并同其他高级经理交流。

merchandise budget plan 商品预算计划 是指基于该公司的销售额预测、存货周转率以及利润目标，由买手决定每月花多少钱在一个特定的时尚商品品类上。

merchandise category 商品品类 是指在顾客眼中能够相互替代的一类商品。

merchandise group 商品组 由商品高级副总裁管理的一个组，负责多个部门。

merchandise Inventory 商品存货 零售商投资和持有的商品，使客户能够在正确的地点、正确的时间找到他们想要的商品。

merchandise kiosks 商品信息亭 是指小的商品销售空间，通常位于封闭式购物中心、机场、大学校园的走道或办公楼的大厅。

merchandise management 商品管理 零售商在满足公司财务目标时，在合适的时间、合适的地点提供合适数量的商品的过程。

merchandising planner 商品规划师 负责指派商品并且调控某区域商店的多个商品品类。

metropolitan statistical area（MSA） 都市统计区 是指一个有 50 000 个或更多居民的城市或至少有 50 000 个居民的城市化地区，以及至少有 100 000 个都市统计区居民（新英格兰为 75 000 人口）。

microblog 微博 是博客的缩小版，如推特。

micropolitan statistical area（μSA） 居住统计区 核心城区只有 10 000 人的城市。

mission statement 使命陈述 是对零售商计划实现的目标以及开展的业务范围的宽泛描述。

mixed-use development（MXD） 综合用途开发中心 将几种不同的用途综合在一个复合体里，包括零售、办公、住宅、宾馆、娱乐或其他功能。

mobile commerce 见移动电子商务（m-commercc）。

mobile communication 移动传播 通过手持设备、无线设备如蜂窝电话传送的移动通信消息。

mobile retailing 移动零售 透过平板电脑、智能手机或其他手持设备获得的互联网渠道，也被称为移动商务。

model stock list 标准存货清单 一份流行性商品清单，以非常笼统的术语指出（产品线、颜色和尺寸分布）应该在特定的商品品类中提供什么商品，又被称为标准存货计划。

multiattribute analysis 多属性评估法 基于各种问题的重要性及供货商在这些问题上的绩效表现，采用加权平均分评估每一个供货商。

multiattribute attitude model 多属性态度模型 是指消费者将某零售商、产品或渠道看作属性或特征的一个集合。设计该模型是为了评估零售商、产品或供货商。该模型使用基于各种问题的重要性及在这些问题上的表现的加权平均得分。

multichannel retailing 多渠道零售 通过一个以上的渠道销售商品或服务。

multilevel system 多层级体系 一种零售业态，独立的生意人作为主经销商，招募其他人成为他们的网络分销商。

multiple-unit pricing 多单位定价 以同一价格提供两种或两种以上同类产品或服务的做法，也被称为数量折扣。

mystery shoppers 神秘顾客 通过到商店购物来评价商店员工提供的服务的专业暗探。

national brand 全国性品牌 见制造商品牌（manufacturer's brand）。

natural barrier 天然障碍 影响一个店址可获得性的障碍，如河流或山脉。

neighborhood shopping center 邻里购物中心 一种购物中心，包括超市、药店、家居中心或各种商店。邻里中心通常包括小型商店，如服装、鞋、照相机等购物用品商店。

net profit margin 净利润 公司利润除以净销售额。

net sales 净销售额 由零售商支付客户所有退还商品后收到的总金额。

North American Industry Classification System (NAICS) 北美工业分类系统 基于产品和服务的生产与销售类型将零售企业分类为六位数分级编码的集合。

objective-and-task method 目标任务法 是确定传播预算的一种方法，这种预算对于完成传播目标的具体任务是必要的。

observability 能见性 是指新时尚被注意到并在社会群体中向其他人传播的容易程度。

odd pricing 尾数定价 是指使用尾数（如69美分）或低于一个整数（如98美元，而不是100美元）来定价的做法。

off-price retailer 低价零售商 以低价格提供各种不同品牌的断码商品、时尚导向纺织品的零售商。

omnicenter 全方位中心 结合了购物中心、生活方式、权力中心于一体的统一的、露天布局综合体。

omniretailing 全方位零售 是指协调所有的零售商购物渠道，向消费者提供无缝的购物体验。

one-price retailer 单一价格零售商 对所有商品提供一个固定价格的商店。

1-to-1 retailing 一对一零售 为小群体或单个客户制订零售计划。

online retailing 线上零售 见电子零售（electronic retailing）。

on-the-job training 在职培训 一种分散的培训，发生在员工的工作环境中。

open-to-buy 采购限额 跟踪每个月花了多少钱、还剩多少钱要花的计划。

operating expenses 经营费用 除商品成本外，在正常业务过程中发生的成本，如销售人员和管理人员的工资、广告、公用设施、办公用品费和租金。

operating expenses percentage 经营费用率 经营费用除以净销售额。

operating income percentage 经营收益率 毛利润与经营费用之差再除以净销售额。

operating profit margin 经营利润 是对零售商盈利能力进行测量的一项指标，是毛利润减去经营及非经常性开支，也被称为息税、折旧及摊销前利润（EBITDA）。

opportunities and threats analysis 机会和威胁分析 可能会对零售商的表现产生积极或负面影响的环境特征的评估。

opt in 选择参加 欧盟普遍存在的客户隐私问题。消费者拥有他们的个人信息，零售商必须得到消费者明确同意才能共享其个人信息。

opt out 选择退出 在美国流行的客户隐私问题。个人信息通常被视为公众领域信息，零售商可以任意加以使用。美国消费者必须明确地告诉零售商不要使用他们的个人信息。

order point 订货临界点 是一个特定水平的存货数量，在下一个订单到达之前，存货数量低于该数量时，可用数量已不够用，或商品已经没有存货。

organization culture 组织文化 一套指导员工行为的价值观、传统和习俗。

organization structure 组织结构 明确每个员工应该做的工作和企业内职权与责任的界限的计划。

outlet center 奥特莱斯中心 通常是零售连锁店或制造商，销售过剩商品和淡季削价商品。

outlet store 奥特莱斯商店 是由制造商或零售商拥有的低价零售商。

outparcel 外部地块 是指未与某购物中心内其他商店相连但位于该购物中心附属场地的独立商店，通常在停车场区域。

output measure 产出测量法 评估零售商投资决策的结果。

outshopping 境外购物 消费者在其他地区购物，因为他们的需求在本地得不到满足。

outsourcing 外包 将公司以前需要自己做的业务转给其他公司以获得服务。

own brand 自有品牌 见自有品牌（private-label brand）。

pack verification 包装验证 核实一个纸箱的内容，通常是在密封之前。

parallel import 平行进口 见灰市商品（gray-market goods）。

partnering relationship 伙伴关系 见战略联盟（strategic relationship）。

party plan system 聚会计划体系 销售人员鼓励客户作为主人邀请朋友或同事参加某个"聚会"，主持人或女主人会收到安排聚会的礼物或佣金。

percentage lease 变动租金租约 在这种租约中，租金是按销售额的一定百分比来计算的。

percentage lease with specified maximum 最高限额的变动租金租约 是指租约规定了付给出租方的租金要在一定的最高限额内。

percentage lease with specified minimum 最低限额的变动租金租约 是指不管销售额有多低，零售商都必须至少支付最低限额的租金。

percentage-of-sales method 销售百分比方法 是把传播预算当作预计销售额的固定百分比。

perceptual map 感知图 顾客对零售商的形象和偏好的图形描述。

perpetual inventory 永续盘存 一种会计程序，其目的是维持零售美元金额中的永久或账面存货，并在不采取实物盘存的情况下保持记录以确定在任何时候该存货的成本价值。

perpetual ordering system 永续订货系统 对存货水平进行永久监测，当可用的存货数量达到预设值时，就会按照固定的数量进行采购。

personalized service 个性化服务 一种顾客服务战略，要求服务供货商定制他们的服务，以满足每个客户的个人需求。

personal selling 人员推销 销售人员通过面对面的信息交换帮助顾客满足他们的需求的一种沟通过程。

physical inventory 实物存货 通过实际的物理计数和商品货物检验收集存货信息的方法。

physical risk 健康风险 当消费者认为一种商品或服务会影响其健康和安全时所冒的风险。

pick ticket 提货单 是一种说明要从某一特定存货区提取多少货物的单证。

pilferage 偷窃 偷窃商店的商品，见行窃（shoplifting）。

planned location 规划区位 是指购物中心开发商和/或管理方制定和执行对商店业务进行管理的政策，例如某个商店必需的营业小时数。购物中心管理方也要维护公共设施如停车场，并负责提供安全、停车场照明、中心户外标志、用以吸引消费者的广告和特殊活动等。

planners 规划师 商品管理人员，负责财务规划和商品品类的分析，并在某些情况下，分配商品到店。

planogram 货架图 通过照片、计算机输出或艺术家的效果图进行说明的一张图，清楚地说明每个存货单位应该摆放的位置。

point-of-purchase（POP）counter 购买点柜台 商店内顾客可以购买商品的地方，也被称为结账区。

point-of-purchase（POP）display 购买点展示 是商品展示被置于购买点，如在一家商店的收银台。这个区域被认为是商店里最有价值的房地产,因为顾客可以一眼就被捕获。

point-of-sale signage 销售点标识 放在这些标识所指的商品附近,以便顾客了解其价格和其他详细信息。

point-of-sale (POS) terminal 销售点终端 现金登记处,可以用激光电子扫描 UPC 条形码并且电子记录下销售情况。

pop-up store 快闪店 是在临时位置专注于新产品或一组有限产品的商店。

positioning 定位 是指通过设计和实施一项零售组合,在消费者的心目中树立一个有别于竞争对手的零售商形象。

postpurchase evaluation 购后评价 消费者购买和消费某商品或服务后对它们的评价。

power center 实力购物中心 是由几家大型龙头店为主的购物中心,包括全线折扣商店(塔吉特)、低价商店(Marshalls)、仓储式会员店(好市多),以及品类专门店(家得宝、欧迪办公、百思买以及玩具反斗城)。

power perimeter 势力范围 例如,新鲜商品品类的超市的外墙周边。

predatory pricing 掠夺性定价 是指占有主导地位的零售商以低于成本的价格出售商品,以此将竞争者驱逐出行业的行为。

premium 奖品 是免费或以便宜的价格供应物品以奖励某种类型的行为,如购买、抽样或测试。

premium store brand 高档商店品牌 一种品牌战略,为消费者提供可与全国性品牌质量相媲美的商品,有时候可以省不少钱。

preprint 预印本 是指由零售商承担费用,将广告印刷在报纸的插页中进行分发,也被称为插页广告(FSI)。

president of direct channels 直销渠道总裁 负责为互联网、移动终端和产品目录渠道选择商品分类及定价,维护和设计零售商网站、客户呼叫中心以及满足个别客户订单的履行中心。

price bundling 价格捆绑 是指一种价格出售两种或两种以上不同的商品或服务的做法。

price elasticity of demand 需求价格弹性 是指价格变动对消费者需求的影响程度;需求变动百分比除以价格变动百分比。

price lining 产品线定价 是指零售商通常在一个商品类别中提供有限数量的、预先确定的价格点。

pricing optimization software 定价优化软件 一种软件程序,该软件程序使用一组算法来分析其过去和现在的商品销售与价格以及竞争对手的价格;估计价格和所产生销售额之间的关系,然后为该商品确定最佳(最有利可图)的初始价格以及合适的降价促销的幅度和时机。

primary trading area 主要商圈 是指购物中心或商店 50%～70% 的顾客来源地。

private-label brands 自有标签品牌 由零售商开发和销售的产品,只能由该零售商出售,也被称为商店品牌。

private-label president 自有品牌总裁 负责自有品牌和独家商品的概念化、设计、外包、质量控制和市场营销。

procedural fairness 程序公平 是感觉到解决投诉过程的公平性。

procedural justice 过程公平 是在决定结果的过程基础上的公平。

product availability 产品可获得性 是指某一特定存货单位满足需求的百分比。

productivity measure 生产率测量法 是指产出和投入的比率,该比率决定零售商使用资源的有效性。

product line 产品线 一系列相关产品。

product placement 产品植入 一种零售传播,零售商和供货商付费使其产品出现在非传统的情境中,如出现在电影或电视节目的一个场景中。

productivity 劳动生产率 用于人力资源中,是指单个员工产生的销售额。

profit sharing　利润分享　一种向零售经理提供的补偿激励计划，可能是基于公司利润的现金奖励，或是基于将额外收入与该公司业绩相连的股份期权。

prohibited-use clause　禁止使用条款　限制出租方将场地租给特定类型的租户。

promotion　促销　零售商进行的一种活动，为消费者提供有关零售商的商店、形象和零售组合的信息。

promotional aisle　促销过道　是为吸引顾客的注意力而设计的一家商店的过道区域。一个例子可能是一个特殊的"装饰圣诞树"部门，会在每年感恩节后的圣诞假期期间似乎奇迹般地出现。

promotional area　促销区域　是用来展示商店内正在促销商品的特色空间。

promotional signage　促销标识　这类标识用以描述各种特殊的优惠。它可能出现在橱窗里以吸引顾客进店。

protected class　受保护群体　如妇女、少数族裔等受到区别对待或歧视，如当一个合格的女性员工没有得到提拔，却提拔了一个不合格的男性员工。

psychographics　心理　是指人们如何生活，如何消磨时间和花费金钱，从事什么活动，以及他们对所处世界的态度和观点。

public relations（PR）　公共关系　一种零售传播工具，用于管理沟通和各种关系以实现不同的目标，如建立和维护零售商的正面形象，处理或脱离不利的故事或事件，并与媒体保持良好的关系。

public warehouse　公共仓库　由第三方拥有和经营的仓库。

pull supply chain　拉动式供应链　一种对商品的要求产生于商店层级的供应链策略，其基础是在销售终端获取的销售数据。

push supply chain　推动式供应链　根据历史需求、配送中心的存货状况和商店的需求分配商品的策略。

pyramid scheme　传销　例如，某公司及其设计的计划是出售商品和服务给其他分销商，而不是面向最终用户。

quantity discount　数量折扣　购买数量越大，价格越低的一种做法，也被称为多单位定价。

quick ratio　速动比率　短期资产减去存货，除以短期负债，也被称为酸性测试比率。

quota　配额　是用来激励和衡量表现的一个目标水平。

quota-bonus plan　奖金配额计划　一种预设了表现目标或目的薪酬计划，以评估员工的表现，如销售人员每小时的销售额和买手的维持利润与营业额。

racetrack layout　跑道式布局　这种商店布局提供了一条环绕商店并疏导客流至店内不同部门的主要通道，也被称为环线布局。

radio frequency identification（RFID）　无线射频识别　是一种通过无线电波远距离识别一个物体或一个人的技术。

radio frequency identification（RFID）system　无线射频识别系统　发射有关该商品的识别信息的标签，被放置在单个货品、纸箱或容器上。

rain check　缺货支票　是当商品缺货时，零售商给消费者做出的一种书面承诺，保证到货后以广告价格卖给消费者。

reachable　可到达性　是指零售商可以针对某个细分市场向消费者进行促销。

rebate　回扣　按购买价格的一部分以现金的形式返还给买手的一种做法。

receiving　收货　是指当货物到达商店或配送中心时，将其登记在册的过程。

reductions　减价　包括三个方面：降价促销；给予员工和客户的折扣；由于盗窃、破坏或损失而造成的存货损耗。

reference group　参考群体　是指一个人将某个或多个人作为比较基础，并和自己的信念、感情和行为进行比照。

reference price　参考价格　在消费者记忆中一件物品的或服务的价格点，可以包括最后的支付价格、最经常支付的价格，或消费者为所有类似产品支付的平均价格，是消费者认为商品的基准"真实"价格。

regional mall　地区性购物中心　面积不到100万平方英尺的购物中心。

regression analysis　回归分析　一种统计方法，用以评估零售场所在假设的基础上影响现有连锁店的因素将同样影响正在考虑的新地点。

related diversification growth opportunity　相关多元化增长机会　零售商现有的目标市场或零售业态与新的商业机会有共同点。

relevance　相关性　描述一条搜索信息对消费者如何有用。

reliability　可靠性　顾客用来评价服务质量的一种顾客服务特征，是指执行服务的可靠和准确的能力，如履行服务承诺或约定的交货日期或会议。

reorder point　再次订购点　下新订单时的存货水平。

resident buying office　常驻采购处　是指位于主要采购中心，用于帮助零售买手购买商品的组织。

responsiveness　响应性　顾客用来评价服务质量的一种顾客服务特征，是指提供顾客服务时，服务人员和销售人员是想真正帮助顾客，并提供及时的服务，如立即回复电话和电子邮件。

retail analytics　零售分析　是指应用统计数据分析技术来提高零售决策的方法。

retail brand community　零售品牌社区　是一组忠诚于零售商及由其赞助、承担的活动而被捆绑在一起的消费者。

retail chain　零售连锁企业　是在共同所有权下经营多个零售单元，通常集中制定和执行其零售战略的公司。

retailer　零售商　为个人或家庭销售产品和服务的企业。

retail channel　零售渠道　零售商向顾客销售商品的方式。

retail community　零售社区　是一个与零售商共同参与的消费者群体。

retail format　零售业态　零售商的零售组合类型（商品和服务的性质、定价政策、广告和促销计划、商店设计和视觉营销，以及典型区位）。

retail format development growth opportunity　零售业态开发增长机会　是指零售商有机会为同一目标市场开发新的具有不同零售组合的零售业态。

retail market segment　零售市场细分　是指拥有相似需要，因此可以采用同样的零售组合来对其产生吸引的一群消费者。

retail mix　零售组合　零售商为满足消费者的需求并影响其购买决策而使用的各个因素的组合，包括商品和提供的服务、定价、广告和促销、商店的设计和区位，以及视觉营销。

retail strategy　零售战略　说明下列内容的陈述：①目标市场或零售商将努力针对的市场；②零售商为满足目标市场需求而提供的商品和服务的性质；③零售商将如何开发独特的资产，使其能够取得优于竞争对手的长期优势。

retailer loyalty　商店忠诚度　即消费者喜欢同一家商店，并习惯性地光顾该商店并购买某种产品。

retailing　零售　为个人或家庭销售产品和服务、增加价值的一系列商业活动。

return on advertising investment（ROAI）　广告投资回报率　销售收入减去广告费用，除以广告费用。

return on assets（ROA）　资产回报率　税后净利润除以总资产。

reverse auction　逆向竞拍　由零售商买手进行的拍卖。之所以被称为反向拍卖是因为只有一个买手和许多潜在的卖家。逆向竞拍时，零售商指定所需商品的规格供潜在的几家工厂竞标，然后这几家竞争供货商出价竞标直至竞拍结束。

reverse logistics　**逆向物流**　是指商品从顾客和/或商店退回来后，对其获取价值和/或正确处理的过程。

RFM（recency, frequency, monetary）analysis　**RFM 分析法**　该方法使用三个因素来评估每个客户的潜在贡献：该客户在细分市场上购物的时间有多近（recently），他们购买有多频繁（frequently）以及他们花了多少钱（money）。

rounder　**环形挂衣架**　是一种架在基座上的环形固定设施。虽然环形挂衣架比直线挂衣架小，但它的设计使容纳的商品数量最大化，也被称为散装货架或称容量支架。

rule-of-thumb method　**经验法**　一种确定促销预算的方法，这种方法运用过去的销售和传播活动来决定现在的传播预算。

safety stock　**安全存货**　见缓冲存货（buffer stock）。

sales per linear foot　**每英尺销售额**　衡量空间生产力的一种指标，当大部分商品都是摆在多层货架上或在长的堆列式货架上销售时使用，如在食品杂货店。

sales per square foot　**每平方英尺销售额**　大多数零售商使用的衡量空间生产力的一个指标，因为租金和土地购买是按每平方英尺的价格进行评估的。

sales promotions　**销售促进**　有偿的非个人的传播活动，为顾客在特定的时间内访问商店或购买商品提供额外的价值和奖励。

same-store sales growth　**单店销售额增长率**　这一指标用于测量那些开业时间超过一年的商店的销售额增长。

samples　**试样**　一种促销类型，在潜在客户做出购买决定前为其提供尝试产品或服务的机会。

satisfaction　**满意度**　是指某商店或商品是否达到或超过消费者期望程度的购后评价。

scale economies　**规模经济**　是源自零售商规模大小的成本优势。

scrambled merchandising　**混合销售**　当零售商经营的商品和商店的类型不一定密切相关时的现象，比如药店里的服装。

search engine marketing（SEM）　**搜索引擎营销**　营销人员用以提高其网站知名度的方法。

search engine optimization（SEO）　**搜索引擎优化**　设计网站内容以提高网站对搜索引擎结果页面的定位。

search engine results page（SERP）　**搜索引擎结果页面**　搜索引擎响应用户查询结果的列表。

seasonal merchandise　**季节性商品**　是指那些随着季节变化，其销售量也随之发生巨大波动的存货。

secondary trading area　**次级商圈**　是指在销售额上处于第二个重要位置的地理区域，约占门店销售额的 20%。

second-degree price discrimination　**二级价格歧视**　基于所提供商品或服务的性质，对不同的人收取不同的价格。

security policy　**安全政策**　是一系列适用于有关某个组织的计算机和通信资源活动的规则。

selling, general, and administrative expenses（SG&A）　**销售、日常开支及行政费用**　经营费用加上资产折旧和摊销。

sell-through analysis　**售出分析法**　是指把实际销售额与计划销售额做比较，看是否需要降价或是否需要更多的商品以满足需求。

senior vice president（SVP）of merchandising　**商品运营高级副总裁**　与买手和规划师一起开发及协调零售商提供什么商品以确保其与公司战略相一致。

senior vice president (SVP) of stores　**商店高级副总裁**　监督所有与商店有关的活动，包括与区域经理一起工作。区域经理负责监督地区经理，地区经理则负责监督个体店的店长。

sentiment analysis　**情感分析**　用来监测社会媒体以确定客户如何看待公司的评估。

sentiment mining 情感挖掘 零售商使用在线聊天形式收集消费者的意见,然后分析这些数据,以确定消费者的整体态度和对产品及广告活动偏好的过程。

service gap 服务差距 顾客期望与顾客对服务感知之间的差异,以提高顾客对服务的满意度。

service level 服务水平 在存货管理中使用的一种措施,用来定义产品可获得性的支持程度或水平;销货数量除以要求的货品数量。服务水平不可与客户服务相混淆,可参见客户服务(customer service)。

services retailer 服务零售商 为消费者提供服务而不是商品的组织,例如银行、医院、健康中心、医生、法律事务所、娱乐公司和大学。

sexual harassment 性骚扰 不受欢迎的性动作、性服务的要求,或其他与性有关的言语或身体行为因素。

share of wallet 钱包份额 顾客在某商店中的购买占总购买的百分比。

ship verification 装运验证 对集装箱的检验,通常是装在托盘或卡车上的纸箱。

shoplifting 商店盗窃 员工、顾客或有人冒充顾客从商店偷窃商品的行为。

shopping center 购物中心 作为单一产业实体来规划、开发、占有和管理的一组零售商店和其他商业机构。

shopping center property management firm 购物中心物业管理公司 专门从事开发、拥有和维护购物中心的公司。

shopping mall 购物中心 是封闭的、不受气候影响并提供照明的购物场所。在一条封闭式通道的一侧或两侧,各式零售商店林立。

shopworn 老旧 由于很长一段时间被展示在外以及顾客摸来摸去造成的轻微损坏。

showrooming 先逛店后网购 消费者先进入商店了解不同品牌及产品,然后在互联网上搜索以较低的价格出售的相同的产品的做法。

shrinkage 存货损耗 是由雇员或顾客入店行窃造成的商品摆放错位、损坏,或糟糕的记账造成的存货减少。

SKU rationalization process 存货单位理顺计划 零售商努力通过删减、增加或保持其分类中的特定货品来分析他们由此可能获得的利益。

SKU 见存货单位(stock keeping unit)。

sliding scale lease 浮动扣率租约 是指租金占销售额的百分比随着销售的增长而下降。

slotting allowance 货位津贴 是指零售商向供货商收取的用于摆放商品的费用,也被称为货位费用。

slotting fee 货位费用 见货位津贴(slotting allowance)。

social media 社会化媒体 通过社交互动分发内容的媒体。社会媒体的三大在线促进者是YouTube、Facebook和推特。

social risk 社会风险 当顾客认为购买产品或服务会影响他人对他们的看法时,他们所感知到的风险。

socialization process 社会化过程 将新员工转化为有效的、忠诚的公司成员的步骤。

soft goods 软商品 具有较短寿命的商品,如服装或化妆品。

special event 特殊事件 是一个促销计划,由一系列围绕着季节、文化、体育、音乐或其他类型的活动而建立的促销手段组成。

specialization 专业化分工 员工通常只负责一两项任务而不是执行所有任务的组织结构。这种方法能使员工发展技能和提高生产率。

specialty shopping 专业购买 消费者知道他们想要什么,而且不接受替代品的购物体验。

specialty store 专卖店 主营有限数量品类的互补性商品,并且提供高水平服务的商店。

spending potential index(SPI) 消费潜力指数 比较某一特定地区在某一产品上的平

均支出与全国支出。

spot 插播广告 当地的电视广告。

standardized service 标准化服务 基于建立一套提供优质服务的规则和程序以确保其得到贯彻始终。

standards gap 标准差距 是指零售商对顾客感知和期望的理解与自己制定的服务标准之间的差距。这个因素是用以提高服务质量的差距模型所确定的四个因素之一。

staple merchandise 必需品 是指在一段较长时期内保持持续需求的商品品类，也被称为基础商品。

statement of operations 经营情况表 公司在一段时间内业绩的总结（通常是一季度）。也被称为利润表。

stock-keeping unit（SKU）存货单位 是用于存货控制的最小单位。例如，在纺织品中，存货单位通常包括尺寸、颜色和款式。

stocklift 买回 见回购（buyback）。

stockout 缺货 当顾客需要的存货单位不能供应时就产生了缺货。

stock-to-sales ratio 存货销售比率 是指月初必须保持多少存货以满足销售预测和保持存货周转目标。这一比率等于月初（BOM）存货除以当月的销售额。平均存货销售比率为 12 除以计划存货周转率。这个比率是商品预算计划的一个组成部分。

store advocates 商店倡导者 是指那些非常热爱某家商店并与朋友和家人积极分享其正面体验的消费者。

store brands 商店品牌 见自有品牌（private-label brand）。

store maintenance 店面维护 是指管理与商店有关的内外设施的活动。

store within a store 店中店 一家零售商租用另一家独立经营零售商的零售空间的一部分的协议。

straight commission 纯佣金 销售人员获得报酬的一种形式，其所支付的金额是根据销售额的百分比减去退货商品所占百分比算出的。

straight rack 直线挂衣架 由地面支撑或附在墙上的长管组成。

straight salary compensation 纯工资报酬 一种报酬计划，销售人员或经理按照工作的小时数或周数收到固定数目的报酬。

strategic alliance 战略联盟 是指相互独立的企业之间的合作关系。例如，一家外国零售商可以通过直接投资的方式进入国际市场，但可以利用第三方独立的公司来促进其当地的物流和仓储业务。

strategic profit model（SPM）战略利润模型 是一种概括各种影响公司财务业绩（通过资产回报率来测量）的因素的一种方法。零售商使用 SPM 的目的是实现资产回报率目标。

strategic relationship 战略关系 一种长期关系，是指合作伙伴进行重大投资以提高双方的盈利能力。

strategic retail planning process 战略性零售规划过程 是指零售商开发战略性零售计划的一系列步骤。该规划过程描述零售商如何选择目标细分市场，如何确定合适的零售业态，以及如何建立可持续竞争优势。

strengths and weaknesses analysis 优劣势分析 现状审计的一个重要方面，用于决定零售商独特的能力——相对于其竞争对手的优势和劣势。

strip shopping center 条状购物中心 带有停车场的购物中心，通常直接在商店的前面，没有连接各个商店的封闭的人行道。

structured training program 结构化培训项目 帮助新员工获得将来工作所需的基本技能和知识。

subbrand 子品牌 品牌策略的一部分，产品的品牌名与产品的描述相关，如家乐氏家族品牌下的糖霜麦片子品牌。

subculture theory 亚文化理论 这一理论建立在近来时尚发展的基础之上。大多数不太富裕的年轻消费者，如都市青年，发起了诸多时尚，例如丰富多彩的针织品、T恤、球鞋、牛仔裤、黑皮夹克以及剩余的军用服装。

substantial　规模性　与市场有关，是指市场能够提供足够的利润以支持零售组合活动。

supercenter　超级购物中心　折扣店与超市相结合的大型商场（150 000～220 000平方英尺）。

superregional mall　跨地区购物中心　和地区性购物中心相似，但是由于它的规模更大，也就有更多的"龙头"商店、专卖店和娱乐活动，并能吸引更大地理区域内的顾客。

supply chain　供应链　为最终消费者制造并提供一整套商品和服务的一系列公司。

supply chain management　供应链管理　是指公司采用一套方法和技术，以有效和高效地整合其供货商、制造商、仓库、商店和运输中介机构，有效地确保客户能够在一个合适的地点和适当的时间购买所需数量的商品。

support groups　支持团队　零售商将一组具有共同利益、目标或特征的员工，如少数民族、女性高管放在一起，为那些传统上没有融入多数族裔的成员提供交换信息、情感和职业支持。

SWOT analysis　SWOT分析　包括对零售商内部环境（优势和劣势）以及外部环境（机会和挑战）的分析。

tangibility　有形性　顾客用以评价服务质量的一项指标，关乎体育设施、设备、人员和沟通媒介的外观。

target market　目标市场　是零售商集中其资源和零售组合来面对的细分市场。

tariff　关税　政府对进口征收的税，也被称为duty。

task performance behaviors　任务执行行为　计划、组织、激励、评估和协调商店员工的活动。

team incentive　团队奖励　基于团队、部门或商店整体表现的销售激励机制。

television home shopping　电视家庭购物　顾客观看展示商品的电视节目，然后通过电话订购该商品的一种零售业态。

tertiary trading area　第三级商圈　是一个商圈最外面的边缘地带，包括偶尔在商店或购物中心购物的顾客。

theme/festival center　主题/节日中心　购物中心的一种，一般拥有统一的主题，这个主题表现在各商店的建筑设计中，某种程度上也通过商品体现出来。

third-degree price discrimination　三级价格歧视　是指对由不同人口构成的细分市场收取不同的价格。

thrift store　廉价商店　提供二手商品的一种零售业态。

ticketing and marking　标价和标记　是指制作价格和识别标签，并将其贴在商品上的过程。

tonnage merchandising　吨位商品展示　是一种同时展示大量商品的展示技术。

top-down planning　自上而下　是指由公司上层制订计划，并将其贯彻到经营的每一个层级的计划方式。

top-of-mind awareness　首要意识　是最高水平的意识，指当消费者被问及有关零售商的类型、商品类别或服务的类型时，他们能够在第一时间说出某个特定的品牌名称。

trade area　商圈　是包含大多数消费者会光顾的特定零售地点的地理区域。

trademark　商标　包括与特定商品相关联的标志、文字、图片、图形或非功能性设计图样。

trade show　贸易展示会　临时集中的各种供货商，为零售商提供了一个订购和观察市场上有些什么的机会，也被称为市场周。

traffic flow　交通流量　足够多但又不至于多到造成门店拥堵的汽车数量的一种平衡。

transformational leader　转型型领导者　为了实现群体目标而使人们超越个人需求的领导者。

trendsetter 潮流先锋 率先采用全新时尚的消费者，也被称为时尚创新者或时尚领导者。

trialability 可预试性 是指最先接受新时尚所需付出的成本和投入。

trickle-down theory 涓流理论 这一理论认为，时尚领导者是具有最高社会地位的消费者，他们富有并受过良好教育。这些人在接受某种时尚后，该时尚就会慢慢渗透、传递到较低的社会阶层。当这种时尚被最底层的社会阶层接手后，就不再被处于最高社会阶层的时尚领导者所接受。

trust 信任 相信一个伙伴诚实（从字面看有可靠、真诚、履行义务之意）和仁慈（关心另一方的福利）。

turnover 离职率 在人力资源方面，员工自愿离职的人数除以公司的职位数目。

tying contract 附加条款合同 一种合同协议，出现在当供货商要求零售商采购其不想要的产品（被绑产品）以得到一种想要采购的产品（绑定产品）时。

umbrella brand 统一品牌 见家族品牌（family brand）。

universal product code（UPC）通用产品代码 大部分商品都有的黑白相间的条形代码，用于使用计算机终端阅读代码的销售点收集销售信息。这些信息由电脑到电脑传送给商品买手、配送中心，再到供货商，供货商反过来又迅速进行出货补货。

unorganized retailing 无组织零售 小型、独立零售商的集合，特别常见于新兴经济体。

unplanned location 无规划区位 是指没有集中化管理来确定某开发中心将有哪些商店、特定的商店将位于何处以及将如何对其进行经营。

unplanned purchasing 非计划购买 一种冲动型购买，客户在现场看到商品后，立即做出购买决策。

unrelated diversification growth opportunity 无关多元化增长机会 现有业务和新业务没有任何共同之处。

unsatisfied need 未满足的需要 产生于消费者想要求的满意度水平与其现阶段满意度水平的差异。

UPC 见通用产品代码（universal product code）。

urban decay 城市衰败 以前运行良好的地区年久失修的过程。

urban sprawl 城市扩张 是指住宅和购物中心在郊区与城市中心以外的农村地区的发展及持续扩张。

utilitarian benefit 实用型好处 消费者为完成某项特定任务而产生的购物动机，如为工作面试买一套西装。

utilitarian needs 实用需要 当消费者购物的动机是为了完成一项特定的任务时的需要。

value 价值 是消费者所得（消费者所能感受到的商品和服务的利益）与消费者所付出之间的关系。

values of lifestyle survey（VALS2）生活方式价值调查 一种用于将消费者分类为8个生活方式细分市场的工具。根据对SRI咨询业务情报机构所开展调查的回应而得出。

variable costs 可变成本 是指随着销售数量的变化而变化的那部分费用，可直接应用于决策问题。

variety 种类 是指商店或部门内不同商品品类的数量。

vending machine 自动售货机 是一种将商品或服务备存在一台机器上，当消费者放入现金或使用信用卡支付时将其分配给消费者的非店铺零售渠道。

vendor-managed inventory（VMI）供货商—管理存货 是一种用于提高供应链效率、由供货商在其中负责维护零售商存货水平的方法。

vertical integration 纵向一体化 零售商投资多元化的一个例子，涉及批发或制造商品。

vertical merchandising 垂直排列商品 商品的组织遵循眼睛自然上下运动的一种方法。

visibility 可视性 是指顾客是否可以从街上看

到商店和安全进入停车场。

visual merchandising 视觉营销 是指将商店及里面的商品摆放成一定的样式，以吸引潜在顾客的注意力。

warehouse club 仓储式会员店 是提供有限、非常规分类的食品和日用品的零售商，提供的服务少、价格低，主要针对最终消费者和小企业。

wholesale market 批发市场 是供货商集中的一个特定地理区域，可以在同一个屋檐下，也可以在互联网上。

wholesaler 批发商 从制造商那里大量买进商品，进行储存，并将产品转售（通常以小批量）给零售商的商户。

wholesale-sponsored voluntary cooperative group 批发商自愿合作组织 在自愿基础上，由各批发商运作，向小型独立批发商提供商品的组织。

word of mouth 口碑 人们之间对零售商的传播。

yield management 收益管理 是将价格随需求的变动而上下调整，用以控制所产生销售额的做法。

zone pricing 区域定价 是在不同的商店、市场、地区或区域收取不同的价格，以保持在本地市场上的竞争力。

zoning 区域划分 对某城市特定地区建筑物的建设和使用进行管制。

营销教材译丛系列

课程名称	书号	书名、作者及出版时间	定价
网络营销	即将出版	网络营销：战略、实施与实践（第4版）（查菲）（2014年）	65
销售管理	978-7-111-32794-3	现代销售学：创造客户价值（第11版）（曼宁）（2011年）	45
市场调研与预测	978-7-111-36422-1	当代市场调研（第8版）（麦克丹尼尔）（2011年）	78
国际市场营销学	978-7-111-38840-1	国际市场营销学（第15版）（凯特奥拉）（2012年）	69
国际市场营销学	978-7-111-29888-5	国际市场营销学（第3版）（拉斯库）（2010年）	45
服务营销学	978-7-111-44625-5	服务营销（第7版）（洛夫洛克）（2013年）	79

市场营销学

课程名称	书号	书名、作者及出版时间	版别	定价
市场营销学（营销管理）	978-7-111-43017-9	市场营销学（第11版）（阿姆斯特朗、科特勒）（2013年）	外版	75
市场营销学（营销管理）	978-7-111-31520-9	市场营销学（第3版）（拉姆）（2010年）	外版	49
市场营销学（营销管理）	978-7-111-38252-2	市场营销原理（亚洲版）（英文版·第2版）（科特勒）（2012年）	外版	79
市场营销学（营销管理）	978-7-111-43202-9	市场营销原理（亚洲版·第3版）（科特勒）（2013年）	外版	79
国际市场营销学	978-7-111-38840-1	国际市场营销学（第15版）（凯特奥拉）（2012年）	外版	69
服务营销学	978-7-111-48495-0	服务营销（第6版）（泽丝曼尔）（2014年）	外版	75
服务营销学	978-7-111-44625-5	服务营销（全球版·第7版）（洛夫洛克）（2013年）	外版	79
服务营销学	978-7-111-35736-0	服务营销（英文版·第5版）（泽丝曼尔）（2011年）	外版	85
市场营销专业英语	978-7-111-22485-3	市场营销专业英语（沈铖）（2007年）	本版	25
市场营销学（营销管理）	即将出版	市场营销：超越竞争，为顾客创造价值（第2版）（精品课）（杨洪涛）（2015年）	本版	39
市场营销学（营销管理）	978-7-111-42983-8	市场营销管理：需求的创造与传递（第3版）（精品课）（钱旭潮）（"十二五"普通高等教育本科国家级规划教材）（2013年）	本版	39
市场营销学（营销管理）	978-7-111-36268-5	市场营销基础与实务（第2版）（高凤荣）（2011年）	本版	35
市场营销学（营销管理）	978-7-111-37474-9	市场营销基础与实务（精品课）（肖红）（2012年）	本版	36
市场营销学（营销管理）	978-7-111-32795-0	市场营销实务（李海琼）（2011年）	本版	34
市场营销学（营销管理）	978-7-111-29816-8	市场营销实训教程（郝黎明）（2010年）	本版	32
市场营销学（营销管理）	978-7-111-42825-1	市场营销学（曹垣）（2013年）	本版	39
市场营销学（营销管理）	978-7-111-24623-7	市场营销学（兰苓）（2008年）	本版	32
市场营销学（营销管理）	978-7-111-46806-6	市场营销学（李海廷）（2014年）	本版	35
市场营销学（营销管理）	978-7-111-48755-5	市场营销学（肖志雄）（2015年）	本版	35
市场营销学（营销管理）	978-7-111-28089-7	现代市场营销学：超越竞争,为顾客创造价值（精品课）（杨洪涛）（2009年）	本版	35
市场营销学（营销管理）	978-7-111-39589-8	营销管理（第2版）（王方华）（2012年）	本版	39
国际市场营销学	978-7-111-44117-5	国际市场营销（刘宝成）（2013年）	本版	39
国际市场营销学	978-7-111-39277-4	国际市场营销学（第2版）（精品课）（李威）（2012年）	本版	38
国际市场营销学	即将出版	国际市场营销学（第3版）（精品课）（李威）（2015年）	本版	39
服务营销学	978-7-111-48247-5	服务营销：理论、方法与案例（郑锐洪）（2014年）	本版	35
服务营销学	978-7-111-39417-4	服务营销学（聂元昆）（2012年）	本版	35